JEAN-PAUL SARTRE

GESAMMELTE DRAMEN

ROWOHLT

Ausführliche bibliographische Hinweise
zu den zehn Dramen siehe Seite 763–764
Schutzumschlag- und Einbandentwurf
von Werner Rebhuhn
Umschlagentwurf unter Verwendung eines Szenenfotos
aus einer Aufführung «Die Troerinnen des Euripides»
der Württembergischen Landesbühne
(Foto: Wilhelm Pabst)

24.–38. Tausend der Neuausgabe Mai 1970

Gesamtherstellung Clausen & Bosse, Leck (Schleswig)
Printed in Germany
ISBN 3 498 09386 x

INHALT

DIE FLIEGEN
Deutsch von Gritta Baerlocher
7

BEI GESCHLOSSENEN TÜREN
Deutsch von Harry Kahn
67

TOTE OHNE BEGRÄBNIS
Deutsch von Robert Blum
99

DIE EHRBARE DIRNE
Deutsch von Ettore Cella
143

DIE SCHMUTZIGEN HÄNDE
Deutsch von Eva Rechel-Mertens
169

DER TEUFEL UND DER LIEBE GOTT
Deutsch von Eva Rechel-Mertens
261

KEAN
Deutsch von Marianne Wentzel
367

NEKRASSOW
Deutsch von
Susanne Lepsius und Willi Wolfradt
467

DIE EINGESCHLOSSENEN
Deutsch von
Herbert Liebmann und Renate Gerhardt
593

DIE TROERINNEN DES EURIPIDES
In einer Bearbeitung von Jean-Paul Sartre
Deutsch von Hans Mayer
715

Die Fliegen

VORWORT

Nach unserer Niederlage im Jahre 1940 verfielen zu viele Franzosen der Mutlosigkeit oder gaben in ihrem Innern der Selbstverleugnung Raum. Ich aber schrieb «Die Fliegen» und versuchte, zu zeigen, daß *Selbstverleugnung* nicht die Haltung war, die die Franzosen nach dem militärischen Zusammenbruch unseres Landes wählen durften. Unsere Vergangenheit existierte nicht mehr. Sie war uns in der Hand zerronnen, ohne daß wir Zeit hatten, sie festzuhalten, sie weiterhin zu beachten, um sie zu begreifen. Neu aber war – auch wenn ein feindliches Heer Frankreich besetzt hatte – die Zukunft! Wir hatten Gelegenheit, sie kritisch zu prüfen; es stand uns frei, daraus eine Zukunft der Besiegten zu machen oder – in umgekehrter Richtung – eine Zukunft der freien Menschen, die sich gegen die Behauptung wehren, daß eine Niederlage das Ende alles dessen bedeutet, was das menschliche Leben lebenswert macht.

Heute haben die Deutschen das gleiche Problem vor sich. Auch für die Deutschen, glaube ich, ist Selbstverleugnung unfruchtbar. Ich will damit nicht sagen, daß die Erinnerung an die Fehler der Vergangenheit aus ihrem Gedächtnis verschwinden soll. Nein. Aber ich bin überzeugt, daß nicht eine willfährige Selbstverleugnung ihnen jenen Pardon verschafft, den die Welt ihnen gewähren kann. Dazu verhelfen ihnen nur: eine totale und aufrichtige Verpflichtung auf eine Zukunft in Freiheit und Arbeit, ein fester Wille, diese Zukunft aufzubauen, und das Vorhandensein der größtmöglichen Zahl von Menschen guten Willens. Möge dieses Stück sie nicht nur in die Richtung auf diese Zukunft lenken, sondern ihnen helfen, sie zu erlangen.

JEAN-PAUL SARTRE

PERSONEN

Jupiter
Ägist
Klytämnestra
Orest
Elektra
Pädagoge
Die Alte
Erste Erinnye
Zweite Erinnye
Dritte Erinnye
Volk
Soldaten
Wachen
Diener
Chor der Erinnyen

Die Uraufführung von «Die Fliegen» fand am 3. Juli 1943 im Théâtre de la Cité in Paris statt.

ERSTER AKT

Ein Platz in Argos. Eine Statue Jupiters, des Gottes der Fliegen und des Todes. Weiße Augen, blutbeschmiertes Antlitz.

1. SZENE

Ein Zug alter Frauen in schwarzen Kleidern kommt herein. Sie bringen dem Gott Opfergetränke dar. Im Hintergrund kauert ein Idiot. Orest und der Pädagoge, später Jupiter.

OREST: Holla, gute Frauen! *Sie wenden sich schreiend um.*

PÄDAGOGE: Könnt ihr uns sagen ...? *Sie spucken aus und gehen einen Schritt zurück.*

PÄDAGOGE: Hört doch her, ihr da, wir sind verirrte Reisende. Ich möchte von euch nur eine Auskunft. *Die alten Frauen entfliehen und lassen dabei ihre Urne fallen.*

PÄDAGOGE: Alte Scheusäler! Man könnte meinen, ich wollte sie verführen! Ach, Herr, was für eine angenehme Reise! Und welch gute Idee von Euch, ausgerechnet hierher zu kommen, wo es mehr als fünfhundert Hauptstädte gibt, sowohl in Griechenland als auch in Italien, mit gutem Wein, freundlichen Gasthöfen und belebten Gassen. Diese Bergler hier scheinen noch nie Touristen gesehen zu haben: ich habe in diesem verfluchten Nest, das in der Sonne brät, hundertmal nach dem Weg gefragt. Überall das gleiche Entsetzen, das gleiche Auseinanderstieben, die gleiche dumpfe schwarze Flucht durch die blendenden Straßen. Puh! Diese leeren Straßen, die Luft, die zittert, und diese Sonne! ... Gibt es etwas Düstereres als die Sonne?

OREST: Ich bin hier geboren ...

PÄDAGOGE: So scheint es. Ich, an Eurer Stelle, würde damit nicht prahlen.

OREST: Ich bin hier geboren und muß wie ein Durchreisender nach dem Wege fragen. Klopft an jene Tür!

PÄDAGOGE: Worauf hofft Ihr? Daß man Euch antworten wird? Aber schaut sie doch an, diese Häuser, und sagt mir dann, wie sie aussehen. Wo sind die Fenster? Sie gehen, so denke ich, auf wohl verschlossene und dunkle Höfe und kehren der Straße den Hintern zu ... *Orest macht eine Bewegung.* Gut, ich klopfe, aber ohne jede Hoffnung. *Er klopft.* Schweigen! *Er klopft wieder, die Tür öffnet sich ein wenig.*

STIMME: Was wollt Ihr?

PÄDAGOGE: Nur eine Auskunft. Könnt Ihr mir sagen, wo ... *Die Tür wird barsch zugeschlagen.*

PÄDAGOGE: Laßt Euch hängen! Seid Ihr zufrieden, mein Herr Orest, und genügt Euch diese Probe? Wenn Ihr wollt, kann ich an alle Türen klopfen.

OREST: Nein, laß.

PÄDAGOGE: Halt, da ist jemand. *Er nähert sich dem Idioten.* Hochwohlgeboren!

IDIOT: He!

PÄDAGOGE *verbeugt sich wieder:* Hochwohlgeboren!

IDIOT: He!

PÄDAGOGE: Würdet Ihr die Gnade haben, uns das Haus des Ägist zu zeigen?

IDIOT: He! *Jupiter geht im Hintergrund vorüber.*

PÄDAGOGE: Pech! Der erste, der nicht flieht, ist ein Idiot. *Jupiter geht wieder vorüber.* Da hört doch alles auf! Er ist uns bis hierher gefolgt.

OREST: wer?

PÄDAGOGE: Der Bärtige.

OREST: Du träumst.

PÄDAGOGE: Eben sah ich ihn vorbeigehen.

OREST: Du hast dich sicher getäuscht.

PÄDAGOGE: Ausgeschlossen. Nie in meinem Leben hab' ich so einen Bart gesehen. Ausgenommen einen aus Bronze, der das Gesicht des Jupiter Änobarbus in Palermo ziert. Schaut: da geht er wieder. Was will er von uns?

OREST: Er reist, wie wir.

PÄDAGOGE: So, so. Auf der Straße nach Delphi sind wir ihm begegnet. Und als wir aufs Schiff gingen, war er auch schon da mit seinem Bart. In Nauplia konnten wir keinen Schritt tun, ohne über ihn zu stolpern, und jetzt, jetzt ist er hier. Das scheinen Euch wahrscheinlich ganz gewöhnliche Zufälle zu sein? *Er verjagt mit der Hand die Fliegen.* Wahrhaftig, die Fliegen von Argos scheinen mir viel entgegenkommender zu sein als die Bewohner. Schaut Euch die dort an, schaut doch! *Er zeigt auf das Auge des Idioten.* Da sitzen sie, ein ganzes Dutzend, auf seinem Auge wie auf einem Kuchen, und er ist wie verzückt, ihm scheint das zu gefallen, wenn man ihm an den Augen lutscht. Und wirklich läuft aus seinen Augäpfeln ein weißlicher Schleim wie geronnene Milch. *Er verjagt die Fliegen.* Genug jetzt, ihr da, genug! Oh, jetzt sitzen sie auf Euch! *Er verjagt sie.* Nun, das muß Euch doch anheimeln; Ihr, der Ihr Euch doch so beklagt habt, ein Fremder in Euerm eigenen Lande zu sein; diese Viecher feiern Euch, sie scheinen Euch wiederzuerkennen. *Er verjagt sie.* Weg! Ruhe, Ruhe, nur nicht so überschwenglich. Wo kommen sie wohl her: Sie machen mehr Lärm als Knarren und sind größer als Libellen.

JUPITER *der herbeigekommen ist:* Es sind nur Fleischfliegen, ein wenig fetter. Vor fünfzehn Jahren hat sie ein mächtiger Aasgeruch in die Stadt gelockt. Seither werden sie fetter. In fünfzehn Jahren werden sie groß wie kleine Frösche sein. *Schweigen.*

PÄDAGOGE: Mit wem haben wir die Ehre?

JUPITER: Mein Name ist Demotros. Ich komme aus Athen.

OREST: Ich glaube, ich habe Euch auf dem Schiff gesehen, in den letzten vierzehn Tagen.

JUPITER: Auch ich habe Euch gesehen. *Entsetzliche Schreie aus dem Innern des Palastes.*

PÄDAGOGE: Oho! Oho! All das scheint mir nichts Gutes zu bedeuten, und ich bin der Ansicht, Herr, daß es besser wäre, wegzugehen.

OREST: Sei still.

JUPITER: Ihr habt nichts zu fürchten. Heute ist das Fest der Toten. Diese Schreie zeigen den Beginn der Feierlichkeit an.

OREST: Ihr scheint gut unterrichtet zu sein über Argos.

JUPITER: Ich komme öfters hierher. Ich war hier, müßt Ihr wissen, bei der Rückkehr des Königs Agamemnon, als die siegreiche Flotte der Griechen in Nauplia anlegte. Von den Festungswällen herab konnte man die weißen Segel sehen. *Er verjagt die Fliegen.* Es gab noch keine Fliegen damals. Argos war nichts weiter als eine kleine Provinzstadt, die sich träge in der Sonne langweilte. Ich bin mit den andern auf den Wehrgang hinaufgestiegen, an den folgenden Tagen, und wir haben den königlichen Zug betrachtet, der durch die Ebene zog. Am Abend des zweiten Tages erschien die Königin Klytämnestra auf den Festungswällen, und Ägist, der jetzige König, begleitete sie. Die Leute von Argos sahen ihre Gesichter, die von der Abendsonne gerötet waren; sie sahen, wie sie sich über die Zinnen beugten und lange nach dem Meer schauten, und sie dachten: Das wird schlecht enden. Aber sie sagten nichts. Ägist, müßt Ihr wissen, war der Liebhaber der Königin Klytämnestra. Ein Hurenjäger, der schon damals einen Hang zur Melancholie hatte. Ihr scheint müde?

OREST: Das kommt von dem langen Marsch und der verfluchten Hitze. Doch Ihr interessiert mich.

JUPITER: Agamemnon war ein guter Kerl; aber seht, er hatte einen großen Fehler. Er hatte nicht erlaubt, daß die Hinrichtungen öffentlich vorgenommen werden. Das ist schade. So ein richtiges Hängen, das ist eine Zerstreuung in der Provinz, und die Leute nehmen allmählich auch den Tod nicht mehr so wichtig. Die Leute hier haben nichts gesagt, weil sie sich langweilten und weil sie einen gewaltsamen Tod sehen wollten. Sie haben nichts gesagt, als sie den König unter den Stadttoren sahen. Und als sie Klytämnestra ihm ihre schönen, duftenden Arme entgegenstrecken sahen, haben sie nichts gesagt. Ein Wort hätte genügt, in jenem Augenblick, ein einziges Wort, aber sie haben geschwiegen, und jeder sah – im Geiste, meine ich – eine gewaltige Leiche mit aufgespaltenem Kopf.

OREST: Und Ihr, Ihr habt auch nichts gesagt?

JUPITER: Ärgert es Euch, junger Mann? Das freut mich, es zeugt für Eure anständige Gesinnung. Nun ja, ich habe auch nichts gesagt: ich bin nicht von hier, und das alles ging mich nichts an. Was aber die Leute von Argos betrifft; als sie am nächsten Tag ihren König im Palast vor Schmerz heulen hörten, haben sie immer noch nichts gesagt, sie haben über ihre vor Wollust verdrehten Augen die Lider gesenkt, und die ganze Stadt war wie eine brünstige Frau.

OREST: Und der Mörder ist der König. Er hat fünfzehn Jahre Glück genossen. Ich glaubte, die Götter seien gerecht.

JUPITER: Halt, halt, beschuldigt die Götter nicht so schnell. Muß immer gleich gestraft sein? War es nicht besser, diesen Tumult zugunsten der öffentlichen Moral auszunutzen?

OREST: Haben die Götter das getan?

JUPITER: Sie haben die Fliegen gesandt.

PÄDAGOGE: Was haben die Fliegen damit zu tun?

JUPITER: Ach, die sind ein Symbol. Aber beurteilt selbst, was sie getan haben, nach dem hier: Ihr seht die alte Kellerassel dort unten, die auf ihren schwarzen Beinen dahertrottet, immer der Mauer entlang; sie ist ein großartiges Exemplar jenes schwarzen und platten Geziefers, das in den Mauerspalten herumwimmelt. Ich stürze mich auf dieses Insekt und bringe es Euch her. *Er fällt über die Alte her und bringt sie nach vorn.* Hier ist mein Fang. Betrachtet Euch dieses Scheusal. Hu! Du zwinkerst, und doch seid ihr andern an die weißglühenden Schwerter der Sonne gewöhnt. Seht, wie sie sich windet, wie ein Fisch an der Angel. Sag mir, Alte, du hast wohl Dutzende von Söhnen verloren; du bist schwarz von Kopf bis zu Fuß. Geh zu, sprich, dann werde ich dich vielleicht laufen lassen. Um wen trauerst du?

DIE ALTE: Das ist die Tracht von Argos.

JUPITER: Die Tracht von Argos? Ah, ich verstehe, um deinen König trägst du Trauer, um deinen ermordeten König.

DIE ALTE: Schweig! Um Gottes willen, schweig!

JUPITER: Denn du bist alt genug, du hast es gehört, wie entsetzlich er schrie, daß es einen ganzen Morgen lang durch die Straßen der Stadt hallte. Was hast du getan?

DIE ALTE: Mein Mann war auf dem Felde, was konnte ich schon tun? Ich habe meine Tür verriegelt.

JUPITER: Jawohl, und du hast das Fenster ein wenig aufgemacht, um besser hören zu können, und du hast hinter deinen Vorhängen auf der Lauer gestanden, mit angehaltenem Atem und einem merkwürdigen Kitzeln in der Magengegend.

DIE ALTE: Schweig still!

JUPITER: Eine famose Liebesnacht hast du wohl gehabt, danach! Ein köstliches Fest, nicht?

DIE ALTE: Ach, Herr, es war ein grauenhaftes Fest.

JUPITER: Ein rotes Fest, dessen Erinnerung ihr nie habt auslöschen können.

DIE ALTE: Herr? Seid Ihr ein Toter?

JUPITER: Ein Toter! Du bist wohl verrückt! Kümmere dich nicht darum, was ich bin, du tätest besser, dich um dich selbst zu kümmern und durch deine Reue dir die Vergebung des Himmels zu verdienen.

DIE ALTE: Ach, Herr, ich bereue; wenn Ihr wüßtet, wie ich bereue, und meine Tochter bereut auch, und mein Schwiegersohn opfert jedes Jahr eine Kuh, und mein Enkelchen, das bald sieben Jahre alt ist, das haben wir in der Reue erzogen; es ist brav wie ein Engel, ganz blond und schon ganz durchdrungen vom Gefühl seiner Erbschuld.

JUPITER: Gut so, geh jetzt, alte Schlampe, und schau zu, daß du in deiner Reue krepierst. Das ist deine einzige Chance. *Die Alte entflieht.* Ich müßte mich schon sehr täuschen, meine Herren, wenn das hier nicht gute Frömmigkeit ist, so recht aus Furcht und Schrecken geboren.

OREST: Was für ein Mensch seid Ihr?

JUPITER: Wer kümmert sich um mich? Wir sprachen von den Göttern. Nun hätte man gegen den Ägist den Blitz schleudern sollen.

OREST: Man hätte... Ach, ich weiß nicht, was man hätte tun sollen, und ich pfeife darauf, ich bin nicht von hier. Und Ägist, bereut er?

JUPITER: Ägist? Das sollte mich wundern. Aber was tut's. Eine ganze Stadt bereut für ihn. Sie zählt nach dem Gewicht, die Reue! *Entsetzliches Geschrei aus dem Palast.* Hört! Damit sie die Todesschreie ihres Königs nicht vergessen, haben sie einen Rinderhirten angestellt, den sie wegen seiner starken Stimme gewählt haben; der schreit so, jedes Jahr an diesem Tage, im großen Saal des Palastes. *Orest macht eine Bewegung, die Ekel verrät.* Das ist noch nicht alles; was werdet Ihr erst sagen, jetzt gleich, wenn man die Toten losläßt. Vor fünfzehn Jahren, auf den Tag genau, wurde Agamemnon ermordet. Ach, wie hat es sich seither verändert, das leichte Volk von Argos, und wie steht es jetzt meinem Herzen nahe.

OREST: Eurem Herzen?

JUPITER: Nichts, nichts, junger Mann. Ich sprach so vor mich hin. Ich wollte sagen: dem Herzen der Götter nahe.

OREST: Wirklich? Blutbeschmierte Mauern, Millionen von Fliegen, ein Geruch wie von Schlächterei, eine Hitze für Kellerasseln, verödete Straßen, ein Gott mit dem Gesicht eines Ermordeten, terrorisierte Larven, die sich in der dunkelsten Ecke ihrer Häuser vor die Brust schlagen – und diese Schreie, diese unerträglichen Schreie: all das soll Jupiter wohlgefällig sein?

JUPITER: Oh, richtet die Götter nicht, junger Mann, sie haben schmerzliche Geheimnisse. *Eine Pause.*

OREST: Agamemnon hatte eine Tochter, nicht wahr? Ein Mädchen mit Namen Elektra?

JUPITER: Ja. Sie lebt hier. Im Palast des Ägist – da vor Euch.

OREST: Ach, das ist ja der Palast des Ägist! – Und was denkt Elektra über all das?

JUPITER: Ach! Sie ist ein Kind. Es war auch ein Sohn da, ein gewisser Orest. Man sagt, er sei tot.

OREST: Tot? Meint Ihr?...

PÄDAGOGE: Aber ja, Herr, Ihr wißt doch, daß er tot ist. Die Leute in Nauplia haben uns erzählt, daß Ägist Befehl gegeben habe, ihn zu töten, kurz nach Agamemnons Tod.

JUPITER: Es gibt Leute, die haben behauptet, er lebe noch. Seine Mörder hätten ihn, von Mitleid ergriffen, im Wald allein gelassen. Reiche Bürger von Athen hätten ihn aufgefunden und aufgezogen. Ich, für meinen Teil, wünsche ihm, daß er tot ist.

OREST: Warum, ich bitte Euch?

JUPITER: Stellt Euch nur vor, er käme eines Tages an das Tor dieser Stadt.

OREST: Nun!

JUPITER: Ja! Schaut, wenn ich ihm dann begegnete, würde ich ihm folgendes sagen: «Junger Mann...» Ich würde ihn «Junger Mann» nennen, denn er ist so alt wie Ihr, ungefähr, wenn er lebt, heißt das. Ja, richtig, Herr, würdet Ihr mir Euern Namen sagen?

OREST: Ich heiße Philebes und ich bin aus Korinth. Ich reise, um mich zu bilden, mit einem Sklaven, der mein Lehrer war.

JUPITER: Ausgezeichnet. Ich würde also sagen: «Junger Mann, geht fort! Was sucht Ihr hier? Ihr wolltet Eure Rechte geltend machen? Hört, Ihr seid kühn und stark, Ihr wäret ein vortrefflicher Hauptmann. Ihr habt Besseres zu tun, als über eine halbtote Stadt zu herrschen. Über die Kadaver einer Stadt, die von Fliegen gepeinigt wird. Die Leute sind hier große Sünder, aber siehe da, jetzt sind sie auf dem Weg zur Sühne. Laßt sie, junger Mann, laßt sie, stört ihr leidvolles Unterfangen nicht, entfernt Euch auf den Fußspitzen. Ihr könnt ihre Reue nicht teilen, denn Ihr habt an ihrem Verbrechen nicht teilgehabt. Eure freche Unschuld scheidet Euch von ihnen wie ein tiefer Graben. Geht fort, wenn Ihr sie auch nur ein wenig liebt. Geht fort, sonst werdet Ihr sie ins Unglück bringen: wenn Ihr sie nur im geringsten auf ihrem Weg aufhaltet, wenn Ihr sie – und sei es nur einen Augenblick – von ihren Gewissensbissen ablenkt, wird alle ihre Schuld über ihnen erstarren wie erkaltetes Fett. Sie haben ein schlechtes Gewissen, sie haben Angst – und die Angst, das schlechte Gewissen sind ein angenehmes Düftchen für die Nasen der Götter. Ja, sie sind den Göttern wohlgefällig, diese erbärmlichen Seelen. Möchtet Ihr ihnen diese göttliche Gunst entziehen? Und was werdet Ihr ihnen dafür geben? Eure ruhige Verdauung und den trübseligen Frieden der Provinz und die Langeweile, ach, die so alltägliche Langeweile des Glücks. Gute Reise, junger Mann, gute Reise; die Ordnung einer Stadt und die Ordnung in den Seelen sind unbeständig; wenn Ihr daran rührt, werdet Ihr eine Katastrophe heraufbeschwören. *Er schaut ihm in die Augen.* Eine schreckliche Katastrophe, die auf Euch zurückfallen wird.»

OREST: Wirklich? Das also würdet Ihr sagen? Nun gut, wenn ich der junge Mann wäre, ich würde Euch antworten... *Sie messen sich mit den Blicken; der Pädagoge hüstelt.* Ach was; ich weiß nicht, was ich Euch antworten würde. Vielleicht habt Ihr recht, und dann – es geht mich ja nichts an.

JUPITER: Vortrefflich. Ich wünschte, Orest wäre ebenso vernünftig. Nun ja, Friede sei mit Euch! Ich muß meinen Geschäften nachgehen.

OREST: Friede sei mit Euch.

JUPITER: Was ich noch sagen wollte – wenn diese Fliegen Euch belästigen, so weiß ich ein Mittel, wie Ihr sie verjagen könnt; schaut diesen Schwarm, der Euch umsurrt; ich mache eine Wendung, eine Armbewegung, und ich sage: «Abraxas, galla, galla, tse, tse.» Da, seht Ihr, sie kollern herunter und kriechen wie Raupen auf dem Boden.

OREST: Bei Jupiter!

JUPITER: Nichts weiter. Ein kleines gesellschaftliches Talent. Ich bin Fliegenbeschwörer, gelegentlich. Tag! Ich werde Euch wiedersehen. *Ab.*

2. SZENE
Orest – Pädagoge

PÄDAGOGE: Hütet Euch. Dieser Mensch weiß, wer Ihr seid.

OREST: Ist es ein Mensch?

PÄDAGOGE: Ach Herr, was macht Ihr mir für Kummer. Was macht Ihr doch aus meinen Lehren, aus dem lächelnden Skeptizismus, den ich Euch beigebracht? «Ist es ein Mensch?» Klar, es gibt nur Menschen, und dies ist schon mehr als genug. Dieser Bärtige da ist ein Mensch, wohl ein Spion des Ägist.

OREST: Hör auf mit deiner Philosophie. Sie hat mir schon zuviel geschadet.

PÄDAGOGE: Geschadet? Heißt es denn den Menschen schaden, wenn man ihnen die Freiheit des Geistes gibt? Ach, wie Ihr Euch verändert habt! Früher konnte ich in Euch lesen ... Werdet Ihr mir endlich sagen, worüber Ihr nachgrübelt? Warum habt Ihr mich hierher geschleppt? Und was wollt Ihr tun?

OREST: Habe ich dir gesagt, daß ich hier etwas zu tun hätte? Geh! Sei still. *Er nähert sich dem Palast.* Das also ist m e i n Palast. Hier wurde mein Vater geboren. Hier haben ihn eine Hure und ihr Gigolo ermordet. Ich auch, ich bin hier geboren. Ich war drei Jahre alt, als mich die Söldner des Ägist wegtrugen. Sicher sind wir durch diese Tür gekommen, einer von ihnen trug mich auf dem Arm, ich hatte die Augen weit aufgerissen, und ich weinte sicherlich. Ach, nicht die kleinste Erinnerung. Ich sehe ein großes, stummes Gebäude, in zugeknöpfter, provinzieller Feierlichkeit. Ich sehe es zum erstenmal.

PÄDAGOGE: Keine Erinnerungen, undankbarer Herr, wo ich zehn Jahre meines Lebens geopfert habe, um Euch welche zu geben? Und alle die Reisen, die wir machten? Und die Städte, die wir besuchten? Und jener archäologische Kurs, den ich für Euch allein hielt? Keine Erinnerungen! Und früher gab es doch in Eurem Gedächtnis so viele Paläste, Heiligtümer und Tempel, daß Ihr, wie der Geograph Pausanias, einen Führer durch Griechenland hättet schreiben können.

OREST: Paläste! Ja, wirklich, Paläste, Säulen, Statuen! Warum bin ich denn nicht schwerer, so ich doch so viele Steine im Kopf habe? Und die 387 Stufen am Tempel von Ephesus, von denen sprichst du mir nicht? Ich habe sie erklommen, eine um die andere, und an alle erinnere ich mich. Die siebzehnte, so glaube ich, war geborsten. Ach, ein Hund, ein alter Hund, der am Herd liegt und sich wärmt, und der sich mühsam und stöhnend erhebt, wenn sein Herr hereinkommt, um ihn zu begrüßen, ein Hund hat mehr Gedächtnis als ich; es ist s e i n Herr, den er wiedererkennt. S e i n Herr! Und wem gehöre ich?

PÄDAGOGE: Und was fangt Ihr mit der Bildung an, Herr? Sie gehört Euch, Eure Bildung, ich habe sie mit Liebe für Euch zusammengestellt, wie einen Blumenstrauß, und sie aus den Früchten meiner Weisheit und den Schätzen meiner Erfahrung ausgewählt. Ließ ich Euch nicht, schon ganz früh, alle Bücher lesen, um Euch mit der Verschiedenheit der menschlichen Meinungen vertraut zu machen, und habe ich Euch nicht durch hundert verschiedene Staaten geführt, um Euch bei jeder Gelegenheit zu beweisen, welch ein veränderliches Ding die Sitten der Menschen sind. Da seid Ihr nun jung, reich und schön, klug wie ein Alter, befreit von aller Knechtschaft und von jeglichem Glauben, ohne Familie, ohne Heimat, ohne Religion, ohne Beruf, frei für jede Verpflichtung und wissend, daß man sich nie verpflichten soll – kurz und gut, ein überlegener Mensch; obendrein fähig, Philosophie oder Architektur in einer großen Universitätsstadt zu lehren, und beklagt Euch?

OREST: Aber nein doch, ich beklage mich nicht. Ich kann mich nicht beklagen: Du hast mir die Freiheit jener Fäden gelassen, die der Wind aus den Spinnennetzen reißt und die zehn Fuß über dem Boden schweben; ich weiß, das ist ein Glück, und ich schätze es nach Gebühr. *Pause.* Es gibt Menschen, die werden mit einer Verpflichtung geboren: sie haben keine Wahl, man hat sie in eine Bahn geworfen, am Ende dieser Bahn steht eine Tat, die ihrer wartet, ihre Tat, sie gehen, und ihre nackten Füße graben sich in die Erde und reißen sich an den Steinen. Das scheint ihnen vulgär, die Freude, auf ein Ziel hinzugehen. Und es gibt andere, Schweigsame, die fühlen in ihrem innersten Herzen die Last trüber und erdgebundener Bilder; ihr Leben hat sich verändert, weil irgendwann einmal in ihrer Jugend, mit fünf oder sieben Jahren ... schon gut; es sind keine überlegenen Menschen. Ich, ich wußte schon mit sieben Jahren, daß ich verbannt war; die Gerüche und die Töne, der Lärm des Regens auf den Dächern, das Zittern des Lichts, ich ließ sie meinen Körper entlanggleiten und um mich niederfallen; ich wußte, sie gehörten den anderen, und ich würde nie daraus meine Erinnerungen machen können. Nun, die Erinnerungen sind fette Nahrung für jene, die Häuser besitzen, Tiere, Knechte und Felder. Aber ich ... ich bin frei, Gott sei Dank! Ach, und wie frei. Und welch herrliches Nirgend-sein ist meine Seele. *Er nähert sich dem Palast.* Da also hätte ich gelebt. Ich hätte keines deiner Bücher gelesen, und vielleicht hätte ich überhaupt nie lesen gelernt; es kommt selten vor, daß ein Prinz lesen kann. Aber durch diese Tür wäre ich zehntausendmal aus- und eingegangen. Als Kind hätte ich mit ihren Flügeln gespielt, ich hätte mich gegen sie gestemmt, sie hätten geknarrt, ohne nachzugeben, und meine Arme hätten ihren Widerstand erfahren. Später hätte ich sie aufgestoßen, nachts, im geheimen, um zu den Mädchen zu gehen. Und noch später, am Tag meiner Volljährigkeit, hätten die Sklaven die Tür ganz groß für mich aufgerissen, und ich wäre über die Schwelle geschritten. Meine alte Holztür. Und diese Kerbe hier unten, die hätte ich vielleicht gemacht, aus Ungeschicklichkeit, am ersten Tag, an dem man mir eine Lanze gegeben. *Er geht einige Schritte zur Seite.* Kleindorischer Stil, was? Und was sagst du zu den Goldintarsien? Ich hatte die gleichen in Dodona gesehen; schöne Arbeit das. Und jetzt will ich dir eine Freude machen: das ist nicht mein, noch meine Tür, wir haben hier nichts zu suchen.

PÄDAGOGE: Endlich seid Ihr vernünftig geworden. Was hättet Ihr gewonnen, wenn Ihr hier lebtet? Eure Seele wäre jetzt von einer ekelhaften Reue terrorisiert.

Orest *aufbrechend:* Sie wäre wenigstens mein. Und diese Hitze, die meine Haare versengt. Nein, das Summen der Fliegen! Um diese Stunde würde ich, allein in einem dunklen Zimmer des Palastes, durch die Ritzen des Ladens die rote Farbe des Lichts betrachten, ich würde darauf warten, daß die Sonne sinkt und daß von der Erde wie ein Duft der kühle Schatten des Abends in Argos aufsteigt, so wie hunderttausend andere vorher und immer wieder neu, der Schatten eines Abends, der mein Abend ist. Laß uns gehen, Pädagoge, merkst du, daß wir dabei sind, in der Hitze zu verfaulen?

Pädagoge: Ach, Herr, wie Ihr mich beruhigt. In den letzten Monaten, genauer, seit ich Euch Eure Herkunft enthüllt hatte – sah ich, wie Ihr Euch von Tag zu Tag verändert habt, es raubte mir den Schlaf. Ich fürchte...

Orest: Was?

Pädagoge: Ihr werdet böse werden.

Orest: Nein, rede!

Pädagoge: Ich fürchtete, man mag sich noch so früh in der skeptischen Ironie geübt haben, manchmal kommen einem dumme Ideen, kurz und gut, ich fragte mich, ob Ihr nicht im Sinn hättet, Ägist zu verjagen und Euch an seine Stelle zu setzen.

Orest *langsam:* Ägist verjagen? *Pause.* Beruhige dich, mein Bester, es ist zu spät. Nicht daß mir die Lust fehlte, diesen bigotten Hurenjäger beim Bart zu nehmen und ihn von meines Vaters Thron zu stoßen. Aber... was habe ich mit diesen Menschen hier zu schaffen? Ich habe keines ihrer Kinder auf die Welt kommen sehen, noch war ich auf den Hochzeiten ihrer Töchter, ich habe nicht teil an ihren Gewissensbissen, und ich kenne nicht einen einzigen ihrer Namen. Der Bärtige hat recht: ein König muß die gleichen Erinnerungen haben wie seine Untertanen. Lassen wir sie, mein Bester. Gehen wir. Auf den Fußspitzen. Ach! Wenn es eine Tat gäbe, eine Tat, siehst du, die mir das Bürgerrecht unter ihnen gäbe: wenn ich mich – und wäre es durch ein Verbrechen – ihrer Erinnerung bemächtigen könnte, ihrer Furcht und ihrer Hoffnungen, um die Leere meines Herzens auszufüllen, und müßte ich dafür meine eigene Mutter töten...

Pädagoge: Herr!

Orest: Ja. Das sind Träume. Gehen wir. Sieh zu, ob man uns Pferde verschaffen kann, dann reiten wir bis nach Sparta, wo ich Freunde habe. *Elektra erscheint.*

3. Szene
Elektra

Elektra, *sie trägt einen Kasten, nähert sich, ohne die beiden Männer zu bemerken, der Jupiterstatue:* Sauhund! Schau mich nur an, du! Mit deinen runden Augen in deinem mit Himbeersaft beschmierten Gesicht, du machst mir nicht angst. Sie sind gekommen, was, heute morgen, die heiligen Frauen, die alten Vetteln, mit ihren schwarzen

Rücken. Sie sind in ihren groben Schuhen um dich herumgeschlüpft... Du warst zufrieden, gelt, du Vogelscheuche, du liebst sie, die Alten, je mehr sie Toten gleichen, desto lieber sind sie dir; sie haben dir zu Füßen ihre kostbaren Weine ausgegossen, weil es dein Fest ist; und Modergerüche steigen aus ihren Röcken zu deiner Nasenspitze empor: noch jetzt kitzeln die köstlichen Düfte deine Nüstern. *Sie reibt ihn mit der Hand.* So. Und jetzt rieche mich, rieche den Duft meines frischen Fleisches. Ich bin jung, ich, und ich bin lebendig, das muß dich anekeln. Ich komme auch, um dir meine Gabe darzubringen, während die ganze Stadt betet. Da schau her: Abfälle und die ganze Asche des Herdes, und alte Fleischstücke, die von Maden wimmeln, und verschimmeltes Brot, das unsere Schweine nicht wollten; aber sie werden es gern haben, deine Fliegen. Ein schönes Fest, ein recht schönes Fest, und hoffentlich ist es das letzte. Ich bin nicht mehr stark, und ich kann dich nicht umstürzen. Ich kann dich anspucken, das ist alles, was ich tun kann. Aber er wird kommen, er, auf den ich warte, mit seinem großen Schwert wird er kommen. Er wird dich ansehen und dich grüßen, so die Hände auf den Hüften und nach rückwärts geworfen. Und dann wird er seinen Säbel ziehen und dich von oben bis unten auseinanderspalten. Dann werden die zwei Hälften von Jupiter herunterkollern, die eine links, die andere rechts, und jedermann wird sehen, daß er aus weichem, weißem Holz ist. Aus weichem, ganz weißem Holz, der Gott der Toten. Das Grauen und das Blut auf dem Gesicht und das schattige Grün der Augen, alles nur Lack, gelt? Du weißt, daß du ganz weiß im Innern bist, weiß, wie der Körper des Säuglings; du weißt, daß dich ein Säbelhieb glatt auseinanderspalten wird und daß du nicht einmal bluten kannst. Holz, nichts als Holz, das brennt gut. *Sie bemerkt Orest.* Ah!

OREST: Fürchte dich nicht.

ELEKTRA: Ich fürchte mich nicht. Wer bist du?

OREST: Ein Fremder.

ELEKTRA: Sei willkommen. Alles, was dieser Stadt fremd ist, ist mir lieb. Wie heißt du?

OREST: Ich heiße Philebes und bin aus Korinth.

ELEKTRA: Ach, aus Korinth? Mich nennt man Elektra.

OREST: Elektra! *Zum Pädagogen:* Laß uns allein.

4. SZENE

Orest – Elektra

ELEKTRA: Warum schaust du mich an?

OREST: Du bist schön. Du gleichst den Leuten hier nicht.

ELEKTRA: Schön? Bist du sicher, daß ich schön bin? Ebenso schön wie die Mädchen von Korinth?

OREST: Ja.

ELEKTRA: Sie sagen es mir nicht, hier. Sie wollen nicht, daß ich es weiß. Was nützt es mir übrigens, ich bin nur eine Magd.

OREST: Eine Magd? Du?

ELEKTRA: Die letzte unter den Mägden. Ich wasche die Wäsche des Königs und der Königin. Es ist eine sehr schmutzige Wäsche, voller Unrat. Ihre ganze Unterwäsche, die Hemden, die ihre faulenden Körper bedecken und die Klytämnestra trägt, wenn sie mit dem König ihr Lager teilt: das alles muß ich waschen. Ich schließe die Augen, und ich reibe nach Leibeskräften. Auch das Geschirr wasche ich. Du glaubst mir nicht? Schau meine Hände an! Gelt, die haben Risse und Sprünge? Wie sonderbar du mich anschaust! Sehen sie vielleicht wie die Hände einer Prinzessin aus?

OREST: Arme Hände. Nein, sie sehen nicht wie die Hände einer Prinzessin aus; aber erzähle weiter. Was verlangen sie noch von dir?

ELEKTRA: Nun, jeden Morgen muß ich den Kotkübel leeren. Ich schleppe ihn aus dem Palast heraus und dann ... Du hast ja gesehen, was ich damit mache, mit dem Unrat. Der Kerl da aus Holz, das ist Jupiter, Gott des Todes und der Fliegen. Kürzlich, als der Oberpriester kam, um vor ihm seine Bücklinge zu machen, da trat er auf Krautstrünke und weiße Rüben, auf Muschelschalen. Er meinte, verrückt zu werden. Sag, wirst du mich angeben?

OREST: Nein.

ELEKTRA: Gib mich an, wenn du willst, ich pfeife darauf. Was können sie mir noch Schlimmeres antun? Sie haben mich schon geschlagen. Mich in einen großen Turm einschließen lassen, ganz oben. Das wäre keine schlechte Idee, so sähe ich doch ihre Gesichter nicht mehr. Stell dir vor, am Abend, wenn ich mit meiner Arbeit zu Ende bin, dann belohnen sie mich, ich muß mich zu einer dicken Frau mit gefärbten Haaren stellen. Sie hat fette Lippen und sehr weiße Hände, Hände einer Königin, die nach Honig riechen. Sie legt ihre Hände auf meine Schultern, sie klebt ihre Lippen auf meine Stirn, sie sagt: «Gute Nacht, Elektra.» Jeden Abend. Jeden Abend fühle ich auf meiner Haut dieses warme und gefräßige Fleisch. Aber ich nehme mich zusammen, ich bin nie umgesunken. Es ist meine Mutter, mußt du wissen. Wenn ich im Turm wäre, könnte sie mich wenigstens nicht mehr küssen.

OREST: Hast du nie daran gedacht, zu fliehen?

ELEKTRA: Den Mut habe ich nicht dazu. Ich würde mich fürchten, allein auf den Straßen.

OREST: Hast du keine Freundin, die dich begleiten könnte?

ELEKTRA: Nein, ich habe nur mich selbst. Ich bin eine Räude, eine Pest: die Leute hier werden es dir sagen. Ich habe keine Freundinnen.

OREST: Nie? Auch keine Amme, irgendeine alte Frau, die dich zur Welt kommen sah und dich ein bißchen liebt?

ELEKTRA: Nicht einmal das. Frage nur meine Mutter: ich werde jedes, auch das zärtlichste Herz abstoßen.

OREST: Und du wirst dein ganzes Leben lang hier bleiben?

ELEKTRA *schreit auf:* Nein! Nicht mein ganzes Leben! Nein. Ich warte auf etwas.

OREST: Etwas oder jemand?

ELEKTRA: Ich werde es dir nicht sagen. Sprich du, du bist schön, du auch. Wirst du lange hier bleiben?

OREST: Ich wollte heute noch weiterreisen. Aber jetzt ...
ELEKTRA: Jetzt?
OREST: Ich weiß nicht mehr.
ELEKTRA: Ist Korinth eine schöne Stadt?
OREST: Sehr schön.
ELEKTRA: Du liebst sie? Du bist stolz darauf?
OREST: Ja.
ELEKTRA: Das käme mir komisch vor, wenn ich auf meine Vaterstadt stolz sein sollte. Erkläre mir.
OREST: Nun ... Ich weiß nicht. Ich kann es dir nicht erklären.
ELEKTRA: Du kannst nicht? *Pause.* Stimmt es, daß es schattige Plätze gibt in Korinth? Plätze, auf denen man am Abend spazierengeht?
OREST: Es stimmt.
ELEKTRA: Und alle sind draußen? Alle gehen spazieren?
OREST: Alle.
ELEKTRA: Ich komme dir einfältig vor? Aber du kannst dir nicht denken, wie schwer es für mich ist, mir Spaziergänge, Lieder, Lachen – vorzustellen. Die Leute hier vergehen vor Angst. Und ich ...
OREST: Du ...
ELEKTRA: Vor Haß. Und was treiben sie den ganzen Tag, die jungen Mädchen von Korinth?
OREST: Sie schmücken sich, und dann singen sie oder sie spielen Laute, und dann besuchen sie ihre Freundinnen, und am Abend gehen sie zum Tanz.
ELEKTRA: Und sie haben gar keinen Kummer?
OREST: Sie haben nur ganz kleinen.
ELEKTRA: Wirklich? Höre, haben die Leute von Korinth Gewissensbisse?
OREST: Manchmal. Nicht oft.
ELEKTRA: Also tun sie, was sie wollen, und denken nachher nicht mehr dran?
OREST: Ja, gerade so.
ELEKTRA: Wie merkwürdig. *Pause.* Und nun sage mir noch eines, ich muß es nämlich wissen, wegen jemand ..., den ich erwarte. Nimm an, daß ein junger Bursche von Korinth, einer jener jungen Burschen, die abends mit den Mädchen lachen, bei der Rückkehr von einer Reise seinen Vater ermordet findet, seine Mutter im Bett des Mörders und seine Schwester in der Sklaverei: würde er artig tun, der Bursche von Korinth, würde er zurückkehren, Verbeugungen machen und bei seinen Freundinnen Trost suchen? Oder würde er sein Schwert ziehen und auf den Mörder einhauen, bis ihm der Kopf entzweispränge? – Du antwortest nicht?
OREST: Ich weiß nicht.
ELEKTRA: Du weißt das nicht – was heißt das?
STIMME DER KLYTÄMNESTRA: Elektra!
ELEKTRA: Pst.
OREST: Was ist los?
ELEKTRA: Meine Mutter, die Königin Klytämnestra.

5. SZENE

Orest – Elektra – Klytämnestra

ELEKTRA: Nun, Philebes: sie flößt dir Angst ein?

OREST: Dies Gesicht, ich hab' hunderttausendmal versucht, es mir vorzustellen, und schließlich sah ich es, müde und abgespannt unter dem Glanz der Schminke. Aber mit diesen toten Augen hatte ich nicht gerechnet.

KLYTÄMNESTRA: Elektra, der König befiehlt dir, dich für die Feier zurechtzumachen. Du wirst dein schwarzes Kleid anziehen und deinen Schmuck anlegen. Nun? Was sollen diese gesenkten Augen? Du preßt deine Ellbogen gegen deine mageren Hüften, dein Körper scheint dir lästig ... Du zeigst dich oft so in meiner Gegenwart; aber diese Mätzchen werden mich nicht mehr täuschen: gerade vorhin habe ich durchs Fenster eine ganz andere Elektra gesehen, mit großen Bewegungen und feurigen Augen ... Wirst du mich ansehen? Wirst du mir endlich antworten?

ELEKTRA: Habt Ihr eine Spülmagd nötig, um den Glanz Eures Festes zu erhöhen?

KLYTÄMNESTRA: Keine Komödie. Du bist Prinzessin, Elektra, und das Volk will dich sehen, wie jedes Jahr.

ELEKTRA: Ich bin Prinzessin, wirklich? Und Ihr, Ihr erinnert Euch einmal im Jahr daran, wenn das Volk eine Darstellung unseres Familienlebens verlangt, zu seiner Erbauung? Eine schöne Prinzessin das, die das Geschirr wäscht und die Schweine hütet! Wird Ägist seinen Arm um meine Schultern legen, wie im letzten Jahr, und wird er sich lächelnd an meine Wange schmiegen und mir dabei drohende Worte ins Ohr flüstern?

KLYTÄMNESTRA: Es hängt nur von dir ab, daß es anders wird.

ELEKTRA: Ja, wenn ich mich von Eurer Reue anstecken lasse, und wenn ich die Götter um Vergebung anflehe für ein Verbrechen, das ich nicht begangen habe. Ja, wenn ich die Hände Ägists küsse und ihn Vater nenne. Pfui! Er hat vertrocknetes Blut unter den Nägeln.

KLYTÄMNESTRA: Tu, was du willst. Ich habe seit langem darauf verzichtet, dir in meinem Namen Befehle zu geben. Ich habe dir die des Königs mitgeteilt.

ELEKTRA: Was gehen mich die Befehle des Ägist an? Er ist Euer Gemahl, meine Mutter, Euer sehr geliebter Gemahl, nicht der meine.

KLYTÄMNESTRA: Ich habe dir nichts zu sagen, Elektra. Ich sehe, daß du an deinem Verderben und dem unseren arbeitest. Aber wie käme ich dazu, dir zu raten, ich, die ich mein Leben an einem einzigen Morgen zugrunde gerichtet habe? Du hassest mich, mein Kind; aber was mich viel mehr beunruhigt, das ist, daß du mir gleichst: ich hatte dasselbe spitze Gesicht, dasselbe unruhige Blut, dieselben verschmitzten Augen – und es ist nichts Gutes daraus entstanden.

ELEKTRA: Ich will Euch nicht gleichen! Du, Philebes, du siehst uns alle beide, eine neben der andern, gelt, es ist nicht wahr, ich gleiche ihr nicht?

OREST: Was soll ich sagen. Ihr Gesicht ist wie ein von Blitz und Hagel verwüstetes Feld. Auf deinem aber liegt es wie die Verheißung eines Gewitters: eines Tages wird es die Leidenschaft bis auf die Knochen verbrennen.

ELEKTRA: Eine Verheißung von Gewitter? Gut, diese Ähnlichkeit lasse ich gelten. Mögest du die Wahrheit sagen.

KLYTÄMNESTRA: Und du? Der du die Leute so musterst, wer bist du eigentlich? Laß dich auch von mir betrachten. Und was tust du hier?

ELEKTRA *lebhaft:* Er ist ein Korinther, er heißt Philebes. Er reist.

KLYTÄMNESTRA: Philebes? So!

ELEKTRA: Ihr scheint einen anderen Namen befürchtet zu haben?

KLYTÄMNESTRA: Befürchtet? Wenn ich etwas gewonnen habe, weil ich mich zugrunde richtete, so das, daß ich jetzt nichts mehr fürchten muß. Tritt näher, Fremder, und sei willkommen. Wie jung du bist! Wie alt bist du denn?

OREST: Achtzehn Jahre.

KLYTÄMNESTRA: Deine Eltern leben noch?

OREST: Mein Vater ist tot.

KLYTÄMNESTRA: Und deine Mutter? Sie muß ungefähr so alt sein wie ich? Du sagst nichts? Wahrscheinlich kommt sie dir jünger vor als ich, sie kann noch lachen und singen in deiner Gesellschaft. Liebst du sie? Antworte doch: Warum hast du sie verlassen?

OREST: Ich will mich freiwillig melden in Sparta, bei den Söldnertruppen.

KLYTÄMNESTRA: Gewöhnlich machen die Reisenden einen Bogen von zwanzig Meilen, um unsere Stadt zu vermeiden. Hat man dich denn nicht gewarnt? Die Leute in der Ebene haben uns in Quarantäne getan; sie sehen unsere Reue an wie die Pest, und sie haben Angst vor der Ansteckung.

OREST: Ich weiß es.

KLYTÄMNESTRA: Sie haben dir gesagt, daß ein unsagbares Verbrechen, das vor fünfzehn Jahren begangen wurde, uns erdrückt?

OREST: Sie haben es mir gesagt.

KLYTÄMNESTRA: Und du bist trotzdem gekommen? Fremder, ich bin die Königin Klytämnestra.

ELEKTRA: Laß dich nicht rühren, Philebes, die Königin vergnügt sich an unserm Nationalspiel: dem Spiel der öffentlichen Beichte. Hier schreit jeder seine Sünden allen andern ins Gesicht; und es kommt nicht selten vor, daß man an den Feiertagen irgendeinen Kaufmann, nachdem er die Läden seines Geschäftes heruntergelassen hat, auf den Knien durch die Straßen rutschen sieht, und dabei streut er sich Sand in die Haare und schreit, daß er ein Mörder sei, ein Ehebrecher, ein Veruntreuer. Aber den Leuten von Argos hängt das schon zum Halse heraus; jeder kennt die Verbrechen des andern auswendig. Die der Königin ganz besonders machen schon gar niemandem mehr Spaß, es sind offizielle Verbrechen, Gründungsverbrechen, sozusagen. Ich überlasse es dir, dir ihre Freude auszumalen, als sie dich sah, so jung, so frisch, daß du nicht einmal ihren Namen kanntest: was für eine außergewöhnliche Gelegenheit. Es war ihr, als würde sie zum erstenmal beichten.

KLYTÄMNESTRA: Schweig! Jeder kann mir ins Gesicht spucken und mich Verbrecherin und Hure nennen. Aber niemand hat das Recht, meine Gewissensbisse zu richten.

ELEKTRA: Siehst du, Philebes, das ist die Spielregel. Die Leute werden dich anflehen, damit du sie verurteilst. Aber hüte dich, sie für andere Fehler zu richten als die, welche sie dir gestehen: die andern gehen niemanden etwas an, und sie wüßten dir keinen Dank, sie zu entdecken.

KLYTÄMNESTRA: Vor 15 Jahren war ich die schönste Frau in Griechenland. Schau mein Gesicht an und urteile selbst, was ich gelitten habe. Ich sage es dir ungeschminkt: nicht der Tod des alten Ziegenbocks ist es, den ich bedaure; als ich ihn in seinem Bade bluten sah, habe ich vor Freude gesungen, ich habe getanzt. Und noch heute, nach fünfzehn Jahren, denke ich mit einem Freudenschauer daran. Aber ich hatte einen Sohn – er wäre so alt wie du, als Ägist ihn den Söldnern übergab ...

ELEKTRA: Ihr hattet auch eine Tochter, meine Mutter, so scheint mir. Ihr habt aus ihr eine Spülmagd gemacht. Aber diese Schuld plagt Euch nicht übermäßig.

KLYTÄMNESTRA: Du bist jung, Elektra. Wer jung ist und noch keine Zeit hatte, Böses zu tun, hat leicht richten. Aber gedulde dich. Eines Tages wirst du ein nicht wieder gutzumachendes Verbrechen hinter dir herschleppen. Bei jedem Schritt wirst du glauben, von ihm wegzukommen, und doch wird es immer gleich schwer an dir hängen. Du wirst dich umwenden, und du wirst es hinter dir sehen, außer Greifweite, dunkel und klar wie ein schwarzer Kristall. Und du wirst es nicht einmal begreifen und sagen: «Nicht ich habe es getan.» Aber es wird da sein, hundertmal verleugnet, unabänderlich da, um dich rückwärts zu ziehen. Und so wirst du endlich wissen, daß du dein Leben auf einen einzigen Wurf gesetzt hast, ein für allemal, und daß dir nichts anderes übrigbleibt, als dein Verbrechen bis zum Tode hinter dir herzuschleppen. So ist das Gesetz, das gerechte und ungerechte – der Reue. Dann wollen wir sehen, was aus deinem jungen Hochmut wird.

ELEKTRA: Mein junger Hochmut? Seht, das ist Eure Jugend, die Ihr noch mehr beklagt als Euer Verbrechen: es ist meine Jugend, die Ihr haßt, mehr noch als meine Unschuld.

KLYTÄMNESTRA: Was ich in dir hasse, Elektra, das bin ich selbst. Nicht deine Jugend – o nein –, die meine.

ELEKTRA: Und ich, ich hasse Euch – Euch!

KLYTÄMNESTRA: Welche Schmach! Wir beschimpfen uns gegenseitig, wie gleichaltrige Frauen, die eine Nebenbuhlerschaft in der Liebe gegeneinander aufhetzt. Und ich bin doch deine Mutter. Ich weiß nicht, wer du bist, junger Mann, noch was du hier bei uns suchst, doch deine Gegenwart ist ein Verhängnis. Elektra haßt mich, und ich weiß es. Aber wir haben während fünfzehn Jahren darüber geschwiegen, und nur unsere Blicke verrieten uns. Du bist gekommen, du hast mit uns gesprochen, und da fletschten wir auch schon die Zähne und heulten wie die Hündinnen. Die Gesetze der Stadt verpflichten uns, dich gastlich aufzunehmen; aber ich verberge es dir nicht, ich wünsche, daß du weggehst. Was aber dich betrifft, mein Kind, mein allzu treues Abbild, ich liebe dich nicht, das ist wahr. Aber ich würde mir eher die rechte Hand abschlagen, als dir schaden. Du weißt es nur zu gut, und du mißbrauchst meine Schwäche. Aber ich rate dir nicht, deinen kleinen giftigen Kopf gegen Ägist zu erheben: er versteht es, mit einem einzigen Stockschlag den Vipern das Rückgrat zu brechen. Glaube mir, tue, was er dir befiehlt, oder es wird dich teuer zu stehen kommen.

ELEKTRA: Ihr könnt dem König antworten, daß ich nicht zu dem Fest erscheinen werde. Weißt du, was sie tun, Philebes? Über der Stadt liegt eine Höhle, deren Grund unsere jungen Leute nie auffinden konnten: man sagt, daß sie mit der Unterwelt in Verbindung steht; der Oberpriester hat sie mit der Felsplatte verschließen lassen. Und nun, du wirst mir kaum glauben, versammelt sich das Volk jedes Jahr am Todestage vor dieser Höhle, Soldaten stoßen den Fels, der den Eingang versperrt, zur Seite, und unsere Toten, so sagt man, steigen aus der Unterwelt herauf und verbreiten sich über die Stadt. Man deckt ihren Platz am Tisch, man bietet ihnen Stühle und Betten an, man rückt ein wenig zusammen, um ihnen Platz zu machen beim abendlichen Gespräch, sie sind überall und alles ist für sie da. Du kannst dir die Seufzer der Lebenden vorstellen: «Mein lieber Toter, mein lieber Toter, ich wollte dich nicht beleidigen, vergib mir!» Am frühen Morgen, beim Hahnenschrei, kehren sie unter die Erde zurück, man rollt den Fels vor den Höhleneingang, und alles ist zu Ende bis zum nächsten Jahr. Ich will diesen Mummenschanz nicht mehr mitmachen. Es sind ihre Toten, nicht meine.

KLYTÄMNESTRA: Wenn du nicht aus eigenem Willen gehorchst, dann, so hat der König befohlen, soll man dich mit Gewalt herbeiführen.

ELEKTRA: Mit Gewalt...? Haha! Mit Gewalt? Gut so! Meine gute Mutter, ich bitte Euch, versichert den König meines Gehorsams. Ich werde an dem Fest teilnehmen, und da das Volk mich dabei sehen will, soll es nicht enttäuscht werden. Dich, Philebes, bitte ich, schiebe deine Reise auf, mache unser Fest mit. Vielleicht wirst du dabei Gelegenheit haben, zu lachen. Auf Wiedersehen, ich mache mich bereit. *Ab.*

KLYTÄMNESTRA *zu Orest:* Geh fort. Ich weiß, daß du uns Unglück bringst. Du kannst nicht böse auf uns sein, wir haben dir nichts getan. Geh fort... Ich bitte dich inständig, im Namen einer Mutter, geh fort. *Ab.*

OREST: Im Namen meiner Mutter...

Jupiter kommt.

6. SZENE

Orest – Jupiter

JUPITER: Euer Diener sagt mir, daß Ihr abreist. Er sucht vergeblich nach Pferden in der ganzen Stadt. Aber ich könnte Euch zwei aufgezäumte Stuten verschaffen, zu mäßigen Preisen.

OREST: Ich reise nicht.

JUPITER *langsam:* Ihr reist nicht? *Pause. Lebhaft:* Dann verlasse ich Euch nicht, Ihr seid mein Gast. Es gibt unten in der Stadt einen ganz anständigen Gasthof, wo wir zusammen wohnen können. Ihr werdet es nicht bedauern, mich als Gefährten gewählt zu haben. Zunächst – abraxas, galla, galla, tse, tse – erlöse ich Euch von Euern Fliegen. Und dann weiß ein Mann meines Alters dann und wann guten Rat: Ich könnte Euer Vater sein: Ihr erzählt mir Eure Geschichte. Kommt, junger Mann, sagt nicht nein; Begegnungen wie diese hier sind manchmal nützlicher, als man es zuerst meint. Denkt an das Beispiel von Telemach, dem Sohn des Odysseus, Ihr wißt, eines schönen Tages ist er einem alten Herrn mit Namen Mentor begegnet, der sich ihm angeschlossen hat und ihm überallhin gefolgt ist. Und wißt Ihr, wer dieser Mentor war? *Auf ihn einredend zieht er ihn mit sich fort, und der Vorhang fällt.*

ZWEITER AKT

ERSTES BILD

Ein ebener Platz in den Bergen. Rechts die Höhle. Der Eingang ist durch einen großen, schwarzen Stein verschlossen. Links Stufen, die zu einem Tempel führen.

1. SZENE

Die Menge, dann Jupiter, Orest und der Pädagoge

EINE FRAU *kniet vor ihrem kleinen Knaben:* Deine Krawatte, nun habe ich sie dir schon dreimal gebunden. *Sie bürstet mit der Hand.* So. Nun bist du sauber. Sei artig und weine mit den andern, wenn man es dir sagt.

DAS KIND: Kommen sie von dort her?

EINE FRAU: Ja.

DAS KIND: Ich fürchte mich.

EINE FRAU: Du sollst dich fürchten, Liebling. Sehr sogar. Nur so wirst du ein anständiger Mensch.

EIN MANN: Sie haben schönes Wetter.

2. MANN: Zum Glück! Man könnte fast meinen, daß sie für die Sonnenwärme noch empfindlich sind. Letztes Jahr regnete es, und sie waren ... schrecklich.

1. MANN: Schrecklich.

2. MANN: Fürchterlich.

3. MANN: Wenn sie in ihr Loch zurückgekehrt sind und uns wieder allein gelassen haben, dann sage ich euch, werde ich hinaufsteigen, und ich werde diesen Stein ansehen und mir sagen: «Jetzt sind wir sie wieder einmal für ein Jahr los.»

4. MANN: Wirklich? Nun, mich wird das nicht trösten. Von morgen an werde ich mich fragen: Wie werden sie nächstes Jahr sein? Von Jahr zu Jahr werden sie boshafter.

2. MANN: Sei still, Unseliger. Wenn einer von ihnen durch irgendeine Ritze des Felsens herausgeschlüpft wäre und unter uns umginge; es gibt, Tote, die dem Stelldichein zuvorkommen. *Sie schauen sich gegenseitig voll Unruhe an.*

JUNGE FRAU: Wenn es wenigstens gleich anfinge. Was treiben sie nur, die aus dem Palast? Die beeilen sich nicht. Ich finde, das ist das Schlimmste, dieses Warten: Man ist da, man tritt von einem Fuß auf den andern, unter einem sengenden Himmel, ohne den Blick von jenem schwarzen Stein zu nehmen. Sie warten wie wir und freuen sich auf das Böse, das sie uns antun werden.

EINE ALTE: Hör auf, du Luder. Man weiß was ihr angst macht, der da. Ihr Mann ist gestorben, im letzten Frühjahr, und seit zehn Jahren schon hatte sie ihn betrogen.

JUNGE FRAU: Nun ja, ich gebe es zu, ich habe ihn soviel wie möglich betrogen, aber ich hatte ihn gern und machte ihm das Leben angenehm: er hat nie das geringste geahnt, und noch im Sterben hat er mich mit dem Blick eines dankbaren Hundes angesehen. Jetzt weiß er alles, man hat ihm seine Freude verdorben, er haßt mich, er leidet. Und jetzt gleich wird er sich an mich pressen, sein schattenhafter Leib wird sich an meinen Körper schmiegen, enger als je ein Lebender es getan. Auch, ich werde ihn nach Hause bringen, um meinen Hals gerollt wie einen Pelz. Ich habe ihm gute Speisen zubereitet, feines Gebäck, eine Mahlzeit, wie er sie liebte. Und nichts wird seinen Groll mildern; und heute nacht … heute nacht wird er bei mir im Bette liegen.

Ein Mann: Sie hat recht, bei Gott. Was treibt Ägist? Woran denkt er? Ich kann dieses Warten nicht ertragen.

Ein Anderer: Was beklagst du dich? Glaubst du, daß Ägist weniger Angst hat als wir? Möchtest du an seiner Stelle sein, sag, und vierundzwanzig Stunden im Zwiegespräch mit Agamemnon verbringen?

Junge Frau: Grauenhaft, dieses Warten. Mir ist, als ob ihr euch alle langsam von mir entfernt. Der Stein ist noch nicht weggerollt, und schon ist jeder seinen Toten ausgeliefert, allein wie ein Regentropfen. *Jupiter, Orest, der Pädagoge treten auf.*

Jupiter: Kommt hierher, hier sehen wir besser.

Orest: Das sind sie also, die Bürger von Argos, die sehr getreuen Untertanen des Königs Agamemnon?

Pädagoge: Wie häßlich sie sind. Schaut doch, Herr, ihre wächserne Hautfarbe, ihre hohlen Augen. Diese Menschen sterben ja vor Angst. So weit führt also der Aberglaube. Schaut sie an, schaut sie an. Und wenn ihr dann noch einen Beweis für die Vortrefflichkeit meiner Philosophie braucht, so betrachtet mein blühendes Aussehen.

Jupiter: Was ist das schon, ein blühendes Aussehen. Einige Mohnblumen auf deinen Wangen, mein guter Mann, werden dich nicht davor bewahren, Dreck zu sein in den Augen Jupiters, wie alle diese hier. Geh, du stinkst ja und du weißt es nicht. Sie aber haben die Nasen voll von ihrem eigenen Gestank, sie kennen sich besser als du. *Die Menge murrt.*

Ein Mann *stellt sich auf die Stufen des Tempels und spricht zur Menge:* Will man uns wahnsinnig machen? Tun wir uns zusammen, Kameraden, und rufen wir Ägist: Wir können nicht zulassen, daß er die Feier noch länger hinausschiebt.

Die Menge: Ägist! Ägist! Erbarmen!

Eine Frau: O ja! Erbarmen! Erbarmen! Erbarmt sich denn niemand meiner? Er wird kommen, mit seiner offenen Kehle, der Mann, den ich so sehr gehaßt habe, er wird mich in seine unsichtbaren und klebrigen Arme schließen; er wird die ganze Nacht mein Liebhaber sein, die ganze Nacht. Ah! *Sie wird ohnmächtig.*

Orest: Welch ein Wahnsinn! Man muß diesen Leuten sagen …

Jupiter: Aber was, junger Mann, soviel Umstände wegen einer Frau, die abschnappt? Ihr werdet noch ganz andere erleben.

Ein Mann *wirft sich auf die Knie:* Ich stinke! Ich stinke! Ich bin ein ekles Aas. Schaut, die Fliegen sind auf mir wie Krähen! Stecht, bohrt, beißt, ihr rächenden Fliegen, wühlt in meinem Fleisch bis zu meinem schmutzigen Herzen. Ich habe gesündigt, hundert-, tausendmal gesündigt, ich bin eine Kloake, eine Kotgrube …

JUPITER: Der gute Mann.

MÄNNER *indem sie ihn aufheben:* Schon gut, schon gut. Das kannst du nachher erzählen, wenn sie da sind.

Der junge Mann bleibt stumpfsinnig stehen; er schnauft und rollt die Augen.

3. MANN: Ägist! Ägist! Erbarme dich, befiehl, daß man beginnt. Wir halten es nicht mehr aus.

Ägist erscheint auf den Stufen des Tempels. Hinter ihm Klytämnestra und der Oberpriester.

2. SZENE

Dieselben – Ägist – Klytämnestra – der Oberpriester – vier Wachen

ÄGIST: Hunde! Ihr wagt, euch zu beklagen? Habt ihr die Erinnerung an eure Verworfenheit verloren? Bei Jupiter, ich werde euer Gedächtnis ein wenig auffrischen. *Er wendet sich zu Klytämnestra.* Wir müssen uns entschließen, ohne sie anzufangen. Aber sie soll sich in acht nehmen. Meine Strafe wird exemplarisch sein.

KLYTÄMNESTRA: Sie hatte mir versprochen, zu gehorchen. Sie macht sich bereit, ganz gewiß. Sie wird zu lange vor ihrem Spiegel stehen.

ÄGIST *zu den Wachen:* Man gehe und hole Elektra aus dem Palast und man bringe sie hierher, gutwillig oder mit Gewalt. *Die Wache ab. Zur Menge:* An eure Plätze! Die Männer zu meiner Rechten, zu meiner Linken die Frauen und Kinder. So ist's gut. *Pause. Ägist wartet.*

OBERPRIESTER: Die Leute da können nicht mehr.

ÄGIST: Ich weiß. Wenn die Wachen ... *Die Wachen kommen zurück.*

WACHSOLDAT: Herr, wir haben die Prinzessin überall gesucht. Aber der Palast ist leer.

ÄGIST: Es ist gut. Morgen werden wir diese Rechnung begleichen. *Zum Oberpriester:* Beginne!

OBERPRIESTER: Nehmt den Stein weg!

DIE MENGE: Ah! *Die Wachen nehmen den Stein weg. Der Oberpriester tritt an die Öffnung der Höhle.*

OBERPRIESTER: Ihr, die Vergessenen, die Verlassenen, die Enttäuschten, die ihr über dem Erdboden kriecht, im Schwarzen, wie Rauchschwaden, ihr, denen nichts mehr gehört als euer großer Verdruß, ihr, die Toten, auf, dies ist euer Fest! Kommt, steigt herauf wie ein ungeheurer Schwefeldampf, den der Wind treibt, steigt herauf aus den Eingeweiden der Erde. Ihr hundertmal Toten, ihr, die jeder Herzschlag von uns von neuem tötet; mit Zorn, Bitterkeit und dem Geist der Rache rufe ich euch, kommt und stillt euren Haß an den Lebenden! Kommt, verteilt euch als dichter Nebel über unseren Straßen, schiebt eure dichten Scharen zwischen Mutter und Kind, zwischen den Geliebten und seine Geliebte, lehrt uns bedauern, daß wir nicht tot sind. Auf Vampire, Larven, Geister, Harpyien, ihr Schrecken unserer Nächte. Auf, ihr Soldaten, die ihr lästernd starbt; auf, ihr Pechvögel, ihr Gedemütigten; auf, ihr, die ihr Hungers starbt und deren Todesschrei ein Fluch war. Seht, stürzt wie ein Wirbel auf sie und nagt ihnen die Knochen bloß! Auf! Auf! Auf! *Tam-tam. Er tanzt vor dem Eingang der Höhle, zuerst langsam, dann schneller und schneller und fällt erschöpft zu Boden.*

ÄGIST: Sie sind da!

DIE MENGE: O Grauen!

OREST: Das ist viel und ich werde...

JUPITER: Schau mich an, junger Mann, schau mir ins Gesicht. So! So! Du hast verstanden. Und jetzt still.

OREST: Wer seid Ihr?

JUPITER: Du wirst es später erfahren. *Ägist steigt langsam die Stufen des Tempels herab.*

ÄGIST: Sie sind da. *Pause.* Er ist da, Arikia, der Gemahl, den du verhöhnt hast. Er ist da, an dich geschmiegt umarmt er dich. Wie er dich an sich preßt, wie er dich liebt, wie er dich haßt. Sie ist da, Nikias, sie ist da, deine Mutter, die du verwahrlost sterben ließest. Und du, Segestes, elender Wucherer, sie sind da, deine unglücklichen Schuldner, die im Elend starben und die sich erhängten, weil du sie zugrunde gerichtet hast. Sie sind da, und heute sind sie deine Gläubiger. Und ihr, Eltern, zärtliche Eltern, senkt die Blicke ein wenig, schaut tiefer, auf die Erde. Sie sind da, die toten Kinder, sie strekken ihre kleinen Hände aus, und alle Freuden, die ihr ihnen entzogen, alle Strafen, die ihr ihnen auferlegt, lasten wie Blei auf ihren kleinen, grollenden und verzweifelten Seelen.

2. FRAU: Erbarmen!

ÄGIST: Ach ja! Erbarmen! Wißt ihr nicht, daß die Toten niemals Erbarmen kennen? Ihre Leiden können nicht gestillt werden, ihre Rechnung ist für immer abgeschlossen! Willst du, Nikias, durch gute Werke rückgängig machen, was du deiner Mutter angetan hast? Welches gute Werk kann sie denn jemals erreichen? Ihre Seele ist ein heißer Mittag, ohne Windhauch, ohne Bewegung, unveränderlich, leblos; eine fleischlose, starre Sonne verzehrt sie ständig. Die Toten sind nicht mehr! Versteht ihr dieses unerbittliche Wort: sie s i n d nicht mehr!! Deshalb sind sie zu unbestechlichen Wächtern eurer Verbrechen berufen!

DIE MENGE: Erbarmen!

ÄGIST: Erbarmen! Ach, ihr armseligen Komödianten, heute habt ihr endlich ein Publikum! Fühlt ihr auf euern Gesichtern und auf euern Händen die Blicke dieser Millionen starrer und hoffnungsloser Augen? Sie sehen uns, sie sehen uns, wir stehen nackt vor dieser Versammlung der Toten. Haha, jetzt bleibt euch das Wort im Hals stecken: er verbrennt euch, dieser unsichtbare und reine Blick, der noch unwandelbarer ist als die Erinnerung an Augen, die für ewig geschlossen sind.

DIE MENGE: Erbarmen!

2. MANN: Vergebt uns, daß wir leben, wo ihr tot seid.

2. FRAU: Erbarmen! Wir sind umgeben von euren Gesichtern und den Gegenständen, die euch angehörten, wir tragen ewig Trauer um euch und wir weinen vom Morgen bis zum Abend und vom Abend bis zum Morgen.

3. Frau: Wir mögen tun, was wir wollen, die Erinnerung an euch zerfasert mich und gleitet uns durch die Finger: jeden Tag wird sie ein wenig farbloser, und wir sind ein wenig schuldvoller.

4. Frau: Ihr geht von uns, ihr verlaßt uns, ihr fließt weg wie ein Blutsturz.

5. Frau: Oh, ihr geliebten Entschwundenen, so wißt, daß ihr uns das Leben verdorben habt.

5. Mann: Vergebt uns, daß wir leben, wo ihr tot seid.

Die Kinder: Erbarmen! Wir haben es nicht absichtlich getan, daß wir zur Welt kamen, und wir sind tief beschämt, daß wir wachsen. Wie hätten wir euch beleidigen können? Schaut doch, wir leben nur kümmerlich, wir sind mager, bleich und ganz klein; wir machen keinen Lärm, wir gleiten, ohne auch nur die Luft um uns zu erschüttern. Und wir haben Angst vor euch, oh, so große Angst.

Alle: Vergebt uns, daß wir leben, wo ihr tot seid.

Ägist: Ruhe! Ruhe! Wenn ihr so jammert, was soll ich dann sagen, ich, euer König? Denn meine Qual hat begonnen, die Erde bebt und die Luft ist verdunkelt. Der größte der Toten wird erscheinen, er, den ich mit meinen eigenen Händen getötet habe, Agamemnon.

Orest *seinen Säbel ziehend:* Hurenjäger! Ich werde dir nicht erlauben, den Namen meines Vaters in dein Affentheater hineinzuziehen.

Jupiter *faßt ihn am Arm:* Halt, junger Mann, halt!

Orest *sich umwendend:* Wer wagt? *Elektra, in weißem Gewand, ist auf den Tempelstufen erschienen, Ägist sieht sie.* Elektra!

Die Menge: Elektra!

3. SZENE

Dieselben – Elektra

Ägist: Antworte, Elektra, was bedeutet dieses Gewand?

Elektra: Ich habe mein schönstes Kleid angezogen. Ist heute nicht ein Festtag?

Oberpriester: Kommst du, um die Toten zu verhöhnen? Es ist ihr Fest, das weißt du genau, und du solltest in Trauerkleidern kommen.

Elektra: In Trauerkleidern? Warum trauern? Ich habe keine Angst vor meinen Toten, und mit den Furien habe ich nichts zu schaffen.

Ägist: Du hast wahr gesprochen. Deine Toten sind nicht unsere Toten. Schaut sie an, in ihrem Hurenkleid, die Enkelin des Atreus, jenes Atreus, den sein Neffe feig erwürgte. Was bist du denn anders als der letzte Sproß einer verfluchten Sippe? Ich habe dich aus Mitleid in meinem Palast geduldet, aber heute sehe ich ein, daß es ein Fehler war, denn es ist immer dasselbe verfaulte Blut der Atriden, das in deinen Adern fließt, und du würdest uns alle anstecken, wenn ich nicht nach dem Rechten sehen würde: gedulde dich nur, du Hündin, und du wirst erfahren, wie ich zu strafen weiß. Du wirst nicht Augen genug haben zu weinen.

2. Frau: Frevlerin!

Die Menge: Frevlerin!

ÄGIST: Hörst du es, Unglückliche, das Murren des Volkes, das du beleidigt hast, hörst du, wie es dich nennt? Wenn ich seinem Zorn nicht Zügel anlegte, würde es dich auf der Stelle zerreißen.

DIE MENGE: Frevlerin!

ELEKTRA: Ist es Frevel, fröhlich zu sein? Warum sind sie nicht fröhlich, sie alle? Wer hindert sie daran?

ÄGIST: Sie lacht, und ihr toter Vater ist hier und geronnenes Blut klebt auf meinem Gesicht...

ELEKTRA: Wie könnt Ihr wagen, von Agamemnon zu sprechen? Wißt Ihr denn, ob er nicht nachts zu mir kommt und mir ins Ohr spricht? Wißt Ihr, welche Worte der Liebe und Trauer seine heisere und gebrochene Stimme mir zuflüstert? Ich lache, ja wirklich, ich lache zum erstenmal in meinem Leben, ich bin glücklich. Wollt Ihr leugnen, daß mein Glück das Herz meines Vaters erfreut? Ah, wenn er da ist, wenn er seine Tochter im weißen Kleid sieht, seine Tochter, die Ihr zu einer elenden Sklavin erniedrigt habt, wenn er sieht, daß sie den Kopf hochträgt und daß das Unglück ihren Stolz nicht knickte, dann denkt er nicht daran, mich zu verwünschen, das weiß ich gewiß: seine Augen leuchten in seinem gepeinigten Gesicht, und seine blutigen Lippen versuchen, zu lächeln.

JUNGE FRAU: Und wenn sie recht hätte?

1. FRAU: Nein, nein, sie lügt, sie ist verrückt.

2. FRAU: Elektra, bitte geh weg, sonst wird deine Ruchlosigkeit auf uns zurückfallen.

ELEKTRA: Wovor habt ihr denn Angst? Ich schaue rund um mich, und ich sehe nur eure Schatten. Aber hört, was ich eben erfahren habe und was ihr vielleicht nicht wißt: es gibt in Griechenland glückliche Städte. Weiße und ruhige Städte, die sich an der Sonne wärmen wie Eidechsen. Jetzt zu dieser selben Stunde, unter diesem selben Himmel, gibt es Kinder, die spielen auf den Plätzen von Korinth, und ihre Mütter bitten nicht um Verzeihung, weil sie sie geboren haben. Sie betrachten sie lächelnd, sie sind stolz auf sie. Oh, Mütter von Argos, versteht ihr? Könnt ihr noch den Stolz einer Frau begreifen, die ihr Kind betrachtet und denkt: Ich habe es in meinem Schoß getragen?

ÄGIST: Wirst du endlich still sein, oder ich werde dir die Worte im Halse ersticken!

3. FRAU: Ja, ja. Still soll sie sein.

ANDERE: Genug, genug!

4. MANN: Nein, laßt sie reden! Laßt sie reden, Agamemnon spricht aus ihr.

ANDERE: Ja, laßt sie reden.

ELEKTRA: Ein schöner Tag! Überall in der Ebene heben die Menschen den Kopf und sagen: «Ein schöner Tag!» und sie sind zufrieden. Oh, die ihr eure eigenen Henker seid, habt ihr die bescheidene Zufriedenheit des Bauern vergessen, der über sein Feld geht und sagt: „Ein schöner Tag“? Da steht ihr mit hängenden Armen, mit gesenktem Kopf, und ihr atmet kaum. Eure Toten drücken sich an euch, und ihr verharrt unbeweglich, weil ihr fürchtet, sie durch die leiseste Bewegung zu erschrecken. Das wäre schrecklich, nicht wahr? Wenn eure Hände plötzlich durch ein kleines feuchtes Dämpfchen griffen, die Seele eures Vaters oder eures Ahnen? Aber schaut mich an: ich strecke meine Arme aus, wie ein Mensch, der erwacht, ich habe meinen Platz an der Sonne, meinen ganzen Platz. Fällt mir vielleicht der Himmel auf den Kopf? Ich tanze, seht, ich tanze, und ich fühle nur den Atem des Windes in meinen Haaren. Wo sind die Toten? Glaubt ihr, daß sie mit mir im Takte tanzen?

OBERPRIESTER: Leute von Argos, ich sage euch, diese Frau ist eine Frevlerin. Unglück über sie und jene, die auf sie hören!

ELEKTRA: Oh, meine lieben Toten, Iphigenie, meine Schwester, Agamemnon, mein Vater und mein alleiniger König, hört mein Gebet. Wenn ich eine Frevlerin bin, wenn ich eure schmerzensreichen Namen beleidige, gebt mir ein Zeichen, gebt mir rasch ein Zeichen, damit ich es erkenne. Wenn ihr mir aber zustimmt, meine Teuren, dann schweigt, ich bitte euch, dann rege sich kein Blatt, kein Grashalm, kein Geräusch störe meinen heiligen Tanz: denn ich tanze für die Freude, ich tanze für den Frieden des Menschen, ich tanze für das Glück und das Leben. Oh, meine Toten, ich bitte um euer Schweigen, damit die Menschen um mich erkennen, daß euer Herz mit mir ist. *Sie tanzt.*

2. MANN: Sie tanzt! Seht sie, leicht wie eine Flamme, sie tanzt in der Sonne, wie das knatternde Tuch einer Fahne, und die Toten schweigen!

4. FRAU: Die Toten schweigen.

JUNGE FRAU: Seht ihr ekstatisches Gesicht – nein, so sieht eine Gottlose nicht aus. Und du, Ägist, Ägist! Du sagst nichts – warum antwortest du nicht?

ÄGIST: Streitet man sich mit stinkenden Tieren? Man vertilge sie. Ich tat unrecht, damals, als ich sie verschonte. Aber es ist ein Unrecht, das wieder gutzumachen ist: habt keine Furcht, ich werde sie zu Boden schmettern, und ihre Rasse wird mit ihr vertilgt.

4. MANN: Drohen heißt nicht antworten, Ägist! Hast du uns nichts anderes zu sagen?

JUNGE FRAU: Sie tanzt, sie lächelt, sie ist glücklich, und die Toten scheinen sie zu beschützen. Ach, allzu beneidenswerte Elektra: schau, ich auch, ich breite die Arme aus und ich gebe meine Brust der Sonne preis.

3. MANN: Die Toten schweigen: Ägist, du hast uns belogen.

OREST: Geliebte Elektra!

JUPITER: Bei Gott, ich werde den Quatsch dieses Backfisches abstellen. *Er streckt den Arm aus.* Posidon caribu, lullaby. *Der Steinblock, der den Eingang der Höhle versperrte, rollt mit großem Getöse an die Tempelstufen. Elektra hört auf zu tanzen.*

DIE MENGE: Entsetzlich! *Ein langes Schweigen.*

OBERPRIESTER: Oh, feiges und allzu leichtfertiges Volk! Die Toten rächen sich! Seht, wie sich die Fliegen in dichten Schwärmen auf uns stürzen! Ihr habt auf die frevlerische Stimme gehört, und wir sind verflucht!

2. MANN: Wir haben nichts getan, dies ist nicht unsere Schuld.

2. Frau: Sie ist gekommen, sie hat uns mit ihren vergifteten Worten verführt.

1. Frau: In den Fluß mit der Hexe, in den Fluß! Verbrennt sie.

Die Alte *auf die Junge deutend:* Und diese hier, die ihre Worte wie Honig trank, reißt ihr die Kleider herunter, und wenn sie nackt ist, peitscht sie bis aufs Blut. *Man fällt über die junge Frau her, Männer steigen auf die Stufen der Treppe und dringen auf Elektra ein.*

Ägist *der sich aufgerichtet hat:* Ruhe, ihr Hunde. Zurück an eure Plätze und überlaßt mir die Sorge für die Züchtigung. *Pause.* Nun, habt ihr gesehen, was es kostet, mir nicht zu gehorchen? Habt ihr jetzt noch Zweifel über euern Herrn? Geht nach Hause zurück, die Toten werden euch begleiten, sie werden den ganzen Tag und die ganze Nacht eure Gäste sein, macht ihnen Platz an euerm Tisch, an euerm Herd, auf euerm Lager, und schaut zu, daß euer exemplarisches Betragen sie das Vorgefallene vergessen läßt. Ich aber verzeihe euch, obwohl eure Verdächtigungen mich verletzt haben. Du aber, Elektra ...

Elektra: Nun, was denn? Ich habe versagt. Das nächste Mal werde ich es gescheiter anstellen.

Ägist: Ich werde dir keine Gelegenheit dazu geben. Die Gesetze der Stadt verbieten mir, an einem Festtag zu strafen. Du hast es gewußt, und du hast es mißbraucht. Aber du gehörst nicht mehr zur Stadt, zur Gemeinschaft, ich jage dich fort. Du sollst barfuß weggehen und ohne jede Habe, mit diesem niederträchtigen Kleid auf dem Leib. Wenn du beim Morgengrauen noch in diesen Mauern bist, befehle ich jedem, der dir begegnet, dich wie ein räudiges Schaf niederzuschlagen.

Er geht, von den Wachen gefolgt. Die Menge zieht an Elektra vorbei und zeigt ihr die Faust.

Jupiter *zu Orest:* Nun, mein Herr? Seid ihr erbaut? Ich müßte mich sehr täuschen, wenn das nicht eine moralische Begebenheit ist: die Bösen sind bestraft und die Guten belohnt. *Auf Elektra zugehend:* Die Frau ...

Orest: Diese Frau ist meine Schwester, mein guter Mann! Geh, ich will mit ihr sprechen.

Jupiter *betrachtet ihn eine Weile, dann zuckt er die Achseln:* Wie du willst. *Ab – der Pädagoge folgt ihm.*

4. Szene

Elektra auf den Tempelstufen – Orest

Orest: Elektra!

Elektra *hebt den Kopf und schaut ihn an:* Ach, da bist du, Philebes?

Orest: Du kannst nicht länger in dieser Stadt bleiben, Elektra. Du bist in Gefahr.

Elektra: In Gefahr? Ja, freilich! Du hast gesehen, wie ich versagt habe. Es ist ein wenig deine Schuld, weißt du, aber ich bin dir nicht böse deswegen.

OREST: Was habe ich getan?

ELEKTRA: Du hast mich betrogen. *Sie steigt zu ihm herunter.* Laß mich dein Gesicht sehen. Ja, deinen Augen war ich verfallen.

OREST: Die Zeit drängt, Elektra. Höre: wir werden zusammen fliehen. Irgendwer wird mir Pferde verschaffen; ich werde dich hinter mich nehmen.

ELEKTRA: Nein.

OREST: Du willst nicht mit mir fliehen?

ELEKTRA: Ich will nicht fliehen.

OREST: Ich werde dich nach Korinth bringen.

ELEKTRA *lachend:* Ha, Korinth ... Du siehst, du tust es nicht absichtlich, aber du betrügst mich weiter. Was würde ich in Korinth tun, ich? Ich muß vernünftig sein. Gestern noch hatte ich so bescheidene Wünsche: wenn ich bei Tisch bediente mit gesenkten Lidern, betrachtete ich durch die Wimpern das königliche Paar, die alte Schöne mit dem abgestorbenen Gesicht, und ihn, fett und bleich, mit seinem schlaffen Mund und dem schwarzen Bart, der ihm von einem Ohr zum andern reicht, wie ein ganzes Heer von Spinnen, und ich träumte davon, eines Tages einen Rauch, ein kleines gerades Räuchlein, wie der Atem an einem kalten Morgen, aus ihren offenen Leibern aufsteigen zu sehen. Das war alles, was ich verlangte, ich schwöre es dir, Philebes. Ich weiß nicht, was du willst, du, aber ich darf dir auf keinen Fall glauben: Du hast keine bescheidenen Augen. Weißt du, was ich dachte, bevor ich dich kannte? Daß der Weise nichts auf Erden wünschen kann, es sei denn, das Böse zurückzugeben, das man ihm angetan hat.

OREST: Elektra, wenn du mir folgst, wirst du sehen, daß man noch sehr viel anderes wünschen kann und dennoch weise bleiben.

ELEKTRA: Ich will nicht mehr auf dich hören, du hast mir Schlimmes angetan. Du bist gekommen, du mit den hungrigen Augen in deinem süßen Mädchengesicht, und du hast mich meinen Haß vergessen lassen: ich habe meine Hände geöffnet, und ich habe meinen einzigen Schatz zu meinen Füßen gleiten lassen. Ich habe mir einreden wollen, daß ich die Leute von hier durch Worte heilen könnte. Du hast gesehen, was geschehen ist: sie lieben ihre Qual, sie brauchen eine vertraute Wunde, sie geben sich alle Mühe, sie offen zu halten, indem sie sie mit ihren schmutzigen Nägeln aufkratzen. Mit Gewalt muß man sie heilen, denn man kann Böses nur durch Böses besiegen. Lebe wohl, Philebes, geh fort, laß mich bei meinen bösen Träumen.

OREST: Sie werden dich töten.

ELEKTRA: Es gibt ein Heiligtum hier, den Tempel des Apoll; die Verbrecher suchen manchmal dort Zuflucht, und solange sie dort bleiben, darf ihnen niemand auch nur ein Haar krümmen. Dort will ich mich verbergen.

OREST: Warum weisest du meine Hilfe zurück?

ELEKTRA: Es ist nicht an dir, mir zu helfen. Jemand anders wird kommen und mich befreien. *Pause.* Mein Bruder ist nicht tot, ich weiß es. Ich warte auf ihn.

OREST: Und wenn er nicht käme?

ELEKTRA: Er wird kommen, er kann nicht fernbleiben. Er ist von unserer Rasse, verstehst du: Verbrechen und Unglück stecken ihm im Blut, wie mir. Er ist sicher ein großer Krieger, mit den großen roten Augen unseres Vaters, immer in einem Zornesrausch, er leidet, er ist in sein Schicksal verstrickt, wie Pferde mit aufgerissenen Leibern die Füße in ihre Eingeweide verstricken, und welche Bewegung er auch macht, er muß sich die Eingeweide herausreißen. Er wird kommen, diese Stadt zieht ihn an, ich weiß es gewiß, weil er hier das größte Übel tun kann, sich selbst das größte Übel antun kann. Er wird kommen, mit gesenkter Stirn, leidend und stampfend. Ich habe Angst vor ihm; jede Nacht sehe ich ihn im Traum, und ich wache schreiend auf. Aber ich warte auf ihn, und ich liebe ihn. Ich muß hierbleiben, um seinen Zorn zu lenken – denn ich, ich verliere den Kopf nicht –, um ihm die Schuldigen zu zeigen und ihm zu sagen: «Schlag zu, Orest, schlag zu: da sind sie.»

OREST: Und wenn er nicht so wäre, wie du ihn erträumst?

ELEKTRA: Und wie willst du, daß er sei, der Sohn Agamemnons und Klytämnestras?

OREST: Wenn er all dieses Blutes müde wäre, weil er in einer glücklichen Stadt aufgewachsen ist?

ELEKTRA: Dann würde ich ihm ins Gesicht spucken und ihm sagen: Fort mit dir, Hund, fort zu den Weibern, denn du bist nichts anderes als ein Weib. Aber deine Rechnung ist falsch: Du bist der Enkel des Atreus. Du wirst dem Schicksal der Atriden nicht entgehen. Aber das Schicksal wird dich in deinem Bett aufsuchen. Du wirst zuerst in der Schande sein und dann wirst du das Verbrechen begehen, gegen deinen Willen.

OREST: Elektra, ich bin Orest.

ELEKTRA *schreit:* Du lügst!

OREST: Bei dem Namen meines Vaters Agamemnon schwöre ich dir: ich bin Orest. *Pause.* Nun? Worauf wartest du, um mir ins Gesicht zu spucken?

ELEKTRA: Wie könnte ich? *Sie schaut ihn an.* Diese schöne Stirn ist die Stirn meines Bruders, diese Augen, die leuchten, sind die Augen meines Bruders. Orest... Ach! Ich wollte lieber, du wärest Philebes geblieben und mein Bruder wäre tot. *Schüchtern:* Ist es wahr, daß du in Korinth gelebt hast?

OREST: Nein, es sind Bürger von Athen, die mich großgezogen haben.

ELEKTRA: Wie jung du aussiehst. Hast du dich jemals geschlagen? Dieses Schwert an deiner Seite, hat es dir jemals genützt?

OREST: Nie.

ELEKTRA: Ich fühlte mich weniger allein, als ich dich noch nicht kannte: ich erwartete den andern. Ich dachte nur an seine Stärke und nicht an meine Schwäche. Jetzt bist du da: Orest – also das bist du. Ich schaue dich an und sehe, daß wir zwei Waisen sind. *Pause.* Aber wisse, ich liebe dich. Mehr als ich ihn geliebt hätte, den andern.

OREST: Wenn du mich liebst, so komm: wir fliehen.

ELEKTRA: Fliehen? Mit dir? Nein. Hier erfüllt sich das Schicksal der Atriden, und ich bin eine Atridin. Ich verlange nichts von dir. Ich will von Philebes nichts mehr verlangen. Aber ich bleibe hier. *Ju-*

piter erscheint im Hintergrund der Bühne und versteckt sich, um ihnen zuzuzören.

OREST: Elektra, ich bin Orest... dein Bruder. Auch ich bin ein Atride, und dein Platz ist an meiner Seite.

ELEKTRA: Nein, du bist mein Bruder nicht, und ich kenne dich nicht. Orest ist tot, um so besser für ihn, in Zukunft werde ich seinen Namen mit dem meines Vaters und meiner Schwester ehren. Aber du, der du kommst und den Namen der Atriden für dich forderst, wer bist du, um dich einen der Unsern zu nennen? Hast du dein Leben im Schatten eines Mordes zugebracht? Du mußt ein stilles Kind gewesen sein, mit einer sanft-verständigen Art, der Stolz deines Adoptivvaters, ein gutgewachsenes Kind, dessen Augen vor Vertrauen glänzten. Du hattest Vertrauen zu den Menschen, weil sie dir liebevoll zulächelten, Vertrauen in die Tische, die Betten, die Treppenstufen, weil es treue Diener des Menschen sind; und in das Leben, weil du reich warst und du viele Spielsachen besaßest. Du dachtest gewiß manchmal, daß die Welt nicht so übel gemacht sei, sich darin gehen zu lassen, vor Wonne seufzend, wie in einem wohligen Bad. Ich aber, ich war mit sechs Jahren Magd, und ich mißtraute allen. *Pause.* Geh, schöne Seele. Ich kann nichts anfangen mit schönen Seelen: einen Helfershelfer, das ist es, was ich wollte.

OREST: Glaubst du, daß ich dich alleinlassen werde? Was würdest du hier tun, wo du sogar deine letzte Hoffnung verloren hast?

ELEKTRA: Das geht nur mich allein an. Lebe wohl, Philebes.

OREST: Du jagst mich fort? *Er macht einige Schritte und bleibt dann stehen.* Diesen zornigen Haudegen, den du erwartet hast; ist es meine Schuld, wenn ich ihm nicht gleiche? Du hättest ihn an die Hand genommen und zu ihm gesagt: «Schlag zu!» Von mir hast du nichts verlangt. Wer bin ich denn, guter Gott, daß sogar meine eigene Schwester mich zurückstößt, ohne mich auch nur auf die Probe gestellt zu haben?

ELEKTRA: Ach, Philebes, ich werde nie auf dein Herz, das ohne Haß ist, eine solche Bürde legen können.

OREST *niedergeschlagen:* Du sagst es richtig: ohne Haß. Auch ohne Liebe. Dich hätte ich lieben können. Ich hätte können. Ach was? Man muß sich hingeben können, um zu lieben, um zu hassen. Wie schön ist ein Mann mit heißem Blut, fest verwurzelt mitten in seinem Hab und Gut, der sich eines schönen Tages ganz der Liebe, ganz dem Haß hingibt und mit sich selbst sein Land, sein Haus, seine Erinnerungen. Wer bin ich und was habe ich zu vergeben? Ich existiere ja kaum! Von allen Phantomen, die heute durch die Stadt schleichen, ist keines so sehr Phantom wie ich. Meine Liebe war die Liebe eines Phantoms, zögernd und spärlich, wie ein Dunstschleier; aber die heißen Leidenschaften der Lebendigen sind mir fremd. *Pause.* O Schmach! Ich bin in meine Geburtsstadt zurückgekehrt, und meine Schwester hat sich geweigert, mich zu erkennen. Wohin soll ich jetzt gehen? Welche Stadt muß ich heimsuchen?

ELEKTRA: Gibt es nicht irgendeine, wo dich das schöne Antlitz eines Mädchens erwartet?

OREST: Niemand erwartet mich. Ich gehe von Stadt zu Stadt, mir selber fremd und den andern. Die Städte schließen sich hinter mir wie stille Wasser. Wenn ich Argos verlasse, was wird von meinem Vorübergehen anders übrigbleiben als eine bittere Enttäuschung deines Herzens.

ELEKTRA: Du hast mir von glücklichen Städten gesprochen ...

OREST: Was geht mich das Glück an. Ich will meine Erinnerungen, meinen Boden, meinen Platz inmitten der Leute von Argos. *Schweigen.* Elektra, ich werde nicht von hier weggehen.

ELEKTRA: Philebes, geh fort, ich bitte dich inständig, ich habe Mitleid mit dir, geh fort, wenn ich dir teuer bin, es kann dir nur Böses zustoßen, und deine Unschuld würde meine Pläne zunichte machen.

OREST: Ich werde nicht von hier fortgehen.

ELEKTRA: Und du glaubst vielleicht, ich werde dich hier lassen, in deiner unschicklichen Reinheit, als stummen und einschüchternden Richter meiner Taten? Warum versteifst du dich? Niemand hier will etwas von dir.

OREST: Es ist meine einzige Chance. Du kannst sie mir nicht verweigern, Elektra. Versteh mich! Ich will ein Mensch sein, der irgendwohin gehört, ein Mensch unter Menschen. Sieh, ein Sklave, wenn er müde und verdrießlich, eine schwere Last schleppend, vorbeigeht, wenn er die Beine nachzieht und nur auf seine Füße schaut, damit er nicht strauchle, er ist in seiner Stadt, wie ein Blatt im Blätterwerk, wie ein Baum im Wald, Argos ist um ihn, schwer und warm, ganz voll von sich selbst: ich will dieser Sklave sein, Elektra, ich will die Stadt um mich legen und mich in sie einwikkeln, wie in eine Decke. Ich werde nicht fortgehen.

ELEKTRA: Und wenn du hundert Jahre unter uns lebtest, du würdest nie etwas anderes als ein Fremder sein, einsamer als auf einer Landstraße. Die Leute werden dich schief ansehen, aus halbgeschlossenen Augenlidern, und sie werden leiser reden, wenn du an ihnen vorbeigehst.

OREST: Ist es denn so schwer, euch zu dienen? Dieser Arm kann die Stadt verteidigen, und ich besitze Gold, um eure Armen zu unterstützen.

ELEKTRA: Uns fehlen weder Hauptleute noch fromme Seelen, die Gutes tun.

OREST: Ja, dann ... *Er geht einige Schritte mit gesenktem Kopf. Jupiter erscheint und schaut ihn an, indem er seine Hände reibt.*

OREST *den Kopf hebend:* Wenn ich wenigstens klar sähe! Ach, Zeus, Zeus, König des Himmels, ich habe mich selten an dich gewandt, und du warst mir nicht oft günstig gesinnt, doch bist du mir Zeuge, daß ich nie etwas anderes als das Gute wollte. Jetzt bin ich müde, ich unterscheide das Gute nicht mehr vom Bösen, und man müßte mir den Weg zeigen. Zeus, muß ein Königssohn, der aus seiner Vaterstadt verjagt ist, sich wirklich fromm ins Exil begeben und mit gesenktem Kopf abziehen, wie ein unterwürfiger Hund? Ist das dein Wille? Ich kann es nicht glauben. Und dennoch, dennoch hast du verboten, Blut zu vergießen ... ich flehe dich an: wenn Verzicht und ekle Demut die Gesetze sind, die du mir auferlegst, dann laß mich durch ein Zeichen deinen Willen wissen, denn ich sehe nicht mehr klar.

JUPITER *zu sich selbst:* Aber freilich: dir kann geholfen werden. Abraxas, abraxas, tse, tse! *Licht sprüht um den Steinblock.*

ELEKTRA *beginnt zu lachen:* Haha, heute regnet es Wunder; schau, frommer Philebes, schau, was man gewinnt, wenn man die Götter um Rat fragt. *Ein Lachkrampf schüttelt sie.* Der gute junge Mann ... der fromme Philebes: «Gib mir ein Zeichen, Zeus, gib mir ein Zeichen!» Und schon ist Licht da, das um den heiligen Stein sprüht. Geh fort! Nach Korinth, nach Korinth! Fort!

OREST *schaut auf den Stein:* Wirklich ... das ist das Gute? *Pause – er schaut immer auf den Stein.* Klein beigeben. Ganz klein. Immer «Pardon» sagen und «Danke» ... so ist es gemeint? *Pause – er schaut immer noch den Stein an.* Das Gute. Ihr Gutes ... *Pause.* Elektra!

ELEKTRA: Schnell, schnell, geh. Enttäusche diese weiße Amme nicht, die sich von der Höhe des Olymps über dich beugt.

OREST *mit veränderter Stimme:* Es gibt einen anderen Weg.

ELEKTRA *erschreckt:* Nicht böse sein, Philebes. Du hast nach den Geboten der Götter gefragt: nun kennst du sie.

OREST: Gebote? ... Ach ja ... du meinst das Licht da, um den großen Kiesel? Es ist nicht für mich, dieses Licht, und niemand kann mir jetzt noch Befehle geben.

ELEKTRA: Du sprichst in Rätseln.

OREST: Wie weit du von mir entfernt bist, auf einmal ... wie verändert alles ist! Etwas Lebendiges und Warmes war um mich. Etwas, was eben jetzt gestorben ist. Wie leer das alles ist ... Ach, welch ungeheure, grenzenlose Leere ... *Er tut einige Schritte.* Die Nacht kommt ... Findest du nicht, daß es kalt ist? ... Was ist es nur, was kann es nur sein, was eben gestorben ist?

ELEKTRA: Philebes!

OREST: Ich sage dir, es gibt einen andern Weg ... meinen Weg. Siehst du ihn nicht? Er geht von hier aus und führt hinunter nach der Stadt. Man muß hinuntergehen, verstehst du, hinuntergehen bis zu euch. Ihr seid ganz unten, auf dem Grund eines Loches, ganz unten ... *Er geht auf Elektra zu.* Du bist meine Schwester, Elektra, und diese Stadt ist meine Stadt. Meine Schwester! *Er ergreift ihren Arm.*

ELEKTRA: Laß mich! Das tut mir weh, du ängstigst mich – ich gehöre dir nicht.

OREST: Ich weiß. Noch nicht: Ich bin zu leicht, ich muß mich mit einer schweren Freveltat belasten, so daß ich auf den Grund gehe, bis auf den schweren Grund von Argos.

ELEKTRA: Was willst du tun?

OREST: Warte! Laß mich Abschied nehmen von dieser makellosen Unbeschwertheit, die ich besaß, laß mich Abschied nehmen von meiner Jugend. Es gibt Abende, Abende von Korinth oder Athen, voller Gesang und Düfte, die werden mir niemals mehr gehören. Morgen auch. Voller Hoffnung. Nun, dahin, vorbei! *Er nähert sich Elektra.* Komm, Elektra, betrachte unsere Stadt. Da liegt sie, rot unter der Sonne, summend von Menschen und Fliegen, in der Dumpfheit eines Sommernachmittages: mit allen ihren Mauern stößt sie mich zurück, mit all ihren geschlossenen Toren. Und dennoch kann man sie nehmen, das fühl ich seit heute morgen. Und dich auch, Elektra, dich kann man auch nehmen. Ich werde euch beide nehmen. Ich werde zur Axt werden und diese widerspenstigen Mauern auseinanderspalten, ich werde den Leib dieser bigotten Häuser öffnen, aus ihren Wunden wird ein Fraß und Weihrauch strömen, ich werde zum Beil werden und mich in das Herz dieser Stadt bohren wie das Beil in das Herz einer Eiche.

ELEKTRA: Wie du dich verändert hast: Deine Augen leuchten nicht mehr, sie sind trüb und dunkel! Du warst so sanft, Philebes. Und jetzt sprichst du zu mir wie der andere mit mir im Traume sprach.

OREST: Höre: alle diese Leute, die in ihren finstern Zimmern, umgeben von ihren teuren Verstorbenen, zittern, nimm an, ich nehme alle ihre Verbrechen auf mich. Nimm an, ich will mir den Namen «Dieb der Gewissenbisse» verdienen, und all ihre Reue geht ein in mich: die der Frau, die den Mann betrog, des Krämers, der seine Mutter sterben ließ, des Wucherers, der seine Schuldner zu Tode geschunden hat? Sag, an dem Tag, an dem ich von mehr Gewissensbissen heimgesucht bin als Fliegen in Argos sind, heimgesucht von allen Gewissensbissen der Stadt, hätte ich dann nicht das Bürgerrecht unter euch erworben? Wäre ich dann nicht zu Hause zwischen euren blutigen Mauern, so wie der Schlächter in seiner roten Schürze zu Hause ist in seinem Laden, unter seinen blutigen Ochsen, die er eben geschlachtet hat?

ELEKTRA: Du willst für uns sühnen?

OREST: Sühnen? Ich habe gesagt, daß ich eure Reue in mir aufnehmen will, aber ich habe nicht gesagt, was ich mit diesen gackernden Hähnen tun werde: vielleicht werde ich ihnen den Hals umdrehen.

ELEKTRA: Und wie könntest du dich mit unseren Übeln belasten?

OREST: Ihr verlangt nichts weiter als sie loszuwerden. Der König und die Königin allein halten sie gewaltsam in euren Herzen wach.

ELEKTRA: Der König und die Königin ... Philebes!

OREST: Die Götter sind meine Zeugen, daß ich ihr Blut nicht vergießen wollte. *Ein langes Schweigen.*

ELEKTRA: Du bist jung, zu schwach ...

OREST: Willst du jetzt zurückweichen? Verstoß mich im Palast, führe mich heute nacht ans königliche Lager, und du wirst sehen, ob ich zu schwach bin.

ELEKTRA: Orest!

OREST: Elektra! Du hast mich zum erstenmal Orest genannt.

ELEKTRA: Ja, du bist es wirklich, du bist Orest. Ich erkannte dich nicht, denn ich erwartete dich anders. Aber diesen bitteren Geschmack in meinem Mund, diesen bitteren Fiebergeschmack, den habe ich tausendmal gefühlt in meinen Träumen, und den erkenne ich. Du bist also gekommen, Orest, und dein Entschluß ist gefaßt, und da steh ich nun, wie in meinen Träumen, an der Schwelle einer nicht wieder gutzumachenden Tat, und ich habe Angst – wie im Traume. O heißersehnter und gefürchteter Augenblick! Jetzt werden sich die Minuten verketten, wie die Räder einer Maschine, und wir werden keine Ruhe haben, bis sie beide auf dem Rücken liegen mit Gesichtern wie zerquetschte Brombeeren. All das Blut! Und du bist es, der es vergießen wird, du mit deinen sanften Augen. Ach, nie mehr werde ich Philebes wiedersehen. Orest, du bist mein älterer Bruder und das Haupt unserer Familie, nimm mich in deine Arme, beschütze mich, denn wir gehen sehr großen Leiden entgegen. *Orest nimmt sie in seine Arme. Jupiter kommt aus seinem Versteck und schleicht sich verstohlen fort.*

Vorhang

ZWEITES BILD

Im Palast: Thronsaal. Eine Jupiterstatue, grauenhaft und blutig. Der Tag geht zu Ende.

1. SZENE

Elektra kommt zuerst herein und macht Orest ein Zeichen, einzutreten.

OREST: Man kommt. *Er nimmt das Schwert in die Hand.*
ELEKTRA: Es ist die Wache, die die Runde macht. Folge mir, wir wollen uns hier verstecken. *Sie verstecken sich hinter dem Thron.*

2. SZENE

Dieselben versteckt – zwei Soldaten

1. SOLDAT: Ich weiß nicht, was heute in die Fliegen gefahren ist: sie sind rein toll.
2. SOLDAT: Sie riechen die Toten, und das macht sie außer sich vor Freude. Ich wage nicht mehr zu gähnen, so sehr ist in mir die Angst, daß sie mir ins offene Maul fallen und zuunterst in meiner Kehle einen Tanz aufführen. *Elektra zeigt sich einen Augenblick und versteckt sich wieder.* Halt, da knackt was.
1. SOLDAT: Das ist Agamemnon, der sich auf seinen Thron setzt.
2. SOLDAT: Und unter seinem breiten Hintern krachen die Bretter des Thrones? Unmöglich, Kollege, die Toten haben kein Gewicht.
1. SOLDAT: Die gemeinen Leute vielleicht, die wiegen nichts. Er aber, ehe er ein königlicher Toter wurde, war ein königlicher Lebemann, der schlecht und recht, ob gutes oder schlechtes Jahr, seine 120 Kilo wog. Sollte mich wundern, wenn ihm nicht einige Pfund geblieben wären.
2. SOLDAT: Dann ... meinst du, er sei das?
1. SOLDAT: Wo sollte er sonst sein? Wenn ich ein toter König wäre, und wenn ich alle Jahre einen Urlaub von 24 Stunden hätte, todsicher käme ich und setzte mich auf meinen Thron, und ich würde

den Tag zubringen und an meine guten Stunden von damals denken und niemand ein Leid zufügen.

2. SOLDAT: Das sagst du, weil du lebst. Aber wenn du nicht mehr wärest, dann würdest du ebenso gemein sein wie die andern. *Der erste Soldat gibt ihm eine Ohrfeige.* Holla! Holla!

1. SOLDAT: Es ist zu deinem Besten: Schau, ich habe sieben auf einen Schlag getötet, einen ganzen Schwarm.

2. SOLDAT: Tote?

1. SOLDAT: Nein, Fliegen. Ich habe die Hände ganz voll Blut. Saufliegen das.

2. SOLDAT: Wollten die Götter, daß sie tot geboren würden. Schau, all die toten Menschen hier: sie sagen nicht piep, sie richten es so ein, daß sie nicht stören. Mit verreckten Fliegen wäre es genau so.

1. SOLDAT: Halt's Maul! Wenn ich mir vorstelle, daß es hier auch noch Fliegenphantome gäbe, obendrein...

2. SOLDAT: Warum nicht?

1. SOLDAT: Stell es dir doch vor! Sie verrecken zu Millionen jeden Tag, diese Viecher. Wenn man alle jene auf die Stadt losgelassen hätte, die seit dem letzten Jahr draufgegangen sind, dann kämen 365 Tage auf eine Lebendige, die um uns herumschwirrte. Puh! die Luft wäre mit Fliegen gezuckert, man würde Fliegen essen, Fliegen einatmen, sie würden als schleimige Bäche in unsere Lungen und Eingeweide fließen... Am Ende ziehen deshalb durch diesen Raum so sonderbare Gerüche.

2. SOLDAT: Bah! Ein Saal wie dieser hier, 1000 Fuß im Quadrat, da genügen ein paar tote Menschen, um ihn zu verpesten. Man sagt, unsere Toten riechen schlecht aus dem Mund.

1. SOLDAT: Kein Wunder! Vor Kummer und Langeweile dreht sich ihnen der Magen um.

2. SOLDAT: Und ich sag' dir, da ist doch irgend etwas: der Boden knackt. *Sie gehen von rechts hinter den Thron; Elektra und Orest kommen links hervor, gehen vor den Thronstufen vorbei und verstecken sich von rechts wieder hinter dem Thron, im Augenblick, da die Soldaten von links hervorkommen.*

1. SOLDAT: Da siehst du jetzt, daß niemand da ist. Es ist Agamemnon, sage ich dir, verfluchter Agamemnon. Er wird auf seinem Kissen sitzen. Gerade aufgerichtet wie ein i – und er schaut uns an: er weiß nichts anderes mit seiner Zeit anzufangen, als uns anzuschauen. Wir täten besser daran, strammzustehen, auch wenn uns die Fliegen in der Nase kitzeln.

2. SOLDAT: Ich wäre lieber in der Wachstube, um ein gutes Spielchen zu machen. Die Toten, die dorthin kommen, sind Kameraden, gemeine Soldaten wie wir. Aber wenn ich mir vorstelle, daß der König selig da ist und daß er die Knöpfe zählt, die an meinem Rock fehlen, dann wird mir komisch, genau als ob der General Revue passieren läßt. *Ägist, Klytämnestra, Diener mit Lampen kommen herein.*

3. SZENE

Ägist, Klystämnestra, Orest, Elektra – die letzteren versteckt

KLYTÄMNESTRA: Was ist Euch?

ÄGIST: Habt Ihr gesehen? Wenn ich ihnen nicht Furcht und Schrecken eingejagt hätte, sie hätten sich im Handumdrehen von ihrer Reue befreit.

KLYTÄMNESTRA: Ist das alles, was Euch beunruhigt? Ihr werdet es immer verstehen, ihnen zur rechten Zeit den Mut zu nehmen.

ÄGIST: Möglich. Ich bin nur allzu geschickt für solche Komödien. *Pause.* Es tut mir leid, daß ich Elektra strafen mußte.

KLYTÄMNESTRA: Meint Ihr, weil ich sie geboren habe? Es hat Euch gefallen, sie zu strafen, und alles, was Ihr tut, finde ich gut getan.

ÄGIST: Weib, nicht um deinetwillen tut es mir leid.

KLYTÄMNESTRA: Warum denn? Ihr liebt Elektra nicht.

ÄGIST: Ich bin müde. Seit 15 Jahren halte ich nun – mit ausgestrecktem Arm – die Reue eines ganzen Volkes hoch. Seit 15 Jahren ziehe ich mich wie eine Vogelscheuche an: All diese schwarzen Kleider haben schließlich auf meine Seele abgefärbt.

KLYTÄMNESTRA: Aber ich, Herr, ich selbst...

ÄGIST: Ich weiß, Weib, ich weiß. Du wirst mir von deiner Reue sprechen. Nun gut, ich beneide dich darum, sie stattet dein Leben aus. Ich empfinde keine, aber niemand in Argos ist so traurig wie ich.

KLYTÄMNESTRA: Mein lieber Herr... *Sie nähert sich ihm.*

ÄGIST: Laß mich, Dirne! Schämst du dich nicht, vor seinen Augen?

KLYTÄMNESTRA: Vor seinen Augen? Wer sieht uns denn?

ÄGIST: Wer? Der König! Man hat heute morgen die Toten losgelassen.

KLYTÄMNESTRA: Herr, ich flehe Euch an... Die Toten sind unter der Erde und werden uns so bald nicht stören. Habt Ihr denn vergessen, daß Ihr selbst diese Märchen für das Volk erfunden habt?

ÄGIST: Du hast recht, Weib. Da siehst du, wie müde ich bin. Laß mich allein, ich will mich sammeln. *Klytämnestra ab.*

4. SZENE

Ägist, Orest und Elektra (versteckt)

ÄGIST: Ist das nun der König, Jupiter, den du für Argos brauchtest? Ich gehe, ich komme, ich kann mit lauter Stimme schreien, ich trage überall meine große schreckliche Erscheinung zur Schau, und die mich sehen, fühlen sich bis aufs Mark schuldig. Aber ich bin eine leere Schale: ein Tier hat mein Inneres aufgefressen, ohne daß ich es gewahrte. Nun schaue ich in mich hinein, und ich sehe, daß ich toter bin als Agamemnon. Sagte ich, ich sei traurig? Ich habe gelogen. Sie ist weder traurig noch fröhlich, die Wüste, die unermeßliche Wüste, die unermeßliche Leere des Sandes unter der durchsichtigen Leere des Himmels. Sie ist unheimlich. Ach! Ich gäbe mein Königreich drum, könnte ich eine Träne weinen. *Jupiter tritt ein.*

5. SZENE

Dieselben – Jupiter

JUPITER: Warum dich beklagen: Du bist ein König wie alle Könige.

ÄGIST: Wer bist du? Was willst du hier?

JUPITER: Du erkennst mich nicht?

ÄGIST: Hinaus mit dir, oder ich lasse dich von meinen Wachen durchprügeln.

JUPITER: Du erkennst mich nicht? Du hast mich doch gesehen. Es war im Traum. Allerdings sah ich schrecklicher aus. *Donner, Blitze, Jupiter nimmt das schreckliche Aussehen an.* Und so?

ÄGIST: Jupiter!

JUPITER: Endlich! *Er lächelt wieder, nähert sich der Statue.* Das soll ich sein? So sehen mich die Bewohner von Argos, wenn sie beten? Teufel, das kommt auch nicht oft vor, daß ein Gott sein Bild von Angesicht zu Angesicht betrachten kann. *Pause.* Was bin ich häßlich! Sie müssen mich nicht sehr lieben.

ÄGIST: Sie fürchten Euch.

JUPITER: Ausgezeichnet, geliebt werden, damit kann ich nichts anfangen. Liebst du mich, du?

ÄGIST: Was wollt Ihr? Habe ich nicht genug bezahlt?

JUPITER: Wie genug?

ÄGIST: Ich gehe drauf dabei.

JUPITER: Übertreibe nicht. Es geht dir ziemlich gut, und du bist fett. Ich mache dir übrigens keinen Vorwurf daraus. Es ist gutes königliches Fett, gelb, wie der Talg einer Kerze, das muß auch sein. So wie du bist, kannst du gut und gern noch 20 Jahre leben.

ÄGIST: Noch 20 Jahre!

JUPITER: Möchtest du sterben?

ÄGIST: Ja.

JUPITER: Wenn irgendwer mit gezogenem Schwert hier hereinkäme, würdest du deine Brust diesem Schwert hinhalten?

ÄGIST: Ich weiß nicht.

JUPITER: Hör mich an: Wenn du dich wie ein Kalb hinmorden läßt, wirst du exemplarisch bestraft werden; du wirst im Tartarus König sein auf Ewigkeit. Das ist es, was ich gekommen bin, dir zu sagen.

ÄGIST: Will mich jemand töten?

JUPITER: Vielleicht.

ÄGIST: Elektra?

JUPITER: Noch ein anderer.

ÄGIST: Wer?

JUPITER: Orest.

ÄGIST: Ah! *Pause.* Nun, das ist ganz in Ordnung, was kann ich dagegen tun?

JUPITER: «Was kann ich dagegen tun?» *Mit veränderter Stimme.* Gib sogleich Befehl, daß man einen jungen Fremden, der sich Philebes nennt, ergreift. Man soll ihn mit Elektra in irgendein Verlies werfen – und dann erlaube ich dir, sie zu vergessen. Nun? Worauf wartest du? Rufe die Wachen.

ÄGIST: Nein.

JUPITER: Willst du vielleicht die Güte haben, mir die Gründe deiner Weigerung anzugeben?

ÄGIST: Ich bin müde.

JUPITER: Warum schaust du auf deine Füße? Wende mir deine großen, blutunterlaufenen Augen zu. So, so. Du bist edel und dumm wie ein Pferd. Aber dein Widerstand ist nicht von jener Art, die mich reizt: er ist die Würze, die bald deine Unterwerfung köstlicher machen wird. Denn ich weiß genau, daß du schließlich nachgeben wirst.

ÄGIST: Ich sage Euch, daß ich mit Euren Plänen nichts mehr zu tun haben will. Ich habe schon genug hinter mir.

JUPITER: Mut? Gib nicht nach, gib nicht nach. Ach, wie bin ich lüstern nach Seelen wie deine. Deine Augen blitzen, du krampfst die Faust und schleuderst deine Weigerung Jupiter ins Gesicht. Und dennoch, kleines Starrköpfchen, kleines Pferd, widerspenstiges kleines Pferd, dein Herz hat schon lange ja gesagt. Geh, du wirst gehorchen. Glaubst du, ich verließe den Olymp ohne Grund? Ich habe dich vor diesem Verbrechen warnen wollen, weil es mir gefällt, es zu verhindern.

ÄGIST: Mich warnen ... Das ist sonderbar.

JUPITER: Im Gegenteil, was wäre natürlicher: ich will diese Gefahr von deinem Haupte wenden.

ÄGIST: Wer verlangt es von Euch? Und Agamemnon, habt Ihr ihn gewarnt? Und er wollte doch gern leben.

JUPITER: Oh, undankbares Geschöpf, o unglückseliger Charakter: Du bist mir lieber als Agamemnon, ich beweise es dir, und du beklagst dich.

ÄGIST: Lieber als Agamemnon? Ich? Orest ist es, der Euch lieber ist. Ihr habt zugelassen, daß ich mich zugrunde richtete, Ihr habt mich schnurgerade auf das Bad des Königs zulaufen lassen, die Axt in der Hand, und ohne Zweifel habt Ihr Euch die Lippen geleckt, Ihr da oben, und dabei gedacht, daß die Seele des Sünders köstlich ist. Heute aber beschützt Ihr Orest vor sich selbst – und mich, den Ihr dahin gebracht habt, den Vater zu töten, mich habt Ihr dazu ausgewählt, den Arm des Sohnes zurückzuhalten. Ich war gerade gut genug, einen Mörder abzugeben. Mit ihm aber – Ihr entschuldigt – mit ihm hat man ohne Zweifel andere Absichten.

JUPITER: Welch sonderbare Eifersucht. Beruhige dich: ich liebe ihn nicht mehr als dich. Ich liebe niemand.

ÄGIST: Dann schaut nur, was Ihr aus mir gemacht habt, Ihr ungerechter Gott. Und antwortet: Wenn Ihr heute das Verbrechen, das Orest im Sinne hat, verhindert, warum habt Ihr dann meines gestattet?

JUPITER: Nicht alle Verbrechen mißfallen mir in gleicher Weise. Ägist, wir sind unter Königen, und also werde ich offen mit dir reden! Das erste Verbrechen habe ich begangen, als ich die Menschen als Sterbliche schuf. Was konntet ihr auf das hin tun, ihr, die Mörder? Euren Opfern den Tod geben? Aber geh doch! Sie tragen ihn ja schon in sich; höchstens konntet ihr seine Entfaltung ein wenig beschleunigen. Weißt du, was aus Agamemnon geworden wäre, wenn du ihn nicht erschlagen hättest? Drei Monate später wäre er am Schlag gestorben, an der Brust einer schönen Sklavin. Aber dein Verbrechen war mir von Nutzen.

ÄGIST: Von Nutzen? Ich sühne dafür, seit 15 Jahren, und es war Euch von Nutzen? Grauenvoll!

JUPITER: Nun und? Eben weil du dafür sühnst, ist es mir von Nutzen. Ich habe die Verbrechen gern, die etwas eintragen. Deines war mir lieb, weil es ein blinder und sturer Mord war, ein unbewußter, antiker, eher einer Naturkatastrophe vergleichbar als einer menschlichen Tat. Nicht einen Augenblick hast du mir getrotzt: du hast zugeschlagen in einer Aufwallung von Furcht und Zorn, und später, als das Fieber gefallen war, hast du deine Tat mit Entsetzen betrachtet und hast sie nicht als die deine anerkennen wollen. Welchen Nutzen habe ich dennoch daraus gezogen! Um eines toten Menschen willen, zwanzigtausend andere in Reue vergehend, das ist die Bilanz. Ich habe keinen schlechten Handel gemacht.

ÄGIST: Ich sehe, was hinter all diesen Reden steckt: Orest wird keine Gewissensbisse haben.

JUPITER: Auch nicht den Schatten eines Gewissensbisses. Jetzt, in diesem Augenblick, macht er seine Pläne, mit Methode, mit kühlem Kopf, ganz bescheiden. Was fange ich mit einem Mord an, der leicht wiegt wie ein Nebelstreifen in der Seele des Mörders. Das werde ich verhindern. Ah, ich hasse die Verbrechen der neuen Generation: sie sind unnütz wie Unkraut. Er wird dich töten wie ein Huhn, dieser sanfte junge Mann, und dann weggehen, mit blutigen Händen und reinem Gewissen; ich an deiner Stelle, ich würde mich gedemütigt fühlen. Geh! Ruf deine Wachen!

ÄGIST: Ich habe Euch schon nein gesagt. Das Verbrechen, das vorbereitet wird, mißfällt Euch zu sehr, als daß es mir nicht gefiele.

JUPITER *mit verändertem Ton:* Ägist, du bist König, und an dein Gewissen als König wende ich mich; denn dir gefällt es, zu herrschen.

ÄGIST: Nun?

JUPITER: Du hassest mich, aber wir sind verwandt, ich habe dich nach meinem Bild geformt: ein König, das ist ein Gott auf Erden, vornehm und unheimlich wie ein Gott.

ÄGIST: Unheimlich? Ihr?

JUPITER: Schau mich an. *Lange Pause.* Ich habe dir gesagt, daß du nach meinem Bild geformt bist. Wir beide lassen die Ordnung herrschen, du in Argos, ich in der Welt, und das gleiche Geheimnis lastet schwer auf unseren Herzen.

ÄGIST: Ich habe kein Geheimnis.

JUPITER: Doch. Das gleiche wie ich. Das schmerzliche Geheimnis der Götter und der Könige: daß nämlich die Menschen frei sind. Sie sind frei, Ägist. Du weißt es, und sie wissen es nicht.

ÄGIST: Zum Donner, wenn sie es wüßten, würden sie meinen Palast an seinen vier Ecken anzünden. Seit 15 Jahren spiele ich Komödie, um ihnen ihre Macht zu verbergen.

JUPITER: Du siehst also, daß wir gleich sind.

ÄGIST: Gleich? Durch welche Ironie könnte sich ein Gott mir gleich nennen? Seit ich herrsche, zielen alle meine Worte darauf hin, mein Bild zu formen; ich will, daß jeder meiner Untertanen es in sich trage, und daß er, bis in seine Einsamkeit hinein, meinen strengen Blick auf seinen geheimsten Gedanken lasten fühle. Aber ich selbst, ich bin mein erstes Opfer; ich sehe mich nur noch so, wie sie mich sehen, ich beuge mich über das klaffende Brunnenloch ihrer Seelen, und mein Bild ist da, ganz tief unten, es widert mich an und fasziniert mich. Allmächtiger Gott, was bin ich weiter als die Angst, die andere vor mir empfinden?

JUPITER: Wer, glaubst du denn, daß ich sei? *Auf die Statue zeigend.* Ich auch, ich habe mein Bild. Glaubst du, daß mir darob nicht schwindelt? Seit hunderttausend Jahren tanze ich vor den Menschen. Einen langsamen und düsteren Tanz. Sie müssen mich ansehen; solange sie ihre Augen auf mich gerichtet haben, vergessen sie, in sich selbst hineinzuschauen. Wenn ich mich auch nur einen Augenblick vergäße, wenn ich sie die Blicke abwenden ließe...

ÄGIST: Nun?

JUPITER: Genug. Das geht nur mich allein an. Du bist müde, Ägist, aber worüber beklagst du dich? Du wirst sterben. Ich nicht. Solange es Menschen auf dieser Erde gibt, bin ich dazu verdammt, vor ihnen zu tanzen.

ÄGIST: Ach. Aber wer hat uns verdammt?

JUPITER: Niemand anders als wir selbst, denn wir haben dieselbe Leidenschaft. Du liebst die Ordnung, Ägist.

ÄGIST: Die Ordnung! Ja, das ist wahr. Um der Ordnung willen habe ich Klytämnestra verführt, um der Ordnung willen habe ich meinen König getötet; ich wollte, daß Ordnung herrscht. Ich habe ohne Wunsch, ohne Liebe, ohne Hoffnung gelebt; ich habe Ordnung gemacht. O schreckliche und göttliche Leidenschaft!

JUPITER: Wir können keine andere haben: ich bin Gott, und du bist geboren, um König zu sein.

ÄGIST: Leider.

JUPITER: Ägist, mein Geschöpf und mein sterblicher Bruder, im Namen der Ordnung, der wir beide dienen, befehle ich dir: bemächtige dich Orests und seiner Schwester.

ÄGIST: Sind sie so gefährlich?

JUPITER: Orest weiß, daß er frei ist.

ÄGIST *lebhaft:* Er weiß, daß er frei ist. Dann genügt es nicht, ihn in Fesseln zu legen. Ein freier Mensch in einer Stadt ist wie ein räudiges Schaf in einer Herde. Er wird mein ganzes Königreich anstecken und mein Werk verderben. Allmächtiger Gott, worauf wartest du, um ihn zu zerschmettern?

JUPITER *langsam:* Ihn zerschmettern? *Pause. Müde und gebeugt:* Ägist, die Götter haben mich in ein anderes Geheimnis...

ÄGIST: Was wirst du mir noch sagen?

JUPITER: Wenn einmal die Freiheit in einer Menschenseele aufgebrochen ist, können die Götter nichts mehr gegen diese Menschen. Denn das ist eine Menschenangelegenheit, und es ist Sache der anderen Menschen – und nur ihre –, ihn laufen zu lassen oder ihn zu erwürgen.

ÄGIST *ihn anschauend:* Ihn zu erwürgen ...? Ich werde dir zweifellos gehorchen. Aber füge nichts mehr hinzu und bleibe nicht länger hier, denn ich würde es nicht ertragen. *Jupiter ab.*

6. SZENE

Ägist bleibt einen Augenblick allein, dann Elektra und Orest

ELEKTRA *nach der Tür stürzend:* Schlag ihn nieder! Laß ihm nicht Zeit zum Schreien, ich versperre die Tür.

ÄGIST: Da bist du also, Orest?

OREST: Verteidige dich!

ÄGIST: Ich werde mich nicht verteidigen. Es ist zu spät, um zu rufen, und ich bin froh, daß es zu spät ist. Aber ich werde mich nicht verteidigen: ich will, daß du mich ermordest.

OREST: Gut. Das Mittel kümmert mich wenig. Ich werde also dein Mörder sein. *Er durchbohrt ihn mit dem Säbel.*

ÄGIST *schwankend:* Gut getroffen. *Er klammert sich an Orest.* Laß mich dich ansehen; ist es wahr, daß du keine Gewissensbisse hast?

OREST: Gewissensbisse? Weshalb? Ich tue, was gerecht ist.

ÄGIST: Gerecht ist, was Jupiter will. Du warst hier versteckt, und du hast ihn gehört.

OREST: Was kümmert mich Jupiter? Die Gerechtigkeit ist eine Angelegenheit der Menschen, und ich brauche keinen Gott, der mich darüber belehrt. Es ist gerecht, dich zu zerschmettern, dreckiger Schurke, und deine Herrschaft über die Leute von Argos zu zerstören; es ist gerecht, ihnen das Gefühl für ihre Würde zurückzugeben. *Er stößt ihn zurück.*

ÄGIST: Es tut so weh.

ELEKTRA: Er wankt, und sein Gesicht ist fahl. Entsetzlich: wie häßlich ist das, ein Mensch, der stirbt.

OREST: Schweig. Er soll keine andere Erinnerung ins Grab mitnehmen als unsere Freude.

ÄGIST: Ich verfluche euch beide.

OREST: Wirst du endlich sterben? *Er schlägt zu, Ägist fällt.*

ÄGIST: Hüte dich vor Fliegen, Orest, hüte dich vor Fliegen; nicht alles ist zu Ende. *Er stirbt.*

OREST *stößt ihn mit dem Fuß:* Für ihn ist jedenfalls alles zu Ende. Führe mich zum Zimmer der Königin.

ELEKTRA: Orest ...

OREST: Nun ...?

ELEKTRA: Sie kann uns nicht mehr schaden ...

OREST: Und dann? ... Ich erkenne dich nicht mehr. Eben sprachst du anders.

ELEKTRA: Orest ... ich auch, ich erkenne dich nicht mehr.

OREST: Gut so, ich gehe allein. *Ab.*

7. SZENE
Elektra allein

ELEKTRA: Wird sie schreien? *Pause. Sie lauscht.* Er geht durch den Gang. Wenn er die vierte Tür öffnet... Ach, ich habe es gewollt. Ich will es, ich m u ß es noch wollen. *Sie schaut Ägist an.* Der da ist tot. Das ist es also, was ich wollte. So habe ich es mir nicht gedacht. *Sie nähert sich dem Toten.* Hundertmal habe ich ihn im Traum gesehen, ausgestreckt an dieser selben Stelle, ein Schwert im Herzen, seine Augen waren geschlossen, er schien zu schlafen. Wie ich ihn haßte, wie glücklich ich war, ihn so zu hassen. Er sieht nicht aus, als ob er schliefe, und seine Augen sind offen, er schaut mich an. Er ist gestorben, und mein Haß ist mit ihm gestorben. Und ich bin hier, und ich warte, und die andere lebt noch, in ihrem Zimmer, und gleich wird sie schreien. Sie wird schreien wie ein Tier. Ah! Ich kann diesen Anblick nicht ertragen. *Sie kniet nieder und wirft einen Mantel über Ägists Gesicht.* Was wollte ich doch? *Schweigen. Dann schreit Klytämnestra.* Er hat sie erschlagen, sie war unsere Mutter, und er hat sie erschlagen. *Sie erhebt sich.* Nun ist es so weit; meine Feinde sind tot. Jahre hindurch habe ich im voraus diesen Tod genossen, und jetzt ist mein Herz wie in einen Schraubstock geklemmt. Habe ich mir 15 Jahre lang etwas vorgelogen? Nein, das ist nicht wahr, das ist nicht wahr! Das kann nicht wahr sein; ich bin feige. Diesen Augenblick hier, ich habe ihn gewollt, und ich will ihn noch. Ich wollte dieses dreckige Schwein zu meinen Füßen liegen sehen. *Sie reißt den Mantel weg.* Was kümmern mich deine toten Fischaugen. Ich wollte sie so, diese Augen, und sie sind mir eine Lust. *Man hört Klytämnestra schwächer schreien.* Soll sie schreien! Soll sie doch schreien! Ich will ihr grauenvolles Geschrei, und ich will ihre Qualen. *Die Schreie hören auf.* Freude! Freude! Ich weine vor Freude! Meine Feinde sind tot, und mein Vater ist gerächt. *Orest kommt zurück, ein blutiges Schwert in der Hand. Sie stürzt ihm entgegen.*

8. SZENE
Elektra – Orest

ELEKTRA: Orest! *Sie wirft sich ihm in die Arme.*

OREST: Wovor hast du Angst?

ELEKTRA: Ich habe keine Angst, ich bin trunken. Trunken vor Freude. Was hat sie gesagt? Hat sie lange um Gnade gefleht?

OREST: Elektra, was ich tat, werde ich nie bereuen, aber ich halte es nicht für richtig, davon zu sprechen: es gibt Erinnerungen, die man mit niemandem teilt. Wisse nur, daß sie tot ist.

ELEKTRA: Verfluchte sie uns? Sage mir nur das: verfluchte sie uns?

OREST: Ja, sie verfluchte uns.

ELEKTRA: Nimm mich in deine Arme, Geliebter, und halte mich mit deiner ganzen Kraft. Wie dunkel die Nacht ist und welche Mühe hat das Licht dieser Fackeln, sie zu durchdringen. Liebst du mich?

OREST: Es ist nicht Nacht, der Morgen dämmert. Wir sind frei, Elektra. Mir ist, als wärst du durch mich geboren und ich mit dir zugleich; ich liebe dich, und du gehörst mir. Das Blut bindet uns zweifach, denn wir sind eines Blutes, und wir haben Blut vergossen.

ELEKTRA: Wirf dein Schwert weg. Gib mir diese Hand. *Sie nimmt seine Hand und küßt sie.* Deine Finger sind kurz und viereckig. Sie sind dazu gemacht, zu nehmen und zu behalten. Liebe Hand! Sie ist weißer als meine. Wie hat sie sich schwer gemacht, um die Mörder unseres Vaters zu töten! Warte! *Sie holt eine Fackel und nähert sich Orest.* Ich muß dein Gesicht beleuchten, denn die Nacht wird dunkler, und ich sehe dich nicht mehr gut. Ich muß dich sehen; wenn ich dich nicht mehr sehe, habe ich Angst vor mir; meine Augen dürfen nicht von dir lassen. Ich liebe dich; ich muß denken, daß du mich liebst. Wie sonderbar du aussiehst!

OREST: Ich bin frei, Elektra! Die Freiheit hat mich getroffen wie der Blitz.

ELEKTRA: Frei? Ich, ich fühle mich nicht frei. Kannst du machen, daß das alles nicht gewesen ist? Etwas ist geschehen, und wir sind nicht mehr frei, es ungeschehen zu machen. Kannst du es verhindern, daß wir die Mörder unserer Mutter sind?

OREST: Glaubst du, ich wollte es verhindern? Ich habe m e i n e Tat getan, Elektra, und diese Tat war gut. Ich werde sie auf meinen Schultern tragen, wie ein Fährmann die Reisenden durchs Wasser trägt, ich werde sie ans andere Ufer bringen und darüber Rechenschaft geben. Und je schwerer sie zu tragen ist, um so mehr werde ich mich freuen, denn meine Freiheit, das ist diese Tat. Gestern noch ging ich aufs Geratewohl über die Erde, und Tausende von Wegen flohen unter meinem Schritt, denn sie gehörten andern. Ich bin sie alle gegangen, den Weg der Treidler, der den Fluß entlangführt, und den Saumpfad, und die gepflegte Straße der Wagenlenker, aber kein einziger gehörte mir. Heute gibt es nur einen, und Gott weiß, wohin er führt; aber es ist m e i n Weg. Was hast du?

ELEKTRA: Ich kann dich nicht mehr sehen. Diese Lampen leuchten nicht. Ich höre deine Stimme, aber sie tut mir weh, sie schneidet mich wie ein Messer. Wird es immer so stockdunkel bleiben, von nun an, auch am Tag? Orest! Da sind sie!

OREST: Wer?

ELEKTRA: Da sind sie! Woher kommen sie? Sie hängen wie schwarze Trauben von der Decke und schwarz kleben sie an den Mauern; sie schieben sich zwischen die Lichter und meine Augen, und ihre Schatten verbergen mir dein Gesicht.

OREST: Die Fliegen...

ELEKTRA: Höre!... ihr Flügelrauschen, wie das Sausen in einer Schmiede. Sie sind rund um uns, Orest. Sie lauern auf uns; gleich werden sie sich auf uns stürzen, und ich werde tausend klebrige Füße auf meinem Körper spüren. Wohin fliehen, Orest? Sie schwellen an, sie schwellen an, jetzt sind sie groß wie Bienen, sie werden uns überallhin in dichten Schwärmen folgen. Grausig! Ich sehe ihre Augen, ihre Millionen Augen, die uns anglotzen.

OREST: Was gehen uns die Fliegen an?

ELEKTRA: Es sind die Erinnyen, Orest, die Göttinnen der Reue.

2. SOLDAT *hinter der Tür:* Öffnet, öffnet! Wenn sie nicht öffnen, muß man die Tür einschlagen. *Dumpfe Schläge an der Tür.*

OREST: Klytämnestras Geschrei hat die Wachen herbeigerufen. Komm! Führe mich zum Heiligtum des Apoll; dort werden wir die Nacht verbringen, vor Menschen und Fliegen geschützt. Morgen werde ich zu meinem Volke sprechen.

Vorhang

DRITTER AKT

1. SZENE

Der Tempel des Apoll. Halbdunkel. Eine Statue des Apoll in der Mitte der Bühne, Elektra und Orest schlafen am Fuß der Statue, deren Beine sie mit den Armen umschlingen. Die Erinnyen umstehen sie im Kreise; sie schlafen stehend, wie Stelzenläufer. Im Hintergrund eine schwere Bronzetür.

1. ERINNYE *sich streckend:* Ha! Ich habe stehend geschlafen, starr aufgerichtet vor Wut, und ich habe ungeheuerlich und wild geträumt. O schöne Blume des Zorns, schöne rote Blume in meinem Herzen. *Sie geht um Elektra und Orest herum.* Sie schlafen. Wie weiß sie sind und wie sanft! Ich werde mich auf ihrem Bauch und ihrer Brust winden, wie ein Bergbach auf Kieselsteinen. Ich werde geduldig dieses zarte Fleisch polieren, ich werde es reiben, schaben, bis auf die Knochen abnutzen. *Sie macht einige Schritte.* Oh, reiner Morgen des Hasses! Welch herrliches Erwachen! Sie schlafen, sie sind feucht, sie riechen nach Fieber; ich aber, ich wache, frisch und hart; meine Seele ist aus Kupfer – und ich fühle mich geheiligt.

ELEKTRA *schlafend:* Ach!

1. ERINNYE: Sie stöhnt! Geduld, bald wirst du unsere Bisse kennen, unsere Liebkosungen werden dich zum Schreien bringen; ich werde in dich eindringen, wie das Männchen ins Weibchen; denn du bist mein Weib und du wirst die Last meiner Liebe spüren. Du bist schön, Elektra, schöner als ich; aber du wirst sehen, meine Küsse machen dich alt; bevor sechs Monate um sind, werde ich dich gebrochen haben wie eine Greisin, und ich, ich bleibe jung. *Sie beugt sich über die beiden.* Das ist schöne, vergängliche Beute und köstlich zu verschlingen; ich betrachte sie, ich atme ihren Hauch ein, und die Wut erstickt mich. O Wonne, Zähne und Krallen zu fühlen und Feuer in den Adern. Der Haß überschwemmt mich und schnürt mir die Kehle zusammen, er steigt wie Milch in meine Brüste. Wacht auf, meine Schwestern, wacht auf: der Morgen ist da.

2. ERINNYE: Ich träumte, daß ich zubiß.

1. ERINNYE: Gedulde dich: ein Gott beschützt sie heute, aber bald werden Hunger und Durst sie aus dem Asyl wegjagen. Dann wirst du mit allen deinen Zähnen nach ihnen beißen.

3. ERINNYE: Haaa! Ich will kratzen!

1. ERINNYE: Warte ein wenig: bald werden deine eisernen Krallen tausend rote Spuren in das Fleisch der Schuldigen graben. Kommt näher, meine Schwestern, seht sie euch an!

EINE ERINNYE: Wie schön sie sind!

1. ERINNYE: Freut euch: allzu oft sind die Verbrecher alt und häßlich; die Freude, Schönes zuerst zu zerstören, ist nur allzu selten.

ALLE: Heiah! Heiahah!

3. ERINNYE: Orest ist beinah ein Kind. Mein Haß wird für ihn müt-

terliche Zartheit finden. Ich werde seinen bleichen Kopf auf meine Knie legen und seine Haare liebkosen.

1. ERINNYE: Und dann?

3. ERINNYE: Und dann werde ich ihm plötzlich diese zwei Finger da in die Augen stoßen. *Alle beginnen zu lachen.*

1. ERINNYE: Sie seufzen, sie regen sich; bald werden sie erwachen. Vorwärts, meine Schwestern, meine Schwestern, ihr Fliegen, wekken wir die Schuldigen durch unsern Gesang aus dem Schlaf.

CHOR DER ERINNYEN: Bzz, bzz, bzz, bzz.
Wir werden uns auf dein verwestes Herz setzen, wie die Fliegen auf einen Kuchen.
Verwestes Herz, blutiges Herz, köstliches Herz.
Wir werden wie Bienen Eiter und Jauche deines Herzens sammeln.
Wir werden Honig daraus machen, siehst du, schönen grünen Honig.
Welche Liebe könnte uns so ganz erfüllen, so beschenken wie der Haß?
Bzz, bzz, bzz, bzz.
Wir werden die starren Augen der Häuser sein.
Das Knurren der Dogge, die die Zähne fletscht, wenn du vorbeigehst.
Das Sausen, das über deinen Kopf in den Himmel fliegt.
Das Rauschen der Wälder.
Das Pfeifen, Krachen, Zischen, Heulen.
Wir werden die Nacht sein.
Die stockdunkle Nacht deiner Seele.
Bzz, bzz, bzz, bzz.
Heiah! Heiah! Heiah!
Bzz, bzz, bzz, bzz.
Wir sind die Eiteraussaugerinnen, die Fliegen,
wir werden aus deinem Mund die Nahrung holen und den Lichtstrahl zutiefst aus deinen Augen.
Wir werden dich bis zum Grabe begleiten.
Und erst den Würmern werden wir unsern Platz überlassen.
Bzz, bzz, bzz, bzz. *Sie tanzen.*

ELEKTRA *erwachend:* Wer spricht? Wer seid ihr?

ERINNYEN: Bzz, bzz, bzz.

ELEKTRA: Ach, ihr seid es. Nun? Wir haben sie also im Ernst getötet.

OREST *erwachend:* Elektra?

ELEKTRA: Wer bist du? Ah! Du bist Orest. Geh fort.

OREST: Was ist dir?

ELEKTRA: Du ängstigst mich. Ich habe geträumt, unsere Mutter sei umgefallen und habe geblutet, und ihr Blut floß in Rinnsalen unter allen Türen des Palastes hindurch. Fühle meine Hände, sie sind kalt! Nein, laß mich. Berühre mich nicht! Hat sie sehr geblutet?

OREST: Sei still!

ELEKTRA *vollständig erwachend:* Laß mich dich anschauen. Du hast sie getötet, du, du hast sie getötet. Du hier, du bist eben erwacht, nichts steht auf deinem Gesicht geschrieben, und dennoch hast du sie getötet.

OREST: Nun und? Ja, ich habe sie getötet! *Pause.* Du auch, du ängstigst mich. Du warst schön, gestern. Man könnte meinen, ein Tier habe dir mit seinen Krallen das Gesicht zerstört.

ELEKTRA: Ein Tier? Dein Verbrechen. Es reißt mir die Wangen weg und die Augenlider: mir ist, als ob meine Augen und Zähne nackt seien. Und diese da? Wer sind sie?

OREST: Denk nicht an sie. Sie können dir nichts anhaben.

1. ERINNYE: Soll sie doch versuchen, mitten unter uns zu kommen, wenn sie es wagt, und du wirst's erleben, ob wir ihr nichts anhaben können.

OREST: Ruhe, Hündinnen! Kusch! *Die Erinnyen murren.* Die gestern in weißem Kleid auf den Tempelstufen tanzte, ist es möglich, daß du das warst?

ELEKTRA: Ich bin alt geworden in einer einzigen Nacht.

OREST: Du bist noch schön, aber ... Wo habe ich doch diese toten Augen gesehen? Du gleichst ihr, du gleichst Klytämnestra. Lohnte es sich, sie zu töten? Wenn ich es in diesen Augen sehe, schaudert mich mein Verbrechen.

1. ERINNYE: Weil ihr vor dir schaudert.

OREST: Wirklich? Schaudert dir wirklich vor mir?

ELEKTRA: Laß mich!

1. ERINNYE: Nun? Hast du noch den geringsten Zweifel? Wie sollte sie dich nicht hassen? Sie lebte friedlich in ihren Träumen. Du bist gekommen und hast Gemetzel und Schande gebracht. Und da ist sie nun, die teil hat an deiner Schuld, an diesen Sockel gekettet, das einzige Stück Erde, das ihr noch bleibt.

OREST: Höre nicht auf sie.

1. ERINNYE: Zurück! Zurück! Jage ihn fort, Elektra, laß dich nicht von seiner Hand berühren. Er ist ein Schlächter. An ihm haftet der fade Geruch von frischem Blut. Er hat gestern sehr plump getötet, weißt du, indem er einige Male ansetzte.

ELEKTRA: Du lügst nicht?

1. ERINNYE: Du darfst mir glauben, ich war dabei, ich summte um ihn herum.

ELEKTRA: Er hat mehrmals zugeschlagen?

1. ERINNYE: Gut zehnmal. Und jedesmal hörte man – krik – das Schwert in der Wunde. Sie schützte Gesicht und Leib mit ihren Händen, und er hat ihr die Hände zerschnitten.

ELEKTRA: Hat sie viel gelitten? Ist sie nicht gleich gestorben?

OREST: Schau sie nicht mehr an, verstopfe dir die Ohren, und vor allem, frage sie nicht mehr. Du bist verloren, wenn du sie fragst.

1. ERINNYE: Sie hat schrecklich gelitten.

ELEKTRA *verbirgt das Gesicht mit den Händen:* Ah!

OREST: Sie will uns trennen, sie richtet um dich die Mauern der Einsamkeit auf. Hüte dich, wenn du so recht allein sein wirst, ganz allein und ohne Zuflucht, werden sie über dich hereinbrechen. Elektra, wir haben diesen Mord zusammen beschlossen, und wir müssen die Folgen zusammen tragen.

ELEKTRA: Du behauptest, daß ich es wollte?

OREST: Ist es nicht wahr?

ELEKTRA: Nein, es ist nicht wahr ... Warte ... Doch! Ach! Ich weiß es nicht mehr. Ich habe dieses Verbrechen geträumt. Du aber, du hast es begangen, Henker deiner eigenen Mutter.

ERINNYEN *lachend und schreiend:* Henker, Henker – Schlächter!

OREST: Elektra, hinter dieser Tür ist die Welt. Die Welt und der Morgen. Draußen geht die Sonne über den Straßen auf. Bald werden wir hinausgehen, wir werden auf diesen besonnten Straßen gehen – und diese Töchter der Nacht werden ihre Macht verlieren: die Strahlen des Tages werden sie wie Schwerter durchbohren.

ELEKTRA: Die Sonne...

1. ERINNYE: Du wirst die Sonne nie wiedersehen, Elektra. Wir werden zwischen ihr und dir stehen wie ein Schwarm Heuschrecken, und überall wirst du über deinem Kopf die Nacht mittragen.

ELEKTRA: Laß mich! Hört auf, mich zu foltern.

OREST: Deine Schwäche ist ihre Kraft. Sieh, mir wagen sie nichts zu sagen. Höre: ein namenloses Entsetzen hat sich deiner bemächtigt und trennt uns. Dennoch, was hast du erlebt, was ich nicht auch erlebt hätte? Das Stöhnen meiner Mutter, glaubst du, daß meine Ohren jemals es nicht mehr hören werden? Und ihre ungeheuren Augen – zwei entfesselte Ozeane – in ihrem kreideweißen Gesicht, glaubst du, daß meine Augen sie jemals nicht mehr sehen werden? Und die Angst, die dich zerfrißt, glaubst du, daß sie jemals aufhören wird, an mir zu nagen? Aber was tut's: ich bin frei. Jenseits der Angst und der Erinnerungen. Frei. Und im reinen mit mir. Du darfst dich selbst nicht hassen, Elektra. Gib mir die Hand: ich werde dich nicht verlassen.

ELEKTRA: Laß meine Hand los! Diese schwarzen Hündinnen um uns her erschrecken mich, aber weniger als du es tust.

1. ERINNYE: Siehst du! Siehst du! Nicht wahr, kleines Püppchen, wir erschrecken dich weniger als er? Du brauchst uns, Elektra, du bist unser Kind. Du brauchst unsere Krallen, damit sie dein Fleisch aufwühlen, du brauchst unsere Zähne, kannibalische Liebe, um dich von dem Haß abzulenken, den du gegen dich selbst empfindest. Dein Körper muß leiden, damit du die Leiden deiner Seele vergißt. Komm! Komm! Du brauchst nur zwei Stufen herabzusteigen, wir werden dich in unsere Arme nehmen, unsere Küsse werden dein zartes Fleisch zerreißen, und du wirst Vergessen finden. Vergessen in dem großen und reinen Feuer des Schmerzes.

ERINNYEN: Komm! Komm! *Sie tanzen sehr langsam, als wollten sie faszinieren. Elektra erhebt sich.*

OREST *ergreift ihren Arm:* Geh nicht, ich flehe dich an, es wäre dein Verderben.

ELEKTRA *reißt sich heftig los:* Ha! Ich hasse dich! *Sie steigt die Stufen hinunter; die Erinnyen werfen sich alle über sie.*

ELEKTRA: Hilfe!

Jupiter kommt.

2. SZENE

Dieselben – Jupiter

JUPITER: Kuscht euch!

1. ERINNYE: Der Meister! *Die Erinnyen entfernen sich widerwillig, sie lassen Elektra am Boden ausgestreckt liegen.*

JUPITER: Arme Kinder! *Er nähert sich Elektra.* So weit ist es also mit euch gekommen? Zorn und Mitleid streiten sich in meinem Herzen. Steh auf, Elektra! Solange ich da bin, werden dir meine Hündinnen kein Leid antun. *Er hilft ihr aufstehen.* Welch entsetzliches Gesicht! In einer einzigen Nacht! Wo ist deine schlichte bäuerliche Frische? In einer einzigen Nacht haben sich deine Leber, deine Lunge, deine Milz verbraucht, dein Leib ist ein einziges großes Elend. Ach! Anmaßende und wahnwitzige Jugend, was für Übel habt ihr euch zugefügt!

OREST: Laß diesen Ton, guter Mann: er paßt schlecht zum König der Götter.

JUPITER: Und du, laß diesen hochfahrenden Ton: er steht einem Schuldigen nicht an, der im Begriff ist, sein Verbrechen zu sühnen.

OREST: Ich bin kein Schuldiger, und du wirst mich nicht dazu bringen, für etwas zu sühnen, was ich nicht als Verbrechen anerkenne.

JUPITER: Du irrst vielleicht; aber Geduld, ich werde dich nicht lange im Irrtum lassen.

OREST: Quäle mich, soviel du willst: ich bedaure nichts.

JUPITER: Auch nicht die Erniedrigungen, in die deine Schwester gefallen ist, durch deine Schuld?

OREST: Nicht einmal das.

JUPITER: Elektra, hörst du ihn? Und er behauptet, dich zu lieben.

OREST: Ich liebe sie, mehr als mich selbst. Aber ihre Qualen kommen aus ihr allein. Nur sie selbst kann sich davon befreien, sie ist frei.

JUPITER: Und du? Bist du vielleicht auch frei?

OREST: Das weißt du nur zu gut.

JUPITER: Schau dich an, schamloses und dummes Geschöpf, du siehst ganz danach aus, tatsächlich zusammengekauert, wie du bist, zwischen den Füßen eines helfenden Gottes, mit diesen ausgehungerten Hündinnen um dich herum. Wenn du zu behaupten wagst, du seist frei, dann müßte man auch die Freiheit des Gefangenen rühmen, der mit Ketten beladen zuunterst in einem Verlies liegt, und die eines gekreuzigten Sklaven.

OREST: Warum nicht?

JUPITER: Hüte dich! Du prahlst, weil Apoll dich beschützt. Doch Apoll ist mein sehr gehorsamer Diener. Wenn ich einen Finger hebe, verläßt er dich.

OREST: Nur zu! Hebe doch den Finger, heb doch die ganze Hand.

JUPITER: Wozu? Habe ich dir nicht gesagt, daß es mir widerstrebt, zu strafen? Ich bin gekommen, um euch zu retten.

ELEKTRA: Zu retten? Dann mach dich nicht länger lustig über uns, Herr der Rache und des Todes, denn es ist keinem erlaubt – auch einem Gott nicht –, denen, die leiden, trügerische Hoffnungen zu machen.

JUPITER: In einer Viertelstunde kannst du von hier weg sein.
ELEKTRA: Heil und ganz?
JUPITER: Ich gebe dir mein Wort.
ELEKTRA: Was verlangst du dafür von mir?
JUPITER: Ich verlange nichts von dir, mein Kind.
ELEKTRA: Nichts? Habe ich dich richtig verstanden, guter Gott, anbetungswürdiger Gott?
JUPITER: Oder fast nichts. Was du mir am leichtesten geben kannst: ein bißchen Reue.
OREST: Hüte dich, Elektra: dieses Nichts wird auf deiner Seele lasten wie ein Berg.
JUPITER *zu Elektra:* Höre nicht auf ihn. Antworte mir vielmehr: wie könntest du dich weigern, dich von diesem Verbrechen loszusagen; ein anderer hat es begonnen. Kaum kann man sagen, daß du seine Mithelferin warst.
OREST: Elektra – wirst du 15 Jahre des Hasses und der Verzweiflung verleugnen?
JUPITER: Wer spricht von verleugnen? Sie hat diese Freveltat nicht gewollt.
ELEKTRA: Ich Unselige.
JUPITER: Komm. Du kannst mir vertrauen. Lese ich nicht in deinem Herzen?
ELEKTRA *ungläubig:* Und du liest in meinem Herzen, daß ich dieses Verbrechen nicht wollte? Wo ich fünfzehn Jahre lang von Mord und Rache geträumt habe?
JUPITER: Ach geh! Diese blutrünstigen Träume, in denen du dich wiegtest, sie hatten etwas Unschuldiges, sie verschleierten dir deine Versklavung, sie waren Balsam für die Wunden deines Stolzes. Aber du hast nie daran gedacht, sie zu verwirklichen. Täusche ich mich?
ELEKTRA: Ach, mein Gott, mein geliebter Gott, wie sehr wünsche ich, daß du dich nicht täuschest!
JUPITER: Du bist ein ganz kleines Mädchen, Elektra. Die andern kleinen Mädchen wünschen die reichsten oder die schönsten aller Frauen zu werden. Und du, verstrickt in das leidvollste Schicksal deiner Sippe, du hast gewünscht, die leidvollste und verbrecherischste zu werden. Du hast das Böse nie gewollt. In deinem Alter spielen die Kinder noch mit Puppen oder mit dem Ball; und du, arme Kleine, ohne Spielsachen, ohne Spielkameraden, du hast Mord gespielt, weil das ein Spiel ist, das man ganz allein spielen kann.
ELEKTRA: Oh! Ich Arme! Ich höre dir zu, und ich sehe klar in mir.
OREST: Elektra! Elektra! Erst jetzt wirst du schuldig. Was du gewollt hast, wer kann es wissen, wenn nicht du? Du wirst doch nicht einen andern darüber entscheiden lassen? Warum eine Vergangenheit entscheiden lassen? Warum eine Vergangenheit entstellen, die sich nicht mehr wehren kann? Warum jene zornige Elektra, die du warst, verleugnen, jene junge Göttin des Hasses, die ich so sehr geliebt habe? Und siehst du denn nicht, daß dieser grausame Gott dich zum besten hält?
JUPITER: Ich euch zum besten halten? Hört vielmehr, was ich euch

vorschlage: Wenn ihr euch von eurem Verbrechen lossagt, setze ich euch beide auf den Thron von Argos.

Orest: An Stelle unserer Opfer.

Jupiter: Anders geht es wohl nicht.

Orest: Und ich werde die noch warmen Kleider des verstorbenen Königs anziehen?

Jupiter: Die oder andere, das spielt keine Rolle.

Orest: Ja, wenn sie nur schwarz sind, nicht wahr?

Jupiter: Bist du nicht in Trauer?

Orest: Um meine Mutter, ich vergaß es. Und meine Untertanen, müßte ich sie auch schwarz kleiden?

Jupiter: Sie sind es schon.

Orest: Stimmt. Lassen wir ihnen Zeit, ihre alten Kleider abzutragen. Nun? Hast du verstanden, Elektra? Wenn du einige Tränen weinst, dann bietet man dir die Röcke und Hemden von Klytämnestra an – diese stinkenden und dreckigen Hemden, die du 15 Jahre lang mit deinen eigenen Händen gewaschen hast. Auch ihre Rolle wartet auf dich, du brauchst sie nur von vorn anzufangen: die Illusion wird vollkommen sein, jedermann wird glauben, deine Mutter wiederzusehen, denn du beginnst ihr zu gleichen. Aber ich, ich bin nicht so billig. Ich werde nicht die Hosen des Hanswursts anziehen, den ich getötet habe.

Jupiter: Du trägst den Kopf recht hoch: Du hast einen Mann erschlagen, der sich nicht verteidigte, und eine Alte, die um Gnade bettelte; aber wer dich reden hörte, ohne dich zu kennen, der könnte meinen, du hättest deine Vaterstadt gerettet und dabei allein gegen dreißig Mann gekämpft.

Orest: Vielleicht habe ich wirklich meine Vaterstadt gerettet.

Jupiter: Du? Weißt du, wer hinter dieser Tür steht? Die Leute von Argos – alle Leute von Argos. Sie erwarten ihren Retter mit Steinen, Gabeln und Knütteln, um ihre Dankbarkeit zu beweisen. Du bist allein wie ein Aussätziger.

Orest: Ja.

Jupiter: Kein Grund, stolz darauf zu sein. In die Einsamkeit der Verachtung und des Grauens haben sie dich zurückgestoßen, o feigster aller Mörder.

Orest: Der feigste aller Mörder ist der, der bereut.

Jupiter: Orest! Ich habe dich geschaffen, und ich habe alle Dinge geschaffen: schau! *Die Mauern des Tempels öffnen sich, der Himmel wird sichtbar, von wandelnden Sternen übersät. Jupiter im Hintergrund der Bühne. Seine Stimme ist gewaltig geworden – Mikrophon –, aber man unterscheidet ihn kaum.* Sieh diese Planeten, die geordnet ihre Bahn ziehen, ohne je zusammenzustoßen: ich habe ihren Lauf geregelt, nach Gerechtigkeit. Höre die Harmonie der Sphären, diesen gewaltigen steinernen Dankgesang, der von den vier Himmelsecken widerhallt. *Melodrama.* Durch meinen Willen pflanzen sich die Gattungen fort: ich habe befohlen, daß ein Mensch immer einen Menschen zeugt und daß das Junge des Hundes ein Hund sei, durch meinen Willen leckt die sanfte Zunge der Flut den Sand und weicht zur festgesetzten Stunde zurück; ich lasse die Pflanzen wachsen, und mein Arm lenkt um die Erde die gelben Wolken des Blütenstaubes. Du bist hier nicht bei dir zu Hause, Eindringling; du bist in der Welt wie ein Stachel im Fleisch, wie der Wilderer im herrschaftlichen Wald; denn die Welt ist gut: ich habe sie nach meinem Willen geschaffen, und ich bin das Gute. Du aber, du hast das Böse getan, und die Dinge klagen dich mit ihren versteinerten Stimmen an: das Gute ist überall, es ist das Mark des Holunders, die Kühle der Quelle, das Korn im Kiesel, die Schwere des Steins; du findest es sogar im Wesen des Feuers und des Lichts, dein Leib selbst verrät dich, denn er fügt sich meinen Gesetzen; das Gute ist in dir, es dringt in dich wie eine Sense, es erdrückt dich wie ein Berg, es trägt und wiegt dich wie ein Meer; nur durch das Gute konnte deine böse Tat gelingen, denn es war das Licht der Kerzen, die Härte des Schwertes, die Stärke in diesem Arm. Und dieses Böse, auf das du so stolz, dessen Urheber du dich glaubst, was ist es anders als ein Widerschein des Seins, eine Ausflucht, ein trügerisches Bild, dessen Dasein durch das Gute getragen wird. Geh in dich, Orest: das Weltall gibt dir unrecht, und du bist ein Staubkorn im Weltall; kehre zur Natur zurück, naturentfremdeter Sohn; erkenn deine Schuld, verabscheue sie, reiße sie aus dir heraus wie einen faulen und stinkenden Zahn. Sonst fürchte, daß das Meer vor dir zurückweicht, daß die Quellen auf deinem Weg versiegen, daß Steine und Felsen aus deiner Bahn rollen und daß die Erde unter deinen Schritten zerbröckelt.

OREST: Soll sie doch zerbröckeln! Sollen die Felsen mich verurteilen und die Blumen bei meinem Vorübergehen verwelken; dein ganzes Weltall genügt nicht, um mir unrecht zu geben. Du bist der König der Götter, Jupiter, der König der Steine und Sterne, der König der Meereswogen. Aber der König der Menschen bist du nicht. *Die Mauern gehen wieder zusammen, Jupiter erscheint wieder, müde und gebückt; er hat wieder seine natürliche Stimme.*

JUPITER: Ich bin nicht dein König, schamloser Wurm – wer hat dich denn erschaffen?

OREST: Du! Aber du hättest mich nicht frei erschaffen sollen.

JUPITER: Ich habe dir deine Freiheit gegeben, damit du mir dienst.

OREST: Möglich, aber sie hat sich gegen dich gewendet, und wir können nichts dafür, weder der eine noch der andere.

JUPITER: Aha, das ist eine Entschuldigung.

OREST: Ich entschuldige mich nicht.

JUPITER: Wirklich? Weißt du, daß sie sehr einer Entschuldigung gleicht, diese Freiheit, deren Sklave du dich nennst?

OREST: Ich bin weder Herr noch Knecht, Jupiter, ich b i n meine Freiheit! Kaum hast du mich erschaffen, so habe ich auch schon aufgehört, dein eigen zu sein.

ELEKTRA: Bei meinem Vater, Orest, beschwöre ich dich, füge zum Verbrechen nicht auch noch die Gotteslästerung.

JUPITER: Höre auf sie. Und gib die Hoffnung auf, sie durch deine Gründe zu bekehren; diese Sprache scheint ziemlich neu für ihre Ohren zu sein und ziemlich anstößig.

OREST: Für die meinen auch, Jupiter. Und für meine Brust, die die

Worte ausstößt, und für meine Zunge, die sie im Vorübergehen formt: Ich habe Mühe, mich zu begreifen. Gestern noch warst du ein Schleier über meinen Augen, ein Wachstropfen in meinen Ohren; gestern hatte ich noch eine Entschuldigung für mein Dasein, denn du hattest mich in die Welt gesetzt, um deinen Plänen zu dienen, und die Welt war eine alte Kupplerin, die mir unaufhörlich von dir sprach. Und dann hast du mich verlassen.

JUPITER: Dich verlassen, ich?

OREST: Gestern war ich Elektra nahe! Deine ganze Natur schmiegte sich um mich; sie besang das, was du das Gute nennst, die Sirene, und überhäufte mich mit ihren Ratschlägen. Um mich zu sänftigen, kühlte sich der brennende Tag, wie sich sein Blick verschleiert; um mir das Vergessen aller Beleidigungen zu predigen, hatte der Himmel sich milde gemacht, wie eine Verzeihung. Deinen Befehlen sich fügend, stand meine Jugend vor meinem Blick, flehend wie eine Verlobte, die man verlassen will; ich sah meine Jugend zum letzten Mal. Aber plötzlich ist die Freiheit auf mich herabgestürzt, und ich erstarrte, die Natur tat einen Sprung zurück, und ich hatte kein Alter mehr, und ich habe mich ganz allein gefühlt, inmitten deiner kleinen, harmlosen Welt, wie einer, der seinen Schatten verloren hat, und es war nichts mehr am Himmel, weder Gut noch Böse, noch irgendeiner, um mir Befehle zu geben.

JUPITER: Nun und? Soll ich das Schaf bewundern, das die Räude von seiner Herde trennt, oder den Aussätzigen, der in sein Lazarett eingesperrt ist? Erinnere dich, Orest, du hast zu meiner Herde gehört, du weidetest das Gras auf meinen Feldern inmitten meiner Schafe. Deine Freiheit ist nichts als die Räude, die dich juckt, sie ist nichts als eine Verbannung.

OREST: Du sprichst wahr: eine Verbannung.

JUPITER: Das Übel sitzt nicht so tief: es ist erst von gestern. Kehre zurück: schau doch, wie allein du bist, selbst deine Schwester verläßt dich. Du bist bleich, und die Angst weitet deine Augen. Hoffst du, zu leben? Siehe, ein unmenschliches Übel nagt an dir, das meiner Natur fremd ist, dir selber fremd. Kehre zurück! Ich bin das Vergessen, ich bin die Ruhe.

OREST: Mir selber fremd, ich weiß. Außerhalb der Natur, gegen die Natur, ohne Entschuldigung, ohne andere Entschuldigung, ohne andere Zuflucht als zu mir selbst. Aber ich werde nicht unter dein Gesetz zurückkehren: ich bin dazu verurteilt, kein anderes Gesetz zu haben als mein eigenes. Ich werde nicht zu deiner Natur zurückkehren: tausend Wege sind darin gezogen, die zu dir führen, aber ich kann nur meinem Weg folgen. Denn ich bin ein Mensch, Jupiter, und jeder Mensch muß seinen Weg erfinden. Der Natur graut vor den Menschen und dir, dir, Herr der Götter, dir graut auch vor den Menschen.

JUPITER: Du lügst nicht: wenn sie dir gleichen, hasse ich sie.

OREST: Hüte dich: eben hast du deine Schwäche eingestanden. Ich hasse dich nicht. Was gibt es von dir zu mir? Wir werden aneinander vorübergleiten wie zwei Schiffe. Du bist ein Gott, und ich bin frei: wir sind gleichermaßen allein, und unsere Angst ist die gleiche.

Wer sagt dir, daß ich im Laufe dieser langen Nacht die Reue nicht gesucht habe? Die Reue. Den Schlaf. Aber ich kann keine Reue mehr empfinden. Und auch nicht mehr schlafen. *Schweigen.*

JUPITER: Was willst du tun?

OREST: Die Leute von Argos sind meine Leute. Ich muß ihnen die Augen öffnen.

JUPITER: Arme Leute! Du wirst ihnen Einsamkeit und Schande schenken. Du wirst die Tücher wegreißen, mit denen ich sie bedeckte, und du wirst ihnen plötzlich ihr Dasein zeigen, ihr obszönes und fades Dasein, das ihnen umsonst gegeben wurde.

OREST: Warum soll ich ihnen die Verzweiflung ersparen, die mich erfüllt, da sie doch auch ihr Los ist?

JUPITER: Was werden sie damit anfangen?

OREST: Was sie wollen, sie sind frei, und das menschliche Leben beginnt jenseits der Verzweiflung. *Schweigen.*

JUPITER: Nun, Orest, all dies war vorgesehen. Ein Mensch mußte kommen, meinen Untergang anzuzeigen. Das bist also du? Wer hätte das gedacht, gestern, beim Anblick deines Mädchenangesichtes?

OREST: Hätte ich selbst es gedacht? Die Worte, die ich sage, sind zu groß für meinen Mund, sie zerreißen ihn; das Schicksal, das ich trage, ist zu schwer für meine Jugend, es hat sie zerbrochen.

JUPITER: Ich liebe dich nicht sehr und dennoch bedaure ich dich.

OREST: Ich bedaure dich auch.

JUPITER: Leb wohl, Orest. *Er tut einige Schritte.* Was dich betrifft, Elektra, bedenke folgendes: meine Herrschaft ist noch nicht zu Ende, weit entfernt – und ich will den Kampf nicht aufgeben. Sieh zu, ob du mit mir bist oder gegen mich. Leb wohl.

OREST: Leb wohl.

Jupiter ab.

3. SZENE

Dieselben, ohne Jupiter

ELEKTRA *steht langsam auf.*

OREST: Wohin gehst du?

ELEKTRA: Laß mich. Ich habe dir nichts zu sagen.

OREST: Dich, die ich erst seit gestern kenne, muß ich dich für immer verlieren?

ELEKTRA: Wollten die Götter, daß ich dich nie gekannt hätte!

OREST: Elektra! Meine Schwester, meine liebe Elektra! Meine einzige Liebe, einzige Wonne meines Lebens, laß mich nicht ganz allein, bleibe bei mir.

ELEKTRA: Dieb! Ich besaß fast nichts für mich allein als ein wenig Ruhe und einige Träume. Du hast mir alles genommen, du hast eine Arme bestohlen. Du warst mein Bruder, das Haupt unserer Familie, du hättest mich beschützen sollen, aber du hast mich in Blut getaucht, ich bin rot wie ein geschlachtetes Rind, alle Fliegen sind hinter mir her, die gierigen, und mein Herz ist ein Wespennest voll Grauen.

OREST: Oh, du meine Liebe, es ist wahr, ich habe dir alles genommen, und ich kann dir nichts geben – als mein Verbrechen. Aber das ist ein ungeheures Geschenk. Glaubst du, daß es wie Blei auf meiner Seele lastet? Wir waren zu leicht, Elektra, jetzt sinken unsere Füße in die Erde, wie die Räder eines Karrens in einem ausgefahrenen Geleise. Komm, wir werden weggehen, und wir werden mit schweren Schritten gehen, unter unserer kostbaren Last gebeugt. Du wirst mir die Hand geben, und wir werden gehen …

ELEKTRA: Wohin?

OREST: Ich weiß nicht, zu uns selbst. Auf der anderen Seite der Flüsse und der Berge sind ein Orest und eine Elektra, die auf uns warten. Wir werden sie geduldig suchen müssen.

ELEKTRA: Ich will dich nicht mehr hören, du bringst mir nur Unglück und Ekel. *Sie springt auf die Bühne. Die Erinnyen nähern sich langsam.* Hilfe! Jupiter, König der Götter und der Menschen, mein König, nimm mich in deine Arme, hole mich weg, schütze mich. Ich werde deinem Gesetz folgen, ich werde deine Sklavin sein und dein Ding, ich werde deine Füße und deine Knie küssen. Bewahre mich vor den Fliegen, vor meinem Bruder, vor mir selbst, lasse mich nicht allein. Ich werde mein ganzes Leben der Sühne weihen. Ich bereue, Jupiter, ich bereue. *Sie rennt hinaus.*

4. SZENE

Orest – die Erinnyen

DIE ERINNYEN *machen eine Bewegung, als ob sie Elektra folgen wollten. Die erste Erinnye hält sie zurück.*

1. ERINNYE: Laßt sie, meine Schwestern, sie entwischt uns. Aber dieser hier bleibt bei uns, und für lange, glaube ich, denn seine kleine Seele ist zäh. Er wird für zwei leiden. *Die Erinnyen beginnen zu summen und nähern sich Orest.*

OREST: Ich bin ganz allein.

1. ERINNYE: O nein, o Allerliebster unter den Mördern, ich bleibe bei dir: Du wirst sehen, welche Spiele ich erfinden werde, um dich zu zerstreuen.

OREST: Bis zum Tode werde ich allein sein. Nachher …

1. ERINNYE: Nur Mut, meine Schwestern, er wird schwächer. Schaut, seine Augen vergrößern sich; bald werden seine Nerven klingen wie die Saiten einer Harfe unter den Akkorden des Entsetzens.

2. ERINNYE: Bald wird ihn der Hunger aus seinem Asyl verjagen, wir werden noch vor dem Abend wissen, wie sein Blut schmeckt.

OREST: Arme Elektra! *Pädagoge tritt ein.*

5. SZENE
Orest – die Erinnyen – der Pädagoge

PÄDAGOGE: Mein Herr, wo seid Ihr denn? Man sieht nicht die Hand vor den Augen. Ich bringe Euch etwas zu essen; die Leute von Argos belagern den Tempel, und Ihr könnt nicht daran denken, ihn zu verlassen; heute nacht werden wir zu fliehen versuchen. Inzwischen eßt etwas. *Die Erinnyen versperren ihm den Weg.* Ha! Wer sind die da? Noch mehr Aberglauben. Wie sehne ich mich nach dem wilden attischen Land, wo es meine Vernunft war, die recht behielt.

OREST: Versuche nicht, dich mir zu nähern; sie würden dich bei lebendigem Leib zerreißen.

PÄDAGOGE: Langsam, meine Schönen. Hier, nehmt dieses Fleisch und diese Früchte, wenn diese meine Gaben euch beruhigen können.

OREST: Die Leute von Argos, sagst du, haben sich vor dem Tempel geschart?

PÄDAGOGE: Und wie! Und ich könnte Euch nicht einmal sagen, wer sich böser und erbitterter aufführt, um Euch zu schaden, diese hübschen Mädchen da oder Eure treuen Untertanen.

OREST: Schon gut. *Pause.* Öffne diese Türe.

PÄDAGOGE: Seid Ihr verrückt? Sie stehen dahinter, mit Waffen.

OREST: Tu, was ich dir sage.

PÄDAGOGE: Diesmal ermächtigt Ihr mich wirklich, Euch nicht zu gehorchen. Sie werden Euch steinigen, sage ich Euch.

OREST: Ich bin dein Herr, Alter, und ich befehle dir, diese Tür zu öffnen.

PÄDAGOGE: O je! O je!

OREST: Beide Flügel!

Der Pädagoge öffnet die Türe und versteckt sich hinter einem der Flügel. Die Menge schlägt die beiden Flügel heftig zurück und bleibt erstaunt auf der Schwelle stehen. Starkes Licht.

6. SZENE
Dieselben – die Menge

RUFE AUS DER MENGE: Tötet ihn! Tötet ihn! Steinigt ihn! Zerreißt ihn! Tötet ihn!

OREST *ohne auf sie zu hören:* Die Sonne!

MENGE: Frevler! Mörder! Schlächter! Man wird dich vierteilen! Man wird dir geschmolzenes Blei in die Wunden gießen!

EINE FRAU: Ich werde dir die Augen herausreißen.

EIN MANN: Ich werde deine Leber essen.

OREST *hat sich erhoben:* Da seid ihr also, meine sehr getreuen Untertanen? Ich bin Orest, euer König, der Sohn des Agamemnon, und heute ist der Tag meiner Krönung.

Die Menge murrt – aus der Fassung gebracht.

Ihr schreit nicht mehr? *Die Menge schweigt.* Ich weiß, ich jage euch Angst ein. Vor fünfzehn Jahren, auf den Tag genau, hat ein anderer Mörder vor euch gestanden; er trug rote Handschuhe bis zu den Ellbogen, Handschuhe aus Blut, und ihr hattet keine Angst vor ihm, denn ihr habt in seinen Augen gesehen, daß er einer der euern war und daß er nicht den Mut hatte, zu seinen Taten zu stehen. Ein Verbrechen, das sein Urheber nicht ertragen kann, das ist schon beinah ein Unglücksfall. Ihr habt den Verbrecher als euern König aufgenommen, und das alte Verbrechen hat zwischen den Mauern der Stadt herumgespukt und leise gewinselt, wie ein Hund, der seinen Herrn verloren hat. Ihr schaut mich an, Leute von Argos, ihr habt verstanden, daß mein Verbrechen mir gehört; ich nehme es für mich in Anspruch vor dem Angesicht der Sonne, es ist der Grund meines Lebens und mein Stolz; ihr könnt mich weder züchtigen noch strafen, und darum jage ich euch Angst ein. Und dennoch, o meine Leute, liebe ich euch, und um euretwillen habe ich getötet. Für euch. Ich war gekommen, um mein Königreich zurückzuverlangen, und ihr habt mich zurückgestoßen, weil ich keiner der Eurigen war. Jetzt bin ich einer von euch, o meine Untertanen, wir sind durch das Blut gebunden, und ich verdiene, euer König zu sein. Eure Schuld und eure Reue, eure nächtlichen Ängste, das Verbrechen des Ägist, all das ist mir, ich nehme es auf mich. Fürchtet eure Toten nicht mehr, es sind m e i n e Toten. Und schaut: Eure treuen Fliegen haben euch verlassen und sind bei mir. Aber fürchtet euch nicht, Leute von Argos: ich werde mich nicht, noch blutig, auf den Thron meines Opfers setzen; ein Gott hat ihn mir angeboten, und ich habe nein gesagt. Ich will ein König ohne Land und ohne Untertanen sein. Lebt wohl, meine Leute, versucht zu leben: alles ist neu hier, alles ist von vorn zu beginnen. Auch für mich beginnt das Leben. Ein sonderbares Leben. Hört noch dieses: Eines Sommers wurde Sykros von Ratten heimgesucht. Es war eine grauenhafte Pest, sie zernagten alles; die Bewohner der Stadt glaubten, sie müßten ihretwegen sterben. Aber eines Tages kam ein Flötenspieler. Er stellte sich im Herzen der Stadt auf – so.

Er stellt sich auf.

Er begann auf der Flöte zu spielen, und alle Ratten kamen herbei und drängten sich um ihn. Dann machte er sich auf den Weg mit langen Schritten –

Er steigt vom Sockel herunter.

und schrie den Leuten von Sykros zu: «Macht Platz!»

Die Menge tritt zur Seite.

Und alle Ratten hoben zögernd die Köpfe – so wie es die Fliegen tun. Schaut, schaut die Fliegen! Und dann, plötzlich stürzten sie sich hinter ihm her. Und der Flötenspieler verschwand auf immer mit seinen Ratten. So.

Er geht hinaus. Die Erinnyen stürzen sich heulend hinter ihm her.

Vorhang

Bei geschlossenen Türen

PERSONEN

INES
ESTELLE
GARCIN
DER KELLNER

Die Uraufführung von «Bei geschlossenen Türen» fand am 27. Mai 1944 im Théâtre Vieux-Colombier in Paris statt.

I. AUFTRITT

Ein Salon im Second-Empire-Stil. Eine Bronzestatuette auf dem Kaminsims.

GARCIN *tritt ein, blickt sich um:* Da wären wir also.

KELLNER: Da wären wir.

GARCIN: So ist das...

KELLNER: So ist das.

GARCIN: Ich... denke, mit der Zeit wird man sich wohl an die Möbel gewöhnen.

KELLNER: Das kommt auf die Leute an.

GARCIN: Sind die Zimmer alle gleich?

KELLNER: Wo denken Sie hin! Zu uns kommen Chinesen, Inder. Was sollen die mit Second-Empire-Fauteuils?

GARCIN: Und was soll ich damit? Wissen Sie, wer ich war? Na, das gehört ja nicht zur Sache. Schließlich habe ich ja immer zwischen Möbeln, die ich nicht mochte, und in schiefen Situationen gelebt. Das war mir ein Hochgenuß. Eine schiefe Situation in einem Biedermeier-Speisezimmer... feine Sache, wie?

KELLNER: Sie werden sehen: in einem Second-Empire-Salon ist das auch nicht so übel.

GARCIN: Ach...? Na, gut, gut, gut, gut. *Er sieht sich um.* Immerhin hatte ich nicht erwartet, daß ich hier... Sie wissen ja wohl, was man draußen erzählt?

KELLNER: Worüber?

GARCIN: Na... *mit einer unbestimmten, die Szene umfassenden Gebärde:* über all das.

KELLNER: Wie können Sie solche Narreteien glauben? Leuten, die hier niemals den Fuß über die Schwelle gesetzt haben. Denn schließlich, wenn sie hergekommen wären...

GARCIN: Ja.

BEIDE *lachen.*

GARCIN *plötzlich wieder ernst werdend:* Wo sind denn die Pfähle?

KELLNER: Was?

GARCIN: Die Marterpfähle, die Bratroste, die Blasebälge?

KELLNER: Sie machen wohl Witze?

GARCIN *ihn ansehend:* Ach?... Na, schön. Nein, das sollte kein Witz sein. *Kurzes Schweigen. Er geht im Zimmer umher.* Keine Spiegel, keine Fenster, natürlich. Nichts Zerbrechliches. *Plötzlich heftig auffahrend:* Und warum hat man mir meine Zahnbürste weggenommen?

KELLNER: Da haben wir's. Schon kommt die Menschenwürde wieder zum Vorschein. Ist ja toll!

GARCIN *zornig auf die Sessellehne schlagend:* Wollen Sie mich gefälligst mit Ihren Vertraulichkeiten verschonen! Ich bin mir keineswegs darüber im unklaren, wo und was ich hier bin; aber ich dulde nicht, daß Sie...

KELLNER: Na, na... Entschuldigen Sie schon. Was wollen Sie; alle Gäste stellen dieselbe Frage. Sie kommen daher: «Wo sind die Pfähle?» Aber ich kann Ihnen schwören, in dem Augenblick, da denken sie nicht an Körperpflege. Aber wenn man sie dann ein bißchen beruhigt hat – gleich haben sie's mit der Zahnbürste. Aber um Himmels willen, könnt ihr denn nicht nachdenken? Denn schließlich und endlich, w o z u wollen Sie sich noch die Zähne putzen?

GARCIN *ruhiger:* Allerdings, wozu eigentlich. *Blickt sich wieder um.* Wozu sollte man nicht in den Spiegel sehen? Die Statuette dagegen, à la bonne heure ... Ich kann mir gewisse Momente vorstellen, in denen ich sie mit den Augen verschlingen werde. Verschlingen, hä? ... Na, zu verbergen gibt's ja nichts. Wie gesagt: ich weiß genau, wo und was ich hier bin. Soll ich Ihnen erzählen, wie so was vor sich geht? Dem Kerl geht der Atem aus, er sinkt unter, er ist am Ersaufen, er hat bloß noch die Augen über Wasser, und was sieht er? Eine Bronzestatuette von Barbedienne. Ein Albdruck! Na ja, Ihnen ist ja zweifellos verboten, mir Rede und Antwort zu stehen; lassen wir's schon gut sein. Aber denken Sie daran: mich kann man nicht überrumpeln; kommen Sie bloß nicht und rühmen Sie sich, Sie hätten mich überrascht. Ich sehe der Situation ins Auge. *Er beginnt wieder, auf und ab zu gehen.* Also, keine Zahnbürste. Auch kein Bett. Denn, geschlafen wird doch wohl nie, was?

KELLNER: Na klar!

GARCIN: Gewettet hätte ich! W o z u auch schlafen? Der Schlaf packt einen bei den Ohren. Man spürt, wie die Augen sich zutun, aber wozu schlafen? Man streckt sich auf dem Diwan aus und ... husch ... schon flieht der Schlaf. Man reibt sich die Augen, man steht auf ... und das Ganze fängt von vorn an.

KELLNER: Sie sind ja ein Romantiker!

GARCIN: Halten Sie den Mund. Ich werde nicht schreien, nicht jammern, doch ich will der Situation ins Auge sehen. Sie soll mich nicht von hinten anfallen, ohne daß ich sie erkennen kann. Romantik? Also, man hat ja nicht einmal das Bedürfnis nach Schlaf. Wozu schlafen, wenn man keinen Schlaf hat? Klar. Halt, warten Sie: warum ist das peinlich? Ich hab's: es ist das Leben ohne Einschnitt.

KELLNER: Was für ein Einschnitt?

GARCIN *ihn nachäffend:* Was für ein Einschnitt? *Argwöhnisch:* Schauen Sie mich an. Ich wußte es ja! So erklärt sich die grobe, unausstehliche Taktlosigkeit Ihres Blickes. Ehrenwort, Sie sind verkümmert.

KELLNER: Wovon reden Sie eigentlich?

GARCIN: Von Ihren Lidern. Wir, wir schlagen die Lider auf und nieder. Blinzeln hieß das, ein Augen-Blick. Ein winziges schwarzes Blitzen, ein Vorhang, der niedergeht und wieder hochgeht: der Einschnitt ist da. Das Auge wird feucht, die Welt wird zunichte. Sie wissen nicht, wie erholsam das war. Viertausendmaliges Ausruhen in der Stunde. Viertausendmal ein winziges Entweichen. Was sag ich: viertausendmal ... Und jetzt? Ich werde ohne Lider leben? Stellen Sie sich nicht dumm. Ohne Lider, ohne Schlaf, alles eins. Ich werde nicht mehr schlafen ... Wie werde ich mich ertragen? Versuchen Sie zu verstehen, strengen Sie sich ein bißchen an:

ich bin von streitsüchtiger Veranlagung, müssen Sie wissen, und ich ... habe die Gewohnheit, mich mit mir selbst herumzustreiten. Aber ich ... ich kann nicht pausenlos mit mir herumstreiten: dort gab es eben Nächte. Ich schlief. Schlief sanft. Zum Ausgleich. Ich ließ mir freundliche Träume kommen. Eine Wiese war da ... Eine Wiese, weiter nichts. Ich träumte, ich ginge darauf spazieren. Ist es Tag?

KELLNER: Sie sehen doch, die Lampen sind angezündet.

GARCIN: Wahrhaftig. Das ist e u e r Tag. Und draußen?

KELLNER *verdutzt:* Draußen?

GARCIN: Draußen! Jenseits der Wände?

KELLNER: Ist ein Gang.

GARCIN: Und am Ende des Gangs?

KELLNER: Sind andere Zimmer und andere Gänge und Treppen.

GARCIN: Und dann?

KELLNER: Das ist alles.

GARCIN: Sie haben doch wohl mal einen freien Tag? Wo gehen Sie dann hin?

KELLNER: Zu meinem Onkel, der ist Oberkellner, im dritten Stock.

GARCIN: Das hätte ich mir denken können. Wo ist der Lichtschalter?

KELLNER: Ist keiner da.

GARCIN: Auslöschen kann man also nicht?

KELLNER: Die Direktion kann den Strom unterbrechen. Aber ich entsinne mich nicht, daß sie das in diesem Stockwerk je getan hätte. Hier haben wir Elektrizität ad libitum.

GARCIN: Sehr schön. Man muß also mit offenen Augen leben.

KELLNER *in ironischem Ton:* Leben ...

GARCIN: Treiben Sie keine Wortklauberei mit mir ... Mit offenen Augen. Für immer und ewig. Wird Tageslicht sein in meinen Augen. Und in meinem Kopf. *Kleine Pause.* Und wenn ich die Statuette nach der Lampe schmeiße, geht sie dann aus?

KELLNER: Das Ding ist zu schwer.

GARCIN *packt die Bronze, versucht, sie zu heben:* Sie haben recht. Es ist zu schwer. *Schweigen.*

KELLNER: Also, wenn Sie mich nicht mehr brauchen, lasse ich Sie allein.

GARCIN *auffahrend:* Sie gehen? Auf Wiedersehen. *Der Kellner geht zur Tür.* Warten Sie! *Kellner bleibt stehen und dreht sich um.* Fort, das ist eine Klingel? *Kellner nickt bejahend.* Ich kann Ihnen läuten, wenn ich will, und Sie sind zu kommen verpflichtet?

KELLNER: Eigentlich schon. Aber die Klingel hat ihre Launen. Etwas klemmt im Läutwerk.

GARCIN *geht zur Klingel hin, drückt auf den Knopf. Klingelton.* Sie geht doch!

KELLNER *erstaunt:* Sie geht. *Klingelt ebenfalls.* Aber freuen Sie sich nicht zu früh; das bleibt nicht so. Also, ganz zu Ihren Diensten.

GARCIN *mit einer Gebärde, als wollte er ihn zurückhalten:* Ich ...

KELLNER: Hä?

GARCIN: Nein, nichts. *Geht zum Kamin, hebt das Papiermesser hoch* Was ist das da?

KELLNER: Das sehen Sie doch: ein Papiermesser...

GARCIN: Gibt's denn hier Bücher?

KELLNER: Nein.

GARCIN: Wozu dient es also? *Kellner zuckt die Achseln.* Schon gut. Gehen Sie. *Kellner ab.*

2. AUFTRITT

GARCIN *allein. Geht zur Statuette hin, streicht mit der Hand darüber, setzt sich. Steht wieder auf. Geht zur Klingel, drückt auf den Knopf. Die Klingel gibt keinen Ton. Er versucht es noch ein paarmal. Umsonst. Geht zur Tür, versucht sie zu öffnen. Ruft:* Kellner! Kellner! *Keine Antwort. Er hämmert mit den Fäusten gegen die Tür, dabei immer nach dem Kellner rufend. Plötzlich wird er ruhig und setzt sich wieder hin. In diesem Augenblick tut sich die Tür auf und es tritt*

INES *gefolgt von dem*

KELLNER *herein.*

3. AUFTRITT

KELLNER *zu Garcin:* Sie haben mich gerufen?

GARCIN *will gerade antworten, stutzt, wirft einen Blick auf Ines:* Nein.

KELLNER *sich an Ines wendend:* Sie sind zu Hause, Madame. *Ines schweigt.* Wenn Sie irgendwelche Fragen haben... *Da Ines weiter schweigt, enttäuscht:* Im allgemeinen erkundigen sich die Gäste gern über allerhand... Es muß ja nicht sein. Was im übrigen die Zahnbürste, die Klingel und die Statuette von Barbedienne betrifft, ist der Herr im Bilde und wird Ihnen darüber ebensogut Bescheid sagen wie ich. *Ab. Kurzes Schweigen.*

GARCIN *sieht Ines nicht an.*

INES *sieht sich im Zimmer um, dann wendet sie sich mit einer plötzlichen Bewegung Garcin zu:* Wo ist Florence? *Da Garcin schweigt:* Ich frage Sie, wo Florence ist?

GARCIN: Ich weiß es nicht.

INES: Ist das alles, was Sie ausfindig gemacht haben? Folterung durch Abwesenheit? Nun, das ist danebengelungen. Florence war ein dummes kleines Ding, ich traure ihr nicht nach.

GARCIN: Ich bitte um Verzeihung: für wen halten Sie mich?

INES: Sie? Sie sind der Henker.

GARCIN *fährt auf und lacht:* Eine höchst amüsante Verwechslung! Der Henker; was Sie nicht sagen! Sie kommen herein, Sie werfen einen Blick auf mich und da denken Sie: das ist der Henker! Ausschweifende Phantasie! Der Kellner ist ein Blödian, er hätte uns vorstellen müssen. Der Henker! Ich bin Joseph Garcin, Journalist und Literat. Tatsache ist, wir sitzen nun einmal im gleichen Boot... Madame...

INES *trockenen Tons:* Ines Serrano, Mademoiselle Ines Serrano.

GARCIN: Schön. Sehr schön. Nun denn, das Eis ist gebrochen. Sie finden also, ich sehe wie ein Henker aus? Und, wenn ich bitten darf, woran erkennt man die ... die Henker?

INES: Sie sehen aus, als ob Sie Angst hätten.

GARCIN: Angst? Das ist ja zu lustig. Vor wem? Vor Ihren Opfern?

INES: Lassen Sie nur! Ich weiß, was ich sage. Ich habe mich im Spiegel gesehen.

GARCIN: Im Spiegel? *Blickt sich im Zimmer um.* Das ist ja zum Auswachsen: alles, was auch nur mit einem Spiegel Ähnlichkeit hat, ist entfernt. *Pause.* Jedenfalls kann ich Ihnen versichern, daß ich keine Angst habe. Ich nehme die Situation nicht auf die leichte Achsel; ich bin mir ihrer Schwere durchaus bewußt. Aber Angst habe ich nicht.

INES *achselzuckend:* Das ist Ihre Sache. *Pause.* Kommt es hin und wieder vor, daß Sie einen kleinen Gang nach draußen unternehmen?

GARCIN: Die Tür ist verriegelt.

INES: Schlimm genug.

GARCIN: Ich begreife durchaus, daß Ihnen meine Gegenwart lästig fällt. Ich persönlich würde auch lieber allein bleiben; ich muß mein Leben in Ordnung bringen; ich bedarf der Sammlung. Aber ich glaube bestimmt, wir werden uns einander anpassen können: ich spreche nicht, ich bewege mich kaum, und ich mache wenig Geräusch. Nur, wenn ich mir einen Ratschlag erlauben dürfte, wir sollten untereinander die äußerste Höflichkeit bewahren. Das ist unser bester Selbstschutz.

INES: Ich bin nicht höflich.

GARCIN: So werde ich es für zwei sein. *Schweigen. Garcin hat sich auf den Diwan gesetzt.*

INES *geht im Zimmer auf und ab. Mit einem Mal sieht sie Garcin an:* Ihr Mund.

GARCIN *der vor sich hingeträumt hat, aufschreckend:* Wie, bitte?

INES: Könnten Sie nicht Ihren Mund ruhig lassen? Wie ein Kreisel dreht er sich unter Ihrer Nase.

GARCIN: Ich bitte um Verzeihung: ich war mir dessen nicht bewußt.

INES: Deshalb sage ich es Ihnen ja. *Mundzucken Garcins.* Schon wieder! Sie behaupten, Sie seien höflich, aber Sie lassen Ihrem Mienenspiel freien Lauf. Sie sind nicht allein und Sie haben nicht das Recht, mir das Schauspiel Ihrer Angst aufzudrängen.

GARCIN *steht auf und geht auf sie zu:* Sie haben keine Angst, Sie?

INES: Wozu? Die Angst, das hatte Sinn v o r h e r, als wir noch Hoffnung hatten.

GARCIN *in sanftem Ton:* Hoffnung gibt es nicht mehr, aber wir sind noch immer v o r h e r. Wir haben noch nicht zu leiden angefangen, Mademoiselle.

INES: Ich weiß. *Kleine Pause.* Was wird kommen?

GARCIN: Ich weiß nicht. Ich warte. *Schweigen. Er setzt sich wieder hin.*

INES *beginnt wieder umherzugehen; sie wirft einen Blick auf*

GARCIN, *als er wieder mit dem Mund zuckt; nach ihrem Blick bedeckt er sein Gesicht mit den Händen.*

4. AUFTRITT

ESTELLE *und* KELLNER *herein.*

ESTELLE *mit Blick auf Garcin, der den Kopf nicht gehoben hat:* Nein! Nein, nein, hebe den Kopf nicht. Ich weiß, daß du kein Gesicht mehr hast. *Garcin nimmt die Hände vom Gesicht.* Ha! *Kurze Pause, dann überrascht:* Ich kenne Sie nicht.

GARCIN: Ich bin nicht der Henker, Madame.

ESTELLE: Ich hielt Sie nicht für den Henker. Ich... Ich habe geglaubt, jemand wolle mir einen Possen spielen. *Zum Kellner:* Wen erwarten Sie noch?

KELLNER: Es kommt niemand mehr.

ESTELLE *erleichtert aufatmend:* Ah! Wir bleiben also allein, der Herr, die Dame und ich? *Sie lacht auf.*

GARCIN *trocken:* Das ist gar nicht zum Lachen.

ESTELLE *immer noch lachend:* Aber diese Sofas sind so häßlich. Und sehen Sie doch, wie sie verteilt sind; es kommt mir vor, als wäre es Neujahrstag und ich sei zu Besuch bei meiner Tante Marie. Ich nehme an, jeder hat sein eigenes. Das ist wohl meines? *Zum Kellner.* Aber es ist ausgeschlossen, daß ich mich draufsetze; das ist ja katastrophal: mein hellblaues Kleid und das spinatgrüne Sofa!

INES: Wollen Sie meines?

ESTELLE: Das weinrote Sofa? Sie sind zu liebenswürdig; aber das macht die Sache nicht besser. Nein... Was wollen Sie? Jedem, was ihm zugeteilt ist: ich habe nun mal das grüne, und ich behalte es. *Kleine Pause.* Das einzige, das zur Not in Betracht käme, wäre das des Herrn. *Schweigen.*

INES: Haben Sie gehört, Garcin?

GARCIN *auffahrend:* Das... Sofa... oh! Verzeihung! *Steht auf.* Es gehört Ihnen, Madame.

ESTELLE: Danke. *Zieht ihren Mantel aus, wirft ihn auf das Sofa; nach einer kleinen Pause:* Wollen wir uns doch miteinander bekanntmachen, da wir nun einmal zusammen hausen müssen. Mein Name ist Estelle Rigault.

GARCIN *verbeugt sich, will ebenfalls seinen Namen nennen, doch*

INES *kommt ihm zuvor:* Ines Serrano. Sehr erfreut.

GARCIN *sich noch einmal verbeugend:* Joseph Garcin.

KELLNER: Brauchen Sie mich noch?

ESTELLE: Nein, gehen Sie nur. Ich werde klingeln.

KELLNER *nach Verbeugung ab.*

5. AUFTRITT

INES: Sie sind sehr schön. Ich hätte gern Blumen zu Ihrer Bewillkommnung.

ESTELLE: Blumen? Ja; Blumen liebte ich sehr. Hier würden sie welken: es ist viel zu heiß. Pah! Die Hauptsache ist doch, seine gute Laune zu behalten, nicht wahr? Sie sind...

INES: Jawohl, vorige Woche, und Sie?

ESTELLE: Ich? Gestern. Die Feierlichkeiten sind nicht einmal ganz zu Ende. *Ihr Ton ist ganz natürlich, doch so, als erblicke sie das, wovon sie spricht.* Der Wind zerzaust den Schleier meiner Schwester. Sie strengt sich sehr an, zu weinen. Los! Los! Noch ein Drückerchen. Da! Zwei Tränen, zwei kleine Tränen erglänzen schon unterm Trauerschleier. Olga Jardet sieht heute vormittag sehr häßlich aus. Sie stützt meine Schwester mit dem Arm. Sie weint nicht, wegen der Augentusche, und ich muß sagen, an ihrer Stelle ... Sie war meine beste Freundin.

INES: Haben Sie sehr gelitten?

ESTELLE: Nein. Ich war eher stumpf.

INES: Was war ...?

ESTELLE: Lungenentzündung. *Spiel wie oben.* Also, jetzt ist's soweit: sie gehen. Guten Tag! Guten Tag! Was für ein Händeschütteln! Mein Mann ist zu Hause geblieben; er ist krank vor Kummer. *Zu Ines:* Und Sie?

INES: Gas.

ESTELLE: Und Sie, Monsieur?

GARCIN: Zwölf Kugeln unter die Haut. *Estelle fährt auf.* Ich bin kein sehr salonfähiger Toter.

ESTELLE: Oh, oh, Monsieur, wollen Sie doch bitte keine so rohen Worte gebrauchen. Das ist ... das ist unpassend. Was soll denn das auch heißen? Vielleicht waren wir niemals so lebendig. Wenn es unbedingt nötig ist, diesen ... Zustand beim Namen zu nennen, so schlage ich vor, daß man uns «Abwesende» nennt, das ist korrekter. Sind Sie schon lange abwesend?

GARCIN: Seit etwa einem Monat.

ESTELLE: Woher sind Sie?

GARCIN: Aus Rio.

ESTELLE: Ich aus Paris. Haben Sie noch jemanden ... drüben?

GARCIN: Meine Frau. *Spiel wie Estelle oben.* Wie jeden Tag ist sie zur Kaserne gekommen. Man hat sie nicht hineingelassen. Sie schaut durch das Gittergestänge. Sie weiß noch nicht, daß ich abwesend bin, aber sie ahnt es. Jetzt geht sie wieder. Sie ist in Schwarz. Desto besser: braucht sie sich nicht umzuziehen. Sie weint nicht: nie weinte sie. Ein schöner Sonnentag ist es, aber sie ganz schwarz in der verödeten Straße, mit ihren großen Blicken einer Geopferten. Ach, sie fällt mir auf die Nerven. *Er setzt sich wieder auf das mittlere Sofa und legt den Kopf in die Hände. Schweigen.*

INES: Estelle!

ESTELLE: Monsieur ... Monsieur Garcin!

GARCIN: Bitte?

ESTELLE: Sie sitzen auf meinem Sofa.

GARCIN: Pardon. *Steht auf.*

ESTELLE: Sie sind recht zerstreut.

GARCIN: Ich bringe mein Leben in Ordnung. *Da Ines auflacht:* Statt zu lachen, sollten die Herrschaften das auch tun.

INES: Mein Leben ist in Ordnung. Völlig in Ordnung. Drüben hat es sich von selbst geordnet, ich brauche mich darum nicht zu sorgen.

GARCIN: Wirklich? Sie glauben, das ist so einfach! *Fährt sich mit der*

Hand über die Stirn. Was für eine Hitze! Gestatten Sie? *Er macht Anstalten, seinen Rock auszuziehen.*

ESTELLE: Nicht doch! *Ruhiger:* Mir graut vor Männern in Hemdsärmeln.

GARCIN *seinen Rock wieder anziehend:* Schön. *Pause.* Ich habe die Nächte in den Redaktionszimmern zugebracht. Da war stets eine Bullenhitze. *Kleine Pause; dann das Spiel wie oben.* Es ist noch eine Bullenhitze dort. Es ist Nacht.

ESTELLE: Wahrhaftig, ja, schon ist es Nacht. Olga zieht sich aus. Wie rasch die Zeit vergeht ... auf der Erde.

INES: Es ist Nacht. Sie haben die Tür zu meinem Zimmer versiegelt. Leer liegt das Zimmer im Dunkel.

GARCIN: Sie haben ihre Röcke über die Stuhllehnen gehängt und ihre Hemdsärmel bis über die Ellbogen hochgekrempelt. Es riecht nach Männern und Zigarren. *Pause.* Ich hauste gern inmitten hemdsärmeliger Männer.

ESTELLE: Nun, wir haben nicht den gleichen Geschmack. Da haben Sie den Beweis dafür. *Zu Ines:* Mögen Sie Männer in Hemdsärmeln gern?

INES: In Hemdsärmeln oder nicht: ich mag Männer überhaupt nicht sehr.

ESTELLE *beide entsetzt anschauend:* Aber warum, w a r u m hat man uns dann zusammengetan?

INES *einen Ausbruch unterdrückend:* Was sagen Sie da?

ESTELLE: Ich sehe Sie beide an, und ich denke doch, wir wollen zusammenbleiben ... Ich erwartete, Freunde, Verwandte vorzufinden.

INES: Einen sehr guten Freund mit einem Loch im Schädel.

ESTELLE: Den auch. Er tanzte Tango wie ein Eintänzer. Wir aber, w i r, warum hat man uns zusammengetan?

GARCIN: Zufall wohl. Die Leute werden untergebracht, wie es kommt, in der Reihenfolge ihres Eintreffens. *Zu Ines:* Warum lachen Sie?

INES: Weil Sie mir lächerlich vorkommen ... mit ihrem Zufall. Sie haben es wohl dringend nötig, sich selbst zu beschwichtigen? Nichts ist hier dem Zufall überlassen.

ESTELLE *schüchtern:* Aber wir haben uns vielleicht schon einmal früher getroffen?

INES: Nie. Ich würde Sie nicht vergessen haben.

ESTELLE: Oder dann haben wir gemeinsame Bekannte? Kennen Sie nicht die Dubois-Seymour?

INES: Das wäre mir neu.

ESTELLE: Sie empfangen Gott und die Welt.

INES: Was tun Sie?

ESTELLE *erstaunt:* Sie tun nichts. Sie haben ein Schloß in der Corrèze und ...

INES: Ich war bei der Post angestellt.

ESTELLE: Ach? Dann allerdings ... *Pause.* Und Sie, Monsieur Garcin?

GARCIN: Ich bin nie aus Rio hinausgekommen.

ESTELLE: Wenn es so ist, dann haben Sie durchaus recht: der Zufall hat uns zusammengeführt.

INES: Der Zufall. Diese Möbel sind also zufällig hier. Zufällig ist der Diwan links spinatgrün und der Diwan rechts weinrot. Rein Zufall, wie? Nun, versuchen Sie doch einmal, sie umzustellen, und Sie werden was erleben. Und die Bronzestatuette... ist auch Zufall? Und die Hitze? Diese Hitze hier? *Pause.* Ich sage Ihnen, das ist alles genau geregelt. Mit liebevollem Bedacht bis in die winzigsten Einzelheiten. Dieses Zimmer hier wartete auf uns.

ESTELLE: Aber wie denn das? Es ist alles so häßlich hier, so hart, so eckig. Ich habe Ecken und Kanten verabscheut.

INES *achselzuckend:* Meinen Sie, ich habe in einem Second-Empire-Salon gelebt? *Pause.*

ESTELLE: Es ist also alles vorgesehen?

INES: Alles. Wir passen ja wohl auch zusammen.

ESTELLE: Es ist nicht Zufall, daß S i e gerade mit mir zusammen sind? *Pause.* Was erwarten die denn?

INES: Das weiß ich nicht. Aber sie erwarten etwas.

ESTELLE: Ich kann das nicht ertragen, daß man etwas von mir erwartet. Dann bekomme ich sofort Lust, das Gegenteil zu tun.

INES: Nun, tun Sie es! So tun Sie es doch! Sie wissen ja nicht einmal, was die wollen.

ESTELLE *mit dem Fuß stampfend:* Das ist unerträglich. Und durch Sie beide soll mir etwas geschehen? *Sieht sie beide an.* Durch Sie beide. Ich kannte Gesichter, die mich sofort ansprachen. Aber die Ihren sagen mir nichts.

GARCIN *brüsk zu Ines:* Nun also, warum sind wir beisammen? Sie haben darüber schon zuviel gesagt: Sagen Sie a l l e s !

INES *erstaunt:* Aber ich weiß ja überhaupt nichts darüber.

GARCIN: Wir m ü s s e n es wissen. *Denkt einen Augenblick lang nach.*

INES: Wenn nur jeder von uns den Mut hätte, zu sagen...

GARCIN: Was?

INES: Estelle!

ESTELLE: Bitte?

INES: Was haben Sie getan? Warum haben die Sie hierhergeschickt?

ESTELLE *heftig:* Aber ich weiß doch nicht, ich weiß es überhaupt nicht! Ich frage mich sogar, ob es nicht ein Irrtum ist. *Zu Ines:* Lächeln Sie nicht. Denken Sie an die Unzahl von Leuten, die... alltäglich ... abwesend werden. Zu Tausenden kommen sie hierher, und haben es immer nur mit Unterbeamten zu tun, mit ungebildeten kleinen Angestellten. Wie sollen da keine Irrtümer vorkommen! Lächeln Sie doch nicht. *Zu Garcin:* Und Sie, sagen Sie auch etwas. Wenn die sich in meinem Fall geirrt haben, so können sie das auch in Ihrem Fall getan haben. *Zu Ines:* Und in Ihrem ebenfalls. Ist es nicht besser, wir glauben, daß wir irrtümlich hier sind?

INES: Ist das alles, was Sie zu sagen haben?

ESTELLE: Was wollen Sie noch wissen? Ich habe nichts zu verheimlichen. Ich war eine arme Waise, hatte meinen jüngeren Bruder aufzuziehen. Ein alter Freund meines Vaters hielt um mich an. Er war reich und gutmütig, so nahm ich an. Was hätten Sie an meiner Stelle getan? Mein Bruder war krank; seine Gesundheit erforderte sorgsame Pflege. Sechs Jahre habe ich mit meinem Gatten ungetrübt zusammengelebt. Vor zwei Jahren traf ich den Mann, den zu lieben mir bestimmt war. Auf der Stelle haben wir einander erkannt; er wollte, ich solle mit ihm davongehen; ich weigerte mich. Dann bekam ich meine Lungenentzündung. Das ist alles. Allenfalls könnte man mir im Namen gewisser Grundsätze einen Vorwurf daraus machen, daß ich meine Jugend einem Greis geopfert habe. *Zu Garcin:* Halten Sie das für eine Schuld?

GARCIN: Gewiß nicht. *Pause.* Und Sie, finden Sie, es sei eine Schuld, wenn man seinen Grundsätzen nachlebt?

ESTELLE: Wer könnte Ihnen das vorwerfen?

GARCIN: Ich leitete eine pazifistische Zeitung. Da bricht der Krieg aus. Was tun? Alles blickt gespannt auf mich. «Wird er es wagen?» Nun, ich hab's gewagt. Ich machte nicht mit. Und sie erschossen mich. Wo ist die Schuld? Wo ist hier Schuld?

ESTELLE *die Hand auf seinen Arm legend:* Da gibt es keine Schuld. Sie sind ...

INES *ironisch einfallend:* Ein Held. Und Ihre Frau, Garcin?

GARCIN: Nun ... was denn? ... Ich habe sie aus der Gosse geholt.

ESTELLE *zu Ines:* Da sehen Sie! Sehen Sie!

INES: Ich sehe. *Pause.* Für wen spielen Sie diese Komödie? Wir sind unter uns.

ESTELLE *in hochnäsigem Ton:* Unter uns?

INES: Unter Mördern. Wir sind in der Hölle, mein Kind. Irrtümer sind ausgeschlossen; umsonst wird keiner verdammt.

ESTELLE: Schweigen Sie!

INES: In der Hölle! Verdammt! Verdammte!

ESTELLE: Schweigen Sie! So schweigen Sie doch! Ich verbiete Ihnen, gemeine Worte zu gebrauchen.

INES: Eine Verdammte, die kleine Heilige. Ein Verdammter, der untadelige Held. Wir haben unsere Stunde des Vergnügens ausgekostet, nicht wahr? Andere Leute haben unseretwegen auf den Tod gelitten, und das machte uns viel Vergnügen. Jetzt heißt es bezahlen.

GARCIN: Wollen Sie jetzt den Mund halten? *Hebt die Hand.*

INES *ihn furchtlos, nur äußerst erstaunt ansehend:* Ha! *Pause.* Halt! Ich verstehe jetzt! Ich weiß, warum man uns zusammengesperrt hat!

GARCIN: Sehen Sie sich vor, was Sie sagen!

INES: Sie werden erkennen, wie dumm das ist. Dumm wie Bohnenstroh! Körperliche Folter gibt's keine, nicht wahr? Und doch sind wir in der Hölle. Es kommt auch niemand. Niemand. Wir, allein bleiben wir zusammen bis ans Ende. So ist's doch? Allerdings einer fehlt: der Henker.

GARCIN *halblaut:* Ich weiß wohl.

INES: Nun, Einsparung von Personal! Das ist das Ganze. Die Gäste bedienen sich selbst, wie in den Gemeinschaftsküchen.

ESTELLE: Was wollen Sie damit sagen?

INES: Der Henker – das ist jeder von uns für die beiden andern. *Pause zur Verdauung dieser Mitteilung.*

GARCIN *in weichem Ton:* Ich werde nicht Ihr Henker sein. Ich habe nichts gegen Sie und ich habe nichts mit Ihnen zu schaffen. Nichts. Das ist ganz einfach. So also: jeder in seinem Winkel; das ist unser Gegenzug. Sie da, Sie dort, ich hier. Und: Schweigen. Kein Wort! Das ist nicht schwer, nicht wahr? Jeder von uns hat genug mit sich selbst zu tun. Ich glaube, ich könnte zehntausend Jahre lang stumm bleiben.

ESTELLE: Ich soll stumm bleiben?

GARCIN: Jawohl. Dann ... dann sind wir gerettet. Schweigen. In sich hineinblicken, niemals auch nur den Kopf heben. Einverstanden?

INES: Einverstanden.

ESTELLE *nach einigem Zögern:* Einverstanden.

GARCIN: Also, adieu. *Er geht zu seinem Diwan, legt den Kopf in die Hände. Schweigen.*

INES *beginnt vor sich hin zu singen:*

In der Dominikanergass'
richt' man's Gerüst zum großen Spaß,
füllt mit Kleie ein kleines Faß,
ein Schafott, ei, scheint mir das
in der Dominikanergass'.

In der Dominikanergass'
Henker rasch sein Frühstück aß,
Kundschaft kriegt er heut en masse:
Exzellenzen nimmt er Maß,
Eminenz beißt auch ins Gras
in der Dominikanergass'.

In der Dominikanergass'
schöne Damen gehn fürbaß
fein in Seide und Atlas,
doch vom Hals ab fehlt etwas:
Köpfchen fiel ins Kleiefaß,
Hütchen wird im Rinnstein naß,
in der Goss' der Dominikanergass'.

ESTELLE *hat inzwischen Puderdose und Lippenstift herausgenommen, beginnt, sich herzurichten, sucht unruhig nach einem Spiegel. Da sie im Zimmer keinen findet, kramt sie in ihrer Handtasche, wendet sich dann an Garcin:* Monsieur, haben Sie einen Spiegel? *Da Garcin nicht antwortet:* Einen Spiegel, einen Taschenspiegel, was es auch ist? *Da Garcin noch immer nicht antwortet:* Wenn Sie mich ganz für mich lassen, so verschaffen Sie mir wenigstens einen Spiegel. *Garcin, den Kopf in den Händen vergraben, bleibt stumm.*

INES *beflissen:* Ich, ich habe einen Spiegel in meiner Handtasche. *Sie kramt in ihrer Handtasche; findet nichts, ärgerlich:* Ich habe ihn nicht mehr. Man hat ihn mir wohl im Aufnahmebüro abgenommen.

ESTELLE: Das ist aber ärgerlich. *Pause. Sie macht die Augen zu, schwankt.*

INES *herzuspringend und sie stützend:* Was haben Sie denn?

ESTELLE *die Augen wieder aufschlagend, lächelnd:* Ich habe so ein sonderbares Gefühl. *Sie betastet sich.* Haben Sie nicht auch den Eindruck bei Ihnen selbst: wenn ich mich nicht sehe, kann ich mich betasten soviel ich will, doch ich frage mich, ob ich wirklich existiere.

INES: Sie haben Glück. Ich ... ich empfinde mich immer von innen her.

ESTELLE: Na ja, von innen her. Alles, was in den Köpfen vorgeht, ist so unbestimmt, das schläfert mich ein. *Pause.* In meinem Schlafzimmer sind sechs große Spiegel. Ich sehe sie. Aber sie sehen mich nicht. Sie geben die Couchette wieder, den Teppich, das Fenster ... wie leer das ist: ein Spiegel, in dem ich nicht bin. Wenn ich sprach, dann richtete ich es so ein, daß stets ein Spiegel da war, in dem ich mich erblicken konnte. Ich sprach, ich sah mich sprechen. Ich sah mich, wie die Leute mich sahen, das hielt mich wach. *Verzweifelt:* Meine Lippen ... sicher habe ich das Rot falsch aufgetragen. Ich kann aber doch nicht in alle Ewigkeit ohne Spiegel bleiben.

INES: Soll ich Ihnen als Spiegel dienen? Kommen Sie, ich lade Sie zu mir ein. Setzen Sie sich auf meinen Diwan.

ESTELLE *auf Garcin deutend:* Aber ...

INES: Kümmern wir uns nicht um ihn.

ESTELLE: Wir werden einander weh tun: Sie selbst haben das gesagt.

INES: Sehe ich so aus, als ob ich Ihnen ein Leids antun wolle?

ESTELLE: Man weiß ja nie ...

INES: Du wirst mir weh tun. Aber was macht das aus! Da man nun einmal leiden muß, so mag es durch dich geschehen. Setz dich. Rück näher. Noch näher. Sieh mir in die Augen: siehst du dich darin?

ESTELLE: Ich bin ganz klein. Sehr schlecht sehe ich mich.

INES: Ich ... ich sehe dich. Ganz. Stelle mir Fragen. Kein Spiegel kann getreuer sein.

ESTELLE *etwas betreten, dreht sich zu Garcin um, als wolle sie ihn zu Hilfe rufen:* Monsieur! Monsieur! Langweilen wir Sie nicht mit unserem Geschwätz?

GARCIN *schweigt.*

INES: Laß ihn. Er zählt nicht mehr mit. Wir sind allein. Befrage mich.

ESTELLE: Habe ich meine Lippen gut geschminkt?

INES: Zeig her. Nicht sehr gut.

ESTELLE: Ich dachte es mir. Glücklicherweise – *blickt zu Garcin hin* – hat mich niemand gesehen. Ich mache sie noch mal frisch.

INES: Das ist auch besser. Nein. Ziehe den Umriß der Lippen nach: ich werde dir die Hand führen. So ... so ... Jetzt ist's gut.

ESTELLE: Ebensogut wie vorhin, als ich hereinkam?

INES: Besser: satter, grausamer. Dein Höllenmund.

ESTELLE: Hm! Und es ist wirklich gut? Es macht mich ganz nervös, daß ich es nicht selbst beurteilen kann. Sie schwören mir, daß es gut ist so?

INES: Willst du nicht «Du» zu mir sagen?

ESTELLE: Du schwörst mir, daß es so gut ist?

INES: Du bist schön.

ESTELLE: Ja, haben Sie denn auch Geschmack? Haben Sie meinen

Geschmack? Ach, das macht einen verrückt, das macht einen verrückt.

INES: Ich habe deinen Geschmack, denn du gefällst mir. Blicke mich gut an. Lächle mich an. Ich bin auch nicht häßlich. Bin ich nicht mehr wert als ein Spiegel?

ESTELLE: Ich weiß nicht. Sie machen mir angst. Mein Bild in den Spiegeln war zahm geworden. Es war mir so vertraut... Ich werde lächeln: mein Lächeln wird auf den Grund Ihrer Pupillen dringen, und Gott weiß, was dort aus ihm wird.

INES: Wer hindert dich, mich zu zähmen? *Sie blicken sich an. Estelle lächelt, wie leicht fasziniert.* Du willst mich also auf keinen Fall duzen?

ESTELLE: Es fällt mir schwer, Frauen zu duzen.

INES: Und besonders wohl Postfräulein? Was hast du da, unten an der Wange? Einen roten Fleck?

ESTELLE *emporfahrend:* Einen roten Fleck? Das ist ja scheußlich! Wo denn?

INES: Na, na, na... Ich bin der Lerchenspiegel; meine kleine Lerche, bist mir auf den Leim gegangen! Ist gar kein Rot da, nicht das kleinste bißchen. Hä? Wie wär' das, wenn der Spiegel sich aufs Lügen verlegte? Oder, wenn ich die Augen schlösse, wenn ich mich weigerte, dich anzuschauen, was fingest du mit all der Schönheit an? Keine Angst: ich muß dich ja ansehen, meine Augen bleiben weit offen. Ich werde nett sein, sehr nett. Aber du mußt «Du» zu mir sagen.

ESTELLE *nach kleiner Pause:* Gefalle ich dir?

INES: Sehr.

ESTELLE *nach weiterer Pause, mit einer Kopfwendung auf Garcin weisend:* Ich möchte, daß er mich auch anschaut.

INES: Haha! Weil er ein Mann ist! *Zu Garcin:* Sie haben gesiegt. *Garcin schweigt.* Sehen Sie die doch an! *Garcin schweigt.* Spielen Sie kein Theater: kein Wort, das wir gesprochen haben, ist Ihnen entgangen.

GARCIN *mit heftiger Bewegung den Kopf hebend:* Das können Sie wohl sagen... nicht ein Wort: daß ich mir die Finger in die Ohren stopfte, nutzte nichts; Sie haben mir den Kopf vollgeschwätzt. Wollen Sie mich jetzt in Frieden lassen? Ich habe mit Ihnen nichts zu schaffen.

INES: Und mit der Kleinen da haben Sie auch nichts zu schaffen? Ich durchschaue ja Ihr Getue: Sie spielen sich bloß auf, um sich bei ihr interessant zu machen.

GARCIN: Ich sage Ihnen, Sie sollen mich in Ruhe lassen. Jemand auf der Zeitung spricht von mir, und da möchte ich zuhören. Ich pfeife auf die Kleine da... Dies zu Ihrer Beruhigung!

ESTELLE: Danke.

GARCIN: Ich wollte nicht ungezogen sein...

ESTELLE: Flegel! *Alle stehen da, die Gesichter einander zugewandt; nach einer Pause*

GARCIN: Da haben wir's! *Kleine Pause.* Ich hatte Sie so gebeten, still zu sein.

ESTELLE: Sie hat angefangen. Sie mußte mir ja ihren Spiegel aufdrängen; ich habe nichts von ihr verlangt.

INES: Nein. Du hast dich an ihn herangemacht und ihm Gesichter geschnitten, damit er dich anschaut.

ESTELLE: Na und ...?

GARCIN: Seid ihr toll? Seht ihr denn nicht, wo das hinführt? Haltet doch den Mund! *Pause.* Wir werden uns jetzt wieder hübsch still hinsetzen, werden die Augen zumachen, und jedes wird die Anwesenheit des andern zu vergessen suchen. *Kleine Pause, dann setzt er sich hin. Zögernd tun das die beiden Frauen ebenfalls. Plötzlich fährt*

INES *mit einem Ruck herum:* Hach! Vergessen. Kindisches Geschwätz! Ich spüre Sie bis ins Mark. Ihr Schweigen brüllt mir die Ohren voll. Nageln Sie sich den Mund zu, schneiden Sie sich die Zunge heraus, können Sie es verhindern, vorhanden zu sein? Da zu sein? Können Sie Ihrem Denken Einhalt tun? Ich höre es, wie es tickt, tick-tack, gleich einer Weckuhr, und ich weiß: Sie hören auch das meine. Kauern Sie sich nur in Ihre Sofaecke; Sie sind überall, jeder Klang dringt beschmutzt zu mir, weil Sie ihn im Vorbeigehen vernommen haben. Selbst mein Gesicht haben Sie mir gestohlen: Sie kennen es, und ich kenne es nicht. Und Sie? Sie? Gestohlen haben Sie sie mir: wenn wir allein wären, glauben Sie, sie wagte, mich zu behandeln, wie sie es tut? Nein, nein: nehmen Sie Ihre Hände vom Gesicht, ich lasse Sie nicht in Ruhe, das wäre gar zu bequem. Dann säßen Sie da, ungerührt, in sich versunken wie ein Buddha, ich aber: mit geschlossenen Augen empfände ich, daß sie alle Geräusche ihres Lebens Ihnen darbringt, selbst das Rascheln ihres Kleids, und daß ihr Lächeln zu Ihnen hinfliegt, ohne daß Sie es sehen ... Nein, das nicht! Ich will mir meine Hölle selbst erwählen; voll will ich Sie ansehen und mit offenem Visier kämpfen.

GARCIN: Gut denn. Dahin hat es ja wohl kommen müssen; die sind mit uns umgesprungen wie mit Kindern ... Wenn sie mich mit Männern zusammengesteckt hätten ... Männer können schweigen. Doch man darf nicht zuviel verlangen. *Er geht auf Estelle zu und hebt ihr mit der Hand das Kinn hoch.* Na, Kleine, gefalle ich dir? Du hast mir ja wohl schöne Augen gemacht?

ESTELLE: Rühren Sie mich nicht an.

GARCIN: Ach was! Nur keine Umstände! Ich liebte die Frauen sehr, mußt du wissen. Und sie liebten mich auch sehr. Laß dich gehen, wir haben ja nichts mehr zu verlieren. Höflichkeit, wozu? Feierliche Formen – wozu? Unter uns hier! Mit eins werden wir nackt sein wie Würmer.

ESTELLE: Lassen Sie mich in Ruhe.

GARCIN: Wie die Würmer! Ja, ja, ich habe Sie gewarnt. Ich, ich habe nichts von Ihnen verlangt, nichts als ein bißchen Frieden und Stille. Ich hatte meine Finger in die Ohren gesteckt. Gomez stand da zwischen den Schreibtischen und redete; alle Kollegen von der Zeitung hörten ihm zu. In Hemdsärmeln. Ich suchte zu verstehen, was sie sagten, es war schwierig: auf der Erde geht alles so rasch vor sich. Konnten Sie denn nicht still sein? Jetzt ist's aus, er sagt nichts mehr; was er über mich denkt, das ist wieder in seinen Kopf zurückgeschlüpft. Nun, wir müssen der Sache doch bis ans Ende nachgehen. Nackt wie die Würmer: ich will wissen, mit wem ich es hier zu tun habe.

INES: Sie wissen es ja. Sie wissen es doch jetzt.

GARCIN: Solange wir uns nicht gegenseitig gestanden haben, weswegen wir verdammt sind, wissen wir nichts. Du, kleine Blonde, fang an! Weswegen? Sag es uns: weswegen. Deine Offenheit vermag uns manches Unglück zu ersparen; wenn wir die Ungeheuer kennen, die uns ... Also, sprich, weswegen?

ESTELLE: Ich kann nur sagen: Ich weiß es nicht. Sie haben es mir nicht mitteilen wollen.

GARCIN: Ich weiß wohl. Mir haben sie auch keine Antwort geben wollen. Aber ich weiß Bescheid. Hast du Angst, zuerst zu sprechen? Schön. So werde ich den Anfang machen. *Schweigen.* Ein schöner Schweinehund bin ich gewesen.

INES: Schon gut. Wir wissen, daß Sie fahnenflüchtig geworden sind.

GARCIN: Lassen Sie das. Sprechen Sie niemals davon. Ich bin hier, weil ich meine Frau gequält habe. Das ist alles. Fünf Jahre lang. Sie leidet, wohlgemerkt, noch immer. Da ... sobald ich von ihr spreche, sehe ich sie. Ich interessierte mich für Gomez, doch ich sehe s i e. Wo ist Gomez? Fünf Jahre lang. So was ... Sie haben ihr meine Sachen übergeben; sie sitzt am Fenster mit meinem Rock auf dem Schoß. Dem Rock mit den zwölf Schießlöchern. Das Blut könnte man für Rost halten. Die Einschußränder sind gerötet ... Haha! Haha! Ein Museumsstück, ein historisches Jackett. Ja, das habe ich getragen! Wirst du weinen? Wirst du am Ende doch weinen? Betrunken wie ein Schwein kam ich nach Hause, ich roch nach Wein und Weib. Die ganze Nacht hatte sie auf mich gewartet; sie weinte nicht. Kein Wort des Vorwurfs, selbstverständlich. Nur: ihre Augen. Ihre großen Augen. Ich bereue nicht. Es schneit draußen. Wirst du doch weinen? Eine Frau, die zur Märtyrerin bestimmt ist.

INES *fast weich:* Warum haben Sie ihr Schmerzen bereitet?

GARCIN: Weil es so leicht war. Ein Wort genügte, daß sie sich verfärbte; eine empfindsame Seele. Ha! Keine Vorwürfe! Ich bin nun einmal zanksüchtig ... Ich wartete, immer wartete ich. Aber nein, nicht eine Träne, nicht ein Vorwurf. Ich hatte sie aus der Gosse geholt, verstehen Sie? Sie streicht mit der Hand über den Rock, ohne draufzuschauen. Ohne hinzusehen, sucht sie mit den Fingern die Schußlöcher. Worauf wartest du? Worauf hoffst du? Ich sage dir, daß ich nicht bereue. Mit einem Wort: sie bewunderte mich zu sehr. Verstehen Sie das?

INES: Nein. Mich bewunderte niemand.

GARCIN: Um so besser. Um so besser für Sie. All das erscheint Ihnen wohl etwas allgemein. Nun, hier haben Sie ein kleines Bild: Ich hatte eine Mulattin ins Haus genommen. Nächte waren das! Meine Frau schlief im Oberstock, sie mußte uns hören. Sie stand zuerst auf, und da wir bis tief in den Morgen hinein schliefen, brachte sie uns das Frühstück ans Bett.

INES: Schuft!

GARCIN: Ja doch, jawohl, der vielgeliebte Schuft. *Er scheint zerstreut.* Nein, nichts. Es ist Gomez, aber er spricht nicht von mir. Ein Schuft, sagen Sie? Na klar: was hätte ich sonst hier zu suchen? Und Sie?

INES: Nun, ich war, was man drüben eine Verdammte nennt. Dort breits: eine Verdammte. Sehr erstaunlich war es also nicht.

GARCIN: Das ist alles ...

INES: Nein. Da ist auch noch die Angelegenheit mit Florence. Aber es dreht sich dabei um Tote. Drei Tote. Erst er, dann sie und ich. Drüben ist keiner mehr, ich bin beruhigt; lediglich das Zimmer. Das Zimmer sehe ich hin und wieder. Leer, die Läden geschlossen. Ei, ei! Zu guter Letzt haben sie doch die Siegel fortgenommen. Zu vermieten! Wird vermietet. An der Tür hängt ein Schild. Ist ja ... lachhaft.

GARCIN: Drei. Sagten Sie nicht drei?

INES: Drei.

GARCIN: Ein Mann und zwei Frauen?

INES: Ja.

GARCIN: Sieh mal an. *Pause.* Er hat sich umgebracht?

INES: Er? Dazu war er gar nicht imstande. Aber nicht deshalb, weil er nicht gelitten hätte. Nein, er ist von einem Tramwagen überfahren worden. Geradezu ein Witz! Ich wohnte bei ihnen; er war mein Vetter.

GARCIN: Florence war blond?

INES: Blond? *Blickt auf Estelle.* Wissen Sie, ich bereue nichts, aber es macht mir nicht allzu großen Spaß, Ihnen das zu erzählen.

GARCIN: Na, nur weiter! Er wurde Ihnen zuwider?

INES: Nach und nach. Eins kam zum andern: hier ein Wort und da ein Wort. Zum Beispiel: beim Trinken schlürfte er laut, blies durch die Nase ins Glas. Winzigkeiten. Ach, dabei ein armer Teufel, leicht verletzlich. Warum lächeln Sie?

GARCIN: Weil ich nicht leicht verletzlich bin.

INES: Das merkt man. Ich habe mich in sie eingeschlichen, bis sie ihn mit meinen Augen sah. Zu guter Letzt blieb sie mir auf dem Hals. Wir haben am anderen Ende der Stadt ein Zimmer genommen.

GARCIN: Und dann?

INES: Dann passierte das mit der Tram. Alle Tage sagte ich ihr: Na, Kindchen, wir haben ihn umgebracht. *Pause.* Ich bin schlecht.

GARCIN: Ja, ich auch.

INES: Nein, Sie ... Sie sind nicht schlecht. Das ist was anderes.

GARCIN: Was?

INES: Das sage ich Ihnen später. Ich bin schlecht: das heißt: ich brauche das Leiden anderer, um bestehen zu können. Eine Fackel. Eine Fackel in den Herzen. Wenn ich allein bin, verlösche ich. Ein volles Jahr habe ich in ihrem Herzen gelodert, habe ich es ausgebrannt. Eines Nachts stand sie auf; sie muß, ohne daß ich es merkte, den Gashahn geöffnet und sich dann wieder neben mich gelegt haben. So!

GARCIN: Hamhm!

INES: Wie?

GARCIN: Nichts. Die Sache ist nicht hasenrein.

INES: Nein, gewiß, das ist sie nicht. Wenn schon...

GARCIN: Ach... Sie haben recht. *Zu Estelle:* Zu dir jetzt. Was hast du getan?

ESTELLE: Ich habe Ihnen schon gesagt, daß ich es nicht weiß. Soviel ich mich auch selbst frage...

GARCIN: Schön. Wir werden dir helfen. Der Kerl da mit dem verstümmelten Gesicht, wer ist das?

ESTELLE: Welcher Kerl?

INES: Du weißt ganz gut. Der, vor dem du Angst hattest, als du hereinkamst.

ESTELLE: Ein Freund von mir.

GARCIN: Warum hattest du Angst vor ihm?

ESTELLE: Ihr habt nicht das Recht, mich auszufragen.

INES: Er hat sich um deinetwillen umgebracht?

ESTELLE: Aber nein, Sie sind verrückt.

GARCIN: Warum flößte er dir dann Angst ein? Er hat sich eine Kugel ins Gesicht geschossen? Wie? Warum hat er keinen Kopf mehr?

ESTELLE: Schweigen Sie! Schweigen Sie doch!

GARCIN: Um deinetwillen! Um deinetwillen!

INES: Eine Kugel um deinetwillen.

ESTELLE: Laßt mich in Ruhe. Ihr macht mir angst! Ich will fort! Ich will hinaus! *Stürzt zur Tür, rüttelt daran.*

GARCIN: Geh nur! Ich meinerseits wünsche mir nichts Besseres. Nur ist die Tür von außen verschlossen.

ESTELLE *drückt auf die Klingel. Es läutet nicht.*

INES *und* GARCIN *lachen.*

ESTELLE *dreht sich um, bleibt wider die Tür gelehnt stehen; mit heiserer Stimme, langsam:* Ihr seid gemein.

INES: Sehr richtig, gemein. Nun also? Der Kerl hat sich doch deinetwegen umgebracht. Er war dein Liebhaber?

GARCIN: Selbstverständlich war er ihr Liebhaber. Er wollte sie für sich allein haben. Stimmt es nicht?

INES: Er tanzte Tango wie ein Eintänzer, aber er war arm, nehme ich an. *Pause.*

GARCIN: Du wirst gefragt, ob er arm war?

ESTELLE: Ja, er war arm.

GARCIN: Und dann mußtest du ja auch auf deinen guten Ruf achtgeben. Eines schönen Tages hat er sich dir zu Füßen geworfen und da hast du ihn ausgelacht.

INES: Hä? Hä? Du hast ihn ausgelacht? Und darum hat er sich erschossen?

ESTELLE: Mit diesen Augen hast du Florence angeschaut?

INES: Ja. *Pause.*

ESTELLE *in Lachen ausbrechend:* Ihr seid ganz auf dem Holzwege. *Sie richtet sich hoch auf; immer noch an die Tür gelehnt, sieht sie beide an. Dann, in trockenem, herausforderndem Ton:* Er wollte mir ein Kind machen. So, seid ihr nun zufrieden?

GARCIN: Und du wolltest keines?

ESTELLE: Nein. Aber das Kind kam doch. Ich ging für fünf Monate in die Schweiz. Niemand wußte davon. Es war ein Mädchen. Roger war bei seiner Geburt dabei. Es machte ihm einen Heidenspaß, daß er eine Tochter hatte. Mir nicht.

GARCIN: Und dann?

ESTELLE: Es war ein Balkon da, auf den See hinaus. Ich holte einen schweren Stein. Roger schrie: «Estelle, ich bitte dich, ich flehe dich an.» Er widerte mich an. Er hat alles mitangesehen. Er hat sich über den Balkon gebeugt, hat die Wasserringe im See gesehen.

GARCIN: Und dann?

ESTELLE: Das ist alles. Ich fuhr nach Paris zurück. Er tat, was er nicht lassen konnte.

GARCIN: Schoß sich eine Kugel in den Kopf?

ESTELLE: Eben, es war nicht der Mühe wert. Mein Mann hatte überhaupt nichts gemerkt. *Pause.* Ich hasse euch. *Ein trockenes Schluchzen schüttelt sie.*

GARCIN: Nutzlos. Hier fließen keine Tränen.

ESTELLE: Ich bin feige! Ich bin feige! *Pause.* Wenn ihr wüßtet, wie ich euch hasse!

INES *die Arme um sie legend:* Armes Kind! *Zu Garcin:* Die Untersuchung ist geschlossen. Sie brauchen die Henkerfratze nicht mehr beizubehalten.

GARCIN: Henker?... *Blickt sich im Zimmer um.* Ich gäbe was drum, wenn ich mich in einem Spiegel sehen könnte. *Pause.* Diese Hitze! *Zieht mechanisch seinen Rock aus.* Ach, pardon! *Will ihn wieder anziehen.*

ESTELLE: Bleiben Sie nur in Hemdsärmeln. Jetzt...

GARCIN: Ja. *Wirft den Rock auf das Sofa.* Sie dürfen mir nicht böse sein, Estelle.

ESTELLE: Ich bin Ihnen nicht böse.

INES: Und mir? Mir bist du böse?

ESTELLE: Ja. *Pause.*

INES: Nun, Garcin? Jetzt sind wir also nackt wie die Würmer; sind Sie sich jetzt klarer geworden?

GARCIN: Ich weiß nicht. Vielleicht ein bißchen klarer. *Zaghaft.* Können wir nicht versuchen, einander zu helfen?

INES: Ich brauche keine Hilfe.

GARCIN: Ines, die haben alle Fäden ineinandergeknäuelt. Machen Sie auch nur die kleinste Gebärde, heben Sie bloß die Hand, um sich zu fächeln, so empfinden Estelle und ich die Erschütterung. Keines von uns vermag sich allein zu retten; wir müssen uns entweder gemeinsam zugrunde richten, oder uns gemeinsam aus der Affäre ziehen. Ihr habt zu wählen. *Pause.* Was ist denn?

INES: Sie haben es vermietet. Die Fenster stehen weit offen, ein Mann sitzt auf dem Bett. Sie haben es vermietet. Sie haben es vermietet! Hereinspaziert, hereinspaziert, ohne Bedenken... Eine Frau... Sie geht zu ihm hin und legt ihm die Hände auf die Schultern... Warum zünden sie das Licht nicht an, man sieht ja nichts mehr; wollen sie sich küssen? Das Zimmer gehört doch mir! Es ist mein Zimmer! Warum machen sie denn kein Licht an? Ich kann sie nicht mehr erkennen. Was flüstern sie denn? Will er auf meinem Bett mit ihr schäkern? Sie sagt zu ihm, es sei Mittag und heller Sonnenschein. Ich erblinde also. *Pause.* Aus. Nichts mehr. Ich sehe nichts mehr, höre nichts mehr. Ich bin also wohl fertig mit der Erde. Adressat verzogen. *Es überläuft sie.* Ich fühle mich leer. Jetzt bin ich ganz und gar tot. Nur noch hier. *Pause.* Sagten Sie etwas? Sie sprachen davon, mir helfen zu wollen, glaube ich?

GARCIN: Ja.

INES: Wobei?

GARCIN: Denen ein Schnippchen zu schlagen.

INES: Und was habe ich dafür zu tun?

GARCIN: Mir zu helfen. Dazu braucht es wenig, Ines: nur ein wenig guten Willen.

INES: Guten Willen ... Wo soll ich welchen hernehmen? Ich bin faul bis ins Mark.

GARCIN: Und ich? *Pause.* Wenn wir es trotzdem versuchten?

INES: Ich bin ausgedörrt. Ich kann weder nehmen noch geben, wie soll ich Ihnen da helfen? Ein dürrer Ast, reif für das Feuer. *Pause; sie wirft einen Blick auf Estelle, die den Kopf mit ihren Händen bedeckt.* Florence war blond.

GARCIN: Wissen Sie, daß diese Kleine hier Ihre Henkerin sein wird?

INES: Ich habe – so etwas geahnt.

GARCIN: Mittels dieser Kleinen werden die Sie fangen. Was mich angeht, so ... so ... nun, ich schenke ihr keinerlei Beachtung. Doch Ihrerseits ...

INES: Was?

GARCIN: Es ist eine Falle. Die belauern Sie, um herauszubekommen, ob Sie sich darin fangen lassen.

INES: Ich weiß schon. Sie, auch Sie sind eine Falle. Meinen Sie, die haben nicht Ihre Worte vorausgewußt? Und daß nicht irgendwelche Schlingen versteckt sind, die wir nicht sehen? Alles ist Falle. Aber was schert mich das? Auch ich, ich bin auch eine Falle. Eine Falle für die Kleine da. Kann sein, daß ich sie fange.

GARCIN: Sie werden gar nichts fangen. Wir laufen hintereinander her wie die Karussellpferde, ohne uns jemals einzuholen: glauben Sie mir, das ist von denen alles so eingerichtet. Lassen Sie locker, Ines. Öffnen Sie die Hände, lassen Sie die Beute fahren. Sonst bringen Sie uns alle drei ins Unglück.

INES: Sehe ich aus, als ließe ich eine Beute fahren? Ich weiß, was meiner wartet. Brennen werde ich, ich brenne und weiß dabei, daß es niemals endet; ich weiß alles: glauben Sie, ich werde meine Beute fahren lassen? Ich werde sie haben und halten. Sie wird Sie mit meinen Augen sehen, wie Florence den andern sah. Was reden Sie mir da von Ihrem Unglück; ich sage Ihnen, daß ich alles weiß, und daß ich nicht einmal Mitleid mit mir aufbringe. Eine Falle, haha! Eine Falle. Natürlich, ich sitze in der Falle. Was weiter? Desto besser, wenn die zufrieden sind.

GARCIN *sie an der Schulter fassend:* Ich, ich vermag Mitleid für Sie aufzubringen. Sehen Sie mich an: wir sind nackt. Nackt bis auf die Knochen: ich kenne Sie bis ins Herz hinein. Das ist ein Band:

glauben Sie, ich möchte Ihnen ein Leid antun? Ich bereue nicht, ich klage nicht; auch ich bin vertrocknet. Aber für Sie vermag ich Mitleid zu empfinden.

INES *die ihn während seiner Worte gewähren ließ, ihn nun abschüttelnd:* Rühren Sie mich nicht an. Ich hasse das, daß mich jemand berührt. Behalten Sie Ihr Mitleid für sich. Ja, Garcin, in diesem Zimmer sind auch allerhand Fallen für Sie. Ja, für Sie. Aufgestellt für Sie. Es wäre gescheiter, Sie kehrten vor der eigenen Tür. *Pause.* Wenn Sie uns beide hier, die Kleine und mich, völlig in Ruhe lassen, dann werde ich mich bemühen, Ihnen nicht zu schaden.

GARCIN *nach einem kurzen Blick auf sie, die Achseln zuckend:* Schön.

ESTELLE *den Kopf hebend:* Zu Hilfe, Garcin.

GARCIN: Was wollen Sie von mir?

ESTELLE *aufstehend und an ihn herantretend:* Sie können mir helfen.

GARCIN: Wenden Sie sich an sie.

INES *tritt an Estelle heran, stellt sich von rückwärts dicht hinter sie, doch ohne sie zu berühren. Im folgenden spricht sie ihr fast ins Ohr.*

ESTELLE *jedoch richtet, dem sie wortlos anblickenden Garcin zugewandt, ihre Antworten nur an diesen, als ob er es sei, der sie ausfrage:* Ich bitte Sie, Garcin, Sie haben es versprochen, Sie haben es versprochen! Rasch, rasch, ich mag nicht allein bleiben. Olga hat ihn zum Tanzlokal mitgenommen.

INES: Wen hat sie mitgenommen?

ESTELLE: Pierre. Sie tanzen zusammen.

INES: Wer ist Pierre?

ESTELLE: Ein junges Bürschchen. Er nannte mich immer seinen Lebensquell. Er liebte mich. Sie hat ihn ins Tanzlokal mitgenommen.

INES: Du liebst ihn?

ESTELLE: Sie setzen sich wieder. Sie ist ganz atemlos. Warum tanzt sie denn? Höchstens zum Schlankwerden. Selbstverständlich nicht. Selbstverständlich liebe ich ihn nicht: er ist achtzehn Jahre, ich bin doch keine Kinderfresserin.

INES: Dann laß sie doch! Was kann dir das ausmachen?

ESTELLE: Er gehörte mir.

INES: Nichts auf Erden gehört dir mehr.

ESTELLE: Er war mein.

INES: Ja, er war ... Versuch doch, ihn zu nehmen, ihn zu berühren. Olga kann ihn berühren, sie kann das. Nichts? Nicht wahr? Sie kann seine Hände fassen, an seine Knie anstreifen.

ESTELLE: Sie drängt ihren Riesenbusen an ihn heran, sie keucht ihm ins Gesicht. Kleiner Däumling, armer kleiner Däumling, warum lachst du ihr denn nicht ins Gesicht? Ach ... Ein Blick von mir hätte genügt, und sie würde das niemals gewagt haben ... Bin ich denn wirklich nichts mehr?

INES: Gar nichts. Nichts von dir ist mehr auf Erden, alles, was dein ist, ist hier. Willst du das Papiermesser? Die Statuette von Barbedienne? Das blaue Sofa ist dein, und ich, Kind, ich bin für immer dein.

ESTELLE: Haha ... Mein? Nun, wer von euch beiden würde es wagen, mich seinen Lebensquell zu nennen? Ihr laßt euch nicht täuschen, ihr zwei, ihr wißt, daß ich ein Stück Dreck bin. Denk an mich, Pierre, denke nur an mich, beschütze mich; solange du den Gedanken hast: mein Lebensquell, mein geliebter Lebensquell –, so lange bin ich nur zur Hälfte hier, bin ich nur zur Hälfte schuldig, bleibe ich Lebensquell dort bei dir. Sie ist rot wie eine Tomate. Aber das ist doch undenkbar: hundertmal haben wir zusammen über sie gelacht. Was für eine Melodie ist denn das? Ich habe sie so geliebt... Ach ja, St. Louis Blues... Nun, los, tanzt, tanzt. Garcin, es würde Ihnen Spaß machen, wenn Sie sie sehen könnten. Sie aber wird nie wissen, daß ich sie s e h e. Ich sehe dich, ich sehe dich mit deiner zerzausten Frisur, deinem verzerrten Gesicht, ich sehe, daß du ihm auf die Füße trittst. Das ist ja zum Totlachen! Los. Schneller, schneller! Er reißt sie, er stößt sie. Das ist ja unanständig. Schneller doch! Zu mir sagte er: Sie tanzen so leicht. Los, los doch! *Sie beginnt während des Sprechens zu tanzen.* Ich sage dir, ich sehe dich. Es ist ihr gleichgültig, sie tanzt quer durch mein Blickfeld durch. Unsere liebe Estelle! Was, unsere liebe Estelle? Ach, halt den Mund. Keine Träne hast du bei der Beerdigung vergossen. Und da sagt sie jetzt zu ihm: «unsere liebe Estelle». Eine Frechheit, mit ihm von mir zu sprechen. Na, immer im Takt bleiben. Sie bringt es natürlich nicht fertig, zugleich zu sprechen und zu tanzen. Aber, was ist denn das... Nein! Nein! Sag ihm nicht... ich lasse ihn dir, nimm ihn, behalte ihn, mach mit ihm, was du willst, aber sag's ihm nicht... *Sie hört auf zu tanzen.* Gut. Gut denn, du magst ihn behalten. Sie hat ihm alles gesagt, Garcin: Roger, die Schweizerreise, das Kind, alles hat sie ihm erzählt: «Unsere liebe Estelle war nicht...» Nein, nein, wahrhaftig, ich war nicht... Traurig wiegt er den Kopf hin und her, aber umgeworfen hat ihn die Neuigkeit nicht, das kann man nicht sagen. Behalte ihn nur jetzt. Ich mache dir seine langen Wimpern und seine puppigen Manieren nicht streitig. Ha! Er nannte mich seinen Lebensquell, seine Kristallschale. Nun, die Kristallschale ist geborsten. «Unsere liebe Estelle.» Tanzt! Tanzt doch. Immer im Takt bleiben. Eins, zwei. *Sie tanzt.* Ich gäbe alles in der Welt darum, nur noch einmal einen Augenblick, nur noch einen einzigen Augenblick, auf die Erde kommen und tanzen zu können. Ich höre fast nichts mehr. Die Lampen sind gelöscht, wie zum Tango; warum spielen sie gedämpft? Lauter! Wie fern das klingt! Ich... jetzt höre ich gar nichts mehr. *Hört zu tanzen auf.* Nie mehr. Die Erde ist mir entschwunden. Garcin, schau mich an, nimm mich in die Arme.

INES *macht Garcin ein Zeichen, wegzubleiben; hinter Estelles Rükken, herrisch zu ihm:* Garcin!

GARCIN *einen Schritt zurückweichend und Estelle mit einem Zeichen auf Ines hinlenkend:* Wenden Sie sich an sie.

ESTELLE *sich an ihn klammernd:* Gehen Sie nicht fort! Sind Sie ein Mann? So schauen Sie mich doch an, wenden Sie die Augen nicht ab: ist es denn ein so peinlicher Anblick? Ich habe blonde Haare, und es hat sich immerhin einer um meinetwillen getötet. Ich flehe Sie an, irgend etwas müssen Sie doch anschauen. Wenn ich es nicht bin, so ist es die Statuette oder der Tisch oder die Sofas. Ich bin doch wohl noch ein erfreulicherer Anblick. Höre: ich bin ihren Herzen entfallen, wie ein kleiner Vogel dem Nest entfällt. Heb mich auf, nimm mich, nimm mich auf in dein Herz, du wirst sehen, wie lieb ich bin.

GARCIN *sie heftig wegstoßend:* Ich sage Ihnen, Sie sollen sich an sie wenden.

ESTELLE: An sie? Aber sie kommt doch nicht in Betracht: sie ist eine Frau.

INES: Ich komme nicht in Betracht? Doch, kleines Vöglein, kleine Lerche, seit geraumer Zeit bist du in meinem Herzen geborgen. Hab keine Angst, ich werde dich unverwandt, ohne zu blinzeln, im Auge behalten. Du wirst in meinem Blick leben, wie ein Sonnenstäubchen im Lichtstrahl.

ESTELLE: Sonnenstäubchen, Lichtstrahl? Haha! Lassen Sie mich doch in Frieden. Sie haben es die ganze Zeit auf mich abgesehen und haben gemerkt, daß das nicht verfängt.

INES: Mein Lebensquell, meine Kristallschale.

ESTELLE: Ihre Kristallschale?... Das ist ja lachhaft. Wen wollen Sie zum Besten haben? Na, die ganze Welt weiß doch, daß ich das Kind zum Fenster hinausgeschmissen habe. Das Kristall liegt in Scherben am Boden, und ich mache mir nichts daraus. Ich bin nur noch eine Haut... und meine Haut ist nicht für Sie.

INES: Komm! Sei, was du sagst: Lebensquell, Schmutzwasser, auf dem Grunde meiner Augen wirst du dich so finden, wie du dich wünschest.

ESTELLE: Lassen Sie mich los! Sie haben gar keine Augen! Was soll ich nur tun, daß du mich losläßt! Da! *Sie spuckt ihr ins Gesicht.*

INES *Estelle plötzlich loslassend, zu Garcin:* Garcin! Das werden Sie mir büßen! *Pause.*

GARCIN *nach einem Achselzucken zu Estelle herantretend:* Also? Du willst einen Mann?

ESTELLE: Einen Mann, nein. Dich.

GARCIN: Keine Fisimatenten. Jeder x-beliebige wäre dir recht. Ich war gerade da, also bin ich's. Schön. *Sie bei den Schultern nehmend.* Ich bin nicht sehr anziehend für dich, mußt du wissen: ich bin kein kleiner Bubi, und ich tanze nicht Tango.

ESTELLE: Ich nehme dich, wie du bist. Vielleicht kann ich dich ändern.

GARCIN: Das bezweifle ich. Ich bin... zerstreut. Ich habe andere Dinge im Kopf.

ESTELLE: Was für Dinge?

GARCIN: Sie sind nicht interessant für dich.

ESTELLE: Ich werde mich auf das Sofa setzen und warten, bis du dich mit mir beschäftigst.

INES *in Lachen ausbrechend:* Haha! Du Hündin! Auf dem Bauch vor ihm! Auf dem Bauch! Nicht einmal schön ist er!

ESTELLE: Höre nicht auf sie. Sie hat keine Augen, hat keine Ohren. Sie kommt nicht in Betracht.

GARCIN: Ich werde dir geben, was ich kann. Das ist nicht eben viel. Ich werde dich nicht lieben: dazu kenne ich dich zu gut.

ESTELLE: Begehrst du mich?
GARCIN: Ja.
ESTELLE: Weiter will ich nichts.
GARCIN: Dann also ... *Beugt sich über sie.*
INES: Estelle! Garcin! Ihr verliert ja den Verstand! Ich bin doch da, ich!
GARCIN: Das merke ich, und ... wenn schon ...
INES: Vor mir? Ihr ... ihr könnt doch nicht ...!
ESTELLE: Warum nicht? Vor meiner Zofe habe ich mich auch ausgezogen.
INES *sich an Garcin klammernd:* Lassen Sie sie! Lassen Sie von ihr ab! Berühren Sie sie nicht mit Ihren schmutzigen Männerhänden.
GARCIN *sie wild zurückstoßend:* Genug jetzt! Ich bin kein Gentleman, ich scheue mich nicht, einer Frau eine herunterzuhauen.
INES: Sie hatten mir versprochen, Garcin, Sie hatten mir versprochen! Ich flehe Sie an, Sie hatten mir versprochen ...
GARCIN: Sie haben den Vertrag gebrochen.
INES *reißt sich los und entweicht in den Hintergrund des Zimmers:* Macht, was ihr wollt, ihr seid die Stärkeren. Aber denkt daran: ich bin da und schaue euch zu. Ich lasse meine Augen nicht von Ihnen, Garcin: Vor meinen Augen müssen Sie sie umarmen. Wie ich euch hasse, euch beide! Liebt euch, liebt euch! Wir sind in der Hölle, und die Reihe kommt auch an mich. *Während des folgenden sieht sie ihnen stumm zu.*
GARCIN *zu Estelle zurück, sie bei den Schultern fassend:* Gib mir deinen Mund. *Pause. Er beugt sich über sie, fährt mit einmal hoch.*
ESTELLE *mit einer enttäuschten Gebärde:* Na! ... *Pause.* Ich habe dir gesagt, du sollst sie nicht beachten.
GARCIN: Es handelt sich doch um die andern ... *Pause.* Gomez ist auf der Zeitung. Die Fenster sind geschlossen; es ist also Winter. Ein halbes Jahr. Sechs Monate ist es her, daß sie mich ... Ich habe dir vorausgesagt, daß ich hie und da zerstreut sein würde. Sie frösteln; sie haben ihre Röcke anbehalten ... Komisch, daß ihnen draußen so kalt ist; mir aber hier so warm. Diesmal spricht er von mir.
ESTELLE: Wird das lange dauern? *Pause.* Sag mir wenigstens, was er erzählt.
GARCIN: Nichts. Er erzählt nichts. Er ist ein Schweinehund, weiter nichts. *Er lauscht.* Ein toller Schweinehund. Pah! *Tritt wieder an Estelle heran.* Also wieder zu uns. Nun? Wirst du mich lieben?
ESTELLE *lächelnd:* Wer weiß ...
GARCIN: Wirst du Vertrauen zu mir haben?
ESTELLE: Komische Frage; du wirst doch dauernd mit mir zusammen sein, und mit Ines wirst du mich nicht gerade betrügen.
GARCIN: Natürlich nicht. *Pause. Läßt Estelles Schultern los.* Ich sprach von einem andern Vertrauen. *Er horcht.* Nur weiter! Sag, was du willst: ich habe mich hier nicht zu verteidigen. *Zu Estelle:* Estelle, du m u ß t mir dein Vertrauen schenken.
ESTELLE: Wozu die Umstände! Du hast doch meinen Mund, meine Arme, meinen ganzen Körper, und alles könnte so einfach sein ...

Mein Vertrauen! Ich, ich habe kein Vertrauen zu vergeben, du bringst mich in schreckliche Verlegenheit. Na, du mußt ja was Schlimmes angestellt haben, daß du so um mein Vertrauen wirbst.

GARCIN: Ich bin erschossen worden.

ESTELLE: Ich weiß, du hast dich geweigert, an die Front zu gehen. Na und...?

GARCIN: Ich... ich habe mich nicht gänzlich geweigert. *Zu den Unsichtbaren:* Er spricht gut; was er an mir auszusetzen hat, ist schon richtig; aber, was ich hätte tun sollen, das sagt er nicht. Hätte ich zum General hingehen sollen und sagen: «Herr General, ich gehe nicht an die Front!» Blödsinn. Sie hätten mich eingesperrt. Ich wollte Zeugenschaft ablegen, ja, ein Beispiel geben wollte ich! Sie sollten meine Stimme nicht unterdrücken. *Zu Estelle:* Ich... Ich fuhr mit dem Zug weg. An der Grenze haben sie mich geschnappt.

ESTELLE: Wo wolltest du denn hin?

GARCIN: Nach Mexiko. Ich hatte vor, dort eine pazifistische Zeitung zu gründen. *Schweigen.* Nun, sag doch etwas.

ESTELLE: Was soll ich sagen? Du hast richtig gehandelt, da du nun einmal nicht kämpfen wolltest. *Aufgebrachte Gebärde Garcins.* Tja, mein Lieber, ich vermag nicht zu erraten, was ich dir antworten soll.

INES: Mein Schatz, du mußt ihm sagen, er sei ausgerissen wie ein Löwe. Denn er ist doch ausgerissen, dein Heißgeliebter. Das macht ihm das Leben sauer.

GARCIN: Ausgerissen, abgereist – nennen Sie es, wie Sie wollen.

ESTELLE: Du mußtest ja wohl die Flucht ergreifen. Wenn du geblieben wärest, hätten sie dich beim Kragen genommen.

GARCIN: Ganz bestimmt. *Pause.* Estelle, bin ich ein Feigling?

ESTELLE: Das weiß ich doch nicht, mein Schatz; ich stecke doch nicht in deiner Haut. Darüber hast du die Entscheidung zu fällen.

GARCIN: Ich fälle keine Entscheidung.

ESTELLE: Du mußt dich doch daran erinnern; du dürftest doch Gründe dafür gehabt haben, daß du so und nicht anders gehandelt hast.

GARCIN: Ja.

ESTELLE: Na und?

GARCIN: Sind es die wahren Gründe?

ESTELLE *enttäuscht:* Du machst mir das Leben schwer.

GARCIN: Ich wollte als Beispiel wirken, ich... ich habe das lange überdacht... Sind es die wahren Gründe?

INES: Ja, ja, das ist die Frage. Sind es die wahren Gründe? Du grübeltest, du wolltest dich nicht so rasch festlegen. Doch die Angst, der Haß und all die Schweinereien, die man verdrängt, das sind auch Gründe. Los, suche, untersuche dich.

GARCIN: Schweig du! Meinst du, ich habe auf deine Ratschläge gewartet? Ich bin in meiner Zelle auf und ab gegangen, Tag und Nacht. Vom Fenster zur Tür, von der Tür zum Fenster. Ich habe mich belauert. Ich habe mir nachgespürt. Ein ganzes Leben, so scheint es mir, habe ich darauf verwandt, mich zu untersuchen, aber umsonst... es war nun einmal geschehen... Ich... Ich habe den Zug genommen... das ist sicher. Aber warum? Warum?

Schließlich kam mir der Gedanke: Mein Sterben wird die Entscheidung sein: wenn ich anständig sterbe, dann liefere ich den Beweis dafür, daß ich kein Feigling bin...

INES: Und wie bist du gestorben, Garcin?

GARCIN: Übel. *Ines lacht laut auf.* Oh, es war einfach ein körperlicher Schwächeanfall. Ich schäme mich dessen nicht. Nur ist so alles in der Schwebe geblieben. *Zu Estelle:* Komm her, du. Sieh mich an. Ich brauche jemanden, der mich ansieht, während sie auf der Erde von mir reden. Ich liebe grüne Augen.

INES: Grüne Augen? Sieh mal an. Und du, Estelle, liebst du Feiglinge?

ESTELLE: Wenn du wüßtest, wie gleichgültig mir das ist. Feigling oder nicht, wenn er nur gut küßt.

GARCIN: Sie wiegen die Köpfe hin und her und saugen dabei an ihren Zigarren. Sie langweilen sich; sie denken: Garcin ist ein Feigling. Bloß so obenhin, bloß um an irgend etwas zu denken. Garcin ist ein Feigling! So haben sie entschieden, sie, meine Kollegen. In einem halben Jahr werden sie sagen: feig wie Garcin. Ihr beiden habt Glück; kein Mensch denkt mehr an euch auf Erden. Ich habe ein zäheres Leben.

INES: Und Ihre Frau, Garcin?

GARCIN: Na, was denn: meine Frau ... Sie ist tot.

INES: Tot?

GARCIN: Ich habe es euch wohl zu sagen vergessen. Sie ist just gestorben. Vor zwei Monaten etwa.

INES: Vor Kummer?

GARCIN: Natürlich vor Kummer. Woran soll sie sonst gestorben sein? Na, es steht ja alles gut: der Krieg ist zu Ende, meine Frau ist tot, und ich trete in die Geschichte ein. *Ein tränenloses Schluchzen schüttelt ihn. Er legt die Hand übers Gesicht.*

ESTELLE *sich an ihn schmiegend:* Mein Lieber, mein Liebster! Sieh mich an, Liebster. Berühre mich, berühre mich. *Sie nimmt seine Hand und führt sie an den Busen.* Leg deine Hand hierher. *Garcin will sich losmachen.* Laß deine Hand; laß sie da; rühr dich nicht. Einer nach dem andern wird sterben; was liegt dran, was sie denken. Vergiß sie. Nur noch ich bin da.

GARCIN *seine Hand zurückziehend:* Sie vergessen mich nicht, die dort. Sie werden sterben, doch es werden andere kommen, die das Losungswort übernehmen: zu ihren Händen habe ich mein Leben überlassen.

ESTELLE: Ach, du grübelst zuviel!

GARCIN: Was soll ich anders tun? Früher handelte ich. Ach ... Nur einen Tag, noch einmal möchte ich unter sie treten ... Dann müßten sie alles zurücknehmen ...! Aber ich spiele ja nicht mehr mit; ohne Rücksicht auf mich ziehen sie das Fazit, und sie haben recht, ich bin ja tot. Erledigt wie eine Ratte. *Lacht.* Ich bin Allgemeingut geworden. *Pause.*

ESTELLE *leise:* Garcin!

GARCIN: Du bist da? Nun, höre zu, du wirst mir einen Dienst erweisen. Nein, schrecke nicht zurück. Ich weiß: es erscheint dir komisch, daß man dich um Hilfe angeht, du bist das nicht gewöhnt. Doch wenn du wolltest, wenn du dir Mühe gäbst, so könnten wir uns vielleicht wirklich und für immer lieben. Sieh: es sind ihrer tausend, die es sagen und wieder sagen, ich sei ein Feigling. Aber was sind tausend? Wenn es eine Seele gäbe, eine einzige, die mit allen ihren Kräften aufrechthielte, ich sei nicht geflohen, ich k ö n n e nicht geflohen sein, daß ich Mut habe, sauber bin, dann ... ich glaube sicher, dann wäre ich gerettet! Willst du an mich glauben? Du wärest mir teurer als ich selbst.

ESTELLE *lachend:* Dummkopf! Süßer Dummkopf! Glaubst du denn, ich könnte einen Feigling lieben?

GARCIN: Aber du sagtest doch ...

ESTELLE: Ich machte mich lustig über dich. Ich liebe Männer, Garcin, wahre Männer, mit rauher Haut und starken Händen. Du hast nicht das Kinn eines Feiglings, nicht den Mund eines Feiglings, nicht die Stimme eines Feiglings, und deine Haare sind nicht die eines Feiglings. Und ich liebe dich um deines Mundes, deiner Stimme, deiner Haare willen.

GARCIN: Ist das wahr? Ist das wirklich wahr?

ESTELLE: Soll ich es dir schwören?

GARCIN: Dann trotze ich allen, denen drunten und denen hier. Estelle, wir werden aus der Hölle herauskommen. *Ines lacht schallend auf. Er unterbricht sich und sieht sie an:* Was ist los?

INES *noch immer lachend:* Aber sie glaubt doch kein Wort von dem, was sie sagt. Wie kannst du so naiv sein? «Estelle, bin ich ein Feigling?» Wenn du wüßtest, wie gleichgültig ihr das ist!

ESTELLE: Ines! *Zu Garcin:* Höre nicht auf sie. Wenn du mein Vertrauen willst, so mußt du mir zuerst deines schenken.

INES: Aber ja doch, aber ja! Schenk ihr doch Vertrauen! Sie braucht einen Mann, das kannst du glauben, einen Mannsarm um die Hüfte, Mannsgeruch, Mannsbegehren in Männeraugen. Im übrigen ... Na, sie wird dir sagen, daß du der liebe Gott bist, wenn dir das Spaß machen sollte.

GARCIN: Estelle! Ist das wahr? Antworte: Ist das wahr?

ESTELLE: Was soll ich dir sagen? Von all dem verstehe ich kein Wort. *Mit dem Fuß aufstampfend:* All das geht einem ja auf die Nerven! Selbst wenn du ein Feigling wärst, liebte ich dich, jetzt weißt du's. Genügt dir das nicht? *Pause.*

GARCIN *zu den beiden:* Ihr widert mich an! *Geht zur Tür.*

ESTELLE: Was tust du?

GARCIN: Ich gehe.

INES *rasch:* Du kommst nicht weit, die Tür ist verschlossen.

GARCIN: Sie werden sie wohl öffnen müssen. *Drückt auf den Klingelknopf. Die Klingel tönt nicht.*

ESTELLE: Garcin!

INES *zu Estelle:* Keine Angst, die Klingel ist außer Betrieb.

GARCIN: Ich sage euch, sie werden aufmachen. *Er trommelt wider die Tür.* Ich kann euch nicht mehr aushalten, ich kann nicht mehr. *Estelle läuft zu ihm hin; er stößt sie weg.* Geh weg! Du widerst mich noch mehr an als sie. Ich will nicht im Schlamm deiner Augen einsinken. Du bist glitschig! Du bist weich! Du bist ein Gallert, ein Morast! *Er hämmert an die Tür.* Macht ihr endlich auf?

ESTELLE: Garcin, ich bitte dich, geh nicht fort; ich werde nicht mehr mit dir sprechen; ich lasse dich ganz in Ruhe, aber geh nicht fort. Ines zeigt ihre Krallen, ich kann nicht mit ihr allein bleiben.

GARCIN: Hilf dir selber! Ich habe dich nicht gebeten zu kommen.

ESTELLE: Feigling! Feigling! Ja, es ist wahr: du bist ein Feigling!

INES *sich an Estelle heranmachend:* Nun, meine Lerche, bist du nicht zufrieden? Du hast mir ins Gesicht gespuckt, ihm zu Gefallen, und wir haben uns um seinetwillen verkracht. Und nun geht er fort, der Störenfried, und läßt uns Frauen unter uns.

ESTELLE: Davon hast du nichts; wenn die Tür aufgeht, laufe ich davon.

INES: Wohin?

ESTELLE: Irgendwohin, es ist mir gleich. Nur möglichst weit weg von dir.

GARCIN *der immer noch gegen die Tür hämmert:* Aufmachen! Macht endlich auf! Mir ist alles recht: spanische Stiefel, Zangen, flüssiges Blei, Daumenschrauben, Halseisen, was nur brennt, was reißt, ich will für immer und ewig Schmerzen leiden. Lieber hundert Natternbisse, lieber Peitsche, Vitriol, als diese Hirnqual, diese gespenstische Qual, die streichelt, liebkost und nie weh genug tut. *Er reißt und rüttelt am Türknopf.* Macht ihr nun auf? *Mit einmal tut sich die Tür auf, fällt geradezu.* Ha! *Lange Pause.*

INES: Nun, Garcin? Gehen Sie.

GARCIN *langsam:* Warum ist diese Tür aufgegangen?

INES: Was warten Sie? Gehen Sie, gehen Sie rasch!

GARCIN: Ich gehe nicht fort.

INES: Und du, Estelle? *Diese rührt sich nicht; Ines lacht auf:* Nun also? Wer? Wer von den dreien? Der Weg ist frei, wer hält uns zurück? Haha! Das ist zum Totlachen! Wir sind unzertrennlich.

ESTELLE *sie von rückwärts anspringend:* Unzertrennlich! Garcin! Hilf mir rasch! Wir schleppen sie hinaus und schließen ihr die Tür vor der Nase zu; dann mag sie sehen ...

INES *sich wehrend:* Estelle! Estelle! Ich bitte dich, laß mich da. Nicht in den Gang, stoß mich nicht in den Gang hinaus!

GARCIN: Laß sie los!

ESTELLE: Du bist verrückt, sie haßt dich.

GARCIN: Um ihretwillen bin ich geblieben. *Estelle läßt Ines los und schaut Garcin entsetzt an.*

INES: Um meinetwillen? *Pause.* Gut, so schließt die Tür. Es ist zehnmal so heiß, seit sie offen ist. *Garcin geht zur Tür und schließt sie.* Um meinetwillen?

GARCIN: Ja. Du ... Du weißt, was das heißt: ein Feigling zu sein.

INES: Ja, ich weiß es.

GARCIN: Du weißt, was das bedeutet: das Böse, die Schande, die Furcht. Es hat Tage gegeben, da du dich bis ins Herz hinein sahst ... und das hat dir Arme und Beine gelähmt. Und andere Tage wußtest du nicht mehr, was du davon halten solltest; es gelang dir nicht, die Enthüllung des vergangenen Tags zu entziffern. Ja, du kennst den Preis des Bösen. Und wenn du sagst, ich sei ein Feigling, so sprichst du aus eigener Erfahrung, wie?

INES: Ja.

GARCIN: Dich muß ich überzeugen. Du bist meines Stammes. Hattest du dir eingebildet, ich würde fortgehen? Ich konnte dich doch nicht als Siegerin hier zurücklassen, mit all diesen Gedanken im Kopf, all diesen Gedanken, die mich angehen.

INES: Du willst mich wirklich überzeugen?

GARCIN: Nichts anderes will ich. Ich höre sie nicht mehr, mußt du wissen. Vermutlich darum, weil sie mit mir fertig sind. Fertig, aus: die Angelegenheit ist zu den Akten genommen, auf Erden bin ich nichts mehr, nicht einmal ein Feigling. Ines, sieh, wir sind allein; ihr zwei seid die einzigen, in deren Gedanken ich noch bin. Sie kommt nicht in Betracht. Doch du, du, die du mich hassest – wenn du mir glaubst, so rettest du mich.

INES: Das wird nicht so leicht sein ... Sieh her: ich habe einen harten Schädel.

GARCIN: Ich werde es mir Zeit kosten lassen.

INES: Oh, Zeit hast du genug. Zeit und Ewigkeit.

GARCIN *ihre Schultern fassend:* Hör mich an, ein jeder hat sein Ziel, nicht? ... Ich ... ich pfiff auf das Geld, auf die Liebe. Ich wollte ein Mann sein. Ein Kerl. Ich habe alles auf ein einziges Pferd gesetzt. Ist es möglich, daß man ein Feigling ist, wenn man sich die gefährlichsten Wege erwählt hat? Kann man ein Leben nach einer einzigen Tat beurteilen?

INES: Warum nicht? Dreißig Jahre lang hast du dich in dem Traum gewiegt, du habest Mut; du ließest dir tausend kleine Schwächen hingehen, weil den Helden alles erlaubt ist. Wie bequem das war! Und dann, in der Stunde der Gefahr, als du Farbe bekennen solltest ... nahmst du den Zug nach Mexiko.

GARCIN: Von solchem Heldentum habe ich nicht bloß geträumt. Ich habe es erwählt. Man ist, was man will.

INES: Beweise es. Beweise, daß es kein Traum war. Nur die Taten entscheiden über das, was man gewollt hat.

GARCIN: Ich bin zu früh gestorben. Man hat mir keine Zeit gelassen, meine Taten zu tun.

INES: Man stirbt immer zu früh – oder zu spät. Aber das Leben ist nun einmal da zu Ende; der Strich ist gezogen, es gilt, die Rechnung abzuschließen. Du bist, was dein Leben ist.

GARCIN: Natter! Auf alles hast du eine Antwort.

INES: Los! Los! Laß den Mut nicht sinken. Es muß dir ja leicht fallen, mich zu überreden. Suche deine Argumente zusammen, gib dir Mühe. *Da Garcin die Achseln zuckt.* Nun ... nun? Ich sagte dir, du bist verletzbar. Ach, wie du jetzt büßen wirst. Du bist ein Feigling, Garcin, ein Feigling, weil ich es so will. Ich will es, hörst du, ich will es! Und dennoch, schau, wie schwach ich bin, ein Lufthauch; ich bin nur der Blick, der dich ansieht, nur der farblose Gedanke, der dich denkt. *Mit offenen Händen geht er auf sie zu.* Ha! Die breiten Männerhände tun sich auf. Was erhoffst du dir denn davon? Gedanken fängt man nicht mit den Händen. Los doch, du hast keine Wahl: du mußt mich überzeugen. Du bist in meiner Hand.

ESTELLE: Garcin!

GARCIN: Was?

ESTELLE: Räche dich!

GARCIN: Wie?

ESTELLE: Küsse mich, und du wirst sie singen hören.

GARCIN: Es ist allerdings wahr, Ines, du hältst mich in der Hand, aber auch ich habe dich in der Hand. *Er beugt sich über Estelle.*

INES *aufschreiend:* Ha! Feigling! Feigling! Geh! Geh, laß dich von Weibern trösten.

ESTELLE: Singe, Ines, sing!

INES: Ein schönes Paar! Wenn du seine grobe Pratze sähst, wie sie platt auf deinem Rücken liegt, über Fleisch und Stoff streicht. Er hat feuchte Hände; er schwitzt. Er wird einen blauen Abdruck auf deinem Kleid hinterlassen.

ESTELLE: Singe! Singe! Drücke mich fester an dich, Garcin. Dann wird sie zerspringen.

INES: Ja, drücke sie nur fest, presse sie an dich! Vermischt die Wärme eurer Leiber. Schön ist die Liebe, hä, Garcin! Lau und tief ist das wie der Schlaf, aber ich lasse dich nicht schlafen. *Garcin macht eine Gebärde.*

ESTELLE: Höre nicht auf sie. Nimm meinen Mund; ich bin dein, ganz dein.

INES: Na, worauf wartest du? Tu, was man dich heißt. Der Feigling Garcin hält die Kindesmörderin Estelle in den Armen. Es können Wetten abgeschlossen werden! Wird der Feigling Garcin sie küssen? Ich sehe euch, ich sehe euch; ich allein bin eine Menge, d i e Menge, Garcin, die Menge, hörst du? *Murmelnd:* Feigling! Feigling, Feigling, Feigling! Vergebens fliehst du vor mir, ich lasse dich nicht los! Was suchst du auf ihren Lippen? Vergessen? Ich aber, ich vergesse dich nicht. Mich mußt du überzeugen. Mich! Komm! Komm! Ich warte auf dich. Du siehst, Estelle, er lockert die Umschlingung, er ist folgsam wie ein Hündchen ... Du bekommst ihn nicht!

GARCIN: Wird es denn niemals Nacht?

INES: Niemals.

GARCIN: Immer wirst du mich sehen?

INES: Immer.

GARCIN *von Estelle ablassend, macht er ein paar Schritte durch das Zimmer, zu der Bronzestatuette hin:* Die Statuette ... *Er fährt liebkosend über sie.* Nun, der Augenblick ist da. Ich sehe diese Statuette hier an und begreife, daß ich in der Hölle bin. Ich sage euch: alles ist vorgesehen. Vorgesehen, daß ich vor diesem Kamin stehen würde, daß ich mit meiner Hand diese Statuette umpressen würde, aller Blicke auf mich gerichtet. All diese Blicke, die mich verzehren ... *Sich mit einem Ruck umdrehend.* Ha! Ihr seid nur zu zweit? Ich meinte, ihr seiet viel zahlreicher. *Auflachend.* Also, dies ist die Hölle. Niemals hätte ich geglaubt ... Ihr entsinnt euch: Schwefel, Scheiterhaufen, Bratrost ... Auch, ein Witz! Kein Rost erforderlich, die Hölle, das sind die andern.

ESTELLE: Geliebter!

GARCIN *sie zurückstoßend:* Laß mich. Sie steht zwischen uns. Ich kann dich nicht lieben, wenn sie mich sieht.

ESTELLE: Ha! Nun, sie wird uns nicht mehr sehen. *Sie nimmt das Papiermesser vom Tisch, stürzt sich auf Ines und bringt ihr mehrere Stiche bei.*

INES *sie abwehrend, lacht auf:* Was tust du? Was tust du, bist du wahnsinnig? Du weißt doch, daß ich tot bin.

ESTELLE: Tot? *Läßt das Messer fallen. Pause.*

INES *hebt das Messer auf und sticht sich wütend damit:* Tot! Tot! Tot! Nicht Messer, nicht Strick, nicht Gift. Es ist bereits geschehen, begreifst du? Und wir bleiben für immer zusammen. *Lacht auf.*

ESTELLE *ebenfalls in Lachen ausbrechend:* Für immer, mein Gott, ist das komisch! Für immer!

GARCIN *die beiden ansehend, lacht ebenfalls heraus:* Für immer! *Sie setzen sich, fallend, auf ihre Sofas. Langes Schweigen. Sie haben zu lachen aufgehört und blicken sich an. Aufstehend sagt er:* Also – weitermachen!

Vorhang

Tote ohne Begräbnis

PERSONEN

Jean
Canoris
Sorbier
Francois
Lucie
Henry
Clochet
Pellerin
Landrieu
Milizsoldaten

Die Uraufführung von «Tote ohne Begräbnis» fand am 8. November 1946 im Théâtre Antoine in Paris statt.

ERSTER AKT

Ein Speicher, beleuchtet durch eine Dachluke – verschiedene Gegenstände: Koffer, ein alter Ofen, eine Kleiderpuppe. Canoris, Lucie und Sorbier sitzen auf dem Koffer, auf einem alten Schemel, auf dem Ofen. – Sie tragen Handfesseln. François geht nervös hin und her; auch er ist gefesselt. – Henry schläft auf dem Fußboden.

I. SZENE

Canoris – Sorbier – François – Lucie – Henry

FRANCOIS: So sagt doch endlich etwas.

SORBIER *hebt den Kopf:* Was sollen wir denn sagen?

FRANCOIS: Irgend etwas, wenn es nur Lärm macht. *Eine Gassenhauermusik ertönt von unten.*

SORBIER: Da hast du Lärm!

FRANCOIS: Den mag ich nicht, das ist ihr Lärm. *Er macht einige Schritte, bleibt aber plötzlich stehen.*

SORBIER: Was denn?

FRANCOIS: Sie hören mich, sie sagen: – das ist der erste unter ihnen, der die Nerven verliert.

CANORIS: Also, verlier sie nicht. Setz dich. Lege die Hände auf die Knie, damit die Handgelenke dir weniger weh tun. Und dann schweig. Versuche zu schlafen, oder denk nach.

FRANCOIS: Wozu? *Canoris zuckt mit den Achseln. François geht wieder auf und ab.*

SORBIER: François!

FRANCOIS: Eh!

SORBIER: Deine Schuhe knarren.

FRANCOIS: Absichtlich! *Pause – er bleibt vor Sorbier stehen.* An was könnt ihr schon denken?

SORBIER *hebt den Kopf:* Soll ich dir's wirklich sagen?

FRANCOIS *sieht ihn an und weicht ein wenig zurück:* Nein, lieber nicht.

SORBIER: Ich denke an das schreiende kleine Mädchen.

LUCIE *erwacht plötzlich aus ihren Träumen:* Was für ein kleines Mädchen?

SORBIER: Die Kleine aus dem Bauernhof. Ich hörte sie schreien, während sie uns abführten. Die Treppen brannten schon.

LUCIE: Mußt du uns daran erinnern?

SORBIER: Viele sind umgekommen. Kinder und Frauen. Aber ich habe ihr Sterben nicht gehört ... Die Schreie der Kleinen höre ich noch immer ...

LUCIE: Sie war erst dreizehn Jahre; wir sind schuld, daß sie tot ist.

SORBIER: Alle sind durch unsere Schuld gestorben.

CANORIS *zu François:* Siehst du. Man redet besser gar nicht davon.

FRANCOIS: Ach was, auch mit uns wird es nicht mehr lange dauern. Vielleicht wirst du diese Toten bald beneiden.

SORBIER: Sie waren nicht bereit, zu sterben.

FRANCOIS: Bin ich bereit? Es ist nicht unsere Schuld, daß die Sache schiefgegangen ist.

SORBIER: Doch, es ist unsere Schuld.

FRANCOIS: Wir haben nur den Befehl ausgeführt.

SORBIER: Ja.

FRANCOIS: Sie haben uns gesagt: Steigt hinauf und nehmt das Dorf. Wir haben ihnen geantwortet: Das ist idiotisch. Die Deutschen werden in längstens vierundzwanzig Stunden Wind davon bekommen. Sie haben uns geantwortet: Steigt trotzdem hinauf und nehmt das Dorf. Da haben wir gesagt: Gut. Und sind hinaufgestiegen. Wo ist die Schuld?

SORBIER: Es hätte gelingen müssen.

FRANCOIS: Es konnte nicht gelingen.

SORBIER: Ich weiß es... und doch hätte es gelingen müssen. *Pause.* Dreihundert – dreihundert, die nicht sterben wollten und die verreckt sind für nichts und wieder nichts. Sie liegen zwischen den Steinen, und die Sonne färbt ihre Haut schwarz. Man hat sie von allen Fenstern aus gesehen – und wir sind schuld. Wir sind schuld, daß es in Vercors Miliz, Tote und Ruinen gibt. Es wird nicht leicht zu krepieren sein mit diesem Todesgeschrei in den Ohren.

FRANCOIS *schreiend:* Laß uns in Ruhe mit deinen Toten. Ich bin der Jüngste – ich habe nur die Befehle der andern ausgeführt. Ich bin unschuldig, unschuldig, unschuldig!

LUCIE *sanft – sie hat während der ganzen vorhergehenden Szene die Ruhe bewahrt:* François!

FRANCOIS *gedrückt, mit weicher Stimme:* Was?

LUCIE: Setz dich zu mir, mein kleiner Bruder. *Er zögert – sie wiederholt noch sanfter:* Komm! *Er setzt sich – sie legt ihm unbeholfen ihre gefesselten Hände auf das Gesicht.* Deine Wangen glühen, wo hast du dein Taschentuch?

FRANCOIS: In meiner Tasche – ich kann's aber nicht herausnehmen...

LUCIE: In dieser hier?

FRANCOIS: Ja. *Lucie greift in eine Tasche, aus der sie mit großer Mühe ein Taschentuch nimmt, mit dem sie ihm das Gesicht abwischt.*

LUCIE: Du bist ja in Schweiß gebadet – und du zitterst; du darfst nicht soviel umherlaufen.

FRANCOIS: Wenn ich nur meinen Rock ablegen könnte.

LUCIE: Denk nicht an unmögliche Dinge. *Er spannt seine Handschellen.* Gib dir keine Mühe, sie halten... Beruhige dich, atme langsam, bilde dir ein, du lebst nicht mehr. Ich bin tot und ruhig, ich spare meine Kräfte.

FRANCOIS: Wozu? Um nachher lauter schreien zu können? Unnützes Kapital. Es bleibt uns so wenig Zeit – ich möchte überall zu gleicher Zeit sein. *Er will sich erheben.*

LUCIE: Bleib sitzen!

FRANCOIS: Ich muß hin und her gehen; wenn ich ruhig bleibe, drehen sich meine Gedanken im Kreise. Ich will aber nicht denken...

LUCIE: Armes Kind!

FRANCOIS: Lucie, alles ist so schwer – ich kann eure Gesichter nicht ansehen, ich fürchte mich...

LUCIE: Leg deinen Kopf an meine Knie – ja, alles ist so schwer und du bist so klein... Wenn dir doch jemand zulächeln und dir sagen würde: Mein armer, kleiner Junge. – Früher hab' ich mich bemüht, dir deinen Kummer abzunehmen ... Mein armer, kleiner ... – Ich kann nicht mehr. – Das Leid hat mich ausgedörrt – ich kann nicht mehr weinen.

FRANCOIS: Laß mich nicht allein, mir kommen Gedanken, deren ich mich schäme.

LUCIE: Höre ... einer kann dir helfen ... ich bin nicht ganz allein ... *Pause.* Jean gehört zu mir ... wenn es möglich wäre ...

FRANCOIS: Jean?

LUCIE: Sie haben ihn nicht erwischt; er geht nach Grenoble. Er ist der einzige von uns, der morgen leben wird.

FRANCOIS: Und was weiter ... ?

LUCIE: Er wird sich mit den andern treffen, sie werden die Arbeit anderswo von neuem beginnen. Und dann wird der Krieg zu Ende gehen, sie werden in Paris leben, ruhig, mit echten Photographien auf ihren Ausweispapieren, und die Leute werden sie mit ihren wirklichen Namen grüßen.

FRANCOIS: Er hat eben Glück gehabt. Was hab' ich davon?

LUCIE: Er durchquert den Wald. Unten sind die Straßen mit Pappeln eingesäumt. Er denkt an mich. Nur er – auf der ganzen Welt – denkt an mich mit dieser Zärtlichkeit. Und an dich denkt er auch – er weiß, daß du ein armer Junge bist. Versuche, dich mit seinen Augen zu sehen. Er kann weinen ... *Sie weint.*

FRANCOIS: Du auch.

LUCIE: Ich weine mit seinen Tränen.

Pause. – François steht brüsk auf.

FRANCOIS: Genug gespielt. Ich fange an, ihn zu hassen.

LUCIE: Du hast ihn doch lieb gehabt ...

FRANCOIS: Nicht so wie du ihn liebst.

LUCIE: Nein, nicht so wie ich ihn liebte ...

Man hört Schritte im Gang; die Tür wird geöffnet; Lucie steht auf. Die Milizsoldaten betrachten die Gefangenen, dann schließen sie die Tür.

SORBIER *zuckt mit den Achseln:* Sie unterhalten sich, wozu bist du aufgestanden?

LUCIE *setzt sich wieder:* Ich dachte, daß sie uns holen kommen.

CANORIS: Nicht so rasch.

LUCIE: Warum nicht?

CANORIS: Weil sie sich irren! – Sie glauben, daß uns das Warten mürbe macht.

SORBIER: Ist es ein Irrtum? Es ist nicht sehr lustig, zu warten, mit unseren Gedanken ...

CANORIS: Sicher ... Anderseits hat man Zeit, sich zu sammeln. Wie ich, als ich zum erstenmal gefaßt wurde. Es war in Griechenland, unter Metaxas. Um vier Uhr früh haben sie mich aus dem Bett geholt. Wenn sie mich sofort verhört hätten, vielleicht hätte ich gesprochen, ich war vollständig überrumpelt. Aber niemand wollte etwas von mir wissen. Zehn Tage nachher sind sie mit grobem Geschütz aufgefahren, aber da war es zu spät: sie hatten den Augenblick der Überraschung verpaßt ...

SORBIER: Sie haben dich geschlagen?
CANORIS: Und wie!
SORBIER: Mit den Fäusten?
CANORIS: Mit den Fäusten, mit den Füßen...
SORBIER: Und du wolltest... sprechen?
CANORIS: Nein; solange sie nur schlagen, geht es.
SORBIER: Ah... dann geht es... *Pause.* Aber wenn sie dich aufs Schienbein schlagen? oder auf die Ellbogen...?
CANORIS: Dann geht's auch. *Sanft.* Sorbier...
SORBIER: Was?
CANORIS: Man darf sich nicht vor ihnen fürchten. Sie haben keine Phantasie.
SORBIER: Vor mir selbst hab' ich Angst.
CANORIS: Aber weshalb? Wir haben nichts zu sagen. Alles, was wir wissen, ist ihnen bekannt. Überhaupt – es ist nicht so, wie man es sich vorstellt.
FRANCOIS: Wie ist es?
CANORIS: Ich könnt's dir nicht sagen. Schau – zum Beispiel, die Zeit verging mir sehr rasch. – *Er lacht.* Die Zähne hatte ich so fest aufeinandergebissen, daß ich drei Stunden lang den Mund nicht öffnen konnte. Ein Kerl hatte altmodische Stiefel an mit Spitzen – die stieß er mir ins Gesicht, unter dem Fenster sangen Mädchen ein Lied, ich hab' die Melodie noch im Kopf. *Er singt ein griechisches Lied.* – Ja, das war in Nauplia...
SORBIER: In Nauplia, wann?
CANORIS: 1936.
SORBIER: Da war ich dort. Ich war auf einer Vergnügungsfahrt in Griechenland, mit dem «Théophile Gauthier» – ich erinnere mich an das Gefängnis. An den Mauern klettern Feigenbäume hinauf. Also du warst drinnen und ich draußen. *Lacht.* Das ist komisch.
CANORIS: Hm, das ist komisch...
SORBIER *brüsk:* Und wenn sie dich langsam quälen...
CANORIS: Wie?
SORBIER: Tropfenweise mit ihren Werkzeugen. *Canoris zuckt mit den Achseln.* Ich glaube, daß meine Beharrlichkeit mir helfen wird. Nach jeder Minute werde ich mir sagen, ich halte es noch eine Minute aus. Ist das eine gute Methode?
CANORIS: Es gibt keine Methode.
SORBIER: Wie wirst du's machen?
LUCIE: Hört doch endlich auf! – Seht euch den Jungen an; wollt ihr ihm so Mut machen? Wartet doch ab, sie werden euch schon selbst über alles aufklären.
SORBIER: Laß uns in Ruhe! Soll er sich doch die Ohren verstopfen, wenn er uns nicht hören will.
LUCIE: Und ich? Soll ich mir auch die Ohren verstopfen? Ich fürchte, wenn ich euch noch länger zuhöre, werde ich euch verachten. Habt ihr alle diese Worte nötig, um euch Mut zu machen? Ich habe Tiere sterben sehen, und ich möchte wie sie sterben: in Stille.
SORBIER: Wer redet vom Sterben? Wir reden über das, was sie uns vorher antun werden. Es ist gut, wenn man sich vorbereitet.

LUCIE: Ich will mich nicht vorbereiten. Warum soll ich diese Stunden doppelt erleben? Schaut euch Henry an; er schläft. Schlaft doch auch.

SORBIER: Und mich von ihnen aus dem Schlaf rütteln lassen? Nein. Ich habe keine Zeit zu verlieren.

LUCIE: Dann denk an das, was du liest. Ich denke an Jean; an mein Leben; an den Kleinen, wie er krank war und ich ihn gepflegt habe, in einem Hotel in Arcachon. Von meinem Fenster aus sah ich Pinien und große grüne Wellen.

SORBIER *ironisch:* Grüne Wellen, stell dir vor! – Ich sage dir, ich habe keine Zeit zu verlieren.

LUCIE: Sorbier! Ich kenne dich nicht wieder.

SORBIER: Gut – gut – es sind die Nerven – ich habe Nerven wie eine Jungfrau. *Er geht zu ihr.* Jeder verteidigt sich, wie er kann. Ich bin nichts wert, wenn man mich überrumpelt. Wenn ich die Schmerzen vorausfühlen könnte – nur ein kleines bißchen, um mich ihrer später zu erinnern, ich wäre meiner viel sicherer. Ich kann nichts dafür; ich war immer ein Pedant. *Pause.* Du weißt, ich habe dich sehr gern; aber ich fühle mich so einsam. *Pause.* Wenn du willst, daß ich schweige ...

FRANCOIS: Laß sie doch reden. Hauptsache, man hört ihre Stimme.

LUCIE: Macht, was ihr wollt. *Schweigen.*

SORBIER *mit gedämpfter Stimme:* Canoris! *Canoris hebt den Kopf.* Sind dir Leute begegnet, die verraten haben?

CANORIS: Ja – einige.

SORBIER: Und?

CANORIS: Was kümmert das dich – da wir doch nichts zu sagen haben.

SORBIER: Ich will es wissen. Wie haben sie es ausgehalten?

CANORIS: Verschieden. Einer schoß sich eine Kugel in den Kopf – er wurde blind. Ich sah ihn einige Male in den Straßen des Piräus, von einer Armenierin begleitet. Er dachte, er habe seine Schuld bezahlt. Jeder hat für sich zu unterscheiden, ob er bezahlt hat oder nicht. Einen andern knallten wir ab, als er sich auf einem Markt Süßigkeiten kaufte. Seit er das Gefängnis verlassen hatte, fing er an zu naschen, er liebte nur noch Süßes.

SORBIER: Der Glückspilz!

CANORIS: Hm ...

SORBIER: Falls ich schwach werden würde, sollte es mich wundern, ob ich mich mit Zuckersachen tröste.

CANORIS: Man sagt das. Man kann nichts wissen, bevor man es nicht erlebt hat.

SORBIER: Immerhin, ich glaube nicht, daß ich mich nachher sehr lieben würde. Viel eher würde ich es mit dem Gewehr versuchen.

FRANCOIS: Mir sind Süßigkeiten lieber ...

SORBIER: François!

FRANCOIS: Was? François? Habt ihr mich gewarnt, als ich zu euch kam? Ihr habt mir gesagt: «Die Resistance braucht Männer» – ihr habt mir nicht gesagt, daß sie Helden braucht. Ich bin kein Held. Ich bin kein Held. Ich habe getan, was man mir sagte, aber ich bin kein Held. Ich habe Flugzettel verteilt und Waffen transportiert. Ihr habt meine gute Laune gelobt. Aber keiner hat mich darüber aufgeklärt, was mich am Ende erwartet. Ich schwöre euch, daß ich keine Ahnung hatte, wozu ich mich verpflichtete.

SORBIER: Du hast es gewußt. Es war dir bekannt, daß René gefoltert wurde.

FRANCOIS: Ich habe nie daran gedacht. *Pause.* Die Kleine, die gestorben ist, die habt ihr bedauert, ihr sagtet: Wir sind an ihrem Tode schuld. Aber wenn ich reden würde, weil sie mich mit ihren Zigarren verbrennen, dann würdet ihr sagen: ich sei ein Feigling, würdet mir ein Gewehr reichen, damit ich ... oder mir von hinten eine Kugel in den Rücken jagen. Und doch bin ich nur zwei Jahre älter als das kleine Mädchen ...

SORBIER: Ich habe von mir gesprochen.

CANORIS *nähert sich François:* Du bist zu nichts mehr verpflichtet. Wir wissen nichts, wir haben nichts zu verschweigen. Jeder mag sehen, wie er sich selbst aus der Affäre zieht, ohne zuviel leiden zu müssen.

François beruhigt sich nach und nach, aber er bleibt wie versteinert. Lucie preßt ihn an sich.

SORBIER: Die Mittel haben keine Bedeutung. – Natürlich ... Schreie nur, heule, flehe um Gnade, krame in deinem Gedächtnis herum, um etwas zu finden, das du ihnen gestehen kannst, um ihnen jemand ans Messer zu liefern, was kann das ausmachen; es gibt ja keinen Einsatz, du wirst nichts finden, was du sagen kannst, alle unsere kleinen Gemeinheiten bleiben unter uns. Vielleicht ist es besser so. *Pause.* Ich bin nicht davon überzeugt.

CANORIS: Was willst du? Einen Namen oder ein Datum wissen, um ihnen etwas verschweigen zu können?

SORBIER: Ich weiß es nicht. Ich weiß nicht einmal, ob ich imstande wäre, zu schweigen.

CANORIS: Also?

SORBIER: Ich möchte mich selbst kennenlernen. Ich wußte, daß sie mich einmal fangen und an die Wand stellen würden, ohne Gnade. Und ich sagte mir: Wirst du die Probe bestehen? Mein Körper macht mir angst, verstehst du? Ich habe einen armseligen, beschissenen Körper, mit Nerven wie eine Frau. Und nun – ist der Augenblick gekommen. Sie werden mich mit ihren Marterwerkzeugen bearbeiten. Aber ich bin nur ein Bestohlener. Ich werde für nichts leiden, ich werde sterben, ohne zu wissen, wieviel ich wert bin.

Die Musik hört auf – sie erschrecken und horchen.

HENRY *plötzlich erwachend:* Was ist? *Pause.* Die Polka ist zu Ende, jetzt beginnt unser Tanz, wie mir scheint. *Die Musik beginnt wieder.* Falscher Alarm. Merkwürdig, daß sie Musik so lieben. *Er erhebt sich.* Ich habe geträumt, daß ich tanze. «Sheherazade», ihr kennt doch das mondäne Nachtlokal in Paris, ich war noch nie dort. *Er erhebt sich langsam.* Ah ... da seid ihr ja alle – Lucie, möchtest du tanzen?

LUCIE: Nein.

HENRY: Drücken euch die Fesseln auch so? Mein Fleisch ist ganz an-

geschwollen, während ich schlief. Wie spät ist es?
CANORIS: Drei Uhr.
LUCIE: Fünf Uhr.
FRANCOIS: Sechs Uhr.
Alle lachen.
CANORIS: Wir wissen nicht, wieviel es geschlagen hat.
HENRY: Was ist mit deiner Uhr geschehen?
CANORIS: Sie haben sie mir an meinem Handgelenk kaputtgeschlagen. *Er macht die Geste des Schlagens.* Eines ist sicher, du hast lange geschlafen.
HENRY: Zeit, die man mir gestohlen hat. *Zu Canoris:* Hilf mir. *Canoris bückt sich, damit er auf seinen Rücken steigen kann. Henry zieht sich zum Guckloch hinauf.* Nach der Sonne ist es fünf Uhr, Lucie hat recht. *Er steigt herunter.* Das Bürgermeisteramt brennt noch. Also du willst nicht tanzen? *Pause.* Ich hasse diese Musik.
CANORIS *gleichgültig:* Pah!
HENRY: Im Bauernhof muß man sie auch hören.
CANORIS: Im Bauernhof ist niemand mehr, der sie hören kann.
HENRY: Hm. Sie dringt dort durch die Fenster und umkreist die Toten; die Musik und die Sonne; ein schönes Bild. Und die Leichen sind schwarz – ah – wir haben versagt. *Pause.* Was hat der Kleine?
LUCIE: Er ist ganz fertig. Seit acht Tagen hat er nicht geschlafen. Wie hast du schlafen können?
HENRY: Es kam über mich. Ich fühlte mich so allein und das schläferte mich ein. *Er lacht.* Die ganze Welt hat uns vergessen. *Er nähert sich François.* Armer Kerl. *Er streichelt ihm das Haar – hält aber plötzlich inne.* Wo liegt unser Fehler?
CANORIS: Ich weiß nicht. Ist auch nicht so wichtig.
HENRY: Es gibt einen Fehler. Ich fühle mich schuldig.
SORBIER: Du auch? Gott sei Dank, ich glaubte mich allein.
CANORIS: O bitte. Ich fühle mich auch schuldig. Aber was ändert das schon?
HENRY: Ich möchte nicht mit diesem Schuldbewußtsein sterben.
CANORIS: Zerbrich dir doch nicht den Kopf. Ich bin überzeugt, daß uns die Freunde nichts vorwerfen werden.
HENRY: Ich scheiß auf die Freunde. Mir allein bin ich jetzt Rechenschaft schuldig. *Pause. Zu sich:* Die Ereignisse hätten nicht so ablaufen dürfen. Wenn ich diesen Fehler herausfinden könnte...
CANORIS: Das würde dir viel nützen.
HENRY: ... könnte ich ihm ins Angesicht sehen und mir sagen: «Dafür sterbe ich!» – Herrgott, ein Mensch kann doch nicht wie eine Ratte krepieren. Für nichts und ohne «Muh» zu machen.
CANORIS *zuckt die Schultern:* Pah.
SORBIER: Was zuckst du mit den Schultern? Er hat ein Recht, sich in seinen Tod zu retten. Es ist alles, was ihm bleibt.
CANORIS: Sicher. Er soll es, wenn er kann.
HENRY: Danke für die Erlaubnis. *Pause.* Du tätest gut daran, es auch zu tun. Wir haben nicht mehr viel Zeit.
CANORIS: Warum? Wem würde das nützen? Das ist eine rein persönliche Angelegenheit.

HENRY: Eine rein persönliche. Ja. Und?

CANORIS: Ich habe mich über persönliche Angelegenheiten nie aufregen können. Weder über fremde noch über meine eigenen.

HENRY *ohne ihn anzuhören:* Wenn ich mir nur sagen dürfte: ich habe getan, was ich konnte. Aber das ist ohne Zweifel zuviel verlangt. 30 Jahre lang habe ich mich schuldig gefühlt. Schuldig, weil ich lebte. Jetzt – brennen Häuser, unschuldige Menschen sind umgekommen, und ich werde schuldig sterben. Mein Leben war nur ein Irrtum.

CANORIS *steht auf und geht zu ihm:* Du bist nicht bescheiden Henry.

HENRY: Was?

CANORIS: Du quälst dich, weil du nicht bescheiden bist. Ich glaube, daß wir schon lange tot sind, von dem Moment an, wo wir unnütz wurden. Jetzt bleibt uns nur noch ein Stück Scheinleben, um ein paar Stunden totzuschlagen. Du hast nichts mehr zu tun ... als die Zeit totzuschlagen und mit deinen Freunden zu plaudern. Laß dich gehen, Henry, ruh dich aus. Du darfst dich ausruhen, weil wir hier nichts mehr tun können. Ruh dich aus, wir zählen nicht mehr Wir sind Tote ohne Bedeutung. *Pause.* Zum erstenmal in meinem Leben erkenne ich mir das Recht zu, mich auszuruhen.

HENRY: Zum erstenmal seit drei Jahren sehe ich mich. Man hat mir Befehle gegeben. Ich habe gehorcht. Ich fühle mich gerechtfertigt. Jetzt kann mir niemand mehr Befehle geben, und nichts kann mich mehr rechtfertigen. Ein kleines Stückchen Leben zuviel: Ja. Gerade soviel, um mich mit mir selbst zu beschäftigen. *Pause.* Canoris, warum sterben wir?

CANORIS: Weil man uns mit einer gefährlichen Aufgabe betraut hat und wir kein Glück hatten.

HENRY: Ja, so werden die Kameraden denken, so wird die offizielle Version lauten. Aber du, wie denkst du darüber?

CANORIS: Ich denke nichts. Ich lebte für die «gute Sache», und ich habe immer vorausgesehen, daß ich auf diese Art sterben werde.

HENRY: Du lebtest für die «gute Sache», ja. Aber komm mir nicht damit, daß du für sie stirbst. Vielleicht, wenn wir Erfolg gehabt hätten und im Kampf gefallen wären, vielleicht, dann ... *Pause.* Wir sterben, weil man uns idiotische Befehle gegeben hat, weil wir sie schlecht ausgeführt haben, und unser Tod nützt niemand. Es war absurd, in Vercors ein Landungsterrain vorzubereiten. Der ganze Plan war unausführbar. Die «gute Sache» gibt niemals Befehle, s i e spricht nicht, w i r beschließen, was ihr nützen soll. Sprechen wir nicht von der «guten Sache» – hier nicht. Solange man für sie arbeiten kann, geht es, nachher soll man schweigen, und vor allem soll man sie auch nicht als Trost verwenden. Sie hat uns zurückgestoßen, weil wir zu nichts taugen; sie wird andere finden, die ihr besser dienen werden – in Tours, in Lille, in Carcassonne ... Frauen gebären Kinder, die uns ersetzen werden. Wir haben versucht, unser Dasein zu rechtfertigen, und es ist uns nicht gelungen. Jetzt sterben wir – aber unser Sterben wird ebenso nicht gerechtfertigt sein ...

CANORIS: Was macht das? Nichts, was sich in diesen vier Mauern ereignet, ist wichtig. Hoffe und verzweifle – der Effekt bleibt derselbe... *Pause.*

HENRY: Wenn wir wenigstens noch etwas tun könnten – irgend etwas... *Zu Canoris:* Hast du eine Frau?

CANORIS: Ja, in Griechenland.

HENRY: Denkst du an sie?

CANORIS: Ich versuche es... Es ist so weit...

HENRY *zu Sorbier:* Und du?

SORBIER: Ich liebe meine Eltern. Sie glauben, daß ich in England bin. Wahrscheinlich setzen sie sich jetzt zu Tisch. Wenn ich mir wenigstens einbilden könnte, daß sie plötzlich ein schweres Herz bekämen, eine Vorahnung oder etwas Ähnliches. – Aber ich bin überzeugt, daß sie vollkommen ruhig sind. Sie werden Jahre auf mich warten; immer ruhiger und ruhiger, und ich werde in ihren Herzen sterben, ohne daß sie es merken. Mein Vater spricht sicher vom Garten, das tut er immer beim Abendessen. Und nachher wird er seinen Kohl begießen. *Er seufzt.* Arme Eltern. Es hilft nichts. Wozu an sie denken?

HENRY: Nein, das hilft nichts. *Pause.* Und doch, es wäre mir lieber, meine Eltern lebten noch, ich habe niemanden...

SORBIER: Keinen Menschen?

HENRY: Keinen.

LUCIE *lebhaft:* Du bist ungerecht. Du hast Jean. Jean gehört uns allen. Er ist unser Chef, und er denkt an uns.

HENRY: Er denkt an dich, weil er dich liebt...

LUCIE: Er denkt an uns alle...

HENRY *sanft:* Lucie... Haben wir je viel über unsere Toten gesprochen? Wir hatten nicht einmal Zeit, sie zu begraben, selbst in unseren Herzen. *Pause.* Nein, ich fehle nirgends, ich hinterlasse keine Leere. Die Metro ist zum Bersten voll, die Gasthäuser überfüllt, die Köpfe zerplatzen von Alltagssorgen. Ich bin aus der Welt gerutscht, und sie blieb voll, wie ein Ei; ich muß annehmen, daß ich nicht unentbehrlich war. *Pause.* Und ich wäre so gern unentbehrlich gewesen. Einer Sache oder einem Menschen. *Zu Lucie:* Nebenbei, Lucie, ich habe dich geliebt. Ich gesteh es dir jetzt, weil es ja keinen Sinn mehr hat.

LUCIE: Nein, es hat keinen Sinn mehr.

HENRY: Na also! *Lachend.* Resümee: es hat wirklich keinen Sinn, mich in die Welt zu setzen.

Die Tür öffnet sich – Milizsoldaten treten ein.

SORBIER: Guten Abend. Während du geschlafen hast, haben sie diese Komödie dreimal aufgeführt...

MILIZ: Bist du der Sorbier?

SORBIER: Der bin ich.

MILIZ: Komm! *Schweigen.*

SORBIER: Eigentlich ist es mir lieber, daß sie mit mir anfangen. *Pause. Er geht zur Tür.* Ich bin auf mich neugierig. *Im Abgehen:* Um die Zeit begießt Vater wahrscheinlich seinen Kohl. – *Er geht, gefolgt von der Miliz, ab – die Tür wird abgesperrt.*

2. SZENE

Vorige, ohne Sorbier

Langes Schweigen.

HENRY *zu Canoris:* Gib mir eine Zigarette.

CANORIS: Sie haben sie mir weggenommen.

HENRY: Pech gehabt! *Die Musik spielt eine Java.* Lucie, komm, tanzen, wenn sie es durchaus wollen.

LUCIE: Ich hab' dir schon einmal nein gesagt.

HENRY: Wie du meinst – es sind andere Tänzerinnen hier. *Er legt seine gefesselten Hände an die Kleiderpuppe und beginnt zu tanzen. Die Musik hört auf – er auch – stellt die Puppe an ihren Platz und hebt langsam seine Arme, um sie freizubekommen.* Sie haben begonnen. *Alle lauschen.*

CANORIS: Hörst du etwas?

HENRY: Nichts.

FRANCOIS: Was meinst du, was sie ihm tun?

CANORIS: Ich weiß es nicht. *Pause.* Ich möchte, daß er aushält – sonst wird er sich selber mehr quälen als sie ihn.

HENRY: Er wird bestimmt aushalten ...

CANORIS: Ich meine: innerlich – es ist viel schwerer, wenn man nichts zu sagen hat. *Pause – sanft:* Mut, Freund, Mut.

HENRY: Er schreit nicht ... das ist schon etwas.

FRANCOIS: Vielleicht verhören sie ihn nur so ...

CANORIS: Denkst du –

Sorbier brüllt – alle zucken zusammen.

LUCIE *spricht schnell und zu gewollt:* Jetzt muß Jean in Grenoble sein. Es würde mich wundern, wenn er länger als fünfzehn Stunden gebraucht hätte. Es muß ein merkwürdiges Gefühl für ihn sein, die Stadt ist ruhig, auf den Terrassen des Cafés sitzen Leute und Vercors ist für ihn nur mehr ein Traum. *Die Stimme Sorbiers wird lauter – auch Lucie spricht stärker.* Er denkt an uns, er hört das Radio durch die offenen Fenster, die Sonne glüht auf den Bergen, es ist ein schöner Sommernachmittag – *Noch lautere Schreie.* Ha! *Sie läßt sich auf den Koffer fallen und wiederholt schluchzend:* ein schöner Sommernachmittag.

HENRY *zu Canoris:* Ich werde nicht schreien.

CANORIS: Das wäre falsch; es erleichtert.

HENRY: Ich könnte den Gedanken nicht ertragen, daß ihr mich hört und daß sie weint ...

FRANCOIS *beginnt zu zittern – er steht vor einer Nervenkrise:* Ich glaube nicht ... ich glaube nicht ... *Schritte im Vorraum.*

CANORIS: Sei still, Kleiner, sie kommen.

HENRY: Wer ist an der Reihe?

CANORIS: Du oder ich – das Mädchen und den Jungen sparen sie für den Schluß.

Schlüssel an der Tür.

CANORIS: Hoffentlich ich; ich höre nicht gern die andern schreien.

Die Tür wird geöffnet – Jean wird in den Raum gestoßen – er ist nicht gefesselt.

3. SZENE
Vorige, dann Jean

Jean macht beim Eintritt die Bewegungen mit den Augen, wenn man vom Sonnenlicht geblendet in einen dunklen Raum kommt. Alle wenden sich ihm zu. Der Milizmann verläßt den Raum und schließt die Tür ab.

LUCIE: Jean!

JEAN: Still! – Nenn mich nicht beim Namen. Komm hier an die Mauer. Sie beobachten uns vielleicht durch eine Türspalte. *Er betrachtet sie.* Da bist du. Da bist du. Ich dachte nicht, dich noch einmal zu sehen. Wer ist noch hier?

CANORIS: Canoris.

HENRY: Henry.

JEAN: Ich sehe euch nicht gut. Pierre und Jacques sind ...?

HENRY: Ja.

JEAN: Der Kleine ist auch da? Armer Junge. *Leise und schnell:* Ich hoffte euch nicht mehr am Leben ...

HENRY *lachend:* Wir haben unser möglichstes dazu getan.

JEAN: Das kann ich mir vorstellen ... *Zu Lucie:* Was hast du?

LUCIE: Oh, Jean, alles ist aus. Ich sagte vorhin: er ist in Grenoble, er geht durch die Gassen, betrachtet die Berge – und ... und jetzt, alles ist aus.

JEAN: Weine nicht. Ich habe große Chancen, mich aus der Affäre zu ziehen.

HENRY: Wie haben sie dich erwischt?

JEAN: Sie haben mich noch nicht. Ganz unten, auf der Straße nach Verdone, traf ich eine Patrouille. Ich sagte ihnen, daß ich aus Cimiers bin; ein kleiner Ort im Tal. Sie führten mich hierher, um nachzuprüfen, ob meine Angaben stimmen.

LUCIE: Aber in Cimiers werden sie doch ...

JEAN: Ich habe Kameraden da unten, die genau wissen, was sie zu sagen haben. Ich komme bestimmt heraus. *Pause.* Ich muß herauskommen, die Engländer sind nicht verständigt.

HENRY *pfeift:* Natürlich. *Pause.* Also, was sagst du? Unser Coup ist fein mißlungen, was?

JEAN: Wir fangen eben wieder von vorn an.

HENRY: Du – wir nicht mehr. *Schritte draußen.*

CANORIS: Geht weg von ihm. Sie dürfen nicht sehen, daß wir miteinander reden.

JEAN: Was wollen sie?

HENRY: Sie bringen Sorbier zurück.

JEAN: Ah – sie haben ...

HENRY: Ja, er war der erste.

Milizsoldaten kommen mit Sorbier, den sie stützen und der bei einem Koffer zusammenbricht. Die Miliz ab.

4. SZENE
Vorige, mit Sorbier

SORBIER *ohne Jean zu erblicken:* Haben sie mich lange ...?

HENRY: Eine halbe Stunde.

SORBIER: Eine halbe Stunde? Du hast recht, Canoris. Die Zeit vergeht schnell. Habt ihr mich schreien gehört? *Niemand antwortet.* Natürlich habt ihr mich gehört.

FRANCOIS: Was haben sie dir gemacht?

SORBIER: Du wirst schon sehen. Sei nicht so neugierig.

FRANCOIS: Ist es sehr arg ...?

SORBIER: Ich weiß es nicht. Aber etwas weiß ich genau: sie wollten wissen, wo Jean ist, und wenn ich es gewußt hätte – dann wüßten sie es jetzt. *Lacht.* Na, aber jetzt kenne ich mich endlich. *Schweigen.* Was ist denn los? *Er folgt ihren Blicken und erblickt Jean an die Mauer gepreßt, mit ausgestreckten Armen.* Jean?

HENRY *rasch:* Schweig. Sie glauben, daß er einer von Cimiers ist.

SORBIER: Einer von Cimiers. *Seufzend:* Glück muß man haben.

HENRY *erstaunt:* Was sagst du?

SORBIER: Ich sagte: Glück muß man haben. Jetzt habe ich etwas zu verheimlichen.

HENRY *fast freudig:* Richtig! Jetzt haben wir alle etwas zu verheimlichen.

SORBIER: Mir wäre es lieber, sie hätten mich um die Ecke gebracht.

CANORIS: Sorbier! – Ich schwöre, daß du nicht sprechen wirst. Du kannst es nicht tun.

SORBIER: Und ich sage dir, daß ich meine Mutter ans Messer liefern würde. *Pause.* Es ist ungerecht, daß eine Minute genügt, um ein ganzes Leben mit Dreck zu beschmieren.

CANORIS *sanft:* Es braucht mehr als eine Minute. Meinst du, daß ein Augenblick der Schwäche die Stunde beschmutzen kann, in der du dich entschlossen hast, alles zu verlassen, um mit uns zu gehen? Diese drei Jahre – dein Mut – deine Geduld – und der Tag, an dem du trotz deiner Erschöpfung das Gepäck und das Gewehr des Kleinen geschleppt hast.

SORBIER: Zerbrich dir nicht den Kopf. Jetzt weiß ich – jetzt weiß ich, was ich wirklich wert bin.

CANORIS: Was du wert bist? Warum solltest du heute, nur weil sie dich gequält haben, weniger wert sein als gestern, wo du nicht trinken wolltest, um deinen Teil an Lucie abzutreten? Wir sind nicht dazu geschaffen, immer bis zu den Grenzen unserer Möglichkeiten zu leben. Auch in den Tälern gibt es Wege ...

SORBIER: Gut. Und wenn ich später den Bissen nicht herunterschlucke, wirst du mir dann in die Augen sehen können?

CANORIS: Du wirst den Bissen schlucken.

SORBIER: Und wenn nicht? *Canoris schweigt.* Siehst du. *Pause. Er lacht.* Die meisten sterben in ihren Betten, mit ruhigem Gewissen – als gute Söhne, gute Ehemänner, gute Bürger, gute Väter – und doch sind sie Feiglinge, wie ich, aber sie werden es nie erfahren – sie haben eben Glück. *Pause.* Stopft mir doch endlich den

Mund: worauf wartet ihr denn?
HENRY: Du bist der Beste von uns allen.
SORBIER: Quatsch ...
Schritte draußen. Schweigen. Die Tür geht auf.
MILIZ: Wo ist der Grieche?
CANORIS: Hier.
MILIZ: Komm. – *Canoris geht mit den Milizsoldaten ab.*

5. SZENE
Vorige, ohne Canoris

JEAN: Für mich wird er leiden ...
HENRY: Besser für dich als für mich.
JEAN: Und wenn er zurückkommt, wie werde ich seine Blicke ertragen? *Zu Lucie:* Nicht wahr, du haßt mich jetzt?
LUCIE: Siehst du in meinen Augen Haß?
JEAN: Gib mir deine Hand. *Sie reicht ihm beide gefesselten Hände.* Ich schäme mich, daß ich ohne Fesseln umherlaufe. Und du bist hier! Ich sagte mir, wenigstens hat sie jetzt Ruhe. Zu Ende die Angst, der Hunger, die Leiden. Und du bist hier! Sie werden dich holen und sie werden dich zurücktragen müssen, weil du nicht mehr ...
LUCIE: In meinen Augen wirst du nur Liebe finden ...
JEAN: Ich werde deine Schreie hören müssen.
LUCIE: Ich werde alles aufbieten, um nicht zu schreien.
JEAN: Aber der Kleine wird schreien. Er wird bestimmt schreien.
FRANCOIS: Schweig, schweigt alle. Wollt ihr mich verrückt machen? Ich bin kein Held, und ich will nicht, daß man mich deinetwegen quält.
LUCIE: François!
FRANCOIS: Laß mich in Ruhe, ich schlafe nicht mit ihm. *Zu Jean:* Ich hasse dich, wenn du es wissen willst.
JEAN: Du hast recht. *Er geht zur Tür.*
HENRY: He! Was willst du tun?
JEAN: Ich bin nicht gewohnt, meine Kameraden an meiner Stelle ins Feuer zu schicken.
HENRY: Und wer wird die Engländer verständigen? *Jean hält inne.*
FRANCOIS: Laß ihn doch gehen; wenn er sich zu erkennen geben will, hast du kein Recht, ihn daran zu hindern.
HENRY *zu Jean, ohne sich um François zu kümmern:* Es wäre noch besser, wenn sie hierher kämen und glaubten, daß wir das Dorf besetzt haben. *Jean kommt mit gesenktem Kopf zurück.* Gib mir lieber eine Zigarette. *Jean gibt ihm eine.* Gib dem Kleinen auch eine.
FRANCOIS: Laßt mich in Ruhe! *Er geht in den Hintergrund.*
HENRY: Zünde sie an. *Jean zündet sie an. Henry macht einige Züge und verfällt in nervöses Schluchzen.* Sei unbesorgt. Ich rauche gern, aber ich wußte nicht, daß es so gut schmecken kann. Wieviel hast du noch?

JEAN: Eine.

HENRY *zu Sorbier:* Nimm! *Sorbier nimmt lautlos die Zigarette, macht einige Züge und gibt sie ihm wieder.*

HENRY *wendet sich zu Jean:* Ich bin froh, daß du da bist. Erstens hast du mir eine Zigarette gegeben und dann wirst du unser Zeuge sein. Du wirst zu den Eltern von Sorbier gehen und an die Frau von Canoris schreiben.

LUCIE: Morgen gehst du zur Stadt hinunter – in deinen Augen wirst du meine letzten Gesichtszüge mitnehmen. Das Bild der noch Lebenden. Du wirst der einzige auf der Welt sein, der es kennt. Du darfst mich nicht vergessen. Ich bin du. Wenn du lebst, werde ich auch leben.

JEAN: Vergessen! *Er geht auf sie zu – man hört Schritte.*

HENRY: Bleib wo du bist und sei still! Sie kommen, ich bin an der Reihe; ich muß mich beeilen, sonst komme ich nicht zu Ende. Höre: Wenn du nicht gekommen wärst, hätten wir gelitten wie Tiere, ohne zu wissen wozu. Aber du bist hier, und alles bekommt jetzt einen Sinn. Wir werden kämpfen. Nicht für dich allein, für alle unsere Kameraden. Unsere Aufgabe ist mißlungen, aber jetzt können wir wenigstens die Fassade retten. *Pause.* Ich fühlte mich schon vollständig unnütz, aber nun weiß ich, daß man mich noch braucht. *Die Tür öffnet sich. Canoris wird von zwei Milizsoldaten hereingeschleppt.*

SORBIER: Er hat nicht geschrien ...

Vorhang

ZWEITER AKT

Ein Schulzimmer. Bänke und Pulte. Die Mauern weißgetüncht. Auf der Mauer im Hintergrund eine Karte von Frankreich und ein Bild von Pétain. Schwarze Tafel. Im Hintergrund eine Tür. Auf einem Tisch in der Nähe des Fensters ein Radioapparat.

I. SZENE

Clochet – Pellerin – Landrieu

CLOCHET: Den nächsten?

LANDRIEU: Augenblick – erst muß ich was fressen.

CLOCHET: Freßt meinetwegen, ich könnte inzwischen einen verhören.

LANDRIEU: Nein, das würde dir zuviel Vergnügen machen. Hast du denn keinen Hunger?

CLOCHET: Nein.

LANDRIEU *zu Pellerin:* Clochet hat keinen Hunger. *Trinken.* Du mußt krank sein.

CLOCHET: Wenn ich arbeite, habe ich nie Hunger. *Er geht zum Radio und dreht den Knopf.*

PELLERIN: Hör auf, ich kriege Kopfweh.

CLOCHET *brummend, aber hörbar:* Arschloch ... hat Musik nicht gern.

PELLERIN: Was sagst du?

CLOCHET *nach vorn:* Ich sage, ich bin immer überrascht, wenn ich Leute sehe, die keine Musik mögen.

PELLERIN: Ich habe Musik ganz gern, aber nicht die und nicht hier.

CLOCHET: Ach was! Ich schon. Wenn sie nur irgendwas singen. *Bedauernd:* Man hätte ja ganz leise ...

PELLERIN: Nein.

CLOCHET: Ihr seid rohe Menschen. *Pause.* Sollen wir den nächsten holen?

LANDRIEU: Herrgott, laß doch! Es sind nur noch drei, und wir haben bis Mitternacht Zeit. Ich bin nervös, wenn ich mit leerem Magen arbeiten muß.

CLOCHET: Erstens sind es nur zwei, weil der Kleine erst morgen drankommt. Und mit etwas Methode ist die ganze Geschichte in zwei Stunden zu erledigen. *Pause.* In Toulouse geben sie heute «Tosca».

LANDRIEU: Ich scheiße auf «Tosca». Erkundige dich lieber unten, was es zu essen gibt.

CLOCHET: Ich weiß es: Hühner.

LANDRIEU: Schon wieder – zum Kotzen. Hol mir eine Büchse Corned Beef.

CLOCHET *zu Pellerin:* Und du?

PELLERIN: Dasselbe.

LANDRIEU: Und schick jemand, um das wegzuwaschen.

CLOCHET: Was?

LANDRIEU: Da – das Blut von dem Griechen. Ekelhaft.

CLOCHET: Das Blut sollte nicht abgewaschen werden. Es wird auf die andern Eindruck machen.

LANDRIEU: Und ich esse nicht, solange diese Schweinerei da auf dem Boden ist. *Pause.* Worauf wartest du?
CLOCHET: Dieses Blut sollte nicht abgewaschen werden.
LANDRIEU: Wer befiehlt hier, du oder ich?
CLOCHET *geht achselzuckend ab.*

2. SZENE
Landrieu – Pellerin

PELLERIN: Sekkier ihn nicht zu viel.
LANDRIEU: Ich werde mich genieren ...
PELLERIN: Was ich dir schon einmal sagte ... Sein Cousin dient bei Darnand. Er schickt ihm Berichte. Ich glaube, er war schuld, daß Daubin expediert wurde.
LANDRIEU: Diese Stinkwanze; wenn er mich beseitigen will, muß er sich beeilen, ich hab' so eine Ahnung, daß Darnand noch vor mir auffliegt.
PELLERIN: Alles ist möglich. *Er seufzt und geht unbewußt zum Radio.*
LANDRIEU: Nein, nein, du auch nicht!
PELLERIN: Nur die Nachrichten.
LANDRIEU *lachend:* Ich kenne diese Nachrichten.
STIMME DES ANSAGERS: Beim Gongschlag ist es genau 20 Uhr. *Sie stellen ihre Uhren.* Liebe Hörer, in einigen Augenblicken hören Sie unser Sonntags-Konzert.
LANDRIEU: Richtig, heute ist ja Sonntag. *Die ersten Takte eines Musikstückes.* Dreh ihm den Kragen ab.
PELLERIN: Sonntags bin ich immer mit meinem kleinen Wagen nach Le Touquet geflitzt; am Montmartre fischte ich mir ein Mädel.
LANDRIEU: Wann war das?
PELLERIN: Oh, noch vor dem Kriege.
STIMME DES ANSAGERS: Hier ist London – Persönliche Nachrichten: «Ich habe im Garten des Pfarrhauses Nägel gefunden»– Wir wiederholen: Ich habe im Garten ...
LANDRIEU: Stopf ihnen das Maul, diesen Schweinehunden. *Er nimmt eine leere Konservenbüchse und schleudert sie in der Richtung des Radios.*
PELLERIN: Bist du verrückt – du machst den Apparat kaputt.
LANDRIEU: Mir scheißegal; ich will diesen Mist nicht hören. *Pellerin dreht die Knöpfe.*
STIMME DES ANSAGERS: Die Wehrmacht hat Cherbourg und Caen fest in den Händen. Nur im Sektor von St. Lô gelang dem Feind ein kleiner Vorstoß.
LANDRIEU: Wir sind informiert. Mach Schluß. *Pause.* Was wirst du anfangen; wohin wirst du gehen?
PELLERIN: Was sollen wir anfangen? Wir sitzen schön im Dreck.
LANDRIEU: Ja, diese Schweine.
PELLERIN: Wer?
LANDRIEU: Alle! Auch die Deutschen! Sie sind auch nicht besser. *Pause.* Wenn man wieder von vorn anfangen könnte.

PELLERIN: Ich bedaure nichts. Ich hab' mich nicht schlecht unterhalten – wenigstens bis jetzt.
CLOCHET *kommt mit den Konservenbüchsen.*

3. SZENE
Vorige – Clochet, dann ein Milizsoldat

LANDRIEU: Denk dir, Clochet, die Engländer sind in Nizza gelandet.
CLOCHET: In Nizza?
LANDRIEU: Ohne Widerstand. Sie marschieren schon auf Puget-Téniers. *Clochet sinkt auf eine Bank.*
CLOCHET: Heilige Jungfrau. *Pellerin und Landrieu lachen.* Ach so – macht keine so blöden Witze.
LANDRIEU: Schon gut. Kannst es ja in deinen Abendrapport schreiben. *Miliz tritt ein.* Putzen Sie das weg! *Zu Pellerin:* Kommst du nicht essen?
Pellerin nähert sich und nimmt eine Konservenbüchse und stellt sie wieder hin.
PELLERIN: Mir ist immer komisch zu Mut, bevor es anfängt. *Er gähnt.* Ich bin nicht gemein genug ... ich werde nervös, wenn sie trotzen. Was ist das für einer, der jetzt drankommt?
CLOCHET: Ein großer – 30 Jahre – sportlich; es wird einen schönen Sport geben.
PELLERIN: Hoffentlich ist er nicht wie dieser Grieche.
CLOCHET: Nein, der Grieche war ein roher Klotz.
LANDRIEU: Das macht nichts, es wird ihnen übel ergehen, wenn sie nicht sprechen. *Er gähnt.* Hör auf, du bringst mich zum Gähnen. *Pause. Landrieu betrachtet den Boden seiner Konservenbüchse, ohne zu sprechen. Dann sagt er plötzlich zum Milizsoldaten:* Also geh ihn holen. *Miliz geht ab. Clochet pfeift leise. Pellerin geht zum Fenster und öffnet es weit.*
CLOCHET: Schließ das Fenster. Es wird kühl.
PELLERIN: Welches Fenster? Ach so. – *Er lacht.* Ich habe es ganz in Gedanken aufgemacht. *Er geht, um es zu schließen.*
LANDRIEU: Laß! Es wird heiß zugehen; ich brauche Luft.
CLOCHET: Mir auch recht.
Henry wird von drei Milizsoldaten hereingeführt.

4. SZENE
Vorige – Henry und drei Milizsoldaten

LANDRIEU: Setzt ihn hierher, nehmt ihm die Fesseln ab. Bindet ihm die Hände an die Armlehne. *Es geschieht.* Dein Name?
HENRY: Henry.
LANDRIEU: Henry – und?
HENRY: Henry.
Auf ein Zeichen von Landrieu schlagen die Milizsoldaten Henry.
LANDRIEU: Also – wie heißt du?

HENRY: Ich heiße Henry; genügt das nicht? *Er wird geschlagen.*
LANDRIEU: Genug – sonst wird er ganz blöd. Dein Alter?
HENRY: 29 Jahre.
LANDRIEU: Beruf?
HENRY: Vor dem Kriege studierte ich Medizin.
PELLERIN: Du hast studiert, du Schwein? *Zu den Milizsoldaten:* Zieht ihm eins über.
LANDRIEU: Verlieren wir keine Zeit.
PELLERIN: Medizin! Schlagt zu!
LANDRIEU: Pellerin! *Zu Henry:* Wo ist dein Chef?
HENRY: Ich weiß es nicht.
LANDRIEU: Sicher? Nein, nicht schlagen. Rauchst du? Gebt ihm diese Zigarette. Wartet. *Er steckt sie in den Mund, zündet sie an und reicht sie ihm. Ein Milizsoldat steckt sie ihm in den Mund.* Rauche. – Was erhoffst du dir? Uns wirst du nicht bluffen. Also Henry, tu nicht großkotzig, keiner sieht dich, spar deine und unsere Zeit. Gar so lange hast du nicht mehr zu leben.
HENRY: Ihr auch nicht.
LANDRIEU: Immerhin einige Monate. Dich begraben wir noch. Rauch und denk nach. – Da du gebildet bist, sei logisch – wenn du nicht reden willst, wird deine Kameradin oder der Kleine sprechen.
HENRY: Das ist ihre Sache.
LANDRIEU: Wo ist dein Chef?
HENRY: Versucht doch, es herauszubekommen.
LANDRIEU: Also, es ist dir lieber. Nehmt ihm die Zigarette weg. Clochet, nimm dich seiner an.
CLOCHET: Steckt die Hölzer zwischen die Stricke. *Die Milizsoldaten stecken zwei Hölzer in die Fessel, die Henry um die Handgelenke hat.* Ausgezeichnet. Man wird sie so lange drehen, bis du sprichst.
HENRY: Ich werde nicht sprechen.
CLOCHET: Nicht gleich – erst wirst du schreien.
HENRY: Probier es doch.
CLOCHET: Du nimmst dir viel heraus. Ich warne dich. Wer von zu hoch herunterstürzt, zerschmettert. Dreht – Langsam – Also – Nichts? Nein? Dreht, dreht – wartet, er fängt schon an zu leiden. Also? Nein? Noch nicht? Verstehe – für einen so Gebildeten zählt der körperliche Schmerz nicht – Schade nur, daß ihn dein Gesicht verrät. *Sanft:* Du schwitzt – ich leide mit dir – *Er wischt ihm mit seinem Taschentuch den Schweiß vom Gesicht.* Dreht – wird er schreien, wird er nicht schreien – Du bewegst dich, du kannst verhindern, daß du schreist, aber nicht, daß dein Kopf wackelt – wie das weh tut, nicht wahr? *Er legt den Finger an Henrys Wange.* Wie du die Zähne zusammenbeißt, du hast also Angst? «Wenn ich es nur noch einen Augenblick aushalte, einen kleinen Augenblick» – Aber nach diesem Augenblick kommt ein anderer, und noch ein anderer, bis du einsiehst, daß die Schmerzen zu arg sind und du dich lieber selber verachtest. Wir lassen dich nicht los. *Er nimmt Henrys Kopf in die Hände.* Diese Augen sehen mich schon nicht mehr – oder was sehen sie? *Sanft:* Du bist hübsch – dreht – *Pause. Triumphierend:* Du wirst schreien, Henry, du wirst

schreien – ich sehe, wie der Schrei deinen Hals aufbläht – er steigt höher – immer höher – jetzt hat er die Lippen erreicht – noch eine letzte kleine Anstrengung – dreht ... *Henry schreit.* Ha! *Pause.* Wie du dich schämst – dreht – ohne Unterbrechung – *Henry schreit.* Siehst du, nur der erste Schrei zählt – und jetzt wirst du ganz lieb und selbstverständlich sprechen.

HENRY: Ich werde nur schreien.

CLOCHET: Nein, Henry, nein! Du hast kein Recht mehr, den Stolzen zu spielen. «Versucht nur, mich zum Schreien zu bringen.» Du hast gesehen, es hat gar nicht lange gedauert. Wo ist dein Chef? Sei vernünftig, Henry, ganz vernünftig, sag aus, wo er ist. Worauf wartest du denn? Schrei oder sprich. – Dreht, so dreht doch, zum Teufel, sprengt ihm die Handgelenke. – Halt, er ist ohnmächtig. *Er holt eine Flasche Schnaps und ein Glas – er gibt Henry zu trinken. Mit sanfter Stimme:* Trink, armer Märtyrer, geht's schon besser? Gut, es geht weiter, holt die Apparate.

LANDRIEU: Nein.

CLOCHET: Was?

LANDRIEU *wischt sich den Schweiß vom Gesicht:* Führt ihn ins andere Zimmer, dort könnt ihr weiter arbeiten.

CLOCHET: Dort sind wir zu beengt.

LANDRIEU: Ich befehle hier, Clochet, zum zweitenmal muß ich es dir sagen.

CLOCHET: Aber ...

LANDRIEU *wütend:* Soll ich dir ein paar in die Fresse schlagen?

CLOCHET: Gut, gut. – Führt ihn da hinein.

Die Miliz bindet Henry los und schleppt ihn ab.

5. SZENE

Pellerin – Landrieu

PELLERIN: Kommst du mit?

LANDRIEU: Clochet ekelt mich an.

PELLERIN: Er quatscht zuviel. *Pause.* Der Herr Mediziner. So ein Schwein! Ich hab' die Schule mit dreizehn Jahren verlassen müssen, ich mußte mir mein Leben verdienen. Ich hatte nicht das Glück, reiche Eltern zu haben, die mich studieren ließen.

LANDRIEU: Hoffentlich redet er!

PELLERIN: Verflucht noch einmal, er wird reden.

LANDRIEU: Es wird ihm übel ergehen, wenn er nicht redet.

Henry schreit. Landrieu geht zur Tür und schließt sie. Wieder Schreie, die man, obwohl die Tür geschlossen ist, genau hört. Landrieu geht zum Radio und dreht den Knopf. Musik.

PELLERIN *verdutzt:* Du auch, Landrieu?

LANDRIEU: Man muß gute Nerven haben – das mitanzuhören.

PELLERIN: Soll nur schreien – der stinkende Intellektuelle – *Starke Musik:* Nicht so laut – ich kann ihn nicht mehr hören.

LANDRIEU: Geh doch hinein. *Pellerin zögert und geht dann ab.* Er muß reden. Er ist ein Feigling – er muß ein Feigling sein.

Musik und Schreie – die dann aufhören. Pause. Pellerin kommt verstört zurück.

PELLERIN: Er krepiert lieber – aber spricht nicht.

LANDRIEU: Bringt ihn herein.

6. SZENE

Vorige – Clochet – Die Miliz – Henry

PELLERIN *geht zu Henry:* Wir sind noch nicht fertig. Freu dich nicht zu früh – Schlag die Augen nieder, schlag die Augen nieder... *Er schlägt ihn.* Schweinehund.

CLOCHET *nähert sich:* Gib die Hand her, ich will dir die Fesseln wieder anlegen. *Er legt ihm die Fesseln an.* Das tut weh, hm? Das tut weh, nicht? Armer kleiner Junge – *Er streichelt ihm das Haar.* Geh, sei doch nicht so stolz – du hast geschrien, du hast trotz allem geschrien – morgen wirst du sprechen. *Die Miliz führt Henry nach einem Wink Landrieus ab.*

7. SZENE

Vorige, ohne Henry und die Miliz

PELLERIN: So ein Schwein.

LANDRIEU: Es wird ihm übel ergehen...

CLOCHET: Wem?

LANDRIEU: Wenn er nicht redet.

CLOCHET: Aber er hat geschrien. *Er zuckt mit den Achseln.*

PELLERIN: Holt das Mädel.

LANDRIEU: Das Mädel... wenn sie nicht spricht...

PELLERIN: Was dann...

LANDRIEU: Nichts – *Mit plötzlicher Heftigkeit:* Einer von ihnen m u ß sprechen.

CLOCHET: Der Blonde muß her – der ist reif.

LANDRIEU: Der Blonde?

CLOCHET: Sorbier – das ist ein Feigling.

LANDRIEU: Ein Feigling? Hol ihn. *Clochet ab.*

8. SZENE

Pellerin – Landrieu

PELLERIN: Alle sind sie Feiglinge. Manche sind außerdem bockig.

LANDRIEU: Pellerin, was würdest du machen, wenn man dir die Nägel von den Fingern risse?

PELLERIN: Die Engländer machen das nicht.

LANDRIEU: Aber die vom Maquis?

PELLERIN: Uns wird man nicht die Nägel abreißen.

LANDRIEU: Warum nicht?

PELLERIN: Uns können solche Sachen nicht passieren.

Clochet kommt vor Sorbier.

CLOCHET: Laßt ihn mir...

9. SZENE
Vorige – Clochet, dann Sorbier mit der Miliz

CLOCHET: Nehmt ihm die Fessel ab. Bindet ihn an den Stuhl. Gut! *Er geht zu Sorbier.* Siehst du, nun bist du wieder da, nun sitzt du wieder auf diesem Sesselchen, und wir sind auch da. Weißt du, warum wir dich geholt haben?
SORBIER: Nein.
CLOCHET: Weil du ein Feigling bist und den Bissen hinunterschlucken wirst. Bist du nicht ein Feigling?
SORBIER: Doch.
CLOCHET: Siehst du, siehst du wohl, ich habe es in deinen Augen gelesen – zeig sie mir, diese großen Augen voll Angst.
SORBIER: Du wirst dieselben haben, wenn du baumelst.
CLOCHET: Sei nicht großmäulig, es steht dir nicht.
SORBIER: Dieselben; denn wir sind Brüder. Ich ziehe dich an – nicht mich quälst du – dich quälst du.
CLOCHET *brüsk:* Bist du Jude?
SORBIER *erstaunt:* Ich – nein.
CLOCHET: Ich sage dir, du bist Jude. *Er macht der Miliz ein Zeichen, diese schlagen Sorbier.* Du bist kein Jude?
SORBIER: Doch, ich bin Jude.
CLOCHET: Aha – Also höre – Zuerst die Nägel. Dabei hast du Zeit nachzudenken. – Wir sind pressiert – wir haben Nachtdienst. Wirst du sprechen?
SORBIER: Dreckhaufen.
CLOCHET: Was sagst du?
SORBIER: Ich sage: Dreckhaufen. Du und ich, wir sind Dreckhaufen.
CLOCHET *zur Miliz:* Nehmt die Zangen und fangt an.
SORBIER: Laßt mich – laßt mich – ich werde sprechen – ich will alles sagen.
CLOCHET *zu den Milizsoldaten:* Zieht trotzdem ein bißchen, damit er sieht, daß wir keinen Spaß machen. *Sorbier stöhnt.* Gut. – Wo ist dein Chef?
SORBIER: Bindet mich los. Ich halt's auf diesem Stuhl nicht mehr aus. Ich kann nicht mehr, ich kann nicht mehr. *Zeichen von Landrieu. Die Gehilfen binden ihn los. Er steht auf und geht schwankend zum Tisch.* Eine Zigarette.
LANDRIEU: Später.
SORBIER: Was wollt ihr wissen? Wo der Chef ist? Ich weiß es – die andern wissen es nicht – aber ich weiß es. Ich war sein Vertrauter – er ist... *Zeigt brüsk einen Punkt hinter ihnen...* Da – *Alle drehen sich um – er springt zum Fenster und steigt hinauf.* Ich habe gewonnen – kommt mir nicht zu nahe, oder ich springe. Ich habe gewonnen.
CLOCHET: Sei kein Licht. Wenn du sprichst, lassen wir dich laufen.
SORBIER *schreiend:* Hallo, ihr da oben: Henry, Canoris, ich habe nicht gesprochen – *Die Milizsoldaten springen auf ihn zu – er zum Fenster hinaus.* – Gute Nacht!

10. SZENE

Clochet – Landrieu – Pellerin – Miliz

PELLERIN: Dieses Schwein – dieses Schwein. *Sie sehen zum Fenster hinab.*

LANDRIEU: Geht hinunter. Wenn er noch lebt, bringt ihn herauf. Wir werden ihm einheizen – bis er uns unter den Händen krepiert. *Miliz ab. Pause.*

CLOCHET: Ich habe euch gesagt, man soll das Fenster schließen. *Landrieu geht zu ihm und schlägt ihm mit der Faust ins Gesicht.*

LANDRIEU: Das kannst du in deinen Rapport aufnehmen. *Pause. Clochet wischt sich mit dem Taschentuch ab. Die Miliz kommt zurück.*

EIN MILIZSOLDAT: Verreckt.

LANDRIEU: Dieser Schweinehund! *Zur Miliz:* Holt das Mädel her. *Die Miliz ab.* Sie wird sprechen. – Verflucht noch einmal, sie werden sprechen...

Vorhang

DRITTER AKT

Der Speicher. François, Canoris, Henry sitzen auf dem Fußboden eng aneinandergeschmiegt. Sie bilden so eine geschlossene Gruppe. Sie sprechen mit gedämpften Stimmen. Jean umkreist sie, sichtlich unglücklich. Von Zeit zu Zeit hat es den Anschein, als wollte er sich an den Gesprächen beteiligen; er setzt aber stets, ohne diesen Vorsatz auszuführen, sein Hinundhergehen fort.

1. SZENE

François – Canoris – Henry – Jean

CANORIS: Während sie meine Arme festbanden, sah ich sie mir an. Einer schlug mich – ich betrachtete ihn und dachte: ich habe dieses Gesicht schon irgendwo gesehen. Dann schlugen alle auf mich ein, und ich versuchte, mich zu erinnern, woher ich diesen Kerl kenne.

HENRY: Welcher war das?

CANORIS: Der Kleine, der so viel quatscht. Ich habe ihn in Grenoble gesehen! Du kennst doch Chasières, den Konditor von der Langen Gasse? Der die Baisers mit echter Schlagsahne hinter dem Ladentisch verkauft hat. Jeden Sonntagmorgen hab' ich den Kleinen mit einem Paket voll Süßigkeiten, mit einer rosa Schnur gebunden, aus dem Geschäft kommen gesehen. Ich erinnere mich genau an sein Verbrechergesicht – ich war der Meinung, einer von der Polizei.

HENRY: Das hättest du mir früher sagen sollen.

CANORIS: Daß es ein Spitzel war?

HENRY: Nein, daß Chasières Baisers mit echter Schlagsahne verkauft hat. Hat er dir auch seine Mätzchen ins Ohr geflötet?

CANORIS: Er kam mir ganz nahe, ich spürte seinen stinkigen Atem.

JEAN *brüsk:* Was hat er dir gesagt?

Alle drehen sich nach ihm um und sehen ihn erstaunt an.

HENRY: Nichts. Dummes Gewäsch.

JEAN: Ich hätt's nicht ertragen können.

HENRY: Warum nicht? Eine kleine Zerstreuung.

JEAN: Ach so. Ja – natürlich, das kann ich nicht beurteilen.

Schweigen. Henry dreht sich zu Canoris.

HENRY: Was können die im Zivil wohl sein?

CANORIS: Der Dicke, der alles aufnotiert, könnte Zahnarzt sein.

HENRY: Möglich. Ein Glück, daß er seinen Bohrer nicht mitgebracht hat. *Alle lachen.*

JEAN *wütend:* Lacht nicht! *Sie hören zu lachen auf und sehen ihn an.* Ihr könnt lachen – ihr habt ein Recht dazu. Ich darf euch auch nichts mehr befehlen. *Pause.* Wenn man mir gesagt hätte, daß ihr mich eines Tages einschüchtern könnt ... *Pause.* Aber daß ihr den Mut findet, lustig zu sein?

HENRY: Man tut, was man kann.

JEAN: Richtig. Und ihr leidet für eure Rechnung. Das beruhigt das Gewissen. Ich war verheiratet, ich hab' es euch verschwiegen. Meine Frau ist im Kindbett gestorben. Ich ging im Vestibül der Klinik auf und ab, ich wußte, daß sie sterben wird. Alles wiederholt sich, alles. Ich wollte ihr helfen, aber ich konnte es nicht. Ich lief hin und her, ich horchte, um ihr Schreien zu hören. Aber sie schrie nicht. Sie hatte die bessere Rolle, wie ihr auch …

HENRY: Es ist nicht unsere Schuld.

JEAN: Auch nicht meine; ich wollte, ich könnte euch helfen.

CANORIS: Du kannst nicht.

JEAN: Ich weiß es … *Pause.* Zwei Stunden ist sie schon bei ihnen, euch haben sie nicht so lange behalten.

HENRY: Sie ist eine Frau … da gibt es Unterhaltung …

JEAN *losbrechend:* Ich komme wieder. In einer Woche, in einem Monat, ich lasse sie von meinen Leuten kastrieren …

HENRY: Du hast Glück, du kannst sie noch hassen.

JEAN: Ist das ein Glück? *Er macht einige Schritte, dann, von einem Gedanken erfaßt, schleppt er einen alten Ofen unter die Dachluke.*

CANORIS: Was machst du denn? Du fällst mir auf die Nerven.

JEAN: Ich möchte ihn vor Einbruch der Nacht noch einmal sehen.

HENRY: Wen?

JEAN: Sorbier.

HENRY *gleichgültig:* Ach so …

Jean steigt auf den Ofen und sieht zur Dachluke hinaus.

JEAN: Er ist noch immer da … sie lassen ihn hier verfaulen. Wollt ihr heraufsteigen? Ich helfe euch.

CANORIS: Wozu?

JEAN: Ja, wozu? Die Toten überlaßt ihr mir.

FRANCOIS: Ich möchte ihn sehen.

HENRY: Ich rate dir: lieber nicht.

FRANCOIS *zu Jean:* Hilf mir. *Jean hilft ihm. François sieht.* Er hat … sein Schädel ist … *Er steigt herunter und geht zitternd in eine Ecke.*

HENRY *zu Jean:* Das hast du ja mal wieder verdammt schlau gemacht.

JEAN: Wieso? Ich dachte, ihr seid so abgehärtet, daß ihr den Anblick eines Toten ertragen könnt.

HENRY: Ich vielleicht – nicht der Kleine. – François, er hat jetzt Ruhe – du hast noch ein Stück Weges vor dir – kümmere dich um deine Angelegenheiten.

FRANCOIS: Auch ich werde einen zerschmetterten Schädel haben und solche Augen.

HENRY: Das geht dich dann nichts mehr an, du wirst dich nicht sehen … *Jean geht immer noch auf und ab. Dann bleibt er vor Canoris und Henry stehen.*

JEAN: Muß man mir die Nägel von den Fingern reißen, damit ich wieder euer Kamerad bin?

CANORIS: Du bist immer noch unser Kamerad.

JEAN: Du weißt sehr gut, daß ich es nicht bin. *Pause.* Wer sagt euch, daß ich es nicht ausgehalten hätte. *Zu Henry:* Ich hätte nicht geschrien, ich nicht.

HENRY: Und?

JEAN: Verzeiht, ich habe zu schweigen.

HENRY: Komm, Jean, setz dich zu uns. *Jean zögert zuerst, dann setzt er sich.* Du würdest genau so handeln, wenn du in unserer Lage wärst. Aber du bist es nicht. Wir haben nicht die gleichen Sorgen. *Jean steht brüsk auf.* Was ist denn?

JEAN: Solange sie nicht wieder hier ist, habe ich keine Ruhe.

HENRY: Siehst du, du rennst hin und her, du regst dich auf, du bist zu lebendig.

JEAN: Sechs Monate hab' ich mich nicht getraut, ihr zu sagen, daß ich sie liebe. Nachts, wenn ich sie in meine Arme nahm, löschte ich das Licht aus. Und jetzt ist sie nackt vor diesen Tieren, die sie mit ihren schmierigen Tatzen anfassen ...

HENRY: Was kann dir das ausmachen? Hauptsache, daß man siegt.

JEAN: Was?

HENRY: Siegt! Zwei Gegner stehen sich gegenüber – der eine will den andern zum Reden zwingen. *Er lacht:* Blöd ist das. Aber was bleibt uns übrig? Wenn wir reden, ist alles verloren. Sie haben einige Punkte voraus, weil ich schreien mußte, aber im großen ganzen liegen wir nicht schlecht im Rennen!

JEAN: Siegen! Es ist zum Lachen. Die Schande und die Schmerzen, die Lucie empfindet, sind echt.

HENRY: Und? – Auch ich habe mich geschämt, daß sie mich zum Schreien gebracht haben. Aber das hält nicht an. Wenn sie nichts sagt, können die Hände dieser Männer sie nicht beschmutzen. Das sind arme Teufel.

JEAN: Es sind Männer, und sie ist in ihrer Gewalt.

HENRY: Tröste dich. Wenn es dich interessiert: Auch ich liebe sie.

JEAN: Du?

HENRY: Warum nicht? Es war mir nicht zum Lachen, wenn ihr abends die Treppen hinaufgestiegen seid. Und wegen der Lichter, komisch, ich habe mich oft gefragt, ob du sie auslöschst.

JEAN: Du liebst sie – und kannst ruhig sitzenbleiben?

HENRY: Ihr Leiden bringt sie mir näher. Das Glück, das du ihr gabst, entfernte sie von mir. Heute bin ich ihr näher als du.

JEAN: Das ist nicht wahr ... Das ist nicht wahr ... Sie denkt an mich, während man sie quält, sie denkt nur an mich. Um mich nicht zu verraten, erduldet sie die Schande und die Qualen.

HENRY: Nein, nur um zu siegen.

JEAN: Lüge. – *Pause.* Sie sagte: Wenn ich zurückkomme, wirst du in meinen Augen ...

Lärm draußen.

HENRY: Sie kommt zurück; du kannst in ihren Augen lesen.

Die Tür öffnet sich, Henry steht auf.

2. SZENE

Vorige – Lucie

Jean und Henry betrachten sie schweigend – sie geht in die Ecke rechts und setzt sich vor dem Bühnenrand – Pause.

LUCIE: François! *François schmiegt sich an sie.* Rühr mich nicht an.

– Gib mir den Mantel von Sorbier. *François nimmt den Mantel.* Leg ihn mir über die Schultern. *Sie wickelt sich fest ein.*

FRANCOIS: Ist dir kalt?

LUCIE: Nein. *Pause.* Was machen sie? Sie sehen mich an. Warum reden sie nicht miteinander?

JEAN *nähert sich ihr von rückwärts:* Lucie ...

CANORIS: Laß sie.

JEAN: Lucie.

LUCIE *sanft:* Was willst du?

JEAN: Du versprachst mir, daß in deinen Augen nur Liebe ...

LUCIE: Liebe! –

CANORIS *der aufgestanden ist:* Hör auf ... Du kannst später mit ihr reden.

JEAN *heftig:* Laß mich. Sie gehört zu mir. Ihr habt mich fallenlassen, ihr andern, und ich habe nichts zu sagen, aber sie werdet ihr mir nicht nehmen. *Zu Lucie:* Sprich zu mir. Du bist nicht wie sie. Es ist unmöglich, daß du wie sie bist. Warum antwortest du nicht? Bist du mir böse?

LUCIE: Ich bin dir nicht böse.

JEAN: Meine liebe Lucie.

LUCIE: Ich bin nicht mehr deine liebe Lucie, Jean.

JEAN: Du liebst mich nicht mehr?

LUCIE: Ich weiß es nicht. *Er macht einen Schritt auf sie zu.* Bitte rühr mich nicht an. *Mit Überwindung:* Eigentlich muß ich dich noch lieben. Aber ich fühle meine Liebe nicht mehr. *Müde:* Ich fühle nichts mehr.

CANORIS *zu Jean:* Komm doch ... *Er zieht ihn zu sich und zwingt ihn, sich niederzusetzen.*

LUCIE: Was machen wir jetzt? Das alles ist unwichtig.

FRANCOIS: Sie haben sich gesetzt. Sie kehren sich den Rücken.

LUCIE: So sag ihnen, daß ich nichts verraten habe.

CANORIS: Das wissen wir, Lucie.

LUCIE: So.

Langes Schweigen. Dann Schritte im Vorraum. François richtet sich auf und schreit.

LUCIE: Was hast du denn? Ah, du bist an der Reihe. *Die Schritte nähern sich.* Verteidige dich gut, sie müssen sich schämen! *Die Schritte entfernen sich. François wirft sich über Lucies Knie.*

FRANCOIS: Ich halt's nicht mehr aus ... Ich halte es nicht mehr aus ...

LUCIE: Schau mich an. *Sie hebt seinen Kopf.* Wie du dich fürchtest. – Du wirst aber nicht reden? Antworte ...

FRANCOIS: Ich weiß es nicht mehr – ich hatte noch ein bißchen Mut. Aber ich hätte dich nicht sehen sollen. Du, mit deinen zerzausten Haaren, deiner zerrissenen Bluse, und ich weiß, daß sie dich ...

LUCIE *schreiend:* Sie haben mich nicht berührt – niemand hat mich berührt – ich war wie aus Stein, ich habe ihre Hände nicht gefühlt. Ich sah ihnen ins Gesicht und dachte, nichts wird geschehen. *Mit Leidenschaft:* Und es ist nichts geschehen. Zum Schluß hatten sie Angst vor mir. *Pause.* François, erst wenn du sprichst, werden sie mich wirklich geschändet haben. Sie werden sagen: am Ende haben wir sie doch gekriegt. Wenn sie an mich denken, werden sie grinsend sagen: «Mit der Kleinen war es recht lustig.» Wirst du schweigen?

FRANCOIS *zuckt mit den Achseln – ohne zu antworten. Schweigen.*

HENRY: Nun, Jean, wer hat recht? Sie will siegen, das ist alles.

JEAN: Schweig... warum willst du sie mir nehmen? Du hast alles, du wirst in Freude und mit Stolz sterben. Ich habe nur sie und ich werde leben.

HENRY: Ich will nichts, nicht ich werde sie dir nehmen.

JEAN: Weiter, weiter, du hast alle Rechte, auch mich zu quälen, du hast im voraus bezahlt. *Er steht auf.* Wie sicher ihr seid. Genügt es denn, körperlich zu leiden, um sein Gewissen zu beruhigen? *Henry antwortet nicht.* Begreifst du denn nicht, daß ich von euch allen der Unglücklichste bin?

FRANCOIS *der sich brüsk erhoben hat:* Ha, ha, ha...

JEAN *schreiend:* Der Unglücklichste, der am meisten leidet...

FRANCOIS *springt auf:* Seht ihn an! Seht ihn doch an! Der Unglücklichste von uns allen... Er hat geschlafen und gegessen, seine Hände sind frei, er wird den kommenden Tag erblicken, er wird leben. Aber er ist der Unglücklichste. Was willst du eigentlich? Daß man dich bemitleidet? Du Schwein!

JEAN *mit verschränkten Armen:* Gut.

FRANCOIS: Bei jedem Geräusch schrecke ich auf. Ich kann meinen Speichel nicht mehr hinunterschlucken, ich krepiere vor Angst. Aber der Unglücklichste ist er. Gewiß! Ich werde in Freude sterben. *Heftig:* Ich schenk dir mein Glück.

LUCIE *erhebt sich brüsk:* François!

FRANCOIS: Ich verrate dich, ich geb dich an, du kannst dann meine Freuden mit mir teilen.

JEAN *leise, aber schnell:* Tu's – du weißt nicht, wie ich's mir wünsche.

LUCIE: François! – *Sie faßt François beim Nacken und dreht seinen Kopf ihrem Gesicht zu.* Schau mich an: hast du wirklich den Mut dazu?

FRANCOIS: Mut! Laß die großen Worte. Ich werde ihn verraten, das ist alles! Und so einfach. Wenn sie sich mir nähern, wird sich mein Mund von selbst öffnen – und seinen Namen nennen. Und ich werde dem Mund recht geben. Dazu gehört kein Mut. Wenn ich euch so sehe, blaß und verzerrt mit euren verkrampften Händen, dann habe ich vor eurer Verachtung keine Angst mehr. *Pause.* Ich werde dich retten, Lucie. Sie werden uns das Leben schenken.

LUCIE: Ich will so ein Leben nicht.

FRANCOIS: Ich schon – ich will leben, gleichgültig wie – die Schande vergeht, wenn das Leben lang ist.

CANORIS: Sie werden dich nicht laufen lassen, François, selbst wenn du redest.

FRANCOIS *zeigt auf Jean:* Dann soll er auch leiden.

HENRY *geht zu Lucie:* Glaubst du, daß er reden wird?

LUCIE *sieht François an:* Ja...

HENRY: Bist du davon überzeugt?

LUCIE *nach längerem Nachdenken:* Ja.

HENRY *geht zu François.*

CANORIS *steht auf und stellt sich neben Henry. Beide schauen François an.*

HENRY: Ich bin nicht dein Richter, François. Du bist ein kleiner Junge, und das alles war zu schwer für dich. In deinem Alter hätte ich wahrscheinlich auch gesprochen.

CANORIS: Wir sind schuld, wir hätten dich nicht mitnehmen sollen. Es gibt Gefahren, denen nur Erwachsene ausgesetzt werden sollten. Wir bitten dich um Verzeihung.

FRANCOIS *zurückweichend:* Was soll das heißen?

HENRY: Es geht nicht, daß du sprichst. Sie würden dich trotzdem töten, weißt du? Und du würdest erniedrigt sterben.

FRANCOIS *erschrocken:* Gut, ich werde nicht reden, ich versichere euch, ich werde nicht reden. Laßt mich ...

HENRY: Wir haben kein Vertrauen mehr. Sie wissen, daß du unser wunder Punkt bist. Sie werden dich so grausam peinigen, bis du den Bissen geschluckt haben wirst. Unsere Aufgabe ist es, dich am Sprechen zu hindern.

JEAN: Bildet ihr euch ein, daß ich das zulassen werde?

LUCIE *stellt sich ihm in den Weg:* Misch dich nicht ein.

JEAN: Er ist dein Bruder.

LUCIE: Und wenn auch, er wäre ohnehin morgen gestorben.

JEAN: Ich kenne dich nicht wieder – ich habe Angst vor dir.

LUCIE: Er muß schweigen; die Mittel zählen nicht.

FRANCOIS: Ihr werdet doch nicht ... *Sie antworten nicht.* Wo ich euch doch schwöre, daß ich nicht sprechen werde. *Sie antworten nicht.* Lucie, zu Hilfe! Ich werde nichts sagen, ich schwöre dir, daß ich nichts sagen werde.

JEAN: Ihr werdet ihn nicht anrühren.

HENRY: Jean, wann kommen die Freunde in dieses Dorf?

JEAN: Dienstag.

HENRY: Wieviel?

JEAN: Sechzig.

HENRY: Sechzig, die dir vertrauen. Und die Dienstag wie Ratten verrecken werden. – Sie oder er. Entscheide.

JEAN: Ihr habt kein Recht, von mir eine solche Entscheidung zu verlangen.

HENRY: Bist du der Chef? Also!

JEAN *zögert einen Augenblick, dann entfernt er sich.*

HENRY *auf François zu.*

FRANCOIS *starrt ihn an und beginnt zu schreien:* Zu Hilfe, Lucie. Ich will nicht hier sterben! Nicht in dieser Finsternis. Henry, ich bin erst 15 Jahre. Laß mich noch leben. Töte mich nicht im Dunkeln. *Henry faßt ihn an der Kehle. Jean bleibt unbeweglich.* Lucie ... *Lucie wendet sich ab.* Ich hasse euch alle ...

LUCIE: Mein Kleiner – mein armer Kleiner – mein einzig Geliebter – verzeih uns. *Sie wendet sich ab. Pause.* Mach schnell.

HENRY: Ich kann nicht. Sie haben mir die Handgelenke zerquetscht. *Pause.*

LUCIE: Ist es geschehen?

HENRY: Er ist tot.

Lucie dreht sich um und nimmt François in die Arme. Sein Kopf ruht auf ihren Schultern.

JEAN: Was ist aus euch geworden! Warum seid ihr nicht mit den andern umgekommen. Mir graut vor euch.

HENRY: Glaubst du, ich liebe mich?

JEAN: Du wirst in 24 Stunden erlöst sein, aber ich? Ich werde diesen Kleinen täglich vor mir sehen, wie er um Gnade flehte. Und deine Fratze, als deine Hände sich um seinen Hals krallten. *Er geht zu François und schaut ihn an.* 15 Jahre! Er ist in Haß und Angst gestorben. *Er geht zu Henry zurück.* Er hatte dich gern, er schlief mit seinem Kopf an deiner Schulter; er sagte zu dir: «Ich schlafe besser, wenn du da bist.» *Pause.* Verbrecher!

HENRY *zu Canoris und zu Lucie:* So redet doch, ihr da, laßt mich nicht im Stich. Lucie! Canoris! Ihr habt ihn mit meinen Händen getötet. *Keine Antwort; er wendet sich zu Jean:* Und du, der du mich richtest, sag doch: was hast du getan, um ihn zu schützen?

JEAN *heftig:* Was konnte ich tun?

HENRY: Deine Hände waren frei, du hättest zuschlagen sollen. *Leidenschaftlich:* Hättest du doch zugeschlagen... hättest du mich doch niedergeschlagen...!

JEAN: Meine Hände frei? Ihr habt mich gefesselt. Wenn ich nur ein Wort sage, wenn ich eine Bewegung mache, heißt es: «Und die Kameraden?» Ihr habt mich ausgeschlossen. Ihr habt kaltblütig über mein Leben wie über meinen Tod entschieden: Sagt jetzt nicht, ich sei euer Komplice; das wäre zu bequem. Nur ein Zeuge bin ich. Und ich bezeuge, daß ihr Mörder seid. *Pause.* Du hast ihn aus Hochmut gemordet.

HENRY: Du lügst.

JEAN: Aus Hochmut! Sie haben dich zum Schreien gebracht, eh? Und da schämst du dich! Da willst du dich rehabilitieren? Du willst dir einen schönen Tod leisten! Ist es nicht so? Du willst siegen, hast du uns gesagt, du willst siegen.

HENRY: Es ist nicht wahr! Es ist nicht wahr! Sag ihm, daß es nicht wahr ist. *Lucie antwortet nicht. Er macht einen Schritt auf sie zu.* Antworte. Glaubst du, daß ich ihn aus Hochmut getötet habe?

LUCIE: Ich weiß nicht. *Pause. Dann mühsam:* Er durfte nicht sprechen.

HENRY: Haßt du mich? Er war dein Bruder, nur du hast das Recht, mich zu verurteilen.

LUCIE: Ich hasse dich nicht. *Er nähert sich dem Toten, den Lucie in den Armen hält.* Berühre ihn nicht. *Henry wendet sich langsam ab und geht zu Canoris.*

HENRY: Canoris, du hast nicht geschrien, und doch wolltest du, daß er sterbe. Haben wir ihn aus Hochmut getötet?

CANORIS: Ich bin nicht hochmütig. Du solltest das wissen.

HENRY: Ich... nein, ich weiß nichts mehr. Es ist alles zu schnell gegangen. Und jetzt ist er tot. *Plötzlich.* Laßt mich nicht im Stich. Ihr habt nicht das Recht, mich im Stich zu lassen. Als ich meine Hände um seinen Hals legte, schien es mir, als wären es unsere Hände; als wären es mehrere, die zudrückten. Sonst hätte ich es nicht gekonnt.

CANORIS: Er mußte sterben; wenn ich ihm näher gewesen wäre, hätte ich zugedrückt. Und was in deinem Inneren vorgegangen ist...

HENRY: Nun?

CANORIS: Das zählt nicht. Nichts zählt in diesen vier Wänden. Er mußte sterben: das ist alles.

HENRY: Es ist gut. *Er geht zu dem Toten. Zu Lucie:* Hab' keine Angst, ich rühr' ihn nicht an. *Er neigt sich über ihn und sieht ihn lange an. Dann richtet er sich wieder auf.* Jean, als wir unseren ersten Sabotageakt machten, wieviel Geiseln wurden da erschossen?

JEAN *antwortet nicht.*

HENRY: Zwölf. Es war ein kleiner Junge dabei. Destaches hieß er. Erinnerst du dich, wir haben die Plakate in der Rue des Minimes gesehen. Charbonnel wollte sich stellen, aber du hast ihn daran gehindert.

JEAN: Und?

HENRY: Hast du dich gefragt, warum du ihn gehindert hast?

JEAN: Das ist nicht dasselbe.

HENRY: Vielleicht. Um so besser für dich, wenn deine Motive reiner waren: du hast dir halt ein gutes Gewissen bewahrt. Aber Destaches ist trotzdem tot. Ich werde nie mehr ein gutes Gewissen haben, nie mehr... bis sie mich an eine Wand stellen werden, mit einer Binde vor den Augen. Aber warum will ich denn eins haben? Der Junge mußte sterben.

JEAN: Ich möchte nicht in deiner Haut stecken.

HENRY: Du bist nicht in unserer Lage, Jean. Du kannst uns weder verstehen noch richten. *Langes Schweigen. Lucie streichelt das Haar von François, ohne ihn anzusehen.*

LUCIE: Du bist tot, und meine Augen sind trocken. Verzeiht mir, ich habe keine Tränen mehr. Und der Tod keine Bedeutung mehr. Draußen liegen dreihundert im Grase, und auch ich werde kalt und nackt sein, und keine Hand wird mein Haar streicheln. Aber das muß uns nicht leid tun, weißt du, auch das Leben hat keine Bedeutung mehr. Schlaf wohl! Du hast getan, was du konntest. Wenn du auf halbem Weg stehengeblieben bist, so waren deine Kräfte daran schuld, die noch zu schwach waren. Kein Mensch hat ein Recht, dich zu tadeln.

JEAN: Niemand. *Langes Schweigen, dann setzt sich Jean neben Lucie.* Lucie – *Sie macht eine abwehrende Geste.* Laß mich hier, ich möchte dir helfen.

LUCIE: Mir helfen? Wozu? Ich brauche keine Hilfe.

JEAN: Doch – ich glaube, du brauchst sie – ich habe Angst, daß du zusammenbrichst.

LUCIE: Bis morgen abend werde ich noch aushalten.

JEAN: Du bist zu verkrampft, du wirst es nicht aushalten. Dein Mut wird dich plötzlich verlassen.

LUCIE: Warum bist du um mich besorgt? *Sie sieht ihn an.* Du hast Kummer. Gut, ich werde dich beruhigen, und dann wirst du weggehen. Alles ist sehr einfach geworden, seit der Kleine tot ist; ich brauche mich nur noch mit mir zu beschäftigen. Und ich brauche keinen Mut, um zu sterben, du weißt, daß ich ihn auf alle Fälle nicht lange überlebt hätte. Und jetzt geh; ich werde später von dir Abschied nehmen, wenn sie mich holen kommen.

JEAN: Laß mich bei dir bleiben; ich werde schweigen, wenn du willst, aber ich werde bei dir sein, und du wirst dich nicht allein fühlen.

LUCIE: Nicht allein? Mit dir? O Jean, du hast also nicht verstanden? Wir haben nichts mehr gemeinsam.

JEAN: Hast du vergessen, daß ich dich liebe?

LUCIE: Die du liebtest, war eine andere.

JEAN: Nein, dich!

LUCIE: Ich bin eine andere. Ich erkenne mich selbst nicht mehr. In mir ist etwas zerbrochen.

JEAN: Vielleicht bist du eine andere geworden. Dann liebe ich diese andere und morgen werde ich die Tote lieben. Dich liebe ich, dich, Lucie, glücklich oder unglücklich, lebend oder tot. Dich!

LUCIE: Gut – du liebst mich – und was dann?

JEAN: Du liebtest mich auch ...

LUCIE: Ja – ich liebte auch meinen Bruder, den ich töten ließ. Unsere Liebe ist so weit, warum sprichst du von ihr? Sie war wirklich nicht wichtig.

JEAN: Du lügst, du weißt genau, daß du lügst! Unsere Liebe war unser Leben. Alles, was wir erlebt haben, haben wir zusammen erlebt.

LUCIE: Unser Leben, ja. Unsere Zukunft. Ich lebte in der Erwartung, ich liebte dich in der Erwartung. Ich wartete auf das Ende des Krieges, da wir einander vor aller Augen angehören würden. Ich wartete jeden Abend auf dich. Ich habe keine Zukunft mehr, ich warte nur noch auf meinen Tod. Und ich werde allein sterben. *Pause.* Laß mich. Wir haben einander nichts mehr zu sagen, ich leide nicht und brauche keinen Trost.

JEAN: Glaubst du, daß ich dich zu trösten versuche? Ich sehe deine ausgetrockneten Augen, und ich weiß, daß dein Herz eine Hölle ist: Keine Spur von Leiden, nicht einmal eine Träne. Wie mußt du leiden, daß du nicht leiden kannst. Oh, ich habe mir hundertmal die Foltern vorgestellt, ich habe sie alle im voraus gefühlt, aber ich habe nicht wissen können, wie entsetzlich dein Stolz leiden wird. Lucie, ich möchte dir ein wenig Mitleid für dich selbst einflößen. Könntest du doch dein erstarrtes Gesicht an meine Schultern lehnen! So antworte mir doch! Sieh mich an!

LUCIE: Rühr mich nicht an.

JEAN: Du kannst machen, was du willst: wir sind aneinandergeschmiedet. Alles, was sie dir angetan haben, haben sie uns beiden getan. Dieses Leid, das dich verlassen hat, ich fühle es in mir – es erwartet dich; wenn du in meine Arme kommst, wird es unser beider Leid sein. Meine Liebe, habe Vertrauen zu mir, und wir werden alles miteinander ertragen, selbst deinen Tod. Wenn du nur eine Träne wiederfinden könntest ...

LUCIE: Eine Träne? Ich wünsche mir nur, daß sie mich wieder holen und mich schlagen, und daß mein Schweigen ihrer spottet und ihnen angst macht. Alles ist schal hier: das Warten, deine Liebe, das Gewicht dieses Kopfes auf meinen Knien. Ich möchte, daß der

Schmerz mich auffrißt, ich möchte in Flammen gehüllt sein, ich möchte schweigen und ihre lauernden Blicke sehen.

JEAN *verstört:* Du bist nur mehr eine Wüste von Stolz.

LUCIE: Bin ich daran schuld? Sie haben mich in meinem Stolz geschlagen. Ich hasse sie, aber sie halten mich fest. Aber auch ich halte sie. Ich fühle mich ihnen näher als dir. *Sie lacht.* Wir, denn du willst, daß ich wir sage. Hast du die Handgelenke gebrochen wie Henry? Hast du Wunden auf den Beinen wie Canoris? Es ist nur eine Komödie, denn du hast nichts gefühlt, du stellst dir nur alles vor.

JEAN: Zerbrochene Handgelenke... wenn ihr das verlangt, damit ich zu euch gehöre, das könnt ihr haben. *Er sucht umher, bemerkt einen kleinen Holzklotz, den er nimmt.*

LUCIE *lacht:* Was machst du?

JEAN *legt seine linke Hand auf ein Brett und schlägt mit dem Holz auf sein linkes Handgelenk:* Ich hab' es satt, zu hören, wie ihr euch eurer Schmerzen rühmt, als ob es Verdienste wären. Ich will eure gequälten Augen nicht mehr sehen. Was sie euch taten, kann ich mir selbst antun, das ist nicht so schwer.

LUCIE *lacht laut:* Mißlungen, es ist mißlungen; du kannst dir die Knochen zerbrechen, die Augen ausstechen, aber du selbst bestimmst deine Leiden. Wir wurden vergewaltigt, weil andere uns quälten. Du kannst uns nicht einholen.

Pause. Jean wirft das Holz weg, sieht Lucie an und erhebt sich.

JEAN: Du hast recht, ich kann euch nicht erreichen – ihr gehört zusammen, und ich bin allein. Ich rühre mich nicht mehr und werde kein Wort mit euch reden, ihr sollt vergessen, daß ich existiere. Ich glaube, daß dies meine Rolle in dieser Tragödie ist und daß ich sie annehmen muß, wie ihr die eurige. *Pause.* Vorhin ist mir eine Idee gekommen; Pierre wurde bei der Grotte von Servaz getötet, wo wir Waffen versteckt haben. Wenn sie mich hier freilassen, werde ich seine Leiche in die Grotte schleppen und ihm Papiere in die Tasche stecken. Rechnet vier Stunden nach meinem Weggehen, und wenn sie euch wieder verhören, verratet ihnen dieses Versteck. Sie werden Pierre finden und glauben, daß ich es bin. Dann werden sie keinen Grund mehr haben, euch zu quälen, und mit euch rasch zu einem Ende kommen. Das ist alles. Adieu. *Er geht in den Hintergrund. Langes Schweigen. Dann Schritte im Vorraum. Ein Milizsoldat kommt mit einer Laterne, mit der er den Raum beleuchtet.*

MILIZ *beleuchtet François:* Was hat er?

LUCIE: Er schläft.

MILIZ *zu Jean:* Komm, es gibt was Neues für dich.

Jean zögert, sieht alle Anwesenden mit hoffnungslosen Blicken an und folgt dem Milizsoldaten.

3. SZENE
Canoris – Henry – Lucie

LUCIE: Ich glaube, er ist aus der Geschichte raus, nicht?

CANORIS: Ich glaube.

LUCIE: Sehr gut. Eine Sorge weniger. Er wird zu seinesgleichen gehen, und alles wird in Ordnung sein. Kommt zu mir. *Henry und Canoris nähern sich ihr.* Näher. Jetzt sind wir unter uns, was hält euch zurück? *Sie sieht ihn an und versteht. Pause.* Er mußte sterben. Ihr wißt, daß er sterben mußte. Die da unten haben ihn getötet, durch unsere Hände. Kommt, ich bin seine Schwester, und ich sage euch, daß ihr nicht schuldig seid. Haltet eure Hände über ihn! – Seit er tot ist, gehört er zu uns. Seht ihn an, wie hart sein Gesicht aussieht. Sein Mund verschließt ein Geheimnis. Berührt ihn.

HENRY *streichelt ihm das Haar:* Mein Kleiner! Mein armer kleiner Junge!

LUCIE: Sie haben dich zum Schreien gebracht, Henry, ich habe dich gehört – du schämst dich gewiß.

HENRY: Ja.

LUCIE: Ich fühle deine Schande. Sie wärmt mich, denn es ist auch meine Schande. Ich sagte Jean, ich sei allein, aber ich log. Mit euch fühle ich mich nicht allein. *Zu Canoris:* Du hast nicht geschrien, du, das ist schade.

CANORIS: Ich schäme mich auch.

LUCIE: So! Weshalb?

CANORIS: Als Henry schrie, schämte ich mich.

LUCIE: Das tut gut. Preßt euch an mich. Ich fühle eure Arme und eure Schultern; der Kleine liegt schwer auf meinen Knien – das tut gut. Morgen werde ich schweigen. Ah! Wie ich schweigen werde! Für ihn, für mich, für Sorbier, für euch. Wir bilden ein Ganzes.

Vorhang

VIERTER AKT

Vor Aufgehen des Vorhanges hört man den Gesang einer lauten und ordinären Stimme, die einen Gassenhauer singt: «Si tous les cocus avaient des clochettes.» – Die Szene stellt das Bühnenbild des zweiten Aktes dar. Es ist am andern Morgen, Pellerin trinkt, sitzend auf einer Bank, er scheint sehr abgespannt zu sein. Auf dem Katheder trinkt Landrieu, schon ziemlich berauscht. Clochet steht am Fenster, er gähnt von Zeit zu Zeit. Landrieu platzt vor Lachen.

I. SZENE

Pellerin – Landrieu – Clochet – Corbier

PELLERIN: Warum lachst du?

LANDRIEU *hält seine Hand ans Ohr, um besser zu hören:* Was?

PELLERIN: Ich frage, warum du lachst?

LANDRIEU *zeigt auf den «Pick-up», lachend:* Deswegen.

PELLERIN: Eh?

LANDRIEU: Ich finde die Idee so komisch.

PELLERIN: Was für eine Idee?

LANDRIEU: Den Hahnreien Glöckchen anhängen.

PELLERIN: Scheiße. Ich höre nichts. *Er geht zum Apparat.*

LANDRIEU *schreiend:* Nicht abstellen! *Pellerin stellt ab. Stille.* Siehst du? Siehst du?

PELLERIN *betroffen:* Was soll ich sehen?

LANDRIEU: Die Kälte.

PELLERIN: Dir ist kalt, jetzt im Juli?

LANDRIEU: Ich sage dir, es ist kalt. Du verstehst auch gar nichts.

PELLERIN: Was hast du gesagt?

LANDRIEU: Was?

PELLERIN: Wegen der Hahnreie.

LANDRIEU: Wer spricht hier von Hahnreien? Du bist selber einer. *Pause.* Hören wir lieber die Nachrichten. *Er steht auf und geht zum Radio.*

CLOCHET: Es gibt keine Nachrichten.

LANDRIEU: Es gibt keine Nachrichten?

CLOCHET: Nicht um diese Zeit.

LANDRIEU: Das wollen wir erst sehen. *Er dreht die Knöpfe. Singen – Musik – Störungsgeräusche usw.*

PELLERIN: Du zerreißt einem das Trommelfell.

LANDRIEU *zum Apparat sprechend:* Dreckige Bande. *Pause.* Ach Scheiße, ich höre mir London an – welche Wellenlänge?

PELLERIN: 21 Meter. *Landrieu versucht einzustellen, man hört Nachrichten in tschechischer Sprache – Landrieu lacht.*

LANDRIEU *lachend:* Das ist tschechisch. In London spricht man jetzt tschechisch. Die Welt ist groß. *Er schüttelt den Apparat.* Kannst du nicht französisch sprechen? *Er stellt ab.* Gib mir zu trinken. *Pellerin schenkt ihm ein Glas Wein ein. Landrieu geht zu ihm und trinkt.* Was treiben wir eigentlich hier?

PELLERIN: Hier oder anderswo ...

LANDRIEU: Ich möchte da unten sein, wo sie landen wollen.

PELLERIN: Hm...

LANDRIEU: Sicher... Ich möchte dabeisein. *Er nimmt ihn bei seiner Uniform:* Willst du vielleicht sagen, daß ich Angst habe?

PELLERIN: Ich habe nichts gesagt.

LANDRIEU: Was ist der Tod? Ha... Was ist das! – Jeder kommt dran – morgen, übermorgen oder in drei Monaten.

CLOCHET *aufgeregt:* Das ist nicht wahr. – Alles Lüge. – Die Engländer werden ins Meer zurückgeworfen.

LANDRIEU: Ins Meer? – Du wirst sie auf deinem Arsch spüren, die Engländer. Hier in unserem Dorf. Und es wird wie verrückt krachen – Bum – Bum – Bum. Krach Tschim, Bum Bum auf die Kirche, Peng auf das Rathaus. Was wirst du anfangen, Clochet? Du wirst im Keller hocken, ha, ha, im Keller, da wird's was zum Lachen geben. *Zu Pellerin:* Und wenn man einmal krepiert ist, weißt du, so richtig krepiert ist... Jetzt habe ich den Faden verloren. Schau die kleinen Spitzbuben da oben, man wird sie zerschmettern – na, schau, mich läßt das alles kalt. Jeder kommt an die Reihe. *Er trinkt.* Wir sind Tiere. *Zu Clochet:* Warum gähnst du?

CLOCHET: Ich langweile mich.

LANDRIEU: Trink doch! Schau mich an, ich langweile mich nicht. Du willst uns bespitzeln, du denkst an deinen Rapport. *Er schenkt ein Glas ein und hält es ihm hin.*

CLOCHET: Ich kann nicht – meine Leber...

LANDRIEU: Trink oder ich schmeiß dir's in die Fresse. *Pause. Clochet nimmt zögernd das Glas und trinkt.* Ha, ha, Tiere, alle sind wir Tiere, und das ist gut so. *Man hört Schritte – jemand geht auf dem Speicher auf und ab. Alle sehen an die Decke und lauschen schweigend. Landrieu dreht sich plötzlich um, läuft zur Tür, öffnet sie und ruft:* Corbier ... Corbier ... *Ein Milizmann erscheint.* Bringt sie zum Schweigen – hau fest hinein. *Der Milizmann geht ab. Landrieu schließt die Tür und kommt zu den andern. Alle horchen, die Blicke zur Decke gerichtet. Schweigen.* Die Komödie mit diesem Gesindel geht weiter.

PELLERIN: Braucht ihr mich beim Verhör?

LANDRIEU: Wie?

PELLERIN: Ich glaube, ihr Chef hat sich im Wald versteckt. Ich könnte mit zwanzig Mann eine Streife machen.

LANDRIEU *sieht ihn an:* So? *Pause. Man hört wieder oben Tritte.* Du bleibst hier.

PELLERIN: Mir auch recht. *Er zuckt mit den Achseln.* Wir verlieren nur Zeit.

LANDRIEU: Möglich – aber wir verlieren sie miteinander. *Er sieht an die Decke und setzt sein Gespräch in dieser Stellung fort, bis der Lärm oben aufhört.*

CLOCHET: Es ist Zeit, den Jungen zu verhören.

LANDRIEU: Der Junge interessiert mich nicht, die Männer müssen reden.

PELLERIN: Sie werden nicht reden.

LANDRIEU: Ich sag dir, sie werden reden. Sie sind Tiere, man muß nur wissen, wie man sie anfaßt. Gestern waren wir zu zart mit ihnen. *Man hört oben Lärm, dann Schweigen. Landrieu ist zufrieden.* Was sagst du jetzt. Man hat sie beruhigt. Es geht nichts über straffe Disziplin. *Alle sehen zufrieden aus.*

CLOCHET: Du solltest doch mit dem Kleinen beginnen.

LANDRIEU: Einverstanden. *Er geht zur Tür.* Corbier ... *Keine Antwort.* Corbier ... *Man hört eilende Schritte draußen. Corbier erscheint.* Hol den Jungen.

CORBIER: Den Jungen ... *Macht eine bezeichnende Geste.* Sie haben ihn erledigt.

LANDRIEU: Was?

CORBIER: Sie haben ihn in der Nacht erwürgt. Er lag mit dem Kopf auf den Knien seiner Schwester. Sie sagte, daß er schläft. Aber er war schon kalt und an seinem Hals waren Spuren.

LANDRIEU: Ha! *Pause.* Wer ist auf und ab gegangen?

CORBIER: Der Grieche.

LANDRIEU: Du kannst gehen. *Corbier ab. Schweigen. Clochet sieht unbewußt zur Decke.*

PELLERIN *losbrechend:* Zwölf Kugeln – sofort, damit man sie nicht mehr sieht.

LANDRIEU: Schweig ... *Er geht zum Apparat und dreht auf. Langsamer Walzer. Dann geht er zum Katheder, schenkt sich ein und trinkt, dabei erblickt er das Bild Pétains.* Du siehst das alles. Du siehst das alles mit an und wäschst deine Hände in Unschuld. Du opferst dich; du schenkst dich Frankreich. Aber um Kleinigkeiten kümmerst du dich nicht. Du bist in die Geschichte eingegangen, und wir, wir sitzen in der Scheiße. Sauerei ... *Er schüttet ihm den Wein ins Gesicht.*

CLOCHET: Landrieu ...

LANDRIEU: Setz das in deinen Rapport. *Pause. Er beruhigt sich nur schwer und geht zu Pellerin.* Zwölf Kugeln, das wär zu schön für sie – das wünschen sie sich doch.

PELLERIN: Um so besser, wenn sie es sich wünschen. Hauptsache, daß man mit ihnen Schluß macht.

LANDRIEU: Ich will nicht, daß sie verrecken, ohne gesprochen zu haben.

PELLERIN: Sie haben uns nichts mehr zu sagen. Seitdem sie hier sind, haben wir 24 Stunden verloren, die ihr Chef sicher gut ausgenutzt hat.

LANDRIEU: Ich scheiß auf den Chef. Ich will, daß sie reden.

PELLERIN: Und wenn sie nicht reden?

LANDRIEU: Zerbrich dir nicht den Kopf.

PELLERIN: Ich wiederhole: und wenn sie nicht reden?

LANDRIEU *schreiend:* Und ich wiederhole: zerbrich dir nicht den Kopf. *Pause.*

PELLERIN: So laß sie doch endlich holen.

LANDRIEU: Natürlich werde ich sie holen lassen. *Er rührt sich nicht – Clochet lacht.*

CLOCHET: Und wenn es Märtyrer wären, hm?

LANDRIEU *geht rasch zur Tür:* Corbier, bring sie her.

CORBIER *erscheint:* Alle drei?
LANDRIEU: Ja – alle drei. *Corbier ab.*
PELLERIN: Das Mädel hättest du noch oben lassen können. *Lärm über ihren Köpfen.*
LANDRIEU: Sie kommen herunter. *Er geht zum Radioapparat und dreht ihn ab.* Wenn sie ihren Chef liefern, lassen wir sie leben.
CLOCHET: Landrieu, du bist verrückt!
LANDRIEU: Halt's Maul.
CLOCHET: Sie verdienen zehnfach den Tod.
LANDRIEU: Was sie verdienen, ist mir egal. Ich will, daß sie nachgeben. Ich will keine Märtyrer.
PELLERIN: Ich ... Hör, es wäre mir unerträglich, mir vorzustellen, daß sie am Leben bleiben, daß sie uns vielleicht überleben und daß sie ihr ganzes Leben die Erinnerung an uns mit sich herumtragen.
LANDRIEU: Reg dich nicht auf. Wenn sie reden, um ihre Haut zu retten, werden sie sich hüten, solche Erinnerungen zu bewahren. Sie kommen.
Pellerin steht brüsk auf und versteckt Flasche und Gläser unter dem Katheder. Alle drei stehen unbeweglich in Erwartung.

2. SZENE

Vorige – Lucie – Henry – Canoris – 3 Milizen

Sie betrachten sich schweigend.
LANDRIEU: Was habt ihr mit dem Kleinen gemacht?
Keine Antwort.
PELLERIN: Mörder!
LANDRIEU: Schweig. *Zu den andern:* Er wollte sprechen, nicht wahr, und ihr habt ihm das Maul gestopft.
LUCIE *in Erregung:* Das ist nicht wahr. Er wollte nicht sprechen. Niemand wollte sprechen.
LANDRIEU: Na also.
HENRY: Er war zu jung – wir wollten ihm seine Leiden verkürzen.
LANDRIEU: Wer hat ihn erwürgt?
CANORIS: Alle. Wir sind alle verantwortlich.
LANDRIEU: Hm. *Pause.* Wenn ihr uns die Auskünfte gebt, die wir verlangen, lassen wir euch leben.
CLOCHET: Landrieu!
LANDRIEU: Ihr sollt schweigen, wie oft soll ich es noch sagen. *Zu den andern:* Nehmt ihr an? *Pause.* Ja oder nein?
Sie schweigen.
LANDRIEU *aus der Fassung gebracht:* Ihr weigert euch. Ihr wollt drei Leben für eines geben. Blödsinn! *Pause.* Das Leben biete ich euch an! Das Leben! Das Leben! Seid ihr taub?
LUCIE: Gewonnen! Wir haben gewonnen. Dieser Augenblick entschädigt uns für unsere Leiden. Alles, was ich diese Nacht vergessen wollte, jetzt bin ich stolz, mich daran zu erinnern. Sie haben mir das Kleid vom Leibe gerissen. *Zeigt auf Clochet.* Der da lähmte meine Beine. *Zeigt auf Landrieu.* Und der hielt mich bei den Ar-

men. *Zeigt auf Pellerin.* Und der hat mich mit Gewalt genommen... Jetzt kann ich es sagen, ja, laut hinausschreien; ihr habt mich vergewaltigt, und ihr schämt euch – ich bin reingewaschen. Wo habt ihr eure Daumenschrauben und Zangen? Wo sind eure Peitschen? Heute morgen bettelt ihr, wir sollen doch am Leben bleiben. Wir sagen nein. Nein! Ihr müßt euer Geschäft zu Ende führen.

PELLERIN: Genug, genug, haut sie in Stücke.

LANDRIEU: Halt! Pellerin, ich werde nicht mehr lange euer Chef sein. Aber solange ich kommandiere, gibt es keine Diskussionen. Führt sie ab.

CLOCHET: Sollten wir sie nicht doch ein wenig bearbeiten? Was sie sagen, ist doch nur leeres Geschwätz. Worte, nichts als Worte. *Er zeigt auf Henry.* Der da war gestern zuerst ganz großkotzig und nachher hat er geschrien wie ein Weib.

HENRY: Ihr werdet ja sehen, ob ihr mich heute zum Schreien bringt.

LANDRIEU: Bearbeite ihn, wenn du dazu Lust hast.

CLOCHET: Wenn's auf mich ankommt, selbst wenn's Märtyrer wären, würde mich das nicht stören. Ich liebe die Arbeit um ihrer selbst willen. *Zu den Milizen:* Legt sie auf die Tische.

CANORIS: Einen Augenblick. Wenn wir annehmen, wer bürgt uns, daß ihr uns das Leben schenkt?

LANDRIEU: Ihr habt mein Wort.

CANORIS: Na ja... Wir müssen uns eben damit begnügen. Kopf oder Adler – was wollt ihr mit uns anfangen?

LANDRIEU: Ich werde euch den Deutschen übergeben.

CANORIS: Die uns sicher füsilieren werden.

LANDRIEU: Nein, ich werde ihnen euren Fall erklären.

CANORIS: Gut. *Pause.* Ich bin bereit zu sprechen, wenn meine Kameraden es gestatten.

HENRY: Canoris!

CANORIS: Kann ich mit ihnen allein bleiben? Ich glaube, daß ich sie überzeugen werde.

LANDRIEU *ihn fixierend:* Warum willst du sprechen, hast du Angst zu sterben? *Langes Schweigen, dann senkt Canoris den Kopf.*

CANORIS: Ja...

LUCIE: Feigling!

LANDRIEU: Gut. *Zu den Milizen:* Du stellst dich vor das Fenster – und du bewachst die Tür. *Zu den übrigen:* Kommt. – Du hast eine Viertelstunde, um sie zu überreden.

Landrieu, Pellerin und Clochet gehen durch die Tür im Hintergrund ab.

3. SZENE

Canoris – Lucie – Henry

Während des ersten Teils der Szene bleibt Lucie schweigsam, ohne sich für die Unterhaltung zu interessieren.

CANORIS: Die Sonne geht unter, es wird regnen. Seid ihr verrückt geworden? Ihr betrachtet mich, als ob ich ein Verräter sei, ich will sie nur in die Grotte von Servaz schicken, wie es uns Jean geraten hat. *Pause. Er lächelt.* Sie haben uns ein bißchen ramponiert, aber wir sind doch noch ganz gut zu gebrauchen. *Pause.* Hört, wir müssen sprechen. Wir dürfen drei Menschenleben nicht unnütz vergeuden. *Pause. Sanft:* Warum wollt ihr sterben? Wem nützt das? So antwortet: wem nützt das?

HENRY: Niemand.

CANORIS: Also.

HENRY: Ich bin müde.

CANORIS: Ich bin es noch mehr. Ich bin 15 Jahre älter als du, und sie haben mich härter angepackt. Das Leben, das sie mir schenken, ist nicht sehr begehrenswert.

HENRY *sanft:* Hast du so Angst vor dem Tod?

CANORIS: Ich habe keine Angst. Ich habe sie vorhin belogen, und ich habe keine Angst. Aber wir dürfen nicht umsonst sterben.

HENRY: Ah! Warum nicht? Warum nicht? Sie haben mir die Handgelenke gebrochen, sie haben mir die Haut in Fetzen gerissen. Habe ich nicht bezahlt? Wir haben gewonnen. Warum verlangst du, daß ich noch einmal zu leben anfange, wenn ich im Einklang mit mir selbst sterben kann?

CANORIS: Es gibt Kameraden, denen wir helfen müssen.

HENRY: Wer? und wo?

CANORIS: Überall.

HENRY: Wenn sie uns leben lassen, schicken sie uns in die Salzbergwerke.

CANORIS: Aus denen man entfliehen kann.

HENRY: Was? Du willst fliehen? Du bist ja nur noch ein Wrack.

CANORIS: Du oder ich, das ist das gleiche.

HENRY: Einer unter Tausenden kommt durch.

CANORIS: Es ist das Risiko wert. Und selbst wenn man nicht herauskommt. In den Minen gibt es Alte und Kranke, und Frauen, die es nicht aushalten. Sie brauchen uns.

HENRY: Hör mich an. Als ich den Kleinen am Boden sah, ganz bleich, da dachte ich: ich habe getan, was ich tun mußte, und ich bedaure nichts. Aber nur unter der Voraussetzung, daß auch ich in der Morgendämmerung sterben werde. Wenn ich nicht überzeugt gewesen wäre, auf den gleichen Misthaufen ... *Schreiend:* Ich will ihn nicht überleben. Ich will nicht dreißig Jahre oder mehr mit diesem Mord herumlaufen! Canoris – es wird ganz leicht sein, wir werden nicht einmal Zeit haben, die Mündungen ihrer Gewehre anzusehen.

CANORIS: Wir dürfen nicht umsonst sterben.

HENRY: Hat es einen Sinn zu leben, wenn es Menschen gibt, die schlagen, bis die Knochen im Leib zerbrechen? Alles ist schwarz.

Schaut zum Fenster. Du hast recht, es wird regnen.

CANORIS: Der Himmel ist ganz bedeckt. Es gibt einen tüchtigen Guß.

HENRY *plötzlich:* Doch, aus Hochmut.

CANORIS: Was?

HENRY: Der Kleine. Ich glaube, ich habe ihn aus Hochmut getötet.

CANORIS: Was macht das? Er mußte sterben.

HENRY: Ich werde mit diesem Zweifel ein Jammerdasein führen. Jede Minute meines Lebens werde ich mich selber verhören. *Pause.* Ich kann nicht. Ich kann nicht leben.

CANORIS: Was für Geschichten! Du wirst mit den andern genug zu tun haben, da wirst du vergessen... Du beschäftigst dich zuviel mit dir, Henry. Das Leben retten ... Bah, arbeiten muß man, dann rettet man sich noch obendrein. *Pause.* Hör, Henry: wenn du heute stirbst, wird man den Schluß ziehen, daß du ihn aus Hochmut getötet hast. Das bleibt für immer bestehen. Wenn du weiterlebst...

HENRY: Dann?

CANORIS: Dann bleibt alles offen: nach deinem gesamten Leben wird man deine Taten beurteilen. *Pause.* Wenn du dich töten läßt, obgleich du noch etwas leisten kannst, wird nichts sinnloser sein als dein Tod. *Pause.* Soll ich sie rufen?

HENRY *auf Lucie zeigend:* Sie soll entscheiden.

CANORIS: Hörst du, Lucie?

LUCIE: Entscheiden, was? Ah so... Es ist alles entschieden: sage ihnen, daß wir nicht sprechen werden und daß sie rasch machen sollen.

CANORIS: Und die Kameraden, Lucie?

LUCIE: Ich habe keine Kameraden mehr. *Sie geht zum Milizsoldaten.* Geht sie holen. Wir werden nicht sprechen.

CANORIS *ist ihr zum Milizsoldaten gefolgt:* Es bleiben uns noch fünf Minuten. Wartet. *Er führt sie wieder nach vorn.*

LUCIE: Fünf Minuten, gut. Und was hoffst du? Mich in fünf Minuten zu überzeugen?

CANORIS: Ja.

LUCIE: Du reines Herz! Du kannst gut weiterleben, du hast ein ruhiges Gewissen, sie haben dich ein bißchen herumgestoßen, das ist alles. Mich haben sie beschmutzt, kein Fleckchen meiner Haut, das mir nicht Abscheu einflößt. *Zu Henry:* Und du machst Geschichten, weil du ein Kind erwürgt hast; erinnerst du dich, daß dieser Junge mein Bruder war und ich nichts gesagt habe. Ich habe das Entsetzliche auf mich geladen. Ich muß verschwinden und mit mir all das Häßliche... Geht, lebt, da ihr euch genügt – aber ich hasse mich und wünsche, daß nach meinem Tode alles so sei, als hätte ich nie existiert.

HENRY *zu Lucie:* Ich werde dich nicht verlassen, Lucie, und handeln, wie du entscheidest. *Pause.*

CANORIS: Also muß ich euch gegen euren Willen retten.

LUCIE: Du wirst sprechen?

CANORIS: Es muß sein.

LUCIE *heftig:* Ich sage ihnen, daß du lügst und daß alles erfunden ist. *Pause.* Wenn ich gewußt hätte, daß du schwach werden würdest, glaubst du, ich hätte meinen Bruder von euch anrühren lassen?

CANORIS: Dein Bruder wollte unseren Chef ausliefern. Ich will sie auf eine falsche Fährte hetzen.

LUCIE: Das ist dasselbe. Es wird derselbe Triumph in ihren Augen sein.

CANORIS: Lucie! Du hast François also doch aus Hochmut sterben lassen?

LUCIE: Du verlierst deine Zeit. Mir wirst du keine Gewissensbisse einflößen.

MILIZSOLDAT: Noch zwei Minuten.

CANORIS: Henry!

HENRY: Ich werde handeln, wie sie entscheidet.

CANORIS *zu Lucie:* Warum kümmerst du dich um diese Menschen. In sechs Monaten werden sie sie in einem Keller vergraben und die erste Handgranate, die man auf sie schleudert, setzt den Schlußpunkt unter diese Geschichte. Nur das andere zählt: die Welt und was du in der Welt leistest, die Kameraden und was du für sie tust.

LUCIE: Ich bin leer, ich fühle mich einsam, ich kann nur an mich denken.

CANORIS *sanft:* Bindet dich wirklich nichts an die Erde?

LUCIE: Nichts. Alles ist vergiftet.

CANORIS: Dann... *Macht eine resignierte Bewegung, geht auf die Milizsoldaten zu. Der Regen beginnt, bald stärker werdend.*

LUCIE *plötzlich:* Was ist das? *Langsam und leise:* Regen. *Sie geht zum Fenster.* Seit drei Monaten habe ich nicht mehr das Geräusch des Regens gehört. *Pause.* Mein Gott, während dieser ganzen Zeit war schönes Wetter. Es ist schrecklich. Ich glaubte, ich müsse immer in strahlender Sonne leben. *Pause.* Es regnet stark, es wird nach feuchter Erde riechen. *Ihre Lippen fangen an zu zittern.* Ich will nicht... ich will nicht...

HENRY *und* CANORIS *gehen zu ihr.*

HENRY: Lucie!

LUCIE: Ich will nicht weinen. Wenn ich es täte, würde ich zum Tier herabsinken.

HENRY *nimmt sie in seine Arme.*

LUCIE: Laßt mich! *Schreiend:* Ich liebte das Leben, ich liebte das Leben! *Sie schluchzt auf Henrys Schulter.*

MILIZSOLDAT *kommt vor:* Also? Es ist Zeit.

CANORIS *nachdem er Lucie einen Blick zugeworfen hat:* Sag deinem Chef, daß wir bereit sind, alles zu sagen.

Milizsoldat ab. Pause.

LUCIE *sich fassend:* Ist es wahr? Wir werden leben. Ich war schon auf der anderen Seite... Seht mich an, lächelt mir zu. So lange habe ich kein Lächeln gesehen... Handeln wir richtig, Canoris? Handeln wir richtig?

CANORIS: Wir handeln richtig. Wir müssen leben.

4. SZENE

Vorige – Landrieu – Pellerin – Clochet

LANDRIEU: Nun?

CANORIS: Auf der Straße nach Grenoble – beim Kilometerstein 42, ist rechts ein kleiner Weg. Fünfzig Meter weiter im Wald ist, durch ein Gebüsch verdeckt, eine Höhle. Dort ist der Chef versteckt, mit den Waffen.

LANDRIEU *zu den Milizen:* Zehn Mann sofort dorthin. Versucht ihn lebendig herzubringen. *Pause.* Führt die Gefangenen wieder hinauf. *Die Milizen führen die Gefangenen ab. Clochet zögert einen Augenblick, dann schleicht er ihnen nach.*

5. SZENE

Landrieu – Pellerin, dann Clochet

PELLERIN: Glaubst du, daß er die Wahrheit gesagt hat?

LANDRIEU: Natürlich. Das sind Tiere. *Er setzt sich.* Na, jetzt haben wir sie endlich. Hast du ihren Abgang gesehen? – Sie waren weniger stolz als beim Hereinkommen. *Clochet tritt wieder ins Zimmer – Landrieu fährt liebenswürdig fort:* Also, Clochet, haben wir sie endlich?

CLOCHET *reibt sich zerstreut die Hände:* Ja, ja; wir haben sie.

PELLERIN *zu Landrieu:* Du läßt sie am Leben?

LANDRIEU: Unbedingt, jetzt da sie... *Salve unter dem Fenster.* Was ist das? *Clochet lächelt verlegen.* Clochet, du hast doch nicht...?

CLOCHET *macht ein bejahendes Zeichen, indem er lacht:* Ich hab' gedacht, es ist so menschlicher.

LANDRIEU: Schweinehund! – *Salve – er läuft zum Fenster.*

PELLERIN: Laß doch, aller guten Dinge sind drei.

LANDRIEU: Ich will nicht.

PELLERIN: Sauber würden wir vor dem Überlebenden dastehen.

CLOCHET: In einer Minute wird niemand mehr daran denken, nur wir allein.

Dritte Salve – Landrieu fällt auf seinen Sitz.

LANDRIEU: Ach...

Clochet geht zum Apparat und dreht auf – ein Gassenhauer ertönt.

Vorhang

Die ehrbare Dirne

PERSONEN

Lizzie
Fred
Der Neger
Senator Clark
John und James, Polizisten

Ort der Handlung: Ein möbliertes Zimmer irgendwo im Süden der Vereinigten Staaten.

Die Uraufführung von «Die ehrbare Dirne» fand am 8. November 1946 im Théâtre Antoine in Paris statt.

ERSTES BILD

Ein Zimmer in einer Stadt im Süden der Vereinigten Staaten. Weiße Wände. Eine Chaiselongue. Rechts ein Fenster; links Tür ins Badezimmer. Im Hintergrund kleiner Vorraum, der zur Wohnungstür führt.

I. SZENE

Lizzie, dann der Neger

Bevor der Vorhang aufgeht, hört man von der Bühne her ein Gewitter. Lizzie ist allein, sie ist halb angezogen, sie ist mit dem Staubsauger beschäftigt. Man läutet, sie zögert, schaut zur Badezimmertür. Es läutet wieder. Sie stellt den Staubsauger ab und öffnet die Badezimmertür ein wenig.

LIZZIE *flüsternd:* Man läutet, zeige dich nicht. *Sie geht zur Tür und öffnet. Der Neger zeigt sich im Türrahmen. Es ist ein großer und dicker Neger mit weißen Haaren. Er steht steif da.* Was ist los? Sie haben sich sicherlich in der Adresse geirrt. *Nach einer Pause.* Was wollen Sie denn? So sprechen Sie doch.

NEGER *bittend:* Bitte sehr, Madame, bitte sehr.

LIZZIE: Was denn? *Sie schaut ihn genauer an.* Moment mal. Du warst in der Eisenbahn? Du hast ihnen entfliehen können? Wie hast du aber meine Adresse gefunden?

NEGER: Ich habe Sie gesucht, Madame, ich habe Sie gesucht, überall. *Er will näher treten.* Bitte sehr.

LIZZIE: Komm nicht herein. Ich habe jemanden da. Was willst du denn überhaupt?

NEGER: Bitte sehr.

LIZZIE: Aber was denn? Was? Willst du Geld haben?

NEGER: Nein, Madame. *Nach einer Pause.* Bitte sehr, sagen Sie ihm, daß ich nichts getan habe.

LIZZIE: Wem denn?

NEGER: Dem Richter. Sagen Sie es ihm, Madame. Bitte sehr, sagen Sie es ihm.

LIZZIE: Ich werde gar nichts sagen.

NEGER: Bitte sehr!

LIZZIE: Gar nichts! Ich habe gerade genug Unannehmlichkeiten in meinem Leben, ich will mir nicht noch die der andern aufbürden. Geh jetzt.

NEGER: Sie wissen, daß ich nichts getan habe. Was habe ich denn getan?

LIZZIE: Du hast nichts getan. Aber ich werde nicht zum Richter gehen. Die Richter und die Polizei, die können mir... jawohl... das können sie mir.

NEGER: Ich habe meine Frau und meine Kinder verlassen, ich bin die ganze Nacht herumgeirrt. Ich kann nicht mehr.

LIZZIE: Verlaß doch die Stadt.

NEGER: Sie lauern auf allen Bahnhöfen.

LIZZIE: Wer lauert denn?

NEGER: Die Weißen.
LIZZIE: Welche Weißen?
NEGER: Alle Weißen. Sind Sie heute morgen noch nicht ausgewesen?
LIZZIE: Nein.
NEGER: Es sind viele Leute auf den Straßen. Junge und alte: sie sprechen sich an, ohne sich zu kennen.
LIZZIE: ... und ... was soll denn das alles bedeuten?
NEGER: Das heißt, daß ich nur noch im Kreis herumirren kann, bis sie mich erwischen. Wenn Weiße, die sich nicht kennen, zusammenstehen und miteinander sprechen, dann muß immer ein Neger sterben. *Nach einer Pause.* Sagen Sie, daß ich nichts getan habe, Madame. Sagen Sie es dem Richter; sagen Sie es den Zeitungsleuten. Vielleicht drucken sie es dann. Sagen Sie es, Madame, sagen Sie es! Sagen Sie es!
LIZZIE: Schrei nicht so! Ich habe doch jemanden da! *Nach einer Pause.* Von wegen der Zeitung, rechne nicht damit. Es ist jetzt nicht der Moment, mich bemerkbar zu machen. *Pause.* Wenn sie mich zwingen, als Zeuge auszusagen, so werde ich die Wahrheit sagen, das verspreche ich dir.
NEGER: Sie werden ihnen sagen, daß ich nichts getan habe?
LIZZIE: Ich werde es ihnen sagen.
NEGER: Schwören Sie es mir, Madame?
LIZZIE: Ja, ja!
NEGER: Auf den lieben Gott, der uns sieht?
LIZZIE: Zum Teufel! Verschwinde jetzt. Ich verspreche es dir, das muß dir genügen. *Pause.* Verdufte jetzt! Mach, daß du endlich wegkommst!
NEGER *plötzlich:* Bitte sehr, verstecken Sie mich!
LIZZIE: Dich verstecken?
NEGER: Tun Sie's doch, Madame, tun Sie's doch!
LIZZIE: Dich verstecken! Ich? *Sie schlägt ihm die Tür vor der Nase zu.* Mach keine Geschichten. *Sie wendet sich zur Badezimmertür.* Du kannst rauskommen. *Fred kommt hemdärmelig heraus, noch ohne Kragen und Krawatte.*

2. SZENE

Lizzie – Fred

FRED: Was war denn?
LIZZIE: Oh, nichts.
FRED: Ich glaubte, es wäre die Polizei.
LIZZIE: Die Polizei? Hast du etwas mit der Polizei zu tun?
FRED: Ich nicht. Ich glaubte, es wäre deinetwegen.
LIZZIE *beleidigt:* Da hört aber alles auf! Ich habe noch niemandem einen Cent gestohlen.
FRED: Und du hast noch nie mit der Polizei zu tun gehabt?
LIZZIE: Auf alle Fälle nicht wegen Diebstahl. *Sie nimmt wieder den Staubsauger in die Hand und fährt mit der Reinigung fort. Draußen Gewitter.*

FRED, *den der Lärm nervös macht:* Oh!

LIZZIE *schreit, damit er es versteht:* Was ist denn los, mein Liebling?

FRED, *ebenfalls schreiend:* Du machst mir das Trommelfell kaputt.

LIZZIE *wie oben:* Ich bin gleich fertig. *Pause.* Ich bin halt so!

FRED *schreiend:* Wie?

LIZZIE: Eben so. Am nächsten Morgen ist es stärker als ich: ich muß baden und staubsaugen. *Sie läßt den Staubsauger stehen.*

FRED *auf das Bett zeigend:* Da du gerade dabei bist. Deck es zu.

LIZZIE: Was?

FRED: Das Bett. Ich sage dir, du sollst es zudecken. Das riecht nach Sünde.

LIZZIE: Nach Sünde? Wo nimmst du denn das her? Bist du etwa ein Pastor?

FRED: Nein. Warum?

LIZZIE: Du sprichst wie die Bibel. *Sie blickt ihn an.* Nein, du bist kein Pastor; du bist zu gepflegt. Zeig mal deine Ringe. *Bewundernd.* Oh, du ... sag mal ... bist du reich?

FRED: Ja.

LIZZIE: Sehr reich?

FRED: Sehr!

LIZZIE: Um so besser. *Sie legt ihm die Arme um den Nacken und streckt ihm die Lippen entgegen.* Ich finde es für einen Mann viel besser, wenn er reich ist, das macht ihn vertrauenswürdig. *Er zögert noch mit dem Kuß, dann wendet er sich plötzlich ab.*

FRED: Deck das Bett zu.

LIZZIE: Gut, gut, schon gut! Ich werde es zudecken. *Sie deckt es zu und lacht vor sich hin.* «Das riecht nach Sünde!» So was hätte ich nie gefunden. Aber du, es ist ja d e i n e Sünde, mein Liebling. *Bewegung von Fred.* Ja, ja, natürlich ist es auch meine Sünde. Aber ich habe deren viele auf dem Gewissen ... *Sie setzt sich auf das Bett und zieht Fred zu sich.* Komm. Komm, setz dich mit auf unsere Sünde. Es war doch eine schöne Sünde, nicht? Eine reizende Sünde. *Sie lacht.* Schlag doch die Augen nicht nieder. Hast du Angst vor mir? *Fred preßt sie plötzlich brutal an sich.* Du tust mir weh! Du tust mir weh! *Er läßt sie los.* Komischer Kerl! Du blickst nicht gerade freundlich in die Welt. *Pause.* Sag mir deinen Vornamen. Willst du nicht? Weißt du, es stört mich, wenn ich nicht weiß, wie du heißt. Das passiert mir zum erstenmal. Den Familiennamen, den sagen sie alle sehr selten, und ich verstehe das. Aber den Vornamen! Wie soll ich euch denn alle auseinanderhalten, wenn ich eure Vornamen nicht weiß? Sag ihn mir, sag ihn mir doch, Liebling.

FRED: Nein.

LIZZIE: Gut, dann wirst du eben der «Herr ohne Namen» sein. *Sie erhebt sich.* Warte. Ich will noch fertig aufräumen. *Sie stellt einige Sachen woanders hin.* Da. Da. So, jetzt ist alles in Ordnung. Die Stühle rund um den Tisch: das ist vornehmer. Kennst du niemand, der mit Stichen handelt? Ich möchte Bilder an die Wand hängen. Ich habe eines im Koffer, ein sehr schönes. «Der zerbrochene Krug» heißt es: man sieht ein junges Mädchen darauf, sie hat ihren Krug zerbrochen, die Arme. Es ist ein französisches Bild.

FRED: Was für ein Krug?

LIZZIE: Das weiß ich doch nicht: ihren Krug. Sie wird wohl einen Krug gehabt haben. Ich möchte eine alte Großmutter als Gegenstück. So eine, die strickt oder ihren Enkelkindern eine Geschichte erzählt. Ah! Ich werde die Vorhänge zurückziehen und das Fenster öffnen. *Sie macht es.* Ist das schön draußen! Wieder ein Tag, der beginnt. *Sie streckt sich.* Ach! Ich fühle mich so, wie ich es gern habe: es ist schön, ich habe ein herrliches Bad genommen, ich habe eine wundervolle Liebesnacht hinter mir; mir ist so wohl, ich fühle mich so frisch! Komm doch mal her und sieh dir meine Aussicht an; komm! Ich habe eine schöne Aussicht. Nichts als Bäume, das wirkt vornehm. Findest du nicht auch, ich hatte doch richtiges Schwein: auf Anhieb fand ich dieses Zimmer in dem feinen Viertel. Du kommst nicht? Du liebst also deine Stadt nicht?

FRED: Ich liebe sie von meinem Fenster aus.

LIZZIE *plötzlich:* Das bringt doch hoffentlich kein Unglück, wenn man beim Aufwachen einen Neger sieht?

FRED: Warum?

LIZZIE: Ich ... meine nur – es geht gerade einer auf der andern Seite vorbei.

FRED: Es bringt immer Unglück, wenn man Neger sieht. Die Neger – in denen steckt der Teufel. *Nach einer Pause.* Mach das Fenster zu.

LIZZIE: Willst du denn nicht, daß ich lüfte?

FRED: Ich sage dir, du sollst das Fenster schließen. Ja! Und zieh die Vorhänge zu. Mach wieder Licht an.

LIZZIE: Warum? Wegen der Neger?

FRED: Dummkopf.

LIZZIE: Die Sonne scheint so schön.

FRED: Ich will keine Sonne hier. Ich will, daß dein Zimmer so bleibt, wie es heute nacht war. Mach das Fenster zu, sage ich dir. Die Sonne, die werde ich schon draußen finden. *Er erhebt sich, geht auf sie zu und betrachtet sie.*

LIZZIE *leicht beunruhigt:* Was ist denn?

FRED: Nichts. Gib mir meine Krawatte.

LIZZIE: Sie ist im Badezimmer. *Sie geht hinein. Fred öffnet schnell die Schubladen des Tisches und durchsucht sie. Lizzie kommt mit der Krawatte zurück.* Da ist sie! Warte. *Sie macht ihm den Knoten.* Weißt du, ich mache nicht oft Straßenbekanntschaften, da muß man zu viele neue Gesichter sehen. Mein Ideal wäre, mit drei oder vier Männern in einem gewissen Alter ein festes Verhältnis zu haben, einen für Dienstag, einen für Donnerstag und einen fürs Wochenende. Ich sage dir das: du bist zwar noch ein wenig jung, aber du machst einen so seriösen Eindruck, wenn du Lust hättest ... Gut, gut, ich sage nichts mehr. Du kannst es dir ja überlegen! So! So! Du bist so schön wie ein Stern. Küsse mich, mein Hübscher; küsse mich zum Dank. Du willst mich nicht küssen? *Er umarmt sie brutal und stößt sie dann plötzlich wieder von sich.* Oh!

FRED: Du bist der Teufel.
LIZZIE: Wie?
FRED: Du bist der Teufel.
LIZZIE: Schon wieder die Bibel! Was hast du denn auf einmal?
FRED: Nichts. Ich spaßte.
LIZZIE: Du hast eine komische Art zu spaßen. *Pause.* Bist du zufrieden?
FRED: Zufrieden, womit?
LIZZIE *indem sie ihn lachend imitiert:* Zufrieden, womit? Gott, bist du dumm, mein Kleiner.
FRED: Ah! Ach ja... sehr zufrieden. Sehr zufrieden. Wieviel willst du?
LIZZIE: Wer spricht denn davon? Ich frage dich, ob du zufrieden bist, du kannst mir doch auch auf eine nette Art antworten. Was ist denn los? Bist du wirklich nicht zufrieden? Oh! Das würde mich wundern, weißt du, das würde mich wirklich wundern.
FRED: Halt doch die Schnauze.
LIZZIE: Du hast mich ganz fest an dich gepreßt, ganz fest, und dann hast du mir ganz leise gesagt, daß du mich liebst.
FRED: Du warst betrunken.
LIZZIE: Nein, ich war nicht betrunken.
FRED: Doch, du warst betrunken.
LIZZIE: Aber ich sage dir doch, nein.
FRED: Ich war es auf alle Fälle. Ich erinnere mich an nichts mehr.
LIZZIE: Das ist aber sehr schade. Ich habe mich im Badezimmer ausgezogen, und als ich zu dir zurückkam, da bist du ganz rot geworden, so rot, daß ich sagte: «Da bin ich, mein Krebs.» Erinnerst du dich nicht mehr, daß du das Licht löschen wolltest und mich im Dunkeln geliebt hast? Ich fand das sehr höflich und rücksichtsvoll von dir.
FRED: Nein.
LIZZIE: Und als wir beide «Die Neugeborenen in der gleichen Wiege» spielten? Erinnerst du dich daran?
FRED: Ich sag dir, halt doch deinen Mund. Was man nachts macht, das gehört der Nacht. Am Tag spricht man nicht darüber.
LIZZIE *herausfordernd:* Und wenn es mir Spaß macht, davon zu sprechen? Ich habe auf alle Fälle sehr darüber gelacht!
FRED: So! Du hast darüber gelacht! *Er geht auf sie zu, streichelt ihr sanft die Schultern, dann umschließt er mit seinen Händen ihren Hals.* Das macht euch lachen, was, wenn ihr einen Mann eingewickelt habt, wie? *Pause.* Ich habe deine Nacht vergessen. Vollkommen vergessen. Ich sehe das Tanzlokal, das ist alles. An das übrige erinnerst nur du dich, nur du allein. *Er würgt sie am Hals.*
LIZZIE: Was machst du denn?
FRED: Ich würge dich am Hals.
LIZZIE: Du tust mir weh.
FRED: Du allein. Wenn ich noch ein ganz klein wenig mehr drücken würde, dann gäbe es niemand mehr auf der Welt, der sich dieser Nacht erinnert. *Er läßt sie los.* Wieviel willst du?
LIZZIE: Wenn du es schon vergessen hast, so ist das ein Zeichen, daß

ich schlecht gearbeitet habe. Ich will nicht, daß du für schlecht geleistete Arbeit bezahlst.

FRED: Mach keine Geschichten: Wieviel?

LIZZIE: Hör: Ich bin seit vorgestern hier, du bist der erste, der mich besucht; dem ersten gebe ich mich gratis, das wird mir Glück bringen.

FRED: Ich brauche deine Geschenke nicht. *Er legt einen Zehndollarschein auf den Tisch.*

LIZZIE: Ich will dein Geld nicht, aber ... ich will sehen, wie hoch du mich taxierst. Warte, ich will raten! *Sie nimmt den Schein und macht die Augen zu.* Vierzig Dollar? Nein. Das ist zuviel, dann müßten es ja auch zwei Scheine sein. Zwanzig Dollar? Auch nicht? Dann sind es also mehr als vierzig Dollar. Fünfzig? Oder hundert? *Fred sieht sie die ganze Zeit über an, indem er still vor sich hinlächelt.* Mir egal, ich mache die Augen auf. *Sie schaut den Schein an.* Hast du dich nicht geirrt?

FRED: Ich glaube nicht.

LIZZIE: Weißt du, was du mir gegeben hast?

FRED: Ja.

LIZZIE: Nimm ihn zurück. Nimm ihn auf der Stelle zurück. *Er macht mit der Hand eine abwehrende Bewegung.* Zehn Dollar! Zehn Dollar! Mach dich nicht lächerlich, ein Mädchen wie mich für zehn Dollar! Hast du meine Beine gesehen? *Sie zeigt sie ihm.* Und meine Brüste, hast du sie gesehen? Sind das Brüste für zehn Dollar? Nimm deinen Schein zurück und verschwinde, bevor ich wütend werde. Zehn Dollar! Der Herr, der mich überall geküßt hat, der Herr, der immer wieder von vorn anfangen wollte, der Herr, der mich gebeten hat, ihm meine ganze Jugend zu erzählen. Und der Herr, der heute morgen seine schlechte Laune an mir ausläßt und ein Gesicht schneidet, als bezahlte er mich pro Monat. Und all das für wieviel? Nicht für vierzig, nicht für dreißig, nicht für zwanzig: für ganze zehn Dollar!

FRED: Für eine Schweinerei ist es genug.

LIZZIE: Du bist selbst ein Schwein! Woher kommst du, du Bauer? Deine Mutter muß eine schöne Schlampe gewesen sein, wenn sie dir nicht beigebracht hat, eine Frau zu respektieren.

FRED: Willst du wohl schweigen?

LIZZIE: Eine schöne Schlampe! Eine schöne Schlampe!

FRED *mit heller Stimme:* Einen Rat geb ich dir, meine Kleine: sprich mit den Burschen, die zu dir kommen, nicht zu oft über ihre Mütter, wenn du nicht erwürgt werden willst.

LIZZIE *auf ihn zugehend:* Erwürge mich doch! Erwürge mich doch! Das möchte ich sehen!

FRED *zurückweichend:* So sei schon still. *Lizzie nimmt eine Vase vom Tisch in der offenkundigen Absicht, sie auf seinem Kopf zu zerschlagen.* Da hast du noch zehn Dollar, aber sei endlich ruhig. Sei endlich still, oder ich lasse dich einsperren!

LIZZIE: Du, du willst mich einsperren lassen?

FRED: Ja.

LIZZIE: Du?

FRED: Ja, ich.

LIZZIE: Das sollte mich wundern.

FRED: Ich bin der Sohn von Clark.

LIZZIE: Von welchem Clark?

FRED: Von dem Senator.

LIZZIE: Wirklich? Und ich bin die Tochter von Roosevelt.

FRED: Hast du den Kopf von Clark nicht in der Zeitung gesehen?

LIZZIE: Ja ... Und?

FRED: Das ist er. *Er zeigt ihr ein Photo.* Ich stehe hier neben ihm, er hat seine Hand auf meiner Schulter.

LIZZIE *plötzlich beruhigt:* Du, sag mal! Der sieht aber sehr gut aus, dein Vater! Laß mich mal sehen. *Fred reißt ihr das Photo aus den Händen.*

FRED: Das genügt.

LIZZIE: Er sieht sehr gut aus, so gerecht, so ernst! Stimmt es, daß sein Wort wie Honig ist? *Er antwortet nicht.* Ist das euer Garten?

FRED: Ja.

LIZZIE: Er scheint sehr groß zu sein. Und die Kleinen auf den Sesseln, sind das deine Schwestern? *Er antwortet nicht.* Steht dein Haus auf dem Hügel?

FRED: Ja.

LIZZIE: Dann siehst du ja am Morgen, wenn du frühstückst, von deinem Fenster aus die ganze Stadt?

FRED: Ja.

LIZZIE: Läutet man bei euch zu den Mahlzeiten mit der Glocke, um euch zu rufen? Du kannst mir ruhig antworten.

FRED: Man schlägt auf einen Gong.

LIZZIE *ganz begeistert:* Auf einen Gong! Ich verstehe dich nicht. Wenn ich eine solche Familie und ein solches Haus hätte, dann müßte man mir noch etwas zugeben, damit ich auswärts schlafe. *Nach einer Pause.* Wegen deiner Mutter entschuldige ich mich: ich war wütend. Ist sie auch mit auf dem Photo?

FRED: Ich habe dir verboten, von ihr zu sprechen.

LIZZIE: Gut, gut. *Nach einer Pause.* Darf ich dich etwas fragen? *Er antwortet nicht.* Wenn diese Art Liebe dich anekelt, warum bist du dann zu mir gekommen? *Er antwortet nicht. Sie seufzt.* Da ich nun einmal da bin, werde ich versuchen, mich an eure Manieren zu gewöhnen. *Fred kämmt sich vor dem Spiegel. Nach einiger Zeit.*

FRED: Du kommst aus dem Norden?

LIZZIE: Ja.

FRED: Aus New York?

LIZZIE: Was interessiert dich das?

FRED: Du hast doch vorhin von New York gesprochen.

LIZZIE: Jeder kann doch von New York sprechen, das beweist doch nichts.

FRED: Warum bist du nicht dort geblieben?

LIZZIE: Weil ich es satt hatte.

FRED: Unannehmlichkeiten?

LIZZIE: Klar; ich ziehe sie an, es gibt solche Naturen. Siehst du diese Schlange? *Sie zeigt ihm ihr Armband.* Es bringt Unglück.

FRED: Warum trägst du es dann?

LIZZIE: Da ich es nun einmal habe, muß ich es auch tragen. Die Rache der Schlange soll schrecklich sein.

FRED: Du bist es, die der Neger vergewaltigen wollte?

LIZZIE: Was?

FRED: Du kamst doch vorgestern mit dem Sechs-Uhr-Schnellzug an?

LIZZIE: Ja.

FRED: Dann bist du es.

LIZZIE: Kein Mensch hat mich vergewaltigen wollen. *Sie lacht ein wenig bitter.* Mich vergewaltigen! Kannst du dir das vorstellen?

FRED: Du bist es, Webster hat es mir doch gestern im Tanzlokal gesagt.

LIZZIE: Webster? *Nach einer Pause.* Das ist es also!

FRED: Was?

LIZZIE: Deshalb leuchteten deine Augen so. Das regte dich auf, wie? Schmutzfink! Und ausgerechnet du hast einen so guten Vater.

FRED: Dumme Gans! *Nach einer Pause.* Wenn ich mir vorstelle, daß du mit einem Neger geschlafen hast...

LIZZIE: Na und?

FRED: Ich habe fünf farbige Dienstboten. Wenn man mich ans Telephon ruft und einer von ihnen hat den Hörer abgenommen, so wischt er den Hörer erst ab, bevor er ihn mir reicht.

LIZZIE *mit einem Pfeifen, das Bewunderung ausdrücken soll:* Ich verstehe.

FRED *sanft:* Wir lieben hier die Neger nicht so besonders. Auch nicht die Weißen, die sich mit ihnen amüsieren.

LIZZIE: Genug. Ich habe nichts gegen sie, aber ich möchte nicht, daß sie mich berühren.

FRED: Wer weiß... Du bist der Teufel. Im Neger steckt auch der Teufel. *Plötzlich.* Er hat dich also vergewaltigen wollen?

LIZZIE: Was kann dir das schon ausmachen?

FRED: Sie sind zu zweit in dein Abteil gestiegen. Nach einer Weile haben sie sich auf dich gestürzt. Du hast um Hilfe gerufen, und Weiße sind dazu gekommen. Einer der Neger hat sein Rasiermesser gezogen, und ein Weißer hat ihn mit einem Revolverschuß niedergestreckt. Der andere Neger hat sich davongemacht.

LIZZIE: Hat dir Webster das erzählt?

FRED: Ja.

LIZZIE: Und woher wußte er es?

FRED: Die ganze Stadt spricht davon.

LIZZIE: Die ganze Stadt? Da kann ich mir ja direkt was drauf einbilden. Habt ihr nichts anderes zu tun?

FRED: Ist alles so gewesen, wie ich es erzählt habe?

LIZZIE: Ganz und gar nicht. Die beiden Neger verhielten sich ganz ruhig und sprachen miteinander; sie haben mich nicht einmal angesehen. Dann stiegen vier Weiße ein, und zwei von ihnen wurden sehr zudringlich. Sie hatten eben ein Rugbymatch gewonnen und waren besoffen. Sie sagten, es stinkt nach Neger, und wollten die

Schwarzen zur Tür hinauswerfen. Diese verteidigten sich, so gut sie konnten; zum Schluß bekam ein Weißer einen Faustschlag aufs Auge; da hat er seinen Revolver gezogen und geschossen. Das ist alles. Sobald wir den Bahnhof erreichten, sprang der andere Neger vom Zug.

FRED: Man kennt das. Aber es wird ihm nichts nützen; wir kriegen ihn doch. *Nach einer Pause.* Wenn man dich vor den Richter ruft, wirst du ihm diese Geschichte da erzählen?

LIZZIE: Was interessiert dich das?

FRED: Antworte!

LIZZIE: Ich werde nicht zum Richter gehen. Ich sage dir, ich hasse Komplikationen.

FRED: Du wirst hingehen müssen.

LIZZIE: Ich werde nicht hingehen. Ich will mit der Polizei nichts mehr zu tun haben.

FRED: Sie werden herkommen und dich holen.

LIZZIE: Dann werde ich sagen, was ich gesehen habe.

FRED *nach einer Pause:* Bist du dir darüber klar, was du damit machst?

LIZZIE: Was mache ich denn damit?

FRED: Damit zeugst du für einen Schwarzen gegen einen Weißen.

LIZZIE: Wenn der Weiße schuldig ist.

FRED: Er ist unschuldig.

LIZZIE: Da er getötet hat, ist er auch schuldig.

FRED: Schuldig wessen?

LIZZIE: Getötet zu haben!

FRED: Aber er hat einen Neger getötet.

LIZZIE: Na, und?

FRED: Wenn man jedesmal schuldig wäre, wenn man einen Neger tötet...

LIZZIE: Er hatte kein Recht dazu.

FRED: Was für ein Recht?

LIZZIE: Er hatte kein Recht dazu.

FRED: Dein Recht kommt aus dem Norden. *Nach einer Pause.* Schuldig oder nicht, du kannst es nicht zulassen, daß ein Mann deiner Rasse bestraft wird.

LIZZIE: Ich will ja niemand bestrafen lassen. Man wird mich fragen, was ich gesehen habe, und ich werde es sagen. *Pause. Fred geht auf sie zu.*

FRED: Was ist zwischen dir und dem Neger? Warum willst du ihn schützen?

LIZZIE: Ich kenne ihn ja gar nicht.

FRED: Na also?

LIZZIE: Ich will die Wahrheit sagen.

FRED: Die Wahrheit! Eine Hure zu zehn Dollar, die die Wahrheit sagen will! Es gibt keine Wahrheit: es gibt Weiße und Schwarze, das ist alles. Siebzehntausend Weiße, zwanzigtausend Schwarze. Wir sind hier nicht in New York: wir haben keinen Grund zum Lachen. *Nach einer Pause.* Thomas ist mein Vetter.

LIZZIE: Was?

FRED: Thomas, der Mann, der getötet hat: er ist mein Vetter.

LIZZIE *gerührt:* Ach?

FRED: Er ist ein Mann aus guter Familie. Das sagt dir nicht viel; aber er ist ein Mann aus guter Familie.

LIZZIE: Ein Mann aus guter Familie, der sich immer wieder an mich heranmachte und versuchte, meinen Rock hochzuheben. Geh mir mit deinen Männern aus guter Familie! Es wundert mich nicht weiter, daß ihr aus derselben Familie seid.

FRED *die Hand erhebend:* Du Schwein! *Er hält sich zurück.* Du bist der Teufel: mit dem Teufel kann man nur Böses tun. Er hat deinen Rock hochgehoben, er hat auf deinen dreckigen Neger geschossen, was ist da schon dabei? Das sind Dinge, die man macht, ohne darüber nachzudenken, das zählt nicht. Thomas ist ein Chef, das allein zählt.

LIZZIE: Mag sein. Aber der Neger hat nichts getan.

FRED: Ein Neger hat immer etwas getan.

LIZZIE: Niemals werde ich einen Menschen der Polizei ausliefern.

FRED: Wenn er es nicht ist, dann wird es Thomas sein. Einen lieferst du auf alle Fälle aus. Du hast es in der Hand.

LIZZIE: Da haben wir's. Da sitze ich zur Abwechslung mal wieder schön in der Tinte. *Zu ihrem Armband.* Verdammte Schweinerei, ist das alles, was du für mich hast! *Sie wirft sich auf die Erde.*

FRED: Wieviel willst du?

LIZZIE: Keinen Cent.

FRED: Fünfhundert Dollar.

LIZZIE: Nicht einen Cent.

FRED: Du brauchst mehr als eine Nacht, um fünfhundert Dollar zu verdienen.

LIZZIE: Besonders, wenn ich mit solchen Geizkragen wie du zu tun habe. *Nach einer Pause.* Darum also hast du mir gestern abend ein Zeichen gegeben?

FRED: Weshalb denn sonst?

LIZZIE: Darum also. Du hast dir gesagt, da ist die Kleine, ich werde sie nach Hause bringen und die Sache in ihre Hände legen. Darum also! Du streichelst meine Hände, aber du warst dabei kalt wie Eis, du dachtest: wie bringe ich es ihr bei? *Nach einer Pause.* Aber sag mal! Aber sag doch mal, mein kleiner Junge... Wenn du mit zu mir heraufgekommen bist, um mir diesen Vorschlag zu machen, dann brauchtest du ja nicht mit mir ins Bett zu gehen. He? Warum bist du mit mir ins Bett gegangen, du Schmutzfink? Warum bist du mit mir ins Bett gegangen?

FRED: Zum Teufel, wenn ich das weiß.

LIZZIE *sinkt weinend auf einem Stuhl zusammen:* Schmutzfink! Schmutzfink! Schmutzfink!

FRED: Fünfhundert Dollar! Heul doch nicht, mein Gott! Fünfhundert Dollar! Heul doch nicht! Heul doch nicht! Nun, Lizzie! Lizzie! Sei doch vernünftig! Fünfhundert Dollar!

LIZZIE *schluchzend:* Ich bin nicht vernünftig. Ich will deine fünfhundert Dollar nicht, ich will kein falsches Zeugnis ablegen! Ich will nach New York zurück, ich will fort von hier! Ich will fort! *Es klingelt. Sie hält plötzlich inne. Es klingelt noch einmal. Leise.*

Was ist das? Schweig! *Es klingelt lange.* Ich werde nicht öffnen. Rühre dich nicht. *Es wird an die Tür geklopft.*

EINE STIMME: Aufmachen! Polizei.

LIZZIE *leise:* Die Bullen. Es mußte ja so kommen. *Sie zeigt auf das Armband.* Alles seinetwegen. *Sie bückt sich, hebt es auf und legt es wieder an.* Besser, ich behalte es. Versteck dich! *Es wird wieder an die Tür geklopft.*

DIE STIMME: Polizei!

LIZZIE: So versteck dich schon. Geh ins Badezimmer. *Er rührt sich nicht. Sie stößt ihn mit aller Kraft.* So geh! Geh doch!

DIE STIMME: Bist du da, Fred? Fred? Bist du da?

FRED: Ich bin da! *Er stößt sie zurück, sie sieht ihn erstaunt an.*

LIZZIE: Ach, so ist das! *Fred geht und öffnet. John und James treten ein.*

3. SZENE

Die gleichen – John und James – die Entreetür bleibt offen.

JOHN: Polizei. Bist du Lizzie MacKay?

LIZZIE *blickt, ohne auf ihn zu hören, immer noch Fred an:* Darum also!

JOHN *sie an der Schulter schüttelnd:* Gib Antwort, wenn man mit dir spricht.

LIZZIE: He? Ja, das bin ich.

JOHN: Deine Papiere.

LIZZIE *sie nimmt sich zusammen, hart:* Mit welchem Recht stellen Sie mir Fragen? Was wollen Sie hier bei mir? *John zeigt seinen Stern.* Jeder kann sich einen Stern machen. Sie sind Kumpane dieses Herrn da und haben sich zusammengetan, um mich gefügig zu machen. *John hält ihr eine Karte unter die Nase.*

JOHN: Kennst du das?

LIZZIE *auf James zeigend:* Und er?

JOHN *zu James:* Zeig deine Karte. *James zeigt sie. Lizzie sieht sie sich an, geht, ohne etwas zu sagen, zum Tisch, zieht Papiere aus der Schublade und gibt sie ihnen. Auf Fred zeigend:* Hast du ihn gestern abend zu dir mit raufgenommen? Du weißt doch, daß Prostitution strafbar ist?

LIZZIE: Sind Sie ganz sicher, daß Sie das Recht haben, bei Leuten ohne Befehl einzudringen? Fürchten Sie nicht, daß ich Ihnen Unannehmlichkeiten bereiten kann?

JOHN: Mach dir unseretwegen keine Sorgen. *Nach einer Pause.* Wir haben dich gefragt, ob du ihn zu dir mit raufgenommen hast.

LIZZIE, *seit die Polizisten eingetreten sind, hat sie sich verändert. Sie ist härter und vulgärer geworden:* Zerbrecht euch nicht den Kopf. Na klar, habe ich ihn zu mir raufgenommen. Nur habe ich es umsonst mit ihm gemacht. Da bleibt euch die Luft weg, was?

FRED: Ihr findet zwei Zehndollarscheine auf dem Tisch. Sie sind von mir.

LIZZIE: Beweise es!

FRED *ohne sie anzusehen, zu den beiden andern:* Ich habe sie gestern morgen auf der Bank bekommen, mit achtundzwanzig andern der gleichen Serie. Ihr braucht nur die Nummern nachzukontrollieren.

LIZZIE *heftig:* Ich habe sie zurückgewiesen. Ich habe seine dreckigen Banknoten zurückgewiesen. Ich habe sie ihm ins Gesicht geschmissen.

JOHN: Wenn du sie zurückgewiesen hast, wieso liegen sie dann auf dem Tisch?

LIZZIE *nachdem sie einen Augenblick geschwiegen hat:* Ich bin in der Falle. *Sie blickt Fred in einer Art Erstarrung an und sagt mit fast sanfter Stimme:* Darum also? *Zu den andern:* Also? Was wollt ihr von mir?

JOHN: Setz dich! *Zu Fred:* Ist sie auf dem laufenden? *Fred macht mit dem Kopf ein Zeichen.* Du sollst dich setzen, habe ich gesagt. *Er stößt sie in einen Sessel.* Der Richter ist einverstanden, Thomas freizulassen, wenn er deine schriftliche Aussage hat. Wir haben sie für dich aufgesetzt, du brauchst nur noch zu unterschreiben. Morgen wirst du dann verhört werden. Kannst du lesen? *Lizzie zuckt die Achseln, er reicht ihr ein Papier hin.* Lies und unterschreibe!

LIZZIE: Von A bis Z Schwindel.

JOHN: Mag sein. Wenn schon?

LIZZIE: Ich unterschreibe nicht.

FRED: Sperrt sie ein! *Zu Lizzie:* Das gibt achtzehn Monate.

LIZZIE: Achtzehn Monate, ja. Aber wenn ich herauskomme, bringe ich dich um.

FRED: Nicht, wenn ich es verhindern kann. *Sie blicken sich an.* Ihr solltet nach New York telegraphieren; ich glaube, sie hat dort Schwierigkeiten gehabt.

LIZZIE *mit Bewunderung:* Du bist gemein wie eine Frau. Ich hätte niemals geglaubt, daß auch ein Mann so gemein sein kann.

JOHN: Entscheide dich! Du unterschreibst oder ich bringe dich ins Kittchen.

LIZZIE: Da geh ich schon lieber ins Kittchen. Ich will nicht lügen.

FRED: Nicht lügen, du Miststück! Und was hast du die ganze Nacht über getan? Als du zu mir «mein Liebling», «mein Geliebter», «mein kleiner Mann» sagtest, da hast du nicht gelogen? Als du stöhntest, um mir vorzumachen, daß ich dich befriedigte, da hast du nicht gelogen?

LIZZIE *herausfordernd:* Das würde dir so passen, he? Nein, ich habe nicht gelogen. *Sie schauen sich an. Fred wendet den Blick ab.*

FRED: Schluß damit. Da ist meine Füllfeder. Unterschreibe!

LIZZIE: Du kannst ihn wieder einstecken. *Schweigen. Die drei Männer wissen nicht, was sie tun sollen.*

FRED: Also, soweit wären wir nun! Er ist der beste Mann in der Stadt, und sein Schicksal hängt von der Laune eines Mädchens ab. *Er geht auf und ab, dann geht er plötzlich auf Lizzie zu.* Sieh ihn an. *Er zeigt ihr ein Photo.* Du hast ja in deinem Hundeleben genug Männer gesehen. Gibt es viele, die so aussehen wie er? Sieh dir diese Stirn an, sieh dir dieses Kinn an, sieh dir die Auszeichnungen auf seiner Uniform an. Nein, nein: sieh nicht weg. Geh bis zum Ende: das ist dein Opfer, du mußt ihm ins Gesicht sehen. Siehst du, wie jung er aussieht, wie stolz, wie schön er ist! Du kannst beruhigt sein, wenn er aus dem Gefängnis kommt, in zehn Jahren, dann wird er ein gebrochener Greis sein, er wird seine Haare und seine Zähne verloren haben. Du kannst zufrieden sein, das ist gute Arbeit. Bis jetzt stahlst du den Leuten das Geld aus der Tasche; diesmal hast du dir den Besten ausgesucht, und du nimmst ihm das Leben. Du sagst nichts? Du bist also bis ins Mark faul? *Er zwingt sie auf die Knie.* Auf die Knie, Hure! Auf die Knie vor dem Bildnis des Mannes, den du entehren willst! *Clark kommt zur Tür herein, die offen geblieben war.*

4. SZENE

Die gleichen – Der Senator

SENATOR: Laßt sie! *Zu Lizzie:* Stehen Sie auf!

FRED: Hallo!

JOHN: Hallo!

SENATOR: Hallo! Hallo!

JOHN *zu Lizzie:* Das ist Senator Clark.

SENATOR *zu Lizzie:* Hallo!

LIZZIE: Hallo!

SENATOR: Gut. Vorgestellt wären wir. *Er betrachtet Lizzie.* Das ist also das junge Mädchen. Sie sieht sehr sympathisch aus.

FRED: Sie will nicht unterschreiben.

SENATOR: Sie hat vollkommen recht. Ihr dringt bei ihr ein, ohne ein Recht dazu zu haben. *Auf eine Gebärde von John hin, mit Nachdruck:* Ohne das mindeste Recht dazu zu haben; ihr seid brutal zu ihr und wollt sie zwingen, gegen ihr Gewissen auszusagen. Das sind keine amerikanischen Methoden. Hat der Neger Sie vergewaltigt, mein Kind?

LIZZIE: Nein.

SENATOR: Gut. Das ist nun einmal klar. Sehen Sie mir mal in die Augen. *Er blickt sie an.* Ich bin sicher, daß sie nicht lügt. *Nach einer Pause.* Arme Mary! *Zu den andern:* Also, Jungens, gehen wir. Wir haben hier nichts mehr zu suchen. Das einzige, was wir noch zu tun hätten, wäre, uns bei dem gnädigen Fräulein zu entschuldigen.

LIZZIE: Wer ist Mary?

SENATOR: Mary? Das ist meine Schwester, die Mutter dieses unglücklichen Thomas. Eine arme, liebe alte Frau, die daran zugrunde gehen wird. Auf Wiedersehen, mein Kind.

LIZZIE: Senator!

SENATOR: Mein Kind?

LIZZIE: Es tut mir leid.

SENATOR: Was ist da zu bedauern? Sie haben doch die Wahrheit gesagt.

LIZZIE: Ich bedaure, daß dies ... die Wahrheit ist.

SENATOR: Wir können nichts dafür, weder der eine noch der andere, und niemand hat das Recht, von Ihnen ein falsches Zeugnis zu verlangen. *Nach einer Pause.* Nein. Denken Sie nicht mehr an sie.

LIZZIE: An wen?

SENATOR: An meine Schwester. Dachten Sie nicht an meine Schwester?

LIZZIE: Ja.

SENATOR: Ich bin mir über Sie ganz klar, mein Kind. Soll ich Ihnen sagen, was in Ihrem Kopf vorgeht? *Lizzie imitierend:* «Wenn ich unterschreiben würde, so ginge der Senator zu ihr und würde ihr sagen: ‹Lizzie MacKay ist ein gutes Mädchen; sie ist es, die dir deinen Sohn wiedergibt.› Und sie würde unter Tränen lächeln und sagen: ‹Lizzie MacKay? Diesen Namen werde ich nie vergessen.› Und an mich, die ich ohne Familie bin, die das Schicksal an den Rand der Gesellschaft verbannt hat, an mich würde nun eine kleine schlichte, alte Frau in ihrem großen Hause denken. Es gäbe eine amerikanische Mutter, die mich in ihrem Herzen adoptiert hat.» Arme Lizzie, denken Sie nicht mehr daran.

LIZZIE: Hat sie weißes Haar?

SENATOR: Ganz weißes. Aber das Gesicht ist jugendlich geblieben. Und wenn Sie erst ihr Lächeln kennen würden... Sie wird nun nie mehr lächeln. Adieu. Morgen werden Sie dem Richter die Wahrheit sagen.

LIZZIE: Wollen Sie schon gehen?

SENATOR: Nun ja: ich gehe zu ihr. Ich muß ihr doch von unserer Unterredung berichten.

LIZZIE: Weiß sie, daß Sie hier sind?

SENATOR: Auf ihre Bitte hin bin ich ja gekommen.

LIZZIE: Mein Gott! Und sie wartet? Und Sie werden ihr sagen, daß ich mich geweigert habe, zu unterschreiben. Wie sie mich verabscheuen wird!

SENATOR *ihr die Hände auf die Schultern legend:* Mein armes Kind, ich möchte nicht an Ihrer Stelle sein.

LIZZIE: Was für eine Geschichte! *Zu ihrem Armband:* Du bist es, Miststück, das an allem schuld ist.

SENATOR: Wie?

LIZZIE: Nichts. *Nach einer Pause.* So, wie die Dinge nun stehen, ist es schade, daß der Neger mich nicht wirklich vergewaltigt hat.

SENATOR *traurig:* Mein Kind.

LIZZIE *traurig:* Das hätte Ihnen so viel Freude gemacht, und mich hätte es so wenig Mühe gekostet.

SENATOR: Danke! *Nach einer Pause.* Wie gern möchte ich Ihnen helfen. *Nach einer Pause.* Aber leider, die Wahrheit ist die Wahrheit.

LIZZIE *traurig:* Ja, eben.

SENATOR: Und die Wahrheit ist, daß der Neger Sie nicht vergewaltigt hat.

LIZZIE *mit gleicher Miene:* Ja, eben.

SENATOR: Ja. *Nach einer Pause.* Wohlverstanden, es handelt sich da um eine Wahrheit ersten Grades.

LIZZIE *ohne zu verstehen:* Ersten Grades...

SENATOR: Ja: ich meine, um eine... volkstümliche Wahrheit.

LIZZIE: Um eine volkstümliche Wahrheit? Ist das nicht die Wahrheit?

SENATOR: Doch, doch, das ist die Wahrheit. Nur ... es gibt mehrere Arten von Wahrheiten.

LIZZIE: Sie meinen, daß der Neger mich doch vergewaltigt hat?

SENATOR: Nein. Nein, er hat Sie nicht vergewaltigt. Wenn man die Sache von einem gewissen Standpunkt aus betrachtet, hat er Sie nicht vergewaltigt. Aber sehen Sie, ich bin ein alter Mann, der viel erlebt hat, der sich oft geirrt hat und der sich seit einigen Jahren ein bißchen weniger oft irrt. Und ich habe über alle diese Dinge eben eine andere Auffassung als Sie.

LIZZIE: Aber welche Auffassung denn?

SENATOR: Wie soll ich Ihnen das erklären? Warten Sie: stellen wir uns vor, daß die amerikanische Nation plötzlich vor Ihnen erscheinen würde. Was würde sie zu Ihnen sagen?

LIZZIE *erschreckt:* Ich nehme an, sie hätte mir nicht gerade viel zu sagen.

SENATOR: Sind Sie Kommunistin?

LIZZIE: Wie gräßlich – nein!

SENATOR: Dann hat sie Ihnen sehr viel zu sagen. Sie würde zu Ihnen sagen: «Lizzie, es ist dahin gekommen, daß du zwischen zweien meiner Söhne wählen mußt. Der eine oder der andere muß verschwinden.» Was macht man in einem solchen Fall? Man behält den Besseren. Nun wollen wir sehen, wer der Bessere ist. Willst du?

LIZZIE: Ich will ja schon. Oh, Verzeihung! Ich glaubte, Sie hätten gesprochen.

SENATOR: Ich spreche in Ihrem Namen. *Er fängt wieder an.* «Lizzie, dieser Neger, den du beschützt, wozu dient er? Er ist durch Zufall geboren, Gott weiß wo. Ich habe ihn ernährt, und er, wie dankt er mir dafür? Gar nicht: er streicht herum, er klaut, er singt, er kauft sich knallbunte Anzüge. Er ist mein Sohn, und ich liebe ihn genau so wie meine anderen Söhne. Aber ich frage dich: führt er ein menschliches Leben? Ich würde nicht einmal seinen Tod bemerken.»

LIZZIE: Wie gut Sie reden können.

SENATOR *fortfahrend:* «Der andere dagegen, dieser Thomas, er hat einen Schwarzen getötet, das ist sehr schlecht. Aber ich brauche ihn. Er ist ein hundertprozentiger Amerikaner, der Abkömmling einer unserer ältesten Familien, er hat in Harvard studiert, er ist Offizier – ich brauche Offiziere – er beschäftigt zweitausend Arbeiter in seiner Fabrik – zweitausend Arbeitslose, wenn er sterben müßte –, er ist ein Chef, ein solider Wall gegen den Kommunismus, die Gewerkschaften und die Juden. Er hat die Pflicht, zu leben, und du hast die Pflicht, ihm das Leben zu erhalten. Das ist alles. Jetzt wähle.»

LIZZIE: Wie gut Sie reden können.

SENATOR: Wähle!

LIZZIE *aufspringend:* Wie? Ach ja ... *Nach einer Pause.* Sie haben mich verwirrt, nun weiß ich nicht mehr, was ich tun soll.

SENATOR: Sehen Sie mich an, Lizzie. Haben Sie Vertrauen zu mir?

LIZZIE: Ja, Senator.

SENATOR: Glauben Sie, daß ich fähig bin, Ihnen zu einer schlechten Tat zu raten?
LIZZIE: Nein, Senator.
SENATOR: Dann müssen Sie unterschreiben. Hier ist meine Füllfeder.
LIZZIE: Glauben Sie, daß sie mit mir zufrieden sein wird?
SENATOR: Wer?
LIZZIE: Ihre Schwester.
SENATOR: Sie wird Sie aus der Ferne wie eine Tochter lieben.
LIZZIE: Wird sie mir vielleicht Blumen schicken?
SENATOR: Vielleicht.
LIZZIE: Oder ihr Photo mit einem Autogramm?
SENATOR: Das ist sehr wohl möglich.
LIZZIE: Ich werde es auch an die Wand hängen. *Sie geht unruhig auf und ab. Nach einer Pause.* Was für eine furchtbare Geschichte! *Sie nähert sich wieder dem Senator.* Und was macht ihr mit ihm, mit dem Neger, wenn ich unterschreibe?
SENATOR: Mit dem Neger? Bah! *Er faßt sie an den Schultern.* Wenn du unterschreibst, wird dich die ganze Stadt adoptieren. Die ganze Stadt. Alle Mütter der Stadt.
LIZZIE: Aber ...
SENATOR: Glaubst du, eine ganze Stadt könnte sich irren? Eine ganze Stadt, mit ihren Pastoren und ihren Pfarrern, mit ihren Ärzten, ihren Anwälten und ihren Künstlern, mit ihrem Bürgermeister und ihren Beigeordneten und ihren Wohltätigkeitsvereinen. Glaubst du das?
LIZZIE: Nein. Nein. Nein.
SENATOR: Gib mir deine Hand. *Er nötigt sie, zu unterschreiben.* So. Ich danke dir im Namen meiner Schwester und meines Neffen, im Namen von siebzehntausend Weißen unserer Stadt, und im Namen der amerikanischen Nation, die ich hier repräsentiere. Deine Stirn. *Er küßt sie auf die Stirn. Zu den andern.* Kommt! *Zu Lizzie.* Ich werde dich im Laufe des Abends wiedersehen: wir haben noch miteinander zu reden. *Er geht.*
FRED *im Gehen:* Adieu, Lizzie.
LIZZIE: Adieu. *Sie gehen. Lizzie bleibt niedergeschmettert stehen, dann stürzt sie zur Tür.* Senator! Senator! Ich will nicht! Zerreißen Sie das Papier! Senator! *Sie kommt wieder zurück und greift mechanisch nach dem Staubsauger.* Die amerikanische Nation! *Sie steckt den Stecker wieder rein.* Ich habe so das Gefühl, daß die mich reingelegt haben! *Sie bedient wütend den Staubsauger.*

Vorhang

ZWEITES BILD

Gleiche Dekoration zwölf Stunden später. Die Lampen brennen, die Fenster sind über Nacht offen. Geräusche, die sich steigern. Der Neger erscheint am Fenster, klettert über das Gesims und springt ins Zimmer, das leer ist. Er geht bis zur Mitte der Szene. Es klingelt. Er versteckt sich hinter einem Vorhang. Lizzie kommt aus dem Badezimmer, geht zur Entreetür und öffnet.

I. SZENE

Lizzie – Der Senator – Der Neger, versteckt

LIZZIE: Herein! *Der Senator tritt ein.* Nun?
SENATOR: Thomas ist in den Armen seiner Mutter. Ich komme, um Ihnen ihren Dank auszusprechen.
LIZZIE: Ist sie glücklich?
SENATOR: Ganz und gar glücklich.
LIZZIE: Hat sie geweint?
SENATOR: Geweint? Warum? Sie ist eine starke Frau.
LIZZIE: Sie hatten mir doch gesagt, sie würde weinen.
SENATOR: Das war nur so eine Redensart.
LIZZIE: Das hatte sie wohl nicht erwartet, wie? Sie dachte, ich wäre eine schlechte Frau und würde für den Neger zeugen.
SENATOR: Sie gab sich in Gottes Hand.
LIZZIE: Was denkt sie von mir?
SENATOR: Sie dankt Ihnen.
LIZZIE: Hat sie nicht gefragt, wie ich aussehe?
SENATOR: Nein.
LIZZIE: Findet sie, daß ich ein gutes Mädchen bin?
SENATOR: Sie findet, daß Sie Ihre Pflicht getan haben.
LIZZIE: So...?
SENATOR: Und sie hofft, daß Sie Ihre Pflicht auch weiterhin erfüllen werden.
LIZZIE: Ja, ja...
SENATOR: Sehen Sie mich an, Lizzie. *Er nimmt sie bei den Schultern.* Sie werden sie auch weiterhin erfüllen, nicht wahr? Sie wollen sie doch nicht enttäuschen?
LIZZIE: Erschrecken Sie nicht. Ich kann nicht wieder auf das zurückkommen, was ich gesagt habe. Sie würden mich doch einsperren. *Nach einer Pause.* Was bedeuten denn diese Schreie?
SENATOR: Das hat nichts zu bedeuten.
LIZZIE: Ich kann sie nicht mehr ertragen. *Sie geht und schließt das Fenster.* Senator?
SENATOR: Mein Kind?
LIZZIE: Sind Sie sicher, daß wir uns nicht geirrt haben, daß ich so richtig gehandelt habe?
SENATOR: Absolut sicher.
LIZZIE: Ich kenne mich selber nicht mehr aus; Sie haben mich ganz verwirrt; Sie denken viel zu rasch für mich. Wie spät ist es eigentlich?

SENATOR: Elf Uhr.

LIZZIE: Noch acht Stunden, bis es Tag wird. Ich werde wohl kein Auge schließen können. *Nach einer Pause.* Es ist nachts ebenso heiß wie am Tage. *Nach einer Pause.* Und der Neger?

SENATOR: Welcher Neger? Ach so! Nun, man sucht nach ihm.

LIZZIE: Was wird mit ihm geschehen? *Der Senator zuckt die Achseln, die Schreie werden lauter. Lizzie geht zum Fenster.* Was hat denn dieses Geschrei nur zu bedeuten? Ist das ein Fackelzug? Oder... Sagen Sie mir, was los ist, Senator! Sagen Sie mir, was los ist!

SENATOR *einen Brief aus der Tasche ziehend:* Meine Schwester hat mich beauftragt, Ihnen dies hier zu übergeben.

LIZZIE *lebhaft:* Was, sie hat mir geschrieben? *Sie reißt den Umschlag auf, zieht einen Hundert-Dollar-Schein heraus, sucht weiter im Umschlag nach einem Brief, findet aber keinen, zerknüllt das Kuvert und wirft es auf den Boden. Ihre Stimme verändert sich.* Hundert Dollar. Da können Sie aber zufrieden sein: Ihr Sohn hatte mir fünfhundert versprochen, da machen Sie ein gutes Geschäft.

SENATOR: Mein Kind.

LIZZIE: Sie können Ihrer Frau Schwester danken. Sagen Sie ihr, eine Vase oder ein Paar Nylonstrümpfe wären mir lieber gewesen, irgend etwas, was ihr die Mühe gemacht hätte, es selber auszusuchen. Aber die Absicht zählt ja schon, nicht wahr? *Nach einer Pause.* Sie haben mich ja schön reingelegt. *Sie schauen sich an. Der Senator nähert sich Lizzie.*

SENATOR: Ich danke Ihnen, mein Kind. Wir reden aneinander vorbei. Sie machen eine moralische Krise durch und brauchen meine Unterstützung.

LIZZIE: Ich brauche vor allem Geld; aber wir werden uns schon einigen, Sie und ich. *Nach einer Pause.* Bis jetzt habe ich den älteren Herren den Vorzug gegeben, weil sie so würdig aussehen; aber nun frage ich mich, ob sie nicht noch verschlagener sind als die andern.

SENATOR *belustigt:* Verschlagen! Meine Kollegen sollten Sie hören. Welch reizendes Naturell! Es steckt in Ihnen doch noch ein guter Kern, den auch Ihr ungeregeltes Leben nicht zerstören konnte! *Er streichelt sie.* Ja. Ja. Ein guter Kern. *Sie läßt es sich gefallen, passiv und mit verächtlicher Miene.* Ich werde wiederkommen, begleiten Sie mich nicht. *Er geht. Lizzie bleibt wie erstarrt stehen. Sie nimmt den Schein, zerknüllt ihn, wirft ihn zu Boden, läßt sich auf einen Stuhl fallen und bricht in Schluchzen aus. Draußen nähert sich das Geschrei. In der Ferne ertönen Schüsse. Der Neger tritt aus seinem Versteck. Er pflanzt sich vor ihr auf. Sie hebt den Kopf hoch, erblickt ihn und stößt einen Schrei aus.*

2. SZENE
Lizzie – Der Neger

LIZZIE: Ha! *Pause. Sie erhebt sich.* Ich wußte, daß du kommen würdest. Ich wußte es ganz genau. Wie bist du hereingekommen?
NEGER: Durch das Fenster.
LIZZIE: Und was willst du?
NEGER: Verstecken Sie mich.
LIZZIE: Nein. Ich habe es dir schon einmal gesagt.
NEGER: Hören Sie sie, Madame?
LIZZIE: Ja.
NEGER: Die Jagd hat begonnen.
LIZZIE: Welche Jagd?
NEGER: Die Jagd nach dem Neger.
LIZZIE: Ha! *Nach einer langen Pause.* Bist du sicher, daß sie dich nicht gesehen haben, als du hereinkamst?
NEGER: Ja.
LIZZIE: Was werden sie dir tun, wenn sie dich kriegen?
NEGER: Benzin.
LIZZIE: Was?
NEGER: Benzin. *Er macht eine erklärende Gebärde.* Sie werden es anzünden.
LIZZIE: Ich verstehe. *Sie geht zum Fenster und zieht die Vorhänge zu.* Setz dich. *Der Neger läßt sich auf einen Stuhl fallen.* Es muß wohl so sein, daß du zu mir gekommen bist. Wird es denn niemals aufhören? *Sie nähert sich ihm fast drohend.* Ich hasse solche Geschichten, verstehst du? *Mit dem Fuß stampfend.* Ich hasse sie! Ich hasse sie! Ich hasse sie!
NEGER: Sie glauben, ich habe Ihnen was getan, Madame.
LIZZIE: Na und?
NEGER: Hier werden sie mich nicht suchen.
LIZZIE: Weißt du, warum sie Jagd auf dich machen?
NEGER: Weil sie glauben, daß ich Ihnen etwas getan habe.
LIZZIE: Weißt du auch, wer es ihnen gesagt hat?
NEGER: Nein.
LIZZIE: Ich. *Langes Schweigen. Der Neger sieht sie an.* Was denkst du nun von mir?
NEGER: Warum haben Sie das gemacht, Madame? Oh! Warum haben Sie das gemacht?
LIZZIE: Das frage ich mich auch.
NEGER: Sie werden kein Erbarmen haben; sie werden mich über die Augen peitschen, sie werden ihre Benzinkanister über mich gießen. Oh! Warum haben Sie das gemacht? Ich habe Ihnen doch nichts getan.
LIZZIE: Oh! Und ob du mir etwas getan hast. Du kannst nicht wissen, wieviel Unglück du mir gebracht hast! *Nach einer Pause.* Du hast keine Lust, mich zu erwürgen?
NEGER: Sie zwingen oft die Menschen, das Gegenteil von dem zu sagen, was sie denken.
LIZZIE: Ja. Sehr oft. Und wenn sie sie nicht dazu zwingen können,

dann verwirren sie sie mit schönen Sprüchen. *Nach einer Pause.* Also? Nein? Du erwürgst mich nicht? Du hast einen guten Charakter. *Nach einer Pause.* Ich werde dich bis morgen abend verstecken. *Er macht eine Bewegung.* Nein, berühre mich nicht: ich liebe die Neger nicht. *Schreie und Schüsse draußen.* Sie kommen näher. *Sie geht zum Fenster, zieht die Vorhänge zurück und blickt auf die Straße.* Da sitzen wir ja schön in der Falle!

NEGER: Was machen sie?

LIZZIE: Sie haben an beiden Straßenenden Posten aufgestellt und durchsuchen alle Häuser. Du mußtest ja auch ausgerechnet hierher kommen. Sicherlich hat dich jemand in die Straße gehen sehen. *Sie sieht wieder hinaus.* So. Jetzt sind wir dran. Sie kommen herauf.

NEGER: Wieviele sind es?

LIZZIE: Fünf oder sechs. Die andern warten unten. *Sie kommt zu ihm zurück.* Zittere doch nicht! Zittere doch nicht, mein Gott! *Nach einer Pause zu ihrem Armband.* Du Schwein von einer Schlange! *Sie wirft es auf den Boden und tritt mit den Füßen darauf.* Schweinerei! *Zu dem Neger.* Du mußtest ja auch ausgerechnet hierher kommen. *Er steht auf und schickt sich an, zu gehen.* Bleib! Wenn du gehst, bist du erledigt.

NEGER: Über die Dächer.

LIZZIE: Bei dem Mondschein? Du kannst über die Dächer gehen, wenn du als Zielscheibe dienen willst. *Nach einer Pause.* Warten wir ab. Sie haben noch zwei Etagen zu durchsuchen, bevor sie zu uns kommen. Ich sage dir doch, du sollst nicht so zittern. *Langes Schweigen. Sie geht auf und ab. Der Neger bleibt niedergeschmettert auf seinem Stuhl sitzen.* Hast du keine Waffe?

NEGER: Oh! Nein.

LIZZIE: Gut. *Sie stöbert in einer Schublade und zieht einen Revolver heraus.*

NEGER: Was wollen Sie machen, Madame?

LIZZIE: Ich werde ihnen die Tür öffnen und sie bitten, einzutreten. Seit fünfundzwanzig Jahren wickeln sie mich mit ihren alten weißhaarigen Müttern und den Kriegshelden und der amerikanischen Nation ein. Aber jetzt habe ich es begriffen. Jetzt ist Schluß damit. Ich werde die Tür öffnen und ihnen sagen: «Da ist er. Da ist er, aber er hat nichts getan; man hat mich zu einem falschen Zeugnis verleitet. Ich schwöre bei Gott, daß er nichts getan hat.»

NEGER: Sie werden Ihnen nicht glauben.

LIZZIE: Vielleicht. Vielleicht glauben sie mir nicht: dann wirst du mit dem Revolver auf sie zielen, und wenn sie nicht gehen, wirst du auf sie schießen.

NEGER: Es werden andere kommen.

LIZZIE: Dann wirst du auch auf die anderen schießen. Und wenn du den Sohn des Senators siehst, dann sieh zu, daß du ihn nicht verfehlst, denn er hat alles eingefädelt. Wir sind jetzt schön in der Klemme, nicht wahr? Und in jedem Fall ist das unsere letzte Geschichte, denn das sage ich dir, wenn sie dich bei mir finden, dann gebe ich für meine Haut keine fünf Cent mehr. Also, wenn schon krepieren, dann lieber in einer zahlreichen Gesellschaft. *Sie streckt ihm den Revolver hin.* Nimm ihn! Ich sage dir doch, du sollst ihn nehmen.

NEGER: Ich kann nicht, Madame.

LIZZIE: Was?

NEGER: Ich kann nicht auf Weiße schießen.

LIZZIE: Wirklich? Das wird die aber sehr stören.

NEGER: Es sind Weiße, Madame.

LIZZIE: Na und? Weil sie Weiße sind, haben sie das Recht, dich wie ein Schwein abzuschlachten?

NEGER: Es sind Weiße.

LIZZIE: Dummkopf! Sieh mal einer an, du bist wie ich, du bist genau so dumm wie ich. Nun, wenn alle so sind ...

NEGER: Warum schießen Sie denn nicht, Madame?

LIZZIE: Ich sag dir doch, ich bin dumm. *Man hört Schritte im Treppenhaus.* Da sind sie. *Sie lacht.* Wir sehen schön aus. *Nach einer Pause.* Verzieh dich ins Badezimmer. Und rühr dich nicht. Halt den Atem an.

Der Neger gehorcht, Lizzie wartet. Es klingelt. Sie bekreuzigt sich, hebt das Armband vom Boden auf und öffnet. Männer mit Gewehren.

3. SZENE
Lizzie – Drei Männer

1. MANN: Wir suchen den Neger.

LIZZIE: Welchen Neger?

1. MANN: Den, welcher im Zug eine Frau vergewaltigt und den Neffen des Senators mit einem Rasiermesser verletzt hat.

LIZZIE: Bei Gott, den müßt ihr nicht ausgerechnet bei mir suchen. *Nach einer Pause.* Erkennt ihr mich nicht?

2. MANN: Doch, doch, doch. Ich sah Sie vorgestern aus dem Zug steigen.

LIZZIE: Richtig. Ich bin es nämlich, die er vergewaltigen wollte, versteht ihr: *Getöse. Sie blicken sie mit Augen an, aus denen zugleich Bestürzung, Lüsternheit und Schrecken spricht. Sie weichen ein wenig zurück.* Wenn er sich hertraut, dann wird er damit Bekanntschaft machen. *Sie zeigt auf den Revolver. Sie lachen.*

EIN MANN: Haben Sie keine Lust, ihn hängen zu sehen?

LIZZIE: Holt mich zurück, wenn ihr ihn gefunden habt.

EIN MANN: Das wird nicht mehr lange dauern, mein Zuckerstückchen: man weiß, daß er sich in dieser Straße versteckt hält.

LIZZIE: Viel Glück. *Sie gehen. Lizzie schließt die Tür. Sie legt den Revolver auf den Tisch.*

4. SZENE
Lizzie – Der Neger

LIZZIE: Du kannst herauskommen. *Der Neger kommt, kniet nieder und küßt den Saum ihres Kleides.* Ich habe dir gesagt, du sollst mich nicht berühren. *Sie blickt ihn an.* Du mußt doch ein komischer Kauz sein, wenn eine ganze Stadt hinter dir her ist.

NEGER: Ich habe nichts getan, Madame, das wissen Sie ja.
LIZZIE: Sie sagen, ein Neger hat immer etwas getan.
NEGER: Niemals habe ich etwas getan. Niemals. Niemals.
LIZZIE *sie fährt sich mit der Hand über die Stirn:* Ich kenne mich nicht mehr aus. *Nach einer Pause.* Immerhin, eine ganze Stadt kann doch nicht unrecht haben. *Nach einer Pause.* Scheiße! Ich verstehe nichts mehr.
NEGER: So ist es, Madame, so ist es immer mit den Weißen.
LIZZIE: Und du, du fühlst dich auch schuldig?
NEGER: Ja, Madame.
LIZZIE: Und dennoch hast du nichts getan?
NEGER: Nein, Madame.
LIZZIE: Was haben sie bloß an sich, daß man immer auf ihrer Seite steht?
NEGER: Es sind eben Weiße.
LIZZIE: Ich bin auch eine Weiße. *Pause. Man hört draußen Schritte.* Sie gehen wieder runter. *Sie nähert sich ihm instinktiv. Er zittert, aber er legt seinen Arm um ihre Schultern. Die Schritte entfernen sich. Schweigen. Sie löst sich brüsk.* Ach ja, wie ist man doch allein. Wir sehen aus wie zwei Waisen. *Es klingelt. Sie horchen schweigend. Es klingelt nochmals.* Geh ins Badezimmer. *Schläge gegen die Entreetür. Der Neger versteckt sich. Lizzie öffnet.*

5. SZENE
Lizzie – Fred

LIZZIE: Bist du verrückt? Was schlägst du an meine Tür? Nein, du kommst mir nicht herein, ich habe jetzt von der Sache genug. Hau ab, hau ab, Schmutzfink, hau ab! Hau ab! *Er drängt sie zurück, schließt die Tür und nimmt sie bei den Schultern. Langes Schweigen.* Nun?
FRED: Du bist der Teufel.
LIZZIE: Um mir das zu sagen, wolltest du meine Tür einschlagen? Und ein Gesicht machst du! Wo kommst du her? *Nach einer Pause.* Antworte!
FRED: Sie haben einen Neger erwischt. Es war nicht der richtige. Sie haben ihn trotzdem gelyncht.
LIZZIE: Und nun?
FRED: Ich war auch dabei. *Lizzie pfeift.*
LIZZIE: Ich verstehe. *Nach einer Pause.* Nun hast du gesehen, wie ein Neger gelyncht wird. Es scheint Eindruck auf dich gemacht zu haben.
FRED: Ich bin scharf auf dich.
LIZZIE: Was?
FRED: Du bist der Teufel! Du hast mich verhext. Ich war mitten unter ihnen, ich hielt meinen Revolver in der Hand, und der Neger baumelte an einem Ast. Ich sah ihn an und dachte: Ich will sie haben. Das ist nicht natürlich.
LIZZIE: Laß mich los. Du sollst mich loslassen.

FRED: Was steckt dahinter? Was hast du mit mir gemacht, du Hexe? Ich sah den Neger an und sah dich. Ich sah dich über den Flammen hängen. Da habe ich geschossen.

LIZZIE: Du Abschaum! Laß mich los! Laß mich los! Du bist ein Mörder.

FRED: Was hast du mit mir gemacht? Du klebst an mir wie meine Zähne am Zahnfleisch. Ich sehe dich überall, ich sehe deinen Bauch, deinen schmutzigen Hundebauch, ich fühle deine Wärme in meinen Händen, ich habe deinen Geruch in der Nase. Ich bin hierher gerannt, ich wußte selbst nicht, ob es geschah, um dich zu töten oder um dich zu vergewaltigen. Jetzt weiß ich es. *Er läßt sie plötzlich los.* Ich kann mich doch nicht wegen einer Hure unglücklich machen. *Er kommt wieder auf sie zu.* Ist es wahr, was du mir heute morgen gesagt hast?

LIZZIE: Was denn?

FRED: Daß ich dich befriedigt habe?

LIZZIE: Laß mich in Ruhe.

FRED: Schwöre mir, daß das wahr ist. Schwöre es! *Er dreht ihr das Handgelenk um. Man hört im Badezimmer Lärm.* Was ist das? *Er horcht.* Ist jemand hier?

LIZZIE: Du bist verrückt. Es ist niemand hier.

FRED: Doch. Im Badezimmer. *Er geht auf das Badezimmer zu.*

LIZZIE: Da kommst du mir nicht rein.

FRED: Siehst du, es ist doch jemand drin.

LIZZIE: Das ist mein heutiger Kunde. Einer, der bezahlt. So. Bist du nun zufrieden?

FRED: Ein Kunde? Du wirst keine Kunden mehr haben. Niemals mehr. Du gehörst mir. *Nach einer Pause.* Ich will sehen, wie er aussieht. *Er schreit.* Kommen Sie da raus!

LIZZIE *schreiend:* Komm nicht raus. Es ist eine Falle.

FRED: Verdammte Hure! *Er stößt sie mit Gewalt beiseite, geht zur Tür und öffnet sie. Der Neger kommt heraus.* Das also ist dein Kunde?

LIZZIE: Ich habe ihn versteckt, weil man ihm etwas antun will. Schieß nicht auf ihn, du weißt, daß er unschuldig ist.

Fred zieht seinen Revolver. Der Neger macht plötzlich einen Satz, stößt Fred beiseite und rennt hinaus. Fred eilt ihm nach. Lizzie geht zur Entreetür, durch die die beiden verschwunden sind, und beginnt zu schreien.

LIZZIE: Er ist unschuldig! Er ist unschuldig! *Man hört zwei Schüsse, sie kommt mit versteinertem Gesicht zurück. Sie geht zum Tisch und ergreift den Revolver. Fred kommt zurück. Sie wendet sich zu ihm, den Rücken zum Publikum, die Waffe auf dem Rücken verbergend. Er wirft seinen Revolver auf den Tisch.* Nun, hast du ihn eingeholt? *Fred antwortet nicht.* Gut. So, jetzt kommst du an die Reihe.

Sie richtet den Revolver auf ihn.

FRED: Lizzie! Ich habe eine Mutter.

LIZZIE: Halt die Schnauze! D i e Tour kenne ich.

FRED *langsam auf sie zugehend:* Der erste Clark hat ganz allein einen Wald gerodet; er tötete eigenhändig sechzehn Indianer, bevor er in einen Hinterhalt geriet und umkam. Sein Sohn hat fast die ganze Stadt erbaut; er duzte Washington und starb bei Yorktown für die Unabhängigkeit der Vereinigten Staaten. Mein Urgroßvater war Chef der Bürgerwache in San Franzisco; er rettete zweiundzwanzig Menschen während des großen Brandes. Mein Großvater hat sich hier niedergelassen; er ließ den Mississippi-Kanal anlegen und war Gouverneur dieses Staates. Mein Vater ist Senator. Ich werde nach ihm Senator: ich bin sein einziger männlicher Erbe und der letzte meines Namens. Wir haben dieses Land geschaffen, und seine Geschichte ist die unsere. Es hat Clarks in Alaska, auf den Philippinen und in Neu-Mexico gegeben. Wagst du es, auf ganz Amerika zu schießen?

LIZZIE: Wenn du nur einen Schritt näherkommst, schieße ich auf dich.

FRED: Schieße! So schieß doch! Siehst du, du kannst es nicht. Ein Mädchen wie du kann nicht auf einen Mann wie mich schießen. Wer bist du? Was machst du auf dieser Welt? Hast du auch nur deinen Großvater gekannt? I c h habe ein Recht zu leben: es gibt viele Dinge, die ich unternehmen muß, und man wartet auf mich. Gib mir den Revolver her. *Sie reicht ihm den Revolver. Er steckt ihn in seine Tasche.* Was den Neger betrifft, er rannte zu schnell; ich habe ihn verfehlt. *Pause. Er umarmt sie.* Ich werde dir auf dem Hügel, auf der anderen Seite des Flusses, ein schönes Haus mit einem Park einrichten. Du kannst im Park spazierengehen, aber ich verbiete dir, auszugehen: ich bin nämlich sehr eifersüchtig. Ich werde dich dreimal in der Woche besuchen, sobald es dämmert: am Dienstag, am Donnerstag und über das Wochenende. Neger werden dich bedienen, und du wirst mehr Geld haben, als du dir jemals erträumt hast, aber dafür mußt du dir alle meine Launen gefallen lassen. Und ich habe Launen! *Sie ergibt sich ein wenig mehr seiner Umarmung.* Stimmt es, daß ich dich befriedigt habe? Antworte! Stimmt das?

LIZZIE *verdrießlich:* Ja, es stimmt.

FRED *ihr über die Wange streichend:* So, nun ist wieder alles in Ordnun. *Nach einer Pause.* Übrigens – ich heiße Fred.

Vorhang

Die schmutzigen Hände

PERSONEN

Hugo
Hoederer
Prinz Paul
Karsky
Slick
Georg
Louis
Iwan
Karl
Franz
Jessica
Olga

Die Uraufführung von «Die schmutzigen Hände» fand am 2. April 1948 im Théâtre Antoine in Paris statt.

ERSTES BILD

Bei Olga

Erdgeschoß eines kleinen Hauses an der Landstraße. Rechts die Eingangstür und ein Fenster mit geschlossenen Läden. Im Hintergrund auf einer Kommode das Telephon. Links nach hinten zu eine Tür. Tisch, Stühle. Billige, zusammengewürfelte Einrichtung. Man merkt, daß die Bewohnerin überhaupt keinen Sinn für Möbel hat. Links neben der Tür ein Kamin, darüber ein Spiegel. – Ab und zu fahren draußen auf der Landstraße Autos vorbei, deren Hupen man hört.

1. SZENE

Olga – dann Hugo

OLGA *allein; sie sitzt vor dem Radioapparat. Geknatter, dann ziemlich deutlich die*

STIMME IM RADIO: Die deutschen Armeen sind auf der ganzen Frontbreite im Rückzug begriffen. Die sowjetischen Armeen haben vierzig Kilometer von der illyrischen Grenze Kischnar besetzt. Wo irgend möglich, verweigern die illyrischen Truppen den Kampf. Zahlreiche Überläufer sind bereits bei den Alliierten eingetroffen. Illyrier, wir wissen, daß ihr nur gezwungen die Waffen gegen die UdSSR ergriffen habt. Wir kennen die zutiefst demokratische Gesinnung der illyrischen Bevölkerung, und wir ...

Olga dreht am Knopf, die Stimme schweigt. Sie bleibt unbewegt sitzen und starrt vor sich hin. Es vergeht eine Weile. Es klopft. Sie fährt zusammen. Nochmaliges Klopfen. Sie geht langsam zur Tür. Es klopft wiederum.

OLGA: Wer ist da?

HUGOS STIMME: Hugo.

OLGA: Wer?

HUGOS STIMME: Hugo Barin. *Olga zuckt zusammen: sie bleibt unbeweglich an der Tür stehen.* Erkennst du meine Stimme denn nicht? Mach doch auf!

Olga geht rasch zur Kommode, nimmt mit der linken Hand etwas heraus, wickelt ein Tuch um die Hand und geht die Tür aufmachen, tritt aber sofort zurück, um sich nicht überraschen zu lassen. Auf der Schwelle steht ein großer Bursche von dreiundzwanzig Jahren.

HUGO: Ich bin es. *Sie sehen einander einen Augenblick schweigend an.* Du staunst?

OLGA: Ich staune, wie du aussiehst.

HUGO: Ja. Ich habe mich verändert. *Schweigt.* Hast du mich jetzt genug angeschaut? Und auch richtig erkannt? Irrtum ausgeschlossen? *Zeigt auf den unter dem Tuch verborgenen Revolver.* Dann leg das Ding mal weg.

OLGA *ohne den Revolver aus der Hand zu legen:* Ich dachte, du hättest fünf Jahre bekommen?

HUGO: Stimmt. Hatte ich auch.

OLGA: Komm herein und mach die Tür zu. *Sie tritt einen Schritt zurück. Der Revolver ist nicht geradezu auf Hugo gerichtet, aber es fehlt nicht viel daran. Hugo wirft einen amüsierten Blick darauf, dann wendet er Olga langsam den Rücken zu und schließt die Tür.* Ausgebrochen?

HUGO: Ausgebrochen? Ich bin doch nicht verrückt. Sie haben mich mit Gewalt vor die Tür setzen müssen. *Schweigt.* Ich bin wegen guter Führung entlassen worden.

OLGA: Hast du Hunger?

HUGO: Das würde dir so passen, hm?

OLGA: Wieso?

HUGO: Ach, es ist so bequem, wenn man etwas geben kann; damit hält man sich die Leute vom Leibe. Und beim Essen sehen alle so harmlos aus. *Schweigt.* Aber du mußt schon entschuldigen: ich habe weder Hunger noch Durst.

OLGA: Du hättest nur nein zu sagen brauchen.

HUGO: Du weißt doch, ich rede immer zuviel.

OLGA: Ja, ich weiß.

HUGO *blickt um sich:* Was für eine Wüste! Und doch ist alles da. Auch meine Schreibmaschine?

OLGA: Die ist verkauft.

HUGO: Ach? *Schweigt. Er sieht sich im Zimmer um.* Leer ist es hier.

OLGA: Was ist leer?

HUGO *zeigt ringsum in den Raum:* Das Ganze hier! Die Möbel sehen aus, als ständen sie in der Wüste. Da, wo ich war, konnte ich die beiden gegenüberliegenden Wände gleichzeitig berühren, wenn ich die Arme ausstreckte. Komm mal ein bißchen näher. *Olga rührt sich nicht.* Ach, richtig, wenn man nicht im Gefängnis sitzt, hält man respektvoll Abstand voneinander. So eine Raumverschwendung. Komisch, wenn man so auf einmal frei ist; man wird ganz schwindlig davon. Ich muß mich erst wieder daran gewöhnen, mit den Leuten zu reden, ohne sie zu berühren.

OLGA: Wann haben sie dich laufen lassen?

HUGO: Eben erst.

OLGA: Kommst du direkt von da?

HUGO: Wo hätte ich denn hingehen sollen?

OLGA: Hast du schon jemand gesprochen?

HUGO *sieht sie an und lacht:* Nein, Olga. Nein. Du kannst ruhig sein. Keine Menschenseele.

OLGA *scheint aufzuatmen; sieht ihn an:* Sie haben dir nicht den Kopf geschoren?

HUGO: Nein.

OLGA: Aber deine Tolle hat dran glauben müssen. *Sie schweigen.*

HUGO: Freust du dich, daß du mich wiedersiehst?

OLGA: Ich weiß es nicht.

Draußen fährt ein Auto vorbei. Hupe, Motorengeräusch. Hugo zuckt zusammen. Das Auto fährt weiter. Olga beobachtet ihn ungerührt.

OLGA: Wenn du wirklich entlassen bist, brauchst du doch keine Angst zu haben.

HUGO *ironisch:* Meinst du? *Er zuckt die Achseln. Schweigt.* Was macht Louis?

OLGA: Dem geht es ganz gut.

HUGO: Und Lorenz?

OLGA: Der ... der hat Pech gehabt.

HUGO: Das dachte ich mir. Ich weiß nicht warum, aber ich habe an ihn immer denken müssen wie an einen Toten. Es hat sich wohl manches geändert seitdem?

OLGA: Es ist viel schwerer geworden. Wir haben die Deutschen hier.

HUGO *gleichgültig:* So? Seit wann?

OLGA: Seit einem Vierteljahr. Fünf Divisionen. Eigentlich nur für den Durchmarsch nach Ungarn. Aber sie sind geblieben.

HUGO: Soso. *Interessiert:* Sind viele Neue bei uns?

OLGA: Viele.

HUGO: Junge Leute?

OLGA: O ja. Wir halten es jetzt etwas anders mit der Aufnahme. Es sind zu viele Lücken da. Wir sind ... weniger streng.

HUGO: Ja, natürlich; man muß sich anpassen. *In leicht beunruhigendem Ton:* Aber alles in allem ist die Linie dieselbe?

OLGA *verlegen:* Ja ... im großen ganzen; natürlich.

HUGO: Na ja, ihr habt halt weitergelebt. Im Gefängnis kann man sich gar nicht vorstellen, daß draußen alles weitergeht. Und bei dir ... ist da jemand?

OLGA: Hin und wieder. *Hugo macht eine Bewegung.* Im Augenblick nicht.

HUGO: Habt ihr manchmal von mir gesprochen?

OLGA *mit einem ungeschickten Versuch zu lügen:* Manchmal.

HUGO: Da sind sie nachts mit ihren Motorrädern gekommen, wie zu meiner Zeit. Sie haben sich um den Tisch gesetzt. Louis hat seine Pfeife gestopft, und irgendeiner hat gesagt: Das war auch so eine Nacht, als der Kleine durchaus einen Auftrag gewollt hat. War es so?

OLGA: Ja, so ähnlich.

HUGO: Und dann habt ihr gesagt: Er hat es gar nicht übel gemacht, er hat getan, was er sollte, und keinen hineingeritten.

OLGA: Ja. Ja. Ja.

HUGO: Manchmal hat mich der Regen aufgeweckt, und dann sagte ich mir: Heute haben sie's naß, und dann, ehe ich einschlief: Heute nacht sprechen sie vielleicht von mir. Das wenigstens hatte ich vor den Toten voraus: Ich konnte noch denken, ihr denkt an mich. *Olga faßt ihn mit einer unwillkürlichen und ungeschickten Bewegung am Arm. Sie sehen sich an. Olga läßt Hugos Arm los. Hugo richtet sich auf.* Und dann, eines Tages, habt ihr gesagt: Jetzt hat er noch drei Jahre, und wenn er rauskommt ... *In verändertem Ton, ohne Olga aus den Augen zu lassen* ... dann schlagen wir ihn zur Belohnung nieder wie einen Hund.

OLGA *weicht jäh zurück:* Bist du verrückt?

HUGO: Komm, komm, Olga! *Schweigt.* Warst du beauftragt, mir die Schokoladebonbons zuzuschicken?

OLGA: Was für Schokoladebonbons?

HUGO: Komm, komm!

OLGA *bestimmt:* Was für Schokoladebonbons?

HUGO: Bohnen mit Kognakfüllung, in einer rosa Schachtel. Ein halbes Jahr lang hat mir ein gewisser Reich regelmäßig Päckchen gebracht. Da ich niemanden kannte, der so heißt, habe ich mir gesagt, sie kommen von euch, und das hat mich gefreut. Dann haben die Sendungen aufgehört, und ich sagte mir: Jetzt vergessen sie mich. Da kommt vor drei Monaten wieder ein Paket von dem gleichen Absender, mit Zigaretten und Pralinen. Ich habe die Zigaretten geraucht, aber die Pralinen hat mein Zellennachbar gegessen. Sie sind ihm schlecht bekommen, dem armen Kerl. Sehr schlecht sogar. Da habe ich gedacht: Sie vergessen mich nicht.

OLGA: Und dann?

HUGO: Das ist alles.

OLGA: Hoederer hatte Freunde, die dir sicher nicht gerade wohlwollen.

HUGO: Die hätten nicht zwei Jahre gewartet, um es mich merken zu lassen. Nein, Olga, ich habe Zeit gehabt, über das alles nachzudenken. Es gab nur eine Erklärung: Anfangs hat die Partei gedacht, ich wäre noch zu was nütze, dann hat sie sich's anders überlegt.

OLGA *ohne Härte:* Du redest zuviel, Hugo. Immer noch zuviel. Du mußt offenbar reden, um zu fühlen, daß du lebst.

HUGO: Du brauchst mir nicht erst zu sagen, daß ich zuviel rede, ich kann selber ein Lied davon singen, und ihr habt mir niemals getraut. Ich brauche nicht weiter zu suchen. *Schweigt.* Ich bin euch nicht böse, weißt du. Diese ganze Geschichte hatte schlecht angefangen. Sie war von vornherein faul.

OLGA: Hugo, sieh mich an. Meinst du, was du sagst? *Sie sieht ihm in die Augen.* Ja, du meinst es. *Heftig:* Warum bist du dann zu mir gekommen? Kannst du mir sagen, warum?

HUGO: Weil d u nicht auf mich schießen könntest. *Er blickt auf den Revolver, den sie noch immer in der Hand hält, und lächelt.* Denke ich wenigstens. *Olga wirft ärgerlich den mit dem Tuch umwickelten Revolver auf den Tisch.* Siehst du.

OLGA: Hugo, hör zu: ich glaube kein Wort von dem, was du mir erzählst, und ich habe in bezug auf dich keinen Befehl erhalten. Aber wenn ich jemals einen bekomme, mußt du wissen, daß ich tun werde, was mir befohlen wird. Und wenn mich jemand von der Partei fragt, so werde ich sagen, daß du hier bist, selbst wenn sie dich vor meinen Augen niederschießen. Hast du Geld?

HUGO: Nein.

OLGA: Ich gebe dir welches, und dann geh.

HUGO: Wohin? Soll ich mich in den kleinen Hafengassen herumtreiben oder auf den Docks? Das Wasser ist kalt, Olga. Hier ist es wenigstens hell und warm. Da stirbt sich's gemütlicher.

OLGA: Hugo, ich werde tun, was die Partei mir befiehlt. Ich schwöre dir, ich werde es tun.

HUGO: Sicher.

OLGA: Geh.

HUGO: Nein. *Er macht Olga nach.* «Ich werde tun, was die Partei mir befiehlt.» Du wirst dich wundern. Beim besten Willen von der Welt ist das, was man tut, niemals das, was die Partei befiehlt. «Du gehst zu Hoederer und schießt ihm drei Kugeln in den Leib.» Ein glatter Befehl, was? Ich bin bei Hoederer gewesen, und ich habe ihm drei Kugeln in den Leib gejagt. Aber das war nicht dasselbe. Der Befehl? Auf einmal war keiner mehr da. Man steht ganz allein mit diesen Befehlen, von einem gewissen Augenblick an. Der Befehl war im Hintergrund geblieben, ich hatte mich ganz allein vorgewagt und ganz allein jemand umgebracht ... und weiß nicht einmal, warum. Ich wünschte, die Partei würde dir befehlen, auf mich zu schießen. Nur um mal zu sehen.

OLGA: Das würdest du allerdings sehen. *Schweigt.* Was hast du jetzt vor?

HUGO: Ich weiß nicht. Ich habe noch nicht darüber nachgedacht. Als meine Zellentür offenstand, habe ich gedacht, ich geh zu dir, und da bin ich.

OLGA: Wo ist Jessica?

HUGO: Bei ihrem Vater. Sie hat mir ein paarmal geschrieben in der ersten Zeit. Ich glaube, sie trägt meinen Namen nicht mehr.

OLGA: Wo soll ich dich unterbringen? Täglich kommen Kameraden zu mir. Sie kommen, wann sie wollen.

HUGO: Auch in dein Schlafzimmer?

OLGA: Nein.

HUGO: Aber ich war mal drin. Da war eine rote Decke auf dem Diwan, eine Tapete mit gelben und grünen Rauten. Zwei Photos an der Wand, das eine war ich.

OLGA: Willst du ein Inventar aufnehmen?

HUGO: Nein, ich erinnere mich nur. Ich mußte so oft daran denken. Das zweite Photo hat mir viel Kopfzerbrechen gemacht. Ich weiß nicht mehr, wer das war. *Ein Auto auf der Straße; Hugo zuckt zusammen. Beide schweigen. Das Auto hält. Man hört die Tür zuschlagen. Es klopft.*

OLGA: Wer ist da?

KARLS STIMME: Karl.

HUGO *leise:* Wer ist Karl?

OLGA *ebenso:* Einer von uns.

HUGO *sieht sie an:* Und? *Kurze Pause, dann wieder Klopfen.*

OLGA: Na und? Worauf wartest du? Geh in mein Schlafzimmer. Da kannst du deine Erinnerungen auffrischen. *Hugo geht. Olga öffnet die Tür.*

2. SZENE

Olga – Karl – Franz

KARL: Wo ist er?

OLGA: Wer?

KARL: Der Kerl. Wir sind hinter ihm her, seit er aus dem Loch ist. *Kurzes Schweigen.* Ist er nicht da?

OLGA: Doch. Er ist da.

KARL: Wo?

OLGA: Da. *Sie weist auf die Schlafzimmertür.*

KARL: Gut.

Er gibt Franz ein Zeichen, daß er ihm folgen soll, greift mit der Hand in die Rocktasche und macht einen Schritt vorwärts. Olga versperrt ihm den Weg.

OLGA: Nein.

KARL: Es dauert nicht lange, Olga. Wenn du willst, geh inzwischen draußen ein bißchen auf und ab. Wenn du wiederkommst, ist keiner mehr da, und auch keine Spuren. *Er zeigt auf Franz.* Der Kleine da bringt das alles weg.

OLGA: Nein.

KARL: Stör mich nicht bei der Arbeit, Olga.

OLGA: Hat Louis dich geschickt?

KARL: Ja.

OLGA: Wo ist er?

KARL: Draußen im Wagen.

OLGA: Geh ihn holen. *Karl zögert.* Hast du nicht gehört? Du sollst ihn holen. *Auf einen Wink von Karl verschwindet Franz. Olga und Karl stehen schweigend einander gegenüber. Ohne Karl aus den Augen zu lassen, nimmt Olga das Tuch mit dem Revolver vom Tisch.*

3. SZENE

Olga – Karl – Franz – Louis

LOUIS: Was ist denn in dich gefahren? Warum läßt du die hier nicht ihre Arbeit machen?

OLGA: Ihr habt es zu eilig damit.

LOUIS: Zu eilig?

OLGA: Schick sie hinaus.

LOUIS: Wartet draußen auf mich. Wenn ich rufe, kommt ihr. *Sie gehen hinaus.* Nun? Was hast du mir zu sagen? *Es vergeht eine Weile.*

OLGA *sehr ruhig:* Louis, er hat für uns gearbeitet.

LOUIS: Tu nicht so einfältig, Olga. Der Kerl ist nun mal gefährlich. Er darf nichts erzählen.

OLGA: Das wird er auch nicht tun.

LOUIS: Der? Dieser verdammte Schwätzer ...

OLGA: Er wird nichts erzählen.

LOUIS: Ich frage dich, ob du ihn siehst, wie er ist. Du hast immer für ihn eine Schwäche gehabt.

OLGA: Und du immer was gegen ihn. *Schweigt.* Louis, ich habe dich nicht hereinkommen lassen, um über unsere Schwächen zu reden; ich spreche im Interesse der Partei. Wir haben viele Leute verloren, seit die Deutschen hier sind. Wir können es uns nicht leisten, den Burschen zu liquidieren, ohne erst mal zu prüfen, ob er nicht noch verwendbar ist.

LOUIS: Verwendbar? Ein kleiner disziplinloser Anarchist, ein wichtigtuerischer Intellektueller, ein Bourgeois, der arbeiten will, wenn es ihm gerade paßt, und der die Sache hinschmeißt, wenn er nicht mehr mag

OLGA: Ja; aber mit zwanzig Jahren hat er Hoederer mitten unter seinen Leuten umgelegt und es dann fertiggebracht, einen politischen Mord als Eifersuchtsdrama zu tarnen.

LOUIS: War es denn ein politischer Mord? Die Geschichte ist niemals richtig aufgeklärt worden.

OLGA: Eben darum muß man sie jetzt aufklären.

LOUIS: Die Sache stinkt, ich rühre sie nicht an. Und außerdem habe ich keine Zeit, ihn unter die Lupe zu nehmen.

OLGA: Aber i c h habe Zeit. *Louis macht eine Bewegung.* Louis, ich fürchte, ihr seid zu sehr mit dem Gefühl dabei.

LOUIS: Und ich fürchte, du auch.

OLGA: Hast du jemals gesehen, daß ich meinen Gefühlen nachgegeben habe? Ich verlange nicht, daß du ihn unbedingt am Leben läßt. Es kommt mir darauf gar nicht an. Ich bin nur der Meinung, daß man erst mal untersuchen muß, ob die Partei ihn noch verwenden kann, ehe man ihn einfach liquidiert.

LOUIS: Die Partei k a n n ihn nicht wieder zurücknehmen. Jetzt nicht mehr. Das weißt du ganz genau.

OLGA: Er hat unter falschem Namen gearbeitet, und niemand hat ihn gekannt außer Lorenz, der nicht mehr lebt, und Dresden, der an der Front ist. Hast du Angst, er spricht? Wenn wir ihn wieder richtig in unsere Mitte aufnehmen, spricht er sicherlich nicht. Du hältst ihn für einen Intellektuellen und einen Anarchisten? Vielleicht, aber er ist auch ein Mensch, der mit dem Leben abgeschlossen hat. Wenn man ihn richtig einsetzt, ist er noch zu brauchen. Er hat es ja bewiesen.

LOUIS: Also, was schlägst du vor?

OLGA: Wie spät ist es jetzt?

LOUIS: Neun Uhr.

OLGA: Kommt um Mitternacht wieder. Bis dahin weiß ich, weshalb er Hoederer erschosssen hat und was mit ihm los ist. Wenn ich nach bestem Wissen überzeugt bin, daß er für uns arbeiten kann, sage ich es euch durch die Tür und ihr laßt ihn ruhig schlafen; morgen früh bekommt er dann seine Instruktionen.

LOUIS: Und wenn er nicht mehr zu verwenden ist?

OLGA: Dann mache ich euch auf.

LOUIS: Da riskieren wir viel und können nur wenig gewinnen.

OLGA: Was riskiert ihr denn? Habt ihr das Haus umstellt?

LOUIS: Mit vier Leuten, ja.

OLGA: Laß sie bis Mitternacht da. *Louis rührt sich nicht vom Fleck.* Louis, er hat für uns gearbeitet. Man muß ihm eine Chance geben.

LOUIS: Gut. Bis Mitternacht. *Ab.*

4. SZENE

Olga – dann Hugo

Olga geht zur Tür, macht sie auf – Hugo kommt heraus

HUGO: Es war deine Schwester.

OLGA: Wie?

HUGO: Die Photographie an der Wand. Sie stellt deine Schwester vor. *Schweigt.* Du machst so ein sonderbares Gesicht? Was haben sie denn gewollt?

OLGA: Sie sind hinter dir her.

HUGO: Ah! Und du hast gesagt, daß ich hier bin?

OLGA: Ja.

HUGO: Gut. *Er will zur Tür.*

OLGA: Hugo, die Nacht ist hell, und draußen stehen Kameraden um das Haus herum.

HUGO: So? *Er setzt sich an den Tisch.* Gib mir was zu essen. *Olga holt einen Teller, Brot und Schinken herbei. Während sie den Teller und die Eßsachen vor ihn hinstellt, spricht er weiter:* Ich habe mich nicht geirrt mit deinem Zimmer. Es ist alles genau so, wie es in meiner Erinnerung war. *Schweigt.* Nur, als ich da im Loch saß, habe ich mir immer gesagt: es ist eine Erinnerung. Das wirkliche Zimmer ist da drüben, jenseits von meinen Mauern. Nun bin ich hergekommen, ich habe dein Schlafzimmer angeschaut, und es war nicht wirklicher als meine Erinnerung. Auch die Zelle war ein Traum. Und ebenso Hoederers Augen an dem Tag, als ich ihn erschoß. Glaubst du, daß ich jemals richtig wach sein werde? Vielleicht, wenn deine Kameraden kommen und mir ihre Spielzeugpistolen vor die Nase halten ...

OLGA: Solange du hier bist, rührt keiner dich an.

HUGO: Das hast du immerhin erreicht? *Er gießt sich ein Glas Wein ein.* Aber ich muß ja schließlich auch einmal wieder raus.

OLGA: Warte. Du hast die Nacht vor dir. In einer Nacht kann viel geschehen.

HUGO: Und was soll geschehen?

OLGA: Es kann sich manches ändern.

HUGO: Was?

OLGA: Wir können uns ändern. Du. Ich.

HUGO: Du?

OLGA: Das hängt ganz von dir ab.

HUGO: Ich soll dich also wohl auf andere Gedanken bringen? *Er lacht, sieht sie an, steht auf und geht auf sie zu. Sie weicht ihm entschieden aus.*

OLGA: Nein, nicht auf diese Weise. Das kann man nur, wenn ich will. *Schweigen. Hugo zuckt die Achseln und setzt sich wieder hin. Er fängt an zu essen.*

HUGO: Also, was dann?

OLGA: Warum kommst du nicht wieder zu uns?

HUGO *fängt an zu lachen:* Du hast den Augenblick gut gewählt, um mich danach zu fragen.

OLGA: Wenn es aber doch möglich wäre? Wenn diese ganze Geschichte nur auf einem Mißverständnis beruhte? Hast du dich niemals gefragt, was du machen würdest, wenn du aus dem Gefängnis kämst?

HUGO: Daran habe ich nicht gedacht.

OLGA: Woran hast du denn gedacht?

HUGO: An das, was ich getan habe. Ich habe versucht, zu verstehen, warum ich es getan habe.

OLGA: Und hast du es schließlich verstanden? *Hugo zuckt die Achseln.*

Wie ist es denn gekommen, mit Hoederer? Stimmt es, daß er hinter Jessica her war?

HUGO: Ja.

OLGA: Dann hast du also aus Eifersucht ...

HUGO: Ich weiß nicht. Ich ... glaube nicht.

OLGA: Erzähle.

HUGO: Was?

OLGA: Alles. Von Anfang an.

HUGO: Erzählen ist nicht schwer. Es ist eine Geschichte, die ich auswendig kann. Ich habe sie mir im Gefängnis täglich wiederholt. Aber zu sagen, was sie bedeutet, das ist schon schwieriger. Es ist eine dumme Geschichte, wie eigentlich alle Geschichten. Von weitem gesehen, geht sie noch. Aber je näher man hinschaut, desto weniger ist dran. Eine Tat ist so rasch geschehen. Da kommt plötzlich etwas aus einem heraus, und man weiß nicht, hat man's gewollt, oder hat man es nur nicht zurückhalten können. Tatsache ist, daß ich schoß ...

OLGA: Fang von vorn an.

HUGO: Den Anfang kennst du so gut wie ich. Gibt es denn überhaupt einen? Man kann die Geschichte mit dem März 43 anfangen lassen, als Louis mich zu sich bestellte. Oder schon ein Jahr vorher, als ich in die Partei eintrat. Oder vielleicht noch früher, schon mit meiner Geburt. Aber gut. Nehmen wir an, sie hätte im März 43 angefangen.

Während er spricht, wird es auf der Bühne allmählich dunkel.

ZWEITES BILD

Die gleiche Szenerie, zwei Jahre früher, bei Olga. Es ist Nacht. Durch die Tür im Hintergrund, nach der Hofseite zu, hört man Stimmengewirr, das bald anschwillt, bald abebbt, wie wenn viele Personen gleichzeitig lebhaft sprechen.

I. SZENE

Hugo – Iwan – dann Louis

Hugo schreibt Maschine. Er wirkt viel jünger als in der vorhergehenden Szene.
Iwan geht im Zimmer auf und ab.

IWAN: Sag mal!
HUGO: Hm?
IWAN: Könntest du nicht einmal aufhören mit Tippen?
HUGO: Warum?
IWAN: Es macht mich ganz nervös.
HUGO: Du siehst aber gar nicht aus wie so ein kleiner Neurastheniker.
IWAN: Schon gut. Aber im Augenblick macht es mich eben nervös. Kannst du dich nicht lieber ein bißchen mit mir unterhalten?
HUGO *eifrig:* Aber nichts lieber als das. Wie heißt du denn?
IWAN: Für uns hier bin ich Iwan. Und du?
HUGO: Ich bin Raskolnikoff.
IWAN *lachend:* So was von Name!
HUGO: Das ist mein Name in der Partei.
IWAN: Wo hast du den denn aufgefischt?
HUGO: So heißt jemand in einem Roman.
IWAN: Und was hat der gemacht?
HUGO: Einen Menschen getötet.
IWAN: Aha! Und du hast das auch getan?
HUGO: Nein. *Schweigt.* Wer hat dich hergeschickt?
IWAN: Louis.
HUGO: Und was sollst du tun?
IWAN: Warten, bis es zehn ist.
HUGO: Und dann? *Iwan deutet durch eine Gebärde an, daß Hugo ihn nicht fragen soll. Aus dem Nachbarraum dringt Lärm, als gäbe es dort Streit.*
IWAN: Was stellen die da denn an? *Hugo macht das gleiche Zeichen wie vorher Iwan, um zu bedeuten, daß man ihn nicht fragen darf.*
HUGO: Du siehst: das Dumme ist, man kommt mit der Unterhaltung nicht recht weiter. *Schweigt.*
IWAN: Bist du schon lange bei der Partei?
HUGO: Seit 42. Also jetzt ein Jahr. Ich bin eingetreten, als der Regent der UdSSR den Krieg erklärt hat. Und du?
IWAN: Ich weiß nicht mehr. Ich glaube, ich war immer dabei. *Schweigt.* Du bist der, der die Zeitung macht?
HUGO: Aber nicht allein.

IWAN: Ich kriege sie oft in die Finger, aber ich lese sie nicht. Ihr könnt nichts dafür, aber eure Nachrichten hinken immer acht Tage nach hinter B. B. C. und Radio Moskau.
HUGO: Woher sollen wir denn die Nachrichten bekommen? Wir machen es wie ihr, wir hören Radio.
IWAN: Ich sage ja auch nichts. Jeder macht seinen Kram, da kann man nichts wollen. *Schweigt.* Wie spät ist es jetzt?
HUGO: Fünf vor zehn.
IWAN: Hach. *Gähnt.*
HUGO: Was hast du denn?
IWAN: Nichts.
HUGO: Du scheinst dich nicht wohl zu fühlen.
IWAN: Doch. Ganz gut.
HUGO: Du siehst aus, als wenn du dich in deiner Haut nicht wohl fühlst.
IWAN: Ach woher denn. Ich bin vorher immer so.
HUGO: Vor was?
IWAN: Vor nichts. *Schweigt.* Wenn ich erst auf meinem Motorrad sitze, geht es ganz von selbst. *Schweigt.* Ich fühle mich zu schlapp. Ich könnte keiner Fliege was tun. *Gähnt. Olga tritt durch die Eingangstür.*

2. SZENE
Dieselben – Olga

OLGA *stellt einen Koffer neben die Tür, zu Iwan:* Da. Kannst du den auf deinem Gepäckträger festmachen?
IWAN: Zeig mal. Ja. Sehr gut.
OLGA: Es ist jetzt zehn. Du kannst dich aufmachen. Haben sie dir's gesagt mit dem Wehr und dem Haus?
IWAN: Ja.
OLGA: Dann viel Glück!
IWAN: Berufe es nur nicht. *Pause.* Gibst du mir einen Kuß?
OLGA: Aber sicher. *Sie küßt ihn auf beide Wangen.*
IWAN *nimmt den Koffer und dreht sich unter der Tür noch einmal um. Mit komischer Emphase:* Auf Wiedersehen, Raskolnikoff.
HUGO *lächelt:* Ach, geh zum Teufel. *Iwan geht hinaus.*

3. SZENE
Hugo – Olga

OLGA: Das hättest du nicht sagen sollen.
HUGO: Warum nicht?
OLGA: So etwas sagt man nicht.
HUGO *verwundert:* Du, Olga, und abergläubisch?
OLGA *gereizt:* Aber nicht doch.
HUGO *sieht sie scharf an:* Was hat er denn vor?
OLGA: Das brauchst du nicht zu wissen.
HUGO: Er soll die Brücke bei Korsk in die Luft sprengen.

OLGA: Warum willst du, daß ich es dir sage? Wenn die Sache schiefgeht, ist es um so besser für dich, je weniger du weißt.

HUGO: Aber du weißt, was er vorhat?

OLGA *achselzuckend:* Oh, ich ...

HUGO: Sicher: Du, du hältst deinen Mund. Du bist wie Louis. Du läßt dich eher umbringen, als daß du etwas sagst. *Kurzes Schweigen.* Wer sagt denn, daß ich sprechen würde? Wie könnt ihr jemals Vertrauen zu mir bekommen, wenn ihr mich nicht auf die Probe stellt?

OLGA: Die Partei ist keine Abendschule. Wir versuchen nicht, dich auf die Probe zu stellen, sondern verwenden dich da, wo du etwas kannst.

HUGO *zeigt auf die Schreibmaschine:* Und das hier, nicht wahr?

OLGA: Kannst du Schienen lockern?

HUGO: Nein.

OLGA: Also? *Schweigt. Hugo betrachtet sich im Spiegel.* Findest du dich schön?

HUGO: Ich sehe nur, ob ich meinem Vater ähnlich bin. *Schweigt.* Wenn ich einen Schnurrbart trüge, wäre es frappant.

OLGA *achselzuckend:* Und wenn schon?

HUGO: Ich mag meinen Vater nicht.

OLGA: Das wissen wir.

HUGO: Er hat zu mir gesagt: «Auch ich habe seinerzeit einer revolutionären Gruppe angehört und in ihrer Zeitung geschrieben. Das wird bei dir vorübergehen, wie es bei mir vorübergegangen ist ...»

OLGA: Wozu erzählst du mir das?

HUGO: Zu gar nichts. Ich muß jedesmal daran denken, wenn ich mich im Spiegel sehe. Das ist alles.

OLGA *blickt auf die Tür, die in das Versammlungszimmer führt:* Ist Louis da drin?

HUGO: Ja.

OLGA: Auch Hoederer?

HUGO: Ich kenne ihn nicht, aber ich vermute. Wer ist das eigentlich?

OLGA: Er war Beigeordneter im Landestag vor der Auflösung. Jetzt ist er Parteisekretär. Hoederer ist nicht sein richtiger Name.

HUGO: Wie heißt er denn eigentlich?

OLGA: Ich habe dir schon gesagt, du sollst nicht so neugierig sein.

HUGO: Die schreien ordentlich. Es scheint, daß sie sich in die Haare kriegen.

OLGA: Hoederer hat das Komitee zusammengerufen, um über eine Vorlage abzustimmen.

HUGO: Was für eine Vorlage?

OLGA: Ich weiß nicht. Ich weiß nur, daß Louis dagegen ist.

HUGO *lächelt:* Wenn er dagegen ist, bin ich auch dagegen. Ich brauche dazu gar nicht zu wissen, um was es sich dreht. *Schweigt.* Olga, du mußt mir helfen.

OLGA: Wobei?

HUGO: Louis zu überzeugen, daß er mir einen Auftrag geben soll. Ich bin es satt, maschinezuschreiben, während die Kameraden sich umbringen lassen. Den Kopf riskieren.

OLGA: Du riskierst auch was.
HUGO: Aber nicht dasselbe. *Schweigt.* Olga, ich habe keine Lust, zu leben.
OLGA: Wirklich? Warum denn nicht?
HUGO: Es ist alles so schwierig.
OLGA: Aber du bist doch verheiratet.
HUGO: Ach was!
OLGA: Du liebst doch deine Frau.
HUGO: Ja. Sicher. *Schweigt.* Einen Menschen, dem nichts am Leben liegt, den müßte man doch brauchen können. Es müßte einen Auftrag für ihn geben. *Schweigt. Aus dem Verhandlungsraum dringt Lärm und Stimmengetöse.* Die scheinen sich schlecht zu verstehen.
OLGA *beunruhigt:* Sehr schlecht.

4. SZENE

Dieselben – Louis

Die Tür geht auf, Louis kommt mit zwei Männern heraus, die rasch durch die Ausgangstür verschwinden

LOUIS: Es ist aus.
OLGA: Und Hoederer?
LOUIS: Ist mit Boris und Lucas zur Hintertür hinaus.
OLGA: Und was wird nun?
LOUIS *zuckt schweigend die Achseln. Nach einer Pause:* Diese Schweine!
OLGA: Habt ihr abgestimmt?
LOUIS: Ja. *Schweigt.* Er hat Vollmacht bekommen, die Verhandlungen aufzunehmen. Wenn er mit festen Angeboten zurückkommt, hat er gewonnen.
OLGA: Und wann soll die nächste Zusammenkunft sein?
LOUIS: In zehn Tagen. Wir haben also eine Woche Zeit. *Olga zeigt auf Hugo.* Wie? Ach so, ja … Du bist immer noch da. *Er sieht ihn an und wiederholt wie in Gedanken:* Du bist immer noch da … *Hugo macht Miene zu gehen.* Bleib. Ich habe vielleicht Arbeit für dich. *Zu Olga:* Du kennst ihn besser als ich. Ist was an ihm dran?
OLGA: Der Junge ist schon richtig.
LOUIS: Ist das auch nicht so einer, der umfällt?
OLGA: Ganz bestimmt nicht. Eher könnte ich mir denken …
LOUIS: Was?
OLGA: Nichts. Er ist schon recht.
LOUIS: Gut. *Schweigt.* Iwan ist fort?
OLGA: Vor einer Viertelstunde.
LOUIS: Wir sitzen hier ersten Rang; von hier aus hört man's krachen. *Schweigt. Macht ein paar Schritte auf Hugo zu.* Es scheint, du möchtest was tun?
HUGO: Ja.
LOUIS: Warum?
HUGO: Nur so.
LOUIS: Schön. Aber du hast ja nicht die Hände dafür.
HUGO: Das stimmt. Ich kann nichts damit anfangen.

LOUIS: Na und?

HUGO: In Rußland, am Ende des vorigen Jahrhunderts, da gab es Leute, die stellten sich mit einer Bombe in der Tasche irgendwo hin, wo ein Großfürst vorbeikommen mußte. Die Bombe ging los, der Großfürst ging in die Luft, und der andere, der sie geworfen hatte, auch. So etwas könnte ich machen.

LOUIS: Das waren Anarchisten. Davon träumst du, weil du auch so einer bist: ein intellektueller Anarchist. Du bist fünfzig Jahre hinter der Zeit. Kommst fünfzig Jahre zu spät.

HUGO: Da bin ich eben untauglich.

LOUIS: Auf diesem Sektor, ja.

HUGO: Reden wir nicht mehr davon.

LOUIS: Warte mal. *Schweigt.* Ich werde doch vielleicht etwas für dich finden.

HUGO: Richtige Arbeit?

LOUIS: Warum nicht?

HUGO: Und du würdest mir wirklich Vertrauen schenken?

LOUIS: Das kommt ganz auf dich an.

HUGO: Louis, ich mache alles, was ich soll.

LOUIS: Wollen mal sehen. Setz dich. *Schweigt.* Also die Sache steht so: auf der einen Seite die faschistische Regierung des Regenten, der seine Politik auf die Achse ausgerichtet hat; auf der andern unsere Partei, die für Demokratie, Freiheit und klassenlose Gesellschaft kämpft. Zwischen beiden die Pentagonleute, die in aller Stille liberales Bürgertum und Nationalisten unter einen Hut bringen wollen. Drei unversöhnliche Interessengruppen, drei Gruppen von Männern, die sich hassen. *Schweigt.* Hoederer hat uns heute abend zusammengerufen, weil er will, daß die Partei des Proletariats sich mit den Faschisten und den Pentagonleuten verbindet, um sich nach dem Kriege mit ihnen in die Macht zu teilen. Was hältst du davon?

HUGO *lächelt:* Du willst dich wohl über mich lustig machen.

LOUIS: Wieso?

HUGO: Aber das ist doch Wahnsinn.

LOUIS: Das ist das, worüber wir jetzt drei Stunden lang diskutiert haben.

HUGO *entsetzt:* Aber Louis ... Das ist doch, als wenn du mir erzähltest, Olga habe uns alle bei der Polizei denunziert, und die Partei habe sie dazu beglückwünscht.

LOUIS: Und was würdest du sagen, wenn die Mehrheit der Partei sich für diese Annäherung ausgesprochen hätte?

HUGO: Fragst du das im Ernst?

LOUIS: Ja.

HUGO: An dem Tage, wo ich begriffen habe, was Unterdrückung bedeutet, habe ich meine Familie und meine Klasse aufgegeben. Auf keinen Fall würde ich mit denen wieder zusammengehen.

LOUIS: Aber wenn es nun doch dahin käme?

HUGO: Dann würde ich eine Knarre nehmen und auf dem Königsplatz einen Polizisten umlegen, oder wenn ich Glück hätte, einen von der Miliz. Und dann würde ich bei der Leiche stehenbleiben und abwarten, was passiert. *Pause.* Aber das ist doch alles nur Spaß?

LOUIS: Das Komitee hat Hoederers Vorschlag mit vier Stimmen gegen drei angenommen. In der kommenden Woche trifft Hoederer mit den Delegierten des Regenten zusammen.
HUGO: Hat er sich kaufen lassen?
LOUIS: Ich weiß es nicht, und es ist mir auch gleich. Objektiv betrachtet ist er ein Verräter; das genügt mir.
HUGO: Aber Louis... ich weiß wirklich nicht, für mich... ich verstehe nicht: der Regent haßt uns, er verfolgt uns, wo er kann, er kämpft an der Seite Deutschlands gegen die UdSSR, er hat eine Menge von unseren Leuten erschießen lassen; wie ist denn so was möglich?
LOUIS: Der Regent glaubt nicht mehr an den Sieg der Achse, nun will er seinen Kopf retten. Wenn die Alliierten gewinnen, will er sagen können, er habe ein doppeltes Spiel gespielt.
HUGO: Aber die Kameraden...
LOUIS: Die ganze P. A. C., die hinter mir steht, ist gegen Hoederer. Aber du weißt ja, wie es ist: die Partei des Proletariats ist aus der Fusion der P. A. C. und der Sozialdemoktraten entstanden. Die Sozialdemokraten haben für Hoederer gestimmt, und sie haben die Mehrheit.
HUGO: Warum haben sie...
LOUIS: Weil Hoederer ihnen angst gemacht hat.
HUGO: Können wir uns denn nicht von ihnen trennen?
LOUIS: Eine Spaltung? Ausgeschlossen. *Schweigt.* Du gehörst zu uns, Kleiner?
HUGO: Von Olga und dir habe ich alles gelernt, euch verdanke ich alles. Für mich seid ihr die Partei.
LOUIS *zu Olga:* Meint er, was er sagt?
OLGA: Ja.
LOUIS: Gut. *Zu Hugo:* Du kennst die Situation: wir können weder weggehen noch die Mehrheit im Komitee bekommen. Aber das liegt nur an der Art, wie Hoederer vorgegangen ist. Ohne Hoederer stecken wir die übrigen in die Tasche. *Schweigt.* Hoederer hat letzten Dienstag bei der Partei angefragt, ob sie ihm einen Sekretär stellen kann. Einen verheirateten Studenten.
HUGO: Warum verheiratet?
LOUIS: Ich weiß nicht. Du bist verheiratet?
HUGO: Ja.
LOUIS: Also? Bist du einverstanden? *Sie sehen sich eine Weile an.*
HUGO *mit Nachdruck:* Ja.
LOUIS: Ausgezeichnet. Morgen fährst du mit deiner Frau hin. Er wohnt zwanzig Kilometer von hier in einem Landhaus, das ihm ein Freund zur Verfügung gestellt hat. Er lebt da mit drei Burschen, die für alle Fälle bei der Hand sind. Du brauchst ihn nur zu überwachen; sobald du da bist, nehmen wir die Verbindung auf. Er darf sich mit den Unterhändlern des Regenten nicht treffen. Oder jedenfalls darf er sich nicht zweimal mit ihnen treffen. Hast du mich verstanden?
HUGO: Ja.
LOUIS: Eines Abends wirst du dann drei Kameraden einlassen, die

die Sache erledigen; auf der Straße wird ein Auto halten, da kannst du inzwischen mit deiner Frau abhauen.

HUGO: Oh! Louis!

LOUIS: Was denn?

HUGO: Das also. Nur das. Das ist alles, was du mir zutraust?

LOUIS: Bist du nicht einverstanden?

HUGO: Nein. Gar nicht. Ich will nicht bloß Schmiere stehen. Wir haben auch unsere Ehrbegriffe. Ein anarchistischer Intellektueller übernimmt so etwas nicht.

OLGA: Hugo!

HUGO: Mein Vorschlag ist: eine Verbindung, kein Spitzel! Ich mache die Sache selbst.

LOUIS: Du?

HUGO: Ich.

LOUIS: Das ist zu schwere Arbeit für einen Amateur.

HUGO: Wie leicht können deine drei starken Männer auf Hoederers Leibgarde stoßen und dabei umgelegt werden. Ich, wenn ich sein Sekretär bin und sein Vertrauen gewinne, bin sicher mehrere Stunden am Tage mit ihm allein.

LOUIS *zögernd:* Ich weiß nicht.

OLGA: Louis!

LOUIS: Ja?

OLGA *sanft:* Schenk ihm Vertrauen, Louis. Das ist einer von den Jungen, die ihre Chance haben wollen. Er wird die Sache schon machen.

LOUIS: Stehst du für ihn ein?

OLGA: Absolut.

LOUIS: Gut. Also dann höre zu...

Dumpfe Detonation in der Ferne.

OLGA: Er hat's geschafft.

LOUIS: Licht aus. Hugo, mach das Fenster auf!

Sie machen das Licht aus und das Fenster auf. Im Hintergrund sieht man den Schein einer Feuersbrunst.

OLGA: Da drüben brennt es. Es brennt. Eine richtige Feuersbrunst. Er hat es geschafft. *Sie stehen alle am Fenster.*

HUGO: Er hat es geschafft. Noch ehe die Woche um ist, werdet ihr beide auch hier stehen in einer solchen Nacht und auf Nachricht warten; ihr werdet euch Sorgen machen und werdet von mir sprechen, und ich werde jemand sein für euch. Und ihr werdet euch fragen: Was hat er fertiggebracht? Und dann wird ein Anruf kommen, oder jemand klopft an die Tür, und dann werdet ihr lächeln wie jetzt und werdet euch sagen: «Er hat es geschafft.»

Vorhang

DRITTES BILD

Gartenhaus. Ein Bett, Schrank, Sessel, Stühle; weibliche Kleidungsstücke auf allen Stühlen, geöffnete Koffer auf dem Bett.

Jessica räumt ein. Sie geht ans Fenster und schaut hinaus. Tritt wieder zurück, geht zu einem geschlossenen Koffer, der in einer Ecke steht – mit groß aufgemaltem H. B. –, zieht ihn vorn auf die Bühne, wirft wieder einen Blick durchs Fenster, holt einen Herrenanzug aus dem Schrank und durchsucht die Taschen. Sie bringt einen Schlüssel zum Vorschein, öffnet den Koffer und wühlt hastig darin herum. Tritt wieder ans Fenster, schaut hinaus, kommt zurück, wühlt, findet etwas, was sie mit dem Rücken gegen das Publikum betrachtet, blickt wieder aus dem Fenster. Sie fährt zusammen, schlägt den Koffer rasch zu, steckt den Schlüssel wieder in die Rocktasche des Anzugs und verbirgt die Gegenstände, die sie in der Hand hält, unter der Matratze. Hugo tritt ein.

1. SZENE

Jessica – Hugo

HUGO: Er fand und fand kein Ende. Ist dir die Zeit lang geworden?
JESSICA: Schrecklich.
HUGO: Was hast du denn gemacht?
JESSICA: Ich habe geschlafen.
HUGO: Wenn man schläft, wird einem die Zeit doch nicht lang.
JESSICA: Ich habe geträumt, sie käme mir lang vor, und darüber bin ich aufgewacht. Da habe ich angefangen auszupacken. Wie findest du das Resultat?
Sie zeigt auf das Durcheinander von Kleidungsstücken auf dem Bett und den Stühlen.
HUGO: Ich weiß nicht recht. Ist das provisorisch?
JESSICA *bestimmt:* Nein, endgültig.
HUGO: Sehr gut.
JESSICA: Wie ist er?
HUGO: Wer?
JESSICA: Hoederer.
HUGO: Hoederer? Wie alle anderen Leute.
JESSICA: Wie alt ist er?
HUGO: So in der Mitte.
JESSICA: Zwischen was?
HUGO: Zwanzig und Sechzig.
JESSICA: Groß oder klein?
HUGO: Mittel.
JESSICA: Besondere Merkmale?
HUGO: Eine große Narbe im Gesicht, trägt Perücke und hat ein Glasauge.
JESSICA: Wie grauenhaft!
HUGO: Ist ja gar nicht wahr. Er hat keine besonderen Merkmale.
JESSICA: Du tust so überlegen, aber du wärst gar nicht imstande, ihn mir zu beschreiben.

HUGO: Natürlich könnte ich das.
JESSICA: Nein, du könntest nicht.
HUGO: Doch.
JESSICA: Nein. Was für eine Farbe haben denn seine Augen?
HUGO: Grau.
JESSICA: Mein armer Hase, du glaubst, alle Augen sind grau. Es gibt blaue, braune, grüne und schwarze. Es gibt sogar welche, die graulila sind. Wie sind denn meine? *Sie verbirgt ihre Augen hinter der Hand.* Nicht hersehen!
HUGO: Deine Augen sind zwei kleine Seidenzelte, zwei andalusische Gärten, zwei Mondfischchen.
JESSICA: Ich habe nur gefragt, welche Farbe sie haben.
HUGO: Blau.
JESSICA: Du hast nachgesehen!
HUGO: Nein, aber du hast es heute morgen gesagt.
JESSICA: Ach, du bist ja zu dumm. *Sie tritt näher zu ihm hin.* Hugo, denke mal genau nach: hat er einen Schnurrbart?
HUGO: Nein. *Pause. Bestimmt:* Nein, ich bin sicher, er hat keinen.
JESSICA *traurig:* Ich wünschte, ich könnte dir glauben.
HUGO *denkt nach, dann plötzlich:* Er hatte eine Krawatte mit Tupfen.
JESSICA: Mit Tupfen?
HUGO: Ja, mit Tupfen.
JESSICA: Wirklich?
HUGO: Diese Sorte ... *er macht eine Bewegung, als wenn er eine Lavalliereschleife knotet.* Du weißt schon.
JESSICA: Jetzt ist es raus, jetzt hast du dich verraten! Die ganze Zeit, als er mit dir gesprochen hat, hast du seine Krawatte angeguckt. Hugo, du hast dich von ihm einschüchtern lassen.
HUGO: Aber nein!
JESSICA: Er hat dich eingeschüchtert!
HUGO: Aber er schüchtert einen gar nicht ein!
JESSICA: Warum hast du denn dann seine Krawatte angesehen?
HUGO: Um ihn nicht einzuschüchtern.
JESSICA: Gut. Aber ich werde ihn mir anschauen, mein kleiner Hase, und wenn du wissen willst, wie er aussieht, dann brauchst du nur mich zu fragen. Was hat er zu dir gesagt?
HUGO: Ich habe ihm gesagt, daß mein Vater Vizepräsident der Steinkohlengruben von Tosk sei und daß ich ihn verlassen hätte, um in die Partei einzutreten.
JESSICA: Und was hat er geantwortet?
HUGO: Es wäre recht so.
JESSICA: Und dann?
HUGO: Ich habe ihm nicht verborgen, daß ich den Doktor gemacht habe, aber ich habe ihm zu verstehen gegeben, daß ich kein Intellektueller sei und daß ich mich nicht schämte, Schriftstücke zu kopieren, und daß Gehorsam und strikteste Disziplin für mich Ehrensache sein würden.
JESSICA: Und was hat er darauf geantwortet?
HUGO: Es wäre recht so.

JESSICA: Und damit habt ihr zwei Stunden zugebracht?
HUGO: Du mußt die Pausen mitrechnen.
JESSICA: Du gehörst zu den Leuten, die immer erzählen, was sie den andern gesagt haben, aber niemals das, was die andern ihnen geantwortet haben.
HUGO: Weil ich denke, daß du dich mehr für mich als für die andern interessierst.
JESSICA: Aber sicher, mein Hase. Nur, dich habe ich ja sowieso, und die andern habe ich nicht.
HUGO: Willst du Hoederer haben?
JESSICA: Ich will alle haben.
HUGO: Oho! – Er ist vulgär.
JESSICA: Wie willst du das wissen, wo du ihn doch gar nicht angeschaut hast.
HUGO: Nur vulgäre Menschen tragen Krawatten mit Tupfen.
JESSICA: Die griechischen Kaiserinnen haben mit den Feldherren der Barbaren geschlafen.
HUGO: In Griechenland gab es gar keine Kaiserinnen.
JESSICA: Aber in Byzanz.
HUGO: In Byzanz hat es Barbarenfeldherren gegeben und auch griechische Kaiserinnen; aber es wird nicht berichtet, was sie miteinander getrieben haben.
JESSICA: Was hätten sie denn sonst schon treiben sollen? *Kurzes Schweigen.* Hat er nach mir gefragt?
HUGO: Nein.
JESSICA: Im übrigen hättest du nur antworten können: «Ich weiß nichts von ihr.» Hat er auch sonst nichts über mich gesagt?
HUGO: Nichts.
JESSICA: Der hat ja keine Manieren.
HUGO: Siehst du. Übrigens hat es keinen Zweck mehr, daß du dich für ihn interessierst.
JESSICA: Wieso?
HUGO: Kannst du deinen Mund halten?
JESSICA: Mit beiden Händen.
HUGO: Er muß sterben.
JESSICA: Ist er krank?
HUGO: Nein, aber er wird ermordet. Wie alle Leute, die mit Politik zu tun haben.
JESSICA: Ah! *Schweigen.* Und du, kleiner Hase, hast du auch mit Politik zu tun?
HUGO: Natürlich.
JESSICA: Und was macht denn dann die Witwe eines Mannes, der mit Politik zu tun hatte?
HUGO: Sie tritt in die Partei ihres Mannes ein und vollendet sein Werk.
JESSICA: Lieber Himmel. Da würde ich mich lieber auf deinem Grabe umbringen.
HUGO: Das geschieht nur noch auf den Malabaren.
JESSICA: Also, dann höre zu, was ich tun werde: ich werde deine Mörder nacheinander aufsuchen, ich mache, daß sie in Liebe erglühen,

und wenn sie endlich glauben, daß sie mich in meiner einsamen und großartigen Trauer trösten dürfen, dann stoße ich ihnen ein Messer ins Herz.

HUGO: Was würde dir dann dabei mehr Spaß machen? Das Messer-ins-Herz-Stoßen oder das Verführen?

JESSICA: Du bist dumm und gewöhnlich.

HUGO: Ich denke, du schwärmst für gewöhnliche Männer. *Jessica antwortet nicht.* Also, ist das Ganze jetzt Spaß oder nicht?

JESSICA: Jedenfalls hören wir jetzt auf. Laß mich weiter Koffer auspacken.

HUGO: Mach nur.

JESSICA: Es fehlt nur noch deiner. Gib mir den Schlüssel dazu.

HUGO: Ich habe ihn dir ja gegeben.

JESSICA *zeigt auf den Koffer, den sie zuvor geöffnet hatte:* Nicht zu diesem hier.

HUGO: Den da? Den packe ich selber aus.

JESSICA: Aber mein liebes Herz, das ist doch nicht deine Sache.

HUGO: Seit wann ist es denn deine? Willst du kleine Hausfrau spielen?

JESSICA: Du spielst ja auch Revolutionär.

HUGO: Revolutionäre brauchen keine kleinen Hausfrauen: die bringen sie aufs Schafott.

JESSICA: Sie sind mehr für schwarzhaarige Wölfinnen, wie Olga eine ist.

HUGO: Du bist wohl eifersüchtig?

JESSICA: Ich möchte gern. Das habe ich noch nie gespielt. Wollen wir mal versuchen?

HUGO: Wenn du willst.

JESSICA: Gut. Also dann gib mir mal jetzt den Schlüssel zu diesem Koffer.

HUGO: Niemals.

JESSICA: Was ist denn in dem Koffer drin?

HUGO: Ein schmachvolles Geheimnis.

JESSICA: Was für ein Geheimnis?

HUGO: Ich bin nicht der Sohn meines Vaters.

JESSICA: Das könnte dir so passen, mein Hase. Aber es ist ausgeschlossen; du gleichst ihm allzusehr.

HUGO: Das ist nicht wahr, Jessica. Findest du, daß ich ihm ähnlich bin?

JESSICA: Spielen wir, oder spielen wir nicht?

HUGO: Wir spielen.

JESSICA: Also dann mach den Koffer auf.

HUGO: Ich habe geschworen, ihn nicht zu öffnen.

JESSICA: Er ist mit Briefen der Wölfin vollgestopft! Oder mit Photos vielleicht? Mach mal auf.

HUGO: Nein.

JESSICA: Aufmachen! Aufmachen!

HUGO: Nein und abermals nein!

JESSICA: Spielst du noch?

HUGO: Ja.

JESSICA: Also Spaß beiseite: ich spiele nicht mehr. Mach den Koffer auf!

HUGO: Doch Spaß: ich mache ihn nicht auf.

JESSICA: Das ist mir auch egal, ich weiß doch, was drin ist.

HUGO: Was ist denn drin?

JESSICA: Drin ist ... drin ist ... *Sie greift unter die Matratze, dann hält sie beide Hände hinter den Rücken, schwenkt plötzlich ein paar Photos.* Das!

HUGO: Jessica!

JESSICA *triumphierend:* Ich habe den Schlüssel in deinem blauen Anzug gefunden, ich weiß, wer deine Geliebte, deine Prinzessin, deine Kaiserin ist. Ich bin es nicht, und auch nicht die Wölfin, sondern du bist es selbst, mein Herz, du selbst. Zwölf Photographien von dir waren in dem Koffer.

HUGO: Gib mir die Bilder her.

JESSICA: Zwölf Bilder aus deiner träumerischen Jugendzeit. Mit drei Jahren, sechs Jahren, acht, zehn, zwölf, sechzehn. Du hast sie mitgenommen, als dein Vater dich verstoßen hat, und nun begleiten sie dich überallhin. Wie mußt du dich selber lieben!

HUGO: Jessica, ich spiele nicht mehr.

JESSICA: Mit sechs Jahren hast du einen steifen Kragen getragen, der hat dich sicher am Hälschen gedrückt, und dann einen Anzug ganz aus Samt mit einer Seidenschleife. Was für ein hübsches Herrchen, der reine Musterknabe! Aber das ist nun mal so, gnädige Frau, die braven Kinder werden später die grauenhaftesten Revolutionäre. Sie sagen nichts, sie verstecken sich nicht unter dem Tisch, sie essen immer nur ein Bonbon auf einmal, aber später muß die Gesellschaft teuer dafür zahlen. Trauen Sie um alles in der Welt den braven Kindern nicht.

Hugo tut erst so, als ergäbe er sich in sein Schicksal, stürzt sich aber plötzlich auf sie.

HUGO: Hexe, du gibst mir die Bilder zurück. Sofort gibst du sie her.

JESSICA: Laß mich los! *Er wirft sie auf das Bett.* Paß auf, sonst sind wir beide hin.

HUGO: Gleich gibst du sie her.

JESSICA: Ich sage dir doch, das Ding kann losgehen! *Hugo richtet sich auf, Jessica zeigt den Revolver, den sie die ganze Zeit auf dem Rücken gehalten hat.* Das war nämlich auch in dem Koffer.

HUGO: Gib her.

Er nimmt ihn ihr aus der Hand, geht und durchsucht den Anzug im Schrank, findet den Schlüssel, geht zum Koffer, schließt ihn auf, sammelt die Photos wieder ein und legt sie mit dem Revolver in den Koffer zurück. Schweigen.

JESSICA: Was soll der Revolver bedeuten?

HUGO: Ich habe immer einen bei mir.

JESSICA: Das ist nicht wahr. Bis du hierher kamst, hast du keinen gehabt. Und diesen Koffer hattest du auch nicht. Du hast sie zu gleicher Zeit gekauft. Wozu brauchst du den Revolver?

HUGO: Willst du es wissen?

JESSICA: Ja, aber antworte mir ernsthaft. Du hast nicht das Recht, mich von deinem Leben fernzuhalten.
HUGO: Wirst du auch zu niemand davon sprechen?
JESSICA: Zu niemand auf der Welt.
HUGO: Um Hoederer zu erschießen.
JESSICA: Ach, Hugo, jetzt hör doch auf. Ich habe dir doch gesagt, daß ich nicht mehr spiele.
HUGO: Ha! Ha! Ha! Und ich etwa? Oder meine ich es ernst? Großes Geheimnis ... Jessica, du wirst eines Tages die Frau eines Mörders sein!
JESSICA: Aber das bringst du ja niemals fertig, armer Hase; soll ich ihn an deiner Stelle erschießen? Ich kann mich ihm ja anbieten, und dann ...
HUGO: Ja danke, und dann triffst du ihn nicht! Ich mache das lieber selbst.
JESSICA: Aber warum willst du ihn denn erschießen? Du kennst ihn doch gar nicht.
HUGO: Damit meine Frau mich ernst nimmt. Wirst du mich dann ernst nehmen?
JESSICA: Ich? Ich werde dich bewundern, verbergen, dir zu essen bringen, dich in deinem Versteck erheitern, und wenn uns die Nachbarn dann angezeigt haben, werde ich mich auf dich werfen, wenn die Gendarmen kommen, und rufen: «Ich liebe dich!» ...
HUGO: Sage es lieber jetzt.
JESSICA: Was?
HUGO: Daß du mich liebst.
JESSICA: Ich liebe dich!
HUGO: Sage es so, daß ich es glaube.
JESSICA: Ich liebe dich.
HUGO: So glaube ich es nicht.
JESSICA: Aber was hast du denn? Spielst du immer noch?
HUGO: Nein, ich spiele nicht.
JESSICA: Warum fragst du mich danach? Das hast du doch sonst nie getan.
HUGO: Ich weiß nicht. Ich möchte gern denken, daß du mich liebst. Das ist doch mein gutes Recht. Komm, sag es noch einmal. Aber sage es *richtig*.
JESSICA: Ich liebe dich. Ich liebe dich! Nein: Ich liebe dich! Ach! Geh zum Teufel. Wie sagst du es denn?
HUGO: Ich liebe dich.
JESSICA: Da siehst du: Du kannst es ja auch nicht besser als ich.
HUGO: Jessica, du glaubst nicht, was ich dir gesagt habe.
JESSICA: Daß du mich liebst?
HUGO: Daß ich Hoederer erschießen muß.
JESSICA: Natürlich glaube ich es.
HUGO: Nimm dich zusammen, Jessica. Sei mal ernst.
JESSICA: Warum soll ich denn ernst sein?
HUGO: Weil man nicht immer spielen kann.
JESSICA: Ich bin eigentlich nicht fürs Ernste, aber wir werden einen Mittelweg finden: Ich werde spielen, ich wäre ernst.

HUGO: Sieh mir in die Augen. Nein! Ohne zu lachen. Hör mal zu. Das mit dem Hoederer ist wahr. Die Partei hat mich deswegen hergeschickt.

JESSICA: Ich zweifle nicht daran. Warum hast du es mir nicht schon früher gesagt?

HUGO: Vielleicht wärst du dann nicht mitgekommen.

JESSICA: Wieso? Das sind doch deine Männersachen, das geht ja mich nichts an.

HUGO: Na ja, es ist doch immerhin ein merkwürdiger Auftrag, weißt du... Der Bursche wirkt recht zäh.

JESSICA: Dann werden wir ihn eben chloroformieren und an die Mündung einer Kanone binden.

HUGO: Jessica. Es ist mir doch ernst.

JESSICA: Mir auch.

HUGO: Nein, du spielst nur Ernstsein. Du hast es ja selber gesagt.

JESSICA: Nein, du.

HUGO: So glaube mir doch, Jessica. Ich bitte dich darum.

JESSICA: Ich werde dir glauben, sobald du glaubst, daß ich ernst bin.

HUGO: Gut. Ich glaube es dir.

JESSICA: Nein, jetzt spielst du, du glaubst mir.

HUGO: So kommen wir nicht weiter. *Es klopft.* Herein! *Jessica stellt sich vor den Koffer, mit dem Rücken zum Publikum, während er die Tür öffnen geht.*

2. SZENE

Slick – Georg – Hugo – Jessica

Slick und Georg treten lächelnd ein, Maschinenpistole in der Hand und Revolver im Gürtel. Schweigen.

GEORG: Wir sind es.

HUGO: Wer, wir?

GEORG: Wir wollten mal sehen, ob ihr Hilfe braucht.

HUGO: Wobei?

SLICK: Beim Aufräumen.

JESSICA: Sehr nett von euch, aber ich brauche keine Hilfe.

GEORG *zeigt auf die Kleidungsstücke, die auf den Möbeln verstreut liegen:* Das gehört doch alles zusammengelegt.

SLICK: Es ginge doch schneller zu vieren.

JESSICA: Meint ihr?

SLICK *hebt mit spitzen Fingern eine Hemdhose von der Stuhllehne auf:* Wird das nicht in der Mitte zusammengelegt? Die Seiten eingeschlagen?

JESSICA: Meinen Sie? Ich habe das Gefühl, Sie sollten sich lieber auf einem Gebiet spezialisieren, das mehr männliche Kraft verlangt.

GEORG: Rühr das nicht an, Slick. Du kommst bloß auf dumme Gedanken. Sie müssen ihn entschuldigen, Madame; wir haben seit einem halben Jahr keine Frauen gesehen.

SLICK: Wir wußten gar nicht mehr, wie schön das ist. *Sie sehen einander an.*

JESSICA: Und jetzt fällt es euch wieder ein?
GEORG: So allmählich ja.
JESSICA: Gibt es denn keine im Dorf?
SLICK: Schon, aber wir kommen ja nicht raus.
GEORG: Der vorige Sekretär ist jede Nacht über die Mauer gestiegen mit dem Erfolg, daß man ihn eines Morgens mit dem Kopf im Dorfteich gefunden hat. Da hat der Alte gesagt, der nächste müsse verheiratet sein, damit er zu Hause hat, was er braucht.
JESSICA: Sehr zartfühlend eigentlich.
SLICK: Bloß wir haben ja nichts davon.
JESSICA: So? Warum denn nicht?
GEORG: Wir können sehen, wo wir bleiben.
HUGO: Das ist Hoederers Leibgarde.
JESSICA: Stell dir vor, ich hab mir so was gedacht.
SLICK *zeigt auf seine Pistole:* Wegen des Dinges da?
JESSICA: Auch deswegen.
GEORG: Wir sind dabei gar nicht so blutdürstig, wie? Ich bin Spengler von Beruf. Aber man tut, was man kann, wenn die Partei es wünscht.
SLICK: Ihr habt doch keine Angst vor uns?
JESSICA: Im Gegenteil; nur hätte ich gern ... *Zeigt auf die Maschinenpistolen und Revolver* ... ihr legtet eure Waffensammlung mal ein Weilchen ab. Tut alles da in die Ecke.
GEORG: Unmöglich.
SLICK: Verboten.
JESSICA: Schlaft ihr auch damit?
GEORG: Nein, meine Dame.
JESSICA: Nein?
SLICK: Nein.
HUGO: Die sind eisern mit ihrem Reglement. Als ich in Hoederers Zimmer ging, haben sie mir die Mündungen ihrer Maschinenpistolen in den Rücken gestoßen.
GEORG *lacht:* Ja, so sind wir nun mal.
SLICK *lacht:* Wenn er sich gerührt hätte, wären Sie jetzt Witwe. *Alle lachen.*
JESSICA: Euer Chef muß aber mächtig Angst haben.
SLICK: Er hat keine Angst; er hat nur keine Lust, sich niederknallen zu lassen.
JESSICA: Ja, woher denn aber auch?
SLICK: Das weiß ich nicht. Aber so viel steht fest, daß sie ihn umlegen wollen. Seine Freunde haben ihn gewarnt, vor vierzehn Tagen etwa.
JESSICA: Das ist ja interessant.
SLICK: Da heißt es eben aufpassen. Daran gewöhnt ihr euch bald. Man merkt es außerdem kaum.
Während Slick antwortet, unternimmt Georg mit nur scheinbar gleichgültiger Miene einen Rundgang durchs Zimmer. Er geht an den Schrank und nimmt Hugos Anzug heraus.
GEORG: He, Slick! Sieh bloß mal die feine Kluft, die er hat!
SLICK: Bei dem gehört das zum Handwerk. So einen Sekretär sieht

man vor sich, während er aufschreibt, was man sagt; da muß er einem gefallen, sonst verliert man den Faden.

Georg beklopft den Anzug, als wenn er ihn abstauben wollte.

GEORG: Nehmt euch nur vor den Wandschränken in acht. Die Wände sind nicht recht dicht.

Hängt den Anzug wieder fort und stellt sich neben Slick. Jessica und Hugo sehen sich an.

JESSICA *gibt sich einen Ruck:* Na also... setzt euch doch.

SLICK: Nein. Nein. Danke schön.

GEORG: Es geht ganz gut so.

JESSICA: Wir können euch leider nichts zu trinken anbieten.

SLICK: Das macht nichts. Wir trinken sowieso nichts im Dienst.

HUGO: Seid ihr denn im Dienst?

GEORG: Wir sind i m m e r im Dienst.

HUGO: So?

SLICK: Ich sage euch, für diesen verdammten Dienst muß man der reine Heilige sein.

HUGO: I c h jedenfalls bin noch nicht im Dienst. Ich bin in m e i n e m Hause bei m e i n e r Frau. Komm, Jessica, wir setzen uns. *Beide setzen sich.*

SLICK *tritt ans Fenster:* Schöne Aussicht, das.

GEORG: Sie haben es überhaupt hübsch hier.

SLICK: Und so ruhig dabei.

GEORG: Hast du das große Bett gesehen? . . . Da haben dreie drin Platz.

SLICK: Viere sogar; ein so junges Ehepaar, das kuschelt sich zusammen.

GEORG: Da wird soviel Platz verschwendet, und andere müssen auf dem Boden schlafen.

SLICK: Hör auf, sonst träume ich die ganze Nacht davon.

JESSICA: Habt ihr denn kein Bett?

SLICK *erheitert zu Georg:* Hast du das gehört?

GEORG *lacht:* Ja.

SLICK: Sie fragt, ob wir kein Bett haben!

GEORG *zeigt auf Slick:* Er schläft auf dem Teppich im Büro und ich auf dem Korridor, vor dem Schlafzimmer des Alten.

JESSICA: Ist das nicht ein bissel hart?

GEORG: Ihrem Mann wäre das zu hart, er hat so was Zartes an sich. Wir haben uns daran gewöhnt. Das Dumme ist, daß wir nie recht wissen wohin. Der Garten ist nicht gesund, da bleibt man den ganzen Tag unten im Treppenhaus. *Er bückt sich und schaut unter das Bett.*

HUGO: Was gibt es denn da zu sehen?

GEORG: Manchmal sind Ratten da. *Steht wieder auf.*

HUGO: Und jetzt nicht?

GEORG: Nein.

HUGO: Um so angenehmer. *Schweigen.*

JESSICA: Und euern Chef habt ihr ganz allein gelassen? Habt ihr denn keine Angst, daß ihm etwas passiert, wenn ihr zu lange wegbleibt?

SLICK: Da ist ja noch Leo, der ist dageblieben. *Zeigt auf das Telephon.* Wenn irgend was los ist, braucht er nur anzurufen. *Pause. Hugo steht auf, er ist blaß vor Nervosität. Jessica erhebt sich gleichfalls.*

HUGO: Nette Jungens, was?

JESSICA: Hervorragend nett.

HUGO: Hast du gesehen, wie die gebaut sind?

JESSICA: Die reinen Schränke! Hach! Ihr werdet das richtige Freundestrio sein. Für Leute, die andere umlegen, hat mein Mann was übrig. Er wäre gern selber so einer.

SLICK: Dafür ist er nicht gemacht. Er paßt nur zum Sekretär.

HUGO: Wartet nur ab, wir werden uns gut verstehen. Ich werde das Gehirn sein, Jessica das Herz und ihr beide die Muskeln. Faß nur mal diese Muskeln an, Jessica! *Fühlt sie selber an.* Wie Eisen. Faß mal an.

JESSICA: Aber Herr Georg hat das vielleicht nicht gern.

GEORG *steif:* Das ist mir ganz egal.

HUGO: Siehst du? Er ist ganz wild darauf. Fühl mal, Jessica, fühl mal! *Jessica faßt an.* Wie Eisen, findest du nicht?

JESSICA: Wie Stahl.

HUGO: Wollen wir drei uns nicht duzen?

SLICK: Wenn du gern möchtest, mein Junge.

JESSICA: Es war so nett von euch, daß ihr uns einen Besuch gemacht habt.

SLICK: Das Vergnügen ist ganz auf unserer Seite, wie, Schorsch?

GEORG: Wir freuen uns an eurem Glück.

JESSICA: Da habt ihr was, worüber ihr reden könnt in eurem Treppenhaus.

SLICK: Aber gewiß doch, und nachts können wir uns dann sagen: die haben es gemütlich, der hat jetzt ein Frauchen im Arm.

GEORG: Und das freut uns dann auch!

HUGO *geht zur Tür und macht sie auf:* Kommt wieder, wann ihr wollt. Tut, als ob ihr hier zu Hause wäret.

SLICK *geht zur Tür und macht sie wieder zu:* Schon gut, wir gehen schon. Nur noch eine kleine Formalität.

HUGO: Was für eine Formalität?

SLICK: Eine kleine Zimmerdurchsuchung.

HUGO: Nein.

GEORG: Nein?

HUGO: Nichts werdet ihr durchsuchen.

SLICK: Reg dich ab, mein Junge. Befehl ist Befehl.

HUGO: Befehl von wem?

SLICK: Von Hoederer.

HUGO: Hoederer hat euch den Befehl gegeben, mein Zimmer zu durchsuchen?

GEORG: Höre mal, Freundchen, stell dich doch nicht dumm. Ich habe dir ja gesagt, wir sind gewarnt: es ist dicke Luft. Denkst du da, wir lassen dich hier einfach so hereinkommen und gucken dir nicht in die Taschen? Du könntest ja Granaten oder sonst was für Sprengzeug hier hereinschmuggeln. Allerdings siehst du nicht so aus, als wenn du Talent zum Tontaubenschießen hättest.

HUGO: Ich frage euch, ob Hoederer euch ausdrücklich befohlen hat, meine Sachen zu durchsuchen?

SLICK *zu Georg:* Ausdrücklich.

GEORG: Ausdrücklich.

SLICK: Hier kommt keiner rein, ohne daß er durchsucht wird. Das ist Vorschrift und damit basta.

HUGO: Und ich sage euch, mich werdet ihr nicht durchsuchen. Ich mache eben eine Ausnahme. Und damit basta.

GEORG: Gehörst du nicht zur Partei?

HUGO: Doch.

GEORG: So, aber gelernt hast du nichts dabei, wie? Weißt du nicht, was eine Parole ist?

HUGO: Das weiß ich so gut wie ihr.

SLICK: Und wenn eine Parole ausgegeben ist, dann weißt du nicht, daß man sich danach zu richten hat?

HUGO: Doch, das weiß ich.

SLICK: Also?

HUGO: Ich achte jede Parole, aber ich habe auch Achtung vor mir selbst, und ich gehorche keinen idiotischen Befehlen, die eigens erfunden sind, um mich lächerlich zu machen.

SLICK: Da hörst du's ja. Sag mal. Schorsch, hast du etwas wie Selbstachtung?

GEORG: Glaube ich nicht. Das müßte ich doch gemerkt haben. Und du, Slick?

SLICK: Du bist ja verrückt. Selbstachtung! Wenn du nicht mindestens Sekretär bist, hast du da gar kein Recht darauf.

HUGO: Ach ihr armen Idioten! Wenn ich in die Partei eingetreten bin, so deshalb, weil alle Menschen, ob Sekretäre oder nicht, eines Tages das Recht darauf haben sollen.

GEORG: Ach, Slick, sag ihm, er soll aufhören, sonst fange ich noch zu weinen an. Nein, mein liebes Jungchen, wenn man eingetreten ist, so hat man es getan, um nicht zu krepieren.

SLICK: Damit alle solche Jungens wie wir eines Tages zu fressen haben.

GEORG: Los, Slick, jetzt haben wir genug gequasselt. Mach mal da schon immer auf.

HUGO: Du rührst das nicht an.

SLICK: Nein, mein Junge? Und was willst du dagegen machen?

HUGO: Ich kann nicht gegen eine Dampfwalze kämpfen. Aber wenn du das auch nur anrührst mit deinen Pfoten, verlassen wir heute abend das Haus, und Hoederer kann sich nach einem andern Sekretär umsehen.

GEORG: Junge, Junge, da machst du mir aber angst. So einen Sekretär, den findet man nicht auf der Straße.

HUGO: Wühle doch, wenn du dich traust, wühle doch! *Georg kratzt sich am Kopf. Jessica, die während der ganzen Szene sehr ruhig geblieben ist, tritt auf sie zu.*

JESSICA: Wie wäre es, wenn ihr Hoederer anriefet?

SLICK: Hoederer?

JESSICA: Er kann ja entscheiden.

Georg und Slick blicken sich fragend an.

GEORG: Kann man machen. *Geht zum Apparat und nimmt den Hörer ab.* Hallo? Leo? Geh mal zum Alten und sage ihm, daß sich der Kleine hier sträubt. Wie? Ach, Redensarten. *Tritt wieder zu Slick.* Er geht den Alten holen.

SLICK: Mir recht. Aber eins sage ich dir, Schorsch: Der Hoederer ist ganz recht; aber wenn es ihm jetzt einfällt, für dies verwöhnte Bürschchen hier eine Ausnahme zu machen, wo selbst der Briefträger bis aufs Hemd untersucht worden ist, dann ... dann hänge ich meine Schürze an den Schrank.

GEORG: Einverstanden. Er setzt es durch, oder wir beide gehen.

SLICK: Wir haben zwar vielleicht keine Selbstachtung, aber unsern Stolz haben wir auch, genau wie andere Leute.

HUGO: Das kann ja sein, Herr Kamerad. Aber wenn auch Hoederer in Person den Befehl zur Durchsuchung gibt, würde ich fünf Minuten später dieses Haus verlassen.

GEORG: Slick!

SLICK: Ja?

GEORG: Sag mal, findest du nicht auch, daß dieser Herr angibt wie ein Graf?

HUGO: Jessica!

JESSICA: Ja?

HUGO: Findest du nicht, daß diese Herren sich benehmen wie Flegel?

SLICK *geht auf ihn zu und legt ihm die Hand auf die Schulter:* Schimpf nur zu, mein Junge; nämlich, wenn du findest, daß wir solche Flegel sind, könnten wir auch mal dreschen.

Hoederer tritt ein.

3. SZENE

Dieselben – Hoederer

HOEDERER: Weshalb habt ihr mich gestört?

Slick tritt einen Schritt zurück.

SLICK: Er will nicht, daß wir seine Sachen durchsuchen.

HOEDERER: Nicht?

HUGO: Wenn Sie es ihnen doch erlauben, dann gehe ich. Das steht fest.

HOEDERER: Gut.

GEORG: Und wenn du uns hinderst, gehen wir.

HOEDERER: Setzt euch mal hin. *Sie setzen sich widerwillig hin.* Übrigens, Hugo, du mußt du zu mir sagen. Hier bei uns duzt sich alles. *Er nimmt einen Schlüpfer und ein Paar Strümpfe von der Stuhllehne und will sie aufs Bett tragen.*

JESSICA: Erlauben Sie.

Sie nimmt ihm die Sachen aus der Hand, rollt sie zusammen und wirft sie auf das Bett, ohne sich von der Stelle zu rühren.

HOEDERER: Wie heißt du?

JESSICA: Frauen duzen Sie auch?

HOEDERER: Ja.

JESSICA: Daran muß ich mich erst gewöhnen! Ich heiße Jessica.

HOEDERER *sieht sie an:* Ich dachte, du würdest häßlich sein.

JESSICA: Tut mir leid.
HOEDERER *schaut sie immer noch an:* Ja. Schade.
JESSICA: Soll ich mir vielleicht die Haare abrasieren lassen?
HOEDERER *ohne den Blick von ihr zu wenden:* Nein. *Entfernt sich etwas von ihr.* Sind sie sich deinetwegen in die Haare geraten?
JESSICA: Noch nicht.
HOEDERER: Hoffentlich kommt es auch nicht dazu. *Setzt sich in einen Sessel.* Diese Haussuchung hat gar keine Bedeutung.
SLICK: Wir ...
HOEDERER: Gar keine Bedeutung. Wir kommen noch darauf zurück. *Zu Slick:* Was war denn los? Was habt ihr denn gegen ihn. Ist er zu gut angezogen? Redet er wie ein Buch?
SLICK: Wir haben halt nicht die gleiche Haut.
HOEDERER: Ach was, so etwas gibt es hier bei mir nicht. Die Haut läßt man draußen im Vorplatz. *Sieht sie an.* Kinder, ihr habt die Sache falsch angefangen. *Zu Hugo:* Du trumpfst hier nur auf, weil du der Schwächere bist. *Zu Slick und Georg:* Und ihr, ihr seid mit dem falschen Fuß aufgestanden. Ihr habt ihn von vornherein schief angesehen. Morgen werdet ihr ihm allerlei Streiche spielen, und nächste Woche, wenn er einen Brief für mich schreiben soll, kommt ihr und erzählt mir, man habe ihn im Teich aufgefischt.
HUGO: Da bin ich auch noch da!
HOEDERER: Zu gar nichts bist du da. Sperr dich nicht, mein Junge. Es darf nicht erst soweit kommen. Wenn vier Leute zusammen hausen, so mögen sie sich entweder, oder sie bringen sich um. Ihr werdet so freundlich sein und euch mögen.
GEORG *würdevoll:* Gefühle kann man nicht zwingen.
HOEDERER: Natürlich kann man das. Man kann es, wenn man im Dienst ist und zur gleichen Partei gehört.
GEORG: Wir gehören nicht zur gleichen Partei.
HOEDERER *zu Hugo:* Bist du keiner von uns?
HUGO: Doch.
HOEDERER: Also?
SLICK: Wir gehören vielleicht zur selben Partei, aber wir sind nicht aus den gleichen Gründen eingetreten.
HOEDERER: Alle treten aus den gleichen Gründen ein.
SLICK: Erlaube mal! Er hat es getan, damit die armen Leute lernen, sich selber zu respektieren.
HOEDERER: Ach was!
GEORG: Er hat es doch selber gesagt.
HUGO: Und ihr seid nur eingetreten, damit ihr zu fressen habt. Das habt ihr auch selber gesagt.
HOEDERER: Na also? Da seid ihr ja ganz einig.
SLICK: Wie?
HOEDERER: Slick! Hast du mir nicht selber erzählt, daß du dich geschämt hast, Hunger zu haben? *Er beugt sich näher zu Slick und wartet auf eine Antwort, die jedoch nicht kommt.* Und daß du wütend warst, weil du an nichts anderes denken konntest. Und daß ein Bursche von zwanzig Jahren doch etwas Besseres zu tun habe, als immer nur an seinen Magen zu denken.

SLICK: Das brauchst du nicht alles vor dem hier zu erzählen.

HOEDERER: Hast du es etwa nicht gesagt?

SLICK: Und was beweist das schon?

HOEDERER: Das beweist, daß du dein Fressen wolltest, und noch ein bißchen mehr, und das ist gerade das, was er Selbstachtung nennt. Er gebraucht die Worte, die er in seinem Kopf findet; er denkt ganz und gar mit dem Kopf.

HUGO: Womit soll ich denn sonst denken?

SLICK: Wenn man irgendwo was hochgehen läßt, mein Junge, dann macht man das nicht mit dem Kopf. Ich hätte auch lieber, wenn das mal ein Ende hätte, und man könnte mal einen Augenblick, einen kleinen Augenblick an etwas anderes denken. An etwas anderes als an sich selbst. Aber das ist doch keine Selbstachtung. Du hast niemals Hunger gehabt, und du kommst zu uns wie die Wohltätigkeitsdamen, die meine Mutter besuchten, wenn sie besoffen war, um ihr zu sagen, sie müsse mehr auf sich halten.

HUGO: Das ist nicht wahr.

GEORG: Hast du etwa Hunger gehabt? Du? Ich glaube, du hattest eher nötig, dir vor dem Essen ein bißchen Bewegung zu machen, um Appetit zu bekommen.

HUGO: Diesmal hast du recht, Herr Kamerad: ich weiß nicht, was Appetit ist. Von den Nährsalzen meiner Kinderzeit ließ ich die Hälfte stehen: was für eine Verschwendung! Aber mir wurde der Mund mit Gewalt aufgesperrt, und dann hieß es: ein Löffelchen für den Papa, ein Löffelchen für die Mama und eins für die Tante Anna. Und sie steckten mir den Löffel tief in den Schlund hinein. Ich wurde größer, stell dir vor, aber nicht dicker dabei. Da mußte ich frisches Blut im Schlachthaus trinken, weil ich so bläßlich war. Von dem Tag an habe ich kein Fleisch mehr angerührt. Jeden Abend sagte mein Vater: «Dies Kind hat auch niemals Hunger ...» Jeden Abend, stelle dir vor: «Hugo, Hugo, iß. Du wirst sonst krank.» Ich mußte Lebertran nehmen. Das ist wirklich die Höhe des Luxus: eine Droge nehmen, damit man Hunger hat, während die andern da auf der Straße für ein Beefsteak ihre Seligkeit verkauft hätten. Ich sah sie von meinem Fenster aus marschieren mit ihren Plakaten: «Gebt uns Brot!» Ich setzte mich an den Tisch. Iß, Hugo, iß. Ein Löffelchen für den Nachtwächter, der gerade arbeitslos ist, ein Löffelchen für die alte Frau, die die Abfälle aus dem Mülleimer holt, ein Löffelchen für die Familie des Zimmermanns, der sich das Bein gebrochen hat. Ich habe mein Elternhaus verlassen. Ich bin in die Partei eingetreten, und jetzt höre ich dasselbe Lied: «Du hast niemals Hunger gehabt, Hugo, was willst du hier bei uns? Was kannst du schon verstehen? Du hast niemals Hunger gehabt.» Also nein! Ich habe niemals Hunger gehabt! Niemals! Niemals! Vielleicht kannst du mir sagen, du da, was ich machen muß, um das nicht mehr zu hören. *Schweigen.*

HOEDERER: Habt ihr gehört? Also sagt ihm, was er machen soll. Slick! Was verlangst du von ihm? Soll er sich eine Hand abhauen? Oder ein Auge ausreißen? Dir seine Frau anbieten? Welchen Preis muß er zahlen, damit ihr ihm verzeiht?

SLICK: Ich habe ihm nichts zu verzeihen.

HOEDERER: Doch: daß er in die Partei eingetreten ist, ohne daß ihn der Hunger dazu getrieben hat.

GEORG: Wir werfen es ihm nicht vor. Nur, es liegt eine Welt zwischen uns. Er ist ein Amateur, er ist eingetreten, weil er es richtig fand und nach außen hin zeigen wollte. Wir haben es getan, weil uns nichts anderes übrigblieb.

HOEDERER: Und meinst du, ihm blieb etwas anderes übrig? Der Hunger der andern erträgt sich auch nicht so leicht.

GEORG: Die meisten finden sich aber sehr gut damit ab.

HOEDERER: Das sind die, die keine Phantasie haben. Der Kleine hat das Pech, daß er zuviel davon hat.

SLICK: Gut. Wir wünschen ihm ja auch nichts Böses. Wir können ihn nur nicht riechen. Man wird ja noch das Recht haben...

HOEDERER: Was für ein Recht? Ihr habt gar kein Recht. Keines. «Wir können ihn nicht riechen»... Ihr Schweine, guckt euch mal im Spiegel an, und dann tut noch heikel, wenn ihr es euch getraut. Man urteilt über die Leute nach dem, was sie leisten. Und nehmt euch nur in acht, daß ich euch nicht auch danach beurteile. Ihr macht es euch etwas leicht, letzthin.

HUGO *schreit:* Aber so verteidigen Sie mich doch nicht! Wer heißt Sie mich verteidigen! Sie sehen ja, daß nichts zu machen ist. Ich bin das schon gewöhnt. Als sie vorhin ins Zimmer traten, hatten sie dieses Lächeln, das ich nun schon kenne. Es war nicht schön, glauben Sie mir. Sie wollten sich an mir rächen, für meinen Vater und meinen Großvater und alle in meiner Familie, die sich satt gegessen haben. Ich sage Ihnen, ich kenne die Art: niemals werden sie mich für einen der Ihren halten; und es sind Hunderttausende, die mich mit diesem Lächeln ansehen! Ich habe gekämpft, habe mich gedemütigt, habe alles getan, damit sie es vergessen, ich habe ihnen immer wieder gesagt, daß ich sie liebte, beneidete, daß ich sie bewunderte. Aber da ist nichts zu machen! Ich bin das Kind reicher Leute, ein Intellektueller, ein Kerl, der nicht mit den Händen schafft. Sollen sie doch denken, was sie Lust haben. Sie haben recht, es liegt an der Haut!

Slick und Georg sehen sich schweigend an.

HOEDERER *zu seiner Leibwache:* Nun? *Slick und Georg zucken unsicher die Achseln.* Ich werde ihn nicht mehr schonen als andere; ihr wißt, ich schone niemanden. Er arbeitet nicht mit den Händen, aber ich werde ihn schleifen. *Gereizt.* Ach! Hören wir doch auf damit.

SLICK *hat sich entschieden:* Gut! *Zu Hugo:* Nicht, daß du mir gefällst, mein Junge. Irgend etwas klappt bei uns nicht. Aber ich sage nicht, daß du das Karnickel warst, und es ist wahr, wir haben gleich verkehrt angefangen. Wir wollen also versuchen, uns gegenseitig das Leben nicht allzu schwer zu machen. Einverstanden?

HUGO *zögernd:* Wenn ihr wollt!

SLICK: Einverstanden.

GEORG: Ja, ja.

Schweigen.

HOEDERER *ruhig:* Bleibt die Frage der Haussuchung.

SLICK: Richtig. Die Haussuchung ... Na, jetzt ...

GEORG: Wir haben das ja nur so gesagt.

SLICK: Nur so aus Prinzip.

HOEDERER *in verändertem Ton:* Wer hat euch nach eurer Meinung gefragt? Ihr werdet die Durchsuchung vornehmen, wenn ich sie anordne. *Zu Hugo, wieder mit seiner gewöhnlichen Stimme.* Ich habe Vertrauen zu dir, mein Junge, aber du mußt Realist sein. Wenn ich heute für dich eine Ausnahme mache, verlangen sie morgen, daß ich zwei weitere mache, und schließlich wird einer kommen und uns allen den Garaus machen, nur weil wir versäumt haben, ihm die Taschen umzudrehen! Wenn sie dich jetzt höflich fragen, jetzt, wo ihr Freunde seid, läßt du dich dann durchsuchen?

HUGO: Ich ... Ich fürchte, nein.

HOEDERER: Ah! *Sieht ihn an.* Und wenn ich dich darum bitte? *Schweigen.* Ich sehe, du hast Grundsätze! Auch ich könnte eine grundsätzliche Frage daraus machen! Aber Grundsätze und ich ... *Schweigt.* Sieh mich an ... Du hast keine Waffen?

HUGO: Nein.

HOEDERER: Deine Frau auch nicht?

HUGO: Nein.

HOEDERER: Gut. Ich verlasse mich auf dich. Ihr könnt gehen, ihr beiden.

JESSICA: Wartet mal. *Sie wenden sich um.* Hugo, es wäre falsch, das Vertrauen nicht zu erwidern.

HUGO: Wie meinst du das?

JESSICA: Ihr könnt alles durchsuchen!

HUGO: Aber Jessica ...

JESSICA: Und? Du willst sie doch nicht glauben machen, daß du einen Revolver versteckt hättest?

HUGO: Du bist wahnsinnig.

JESSICA: Dann lasse sie machen. Deiner Ehre ist Genüge getan, da wir sie ja selbst darum bitten.

Georg und Slick stehen unschlüssig auf der Schwelle.

HOEDERER: Nun? Worauf wartet ihr? Habt ihr nicht verstanden?

SLICK: Wir dachten ...

HOEDERER: Da gibt es nichts zu denken. Tut, was sie euch gesagt hat.

SLICK: Mir soll's recht sein.

GEORG: Wozu dann erst das ganze Gerede.

Während sie sich ohne Gründlichkeit an die Durchsuchung machen, starrt Hugo Jessica verständnislos an.

HOEDERER *zu Slick und Georg:* Das wird euch lehren, den Leuten Vertrauen schenken. Ich tue das immer von vornherein. Allen. *Sie wühlen planlos herum.* Wie schlapp ihr das macht. Wenn ihr schon durchsucht, dann richtig. Sie haben es ja auch richtig gewollt. Slick, sieh mal unter den Schrank. Gut. Nimm den Anzug heraus. Befühle ihn.

SLICK: Das haben wir ja schon gemacht.

HOEDERER: Dann mache es eben noch mal. Sieh auch unter die Matratze. Gut. Slick, mach weiter. Und du, Georg, komm mal her.

Zeigt auf Hugo. Durchsuche ihn. Du brauchst nur seine Rocktaschen anzufühlen. So. Nun die Hosentaschen. Gut. Nun die rückwärtige Tasche. Ausgezeichnet.

JESSICA: Und ich?

HOEDERER: Wenn du es selber wünschest ... Georg. *Georg rührt sich nicht.* Hast du Angst vor ihr?

GEORG: Ach! Soso!

Geht zu Jessica, sehr rot im Gesicht, und berührt sie mit den Fingerspitzen. Jessica lacht.

JESSICA: Zart wie ein Kammerkätzchen.

Slick ist jetzt an dem Koffer, in dem der Revolver war.

SLICK: Sind die Koffer leer?

HUGO *auf dem Sprunge:* Ja.

Hoederer blickt ihn aufmerksam an.

HOEDERER: Der da auch?

HUGO: Ja. *Slick hebt ihn.*

SLICK: Nein.

HUGO: Ach ... der da, nein, der nicht. Den wollte ich gerade auspacken, als ihr kamt.

HOEDERER: Mach mal auf.

Slick macht ihn auf und wühlt darin herum.

SLICK: Nichts.

HOEDERER: Gut. Aus. Macht, daß ihr rauskommt.

SLICK *zu Hugo:* Nichts für ungut.

HUGO: Nein, nein.

JESSICA *während sie abgehen:* Ich besuche euch auch mal in eurem Treppenhaus.

4. SZENE

Jessica – Hoederer – Hugo

HOEDERER: An deiner Stelle würde ich sie nicht zu oft besuchen.

JESSICA: Oh! Warum denn nicht? Sie sind doch so lieb. Besonders dieser Georg: wie ein junges Mädchen.

HOEDERER: Hm! *Tritt vor sie hin.* Du bist nun einmal hübsch. Dagegen kann man nichts machen. Aber so wie die Dinge liegen, gibt es nur zwei Lösungen. Entweder dein Herz ist groß genug, uns alle glücklich zu machen ...

JESSICA: Ich habe ein ganz kleines Herz.

HOEDERER: Das habe ich mir gedacht. Im übrigen würden sie sich auch dann in die Haare kriegen. Die andere Möglichkeit ist die: sobald dein Mann fort ist, schließt du dich ein und öffnest niemandem, nicht einmal mir.

JESSICA: Ja. Schön. Aber wenn Sie gestatten, wähle ich die dritte.

HOEDERER: Wie du willst. *Er beugt sich vor und atmet tief ein.* Du riechst gut. Nimm nicht dies Parfum, wenn du sie besuchen gehst.

JESSICA: Ich habe gar kein Parfum an mir.

HOEDERER: Um so schlimmer. *Er dreht sich um und geht langsam bis zur Mitte des Zimmers, wo er stehenbleibt. Während der ganzen*

Szene spähen seine Blicke unruhig umher. Er sucht etwas. Von Zeit zu Zeit bleibt sein Blick forschend auf Hugo haften. Gut. Das war das! *Schweigt.* Das war das! *Schweigt.* Hugo, du kommst also morgen früh um zehn zu mir.

HUGO: Ich weiß.

HOEDERER *zerstreut, während seine Augen wandern:* Gut. Gut. Gut. So ist das. Alles in Ordnung. Ende gut, alles gut. Ihr macht so komische Gesichter, Kinder. Dabei ist alles gut, nicht wahr? Alle mit allen versöhnt, alle lieben alle ... *Plötzlich.* Du bist müde, mein Junge.

HUGO: Nicht der Rede wert. *Hoederer sieht ihn aufmerksam an. Hugo wird verlegen, er bringt mühsam hervor:* Wegen ... wegen der Sache da eben ... entschuldige ich mich.

HOEDERER *ohne ihn aus den Augen zu lassen:* Ich denke schon gar nicht mehr daran.

HUGO: In Zukunft werden Sie ...

HOEDERER: Ich habe dir doch gesagt, du sollst mich duzen.

HUGO: In Zukunft wirst du dich nicht mehr über mich zu beklagen haben. Ich werde die strikteste Disziplin bewahren.

HOEDERER: Das hast du mir schon erzählt. Bist du sicher, daß du nicht krank bist? *Hugo antwortet nicht.* Wenn du krank bist, kannst du es jetzt noch sagen, und ich bitte dann das Komitee, mir jemand anderen an deiner Stelle zu schicken.

HUGO: Ich bin nicht krank.

HOEDERER: Ausgezeichnet. Na, also dann will ich euch verlassen, ihr werdet jetzt auch mal gern allein sein. *Geht zum Tisch und sieht sich die Bücher an.* Hegel, Marx, sehr gut. Lorca, Thomas, Eliot, kenne ich nicht. *Er blättert in den Büchern.*

HUGO: Das sind Dichter.

HOEDERER: Gedichte ... Gedichte ... viel Gedichte. Schreibst du selber welche?

HUGO: N-ein.

HOEDERER: Also doch. *Entfernt sich vom Tisch, bleibt am Bett stehen.* Ein Schlafrock – bist du aber vornehm. Hast du den mitgenommen, als du von deinem Vater fort bist?

HUGO: Ja.

HOEDERER: Die beiden Anzüge auch, vermute ich. *Bietet ihm eine Zigarette an.*

HUGO *lehnt ab:* Danke.

HOEDERER: Du rauchst nicht? *Hugo macht eine verneinende Bewegung.* Gut. Das Komitee hat mir gesagt, du hättest noch niemals an einer Aktion teilgenommen?

HUGO: Das stimmt.

HOEDERER: Das ist dir doch sicher schwergefallen. Alle Intellektuellen möchten doch gern etwas tun.

HUGO: Ich hatte die Zeitung zu besorgen.

HOEDERER: Das wurde mir gesagt. Ich habe sie schon zwei Monate nicht mehr bekommen. Die früheren Nummern hast also du gemacht?

HUGO: Ja.

HOEDERER: Es war saubere Arbeit. Und einen so guten Redakteur haben sie fortgelassen, um ihn mir zu schicken?

HUGO: Sie dachten, ich wäre das Richtige für dich.

HOEDERER: Das ist wirklich sehr nett. Und du? Bist du denn gern von deiner Arbeit fortgegangen?

HUGO: Ich...

HOEDERER: Die Zeitung war doch wirklich deine eigene Sache. Es war ein Risiko, Verantwortung dabei; in gewissem Sinne war es auch etwas wie Handeln. *Sieht ihn an.* Und nun bist du Sekretär. *Schweigt.* Warum hast du das aufgegeben? Warum?

HUGO: Aus Disziplin.

HOEDERER: Sprich doch nicht immer von Disziplin. Ich traue den Leuten nicht, die dies Wort so oft im Munde führen.

HUGO: Ich brauche Disziplin.

HOEDERER: Warum?

HUGO *müde:* Es gehen mir zu viele Gedanken durch den Kopf. Da muß ich sie verjagen.

HOEDERER: Was für Gedanken denn?

HUGO: «Was tue ich hier? Habe ich recht zu wollen, was ich will? Mache ich mir nicht selber etwas vor?» So in dieser Art.

HOEDERER *langsam:* Ja. So in dieser Art. Also in diesem Augenblick ist dein Kopf voll davon?

HUGO *verlegen:* Nein... Nein, nicht im Augenblick. *Schweigt.* Aber es kann wiederkommen. Ich muß mich davor hüten. Ich muß andere Gedanken in meinen Kopf hineinbringen. Parolen: «Tu dies. Geh. Halt an. Sage das und das.» Ich brauche Gehorsam. Gehorsam ist alles. Essen, schlafen, gehorchen.

HOEDERER: Recht so. Wenn du gehorchst, werden wir uns verstehen. *Legt ihm die Hand auf die Schulter.* Hör mal... *Hugo macht sich frei und schnellt zurück. Hoederer sieht ihn mit wachsendem Interesse an. Seine Stimme wird hart und schneidend.* Ah? *Schweigt.* Ha! Ha!

HUGO: Ich... Ich lasse mich nicht gern anfassen.

HOEDERER *rasch, mit harter Stimme:* Als sie den Koffer da durchsucht haben, hast du Angst gehabt. Warum?

HUGO: Ich habe keine Angst gehabt.

HOEDERER: Doch. Du hast Angst gehabt. Was ist drin?

HUGO: Sie haben ihn ja durchsucht, und es war nichts drin.

HOEDERER: Nichts? Das werden wir ja sehen. *Er geht an den Koffer und macht ihn auf.* Sie haben nach einer Waffe gesucht. Man kann Waffen in einem Koffer verstecken, aber auch Papiere.

HUGO: Und rein persönliche Sachen.

HOEDERER: Merke dir: von dem Augenblick an, wo du unter meinem Befehl stehst, gehört dir nichts mehr persönlich. *Durchsucht den Koffer.* Hemden, Unterhosen, alles neu. Du hast also Geld?

HUGO: Ich nicht, meine Frau.

HOEDERER: Was sind das für Photographien? *Nimmt sie und betrachtet sie. Schweigen.* Darum. Darum also. *Sieht sich eine Photographie an.* Ein Samtanzug... *Nimmt eine andere.* Ein großer Matrosenkragen und die Mütze dazu. So ein kleiner Stutzer!

HUGO: Geben Sie mir die Photographien zurück.

HOEDERER: Psst! *Stößt seine Hand zurück.* Das also sind die rein persönlichen Dinge. Du hattest Angst, daß sie die finden würden.

HUGO: Wenn sie sie angefaßt hätten mit ihren schmutzigen Pfoten, und gewiehert hätten dabei ...

HOEDERER: Na also, das Geheimnis ist aufgeklärt. Das kommt davon, wenn man so nach schlechtem Gewissen aussieht. Ich hätte geschworen, du hättest eine Granate im Koffer. *Sieht wieder die Photographien an.* Du hast dich nicht verändert. Die kleinen mageren Beine ... Man sieht, daß du nie Appetit gehabt hast. Du warst so klein, daß die dich auf einen Stuhl gestellt haben, du hast deine Arme gekreuzt und forderst die Welt heraus wie Napoleon. Du siehst nicht heiter aus. Nein ... Es scheint keinen Spaß zu machen, alle Tage reicher Leute Kind zu sein. Ein schlechter Start fürs Leben. Warum bewahrst du deine Vergangenheit so sorglich im Koffer auf, wenn du sie begraben willst? *Hugo macht eine unsichere Bewegung.* Auf alle Fälle beschäftigst du dich viel mit dir selbst.

HUGO: Ich bin in der Partei, um mich selbst zu vergessen.

HOEDERER: Und jeden Augenblick denkst du daran, daß du dich vergessen mußt. Na, jeder muß sehen, wie er durchkommt. *Gibt ihm die Photos zurück.* Versteck sie gut. *Hugo nimmt sie und tut sie in die innere Rocktasche.* Bis morgen, Hugo.

HUGO: Bis morgen.

HOEDERER: Gute Nacht, Jessica.

JESSICA: Gute Nacht.

Auf der Schwelle dreht Hoederer sich um.

HOEDERER: Macht die Fensterläden zu und schiebt die Riegel vor. Man kann nie wissen, wer sich im Garten herumtreibt. *Ab.*

5. SZENE

Hugo – Jessica

Hugo geht zur Tür und dreht den Schlüssel zweimal herum.

JESSICA: Es stimmt, daß er gewöhnlich ist. Aber er trägt keine Krawatte mit Tupfen.

HUGO: Wo ist der Revolver?

JESSICA: Was ich mich amüsiert habe, kleiner Hase. Zum erstenmal war ich dabei, wie du dich mit wirklichen Männern hast messen müssen.

HUGO: Jessica, wo ist der Revolver?

JESSICA: Liebling, du kennst die Spielregeln nicht. Und das Fenster? Man kann uns ja von draußen sehen.

Hugo geht die Fensterläden schließen und tritt wieder zu ihr.

HUGO: Nun?

JESSICA *zieht den Revolver vorn aus ihrer Bluse:* Für seine Körpervisitationen sollte Hoederer auch eine Frau engagieren. Ich werde mich bewerben.

HUGO: Wann hast du ihn genommen?

JESSICA: Als du den beiden Wachhunden die Tür aufgemacht hast.

HUGO: Da hast du uns diesmal wirklich zum besten gehabt. Und ich glaubte, du wärest ihm in die Falle gegangen.

JESSICA: Ich? Ich hätte ihm am liebsten ins Gesicht gelacht: «Ich habe Vertrauen zu euch! Ich schenke jedem Vertrauen. Das möge euch lehren, den Leuten Vertrauen zu schenken» ... Was bildet der sich eigentlich ein? Dieser Trick mit dem Vertrauen, damit fängt er die Männer.

HUGO: Glaubst du!

JESSICA: Willst du wohl still sein, mein Hase. Du warst ja ganz gerührt.

HUGO: Ich? Wann?

JESSICA: Als er dir gesagt hat, daß er dir vertraut.

HUGO: Nein, ich war nicht gerührt.

JESSICA: Doch.

HUGO: Nein.

JESSICA: Jedenfalls, wenn du mich mal mit einem hübschen Jungen allein läßt, dann sage mir nicht, daß du mir vertraust, denn ich sage dir gleich, daß mich das nicht hindern wird, dich zu betrügen, wenn ich Lust dazu habe. Im Gegenteil!

HUGO: Da bin ich ganz ruhig. Ich würde mit geschlossenen Augen weggehen.

JESSICA: Du glaubst, daß man mir mit Gefühlen kommen kann?

HUGO: Nein, meine kleine Schneekönigin! Ich glaube an die Kälte des Schnees. Der glühendste Verehrer würde sich daran die Finger erfrieren. Er würde dich streicheln, damit du dich erwärmst, aber du würdest ihm zwischen den Fingern schmelzen.

JESSICA: Du Idiot! Ich spiele nicht mehr. *Kurzes Schweigen.* Hast du sehr Angst gehabt?

HUGO: Eben? Nein. Ich habe nicht daran geglaubt. Ich sah, wie sie wühlten, und sagte mir: «Jetzt spielen wir Komödie.» Nichts kommt mir wirklich vor.

JESSICA: Selbst ich nicht?

HUGO: Du. *Er sieht sie einen Augenblick lang an und wendet sich dann ab.* Sag, hast du auch Angst gehabt?

JESSICA: Als ich sah, daß sie wirklich bei mir suchen wollten. Da ging es auf Spitz' und Knopf. Bei Georg war ich sicher, daß er mich kaum anrühren würde, aber dieser Slick hätte fest zugegriffen. Ich hatte nicht Angst, daß er den Revolver fände, ich hatte Angst vor seinen Händen.

HUGO: Ich hätte dich nicht in diese Geschichte hineinziehen sollen.

JESSICA: Im Gegenteil, ich habe immer mal gern was erleben wollen.

HUGO: Jessica, dies ist kein Spiel mehr. Dieser Kerl ist gefährlich.

JESSICA: Gefährlich? Für wen?

HUGO: Für die Partei.

JESSICA: Für die Partei? Ich dachte, er wäre ihr Chef.

HUGO: Er ist e i n e r der Chefs. Aber gerade deswegen; er ...

JESSICA: Gib mir vor allem keine Erklärungen. Ich glaube dir aufs Wort.

HUGO: Was glaubst du?

JESSICA *als wenn sie etwas aufsagt:* Ich glaube, daß dieser Mann gefährlich ist, daß er verschwinden muß und daß du hier bist, um ihn zu er–

HUGO: Sst! *Schweigen.* Sieh mich an. Manchmal sage ich mir, daß du spielst, du glaubtest mir, daß du mir nicht wirklich glaubst, und manchmal auch, daß du mir im Grunde doch glaubst und nur so tust, als glaubtest du mir nicht. Was ist nun eigentlich wahr?

JESSICA *lacht:* Nichts ist wahr.

HUGO: Was würdest du tun, wenn ich deine Hilfe brauchte?

JESSICA: Habe ich dir nicht eben erst geholfen?

HUGO: Doch, mein Gutes, aber das ist nicht die Hilfe, die ich möchte.

JESSICA: Du bist undankbar.

HUGO *sieht sie an:* Wenn ich in deinem Kopf lesen könnte...

JESSICA: Frage mich doch.

HUGO *zuckt die Achseln:* Ach! *Schweigt.* Lieber Gott, wenn man einen Menschen umbringen soll, müßte man sich doch schwer fühlen wie ein Stein. Hinter meiner Stirn müßte es ganz still sein. *Schreit.* Still! Hast du bemerkt, wie geschlossen er wirkt? Wie lebendig er ist? *Schweigt.* Das ist wahr! Das ist w a h r! Es ist w a h r, daß ich ihn töten werde; in acht Tagen liegt er tot auf dem Boden mit fünf Kugeln im Leib. *Schweigt.* Was für eine Komödie!

JESSICA *fängt an zu lachen:* Mein armer Hase, wenn du mich davon überzeugen willst, daß du im Begriff bist, ein Mörder zu werden, dann mußt du erst selbst überzeugt sein.

HUGO: Ich mache keinen überzeugenden Eindruck, wie?

JESSICA: Kein bißchen. Du spielst deine Rolle schlecht.

HUGO: Aber ich spiele nicht, Jessica.

JESSICA: Doch spielst du.

HUGO: Nein, aber du. Immer nur du.

JESSICA: Nein, du selbst. Außerdem, wie willst du ihn denn töten; ich habe ja den Revolver.

HUGO: Gib mir den Revolver zurück.

JESSICA: Nie im Leben. Ich habe ihn mir verdient. Wenn ich nicht gewesen wäre, hättest du ihn nicht mehr.

HUGO: Gib mir den Revolver zurück.

JESSICA: Nein, ich gebe ihn dir nicht zurück; ich gehe zu Hoederer und sage ihm: ich komme, Sie glücklich zu machen, und während er mich küßt...

Hugo tut, als gäbe er nach, stürzt sich aber plötzlich auf sie. Das gleiche Spiel wie in der 1. Szene. Sie fallen auf das Bett, ringen, lachen und schreien. Hugo entwindet ihr schließlich den Revolver, während der Vorhang fällt, und sie schreit: Achtung! Der Schuß geht los!

VIERTES BILD

Hoederers Arbeitszimmer

Strenger, aber behaglicher Raum. Rechts ein Schreibtisch. In der Mitte ein mit Büchern und Blättern beladener Tisch, dessen Decke bis auf den Fußboden reicht. Links seitlich ein Fenster, durch das man auf die Bäume eines Gartens blickt. Hinten rechts eine Tür; links von der Tür ein Küchentisch, auf dem ein Gasherd steht. Auf dem Gasherd eine Kaffeekanne. Hugo ist allein. Er geht an den Schreibtisch, nimmt Hoederers Federhalter auf und tippt mit dem Finger daran. Dann geht er nach hinten zu an den Gasherd, nimmt die Kaffeekanne und betrachtet sie, während er halblaut vor sich hinpfeift. Jessica tritt leise ein.

Zusammengewürfelte Stühle. Es ist Nachmittag.

1. SZENE

Jessica – Hugo

JESSICA: Was machst du denn da mit der Kaffeekanne? *Hugo setzt rasch die Kaffeekanne hin.*

HUGO: Aber Jessica, es ist dir doch verboten, hier hereinzukommen.

JESSICA: Was willst du denn mit der Kaffeekanne?

HUGO: Und du, was willst du hier?

JESSICA: Dich sehen, mein Liebling.

HUGO: Gut, du hast mich gesehen. Jetzt verschwinde aber. Hoederer muß jeden Augenblick kommen.

JESSICA: Ich habe mich so nach dir gesehnt, mein Hase!

HUGO: Ich habe keine Zeit zum Spielen, Jessica.

JESSICA *sieht sich um:* Natürlich hast du mir wieder gar nichts richtig beschrieben. Es riecht hier nach kaltem Tabak wie im Büro meines Vaters, als ich klein war. Gerüche sind dabei doch ganz leicht zu beschreiben.

HUGO: Hör mal gut zu ...

JESSICA: Warte! *Sie greift in die Tasche ihrer Kostümjacke.* Ich war auch hergekommen, um dir das da zu bringen.

HUGO: Was hast du da?

JESSICA *zieht den Revolver aus der Tasche und hält ihn Hugo auf der ausgestreckten Hand hin:* Das. Den hattest du vergessen.

HUGO: Ich hatte ihn nicht vergessen. Ich nehme ihn niemals mit.

JESSICA: Drum. Du solltest dich nicht davon trennen.

HUGO: Jessica, es scheint, du verstehst mich nicht recht; ich möchte dir noch einmal sagen: ich verbiete dir, einen Fuß hierher zu setzen. Wenn du spielen willst, hast du ja den Garten und unser Gartenhaus.

JESSICA: Hugo, du sprichst zu mir, als wenn ich sechs Jahre wäre.

HUGO: An wem liegt das wohl? Das fängt ja an, unerträglich zu werden. Du kannst mich nicht mehr ansehen, ohne zu lachen. Wie soll das werden, wenn wir erst mal fünfzig sind. Wir müssen das unbedingt wieder ablegen, diese Angewohnheit. Eine recht dumme Angewohnheit, muß ich schon sagen. Weißt du, was ich meine?

JESSICA: O ja.
HUGO: Gib dir gefälligst Mühe.
JESSICA: Ja.
HUGO: Gut. Dann steck als erstes mal den Revolver wieder ein.
JESSICA: Das kann ich nicht.
HUGO: Jessica!
JESSICA: Er gehört dir, und da mußt du ihn auch nehmen.
HUGO: Aber wenn ich dir doch sage, daß ich ihn nicht brauchen kann.
JESSICA: Und ich? Was soll ich denn damit machen?
HUGO: Was du willst, das geht mich nichts an.
JESSICA: Du willst doch nicht ernstlich deine Frau zwingen, den ganzen Tag mit einer Feuerwaffe herumzulaufen?
HUGO: Geh nach Hause und lege ihn wieder in den Koffer.
JESSICA: Aber ich habe keine Lust, nach Hause zu gehen. Du bist wirklich arg!
HUGO: Aber du brauchst ihn ja nicht mitzubringen.
JESSICA: Und du, du brauchst ihn nicht zu vergessen.
HUGO: Ich sage dir doch, ich habe ihn nicht vergessen.
JESSICA: Nein? Dann hast du deine Pläne also geändert, Hugo?
HUGO: Sei doch still.
JESSICA: Hugo, sieh mir in die Augen. Ja oder nein? Hast du deine Pläne geändert?
HUGO: Nein, ich habe sie nicht geändert.
JESSICA: Hast du – ja oder nein – noch die Absicht ...
HUGO: Ja! Ja! Ja! Aber nicht heute.
JESSICA: Oh! Hugo, mein kleiner Hugo, warum denn nicht heute? Ich langweile mich so, ich habe alle Romane ausgelesen, die du mir gegeben hast, und ich habe keine Lust mehr, den ganzen Tag auf dem Bett zu liegen wie eine Odaliske. Ich werde dick davon. Worauf wartest du?
HUGO: Hör jetzt auf zu spielen.
JESSICA: Wenn hier einer spielt, bist du es. Jetzt sind es zehn Tage, daß du dich wichtig machst vor mir, und der andere lebt immer noch. Wenn es ein Spiel ist, dauert es ein bißchen zu lange! Wir sprechen nur noch mit gedämpfter Stimme aus Angst, daß uns jemand hört, und ich muß dir alle deine Launen hingehen lassen, als wärst du eine Frau in andern Umständen.
HUGO: Du weißt, daß es kein Spiel ist.
JESSICA *schroff:* Um so schlimmer. Mir graut vor den Leuten, die nicht tun, was sie sich vorgenommen haben. Wenn ich dir noch glauben soll, mußt du heute Schluß machen.
HUGO: Heute ist es sehr ungünstig.
JESSICA *mit ihrer gewöhnlichen Stimme:* Siehst du!
HUGO: Ach, du fällst mir auf die Nerven. Er erwartet heute Besuch. Da weißt du's.
JESSICA: Wieviel Leute denn?
HUGO: Zwei.
JESSICA: Erschieße die doch gleich mit.
HUGO: Jessica, es geht einfach nicht, daß du diesen Ton beibehältst, wenn du merkst, daß mir nicht danach zumute ist. Ich verlange ja

nicht, daß du mir hilfst, o nein! Nur daß du mir nicht im Wege bist.

JESSICA: Gut! Gut! Mach also, was du willst, da du mich ja doch nicht an deinem Leben teilhaben läßt. Aber nimm den Revolver, denn wenn ich ihn behalte, beutelt er mir die Taschen aus.

HUGO: Gehst du gleich, wenn ich ihn nehme?

JESSICA: Erst nimm ihn mal.

Hugo nimmt den Revolver und steckt ihn in die Tasche.

HUGO: Und jetzt verschwinde.

JESSICA: Einen Moment mal! Ich werde doch noch einen Blick in das Büro werfen dürfen, in dem mein Mann arbeitet. *Sie tritt an Hoederers Schreibtisch. Zeigt darauf hin.* Wer sitzt da? Er oder du?

HUGO *widerwillig:* Er. *Zeigt auf den Tisch.* Ich arbeite an diesem Tisch.

JESSICA *ohne hinzuhören:* Ist das seine Schrift?

Sie hat ein Blatt von dem Schreibtisch genommen.

HUGO: Ja.

JESSICA *lebhaft interessiert:* Aha!

HUGO: Leg das hin.

JESSICA: Hast du gesehen, wie sie ansteigt? Und daß er seine Buchstaben nicht miteinander verbindet?

HUGO: Und wenn?

JESSICA: Was, und wenn? Das ist doch sehr wichtig.

HUGO: Für wen?

JESSICA: Für wen? Um seinen Charakter kennenzulernen. Man weiß doch gern, wen man erschießt. Und sieh mal, wieviel Platz er zwischen den Wörtern läßt! Jeder Buchstabe sieht wie eine kleine Insel aus; die Wörter wären dann Archipele. Sicher bedeutet das was.

HUGO: Was?

JESSICA: Ich weiß es nicht. Das ist doch ärgerlich: seine Kindheitserinnerungen, was für Frauen er gehabt hat, wie er in der Liebe ist, das alles ist da drin, und ich kann es nicht lesen ... Hugo, du solltest mir ein Buch über Graphologie besorgen, ich habe das Gefühl, ich bin dafür begabt.

HUGO: Ich kaufe dir eins, wenn du jetzt auf der Stelle gehst.

JESSICA: Das hier sieht aus wie ein Klavierstuhl.

HUGO: Das ist auch einer.

JESSICA *setzt sich darauf und dreht sich damit rund herum:* Wie schön das geht! Also da sitzt er nun, raucht, spricht und dreht sich auf dem Hocker herum.

HUGO: Ja.

Jessica nimmt den Stöpsel von einer Karaffe, die auf dem Schreibtisch steht, und riecht daran.

JESSICA: Trinkt er?

HUGO: Wie ein Loch.

JESSICA: Bei der Arbeit?

HUGO: Ja.

JESSICA: Und ist nie betrunken?

HUGO: Nie.

JESSICA: Ich hoffe, du trinkst keinen Alkohol, selbst wenn er dir was anbietet; du verträgst ihn nicht.

HUGO: Spiel nicht die große Schwester; ich weiß, daß ich keinen Alkohol, keinen Tabak, weder Warm noch Kalt, keine Feuchtigkeit, keinen Heugeruch, kurz, überhaupt nichts vertrage.

JESSICA *langsam:* Da sitzt er, spricht, raucht, trinkt, dreht sich auf seinem Stuhl herum...

HUGO: Ja, und ich...

JESSICA *wird auf den Gasherd aufmerksam:* Und was ist das? Kocht er sich selber was?

HUGO: Ja.

JESSICA *lacht hell auf:* Aber warum bloß? Das könnte ich doch machen, wo ich doch sowieso für dich koche; er könnte doch mit uns essen.

HUGO: Du würdest nicht so gut kochen wie er; und außerdem macht es ihm, glaube ich, Spaß. Morgens macht er uns Kaffee. Sehr guten Kaffee vom schwarzen Markt.

JESSICA *zeigt auf die Kaffeekanne:* In der Kanne da?

HUGO: Ja.

JESSICA: Das ist die Kaffeekanne, die du gerade in der Hand hattest, als ich hereinkam?

HUGO: Ja.

JESSICA: Warum hattest du sie denn genommen? Was suchtest du denn darin?

HUGO: Ich weiß nicht. *Schweigt.* Sie hat so was Wirkliches an sich, sobald er sie berührt. *Nimmt sie in die Hand.* Alles, was er berührt, kommt mir wirklich vor. Er gießt den Kaffee in die Tassen, ich trinke, ich sehe, wie er trinkt, und ich habe das Gefühl, daß der wahre Kaffeegeschmack in seinem Munde ist. *Schweigt.* Der wahre Kaffeegeschmack wird verschwinden, die wahre Wärme, das wahre Licht. Und nichts wird bleiben als das. *Er zeigt auf die Kanne.*

JESSICA: Was meinst du mit «das»?

HUGO *umfaßt mit einer Bewegung das ganze Zimmer:* Das: meine Lügen. *Er stellt die Kaffeekanne fort.* Ich lebe in einer Kulisse. *Er versinkt in Nachdenken.*

JESSICA: Hugo!

HUGO *schrickt zusammen:* Ja?

JESSICA: Der Tabakgeruch wird sich verlieren, wenn er nicht mehr ist. *Hugo zuckt die Achseln.* Er zieht durch die Türritzen ab, und das Büro riecht nach gar nichts mehr. *Plötzlich:* Erschieße ihn nicht.

HUGO: Du glaubst, ich werde ihn töten? Antworte mir. Du glaubst es?

JESSICA: Ich weiß nicht. Es sieht alles so friedlich aus. Und es riecht so nach meiner Kinderzeit... Es wird nichts passieren! Es kann nichts passieren, du machst nur Spaß.

HUGO: Da ist er! Verschwinde durchs Fenster. *Versucht sie fortzuziehen.*

JESSICA *sträubt sich:* Ich möchte gern sehen, wie ihr seid, wenn ihr allein seid.

HUGO *zieht sie fort:* Komm schnell.

JESSICA *spricht sehr schnell:* Bei meinem Vater habe ich mich unterm Tisch versteckt und habe stundenlang zugesehen, wie er arbeitete. *Hugo macht mit der linken Hand das Fenster auf. Jessica entkommt und gleitet unter den Tisch. Hoederer tritt ein.*

2. SZENE
Hoederer – dieselben

HOEDERER: Was machst du denn da unten?
JESSICA: Ich verstecke mich.
HOEDERER: Warum?
JESSICA: Um zu sehen, wie ihr seid, wenn ich nicht dabei bin.
HOEDERER: Das ist leider mißglückt. *Zu Hugo.* Wer hat sie hereingelassen?
HUGO: Ich weiß nicht.
HOEDERER: Sie ist doch deine Frau. Halte sie besser an.
JESSICA: Mein armer, kleiner Hase, er hält dich für meinen Mann.
HOEDERER: Ist er denn das nicht?
JESSICA: Er ist mein kleiner Bruder.
HOEDERER *zu Hugo:* Sie hat keinen Respekt vor dir.
HUGO: Nein.
HOEDERER: Warum hast du sie geheiratet?
HUGO: Weil sie keinen Respekt vor mir hatte.
HOEDERER: Wenn man bei der Partei ist, heiratet man jemanden, der auch dazugehört.
JESSICA: Warum?
HOEDERER: Weil es einfacher ist.
JESSICA: Woher wissen Sie denn, daß ich nicht zur Partei gehöre?
HOEDERER: Das sieht man sofort. *Schaut sie an.* Du verstehst dich auf nichts als auf Liebe.
JESSICA: Nicht mal auf Liebe. *Schweigt.* Meinen Sie, ich soll der Partei beitreten?
HOEDERER: Du kannst tun, was du willst; der Fall ist hoffnungslos.
JESSICA: Ist das meine Schuld?
HOEDERER: Woher soll ich das wissen? Ich glaube, du bist halb Opfer und halb Spießgeselle, so wie alle Leute.
JESSICA *unerwartet heftig:* Ich bin niemandes Spießgeselle! Über mich ist verfügt worden, ohne daß ich gefragt worden bin.
HOEDERER: Das ist sehr gut möglich. Aber wie auch immer, die Frage der Frauenemanzipation interessiert mich nicht.
JESSICA *zeigt auf Hugo:* Glauben Sie, daß ich ihm schade?
HOEDERER: Bist du hergekommen, um mich das zu fragen?
JESSICA: Warum nicht?
HOEDERER: Ich vermute, daß du für ihn eine Art von Luxus bist. Die Bürgersöhne, die zu uns kommen, sind ganz versessen darauf, irgend etwas von ihrem früheren Luxus mitzubringen, als Andenken sozusagen. Für den einen ist es Gedankenfreiheit, für den andern seine Krawattennadel, für ihn ist es seine Frau.
JESSICA: Ja. Und Sie natürlich brauchen überhaupt keinen Luxus.

HOEDERER: Natürlich nicht. *Sehen sich an.* Also jetzt avanti, verschwinde, und laß dich hier nicht wieder blicken.

JESSICA: Jawohl. Ich überlasse euch jetzt eurer Männerfreundschaft. *Mit Würde ab.*

3. SZENE
Hugo – Hoederer

HOEDERER: Du hängst an ihr?

HUGO: Natürlich.

HOEDERER: Dann verbiete ihr, wieder einen Fuß hierherzusetzen. Wenn ich die Wahl habe zwischen einem Kameraden und einer netten Frau, so bin ich für den Kameraden; aber man muß es mir auch nicht zu schwer machen.

HUGO: Wer verlangt denn, daß Sie sich entscheiden?

HOEDERER: Ach laß nur. Auf alle Fälle habe ich mich für dich entschieden.

HUGO *lacht:* Sie kennen Jessica nicht!

HOEDERER: Möglich. Um so besser also. *Schweigt.* Sage ihr aber doch, daß sie nicht wieder herkommen soll. *Unvermittelt:* Wie spät ist es?

HUGO: Zehn nach vier.

HOEDERER: Sie verspäten sich. *Geht ans Fenster, wirft einen Blick hinaus, kommt wieder zurück.*

HUGO: Haben Sie mir nichts zu diktieren?

HOEDERER: Heute nicht. *Hugo macht eine Bewegung.* Nein, bleibe. Zehn nach vier?

HUGO: Ja.

HOEDERER: Wenn sie nicht kommen, werden sie es bereuen.

HUGO: Wer kommt denn?

HOEDERER: Du wirst schon sehen. Leute deiner Art. *Macht ein paar Schritte.* Ich warte nicht gern. *Tritt wieder zu Hugo.* Wenn sie kommen, haben wir die Sache in der Tasche. Aber wenn sie im letzten Moment kalte Füße bekommen, müssen wir ganz von vorn anfangen. Und dazu habe ich, glaube ich, nicht mehr die Zeit. Wie alt bist du?

HUGO: Einundzwanzig.

HOEDERER: Du hast wenigstens Zeit.

HUGO: Sie sind doch auch noch nicht so alt.

HOEDERER: Ich bin nicht alt, aber meine Tage sind gezählt. *Zeigt in den Garten.* Jenseits der Mauer gibt es Leute, die Tag und Nacht daran denken, wie sie mich umlegen können, und da ich nicht Tag und Nacht daran denke, wie ich mich in acht nehmen kann, haben sie mich eines Tages.

HUGO: Woher wissen Sie, daß die andern Tag und Nacht daran denken?

HOEDERER: Weil ich sie kenne. Die sind zäh.

HUGO: Sie kennen sie?

HOEDERER: Ja. War da nicht Motorengeräusch?

HUGO: Nein. *Sie horchen.* Nein.

HOEDERER: Das wäre gerade der Augenblick, wo einer von diesen

Kerlen über die Mauer springen könnte. Der hätte jetzt leichte Arbeit.

HUGO *langsam:* Das wäre der Augenblick...

HOEDERER *sieht ihn an:* Du verstehst: es wäre besser für sie, wenn ich diese Besucher nicht empfangen könnte. *Geht zum Schreibtisch und gießt sich zu trinken ein.* Willst du auch?

HUGO: Nein. *Schweigt.* Fürchten Sie sich?

HOEDERER: Wovor?

HUGO: Vor dem Tode.

HOEDERER: Nein, aber ich muß mich beeilen. Schon die ganze Zeit. Früher war es mir gleich, wenn ich warten mußte. Jetzt kann ich es nicht mehr.

HUGO: Sie müssen doch einen Haß auf sie haben.

HOEDERER: Warum? Grundsätzlich bin ich nicht gegen den politischen Mord.

HUGO: Geben Sie mir doch etwas Kognak.

HOEDERER *erstaunt:* Sieh da! *Nimmt die Karaffe und gießt ihm zu trinken ein. Hugo trinkt, ohne ein Auge von ihm zu lassen.* Na und? Hast du mich noch nie gesehen?

HUGO: Nein, ich habe Sie noch nie gesehen.

HOEDERER: Für dich bin ich nur ein Übergang, hm? Das ist ganz natürlich. Du blickst auf mich herab von der hohen Warte deiner Zukunft. Du sagst dir: «Bei dem verbringe ich jetzt zwei oder drei Jahre, und wenn er zum Teufel gegangen ist, fange ich etwas anderes an...»

HUGO: Ich weiß nicht, ob ich jemals etwas anderes tun werde.

HOEDERER: In zwanzig Jahren wirst du zu deinen Kameraden sagen: «Das war damals, als ich Sekretär bei Hoederer war.» In zwanzig Jahren, schrecklich.

HUGO: Zwanzig Jahre...

HOEDERER: Hm?

HUGO: Das ist sehr lange hin.

HOEDERER: Wieso? Bist du schwach auf der Lunge?

HUGO: Nein. Geben Sie mir doch ein bißchen Kognak. *Hoederer schenkt ihm ein.* Ich habe immer die Idee gehabt, daß ich mal nicht alt werde. Ich habe auch Eile, glaube ich.

HOEDERER: Das ist nicht dasselbe.

HUGO: Nein. *Schweigt.* Manchmal denke ich, ich würde meine rechte Hand dafür geben, ein richtiger Mann zu werden, und manchmal habe ich die Idee, daß ich meine Jugend nicht überleben möchte.

HOEDERER: So was kenne ich nicht.

HUGO: Was?

HOEDERER: Jugend. Ich weiß nicht, was das ist. Ich bin unmittelbar vom Kind zum Manne geworden.

HUGO: Ja. Das ist eine bürgerliche Krankheit. *Lacht.* Manche sterben sogar daran.

HOEDERER: Soll ich dir helfen?

HUGO: Wobei?

HOEDERER: Du machst den Eindruck, als wenn du falsch gestartet wärest. Willst du, daß ich dir helfe?

HUGO *heftig:* Nein, Sie nicht! *Faßt sich sehr schnell wieder.* Mir kann keiner helfen.

HOEDERER *geht auf ihn zu:* Hör mal, mein Junge. *Bleibt stehen und horcht.* Da sind sie. *Geht ans Fenster, Hugo ihm nach.* Der Große ist Karsky, der Sekretär von Pentagon: Der Dicke ist Prinz Paul.

HUGO: Der Sohn des Regenten?

HOEDERER: Ja. *Sein Gesicht hat den Ausdruck gewechselt. Er wirkt jetzt gleichgültig, hart, selbstsicher.* Du hast genug getrunken, gib dein Glas. *Leert es in den Garten.* Geh, setz dich; achte gut auf alles, was ich dir sage, und wenn ich dir ein Zeichen gebe, fange an, Notizen zu machen. *Schließt das Fenster und nimmt am Schreibtisch Platz.*

4. SZENE

Dieselben – Karsky – Prinz Paul – Slick – Georg

Die beiden Besucher treten ein, von Slick und Georg gefolgt, die ihnen die Pistolenläufe an die Rippen halten.

KARSKY: Ich bin Karsky.

HOEDERER *ohne aufzublicken:* Ich erkenne Sie wieder.

KARSKY: Und wissen Sie auch, wer bei mir ist?

HOEDERER: Ja.

KARSKY: Dann schicken Sie bitte Ihre Molosser hinaus.

HOEDERER: Es ist gut, Jungens. Ihr könnt gehen.

Slick und Georg ab.

KARSKY *ironisch:* Sie sind gut bewacht.

HOEDERER: Wenn ich in letzter Zeit nicht einige Vorsichtsmaßregeln getroffen hätte, so würde ich heute nicht das Vergnügen haben, Sie bei mir zu empfangen.

KARSKY *wendet sich zu Hugo um:* Und wer ist das?

HOEDERER: Das ist mein Sekretär. Er bleibt.

KARSKY *tritt näher zu Hugo:* Sie sind Hugo Sergin? *Hugo antwortet nicht.* Sie sind auf der Seite dieser Leute hier?

HUGO: Ja.

KARSKY: Vorige Woche habe ich Ihren Vater getroffen. Interessiert es Sie noch, von ihm zu hören?

HUGO: Nein.

KARSKY: Sehr wahrscheinlich werden Sie die Verantwortung für seinen Tod zu tragen haben.

HUGO: Sehr wahrscheinlich trägt er die Verantwortung für mein Leben. Wir sind also quitt.

KARSKY *ohne die Stimme zu erheben:* Unglücklicher.

HUGO: Sagen Sie mir ...

HOEDERER: Sei jetzt still. *Zu Karsky:* Sie sind ja nicht hergekommen, um meinen Sekretär zu beleidigen, nicht wahr? Bitte nehmen Sie Platz. *Sie setzen sich.* Kognak?

KARSKY: Danke.

PRINZ PAUL: Ich bitte darum.

Hoederer schenkt ihm ein. Hugo bringt ihm das Glas.

KARSKY: Sie sind also der berühmte Hoederer. *Sieht ihn an.* Vorgestern haben Ihre Leute noch auf die unseren geschossen.

HOEDERER: Wieso?

KARSKY: Wir hatten ein Waffendepot in einer Garage, und Ihre Leute wollten es wegnehmen. Eine ganz einfache Sache.

HOEDERER: Sie haben die Waffen bekommen?

KARSKY: Ja.

HOEDERER: Schneidig.

KARSKY: Es ist kein Grund, besonders stolz darauf zu sein; sie waren zehn gegen einen.

HOEDERER: Wenn man gewinnen will, ist zehn zu eins immer besser.

KARSKY: Wir wollen diese Unterhaltung fallenlassen, wir werden uns doch nie verstehen; wir gehören nicht der gleichen Rasse an.

HOEDERER: Derselben Rasse schon, nur nicht derselben Klasse.

PRINZ PAUL: Meine Herren, kommen wir doch zur Sache.

HOEDERER: Einverstanden. Ich bin ganz Ohr.

KARSKY: Wir wollten hören, was Sie zu sagen haben.

HOEDERER: Das muß ein Mißverständnis sein.

KARSKY: Sehr wahrscheinlich. Wenn ich nicht geglaubt hätte, Sie würden uns einen präzisen Vorschlag machen, hätte ich mich nicht hierherbemüht.

HOEDERER: Ich habe keinen Vorschlag zu machen.

KARSKY: Ausgezeichnet. *Steht auf.*

PRINZ PAUL: Meine Herren, ich bitte Sie. Karsky, setzen Sie sich. Das ist ein schlechter Anfang. Könnten wir diese Unterhaltung nicht mit mehr Entgegenkommen auf beiden Seiten führen?

KARSKY *zum Prinzen:* Entgegenkommen? Haben Sie seine Augen gesehen, als diese beiden Wachhunde uns mit ihren Mitrailleusen vor sich hergetrieben haben? Die Leute verabscheuen uns. Auf Ihr Drängen hin habe ich mich zu dieser Unterredung bereit gefunden; aber ich bin überzeugt, daß nichts Gutes herauskommt.

PRINZ PAUL: Karsky, Sie haben im vorigen Jahre zwei Attentate gegen meinen Vater in die Wege geleitet, und dennoch war ich bereit, mich mit Ihnen zu treffen. Wir haben vielleicht nicht viel Grund, uns zu lieben, aber unsere Gefühle zählen in dem Augenblick nicht mehr, wo es um das Interesse der Nation geht. *Schweigen.* Dies Interesse nun ... gewiß, es ist vorgekommen, daß wir es nicht immer auf die gleiche Weise verstanden haben. Sie, Hoederer, haben sich vielleicht zu ausschließlich zum Sprachrohr der legitimen Ansprüche der Arbeiterklasse gemacht. Mein Vater und ich, wir haben diesen Ansprüchen immer sympathisch gegenübergestanden, nur mußten wir sie angesichts der bedrohlichen Haltung Deutschlands zurückstellen, denn wir mußten einsehen, daß unsere erste Pflicht darin bestand, die Unabhängigkeit unseres Territoriums zu wahren, selbst um den Preis unpopulärer Maßnahmen.

HOEDERER: Nämlich der Kriegserklärung an die UdSSR.

PRINZ PAUL: Anderseits haben Karsky und seine Parteifreunde, die unseren außenpolitischen Gesichtspunkt nicht teilten, zu sehr die Notwendigkeit für Illyrien unterschätzt, dem Ausland gegenüber das Bild der Einheit und Stärke zu bieten, als ein einziges Volk hinter einem Führer zu erscheinen, und da haben sie eine geheime Widerstandspartei gebildet. So kommt es, daß Menschen von gleich ehrenwerter Gesinnung und gleicher Ergebenheit gegenüber dem Vaterlande sich vorübergehend getrennt sehen durch die verschiedenartige Auffassung, die sie von ihren Pflichten haben. *Hoederer lacht derb heraus.* Wie, bitte?

HOEDERER: Nichts. Reden Sie weiter.

PRINZ PAUL: Heute haben sich die Stellungnahmen glücklicherweise einander genährt, und es scheint, daß jeder von uns eine großzügigere Ansicht von dem Standpunkt des andern gewonnen hat. Mein Vater hat keinerlei Verlangen, diesen unnützen und kostspieligen Krieg fortzusetzen. Natürlich sind wir nicht in der Lage, einen Separatfrieden zu schließen; aber ich kann Ihnen die Garantie geben, daß die militärischen Operationen ohne nennenswerten Eifer geführt werden. Karsky ist seinerseits der Ansicht, daß die inneren Spaltungen der Sache unseres Landes nur abträglich sein können, und einer wie der andere wünschen wir, den Frieden von morgen heute schon durch nationale Einigung vorzubereiten. Selbstverständlich könnte sich diese Einigung nicht vor aller Augen vollziehen, ohne den Argwohn Deutschlands zu erregen, aber sie würde einen Rahmen finden in den heimlichen Organisationen, die bereits existieren.

HOEDERER: Und dann?

PRINZ PAUL: Nun, das ist zunächst alles. Karsky und ich wollten Ihnen die erfreuliche Mitteilung unserer grundsätzlichen Übereinstimmung machen.

HOEDERER: Und was geht mich das an?

KARSKY: Das genügt jetzt; wir verlieren unsere Zeit.

PRINZ PAUL *vermittelnd:* Es versteht sich von selbst, daß diese Vereinigung auf möglichst breiter Basis erfolgen soll. Sollte die Partei des Proletariats den Wunsch hegen, sich uns anzuschließen ...

HOEDERER: Ja? Was bieten Sie uns für den Fall?

KARSKY: Zwei Stimmen Ihrer Partei in dem Nationalen Geheimkomitee, das wir bilden wollen.

HOEDERER: Zwei Stimmen von ...?

KARSKY: Von zwölf.

HOEDERER *tut höflich-erstaunt:* Zwei Stimmen von zwölf?

KARSKY: Dem Pentagon gehört der größte Teil der illyrischen Bauernschaft an, das sind 57 Prozent der Gesamtbevölkerung, außerdem auch noch fast das gesamte Bürgertum; das Arbeiterproletariat stellt kaum zwanzig Prozent der Bevölkerung dar, und Sie haben es nicht in seiner Gesamtheit hinter sich.

HOEDERER: Gut. Und wie soll es weitergehen?

KARSKY: Wir werden zu einer Neuorganisation und grundsätzlichen Fusion unserer beiden Geheimorganisationen schreiten. Ihre Leute werden in unsere Pentagon-Kampftrupps eingegliedert werden.

HOEDERER: Sie wollen sagen, daß unsere Truppen vom Pentagon aufgesogen werden sollen.

KARSKY: Das würde die beste Formel für eine Befriedung sein.

HOEDERER: Allerdings: Befriedung durch Vernichtung des einen der

Kontrahenten. Dann ist es allerdings ganz logisch, uns nur zwei Stimmen im Zentralkomitee geben zu wollen. Es ist sogar noch zuviel, denn diese beiden Stimmen repräsentieren ja nichts.

KARSKY: Es besteht für Sie keine Verpflichtung, unsere Vorschläge anzunehmen.

PRINZ PAUL *fällt rasch ein:* Aber wenn Sie sie annehmen, so wäre die Regierung natürlich geneigt, die Gesetze vom Jahre 39 über die Presse, die Einheitsgewerkschaft und die Arbeitskarte abzuschaffen.

HOEDERER: Sehr verlockend! *Schlägt auf den Tisch.* Gut. Jetzt haben wir also miteinander Bekanntschaft gemacht. Jetzt wollen wir an die Arbeit gehen. Hier unsere Bedingungen: Das leitende Komitee wird auf sechs Mitglieder beschränkt. Die Partei des Proletariats verfügt über drei Stimmen darin; die anderen drei Stimmen können Sie sich teilen, wie Sie wollen. Die Geheimorganisationen müssen dabei streng für sich bleiben und keinerlei gemeinsame Aktion unternehmen, es sei denn auf Beschluß des Zentralkomitees. Das ist mein letztes Wort in der Sache.

KARSKY: Wollen Sie sich über uns lustig machen?

HOEDERER: Niemand zwingt Sie, anzunehmen.

KARSKY *zum Prinzen:* Ich habe Ihnen ja gesagt, daß man sich mit diesen Leuten nicht verständigen kann. In unserer Hand sind zwei Drittel des Landes, das Geld, die Waffen, geschulte außermilitärische Formationen, ganz zu schweigen von dem moralischen Übergewicht, das wir unseren Märtyrern verdanken, und hier kommt eine Handvoll Habenichtse und nimmt seelenruhig für sich die Majorität im Zentralkomitee in Anspruch.

HOEDERER: Also? Sie wollen nicht?

KARSKY: Nein. Wir werden auch ohne Sie fertig.

HOEDERER: Gut, dann gehen Sie. *Karsky zögert einen Augenblick, dann wendet er sich zur Tür. Der Prinz bleibt ruhig sitzen.* Sehen Sie sich den Prinzen an, Karsky, der ist schlauer als Sie, er hat schon begriffen.

PRINZ PAUL *zu Karsky gelassen:* Wir dürfen diese Vorschläge nicht ohne Prüfung zurückweisen.

KARSKY: Das sind doch keine Vorschläge. Es sind absurde Forderungen, die zu diskutieren ich ablehne.
Bleibt jedoch stehen.

HOEDERER: Im Jahre 42 ist die Polizei genauso hinter Ihren Leuten her gewesen wie hinter den unsrigen, ihr habt Attentate gegen den Regenten organisiert, und wir haben die Kriegsproduktion sabotiert; wenn einer vom Pentagon auf einen der unsrigen stieß, blieb einer davon auf dem Platze. Heute wollt ihr auf einmal, daß alles sich in den Armen liegt. Warum?

PRINZ PAUL: Zum Besten des Vaterlandes.

HOEDERER: Warum ist das nicht mehr dasselbe Beste wie im Jahre 42? *Schweigen.* Sollte es vielleicht daher kommen, daß die Russen Paulus in Stalingrad geschlagen haben und daß die Deutschen im Begriff sind, den Krieg zu verlieren?

PRINZ PAUL: Sicherlich hat die Entwicklung, die der bewaffnete

Konflikt genommen hat, eine neue Situation geschaffen. Aber ich sehe nicht ein ...

HOEDERER: Ich bin sicher, Sie sehen sogar sehr gut ein ... Sie wollen Illyrien retten, ich bin davon überzeugt. Aber sie wollen es retten, wie es heute ist, mit seinem Regime der sozialen Ungleichheit und seinen Klassenvorrechten. Als die Deutschen die Sieger zu sein schienen, hat sich Ihr Vater auf ihre Seite gestellt. Jetzt, wo das Blatt sich gewendet hat, versucht er es mit den Russen. Das ist aber nicht so leicht.

KARSKY: Hoederer, es sind so viele von unseren Leuten im Kampf gegen Deutschland gefallen, daß ich mir von Ihnen nicht sagen lassen werde, wir hätten mit dem Feind paktiert, um unsere Vorrechte zu bewahren.

HOEDERER: Ich weiß, Karsky, das Pentagon ist antideutsch. Sie hatten es bequem: der Regent hatte Hitler Garantien gegeben, damit er nicht in Illyrien einfiel. Sie waren auch antirussisch, denn die Russen waren weit. «Illyrien, Illyrien allein»: ich kenne das Lied. Sie haben es zwei Jahre lang dem nationalistischen Bürgertum vorgesungen. Aber die Russen kommen näher; ehe ein Jahr vergeht, werden sie bei uns sein. Dann ist Illyrien nicht mehr ganz so allein. Was geschieht? Man muß Garantien suchen. Was wird das dann für eine Chance für euch sein, wenn ihr sagen könnt: das Pentagon hat für euch gearbeitet, und der Regent hat ein doppeltes Spiel gespielt! Nur eins: sie brauchen euch nicht zu glauben. Und was werden sie tun? Hm? Was werden sie wohl tun? Immerhin haben wir ihnen den Krieg erklärt.

PRINZ PAUL: Mein lieber Hoederer, sobald die UdSSR einsieht, daß wir ehrlich ...

HOEDERER: Wenn sie einsieht, daß ein faschistischer Diktator und die konservative Partei ehrlich und eifrig zu ihrem Siege beigetragen haben, so bezweifle ich, daß sie dafür so riesig dankbar sein wird. *Schweigt.* Eine einzige Partei hat sich das Vertrauen der UdSSR bewahrt, eine einzige ist den ganzen Krieg hindurch mit ihr in Fühlung geblieben, eine einzige kann ihre Emissäre durch die Feuerlinie schicken und eurer kleinen Manipulation den Erfolg garantieren: das ist die unsrige. Sind die Russen erst hier, so werden sie alles mit unseren Augen sehen. *Schweigt.* Wir haben euch in der Hand.

KARSKY: Ich hätte gar nicht erst kommen sollen.

PRINZ PAUL: Karsky!

KARSKY: Ich hätte voraussehen sollen, daß Sie auf ehrlich gemeinte Vorschläge mit infamer Erpressung antworten würden.

HOEDERER: Schreien Sie ruhig, mir macht das nichts aus. Schreien Sie wie ein gestochenes Schwein. Aber merken Sie sich: sind die sowjetischen Armeen bei uns eingerückt, so werden wir nur dann gemeinsam die Macht ergreifen, wenn wir zusammen gearbeitet haben. Verständigen wir uns jetzt nicht, so wird beim Ende des Krieges meine Partei a l l e i n die Führung übernehmen. Also wählen Sie.

KARSKY: Ich ...

PRINZ PAUL *zu Karsky:* Mit Gewalt kann man nichts erreichen; wir müssen die Situation als Realisten betrachten.

Karsky *zum Prinzen:* Sie sind ein Feigling. Sie haben mich in einen Hinterhalt gelockt, um Ihren Kopf zu retten.

Hoederer: Was für einen Hinterhalt? Gehen Sie, wenn Sie wollen. Ich brauche Sie nicht, um mich mit dem Prinzen zu verständigen.

Karsky *zum Prinzen:* Sie werden doch nicht...

Prinz Paul: Warum denn nicht? Wenn Ihnen die Kombination nicht paßt, so zwingen wir Sie nicht, daran teilzunehmen, aber meine Entscheidung hängt nicht von der Ihren ab.

Hoederer: Es dürfte wohl klar sein, daß eine Einigung zwischen unserer Partei und der Regierung des Regenten das Pentagon in eine schwierige Lage bringen würde für die letzten Wochen des Krieges. Ebenso klar dürfte sein, daß wir Ihre Gruppe endgültig liquidieren werden, sobald die Deutschen geschlagen sind. Aber wenn Sie durchaus unkonziliant bleiben wollen...

Karsky: Wir haben drei Jahre lang für die Unabhängigkeit unseres Landes gekämpft. Tausende von jungen Leuten sind für unsere Sache gestorben, wir haben die Achtung der Welt erzwungen, und alles das, damit sich eines Tages die deutsche Partei mit der russischen Partei verbündet und uns am Waldrand erschlägt.

Hoederer: Werden Sie nicht sentimental, Karsky. Sie haben verloren, weil Sie verlieren mußten. «Illyrien, Illyrien allein...» Das ist ein Schlagwort, mit dem einem kleinen Land zwischen mächtigen Nachbarn nicht gedient sein kann. *Schweigt.* Nehmen Sie meine Bedingungen an?

Karsky: Ich habe keine Vollmacht, anzunehmen. Ich stehe nicht allein.

Hoederer: Karsky, ich habe Eile.

Prinz Paul: Mein lieber Hoederer, wir können ihm vielleicht etwas Zeit zum Nachdenken lassen. Der Krieg ist noch nicht beendet, und wird es auch in den nächsten acht Tagen nicht sein.

Hoederer: Mir aber kommt es schon auf acht Tage an. Karsky, ich vertraue Ihnen. Ich schenke den Leuten immer Vertrauen, das ist Grundsatz bei mir. Ich weiß, daß Sie Ihre Parteifreunde fragen müssen, aber ich weiß auch, daß Sie sie überzeugen werden. Wenn Sie mir heute Ihre grundsätzliche Zustimmung geben, spreche ich morgen mit den Kameraden von der Partei.

Hugo *richtet sich plötzlich auf:* Hoederer!

Hoederer: Was?

Hugo: Wie können Sie wagen...?

Hoederer: Sei still, Hugo.

Hugo: Sie haben kein Recht dazu. Sie sind ja... Mein Gott! Das sind dieselben Leute, die zu meinem Vater kamen. Dieselben trostlosen, leichtfertigen Visagen... sie verfolgen mich bis hierher. Sie haben kein Recht dazu! Die werden sich überall einnisten, sie werden alles verpesten mit ihrem Verwesungshauch, sie sind die Stärkeren...

Hoederer: Willst du wohl still sein!

Hugo: Hören Sie beide gut zu: er hat die Partei nicht hinter sich bei diesem Kuhhandel hier! Rechnen Sie nicht auf ihn, um sich weiß zu waschen, er hat die Partei nicht hinter sich.

HOEDERER *ruhig zu den beiden andern:* Kümmern Sie sich gar nicht darum. Eine rein persönliche Reaktion, weiter nichts.

PRINZ PAUL: Ja, aber dies Geschrei geht einem doch auf die Nerven. Könnte man nicht Ihre Leibwache bitten, den jungen Mann hinauszuführen?

HOEDERER: Ach was! Er geht von allein. *Steht auf und geht auf Hugo zu.*

HUGO *weicht zurück:* Rühren Sie mich nicht an. *Er faßt mit der Hand an die Tasche, in der der Revolver steckt.* Sie wollen mich nicht anhören?

In diesem Augenblick hört man eine starke Detonation. Die Scheiben zersplittern, die Fensterflügel sind aus den Angeln gerissen.

HOEDERER: Niederwerfen!

Er faßt Hugo bei den Schultern und reißt ihn zu Boden. Die beiden andern werfen sich ebenfalls hin.

5. SZENE

Dieselben – Leo, Slick, Georg stürzen herein
Später Jessica

SLICK: Du bist getroffen?

HOEDERER *steht wieder auf:* Nein. Ist keiner getroffen? *Zu Karsky, der auch wieder aufgestanden ist:* Sie bluten?

KARSKY: Es ist nichts. Nur ein Glassplitter.

GEORG: Eine Granate?

HOEDERER: Granate oder Bombe. Aber sie haben zu kurz gezielt. Seht euch im Garten um.

HUGO *zum Fenster gewendet, für sich:* Diese Schurken! *Leo und Georg springen durchs Fenster.*

HOEDERER *zum Prinzen:* Ich war zwar auf etwas Derartiges gefaßt, aber ich bedaure, daß sie diesen Moment gewählt haben.

PRINZ PAUL: Ach was! Das erinnert mich an mein väterliches Palais. Karsky! Sind das Ihre Leute gewesen?

KARSKY: Sie sind wohl verrückt?

HOEDERER: Ich war damit gemeint. Die Sache galt nur mir. *Zu Karsky:* Sie sehen, man tut besser, sich in acht zu nehmen. *Betrachtet ihn.* Sie bluten aber tüchtig.

Jessica kommt atemlos herein.

JESSICA: Ist Hoederer tot?

HOEDERER: Ihrem Gatten ist nichts passiert. *Zu Karsky:* Leo wird Sie in mein Zimmer führen und Sie verbinden, und dann können wir unsere Unterhaltung wieder aufnehmen.

SLICK: Sie sollten alle nach oben gehen, die versuchen das womöglich noch mal. Sie können ja reden, während Leo ihn verbindet.

HOEDERER: Gut. *Georg und Leo kommen durchs Fenster wieder herein.* Nun?

GEORG: Eine Bombe. Sie haben sie vom Garten aus geworfen und sind dann getürmt. Die Mauer hat alles abgekriegt.

HUGO: Diese Schurken.

HOEDERER: Also gehen wir. *Sie wenden sich zur Tür, Hugo macht Miene, zu folgen.* Du nicht.

Sie sehen sich an, dann wendet sich Hoederer ab und verläßt das Zimmer.

6. SZENE
Hugo – Jessica – Georg – Slick

HUGO *zwischen den Zähnen:* Diese Schurken.

SLICK: Wie meinst du?

HUGO: Die Leute, die die Bombe geworfen haben, sind Schurken.

Er geht zum Schreibtisch und gießt sich zu trinken ein.

SLICK: Bissel nervös, was?

HUGO: Ach wo!

SLICK: Du brauchst dich nicht zu schämen. Das war die Feuertaufe. Daran gewöhnst du dich.

GEORG: Ich muß sogar sagen, auf die Dauer ist es ganz amüsant. Findest du nicht auch, Slick?

SLICK: Das gibt Abwechslung, das macht Laune, dabei rostet man nicht ein.

HUGO: Ich bin nicht nervös. Nur wütend. *Trinkt.*

JESSICA: Auf wen denn, mein kleiner Hase?

HUGO: Auf die Schurken, die die Bombe geworfen haben.

SLICK: Du bist eben noch nicht abgebrüht. Wir sind schon längst nicht mehr wütend.

GEORG: Davon leben wir; wenn es so was nicht gäbe, wären wir eben nicht hier.

HUGO: Man sieht ja: alles ist ruhig, alles lächelt sich zu, alles ist zufrieden. Er hat wie ein Schwein geblutet, aber er wischt sich lächelnd das Gesicht ab und sagt: «Es ist nichts.» Mut haben diese Brüder schon. Es sind die größten Hurensöhne von der Welt und haben dennoch Mut, gerade so viel, daß man sie nicht bis ins letzte verachten kann. *Traurig.* Es kann einen ganz hintersinnig machen. *Trinkt.* Die Tugenden und Laster sind nicht gerecht verteilt.

JESSICA: Du bist ja auch nicht feige, mein Herz.

HUGO: Ich bin nicht feige, aber ich bin auch nicht mutig. Ich habe zuviel Nerven. Ich möchte einschlafen und träumen, ich wäre Slick. Sieh dir das mal an: hundert Kilo Fleisch und oben im Hirn eine kleine Zentrale so groß wie eine Nuß. Der reine Walfisch. Die Zentrale da oben sendet wohl Furcht- und Zornsignale aus, aber sie verlieren sich in dieser enormen Masse. Es kitzelt ihn ein bißchen, aber das ist auch alles.

SLICK *lachend:* Du verstehst es wirklich.

GEORG *lachend:* Und er hat sogar recht.

Hugo trinkt.

JESSICA: Hugo!

HUGO: Ja?

JESSICA: Hör auf zu trinken.

HUGO: Warum denn? Ich habe nichts mehr zu tun. Ich bin von meinen Verpflichtungen entbunden.

JESSICA: Hat dir Hoederer das gesagt?

HUGO: Hoederer? Wer spricht von Hoederer? Das ist nun mal so: wenn du bei einem Menschen wie mir was erreichen willst, so mußt du ihm vertrauen. Du kannst sagen, was du willst, aber Hoederer ist ein Mann, der mir Vertrauen geschenkt hat. Nicht jeder kann das von sich behaupten. *Trinkt. Tritt auf Slick zu.* Da sind Leute, die geben dir einen vertraulichen Auftrag, nicht wahr, und du strengst dich wer weiß wie sehr an, um ihn auszuführen; aber in dem Augenblick, wo du dicht am Ziel bist, merkst du, daß die auf dich pfeifen und die Sache durch jemand anders besorgen lassen.

JESSICA: Willst du wohl still sein! Du wirst denen hier doch nicht unsere ehelichen Auseinandersetzungen erzählen.

HUGO: Ehelich? Daß ich nicht lache. *Erheitert.* Sie ist wirklich gut.

JESSICA: Er spricht nämlich von mir. Seit zwei Jahren schon behauptet er, ich schenkte ihm kein Vertrauen.

HUGO *zu Slick:* Das ist ein Köpfchen, was? *Zu Jessica:* Nein, du schenkst mir kein Vertrauen. Oder etwa doch?

JESSICA: Im Augenblick sicherlich nicht.

HUGO: Keiner schenkt mir Vertrauen. Irgend etwas in meinem Gesicht muß nicht stimmen. Sage mir, daß du mich liebst.

JESSICA: Nicht vor denen hier.

SLICK: Oh, kümmert euch nicht um uns.

HUGO: Sie liebt mich nicht. Sie weiß nicht, was Liebe ist. Sie ist ein Engel. Eine Salzsäule.

SLICK: Eine Salzsäule!

HUGO: Nein, ich wollte so etwas sagen wie eine Statue aus Schnee. Wenn man sie streichelt, schmilzt sie.

GEORG: Wirklich?

JESSICA: Komm, Hugo, jetzt gehen wir heim.

HUGO: Warte. Ich muß Slick noch einen Rat geben. Den mag ich nämlich, den Slick. Er gefällt mir, weil er so stark ist und weil er gar nicht denkt. Slick, willst du einen Rat?

SLICK: Wenn es durchaus sein muß.

HUGO: Hör gut zu: Heirate nicht zu jung.

SLICK: Keine Gefahr.

HUGO: Nein, ernstlich, höre auf mich: heirate nicht zu jung. Du verstehst doch, was ich sagen will, wie? Heirate nicht zu jung. Lade dir nicht auf, was du nicht tragen kannst. Nachher wiegt es zu schwer. Alles ist so schwer. Ich weiß nicht, ob ihr es schon bemerkt habt: es ist gar nicht einfach, jung zu sein. *Lacht.* Vertrauensauftrag. Wo ist das Vertrauen, he?

GEORG: Was denn für ein Auftrag?

HUGO: Das weißt du nicht? Ich habe einen Auftrag bekommen.

GEORG: Was denn für einen Auftrag?

HUGO: Die wollen mich zum Sprechen bringen. Aber nichts zu machen bei mir. Ich bin undurchdringlich. *Betrachtet sich im Spiegel.* Undurchdringlich. Ein völlig ausdrucksloses Gesicht. Ein Allerweltsgesicht. Mein Gott, so was müßte man doch sehen. Man müßte das doch sehen!

GEORG: Was?

HUGO: Daß ich einen vertraulichen Auftrag habe.
GEORG: Du! Slick!?
SLICK: Hm ...
JESSICA: Zerbrecht euch nicht den Kopf. Es soll heißen, daß ich ein Kind bekomme. Nun schaut er sich im Spiegel an, um festzustellen, ob er aussieht wie ein Familienvater.
HUGO: Fabelhaft! Ein Familienvater? So ist es. Ganz genau das. Ein Familienvater. Diese Frau und ich, wir verstehen uns schon auf den leisesten Wink. Undurchdringlich! So was müßte man doch herauserkennen, einen ... Familienvater. An irgend etwas doch. Einem bestimmten Ausdruck im Gesicht. Einem Geschmack im Mund. Einem Stachel im Herzen. *Trinkt.* Um Hoederer tut es mir leid. Weil, sage ich euch ... der hätte mir helfen können. *Lacht.* Sagt mal: Da sind die nun oben und schwatzen, und Leo wäscht diesem Schwein, dem Karsky, seine Wunde aus. Habt ihr denn keine Courage? Warum erschießt ihr mich nicht?
SLICK *zu Jessica:* Der Junge sollte nicht soviel trinken.
GEORG: Er verträgt es nicht.
HUGO: Schießt doch, sage ich euch. Dazu seid ihr doch da. Hört mal, ein Familienvater ist niemals ein richtiger Familienvater. Und ein Mörder ist niemals ein kompletter Mörder. Sie spielen das nur, versteht ihr. Nur, wenn einer tot ist, dann ist er wirklich tot. Sein oder Nichtsein, he? Ihr versteht, was ich sagen will. Es gibt für mich gar nichts, was ich s e i n könnte, außer etwa ein Toter mit sechs Fuß Erde über sich; alles Komödie, wißt ihr. *Stockt plötzlich.* Und das hier ist auch Komödie. Alles! Alles, was ich euch da sage. Oder glaubt ihr vielleicht, daß ich verzweifelt bin? Aber nicht im geringsten: ich spiele euch nur Verzweiflung vor. Ob man auch wieder anders kann?
JESSICA: Willst du nicht nach Hause?
HUGO: Warte mal. Nein. Ich weiß nicht ... Wie kann man sagen: ich will, oder ich will nicht?
JESSICA *füllt ein Glas:* Also trink.
HUGO: Nein. *Trinkt.*
SLICK: Sie haben es nötig, ihn zum Trinken anzuhalten!
JESSICA: Dann geht es wenigstens schneller. Jetzt kann man nur noch warten, bis es so weit ist.
Hugo leert sein Glas. Jessica füllt es von neuem.
HUGO: Wobei war ich doch gerade? Ach so, ich sprach von Mördern. Jessica und ich, wir wissen, was das zu bedeuten hat. Die Wahrheit ist, es schwatzt hier oben zu sehr. *Schlägt sich an die Stirn.* Ich wünsche Ruhe! *Zu Slick:* Was für ein angenehmes Gefühl muß das sein im Kopf: kein Laut, nichts als schwarze Nacht. Warum dreht ihr euch denn so schnell. Lacht mich doch nicht aus. Ich weiß, ich bin betrunken. Ich weiß, ich tauge nicht viel. Ich werde euch mal was sagen: ich möchte nicht an meiner Stelle sein. Nein. Auf keinen Fall. Das ist keine gute Stelle. Geht nicht weg! Man muß sich bloß mal entschließen, die Lunte anzuzünden. Das sieht nach gar nichts aus, aber ich wünsche euch nicht, damit beauftragt zu sein. Die Lunte, darauf kommt es an. Einfach die Lunte anzünden.

Dann fliegt alles in die Luft, und man selber mit. Dann braucht man kein Alibi mehr, kein Schweigen und keine Nacht. Außer wenn die Toten auch nur Komödie spielen. Stellt euch bloß mal vor, man stirbt und entdeckt hinterher, daß die Toten auch Lebendige sind, die nur Totsein spielen. Man muß nur die Lunte anzünden. Das ist der psychologische Augenblick. *Lacht.* Aber dreht euch doch nicht so, lieber Gott, oder ich fange auch noch an. *Versucht sich herumzudrehen und fällt auf einen Stuhl.* Da habt ihr die Segnungen der bürgerlichen Erziehung. *Sein Kopf fängt zu pendeln an, Jessica tritt zu ihm, betrachtet ihn.*

JESSICA: Gut. Es ist soweit. Jetzt helft mir bitte, ihn ins Bett zu bringen.

Slick sieht sie an und kratzt sich am Kopf.

SLICK: Komische Sachen hat er gesagt.

JESSICA *lacht:* Ihr kennt ihn nicht. Er redet immer Unsinn.

Slick und Georg heben ihn an Schultern und Füßen auf.

Vorhang

FÜNFTES BILD
Im Gartenhaus

1. SZENE
Hugo – Jessica – dann Olga

Hugo liegt völlig angezogen auf dem Bett unter einer Decke. Er schläft. Er wirft sich herum und stöhnt im Schlaf. Jessica sitzt am Kopfende, sie rührt sich nicht. Er stöhnt von neuem; sie steht auf und geht in die Waschkabine nebenan. Man hört Wasser laufen. Olga, die sich hinter den Fenstervorhängen verborgen hatte, steckt den Kopf durch den Spalt. Dann entschließt sie sich und tritt an Hugos Bett. Sieht ihn an. Hugo stöhnt. Olga rückt seinen Kopf zurecht und schiebt das Kopfkissen gerade. Darüber tritt Jessica wieder ein, sieht den Vorgang mit an. Jessica hält eine feuchte Kompresse in der Hand.

JESSICA: Wie besorgt! Guten Tag, meine Dame.

OLGA: Nicht so laut. Ich bin ...

JESSICA: Ich habe gar keine Lust zu schreien. Setzen Sie sich doch. Eher möchte ich lachen.

OLGA: Ich bin Olga Loram.

JESSICA: Das habe ich mir gedacht.

OLGA: Hat Hugo von mir gesprochen?

JESSICA: Ja.

OLGA: Ist er verwundet?

JESSICA: Nein. Nur betrunken. *Geht an Olga vorbei.* Sie gestatten? *Legt die Kompresse auf Hugos Stirn.*

OLGA: Nicht so. *Rückt die Kompresse zurecht.*

JESSICA: Ich bitte sehr um Entschuldigung.

OLGA: Und Hoederer?

JESSICA: Hoederer? Aber setzen Sie sich doch, bitte. *Olga setzt sich.* Das waren wohl Sie, die die Bombe geworfen hat?

OLGA: Ja.

JESSICA: Niemand ist verwundet. Na, nächstes Mal haben Sie vielleicht mehr Glück. Wie sind Sie denn hier hereingekommen?

OLGA: Durch die Tür. Sie hatten sie offen gelassen, als Sie fortgegangen sind. Man darf Türen niemals offen lassen.

JESSICA *zeigt auf Hugo:* Sie wußten, daß er im Büro war?

OLGA: Nein.

JESSICA: Aber Sie wußten, daß er hätte dort sein können?

OLGA: Das mußte man riskieren.

JESSICA: Nur ein bißchen mehr Dusel, und Sie hätten ihn umgebracht.

OLGA: Das wäre für ihn das beste gewesen.

JESSICA: Wirklich?

OLGA: Die Partei hat keine besondere Vorliebe für Verräter.

JESSICA: Hugo ist kein Verräter.

OLGA: Ich glaube es; aber ich kann die andern nicht zwingen, es ebenfalls zu glauben. *Schweigt.* Diese Geschichte zieht sich hin. Vor acht Tagen schon hätte sie erledigt sein sollen.

JESSICA: Man muß doch eine Gelegenheit finden.

OLGA: Die Gelegenheit führt man herbei.

JESSICA: Hat die Partei Sie geschickt?

OLGA: Die Partei weiß nicht, daß ich hier bin; ich bin von selbst gekommen.

JESSICA: Ich sehe, Sie sind mit einer Bombe in der Handtasche hergekommen und wollten sie liebenswürdigerweise auf Hugo werfen, um sein Ansehen zu retten.

OLGA: Wenn es gelungen wäre, hätte man angenommen, daß er sich selbst mit Hoederer hat hochgehen lassen.

JESSICA: Ja, aber er wäre dann tot.

OLGA: Wie er sich jetzt auch benimmt, hat er keine große Aussicht mehr, sich aus der Affäre zu ziehen.

JESSICA: Ihre Freundschaft ist wirklich erdrückend.

OLGA: Mehr Gewicht als Ihre Liebe hat sie sicherlich. *Sie messen sich mit Blicken.* Haben Sie ihn verhindert, seine Arbeit zu machen?

JESSICA: Nichts habe ich verhindert.

OLGA: Aber geholfen haben Sie ihm auch nicht.

JESSICA: Weshalb hätte ich ihm helfen sollen? Hat er mich etwa gefragt, als er in die Partei eintrat? Und als er gefunden hat, er könne in seinem Leben nichts Besseres anfangen als einen Unbekannten zu ermorden – hat er mich da um Rat gefragt?

OLGA: Warum hätte er Sie um Rat fragen sollen? Welchen Rat hätten Sie ihm schon geben können?

JESSICA: Ja, nicht wahr?

OLGA: Er hat diese Partei gewählt. Er hat sich diesen Auftrag gewünscht; das mußte Ihnen genügen.

JESSICA: Es genügt mir aber nicht.

Hugo stöhnt.

OLGA: Es geht ihm nicht gut. Sie hätten ihn nicht trinken lassen sollen.

JESSICA: Wenn er einen Splitter von Ihrer Bombe ins Gesicht bekommen hätte, ginge es ihm noch schlechter. *Schweigen.* Schade, daß er Sie nicht geheiratet hat; so etwas hätte er gebraucht; eine Frau mit starkem Verstand. Er wäre in Ihrem Schlafzimmer geblieben und hätte Ihre Unterwäsche gebügelt, während Sie an Straßenecken Bomben geworfen hätten, und jedes hätte sich wohl dabei gefühlt. *Schaut sie an.* Ich habe Sie mir immer groß und derb vorgestellt.

OLGA: Vielleicht mit einem Schnurrbart?

JESSICA: Ohne Schnurrbart, aber mit einer Warze unter der Nase. Er tat immer so wichtig, wenn er von Ihnen kam. «Wir haben über Politik gesprochen», sagte er jedesmal.

OLGA: Davon hat er mit Ihnen natürlich niemals gesprochen.

JESSICA: Sie können sich sicher vorstellen, daß er mich nicht geheiratet hat, um mit mir von Politik zu reden. *Schweigen.* Sie sind verliebt in ihn, nicht wahr?

OLGA: Was hat denn die Liebe damit zu tun? Sie lesen zuviel Romane.

JESSICA: Mit irgendwas muß man sich ja beschäftigen, wenn man nicht Politik treibt.

OLGA: Sie können beruhigt sein; die Liebe spielt keine große Rolle im Leben tätiger Frauen. Wir leben nicht davon.

JESSICA: Wie ich zum Beispiel, nicht wahr?

OLGA: Wie alle Frauen, die mit dem Herzen leben.

JESSICA: Das mit dem Herzen gefällt mir. Mein Herz ist mir lieber als Ihr Verstand.

OLGA: Armer Hugo.

JESSICA: Ja. Der arme Hugo! Wie Sie mich verabscheuen müssen!

OLGA: Ich? Für so etwas habe ich keine Zeit. *Schweigen.* Wecken Sie ihn auf. Ich habe mit ihm zu reden.

JESSICA *tritt an das Bett und rüttelt Hugo wach:* Hugo, Hugo! Du hast Besuch.

HUGO: Was ist? *Richtet sich auf.* Olga, Olga, du bist da! Ich bin froh, daß du da bist, du mußt mir helfen. *Olga setzt sich auf den Bettrand.* Mein Gott, habe ich einen Kopf. Wo sind wir denn gewesen? Ich bin bin wirklich froh, daß du gekommen bist, weißt du. Warte: es ist irgend etwas passiert, etwas sehr Unangenehmes. Du kannst mir nicht mehr helfen. Jetzt kannst du mir nicht mehr helfen. Du hast die Bombe geworfen, nicht wahr?

OLGA: Ja.

HUGO: Warum habt ihr zu mir kein Vertrauen gehabt?

OLGA: Hugo, in einer Viertelstunde wirft ein Kamerad ein Seil über die Mauer, und ich muß fort. Ich habe Eile, und du mußt gut zuhören.

HUGO: Warum habt ihr zu mir kein Vertrauen gehabt?

OLGA: Jessica, geben Sie mir mal das Glas und die Karaffe. *Jessica gibt sie ihr. Olga füllt das Glas und schüttet es Hugo ins Gesicht.*

HUGO: Puh!

OLGA: Kannst du jetzt zuhören?

HUGO: Ja. *Trocknet sich ab.* Habe ich ein Kopfweh. Ist noch Wasser in der Karaffe?

JESSICA: Ja.

HUGO: Gieß mir was zu trinken ein, ja? *Sie reicht ihm das Glas, er trinkt.* Was denken die Kameraden?

OLGA: Daß du ein Verräter bist.

HUGO: Die gehen gleich ordentlich ins Zeug.

OLGA: Du hast keinen Tag zu verlieren. Noch vor morgen abend muß die Sache in Ordnung sein.

HUGO: Du hättest die Bombe nicht werfen sollen.

OLGA: Hugo, du hast eine zu schwere Aufgabe übernehmen wollen und noch dazu allein. Ich habe als erste Vertrauen zu dir gehabt, als hundert Gründe dagegen sprachen, dir den Auftrag zu geben, und habe mein Vertrauen den andern mitgeteilt. Aber wir sind keine Pfadfinderorganisation, und die Partei ist nicht dazu da, daß du deinen Heroismus unter Beweis stellen kannst. Es ist eine Arbeit zu machen, und sie muß gemacht werden; wer sie macht, ist ganz gleich. Wenn du in vierundzwanzig Stunden deinen Auftrag nicht ausgeführt hast, kommt ein anderer und wird die Sache erledigen.

HUGO: Wenn ich abberufen werde, trete ich aus der Partei aus.

OLGA: Was bildest du dir eigentlich ein? Meinst du, man kann aus der Partei austreten? Wir sind im Kriege, Hugo, und die Kameraden verstehen keinen Spaß. Aus der Partei kommt man höchstens mit den Füßen voran heraus.

HUGO: Ich habe vorm Sterben keine Angst.

OLGA: Sterben ist auch nichts. Aber auf diese dumme Weise sterben, nachdem man alles verpatzt hat; sich liquidieren lassen, weil man nicht dichthalten kann, oder schlimmer noch: weil man ein Esel ist, den die Partei loswerden muß, damit er nicht noch weitere Dummheiten macht. Ist das etwa dein Ideal? Hast du das gewollt, als du das erstemal zu mir kamst, damals, als du so glücklich ausgesehen hast und so stolz? – Aber so sagen Sie es ihm doch! Wenn Sie ihn auch nur ein bißchen lieben, werden Sie ja nicht wollen, daß man ihn niederschlägt wie einen Hund.

JESSICA: Sie wissen ja, meine Dame, daß ich nichts von Politik verstehe.

OLGA: Wofür entscheidest du dich?

HUGO: Du hättest die Bombe nicht werfen sollen.

OLGA: Wofür entscheidest du dich?

HUGO: Das werdet ihr morgen erfahren.

OLGA: Gut. Leb wohl, Hugo.

HUGO: Leb wohl, Olga.

JESSICA: Auf Wiedersehen, meine Dame.

OLGA: Macht das Licht aus. Sie brauchen nicht zu sehen, daß ich hier herauskomme.

Jessica macht das Licht aus. Olga öffnet die Tür. Ab.

2. SZENE

Hugo – Jessica

JESSICA: Soll ich wieder Licht machen?

HUGO: Warte. Vielleicht muß sie noch einmal zurückkommen. *Sie warten im Dunkeln.*

JESSICA: Ich könnte die Läden mal einen Spalt aufmachen und hinausschauen.

HUGO: Nein. *Schweigen.*

JESSICA: Hast du Schmerzen? *Hugo antwortet nicht.* Antworte doch, solange es dunkel ist.

HUGO: Ich habe Kopfweh, das ist alles. *Schweigt.* An dem Vertrauen kann nicht viel dran sein, wenn es nicht mal acht Tage Wartezeit überdauert.

JESSICA: Nicht sehr viel, nein.

HUGO: Wie soll man aber leben, wenn keiner einem vertraut?

JESSICA: Mir hat niemals jemand vertraut, am allerwenigsten du. Ich bin aber auch so ganz gut durchgekommen.

HUGO: Sie war die einzige, die einigermaßen an mich glaubte.

JESSICA: Hugo ...

HUGO: Die einzige. Du weißt es genau. *Schweigt.* Jetzt muß sie wohl in Sicherheit sein. Ich glaube, wir können wieder Licht machen. *Macht Licht. Jessica wendet sich heftig ab.* Was ist denn?

JESSICA: Es ist mir unangenehm, dich bei Licht zu sehen.
HUGO: Soll ich wieder ausmachen?
JESSUCA: Nein. *Geht auf ihn zu.* Du, du wirst also einen Menschen töten?
HUGO: Weiß ich etwa, was ich tun werde?
JESSICA: Zeige mir den Revolver.
HUGO: Wozu?
JESSICA: Ich will sehen, wie er gemacht ist.
HUGO: Du hast ihn ja den ganzen Nachmittag mit dir herumgetragen.
JESSICA: Da war es nur Spielzeug.
HUGO *reicht ihn ihr:* Sei vorsichtig.
JESSICA: Ja. *Betrachtet ihn.* Komisch.
HUGO: Was ist komisch?
JESSICA: Jetzt habe ich Angst davor. Nimm ihn wieder. *Schweigt.* Du wirst einen Menschen töten.
Hugo fängt an zu lachen.
JESSICA: Weshalb lachst du?
HUGO: Jetzt glaubst du daran? Du hast dich entschlossen, daran zu glauben?
JESSICA: Ja.
HUGO: Du hast den Augenblick gut gewählt; niemand glaubt mehr daran. *Schweigt.* Acht Tage früher hätte mir das vielleicht noch eine Hilfe sein können...
JESSICA: Dafür kann ich ja nichts. Ich glaube nur, was ich sehe. Heute morgen noch konnte ich mir überhaupt nicht vorstellen, daß er sterben sollte. *Schweigt.* Aber dann bin ich in das Büro gekommen, da war dieser Mensch, der so blutete, und ihr lagt alle da wie tot. Hoederer war auch schon tot, ich sah es an seinem Gesicht! Wenn du ihn nicht erschießt, schicken sie einen anderen.
HUGO: Ich werde es aber tun. *Schweigt.* Das war eine schöne Schweinerei, wie der Kerl geblutet hat.
JESSICA: Ja. Eine schöne Schweinerei.
HUGO: So wird auch Hoederer bluten.
JESSICA: Sei doch still.
HUGO: Er wird am Boden liegen mit einem dummen Gesicht, und das Blut wird ihm nur so durch den Anzug fließen!
JESSICA *langsam und leise:* Aber so sei doch still.
HUGO: Sie hat eine Bombe gegen die Mauer geworfen. Das war keine Heldentat. Sie hat uns nicht mal gesehen. Das kann jeder: umbringen, wenn er nicht sehen kann, was er tut. Ich wollte gerade schießen. Ich war drinnen, ich sah ihnen in die Augen, und ich wollte schießen; sie hat mir die Sache verpatzt.
JESSICA: Wolltest du ernstlich schießen?
HUGO: Ich hatte die Hand in der Tasche und den Finger am Abzug.
JESSICA: Und du wolltest schießen? Bist du sicher, daß du wirklich hättest schießen können?
HUGO: Ich... ich war gerade wütend, Gott sei Dank. Natürlich wollte ich schießen. Jetzt muß ich von vorn anfangen. *Lacht.* Du hast es ja gehört: sie sagen, ich sei ein Verräter. Die tun sich leicht. Wenn die da hinten beschließen, daß ein Mann sterben muß, so ist

das nur, als wenn sie einen Namen in einem Register streichen, eine saubere, elegante Arbeit. Hier will das Töten gemacht sein. Hier ist der Schlachthausbetrieb. *Schweigt.* Er trinkt, er raucht, er spricht mit mir von der Partei, macht Pläne, und ich stelle mir vor, was für eine Art von Leichnam er abgeben wird. Das hat etwas Indezentes. Hast du seine Augen gesehen?

JESSICA: Ja.

HUGO: Hast du gesehen, wie glänzend und hart sie sind? Und wie lebendig dabei?

JESSICA: Ja.

HUGO: Vielleicht werde ich ihn in die Augen treffen. Man zielt zwar auf die Brust, weißt du, aber der Schuß geht hoch.

JESSICA: Ich mag seine Augen gern.

HUGO *heftig:* Das ist etwas ganz Abstraktes.

JESSICA: Was?

HUGO: Ein Mord. Ich sage, daß das was ganz Abstraktes ist. Du drückst auf den Abzug, und was dann geschieht, davon weißt du nichts mehr. *Schweigt.* Wenn man doch schießen und dabei wegsehen könnte. *Schweigt.* Ich frage mich, weshalb ich dir das alles erzähle.

JESSICA: Das frage ich mich auch.

HUGO: Ich bitte um Entschuldigung. *Schweigt.* Aber wenn ich hier in diesem Bett läge und am Verrecken wäre, würdest du mich da im Stich lassen?

JESSICA: Nein.

HUGO: Das ist im Grunde dasselbe; töten, sterben ist alles nur eins. Man ist bei beidem gleich einsam. Er hat Glück. Er stirbt nur einmal. Aber ich töte ihn nun schon zehn Tage lang, in jedem Augenblick. *Heftig.* Was würdest du tun, Jessica?

JESSICA: Wie meinst du das?

HUGO: Hör zu: Wenn ich bis morgen nicht einen andern umgebracht habe, muß ich verschwinden, oder aber ich muß zu denen da hingehen und sagen: macht mit mir, was ihr wollt. Wenn ich ihn umbringe... *Er verbirgt einen Augenblick lang das Gesicht in den Händen.* Was soll ich tun? Was tätest du?

JESSICA: Ich? Du fragst mich, was ich an deiner Stelle täte?

HUGO: Wen soll ich denn sonst fragen? Ich habe nur noch dich auf der Welt.

JESSICA: Das ist wahr. Du hast nur noch mich. Nur mich. Armer Hugo. *Schweigt.* Ich würde zu Hoederer gehen und würde zu ihm sagen: Sehen Sie mal, ich bin hierhergeschickt worden, um Sie zu erschießen, aber ich habe meine Meinung geändert und möchte lieber mit Ihnen arbeiten.

HUGO: Arme Jessica!

JESSICA: Ist denn das nicht möglich?

HUGO: Das ist gerade das, was man Verrat nennen würde.

JESSICA *traurig:* Siehst du. Ich kann dir nicht helfen. *Schweigt.* Warum ist es nicht möglich? Weil er nicht dieselben Ideen hat wie du?

HUGO: Wenn du willst. Weil er andere Ideen hat.

JESSICA: Und man muß die Leute umbringen, die nicht dieselben Ideen haben wie wir?

HUGO: Manchmal, ja.
JESSICA: Aber warum hast du dich für die Ideen von Louis und Olga entschieden?
HUGO: Weil sie richtig sind.
JESSICA: Aber Hugo, stell dir mal vor, du hättest voriges Jahr Hoederer getroffen an Stelle von Louis. Dann würdest du eben seine Ideen für richtig halten.
HUGO: Ach, du bist ja verrückt.
JESSICA: Wieso?
HUGO: Wenn man dich hört, dann sollte man meinen, alle Ideen sind gleich gut, und man greift sie nur so auf, wie man eine Krankheit bekommt.
JESSICA: Das denke ich nicht; ich... ich weiß nicht, was ich denke. Hugo, er ist so stark, er braucht nur den Mund aufzumachen, dann ist man schon überzeugt, er hat recht. Und dann würde ich auch glauben, er wäre ehrlich und wollte das Beste für die Partei.
HUGO: Was er will, was er denkt, ist mir ganz egal. Worauf es ankommt, ist, was er tut.
JESSICA: Aber...
HUGO: Objektiv gesehen, handelt er wie ein Sozialverräter.
JESSICA *verständnislos:* Objektiv?
HUGO: Ja.
JESSICA: Aha! *Schweigt.* Und er, wenn er wüßte, was du vorhast, würde er auch denken, daß du ein Sozialverräter bist?
HUGO: Das kann ich dir nicht sagen.
JESSICA: Würde er es sagen?
HUGO: Und wenn – was wäre dann? Ja, ich glaube schon.
JESSICA: Aber wer hat denn da recht?
HUGO: Ich.
JESSICA: Woher weißt du das?
HUGO: Politik ist eine Wissenschaft. Du kannst nachweisen, daß du recht hast und die andern sich irren.
JESSICA: Warum zögerst du denn dann?
HUGO: Das ist zu langwierig zu erklären.
JESSICA: Wir haben ja die ganze Nacht.
HUGO: Es würde Monate dauern, Jahre.
JESSICA: Ah! *Sie tritt zu den Büchern.* Steht da alles drin?
HUGO: In gewisser Weise schon. Man muß nur zu lesen verstehen.
JESSICA: Mein Gott! *Sie nimmt ein Buch, schlägt es auf, schaut wie gebannt hinein und stellt es seufzend zurück.* Mein Gott!
HUGO: Jetzt laß mich, Jessica. Schlaf oder tu, was du willst.
JESSICA: Was ist denn? Habe ich was gesagt?
HUGO: Nichts. Du hast gar nichts gesagt. Die Schuld liegt ganz bei mir: es war Torheit, dich zu bitten, daß du mir helfen möchtest. Deine Ratschläge kommen aus einer anderen Welt.
JESSICA: Und wer ist schuld daran? Warum hat man mich nicht belehrt? Weshalb hast du mir niemals eine Aufklärung gegeben? Du hast gehört, was er sagte? Daß ich dein Luxus sei. Jetzt hat man mich seit neunzehn Jahren in eure Männerwelt hineingestellt mit ausdrücklichem Verbot, die aufgestellten Gegenstände zu berühren,

und ihr habt mich in dem Glauben belassen, daß alles zum besten steht und daß ich mich mit nichts anderem beschäftigen sollte, als Blumen in die Vasen zu stellen und eurem Leben Duft zu verleihen. Warum habt ihr mich belogen? Warum habt ihr mich so in Unwissenheit gelassen, wenn es doch nur war, um mir eines Tages zu erklären, daß die Welt an allen Ecken aus den Fugen geht und daß ihr auch nicht wißt, was tun, und mich vor die Wahl zu stellen: Selbstmord oder Mord. Ich will aber gar nicht wählen. Ich will nicht, daß du dich töten läßt, ich will nicht, daß du tötest. Warum habt ihr mir diese Last auf die Schultern gelegt? Ich verstehe von euren Geschichten nichts, ich will nichts damit zu tun haben. Ich bin kein Bedrücker, kein Volksverräter, kein Revolutionär, ich habe nichts getan, ich bin unschuldig an allem.

HUGO: Ich verlange ja auch gar nichts mehr von dir, Jessica.

JESSICA: Jetzt ist es zu spät, Hugo, jetzt hast du mich mit hineingezogen. Jetzt muß ich wählen. Für dich und auch für mich. Ich wähle mein Leben und das deine, und ich ... O mein Gott! Ich kann nicht.

HUGO: Das sehe ich.

Schweigen. Hugo sitzt auf dem Bett und starrt ins Leere. Jessica setzt sich zu ihm und legt den Arm um seinen Hals.

JESSICA: Sage nichts, Hugo, kümmere dich nicht um mich. Ich werde nicht mit dir sprechen; dich nicht beim Nachdenken stören. Aber dasein will ich. Frühmorgens ist es so kalt. Da wirst du froh sein, wenn du meine Wärme spürst; ich habe dir ja doch nichts anderes zu geben. Tut dir der Kopf noch weh?

HUGO: Ja.

JESSICA: Lehne ihn an meine Schulter. Deine Stirn brennt ja. *Sie streicht ihm über die Haare.* Der arme Kopf.

HUGO *richtet sich jäh auf:* Genug!

JESSICA *sanft:* Hugo!

HUGO: Du spielst lieb Mütterlein.

JESSICA: Ich spiele nicht. Ich werde niemals mehr spielen.

HUGO: Dein Körper ist kalt, du hast mir keine Wärme zu geben. Es ist nicht schwer, sich mit einem Ausdruck mütterlicher Güte über einen Mann zu beugen und ihm mit der Hand übers Haar zu streichen; jede beliebige Dirne träumt sich da hinein. Aber als ich dich in den Arm genommen und dich gebeten habe, meine Frau zu sein, da warst du deiner Rolle nicht so gut gewachsen.

JESSICA: Oh, so sei doch still.

HUGO: Warum soll ich still sein? Wo ich doch ganz genau weiß, daß unsere Liebe nur Komödie war?

JESSICA: Worauf es heute nacht ankommt, ist nicht unsere Liebe, sondern das, was du morgen tun wirst.

HUGO: Das hängt alles zusammen. Wäre ich sicher gewesen ... *Heftig:* Jessica, sieh mich an. Kannst du mir sagen, daß du mich liebst? *Er sieht sie an. Schweigen.* Siehst du. Nicht einmal das werde ich mitnehmen können.

JESSICA: Und du, Hugo? Glaubst du, du hast mich geliebt? *Er antwortet nicht.* Da siehst du. *Schweigt. Unvermittelt:* Warum versuchst du nicht, ihn zu überzeugen?

HUGO: Wen zu überzeugen? Meinst du Hoederer?
JESSICA: Wenn er sich täuscht, mußt du es ihm doch beweisen können.
HUGO: Meinst du! Er ist zu raffiniert.
JESSICA: Woher weißt du, daß deine Ideen richtig sind, wenn du es doch nicht beweisen kannst? Hugo, das wäre so etwas Gutes, du würdest alle versöhnen, alle würden zufrieden sein, ihr könntet alle zusammenarbeiten. Versuche es doch, Hugo, ich bitte dich darum. Versuche es doch wenigstens einmal, ehe du ihn erschießt.
Es klopft. Hugo richtet sich auf, seine Augen glänzen.
HUGO: Das ist Olga. Sie ist zurück gekommen; ich wußte, sie würde kommen. Mach das Licht aus und öffne.
JESSICA: Wie nötig du sie brauchst.
Sie geht das Licht ausmachen und öffnet die Tür. Hoederer tritt ein. Hugo macht wieder Licht, sobald die Tür geschlossen ist.

3. SZENE
Hugo – Jessica – Hoederer

JESSICA *erkennt Hoederer:* Ah!
HOEDERER: Ich habe dir einen Schreck eingejagt.
JESSICA: Ich bin nervös heute abend. Seit dieser Bombe.
HOEDERER: Natürlich. Sitzt ihr immer im Dunkeln?
JESSICA: Ich muß leider. Meine Augen sind schwach.
HOEDERER: Soso! *Schweigt.* Ich darf mich einen Augenblick setzen? *Läßt sich in einen Lehnstuhl nieder.* Laßt euch durch mich nicht stören.
HUGO: Wollen Sie mir etwas sagen?
HOEDERER: Nein. Nein. Nein. Ich habe über dich lachen müssen, vorhin. Du warst ganz rot vor Zorn.
HUGO: Ich...
HOEDERER: Du brauchst dich nicht zu entschuldigen; ich hatte es erwartet. Es hätte mich direkt beunruhigt, wenn du dich nicht aufgeregt hättest. Ich muß dir vieles erklären. Aber morgen erst. Morgen reden wir beide. Für heute ist dein Tag zu Ende, und der meine auch. Ein komischer Tag war das, wie? Warum hängt ihr euch denn keine Bilder auf? Da würden doch die Wände nicht so kahl aussehen. Auf dem Speicher sind Stiche. Slick soll sie euch runterholen.
JESSICA: Was für Stiche denn?
HOEDERER: Alle möglichen. Du kannst dir aussuchen, was du magst.
JESSICA: Danke schön. Ich mache mir nichts aus Stichen.
HOEDERER: Wie du willst. Habt ihr nichts zu trinken?
JESSICA: Nein. Bedaure.
HOEDERER: Schade, schade. Was habt ihr denn gemacht, als ich kam?
JESSICA: Wir haben uns unterhalten.
HOEDERER: Na also, unterhaltet euch weiter! Laßt euch durch mich nicht stören. *Stopft seine Pfeife und zündet sie an. Lastendes Schweigen. Lächelnd:* Tja. So ist das.
JESSICA: Es ist nicht ganz einfach, sich vorzustellen, Sie wären nicht da.

HOEDERER: Ihr könnt mich ja wieder vor die Tür setzen. *Zu Hugo:* Du brauchst deinen Chef nicht zu empfangen, wenn er solche Anwandlungen hat. *Schweigt.* Ich weiß nicht, warum ich gekommen bin. Ich war noch nicht müde, zur Arbeit hatte ich keine Lust... *Zuckt mit den Achseln.* Man kann nicht immer arbeiten...

JESSICA: Nein.

HOEDERER: Diese Sache werden wir hinbringen...

HUGO *lebhaft:* Welche Sache?

HOEDERER: Die Sache mit Karsky. Man muß ihn erst ein bißchen stupfen, aber ich glaube, es geht schneller, als ich zuerst dachte.

HUGO *heftig:* Sie...

HOEDERER: Psst! Morgen, morgen! *Schweigt.* Wenn so eine Sache zu Ende geht, weiß man nicht recht, was man mit sich anfangen soll. Ihr hattet vor kurzem Licht?

JESSICA: Ja.

HOEDERER: Ich stand gerade am Fenster. Im Dunkeln, um nicht als Zielscheibe zu dienen. Habt ihr gesehen, wie finster und still es draußen ist? Das Licht kam durch einen Spalt in euren Fensterläden. *Schweigt.* Heut sind wir knapp am Tode vorbei.

JESSICA: Ja.

HOEDERER *lacht kurz auf:* Sehr knapp sogar. *Schweigt.* Ich habe mich ganz leise aus meinem Zimmer geschlichen. Slick schlief im Korridor. Im Salon schlief Georg, Leo im Treppenhaus. Ich wollte sie aufwecken, aber dann... Ach was! *Schweigt.* Und das Ergebnis: ich bin hier. *Zu Jessica:* Was ist mit dir los? Heute nachmittag sahst du viel weniger schüchtern aus.

JESSICA: Das kommt davon, wie Sie aussehen.

HOEDERER: Wie meinst du das?

JESSICA: Ich hatte immer geglaubt, Sie hätten niemanden nötig.

HOEDERER: Ich brauche auch niemanden. *Schweigt.* Slick hat mir erzählt, daß du ein Kind erwartest?

JESSICA *lebhaft:* Das ist nicht wahr.

HUGO: Nun sieh mal, Jessica, wenn du es Slick schon gesagt hast, warum willst du es dann vor Hoederer verbergen?

JESSICA: Ich habe mich über Slick lustig gemacht.

HOEDERER *mit langem Blick auf sie:* Auch gut. *Schweigt.* Als ich Abgeordneter im Landestag war, wohnte ich bei einem Garagenbesitzer. Abends rauchte ich im Eßzimmer meine Pfeife. Da war ein Radio und Kinder, sie spielten... *Schweigt.* Also, ich gehe jetzt schlafen. Es war nur so eine Vision.

JESSICA: Was war eine Vision?

HOEDERER *mit einer Bewegung:* Das hier alles. Auch ihr. Arbeit, das ist das einzige, was einem bleibt. Telephoniere doch morgen ins Dorf: ein Schreiner soll kommen und das Fenster im Büro wieder in Ordnung bringen. *Schaut Hugo an.* Du siehst mitgenommen aus. Hast du dich betrunken? Schlafe dich heute nacht gut aus. Du brauchst morgen nicht vor neun Uhr zu kommen.

Steht auf. Hugo macht einen Schritt. Jessica wirft sich zwischen sie.

JESSICA: Hugo, dies ist der richtige Augenblick!

HUGO: Was meinst du damit?

JESSICA: Du hast mir versprochen, daß du versuchen willst, ihn zu überzeugen.
HOEDERER: Mich zu überzeugen?
HUGO: Schweig doch still. *Versucht sie wegzuschieben. Sie stellt sich vor sie hin.*
JESSICA: Er ist nicht der gleichen Meinung wie Sie.
HOEDERER *belustigt:* Das habe ich gemerkt.
JESSICA: Er möchte es Ihnen erklären.
HOEDERER: Morgen! Morgen!
JESSICA: Morgen ist es zu spät.
HOEDERER: Wieso?
JESSICA *immer vor Hugo stehend:* Er... er sagt, er will nicht mehr Ihr Sekretär bleiben, wenn Sie ihn nicht anhören. Sie sind beide noch nicht müde und haben die ganze Nacht vor sich, und... ihr wart beide so dicht am Tode, das stimmt versöhnlicher.
HUGO: Hör doch auf mit dem Unsinn, sage ich dir.
JESSICA: Hugo, du hast es versprochen! *Zu Hoederer:* Er sagt, Sie seien ein Sozialverräter.
HOEDERER: Ein Sozialverräter! Unter dem tut er's wohl nicht!
JESSICA: Objektiv gesehen. Er hat gesagt: Objektiv.
HOEDERER *mit verändertem Ton und Gesicht:* Also gut, mein Junge. Dann sage mir, was du auf dem Herzen hast, wenn es nicht anders geht. Ich möchte die Sache ins reine bringen, ehe ich schlafen gehe. Warum bin ich ein Sozialverräter?
HUGO: Weil Sie kein Recht haben, die Partei in Ihre Machenschaften hineinzuziehen.
HOEDERER: Warum habe ich das nicht?
HUGO: Die Partei ist eine revolutionäre Organisation, und Sie wollen eine Regierungspartei daraus machen.
HOEDERER: Revolutionäre Parteien sind dazu da, eines Tages die Macht zu ergreifen.
HUGO: Zu ergreifen, ja. Und zwar mit Waffengewalt. Nicht aber, um sie durch einen Kuhhandel zu erschachern.
HOEDERER: Ach so, du möchtest gern Blut fließen sehen. Ja, das tut mir leid, aber du solltest wissen, daß wir mit Waffengewalt gar nichts ausrichten können. Im Falle eines Bürgerkrieges verfügt das Pentagon über die Waffen und die militärischen Führer. Die gegenrevolutionären Truppen würden es als Rahmenorganisation benutzen.
HUGO: Wer spricht denn von Bürgerkrieg? Hoederer, ich verstehe Sie nicht; es braucht doch nur noch ein bißchen Geduld. Sie haben ja selbst gesagt: die rote Armee wird den Regenten vertreiben, und dann haben wir die Macht.
HOEDERER: Und auf welche Weise sollen wir sie behalten? *Schweigt.* Wenn die rote Armee unsere Grenzen überschreitet, kann ich dir garantieren, daß es ein paar böse Tage für uns geben wird.
HUGO: Die rote Armee...
HOEDERER: Ja, ja. Ich weiß. Auch ich warte auf sie. Und zwar mit Ungeduld. Aber über eins mußt du dir klar sein: alle Armeen auf der Welt, ob sie als Befreier kommen oder nicht, gleichen sich in

einem: sie leben aus dem besetzten Land. Unsere Bauern werden die Russen hassen, das kann nicht anders sein. Und meinst du, sie werden uns lieben, wenn wir von den Russen eingesetzt sind? Man wird uns die Fremdenpartei nennen, oder vielleicht noch schlimmer. Das Pentagon wird weiter eine Geheimpartei sein; sie brauchen nicht einmal ihre Schlagwörter zu ändern.

HUGO: Das Pentagon, das kann ich Ihnen nur sagen...

HOEDERER: Und dann noch etwas anderes: das Land ist zugrunde gerichtet; es kann möglicherweise sogar zum Schlachtfeld werden. Welche Regierung auch auf die des Regenten folgt, sie muß sicherlich drakonische Maßnahmen treffen, durch die sie sich verhaßt machen wird. Unmittelbar nach dem Abzug der roten Armee werden wir durch einen Aufstand einfach hinweggefegt werden.

HUGO: Aufstände kann man niederwerfen. Wir werden mit eisernem Besen auskehren.

HOEDERER: Mit eisernem Besen? A b e r w i e? Selbst nach der Revolution wird das Proletariat der schwächste Volksteil bleiben, und zwar noch auf lange hinaus. Mit eisernem Besen! Bei einer bürgerlichen Partei, die Sabotage treiben wird, und einer Bauernbevölkerung, die ihre Ernten verbrennt, um uns auszuhungern?

HUGO: Und wenn schon? Die Bolschewikenpartei ist im Jahre siebzehn noch mit ganz anderen Sachen fertiggeworden.

HOEDERER: Sie war auch nicht von den Fremden eingesetzt. Höre einmal gut zu, mein Junge, und versuche zu verstehen: Wir werden mit Karskys Liberalen und den Konservativen des Regenten zusammen die Macht ergreifen. Einfach unter der Parole: nationale Einheit. Niemand kann uns dann vorwerfen, daß die Fremden uns eingesetzt haben. Ich habe zwar die Hälfte der Stimmen im Widerstandskomitee verlangt, aber ich werde nicht so dumm sein, auch die Hälfte der Portefeuilles zu verlangen. Eine Minderheit, das ist genau, was wir wollen. Eine Minderheit, die den andern die Verantwortung für unpopuläre Maßnahmen überläßt und die sich dadurch beliebt macht, daß sie von innen heraus Opposition gegen die Regierung treibt. Dann sind sie eingekeilt: in zwei Jahren wirst du die Niederlage der liberalen Politik erleben, und das ganze Land wird uns darum bitten, nun unsererseits zu zeigen, was wir können.

HUGO: Und in dem Augenblick ist es aus mit der Partei.

HOEDERER: Aus? Und warum?

HUGO: Die Partei hat ein Programm: die Verwirklichung einer sozialistischen Wirtschaft. Und ein Mittel: die Anwendung des Klassenkampfes. Sie aber wollen sie dazu verwenden, um eine Politik der Zusammenarbeit der Klassen im Rahmen einer kapitalistischen Wirtschaft zu treiben. Jahre hindurch wollen Sie lügen, überlisten, auf zwei Schultern tragen, von Kompromiß zu Kompromiß gehen; den Kameraden gegenüber werden Sie reaktionäre Maßnahmen einer Regierung verteidigen, der Sie angehören. Niemand wird mehr verstehen; die Standhaften werden Sie verlassen, und die andern werden die politische Erziehung einbüßen, die wir ihnen mitgegeben haben. Wir werden befleckt, verwässert, ziel- und richtungslos sein; wir werden zu Reformisten und Nationalisten werden und schließlich reif dafür sein, daß uns die bürgerlichen Parteien liquidieren. Hoederer! Die Partei ist doch Ihre Partei, Sie können doch nicht vergessen haben, mit welcher unendlichen Mühe Sie sie geschmiedet haben, welche Opfer Sie verlangen, welche Disziplin Sie erzwingen mußten. Ich beschwöre Sie: bringen Sie sie nicht mit eigenen Händen um!

HOEDERER: Worte, nichts als Worte! Wenn du nichts riskieren willst, darfst du keine Politik machen.

HUGO: Diese Art von Risiko will ich nicht!

HOEDERER: Gut. Also wie willst du dann die Macht behalten?

HUGO: Wozu sie überhaupt erst ergreifen?

HOEDERER: Ja, bist du denn verrückt? Eine sozialistische Armee kommt, das Land zu besetzen, und du willst sie wieder abziehen lassen, ohne von ihrer Hilfe zu profitieren? Das ist ja eine Gelegenheit, wie sie niemals wiederkehrt; ich sage dir doch, wir sind nicht stark genug, um die Revolution allein zu machen.

HUGO: Aber um diesen Preis darf man die Macht nicht ergreifen.

HOEDERER: Was willst du denn aus der Partei machen? Einen Rennstall? Was hat es denn für einen Zweck, ein Messer alle Tage zu schleifen, wenn man es niemals benutzen will? Eine Partei kann immer nur ein Mittel sein. Und immer gibt es nur einen einzigen Zweck: die Macht.

HUGO: Es gibt nur einen einzigen Zweck, nämlich unseren Ideen zum Sieg zu verhelfen, allen unsern Ideen und ausschließlich diesen.

HOEDERER: Ach ja, das stimmt. Du hast ja Ideen. Na, das wird sich geben.

HUGO: Sie meinen, ich bin der einzige, der sie hat? Und die Kameraden, die sich von der Polizei des Regenten haben erschießen lassen, sind die etwa nicht für Ideen gestorben? Meinen Sie nicht, daß es Verrat gegen sie wäre, wenn wir die Partei dazu benutzten, um ihre Mörder herauszupauken?

HOEDERER: Ich pfeife auf die Toten. Sie sind für die Partei gestorben, und die Partei kann entscheiden, was sie will. Ich mache lebendige Politik, für die Lebendigen.

HUGO: Und Sie glauben, die Lebenden werden sich mit Ihren kleinen Schlichen abfinden?

HOEDERER: Man muß die Pille versüßen.

HUGO: Indem man die Kameraden belügt?

HOEDERER: Indem man sie manchmal belügt.

HUGO: Sie... Sie kommen mir doch so *wirklich*, so zuverlässig vor! Es ist doch nicht möglich, daß Sie sich damit abfinden, die Kameraden anzulügen.

HOEDERER: Warum nicht? Wir stehen im Kriege, und es ist nicht üblich, die Soldaten täglich und stündlich über den Gang der Operationen auf dem laufenden zu halten.

HUGO: Hoederer, ich... ich weiß besser als Sie, was die Lüge bedeutet: bei meinem Vater log jeder sich selber an, und jeder log mich an. Ich atme erst wieder frei, seitdem ich in die Partei eingetreten bin. Da habe ich zum ersten Male Menschen gesehen, die die andern nicht belogen. Jeder konnte Vertrauen haben zu allen andern, und alle andern zu ihm; der letzte Kämpfer konnte das Gefühl haben, daß die Befehle der Führer ihm ihren wirklichen Willen offenbarten, und wenn es hart auf hart ging, fand man sich mit dem Tode ab. Sie können doch jetzt nicht...

HOEDERER: Aber wovon sprichst du denn?

HUGO: Von unserer Partei.

HOEDERER: Von unserer Partei? Aber da ist doch immer ein bißchen gelogen worden. Wie überall woanders auch. Und du, Hugo, du bist sicher, daß du dich niemals belogen hast, daß du dich nicht vielleicht sogar in diesem Augenblick belügst?

HUGO: Ich habe niemals die Kameraden belogen. Ich... Was hat es denn für einen Zweck, für die Freiheit der Menschen zu arbeiten, wenn man sie so sehr verachtet, daß man ihnen vorredet, was man will.

HOEDERER: Ich werde lügen, wenn es nötig ist, und ich verachte doch niemand. Nicht ich habe die Lüge erfunden; sie ist entstanden aus einer in Klassen aufgeteilten Gesellschaft, und jeder von uns hat sie schon bei der Geburt geerbt. Wir werden die Lüge nicht dadurch abschaffen, daß wir sie persönlich ablehnen, sondern dadurch, daß wir mit allen Mitteln die Klassen zum Verschwinden bringen.

HUGO: Nicht alle Mittel sind gut.

HOEDERER: Alle Mittel sind gut, wenn sie wirksam sind.

HUGO: Mit welchem Rechte verdammen Sie dann die Politik des Regenten? Er hat der UdSSR den Krieg erklärt, weil das das wirksamste Mittel war, die nationale Unabhängigkeit zu erhalten.

HOEDERER: Ja glaubst du denn, ich v e r d a m m e sie? Mit so etwas halte ich mich nicht auf. Er hat getan, was jeder andere von seiner Kaste an seiner Stelle getan hätte. Wir kämpfen weder gegen Menschen noch gegen Politik, sondern gegen die Klasse, die diese Politik und diese Menschen hervorgebracht hat.

HUGO: Und das beste Mittel zu ihrer Bekämpfung glauben Sie darin zu sehen, daß Sie ihr anbieten, sich mit uns in die Macht zu teilen?

HOEDERER: Ganz gewiß. Heute ist das das beste Mittel. *Schweigt.* Wie du auf deine Lauterkeit hältst, mein Junge! Was für eine Angst du hast, dir die Hände schmutzig zu machen. Also gut, bleibe rein! Aber was kommt denn dabei heraus? Und was willst du hier bei uns? Reinheit ist eine Idee für Fakire und für Mönche. Ihr andern, ihr Intellektuellen und ihr bürgerlichen Anarchisten macht euch einen Vorwand daraus, um überhaupt nichts zu tun. Nichts tun, unbeweglich dastehen, die Ellbogen angelegt. Handschuhe an den Händen. Ich habe schmutzige Hände. Bis zu den Ellbogen hinauf. Ich habe meine Hände in Dreck und Blut getaucht. Und wenn? Meinst du, man kann regieren und kinderrein dabei bleiben?

HUGO: Es wird sich vielleicht eines Tages zeigen, daß ich mich vor Blut nicht fürchte.

HOEDERER: Ei, sieh mal an. Rote Handschuhe, das ist natürlich elegant. Nur das übrige macht dir angst. Das riecht nicht gut genug für dein Aristokratennäschen.

HUGO: Also da sind wir ja wieder glücklich angelangt: ich bin ein Aristokrat, ein Kerl, der niemals Hunger gehabt hat! Leider stehe ich mit meiner Meinung nicht allein da.

HOEDERER: Nicht allein? Du wußtest also schon etwas von diesen Verhandlungen, ehe du hierherkamst?

HUGO: N... nein. Nur so obenhin wurde davon gesprochen, in der Partei, und die meisten Kameraden waren nicht dafür, aber ich kann Ihnen beschwören, daß das keine Aristokraten waren!

HOEDERER: Höre mal, mein Junge, da liegt ein Mißverständnis vor. Ich kenne sie, diese Burschen von der Partei, die mit meiner Politik nicht einverstanden sind, und ich kann dir bestätigen, daß sie von meiner Sorte sind und nicht von der deinen. Du wirst es bald genug sehen. Wenn sie meine Verhandlungen mißbilligen, so einfach deshalb, weil sie sie nicht für angebracht finden; unter anderen Umständen wären sie die ersten, Schritte dafür zu tun. Für dich aber ist die Sache eine Prinzipienfrage.

HUGO: Wer hat von Prinzipien gesprochen?

HOEDERER: Du machst keine Prinzipienfrage daraus? Gut. Dann will ich es dir beweisen. Wenn wir mit dem Regenten verhandeln, macht er Schluß mit dem Krieg; die illyrischen Truppen warten dann brav, bis die Russen kommen und ihnen die Waffen abnehmen; wenn wir die Verhandlungen aber abbrechen, weiß er, daß er verloren ist, und wird wie ein Löwe kämpfen; Hunderttausende von Menschen verlieren dabei ihr Leben. Was sagst du dazu? *Schweigen.* Hm? Nun, was sagst du dazu? Kannst du hunderttausend Menschen mit einem Federstrich vernichten wollen?

HUGO *gequält:* Eine Revolution kann man nicht in Galoschen machen. Wenn sie draufgehen müssen...

HOEDERER: Ja?

HUGO: Dann haben sie eben Pech.

HOEDERER: Siehst du, siehst du! Du hast die Menschen nicht lieb, Hugo. Du liebst nur deine Prinzipien.

HUGO: Die Menschen? Und warum sollte ich die Menschen lieben? Lieben sie etwa mich?

HOEDERER: Warum bist du dann zu uns gekommen? Wenn man die Menschen nicht liebt, kann man nicht für sie kämpfen.

HUGO: Ich bin in die Partei eingetreten, weil ihre Sache die gerechte ist, und ich werde aus ihr austreten, wenn sie das nicht mehr ist. Und was die Menschen angeht, so interessiere ich mich nicht dafür, was sie sind, sondern was sie werden können.

HOEDERER: Und ich liebe sie, so wie sie sind. Mit all ihren Schweinereien und Minderwertigkeiten. Ich liebe ihre Stimmen und ihre warmen Hände, die nach etwas greifen, und ich liebe ihre Haut, die die nackteste von allen Häuten ist, und ihren ängstlichen Blick und den verzweifelten Kampf, den sie jeder für sich gegen den Tod führen, und die Angst. Für mich bedeutet das etwas: ein Mann mehr oder weniger auf der Welt. Er ist eine Kostbarkeit. Dich kenne ich jetzt, mein Junge, du bist ein Zerstörer. Du verabscheust die Menschen, weil du dich selbst verabscheust; deine Reinheit hat etwas vom Tode, und die Revolution, die du erträumst, ist nicht die unsrige; du willst die Welt nicht ändern, sondern du willst sie vernichten.

HUGO *ist aufgestanden:* Hoederer!

HOEDERER: Du kannst nichts dafür: ihr seid alle gleich. Ein Intellektueller ist niemals ein wahrer Revolutionär; er gibt bestenfalls einen Mörder ab.

HUGO: Einen Mörder. Ja!

JESSICA: Hugo!

Sie wirft sich zwischen sie. Ein Schlüssel wird umgedreht. Die Tür geht auf. Georg und Slick erscheinen.

4. SZENE
Dieselben – Slick – Georg

GEORG: Da bist du ja. Wir haben dich überall gesucht.

HUGO: Wer hat euch meinen Schlüssel gegeben?

SLICK: Wir haben Schlüssel für alle Türen. Dafür sind wir Leibwache!

GEORG *zu Hoederer:* Du hast uns einen schönen Schreck eingejagt. Slick wacht auf, kein Hoederer da. Du könntest uns ein Wort sagen, wenn du frische Luft schnappen gehst.

HOEDERER: Ihr schlieft gerade …

SLICK *verständnislos:* Na, und wenn? Seit wann läßt du uns schlafen, wenn du Lust hast, uns aufzuwecken?

HOEDERER *lacht:* Tatsächlich, warum eigentlich? *Schweigt.* Ich gehe jetzt mit euch zurück. Also bis morgen, mein Junge, neun Uhr. Wir sprechen dann nochmals über alles. *Hugo antwortet nicht.* Auf Wiedersehen, Jessica.

JESSICA: Bis morgen, Hoederer.

Sie gehen hinaus.

5. SZENE
Jessica – Hugo

Langes Schweigen.

JESSICA: Und?

HUGO: Nun? Du warst ja selber da und hast gehört.

JESSICA: Und was meinst du dazu?

HUGO: Was soll ich dazu meinen? Ich hatte dir ja gesagt, er ist raffiniert.

JESSICA: Hugo! Er hatte recht.

HUGO: Meine arme Jessica. Was verstehst du wohl davon?

JESSICA: Und du? Was verstehst du? Du hast neben ihm keine so sehr gute Figur gemacht.

HUGO: Ach was! Mit mir hat er's leicht gehabt. Ich wünschte, Louis hätte ihm gegenübergestanden; da hätte er sich nicht so rasch aus der Affäre gezogen.

JESSICA: Vielleicht hätte er den auch in die Tasche gesteckt.

HUGO *lacht:* Haha! Louis? Den kennst du schlecht. Louis täuscht sich nie.

JESSICA: Warum denn nicht?

HUGO: Weil ... weil er Louis ist.

JESSICA: Hugo! Du sprichst gegen deine Überzeugung. Ich habe dich angesehen, als du mit Hoederer redetest; er hat dich überzeugt.

HUGO: Er hat mich nicht überzeugt. Niemand kann mich überzeugen, daß man die Kameraden anlügen muß. Aber wenn er mich überzeugt hätte, so wäre das ein Grund mehr, ihn umzulegen, weil es beweist, daß er andere auch überzeugen kann. Morgen früh wird Schluß gemacht.

Vorhang

SECHSTES BILD

Hoederers Arbeitszimmer

Die beiden herausgerissenen Fensterflügel sind gegen die Wand gestellt. Die Glasscherben fortgefegt; das Fenster ist mit einer Decke verkleidet, die, mit Reißzwecken befestigt, bis auf den Boden herabhängt.

1. SZENE

Hoederer – dann Jessica

Zu Beginn des Auftritts steht Hoederer an seinem Gasherd, wo er sich pfeiferauchend einen Kaffee bereitet. Es klopft; Slick steckt den Kopf durch die halbgeöffnete Tür.

SLICK: Die Kleine ist da. Sie will dich sprechen.

HOEDERER: Nein.

SLICK: Sie sagt, es sei sehr wichtig.

HOEDERER: Gut. Sie soll hereinkommen. *Jessica tritt ein. Slick verschwindet.* Nun? *Sie schweigt.* Komm nur näher. *Sie bleibt an der Tür stehen, die Haare fallen ihr ins Gesicht. Er tritt vor sie hin.* Ich vermute, du willst mir etwas sagen? *Sie nickt.* Also dann sage es und geh.

JESSICA: Sie haben es immer so eilig.

HOEDERER: Ich arbeite.

JESSICA: Sie haben nicht gearbeitet. Sie haben sich Kaffee gemacht. Kann ich nicht eine Tasse bekommen?

HOEDERER: Ja. *Schweigt.* Na also?

JESSICA: Man muß mir ein bissel Zeit lassen. Es ist so schwer zu sprechen. Sie warten auf Hugo und er hat noch nicht einmal mit Rasieren angefangen.

HOEDERER: Gut. Du hast also fünf Minuten, um dich zu fassen. Und hier ist der Kaffee.

JESSICA: Sprechen Sie doch mit mir.

HOEDERER: Wie?

JESSICA: Damit ich mich fassen kann. Sprechen Sie mit mir.

HOEDERER: Ich habe dir nichts zu sagen, und ich weiß auch gar nicht, wie man mit Frauen spricht.

JESSICA: Doch. Sehr gut sogar.

HOEDERER: Soo? *Schweigen.*

JESSICA: Gestern abend …

HOEDERER: Ja?

JESSICA: Habe ich gefunden, daß Sie recht haben.

HOEDERER: Recht? Ah! *Schweigt.* Danke schön. Das richtet mich auf.

JESSICA: Sie machen sich über mich lustig.

HOEDERER: Ja.

JESSICA: Das ist … das ist Ihr bornierter Standpunkt. Ich sage Ihnen, ich habe alles verstanden, und bin Ihrer Meinung. *Schweigen.* Was würden Sie machen, wenn ich in die Partei einträte?

HOEDERER: Erst müßten sie dich mal hineinlassen.

JESSICA: Aber wenn sie mich hineinließen, was würden Sie dann mit mir machen?
HOEDERER: Das frage ich mich. *Schweigt.* Bist du deswegen hergekommen?
JESSICA: Nein.
HOEDERER: Weswegen denn? Was ist los? Hast du dich mit Hugo gezankt und willst fort von ihm?
JESSICA: Nein. Wären Sie böse, wenn ich jetzt fortginge?
HOEDERER: Hocherfreut sogar. Ich könnte dann ruhig arbeiten.
JESSICA: Sie denken ja nicht, was Sie sagen.
HOEDERER: Nein?
JESSICA: Nein. *Schweigt.* Gestern abend, als Sie zu uns hereinkamen, sahen Sie so einsam aus.
HOEDERER: Na und?
JESSICA: Das ist etwas Schönes, ein Mann, der einsam ist.
HOEDERER: So schön, daß man gleich Lust bekommt, ihm Gesellschaft zu leisten. Und in dem Augenblick ist er nicht mehr einsam. Die Welt ist schlecht eingerichtet.
JESSICA: Ach, mit mir könnten Sie gut für sich bleiben. Ich mische mich nicht ein.
HOEDERER: Mit dir?
JESSICA: Ich meine nur so. *Schweigt.* Waren Sie verheiratet?
HOEDERER: Ja.
JESSICA: Mit einer Frau aus der Partei?
HOEDERER: Nein.
JESSICA: Sie haben doch gesagt, man sollte sich immer mit einer Frau aus der Partei verheiraten.
HOEDERER: Eben.
JESSICA: War sie schön?
HOEDERER: Das kam auf den Tag und die Stimmung an.
JESSICA: Und ich? Finden Sie mich schön?
HOEDERER: Willst du dich über mich lustig machen?
JESSICA *lacht:* Ja.
HOEDERER: Die fünf Minuten sind um. Sprich jetzt und geh.
JESSICA: Sie werden ihm doch nichts tun?
HOEDERER: Wem?
JESSICA: Hugo! Sie haben doch freundschaftliche Gefühle für ihn, nicht wahr?
HOEDERER: Ach! Nur keine Gefühle! Er will mich umbringen, wie? Ist es das, was du mir erzählen willst?
JESSICA: Tun Sie ihm nichts!
HOEDERER: Aber nein, ich tue ihm nichts.
JESSICA: Sie ... Sie haben es gewußt?
HOEDERER: Seit gestern. Womit will er mich umbringen?
JESSICA: Wie?
HOEDERER: Mit was für einer Waffe? Granate, Revolver, Holzaxt, Säbel, Gift?
JESSICA: Revolver.
HOEDERER: Ist mir auch lieber.
JESSICA: Wenn er heute morgen kommt, hat er einen Revolver bei sich.

HOEDERER: Gut. Gut. Gut. Warum verrätst du ihn? Bist du böse auf ihn?

JESSICA: Nein, aber ...

HOEDERER: Nun?

JESSICA: Er hat mich um meine Hilfe gebeten.

HOEDERER: Und so machst du das? Da muß ich mich wirklich wundern.

JESSICA: Er hat gar keine Lust, Sie zu töten. Gar nicht. Er hat Sie viel zu gern. Nur hat er eben seinen Befehl. Er wird es niemals zugeben, aber ich bin ganz sicher, daß er im Grunde zufrieden ist, wenn man ihn daran hindert, den Befehl auszuführen.

HOEDERER: Das wollen wir erst mal sehen.

JESSICA: Was werden Sie denn tun?

HOEDERER: Ich weiß noch nicht.

JESSICA: Lassen Sie ihn doch ganz ruhig von Slick entwaffnen. Er hat nur einen Revolver. Wenn man ihm den nimmt, ist es aus.

HOEDERER: Nein. Das würde ihn demütigen. Man darf die Menschen nicht demütigen. Ich werde mit ihm reden.

JESSICA: Sie wollen ihn also ruhig mit seiner Waffe hereinlassen?

HOEDERER: Warum nicht? Ich will ihn überzeugen. Fünf Minuten lang ist es etwas riskant, länger nicht. Wenn er es heute morgen nicht tut, wird er es niemals tun.

JESSICA *heftig:* Ich will nicht, daß er Sie umbringt.

HOEDERER: Es wäre dir unangenehm, wenn ich mich umlegen ließe?

JESSICA: Ich wäre hocherfreut! *Es klopft.*

SLICK: Hugo.

HOEDERER: Einen Augenblick. *Slick macht die Tür wieder zu.* Spring rasch durchs Fenster.

JESSICA: Ich möchte Sie nicht allein lassen.

HOEDERER: Wenn du bleibst, schießt er ganz bestimmt. Wenn du dabei bist, kommt er nicht zur Vernunft. Also flink! *Sie geht durchs Fenster ab, die Decke fällt hinter ihr zu.* Laßt ihn herein.

2. SZENE
Hugo – Hoederer

Hugo tritt ein. Hoederer geht zur Tür und begleitet Hugo bis an den Tisch. Er bleibt dann immer dicht bei ihm stehen, beobachtet seine Bewegungen und ist jeden Augenblick bereit, ihn am Handgelenk zu fassen, wenn er zum Revolver greifen sollte.

HOEDERER: Nun? Hast du gut geschlafen?

HUGO: Nur soso.

HOEDERER: Kater?

HUGO: Und wie.

HOEDERER: Hast du dich entschlossen?

HUGO *zuckt zusammen:* Wozu entschlossen?

HOEDERER: Du hast mir doch gestern abend gesagt, du würdest mich verlassen, wenn du mich nicht dazu bringen könntest, meine Meinung zu ändern.

HUGO: Ich bin immer noch entschlossen.
HOEDERER: Gut. Na, wir werden das nachher sehen. Inzwischen arbeiten wir mal. Setz dich. *Hugo setzt sich an den Arbeitstisch.* Wo waren wir stehengeblieben?
HUGO *liest aus seinen Notizen:* «Die Zahlen der letzten Berufszählung haben ergeben, daß die Zahl der Landarbeiter von acht Millionen siebenhunderteinundsiebzigtausend im Jahre 1906 gefallen ist auf ...»
HOEDERER: Sag, weißt du, daß eine Frau die Bombe geworfen hat?
HUGO: Eine Frau?
HOEDERER: Slick hat Fußspuren auf einem Beet festgestellt. Kennst du sie?
HUGO: Woher soll ich sie kennen? *Schweigen.*
HOEDERER: Komisch, was?
HUGO: Sehr.
HOEDERER: Du siehst gar nicht aus, als wenn du es komisch fändest. Was hast du denn?
HUGO: Ich fühle mich nicht wohl.
HOEDERER: Soll ich dir den Vormittag freigeben?
HUGO: Nein. Ich möchte arbeiten.
HOEDERER: Also dann lies den Satz noch mal.
Hugo nimmt seine Notizen wieder vor und beginnt zu lesen.
HUGO: «Die Zahlen der letzten Berufszählung haben ergeben ...»
Hoederer fängt an zu lachen. Hugo hebt jäh den Kopf.
HOEDERER: Weißt du, weshalb sie uns nicht getroffen hat? Ich wette, sie hat die Augen zugemacht, als sie die Bombe warf.
HUGO *zerstreut:* Wieso?
HOEDERER: Weil es so kracht. Sie machen immer die Augen zu, um es nicht zu hören; ich weiß nicht, wie man das erklärt. Sie haben alle Angst vor dem Knall, diese kleinen Mäuse, sonst eignen sie sich bemerkenswert gut. Sie sind ganz stur, mußt du wissen; sie bekommen die Ideen fix und fertig geliefert, und dann glauben sie daran wie an den lieben Gott. Für uns ist das weniger einfach, aus prinzipiellen Gründen auf einen Mann zu schießen, weil wir die Ideen selber machen und die Rezepte kennen; wir sind niemals ganz sicher, ob wir auch wirklich recht haben. Bist du sicher, daß du recht hast?
HUGO: Ganz sicher.
HOEDERER: Immerhin könntest du niemanden umbringen. Dazu muß man berufen sein.
HUGO: Jeder kann töten, wenn die Partei es befiehlt.
HOEDERER: Wenn die Partei es befiehlt, auf einem Seil zu tanzen, könntest du es dann auch? Man muß zum Töten geboren sein. Du denkst viel zuviel nach; du würdest es niemals können.
HUGO: Ich könnte es, wenn ich mich dazu entschlossen hätte.
HOEDERER: Du könntest mir kaltblütig eine Kugel zwischen die Augen schießen, weil ich in politischen Dingen nicht deiner Meinung bin?
HUGO: Ja. Wenn ich mich dazu entschlossen hätte, oder wenn die Partei es befohlen hätte.

HOEDERER: Da muß ich mich wirklich wundern. *Hugo will die Hand in die Tasche stecken, aber Hoederer faßt sie und hebt sie leicht auf den Tisch.* Stelle dir mal vor, du hieltest in dieser Hand eine Waffe und dieser Finger da läge auf dem Abzug ...

HUGO: Lassen Sie meine Hand los.

HOEDERER *läßt nicht los:* Stelle dir vor, ich stünde vor dir, wie ich jetzt hier stehe, und du legtest auf mich an ...

HUGO: Lassen Sie mich los. Wir wollen arbeiten.

HOEDERER: Du siehst mich an, und in dem Augenblick, wo du schießt, denkst du: «Und wenn doch er recht hätte?» Kannst du dir das vorstellen?

HUGO: Ich würde nicht daran denken. Ich würde an nichts anderes denken als ans Schießen.

HOEDERER: Doch würdest du daran denken; ein Intellektueller muß denken. Noch ehe du auf den Abzug drücktest, hättest du bereits alle möglichen Folgen deiner Handlung vor Augen: eine Lebensarbeit vernichtet, eine Politik zu Ende, niemand, um mich zu ersetzen, die Partei vielleicht dazu verurteilt, niemals die Macht zu ergreifen.

HUGO: Ich sage Ihnen, ich würde nicht daran denken!

HOEDERER: Du könntest gar nicht anders. Und das wäre auch besser, denn so wie du nun mal gemacht bist, würde, wenn du nicht vorher daran gedacht hättest, dein ganzes Leben nicht ausreichen, um hinterher daran zu denken. *Schweigt.* Was ist nur in euch alle gefahren, daß ihr den Totschläger spielen müßt? Das sind doch Kerle ohne alle Phantasie; denen ist es ganz gleich, ob sie töten, weil sie gar keine Vorstellung davon haben, was das Leben ist. Mir sind Leute lieber, die Angst vor dem Tode haben; es ist ein Beweis dafür, daß sie zu leben wissen.

HUGO: Ich bin nicht fürs Leben gemacht, ich weiß nicht, was Leben heißt, und habe kein Verlangen danach. Ich bin überflüssig, ich habe keinen Platz auf der Welt und bin allen im Wege; niemand liebt mich, und niemand vertraut auf mich.

HOEDERER: Ich vertraue auf dich.

HUGO: Sie?

HOEDERER: Ganz bestimmt. Du bist ein Junge, der große Schwierigkeiten hat, ins Mannesalter zu kommen; aber du wirst einen ganz ordentlichen Kerl abgeben, wenn man dir dabei hilft. Wenn ich ihren Bomben und Handgranaten entgehe, werde ich dich bei mir behalten und dir helfen.

HUGO: Warum sagen Sie mir das? Warum gerade heute?

HOEDERER *läßt ihn los:* Einfach um dir zu beweisen, daß man einen anderen Menschen nicht kaltblütig umlegen kann, wenn man kein Spezialist ist.

HUGO: Wenn ich mich dazu entschlossen habe, muß ich es auch tun können. *Wie zu sich selbst, in einer Art Verzweiflung:* Ich muß es tun können!

HOEDERER: Du könntest mich töten, während ich dich ansehe? *Sie blicken sich in die Augen. Hoederer löst sich vom Tisch und tritt einen Schritt zurück.* Die wirklich dafür geschaffen sind, andere umzubringen, stellen sich überhaupt nicht vor, was in deren Köpfen vorgeht. Du aber weißt es genau! Könntest du ertragen, dir vorzustellen, was in meinem vorginge, wenn ich dich auf mich anlegen sähe? *Schweigen. Er behält ihn weiter im Auge.* Willst du Kaffee? *Hugo antwortet nicht.* Er ist fertig. Ich werde dir eine Tasse geben. *Er wendet Hugo den Rücken und gießt Kaffee in eine Tasse. Hugo steht auf und greift in die Tasche, in der der Revolver ist. Man sieht, wie er mit sich kämpft. Einen Augenblick später dreht Hoederer sich um und tritt ruhig auf Hugo zu, dem er eine volle Tasse reicht.* Hier. *Hugo nimmt die Tasse.* Und nun gib mir deinen Revolver. Komm, komm, gib ihn nur her; du siehst ja, ich habe dir eine Gelegenheit gegeben, und du hast sie nicht benutzt. *Er greift Hugo in die Tasche und hat den Revolver in der Hand, als er sie wieder herauszieht.* Aber das ist ja ein Spielzeug! *Er geht an seinen Schreibtisch und wirft den Revolver dort hin.*

HUGO: Ich hasse Sie. *Hoederer geht auf ihn zu.*

HOEDERER: Nicht doch. Das ist nicht wahr. Was für einen Grund solltest du haben, mich zu hassen?

HUGO: Sie halten mich für einen Schwächling.

HOEDERER: Wieso? Du kannst nicht töten, aber das ist kein Grund, daß du nicht zu sterben wüßtest. Eher im Gegenteil.

HUGO: Ich hatte den Finger am Abzug.

HOEDERER: Ja.

HUGO: Und ich ... *Macht eine Bewegung der Ohnmacht.*

HOEDERER: Ja. Ich habe es dir gesagt: es ist schwerer, als man denkt.

HUGO: Ich wußte, daß Sie mir mit Absicht den Rücken kehrten. Und gerade darum ...

HOEDERER: Oh, auf jeden Fall ...

HUGO: Ich bin kein Verräter!

HOEDERER: Wer sagt das denn? Auch zum Verräter muß man geboren sein.

HUGO: Die aber werden denken, ich sei ein Verräter, weil ich nicht getan habe, was sie mir aufgetragen haben.

HOEDERER: Wer, die? *Schweigen.* Hat Louis dich geschickt? *Schweigen.* Du willst nichts sagen; das gehört sich auch so. *Schweigen.* Höre, dein Schicksal ist mit meinem verbunden. Seit gestern habe ich alle Trümpfe in der Hand, und ich werde versuchen, uns alle beide zu retten. Morgen gehe ich in die Stadt und rede mit Louis. Er ist zäh, aber ich bin es auch. Mit deinen Kameraden werden wir schon fertig. Am schwierigsten wird es sein, wie du mit dir selber ins reine kommst.

HUGO: Schwierig? Das ist schnell geschehen. Sie brauchen mir nur meinen Revolver wiederzugeben.

HOEDERER: Nein.

HUGO: Was kann Ihnen das schon ausmachen, wenn ich mir eine Kugel vor den Kopf schieße. Ich bin doch Ihr Feind.

HOEDERER: Erstens bist du nicht mein Feind. Und zweitens kannst du uns noch von Nutzen sein.

HUGO: Sie wissen doch genau, daß es aus ist mit mir.

HOEDERER: Ach, laß doch dies Gerede! Du hast dir beweisen wollen, daß du handeln kannst, und hast den schwierigsten Weg gewählt. In deinem Alter macht man es immer so, als wenn man sich den Himmel verdienen will. Es ist dir nicht gelungen. Schön. Und wenn schon. Es gibt da nämlich gar nichts zu beweisen. Eine Revolution ist nicht eine Frage des persönlichen Verdienstes, sondern der Wirksamkeit, und einen Himmel gibt es da nicht. Es gibt Arbeit zu tun, das ist alles. Und da muß man die übernehmen, für die man geschaffen ist; wenn es die leichtere ist, um so besser für einen. Die beste Arbeit ist nicht die, die dir am schwersten fällt, sondern die, für die du am besten zu gebrauchen bist.

HUGO: Ich bin zu gar nichts zu gebrauchen.

HOEDERER: Du bist begabt fürs Schreiben.

HUGO: Schreiben! Worte! Immer nur Worte!

HOEDERER: Was willst du denn? Man muß leben. Lieber ein guter Journalist als ein schlechter Mörder.

HUGO *zögernd, aber doch mit einer Art Vertrauen:* Hoederer! Als Sie so alt waren wie ich...

HOEDERER: Ja?

HUGO: Was hätten Sie an meiner Stelle getan?

HOEDERER: Ich? Ich hätte geschossen. Aber es wäre nicht das Beste gewesen, was ich hätte tun können. Und dann sind wir auch ganz verschieden.

HUGO: Ich möchte so sein wie Sie. Sie müssen sich doch wohlfühlen in Ihrer Haut?

HOEDERER: Meinst du? *Lacht kurz auf.* Eines Tages werde ich dir mal von mir erzählen.

HUGO: Eines Tages? *Schweigt.* Hoederer, ich habe die Sache verpatzt, und ich weiß jetzt genau, daß ich niemals auf Sie werde schießen können, weil... ich zuviel auf Sie halte. Aber Sie dürfen sich nicht täuschen: über die Sache, von der wir gestern abend gesprochen haben, werden wir uns niemals verständigen, ich werde niemals einer der Ihren sein, und ich will nicht, daß Sie sich vor mich stellen, weder morgen noch später.

HOEDERER: Wie du willst.

HUGO: Jetzt bitte ich Sie um die Erlaubnis, ein Weilchen hinauszugehen. Ich möchte über diese ganze Geschichte nachdenken.

HOEDERER: Du schwörst mir, daß du keine Dummheiten machst, bis du wieder hier bist?

HUGO: Wenn Sie wollen.

HOEDERER: Gut, dann geh. Schöpfe ein bißchen frische Luft und komm wieder, sobald du kannst. Und vergiß nicht, daß du noch mein Sekretär bist. Solange du mich nicht umgelegt hast oder ich dich entlasse, arbeitest du für mich. *Hugo ab.*

HOEDERER *geht zur Tür:* Slick!

SLICK: Ja?

HOEDERER: Der Junge hat Verdruß. Gebt von weitem auf ihn acht, und wenn es nötig ist, hindert ihn daran, daß er sich in die Luft gehen läßt. Aber behutsam. Und wenn er gleich wieder herkommt, haltet ihn nicht an, um ihn erst anzumelden. Er soll kommen und gehen, wie es ihm gefällt. Er darf vor allem nicht nervös gemacht werden.

Er macht die Tür wieder zu, geht an den Tisch mit dem Gasherd und gießt sich Kaffee ein. Jessica schiebt die Fensterdecke beiseite und erscheint.

3. SZENE
Jessica – Hoederer

HOEDERER: Bist du immer noch da, kleine Schlange, was willst du denn noch hier?

JESSICA: Ich habe draußen auf dem Fenstersims gesessen und alles angehört.

HOEDERER: Und?

JESSICA: Ich habe Angst gehabt.

HOEDERER: Du brauchtest ja nicht zu bleiben.

JESSICA: Ich konnte Sie einfach nicht allein lassen.

HOEDERER: Eine große Hilfe wärest du nicht gewesen.

JESSICA: Ich weiß. *Schweigt.* Ich hätte mich vielleicht vor Sie werfen und die Kugeln für Sie auffangen können.

HOEDERER: Wie romantisch du bist.

JESSICA: Sie auch.

HOEDERER: Ich?

JESSICA: Sie sind auch romantisch; um ihn nicht zu demütigen, setzen Sie Ihr Leben aufs Spiel.

HOEDERER: Wenn man den Preis des Lebens kennen will, muß man es von Zeit zu Zeit aufs Spiel setzen.

JESSICA: Sie haben ihm Ihre Hilfe angeboten, und er wollte nicht; aber Sie haben sich nicht beirren lassen, und es sah so aus, als hätten Sie ihn gern.

HOEDERER: Und wenn es so wäre?

JESSICA: Nichts, es war eben so, das ist alles. *Sie sehen sich an.*

HOEDERER: Geh jetzt! *Sie rührt sich nicht.* Jessica, es ist nicht meine Art, zurückzuweisen, was man mir anbietet, und seit sechs Wochen habe ich jetzt keine Frau angerührt. Noch ist es Zeit, daß du fortgehst; aber in fünf Minuten ist es vielleicht zu spät. Verstehst du mich? *Sie rührt sich nicht.* Der Junge hat nur dich auf der Welt, und er hat noch allerlei Unangenehmes vor sich. Da braucht er jemanden, der ihm Mut einflößt.

JESSICA: Sie können das. Nicht ich. Wir tun uns immer nur weh.

HOEDERER: Ihr liebt euch doch.

JESSICA: Nicht einmal. Wir sind uns zu ähnlich. *Schweigen.*

HOEDERER: Seit wann ist das so?

JESSICA: Was?

HOEDERER: Alles das. Das Ganze, was du da im Kopf hast.

JESSICA: Ich weiß nicht. Seit gestern, glaube ich, als Sie mich ansahen und mir so einsam vorkamen.

HOEDERER: Wenn ich das gewußt hätte ...

JESSICA: Dann wären Sie nicht gekommen?

HOEDERER: Ich ... *Er schaut sie an und zuckt die Achseln. Schweigen.*

Aber großer Gott! Wenn du dich langweilst, sind Slick und Leo doch da, um dich zu zerstreuen. Warum verfällst du auf mich?

JESSICA: Ich langweile mich nicht, und ich bin auf niemanden verfallen. Ich brauche nicht erst zu wählen.

HOEDERER: Du gehst mir auf die Nerven. *Schweigt.* Worauf wartest du denn? Ich habe keine Zeit für dich; du willst ja wohl nicht, daß ich dich schnell auf den Diwan werfe und dann wieder verlasse.

JESSICA: Das müssen Sie selber wissen.

HOEDERER: Du vielmehr solltest es wissen ...

JESSICA: Ich weiß nichts, in bin nicht Frau, nicht Mädchen, ich habe wie im Traum gelebt, und wenn ich geküßt worden bin, hatte ich Lust, zu lachen. Jetzt bin ich hier bei Ihnen und habe das Gefühl, daß ich aufgewacht bin und daß es Morgen ist. Sie haben so etwas Wirkliches. Ein wirklicher Mann aus Fleisch und Blut; ich habe Angst vor Ihnen, eine wirkliche Angst, und glaube, daß ich Sie wirklich liebe. Tun Sie mit mir, was Sie wollen: was auch geschehen mag, ich werfe Ihnen nie was vor.

HOEDERER: Du bekommst Lust, zu lachen, wenn man dich küßt? *Jessica senkt verlegen den Kopf.* He?

JESSICA: Ja.

HOEDERER: Dann bist du also kalt?

JESSICA: Es heißt so.

HOEDERER: Und wie denkst du darüber?

JESSICA: Ich weiß es nicht.

HOEDERER: Das müssen wir doch mal sehen. *Er küßt sie.* Nun?

JESSICA: Ich habe keine Lust, zu lachen.

Die Tür geht auf. Hugo tritt ein.

4. SZENE

Hoederer – Hugo – Jessica

HUGO: Ach, darum also?

HOEDERER: Hugo ...

HUGO: Gut. *Schweigt.* Deswegen also haben Sie mich geschont. Ich fragte mich die ganze Zeit: weshalb hat er mich nicht durch seine Leute niederknallen oder hinauswerfen lassen. Ich sagte mir, es ist doch nicht möglich, daß er so verrückt oder so edel ist. Doch nun klärt sich alles auf: es war wegen meiner Frau. Das kann ich auch besser verstehen.

JESSICA: Höre doch ...

HUGO: Laß doch, Jessica. Reg dich nicht auf. Ich bin nicht böse auf dich und bin nicht eifersüchtig; wir haben uns nicht geliebt. Aber er. Um ein Haar hat er mich in seine Schlinge gelockt: «Ich werde dir helfen. Ich werde dich zum Manne machen.» Wie dumm bin ich gewesen. Er machte sich gar nichts aus mir.

HOEDERER: Hugo, soll ich dir mein Wort geben, daß ...

HUGO: Aber entschuldigen Sie sich doch nicht. Ich danke Ihnen sogar; einmal wenigstens haben Sie mir das Vergnügen verschafft, Sie in

Verlegenheit zu sehen. Und dann... und dann... *Er ist mit einem Sprung am Schreibtisch, nimmt den Revolver und legt auf Hoederer an.* Und dann haben Sie mich auch befreit.

JESSICA *schreit:* Hugo.

HUGO: Sie sehen, Hoederer, ich schaue Ihnen in die Augen, und ich ziele, und meine Hand zittert nicht, und es ist mir ganz egal, was in Ihrem Kopf vorgeht.

HOEDERER: Warte, mein Junge! Mach keine Dummheiten, nicht wegen einer Frau!

Hugo schießt dreimal. Jessica schreit laut auf. Slick und Georg stürzen herein.

HOEDERER: Idiot! Du hast alles verdorben.

SLICK: Elendes Schwein! *Zieht den Revolver.*

HOEDERER: Tut ihm nichts. *Er sinkt in einen Sessel.* Er hat aus Eifersucht geschossen.

SLICK: Was soll das heißen?

HOEDERER: Ich hatte was mit der Kleinen. *Schweigen.* Alles ist aus. Wegen einer Frau. *Er stirbt.*

Vorhang

SIEBTES BILD

EINZIGE SZENE

Olga – Hugo

In Olgas Zimmer. – Man hört ihre Stimmen erst in der Dunkelheit, dann wird es allmählich heller.

OLGA: Ist das wahr? Hast du ihn wirklich Jessicas wegen getötet?

HUGO: Ich ... ich habe ihn getötet, weil ich die Tür aufgemacht habe. Das ist alles, was ich weiß. Er stand da, hielt Jessica in seinen Armen und hatte Lippenrot am Kinn. Es war ganz trivial. Ich aber lebte nun schon so lange in der Tragödie. Um die Tragödie zu retten, habe ich geschossen.

OLGA: Warst du denn nicht eifersüchtig?

HUGO: Eifersüchtig? Vielleicht. Aber nicht Jessicas wegen.

OLGA: Sieh mich an und antworte mir die volle Wahrheit, denn was ich dich jetzt frage, ist von größter Wichtigkeit. Bist du stolz auf deine Tat? Nimmst du sie für dich in Anspruch? Würdest du sie wieder tun, wenn du sie noch einmal zu tun hättest?

HUGO: War ich es denn überhaupt? Nicht ich habe getötet, der Zufall hat es getan. Hätte ich die Tür zwei Minuten früher oder später geöffnet, dann hätte ich sie nicht dabei überrascht, wie sie sich in den Armen lagen, und hätte nicht geschossen. *Schweigt.* Ich kam zurück, um ihm zu sagen, daß ich seine Hilfe annehmen möchte.

OLGA: Ja.

HUGO: Der Zufall hat drei Schüsse abgegeben wie in einem schlechten Kriminalroman. Und mit dem Zufall fangen dann die Fragen an, die alle mit «Wenn» beginnen: w e n n ich mich etwas länger unter den Kastanienbäumen aufgehalten hätte, w e n n ich bis ans Ende des Gartens gegangen, w e n n ich ins Gartenhaus getreten wäre ... Aber ich. Welche Rolle spiele i c h denn dabei? Es ist ein Mord ohne Mörder. *Schweigt.* Oft, im Gefängnis, habe ich mich gefragt: Was würde Olga sagen, wenn sie hier wäre? Was würde sie von mir erwarten, daß ich dächte?

OLGA *trocken:* Nun, und?

HUGO: Oh, ich weiß sehr gut, was du zu mir gesagt hättest: «Sei nicht zu anspruchsvoll, Hugo. Auf deine Gründe, deine Motive, kommt es gar nicht an. Wir haben von dir verlangt, daß du diesen Menschen tötest, und du hast es getan. Nur das Ergebnis zählt.» Ich ... ich finde mich aber damit nicht ab, Olga. Es gelingt mir nicht, den Mord von meinen Motiven zu trennen.

OLGA: Das ist mir auch lieber so.

HUGO: Wie, das ist dir lieber? So sprichst du, Olga? Du, die du immer gesagt hast ...

OLGA: Ich werde es dir erklären. Wie spät ist es jetzt?

HUGO *schaut auf seine Armbanduhr:* Zwanzig Minuten vor zwölf.

OLGA: Gut. Wir haben Zeit. Was sagtest du doch gerade? Daß du deine Handlungsweise nicht verstehst.

HUGO: Ich glaube eher, daß ich sie zu gut verstehe. Sie ist wie ein Kästchen, zu dem alle Schlüssel passen. Siehst du, ich kann ebensogut sagen, wenn ich Lust habe, daß ich aus politischer Leidenschaft geschossen habe, und daß mich die Wut gepackt hat, als ich die Tür aufmachte, und wäre sie durch diesen kleinen Anstoß ausgelöst, der mir die Exekution erleichtert hat.

OLGA *mit Unruhe im Blick:* Du glaubst, Hugo? Du glaubst wirklich, daß du aus guten Gründen geschossen hast?

HUGO: Olga, ich glaube alles. Ich bin so weit, daß ich mich frage, ob ich wirklich getötet habe.

OLGA: Wie meinst du das: wirklich?

HUGO: Wenn alles nur eine Komödie war?

OLGA: Du hast doch wirklich auf den Abzug gedrückt.

HUGO: Ja. Ich habe den Finger bewegt. Auch Schauspieler bewegen die Finger, wenn sie auf den Brettern stehen. Sieh her, ich bewege den Zeigefinger, ich ziele. *Er zielt auf sie mit der rechten Hand, mit gekrümmtem Zeigefinger.* Ganz die gleiche Bewegung. Vielleicht auch nur das Geschoß. Warum lächelst du?

OLGA: Weil du mir so die Dinge sehr viel leichter machst.

HUGO: Ich war einfach zu jung. Ich wollte mir dieses Verbrechen an den Hals hängen wie einen Stein. Und ich fürchtete mich davor, daß es zu schwer zu tragen sein könnte. Welch ein Irrtum war das! Es ist im Gegenteil leicht, es ist fürchterlich leicht. Es hat überhaupt kein Gewicht. Sieh mich an: ich bin älter geworden, ich war zwei Jahre im Loch, ich habe mich von Jessica getrennt und führe dies seltsame Leben, bis die Kameraden die Aufgabe übernehmen, mich davon zu befreien. Das kommt alles von meinem Verbrechen, nicht wahr? Und dennoch hat es kein Gewicht, ich fühle es nicht einmal. Weder an meinem Halse, noch auf meinen Schultern, und auch in meinem Herzen nicht. Es ist mein Schicksal geworden, verstehst du, es beherrscht mein Leben von außen her, aber ich kann es nicht sehen, kann es nicht berühren, es gehört mir nicht, es ist eine tödliche Krankheit, an der man stirbt, doch nicht leidet. Wo ist es? Ist es überhaupt da? Und doch habe ich geschossen. Die Tür ist aufgegangen ... Ich liebte Hoederer, Olga. Ich habe ihn mehr geliebt als irgend jemand auf Erden. Ich liebte seinen Anblick, ich liebte seine Stimme, seine Hände und sein Gesicht, und wenn ich bei ihm war, dann schwiegen die Dämonen. Ich sterbe nicht an meinem Verbrechen, sondern an seinem Tod. *Schweigt.* Also kurz und gut. Gar nichts ist geschehen. Nichts. Ich habe zehn Tage auf dem Lande verbracht und zwei Jahre im Loch; ich habe mich verändert; ich rede noch immer zuviel. Mörder sollten irgendein bestimmtes Abzeichen tragen. Roten Mohn im Knopfloch. *Schweigt.* Gut. Und nun? Was folgt daraus?

OLGA: Du mußt in die Partei zurückkehren.

HUGO: Nein.

OLGA: Um Mitternacht kommen Louis und Karl zurück, um dich niederzuschießen. Ich werde die Tür nicht öffnen. Ich werde ihnen sagen, daß du noch verwendungsfähig bist.

HUGO *lacht:* Verwendungsfähig! Was für ein komisches Wort. Verwendungsfähig. Verwendbar. Das ist ein Wort für die Leute bei der Müllabfuhr, nicht wahr?
OLGA: Bist du einverstanden?
HUGO: Warum nicht?
OLGA: Morgen wirst du die neue Parole bekommen.
HUGO: Gut.
OLGA: Uff! *Läßt sich auf einen Stuhl fallen.*
HUGO: Was ist?
OLGA: Ich bin zufrieden. *Schweigt.* Du hast drei Stunden lang gesprochen, und die ganze Zeit hatte ich Angst.
HUGO: Angst wovor?
OLGA: Davor, was ich ihnen sagen müßte. Aber alles ist gut gegangen. Du wirst nun wieder zu uns kommen und arbeiten wie ein Mann.
HUGO: Und du hilfst mir wie früher dabei?
OLGA: Ja, Hugo, ich helfe dir.
HUGO: Ich habe dich gern, Olga. Du bist die gleiche geblieben. So rein. So klar in allem. Du hast mich die Reinheit gelehrt.
OLGA: Bin ich älter geworden?
HUGO: Nein. *Er ergreift ihre Hand.*
OLGA: Alle Tage habe ich an dich gedacht.
HUGO: Sag, Olga.
OLGA: Ja?
HUGO: Das Päckchen – das warst nicht du?
OLGA: Welches Päckchen?
HUGO: Die Schokolade.
OLGA: Nein. Das war ich nicht. Aber ich wußte, daß sie es schicken wollten.
HUGO: Und du hast es geschehen lassen?
OLGA: Ja.
HUGO: Aber was hast du dabei in deinem Innern gedacht?
OLGA *zeigt auf ihre Haare:* Schau her.
HUGO: Was ist das? Weiße Haare?
OLGA: Sie sind in einer Nacht so geworden. Aber nun gehst du nicht mehr fort. Und was auch kommen mag, wir tragen es zusammen.
HUGO *lächelnd:* Weißt du noch: Raskolnikoff.
OLGA *zuckt zusammen:* Raskolnikoff.
HUGO: Das war der Geheimname, den du mir gegeben hattest. Ach, Olga, du weißt es nicht mehr.
OLGA: Doch. Ich weiß es noch.
HUGO: Ich werde ihn wieder annehmen.
OLGA: Nein.
HUGO: Warum nicht? Er gefiel mir gut. Und du sagtest immer, er passe genau zu mir.
OLGA: Du bist zu bekannt unter diesem Namen.
HUGO: Bekannt? Bei wem?
OLGA *plötzlich müde:* Wie spät ist es jetzt?
HUGO: Fünf Minuten bis zwölf.

OLGA: Höre, Hugo, und unterbrich mich nicht. Ich muß dir noch etwas sagen. Es ist gar nicht viel. Du mußt es nicht wichtig nehmen. Du... du wirst erst etwas erstaunt sein, aber dann wirst du allmählich verstehen.

HUGO: Was denn?

OLGA: Ach... ich bin glücklich über das, was du gesagt hast... ich meine über deine Tat. Wärest du stolz darauf gewesen, oder auch nur darüber befriedigt, so wäre alles viel schwieriger.

HUGO: Schwieriger? Was würde schwieriger sein?

OLGA: Sie zu vergessen.

HUGO: Sie zu vergessen? Aber Olga...

OLGA: Hugo! Du mußt sie vergessen. Ich verlange nicht viel von dir. Du hast doch selbst gesagt: du weißt nicht, was du getan hast, und warum du es tatest. Du bist nicht einmal sicher, daß du Hoederer getötet hast. Du bist ja schon auf dem rechten Weg. Du mußt nur auf diesem Weg noch etwas weitergehen. Vergiß es, es war nur ein böser Traum. Sprich niemals mehr davon, nicht einmal zu mir. Der Mensch, der Hoederer getötet hat, ist tot. Er nannte sich Raskolnikoff. Er ist mit Likörbonbon vergiftet worden. *Sie streicht ihm über die Haare.* Ich werde einen andern Namen für dich suchen.

HUGO: Aber was ist geschehen, Olga? Was habt ihr denn gemacht?

OLGA: Die Partei hat ihren Kurs gewechselt. *Hugo starrt sie an.* Sieh mich doch nicht so an. Versuche doch zu verstehen. Als wir dich zu Hoederer schickten, war die Verbindung mit der UdSSR unterbrochen. Wir mußten ganz allein unsere Linie wählen. Sieh mich doch nicht so an, Hugo. Sieh mich doch nicht so an!

HUGO: Weiter?

OLGA: Seither sind die Beziehungen wiederhergestellt. Im letzten Winter hat uns die UdSSR zu verstehen gegeben, daß sie aus rein militärischen Gründen wünschte, daß wir eine Annäherung an den Regenten versuchten.

HUGO: Und ihr... ihr habt gehorcht?

OLGA: Ja. Wir haben ein Geheimkomitee von sechs Mitgliedern gegründet zusammen mit der Regierungspartei und dem Pentagon.

HUGO: Sechs Mitglieder, und ihr habt drei Stimmen darin?

OLGA: Ja. Woher weißt du das?

HUGO: Nur so ein Einfall. Sprich weiter.

OLGA: Von diesem Augenblick an sind keine nennenswerten militärischen Operationen mehr durchgeführt worden. Wir haben dadurch etwa hunderttausend Menschenleben gerettet. Allerdings haben die Deutschen das Land besetzt.

HUGO: Ausgezeichnet. Ich vermute, daß euch die Sowjets auch zu verstehen gegeben haben, daß sie die Macht nicht der Partei des Proletariats allein zu geben wünschten, weil sie dadurch Anstände mit den Alliierten bekämen, und daß ihr dann außerdem sehr bald durch einen Aufstand hinweggefegt werden würdet?

OLGA: Aber...

HUGO: Es kommt mir so vor, als hätte ich das alles schon mal gehört. Und Hoederer?

OLGA: Sein Versuch war vorzeitig unternommen, und er war nicht der Mann, um diese Politik durchzuführen.

HUGO: Also mußte er fallen. Das leuchtet natürlich ein. Aber ich vermute, daß sein Andenken wiederhergestellt ist?

OLGA: Das mußte schon geschehen.

HUGO: Wenn der Krieg zu Ende ist, wird er ein Denkmal bekommen, es wird eine Straße mit seinem Namen in allen Städten geben, und er wird eine Rolle in den Geschichtsbüchern spielen. Das freut mich wirklich für ihn. Und wer war sein Mörder? Von den Deutschen gedungen?

OLGA: Hugo...

HUGO: Antworte.

OLGA: Die Kameraden wußten, daß du einer von uns warst. Sie haben niemals an das Eifersuchtsdrama geglaubt. Wir mußten ihnen erklären... so gut wir es eben konnten...

HUGO: Ihr habt also den Kameraden etwas vorgelogen?

OLGA: Vorgelogen, nein. Aber wir... wir sind doch noch im Kriege. Hugo, man kann den Truppen nicht immer die Wahrheit sagen. *Hugo lacht laut auf.* Was hast du denn, Hugo? Hugo! *Hugo läßt sich in einen Sessel fallen und lacht Tränen.*

HUGO: Alles seine Worte! Alles seine Worte! Das Leben ist wirklich komisch!

OLGA: Hugo!

HUGO: Nein, Olga laß mich lachen. Seit zehn Jahren habe ich nicht mehr so gelacht. Das ist wirklich ein Verbrechen, das anfängt lästig zu werden; niemand will es haben. Ich weiß nicht, weshalb ich es begangen habe, und ihr wißt nicht, was ihr damit anfangen sollt. *Sieht sie an.* Ihr seid alle gleich.

OLGA: Hugo, ich bitte dich...

HUGO: Alle gleich. Hoederer, Louis, du, alle dieselbe Sorte. Die gute Sorte natürlich. Die Standhaften, die Eroberer und die die Führer abgeben. Nur ich bin offenbar an der falschen Tür gelandet.

OLGA: Hugo, du hast doch Hoederer geliebt.

HUGO: Ich glaube, ich habe ihn nie so geliebt wie in dieser Minute.

OLGA: Dann mußt du uns auch helfen, sein Werk zu vollenden. *Er sieht sie an. Sie weicht zurück.* Hugo!

HUGO *ganz ruhig:* Habe keine Angst, Olga. Ich werde dir nichts tun. Nur schweigen mußt du, nur eine Minute, damit ich meine Gedanken ordnen kann. Gut. Also ich bin wieder verwendungsfähig. Ausgezeichnet. Aber nur ganz allein, ganz nackt, ohne irgendwelches Gepäck. Unter der Bedingung, daß ich eine andere Haut anlege – und wenn ich das Gedächtnis verlöre, so wäre es noch besser. Das Verbrechen kann man wohl nicht noch wieder verwenden, wie? Ein belangloser Irrtum. Man läßt es, wo es ist, man läßt es im Mülleimer liegen. Ich aber werde morgen schon einen anderen Namen tragen, ich nenne mich Julien Sorel oder Rastignac oder Mischkin, und arbeite Hand in Hand mit den Leuten vom Pentagon.

OLGA: Ich werde...

HUGO: Olga, sei still. Ich beschwöre dich, sage kein Wort. *Denkt einen Augenblick nach.* Also die Antwort ist: Nein!

OLGA: Wie?

HUGO: Nein! Ich werde nicht mit euch arbeiten.

OLGA: Hugo, hast du denn nicht verstanden. Sie kommen mit ihren Revolvern ...

HUGO: Ich weiß. Sie sollten schon da sein.

OLGA: Du wirst dich doch nicht niederschießen lassen wie einen Hund. Du wirst doch nicht wegen nichts und wieder nichts sterben wollen! Wir vertrauten dir, Hugo. Du wirst sehen, jetzt wirst du erst richtig unser Kamerad. Du hast inzwischen bewiesen ...

Ein Auto fährt vor. Motorengeräusch.

HUGO: Da sind sie.

OLGA: Hugo, das wäre verbrecherisch! Die Partei ...

HUGO: Keine großen Worte, Olga. In dieser ganzen Geschichte sind viel zuviel Worte gemacht worden, und sie haben viel Böses angerichtet. *Das Auto fährt weiter.* Das war gar nicht ihr Wagen. Ich habe noch Zeit, dir alles zu erklären. Höre mich an: Ich weiß nicht, weswegen ich Hoederer getötet habe, aber ich weiß, weshalb ich ihn hätte töten sollen: weil er schlechte Politik machte, weil er den Kameraden die Unwahrheit sagte, und weil er die innere Gesundheit der Partei aufs Spiel setzte. Hätte ich den Mut gehabt zu schießen, solange ich mit ihm allein im Büro war, so wäre er deswegen gestorben, und ich könnte ohne Schamgefühl an mich selber denken. Jetzt aber schäme ich mich, weil ich ihn getötet habe ... nachdem. Und ihr verlangt von mir, daß ich mich noch mehr schämen und mir selber einreden soll, ich hätte ihn wegen gar nichts getötet. Olga, was ich über Hoederers Politik gedacht habe, das denke ich auch jetzt noch. Als ich im Gefängnis war, glaubte ich, ihr wäret eines Sinnes mit mir, und das hat mir geholfen. Jetzt weiß ich, daß ich allein mit meiner Meinung dastehe. Aber ich kann sie nicht ändern. *Motorengeräusch.*

OLGA: Diesmal sind sie es. Höre, ich kann nicht ... Nimm diesen Revolver, geh durch meine Schlafzimmertür hinaus und versuche dein Glück.

HUGO *ohne den Revolver zu nehmen:* Ihr habt aus Hoederer einen großen Mann gemacht. Aber ich habe ihn mehr geliebt, als ihr ihn je lieben werdet. Wenn ich meine Tat verleugnete, so wäre er ein namenloser Leichnam, ein Abfallprodukt der Partei. Durch Zufall umgekommen. Wegen einer Frau. *Das Auto hält an.*

OLGA: Geh.

HUGO: Ein Mensch wie Hoederer kommt nicht zufällig um. Er stirbt für seine Ideen, für seine Politik; er ist verantwortlich für seinen Tod. Wenn ich mein Verbrechen hier vor dir vertreten, wenn ich den Namen Raskolnikoff wiederhaben will, und den Preis bezahle, der von mir verlangt wird, dann hat er den Tod, der ihm gebührt.

Klopfen an der Tür.

OLGA: Hugo, ich ...

HUGO *geht auf die Tür zu:* Ich habe Hoederer noch nicht getötet,

Olga. Noch nicht. Doch jetzt werde ich ihn töten. Und mich selbst mit ihm.

Nochmaliges Klopfen.

OLGA *schreit:* Macht, daß ihr fortkommt! Geht!

Hugo öffnet die Tür mit einer leichten Verbeugung.

HUGO: Nicht verwendungsfähig.

Vorhang

Der Teufel und der liebe Gott

PERSONEN

Götz
Nasty
Heinrich
Der Erzbischof
Der Bischof
Karl
Franz
Katharina
Hilda
Heinz
Schmidt
Gerlach
Hermann
Schulheim
Nossak
Rietschel
Die Frau
Der Prophet
Der Pfarrer
Tetzel
Der Aussätzige
Der Oberst
Der Bankier
Der Hauptmann
Die Hexe

Ritter, Offiziere, Soldaten, Bauernführer,
Bürger, Bauern und Bäuerinnen, zwei junge Mönche, Volk

Die Uraufführung von «Der Teufel und der liebe Gott» fand am 7. Juli 1951 im Théâtre Antoine in Paris statt.

ERSTER AKT

ERSTES BILD

Links, zwischen Himmel und Erde, ein Saal im Palast des Erzbischofs; rechts das Haus des Bischofs und die Mauern der Stadt. Nur der Saal im Palast ist zunächst erleuchtet. Die übrige Szene ist in Dunkel gehüllt.

I. UND EINZIGE SZENE

DER ERZBISCHOF *steht am Fenster:* Ob er kommt? Herr, die Hand meiner Untertanen hat mein Bild auf den Goldstücken abgenutzt, und Deine furchtgebietende Hand hat mein Antlitz entstellt: ich bin nur noch der Schatten eines Erzbischofs. Wenn Du zuläßt, daß das Ende dieses Tages die Nachricht meiner Niederlage bringt, wird man durch mich hindurchsehen können, so wenig wird von mir übrig sein. Was aber willst Du mit einem so fadenscheinigen Diener anfangen, Herr? *Ein Bedienter tritt ein.* Ist Oberst Lienhart gekommen?

DER BEDIENTE: Nein. Bankier Fugger. Er möchte ...

DER ERZBISCHOF: Gleich. *Pause.* Was nur Lienhart macht? Er müßte längst mit neuer Kunde erschienen sein. *Pause.* Wird in den Küchen von der Schlacht gesprochen?

DER BEDIENTE: Nur, Erzbischöfliche Gnaden.

DER ERZBISCHOF: Und was sagt man darüber?

DER BEDIENTE: Die Sache sei im besten Zug, der Konrad in die Enge getrieben zwischen Fluß und Gebirge, und ...

DER ERZBISCHOF: Ich weiß, ich weiß. Aber wer sich schlägt, kann auch geschlagen werden.

DER BEDIENTE: Sehr wohl, Erzbischöfliche Gnaden ...

DER ERZBISCHOF: Geh. *Der Bediente tritt ab.* Warum gibst Du es zu, mein Gott? Der Feind hat meine Lande heimgesucht, und meine gute Stadt Worms hat sich gegen mich erhoben, während ich gegen Konrad zu Felde zog. Sie hat mir den Dolchstoß von hinten versetzt. Ich wußte gar nicht, Herr, daß Du mit mir so große Dinge planst: Soll ich etwa von Tür zu Tür betteln gehen, erblindet, von einem Kinde an der Hand geführt? Natürlich stehe ich Dir vollkommen zur Verfügung, und wenn Du wirklich Wert darauf legst, möge Dein Wille geschehen. Aber vergiß bitte nicht, daß ich nicht mehr zwanzig bin und so gar nicht das Zeug zu einem Märtyrer habe.

Man hört von ferne rufen: «Sieg! Sieg!» Das Geschrei kommt näher. Der Erzbischof horcht auf und legt die Hand aufs Herz.

DER BEDIENTE *tritt ein:* Sieg! Sieg! Wir haben den Sieg errungen, Erzbischöfliche Gnaden. Hier ist Oberst Lienhart.

DER OBERST *tritt ein:* Viktoria, Erzbischöfliche Gnaden. Ein totaler Sieg nach allen Regeln der Kunst. Ein Muster von einer Schlacht, ein historischer Tag: der Feind verliert sechstausend Mann; soweit sie nicht erschlagen sind, sind sie im Fluß ertrunken, die andern stieben in wilder Flucht davon.

DER ERZBISCHOF: Dank. Gott sei Dank. Und Konrad?

DER OBERST: Ist unter den Toten.

DER ERZBISCHOF: Dank, mein Gott. *Pause.* Wenn er tot ist, werde ich ihm vergeben. *Zu Lienhart:* Du hast meinen Segen. Sorg, daß die Nachricht unter die Leute kommt.

DER OBERST *will die Situation genau schildern:* Kurz nach Sonnenaufgang bemerkten wir eine Staubwolke am Horizont...

DER ERZBISCHOF *unterbricht ihn:* Nein, nein! Bitte keine Einzelheiten! Nur keine Einzelheiten! Sobald man bei einem Sieg die Einzelheiten erfährt, weiß man nicht mehr, ob es ein Sieg oder eine Niederlage ist. Es ist doch wirklich ein Sieg?

DER OBERST: Ein Wunder von einem Sieg: ein wirklich schneidiger Sieg.

DER ERZBISCHOF: Geh jetzt. Ich möchte beten. *Der Oberst ab. Der Erzbischof tanzt umher.* Gewonnen! Ich habe gewonnen! *Legt die Hand aufs Herz.* Ooh! *Kniet auf dem Betstuhl nieder.* Jetzt das Gebet.

Ein Teil der Szene zur Rechten, vor allem Mauer und Wachgang, wird hell. Heinz und Schmidt beugen sich über die Zinnen.

HEINZ: Nicht möglich... Es ist doch nicht möglich; das kann Gott doch nicht wollen.

SCHMIDT: Wart, sie fangen schon wieder an. Sieh mal! Eins – zwei – drei... Drei... noch eins – zwei – drei – vier – fünf...

NASTY *erscheint auf der Mauer:* Nun? was ist denn los?

SCHMIDT: Sehr schlechte Nachrichten, Nasty!

NASTY: Die Nachrichten sind nie schlecht für den, den Gott erkoren hat.

HEINZ: Seit mehr als einer Stunde geben wir acht auf die Feuerzeichen. Alle Minute einmal kommen die gleichen wieder. Da sieh! Eins – zwei – drei – vier und fünf! *Er weist zum Gebirge hin.* Der Erzbischof hat die Schlacht gewonnen.

NASTY: Ich weiß.

SCHMIDT: Die Lage ist verzweifelt: wir sind in Worms eingeschlossen, ohne Verbündete und ohne Lebensmittel. Du sagtest, Götz werde erlahmen, die Belagerung aufgeben und Konrad den Erzbischof vernichten. Na, jetzt siehst du es: Konrad ist tot, und die Armee des Erzbischofs wird unter unseren Mauern zu der Götzischen stoßen. Uns bleibt nichts, als zu sterben.

GERLACH *kommt angelaufen:* Konrad ist geschlagen. Der Bürgermeister und die Ratsherren sind im Stadthaus und halten Rat.

SCHMIDT: Alle Wetter. Die suchen nach einem Weg, wie sie sich ergeben können.

NASTY: Glaubt ihr, meine Brüder?

ALLE: Ja, Nasty, ja!

NASTY: Dann fürchtet euch nicht. Konrads Niederlage ist ein Zeichen.

SCHMIDT: Ein Zeichen?

NASTY: Ein Zeichen, das Gott mir gibt. Geh, Gerlach, lauf in die Stadt und versuche, herauszubekommen, was der Rat beschließt. *Die Mauern verschwinden im Dunkel.*

DER ERZBISCHOF *richtet sich wieder auf:* Holla! *Der Bediente erscheint.* Laß den Bankier hereinkommen. *Bankier tritt ein.* Setz dich, Bankier. Du bist mit Schmutz bedeckt: woher kommst du denn?

DER BANKIER: Ich bin sechsunddreißig Stunden gereist, um Sie daran zu hindern, eine Dummheit zu machen.

DER ERZBISCHOF: Eine Dummheit?

DER BANKIER: Sie sind im Begriff, ein Huhn zu schlachten, das Ihnen jedes Jahr ein goldenes Ei legen kann.

DER ERZBISCHOF: Wovon redest du eigentlich?

DER BANKIER: Von Ihrer Stadt Worms, die, wie ich höre, von Ihnen belagert wird. Wenn Sie sie von Ihren Truppen plündern lassen, richten Sie sich selbst zugrunde, und mich obendrein. Steht es Ihren Jahren an, den großen Feldherrn zu spielen?

DER ERZBISCHOF: Ich war ja nicht derjenige, der Konrad herausgefordert hat.

DER BANKIER: Nicht herausgefordert, mag sein. Aber wer sagt mir, daß Sie ihn nicht doch herausgefordert haben, Sie herauszufordern?

DER ERZBISCHOF: Er war mein Lehensmann und war mir Gehorsam schuldig. Aber der Teufel hat ihm eingeblasen, er soll die Ritter zum Aufstand reizen und sich dann selbst an ihre Spitze stellen.

DER BANKIER: Warum haben Sie ihm denn nicht gegeben, was er haben wollte, ehe er außer sich geriet?

DER ERZBISCHOF: Er wollte alles haben.

DER BANKIER: Gut also. Ab für Konrad. Sicher war er der Angreifer, da er ja geschlagen ist. Aber Ihre Stadt Worms...

DER ERZBISCHOF: Worms, mein Juwel, Worms, meine große Liebe! Diese Undankbare hat sich am gleichen Tage gegen mich empört, da Konrad die Grenze überschritt.

DER BANKIER: Das war sehr unrecht von ihr. Aber drei Viertel Ihrer Einnahmen kommen Ihnen aus Ihrer Stadt. Wer wird Steuern an Sie entrichten und mir meinen Vorschuß zahlen, wenn Sie wie ein Tiberius Ihre Bürger ermorden?

DER ERZBISCHOF: Sie haben die Priester belästigt und sie in den Klöstern festgesetzt, sie haben meinen Bischof beleidigt und ihm untersagt, sein Bistum zu verlassen.

DER BANKIER: Alles Kindereien! Die hätten nie Krieg angefangen, wenn nicht Sie sie dazu gezwungen hätten. Gewalt ist gut für die, die nichts zu verlieren haben.

DER ERZBISCHOF: Und was willst du von mir?

DER BANKIER: Die Begnadigung Ihrer Stadt. Sie soll kräftig Strafe zahlen, und dann reden wir nicht mehr davon.

DER ERZBISCHOF: Ach!

DER BANKIER: Was heißt: ach...?

DER ERZBISCHOF: Bankier, ich liebe Worms; selbst ohne Strafe würde ich meiner Stadt aus vollem Herzen verzeihen.

DER BANKIER: Und?

DER ERZBISCHOF: Nicht ich bin der Belagerer.

DER BANKIER: Sondern wer?

DER ERZBISCHOF: Götz.

DER BANKIER: Wer ist denn dieser Götz? Nicht ein Bruder von Konrad?
DER ERZBISCHOF: Ja. Der beste Feldherr im ganzen Römischen Reich.
DER BANKIER: Und was tut er denn unter den Mauern Ihrer Stadt? Ist er nicht Ihr Feind?
DER ERZBISCHOF: Ehrlich gesagt, weiß ich selber nicht mehr, was er eigentlich ist. Zuerst war er Konrads Verbündeter und mein Feind, dann mein Verbündeter und Konrads Feind, und jetzt ... Er ist etwas wankelmütig, gelinde ausgedrückt.
DER BANKIER: Wie kann man sich auch so zweifelhafte Leute zu Verbündeten nehmen!
DER ERZBISCHOF: Hatte ich denn die Wahl? Er und Konrad sind zusammen in mein Land eingefallen. Glücklicherweise erfuhr ich, daß Zwietracht zwischen ihnen bestand, und versprach Götz insgeheim seines Bruders Besitzungen, wenn er zu uns käme. Hätte ich ihn nicht von Konrad losgeeist, so wäre der Krieg längst verloren.
DER BANKIER: Er ist also mit seinen Truppen zu Ihnen übergegangen. Und dann?
DER ERZBISCHOF: Dann habe ich ihm die Wache über das Hinterland anvertraut. Er muß sich wohl gelangweilt haben: ich vermute, er hat nichts übrig für das Etappenleben. Eines Tages hat er seine Armee unter die Mauern von Worms geführt und angefangen, die Stadt zu belagern, ohne daß ich ihn darum gebeten hätte.
DER BANKIER: Befehlen Sie ihm ... *Der Erzbischof zuckt traurig lächelnd die Achseln.* Gehorcht er Ihnen nicht?
DER ERZBISCHOF: Hast du schon einmal gehört, daß ein General, der im Felde steht, einem Staatsoberhaupt gehorcht?
DER BANKIER: Um es kurz zu machen: er hat Sie also in der Hand.
DER ERZBISCHOF: Jawohl. *Die Mauern werden hell.*
GERLACH *tritt auf:* Der Rat hat beschlossen, zu Götz Unterhändler zu schicken.
HEINZ: Da haben wir's. *Pause.* Diese Memmen!
GERLACH: Wir können jetzt nur noch hoffen, daß ihnen Götz unannehmbare Bedingungen macht. Wenn er ist, wie man sagt, nimmt er nicht einmal eine Übergabe auf Gnade und Ungnade an.
DER BANKIER: Vielleicht verschont er das Hab und Gut der Leute.
DER ERZBISCHOF: Nicht einmal ihr Leben; er macht mir angst.
SCHMIDT *zu Gerlach:* Aber warum? warum?
DER ERZBISCHOF: Er ist ein Bastard von der schlimmsten Sorte. Er hat es von seiner Mutter. Er fühlt sich nur wohl, wenn er Böses tut.
GERLACH: Das ist so ein Schwein, ein Bankert: er tut das Böse recht mit Lust. Wenn er Worms plündern will, werden die Bürger einen schweren Stand haben.
SCHMIDT: Wenn er wirklich die Stadt dem Erdboden gleichmachen will, wird er nicht so dumm sein und es sagen. Er wird verlangen, daß man ihn einläßt, nachdem er vorher versprochen hat, keinem ein Haar zu krümmen.
DER BANKIER *gekränkt:* Worms schuldet mir dreißigtausend Dukaten.

Dieser Unsinn muß sofort ein Ende haben. Führen Sie Ihre Truppen gegen Götz.

DER ERZBISCHOF *bedrückt:* Ich fürchte, er wird sie mir schlagen.

Der Saal des erzbischöflichen Palastes versinkt in Dunkel.

HEINZ *zu Nasty:* Also wie? Sind wir wirklich verloren?

NASTY: Gott ist mit uns, meine Brüder: wir können nicht verlieren. Heute nacht verlasse ich die Stadt und versuche, durch das Lager hindurch nach Waldorf zu gelangen; in acht Tagen muß es möglich sein, zehntausend bewaffnete Bauern zusammenzubringen.

SCHMIDT: Wie sollen wir noch acht Tage aushalten? Die sind imstande und öffnen ihm noch heute abend die Tore.

NASTY: Wir müssen dafür sorgen, daß sie sie nicht öffnen können.

HEINZ: Willst du die Macht ergreifen?

NASTY: Nein. Dazu ist die Lage zu ungewiß.

HEINZ: Nun, und?

NASTY: Wir müssen die Bürger derart ins Unrecht setzen, daß sie Angst bekommen um ihren Kopf.

ALLE: Aber wie?

NASTY: Es muß zu einem Gemetzel kommen.

Unter den Mauern wird es hell. Eine Frau sitzt am Fuße der Treppe, die auf den Wachgang führt. Sie ist fünfunddreißig Jahre alt. In Lumpen gehüllt, starrt sie vor sich hin. Ein Pfarrer, der sein Brevier liest, geht vorbei.

... Wer ist dieser Pfarrer? Wieso ist er nicht mit den andern eingesperrt?

HEINZ: Kennst du ihn denn nicht?

NASTY: Ach, das ist ja Heinrich. Wie der sich verändert hat. Macht nichts, eigentlich gehört er auch eingesperrt.

HEINZ: Die Armen lieben ihn, weil er lebt wie sie; da hatte man Angst, sie zu verstimmen.

NASTY: Dabei ist er der Allergefährlichste.

DIE FRAU *bemerkt den Pfarrer:* Pfarrer, Pfarrer! *Der Pfarrer flieht. Sie ruft:* Wohin läufst du denn so schnell?

HEINRICH *bleibt stehen:* Ich habe nichts mehr! Nichts! Nichts! Ich habe alles gegeben.

DIE FRAU: Trotzdem ist es nicht nett von dir, zu fliehen, wenn man dich ruft.

HEINRICH *kommt mit müden Schritten zurück:* Du hast Hunger?

DIE FRAU: Nein.

HEINRICH: Was willst du dann von mir?

DIE FRAU: Du sollst mir erklären.

HEINRICH *erregt:* Ich kann nichts erklären.

DIE FRAU: Du weißt ja noch gar nicht, wovon ich rede.

HEINRICH: Also dann mach zu. Was soll ich dir erklären?

DIE FRAU: Warum das Kind gestorben ist.

HEINRICH: Was denn für ein Kind?

DIE FRAU *lacht ein wenig:* Meines. Du weißt doch, Pfarrer. Du hast es ja gestern begraben: es war drei Jahre alt und ist vor Hunger gestorben.

HEINRICH: Ich bin müde, meine Schwester, da erkenne ich euch nicht mehr. Für mich habt ihr alle das gleiche Gesicht und die gleichen Augen.

DIE FRAU: Warum hat es sterben müssen?

HEINRICH: Ich weiß es nicht.

DIE FRAU: Aber du bist doch Pfarrer.

HEINRICH: Das bin ich. Ja.

DIE FRAU: Wer soll es mir denn erklären, wenn du es nicht erklären kannst? *Schweigt.* Wenn ich sterben wollte, wäre das schlimm?

HEINRICH *mit Nachdruck:* Ja, das wäre sehr schlimm.

DIE FRAU: Ich habe es mir gedacht. Und dabei habe ich solche Lust. Du siehst, du mußt mir's erklären.

Beide schweigen. Heinrich streicht sich mit der Hand über die Stirn und gibt sich einen Ruck.

HEINRICH: Nichts geschieht, ohne daß Gott es zuläßt. Gott aber ist die Güte selbst, und so gereicht uns zum Besten, was immer geschieht.

DIE FRAU: Das verstehe ich nicht.

HEINRICH: Gott weiß mehr Dinge, als du begreifen kannst. Was dir übel scheint, ist gut in seinen Augen, weil er zu ermessen vermag, was daraus folgen wird.

DIE FRAU: Und du kannst das verstehen?

HEINRICH: Nein! Ich verstehe es nicht! Gar nichts verstehe ich! Ich kann nicht und will nicht verstehen! Glauben muß man! Glauben! Glauben!

DIE FRAU *lacht leise auf:* Du sagst, man muß glauben, und dabei siehst du gar nicht so aus, als glaubtest du, was du sagst.

HEINRICH: Was ich dir sage, meine Schwester, habe ich drei Monate lang nun so oft wiederholt, daß ich nicht mehr weiß, ob ich es aus Überzeugung sage oder aus Gewohnheit. Doch über eines täusche dich nicht: ich glaube fest daran. Ich glaube daran mit allen Kräften und aus ganzer Seele. Mein Gott, du bist mein Zeuge, daß auch nicht einen Augenblick der Zweifel mein Herz gestreift hat. *Schweigt.* Frau, dein Kind ist im Himmel, und du wirst es dort wiedersehen.

Heinrich kniet nieder.

DIE FRAU: Ja, Pfarrer, ganz gewiß. Aber der Himmel, das ist eine Sache für sich. Und dann bin ich auch so müde. Niemals mehr werde ich Kraft finden, mich zu freuen. Selbst da oben nicht.

HEINRICH: Schwester, verzeih mir.

DIE FRAU: Weshalb soll ich dir verzeihen, guter Pfarrer? Du hast mir doch nichts getan.

HEINRICH: Verzeih mir. Verzeih in meiner Person allen Priestern, den reichen und denen, die in der Armut leben.

DIE FRAU *belustigt:* Also gut, ich verzeih dir von Herzen. Freust du dich?

HEINRICH: Ja. Und nun, meine Schwester, wollen wir zusammen beten; wir wollen Gott bitten, daß er uns die Hoffnung wiedergibt.

Während des letzten Zwiegesprächs steigt Nasty langsam die Stufen der Treppe an der Mauer hinab.

DIE FRAU *sieht Nasty und wird plötzlich heiter:* Nasty! Nasty!
NASTY: Was willst du?
DIE FRAU: Bäcker, mein Kind ist tot. Du weißt sicher, warum. Du weißt doch alles.
NASTY: Ja. Ich weiß es auch.
HEINRICH: Nasty, schweig, ich flehe dich an. Wehe denen, durch die Ärgernis kommt.
NASTY: Es ist gestorben, weil die reichen Bürger unserer Stadt sich gegen den Erzbischof erhoben haben, ihren noch reicheren Herrn. Wenn die Reichen Krieg führen miteinander, müssen die Armen sterben.
DIE FRAU: Hatte ihnen Gott erlaubt, diesen Krieg zu führen?
NASTY: Gott hat es ihnen sogar verboten.
DIE FRAU: Der hier sagt, nichts geschieht, was nicht mit Gottes Willen geschieht.
NASTY: Nichts außer dem Bösen, das aus der Bosheit der Menschen entsteht.
HEINRICH: Bäcker, du lügst. Du vermischst Wahres und Falsches und verwirrst die Seelen damit.
NASTY: Soll ich etwa behaupten, daß Gott diese Trauer und diese unnötigen Leiden erlaubt? Nein, ich sage, er kann nichts dafür.
Heinrich schweigt.
DIE FRAU: Dann hat Gott also nicht gewollt, daß mein Kind sterben soll?
NASTY: Wenn er das wollte, hätte er es dann erst auf die Welt kommen lassen?
DIE FRAU *atmet erleichtert auf:* Das gefällt mir viel besser. *Zum Pfarrer:* Siehst du, Pfarrer, das verstehe ich jetzt. Er ist also traurig, der liebe Gott, wenn er sieht, daß ich Kummer habe?
NASTY: Er ist zu Tode betrübt.
DIE FRAU: Und doch kann er nichts für mich tun?
NASTY: Doch, sicher. Er wird dir dein Kind wiedergeben.
DIE FRAU *enttäuscht:* Ach ja, im Himmel. Ich weiß.
NASTY: Nicht im Himmel. Auf Erden.
DIE FRAU *erstaunt:* Auf Erden?
NASTY: Wir müssen erst durch das Nadelöhr gehen und sieben Jahre lang Unglück ertragen, dann aber bricht das Reich Gottes auf Erden an: die Toten werden uns wiedergegeben, alle Menschen lieben einander, und keiner wird Hunger leiden!
DIE FRAU: Und warum müssen wir sieben Jahre warten?
NASTY: Weil sieben Jahre des Kampfes notwendig sind, um die Bösen loszuwerden.
DIE FRAU: Das wird nicht so einfach sein!
NASTY: Deshalb braucht Gott deine Hilfe.
DIE FRAU: Der allmächtige Gott soll meine Hilfe brauchen?
NASTY: Ja, Schwester. Sieben Jahre herrscht noch der Böse auf Erden; wenn aber jeder sich ernstlich gegen ihn wehrt, erlösen wir uns selbst und auch Gott. Willst du mir das glauben?
DIE FRAU *steht auf:* Ja, Nasty. Ich glaube dir.
NASTY: Dein Sohn ist nicht im Himmel, Frau, er ist in deinem Leibe.

Noch sieben Jahre lang wirst du ihn tragen, doch nach dieser Zeit wird er dir zur Seite gehen. Er wird seine Hände in deine legen. Du wirst ihm zum zweiten Male das Leben gegeben haben.

DIE FRAU: Ich glaube dir, Nasty. Ich glaube dir.

Geht ab.

HEINRICH: Du verdirbst diese Frau.

NASTY: Wenn du so sicher bist, warum hast du mich dann nicht unterbrochen?

HEINRICH: Ach! Weil sie mir weniger unglücklich schien. *Nasty zuckt die Achseln und geht.* Herr, ich habe nicht den Mut gehabt, ihn zum Schweigen zu bringen; ich habe gesündigt. Aber ich glaube, mein Gott, ich glaube an deine Allmacht, ich glaube an deine heilige Kirche, meine Mutter, den heiligen Leib Christi, dessen Glied ich bin: ich glaube, daß alles durch dein Walten geschieht, selbst der Tod eines Kindes, und daß alles gut ist, wie es geschieht. Credo, quia absurdum. Absurdum! Absurdum!

Die ganze Bühne ist jetzt hell. Bürger mit ihren Frauen stehen um das Haus des Bischofs herum und warten.

DAS VOLK: – Gibt's was Neues?

– Nichts Neues ...

– Was ist hier los?

– Wir warten ...

– Worauf wartet ihr?

– Auf nichts ...

– Habt Ihr gesehen?

– Ja, da rechts.

– Ja.

– Dreckschweine, die!

– Wenn man das Wasser aufrührt, kommt immer der Schlamm herauf.

– Man ist nicht mehr sicher auf der Straße.

– Man muß diesem Krieg ein Ende machen. Und zwar so bald wie möglich. Sonst kann es noch schlimmer kommen.

– Ich möchte den Bischof sehen. Ich für meine Person möchte den Bischof sehen.

– Der wird sich gerade zeigen. Er ist viel zu wütend dazu ...

– Wer? ... Wer? ...

– Der Bischof ...

– Seitdem er hier eingeschlossen ist, sieht man ihn manchmal am Fenster, er hebt den Vorhang auf und schaut heraus.

– Er sieht nicht gut aus.

– Was soll er denn sagen, der Bischof?

– Vielleicht hat er Neues erfahren.

Stimmengewirr.

STIMMEN AUS DER MENGE:

– Bischof! Bischof! Zeige dich! ...

– Sag, was wir tun sollen!

– Was soll werden?

EINE EINZELSTIMME: Das Ende der Welt ist nahe herbeigekommen!

Ein Mann löst sich aus der Menge, springt bis zur Fassade des bischöflichen Hauses und lehnt sich mit dem Rücken daran. Heinrich tritt zurück und schließt sich der Menge an.

DER PROPHET:

Die Welt ist aus und erledigt!
Geißelt euer verderbtes Fleisch!
Geißelt euch! Geißelt euch! Gott ist da.
Schreie, beginnende Panik.

EIN BÜRGER: Ruhig, ruhig! Das ist ja nur ein Prophet.

DIE MENGE: Noch einer? Das langt uns! Schweig! Sie kommen aus allen Winkeln hervor. Wozu haben wir da erst die Pfarrer eingesperrt!

DER PROPHET:

Die Erde sendet üble Gerüche empor ...
Die Sonne beklagt sich bei Gott:
Herr, ich werde erlöschen.
Ich habe genug von diesem Aas.
Je mehr ich es erwärme, desto grausiger stinkt es.
Die Spitzen meiner Strahlen werden schmutzig davon.
Wehe! sagt die Sonne. Mein schönes goldenes Haar schleift im Kot.

EIN BÜRGER: Halt's Maul!

Der Prophet fällt sitzend auf die Erde. Das Fenster des Hauses wird heftig aufgestoßen. Auf seinem Balkon erscheint der Bischof in vollem Ornat.

DIE MENGE: Der Bischof!

DER BISCHOF: Sind das Konrads Armeen? Wo sind die Ritter denn? Wo sind die himmlischen Heerscharen, die den Feind in die Flucht schlagen sollten? Ihr seid allein, meine Freunde, ohne Hoffnung, verdammt. Auf, Bürger von Worms, steht mir Rede; wenn es dem Herrn so wohlgefällig war, seine Diener gefangenzusetzen, warum hat der Herr euch dann doch im Stich gelassen? *Stöhnen aus der Menge.* Gebt Antwort!

HEINRICH: Raubt ihnen nicht den Mut.

DER BISCHOF: Wer spricht da?

HEINRICH: Ich, Heinrich, Pfarrer von Sankt Gilgen.

DER BISCHOF: Du solltest deine Zunge hüten, abtrünniger Priester du. Wagst du deinem Bischof noch ins Angesicht zu blicken?

HEINRICH: Haben sie Euch gekränkt, Euer Gnaden, so vergebt ihnen, wie ich Euch diese Kränkung vergebe.

DER BISCHOF: Judas! Judas Ischariot! Geh und hänge dich auf!

HEINRICH: Ich bin nicht Judas.

DER BISCHOF: Was tust du dann unter jenen? Warum stehst du ihnen bei? Warum bist du nicht mit uns in der Gefangenschaft?

HEINRICH: Sie haben mich in Freiheit gelassen, weil sie wissen, ich liebe sie. Und wenn ich mich nicht selbst den übrigen Priestern angeschlossen habe, so deshalb nicht, weil in dieser verlorenen Stadt weiterhin Messen gelesen und Sakramente ausgeteilt werden müssen. Ohne mich würde hier keine Kirche mehr sein, Worms wäre rettungslos der Ketzerei in die Hände gegeben, und die Menschen würden nicht anders wie die Hunde verrecken ... Euer Gnaden, raubt ihnen nicht den Mut!

DER BISCHOF: Wer hat dich ernährt? Wer dich aufgezogen? Wer hat dich Lesen gelehrt? Wem hast du dein Wissen zu verdanken? Wer hat dich zum Priester gemacht?

HEINRICH: Meine hochheilige Mutter, die Kirche hat es getan.

DER BISCHOF: Ihr verdankst du alles. Du mußt in erster Linie Diener der Kirche sein.

HEINRICH: Ich bin Diener der Kirche, aber ich bin auch der Bruder von diesen hier.

DER BISCHOF *mit starker Stimme:* Diener der Kirche zuerst.

HEINRICH: Gewiß. Die Kirche zuerst, jedoch ...

DER BISCHOF: Ich werde jetzt zu diesen Menschen reden. Wenn sie eigensinnig auf ihrem Irrtum bestehen und sich weiter empören, befehle ich dir, dich den Männern der Kirche anzuschließen, deinen wahren Brüdern, und dich zu ihnen in die Gefangenschaft im Paulanerkloster oder im Seminar zu begeben. Wirst du deinem Bischof gehorsam sein?

EIN MANN AUS DEM VOLKE: Heinrich, verlaß uns nicht. Du bist der Pfarrer der Armen, du gehörst zu uns.

HEINRICH *betrübt, doch mit fester Stimme:* Die Kirche kommt zuerst, Euer Gnaden. Ich werde gehorsam sein.

DER BISCHOF: Bürger von Worms, seht euch diese lichte, volkreiche Stadt wohl an, betrachtet sie ein letztes Mal: sie wird die heillose Wohnung von Pest und Hungersnot werden; die Reichen und die Armen werden zuletzt sich gegenseitig ermorden. Wenn Götzens Soldaten einziehen, finden sie sicher nur noch Schutt und verwesende Leichen vor.

Schweigen.

DER BISCHOF: Ich vermag euch zu retten, doch müßt ihr mein Herz erst rühren.

STIMMEN: Rettet uns, Euer Gnaden, rettet uns!

DER BISCHOF: Auf die Knie, übermütige Bürger, und bittet Gott, daß er euch verzeiht! *Die Bürger sinken einer nach dem andern in die Knie. Die Leute aus dem Volk bleiben stehen.* Heinrich! Willst du nicht niederknien? *Heinrich läßt sich auf die Knie nieder.* Herr Gott, verzeihe uns unsere Missetat und beschwichtige den Grimm unseres Erzbischofs. Sprecht mir nach.

DIE MENGE: Herr Gott, verzeihe uns unsere Missetat und beschwichtige den Grimm unseres Erzbischofs.

DER BISCHOF: Amen. Steht wieder auf. *Schweigen.* Ihr setzt zuerst die Priester und Mönche wieder frei, dann öffnet ihr die Tore der Stadt; sodann laßt ihr euch auf dem Platz vor der Kathedrale auf den Knien nieder und wartet zerknirscht und in Reue ab. Wir ziehen indessen hinaus und flehen Götz um Schonung an.

EIN BÜRGER: Und wenn er nichts davon wissen will?

DER BISCHOF: Über Götz noch steht der Erzbischof. Er ist unser aller Vater, und seine Gerechtigkeit wird wahrhaft väterlich sein.

Kurz zuvor ist Nasty auf dem Wachgang erschienen. Er hat schweigend zugehört, erst bei den letzten Worten steigt er zwei Stufen der Mauertreppe hinab.

NASTY: Götz ist nicht beim Erzbischof. Götz ist beim Teufel. Er hat

Konrad, seinem Bruder, einen Eid geschworen und hat ihn dennoch verraten. Wenn er euch heute Sicherheit für Leib und Leben verspricht, werdet ihr dann dumm genug sein, ihm noch Glauben zu schenken?

DER BISCHOF: Du da oben, wer du auch seist, ich befehle dir...

NASTY: Wer bist du, daß du mir befiehlst? Und ihr, warum müßt ihr auf den da hören? Ihr braucht von keinem Menschen Befehle entgegenzunehmen, außer von euren Führern, die ihr euch selber ausgesucht habt.

DER BISCHOF: Und wer hat dich, du Schwachkopf, gewählt?

NASTY: Die Armen. *Zu den andern:* Die Soldaten sind mit uns; ich habe Leute an den Stadttoren aufgestellt; wenn jemand von Öffnen spricht, ist es sein Tod.

DER BISCHOF: Mach weiter, Unglücklicher! Führe sie ins Verderben. Sie hatten nur eine Aussicht auf Heil, du aber nimmst sie ihnen.

NASTY: Wenn keine Hoffnung mehr wäre, so würde ich der erste sein, zur Übergabe zu raten. Doch wer kann behaupten, daß Gott uns verläßt? Ihr solltet Zweifel hegen an der Hilfe der Engel? Meine Brüder, die Engel sind da! Nein, hebet eure Augen nicht auf, denn der Himmel ist leer. Die Engel sind auf Erden am Werk; sie wüten im Lager der Feinde.

EIN BÜRGER: Was für Engel denn?

NASTY: Der Engel der Cholera und der Engel der Pest, der Engel der Hungersnot und der Engel der Zwietracht. Haltet aus: die Stadt ist uneinnehmbar, und Gott der Herr steht uns bei. Sie heben die Belagerung auf.

DER BISCHOF: Bürger von Worms, ich verheiße die Hölle jedem, der auf diesen Ketzer hört, bei meinem Anteil am Paradies.

NASTY: Deinen Anteil am Paradies hat Gott schon lange den Hunden gegeben.

DER BISCHOF: Und deinen hält er dir sicher warm, bis du ihn dir holen kommst! In diesem Augenblick hört er gewiß mit Freuden, wie du seinen Priester schmähst.

NASTY: Wer hat dich zum Priester gemacht?

DER BISCHOF: Unsere heilige Kirche.

NASTY: Deine Kirche ist eine Buhlerin, die ihre Gunst den Reichen verkauft. Du willst mir die Beichte abhören? Du mir die Sünden erlassen? Deine Seele ist mit Aussatz bedeckt, Gott selbst knirscht mit den Zähnen, wenn er sie nur anschauen muß. Meine Brüder, Priester brauchen wir nicht; alle Menschen können taufen, alle lossprechen, alle predigen. Wahrlich, ich sage euch: alle Menschen sind Propheten, oder es gibt keinen Gott.

DER BISCHOF: Wehe! wehe! wehe! Du bist mit dem Bann belegt. *Er wirft ihm seine Almosentasche ins Gesicht.*

NASTY *weist auf das Tor des Hauses:* Diese Pforte ist wurmstichig; mit einem Druck der Schulter hebt ihr sie aus den Angeln heraus. *Schweigen.* Brüder, wie geduldig ihr seid! *Schweigen. Dann zum Volk:* Das sind schlappe Kerle; sie wollen die Stadt übergeben, weil sie Angst vor euch haben. Und wer wird für sie alle zahlen müssen, wenn sie sie übergeben? Ihr! Immer nur ihr! Auf, Brüder, erhebt euch, man muß töten, wenn man den Himmel gewinnen will!

Die Männer des Volkes murren.

EIN BÜRGER *zu seiner Frau:* Komm! Wir gehen lieber.

EIN ANDERER *zu seinem Sohn:* Schnell! Wir wollen daheim unsern Laden versperren und die Haustür verrammeln.

DER BISCHOF: Herr Gott, Du bist mein Zeuge, daß ich getan habe, was ich konnte, um dies Volk zu erretten. Ich sterbe ergeben zu Deinem Ruhm, denn ich weiß jetzt, daß sich Dein Zorn auf die Stadt Worms ergießen und sie in Asche verwandeln wird.

NASTY: Der Alte frißt euch mit Haut und Haar. Woher kommt es denn, daß seine Stimme so voll klingt? Das kommt nur vom Fressen! Seht euch seine Speicher an: da findet ihr Korn genug, um ein ganzes Regiment ein halbes Jahr zu ernähren.

DER BISCHOF *mit starker Stimme:* Du lügst. Meine Speicher sind leer, du weißt es ganz genau.

NASTY: Geht und seht selbst, meine Brüder. Seht es euch nur selber an. Oder glaubt ihr mir auf mein Wort?

Die Bürger entfernen sich eilig. Die Männer aus dem Volke bleiben allein mit Nasty zurück.

HEINRICH *zu Nasty tretend:* Nasty?

NASTY: Was willst du von mir?

HEINRICH: Du weißt doch, seine Speicher sind leer. Du weißt, daß er kaum etwas ißt, daß er sein Teil den Armen gibt.

NASTY: Bist du für oder wider uns?

HEINRICH: Ich bin für euch, wenn ihr leidet, aber gegen euch, wenn ihr das Blut der Kirche vergießen wollt.

NASTY: Du bist für uns, wenn wir ermordet werden, aber gegen uns, wenn wir uns wehren wollen.

HEINRICH: Ich bin ein Mann der Kirche, Nasty.

NASTY: Schlagt das Tor dort ein!

Die Männer stemmen sich gegen die Tür.

Der Bischof steht schweigend im Gebet.

HEINRICH *wirft sich vor die Tür:* Erst müßt ihr mich töten ...

EIN MANN AUS DEM VOLKE: Dich töten? Aber warum denn?

Sie schlagen ihn und schleudern ihn zu Boden.

HEINRICH: Ihr habt mich geschlagen! Ich liebte euch mehr als meine Seele, und ihr habt mich geschlagen! *Erhebt sich und geht auf Nasty zu.* Nicht den Bischof, Nasty, nicht den Bischof! Mich, wenn du willst, nicht den Bischof.

NASTY: Warum nicht? Er hungert die Leute aus!

HEINRICH: Du weißt, das ist nicht wahr! Du weißt es. Wie kannst du deine Brüder vom Joch der Lüge befreien wollen und sie selbst belügen?

NASTY: Ich lüge nie.

HEINRICH: Du lügst: auf den Speichern ist kein Korn.

NASTY: Was daran schon liegt! Aber in seinen Kirchen sind Gold und Edelsteine. Ich behaupte, er ist am Tode aller derer schuld, die verhungert sind zu Füßen seiner marmornen Christusstatuen und seiner Madonnen aus Elfenbein.

HEINRICH: Das ist doch nicht dasselbe. Du lügst vielleicht nicht geradezu, sagst aber auch nicht die Wahrheit.

NASTY: Du sagst deine Wahrheit nicht: ich sage die unsere. Wenn Gott die Armen liebt, dann wird es die unsere sein, die er am Tag des Jüngsten Gerichts zu der seinen macht.

HEINRICH: Gut, laß ihn den Bischof richten. Aber vergieße du nicht das Blut der Kirche.

NASTY: Ich kenne nur eine Kirche: die Gemeinschaft der Menschen.

HEINRICH: Aller Menschen dann aber, aller Christen, die durch die Liebe verbunden sind. Du aber, du eröffnest deine Gemeinschaft durch Mord.

NASTY: Es ist noch nicht Zeit, zu lieben! Wir müssen uns das Recht darauf erst durch Blutvergießen erkämpfen.

HEINRICH: Gott hat die Gewalt verboten; sie ist ein Greuel für ihn.

NASTY: Und die Hölle? Glaubst du nicht, daß man den Verdammten dort Gewalt antut?

HEINRICH: Gott hat gesagt: Wer zum Schwerte greift...

NASTY: Soll durch das Schwert umkommen... Also gut, wir werden durch das Schwert umkommen. Wir alle noch, aber unsere Söhne werden Sein Reich auf Erden erleben. Geh, mach, daß du fortkommst. Du bist nicht besser als die andern.

HEINRICH: Nasty! Nasty! Warum liebt ihr mich nicht? Was habe ich euch getan?

NASTY: Du hast uns getan, daß du Priester bist; ein Priester bleibt Priester, was er auch tut.

HEINRICH: Ich bin einer von euch. Arm und ein Sohn von Armen.

NASTY: Gut. Das bedeutet nur, daß du ein Verräter bist, sonst nichts.

HEINRICH *schreit auf:* Sie haben das Tor gesprengt! *Das Tor hat tatsächlich nachgegeben, die Männer stürzen ins Haus. Heinrich wirft sich auf die Knie:* Mein Gott, wenn Du die Menschen doch lieb hast, wenn Du sie nicht alle verabscheust, dann verhindere diesen Mord.

DER BISCHOF: Ich brauche deine Gebete nicht, Heinrich! Euch andern, die ihr nicht wißt, was ihr tut, euch verzeihe ich. Aber dich, abtrünniger Priester, dich verfluche ich.

HEINRICH: Ha! *Er sinkt auf den Boden.*

DER BISCHOF: Halleluja! Gelobt sei der Name des Herrn! *Männer schlagen auf ihn ein. Er bricht auf dem Balkon zusammen.*

NASTY *zu Schmidt:* Jetzt sollen sie nur versuchen, die Stadt zu übergeben!

EIN MANN AUS DEM VOLKE *erscheint an der Tür:* Es war kein Korn auf dem Speicher.

NASTY: Wahrscheinlich haben sie es im Paulanerkloster verborgen.

DER MANN *schreit:* Auf zum Kloster! Zum Paulanerkloster! *Männer kommen eilig heraus.*

MÄNNER AUS DEM VOLKE: Zum Kloster! Zum Kloster!

NASTY *zu Schmidt:* Heute nacht werde ich versuchen, durch die Wachen zu kommen.

Alle ab. Heinrich richtet sich auf und blickt um sich. Er ist allein mit dem Propheten. Da bemerkt er den Bischof, der ihn mit weit offenen Augen ansieht.

HEINRICH *er will ins Haus. Der Bischof hebt den Arm, um ihn zurückzuhalten:* Ich gehe ja nicht hinein. Nimm nur den Arm herunter. Wenn du noch nicht tot bist, so verzeihe mir. Solch ein Groll ist schwer, er zieht zur Erde nieder. Laß ihn hier zurück und stirb leicht. *Der Bischof versucht zu reden.* Wie? *Der Bischof lacht.* Ein Verräter? Ja, sicher. Die nennen mich auch Verräter. Du weißt es ja. Aber sage mir doch: wie bringe ich es nur fertig, gleichzeitig alle zu verraten? *Der Bischof lacht immer noch.* Warum lachst du denn? Hör auf. *Schweigt.* Sie haben mich geschlagen, und dennoch liebte ich sie. Mein Gott! Wie habe ich sie geliebt. *Schweigt.* Ich habe sie geliebt, und habe sie doch belogen, belogen durch mein Schweigen. Denn ich schwieg! Ich schwieg! Meine Lippen waren verkrampft, meine Zähne zusammengebissen. Sie kamen um wie Fliegen, und ich redete nicht. Wenn sie Brot wollten, kam ich mit dem Kruzifix. Meinst du, das kann man essen, solch ein Kruzifix? Ach, nimm doch den Arm herunter, geh! Wir sind ja doch Spießgesellen. Ich wollte ihre Armut teilen, Hunger und Kälte leiden wie sie. Sie starben deswegen genau so, nicht wahr; das war vielleicht sogar eine Art, Verrat an ihnen zu üben: ich machte sie glauben, die Kirche sei arm. Jetzt hat die Wut sie gepackt, und sie haben gemordet; sie bereiten sich selbst ihren Untergang: niemals werden sie anderes gekannt haben als die Hölle, zuerst in diesem Leben, und dann im anderen. *Der Bischof bringt ein paar unverständliche Worte hervor.* Aber was soll ich tun? Wie soll ich sie daran hindern? *Er tritt zurück und blickt auf die Straße hinaus.* Der Platz wimmelt von Menschen; sie versuchen mit Bänken die Tür des Klosters zu rammen. Aber sie hält stand. Sie wird bis zum Morgen halten. Und ich kann nichts tun. Gar nichts. Nichts. Komm, so mach doch den Mund zu, versuche, würdig zu sterben. *Der Bischof läßt einen Schlüssel fallen.* Was bedeutet der Schlüssel? Welche Tür schließt er auf? Eine Tür in deinem Hause? Nein? In der Kathedrale? Ja!??? Die Sakristeitür? Nein?... Die Krypta?... Die Tür zu Krypta meinst du? Die Tür, die immer verschlossen ist? Ja?

DER BISCHOF: Unten, unter der Erde.

HEINRICH: Und wohin führt sie denn?... Sage es nicht! Es ist besser, du stirbst, ehe du es sagst.

DER BISCHOF: Hinaus.

HEINRICH: Ich hebe ihn nicht auf. *Schweigt.* Ein unterirdischer Gang führt aus der Krypta hinaus vor die Stadt. Du willst, daß ich Götz holen gehe und ihn durch den unterirdischen Gang in die Stadt hereinlasse? Da rechne nicht auf mich.

DER BISCHOF: Zweihundert Priester. Ihr Leben ist in deiner Hand. *Schweigen.*

HEINRICH: Natürlich! Deswegen hast du gelacht! Das ist ein guter Spaß. Danke, Bischof, danke schön. Die Armen bringen die Priester um, oder Götz tötet die Armen. Zweihundert Priester oder zwanzigtausend Mann, du stellst mich vor eine schöne Wahl. Zwanzigtausend Menschen, das ist viel mehr als zweihundert; man müßte nur genau wissen, wieviel Menschen auf einen Priester gehen. Das soll ich also entscheiden: ich bin ja ein Mann der Kirche. Ich hebe ihn nicht auf: diese Geistlichen sollen nur direkt in den Himmel fahren. *Der Bischof sinkt zusammen* ... Wenn sie nicht etwa wie du mit Groll im Herzen sterben. Na gut, du hast's hinter dir. Gute Nacht. Verzeih ihm, mein Gott, wie ich ihm verzeihe. Aber ich hebe den Schlüssel nicht auf. Dabei bleibt es. Nein! Nein! Nein! *Er hebt den Schlüssel auf.*

DER PROPHET *hat sich wieder aufgerichtet:* Herr, Dein Wille geschehe. Die Welt ist aus und erledigt! Dein Wille geschehe!

HEINRICH: Herr, Du hast Kain und Kains Kinder verflucht: Dein Wille geschehe. Du lässest zu, daß der Wurm im Herzen der Menschen nagt, daß ihre Absichten böse werden, sich zersetzen und stinken: Dein Wille geschehe. Herr, Du hast gewollt, daß Verrat mein Los auf Erden sei: Dein Wille geschehe! Dein Wille geschehe! Dein Wille geschehe! *Heinrich ab.*

DER PROPHET: Geißelt euren elenden Leib. Geißelt euch! Geißelt euch! Gott ist da!

Ende des ersten Bildes

ZWEITES BILD

Am Eingang von Götzens Lager. Es ist Nacht. Im Hintergrunde liegt die Stadt. Ein Offizier erscheint und blickt zu ihr hinüber. Ein zweiter Offizier tritt gleich nach ihm auf.

1. SZENE

Die Offiziere — Hermann

ZWEITER OFFIZIER: Was machst du da?

ERSTER OFFIZIER: Ich sehe mir die Stadt an; vielleicht fliegt sie eines Tages davon.

ZWEITER OFFIZIER *zum ersten:* Die fliegt uns nicht davon. Soviel Glück haben wir nicht ... *Dreht sich plötzlich um.* Was ist das? *Zwei Männer kommen vorüber, sie tragen auf einer Bahre eine mit einem Tuch bedeckte Gestalt. Sie schweigen. Der erste Offizier geht auf die Bahre zu, hebt das Tuch auf und läßt es gleich wieder fallen.*

ERSTER OFFIZIER: In den Fluß! Aber gleich!

ZWEITER OFFIZIER: Ist er ...?

ERSTER OFFIZIER: Vollkommen schwarz. Jawohl. *Schweigen. Die beiden Träger gehen weiter. Der Kranke stöhnt.*

ZWEITER OFFIZIER: Halt. *Die Träger bleiben stehen.*

ERSTER OFFIZIER: Was soll das heißen?

ZWEITER OFFIZIER: Der Mann lebt ja noch.

ERSTER OFFIZIER: Das will ich nicht wissen. In den Fluß!

ZWEITER OFFIZIER *zu den Trägern:* Von welchem Regiment ist er?

Der Mann: Blaukreuz.

Zweiter Offizier: Ha, also von meinem. Macht kehrt!

Erster Offizier: Du bist verrückt! In den Fluß mit ihm!

Zweiter Offizier: Ich lasse meine Leute nicht wie einen Wurf Katzen ertränken! *Sie sehen sich in die Augen. Die beiden Krankenwärter werfen sich einen belustigten Blick zu, setzen die Bahre nieder und warten ab.*

Erster Offizier: Tot oder lebendig, wenn wir den behalten, verseucht er uns die ganze Armee.

Dritter Offizier: Wenn es die Cholera nicht ist, wird es die Panik sein. Los! Werft ihn in den Fluß!

Zweiter Offizier: Er stöhnt ja noch. *Pause. Der erste Offizier wirft einen unwilligen Blick auf die Träger, zieht wütend seinen Dolch und durchbohrt den Kranken.*

Dritter Offizier: Jetzt wird er nicht mehr stöhnen. Geht! *Die beiden Männer ab.* Schon der dritte seit gestern.

Hermann *tritt auf:* Der vierte. Einer ist mitten im Lager umgefallen.

Zweiter Offizier: Haben die Leute es gesehen?

Hermann: Das will ich meinen, ich sage ja, es war mitten im Lager.

Vierter Offizier: Wenn ich hier etwas zu sagen hätte, würde die Belagerung noch heute nacht aufgehoben.

Hermann: Ganz meine Meinung. Aber du hast hier nun mal nichts zu sagen.

Erster Offizier: Man muß mit ihm reden.

Hermann: Und wer soll das tun? *Schweigen. Sieht die andern an.* Ihr macht doch alles, was er will.

Zweiter Offizier: Dann ist es aus mit uns.

Vierter Offizier: Wenn uns die Cholera verschont, drehen unsere eigenen Truppen uns den Kragen um.

Hermann: Außer er beißt vor uns ins Gras.

Erster Offizier: Er? Meinst du, er kriegt die Cholera?

Hermann: Die Cholera oder sonst was. *Schweigt.* Ich habe gehört, dem Erzbischof käme sein Tod nicht eben ungelegen. *Schweigen.*

Zweiter Offizier: Das brächte ich nicht fertig.

Erster Offizier: Ich auch nicht. Er ist mir so zuwider, daß er mir grausen würde, ihm etwas anzutun.

Hermann: Das verlangt ja auch keiner von dir. Du sollst nur die machen lassen, die nicht so heikel sind wie du. *Schweigen. Götz und Katharina erscheinen.*

2. Szene

Dieselben – Götz – Katharina

Götz *tritt auf:* Ihr habt mir also gar nichts zu sagen? Auch nicht, daß kein Brot mehr da ist für die Soldaten? Und daß die Cholera umgeht im Heer? Und auch bitten wollt ihr mich um nichts? Nicht, daß ich die Belagerung aufheben soll, um uns nicht alle ins Unglück zu stürzen? *Pause.* Habt ihr denn solche Angst vor mir? *Sie schweigen.*

KATHARINA: Wie sie dich anschauen, Liebling. Die Leute mögen dich offenbar nicht. Ich wäre gar nicht erstaunt, wenn ich dich eines Tages auf dem Rücken daliegend fände, mit einem großen Messer im Bauch.

GÖTZ: Liebst du mich denn etwa?

KATHARINA: Bei Gott nicht, nein!

GÖTZ: Na, siehst du? Und doch hast du mich bislang noch nicht umgebracht.

KATHARINA: Aber nicht, weil ich nicht schon oft dazu Lust gehabt hätte.

GÖTZ: Ich weiß: du gibst dich gern angenehmen Träumen hin. Aber ich bin ganz ruhig: sobald ich tot bin, karessieren dich zwanzigtausend Mann. Und zwanzigtausend Männer, das ist sogar für dich etwas viel.

KATHARINA: Besser zwanzigtausend als einer, der mir zuwider ist.

GÖTZ: Das gerade liebe ich an dir, daß es dir so vor mir graust. *Zu den Offizieren:* Wann möchtet ihr denn, daß ich die Belagerung aufhebe? Donnerstag? Dienstag? Oder Sonntag? Also, liebe Freunde, es wird weder Dienstag noch Donnerstag sein: ich nehme die Stadt heute nacht.

ZWEITER OFFIZIER: Heute nacht?

GÖTZ: Auf der Stelle sogar. *Er blickt auf die Stadt.* Seht ihr da drüben das kleine blaue Licht? Ich sehe es jeden Abend an, und an jedem Abend erlischt es genau um diese Zeit. Da seht: was habe ich gesagt? Gut, jetzt habe ich es zum einhundertsten und letzten Male erlöschen sehen. Gute Nacht. Man muß töten, was man liebt. Es gibt auch noch andere... Lichter, die verschwinden. Tja, da gibt es nun Leute, die heute früh schlafen gehen, um morgen früh aufzustehen. Aber es wird kein Morgen sein. Schöne Nacht, nicht wahr? Nicht besonders hell, aber wimmelnd von Sternen: gleich wird der Mond aufgehen. Grad eine Nacht, in der nichts passiert. Sie sind auf alles gefaßt und in alles ergeben, in eine Mordnacht sogar: aber nicht für diese Nacht. Der Himmel ist so rein, daß er Vertrauen einflößt, sie glauben, dies sei noch ihre Nacht. *Ausbrechend:* Mein Gott, welche Macht habe ich! Diese Stadt gehört mir, und ich schenke sie Dir. Gleich wird sie aufflammen zu Deinem Ruhm! *Zu den Offizieren:* Ein Priester ist aus Worms entkommen und behauptet, er könne uns in die Stadt einlassen. Hauptmann Ulrich verhört ihn gerade.

DRITTER OFFIZIER: Hm!

GÖTZ: Was hast du gesagt?

DRITTER OFFIZIER: Verrätern traue ich nicht.

GÖTZ: Sieh mal an: und ich schwärme für sie. *Ein Hauptmann kommt, er stößt gemeinsam mit einem Soldaten den Priester vor sich her.*

3. SZENE
Dieselben – Heinrich – Der Hauptmann

HEINRICH *fällt vor Götz auf die Knie:* Foltert mich! Reißt mir die Nägel aus! Schindet mich bei lebendigem Leib. *Götz lacht laut auf.*

GÖTZ *fällt vor dem Priester auf die Knie:* Reißt mir die Eingeweide heraus! Rädert mich! Vierteilt mich! *Steht wieder auf.* So, jetzt ist das Eis gebrochen. *Zu dem Hauptmann:* Wer ist dieser Mann?

DER HAUPTMANN: Es ist Heinrich, der Pfarrer von Worms, der uns die Stadt ausliefern sollte.

GÖTZ: Nun, und?

DER HAUPTMANN: Er will nicht mehr sprechen.

GÖTZ *geht auf Heinrich zu:* Warum nicht?

DER HAUPTMANN: Er sagt einfach, er sei anderen Sinnes geworden.

DRITTER OFFIZIER: Anderen Sinnes! Das ist gut! Schlagt ihm die Zähne ein! Brecht ihm das Rückgrat entzwei!

HEINRICH: Schlagt mir die Zähne ein! Brecht mir das Rückgrat entzwei!

GÖTZ: Der tobt sich aber mal aus! *Zu Heinrich:* Weshalb wolltest du uns denn die Stadt ausliefern?

HEINRICH: Um die Priester zu retten; die Volksmenge will sie morden.

GÖTZ: Und weshalb hast du dich anders besonnen?

HEINRICH: Ich habe die Gesichter Eurer Reiter gesehen.

GÖTZ: Nun, und?

HEINRICH: Sie sprechen für sich selbst.

GÖTZ: Und was sagen sie?

HEINRICH: Daß ich ein Blutbad heraufbeschwöre, um ein paar Morde zu verhindern.

GÖTZ: Du hattest doch sicher vordem schon mal Reiter gesehen und sicher auch gewußt, daß sie nicht freundlich ausschauen.

HEINRICH: Die hier sind schlimmer als alle.

GÖTZ: Ach was! Alle Soldaten sehen sehr ähnlich aus. Hast du etwa gemeint, du wirst hier Engel finden?

HEINRICH: Menschen jedenfalls. Und diese Menschen wollte ich bitten, andere Menschen zu schonen. Ich hätte sie in die Stadt hineingenommen, wenn sie geschworen hätten, alle Einwohner am Leben zu lassen.

GÖTZ: Du glaubtest also an mein Wort?

HEINRICH: An d e i n Wort. *Er sieht ihn an.* Du bist Götz?

GÖTZ: Ja.

HEINRICH: Ich ... ich glaubte, ich könnte mich darauf verlassen.

GÖTZ *erstaunt:* Auf mein Wort? *Schweigt.* Ich gebe es dir. *Heinrich schweigt.* Wenn du uns in die Stadt einläßt, schwöre ich dir, daß alle Einwohner am Leben bleiben.

HEINRICH: Du möchtest, daß ich dir glaube?

GÖTZ: Hattest du das denn nicht vor?

HEINRICH: Ja, aber nur, solange ich dich noch nicht gesehen hatte.

GÖTZ *lacht:* Ja, ja! Ich weiß, wer mich sieht, verläßt sich selten auf mein Wort. Ich wirke offenbar zu gescheit, als daß ich es halten könnte. Aber höre: nimm mich doch beim Wort. Nur um einmal zu sehen. Einfach nur, um zu sehen! ... Ich bin ja schließlich Christ. Wenn ich dir nun einen Eid auf die Bibel ablegte? Versuche es doch einmal mit Vertrauen bei mir! Das ist doch eure Rolle als Priester, daß ihr die Bösen durch das Gute in Versuchung führt?

HEINRICH: Dich soll ich durch das Gute in Versuchung führen? Das könnte dir gefallen!

GÖTZ: Du kennst mich aber wirklich gut. *Sieht ihn lächelnd an.* Geht ihr alle fort! *Die Offiziere und Katharina ab.*

4. SZENE
Götz – Heinrich

GÖTZ *beinahe liebevoll:* Du bist ja in Schweiß geraten. Du leidest ja.

HEINRICH: Aber nicht genug! Die andern leiden, nicht ich. Gott will, daß mich die Leiden der andern verfolgen, ohne daß ich sie spüre. Warum siehst du mich so an?

GÖTZ *in der gleichen liebevollen Art:* Ich habe nun mal so ein konfisziertes Gesicht. Dich sehe ich an, aber Mitleid habe ich mit mir selbst. Bruder, wir sind vom gleichen Schlag.

HEINRICH: Das ist nicht wahr! Du hast deinen Bruder verraten, ich aber verrate die meinen nicht.

GÖTZ: Du verrätst sie noch heute nacht.

HEINRICH: Heute nacht nicht, und nie! *Beide schweigen.*

GÖTZ *beiläufig:* Was werden denn die Armen mit den Priestern machen? Sie an Fleischerhaken aufhängen?

HEINRICH *schreit entsetzt auf:* Schweig! *Faßt sich wieder.* Das sind die Greuel des Krieges. Ich bin nur ein schlichter Pfarrer, der ihnen nicht begegnen kann.

GÖTZ: Heuchler! Heute nacht hast du Macht über Leben und Tod von zwanzigtausend Menschen.

HEINRICH: Ich will diese Macht nicht. Der Teufel hat sie geschickt.

GÖTZ: Du willst sie nicht, aber du hast sie. *Heinrich stürzt davon.* Holla! Was machst du denn? Wenn du davonläufst, hast du schon deine Entscheidung gefällt. *Der Priester kommt zurück, sieht ihn an und lacht.*

HEINRICH: Du hast recht. Wenn ich fliehe oder mich töte, bereinige ich damit nichts. Es ist alles beides nur eine Art zu schweigen. Ich bin der Erwählte Gottes.

GÖTZ: Sag lieber, daß du in der Lage einer Ratte bist.

HEINRICH: Das ist dasselbe. Ein Erwählter ist ein Mensch, den Gott in die Enge treibt. *Schweigt.* Herr, warum gerade ich?

GÖTZ *sanft:* Dies ist der Augenblick der Todesqual. Ich möchte ihn dir verkürzen. Laß dir helfen von mir.

HEINRICH: Du und mir helfen? Wenn Gott schweigt? *Pause.* Gut, ich habe gelogen: Ich bin kein Erwählter. Warum sollte ich es auch sein? Wer zwang mich, die Stadt zu verlassen? Wer hat mir aufgetragen, hierherzukommen zu dir? Die Wahrheit ist, ich habe mich selbst erwählt. Als ich kam, dich um Gnade für meine Brüder zu bitten, war ich schon gewiß, ich würde sie nicht erlangen. Nicht erst die Verworfenheit eurer Gesichter hat mich dazu gebracht, anderen Sinnes zu werden, sondern die Wirklichkeit, die aus ihnen sprach. Ich träumte nur davon, Böses zu tun, aber als ich euch sah, habe ich begriffen, daß ich dabei war, es wirklich zu tun. Weißt du, daß ich die Armen hasse?

GÖTZ: Ich weiß es. Ja.

HEINRICH: Warum weichen sie zurück, wenn ich die Arme ausbreite? Warum leiden sie immer soviel mehr, als ich je leiden kann? Herr, warum lässest Du zu, daß es Arme gibt? Oder warum hast Du mich dann nicht lieber Mönch werden lassen? Im Kloster gehörte ich nur Dir. Wie aber soll man nur Dir gehören, solange es noch Menschen gibt, die vor Hunger sterben? *Zu Götz:* Ich kam, um sie dir auszuliefern, und ich hoffte, du würdest sie alle ausrotten, damit ich vergessen könnte, daß es sie jemals gegeben hat.

GÖTZ: Ich verstehe ... und dann?

HEINRICH: Dann bin ich anderen Sinnes geworden: du kommst nicht in die Stadt.

GÖTZ: Und wenn es Gottes Wille wäre, daß du uns Eingang in sie verschaffst? Höre mich ruhig an: wenn du schweigst, sterben die Priester heute nacht; das steht fest. Aber die Armen? Meinst du, daß die deswegen am Leben bleiben? Ich setze die Belagerung fort. In vier Wochen werden in Worms die letzten vor Hunger verrecken. Es handelt sich für dich nicht darum, über ihren Tod oder ihr Leben zu befinden, sondern nur darum, für sie die Wahl zwischen zwei Todesarten zu treffen. Nimm doch die schnellere, du Narr. Weißt du, was sie dabei gewinnen? Sterben sie heute nacht, bevor sie die Priester ermordet haben, so bleiben ihre Hände rein, und im Himmel gibt es ein großes Wiedersehen. Im anderen Falle aber schickst du sie wegen ein paar Wochen, die sie länger leben dürfen, mit Blut bedeckt in die Hölle. Glaub mir, Freund: der Böse flüstert dir ein, ihr irdisches Leben zu schonen, um ihnen Zeit zu lassen, in Verdammnis zu enden. *Schweigt.* Sag mir: Wie kommt man in die Stadt?

HEINRICH: Du existierst ja gar nicht.

GÖTZ: Was?

HEINRICH: Ich sage, es gibt dich eigentlich nicht. Deine Worte sind tot, noch ehe sie meine Ohren berühren, und dein Gesicht ist keines von denen, die man bei Tageslicht sieht. Ich weiß alles, was du sagen wirst. Alle deine Gebärden sehe ich voraus. Du bist mein Geschöpf, ich blase dir deine Gedanken ein. Ich träume, alles ist tot, und die Luft ist schwer von Schlaf.

GÖTZ: Wenn das so ist, schlafe ich auch, denn ich sehe dich so deutlich in allen Einzelheiten voraus, daß es mir langweilig ist. Jetzt kommt es darauf an, wer von uns beiden des andern Traumgeschöpf ist.

HEINRICH: Ich habe die Stadt nicht verlassen! Ich bin nicht hinausgegangen! Wir spielen hier vor Kulissen. Komm, du Vortragskünstler, und führe mir deine Komödie auf. Kannst du auch deine Rolle? Meine besteht einzig darin, immer nur nein zu sagen. Nein!

Nein! Nein! Nein! Nun? du sagst ja nichts? Dies alles hier ist nur eine ganz gewöhnliche Versuchung, die nicht einmal sehr wahrscheinlich aufgezogen ist. Was sollte ich wohl im Lager bei Götz? *Er weist auf die Stadt.* Wenn die Lichter nur auslöschen wollten. Was macht denn die Stadt da drüben, wo ich doch selbst in ihren Mauern bin? *Pause.* Eine Versuchung ist da, aber ich weiß nicht, wo sie ist. *Zu Götz:* Eines jedoch weiß ich genau: ich werde den Teufel sehen. Jedesmal wenn er sich anschickt, mir seine Fratzen zu schneiden, fängt es immer damit an, daß alles unwirklich wird.

GÖTZ: Hast du ihn denn schon gesehen?

HEINRICH: Öfter, als du deine Mutter gesehen hast.

GÖTZ: Sehe ich ihm denn ähnlich?

HEINRICH: Du, armer Schelm? Du bist nur der Hanswurst.

GÖTZ: Was für ein Hanswurst?

HEINRICH: Der immer zur Komödie gehört. Seine Rolle besteht darin, mir ein Bein zu stellen. *Pause.* Ich habe gewonnen.

GÖTZ: Was sagst du?

HEINRICH: Ich habe gewonnen. Eben erlosch das letzte Licht. Das teuflische Blendwerk Worms ist fort. Auf jetzt! Verschwinde nun auch du, damit diese lächerliche Versuchung endlich ein Ende findet. Nacht nun, überall Nacht. Welche Ruhe ringsum.

GÖTZ: Fahre nur fort, Priester, fahre fort. Ich weiß, was du sagen wirst. Vor einem Jahr... Ja, Bruder, ich weiß, ich weiß: wie gern du diese Nacht in dein Bewußtsein hineinnehmen möchtest! So habe ich es gewollt!

HEINRICH *murmelt:* Wo werde ich wohl erwachen?

GÖTZ *lacht plötzlich auf:* Du bist wach, du Schwindler, und du weißt es genau. Alles ist wahr, du brauchst mich nur anzusehen, mich zu berühren, ich bin aus Fleisch und Blut. Schau, der Mond geht auf, und die Teufelsstadt kommt wieder aus dem Dunkel hervor; sieh sie dir nur an: hältst du das für Zaubertrug? Schau hier! Das ist richtiger Fels, dies sind richtige Mauern, eine richtige Stadt und richtige Bürger darin. Und du bist ebenfalls ein richtiger Verräter.

HEINRICH: Man ist ein Verräter, wenn man verrät. Du kannst aber machen, was du willst. Ich verrate nicht.

GÖTZ: Man verrät, wenn man ein Verräter ist: und du wirst verraten. Pfarrer, sieh einmal an: du bist ja schon ein Verräter. Zwei Parteien bekriegen sich, und du willst allen beiden zu gleicher Zeit angehören. Du spielst also doppeltes Spiel, du denkst ja auch in zwei Sprachen. Das Leiden der Armen nennst du Prüfung in deinem Kirchenlatein, auf deutsch aber Ungerechtigkeit. Was kann dir noch passieren, wenn du uns in die Stadt einläßt? Du wirst dann nur zu dem Verräter, der du ja schon bist. Wenn ein Verräter Verrat übt, ist er ein Verräter, der sich selber bejaht.

HEINRICH: Woher wüßtest du das denn, wenn nicht ich dir deine Worte in den Mund gelegt hätte?

GÖTZ: Weil ich ein Verräter bin. *Schweigt.* Ich habe den Weg schon durchmessen, der noch vor dir liegt. Aber sieh mich nur an: bekommt es mir im Grunde nicht gut?

HEINRICH: Es bekommt dir gut, weil du nur deiner Natur gefolgt bist. Alle Bastarde sind Verräter. Das ist ganz bekannt! Aber ich bin kein Bastard.

GÖTZ *will zuschlagen, beherrscht sich aber dann:* Bastard! Das sagt man gewöhnlich nur einmal zu mir.

HEINRICH: Bastard!

GÖTZ: Pfarrer, nimm Vernunft an. Zwinge mich nicht dazu, dir die Ohren abzuschneiden. Es käme nichts dabei heraus, denn deine Zunge ließe ich dir. *Umarmt ihn plötzlich.* Brüderchen, sei mir gegrüßt! Kleiner Bastardbruder! Denn auch du bist ein Bastard! Um dich zu zeugen, hat der Klerus mit der Armut gebuhlt: eine traurige Liebesnacht! *Schweigt.* Klar, daß die Bastarde sich mit Verrat abgeben. Was denn sollten sie sonst wohl tun? Ich bin von Geburt ein Spion, der auf beiden Schultern trägt: meine Mutter hat sich mit einem Lumpen eingelassen; ich bin aus zwei Hälften gemacht, die nicht zusammenpassen; jede von beiden flößt der andern Grauen ein. Glaubst du, daß du's besser getroffen hast? Ein halber Pfarrer, ein halber Armer, das gibt keinen ganzen Mann. Wir beide s i n d nichts und h a b e n nichts. Alle ehelich geborenen Kinder dürfen die Erde genießen, ohne dafür zu zahlen. Aber nicht du, und nicht ich. Seit meiner Kindheit sehe ich die Welt durch ein Schlüsselloch: ein hübsches, rundes, volles Ei, in dem jeder den Platz einnimmt, der ihm zugewiesen ist, aber du kannst mir glauben, wir beide sind nicht mit darin. Draußen stehen wir! Verschmähe doch lieber selbst diese Welt, die nichts von dir wissen will! Tu das Böse, und du wirst sehen, wie leicht dir auf einmal wird. *Ein Offizier tritt auf.* Was willst du?

DER OFFIZIER: Der Abgesandte des Erzbischofs ist da.

GÖTZ: Er soll kommen.

DER OFFIZIER: Er bringt Neues; der Feind hat siebentausend Mann verloren, das heißt, er ist aufgerieben.

GÖTZ: Und mein Bruder? *Der Offizier will ihm etwas ins Ohr sagen.* Komm mir nicht nahe. Sprich laut.

DER OFFIZIER: Konrad ist tot.

Heinrich behält von diesem Augenblick an Götz aufmerksam im Auge.

GÖTZ: Gut. Hat man die Leiche gefunden?

DER OFFIZIER: Jawohl.

GÖTZ: In welchem Zustand? Gib Antwort!

DER OFFIZIER: Entstellt.

GÖTZ: Ein Säbelhieb?

DER OFFIZIER: Wölfe.

GÖTZ: Was für Wölfe? Sind denn Wölfe hier?

DER OFFIZIER: Im Arnheimer Forst ...

GÖTZ: Gut. Jetzt laßt mich dies hier in Ordnung bringen, und dann marschiere ich gegen sie mit dem ganzen Heere; ich werde den Arnheimer Wölfen das Fell über die Ohren ziehen. Geh. *Offizier ab. Pause.* Ohne Beichte gestorben. Die Wölfe haben ihm das Gesicht abgefressen. Aber du siehst: ich lächle.

HEINRICH *leise:* Warum hast du ihn verraten?

GÖTZ: Weil ich eine Vorliebe für das Endgültige habe. Pfarrer, ich habe etwas aus mir gemacht. Bastard war ich schon durch Geburt, aber den stolzen Namen eines Brudermörders verdanke ich mir selbst. *Schweigt.* Jetzt gehört es mir, mir allein.

HEINRICH: Was gehört jetzt dir?

GÖTZ: Schloß Heidenstein. Mit den Heidensteins ist es jetzt zu Ende, sie sind ausgelöscht, sie enden alle bei mir, von Alberich, dem Stammvater an, bis zu Konrad, dem letzten männlichen Sproß. Sieh mich gut an, Pfarrer, denn ich bin ein Familiengrab. Warum lachst du?

HEINRICH: Ich glaubte, ich wäre heut nacht der einzige, der den Teufel sieht. Aber jetzt meine ich fast, daß wir ihn beide erblicken.

GÖTZ: Ich pfeife auf den Teufel! Er nimmt zwar die Seelen in Empfang, doch er verdammt sie nicht selbst. Ich geruhe meine Geschäfte nur mit Gott selber zu machen. Heilige und Ungeheuer kommen aus seiner Hand. Gott sieht mich, Pfarrer, er weiß, daß ich meinen Bruder getötet habe, und ihm blutet das Herz. Ja, Herr, ich habe ihn umgebracht. Was kannst Du mir antun dafür? Ich habe das schlimmste Verbrechen begangen, und der Gott der Gerechtigkeit kann mich nicht mehr strafen: seit mehr als fünfzehn Jahren schon hat er mich verdammt. Also? Doch genug für heute. Es ist ein Festtag, ich trinke jetzt eins.

HEINRICH *tritt auf ihn zu:* Hier, nimm! *Der Pfarrer nimmt den Schlüssel aus der Tasche und reicht ihn ihm.*

GÖTZ: Was ist das?

HEINRICH: Ein Schlüssel.

GÖTZ: Was für ein Schlüssel?

HEINRICH: Der Schlüssel der Stadt Worms.

GÖTZ: Genug für heut, habe ich gesagt. Ein Bruder, sieh einmal an! Das kommt doch nicht alle Tage vor, daß man einen Bruder begräbt; da kann ich doch auch wohl einmal feiern bis morgen früh.

HEINRICH *macht noch einen Schritt auf ihn zu:* Feigling!

GÖTZ *bleibt stehen:* Wenn ich den Schlüssel nehme, brenne ich alles nieder.

HEINRICH: Auf dem Grunde der Schlucht liegt ein großer weißer Felsblock. Ganz unten, von Gestrüpp verborgen, findest du ein Loch. Du folgst dem unterirdischen Gang und kommst an eine Tür, die sich hiermit aufschließen läßt.

GÖTZ: Wie deine Armen dich lieben werden. Wie sie dich segnen werden!

HEINRICH: Das geht mich nichts mehr an. Mit mir ist es ohnehin aus. Dir aber, Bastard, vertraue ich meine Armen an. Jetzt ist es an dir, zu wählen.

GÖTZ: Du hast doch eben gesagt, man brauche mich nur anzuschauen …

HEINRICH: Ich hatte nicht gut genug hingeschaut.

GÖTZ: Und was siehst du jetzt?

HEINRICH: Ich sehe, daß du Grauen vor dir selber empfindest.

GÖTZ: Das stimmt, doch verlaß dich darauf nicht! Mir graut schon fünfzehn Jahre lang vor mir selbst. Und wenn? Begreifst du nicht, daß das Böse nun einmal mein Lebenszweck ist? Gib den Schlüssel her. *Er nimmt ihn.* Gut, Priester, bis zum Ende hast du dich also selber belogen. Du glaubtest, einen Trick gefunden zu haben, dir deinen Verrat zu bemänteln. Aber zu guter Letzt hast du nur dich verraten. Du hast Konrad den Feinden ausgeliefert.

HEINRICH: Konrad?

GÖTZ: Laß nur sein. Du gleichst mir so sehr, daß ich dich mit mir verwechselt habe.

Götz ab.

Ende des zweiten Bildes

DRITTES BILD

Götzens Zelt

Durch den offenen Eingang sieht man sehr weit in der Ferne die Stadt im Mondschein liegen.

1. SZENE

Hermann – Katharina

Hermann tritt ein und versucht, sich hinter dem Feldbett zu verstecken. Kopf und Rumpf verschwinden, man sieht nur noch sein gewaltiges Hinterteil. Katharina tritt ebenfalls ein, geht von hinten an ihn heran und versetzt ihm einen Fußtritt. Er richtet sich erschrokken auf. Sie springt lachend zurück.

HERMANN: Wenn du schreist ...

KATHARINA: Wenn ich schreie, wirst du gefaßt, und dann läßt Götz dich hängen. Da ist es besser, wir plaudern ein bißchen. Was willst du ihm denn tun?

HERMANN: Was ich ihm tun will, du Dirne, hättest du ihm längst getan, wenn du Blut in den Adern hättest. Geh! Mach, daß du fortkommst, und danke Gott, daß ein anderer das Geschäft an deiner Stelle übernimmt. Hast du mich verstanden?

KATHARINA: Was wird aus mir, wenn er stirbt? Das ganze Lager wird sich dann auf mich stürzen ...

HERMANN: Wir verhelfen dir zur Flucht.

KATHARINA: Gebt ihr mir auch Geld?

HERMANN: Ein bißchen geben wir dir schon.

KATHARINA: Wenn ihr eine Mitgift zahlt, trete ich ins Kloster ein.

HERMANN *lacht:* Du im Kloster! Wenn du schon Lust zum Gemeinschaftsleben hast, rat ich dir zu einem Bordell: bei dem Talent, das du in deinen Beinen hast, kannst du Schätze erwerben. Komm, entscheide dich. Ich verlange nur, daß du schweigst.

KATHARINA: Was mein Schweigen anbelangt, so kannst du darauf zählen. Auf keinen Fall verrate ich dich. Ob ich aber ruhig zusehe, wie sie dir den Hals umdrehen ... das kommt darauf an.

HERMANN: Auf was?

KATHARINA: Unsere Interessen sind nicht dieselben, Herr Hauptmann. Die Ehre eines Mannes kann man mit der Degenspitze wiederherstellen. Mich aber hat er zur Hure gemacht, und das ist sehr viel schwerer wiedergutzumachen. *Pause.* Heut nacht wird die Stadt eingenommen! Dann ist der Krieg zu Ende, und alles geht nach Haus. Wenn er jetzt gleich kommt, werde ich ihn fragen, was er mit mir zu tun gedenkt. Will er mich behalten...

HERMANN: Dich behalten? Du bist wohl verrückt. Was soll er denn mit dir machen?

KATHARINA: Wenn er mich behalten will, dann rührst du ihn nicht an.

HERMANN: Und wenn er dich verjagt?

KATHARINA: Dann gehört er dir. Sobald ich rufe: «Du hast es gewollt!» komm aus deinem Versteck hervor und mach mit ihm, was du willst.

HERMANN: Das Ganze gefällt mir nicht so recht. Ich mag nicht gern, daß das, was ich vorhabe, von so einer Unterrockgeschichte abhängen soll.

KATHARINA *die schon ein paar Sekunden nach draußen blickt:* Dann kannst du dich nur noch auf die Knie werfen und ihn um Gande anflehen: er ist da.

Hermann läuft in sein Versteck, Katharina lacht.

2. SZENE

Götz – Katharina – Hermann (im Versteck)

GÖTZ *tritt ein:* Warum lachst du?

KATHARINA: Ich habe über meine Träume gelacht. Ich sah dich tot daliegen mit einem Dolch im Rücken. *Pause.* Nun, hat er gesprochen?

GÖTZ: Wer?

KATHARINA: Der Pfarrer.

GÖTZ: Welcher Pfarrer? Ach so! Ja, ja, natürlich hat er gesprochen.

KATHARINA: Dann ist es also heut nacht soweit?

GÖTZ: Was geht denn dich das an? Zieh mir die Stiefel aus. *Sie zieht sie ihm aus.*

KATHARINA: Ich weiß, was das ganze Lager weiß.

GÖTZ: Gib mir etwas zu trinken. So etwas muß man begießen. *Sie bedient ihn.* Trink auch.

KATHARINA: Ich habe keine Lust.

GÖTZ: Trinke, zum Donnerwetter. Es ist heut Feiertag.

KATHARINA: Ein schönes Fest, das mit einem Gemetzel beginnt und mit einem Blutbad endet.

GÖTZ: Das schönste Fest meines Lebens. Morgen begebe ich mich auf meine Besitzungen.

KATHARINA *horcht auf:* So bald?

GÖTZ: Das nennst du bald? Jetzt träume ich seit dreißig Jahren davon. Keinen Tag länger warte ich. *Katharina sieht betroffen aus.* Fühlst du dich nicht wohl?

KATHARINA *faßt sich wieder:* Es ist nur, weil du von d e i n e n Besitzungen sprichst, und Konrads Leiche ist noch nicht kalt.

GÖTZ: Seit dreißig Jahren schon gehören sie insgeheim mir. *Er hebt sein Glas.* Ich trinke auf meine Besitzungen und auf mein Schloß! Stoß an! *Sie hebt schweigend ihr Glas.* Sage: Auf deine Besitzungen!

KATHARINA: Nein.

GÖTZ: Warum nicht, du Luder?

KATHARINA: Weil sie dir nicht gehören. Bist du etwa kein Bastard mehr, weil du deinen Bruder ermordet hast? *Götz fängt zu lachen an und will ihr eine Ohrfeige geben; sie weicht ihm aus und wirft sich lachend zurück.* Landbesitz wird nur durch Erbschaft übertragen.

GÖTZ: Da hätte mir einer schon viel Geld zahlen müssen, damit ich diese Erbschaft angenommen hätte. Was mir gehören soll, das nehme ich mir selbst. Los, gib Bescheid, sonst werde ich böse.

KATHARINA: Auf deine Besitzungen! Auf dein Schloß!

GÖTZ: Und daß nachts in den Korridoren viele ergrimmte Gespenster umgehen möchten.

KATHARINA: Richtig, du Komödiant. Was wärest du ohne Publikum! Ich trinke auf die Gespenster. *Pause.* Also, du Herzchen, was dir gehört, das pflegst du dir zu nehmen?

GÖTZ: Ausnahmslos.

KATHARINA: Dann besitzt du außer deinem Schloß und deinen Gütern ja auch noch ein unschätzbares Kleinod, an das du offenbar gar nicht denkst.

GÖTZ: Und das wäre?

KATHARINA: Ich, mein Liebling. Hast du mich nicht auch mit Gewalt genommen? *Pause.* Was gedenkst du mit mir zu tun? Entscheide dich.

GÖTZ *sieht sie an und denkt nach:* Dich nehme ich mit.

KATHARINA: Du nimmst mich mit? *Sie geht zögernd auf ihn zu.* Warum nimmst du mich mit? Um einer Hure ein historisches Schloß als würdigen Rahmen zu geben?

GÖTZ: Um eine Hure in dem Bett meiner hochseligen Frau Mutter zu sehen. *Schweigt.*

KATHARINA: Und wenn ich mich weigere? Wenn ich nicht mitkommen will?

GÖTZ: Ich hoffe ja grade, daß du nicht willst.

KATHARINA: Aha! Dann entführst du mich mit Gewalt. Da atme ich wirklich auf. Ich hätte mich nämlich geschämt, freiwillig mit dir zu gehen. *Pause.* Warum willst du immer gewaltsam an dich reißen, was man dir vielleicht auch freiwillig geben würde?

GÖTZ: Um ganz sicher zu sein, daß man es mir unfreiwillig gibt. *Macht ein paar Schritte auf sie zu.* Sieh mich an, Katharina, was verbirgst du mir?

KATHARINA *lebhaft:* Ich? nichts!

GÖTZ: Du hast dich verändert seit einiger Zeit. Verabscheust du mich auch noch?

KATHARINA: Aber natürlich! Und wie!

GÖTZ: Träumst du noch immer davon, mich einmal zu ermorden?

KATHARINA: Mehr als einmal in jeder Nacht.

GÖTZ: Du vergißt doch auch nicht, daß ich dich in den Schmutz gezerrt und gedemütigt habe?

KATHARINA: Ich werde mich hüten!

GÖTZ: Du erträgst meine Zärtlichkeiten noch immer mit Widerwillen.

KATHARINA: Es überläuft mich dabei.

GÖTZ: Vortrefflich. Sowie du in meinen Armen selig schmachtetest, würde ich dich verjagen.

KATHARINA: Aber ...

GÖTZ: Ich lasse mir nichts mehr schenken, nicht einmal die Zärtlichkeit einer Frau.

KATHARINA: Warum nicht?

GÖTZ: Man hat mir zuviel geschenkt. Zwanzig Jahre lang wurde mir alles huldvoll gewährt, sogar die Luft, die ich atme: ein Bastard muß sich mit einem Handkuß bedanken, daß man ihn auch nur ernährt. Oh, wie ich jetzt aber schenken werde! Jetzt werde i c h einmal schenken!

FRANZ *tritt ein:* Der Abgesandte Seiner Exzellenz.

GÖTZ: Er soll kommen.

3. SZENE
Dieselben – Der Bankier

DER BANKIER: Fugger ist mein Name.

GÖTZ: Und der meinige Götz, und dies hier ist Katharina.

DER BANKIER: Ich schätze mich glücklich, einen so großen Feldherrn begrüßen zu dürfen.

GÖTZ: Und ich mich, einem so reichen Bankier zu begegnen.

DER BANKIER: Ich bringe drei ausgezeichnete Nachrichten mit.

GÖTZ: Der Erzbischof hat gesiegt, mein Bruder ist tot, seine Güter gehören mir. So war es doch, nicht wahr?

DER BANKIER: Ganz recht. Nun wollte ich ...

GÖTZ: Das müssen wir feiern. Trinken Sie?

DER BANKIER: Ich vertrage keinen Wein. Ich ...

GÖTZ: Möchten Sie dies hübsche Mädchen hier? Es steht Ihnen zur Verfügung.

DER BANKIER: Ich wüßte nichts damit anzufangen. Dazu bin ich zu alt.

GÖTZ: Arme Katharina! Jetzt will er dich nicht einmal. *Zu dem Bankier:* Oder sind Sie mehr für junge Männer zu haben? Sie werden heute abend einen in ihrem Zelte finden.

DER BANKIER: Aber nicht doch! Ein junger Mann! Ich ...

GÖTZ: Oder was würden Sie zu einem Landsknecht sagen? Ich habe da einen sechs Fuß langen mit einem ganz haarigen Gesicht; Polyphem in Person.

DER BANKIER: Aber nein, nein! Um Gottes willen, nein!

GÖTZ: Dann bleibt nur noch der Ruhm. *Er ruft:* Franz! *Franz erscheint.* Franz, du wirst diesen Herrn hier durch das Lager führen und dafür sorgen, daß die Soldaten rufen «Es lebe der Bankier». Sie haben dabei ihre Kopfbedeckungen in die Luft zu werfen. *Franz ab.*

DER BANKIER: Ich bin Ihnen sehr verbunden, aber zunächst einmal möchte ich sehr gern mit Ihnen unter vier Augen sprechen.

GÖTZ *erstaunt:* Aber was tun Sie denn, seitdem Sie hier eingetreten sind? *Weist auf Katharina.* Sie meinen wohl wegen dieser hier... Aber sie ist wie ein Haustier. Sie können ruhig reden, ohne sich Zwang anzutun.

DER BANKIER: Seine Eminenz hat immer eine friedfertige Gesinnung gehegt, und Sie wissen, daß Ihr verstorbener Herr Bruder für den Krieg verantwortlich war...

GÖTZ: Mein Bruder! *Sehr heftig.* Wenn das alte Schlittenpferd ihn nicht zur Verzweiflung getrieben hätte...

DER BANKIER: Mein Herr!

GÖTZ: Schon gut! Ich habe nichts gesagt. Aber Sie würden mich sehr verpflichten, wenn Sie meinen Bruder aus dem Spiel lassen wollten. Schließlich traure ich noch um ihn.

DER BANKIER: Seine Eminenz hat beschlossen, der Wiederkehr des Friedens durch einen Gnadenakt besondere Weihe zu geben.

GÖTZ: Aha! Er sperrt die Gefängnisse auf?

DER BANKIER: Die Gefängnisse? O nein!

GÖTZ: Wünscht er, daß ich den Soldaten, denen ich Bußen auferlegt habe, ihre Strafen erlasse?

DER BANKIER: Das auch. Doch plant er eine Amnestie von weit umfassenderer Art. Er möchte sie auch auf seine Untertanen, die Bürger von Worms, ausdehnen.

GÖTZ: So! So!

DER BANKIER: Er hat beschlossen, sie für eine vorübergehende Verirrung nicht zur Rechenschaft zu ziehen.

GÖTZ: Das ist allerdings eine ausgezeichnete Idee.

DER BANKIER: So sind wir uns also einig? So schnell?

GÖTZ: Vollkommen einig. *Der Bankier reibt sich die Hände.*

DER BANKIER: Nun, das ist ausgezeichnet: Sie sind ein vernünftiger Mann. Und wann gedenken Sie, die Belagerung aufzuheben?

GÖTZ: Morgen ist Schluß mit allem.

DER BANKIER: Hm, morgen ist allerdings etwas früh. Seine Eminenz wünscht mit den Belagerten Verhandlungen aufzunehmen. Wenn Ihre Armee noch ein paar Tage vor den Toren bliebe, so würde das die Verhandlungen wesentlich erleichtern.

GÖTZ: Ich verstehe. Und wer soll mit ihnen verhandeln?

DER BANKIER: Ich.

GÖTZ: Und wann?

DER BANKIER: Morgen.

GÖTZ: Ausgeschlossen.

DER BANKIER: Wieso?

GÖTZ: Katharina! Ob man es ihm sagt?

KATHARINA: Aber ja, mein Liebling.

GÖTZ: Sage du es ihm. Ich bringe es nicht übers Herz. Es wird ihm Kummer machen.

KATHARINA: Morgen, Herr Bankier, sind diese Leute alle schon tot.

DER BANKIER: Tot?

GÖTZ: Alle.

DER BANKIER: Alle tot!

GÖTZ: Ohne Ausnahme tot. Heute nacht. Sehen Sie diesen Schlüssel? Es ist der Schlüssel zur Stadt. In genau einer Stunde fangen wir mit dem Massaker an.

DER BANKIER: Alle? Selbst die Reichen?

GÖTZ: Selbst die Reichen.

DER BANKIER: Aber Sie waren doch mit der Milde des Erzbischofs einverstanden ...

GÖTZ: Ich bin auch noch einverstanden. Er ist beleidigt und Priester: zwei Gründe, um versöhnlich zu sein. Doch warum soll ich verzeihen? Die Wormser haben mich nicht gekränkt. Nein, nein. Jedoch ich bin Soldat, und darum töte ich. Ich töte sie meinem Beruf entsprechend, und entsprechend dem seinen verzeiht ihnen der Herr Erzbischof. *Schweigen. Gleich darauf fängt der Bankier zu lachen an. Katharina, dann Götz lachen ebenfalls.*

DER BANKIER *lacht noch immer:* Sie scheinen gern zu spaßen.

GÖTZ *lachend:* Ich tue nichts lieber als das.

KATHARINA: Er ist witzig, nicht wahr?

DER BANKIER: Sehr. Und versteht sich aufs Geschäft.

GÖTZ: Was für ein Geschäft?

DER BANKIER: Seit dreißig Jahren folge ich immer einem Prinzip, nämlich der Überzeugung, daß der Vorteil die Welt regiert. Wie oft schon haben in meiner Gegenwart die Menschen ihr Verhalten mit den edelsten Grundsätzen motiviert. Ich habe mit halbem Ohr zugehört und mich bei jedem im stillen gefragt: Wo steckt der Vorteil, den er für sich sieht?

GÖTZ: Und wenn Sie es herausgefunden hatten?

DER BANKIER: Dann konnte man mit ihm reden.

GÖTZ: Haben Sie es bei mir schon heraus?

DER BANKIER: Lassen Sie sehen!

GÖTZ: Nun, wo steckt er wohl?

DER BANKIER: Nur langsam. Sie gehören zu einer schwierigen Kategorie. Bei Ihnen kommt man nur schrittweise voran.

GÖTZ: Welche Kategorie?

DER BANKIER: Die der Idealisten.

GÖTZ: Was sind das für Leute?

DER BANKIER: Sehen Sie, ich teile die Menschen in drei Klassen ein: die, die viel Geld haben, die, die gar keins haben, und die, die wenig haben. Die ersten wollen behalten, was sie haben: ihr Vorteil liegt im Bewahren der Ordnung; die zweiten wollen haben, was ihnen nicht gehört: ihr Vorteil liegt also in der Zerstörung des herrschenden Systems und der Schaffung eines anderen, das ihnen zugute kommt. Alle beide sind Realisten, Leute, mit denen man reden kann. Die dritten wollen die Gesellschaftsordnung umstürzen, um zu bekommen, was sie nicht haben, gleichzeitig aber möchten sie sie behalten, damit man ihnen nicht nehmen kann, was ihnen immerhin schon gehört. So konservieren sie de facto, was sie in der Idee zerstören, oder zerstören durch die Tat, was sie scheinbar erhalten wollen. Das sind die Idealisten.

GÖTZ: Diese armen Leute. Wie kann man ihnen helfen?

DER BANKIER: Indem man ihnen den Weg in eine andere soziale Kategorie eröffnet. Macht man sie zu reichen Leuten, so verteidigen sie bestimmt die bestehende Ordnung.

GÖTZ: Also, machen Sie mich reich. Was bieten Sie mir denn?

DER BANKIER: Die Besitzungen Konrads.

GÖTZ: Die haben Sie mir ja schon geschenkt.

DER BANKIER: Ganz recht. Sie brauchen sich nur zu erinnern, daß Sie sie der Güte seiner Eminenz verdanken.

GÖTZ: Sie dürfen mir glauben, daß ich es nicht vergesse. Was noch?

DER BANKIER: Ihr Bruder hatte Schulden.

GÖTZ: Der Arme! *Er bekreuzigt sich. Nervöses Schluchzen.*

DER BANKIER: Was soll das bedeuten?

GÖTZ: Nicht viel. Nur der Familiensinn, Sie verstehen. Also er hatte Schulden.

DER BANKIER: Die könnten wir bezahlen.

GÖTZ: Darin sehe ich meinen Vorteil nicht, da ich die Absicht hatte, sie gar nicht anzuerkennen. Das wäre nur ein Vorteil der Gläubiger.

DER BANKIER: Eine Rente von tausend Dukaten?

GÖTZ: Und meine Leute? Wenn sie sich weigerten, mit leeren Händen abzuziehen?

DER BANKIER: Also weitere tausend Dukaten zur Verteilung an die Armee. Ist Ihnen das genug?

GÖTZ: Es ist sogar zuviel.

DER BANKIER: Wir sind uns also einig?

GÖTZ: Nein.

DER BANKIER: Zweitausend Dukaten Rente? Dreitausend. Weiter kann ich nicht gehen.

GÖTZ: Wer verlangt denn das auch?

DER BANKIER: Also was wollen Sie?

GÖTZ: Die Stadt nehmen und sie zerstören.

DER BANKIER: Das Einnehmen ginge ja noch hin. Aber warum, zum Kuckuck, wollen Sie sie zerstören?

GÖTZ: Weil ein jeder von mir verlangt, daß ich sie schonen möge.

DER BANKIER *bestürzt:* Da habe ich mich wohl doch getäuscht.

GÖTZ: Allerdings! Du hast nicht gefunden, wo mein Vorteil liegt! Sieh mal an: wo er wohl stecken mag? Suche doch, suche! Aber beeile dich: ehe eine Stunde vergeht, mußt du ihn gefunden haben! Wenn du bis dahin nicht weißt, wo die Schnüre sitzen, an denen die Marionette tanzt, lasse ich dich durch die Straßen führen, und du wirst mit eigenen Augen überall die Feuerherde um dich entstehen sehen.

DER BANKIER: Damit täuschen Sie aber das Vertrauen des Erzbischofs.

GÖTZ: Täuschen? Vertrauen? Ihr seid doch alle gleich, ihr Herren Realisten. Wenn ihr nicht mehr wißt, was ihr sagen sollt, sprecht ihr wie Idealisten.

DER BANKIER: Wenn Sie die Stadt in Asche legen, bekommen Sie Konrads Besitzungen nicht.

GÖTZ: Dann behalten Sie sie! Mein Vorteil, Bankier, würde sein, sie für mich zu haben und darauf zu leben. Aber ich bin nicht so sicher, daß jeder auf seinen Vorteil sieht. Gut, behalten Sie sie nur, möge seine Eminenz sie sich an den Hintern stecken. Ich habe dem Erzbischof schon meinen Bruder zum Opfer gebracht, und jetzt erwartet man von mir, daß ich zwanzigtausend Untertanen schone? Ich bringe die Bewohner von Worms Konrads Manen dar: sie sollen zu seiner Ehre in Fackeln verwandelt werden. Die Domäne Heidenstein aber soll sich der Erzbischof selbst zu seinem Wohnsitz erkiesen, wenn er will, und dort Landwirtschaft treiben. Er wird es bald nötig haben, denn ich habe die Absicht, ihn heute nacht zu ruinieren.

Nach einer Pause: Franz! *Franz erscheint.* Nimm diesen alten Realisten hier, sorge dafür, daß man ihm alle Ehren erweist, und wenn er in seinem Zelt angekommen ist, dann binde ihm mit einem soliden Strick Hände und Füße zusammen.

DER BANKIER: Nein! Nein, nein, nein!

GÖTZ: Was denn?

DER BANKIER: Ich leide furchtbar an Rheumatismus; eure Stricke wären mein Tod. Soll ich Ihnen mein Ehrenwort geben, daß ich mein Zelt nicht verlasse?

GÖTZ: Dein Ehrenwort? Es wäre dein Vorteil, wenn du es mir jetzt gibst, aber gleich darauf würde es vorteilhaft für dich sein, es mir nicht zu halten. Geh, Franz, und zieh nur recht fest an.

Franz und der Bankier ab. Gleich darauf hört man Rufe «Es lebe der Bankier», zunächst ganz nah, dann in weiterer Ferne, schließlich verebben sie ganz.

4. SZENE

Götz – Katharina – Hermann (im Versteck)

GÖTZ: Es lebe der Bankier! *Er lacht.* Ade die Güter! Ade die Felder und Flüsse! Und das Schloß, ade!

KATHARINA *lacht:* Ade die Güter! Ade das Schloß! Ade die Ahnenporträts!

GÖTZ: Traure dem allen nur nicht nach. Wir hätten uns totgelangweilt. *Pause.* Dieser alte Esel! *Pause.* Oh, er hätte mich eben nicht herausfordern sollen!

KATHARINA: Macht dir die Sache zu schaffen?

GÖTZ: Was unterstehst du dich? *Pause.* Das Böse macht jedem zu schaffen: zunächst einmal dem, der es tut.

KATHARINA *schüchtern:* Und wenn du die Stadt nicht einnehmen würdest?

GÖTZ: Wenn ich darauf verzichtete, würdest du Schloßherrin werden.

KATHARINA: Daran habe ich nicht gedacht.

GÖTZ: Sicherlich nicht. Dann freue dich nur: denn ich nehme sie ein.

KATHARINA: Warum?

GÖTZ: Weil es das Böse ist.

KATHARINA: Und warum mußt du das Böse tun?

GÖTZ: Das Gute ist schon getan.

KATHARINA: Und wer hat es getan?

GÖTZ: Großvater. Ich muß Neues erfinden. *Ruft:* Holla! Hauptmann Schöne. Sofort! *Götz bleibt am Eingang des Zeltes stehen und blickt hinaus.*

KATHARINA: Wonach siehst du?

GÖTZ: Nach der Stadt. *Schweigt.* Ich frage mich, ob damals der Mond geschienen hat.

KATHARINA: Wann? Und wo?

GÖTZ: Voriges Jahr, als ich Halle nahm. Es war eine Nacht wie diese, ich stand am Eingang des Zeltes und blickte zu dem Torturm über den Mauern hinüber. Am nächsten Morgen stürmten wir. *Tritt wieder zu ihr.* Auf alle Fälle räume ich das Feld, bevor es zu stinken beginnt. In den Sattel, und los!

KATHARINA: Du ... gehst fort von hier?

GÖTZ: Morgen, vor der Mittagsstunde, auf ganz leisen Sohlen.

KATHARINA: Und ich?

GÖTZ: Du? Stopfst dir die Nase gut zu und hoffst, daß der Wind nicht hier herüberweht. *Der Hauptmann tritt ein.* Zweitausend Bewaffnete: die Regimenter Wolfmar und Ulrich. Sie sollen bereitstehen, mir in einer halben Stunde zu folgen. Die übrige Armee soll sich marschbereit halten, alles im Dunkeln und ohne Lärm. *Hauptmann ab. Bis zum Ende des Aktes hört man das gedämpfte Geräusch der Vorbereitungen.* Also, meine Süße, mit der Schloßherrin ist es nichts.

KATHARINA: Ich habe Angst.

GÖTZ: Bist du sehr enttäuscht?

KATHARINA: Ich glaubte sowieso nicht daran.

GÖTZ: Und warum nicht?

KATHARINA: Ich kenne dich doch.

GÖTZ *heftig:* Du? Du willst mich kennen? *Hält inne und lacht.* Also schließlich muß ich auch wohl vorhersehbar sein. *Schweigt.* Du siehst mich, du beobachtest mich, auch du hast dir offenbar deine kleinen Gedanken gemacht, wie man mich am besten nimmt.

KATHARINA: Die Katze guckt auch den Kaiser an.

GÖTZ: Ja, aber sie sieht den Kaiser mit einem Katzenkopf. Was für einen Kopf habe ich? Einen Hundekopf? Einen Makrelenkopf? Oder einen Dorschkopf vielleicht? *Sieht sie an.* Komm aufs Bett.

KATHARINA: Nein.

GÖTZ: Komm, habe ich gesagt. Mir ist nach Liebe zumute.

KATHARINA: Du hast mich noch nie so gedrängt. *Er packt sie an der Schulter.* So dringend war's dir vor allem noch nie. Was ist denn nur mit dir?

GÖTZ: Der Götz mit dem Dorschkopf winkt mir zu. Er und ich, wir möchten zu ein und demselben werden. Zudem regt die Angst auch zur Liebe an.

KATHARINA: Du hast Angst?

GÖTZ: Ja. *Er setzt sich auf das Bett, den Rücken dem im Hintergrunde verborgenen Hermann zugewendet.* Also komm! *Katharina geht zu ihm hin, zieht ihn schnell fort und setzt sich selbst an seinen Platz.*

KATHARINA: Ich komme ja schon, ich will dir gehören. Aber sag erst: was wird aus mir?
GÖTZ: Wann?
KATHARINA: Von morgen an.
GÖTZ: Wie soll ich das wissen! Was du willst.
KATHARINA: Das heißt: Soldatenliebchen.
GÖTZ: Offen gesagt, scheint mir das die beste Lösung zu sein, oder nicht?
KATHARINA: Wenn es mir nun nicht gefällt?
GÖTZ: Suche dir einen Dummen, der dich heiraten würde.
KATHARINA: Und du? Was hast du vor?
GÖTZ: Neue Leute anwerben. Es heißt, die Hussiten rühren sich; ich muß ihnen auf die Finger klopfen.
KATHARINA: Nimm mich mit.
GÖTZ: Wozu?
KATHARINA: Es werden doch Tage kommen, wo du eine Frau nötig hast; wenn Mondschein ist, oder du willst eine Stadt einnehmen, du hast Angst oder bist verliebt.
GÖTZ: Eine Frau ist wie die andere. Meine Leute bringen mir Dutzende, wenn ich Lust darauf habe.
KATHARINA *losbrechend:* Ich will aber nicht.
GÖTZ: Du willst nicht?
KATHARINA: Ich kann so gut wie zwanzig, wie hundert, wie alle Frauen sein, wenn du es verlangst. Ich wiege nicht viel, nimm mich zu dir aufs Pferd, es wird nichts davon spüren. Ich aber werde dir ein ganzes Hurenhaus ersetzen. *Sie preßt sich gegen ihn.*
GÖTZ: Was ist in dich gefahren? *Schweigen. Er sieht sie an. Dann schroff:* Geh weg. Ich schäme mich für dich.
KATHARINA *mit flehender Stimme:* Götz!
GÖTZ: Ich dulde es einfach nicht, daß du mich ansiehst mit solchem Blick. Du mußt schon eine tolle Metze sein, daß du mich noch zu lieben wagst nach allem, was ich dir angetan habe.
KATHARINA *schreit:* Ich liebe dich nicht! Ich schwöre es dir! Und wenn ich dich liebte, so wirst du es nie erfahren! Was kann dir das machen, wenn man dich liebt und es dir nicht sagt!
GÖTZ: Was habe ich denn davon, wenn man mich liebt? Wenn du mich liebst, hast du allein das ganze Vergnügen. Mach, daß du fortkommst, Schlampe! Ich lasse mich nicht ausnutzen von dir.
KATHARINA: Götz! Götz! Schick mich nicht fort! Ich habe niemanden mehr auf der Welt! *Götz versucht sie aus dem Zelt zu werfen. Sie krallt sich an seinen Händen fest.*
GÖTZ: Wirst du jetzt endlich gehen?
KATHARINA: Du hast es gewollt, Götz! Du hast es gewollt! *Hermann kommt mit gezücktem Messer aus seinem Versteck herausgestürzt.* Oh! Sieh dich vor!
GÖTZ *dreht sich um und packt Hermann am Handgelenk:* Franz! *Männer stürzen herein. Er lacht.* Da ist es mir doch gelungen, einen zum Äußersten zu treiben.
HERMANN *zu Katharina:* Miststück! Angeberin!
GÖTZ *zu Katharina:* Ach, du warst auch von der Partie? Das höre

ich gern: sehr gern sogar. *Er streichelt sie am Kinn.* Führt ihn ab ... Ich werde später befinden, was mit ihm geschehen soll. *Soldaten mit Hermann ab. Pause.*

KATHARINA: Was wirst du mit ihm machen?

GÖTZ: Ich kann den Leuten nicht recht böse sein, die mich umbringen wollen. Ich verstehe sie zu gut. Ich werde dies dicke Faß ganz einfach ein bißchen anzapfen lassen.

KATHARINA: Und was machst du mit mir?

GÖTZ: Richtig, ich muß dich ja strafen.

KATHARINA: Niemand zwingt dich dazu.

GÖTZ: Doch. *Schweigt.* Es sind hier viele Soldaten, denen es den Atem verschlägt, wenn du vorübergehst. Denen mache ich dich zum Geschenk. Wenn du das überlebst, suchen wir einen recht schieläugigen und pockennarbigen Reiter aus, und der Pfarrer von Worms soll eure Trauung vollziehen.

KATHARINA: Das glaube ich dir nicht.

GÖTZ: Nein?

KATHARINA: Nein. Du bist nicht ... Das tust du nicht. Nein. Ich bin ganz sicher. Ganz sicher.

GÖTZ: Du meinst, ich werde es nicht tun? *Ruft:* Franz! Franz! *Franz mit zwei Soldaten.* Du mußt dich um die junge Frau kümmern, Franz.

FRANZ: Welche junge Frau?

GÖTZ: Um Katharina. Erst wirst du sie allen zum Weibe geben, und zwar in ganz großer Form. Und dann ...

5. SZENE

Dieselben – Nasty

GÖTZ *Nasty tritt ein, geht auf Götz zu und schlägt ihn aufs Ohr:* Ho, halt mal, was tust du denn da?

NASTY: Ich habe dir eins aufs Ohr gegeben.

GÖTZ: Das habe ich gemerkt. *Sieht ihn scharf an:* Wer bist du?

NASTY: Ich bin Nasty, der Bäcker.

GÖTZ *zu den Soldaten:* Nasty? Ist das Nasty?

DIE SOLDATEN: Ja.

GÖTZ: Das ist mal ein guter Fang.

NASTY: Du hast mich nicht gefangen. Ich habe mich selber gestellt.

GÖTZ: Wenn du willst. Das Resultat ist jedenfalls dasselbe. Ich werde heute wirklich von Gott mit Gaben überhäuft. Das ist also Nasty, der König der Lumpen im Heiligen Römischen Reich. *Sieht ihn an.* Genau, wie ich ihn mir vorgestellt habe: entmutigend wie die Tugend selbst.

NASTY: Ich bin nicht tugendhaft. Unsere Kinder werden es einmal sein, wenn wir genügend Blut vergießen, um ihnen das Recht dazu zu geben.

GÖTZ: Ich sehe, du bist ein Prophet!

NASTY: Das sind alle Menschen.

GÖTZ: Wirklich, dann bin ich auch ein Prophet.

NASTY: Jedes Wort zeugt von Gott; jedes Wort, was es auch besagt.
GÖTZ: Alle Wetter! Da muß ich künftig achtgeben, was ich rede.
NASTY: Wozu? Du kannst doch nicht hindern, daß du alles kundtust.
GÖTZ: Gut. Nun beantworte erst einmal meine Fragen und versuche nicht alles zu sagen, sonst werden wir niemals fertig. Du bist also Nasty, Prophet und Bäckermeister.
NASTY: Ja, der bin ich.
GÖTZ: Es hieß, du seiest in Worms.
NASTY: Ich bin herausgekommen.
GÖTZ: Heute nacht?
NASTY: Ja.
GÖTZ: Um mit mir zu reden?
NASTY: Um Verstärkung zu suchen und dir in den Rücken zu fallen.
GÖTZ: Eine blendende Idee. Warum hast du sie aufgegeben?
NASTY: Beim Durchgang durch das Lager erfuhr ich, daß ein Verräter dir den Schlüssel zur Stadt gegeben hat.
GÖTZ: Das hat dir sicherlich ein böses Viertelstündchen bereitet?
NASTY: Ein sehr böses sogar.
GÖTZ: Und dann?
NASTY: Dann habe ich mich auf einen Stein hinter deinem Zelt gesetzt. Ich sah, wie das Zelt immer heller wurde und Schatten sich drin bewegten. In diesem Augenblick bekam ich den Befehl, zu dir zu gehen und mit dir zu reden.
GÖTZ: Wer gab dir diesen Befehl?
NASTY: Wer soll es wohl gewesen sein?
GÖTZ: Ja, in der Tat. Du bist doch ein glücklicher Mensch; bekommst Befehle und weißt, von wem. Ich bekomme auch welche, stell dir vor, zum Beispiel, Worms zu verbrennen. Aber ich bringe nicht heraus, wer sie mir erteilt. *Schweigt.* Hat Gott dir auch befohlen, mir eins aufs Ohr zu geben?
NASTY: Ja.
GÖTZ: Warum?
NASTY: Ich weiß nicht. Vielleicht, um das Wachs zu lösen, das deinen Gehörgang verklebt.
GÖTZ: Auf deinen Kopf ist ein Preis gesetzt. Hat Gott dir das auch gesagt?
NASTY: Gott braucht es mir nicht zu sagen. Ich habe immer gewußt, wie ich enden werde.
GÖTZ: Richtig. Du bist ja Prophet.
NASTY: Man braucht dazu nicht Prophet zu sein: unsereiner hat nur zwei Wege, sein Leben zu beenden. Diejenigen, die sich fügen, verhungern, und die sich nicht fügen werden aufgehängt. Mit zwölf Jahren aber weiß man schon, zu welcher Art man gehört.
GÖTZ: Ausgezeichnet. Jetzt aber wirf dich auf die Knie vor mir.
NASTY: Wozu das?
GÖTZ: Um mich zum Mitleid zu bewegen, vermutlich. Hat dir Gott davon nichts gesagt? *Franz zieht ihm seine Stiefel an.*
NASTY: Nein. Du hast kein Mitleid. Und auch Gott hat keins. Und warum sollte ich dich um Mitleid anflehen, ich, der ich doch, wenn der Tag einst kommen wird, mit niemand Mitleid haben werde?

GÖTZ *steht auf:* Was also suchst du hier eigentlich?

NASTY: Ich will dir die Augen öffnen, Bruder.

GÖTZ: O Wundernacht, alles regt sich, Gott wandelt auf der Erde, mein Zelt ist ein Himmel, durch den die Sternschnuppen schießen, und nun das Allerschönste: Nasty, der Prophet vom Backofen, kommt, mir die Augen öffnen. Wer hätte gedacht, daß Himmel und Erde soviel Wesens machen würden wegen einer Stadt mit zwanzigtausend Bewohnern? Sag mal ernstlich, Bäcker, wer beweist dir denn, daß du nicht ein Opfer des Teufels bist?

NASTY: Wer beweist dir, daß es nicht Nacht ist, wenn die Sonne dich blendet?

GÖTZ: Und wer beweist dir, daß es nicht Tag ist, wenn du nachts von der Sonne träumst? Und wenn auch ich vielleicht heute Gott gesehen hätte? Hm? Da würde dann eben Sonne gegen Sonne stehen. *Pause.* Ich habe sie alle in der Hand: die hier, die mich ermorden wollte, den Abgesandten des Erzbischofs und dich, den König der Lumpen; er hat mit seinem Finger eine Verschwörung aufgedeckt und hat den Schuldigen die Maske vom Antlitz gerissen; ja, noch besser, einer seiner eigenen Diener hat mir seinerseits die Schlüssel zur Stadt überbracht.

NASTY *in verändertem Ton, kurz und gebieterisch:* Einer seiner Diener? Wer?

GÖTZ: Was kann dir das schon machen, wo du doch sterben mußt. Also gib zu, daß Gott mit mir ist.

NASTY: Mit dir? Nein. Du bist nicht Gottes Mann. Höchstens seine Drohne.

GÖTZ: Was weißt denn du davon?

NASTY: Die Männer Gottes bauen oder zerstören, du aber läßt nur bestehen.

GÖTZ: Ich?

NASTY: Du säst Unordnung aus. Unordnung aber ist der beste Diener der bestehenden Ordnung. Du hast die gesamte Ritterschaft geschwächt, als du Konrad verrietest, und wirst das Bürgertum schwächen, wenn du Worms zerstörst. Und wem nützt das? Den Großen. Du dienst den Großen, Götz, und du wirst ihnen dienen, was auch immer du tust: Zerstörung, die unvollkommen ist, schwächt die Schwachen, bereichert die Reichen und festigt die Macht der Mächtigen.

GÖTZ: Da tue ich also gerade das Gegenteil von dem, was ich will? *Mit Ironie.* Glücklicherweise hat Gott dich geschickt, um mich aufzuklären. Wozu rätst du mir jetzt?

NASTY: Zu einem neuen Bündnis.

GÖTZ: Aha. Zu einem neuen Verrat? Das ist wirklich nett, darin habe ich Übung, das ist weiter nichts Neues für mich. Aber wenn ich mich weder mit den Bürgern noch den Rittern, noch den Fürsten verbünden soll, sehe ich nicht recht, wer es diesmal sein sollte.

NASTY: Nimm Worms ein, metzle die Bürger und die Priester nieder, übergib die Stadt den Armen, stelle ein Heer von Bauern auf und verjage den Erzbischof; dann wird morgen das ganze Land hinter dir marschieren.

GÖTZ *sehr erstaunt:* Ich soll mich mit den Armen verbünden?

NASTY: Mit den Armen, ja; mit dem Pöbel der Städte und dem fahrenden Volk.

GÖTZ: Das ist ein seltsamer Vorschlag!

NASTY: Sie sind deine natürlichen Verbündeten. Willst du endgültig und gründlich zerstören, die Paläste und die vom Satan errichteten Kathedralen niederlegen, die schamlosen Bildwerke der Heiden vernichten, die Tausende von Büchern verbrennen, die ein teuflisches Wissen vermitteln, Gold und Silber abschaffen, dann komm zu uns. Ohne uns drehst du dich im Kreise und tust dir nur selber weh. Mit uns aber wirst du zur Gottesgeißel werden.

GÖTZ: Und was habt ihr mit den Bürgern vor?

NASTY: Wir nehmen ihnen ihren Besitz, um die Nackten zu kleiden und die Hungrigen satt zu machen.

GÖTZ: Und die Priester?

NASTY: Die schicken wir heim nach Rom.

GÖTZ: Und die Adligen?

NASTY: Machen wir einen Kopf kürzer.

GÖTZ: Und wenn wir dann den Erzbischof verjagt haben?

NASTY: Wird es Zeit sein, das Reich Gottes aufzubauen.

GÖTZ: Auf welchem Fundament?

NASTY: Alle Menschen sind gleich und Brüder, alle sind in Gott, und er ist in allen; der Heilige Geist spricht durch jeglichen Mund, alle sind Priester und Propheten, alle können taufen, Ehen schließen, das Evangelium verkündigen und die Sünden vergeben; jeder lebt sichtbar vor aller Augen auf Erden, in seiner Seele aber für sich in Gottes Angesicht.

GÖTZ: Da wird es in eurem Reich nicht viel zu lachen geben.

NASTY: Lacht man denn über die, die man liebt? Unser Gesetz sei die Liebe.

GÖTZ: Und was soll denn ich in diesem Reiche sein?

NASTY: Das gleiche wie wir alle.

GÖTZ: Wenn es mir aber nicht behagt, euresgleichen zu sein?

NASTY: Allen Menschen gleichgestellt oder Diener der Fürsten. Du mußt selber wählen.

GÖTZ: Dein Vorschlag, Bäcker, ist sicherlich gut gemeint. Nur, weißt du, ich werde mich mit den Armen sicher totlangweilen: sie verabscheuen alles, was mir gefällt.

NASTY: Was gefällt dir denn?

GÖTZ: Alles, was ihr abschaffen wollt: Bildwerke, Luxus und Krieg.

NASTY: Der Mond gehört dir nicht, und du bist dumm genug, dich zu schlagen, damit die Adligen sich daran erfreuen können.

GÖTZ *überzeugt und mit Nachdruck:* Ich liebe die Adligen.

NASTY: Du? Du bringst sie doch um?

GÖTZ: Ach, Unsinn! Von Zeit zu Zeit natürlich bringe ich sie ein bißchen um, weil ihre Frauen so fruchtbar sind, und zehn für einen entstehen, den ich getötet habe. Aber ich möchte nicht, daß ihr sie mir alle hängt. Warum soll ich euch helfen, die Sonne und alles auszulöschen, was noch leuchtet auf Erden? Das muß ja hinterher die reine Polarnacht geben.

NASTY: Du willst also weiterhin nur eine unnütze, klingende Schelle sein?

GÖTZ: Unnütz, ja. Unnütz den Menschen. Aber was gehen die Menschen mich an. Gott hört mich, ihm schrei ich die Ohren voll, denn er ist der einzige Feind, der meiner würdig ist. Es gibt nur Gott und mich; das übrige sind Phantome. Gott selbst aber kreuzige ich heut nacht in dir und in zwanzigtausend Menschen, denn sein Leiden ist unendlich und macht unendlich auch den, der es schafft. Diese Stadt wird in Flammen stehen. Gott weiß es, und er hat Angst in diesem Augenblick, ich spüre seinen Blick auf meinen Händen, ich spüre seinen Hauch, der über meine Haare streicht, und seine Engel weinen. Er sagt sich: «Götz wagt es vielleicht nicht» – ganz so, als wäre er nur ein Mensch. Aber weint nur, ihr Engel, denn ich wage es doch. Gleich breche ich auf im Gefühl seiner Furcht und in seinem Grimm. Die Stadt wird in Flammen stehen, und wie in einer Spiegelgalerie wird sich der Brand millionenfach in Gottes Seele spiegeln. Dann weiß ich, daß ich als Ungeheuer wirklich vollkommen bin. *Zu Franz:* Wo ist mein Gürtel?

NASTY *in verändertem Ton:* Schone die Armen, Götz. Der Erzbischof, der ist reich. Mach dir ein Vergnügen daraus, ihn zugrunde zu richten, aber die Armen zu quälen, macht doch gar keinen Spaß.

GÖTZ: Nein. Spaß macht es nicht.

NASTY: Nun also?

GÖTZ: Auch ich habe meinen Befehl.

NASTY: Auf Knien beschwöre ich dich.

GÖTZ: Ich dachte, du dürftest nicht bitten?

NASTY: Alles ist erlaubt, wenn es gilt, Menschen zu retten.

GÖTZ: Ich habe den Eindruck, Prophet, Gott lockt dich in einen Hinterhalt. *Nasty zuckt mit den Achseln.* Du weißt, was dir geschehen wird?

NASTY: Folter und Galgen. Ich sage dir, ich habe es immer gewußt.

GÖTZ: Folter und Galgen ... Folter und Galgen ... immer und ewig dasselbe. Das Dumme beim Bösen ist, man gewöhnt sich daran und müßte ein Genie sein, um immer Neues zu finden. Heute nacht fühle ich mich gar nicht besonders inspiriert.

KATHARINA: Gib ihm doch einen Beichtvater.

GÖTZ: Einen was?

KATHARINA: Du kannst ihn doch nicht ohne Beichte sterben lassen.

GÖTZ: Nasty! Das ist ein genialer Einfall. Aber sicher, mein Guter, du sollst einen Beichtvater haben! Das ist meine Christenpflicht. Und da habe ich zudem eine Überraschung für dich. *Zu Franz:* Geh und hole den Priester ... *Zu Nasty:* Das ist eine Tat, wie sie mir gefällt: in allen Farben schillernd. Ist sie gut, oder ist sie schlecht? Man kennt sich nicht mehr aus.

NASTY: Mit einem römischen Pfaffen lasse ich mich nicht ein.

GÖTZ: Du kommst auf die Folter, bis du gebeichtet hast. Es dient zu deinem ewigen Heil. *Heinrich tritt ein.*

6. SZENE

Dieselben – Heinrich

HEINRICH: Du hast mir alles Böse zugefügt, das man mir antun konnte. Laß mich jetzt.

GÖTZ *zu Franz:* Was tat er, als du kamst?

FRANZ: Er saß im Dunkeln und wiegte den Kopf.

HEINRICH: Was willst du von mir?

GÖTZ: Dich in deinem Beruf beschäftigen. Diese Frau muß sofort getraut werden. Und den hier wirst du mit den Sterbesakramenten versehen.

HEINRICH: Den? ... *Er sieht Nasty.* Oh! ...

GÖTZ *tut, als wäre er erstaunt:* Ihr kennt euch?

NASTY: Das ist also der Diener Gottes, der dir den Schlüssel gegeben hat?

HEINRICH: Nein! Nein! Nein!

GÖTZ: Du lügst ja, Pfarrer. Schämst du dich nicht?

HEINRICH: Nasty! *Nasty sieht ihn nicht einmal an.* Ich konnte die Priester nicht umbringen lassen. *Nasty antwortet nicht. Heinrich tritt näher an ihn heran:* Sage, hätte ich sie umbringen lassen sollen? *Schweigen. Er wendet sich ab und tritt zu Götz:* Und warum muß ich ihm die Beichte abnehmen?

GÖTZ: Weil er gehängt werden soll.

HEINRICH: Dann nur los, schnell! Hängt ihn schleunigst auf! Aber um seine Beichte zu hören, sucht einen anderen.

GÖTZ: Nein, du oder keiner.

HEINRICH: Dann eben keiner! *Will gehen.*

GÖTZ: Halt! Halt! *Heinrich bleibt stehen.* Bringst du es über dich, ihn ohne Beichte sterben zu lassen?

HEINRICH *kommt langsam zurück:* Nein, du Possenreißer, nein; du hast recht: ich kann nicht. *Zu Nasty:* Knie nieder. *Pause.* Du willst nicht? Bruder, meine Schuld fällt nicht auf unsere Kirche zurück. Im Namen der Kirche aber will ich dir deine Sünden vergeben! Soll ich selbst öffentlich beichten? *Zu allen:* Ich habe meine Heimatstadt aus Bosheit und Groll dem Gemetzel ausgeliefert; ich habe allgemeine Verachtung verdient. Speie mir ins Antlitz, ich gebe dir deshalb kein böses Wort. *Nasty rührt sich nicht.* Dann spucke du, Soldat.

FRANZ *erregt, zu Götz:* Soll ich spucken?

GÖTZ *ganz Wohlwollen:* Spucke, mein Kind, spucke, soviel du willst. *Franz spuckt.*

HEINRICH: So, das ist geschehen. Heinrich ist vor Scham in den Boden gesunken. Jetzt ist nur noch der Priester da. Ein beliebiger Priester: vor ihm sollst du niederknien. *Wartet einen Augenblick und schlägt ihn dann plötzlich.* Mörder! Ich muß ja wahnsinnig sein, daß ich mich vor dir demütige, wo doch alles durch dein Verschulden so gekommen ist!

NASTY: Durch mein Verschulden?

HEINRICH: Ja! Ja! Durch deine Schuld. Du hast den Propheten spielen wollen, und jetzt bist du besiegt, gefangen, reif für den Galgen, und alle müssen sterben, die sich auf dich verlassen haben! Alle! Alle! Haha! Du hast behauptet, du wüßtest, wie man die Armen liebt, und ich wisse es nicht. Nun siehst du es ja. Du hast ihnen viel mehr Böses getan als ich.

NASTY: Mehr als du – du Mistkerl, du! *Er wirft sich auf Heinrich. Sie werden getrennt.* Wer hat verraten? Du oder ich?

HEINRICH: Ich! Ich! Ich! Aber ich hätte es nicht getan, wenn du nicht den Bischof ermordet hättest.

NASTY: Gott befahl mir, ihn zu schlagen, weil er die Armen darben ließ.

HEINRICH: Gott? Wirklich Gott? Wie einfach das doch ist; dann hat Gott mir also befohlen, die Armen zu verraten, weil sie die Mönche ermorden wollten.

NASTY: Gott kann nicht befehlen, die Armen zu verraten, denn er ist mit uns.

HEINRICH: Wenn er mit den Armen ist, woher kommt es denn, daß sie jedesmal Schiffbruch erleiden, wenn sie sich aufgelehnt haben? Wieso läßt er dann auch heute zu, daß dein eigener Aufstand in Verzweiflung untergeht? Antworte, antworte doch! Kannst du nicht Antwort geben?

GÖTZ: Da ist er, der große Augenblick! Heulen und Zähneklappern! O ja, o ja, diese Angst tut mir wohl. Wie sanft dein Antlitz ist: wenn ich dich ansehe und dabei weiß, daß zwanzigtausend Menschen sterben müssen, liebe ich dich geradezu. *Er küßt ihn auf den Mund.* Bruder, das letzte Wort ist noch nicht gefallen. Ich habe beschlossen, Worms zu nehmen, aber wenn Gott mit dir ist, könnte noch etwas geschehen, was mich daran hinderte.

NASTY *dumpf, mit Überzeugung:* Es wird auch etwas geschehen.

HEINRICH *schreit:* Nichts! Gar nichts! Nichts wird geschehen. Es wäre zu ungerecht. Hätte Gott ein Wunder tun wollen, warum hat er es dann nicht getan, bevor ich verraten habe? Warum hat er mich verdammt, wenn er dich erlöst? *Ein Offizier tritt ein. Alle blicken gespannt auf ihn.*

DER OFFIZIER: Es ist alles bereit. Die Soldaten stehen am Rande der Schlucht hinter den Wagen.

GÖTZ: Schon! *Schweigt.* Sage Hauptmann Ulrich, ich komme.
Der Offizier ab. Götz läßt sich auf einen Stuhl fallen.

KATHARINA: Das ist dein Wunder, mein Herzchen. *Götz streicht sich mit der Hand über das Gesicht.* Geh! Morde und plündere! Gute Nacht.

GÖTZ *mit einem Ausdruck von Müdigkeit, die nach und nach in künstliche Erregung übergeht:* Der Augenblick des Abschieds ist da. Wenn ich wiederkomme, bin ich über und über mit Blut bedeckt, und mein Zelt wird leer sein. Schade, ich hatte mich an euch gewöhnt. *Zu Nasty und Heinrich:* Ihr werdet die Nacht zusammen verbringen wie zwei Liebende. *Zu Heinrich:* Gib acht, daß du seine Hand recht liebevoll hältst, während man ihn mit Zangen zwickt. *Zu Franz, auf Nasty weisend:* Wenn er bereit ist zu beichten, höre sofort mit der Folterung auf; gleich nach der Absolution hängt ihr ihn an den Galgen. *Als besänne er sich auf Katharinas Vorhanden-*

sein. Ach ja! Und die Hochzeiterin! Franz, du gehst die Stallknechte holen und stellst die gnädige Frau ihnen vor. Sie sollen machen mit ihr, was sie wollen, nur umbringen dürfen sie sie nicht.

KATHARINA *wirft sich ihm jäh zu Füßen:* Erbarmen, Götz! Nein, nicht das! Nicht so etwas Grauenvolles! Habe Mitleid mit mir!

GÖTZ *tritt erstaunt einen Schritt zurück:* Du warst doch noch eben ganz hochgestimmt ... Du glaubtest nicht daran ...

KATHARINA: Nein, Götz, ich glaubte nicht daran.

GÖTZ: Im Grunde glaubte ich auch nicht daran. An das Böse glaubt man immer erst hinterher. *Sie umschlingt seine Knie.* Franz, befreie mich von ihr. *Franz faßt sie an und wirft sie aufs Bett.* So, siehst du, ich vergesse nichts ... Nein! ... Das wäre wohl alles für heute. *Schweigt.* Immer noch kein Wunder. Ich fange fast an zu glauben, daß Gott mir freie Hand lassen will. Dank, mein Gott, vielen Dank. Dank für die Frauen, die vergewaltigt werden, Dank für die gepfählten Kinder und die enthaupteten Männer. *Schweigt.* Wenn ich reden wollte! Ich könnte viel erzählen. Geh, du alter Heuchler du ... Weißt du was, Nasty, ich will dirs sagen: Gott hat mich zum Werkzeug erkoren. Du hast es heute nacht gesehen: er hat seine Engel zu mir geschickt.

HEINRICH: Seine Engel?

GÖTZ: Ich meine euch alle damit. Katharina ist sicher ein Engel. Du auch ..., und auch der Bankier. *Tritt wieder zu Nasty.* Und der Schlüssel? Habe ich ihn etwa um diesen Schlüssel gebeten? Ich wußte nicht einmal, daß er vorhanden war. Aber da hat er einen seiner Pfarrer beauftragen müssen, daß er ihn mir in die Hände spielte. Du weißt natürlich, was er will: ich soll ihm seine Pfaffenbagage und seine Nonnen retten. Da versucht er mich nun im Guten. Er schafft Gelegenheiten und stellt sich doch selber dabei nicht bloß. Wenn ich darauf hereinfalle, hat er das Recht, mich zu desavouieren, ich hätte ja den Schlüssel in die Schlucht werfen können.

NASTY: Ja freilich, das hättest du können, und du kannst es auch noch.

GÖTZ: Sieh mal an, mein Engel, du weißt genau, daß ich das nicht kann.

NASTY: Warum nicht?

GÖTZ: Weil ich kein anderer sein kann, als ich selbst. Ich werde ihm also zu Diensten sein und ein bißchen in Blut baden müssen. Aber er wird sich sicher nachher die Nase zuhalten und überall verkünden, er habe dergleichen nicht gewollt. Du willst es nicht, Herr, wirklich nicht? Dann ist noch immer Zeit, das Ganze abzublasen. Ich verlange gar nicht einmal, daß der Himmel einstürzt. Es genügt völlig, daß jemand auf der Straße gespien hat: ich gleite aus, ich breche ein Bein, schon wird es heute nichts mehr. Nein? Nein? Auch gut. Ich bestehe ja nicht darauf. Sieh, Nasty, schau diesen Schlüssel hier an: solch Schlüssel ist doch was Gutes, etwas Nützliches. Und Hände, was für ein Meisterwerk. Man muß Gott wirklich danken, daß er uns Hände gegeben hat. Ein Schlüssel in einer Hand kann eigentlich also nichts Schlechtes sein. Wir wollen Gott preisen für alle Hände, die in diesem Augenblick Schlüssel halten in allen Landen der Welt. Aber dafür, was die Hand mit diesem Schlüssel anstellt, lehnt Gott dann jede Verantwortung ab, das geht ihn nichts an, den Armen. Ja, Herr, Du bist die Unschuld selbst. Wie solltest Du das Nichts begreifen, Du, der Du die Fülle bist? Dein Blick ist Licht und wandelt alles in Licht: wie solltest Du das Halbdunkel meines Herzens kennen? Und wie sollte Deine unendliche Einsicht in meine Vernunft eingehen, ohne sie zu zersprengen? Haß und Schwachheit, Gewalt, Tod, Ärgernis, das alles kommt nur vom Menschen; dies ist meine Domäne, und ich allein bewohne sie auch. Alles, was darin geschieht, geht ganz zu meinen Lasten. Gut, gut, ich nehme es auf mich und sage kein Wort. Am Tage des Jüngsten Gerichts halte ich den Mund; ich habe meinen Stolz und lasse mich verdammen, ohne mit der Wimper zu zucken. Aber ist es Dir nicht doch im Grunde ein bißchen peinlich, Deinen Handlanger preiszugeben? Gut, gut, ich gehe ja schon; die Soldaten warten, der liebe Schlüssel zieht mich fort, er sehnt sich danach, sein heimisches Schlüsselloch wiederzufinden. *Im Hinausgehen wendet er sich noch einmal um.* Habt ihr so etwas schon gesehen wie mich: einen Mann, der den Allmächtigen in Verlegenheit bringt? Bei meinem Anblick graust es Gott vor sich selbst! Es gibt zwanzigtausend Adlige, dreißig Erzbischöfe, fünfzehn Könige, es hat schon drei Kaiser auf einmal gegeben, sogar gleichzeitig Papst und Gegenpapst, aber zeigt mir einen zweiten Götz! Manchmal stelle ich mir die Hölle wie eine Wüste vor, die einzig mich erwartet. Lebt wohl. *Will gehen. Heinrich lacht laut auf.* Was gibt's?

HEINRICH: Die Hölle wird von Menschen wimmeln wie ein Jahrmarkt, du Narr! *Götz bleibt stehen und sieht ihn lange an. Zu den übrigen:* Das ist wahrlich ein sonderbarer Phantast! Bildet sich ein, er als einziger tue Böses auf Erden. Jede Nacht über Deutschland wird von lebendigen Fackeln erhellt; in dieser Nacht wie in allen Nächten brennen Städte zu Dutzenden, doch die Hauptleute, die sie plündern, machen nicht soviel Worte darum. Sie morden, werktags wie sonntags, und beichten in aller Bescheidenheit. Der hier aber hält sich für den Teufel in Person, weil er seine Pflicht als Soldat erfüllt. *Zu Götz:* Wenn du der Teufel bist, du Großmaul, wer bin denn dann ich, der ich behaupte, die Armen, Elenden zu lieben, und sie doch an dich ausliefere? *Götz sieht ihn wie gebannt an, solange er spricht. Dann, als schüttle er etwas ab.*

GÖTZ: Was verlangst du denn für dich? Das Recht, in die Hölle zu fahren? Das gestehe ich dir zu. Die Hölle ist groß genug, daß du mir dort nicht unbedingt in den Weg laufen mußt.

HEINRICH: Und die andern?

GÖTZ: Welche andern?

HEINRICH: Alle andern. Nicht alle haben zum Töten Gelegenheit, doch alle verspüren Lust dazu.

GÖTZ: Meine Bosheit ist anderer Art als die ihre; sie tun das Böse um ihrer Wollust oder Selbstsucht willen, ich aber tue das Böse um des Bösen willen.

HEINRICH: Wer fragt nach den Gründen, wenn doch feststeht, daß man nichts tun kann als Böses?

GÖTZ: Steht das wirklich fest?

HEINRICH: Ja, du Prahlhans, das ist ausgemacht.

GÖTZ: Ausgemacht? Von wem?

HEINRICH: Von Gott selbst. Gott hat gewollt, daß das Gute auf Erden unmöglich sei.

GÖTZ: Unmöglich?

HEINRICH: Völlig unmöglich: unmöglich die Liebe, unmöglich Gerechtigkeit! Versuche doch, deinen Nächsten zu lieben, und sage mir, ob es dir glückt.

GÖTZ: Warum sollte ich ihn nicht lieben, wenn mir der Sinn danach steht?

HEINRICH: Weil es genügt, daß ein einziger Mensch einen anderen haßt, damit Haß die ganze Menschheit verseucht...

GÖTZ *fällt ihm ins Wort:* Dieser hier liebte die Armen.

HEINRICH: Er hat sie mit vollem Bewußtsein belogen, ihre schlechtesten Eigenschaften genährt und sie schließlich dazu gebracht, einen Greis zu ermorden. *Pause.* Was konnte ich denn tun? Sag, was konnte ich tun? Ich war unschuldig, doch das Verbrechen hat mich wie ein Strauchdieb überfallen. Wo war da das Gute, du Bastard? Wo war es? Oder das kleinere Übel auch nur? *Pause.* Du mühst dich gewaltig ab für nichts, du, der du mit deinen Lastern prahlst! Wenn du die Hölle gewinnen willst, kannst du im Bett liegenbleiben. Die Welt ist voller Unbill; findest du dich damit ab, so bist du schon ein Mitschuldiger, und wenn du sie verändern willst, mußt du zum Henker werden. *Laut.* Oh, die Erde stinkt bis hinauf zu den Sternen.

GÖTZ: Also sind alle verdammt?

HEINRICH: Nein! Nicht alle! *Pause.* Ich glaube, Herr, ich glaube, ich werde nicht die Sünde der Verzweiflung begehen; ich bin verseucht bis ins Mark, doch ich weiß, daß Du mich erlösen wirst, wenn Du es so beschlossen hast. *Zu Götz:* Wir sind allzumal schuldig, Bastard, und verdienen alle gleichermaßen die Hölle! Gott verzeiht, wenn es ihm gefällt.

GÖTZ: Wenn ich nicht will, wird er mir nicht verzeihen!

HEINRICH: Elender Wurm, wie kannst du kämpfen wollen gegen Gottes Barmherzigkeit? Wie willst du seine nie endende Geduld zum Ermatten bringen? Er nimmt dich in seine Hände, wenn es ihm gefällt, und hebt dich empor in sein Paradies; er kann mit einem Druck seines Daumens deinen bösen Willen zermalmen, er reißt dir deine Kinnbacken auf und stopft dir die Güte in den Hals, daß du dich gut werden fühlst, auch wider deinen Willen. Geh nur! Verbrenne Worms, morde und plündere; du verlierst dennoch Zeit und Müh; eines Tages wirst du dich im Fegefeuer finden mit allen anderen Seelen.

GÖTZ: Tun denn alle das Böse?

HEINRICH: Alle.

GÖTZ: Und niemand hat je Gutes getan?

HEINRICH: Niemand.

GÖTZ: Ausgezeichnet. *Er kommt wieder zurück ins Zelt.* Wetten, daß ich es tun werde?

HEINRICH: Was?
GÖTZ: Das Gute. Wettest du mit mir?
HEINRICH *achselzuckend:* Nein, Bastard, ich wette nicht.
GÖTZ: Das ist nicht recht von dir. Erst sagst du mir, das Gute sei unmöglich. Ich wette also mit dir, daß ich Gutes tun werde. Es scheint mir schließlich die beste Art, für mich allein zu bleiben. Ich war ein Verbrecher, ich wandle mich, ich drehe meine Weste um, und – was wollen wir wetten? – es wird noch ein Heiliger aus mir.
HEINRICH: Wer soll darüber entscheiden?
GÖTZ: Du selbst, in Jahr und Tag. Du mußt nur die Wette annehmen.
HEINRICH: Wenn du wettest, hast du im voraus verloren, Dummkopf! Du tust das Gute dann ja nur, um die Wette zu gewinnen.
GÖTZ: Richtig! Weißt du, wir würfeln! Gewinne ich, setzt sich das Böse durch. Aber ha, wenn ich verliere! Was ich dann alles tue, ahne ich selber noch nicht. Also? Wer hält dagegen? Nasty, du?
NASTY: Nein.
GÖTZ: Und warum denn nicht?
NASTY: Weil es vom Übel ist.
GÖTZ: Gut, es ist vom Übel. Sag mal, Bäcker, was denkst du dir eigentlich? Noch bin ich nämlich böse.
NASTY: Wenn du Gutes tun willst, brauchst du dich ja nur ganz einfach dafür zu entscheiden.
GÖTZ: Ich möchte aber Gott gern in die Enge treiben. Diesmal geht es um Ja oder Nein. Wenn er mich gewinnen läßt, wird die Stadt in Asche gelegt, und seine Verantwortung steht dann endlich einmal klipp und klar fest. Komm doch, würfle mit mir. Wenn Gott mit dir ist, hast du ja nichts zu fürchten. Du wagst es nur nicht, du Memme! Läßt du dich lieber hängen? Nun, wer hat Courage?
KATHARINA: Ich.
GÖTZ: Du, Katharina? *Sieht sie an.* Warum eigentlich nicht? *Gibt ihr die Würfel.* Fang an.
KATHARINA *würfelt:* Zwei und eins. *Erschrickt.* Da tust du dich schwer, zu verlieren.
GÖTZ: Wer sagt denn, daß ich verlieren will? *Schüttelt die Würfel im Becher.* Herr, jetzt haben wir Dich gestellt. Jetzt heißt es die Karten aufdecken. *Wirft.*
KATHARINA: Eins und eins ... du hast verloren.
GÖTZ: Ich füge mich dem Willen Gottes. – Lebe wohl, Katharina.
KATHARINA: Küsse mich. *Er küßt sie.* Lebe wohl, Götz.
GÖTZ: Nimm diesen Beutel, Katharina, und gehe, wohin du willst. *Zu Franz:* Franz, sage Hauptmann Ulrich, er soll seine Soldaten ruhig schlafen gehen lassen. Du, Nasty, geh in die Stadt zurück, es ist noch früh genug, den Aufruhr aufzuhalten. Öffnet ihr dann im Morgengrauen die Tore, kommen die Priester unversehrt aus Worms heraus und stellen sich unter meinen Schutz, hebe ich die Belagerung um zwölf Uhr mittag auf. Abgemacht?
NASTY: Abgemacht.
GÖTZ: Hast du den Glauben wiedergefunden, Prophet?
NASTY: Ich habe ihn nie verloren.
GÖTZ: Da kannst du von Glück sagen.

HEINRICH: Du schenkst jenen die Freiheit, gibst ihnen Leben und Hoffnung zurück. Aber mir, du Hund, der du mich zum Verrat gezwungen hast, gibst du auch mir die Unschuld zurück?

GÖTZ: Die wiederzufinden, ist deine Sache. Schließlich ist ja nicht viel passiert.

HEINRICH: Was hat das zu bedeuten? Auf meine Absicht kommt es an. Aber ich werde dir folgen, ich folge dir Schritt für Schritt, Tag und Nacht; immer werde ich da sein, um deine Taten zu wägen; du kannst ganz ruhig sein: in Jahr und Tag, wo du dich auch befinden magst, bin ich sicher zur Stelle.

GÖTZ: Das Frühlicht bricht an. Welche Kälte es mit sich bringt. Das Frühlicht und das Gute treten zusammen in mein Zelt, aber wir sind nicht froher darum: die da schluchzt, der hier haßt mich. Man fühlt sich wie am Morgen nach einer Unheilsnacht. Vielleicht hat das Gute etwas an sich, das einen zum Verzweifeln bringt. Wenn schon, ich will ja nicht eine Meinung darüber bilden, sondern ich will es tun. Lebt wohl. *Götz ab. Katharina bricht in Gelächter aus.*

KATHARINA *lacht Tränen:* Er hat gemogelt! Ich habe es gesehen: gemogelt, um zu verlieren!

Vorhang

ZWEITER AKT

VIERTES BILD
Götzens Schloß in Heidenstein

1. SZENE
Karl – Zwei Bauern

ERSTER BAUER: Wie die schreien, da drinnen!

KARL: Das sind die Herren Grundbesitzer; was meint ihr wohl, wie wütend sie sind.

ERSTER BAUER: Hoffentlich bekommt er nicht Angst und gibt die Sache auf.

KARL: Keine Sorge, er ist fromm wie ein Lamm. Aber drückt euch jetzt.

2. SZENE
Die Bauern im Versteck – Götz – Karl

GÖTZ: Lieber Bruder, willst du uns wohl einen Krug Wein besorgen? Drei Becher genügen. Ich trinke nicht. Tu es mir zuliebe.

KARL: Dir zuliebe, Bruder, will ich es tun. *Götz ab. Die Bauern kommen lachend und sich auf die Schenkel schlagend aus ihrem Versteck hervor.*

DIE BAUERN: Lieber Bruder, Brüderchen! Sieh doch nur mal an. Tu es mir zuliebe! *Sie teilen sich unter Gelächter gegenseitig Püffe aus.*

KARL *stellt Gläser auf ein Tablett:* Alle Diener sind seine Brüder. Er sagt, er liebe uns, streichelt uns und küßt uns manchmal sogar. Gestern hat es ihm gefallen, mir die Füße zu waschen. Der liebe Herr, der gute Bruder! Pfui! *Spuckt aus.* Das ist so ein Wort, das mich im Halse kratzt. Ich muß jedesmal spucken, wenn ich es ausgesprochen habe. Er wird noch mal aufgehängt, weil er mich Bruder genannt hat. Wenn man ihm dann den Strick um den Hals legt, werde ich ihn auf die Lippen küssen und sagen: «Brüderchen, gute Nacht. Stirb jetzt mir zuliebe.»
Geht mit Tablett und Gläsern ab.

ERSTER BAUER: Das ist ein Kerl. Dem macht man nichts vor.

ZWEITER BAUER: Er soll sogar lesen können.

ERSTER BAUER: So etwas!

KARL *kommt zurück:* Das sind seine Befehle: Durcheilt die Gebiete von Nossak und Schulheim. Tragt die gute Kunde bis in das kleinste Dorf: «Götz gibt seinen Bauern alles Land von Heidenstein.» Laßt sie wieder zu sich kommen, und fahrt dann fort: wenn er das Land hergegeben hat, dieser Hurensohn, dieser Bastard, warum gibt der hochgeborene Herr von Schulheim dann nicht auch seines her? Bearbeitet sie, hetzt sie auf, stiftet Unruhe überall. Los, marsch.

Bauern ab. Götz, mein Brüderchen, du wirst sehen, was ich mache aus deinem guten Werk. Gib du nur dein Land, gib es her; eines Tages wirst du bedauern, daß du nicht gestorben bist, eh du es hergegeben hast. *Lacht.* Liebe! Alle Tage kleide ich ihn an und aus. Ich sehe seinen Nabel, seine Zehen, seinen Hintern, und da will er noch, daß ich ihn lieben soll. Ich werde dir helfen mit deiner Liebe. Konrad war rauh und hart, aber mit Prügel und Grobheit hat er mich nicht so beleidigt, wie du mich mit deiner Güte kränkst. *Nasty erscheint.* Was willst du?

3. SZENE
Karl – Nasty

NASTY: Götz hat mich rufen lassen.
KARL: Nasty!
NASTY *erkennt ihn:* Was, du!?
KARL: Du kennst Götz? Da hast du ja nette Beziehungen.
NASTY: Laß das nur meine Sache sein. *Pause.* Ich weiß was du vorhast, Karl! Du wirst gut daran tun, dich ganz still zu verhalten und meine Weisungen abzuwarten.
KARL: Das Land weiß mit Weisungen aus der Stadt leider nichts anzufangen.
NASTY: Wenn du uns diesen üblen Streich wirklich spielst, lasse ich dich hängen.
KARL: Gib acht, daß nicht du der Gehängte bist. Was machst du überhaupt hier? Die Sache kommt mir recht mulmig vor, du rätst uns erst ab von dem Aufstand, und dann sprichst du mit Götz, und wer sagt mir denn, ob du dich nicht kaufen läßt?
NASTY: Wer sagt mir, ob du nicht bestochen bist, die schwelende Revolte so früh ausbrechen zu lassen, so daß die Herren leicht damit fertig werden können?
KARL: Da kommt Götz.

4. SZENE
Götz – Nasty – Karl – Die Ritter

Götz kommt rückwärts herein. Die Ritter Schulheim, Nossak, Rietschel reden schreiend auf ihn ein.

NOSSAK: Dir geht es gar nicht um die Bauern; aber uns willst du das Fell über die Ohren ziehen.
SCHULHEIM: Meinst du, du kannst mit unserm Blut die Hurerei deiner Mutter abwaschen?
NOSSAK: Willst du zum Totengräber des deutschen Adels werden?
GÖTZ: Brüder, liebe Brüder, ich weiß nicht einmal, wovon ihr sprecht.
RIETSCHEL: Du willst nicht wissen, daß das, was du tust, Feuer im Pulverfaß ist? Daß unsere Bauern tollwütig werden, wenn wir ihnen auf der Stelle all unser Land, unser Gold, ja unsere Hemden geben und unsern Segen noch obendrein?

SCHULHEIM: Sie werden kommen und uns in unsern Schlössern belagern.
RIETSCHEL: Wenn wir annehmen, ist's unser Untergang, und wenn wir uns weigern, unser Tod.
NOSSAK: Und du willst das nicht wissen?
GÖTZ: Meine geliebten Brüder ...
SCHULHEIM: Nur keine Redensarten! Verzichtest du auf deinen Plan? Antworte ja oder nein.
GÖTZ: Meine geliebten Brüder, wollt mir verzeihen: ich sage nein.
SCHULHEIM: Ein Mörder bist du.
GÖTZ: Ja, Bruder, wie wir alle es sind.
SCHULHEIM: Und ein Bastard obendrein!
GÖTZ: Wie Jesus Christus. Jawohl.
SCHULHEIM: Drecksack! Abschaum der Hölle! *Er schlägt ihn mit der Faust ins Gesicht. Götz gerät ins Wanken, steht dann wieder fest und geht auf ihn zu; alle weichen zurück. Plötzlich wirft sich Götz der Länge nach auf den Boden.*
GÖTZ: Kommt zu Hilfe, Engel! Helft mir, daß ich mich überwinde! *Er bebt an allen Gliedern.* Nein, schlage nicht zu. Ich werde mir eher die rechte Hand abhauen, wenn sie zuschlagen will. *Er windet sich auf dem Boden. Schulheim versetzt ihm einen Fußtritt.* Rosen, ein Regen von Rosen! Zärtliches Schmeicheln! Wie Gott mich liebt! Ich nehme alles hin. *Steht wieder auf.* Ich bin ein hündischer Bastard, ein Drecksack! Ich bin ein Verräter; Brüder, betet für mich.
SCHULHEIM *schlägt ihn:* Verzichtest du?
GÖTZ: Greift mich nicht an, ihr besudelt euch.
RIETSCHEL *drohend:* Verzichtest du?
GÖTZ: Herr, erlöse mich von dieser abscheulichen Lust, zu lachen!
SCHULHEIM: Mein Gott!
RIETSCHEL: Kommt, wir verlieren unsere Zeit.

5. SZENE

Nasty – Götz – Karl

Götz tritt auf Nasty zu

GÖTZ *fröhlich:* Sei mir gegrüßt, Bruder Nasty. Ich bin glücklich, dich wiederzusehen. Vor zwei Monaten unter den Mauern von Worms, hast du mir ein Bündnis mit den Armen angeboten. Nun also, ich nehme den Vorschlag an. Warte, ich habe noch mehr zu sagen; ich habe gute Botschaft für dich. Bevor ich das Gute tat, sagte ich mir, ich müsse es erst einmal kennen, und habe lange nachgedacht. Gut, Nasty, jetzt kenne ich es nun. Das Gute ist die Liebe. Schön. Aber Tatsache ist, daß sich die Menschen nicht lieben. Und was hindert sie daran? Die Ungleichheit ihrer Lebenslage, die Knechtschaft und das Elend. Sie muß man darum beseitigen. Bisher sind wir uns einig, nicht wahr? Das ist auch gar nicht verwunderlich, ich habe ja nur deine Lehren befolgt. Ja, Nasty, ich habe in letzter Zeit sehr viel an dich gedacht. Nur willst du das Reich Gottes auf spätere Zeit verschieben, ich aber bin da schlauer als du: ich habe ein Mittel gefunden, es sofort zu begründen, in einem Winkel auf Erden, hier. Ad eins: ich gebe mein Land den Bauern. Ad zwei: auf diesem selben Boden errichte ich die erste christliche Gemeinschaft! Volle Gleichheit soll herrschen. Ach, Nasty, ich bin ein alter Feldsoldat: ich liefere die Schlacht des Guten und will sie auf der Stelle und ohne Blutvergießen gewinnen. Hilfst du mir dabei? Du verstehst, mit den Armen zu reden. Beide zusammen werden wir den Himmel auf Erden schaffen, denn der Herr hat mich erkoren, die Erbsünde auszulöschen. Weißt du, ich habe einen Namen gefunden für unsere Gemeinde: Stadt des Lichts soll sie heißen. – Was ist denn? Ach, du sauertöpfischer Kerl, du alter Spielverderber! Was wirfst du mir nun schon wieder vor?

NASTY: Behalte dein Land für dich.

GÖTZ: Mein Land für mich behalten! Und du, Nasty, ausgerechnet du bittest mich darum? Potz Kuckuck! Alles hab ich erwartet, nur das gerade nicht!

NASTY: Behalte es. Wenn du es gut mit uns meinst, verhalte dich still und rühre an nichts.

GÖTZ: Du bist also auch der Meinung, die Bauern führen etwas im Schilde?

NASTY: Ich glaube es nicht nur, ich weiß.

GÖTZ: Ich hätte es ahnen können. Ich hätte voraussehen müssen, daß ich deiner engen, eigensinnigen Seele ein Ärgernis sein würde. Erst diese Schweine, und nun du; wie recht muß ich doch haben, daß ihr alle so sehr schreit. Nun, das gerade bestärkt mich darin! Ich verschenke mein Land, nun erst recht! Das Gute wird sich durchsetzen gegen euren Willen.

NASTY: Wer hat dich darum gebeten?

GÖTZ: Ich weiß, daß ich mein Land herschenken muß.

NASTY: Aber wer hat das verlangt?

GÖTZ: Ich weiß es, sage ich ja. Ich sehe meinen Weg so deutlich, wie ich dich sehe, Nasty. Gott hat mich erleuchtet mit seinem Licht.

NASTY: Wenn Gott schweigt, ist es freilich leicht, ihm, was man will, in den Mund zu legen.

GÖTZ: O du bewundernswerter Prophet! Dreißigtausend Bauern werden verhungern. Ich ruiniere mich, um ihr Elend zu lindern, und du erklärst mir in aller Ruhe, daß Gott ihre Rettung untersagt?

NASTY: Du die Armen retten? Du kannst sie höchstens verderben.

GÖTZ: Und wer rettet sie dann?

NASTY: Mach dir keine Sorge um sie; die retten sich schon allein.

GÖTZ: Und was soll aus mir werden, wenn man mir die Möglichkeit nimmt, das Gute auszuführen?

NASTY: Deine Aufgabe ist es, deinen Besitz zu verwalten und zu mehren. Das füllt ein Menschenleben aus.

GÖTZ: Dir zuliebe soll ich also ein böser Reicher werden?

NASTY: Es gibt keine bösen Reichen. Es gibt nur Reiche schlechthin.

GÖTZ: Nasty, ich gehöre zu euch.

NASTY: Nein.

GÖTZ: War ich nicht mein Leben lang arm?

NASTY: Es gibt zwei Arten von Armen, die, die zusammen arm sind, und die, die arm sind auf eigene Faust. Die ersten sind die wahren Armen, die andern sind Reiche, die nur kein Glück gehabt haben.

GÖTZ: Und die Reichen, die ihre Güter hergeschenkt haben, sind auch keine Armen, nehme ich an.

NASTY: Nein. Das sind vormals Reiche.

GÖTZ: Dann war es von vornherein nichts mit mir. Schande über dich, Nasty. Du verdammst einen Christen, ohne Widerrede. *Geht erregt auf und ab.* Wie stolz auch diese Ritter sind, die mich hassen, ihr seid die Stolzeren, und es wäre leichter für mich, in ihre Kaste einzudringen als in die eurige. Aber Geduld! Dem Himmel sei Dank. Ich werde sie also lieben auch ohne Gegenliebe. Meine Liebe wird die Mauern deiner halsstarrigen Seele berennen; sie wird den Hochmut der Armen besiegen. Ich liebe euch, Nasty, euch alle liebe ich.

NASTY *etwas sanfter:* Wenn du uns liebst, verzichte auf deinen Plan.

GÖTZ: Nein.

NASTY *in verändertem, drängenderem Ton:* Höre, ich brauche sieben Jahre Zeit.

GÖTZ: Wofür?

NASTY: In sieben Jahren sind wir so weit, daß wir den Heiligen Krieg beginnen können. Keinen Tag vorher. Wenn du die Bauern heute in Zwist und Unfrieden stürzest, gebe ich ihnen keine acht Tage, bis sie umgebracht sind. Was du dann in einer Woche vernichtest, braucht bestimmt ein halbes Jahrhundert, bis es wieder aufgebaut ist.

KARL: Die Bauern sind eben gekommen, gnädiger Herr.

NASTY: Götz, schicke sie heim. *Götz antwortet nicht.* Höre, du kannst uns helfen, wenn du wirklich willst.

GÖTZ *zu Karl:* Heiß sie warten, Bruder. *Karl ab. Zu Nasty:* Was hast du mir vorzuschlagen? Davon hängt alles ab.

NASTY: Behalte deine Besitzungen, sie können uns als Zufluchts- und Versammlungsort dienen. Von hier aus können meine Befehle durch ganz Deutschland getragen werden, von hier aus wird in sieben Jahren die Kriegsfanfare ertönen. Du kannst uns unschätzbare Dienste erweisen.

GÖTZ: Dazu sage ich nein.

NASTY: Du weigerst dich?

GÖTZ: Ich will das Gute nun einmal nicht kleinweise tun. Nasty, verstehst du mich nicht? Mir wird es zu danken sein, wenn noch vor Ablauf des Jahres Glück, Liebe und Tugend herrschen über zehntausend Joch Land. Ich will die Stadt des Lichtes erbauen, und du willst, daß aus meinen Gütern ein Unterschlupf für Mordgesellen wird.

NASTY: Dem Guten, Götz, dient man wie ein Soldat, und wo ist der Soldat, der einen Krieg ganz allein gewinnt? Fang erst einmal damit an, Bescheidenheit zu lernen.

GÖTZ: Ich bin aber nicht bescheiden. Demütig gern, soviel du willst; aber bescheiden, nein. Bescheidenheit ist die Tugend der Lauen. *Schweigt.* Warum soll ich dir den Krieg vorbereiten helfen? Gott hat mir verboten, Blut zu vergießen, und du willst Deutschland ersäufen in Blut! Ich werde nicht dein Helfer dabei sein.

NASTY: Du sollst ja kein Blut vergießen. Gib nur deine Besitzungen her, gib dein Schloß, und du wirst sehen, ob Deutschland nicht ganz von allein bluten wird.

GÖTZ: Es wird nicht bluten. Das Gute kann nicht das Böse zur Folge haben.

NASTY: Das Gute hat nicht das Böse zur Folge, gewiß. Aber da deine falsche Großmut ein Blutbad anrichten wird, tust du eben nichts Gutes.

GÖTZ: Besteht das Gute vielleicht darin, das Leiden der Armen zu verlängern?

NASTY: Ich brauche sieben Jahre.

GÖTZ: Und die, die bis dahin gestorben sind? Alle die, die ihr Leben in Haß und Furcht verbringen und in Verzweiflung verrecken?

NASTY: Gott möge ihre Seele in Frieden aufnehmen.

GÖTZ: Sieben Jahre! Und nach diesen sieben Jahren kommen dann sieben Jahre Krieg, dann folgen sieben Jahre der Buße, weil die Ruinen aufgebaut werden müssen, und wer weiß, was darauf folgt; ein neuer Krieg vielleicht und eine neue Leidenszeit, und wieder neue Propheten, die sieben Jahre verlangen. Du Scharlatan, sollen sie sich gedulden bis zum Jüngsten Tag? Ich sage, das Gute ist ausführbar, und zwar alle Tage, zu jeder Stunde, in jedem Augenblick: Ich werde der sein, der auf der Stelle dieses Gute tut. Heinrich sagte: «Es hat genügt, daß zwei Menschen sich hassen, damit Haß die ganze Menschheit verseucht.» Ich aber sage dir, wahrlich, es genügt, daß ein Mensch alle Menschen mit ungeteilter Liebe liebt, damit die Liebe nach und nach die ganze Menschheit erfaßt.

NASTY: Und dieser Mensch wirst du sein?

GÖTZ: Ja, ich. Mit der Hilfe Gottes. Ich weiß, daß das Gute mühseliger als das Böse ist. Das Böse war nur ich, das Gute jedoch ist alles. Ich habe aber keine Angst. Man muß die Erde erwärmen, und ich werde sie erwärmen. Gott hat mir befohlen, hell zu strahlen, und ich werde es tun, ich werde förmlich bluten von Licht. Ich bin eine glühende Kohle, der Atem Gottes facht mich an, so daß ich lebend verbrenne. Bäcker, ich bin von Gutem krank, und ich möchte, daß diese Krankheit ansteckend wird und alle erfaßt. Ich werde gleichzeitig Zeuge, Märtyrer und Versucher sein.

NASTY: Ein Betrüger bist du!

GÖTZ: Du vermagst mich nicht zu verwirren! Ich sehe, ich weiß, meine Stunde ist da: ich werde prophezeien.

NASTY: Das ist ein falscher Prophet und ein Werkzeug des Teufels, der sagt: ich werde tun, was mir gut erscheint, wenn auch die Welt dadurch zugrunde geht.

GÖTZ: Ein falscher Prophet und ein Werkzeug des Teufels ist, wer sagt: erst soll die Welt untergehen, und dann werde ich sehen, ob das Gute getan werden kann.

NASTY: Götz, wenn du mir im Wege stehst, dann zermalme ich dich.

GÖTZ: Du könntest mich töten, Nasty?

NASTY: Ja; wenn du mir im Wege stehst.

GÖTZ: Das könnte ich nicht. Mein Los ist die Liebe. Komm. Ich werde ihnen jetzt meine Besitzungen schenken.

Ende des vierten Bildes

FÜNFTES BILD

Vor dem Portal einer Dorfkirche. Unter dem Eingang zwei Schemel, auf dem einen eine Trommel, auf dem andern eine Flöte.

I. SZENE

Götz und Nasty – Später Bauern und Tetzel

GÖTZ *tritt auf und ruft:* Hollaho! Keine Menschenseele auf dreißig Meilen. Sie vergraben sich. Meine Güte ist über sie gekommen wie eine Naturkatastrophe. Dumme Kerle sind das! *Wendet sich unvermittelt zu Nasty um:* Weshalb läufst du mir nach?

NASTY: Um deine Niederlage mitanzusehen.

GÖTZ: Von Niederlage ist keine Rede. Ich lege heute den Grundstein einer neuen Stadt. Jetzt hocken sie in den Höhlen, vermute ich. Aber nur Geduld. Wenn ich auch nur ein halbes Dutzend von ihnen zusammenbringe, sollst du sehen, wie ich sie zu überzeugen weiß. *Geschrei und Dudelsackmusik.* Was ist denn das? *Ein Zug halbbetrunkener Bauern erscheint; sie führen auf einer Trage eine Heiligenfigur aus Gips mit sich.* Ihr seid ja recht vergnügt. Feiert ihr die gnädige Schenkung eures vormaligen Herrn?

EIN BAUER: Gott behüte, guter Mönch.

GÖTZ: Ich bin kein Mönch. *Streift die Kapuze ab.*

DIE BAUERN: Götz! *Sie weichen erschrocken zurück. Einige bekreuzigen sich.*

GÖTZ: Götz, jawohl Götz! Der Totengräber! Götz, der Attila, der sein Land aus Nächstenliebe verschenkt. Sehe ich denn so fürchterlich aus? Kommt näher! Ich habe zu reden mit euch! *Pause.* Nun? Worauf wartet ihr denn? Kommt doch näher heran! *Die Bauern schweigen beharrlich. In gebietenderem Ton:* Welcher ist euer Anführer?

EIN GREIS *widerstrebend:* Ich.

GÖTZ: Tritt vor. *Der Greis löst sich von der Gruppe und macht ein paar Schritte auf ihn zu. Die Bauern sehen den beiden schweigend zu.* Sag mal, ich habe da Kornsäcke im Herrschaftsspeicher gesehen. Habt ihr mich nicht verstanden? Es gibt jetzt keinen Zehnten, keine Abgaben mehr.

DER GREIS: Für ein Weilchen noch wollen wir alles beim alten belassen.

GÖTZ: Warum?

DER GREIS: Wir wollen erst mal sehen.

GÖTZ: Gut. Dann verfault das Getreide eben. *Pause.* Und was sagt ihr sonst zu eurer neuen Situation?

DER GREIS: Wir sprechen nicht darüber, gnädiger Herr.

GÖTZ: Ich bin nicht dein gnädiger Herr. Nenne mich Bruder. Hast du gehört?

DER GREIS: Ja, gnädiger Herr.

GÖTZ: Bruder, habe ich gesagt!

DER GREIS: Nein. Das denn doch nicht. Nein.

GÖTZ: Ich bef ... ich bitte dich darum.

DER GREIS: Ihr könnt mein Bruder sein, soviel es Euch beliebt, aber ich bin nicht der Eurige. Jeder muß seinen Platz kennen, gnädiger Herr.

GÖTZ: Gut, gut, du gewöhnst dich noch daran. *Weist auf die Flöte und die Trommel.* Was ist das?

DER GREIS: Eine Flöte und eine Trommel.

GÖTZ: Und wer spielt darauf?

DER GREIS: Die Mönche.

GÖTZ: Gibt es denn Mönche hier?

DER GREIS: Bruder Tetzel ist mit zwei jungen Mönchen aus Worms herübergekommen, uns Ablaß zu verkaufen.

GÖTZ *bitter:* Ach, darum seid ihr so vergnügt? *Aufbrausend:* Zum Teufel, ich will das hier nicht. *Der Greis schweigt.* Die Ablaßzettel sind nichts wert. Meinst du, Gott wird mit euch um seine Gnade feilschen? *Schweigen.* Wäre ich noch dein Herr und gäbe dir Befehl, die drei Schelme fortzujagen, würdest du es dann tun?

DER GREIS: Ja, das würde ich tun.

GÖTZ: Also, ein letztes Mal befiehlt dir dein Herr...

DER GREIS: Ihr seid nicht mehr unser Herr.

GÖTZ: Ach geh; du bist zu alt. *Stößt ihn fort, springt auf eine Stufe und wendet sich an alle.* Habt ihr euch überhaupt einmal gefragt, weshalb ich euch mein Land zum Geschenk gemacht habe? *Zeigt auf einen der Bauern:* Antworte du.

DER BAUER: Land...weiß nichts von Land.

GÖTZ *zu einer Frau:* Und du?

DIE FRAU *zögernd:* Es ist vielleicht... vielleicht habt Ihr uns glücklich machen wollen.

GÖTZ: Gut geantwortet! Gut! Ja, das gerade hab ich gewollt. Aber das Glück ist nur ein Mittel zum Zweck. Was wollt ihr damit tun?

DIE FRAU *verängstigt:* Glück? Das müßte man erst einmal haben.

GÖTZ: Ihr werdet es haben, nur keine Angst. Was werdet ihr aber anfangen damit?

DIE FRAU: Wir haben noch nicht darüber nachgedacht. Wir wissen noch gar nicht, was das ist.

GÖTZ: Ich aber habe für euch gedacht. *Pause.* Ihr wißt, daß Gott uns zu lieben befiehlt. Es ist nur so, daß das bisher nicht möglich war. Gestern noch, meine Freunde, wart ihr viel zu unglücklich dran, als daß man im Traume von euch Liebe hätte verlangen können. Ich wollte euch nun aber jeden Vorwand nehmen. Ihr werdet lieben, potz Blitz, ich verlange von euch, daß ihr alle Menschen liebt. Ich verzichte darauf, eurem Leib zu gebieten, um dafür eure Seelen zu lenken, denn Gott erleuchtet mich. Ich bin der Baumeister, ihr die Zimmerleute: alles soll allen gehören, Werkzeuge und das Land sind Gemeinbesitz. Es gibt weder Arme noch Reiche, und es gibt kein Gesetz als das Gesetz der Liebe. Wir werden ein Vorbild sein für alle deutschen Lande. Nun, Jungens, versuchen wir es mal? *Schweigen.* Es gefällt mir gar nicht übel, daß ihr erst einmal Angst vor mir habt. Nichts wirkt beruhigender als ein guter alter Teufel. Ein Engel ist immer suspekt. *Die Menge wird heiterer, atmet auf, es kommt Leben in sie.* Na endlich! Endlich macht ihr mal ein freundliches Gesicht.

DIE MENGE: Sie sind da! Sie sind da!

GÖTZ *dreht sich um und sieht Tetzel. Erbittert:* Der Teufel soll diese Mönche holen!

2. SZENE

Dieselben – Tetzel – Zwei Mönchlein und ein Pfarrer

Die beiden Mönchlein greifen zu ihren Instrumenten. Ein Tisch wird herbeigebracht und auf die obere Stufe gesetzt. Tetzel ordnet seine Pergamentrollen auf dem Tisch.

TETZEL: Na, ihr dicken Gevattern? Kommt mal näher heran. Ich hab keinen Knoblauch gegessen! *Sie lachen.* Wie geht's denn hier so bei euch? Ist denn der Acker was wert?

DIE BAUERN: Ha ja, so übel ist er ja nicht.

TETZEL: Und die Gemahlinnen? Immer grantig, was?

DIE BAUERN: Ha na! Das ist hier wie überall.

TETZEL: Na, laßt nur, sie schützen euch vor dem Teufel; sie sind noch ärger als er. *Die Menge lacht.* Ja, meine kleinen Schelme, das ist aber noch nicht alles. Jetzt wollen wir einmal ernsthaft miteinander reden! – Musik! *Trommel und Dudelsack ertönen.* Immer schaffen, das ist ja schön und gut, aber manchmal stützt man sich auf den Spaten, man blickt in die Ferne und sagt sich: «Und was geschieht mit mir nach dem Tode?» Es ist ja nicht damit getan, daß man ein schönes Grab bekommt mit recht viel Blumen darauf: die Seele bleibt nicht darin. Aber wohin geht sie dann? In die Hölle? *Trommelwirbel.* Oder ins Paradies? *Flötenspiel.* Gute Leute, ihr könnt euch denken, daß auch der liebe Gott sich diese Frage schon manchmal vorgelegt hat. Er macht sich soviel Sorgen um euch, daß er kein Auge zutut. Sag mal du da, wie heißt du denn?

DER BAUER: Peter.

TETZEL: Also, Peter, du trinkst doch gewiß mal von Zeit zu Zeit einen über den Durst? Aber nicht lügen, gib acht!

DER BAUER: Ha, das kommt schon mal vor.

TETZEL: Und deine Frau, die prügelst du auch?

DER BAUER: Wenn ich getrunken habe.

TETZEL: Aber du fürchtest doch Gott?

DER BAUER: Aber gewiß doch, Bruder!

TETZEL: Und die Jungfrau Maria, die hast du recht lieb?

DER BAUER: Mehr als meine Mutter.

TETZEL: Da eben sitzt der liebe Gott so richtig in der Tinte. «Der Mann ist nicht eigentlich bös», sagt er sich. «Ich möchte ihm auch nicht unrecht tun. Immerhin hat er gesündigt, und da muß ich ihn strafen.»

DER BAUER *bekümmert:* Ach!

TETZEL: Wart nur ab. Zum Glück gibt es dafür ja aber die Heiligen. Jeder von ihnen hat für sich allein hundertmal den Himmel verdient, aber das nützt ihm nichts, er kommt nur einmal herein. Also was sagt da der liebe Gott? Er sagt sich folgendes: «Das Recht auf Eintritt, das nicht verwertet wird, lasse ich nicht verfallen, sondern gebe es denjenigen, die an sich keines haben. Wenn dieser brave Peter da sich nun beim Tetzel einen Ablaßbrief kauft, dann kommt er ins Paradies mit einer Eintrittskarte, die auf Sankt Martin ausgestellt ist.» Na, was sagt ihr? Wie hat er das gemacht? *Beifall.* Also, Peter, zieh deinen Beutel. Brüder, der liebe Gott macht euch ein Ausnahmeangebot: das Paradies für zwei Taler! Wo ist da der Geizkragen, der so knickrig ist, daß er nicht zwei Taler gibt für das ewige Leben? *Nimmt Peters zwei Taler in Empfang.* Danke. Nun gehe hin und sündige nicht mehr. Wer will noch? Seht mal hier, ein wirklich ganz erstklassiger Kauf: Wenn ihr diese Rolle hier eurem Pfarrer vorlegt, wird er sich gezwungen sehen, euch eine Todsünde ganz nach Wahl zu erlassen. Habe ich recht, Pfarrer, oder nicht?

DER PFARRER: Gezwungen. Das ist das richtige Wort.

TETZEL: Und was sagt ihr hierzu? *Schwingt ein Pergament in der Luft.* Ah, Brüder, das hier ist was ganz besonders Feines, was der liebe Gott sich ausgedacht hat. Ein Ablaß, eigens hergestellt für die braven Leute, die Angehörige im Fegefeuer haben. Wenn ihr das Nötige bezahlt, so breitet die Familie selig sofort die Flügel aus und fliegt in den Himmel hinein. Der Preis ist zwei Taler für eine jede ins Paradies zu versetzende Person. Die Versetzung erfolgt alsbald. Na? Für wen wäre das was? Du da, wen hast du verloren?

DER BAUER: Meine Mutter.

TETZEL: Deine Mutter? Nur? Und das in deinem Alter? Sonst hast du niemand verloren?

DER BAUER *zögernd:* Ja, einen Onkel auch noch ...

TETZEL: Und dieser arme Onkel soll im Fegefeuer schmachten? Los, los! Zähle deine vier Taler ab. *Er nimmt sie und hält sie über seinen Geldkasten.* Jetzt gebt acht, ihr Burschen:

> Sobald das Geld im Kasten klingt,
> Die Seel' sich auf gen Himmel schwingt!

Läßt das Geld in den Kasten fallen. Flötenton. Die eine ... *Zweiter Flötenton.* Und die andere! Seht ihr? Sie kreisen jetzt über euch wie zwei schöne weiße Falter! *Flöte.* Auf baldiges Wiedersehen! Betet einstweilen für uns und grüßt alle Heiligen! Los, Jungens, macht ihr auch euer Kompliment für die beiden Seelchen. *Händeklatschen.* Wer kommt jetzt dran? *Die Bauern drängen sich herzu.* Für deine Frau und deine Großmutter? Für deine Schwester? *Flöte. Noch einmal Flöte.* Kommt und zahlt!

GÖTZ: Zurück! *Unruhe in der Menge.*

TETZEL *zum Pfarrer:* Wer ist denn der?

DER PFARRER: Der frühere Herr hier. Nur keine Angst.

GÖTZ: Unsinnige, die ihr glaubt, mit einem Almosen euch zu entsühnen! Meint ihr etwa, die Heiligen hätten sich lebendig verbrennen lassen, damit ihr ins Parades eingeht wie in eine Mühle? Wenn ihr's schon mit den Heiligen habt, so werdet ihr nicht dadurch erlöst, daß ihr euch ihre Verdienste kauft, sondern daß ihr danach trachtet, es ihnen an Tugend gleichzutun.

EIN BAUER: Da hänge ich mich lieber gleich auf, und meinetwegen soll man mich auf der Stelle verdammen. Wenn man sechzehn Stunden am Tage schafft, kann man kein Heiliger werden.

TETZEL *zum Bauern:* Schweig doch, du dummer Klotz. Das verlangt ja auch keiner. Kauf dir von Zeit zu Zeit so ein paar Ablaßzettel, und schon schließt dich der liebe Gott in sein Erbarmen ein.

GÖTZ: Geh! Kauf ihm seinen Schund nur ab! Er nimmt dir zwei Taler für das Recht, zu deinen Lastern zurückzukehren. Gott aber macht das Geschäft nicht mit! Du rennst in dein Verderben.

TETZEL: Du nimmst ihnen also alle Hoffnung, allen Glauben und allen Mut. Was gibst du ihnen statt dessen?

GÖTZ: Liebe.

TETZEL: Was weißt du von Liebe?

GÖTZ: Was weißt denn du davon? Wie kann man sie lieben, wenn man sie so sehr verachtet, daß man ihnen den Himmel verkauft?

TETZEL *zu den Bauern:* Ich, meine Schäflein, verachte euch?

ALLE: Oh!

TETZEL: Ich, meine Hühnchen, liebe euch nicht?

DIE BAUERN: Doch! doch! Du hast uns lieb!

TETZEL: Ich gehöre zur Kirche, Brüder: außerhalb der Kirche gibt es die wahre Liebe nicht. Die Kirche ist unser aller Mutter; durch das Sprachrohr der Mönche und Priester teilt sie allen ihren Söhnen, den enterbten so gut wie den Lieblingen des Geschickes, ihre mütterliche Liebe mit. *Glöckchen und Klappern. Der Aussätzige erscheint. Die Bauern flüchten an das andere Ende der Bühne. Mit allen Zeichen der Panik:* Was ist das? *Pfarrer und Mönchlein ziehen sich eilig ins Innere der Kirche zurück.*

DIE BAUERN *zeigen mit den Fingern auf den Aussätzigen:* Da! Da! Nimm dich in acht! Das ist ein Aussätziger!

TETZEL *entsetzt:* Heiligster Jesus! *Pause. Götz tritt auf den Aussätzigen zu.*

GÖTZ *zu Tetzel, indem er auf den Aussätzigen weist:* Gib ihm einen Kuß!

TETZEL: Pfui!

GÖTZ: Wenn die Kirche sich nicht scheut, den enterbtesten ihrer Söhne zu lieben, warum zögerst du dann, diesen hier zu umarmen? *Tetzel schüttelt verneinend den Kopf.* Jesus hätte ihn jedenfalls in seine Arme geschlossen! Siehe, ich liebe ihn mehr als du. *Pause. Tritt zu dem Aussätzigen.*

DER AUSSÄTZIGE *murmelt zwischen den Zähnen:* Wieder einer, der diese Sache mit dem Kuß mit mir aufführen will!

GÖTZ: Komm näher, mein Bruder.

DER AUSSÄTZIGE: Ich hab's ja gesagt. *Kommt widerstrebend näher heran.* Wenn es zu eurem Heile dient, kann ich mich zwar nicht sträuben, aber bitte, macht schnell. Immer dieselbe Geschichte; als wenn mir der liebe Gott die Lepra eigens verliehen hätte, um ihnen Gelegenheit zu geben, den Himmel zu verdienen. *Götz schickt sich an, ihn zu küssen:* Nicht auf den Mund! *Küßt ihn.* Puuh! *Wischt sich die Lippen ab.*

TETZEL *lacht:* Na? Bist du nun zufrieden? Seht ihn an, wie er sich die Lippen wischt. Ist der jetzt etwa weniger aussätzig, als er vordem war? Sag mal, Aussätziger, wie ist denn so das Leben?

DER AUSSÄTZIGE: Besser wäre, es gäbe weniger Gesunde und mehr Aussätzige.

TETZEL: Wo lebst du denn?

DER AUSSÄTZIGE: Im Walde, mit den andern Aussätzigen.

TETZEL: Und was macht ihr den ganzen Tag?

DER AUSSÄTZIGE: Wir erzählen uns Geschichten; Geschichten von Aussätzigen.

TETZEL: Warum bist du heute ins Dorf gekommen?

DER AUSSÄTZIGE: Ich wollte sehen, ob nicht vielleicht ein Ablaß für mich herausschauen möchte.

TETZEL: Sieh mal einer an.

DER AUSSÄTZIGE: Ist es wahr, daß Ihr ihn verkauft?

TETZEL: Gib zwei Heller.

DER AUSSÄTZIGE: Die habe ich nicht.

TETZEL *sieht sich triumphierend nach den Bauern um:* Schau her! *Zu dem Aussätzigen:* Du siehst hier diesen schönen neuen, funkelnagelneuen Ablaßbrief? Was möchtest du lieber: den Ablaßbrief hier, oder daß ich dich küsse?

DER AUSSÄTZIGE: Ja, so was!

TETZEL: Ich tue, was du willst. Wähle nur.

DER AUSSÄTZIGE: Weiß Gott, da möcht' ich, daß du mir das da gibst.

TETZEL: Da hast du ihn, gratis pro Deo; das ist ein Geschenk, das dir die Kirche, unsere heilige Mutter, macht.

DER AUSSÄTZIGE: Es lebe die Kirche! *Tetzel wirft ihm den Ablaßbrief zu. Der Aussätzige fängt ihn auf.*

TETZEL: Nun aber schnell fort mit dir. *Der Aussätzige ab unter Glöckchen- und Klappergeräusch.* Nun, was meint ihr? Wer hat ihn mehr geliebt?

DIE MENGE: Du natürlich, du! Tetzel lebe hoch!

TETZEL: Wohlan, Brüder! Wer kommt jetzt? Hier für deine Schwester, die im fremden Lande gestorben ist. *Flöte.* Hier für deine Tanten, die dich erzogen haben. Für deine Mutter. Für deine Eltern, für deinen ältesten Sohn! Kommt und zahlt!

GÖTZ: Hunde, ihr! *Er schlägt so heftig auf den Tisch, daß die Trommel die Stufen hinunterrollt.* Christus hat die Händler aus dem Tempel verjagt... *Er hält inne, wirft einen Blick auf die feindselig schweigenden Bauern, zieht die Kapuze über sein Gesicht und sinkt schwer seufzend an der Mauer der Kirche in die Knie. Oh!* Oh! Oh! Schande über mich! Ich weiß nicht, wie man mit ihnen reden muß. Herr, laß mich den Weg zu ihren Herzen finden! *Die Bauern sehen ihn an, Tetzel lächelt; die Bauern blicken auf Tetzel. Tetzel zwinkert ihnen zu, legt den Finger auf die Lippen, um ihnen Schweigen zu gebieten, und macht mit dem Kopf eine Bewegung zum Eingang der Kirche hin. Er geht auf den Zehenspit-*

zen hinein. Die Bauern folgen ihm mit der Heiligenfigur auf der Trage. Alle verschwinden im Innern der Kirche. Einen Augenblick lang herrscht Stille. Gleich darauf erscheint Heinrich in weltlichen Kleidern auf der Schwelle.

3. SZENE
Heinrich – Götz – Nasty

Heinrich kommt die Stufen herunter auf Götz zu, ohne Nasty zu sehen.

HEINRICH: Du hältst die Seelen für Gemüsepflanzen.

GÖTZ: Wer spricht zu mir?

HEINRICH: Der Gärtner kann entscheiden, was den Karotten zuträglich ist, aber niemand kann für andere an ihrer Stelle wählen, was das Gute für sie ist.

GÖTZ: Wer spricht da? Heinrich?

HEINRICH: Ja.

GÖTZ *steht auf und streift die Kapuze ab:* Ich war sicher, dir bei meinem ersten Fehlschlag wieder zu begegnen. *Blickt um sich. Heinrich weist mit dem Kopf nach der Kirchentür. Er macht einen Schritt in Richtung der Kirche, bleibt dann aber stehen. Schweigen.* Was tust du hier? Nährst du deinen Haß?

HEINRICH: «Wer Gutes sät, wird Gutes ernten.» So sagtest du doch, nicht wahr?

GÖTZ: Ich habe es gesagt, und ich sage es auch noch. *Pause.*

HEINRICH: Ich komme, dir die Ernte zu bringen.

GÖTZ: Es ist noch zu früh, zu ernten. *Pause.*

HEINRICH: Katharina liegt im Sterben: das ist deine erste Ernte.

GÖTZ: Katharina im Sterben? Gott sei ihrer Seele gnädig: Was soll ich weiter dabei tun? *Heinrich lacht.* Lach nicht, du Dummkopf! Du siehst ja, daß du das gar nicht kannst.

HEINRICH *entschuldigt sich gleichsam:* Er schneidet mir seine Fratzen!

GÖTZ *wendet sich lebhaft um:* Wer? *Versteht.* Ah! *Zu Heinrich gewendet:* Also so ist das. Ihr seid schon unzertrennlich geworden.

HEINRICH: Beinahe.

GÖTZ: Da hast du ja Gesellschaft.

HEINRICH *streicht mit der Hand übers Gesicht:* Ja, aber eine ermüdende.

GÖTZ *tritt zu Heinrich:* Heinrich... Wenn ich dir unrecht getan habe, verzeih mir.

HEINRICH: Dir verzeihen? Damit du dich überall rühmen kannst, du habest Haß zu Liebe gemacht, so wie Christus Wasser in Wein verwandelt hat?

GÖTZ: Dein Haß gehört mir. Ich werde dich von ihm und vom Teufel befreien.

HEINRICH *mit veränderter Stimme, so als spräche ein anderer durch seinen Mund:* Im Namen des Vaters, des Sohnes und des Heiligen Geistes, Amen. Ich bin der Vater, der Teufel ist mein Sohn, und der Haß ist der Heilige Geist. Wahrlich, du wirst leichter die himmlische Dreieinigkeit in einzelnen Brocken austeilen als unsere Dreieinigkeit in eine Dreiheit zerspalten.

GÖTZ: Also dann geh nur. Lies deine Messen in Worms, und in drei viertel Jahren auf Wiedersehen.

HEINRICH: Ich kehre nie nach Worms zurück und werde niemals mehr Messe lesen. Ich bin kein Mann der Kirche mehr, du Hanswurst. Man hat mir das Recht genommen, zu zelebrieren und Sakramente auszuteilen.

GÖTZ: Was werfen sie dir denn vor?

HEINRICH: Daß ich mich habe bezahlen lassen, um die Stadt auszuliefern.

GÖTZ: Das ist eine schamlose Lüge.

HEINRICH: Diese Lüge stammt von mir selbst. Ich bin auf die Kanzel gestiegen und habe gebeichtet vor allem Volk: meine Liebe zum Gelde, meine Eifersucht, meinen Ungehorsam und meine böse Lust.

GÖTZ: Da hast du ja gelogen.

HEINRICH: Und wenn? In Worms hieß es überall, die Kirche sei gegen die Armen und habe mir den Befehl gegeben, sie nicht vor dem Blutbad zu bewahren. Ich mußte ihr einen Vorwand liefern, sich von mir loszusagen.

GÖTZ: Da hast du wahrlich gesühnt.

HEINRICH: Du weißt, man sühnt niemals genug.

GÖTZ: Das ist wahr. Es gibt kein Mittel, etwas auszulöschen. *Schweigt. Geht dann plötzlich auf Heinrich zu.* Was ist mit Katharina?

HEINRICH: Ihr Blut ist verdorben, ihr Leib mit Schwären bedeckt. Seit drei Wochen hat sie weder geschlafen noch gegessen.

GÖTZ: Warum bist du nicht bei ihr geblieben?

HEINRICH: Sie weiß mit mir nichts anzufangen, und ich nichts mit ihr. *Nasty kommt und bleibt im Hintergrund stehen.*

GÖTZ: Man muß sich um sie kümmern.

HEINRICH: Sie kann nicht wieder gesunden, sie stirbt.

GÖTZ: Woran stirbt sie denn?

HEINRICH: An der Schmach. Es graut ihr vor ihrem Leibe, zu viele Hände von Männern haben darauf geruht. Ihr Herz ist ihr noch mehr zuwider, weil sie dein Bild darin aufbewahrt hat. Ihr tödliches Leiden bist du.

GÖTZ: Das war im vorigen Jahre, Pfarrer, und ich erkenne die Schulden des vorigen Jahres nicht an. Ich werde für diese Verfehlung zahlen in der andern Welt, eine ganze Ewigkeit lang. Aber in dieser Welt bin ich fertig damit. Ich verschwende keine Minute mehr daran.

HEINRICH: So gibt es also zwei Götze.

GÖTZ: Ja, zwei. Einen, der das Gute lebt, und einen verstorbenen, der das Böse getan hat.

HEINRICH: Und deine Sünden hast du mit dem Toten begraben?

GÖTZ: Ja.

HEINRICH: Um so besser. Nur ist nicht der Tote dabei, die Kleine zu ermorden, sondern der schöne, der neue, der reine Götz, der sich der Liebe verschrieben hat.

GÖTZ: Du lügst! Es ist Götz der Übeltäter, der diese Verbrechen begeht.

HEINRICH: Es ist kein Verbrechen. Indem du sie entwürdigt hast, hast du ihr viel mehr gegeben, als du selbst je besaßest: die Liebe. Tatsache ist, daß sie dich liebte, ich kann auch nicht sagen, warum. Und dann hat eines Tages dich die Gnade berührt, du hast Katharina einen Beutel mit Geld in die Hände gesteckt und hast sie von dir fortgejagt. Daran stirbt sie nun.

GÖTZ: Hätte ich etwa mit einer Dirne leben sollen?

HEINRICH: Ja, denn du hast sie dazu gemacht.

GÖTZ: Ich mußte auf das Gute verzichten oder aber auf sie.

HEINRICH: Wenn du sie bei dir behalten hättest, wäre sie vielleicht gerettet worden und du mit ihr. Aber was? Eine Seele retten? Eine einzige Seele? Mit so etwas gibt sich ein Götz nicht ab! Der hatte höhere Ziele.

GÖTZ *heftig:* Wo ist sie jetzt?

HEINRICH: Auf deinem Gebiet.

GÖTZ: Wollte sie mich denn wiedersehen?

HEINRICH: Ja, aber ihre Leiden haben sie auf dem Wege hingestreckt.

GÖTZ: Wo?

HEINRICH: Das sage ich dir nicht. Du hast ihr genug Leid zugefügt.

GÖTZ *hebt wütend die Faust:* Ich... *Beruhigt sich wieder.* Gut. Ich werde sie selber finden. Leb wohl, Heinrich. *Verneigt sich nach dem Teufel hin.* Meine Ehrerbietung. *Dreht sich zu Nasty um.* Komm, Nasty.

HEINRICH *betroffen:* Nasty! *Nasty will Götz folgen. Heinrich vertritt ihm den Weg.*

4. SZENE
Heinrich – Nasty

HEINRICH *schüchtern:* Nasty! *Lauter:* Nasty, ich habe dich gesucht. Halt ein! Ich habe mit dir zu reden. Verachte mich, soviel du willst, aber höre mich an. Ich bin durch das Schulheimsche Land gezogen. Die Revolte schwelt.

NASTY: Laß mich vorbei. Ich weiß es.

HEINRICH: Und du willst, daß es zu diesem Aufruhr kommt? Hast du ihn gewollt?

NASTY: Was geht dich das an? Laß mich vorbei.

HEINRICH *breitet beide Arme aus:* Du kommst nicht vorbei, bevor du mir Antwort gibst. *Nasty sieht ihn schweigend an, dann entschließt er sich.*

NASTY: Ob ich ihn wünsche oder nicht, niemand kann ihn verhindern.

HEINRICH: Doch, ich. Ich vermag in zwei Tagen einen Damm zu errichten dagegen wie gegen ein heranflutendes Meer. Dafür aber, Nasty, mußt du mir verzeihen.

NASTY: Schon wieder der Trick mit dem Verzeihen? *Schweigt.* Das ist ein Spiel, das mir langweilig wird. Ich spiele es nicht mehr mit. Meines Amtes ist es nicht, zu verdammen noch zu verzeihen, das ist Gottes Sache.

HEINRICH: Wenn Gott mich wählen ließe zwischen seiner Verzeihung und der deinigen, würde ich deine wählen.

NASTY: Daran tätest du aber nicht gut. Du würdest das Paradies hingeben für einen leeren Wind.

HEINRICH: Nein, Nasty, ich würde Gottes Verzeihung für die der Erde geben.

NASTY: Die Erde kennt keine Verzeihung.

HEINRICH: Wie du mich zermürbst!

NASTY: Was sagst du?

HEINRICH: Dich habe ich nicht gemeint. *Zu Nasty:* Du machst mir meine Aufgabe nicht leicht; ich werde zum Haß getrieben, Nasty; ich werde zum Haß getrieben, und du hilfst mir nicht. *Bekreuzigt sich dreimal.* So, jetzt habe ich einen Augenblick Ruhe. Hör mich an, Nasty. Schnell. Die Bauern rotten sich zusammen, sie wollen mit den Herren verhandeln. Dadurch gewinnen wir ein paar Tage Zeit.

NASTY: Was willst du damit anfangen?

HEINRICH *zeigt auf die Kirche:* Du hast sie gesehen; für die Kirche würden sie sich in Stücke zerhauen lassen; hier bei uns auf dem Lande herrscht mehr Frömmigkeit als in allen übrigen Gauen Deutschlands.

Nasty schüttelt den Kopf.

NASTY: Deine Pfarrer sind machtlos: man liebt sie zwar, doch wenn sie gegen den Aufstand reden, werden sie wie Prediger in der Wüste sein.

HEINRICH: Ich rechne nicht auf ihre Predigten, sondern auf ihr Schweigen. Stell dir vor: eines Morgens früh, wenn sie erwachen, finden die Dorfbewohner die Kirchentür weit offen und die Kirche leer: Der Vogel ist ausgeflogen. Niemand vorm Altar, niemand in der Sakristei oder in der Krypta, auch im Pfarrhaus ist kein Mensch ...

NASTY: Läßt sich das möglich machen?

HEINRICH: Alles ist vorbereitet. Hast du Leute bei dir?

NASTY: Ein paar.

HEINRICH: Sie sollen das Land durchziehen und stärker brüllen und fluchen als alle übrigen. Sie müssen Ärgernis und Schrecken erregen. Dann müssen sie am nächsten Sonntag in Righi den Pfarrer mitten in der Messe ergreifen, ihn in den Wald schleppen und später mit blutbefleckten Degen wiederkommen. In der folgenden Nacht verlassen alle Priester der Gegend heimlich ihre Dörfer und begeben sich ins Schloß Marstein, wo sie erwartet werden. Von Montag an steigt Gott nicht mehr von seinem Himmel herab. Die Kinder werden nicht mehr getauft, die Sünden nicht mehr vergeben, und die Kranken müssen fürchten, ohne Beichte zu sterben! So wird durch die Furcht der Aufstand im Keime erstickt.

NASTY *nachdenklich:* Das könnte vielleicht allerdings ...

Die Kirchentür tut sich auf. Orgelton strömt heraus. Die Bauern wieder mit dem Heiligenbild auf der Trage.

NASTY *sieht ihnen zu:* Wenn es sich machen läßt, wird es gemacht.

HEINRICH: Nasty, ich flehe dich an: wenn das Unternehmen gelingt, sag mir, daß du mir verzeihst.

NASTY: Ich will es gern sagen. Das Schlimme ist nur, daß ich weiß, wer du bist.

Ende des fünften Bildes

SECHSTES BILD

Das Innere der Kirche, vierzehn Tage später. Alle Dorfbewohner haben sich dorthin geflüchtet und verlassen sie nicht mehr. Sie essen und schlafen in der Kirche. In diesem Augenblick beten sie. Nasty und Heinrich sehen ihnen beim Beten zu. Männer und Frauen liegen auf dem Boden; die Kranken und Lahmen sind in die Kirche geschafft worden. Unterhalb der Kanzel sind ein paar von ihnen unruhig und stöhnen laut.

1. SZENE

Die Bauern im Gebet. Nasty und Heinrich

NASTY *zu sich selbst:* Ich mag sie nicht mehr hören! Ach! Sie hatten nichts als ihren Zorn, und ich habe darüber gehaucht, um ihn auszulöschen.

HEINRICH: Was sagst du da?

NASTY: Nichts.

HEINRICH: Bist du nicht zufrieden?

NASTY: Nein.

HEINRICH: Überall drängen sich die Leute in den Kirchen, die Furcht hält sie in der Zange, der Aufstand ist im Keim erstickt. Was willst du mehr? *Nasty antwortet nicht.* Da muß ich mich freuen für zwei. *Nasty schlägt ihn.* Was ist in dich gefahren?

NASTY: Wenn du dich freust, schlag ich dich windelweich.

HEINRICH: Du willst nicht, daß ich mich freue über unseren Sieg?

NASTY: Ich will nicht, daß du dich darüber freust, die Leute niedergezwungen zu haben.

HEINRICH: Was ich tat, habe ich für dich und mit deiner Einwilligung getan. Zweifelst du etwa an mir, Prophet? *Nasty zuckt die Achseln.* Es ist nicht das erstemal, daß du sie belügst.

NASTY: Aber es ist das erstemal, daß ich sie heiße, sich auf die Knie zu werfen, um sie daran zu hindern, daß sie sich verteidigen. Es ist auch das erstemal, daß ich einen Pakt mit dem Aberglauben schließe und schweige, dem Teufel zuliebe.

HEINRICH: Hast du Angst?

NASTY: Der Teufel ist Gottes Geschöpf; wenn Gott will, wird mir der Teufel gehorchen. *Unvermittelt:* Ich ersticke in dieser Kirche; komm, gehen wir hinaus.

2. SZENE

Heinrich und Nasty sind im Begriff, die Kirche zu verlassen. Götz tritt raschen Schrittes ein und geht auf Heinrich zu.

GÖTZ: Du Hund! Dir ist kein Mittel zu schlecht, um deine Wette zu gewinnen. Du läßt mich vierzehn Tage umsonst auf meinen Besitzungen umherlaufen, um sie ausfindig zu machen, und jetzt erfahre ich, daß sie hier ist, während ich sie sonstwo suche; hier soll sie liegen, krank, auf dem nackten Boden aus Stein. Und durch meine Schuld. *Heinrich entfernt sich von ihm und geht mit Nasty ab. Götz noch einmal zu sich selbst:* Durch meine Schuld ... Nein, in meiner Rede klingt ein falscher Ton. Du verlangst Scham, doch die habe ich nicht, vielmehr rinnt Hochmut aus allen meinen Wunden hervor; seit fünfunddreißig Jahren vergehe ich vor Hochmut; das ist meine Art, mich zu Tode zu schämen. Aber ich will, daß es anders wird. *Losbrechend:* Befreie mich von diesem Gedanken! Nimm ihn mir fort! Gib, daß ich ihn ganz vergesse! Verwandle mich in ein Insekt! Also soll es geschehen! *Das Gemurmel der betenden Bauern schwillt an und ebbt dann wieder ab.*

GÖTZ: Katharina! *Er schiebt sich durch die Menge, sieht jeden an und ruft:* Katharina! Katharina! *Er tritt zu einer dunklen Gestalt, die auf dem Boden ausgestreckt ruht, nimmt die Decke auf, in die sie eingehüllt ist, und läßt sie erleichtert wieder fallen. Er verschwindet hinter einem Pfeiler, aber man hört ihn rufen:* Katharina!

3. SZENE

Die Bauern, allein

Eine Turmuhr schlägt siebenmal.

EIN SCHLÄFER *der auf den Fliesen liegt, schreckt aus dem Schlafe auf:* Wie spät ist es? Welchen Tag haben wir?

EIN MANN: Es ist Sonntag früh, sieben Uhr.

EINE FRAU: Nein, es ist nicht Sonntag. – Keine Sonntage mehr, es wird auch keine mehr geben. Sie sind mit dem Pfarrer auf und davon. – Er hat uns nur die verdammten Wochentage gelassen, die verdammten Tage, an denen Arbeit und Hunger uns plagen.

DER BAUER *der geschlafen hatte:* Ei, zum Teufel! Da schlafe ich wieder ein! Weckt mich am Tage des Jüngsten Gerichts.

EINE FRAU: Laßt uns beten.

Hilda tritt ein, von zwei Bäuerinnen gefolgt. Alle drei tragen Strohbündel.

4. SZENE

Dieselben. Hilda, dann Götz

ERSTE FRAU: Hilda, das ist ja Hilda!

ZWEITE FRAU: Du hast uns gefehlt. Wie geht's draußen zu? Erzähle.

HILDA: Es gibt nichts zu erzählen. Es herrscht überall Stille, nur die Tiere schreien vor Angst.

Eine Stimme: Ist das Wetter gut?

Hilda: Ich weiß es nicht.

Die Stimme: Hast du denn nicht zum Himmel geschaut?

Hilda: Nein. *Pause.* Ich habe Stroh gebracht, um die Kranken zu betten. *Zu den beiden Bäuerinnen:* Helft mir. *Sie heben einen Kranken auf und legen ihn auf eine Strohschütte.* So, nun den hier. *Sie tun das gleiche.* Nun diese. *Sie heben eine alte Frau auf, die zu schluchzen beginnt.* Weine nicht, ich bitte dich darum; raube ihnen doch nicht den Mut. Sieh mal, Großmutter, wenn du weinst, weinen gleich alle mit dir.

Die Alte *weinerlich:* Mein Rosenkranz, da ... da ... *Sie zeigt nach der Steinplatte hin, auf der sie gelegen hatte.*

Hilda *nimmt ungeduldig den Rosenkranz und wirft ihn ihr auf die Knie:* Da! *Sie faßt sich und fährt sanfter fort:* Bete nur, bete. Das ist besser als Tränen, und es macht auch weniger Lärm. Ach, aber so was! Man muß doch nicht gleichzeitig weinen und beten wollen. *Trocknet ihr die Augen mit dem Taschentuch ab.* So! So! Nun putz dir die Nase! Das ist jetzt vorbei! Weine nicht mehr. Ich sage dir, wir haben keine Schuld, und Gott hat kein Recht, uns zu strafen.

Die Alte *weinerlich:* Ach, meine Tochter! Du weißt recht gut, daß er das Recht dazu hat.

Hilda *heftig:* Wenn er das Recht hätte, Unschuldige zu bestrafen, hinge ich gleich dem Teufel an. *Sie fahren erschrocken zusammen und starren sie an. Sie zuckt die Achseln und lehnt sich an den Pfeiler. Mit starrem Blick, wie von einer Erinnerung besessen, bleibt sie einen Augenblick stehen. Dann plötzlich, voller Abscheu:* Pfui!

Erste Frau: Hilda! Was hast du denn?

Hilda: Nichts.

Die Frau: Du hast es so gut verstanden, uns wieder Hoffnung zu geben.

Hilda: Hoffnung? Auf wen? Auf was?

Die Frau: Hilda, wenn du verzweifelst, verzweifeln wir alle mit dir.

Hilda: Gut. Also gebt acht auf das, was ich sage. *Sie zittert. Erschauernd.* Es ist kalt. Ihr seid das einzige, was Wärme hat auf Erden. Drängt euch so dicht ihr könnt aneinander und wartet ab.

Eine Stimme: Worauf sollen wir warten?

Hilda: Daß ihr Wärme verspürt. Wir haben Hunger und Durst, haben Angst, und wir leiden Schmerzen. Aber es kommt nur darauf an, wieder warm zu werden.

Die Frau: Nun gut! Komm dicht heran! Komm! *Hilda rührt sich nicht. Die Frau steht auf und geht zu ihr hin:* Ist sie tot?

Hilda: Ja.

Die Frau: Gott sei ihrer Seele gnädig!

Hilda: Gott? *Lacht kurz auf.* Er will von ihr nichts wissen.

Die Frau: Hilda, wie kannst du so etwas sagen? *Unruhe in der Menge.*

Hilda: Sie sah die Hölle, bevor sie starb. Plötzlich hat sie sich aufgerichtet und gesagt, was sie sah, und dann ist sie gestorben.

DIE FRAU: Hält niemand die Totenwache bei ihr?

HILDA: Nein. Willst du es tun?

DIE FRAU: Nicht für alle Schätze der Welt.

HILDA: Gut. Ich gehe gleich wieder hin. Laßt mir nur ein wenig Zeit, um mich aufzuwärmen.

DIE FRAU *zur Menge gewendet:* Laßt uns beten, Brüder! Wir wollen Vergebung erbitten für die arme Tote, die die Hölle gesehen hat, und der die Verdammnis droht. *Sie geht etwas zur Seite und kniet nieder. Einförmiges Gemurmel der Betenden. Götz tritt auf und sieht Hilda, die allein am Pfeiler lehnt.*

HILDA *halblaut:* Vergebung erbitten! Was hast Du uns denn zu vergeben? Richtiger wäre, Du würdest uns um Vergebung bitten! Ich weiß nicht, was Du mir zugedacht hast, und jene kannte ich kaum, aber wenn Du sie verdammst, will auch ich Deinen Himmel nicht. Glaubst Du, daß tausend Jahre im Paradies mich das Grauen in ihrem Blick würden vergessen machen? Ich hege nur Verachtung für Deine einfältigen Erwählten, die das Herz haben, sich zu freuen, solange es noch Verdammte in der Hölle und auf Erden Arme gibt; ich stehe auf seiten der Menschen und gehe nicht davon ab; Du kannst mich ohne Priester sterben lassen und mich unverhofft vor Deinen Richterstuhl holen; dann werden wir ja sehen, wer des andern Richter sein wird. *Pause.* Sie liebte ihn. Die ganze Nacht hat sie nach ihm geschrien. Was hat dieser Bastard wohl an sich gehabt? *Sie wendet sich jäh nach den anderen um.* Wenn ihr beten wollt, so betet darum, daß das in Righi vergossene Blut auf Götzens Haupt kommen möge!

EINE STIMME: Götz?

HILDA: Er ist schuld.

STIMME: Gott strafe den Bastard Götz!

GÖTZ *mit kurzem Auflachen:* Da haben wir's! Es ist ganz gleich, ob ich Böses oder Gutes tue: ich mache mich immer verhaßt. *Zu einem Bauern:* Wer ist diese Person?

DER BAUER: Das ist doch Hilda.

GÖTZ: Hilda, und wie weiter?

DER BAUER: Hilda Lemm. Ihr Vater ist der reichste Müller im Dorf.

GÖTZ *bitter:* Ihr hört auf sie wie auf ein Orakel. Sie sagt euch, ihr sollt beten wider Götz, und schon liegt ihr auf den Knien.

DER BAUER: Das macht, wir lieben sie sehr.

GÖTZ: Ihr liebt sie? Sie ist reich, und ihr liebt sie doch?

DER BAUER: Sie ist nicht mehr reich. Sie sollte im vorigen Jahre den Schleier nehmen, aber dann, während der Hungersnot, hat sie auf ihr Gelübde verzichtet, um bei uns zu bleiben.

GÖTZ: Wie macht sie es, daß sie so sehr geliebt wird?

DER BAUER: Sie lebt mit uns wie eine gute Schwester, sie verzichtet auf alles und hilft allen Menschen ...

GÖTZ: Jaja, das kann ich alles auch. Es muß noch was anderes sein.

DER BAUER: Weiter wüßte ich nichts.

GÖTZ: Wirklich nichts? Hm.

DER BAUER: Sie ist ... liebenswert.

GÖTZ *lacht:* Liebenswert? Danke, guter Mann. Jetzt weiß ich Bescheid. *Läßt ihn stehen.* Wenn es wahr ist, daß sie das Gute tut, werde ich mich freuen, Herr, wie es sich gebührt: wofern Dein Reich kommt, ist es gleich, ob es durch sie kommt oder durch mich. *Blickt feindselig zu ihr hin.* Wie eine Schwester! Und ich! Lebe ich nicht wie ein Mönch? Was hat sie getan, was ich nicht ebenfalls tue? *Kommt näher.* Guten Tag! Kennst du Katharina?

HILDA *aufschreckend:* Warum fragst du mich? Wer bist du?

GÖTZ: Antworte mir. Kennst du sie?

HILDA: Ja. Ja. Ich kenne sie. *Mit einer plötzlichen Bewegung schiebt sie Götzens Kapuze zurück und deckt sein Antlitz auf.* Und du, dich kenne ich auch, wiewohl ich dich nie gesehen habe. Du bist Götz?

GÖTZ: Der bin ich, ja.

HILDA: Endlich!

GÖTZ: Wo ist sie? *Ohne zu antworten, sieht sie ihn mit zornigem Lächeln an.*

HILDA: Du wirst sie schon sehen. Es eilt nicht so.

GÖTZ: Glaubst du, sie hat Lust, auch nur fünf Minuten länger zu leiden?

HILDA: Glaubst du, bei deinem Anblick hört sie zu leiden auf? *Sieht ihn an. Schweigen.* Ihr werdet beide abwarten müssen.

GÖTZ: Was?

HILDA: Bis ich dich in aller Ruhe einmal angeschaut habe.

GÖTZ: Törin! Ich kenne dich nicht und will dich auch nicht kennen.

HILDA: Ich aber kenne dich.

GÖTZ: Nein.

HILDA: Nein? Du hast auf der Brust ein Büschel krauser Haare, das so aussieht wie schwarzer Samt, und links von der Achsel eine graurote Ader, die anschwillt im Augenblick der Liebe, und auf dem Rücken ein Muttermal, wie eine Erdbeere so groß.

GÖTZ: Woher weißt du das?

HILDA: Ich habe fünf Tage und fünf Nächte bei Katharina gewacht. Wir waren zu dritt in der Kammer: sie, ich und du. Wir haben zu dreien darin gehaust. Sie sah dich in allen Ecken, und schließlich sah ich dich auch. Zwanzigmal während der Nacht hat sich die Tür aufgetan, und du kamst herein. Du sahest sie lässig und hochmütig an und streicheltest ihren Nacken mit zwei Fingerspitzen. So. *Sie packt seine Hand.* Was haben diese Finger denn? Was mögen sie an sich haben? Sie sind doch nur Fleisch mit Haut und Haaren darauf. *Läßt seine Hand fast heftig fallen.*

GÖTZ: Was sagte sie?

HILDA: Jedenfalls hat es mir genügt, Grauen vor dir zu bekommen.

GÖTZ: Daß ich brutal, grob, abstoßend sei?

HILDA: Daß du schön, klug und mutig seiest, dabei anmaßend und grausam, und daß eine Frau dich nicht ansehen könnte, ohne dich zu lieben.

GÖTZ: Sprach sie von einem anderen Götz?

HILDA: Es gibt nur einen.

GÖTZ: Aber sieh mich doch einmal mit d e i n e n Augen an. Wo ist die Grausamkeit? Wo ist die Anmaßung? Und wo – ach! – mag die

Klugheit sein? Früher sah ich von weitem schon klar, denn das Böse ist einfach; jetzt aber hat sich mein Blick verwirrt, und die Welt ist von Dingen erfüllt, die ich nicht begreife. Hilda! Du antwortest nicht? Sei nicht meine Feindin.

HILDA: Was kann dir das machen, da ich ja doch keine Macht habe, dir zu schaden?

GÖTZ *weist auf die Bauern:* Bei denen da hast du es schon getan.

HILDA: Sie gehören mir und ich ihnen; in diese Sachen mische dich nicht.

GÖTZ: Stimmt es, daß sie dich lieben?

HILDA: Ja, das stimmt.

GÖTZ: Warum?

HILDA: Ich habe mich niemals danach gefragt.

GÖTZ: Ach was, weil du schön bist, natürlich!

HILDA: Nein, Herr Hauptmann. Ihr natürlich, Ihr liebt die Frauen, die schön sind, weil Ihr nichts zu tun habt und scharf gewürzte Speisen eßt. Meine Brüder schaffen den ganzen Tag und leiden Hunger dabei: sie haben keine Augen für die Schönheit einer Frau.

GÖTZ: Warum dann? Brauchen sie dich?

HILDA: Eher brauche ich sie.

GÖTZ: Wieso?

HILDA: Das kannst du nicht verstehen.

GÖTZ *tritt näher auf sie zu:* Haben sie dich gleich geliebt?

HILDA: Ja, gleich.

GÖTZ: Gleich oder nie, das habe ich mir gedacht. Man hat von vornherein gewonnen oder verloren; Zeit und Bemühen spielen keine Rolle dabei. *Ausbrechend:* Gott kann das nicht wollen, es ist ungerecht. Ebensogut kann man sagen, daß es Menschen gibt, die von vornherein zur Verdammnis geboren sind.

HILDA: Wie Katharina.

GÖTZ *hört nicht hin:* Was tust du mit ihnen, du Hexe? Du mußt ihnen doch etwas antun, um Erfolg zu haben, wo ich Schiffbruch erleide?

HILDA: Und du? Was hast du mit Katharina gemacht, um sie so zu behexen? *Sie blicken sich gegenseitig wie gebannt an.*

GÖTZ *ohne den Blick von ihr zu wenden:* Du hast mich um die Liebe dieser Leute gebracht. Wenn ich dich betrachte, sehe ich ihre Liebe.

HILDA: Und ich sehe bei deinem Anblick Katharinas Liebe und empfinde Grauen davor.

GÖTZ: Welchen Vorwurf machst du mir denn?

HILDA: Ich werfe dir im Namen Katharinas vor, daß du sie zur Verzweiflung getrieben hast.

GÖTZ: Das geht dich gar nichts an.

HILDA: Ich werfe dir im Namen dieser Frauen und Männer vor, daß du deine Länder schubkarrenweis auf uns ausgeschüttet und uns darunter begraben hast.

GÖTZ: Geh zum Teufel und laß dich... Ich brauche mich vor einer Frau nicht zu rechtfertigen.

HILDA: Und für meine Person werfe ich dir vor, daß du gegen meinen Willen mit mir geschlafen hast.

GÖTZ *betroffen:* Mit dir geschlafen?

HILDA: Fünf Nächte nacheinander hast du mich mit Macht und mit List besessen.

GÖTZ *lachend:* Das muß im Traum gewesen sein!

HILDA: Im Traum, ja, es war im Traum, und zwar in ihren Träumen: sie hat mich hineingezogen. Ich wollte ihr Leiden mitleiden wie die Leiden von jenen dort, aber es war eine Falle; denn statt dessen liebte ich dich mit ihrer Liebe mit; Gott sei gelobt, nun sehe ich dich. Ich sehe dich im Lichte des Tages und werde frei davon. Du bist nicht der gleiche bei Tage.

GÖTZ: Schon gut, erwache nur; das alles hat sich einzig in deinen Gedanken abgespielt; ich habe dich niemals angerührt; bis zu diesem Morgen hatte ich dich niemals erblickt; es ist dir nichts geschehen.

HILDA: Nichts. Absolut nichts. Sie schrie in meinen Armen, aber was macht das schon: mir ist nichts geschehen, denn weder meine Brüste noch meinen Mund hast du jemals berührt. Bei Gott, mein schöner Herr Hauptmann, du bist allein wie ein Reicher, und hast niemals Schmerz empfunden außer an den Wunden, die du im Kampf erhalten hast, das ist eben dein Unglück. Ich fühle meinen Körper kaum, ich weiß nicht, wo mein Leben beginnt und wo es aufhören mag, ich gebe oft keine Antwort, wenn man mich ruft, manchmal bin ich ganz erstaunt, daß ich einen Namen habe. Aber ich leide in jeglichem Leib, man schlägt mich auf jedes Menschen Wange, und wo ein Tod gestorben wird, da sterbe ich ihn mit; alle Frauen, die du jemals mit Gewalt genommen hast, hast du besessen in meinem Leib.

GÖTZ *triumphierend:* Endlich! *Hilda sieht ihn verwundert an.* Du wirst die erste sein.

HILDA: Welche erste?

GÖTZ: Die erste, die mich liebt.

HILDA: Ich? *Lacht.*

GÖTZ: Du liebst mich ja schon! Fünf Nächte lang hast du in meinen Armen gelegen und bist gezeichnet von mir. Du liebst in mir die Liebe, die Katharina in sich trug für mich, und ich liebe in dir die Liebe jener Leute dort. Du wirst mich lieben, und wenn sie dir gehören, wie sie behaupten, dann müssen auch sie mich lieben in deiner Gestalt.

HILDA: Wenn meine Augen dich eines Tages voll Zärtlichkeit anblikken sollten, reiße ich sie mir aus! *Er faßt sie beim Arm. Sie hält auf einmal mit Lachen inne und blickt ihn böse an.* Katharina ist tot.

GÖTZ: Tot! *Von der Nachricht erschüttert.* Wann?

HILDA: Eben erst.

GÖTZ: Hat sie ... gelitten?

HILDA: Sie hat die Hölle gesehen.

GÖTZ *schwankend:* Tot!

HILDA: Die ist dir entkommen, wie? Jetzt streichle ihr nur den Nakken. *Schweigen. Dann Geschrei im Hintergrund der Kirche. Die Bauern stehen auf und wenden sich dem Eingang zu. Allgemeine Spannung. Der Lärm nimmt zu. Heinrich und Nasty erscheinen und tragen Katharina auf einer Bahre herein.*

5. SZENE

Dieselben – Heinrich – Nasty und Katharina

KATHARINA *schreit nicht mehr, sondern stammelt halbaufgerichtet:* Nein! Nein! Nein! Nein! Nein!

GÖTZ *schreit auf:* Katharina! *Zu Hilda:* Du Luder! Du hast mich belogen!

HILDA: Ich ... ich habe dich nicht belogen, Götz, ihr Herz hatte aufgehört zu schlagen. *Sie beugt sich über Katharina.*

HEINRICH: Wir hörten ihr Schreien auf der Straße: sie sagt, der Teufel ist hinter ihr her. Sie hat uns angefleht, sie hier zu Füßen des Kreuzes niederzulegen. *Die Menge wendet sich drohend gegen sie.*

STIMMEN: Nein! Nein! Sie ist verdammt! Hinaus! Werft sie auf der Stelle hinaus!

GÖTZ: Bei Gott, ihr Hunde, ich werde euch christliche Liebe lehren!

HILDA: Schweig, du richtest nur Böses an. *Zu den Bauern:* Es ist nur ein Leichnam, was ihr hier seht: die Seele klammert sich daran fest, weil die Dämonen sie zwicken. Auch euch sucht der Teufel zu pakken. Wer wird mit euch denn Mitleid haben, wenn ihr euch nicht dieser hier erbarmt? Wer soll die Armen lieben, wenn die Armen einander nicht beistehen wollen? *Die Menge zieht sich schweigend zurück.* Tragt sie unter das Kruzifix, wie sie es verlangt. *Heinrich und Nasty heben die Bahre auf und tragen sie unter das Kreuz.*

KATHARINA: Ist er da?

HILDA: Wer?

KATHARINA: Der Pfarrer?

HILDA: Noch nicht.

KATHARINA: So hole ihn doch! Geh, beeile dich! Ich halte noch aus, bis er kommt.

GÖTZ *tritt näher heran:* Katharina!

KATHARINA: Ist er da?

GÖTZ: Ich bin es, Geliebte.

KATHARINA: Du? Ach, ich glaubte, es sei der Pfarrer. *Fängt zu schreien an:* Ich will einen Priester, holt ihn, schnell; ich will nicht sterben ohne Beichte!

GÖTZ: Katharina, du hast nichts zu fürchten, sie können dir nichts Böses mehr tun: du hast zu sehr gelitten schon auf Erden.

KATHARINA: Und ich sage dir, ich sehe sie doch!

GÖTZ: Wo?

KATHARINA: Überall. Gießt Weihwasser über sie aus. *Schreit wieder:* Hilf mir, Götz, rette mich; du hast alles getan, ich habe keine Schuld. Wenn du mich lieb hast, so rette mich! *Hilda umfängt sie mit den Armen und versucht sie wieder auf die Bahre zu betten. Sie wehrt sich schreiend dagegen.*

GÖTZ *beschwörend:* Heinrich!

HEINRICH: Ich bin kein Mann der Kirche mehr!

GÖTZ: Sie weiß es ja nicht. Wenn du über ihrer Stirn das Zeichen des Kreuzes machst, erlöst du sie von dem Grauen.

HEINRICH: Was hilft das, wo sie das Grauen doch jenseits des Grabes wiederfinden wird.

GÖTZ: Das sind doch Visionen, Heinrich!
HEINRICH: Meinst du? *Lacht.*
GÖTZ: Nasty, du behauptest doch, alle Menschen seien Priester... *Nasty zuckt die Achseln mit einem Ausdruck der Ohnmacht und Niedergeschlagenheit.*
KATHARINA *hört sie nicht:* Seht ihr denn nicht, daß ich sterben muß? *Hilda will sie dazu bringen, daß sie sich wieder legt.* Laßt mich! Laßt mich doch!
GÖTZ *zu sich selbst:* Wenn ich nur... *Faßt plötzlich einen Entschluß und wendet sich an die Menge:* Diese Frau ist durch meine Schuld ins Verderben geraten, und durch mich wird sie gerettet werden. Geht! *Sie gehen langsam hinaus. Nasty zieht Heinrich mit sich fort. Hilda zögert noch.* Hilda, auch du. *Sie sieht ihn an und geht.*

6. SZENE

Götz – Katharina, später die Menge

GÖTZ: Jetzt habe ich Dich! Wie geizig Du auch mit Deinen Wundern sein magst, jetzt mußt Du doch eines für mich tun.
KATHARINA: Wohin gehen sie? Laß mich nicht allein.
GÖTZ: Nein, Katharina, nein, Geliebte, ich werde dich erlösen.
KATHARINA: Wie willst du das tun? Du bist ja doch kein Priester.
GÖTZ: Höre mich an.
KATHARINA *zeigt in eine dunkle Ecke:* Da sind sie. *Beginnt zu schreien, er legt ihr die Hand auf den Mund.*
GÖTZ: Ich werde Christus bitten, daß er mir deine Sünden gibt. Hörst du mich?
KATHARINA: Ja.
GÖTZ: Ich werde sie tragen an deiner Statt. Deine Seele wird rein sein wie am Tage deiner Geburt. Reiner, als wenn der Priester dich losgesprochen hätte.
KATHARINA: Aber wie werde ich erfahren, ob du erhört worden bist?
GÖTZ: Ich werde beten! Wenn ich zu dir zurückkomme mit einem von Aussatz und Schwären bedeckten Gesicht, wirst du mir dann glauben?
KATHARINA: Ja, Liebster, ich werde dir glauben. *Er entfernt sich.*
GÖTZ: Diese Sünden sind meine, Du weißt es. Gib mir wieder, was mir gehört. Du hast kein Recht, diese Frau zu verdammen, denn alle Schuld ist mein. Komm! hier sind meine Arme, hier mein Gesicht und meine Brust. Zerfleische meine Wangen, daß meine Sünden wie Eiter aus meinen Augen und meinen Ohren triefen, daß sie meinen Rücken, meine Schenkel und mein Geschlecht verbrennen wie eine fressende Säure. Sende mir Aussatz, Cholera, Pest, aber erlöse sie!
KATHARINA *mit schwächerer Stimme:* Götz! Hilfe! Götz!
GÖTZ: Hörst Du mich nicht, Du tauber Gott? Du kannst diesen Handel nicht ablehnen wollen, denn er ist gerecht.
KATHARINA: Götz! Götz! Götz!
GÖTZ: Ich kann diese Stimme nicht mehr hören! *Steigt auf die Kan-*

zel hinauf. Bist Du, ja oder nein, für die Menschen gestorben? Siehe, die Menschen leiden. Du mußt noch einmal sterben für sie! Gib mir, gib mir Deine Wunden! Gib mir Deine Seitenwunden, die Wundmale Deiner Hände. Wenn ein Gott für sie leiden konnte, warum nicht ein Mensch? Bist Du eifersüchtig auf mich? Gib mir die Wundmale! Gib sie mir! *Er breitet die Arme wie ein am Kreuze Hängender vor dem Kruzifix aus.* Gib sie mir! Gib sie mir! Gib! *Er wiederholt immer wieder «Gib sie mir» wie eine Beschwörungsformel.* Bist Du taub? Bei Gott, ich bin dumm! Hilf dir selbst, so hilft dir Gott! *Er zieht einen Dolch aus dem Gürtel, stößt ihn sich mit der rechten in die linke Hand, dann umgekehrt, dann in die Seite. Er wirft das Messer hinter den Altar, beugt sich vor und läßt Blut auf die Brust des Christusbildes fließen.* Kommt alle her! *Sie treten wieder ein.* Seht den blutenden Heiland! *Gemurmel. Er hebt die Hände:* Seht! In seiner Barmherzigkeit hat Gott erlaubt, daß ich seine Wundmale trage. Christi Blut, meine Brüder, unseres Heilandes Blut rinnt von meinen Händen. *Steigt die Kanzelstufen herab und tritt zu Katharina:* Fürchte nichts mehr, Geliebte. Ich berühre deine Stirn, deine Augen und deinen Mund mit dem Blute Jesu. *Streicht ihr Blut aufs Gesicht.* Siehst du sie noch?

KATHARINA: Nein.

GÖTZ: Gehe hin in Frieden.

KATHARINA: Dein Blut, Götz, dein Blut. Du hast es für mich gegeben.

GÖTZ: Christi Blut, Katharina.

KATHARINA: Dein Blut ... *Stirbt.*

GÖTZ: Kniet alle nieder. *Sie knien nieder.* Eure Priester sind Hundesöhne, aber fürchtet euch nicht; ich bleibe unter euch: solange Christi Blut aus meinen Händen fließen wird, kann euch kein Unheil begegnen. Kehrt zurück in eure Häuser und freut euch, es ist ein Festtag heut. Heute ist Gottes Reich für uns alle gekommen. Nun bauen wir die Stadt des Lichts. *Schweigen. Die Menge strömt langsam und stumm hinaus. Eine Frau geht dicht an Götz vorbei, ergreift seine Hand und benetzt ihr Gesicht mit Blut. Hilda bleibt als Letzte zurück, sie tritt zu Götz, doch er sieht sie nicht.*

HILDA: Tu ihnen nichts Böses an. *Götz antwortet nicht. Sie geht. Götz schwankt, er muß sich an den Pfeiler lehnen.*

GÖTZ: Ich habe sie. Endlich gehören sie mir.

Vorhang

DRITTER AKT

SIEBTES BILD

Dorfplatz in Altweiler

1. SZENE

Die Bauern umstehen eine der Bäuerinnen, die den Schulmeister macht. – Später Karl und die junge Frau

SCHULMEISTERIN *eine junge Frau mit sanfter Miene. Hält einen Stock in der Hand, mit dem sie auf Buchstaben weist, die sie auf den Boden geschrieben hat:* Welcher Buchstabe ist dies?

ERSTER BAUER: Ein L.

SCHULMEISTERIN: Und diese zwei?

ZWEITER BAUER: I E.

SCHULMEISTERIN: Und da die beiden?

EIN BAUER: R E.

SCHULMEISTERIN: Nicht doch!

EIN ANDERER BAUER: B E.

SCHULMEISTERIN: Und das ganze Wort?

EIN BAUER: Liebe.

ALLE: Liebe! Liebe!

SCHULMEISTERIN: Mut, liebe Brüder! Bald werdet ihr lesen können. Dann könnt ihr Gut von Böse und Wahr von Falsch unterscheiden. Jetzt antworte, du da ... Welches ist unsere erste Natur?

EINE BÄUERIN *als sage sie den Katechismus auf:* Unsere erste Natur ist die Natur, die wir hatten, bevor wir Götz kennenlernten.

SCHULMEISTERIN: Wie war sie?

EIN BAUER *wie vorher:* Schlecht.

SCHULMEISTERIN: Wie sollen wir die erste Natur bekämpfen?

EIN BAUER: Indem wir uns eine zweite Natur schaffen.

SCHULMEISTERIN: Wie aber können wir in uns eine zweite Natur schaffen?

EINE BÄUERIN: Indem wir unseren Leib die Gebärden der Liebe lehren.

SCHULMEISTERIN: Sind die Gebärden der Liebe schon die Liebe selbst?

EIN BAUER: Nein, die Gebärden der Liebe sind nicht ... *Hilda tritt ein, die Bauern machen sich gegenseitig auf sie aufmerksam.*

SCHULMEISTERIN: Was gibt es? *Wendet sich um.* Oh! Hilda! ... *Schweigt. Einen Augenblick.* Schwester ... Du störst uns hier.

HILDA: Aber wie kann ich euch stören: ich sage ja doch nichts.

SCHULMEISTERIN: Du sagst nichts, aber du siehst uns an, und wir wissen, du mißbilligst unser Tun.

HILDA: Kann ich nicht denken, was ich will?

SCHULMEISTERIN: Nein, Hilda, nein. Hier wird vor aller Augen laut und vernehmlich gedacht. Die Gedanken eines jeden gehören allen an. Willst du dich zu uns gesellen?

HILDA: Nein!
SCHULMEISTERIN: Du liebst uns also nicht?
HILDA: Doch. Aber auf meine Weise.
SCHULMEISTERIN: Bist du nicht froh über unser Glück?
HILDA: Ich ... Ach, Brüder, ihr habt soviel durchgemacht. Wenn ihr glücklich seid, muß ich es auch wohl sein. *Karl tritt auf mit einer Binde über den Augen, er wird von einer jungen Frau geführt.*
SCHULMEISTERIN: Wer kommt da?
DIE JUNGE FRAU: Wir suchen die Stadt des Lichts.
EIN BAUER: Ihr seid in der Stadt des Lichts.
DIE JUNGE FRAU *zu Karl:* Das habe ich mir gedacht. Wie schade, daß du nicht sehen kannst, wie gut sie alle ausschauen. Du würdest dich freuen.
DIE BAUERN *umdrängen sie:* Ihr armen Leute! Habt ihr Durst? Habt ihr Hunger? Aber so setzt euch doch!
KARL *setzt sich:* Wie gut ihr seid.
EIN BAUER: Hier sind alle gut, weil alle glücklich sind.
EIN ANDERER BAUER: Bei diesen unruhigen Zeiten kommen nur wenige Reisende her.
EINE BÄUERIN: Es bleibt uns also nichts anderes übrig, als uns untereinander mit Liebe zu begegnen. Darum erfüllt dein Kommen uns mit solcher Freude.
EINE ANDERE BÄUERIN: Es tut uns wohl, einen Fremden zu verwöhnen. Was können wir für euch tun?
DIE JUNGE FRAU: Wir wollen den Mann mit den blutenden Händen sehen.
KARL: Ist es wahr, daß er Wunder tut?
EINE BÄUERIN: Er tut überhaupt nichts anderes.
KARL: Ist es wahr, daß seine Hände bluten?
EIN BAUER: Kein Tag vergeht, an dem sie nicht von neuem zu bluten anfangen.
KARL: Dann wollte ich nur, er täte ein wenig Blut auf meine armen Augen, damit sie sehend werden.
EINE BÄUERIN: Ach ja! Das ist just, was er kann. Er wird dich sicher heilen!
KARL: Was für ein Glück für euch, einen solchen Mann zu besitzen. Und ihr tut nun nichts Böses mehr?
EIN BAUER: Keiner trinkt, keiner stiehlt.
EIN ANDERER BAUER: Den Männern ist es untersagt, ihre Frauen zu prügeln.
EIN BAUER: Und die Eltern dürfen nicht mehr ihre Kinder schlagen.
KARL *setzt sich auf die Bank:* Ob das von Dauer sein wird?
EIN BAUER: Es wird dauern, solange Gott will.
KARL: Ach! *Er seufzt.*
SCHULMEISTERIN: Warum seufzest du so?
KARL: Die Kleine hat überall Bewaffnete gesehen. Die Bauern und die Herren sind im Begriff, sich zu schlagen.
SCHULMEISTERIN: Auf der Gemarkung von Heidenstein?
KARL: Nein, aber rundherum.
SCHULMEISTERIN: In dem Fall geht es uns nichts an. Wir wollen nie-

mandem Böses, unsere einzige Aufgabe ist, die Liebe zur Herrschaft zu führen.

KARL: Bravo! Sollen die andern doch sich ruhig massakrieren. Haß, Gemetzel, das Blut der andern sind die unerläßliche Nahrung für euer eigenes Glück.

EIN BAUER: Was sagst du da? Du weißt wohl nicht, was du sprichst?

KARL: Weiß Gott, ich wiederhole nur, was man überall sagt.

SCHULMEISTERIN: Was sagt man?

KARL: Man sagt, daß euer Glück die Leiden der andern noch unerträglicher mache, und daß die Verzweiflung sie zum Äußersten treibt. *Pause.* Ach was, ihr habt recht, euch nicht darum zu sorgen: ein paar Tropfen Blut für euer Glück, was kann das schon machen! Das ist wirklich nicht zu teuer bezahlt!

SCHULMEISTERIN: Unser Glück ist heilig. Götz hat es uns gesagt. Denn wir sind nicht nur glücklich für uns, sondern auch für die andern. Vor allen und für alle legen wir Zeugnis davon ab, daß das Glück möglich ist. Dies Dorf hier ist ein Heiligtum, und alle Bauern sollten ihre Blicke zu uns erheben, wie die ersten Christen sie zum Heiligen Land erhoben.

KARL: Wenn ich in mein Dorf zurückkehre, will ich überall die gute Mär verkünden. Ich kenne dort ganze Familien, die vor Hunger verrecken und überaus froh sein werden zu hören, daß ihr an ihrer Stelle und auf ihre Rechnung glücklich seid. *Verlegenes Schweigen der Bauern.* Und was werdet ihr tun, gute Leute, wenn der Krieg ausbricht?

EINE BÄUERIN: Beten.

KARL: Oh! Ich fürchte, ihr werdet gezwungen sein, auch Partei zu ergreifen.

SCHULMEISTERIN: Unter keinen Umständen, nein!

ALLE BAUERN: Nein! Nein! Nein!

KARL: Wenn Sklaven zu Menschen werden wollen: ist das nicht ein heiliger Krieg?

SCHULMEISTERIN: Alle Kriege sind gottlos. Wir wollen Hüter der Liebe bleiben und Märtyrer des Friedens.

KARL: Die Herren mißhandeln, berauben und morden eure Brüder vor euren Toren, und ihr haßt sie nicht?

EINE BÄUERIN: Wir haben Mitleid mit ihnen, weil sie so böse sind.

EIN BAUER: Ja, wir bemitleiden sie.

KARL: Wenn sie böse sind, ist es da nicht gerecht, daß sich ihre Opfer empören?

SCHULMEISTERIN: Gewalt ist ungerecht, woher sie auch kommen mag.

KARL: Die Gewalt eurer Brüder verurteilt ihr, aber die der Herren heißt ihr offenbar gut.

SCHULMEISTERIN: Nein, gewiß nicht.

KARL: Es muß doch wohl so sein, da ihr ja offenbar nicht wollt, daß sie ein Ende nimmt.

SCHULMEISTERIN: Wir wollen, daß sie durch die eigene Einsicht der Herren Ritter ein Ende nimmt.

KARL: Aber wer soll ihnen denn diese Einsicht bringen?

SCHULMEISTERIN: Wir.

ALLE BAUERN: Wir! Wir!

KARL: Was sollen die Bauern bis dahin tun?

SCHULMEISTERIN: Sich fügen, abwarten und beten.

KARL: Verräter, jetzt legt ihr die Maske ab. Ihr liebt nur euch selbst. Aber seht euch vor: kommt es zu diesem Kriege, so wird man auch von euch Rechenschaft verlangen, und man wird euch nicht durchgehen lassen, daß ihr nicht Partei nehmen wolltet, während eure Brüder sich erschlagen ließen. Wenn die Bauern den Sieg erringen, werdet ihr fürchten müssen, daß sie die Stadt des Lichts in Asche legen, um euch dafür zu bestrafen, daß ihr eure Brüder im Stich gelassen habt. Was aber die Herren anbelangt, so werden sie, wenn sie gewinnen, herrschaftliches Gebiet nicht in den Händen von Leibeigenen lassen. Greift zu den Waffen, Leute! Wenn ihr euch für die Brüderlichkeit nicht schlagt, so tut es aus Eigennutz. Das Glück will verteidigt sein.

EIN BAUER: Wir wollen uns nicht schlagen.

KARL: Dann werden euch andere schlagen.

SCHULMEISTERIN: Wir werden die Hand küssen, die uns schlägt; wir werden sterben für die, die uns morden. Solange wir leben, bleibt uns die Möglichkeit, uns umbringen zu lassen; wenn wir aber tot sind, werden wir uns in eure Seelen einnisten, und unsere Stimmen werden ertönen in euren Ohren.

KARL: Bei Gott, ihr habt gut auswendig gelernt! Ach! Ihr seid nicht selbst am meisten zu verdammen. Der wahre Verbrecher ist der falsche Prophet, der diesen verzückten Schein der Sanftmut in euren Augen entzündet hat.

DIE BAUERN: Er beleidigt unsern Götz! *Gehen auf ihn los.*

DIE JUNGE FRAU: Ihr wollt doch nicht etwa einen Blinden schlagen, ihr, die ihr immer behauptet, nur der Liebe zu leben!

EIN BAUER *reißt Karl die Binde ab:* Ein schöner Blinder! Seht ihn euch an: es ist Karl, der Bediente vom Schloß, sein Herz ist von Haß verzehrt; seit ein paar Wochen schon schleicht er umher und predigt Zwietracht und Aufruhr.

DIE BAUERN: An den Galgen mit ihm!

HILDA: Ach, ihr sanften Lämmer, hat man euch endlich zur Wut gereizt? Karl ist ein Hund, denn er treibt euch zum Krieg. Doch er spricht die Wahrheit, und ich werde nicht dulden, daß ihr den schlagt, der die Wahrheit spricht, woher er auch kommen mag. Es ist wahr, Brüder, eure Stadt des Lichts ist auf dem Elend der andern erbaut: damit die Herren sie dulden, müssen ihre Bauern sich in ihr Sklavenschicksal ergeben. Brüder, ich werfe euch euer Glück nicht vor, aber es war mir wohler, als wir zusammen noch unglücklich waren. Denn unser Unglück war das Unglück aller Menschen. Auf dieser aus tausend Wunden blutenden Erde hat die Freude geringen Rang, und die Glücklichen stehen allein.

EIN BAUER: Geh! Du liebst nur das Elend, aber Götz baut auf!

HILDA: Euer Götz ist ein Betrüger. *Unruhe.* Nun? Worauf wartet ihr, um mich zu schlagen und aufzuhängen? *Götz erscheint.*

2. SZENE

Dieselben – Götz

GÖTZ: Was sollen diese drohenden Mienen?

EIN BAUER: Götz, es ist ...

GÖTZ: Schweig, ich will nicht mehr dies gezwungene Lächeln sehen. Lächelt euch erst aus, und dann sprecht. Los, jetzt lächelt erst! *Die Bauern lächeln.*

EIN BAUER *lächelnd:* Dieser Mann hier kommt, uns Aufruhr zu predigen.

GÖTZ: Um so besser, das ist eine Prüfung für euch. Man muß auch die Stimme des Hasses anhören können.

EINE BÄUERIN *lächelnd:* Er hat dich beleidigt, Götz, er hat dich als falschen Propheten hingestellt.

GÖTZ: Mein guter Karl, so sehr haßt du mich?

KARL: Ja, wahrhaftig, recht sehr.

GÖTZ: Das kommt, weil ich nicht verstanden habe, Liebe zu gewinnen: verzeih. Geleitet ihn bis zum Dorfausgang, gebt ihm Lebensmittel und den Friedenskuß auf den Weg.

KARL: All dies wird in einem Blutbad enden, Götz. Das Blut aller dieser Männer komme auf dein Haupt.

GÖTZ: So sei es. *Karl und junge Frau ab.*

3. SZENE

Dieselben ohne Karl und die junge Frau

GÖTZ: Laßt uns beten für sie.

SCHULMEISTERIN: Götz, es ist da etwas, was uns Sorgen macht.

GÖTZ: Sprich.

SCHULMEISTERIN: Es ist wegen Hilda. Wir lieben sie, aber wir haben Schwierigkeiten mit ihr: sie ist nicht gleichen Sinnes wie du.

GÖTZ: Ich weiß.

HILDA: Was kann euch das ausmachen? Ich gehe ja doch.

GÖTZ: Du gehst?

HILDA: Auf der Stelle.

GÖTZ: Warum?

HILDA: Weil sie glücklich sind.

GÖTZ: Und wenn?

HILDA: Glücklichen Menschen nütze ich nichts.

GÖTZ: Aber sie lieben dich.

HILDA: Gewiß. Gewiß. Doch sie werden sich trösten.

GÖTZ: Sie brauchen dich immer noch.

HILDA: Meinst du? *Sie wendet sich zu den Bauern:* Braucht ihr mich wirklich noch? *Verlegenes Schweigen bei den Bauern.* Da siehst du es ja. Was soll ich bei ihnen? Sie haben ja dich. Adieu.

GÖTZ *zu den Bauern:* Ihr laßt sie gehen ohne ein Wort? Undankbare, wer hat euch denn vor der Verzweiflung gerettet, als ihr unglücklich waret? Bleibe, Hilda, in ihrem Namen bitte ich dich. Und euch befehle ich, ihr wiederum eure Liebe zu schenken.

HILDA *in ausbrechender Heftigkeit:* Behalte alles, du hast mir meine Börse gestohlen, aber du kannst mir nicht obendrein noch Almosen geben mit meinem Geld.

SCHULMEISTERIN: Bleibe, Hilda, da er es will. Ich schwöre dir, wir werden ihm gehorchen, und wir werden dich lieben, wie der heilige Mann es verlangt.

HILDA: Schweig doch! Schweig! Ihr habt mich aus einer natürlichen Regung eurer Herzen geliebt: jetzt aber ist es aus. Reden wir also nicht mehr davon. Vergeßt mich, und vergeßt mich recht schnell; je schneller desto besser.

GÖTZ *zu den Bauern:* Laßt uns allein. *Die Bauern ab.*

4. SZENE
Götz – Hilda

GÖTZ: Wohin gehst du?

HILDA: Irgendwohin. Es gibt noch Elend genug.

GÖTZ: Immer das Elend! Immer das Unglück! Gibt es denn gar nichts anderes?

HILDA: Für mich nicht. Ich bin dafür da.

GÖTZ: Muß man denn immer leiden mit ihrem Leid? Kann man sich nicht auch einmal ihres Glückes freuen?

HILDA *heftig:* Ich kann es nicht! Ein schönes Glück! Ich kann ihr Geblöke nicht hören. *Verzweifelt:* Seitdem du bei uns erschienen bist, Götz, bin ich die Feindin meiner Seele. Wenn sie spricht, dann schäme ich mich dessen, was sie zu mir sagt. Ich weiß, daß die Leute nicht mehr hungern und daß sie nicht mehr so hart arbeiten müssen. Wenn sie dies sanfte Lämmerglück wollen, muß ich es mit ihnen wollen. Aber das kann ich nicht. Ich kann es einfach nicht wollen. Ich muß wohl ein Ungeheuer sein: Ich liebe sie nicht mehr ganz so sehr, seitdem sie kein Leid mehr haben, obwohl mir doch vor dem Leiden graut. *Pause.* Ob ich eben doch böse bin?

GÖTZ: Nein. Du bist eifersüchtig.

HILDA: Ja. Eifersüchtig. Zum Sterben eifersüchtig. *Pause.* Du siehst, es ist höchste Zeit, daß ich gehe. Du hast mich gründlich verdorben. Wo du auch bist, und was du auch tust, immer weckst du das Böse in den Herzen der Menschen. Leb wohl.

GÖTZ: Leb wohl. *Sie geht nicht.* Nun? Worauf wartest du noch? *Sie macht sich auf den Weg.* Wenn es sein kann, Hilda, verlaß mich nicht. *Sie lacht.* Was hast du denn?

HILDA *ohne Bosheit:* Ausgerechnet du, Götz, der du mir alles genommen hast, bittest mich, bei dir zu bleiben?

GÖTZ: Je mehr sie mich lieben, desto einsamer werde ich. Ich bin ihr Dach, und habe doch selber kein Dach. Ich bin ihr Himmel, aber ich selbst habe keinen. Nur diesen hier jedenfalls: sieh nur, wie fern er ist. Ich wollte ein Pfeiler sein, die Himmelswölbung zu tragen. Welch Unsinn! Der Himmel ist nur ein Loch. Ich frage mich sogar, wo Gott wohl hausen mag. *Schweigt.* Alles kommt davon, daß ich sie nicht genug liebe. Ich habe getan, als liebte ich sie, aber die Liebe kam nicht. Es scheint, ich bin dafür nicht begabt. Was siehst du mich so an?

HILDA: Du hast sie nicht einmal geliebt! Du hast mich umsonst bestohlen.

GÖTZ: Ach, es handelte sich ja nicht darum, dir ihre Liebe zu nehmen, es ging um die deinige. Ich müßte sie lieben mit deinem Herzen. Sieh, ich beneide dich sogar noch um deine Eifersucht. Du bist da, du siehst sie, berührst sie, du bist Wärme, bist Licht, und du bist nicht ich. Das ist nicht zu ertragen. Ich begreife nicht, weshalb wir zwei Wesen sein müssen. Ich wollte, ich wäre du und bliebe dabei doch ich selbst. *Nasty erscheint.*

5. SZENE
Götz – Hilda – Nasty

NASTY *mit dumpfer Stimme:* Götz! Götz! Götz!

GÖTZ *wendet sich um:* Wer ist's?... Nasty...

NASTY: Die Menschen sind taub.

GÖTZ: Taub? Für deine Stimme taub? Das ist neu.

NASTY: Ja. Das ist neu.

GÖTZ: Gott stellt dich auf die Probe wie die andern? Mal sehen, wie du sie bestehst.

NASTY: Gott soll mich prüfen, soviel er mag. Ich werde weder an mir noch an meiner Sendung zweifeln; und wenn er an mir irre wird, so ist Gott eben verrückt.

GÖTZ: Erzähle weiter.

NASTY *zeigt auf Hilda:* Schick die da fort.

GÖTZ: Sie ist ich. Sprich oder geh.

NASTY: Gut. *Schweigt.* Der Aufstand ist da.

GÖTZ: Welcher Aufstand? *Losbrechend:* Das war aber nicht ich! Ich bin nicht schuld daran! Sie sollen sich umbringen untereinander, ich habe nichts damit zu tun.

NASTY: Was sie zurückhielt, ist einzig die Furcht vor der Kirche gewesen; du aber hast ihnen bewiesen, daß Priester für sie nicht nötig sind, nun wimmelt es von Propheten. Aber es sind Propheten des Zorns, die Rache predigen.

GÖTZ: Und alles ist mein Werk?

NASTY: Ja.

GÖTZ: Da, nimm das dafür. *Schlägt ihn.*

NASTY: Schlage nur! Schlag nur zu!

GÖTZ: Ach! *Dreht sich um sich selbst.* Wie süß das Böse doch war! Damals konnte ich töten! *Macht schweigend ein paar Schritte.* Heraus mit der Sprache! Was willst du von mir?

NASTY: Du mußt das Schlimmste verhüten.

GÖTZ: Ich? *Lacht trocken auf.* Dummkopf, ich habe den bösen Blick. Wie wagst du, mich zu gebrauchen?

NASTY: Ich habe keine Wahl... Wir haben keine Waffen, kein Geld, keine militärischen Führer, und unsere Bauern sind zu wenig an Manneszucht gewöhnt, um gute Soldaten zu sein. In ein paar Tagen sind sicher die ersten Rückschläge da, und in einigen Monaten wird es Mord und Totschlag geben.

GÖTZ: Nun und?

NASTY: Es bleibt nur ein Ausweg. Heute kann ich die Empörung nicht eindämmen, in drei Monaten würde es möglich sein. Wenn wir eine offene Schlacht gewinnen, eine einzige offene Schlacht, werden die Ritter uns ein Friedensangebot machen.

GÖTZ: Und welche Rolle soll ich dabei spielen?

NASTY: Du bist der beste Kriegsmann Deutschlands.

GÖTZ *sieht ihn an, wendet sich dann ab:* Ah! *Schweigt.* Immer nur ausbessern! Immer nur Schäden verbessern! Durch euch verliere ich meine Zeit, so viele euer sind. Guter Gott, ich habe anderes zu tun. Ich, ich baue auf.

NASTY: Und du willst mitansehen, wie die andern sich gegenseitig erschlagen, nur damit du dein Spielzeug, deine Musterstadt aufbauen kannst?

GÖTZ: Dies Dorf ist eine Arche. Hier habe ich die Liebe in Sicherheit gebracht. Die Sintflut soll ruhig kommen, wenn nur die Liebe gerettet wird.

NASTY: Bist du wahnsinnig ... Diesem Krieg kannst du nicht entgehen, er kommt dir nach bis hierher. *Götz schweigt.* Nun? Du nimmst meinen Vorschlag an?

GÖTZ: Nicht so schnell. *Wendet sich wieder Nasty zu:* Sie haben keine Disziplin. Dann muß ich sie schaffen. Weißt du, was das heißt? Daß ich Leute aufhängen muß.

NASTY: Ich weiß.

GÖTZ: Arme Leute aufhängen, Nasty. Sie aufhängen ohne Grund, um ein Exempel zu statuieren: die Unschuldigen und den Schuldigen. Was sage ich? Keiner ist schuldig, ich bin ihr Bruder und sehe, daß sie unschuldig sind. Morgen, wenn ich ihr Anführer bin, sehe ich nur noch Schuldige und verstehe nicht mehr, sondern lasse hängen.

NASTY: Es sei denn. Es muß sein.

GÖTZ: Und ich selbst muß zum Schlächter werden. Ihr habt weder Waffen noch Waffenkunde. Die Zahl ist allein eure Stärke. Ich muß Menschenleben vergeuden. Krieg ist etwas Abscheuliches!

NASTY: Du mußt zwanzigtausend Menschen opfern, um hunderttausend zu retten.

GÖTZ: Wenn das so sicher wäre! Nasty, du kannst mir glauben: was eine Schlacht ist, ahnst du nicht. Lassen wir uns auf diese hier ein, so steht es hundert zu eins, daß wir sie verlieren.

NASTY: Gut, ich setze auf die eins. Was Gott auch mit uns vorhaben mag, wir sind seine Erwählten: ich sein Prophet, du sein Schlächter. Wir haben keine Zeit mehr, uns zurückzuziehen. *Schweigt.*

GÖTZ: Hilda!

HILDA: Was willst du?

GÖTZ: Hilf mir. Was würdest du an meiner Stelle tun?

HILDA: Ich werde niemals an deiner Stelle sein, und ich will es auch nicht. Ihr seid Menschenführer, ich aber bin nur eine Frau. Ich habe euch nichts zu geben.

GÖTZ: Ich verlasse mich einzig auf dich.
HILDA: Auf mich?
GÖTZ: Mehr denn auf mich selbst.
HILDA: Warum willst du mich zur Mitverschworenen deiner Verbrechen machen? Warum zwingst du mich, für dich eine Entscheidung zu treffen? Warum lieferst du mir meine Brüder auf Tod und Leben aus?
GÖTZ: Weil ich dich liebe.
HILDA: Schweig. *Pause.* Oh, du hast gewonnen. Du hast mich dazu gebracht, meine Stellung zu wechseln; ich war auf seiten der Leidenden, nun aber gehöre ich zu denen, die über ihr Leiden befinden. O Götz, ich werde nie mehr ruhig schlafen können! *Pause.* Ich verbiete dir, Blut zu vergießen. Lehne den Vorschlag ab.
GÖTZ: Wir treffen diese Entscheidung gemeinsam?
HILDA: Ja. Gemeinsam.
GÖTZ: Und wir werden auch die Folgen gemeinsam tragen?
HILDA: Gemeinsam, was auch kommen mag.
NASTY *zu Hilda:* In was mischst du dich ein?
HILDA: Ich spreche für die Armen.
NASTY: Niemand außer mir hat das Recht, in ihrem Namen zu sprechen.
HILDA: Wieso?
NASTY: Weil ich einer von ihnen bin.
HILDA: Du ein Armer? Das bist du schon lange nicht mehr. Du bist ein Führer geworden. *Götz steht in Gedanken versunken da und hat nicht zugehört. Plötzlich hebt er den Kopf.*
GÖTZ: Und wenn man ihnen die Wahrheit sagte?
NASTY: Was für eine Wahrheit?
GÖTZ: Daß sie sich nicht aufs Waffenhandwerk verstehen, und daß sie verloren sind, wenn sie Krieg anfangen.
NASTY: Sie werden den umbringen, der es ihnen sagt.
GÖTZ: Und wenn ich es sagte?
NASTY: Du?
GÖTZ: Ich habe Ansehen bei ihnen, weil ich ein Prophet bin und weil ich ihnen mein Land gegeben habe. Wozu ist Ansehen da, wenn man es nicht aufs Spiel zu setzen wagt?
NASTY: Da steht eins zu tausend.
GÖTZ: Eins zu tausend. Stimmt. Hast du das Recht, diese Möglichkeit außer acht zu lassen?
NASTY: Nein. Ich habe nicht das Recht. Komm.
HILDA: Geh nicht, Götz.
GÖTZ *faßt sie bei den Schultern:* Fürchte nichts: diesmal ist Gott mit uns. *Ruft:* Kommt alle her! *Die Bauern kehren auf die Bühne zurück.* Überall wird gekämpft. Morgen schon steht vielleicht das ganze Reich in Flammen. Ich gehe hinaus zu den Menschen, um den Frieden zu retten.
ALLE BAUERN: Ach, Götz, verlaß uns nicht. Was sollen wir ohne dich tun?
GÖTZ: Ich komme wieder: hier ist mein Gott, hier mein Glück, hier ist meine Liebe; ich kehre zurück zu euch, Brüder. Seht hier, Hilda.

Euch vertraue ich sie an. Wenn man euch in meiner Abwesenheit für die eine oder andere Seite anwerben will, so weigert euch, zu kämpfen, und wenn man euch droht, antwortet mit Liebe darauf. Denkt, Brüder, denkt daran: die Liebe schlägt den Krieg in die Flucht. *Götz und Nasty ab.*

6. SZENE

Dieselben ohne Götz und Nasty

DIE BAUERN: Wenn er nun nicht wiederkommt? *Schweigen.*

HILDA: Laßt uns beten. *Pause.* Laßt uns beten, daß der Krieg zurückweicht vor der Liebe.

DIE BAUERN *knien nieder:* O Herr, gib, daß der Krieg zurückweicht vor der Liebe.

HILDA *ist stehengeblieben:* Daß der Krieg zurückweicht vor meiner Liebe. So geschehe es.

Ende des siebten Bildes

Die Szene liegt im Dunkel, und die ersten Worte des achten Bildes fallen fast gleichzeitig mit Hildas letztem Satz.

ACHTES UND NEUNTES BILD

Das Lager der Bauern

Lärmen, Schreie in der Dunkelheit

1. SZENE

Götz – Nasty – Karl – Die Bauern

STIMMEN: Huuh! Huh! Huuh!

STIMME GÖTZENS *über dem Tumult:* Es wird euer aller Untergang sein!

STIMMEN: Bringt ihn um! Bringt ihn um! *Licht. Eine Lichtung im Walde bei Nacht. Bauern mit Prügeln und Mistgabeln. Einige haben Degen, andere halten Fackeln in der Hand. Götz und Nasty stehen auf einem Felsvorsprung oberhalb der Menge.* Huuh! Huh! Huuh!

GÖTZ: Ihr Armen, habt ihr nicht einmal den Mut, der Wahrheit ins Antlitz zu blicken?

EINE STIMME: Die Wahrheit ist, daß du ein Verräter bist.

GÖTZ: Die Wahrheit, Brüder, die jedem ins Auge springt, ist, daß ihr nicht zu kämpfen versteht. *Ein Bauer von hünenhafter Gestalt tritt auf ihn zu.*

DER HÜNE: Ich weiß nicht zu kämpfen? *Heiterkeit in der Menge.* Holla, Jungens, es scheint, daß ich nicht kämpfen kann! Ich pack dir einen Stier bei den Hörnern und drehe ihm den Kragen um. *Götz springt auf den Boden und nähert sich ihm.*

GÖTZ: Offenbar, mein großer Bruder, bist du dreimal so stark wie ich?

DER HÜNE: Paß auf, Brüderchen. *Gibt Götz einen Stoß und schleudert ihn fünf Schritte zurück.*

GÖTZ: Nicht übel. *Zu einem Bauern:* Gib den Prügel her. *Zu dem Hünen:* Und du nimm diesen hier. Leg aus! Fertig, los! Hieb! Stich! Schlag! *Pariert die Schläge, weicht aus.* Siehst du! Siehst du! Siehst du! Was nützt dir nun deine Stärke. Unter deinen Streichen seufzen nur die Geister der Luft, und einzig der Wind trägt Wunden davon. *Schlagen sich wieder.* Und nun, Bruder, verzeih mir: jetzt werde ich dich nämlich ein bißchen zusammenschlagen. Es ist nur zum besten von allen. So! *Schlägt ihn zu Boden.* Jesus, vergib mir! *Der Bauer bricht zusammen.* Seid ihr nun überzeugt? Er war der Stärkste von euch, und ich selbst bin bei weitem nicht der Geübteste. *Pause. Die Bauern schweigen verwundert still. Götz genießt einen Augenblick seinen Erfolg und fährt dann fort:* Wollt ihr wissen, weshalb ihr keine Angst vor dem Tode habt? Weil jeder von euch denkt, er wird den Nachbarn holen. *Pause.* Nun aber wende ich mich an Gottvater und bitte ihn: Herr, wenn es Dein Wille ist, daß ich diesen hier helfe, so tu mir durch ein Zeichen kund, welche von ihnen im Krieg umkommen werden. *In geheucheltem Entsetzen!* Oh! Hoho! Was muß ich sehen! Wehe, Brüder, was ist das? Ich sehe etwas Schauriges! Wehe, welch Verhängnis über euch!

EIN BAUER *beunruhigt:* Was ist denn? was siehst du denn?

GÖTZ: Ach, nur daß Gott euer Fleisch wie Wachs herunterschmelzen läßt: ich sehe eure Gebeine! Heilige Jungfrau! Skelette überall!

EIN BAUER: Und was bedeutet das deiner Meinung nach?

GÖTZ: Gott will von dem Aufstand nichts wissen und bezeichnet mir diejenigen, die dabei umkommen werden.

DER BAUER: Wer zum Beipsiel?

GÖTZ: Wer? *Weist mit dem Zeigefinger auf ihn; mit fürchterlicher Stimme.* Du! *Schweigen.* Und du! Und du! Und du! Was für ein grausiger Totentanz!

DER BAUER *betroffen, aber noch zweifelnd:* Wer beweist uns, daß du die Zukunft wirklich voraussehen kannst?

GÖTZ: O über euch Ungläubige! Wenn ihr Beweise wollt, so seht hier dieses Blut. *Hebt die Hände. Schweigen. – Zu Nasty:* Ich habe gewonnen!

NASTY *zwischen den Zähnen:* Noch nicht. *Karl tritt vor.* Da ist einer, vor dem nimm dich in acht. Er ist zäher als andere.

KARL: O meine allzu gläubigen Brüder, wann werdet ihr lernen, zu mißtrauen? Ihr seid so sanft und so lieb, daß ihr nicht einmal hassen könnt! Heute noch genügt es, daß jemand zu euch spricht mit einer zarten Herrenstimme, damit ihr den Nacken beugt. Wie denn? Er hat etwas Blut an den Händen? Was will das schon besagen! Wenn man sein Blut verströmen muß, um euch zu überzeugen, so blute ich eben auch. *Hebt die Hände in die Luft: sie bluten.*

GÖTZ: Wer bist du?

KARL: Prophet wie du.

GÖTZ: Ein Prophet des Hasses!

KARL: Das ist der einzige Weg, der zur Liebe führt.

GÖTZ: Aber ich erkenne dich, du bist Karl, mein Bedienter.
KARL: Zu dienen.
GÖTZ: Ein Diener, der zum Propheten wird, ist eine Komödienfigur.
KARL: Und ein Feldherr, der wahrsagen will?
GÖTZ *steigt die Stufen hinab:* Zeig deine Hände her! *Dreht sie herum.* Wahrhaftig, dieser Mensch verbirgt in seinem Ärmel mit Blut gefüllte Blasen.
KARL: Laß mich die deinen sehen. *Sieht sie an.* Dieser Mann kratzt sich mit den Nägeln alte Wunden auf, um ein paar Tropfen Blut daraus hervorzulocken. Wohlan, Brüder, prüft und entscheidet, wer von uns beiden der wahre Prophet ist.
GEMURMEL: Ja... Ja...
KARL: Kannst du das? *Läßt an einem Stab Blüten entstehen.* Und das? *Holt ein Kaninchen aus seinem Hut.* Und das? *Umgibt sich mit einer Rauchwolke.* Zeige uns, was du kannst.
GÖTZ: Das sind Taschenspielereien, wie ich sie Hunderte von Malen auf den Märkten gesehen habe. Ich bin kein Jahrmarktgaukler.
EIN BAUER: Was ein Jahrmarktgaukler kann, muß ein Prophet auch tun können.
GÖTZ: Einen Wunderwettbewerb mit meinem Kammerdiener, Brüder, mache ich nicht mit. Ich war General, bevor ich Prophet geworden bin. Hier handelt es sich um Krieg: wenn ihr dem Propheten nicht glaubt, so habt zu dem Feldherrn Vertrauen.
KARL: Ihr werdet zu dem Feldherrn erst Vertrauen haben, wenn der Feldherr bewiesen hat, daß er kein Verräter ist.
GÖTZ: Undankbarer! Aus Liebe zu dir und deinen Brüdern habe ich mich meiner Güter beraubt.
KARL: Aus Liebe zu mir?
GÖTZ: Ja, zu dir, der du mich hassest.
KARL: Du liebst mich also?
GÖTZ: Ja, Bruder, ich liebe dich.
KARL *triumphierend:* Jetzt hat er sich verraten, Brüder! Er belügt euch ja! Seht meine Fratze und sagt, ob man mich lieben kann. Und ihr alle, Jungens, sagt doch selbst: glaubt ihr wohl, daß ihr samt und sonders zum Verlieben seid?
GÖTZ: Idiot! Wenn ich sie nicht liebte, weshalb hätte ich ihnen dann mein ganzes Land geschenkt?
KARL: Ja, wirklich, warum? Da liegt der Hase im Pfeffer. *Mit überraschend erhobener Stimme:* Gott! Gott, der Du Herz und Nieren prüfst, Du mußt uns zu Hilfe kommen! Ich leihe Dir meinen Leib, meinen Mund: sage uns, warum Götz, der Bastard, seine Güter verschenkt. *Karl beginnt, schreckliche Schreie auszustoßen.*
DIE BAUERN: Gott ist da! Gott spricht! *Sie knien nieder.*
GÖTZ: Mein Gott! Das fehlte gerade noch.
KARL *hat die Augen geschlossen und spricht mit veränderter Stimme, die klingt, als ob es die seine nicht wäre:* Hallo! Hallo! Erdenbewohner!
DIE BAUERN: Hallo! Hallo!
KARL *wie vorher:* Hier ist Gott. Ich sehe euch: Menschen, ich sehe euch.

DIE BAUERN: Erbarme Dich unser.

KARL *wie vorher:* Wo ist Götz?

DIE BAUERN: Ein bißchen weiter rechts, Gottvater. Da, gleich hinter dir.

KARL *wie vorher:* Götz! Götz! Warum hast du ihnen deine Güter geschenkt? Antworte mir!

GÖTZ: Mit wem habe ich die Ehre?

KARL *wie vorher:* Ich bin der, der da ist.

GÖTZ: Sehr schön: wenn Du bist, der Du bist, dann mußt Du auch wissen, was Du weißt. Und Du mußt auch wissen, weshalb ich getan habe, was ich tat.

DIE BAUERN *drohend:* Du! Du! Wirst du Antwort geben!

GÖTZ: Euch, Brüder, stehe ich Rede. Aber nur euch, nicht ihm. Ich habe meine Güter verschenkt, damit alle Menschen gleich seien auf Erden. *Karl lacht.*

DIE BAUERN: Gott lacht! Gott lacht! *Nasty ist die Stufen hinabgestiegen und hat sich hinter Götz gestellt.*

KARL *wie vorher:* Du lügst, Götz, du belügst deinen Gott! Ihr, liebe Söhne, höret mich an! Was Herren auch tun, sie werden niemals euresgleichen sein. Darum verlange ich von euch, daß ihr sie umbringen sollt. Dieser hier hat euch sein Land gegeben. Aber konntet ihr ihm denn etwa das eurige geben? Er hatte die Wahl, zu geben oder nicht. Aber hättet ihr sein Land denn zurückweisen können? Dem, der euch einen Kuß gibt oder einen Schlag, gebt ihr wieder einen Kuß oder Schlag. Wenn euch aber einer gibt, was ihr ihm nicht geben könnt, so bietet ihm euer Herz voll Haß. Denn gedemütigt wart ihr zwar, er aber demütigt euch noch mehr.
Geschenk am Morgen – Sorgen!
Geschenk am Tage – Klage!
Am Abend – wenig erlabend!

GÖTZ: Ach, dieser vortreffliche Prediger! Wer hat euch denn Leben und Licht geschenkt? Gott. Schenken ist ein Gesetz, was er auch tun mag, er schenkt. Was aber könnt ihr ihm wiedergeben, ihr, die ihr nichts seid als Erdenstaub? Nichts! Und was folgt daraus? Daß ihr ihn hassen müßt.

DER BAUER: Gott, das ist etwas anderes.

GÖTZ: Warum hat er uns denn nach seinem Bilde erschaffen? Wenn Gott Großmut und Liebe ist, muß auch der Mensch, sein Geschöpf, Großmut und Liebe sein! Brüder, ich beschwöre euch, nehmt meine Gabe und meine Freundschaft an. Ich verlange von euch nicht Dankbarkeit, nein; ich möchte nur, daß ihr meine Liebe nicht wie ein Laster verdammt und mir meine Geschenke nicht zum Vorwurf macht, als ob sie Verbrechen seien.

EIN BAUER: Schwatz du nur; ich für meine Person will kein Almosen haben.

KARL *wieder mit seiner natürlichen Stimme, indem er auf den Bettler zeigt:* Das ist einer, der begriffen hat. Das Land gehört euch allen: wer behaupten will, daß er es euch schenkt, hat euch zum besten, denn er schenkt euch, was ihm nicht gehört. Faßt sie! Faßt sie und tötet sie, wenn ihr Männer sein wollt. Einzig durch Gewalt kann aus uns etwas werden.

GÖTZ: Brüder, gibt es denn nichts als Haß? Was denkt ihr von meiner Liebe?

KARL: Deine Liebe ist des Teufels, alles geht zugrunde, womit sie in Berührung kommt. Ach, Jungens, ich wollte, ihr könntet die Leute von Altweiler sehen: in drei Monaten hat er Kastraten aus ihnen gemacht. Er wird euch noch so sehr lieben, daß er euch die H... abschneidet und euch Maßliebchen an die Stelle steckt. Laßt es euch nicht gefallen; ihr wart gefügige Tiere, nur der Haß hat euch zu Männern gemacht; nimmt man ihn euch, so lauft ihr wieder auf allen vieren und fallt in den stummen Jammer der niederen Kreatur zurück.

GÖTZ: Nasty! Hilf mir doch.

NASTY *weist auf Karl:* Der Fall ist entschieden. Gott ist für ihn.

GÖTZ *bestürzt:* Nasty!

DIE BAUERN: Geh! Pack dich! Geh zum Teufel!

GÖTZ *von Zorn übermannt:* Habt keine Angst, ich gehe schon. Rennt doch in euer Verderben; wenn ihr verreckt, werde ich einen Freudensprung tun. Wie häßlich ihr doch alle seid! Ihr Volk von Larven und Lemuren, ich danke Gott, daß er mir eure Seelen zeigt, denn jetzt begreife ich, daß ich im Irrtum war; es ist gerecht, daß die Adligen den Grundbesitz innehaben, denn ihre Seele ist stolz, und es ist gerecht, ihr Lumpenkerle, daß ihr auf allen vieren kriecht, denn ihr seid nichts als Schweine.

DIE BAUERN *wollen sich auf ihn stürzen:* Schlagt ihn tot!

GÖTZ *reißt einem Bauern den Degen aus der Hand:* Nur heran mit euch!

NASTY *hebt die Hand:* Haltet ein! *Absolute Stille.* Dieser Mann hat auf euer Wort vertraut. Lernt es halten auch dem Feinde gegenüber. *Die Bühne leert sich allmählich und sinkt in Dunkel zurück. Die letzte Fackel ist am Fels befestigt. Nasty ergreift sie und will gehen.*

NASTY: Geh, Götz, geh schnell!

GÖTZ: Nasty! Nasty! Warum hast du mich im Stich gelassen?

NASTY: Weil du gescheitert bist.

GÖTZ: Nasty, das sind Wölfe. Wie kannst du bei ihnen bleiben?

NASTY: In ihnen ist alle Liebe der Erde.

GÖTZ: In ihnen? Wenn du von Liebe auch nur ein Gran in diesen Mistfässern hast finden können, sind deine Augen wirklich gut. Ich habe nichts gesehen davon.

NASTY: Das ist wahr, Götz, du hast nichts gesehen. *Nasty ab.*

Nacht

Verklingender Lärm, aus der Ferne der Schrei einer Frau. Dann schwacher Lichtschein auf Götz.

2. SZENE
Götz allein

GÖTZ: Ihr sollt mir ins Gras beißen, Hunde! Einen Denkzettel sollt ihr haben von mir! Bosheit, komm mir zu Hilfe, daß jedes Bedenken von mir weicht! *Pause.* Es ist wahrhaftig zum Lachen. Das Gute hat mir die Seele zu gründlich durchgespült; kein Tröpfchen Gift mehr zu finden! Also zum Guten zurück. Nach Altweiler zurück, denn jetzt muß ich krepieren oder das Gute tun. Meine Kinderchen warten auf mich, meine kleinen Kapaune, meine Verschnittenen, der ganze harmlose Hühnerhof; sie werden mich freudig empfangen. Guter Gott, wie langweilen mich die Brüder! Gerade die andern, die Wölfe, liebe ich ja. *Macht sich auf den Weg.* Herr, nun geleite Du mich durch die finstere Nacht. Da ich doch standhalten muß trotz meiner Niederlage, soll mir jeder Fehlschlag ein Wegweiser sein, jedes Mißgeschick eine Hoffnung, jede Ungnade Gnade. Gib mir, Herr, den rechten Gebrauch aller Widrigkeiten. Ja, Herr, ich will glauben, daß Du mich so herausfallen lässest aus der Welt, um mich für Dich zu haben. Nun ist es so weit, mein Gott: wir stehen wieder einander gegenüber von Angesicht zu Angesicht wie in der guten alten Zeit, da ich noch Böses tat. Ach, ich hätte mich nie mit den Menschen abgeben sollen; sie sind nur hinderlich wie Gestrüpp, das man beiseite schieben muß, um zu Dir zu gelangen. Ich komme zu Dir, Herr, ich komme, ich wandere durch die Nacht: reich mir Deine Hand. Sag doch ganz offen: die Nacht, das bist Du, nicht wahr? Die Nacht, diese herzzerreißende Abwesenheit aller Dinge! Denn Du bist der, der gegenwärtig ist in der weltweiten Abwesenheit, der, den man hört, wenn alles schweigt, der, den man schaut, wenn nichts mehr sichtbar ist. Alte Nacht, große Nacht, die vor den Menschen war, Nacht des Nichtwissens, Nacht des Unglücks und der Unseligkeit, hülle mich ein, verschlinge den unreinen Leib, gleite du zwischen meine Seele und mich und verzehre mich ganz. Ich will allem entraten, ich will nur noch die Schmach und die Einsamkeit der Verachtung, denn der Mensch ist gemacht, um den Menschen in sich zu vernichten und sich aufzutun wie ein Schoß dem gewaltigen schwarzen Leib der Nacht. Bis ich nicht alles schmecken darf, erscheint mir alles schal; bis ich nicht alles besitze, will ich nichts mehr besitzen; bis ich nicht alles bin, will ich nichts, aber auch gar nichts mehr sein. Ich lasse mich tief unter alle herab, aber Du, mein Herr, wirst mich fangen in Netzen Deiner Nacht und mich erhöhen über sie. *Mit lauter, angstvoller Stimme:* Mein Gott! Mein Gott! Ist es so Dein Wille? Dieser Menschenhaß, diese Selbstverachtung – habe ich nicht schon getrachtet danach, als ich noch böse war? Wie soll ich erkennen, ob meine Verlassenheit vom Guten oder vom Übel ist? *Es ist langsam hell geworden.* Es wird Tag, ich habe die Nacht durchschritten. Sei gepriesen, Du schenkst mir Dein Licht: jetzt werde ich klarer sehen. *Er wendet sich um und sieht das Dorf in Trümmern daliegen. Auf einem Schutthaufen Hilda, den Kopf in den Händen verborgen. Er ruft.* Heda!

3. SZENE
Götz – Hilda

HILDA *hebt den Kopf und sieht Götz:* Endlich!

GÖTZ: Wo sind die andern? Tot? Warum? Weil sie nicht kämpfen wollten?

HILDA: Ja.

GÖTZ: Gib mir meine Nacht zurück! Verbirg die Menschen vor mir! *Pause.* Wie ist es zugegangen?

HILDA: Bewaffnete Bauern von Welsheim waren da; sie verlangten von uns, wir sollten zu ihnen stoßen, wir aber haben nicht gewollt.

GÖTZ: Und da haben sie das Dorf eben in Brand gesteckt. So ist's recht. *Bricht in Lachen aus.* Und warum bist du nicht mit den andern gestorben?

HILDA: Hättest du das lieber gesehen?

GÖTZ: Natürlich! Ohne Überlebende würde alles einfacher sein.

HILDA: Mir wär' es auch lieber gewesen! *Pause.* Sie hatten uns in ein Haus gesperrt und es in Brand gesteckt. So war es gut.

GÖTZ: Sehr gut. Sehr gut sogar.

HILDA: Schließlich habe ich ein Fenster aufgebracht und bin hinuntergesprungen. Ich hatte keine Angst vor dem Tod, doch wollt ich dich wiedersehen.

GÖTZ: Warum? Du hättest mich ja im Himmel wiedergesehen.

HILDA: Wir kommen nicht in den Himmel, Götz, und kämen wir hinein, so hätten wir keine Augen, um einander zu sehen, und keine Hände mehr, um uns zu berühren. Da oben geht alles nur um Gott. *Sie kommt und rührt ihn an.* Du bist da: ein wenig verbrauchtes, durchfurchtes, armseliges Fleisch, ein Leben – ein elendes Leben. Doch dies Fleisch und dies Leben ist, was ich liebe. Man kann nur auf Erden lieben, und nur gegen Gott.

GÖTZ: Ich liebe nur Gott und bin nicht auf Erden mehr.

HILDA: Du liebst mich also nicht?

GÖTZ: Nein, Hilda, und auch du liebst mich nicht. Was du für Liebe hältst, ist Haß.

HILDA: Warum soll ich dich hassen?

GÖTZ: Weil du meinst, daß ich die Deinen hingemordet habe.

HILDA: Ich selbst habe sie gemordet.

GÖTZ: Du?

HILDA: Ich bin es, die nein gesagt hat. Ich wollte sie lieber tot, denn als Mörder sehen. O Götz, mit welchem Recht habe ich für jene gewählt?

GÖTZ: Ach was! Mach es doch wie ich! Wasche deine Hände in Unschuld, du hast nicht teil an ihrem Blut. Wir sind nichts und können nichts. Der Mensch träumt, daß er handelt, doch alles wird von Gott gelenkt.

HILDA: Nein, Götz, nein. Ohne mich lebten sie noch.

GÖTZ: Mag sein. Ohne dich vielleicht. Ich selbst spiele gar keine Rolle dabei.

HILDA: «Wir haben gemeinsam entschieden und tragen zusammen die Folgen.» Denkst du noch daran?

GÖTZ: Wir sind aber nicht zusammen. Du hast mich sehen wollen? Gut. Sieh mich, rühre mich an. Dann geh. In meinem Leben will ich nicht mehr ein Menschenantlitz betrachten. Nur für die Erde und die Steine will ich noch Augen haben. *Schweigt.* Ich habe Dich befragt, mein Gott, und Du hast Antwort gegeben. Sei gelobt, denn Du hast mir die Bosheit der Menschen offenbart. Ich will ihre Sünden züchtigen in meinem eigenen Fleisch; ich werde diesen Leib durch Hunger, Kälte und Geißel martern, ihn langsam qualvoll zerstören. Ich werde den Menschen vernichten, da Du ihn für die Vernichtung geschaffen hast. Dies war mein Volk: ein ganz kleines Volk. Ein einziges Dorf, fast eine Familie nur. Meine Untertanen sind tot, und ich, der Lebendige, werde der Welt absterben und den Rest meiner Tage damit verbringen, an das Ende zu denken. *Zu Hilda:* Du bist noch da? Geh. Suche anderswo Elend und Leben für dich.

HILDA: Das allerelendeste bist für mich du. Hier gehöre ich her, und hier bleibe ich.

Ende des neunten Bildes

ZEHNTES BILD

Das zerstörte Dorf, sechs Monate später

I. SZENE

Hilda, dann Heinrich

Hilda sitzt an der gleichen Stelle wie im vorhergehenden Bild und blickt auf die Straße. Man errät sogleich, daß sie jemanden kommen sieht. Sie richtet sich erwartungsvoll halb auf. Heinrich tritt ein, er trägt Blumen am Hut und einen Strauß in der Hand.

HEINRICH: Da sind wir. *Wendet sich zu einer unsichtbaren Person um.* Du mußt die Mütze ziehen. *Zu Hilda:* Ich heiße Heinrich. Früher habe ich die Messe gelesen, jetzt lebe ich von Almosen. *Zum Teufel:* Wo willst du hin? Hier bleibst du. *Zu Hilda:* Überall wo es nach Tod riecht, ist der in seinem Element. Dabei kann er keiner Fliege etwas zuleide tun.

HILDA: Es ist jetzt ein Jahr und ein Tag, nicht wahr? Ein Jahr und ein Tag seit Worms?

HEINRICH: Wer hat dir das gesagt?

HILDA: Ich habe die Tage gezählt.

HEINRICH: Hast du von mir gehört?

HILDA: Ja. Früher einmal.

HEINRICH: Ein schöner Tag, nicht wahr? Ich habe am Wege Blumen gepflückt, als Gruß für den Jahrestag! *Hält ihr die Blumen hin.*

HILDA: Ich will sie nicht. *Legt sie neben sich.*

HEINRICH: Man muß sich nicht fürchten vor den Glücklichen.

HILDA: Du bist ja nicht glücklich.

HEINRICH: Ich sage dir, es ist ein Festtag heute. Heut nacht habe ich geschlafen. Komm, Schwesterchen, lächle mich doch an; ich liebe alle Menschen bis auf einen und möchte, daß alle glücklich sind. *Plötzlich:* Geh, hole ihn mir her. *Sie rührt sich nicht.* Hilda, geh! Laß ihn nicht warten.

HILDA: Er erwartet dich nicht.

HEINRICH: Nicht? Das sollte mich wundern. Wir sind ein Freundespaar, und ich wette, er hat sich schön gemacht, um mich zu empfangen.

HILDA: Schone ihn. Nimm deine Blumen und geh.

HEINRICH *zum Teufel:* Hast du das gehört?

HILDA: Laß das mit dem Teufel. Ich glaube nicht daran.

HEINRICH: Ich auch nicht.

HILDA: Nun also?

HEINRICH *lacht:* Hahaha! Du bist ein Kind!

HILDA: Der dich beleidigt hat, ist nicht mehr. Er ist der Welt gestorben. Er würde dich nicht einmal wiedererkennen, und ich bin sicher, daß auch du ihn nicht erkennen würdest. Du suchst einen Menschen und fändest einen anderen.

HEINRICH: Ich nehme, was ich finden kann.

HILDA: Schone ihn doch, ich flehe dich an. Warum willst du mir Böses zufügen? Ich habe dir nichts getan.

HEINRICH: Ich denke auch gar nicht daran, dir etwas Böses zu tun. Du gefällst mir nämlich gut.

HILDA: Aber ich werde bluten aus allen Wunden, die du ihm schlägst.

HEINRICH: Du liebst ihn?

HILDA: Ja.

HEINRICH: So kann man ihn lieben? Das ist sonderbar. *Lacht.* Ein paar Leute haben es auch bei mir versucht. Aber es ging nicht. Liebt er dich denn?

HILDA: Er hat mich geliebt, als er sich selber noch liebte.

HEINRICH: Wenn er dich liebt, tut es mir weniger leid, wenn ich dir Kummer bereite.

HILDA: Vergib ihm seine Schuld, und Gott wird dir vergeben.

HEINRICH: Aber ich habe gar keine Lust, mir vergeben zu lassen. Auch die Verdammnis hat ihr Gutes, es kommt nur darauf an, daß man sich gewöhnt. Ich habe mich recht gut gewöhnt. Ich bin noch nicht in der Hölle, aber ich bin schon ganz heimisch darin.

HILDA: Armer Mann!

HEINRICH *gerät in Zorn:* Nein! Nein! Nein! Ich bin kein armer Mann. Ich bin glücklich, glücklich, sage ich dir. *Pause.* Los jetzt! Rufe ihn! *Sie schweigt.* Es ist besser, du rufst ihn: dann ist es eine Überraschung für ihn, wenn er mich zu Gesicht bekommt. Du willst nicht? Dann rufe ich ihn selbst. Götz! Götz! Götz!

HILDA: Er ist nicht hier.

HEINRICH: Wo ist er denn?

HILDA: Im Walde. Er bleibt manchmal wochenlang fort.

HEINRICH: Weit von hier?

HILDA: Fünfundzwanzig Meilen.

HEINRICH *zum Teufel:* Glaubst du das? *Schließt die Augen und horcht auf das, was der Teufel ihm einbläst.* Ja. Ja. Ja. *Lächelt durchtrieben. Dann:* Gut, gut. Wie kann ich ihn finden?

HILDA: Suche, Pfarrer, suche ihn nur. Dein Kamerad wird dich führen.

HEINRICH: Gott segne dich, Schwester. *Zum Teufel:* Also komm, los. *Verschwindet. Hilda bleibt allein und folgt ihm mit den Blicken.*

2. SZENE
Hilda – Götz

Götz tritt auf, er trägt eine Geißel in der rechten Hand, in der linken einen Krug. Sieht erschöpft aus.

GÖTZ: Wer ruft mich? *Hilda antwortet nicht.* Es war doch jemand da, der nach mir rief. Ich habe seine Stimme gehört.

HILDA: Du hörst immer Stimmen, wenn du fastest.

GÖTZ: Woher sind diese Blumen?

HILDA: Ich habe sie gepflückt.

GÖTZ: Das ist sonst nicht deine Art. *Schweigt.* Was für ein Tag ist heute? Welcher Tag im Jahr?

HILDA: Warum fragst du mich?

GÖTZ: Es sollte im Herbst jemand kommen.

HILDA: Wer?

GÖTZ: Ich weiß nicht mehr. *Pause.* Sag mir doch, was ist heute für ein Tag? Welchen Tag, welchen Monat haben wir?

HILDA: Meinst du, ich zähle die Tage? Es gibt nur mehr ein und denselben Tag, der immer von neuem beginnt: er wird uns bei Morgengrauen geschenkt und uns wieder genommen, wenn es dunkel wird. Du bist wie eine Uhr, die stehengeblieben ist und immer die gleiche Stunde zeigt.

GÖTZ: Stehengeblieben? O nein: eher gehe ich vor. *Schüttelt den Krug.* Hörst du das? Wie es gluckst! Das Wasser macht eine Engelsmusik: ich habe die Hölle in der Kehle, das Paradies in den Ohren.

HILDA: Wie lange ist es jetzt her, daß du nicht getrunken hast?

GÖTZ: Drei Tage. Ich muß noch bis morgen aushalten.

HILDA: Warum bis morgen?

GÖTZ *töricht lachend:* Haha! Weil ich muß! Weil ich muß! *Schweigt. Schüttelt wieder den Krug.* Klack, klack! Was meinst du dazu? Ich kenne keinen schlimmeren Laut für einen Menschen, der umkommt vor Durst.

HILDA: Mach dir nur selber was vor, spiele mit deinen Begierden. Trinken, wenn man Durst hat, das wäre zu einfach für dich! Wenn du nicht unaufhörlich eine Versuchung in deiner Seele unterhältst, wirst du am Ende vergessen, daß du existierst.

GÖTZ: Wie kann ich mich überwinden, wenn ich mich nicht versuche?

HILDA: Solltest du wirklich glauben, Götz, daß du diesen Tag zum erstenmal erlebst? Den Krug, das Geräusch des Wassers, die trokkene Haut auf deinen Lippen, alles das kenne ich schon. Weißt du etwa nicht, wie es weitergeht?

GÖTZ: Ich halte aus bis morgen früh. Weiter nichts.

HILDA: Du hast nie bis zuletzt ausgehalten, weil du dir zu lange

Prüfungen auferlegst. Du schüttelst jetzt diesen Krug, bis du fällst. Und wenn du hingefallen bist, geb ich dir zu trinken.

GÖTZ: Du möchtest was Neues? Hier. *Neigt den Krug.* Die Blumen haben Durst. Trinkt, ihr Blümlein, trinkt mein Wasser, auf daß der Himmel in eure kleinen goldenen Kelche dringt. Siehst du? Sie werden wieder frisch. Die Erde und die Pflanzen nehmen meine Geschenke an: nur die Menschen wollen sie nicht. *Stößt den Krug um.* So! jetzt ist nichts zu trinken mehr da. *Lacht und wiederholt mit Mühe:* Nichts mehr ... nichts mehr da.

HILDA: Ist es auch Gottes Wille, daß du altersschwach wirst im Kopf?

GÖTZ: Aber sicher. Man muß ja den Menschen vernichten, nicht wahr? *Schleudert den Krug fort.* Und wie willst du mir jetzt noch zu trinken geben? *Fällt hin.*

HILDA *sieht ihn kalt an, lacht:* Du denkst, ich habe noch Wasser in Vorrat. Ich kenne dich doch. *Holt einen Krug Wasser, kommt wieder, hält Götz die Hand unter den Kopf.* Komm, trink.

GÖTZ: Nicht vor morgen früh.

HILDA: Es ist Gottes Wille, daß du verrannt und schwachsinnig bist, aber nicht, daß du stirbst. Also trink!

GÖTZ: Vor mir erzittert das ganze Reich, und hier liege ich auf dem Rücken wie ein Säugling im Arm seiner Amme. Bist Du jetzt zufrieden, Herr? Kennst Du einen tieferen Sturz als den meinigen? Hilda, du weißt ja alles voraus: wenn ich meinen Durst jetzt lösche, weißt du, was dann geschieht?

HILDA: Ja, ich weiß; die ganze große Szene: die Versuchung des Fleisches. Du wirst mit mir schlafen wollen.

GÖTZ: Und ich soll dennoch trinken?

HILDA: Ja.

GÖTZ: Wenn ich nun aber herfalle über dich?

HILDA: In deinem Zustand? Geh, es liegt alles im voraus fest wie bei der Heiligen Messe; du stößt Verwünschungen aus, führst unanständige Reden, und schließlich geißelst du dich. Trink.

GÖTZ *nimmt den Krug:* Noch eine Niederlage! *Trinkt.* Das mit dem Leib ist eine große Gemeinheit! *Trinkt.*

HILDA: Nicht der Leib ist schuld. Die Gemeinheit ist in deiner Seele.

GÖTZ *setzt den Krug ab:* Der Durst ist fort; ich bin frei davon. *Schweigt.* Aber müde.

HILDA: So schlaf.

GÖTZ: Nein, wo ich doch müde bin. *Sieht sie an.* Zeige mir deine Brüste. *Sie rührt sich nicht.* Komm, zeige sie mir, versuche mich; mach, daß ich vor Lust vergehe. Nein? Ach, du Dirne, und warum nicht?

HILDA: Weil ich dich liebe, Götz.

GÖTZ: Erhitze deine Liebe zur Weißglut, dann senke sie in mein Herz, daß es zu knistern beginnt und schwelt! Wenn du mich liebst, so martere mich.

HILDA: Ich gehöre dir; warum soll ich aus meinem Leib ein Werkzeug der Marterung machen?

GÖTZ: Wenn du in mich hineinsehen könntest, würdest du mir den

Kopf zerschmettern. Es ist ein Hexensabbat darin los, in dem du allein alle Hexen spielst.

HILDA *lacht:* Wie du dich wichtig machst.

GÖTZ: Oh, ich wünschte, du wärest ein Tier, auf daß ich auf dich steigen könnte, wie die Tiere es tun.

HILDA: Wie schwer es dich ankommt, ein Mensch zu sein.

GÖTZ: Ich bin kein Mensch, ich bin nichts. Es gibt nur Gott. Der Mensch ist eine Täuschung der Sinne. Du kannst es nicht mehr anhören, wie?

HILDA *ruhig:* Doch. Ich liebe dich ja.

GÖTZ: Du merkst, daß ich mich bemühe, dich in den Staub zu zerren?

HILDA: Ja, denn ich bin dein kostbarstes Gut.

GÖTZ *zornig:* Du spielst nicht mit!

HILDA: Nein, ich spiele nicht mit.

GÖTZ: Solange du bei mir bleibst, kann ich mich noch nicht vollkommen verworfen fühlen.

HILDA: Darum bleibe ich ja. *Götz steht mühsam auf.*

GÖTZ: Wenn ich dich in die Arme nehme, stößt du mich da zurück?

HILDA: Nein.

GÖTZ: Selbst wenn ich zu dir komme mit einem Herzen voll Unreinheit?

HILDA: Wenn du mich zu berühren wagst, so ist dein Herz eben rein.

GÖTZ: Hilda, wie kann man sich lieben, ohne daß man sich schämt? Die Sünde der bösen Lust ist von allen die abscheulichste.

HILDA: Sieh mich doch an, sieh mich doch an: meine Augen, meine Lippen, meine Arme und meine Brust: soll ich denn Sünde sein?

GÖTZ: Du bist schön. Die Schönheit ist vom Übel.

HILDA: Bist du dessen gewiß?

GÖTZ: Ich bin keiner Sache mehr gewiß. *Schweigt.* Wenn ich meinen Begierden folge, so sündige ich zwar, aber ich werde frei davon; wenn ich mich aber weigere, ihnen Genüge zu tun, wird meine Seele vergiftet. Es wird dunkel: in der Dämmerung braucht man gute Augen, um den lieben Gott vom Teufel zu unterscheiden. *Kommt näher, berührt sie und weicht rasch wieder zurück.* Soll ich mit dir schlafen unter Gottes Augen? Nein. Ich mag solche Teilhaberschaften nicht. *Schweigt.* Wüßte ich eine Nacht, die tief genug wäre, uns zu verbergen vor seinem Blick...

HILDA: Die Liebe ist diese Nacht: die, die sich lieben, sieht Gott nicht mehr. *Götz zögert, dann wirft er sich zurück.*

GÖTZ: Gib mir die Augen eines Luchses, Herr, damit mein Blick hindurchdringe durch diese Haut. Zeige mir, was sich verbirgt in diesen Nasenlöchern und in diesen Ohren. Wie kann ich, den es graust, mit dem Finger einen Misthaufen zu berühren, mir wünschen, einen solchen Sack voller Absonderungen in den Armen zu halten?

HILDA *heftig:* In deiner Seele, Götz, ist mehr Unrat enthalten als in meinem Leibe. In deiner Seele steckt die Häßlichkeit und die Unreinheit alles Fleischlichen. Ich brauche deine Luchsaugen nicht. Ich habe deine Wunden gepflegt, ich habe dich gewaschen, ich weiß, wie du riechst, wenn du Fieber hast. Liebe ich dich deswegen nicht? Jeden Tag wirst du dem Leichnam, der du einmal sein wirst, ähnlicher, und immer liebe ich dich doch. Wenn du stirbst, will ich bei dir liegen und bei dir bleiben bis an den Tod, ohne Speise und Trank, in meinen Armen sollst du verwesen, und noch dein Aas will ich lieben, Götz; denn wenn man nicht alles liebt, liebt man nichts.

GÖTZ *reicht ihr die Geißel:* Geißele mich. *Hilda zuckt die Achseln.* Komm, geißle mich, geißle mich, räche Katharina, die gestorben ist, deine verlorene Jugend und alle jene Menschen, die verbrannt sind durch meine Schuld.

HILDA *hell auflachend:* Ja, ich will dich geißeln, du schmutziger Asket, ich will dich geißeln, weil du unsere Liebe zugrunde gerichtet hast. *Sie nimmt die Geißel.*

GÖTZ: Auf die Augen, Hilda, auf die Augen.

3. SZENE
Dieselben – Heinrich

HEINRICH: Geißelt nur! Geißelt nur! Tut ruhig, als wäre ich nicht da. *Kommt näher. Zu Hilda:* Mein Kamerad hat mir zugeflüstert, nur einen kleinen Rundgang zu machen und lautlos wiederzukommen. Dem kann man nichts vormachen, der ist schlau. *Zu Götz:* Sie hat verhindern wollen, daß wir uns wiedersehen. Stimmt es, daß du mich nicht erwartet hast?

GÖTZ: Ich? Ich habe die Tage gezählt.

HILDA: Du hast sie gezählt? O Götz, dann hast du mich angelogen. *Sieht ihn an.* Was hast du? Deine Augen blitzen. Du bist nicht mehr der gleiche.

GÖTZ: Das macht die Freude, ihn wiederzusehen.

HILDA: Eine seltsame Freude. Er wird dir alles nur erdenkliche Böse tun.

GÖTZ: Das beweist nur, daß er mich liebt. Du bist wohl eifersüchtig, wie? *Sie gibt keine Antwort. Er wendet sich Heinrich zu:* Diese Blumen hier, hast du sie gepflückt?

HEINRICH: Ja. Für dich.

GÖTZ: Danke. *Nimmt den Strauß.*

HEINRICH: Dein Jahrestag, Götz.

GÖTZ: Ein schöner Jahrestag, Heinrich.

HEINRICH: Wahrscheinlich stirbst du heute nacht.

GÖTZ: Wirklich? Und wieso?

HEINRICH: Es sind da Bauern, die suchen nach dir, um dich zu ermorden. Ich habe mich beeilen müssen, um vor ihnen hier zu sein.

GÖTZ: Mich ermorden, sieh an! Das heißt mir viel Ehre antun. Ich glaubte mich völlig vergessen. Und weshalb wollen sie das denn?

HEINRICH: Am vorigen Donnerstag haben die Ritter in der Ebene von Gunnebach Nastys Armee vollkommen aufgerieben. Fünfundzwanzigtausend Tote, alle andern in wilder Flucht. In zwei bis drei Monaten wird der Aufstand niedergeworfen sein.

GÖTZ *heftig:* Fünfundzwanzigtausend Tote! Man hätte sich auf diese Schlacht niemals einlassen dürfen. Dummköpfe, das! Sie hätten ... *Beruhigt sich.* Zum Teufel auch! Wir sind nun mal da, um zu sterben. *Schweigt.* Und nun legt man natürlich die ganze Sache mir zur Last?

HEINRICH: Sie sagen, du hättest das Blutbad verhindern können, wenn du dich an die Spitze der Truppen gestellt hättest. Du kannst zufrieden sein, du bist im ganzen Reiche der bestgehaßte Mann.

GÖTZ: Und Nasty? Ist er geflohen? Gefangen? Tot?

HEINRICH: Rate einmal.

GÖTZ: Ach, scher dich zum Kuckuck! *Steht in Gedanken versunken da.*

HILDA: Wissen sie, daß er hier ist?

HEINRICH: Ja.

HILDA: Wer hat es ihnen gesagt? Etwa du?

HEINRICH: Ich nicht. Er.

HILDA *mit sanfter Stimme:* Götz! *sie berührt seinen Arm.* Götz!

GÖTZ *fährt zusammen:* Ja, was?

HILDA: Du darfst hier nicht bleiben.

GÖTZ: Warum nicht? Man muß eben zahlen, nicht wahr?

HILDA: Du hast nichts zu zahlen. Du hast keine Schuld.

GÖTZ: Kümmere dich um deine Sachen.

HILDA: Dies ist meine Sache, Götz. Wir müssen fort von hier.

GÖTZ: Wohin?

HILDA: Ganz gleich, wohin, wenn du nur in Sicherheit bist. Du hast kein Recht, dich einfach ermorden zu lassen.

GÖTZ: Nein.

HILDA: Das hieße betrügen.

GÖTZ: Ja ... betrügen ... Aber warum denn nicht? Hab ich nicht immer betrogen? *Zu Heinrich:* Fang du nur ruhig dein Verhör mit mir an: es ist der richtige Augenblick, ich bin bereit dafür.

HEINRICH *auf Hilda weisend:* Sage ihr, daß sie fortgehen soll.

HILDA: Sprich ruhig vor mir, ich verlasse ihn nicht.

GÖTZ: Er hat recht, Hilda. Bei diesem Prozeß darf es keine Zuhörer geben.

HILDA: Was ist das für ein Prozeß?

GÖTZ: Mein Prozeß.

HILDA: Warum läßt du dich darauf ein? Jage doch diesen Priester weg, und wir verlassen das Dorf.

GÖTZ: Hilda, ich brauche ein Urteil. Alle Tage, zu jeder Stunde verurteile ich mich selbst, aber niemals bin ich ganz überzeugt, denn ich kenne mich zu gut, um mich auf mich zu verlassen. Ich sehe meine Seele nicht mehr, sie ist mir allzu nahe: ich muß sie mit anderen Augen sehen.

HILDA: Nimm doch meine dazu.

GÖTZ: Du siehst mich auch nicht: du liebst mich ja. Heinrich verabscheut mich, drum kann er mich überzeugen. Wenn ich meine Gedanken aus seinem Munde höre, dann glaube ich daran.

HILDA: Wenn ich jetzt gehe, versprichst du mir, gleich darauf mit mir zu fliehen?

GÖTZ: Ja, wenn ich meinen Prozeß gewinne.

HILDA: Du bist entschlossen, ihn zu verlieren, und du weißt es. Götz, leb wohl. *Sie geht zu ihm, küßt ihn, tritt ab.*

4. SZENE
Götz – Heinrich

GÖTZ *wirft den Blumenstrauß fort:* So, nun rasch ans Werk! Tu mir alles an, was du willst.

HEINRICH *sieht ihn an:* Nicht so hab ich dich mir vorgestellt.

GÖTZ: Mut, Heinrich! Es ist gar nicht schwer. Die eine Hälfte meiner selbst ist dein Bundesgenosse gegen die andere. Los, wühle alles auf bis auf den Grund meines Wesens, denn um diesen Grund geht es ja.

HEINRICH: Es stimmt also, daß du verlieren willst?

GÖTZ: Aber nein, habe keine Angst. Nur ziehe ich die Verzweiflung der Ungewißheit vor.

HEINRICH: Also ... *Pause.* Warte: es ist da in meinem Gedächtnis ein Loch. Ich leide manchmal an dieser Art von Geistesabwesenheit; gleich wird es wiederkommen. *Geht unruhig hin und her.* Dabei war ich gut vorbereitet; heute morgen hatte ich mir im Kopf alles noch einmal zurechtgelegt ... Es ist deine Schuld: du bist nicht, wie ich erwartete. Du hättest mir mit Rosen umkränzt und sieghaft strahlenden Blickes entgegentreten sollen; dann hätte ich dir deine Kränze heruntergerissen und deinen Triumph zerknickt, bis du mir zu Füßen gefallen wärest ... Wo ist aber jetzt dein Übermut? Wo dein herausforderndes Wesen? Du bist schon halbtot, was habe ich davon, dir den Gnadenstoß zu versetzen? *Wütend:* Ach, ich bin eben immer noch nicht verrucht genug!

GÖTZ *lachend:* Heinrich, wie du dich verkrampfst; erhole dich doch und nimm dir Zeit!

HEINRICH: Keine Minute darf ich verlieren. Ich habe dir ja gesagt, daß sie mir auf dem Fuße folgen. *Zum Teufel:* Blas mir doch etwas ein; hilf mir, daß ich ihn auch hier aus der Nähe recht hasse. *Klagend:* Immer, wenn man ihn braucht, ist er fort.

GÖTZ: Komm, ich blase dir selber ein. *Pause.* Meine Güter.

HEINRICH: Deine Güter?

GÖTZ: War es unrecht von mir, daß ich sie verschenkte?

HEINRICH: Ach, das Land! Du hast es ja gar nicht verschenkt: man kann nichts verschenken, was einem nicht gehört.

GÖTZ: Gut gesagt! Der Besitz ist eine Art von Freundschaft zwischen Menschen und Dingen; aber in meiner Hand haben sich die Dinge ungebärdig gezeigt. Ich habe also nichts verschenkt. Ich habe eine Schenkungsakt öffentlich verlesen; aber das war auch alles. Indessen, Pfarrer, wenn es auch stimmen mag, daß ich nichts verschenkte, so ist es doch anderseits gewiß, daß die Bauern mein Land zum Geschenk erhielten. Was sagst du dazu?

HEINRICH: Sie haben es nicht erhalten, da sie es ja doch nicht bewahren können. Wenn die Grundherren erst einmal in das Gebiet eingefallen sind und irgendeinen kleinen Vetter von Konrad zum Herrn eingesetzt haben, was ist dann von dem ganzen Spuk noch da?

GÖTZ: Sieh an. Nicht gegeben, und auch nicht empfangen. Das ist ganz einfach so. Die Dukaten des Teufels verwandelten sich in dürres Laub, wenn man sie ausgeben wollte. So ist es mit meinen Wohltaten auch: wenn man sie anrührt, wird Dreck daraus. Aber die Absicht bestand doch, wie? Wenn ich wirklich die Absicht hatte, etwas Gutes zu tun, so können weder Gott noch Teufel mir diese Absicht rauben. Halte dich an die Absicht, Heinrich. Sie mußt du zum Ausgangspunkt nehmen.

HEINRICH: Das macht gar keine Schwierigkeit: da du doch nicht in den Genuß deiner Güter kommen konntest, hast du dich darüber hinwegsetzen wollen, indem du so tatest, als verschenktest du sie.

GÖTZ: Ertöne, Stimme aus Erz, und gib endlich meine Gedanken preis! Ich weiß nicht mehr, höre ich dir zu, oder bin ich es selbst, der da spricht. So war also alles eitel Lüge und Trug? Ich habe nicht gehandelt, ich habe nur so getan. Ach, Pfarrer, du hast den Finger in die Wunde gelegt. Und dann? Und dann? Was hat er dann getan, der elende Komödiant? Du bist mit deiner Weisheit aber schnell am Ende.

HEINRICH *von Götzens Erregung angesteckt:* Du hast gegeben, um zu zerstören.

GÖTZ: Richtig! Es hat mir nicht genügt, den Erben zu ermorden.

HEINRICH *wie oben:* Du hast auch das Erbe zerschlagen wollen.

GÖTZ: Ich habe die alte Burg Heidenstein mit der Kraft meines Armes gepackt ...

HEINRICH *wie oben:* Und auf den Boden geschleudert, um sie in Staub zu verwandeln.

GÖTZ: Ich habe gewollt, daß meiner Güte noch mehr Zerstörungskraft innewohnte als all meinen Lastern zusammen.

HEINRICH: Und es ist dir gelungen: Fünfundzwanzigtausend sind tot; an einem einzigen Tage der Tugend hast du mehr Menschen umgebracht als in fünfunddreißig Bosheitsjahren.

GÖTZ: Füge noch hinzu, daß die Toten Arme gewesen sind: gerade die also, denen ich angeblich Konrads Güter zum Geschenk gemacht habe.

HEINRICH: Gewiß, du hast sie ja immer gehaßt.

GÖTZ *hebt die Faust:* Du Hund! *Hält inne und lacht auf.* Ich habe dich schlagen wollen; das beweist, daß wahr ist, was du sagst. Haha! Da also drückt mich der Schuh. Bestehe nur weiter auf diesem Punkt! Beschuldige mich, ich hätte die Armen gehaßt und ihre Dankbarkeit ausgenutzt, um sie gefügig zu machen. Früher habe ich den Seelen durch Folterung Gewalt angetan, nun knechte ich sie durch Güte. Ich habe aus diesem Dorf hier einen Busch verwelkter Seelen gemacht. Die armen Leute, sie äfften mich nach, und ich war ein Affe der Tugend: sie sind umsonst als Märtyrer gestorben und wußten selbst nicht, wofür. Höre, Pfarrer, ich habe zwar alle Menschen und meinen Bruder verraten, aber mein Durst nach Verrat war dadurch noch nicht gestillt. Da habe ich mir eines Nachts unter den Mauern von Worms ausgedacht, das Böse selbst zu verraten. Da habt ihr die ganze Geschichte. Nur verrät man das Böse nicht so leicht. Aus dem Würfelbecher ist nicht das Gute hervorgegangen, sondern ein schlimmeres Böses. Aber was lag schon daran. Unhold oder Heiliger, das war mir ganz gleich: nur ein Un-Mensch wollte ich sein. Sag, Heinrich, sag es nur: ich fühlte mich bis zum Wahnsinn beschämt, und so wollte ich den Himmel in Erstaunen versetzen, um mich der Verachtung der Menschen zu entziehen. Nun? Worauf wartest du noch? So sprich doch. Ach so, du kannst nicht sprechen, denn ich selber habe ja deine Stimme in meinem Mund. *Ahmt Heinrichs Stimme nach:* Du hast deine Haut nicht abgelegt, Götz, du hast nur die Sprache gewechselt. Du hast deinen Menschenhaß Liebe genannt und deine Zerstörungswut als Edelmut hinstellen wollen. Aber du bist dir gleich geblieben; nie ist aus dir etwas anderes als ein Bastard geworden. *Wieder mit seiner natürlichen Stimme:* Mein Gott, ich bezeuge, daß er die Wahrheit spricht; ich, der Angeklagte, bekenne, daß ich schuldig bin. Ich habe meinen Prozeß verloren, Heinrich. Bist du jetzt zufrieden? *Schwankt und lehnt sich an die Mauer.*

HEINRICH: Nein.

GÖTZ: Du bist schwer zufriedenzustellen.

HEINRICH: O mein Gott, ist das mein Sieg? Wie traurig ist er geworden.

GÖTZ: Was wirst du tun, wenn ich tot bin? Ich werde dir abgehen, Heinrich.

HEINRICH *zeigt auf den Teufel:* Der da wird mir genügend zu schaffen machen. Da bleibt mir keine Zeit, an dich zurückzudenken.

GÖTZ: Bist du wenigstens sicher, daß sie mich umbringen wollen?

HEINRICH: O ja.

GÖTZ: Diese braven Leute. Da brauche ich ihnen nur den Kopf hinzuhalten, und alles ist mit einmal aus, alle haben Ruhe.

HEINRICH: Nichts ist aus.

GÖTZ: Nichts? Ach ja, da gibt es ja noch die Hölle. Das wird eine Abwechslung für mich sein.

HEINRICH: Keine Abwechslung, denn du bist schon drin. Der Gevatter hier vertraut es mir an. *Zeigt auf den Teufel.* Diese Erde hier ist nur Schein: es gibt Himmel und Hölle, sonst nichts. Der Tod ist ein Popanz für die Familien; für den Verstorbenen selbst geht alles weiter.

GÖTZ: Für mich soll alles weitergehen?

HEINRICH: Die ganze Ewigkeit hindurch kannst du dich selber genießen. *Pause.*

GÖTZ: Wie nah mir doch das Gute schien, als ich noch Böses tat: ich brauchte nur den Arm auszustrecken. Ich habe die Arme ausgestreckt, und auf einmal war alles nur Wind. Ist es nur Blendwerk? Heinrich, Heinrich, kann man das Gute tun?

HEINRICH: Welch eine fröhliche Wiederkehr! Vor einem Jahre schon hast du dieselbe Frage gestellt, und ich habe geantwortet: nein. Es war Nacht, du sahest mich lachend an, und du sagtest zu mir: «Du bist eine Ratte von Natur.» Dann hast du dich mit Würfelspiel aus der Affäre gezogen. Nun sieh selbst: es ist Nacht, eine ganz ähnliche Nacht, und wer ist jetzt wie eine Ratte gefangen?

GÖTZ *wie im Spaß:* Ich.

HEINRICH: Und kommst du auch diesmal heraus?

GÖTZ *wird wieder ernst:* Nein. Diesmal nicht. *Geht auf und ab.* Herr, wenn Du uns die Mittel versagst, Gutes zu tun, warum hast Du uns den brennenden Durst danach gegeben? Wenn Du nicht zugelassen hast, daß ich gut werde, warum hast Du mir dann erst die Lust benommen, böse zu sein? *Geht auf und ab.* Es ist doch sonderbar, daß es da keinen Ausweg gibt.

HEINRICH: Warum tust du, als sprächst du mit ihm? Du weißt doch, er gibt keine Antwort.

GÖTZ: Und warum dieses Schweigen? Er, der sich der Eselin des Propheten gezeigt hat, lehnt ab, mir zu erscheinen?

HEINRICH: Weil du gar nicht zählst. Foltere Arme, martere dich selbst, küsse die Lippen einer Buhlerin oder eines Aussätzigen, stirb an Entbehrungen oder an Völlerei: Gott ist das alles gleich.

GÖTZ: Wer zählt denn dann?

HEINRICH: Niemand. Der Mensch ist nichts. Tu nicht so erstaunt: du hast es immer gewußt, auch als die Würfel fielen. Wie hättest du sonst betrügen können? *Götz will sprechen.* Du hast betrogen, Katharina hat dich beobachtet dabei: du hast deine Stimme erhoben, um Gottes Schweigen zu decken. Die Befehle, die du angeblich empfängst, hast du dir selber erteilt.

GÖTZ *nachdenklich:* Ja. Ja.

HEINRICH *verwundert:* Also wirklich du selbst.

GÖTZ *wie oben:* Ich selbst.

HEINRICH: Ja, das sage ich ja.

GÖTZ *hebt den Kopf:* Ich, nur ich, Pfarrer, du hast recht. Ich flehte, ich rang um ein Zeichen, ich sandte dem Himmel Botschaften zu, doch es kam keine Antwort. Der Himmel weiß nicht einmal, wer ich bin. In jedem Augenblick fragte ich mich, was ich in den Augen Gottes wohl sei. Ich kenne die Antwort jetzt: nichts. Gott sieht mich nicht, Gott hört mich nicht, und Gott kennt mich auch nicht. Du siehst diese Leere zu unsern Häupten? Diese Leere ist Gott. Du siehst die Öffnung in der Tür? Ich sage dir, sie ist Gott. Du siehst dies Loch in der Erde? Gott. Das Schweigen ist Gott. Die Abwesenheit ist Gott, die Verlassenheit der Menschen ist Gott. Was da war, war einzig ich: ich allein habe mich für das Böse entschieden, habe das Gute erfunden. Ich habe betrogen und Wunder getan, ich selber klage mich heute an, und auch freisprechen kann nur ich mich, der Mensch. Wenn Gott existiert, ist der Mensch ein Nichts; wenn der Mensch existiert ... wohin läufst du denn?

HEINRICH: Ich gehe; ich habe nichts mehr zu schaffen mit dir.

GÖTZ: Warte, Pfarrer, ich möchte dich doch noch zum Lachen bringen.

HEINRICH: Schweig!

GÖTZ: Aber du weißt ja noch gar nicht, was ich sagen will. *Sieht ihn an; plötzlich:* Du weißt es!

HEINRICH *schreit:* Das ist nicht wahr! Ich weiß nichts, ich will nichts wissen.

GÖTZ: Heinrich, ich möchte dir noch eine tolle Posse erzählen: Gott existiert nämlich nicht. *Heinrich wirft sich auf ihn und schlägt ihn. Unter seinen Schlägen lacht Götz und schreit:* Er existiert nicht. Halleluja! Eitel Freude und Tränen der Freude! Du Narr! Schlage mich doch nicht. Ich befreie uns ja. Wenn es keinen Himmel gibt, gibt es auch keine Hölle mehr: nichts außer der Erde bleibt da.

HEINRICH: Ach! Möge er mich hundertfältig, tausendfältig verdammen, wofern er dennoch existiert. Götz, die Menschen haben uns Verräter und Bastarde genannt und haben uns verdammt. Wenn Gott nicht existiert, so gibt es kein Mittel mehr, den Menschen zu entrinnen. Mein Gott, dieser Mensch hier lästert Dich, ich aber glaube an Dich, ich glaube, mein Gott. Unser Vater, der Du bist im Himmel, ich möchte lieber gerichtet werden von einem unendlichen Wesen, als von denen, die meinesgleichen sind.

GÖTZ: Zu wem sprichst du denn? Eben noch hast du gesagt, er sei taub. *Heinrich sieht ihn schweigend an.* Keine Möglichkeit mehr, den Menschen zu entrinnen. Es ist aus mit den Ungeheuern und den Heiligen. Aus mit dem Stolz. Nur die Menschen sind da.

HEINRICH: Die Menschen, Bastard, wollen nichts wissen von dir.

GÖTZ: Ach was! Ich komme schon zurecht. *Pause.* Heinrich, ich habe meinen Prozeß nicht verloren; er hat nicht stattgefunden, weil kein Richter erschienen ist. *Pause.* Ich fange wieder von vorn an.

HEINRICH *zuckt zusammen:* Was fängst du wieder von vorn an?

GÖTZ: Das Leben.

HEINRICH: Nein, das wäre allzu bequem. *Stürzt sich auf ihn.* Nichts wirst du von vorn anfangen. Aus. Heut mußt du den Wechsel bezahlen.

GÖTZ: Laß mich, Heinrich, laß mich. Alles ist anders. Ich will jetzt leben. *Versucht sich freizumachen.*

HEINRICH *will ihn erwürgen:* Wo ist deine Stärke, Götz, wo ist sie? Welch glücklicher Zufall, daß du leben willst: du wirst in Verzweiflung verrecken! *Der geschwächte Götz versucht vergeblich, ihn zurückzustoßen.* Möge dein ganzer Höllenanteil in diese letzte Sekunde eingeschlossen sein.

GÖTZ: Laß mich los. *Wehrt sich.* Wahrhaftig, wenn einer von uns sterben soll, kannst du es ebensogut sein! *Trifft ihn mit einem Messer.*

HEINRICH: Aah! *Pause.* Ich will weiter hassen, weiter leiden. *Fällt nieder.* Nichts wird sein, nichts, nichts, nichts, nichts. Und du, du siehst noch das Morgen! *Stirbt.*

GÖTZ: Du bist tot, und die Welt ist noch ebenso voll. Du wirst niemandem fehlen. *Nimmt die Blumen und wirft sie auf den Leichnam.* Die Komödie des Guten endet mit einem Mord; auch gut, jetzt kann ich nicht mehr zurück. *Ruft:* Hilda! Hilda!

5. SZENE
Hilda – Götz

Es ist Nacht geworden

GÖTZ: Gott ist tot.

HILDA: Tot oder lebendig, was macht das mir! Ich kümmere mich längst nicht mehr um ihn. Wo ist Heinrich?

GÖTZ: Fortgegangen.

HILDA: Hast du deinen Prozeß gewonnen?

GÖTZ: Er hat nicht stattgefunden; ich sage ja, Gott ist tot. *Nimmt sie in die Arme.* Wir haben keinen Zeugen mehr, ich bin der einzige, der dein Haar sieht und deine Stirn. Wie w i r k l i c h du bist, seit er nicht mehr über uns ist. Sieh mich an, nicht einen Augenblick lang höre auf, mich anzusehen. Die Welt ist blind geworden; wenn du den Kopf wendest, habe ich Angst, selber nichts zu werden. *Er lacht.* Endlich allein! *Licht. Man sieht nahende Fackeln.*

HILDA: Da sind sie. Komm.

GÖTZ: Ich will sie erwarten.

HILDA: Sie kommen dich töten.

GÖTZ: Ach was! Wer weiß? *Pause.* Wir wollen bleiben. Ich muß Menschen sehen. *Die Fackeln sind jetzt nah.*

Ende des zehnten Bildes

ELFTES BILD
Das Lager der Bauern

1. SZENE
Karl – Die Hexe – Die beiden Bauern – dann Nasty

Die Hexe reibt die Bauern mit einer hölzernen Hand

NASTY *tritt auf:* Was tust du da?

DIE HEXE: Die ich reibe mit dieser Hand, werden unverwundbar dadurch: sie nehmen Hiebe entgegen, aber die Hiebe treffen sie nicht.

NASTY: Wirf die Hand fort! *Geht auf sie zu.* Los, wirf sie fort. *Die Hexe versteckt sich hinter Karl.* Karl! Tust du da etwa mit? Solange ich befehle, machen die Führer ihren Truppen nichts vor.

KARL: Dann werden die Truppen umkommen mit ihren Führern. *Zu den Bauern:* Macht, daß ihr fortkommt! *Bauern ab. Pause. Karl tritt näher an Nasty heran.* Du zauderst, Nasty, du träumst, und inzwischen nehmen die Desertionen zu! Die Armee verliert Soldaten, wie ein Verwundeter Blut verliert. Man muß diesen Blutfluß zum Stillstand bringen. Wir haben kein Recht mehr, heikel mit den Mitteln zu sein.

NASTY: Und was willst du tun?

KARL: Den Befehl ausgeben, daß alle sich von diesem schönen Kinde hier reiben lassen. Wenn sie sich für unverwundbar halten, bleiben sie uns da.

NASTY: Ich hatte sie zu Menschen gemacht, und du machst Tiere aus ihnen.

KARL: Lieber Tiere, die sich zusammenhauen lassen, als Menschen, die Fersengeld geben.

NASTY: Prophet des Trugs und des Greuels!

KARL: Meinetwegen. Ich bin ein falscher Prophet. Und du, was bist du denn?

NASTY: Ich habe diesen Krieg nicht gewollt.

KARL: Das mag sein, aber da du ihn auch nicht hast verhindern können, war Gott ganz offenbar nicht mit dir.

NASTY: Ich bin kein falscher Prophet, sondern ein von Gott zum Narren gehaltener Mensch. Mach, was du willst. *Karl mit der Hexe ab.* Ja, mein Gott, Du hast mich getäuscht, Du hast mich glauben gemacht, daß ich Dein Erwählter sei. Aber wie kann ich Dir Vorwürfe machen, daß Du Deine Kreaturen betrügst, und wie kann ich an Deiner Liebe zweifeln, der ich doch selbst meine Brüder liebe und sie dennoch belüge?

2. SZENE

Nasty – Götz – Hilda – Drei bewaffnete Bauern

NASTY *ohne Überraschung zu zeigen:* Da seid ihr also?

EIN BAUER *zeigt auf Götz:* Wir haben ihn gesucht, um ihn eben mal umzubringen. Aber er ist derselbe nicht mehr. Er sieht jetzt seine Fehler ein und will mit uns kämpfen. Wir bringen ihn dir also her.

NASTY: Laßt uns allein. *Bauern ab.* Du willst mit uns kämpfen?

GÖTZ: Ja.

NASTY: Warum?

GÖTZ: Ich brauche euch. *Schweigt.* Ich will ein Mensch unter Menschen sein.

NASTY: Weiter nichts?

GÖTZ: Ich weiß, das ist das Schwierigste. Drum muß ich von vorn anfangen.

NASTY: Und was kommt da zuerst?

GÖTZ: Das Verbrechen. Die Menschen von heute kommen als Verbrecher auf die Welt, da muß ich teilhaben an ihren Verbrechen, wenn ich teilhaben will an ihrer Liebe und den Tugenden. Ich wollte reine Liebe: Unsinn! Sich lieben bedeutet: man haßt den gleichen Feind; ich muß mir euren Haß aufs tiefste zu eigen machen. Ich wollte das Gute: Torheit! Auf dieser Welt und zu dieser Zeit sind Gut und Böse verquickt; ich muß mich abfinden, böse zu sein, um gut werden zu können.

NASTY *sieht ihn an:* Du hast dich verändert!

GÖTZ: Sehr! Ich habe jemand verloren, der mir teuer war.

NASTY: Wen?

GÖTZ: Du hast ihn nicht gekannt. *Schweigt.* Ich möchte als einfacher Landsknecht dienen unter deinem Befehl.

NASTY: Das lehne ich ab.

GÖTZ: Nasty ...

NASTY: Was soll ich mit e i n e m Kriegsmann machen, wo ich fünfzig am Tage verliere?

GÖTZ: Als ich zu euch kam, hochgemut wie ein Reicher, habt ihr mich von euch gewiesen und hattet recht, denn ich spielte mich damals auf, als wäret ihr angewiesen auf mich. Aber heut sage ich euch, daß ich euch nötig habe, und wenn ihr mich zurückstoßt, seid ihr ungerecht, denn es ist nicht richtig, die Bettler von sich zu weisen.

NASTY: Ich weise dich nicht zurück. *Pause.* Seit Jahr und Tag wartet dein Platz auf dich, nimm ihn ein. Befehlige unser Heer.

GÖTZ: Nein. *Schweigt.* Ich bin nicht geboren, Befehle zu erteilen. Gehorchen möchte ich.

NASTY: Sehr gut. Ich gebe dir den Befehl, dich an unsere Spitze zu stellen. Gehorche!

GÖTZ: Nasty, ich bin bereit, zu töten, und lasse mich selber töten, wenn es nötig ist. Doch schicke ich niemanden in den Tod, denn ich weiß jetzt, was sterben heißt. Es gibt nichts, Nasty, nichts: wir haben nur unser Leben.

HILDA *bedeutet ihm zu schweigen:* Götz, schweig.

GÖTZ *zu Hilda:* Ja ... *Zu Nasty:* Führer sind allein. Ich will Menschen um mich haben, um mich und über mir, die mir den Himmel verbergen. Nasty, gestehe mir zu, nur irgendeiner von ihnen zu sein.

NASTY: Aber du b i s t nur irgendeiner. Meinst du, ein Führer sei mehr als irgendein anderer? Wenn du nicht befehlen willst, dann geh.

HILDA *zu Götz:* Nimm an.

GÖTZ: Nein. Sechsunddreißig Jahre Einsamkeit, das hat mir genügt.

HILDA: Ich werde bei dir sein.

GÖTZ: Du bist ich: wir sind dann zusammen allein.

HILDA *halblaut:* Wenn du Soldat bist unter den andern, wirst du ihnen dann sagen, daß Gott tot ist?

GÖTZ: Nein.

HILDA: Siehst du.

GÖTZ: Was sehe ich?

HILDA: Du wirst niemals ihresgleichen sein. Nicht besser, nicht schlimmer: anders. Und wenn es scheint, daß ihr einig seid, so mißversteht ihr euch.

GÖTZ: Ich habe Gott getötet, weil er mich von den Menschen trennte, und nun versetzt mich sein Tod in um so größere Einsamkeit. Ich dulde nicht, daß dieser gewaltige Leichnam mir meine Menschenfreundschaft verseucht. Eher lasse ich doch die Bombe zum Platzen kommen.

HILDA: Hast du ein Recht dazu, ihnen den Mut zu rauben?

GÖTZ: Ich werde es ganz allmählich tun. Ein Jahr geduldiger Arbeit ...

HILDA *lacht:* In einem Jahr, wer weiß, sind wir alle tot.

GÖTZ: Wenn Gott nicht ist, warum bin ich allein, ich, der ich mit allen sein möchte?

Die Bauern; sie stoßen die Hexe vor sich her.

DIE HEXE: Ich schwöre euch, es tut nicht weh. Wenn ich euch reibe mit dieser Hand, seid ihr gefeit gegen Wunden.

DIE BAUERN: Wir werden dir glauben, wenn Nasty sich reiben läßt.

Die Hexe tritt auf Nasty zu.

NASTY: Scher dich zum Teufel.

DIE HEXE *halblaut:* Karl läßt dir sagen: laß es geschehen, oder alles ist aus.

NASTY *laut:* Gut. Aber mach schnell. *Sie reibt ihn. Die Bauern applaudieren.*

EIN BAUER: Reib auch den Mönch da ein.
GÖTZ: Tod und Teufel!
HILDA *sanft:* Götz!
GÖTZ: Also reib, schönes Kind, aber kräftig. *Sie reibt.*
NASTY *heftig:* Packt euch jetzt! *Bauern und Hexe ab.*
GÖTZ: Nasty, so weit ist es gekommen mit dir?
NASTY: Ja.
GÖTZ: Du verachtest sie also?
NASTY: Ich verachte nur mich. *Schweigt.* Hast du solch seltsames Stück schon gehört? Ich, der ich die Lüge hasse, belüge meine Brüder, damit sie Mut bekommen, sich töten zu lassen in einem Kriege, der mir hassenswert ist.
GÖTZ: Schau ihn dir an, Hilda! Dieser Mann ist ebenso einsam wie ich.
NASTY: Viel einsamer noch. Du bist es immer gewesen, ich aber war Hunderttausende und bin nur noch ich. Götz, ich kannte nicht Einsamkeit, nicht Niederlage noch Angst und bin nun wehrlos gegen sie. *Ein Soldat.*
DER SOLDAT: Die Anführer wollen dich sprechen.
NASTY: Laß sie kommen. *Zu Götz:* Sie kommen mir sagen, daß die Truppe zu ihnen kein Vertrauen mehr hat, daß es ihnen an Autorität gebricht.
GÖTZ *mit fester Stimme:* Nein! *Nasty sieht ihn an.* Leiden, Reue und Angst, das war gut für mich. Wenn du aber leidest, so ist es, als ob die letzte Kerze erlischt: es ist Nacht. Ich übernehme die Führung der Armee. *Die Anführer und Karl.*
EIN ANFÜHRER: Nasty, man muß wissen, wenn ein Krieg zu Ende ist. Die Leute ...
NASTY: Du wirst erst reden, wenn ich dir das Wort erteile. *Schweigt.* Ich verkünde euch eine Neuigkeit, die dasselbe bedeutet wie ein Sieg: wir haben einen General, und zwar den tapfersten Feldherrn im ganzen Heiligen Römischen Reich.
EIN ANFÜHRER: Diesen Mönch da?
GÖTZ: Was Mönch! *Wirft die Kutte ab und erscheint als Soldat.*
DIE ANFÜHRER: Götz.
KARL: Alle Wetter! Götz ...
EIN ANFÜHRER: Götz! Ja, das ist was anderes.
EIN ANFÜHRER: Wieso was anderes, he? Was ändert das denn schon? Er ist ein Verräter, ihr werdet sehen, wie er euch in einen Hinterhalt lockt, an den es euch gedenken wird.
GÖTZ: Komm nur näher heran! Nasty hat mich zum Führer und obersten Kriegsherrn ernannt. Willst du mir nicht gehorchen?
EIN ANFÜHRER: Eher sterbe ich!
GÖTZ: Stirb denn, Bruder! *Sticht ihn nieder.* Ihr andern aber, hört mich an: Ich übernehme den Oberbefehl gegen meinen Willen, aber ich gebe ihn nicht wieder ab. Glaubt mir, wenn es möglich ist, diesen Krieg zu gewinnen, so gewinne ich ihn. Gebt auf der Stelle der Truppe bekannt, daß jeder Soldat, der die Fahne verläßt, alsofort aufgehängt wird. Ich verlange bis heute abend eine Liste aller Truppen, Waffen und Vorräte, die noch vorhanden sind; ihr

steht mir mit euerm Kopf dafür. Der Sieg ist uns sicher, wenn eure Leute mich mehr fürchten als den Feind. *Anführer wollen etwas sagen.* Nein. Kein Wort mehr. Geht. Morgen erfahrt ihr, was ich weiter plane. *Anführer ab. Stößt mit dem Fuß nach der Leiche.* Das Reich des Menschen ist angebrochen. Ein schöner Beginn. Gut, Nasty, ich werde Henker und Schlächter sein. *Wie von einer vorübergehenden Schwäche befallen.*

NASTY *legt ihm die Hand auf die Schulter:* Götz ...

GÖTZ: Fürchte nichts, ich werde nicht schwach. Ich werde sie schaudern machen, da ich sie anders nicht lieben kann; werde ihnen Befehle erteilen, da es für mich keine andere Form des Gehorsams gibt. Ich werde allein sein mit dem leeren Himmel über mir, da ich nur so mit allen sein kann. Es gilt, diesen Krieg zu führen, und ich führe ihn.

Vorhang

KEAN

ODER
UNORDNUNG UND GENIE

Ein Stück
in fünf Akten nach
Alexandre Dumas

PERSONEN

Kean
Anna Damby
Elena, Gräfin von Koefeld
Amy, Gräfin von Gosswill
Graf von Koefeld
Der Prinz von Wales
Salomon
Lord Mewill
Der Butler
Der Konstabler
Der Regisseur
Darius, der Friseur
Gidsa, Elenas Kammerfrau
Ein Akrobat
Eine Akrobatin
Ein Bühnenarbeiter
Zwei Schankburschen
Fanny

Die Uraufführung von «Kean» fand am 14. November 1953 im Théâtre Sarah-Bernhardt in Paris statt.

ERSTER AKT

Ein Salon beim Grafen von Koefeld.

1. SZENE

Elena – der Butler – ein Diener.

DER BUTLER *Anordnungen treffend*: Sind die Spieltische hergerichtet?
DER DIENER: Zwei Whist, einer Boston.
DER BUTLER: Und die Musikanten sind verständigt?
DER DIENER: Sie werden um halb zehn im großen Salon sein.
ELENA *einen Brief schreibend*: Und vergessen Sie die Zigarren für die Herren nicht ... Es ist alles in Ordnung; bitte entfernen Sie sich nicht vom Fest.

Der Butler geht.

DER DIENER *meldet*: Frau Gräfin von Gosswill.
ELENA: Oh! Herein mit ihr, nur herein!

Amy kommt herein. Der Diener geht.

2. SZENE

Elena – Amy.

ELENA: Amy, wie reizend von dir, daß du so früh kommst; wir haben uns ja soviel zu sagen!

AMY: Ich wollte vor der großen Menge hier sein. Wenn du wüßtest, wie ich mich beeilt habe! Ach, Liebe, man besucht sich nicht mehr, man trifft sich. Gott, bin ich müde! In New Market waren diese Pferderennen ... Natürlich konnte ich mich nicht davon freimachen.

ELENA: Ich dachte, du verabscheutest Pferderennen.

AMY: Und wie verabscheue ich sie! Ich finde es absurd, daß man zusammenkommt, um Pferde laufen zu sehen. Freilich laufen Pferde; was ist verwunderlich daran? Es ist ihre Art; ich bitte dich, was sonst sollen sie mit ihren vier langen Beinen machen? Und was sonst können die Männer machen als aufsteigen? ... Setzt man mithin ein Dutzend Männer auf ein Dutzend Pferde, so geht es mit Fluchen, Lärmen, Peitscheschwingen, Preschen, Galoppieren los, und es wäre höchst sonderbar, wenn nicht ein Pferd mit seinem Mann vor den anderen ankäme. Muß man die Gesellschaft bemühen, um ihr diese Galoppaden vorzuführen? Allein, ich habe Verpflichtungen, Elena. Wie du übrigens auch, aber du kommst ihnen immer seltener nach.

ELENA: Ich bin keine Engländerin, meine Liebe, und ich habe nicht ...

AMY: Du bist keine Engländerin, aber du bist die Frau eines Gesandten. Wie sollen wir wissen, daß wir mit Dänemark Frieden haben, wenn die dänische Gesandtin nicht auf unseren Festlichkeiten erscheint? Ich hatte diese Woche dreimal Oper, zwei Bälle und vier Dinner; ich bitte dich, ich bin nicht aus Eisen, und wenn ich meine Freundinnen sich ihren Pflichten entziehen sehe, offen gesagt, Elena, so demoralisiert mich das.

ELENA: Ich war gestern im Drury Lane-Theater.

AMY: Im Drury Lane, besser als nichts. Aber das ist nicht anstrengend. Man kann sich's in seiner Loge bequem machen, die Augen zumachen, sogar schlafen. Ich meinerseits habe unterdessen mit dem alten Herzog von Leicester getanzt, der hinkt; als ich nach Hause kam, hinkte ich auch. Was wurde denn gespielt, im Drury Lane?

ELENA: Hamlet.

AMY: Schon wieder! Das ist das Langweilige bei diesen toten Autoren, daß sie nie etwas Neues bieten.

ELENA: Sie bieten so oft etwas Neues, als sie von neuen Schauspielern gespielt werden.

AMY: Ja, so sagt man. Aber weißt du, wenn man zwanzigmal den Othello die Desdemona mit einem Kopfkissen hat ersticken sehen, mögen der Othello und die Desdemona ruhig wechseln, das Kopfkissen bleibt das gleiche. Ich war fünfzehn, als ich zum erstenmal Hamlet sah. Als er rief: «Eine Ratte», bin ich mit zusammengerafften Röcken auf meinen Klappsitz gestiegen. Aber jetzt ist der Überraschungseffekt verpufft. Ob Young oder Kemble sagt: «Eine Ratte!», ich falle nicht mehr darauf herein, weil ich genau weiß, daß er den Polonius meint, der hinter dem Vorhang versteckt ist.

ELENA: Gestern abend wärst du auf deinen Klappsitz gesprungen.

AMY: Mit zusammengerafften Röcken?

ELENA: Und schreiend!

AMY: Also war's Kean?

ELENA: Ja, Kean.

AMY: Und was ist so Wunderbares an ihm?

ELENA: Ich weiß nicht. Ich ... ich hatte das Gefühl, er wäre Hamlet selber.

AMY: Das ist auch was! Ein Mensch, der seinen Stiefvater im Handumdrehen töten könnte und fünf Akte braucht, um sich zu entschließen! Das ist doch ein Dreifüßler, dein Hamlet. Wie kommt man dazu, ins Theater zu gehen, um Leute zu sehen, mit denen man nicht verkehren möchte? Hamlet zu sehen! Ha! Wenn du mir sagtest, um Kean zu sehen ...

ELENA: Kean? Gibt es einen Kean? Der Mensch, den ich gestern sah, war Hamlet in Person.

AMY: Ja! Wie er vorgestern Romeo war und vorigen Monat Macbeth. Welches Vergnügen für seine Mätresse, so er eine hat: einen Abend schläft sie in den Armen des Prinzen von Dänemark und den nächsten in denen des Mohren von Venedig. Die Flatterhafteste kommt dabei auf ihre Kosten. – Elena, wirst du mir nicht die Augen auskratzen?

ELENA: Sicher nicht; was gibt's denn?

AMY: Ha! Eine wahnwitzige Geschichte. Ich werde sie dir erzählen, damit du etwas zum Lachen hast.

ELENA: Ich werde mit Vergnügen lachen.

AMY: Kann niemand uns hören?

ELENA: Du machst mir Angst, Amy.

AMY: Weißt du, was man sagt?
ELENA: Wer, man?
AMY: Die Welt.
ELENA: Dann kann ich's mir denken. Man sagt, ein Mann betröge seine Frau, oder eine Frau betröge ihren Mann. Stimmt's?
AMY: Nicht ganz.
ELENA: Und von wem sagt man's nicht ganz?
AMY *ergreift ihre Hände*: Elena, teure Freundin ... *Pause.* Von dir.
ELENA *beugt sich zu Amy vor*: Von mir! Sieh an.
AMY: Man sagt, Shakespeare verdrehte dir den Kopf.
ELENA: Wäre es so, müßten die Engländer sich geschmeichelt fühlen.
AMY: Das tun sie, freilich, das tun sie.
ELENA: Wenn Shakespeare ihr Gott ist, warum sollte er nicht auch meiner sein?
AMY: Nun, das ist's eben; sie beginnen sich zu fragen, ob es wirklich der Gott ist, dessentwegen du zur Kirche gehst.
ELENA: Und wen sollte ich anbeten?
AMY: Den Priester.
ELENA: Young?
AMY: Pah!
ELENA: Macready?
AMY: Ich bitte dich!
ELENA: Kemble?
AMY: Ha! Ha! *Ganz kurze Pause.* Kean!
ELENA: Oh! So ein Unsinn. Und wer hat das aufgebracht?
AMY: Weiß man's? Solche Gerüchte fallen vom Himmel.
ELENA: Vom Himmel, geradewegs in die Ohren unserer besten Freundinnen. *Sie zupft Amy am Ohr.* Was für vagabundierende Gerüchte sind in dies schöne Ohr gelangt ... *Sie tut, als lauschte sie.* Das ist ja eine Muschel: ich höre das Meer ... Also? Ich liebe ihn?
AMY: Leidenschaftlich.
ELENA: Was täte ich ihm zuliebe?
AMY: Alles.
ELENA: Das schmeichelt mir. Ich habe italienisches Blut und liebe nicht, noch hasse halb. Und man verdammt mich?
AMY: Man beklagt dich.
ELENA: Schade. Tadel wäre mir lieber.
AMY: Bedenke doch! Kean zu lieben!
ELENA: Sachte, meine Teure; ich habe nichts gestanden. Und warum sollte man Kean nicht lieben?
AMY: Ich bitte dich, er ist ein Komödiant!
ELENA: Gewiß. Und?
AMY: Diese Sorte Leute, die keinen Zutritt zu unseren Salons haben ...
ELENA *geht hinter ihr herum*: ... dürfen wir nicht in unseren Boudoirs empfangen ... Amy, ich traf Herrn Kean beim Prinzen von Wales.
AMY: Ein Prinz kann sich Kapricen gestatten ... Im Ernst, Elena, er ist sehr übel.
ELENA: Nicht möglich?

Amy *sehr klatschhaft*: Mein Gott, so bist du die einzige, die es nicht sieht! Weißt du, daß er tausendzwei Frauen gehabt hat?
Elena: Tausendzwei?
Amy: Tausendzwei.
Elena: Nicht eine mehr oder weniger?
Amy: Wahrhaftig, bei der nächsten, sagt er, wäre er Don Juan gleich.
Elena: Denk nur an! Ich wäre also die tausenddritte?
Amy: Jawohl ... es sei denn, daß er von jetzt an ...
Elena: Ach ja! Er muß recht müde sein, der Arme.
Amy: Aber Elena, so ermüdend ist es nicht, und er ist jetzt zehn Jahre berühmt. Tausend Frauen in zehn Jahren, das macht immer nur alle drei Tage eine ... bei zwei Monaten Ruhepause im Jahr.
Elena: Wo ist in dem Fall das Verbrechen? Die Frauen sind ja wohl einverstanden? Herr Kean weiß sich einzurichten, das ist alles.
Amy: Oh, scherze nicht! Er ist ein Verdammter, der, toll vor Hoffart, darüber rast, nicht hochgeboren zu sein; ein Verschwender, der das Geld zum Fenster hinauswirft, um es an Prunk mit dem Prinzen von Wales aufzunehmen; bis über die Ohren verschuldet, so daß er längst im Kerker säße, spekulierte er nicht auf die Güte gewisser großer Damen; ein Parvenü, dessen vulgäre Neigungen seine niedrige Geburt bezeugen ...
Elena: Kean, vulgär?
Amy: Jeden Abend legt er Richards oder Heinrichs Gewand ab, um sich in Matrosenkleidung in den Schenken herumzutreiben.
Elena: Im Ernst?
Amy: Im Ernst.
Elena: Oh! Allerdings, dann hast du recht; er ist sehr übel.
Amy: Siehst du.
Elena: Ein Verworfener!
Amy: Eben.
Elena: Mit verabscheuungswürdigen Sitten!
Amy: Ach!
Elena: Und diesen Menschen gibst du mir zum Geliebten! Wie mußt du mich lieben!
Amy: Elena! Ich habe es nie geglaubt!
Elena: Versteht sich, meine Teure. Und glaube ja, daß ich nicht glaube, du glaubtest es. In dieser Hinsicht bin ich ganz wie du und verteidige dich, wo ich gehe und stehe.
Amy: Du verteidigst mich? Mein Gott, wogegen?
Elena: Gegen die Gerüchte. Du weißt doch: die Gerüchte, die vom Himmel fallen. Und wie geht's Lord Delmours?
Amy: Lord Delmours ... Aber ... was weiß ich? Ich ... kenne ihn kaum.
Elena: Ach! Ich erkundige mich nämlich bei jedermann nach ihm. Ist er nicht bezaubernd? Er gefällt mir so sehr, dieser liebe junge Mensch, dieser schöne junge Mensch, der so niedlich und zart ist, daß man Angst hat, ihn zu verletzen, wenn man nur die Stimme erhebt. Und seine langen Wimpern, Liebste, welche Wonne muß es sein, wenn sie an einer Wange beben. Kurz, alle Vorzüge, außer einem: er ist nicht sehr diskret.

AMY: Nicht sehr diskret?
ELENA: Nein, nicht sehr. Aber wer glaubt ihm schon? Alle Welt hält ihn für einen Gecken und Gimpel. *Pause.* Du sagtest?
AMY: Ich? Nun, gar nichts.
ELENA: Dann habe ich auch nichts gesagt. *Sie lachen.* Wie beim Nichtssagen die Zeit vergeht.
AMY: Wie die Zeit vergeht, wenn man Nichtiges sagt. *Sie nimmt Elenas* Fächer. Oh, was für ein schöner Fächer!
ELENA: Ein Geschenk.
AMY: Von wem?
ELENA: Von einem Don Juan mit tausend Frauen, einem Verschwender, einem bis über die Ohren Verschuldeten …
AMY: Von …
ELENA: Nein, teure Freundin, vom Prinzen von Wales.
AMY: Ah!
ELENA: Schrieb man mir auch ein Faible für den Prinzen von Wales zu?
AMY: Jedenfalls ihm eines für dich. Bekommen wir den Gesandten nicht zu sehen?
ELENA: Dein Wunsch ist ihm Befehl, da ist er.

3. SZENE

Dieselben – der Graf.

DER GRAF: Alle Souveräne Europas mögen bis morgen warten, heute abend kenne ich nur eine Königin! *Er küßt Amy die Hand.*
AMY: Wie schade, daß man Ihnen nicht glauben kann!
DER GRAF: Und warum nicht?
AMY: Weil ich die Diplomaten kenne; wenn sie weiß sagen, meinen sie schwarz.
DER GRAF: Nun, so sage ich schwarz. Ja, schöne Gräfin, ich sage, daß diese Toilette einen Pfuscher zum Schöpfer hat und Sie abscheulich kleidet. *Er lacht.*
AMY: Und was beweist mir, daß Sie es nicht meinen?
DER GRAF *sprachlos*: Aber Gräfin …
AMY: Wäre ich zum Grausen, verhielten Sie sich ganz ebenso. Sie benützten mein Mißtrauen gegen die Diplomaten und sagten mir die Wahrheit, um mich glauben zu machen, daß Sie lügen. Das ist Diplomatie in der zweiten Potenz.
ELENA: Ja, aber nimm an, ich wäre eifersüchtig, und er wollte dir, von mir unbemerkt, ein Kompliment machen. Dann rechnete er mit den verschiedenen Graden unserer Naivität. Indem er dir sagte, er fände dich häßlich, ließe er dich wissen, daß er lügt, und machte gleichzeitig mich glauben, daß es ihm ernst ist. Das ist die dritte Potenz.
AMY: Und hier die vierte. Stell dir vor, er hielte dich für flatterhaft und wollte deine Eifersucht wecken. Dann sagte er, ich wäre häßlich, damit du meinst, er wollte dich glauben machen, daß ich ihm mißfalle. Was die fünfte anlangt …! *Beide lachen.*

DER GRAF: Gnade, meine Damen, halten Sie ein! Ich schwöre Ihnen, so kompliziert ist die Diplomatie nicht. Wenn soviel Denken notwendig wäre, beriefe man die Frauen zu Gesandten.

AMY: Also bitte, Graf, bin ich schön? Bin ich häßlich? Was sagen Sie?

DER GRAF *indem er sich verneigt*: Gräfin, ich weiß nicht mehr, was sagen ...

AMY: Sie erwählen das beste Teil; und ich glaube Ihrem Schweigen.

ELENA: Werden wir Lord Gosswill nicht bei uns sehen?

AMY: Ich fürchte, nein. Er hilft Lord Mewill eine Mesalliance schließen.

DER GRAF: Lord Mewill?

ELENA: Er heiratet?

AMY: Er muß wohl, da er ruiniert ist.

ELENA: Wen heiratet er?

AMY: Einen Goldsack.

ELENA: Dieser Goldsack hat doch gewiß einen Namen!

AMY: Wenn du willst, aber es ist einer von diesen Namen, die nichts sagen, und die man einfach nicht behält. Annie ... Anna ...

DER Graf: Damby.

ELENA: Damby? Nun, der Name sagt mir sogar etwas. Etwas ... Aber was?

DER GRAF: Anna Damby, Teuerste, ist dieses junge Mädchen, das im Drury Lane eine Loge direkt uns gegenüber hat.

ELENA: Und die Kean mit den Augen verschlingt? Aber die ist reizend!

AMY: Wahrhaftig?

ELENA: Immerhin, nicht übel. An ihr auszusetzen hätte ich eher ihren Mangel an Haltung. Sie versäumt keine einzige Vorstellung, und vor allem dieser ein wenig ... übertriebenen Ausdauer wegen ist sie mir aufgefallen.

DER GRAF: Sei überzeugt, du bist ihr auch aufgefallen.

ELENA: Warum sollte ich ihr aufgefallen sein? Beuge ich mich fast bis zur Taille aus der Loge? Applaudiere ich bei jedem Satz, daß mir die Handschuhe platzen?

AMY: Vielleicht liebt sie Shakespeare?

ELENA: Shakespeare: Das glaube ich! Ich hoffe um dieser Kleinen willen, daß die Ehe sie zur Vernunft bringt.

AMY: Dieser Verführer beginnt mich neugierig zu machen. *Zum Grafen:* Darf ich so unbescheiden sein, Graf, Sie um einen Platz in Ihrer Loge zu bitten, wenn er das nächste Mal spielt?

DER GRAF: Wie? Sie wollen ihn auch sehen?

AMY: Ja, und von nahe. In Ihrem Proszenium dürfte einem keine Einzelheit seines Mienenspiels entgehen.

DER GRAF: Vortrefflich! Sie werden ihn heute abend von noch näher sehen.

AMY: Heute abend?

DER GRAF: Er wird mit uns speisen!

ELENA *erhebt sich ungestüm*: Du hast ihn eingeladen? Ohne mir etwas zu sagen?

DER GRAF: Eingeladen ... eingeladen ... Ladet man derartige Leute ein? Sagen wir, ich habe mir die Dienste eines Spaßmachers gesichert. Er wird uns zum Dessert den Falstaff vorspielen.

ELENA: Ohne mir etwas zu sagen?

DER GRAF: Elena, ich muß mich dem Kronprinzen, der Vergnügen an ihm zu finden geruht, gefällig erweisen. Sehen Sie, meine Damen, ich habe mir diese Überraschung für Seine Hoheit ausgedacht, und Sie haben mir mein Geheimnis entrissen; nun sagen Sie noch, daß ich ein Diplomat bin.

Der Butler kommt und überreicht ihm einen Brief.

Gestatten Sie? *Er liest.* Seltsame Zeiten, fürwahr, in denen man erlebt, daß ein Komödiant die Einladung eines Gesandten ausschlägt!

ELENA: Kean?

DER GRAF: Ja.

ELENA: Er sagt ab?

DER GRAF: Ja! Es ist nicht zu glauben.

ELENA: War deine Einladung wenigstens annehmbar?

DER GRAF: Das schließe aus der Antwort. *Er liest laut:* «Ew. Gnaden, ich bin verzweifelt. Die höchst seltene Ehre, die Sie mir gütigst zugedacht haben, richtet sich, dessen bin ich gewiß, an den Komödianten. Obwohl Sie den außerordentlichen Takt besaßen, es nicht auszusprechen, wette ich, daß Sie heute abend enttäuscht gewesen wären, wenn ich Ihnen nicht nach dem Dinner den großen Hanswurst Falstaff oder Bottom mit dem Eselskopf vorgespielt hätte, und ich war bereits außer mir vor Entzücken bei dem Gedanken, Ihnen gefällig zu sein. Unglücklicherweise kann man den Komödianten nicht ohne den Menschen einladen, und der Mensch ist durch eine unaufschiebbare Angelegenheit abgehalten. Haben Sie die Güte, Ew. Gnaden, der Frau Gräfin mein lebhaftestes Bedauern und meine ergebenste Hochachtung zu Füßen zu legen ...»

AMY: Oh! So eine Impertinenz!

DER GRAF *verschnupft*: Nein, teure Freundin, es ist keine Impertinenz.

AMY: Nicht?

DER GRAF: Nein. Denn wäre es eine Impertinenz, müßte ich mich ärgern. Hingegen verbietet mir meine Stellung als Gesandter, mich zu ärgern ... Elena, was ist dir?

Da Elena den Prinzen bemerkt hat, verbeugt sie sich zum Hofknicks.

EIN DIENER: Seine Königliche Hoheit, der Prinz von Wales. *Der Diener geht ab.*

4. SZENE

Dieselben – der Prinz.

DER PRINZ *kommt herein, sieht sie an und lacht*: Ha! Ha!

DER GRAF *erfreut, ihn lachen zu sehen*: Hi! Hi!

DER PRINZ *mit wachsender Heiterkeit*: Ha! Ha! Ha!

DER GRAF: Hi! Hi! Hi!

ELENA: Sie sind sehr heiter, Hoheit.

DER PRINZ *Handkuß*: Sie müssen mir verzeihen, meine Damen; ich lache, weil in den Straßen Londons offen das tollste Stückchen umläuft.

ELENA: Wir verzeihen Ihnen, Hoheit, wenn Sie es uns erzählen.

DER PRINZ: Was denken Sie! Ich erzählte es dem Themseschilf, wenn ich niemand zum Zuhören hätte!

ELENA: Ich erkläre im vorhinein, daß ich kein Wort glaube.

AMY: Sprechen Sie trotzdem, Hoheit; wir brauchen es nicht zu glauben, um es weiterzutragen.

DER PRINZ: Lord Mewill ... *Er bricht in Gelächter aus.* Ha! Ha!

DER GRAF *lachend*: Hi! Hi!

DER PRINZ: Lord Mewill ... *Er lacht.*

Alle lachen mit.

AMY: Gnade, Hoheit, Gnade!

DER PRINZ *mühsam*: Bestellt und nicht abgeholt!

DER GRAF: Bestellt und nicht abgeholt? Aber ich dachte, er ...

DER PRINZ: Er heiratete? Je nun, das dachte er wohl auch. Der Beweis dafür ist, daß er seine Garderobe und sein Haus instand gesetzt und Pferde und Wagen, Kredit und Kreditoren erneuert hatte. Und nun, heute abend, als man hingeht, seine Braut abzuholen ... *Er fängt wieder an zu lachen.* Pfuitt! ...

DER GRAF: Pfuitt? ...

AMY: Pfuitt? ...

DER PRINZ: Ausgeflogen! Türe offen, Käfig leer! *Er lacht.*

ELENA *lachend*: Arme Kleine, die man gegen ihren Willen verheiraten wollte!

Der Prinz lacht weiter.

Sie lachen, Hoheit! Und wenn ihr ein Unglück zugestoßen wäre?

DER PRINZ: Ist es ein Unglück, mit demjenigen, den man liebt, auf Reisen zu gehen?

ELENA: Demjenigen, den man liebt?

AMY: So kennt man den Namen des Entführers?

DER PRINZ: Ob man ihn kennt? Es ist der glanzvollste Name!

AMY: O Prinz, Prinz, ich flehe darum!

DER GRAF: Meine Damen, bedrängen Sie Seine Hoheit nicht zu sehr, Sie könnten ihm arge Verlegenheit bereiten.

DER PRINZ: Mir? Nein, mein Lieber, ich vergreife mich nicht an der Bourgeoisie. Meine Damen, es handelt sich um einen König, der seine Krone trägt, während ich auf die meine noch warte – und Gott verleihe meinem Bruder ein langes Leben.

ELENA: Also heraus, wer ist es?

DER PRINZ: Es ist Don Juan! Faublas! Der Richelieu der drei Königreiche! ... Edmond Kean.

ELENA: Kean!

DER PRINZ: In dieser Stunde, meine Damen, befindet er sich mit ihr auf dem Weg nach Liverpool.

ELENA: Das ... das ist unmöglich!

AMY: Warum, Elena? Du selber hast gesagt, dieses junge Mädchen verschlänge ihn mit den Augen ...

DER GRAF: Das also ist der Grund seiner A b s a g e!

DER PRINZ: Seiner Absage? Sollte er kommen?

DER GRAF: Ich hatte ihn eingeladen, Hoheit, in der Annahme, Ihnen ein Vergnügen zu bereiten.

DER PRINZ: Nun, ein Glück, daß er abgesagt hat! Man hätte Sie als seinen Komplicen betrachtet, und Sie hätten Dänemark und England entzweit ... Meine Damen, dieses Ereignis muß gefeiert werden, da es unseren Heimstätten den Frieden wiedergibt; es ist ein Gewinn für die öffentliche Moral, und ich wette, daß halb London heute abend illuminiert.

AMY: Ist er so gefährlich?

DER PRINZ: Ah! Ah!

AMY: Es heißt, daß gewisse große Damen so gütig waren, ihn zu sich zu erheben.

DER PRINZ: Sie waren noch gütiger, Gräfin, denn eher muß es heißen, daß sie zu ihm hinabstiegen.

ELENA: Hoheit, ich kann nicht zugeben ...

DER GRAF: Elena ...

ELENA: Verzeihen Sie mir, Hoheit, und sehen Sie mich gnädigst noch eine Weile als Provinzlerin an. Schließlich habe ich erst einen Winter in London verbracht, und unsere Dänen sind so barbarisch, ihre Frauen zu achten. Aber keine Sorge, im nächsten Herbst werden mit den Blättern meine Ansprüche fallen; ich werde mit Ihren Schöngeistern mein Geschlecht verlachen und Ihnen zu Gefallen alle meine Freundinnen verleumden. *Sie wendet sich zu Amy um, heftig:* Angefangen mit dir!

DER PRINZ: An mir ist es, Gräfin, Ihre Verzeihung zu erbitten und Ihnen zu danken.

ELENA: Sie, Hoheit, mir danken?

DER PRINZ: Ich kannte Ihre Huld und Ihr Lächeln, doch ich muß Ihnen danken, daß Sie mir Gelegenheit gaben, Ihren Zorn zu bewundern. Was für ein Glück hat doch der Graf! Wie ich ihn kenne, möchte ich annehmen, daß Sie ihn oft schelten.

DER GRAF *albern*: Ach ja! Oft, sehr oft!

ELENA: Pah! So oft wieder nicht.

DER PRINZ: Was unsere großen Damen anlangt, so wollte ich sie nicht schlecht machen; ich beklagte sie. Schließlich ist es nicht ihre Schuld, wenn unser Hof verweibischt ist. Und wenn sie sich in Kean vernarren, laufen sie einer Illusion von Mann nach.

ELENA: Einer Illusion? So ist Kean kein Mann?

DER PRINZ: Nein, Gräfin, er ist ein Schauspieler.

ELENA: Und was ist ein Schauspieler?

DER PRINZ: Ein Phantom.

ELENA: Und die Prinzen? Sind die nicht auch Phantome?

DER PRINZ: Das, Gräfin, läßt sich nur feststellen, wenn man ihnen so nahe kommt, daß man sie berührt.

EIN DIENER: Herr Kean!

ELENA: Kean!

DER GRAF: Kean!

DER PRINZ: Kean? Das wird kompliziert! *Er reibt sich die Hände.* Ich liebe Komplikationen.

DER GRAF: Ich lasse bitten.

5. SZENE
Dieselben – Kean.

KEAN: Meine Damen ... Mein Herr ... *Er entdeckt den Prinzen.* Geruhen Seine Königliche Hoheit, den Ausdruck meiner Ergebenheit entgegenzunehmen?
Niemand rührt sich.
Ich bitte Sie inständig, mir meine Inkonsequenz zu verzeihen. Ich glaubte in Wahrheit, Ihrer huldreichen Einladung nicht folgen zu können, und sehen Sie, ein unerwarteter Umstand hat meine Pläne durchkreuzt und mich genötigt, Ihren Beistand anzurufen.

DER GRAF: Ich gestehe, mein Herr, daß ich nicht mehr auf Sie zählte.

KEAN: Ach, mein Herr, ich habe es geahnt! Für einen Augenblick vielleicht erwiesen Sie mir die Ehre, meine Anwesenheit zu wünschen, und da haben Sie mein Mißgeschick: ich wußte ihn nicht wahrzunehmen! Glauben Sie mir, ich beklage es, zu einem Zeitpunkt zu kommen, wo niemand mich mehr wünscht.
Pause. Sie verharren regungslos.
Nun ja, ich habe mich wieder einmal in eine mißliche Situation gebracht, aber mein Gott, das liegt im Beruf; solche mißlichen Situationen erlebe ich jeden Abend. Der Mann, dem ich begegne, ist eben jener, der mich zum Teufel wünscht; die Frau, der ich meine Liebe erkläre, verbirgt hinter ihrem Rücken den Dolch, der mich töten soll. Sie ahnen nicht, was unsere Autoren alles ersinnen können! Einmal gestehe ich meinem Bruder meine Leidenschaft, ohne zu wissen, daß er mein Rivale ist, und er schweigt ... wie eben jetzt Sie alle; ein andermal hält die Frau, die ich liebe, mich für schuldig, und ich muß ihr beim Bart ihres Mannes und des Königs meine Unschuld beteuern. Gestern noch ließ der König von Dänemark – Ihres Landes, mein Herr – einen unerträglichen Blick auf mir ruhen. Nun, trotzdem ertrug ich diesen Blick; schließlich hatte eben dieser Monarch mich zur Waise gemacht. Wahrhaftig, ich habe kein Glück mit Dänemark; heute lädt sein Gesandter mir einen Blick auf, den zu ertragen ich nicht fähig sein sollte. Oh, ich ertrage ihn, mein Herr, ich ertrage ihn trotzdem; und wissen Sie, warum? Weil ich immun bin. Wenn wir Schauspieler auf der Bühne unsere Verachtung ausdrücken, so muß diese Verachtung tausend andere überzeugen. Sie lodert, sie sengt, sie blendet. Der Verachtung Heinrichs des Vierten begegnet Falstaffs Auge, ohne mit der Wimper zu zucken. Das, mein Herr, befähigt mich, Ihrer Verwerfung standzuhalten, ohne in den Erdboden zu versinken. Sie ist schrecklich, gewiß, doch sehen Sie, sie hat den Fehler, wahr zu sein. Und ich frage mich bisweilen, ob die wahren Gefühle nicht ganz einfach schlecht gespielte Gefühle sind. Wohlan, mein Herr, und Sie, Hoheit, vertrauen Sie auf mich: sogleich werden wir alle von Herzen lachen. Jeden Abend stürzen die Dramatiker mich in mißliche Situationen, aber jeden Abend ziehen sie mich wieder heraus. Besorgen Sie nichts, wie aus allen anderen, weiß ich uns aus dieser herauszuziehen.

DER GRAF: Ich kenne nur ein Mittel dazu, nämlich daß Sie sich entfernen. Bei den Gerüchten, die über Sie in Umlauf sind, und die Seine Hoheit uns berichtet haben, fühlen Sie sicherlich ...

KEAN: ... daß meine Anwesenheit hier nicht erwünscht ist? Mein Herr, ich bin durchdrungen vom Gefühl ihrer Unerwünschtheit. Dennoch sind es diese Gerüchte, die mich zu Ihnen führen.

AMY: Sind sie falsch, mein Herr?

KEAN: Nein, meine Gnädigste, sie sind wahr. Fräulein Anna Damby fand sich in meiner Wohnung ein.

ELENA: Je nun, mein Herr, was geht uns das an? Wünschen Sie, daß mein Mann an fremden Höfen Ihre galanten Abenteuer teilt?

KEAN: Alles ist wahr, Gräfin, bis auf eines; sie ging wieder, ohne mich getroffen zu haben.

DER PRINZ: Mir hat man gesagt ...

KEAN: Sie sei geblieben? O Hoheit, so hatte der Spitzel, der sie eintreten sah, nicht die Geduld, zu warten, bis sie herauskam. *Feurig:* Und das Ergebnis dieser prächtigen Arbeit? Sie ist kompromittiert!

DER PRINZ: Welches Feuer! Und wie Sie den Ruf der Frauen verteidigen! Diese Besorgnis hatten Sie nicht immer, scheint mir.

KEAN: Hoheit, ich habe alle großen Gefühle ausgedrückt, mithin empfunden. Jeden Morgen greife ich eines heraus, das ich meiner Kleidung anpasse, und behalte es den Tag über bei. Heute habe ich den Edelmut gewählt. *Zum Grafen:* Mein Herr, ich setze meine ganze Hoffnung auf Sie.

DER GRAF: Auf mich? Teufel, was soll ich denn tun? Wenn Sie unschuldig sind, brauchen Sie nur zu widerrufen.

KEAN: Zu widerrufen? Ah, mein Herr, so wissen Sie nicht, wie man von uns denkt? *Er wendet sich zu Elena:* Wenn ich widerriefe, Gräfin, wenn ich Ihnen einfach sagte: «Es ist nicht wahr, ich kenne Fräulein Damby nicht, und ich könnte sie nicht lieben», würden Sie mir glauben?

ELENA: Ohne anderen Beweis?

KEAN: Ohne anderen Beweis als mein Ehrenwort.

AMY: Ich hoffe, Elena, du würdest es nicht glauben!

ELENA: Nein, ich würde es nicht glauben.

KEAN: Sie sehen, mein Herr, selbst die Gräfin Koefeld vermag hinter den Mätzchen des Schauspielers nicht die Ehre des Menschen zu erkennen. Keans Ehre, das macht sie lachen. Doch Sie, Herr Gesandter, der Sie eine ererbte Ehre besitzen, der Sie von Geburts wegen ein Recht auf Achtung genießen, wenn Sie das Wort ergriffen und sagten ... Nein, um bösen Zungen Schweigen zu gebieten, genügt nicht Achtung; es bedarf der Verehrung. Gräfin, ganz London verehrt Sie; geruhen Sie selber, diesen Widerruf zu übernehmen?

ELENA: Aber Herr Kean, das kann ich nur, wenn ich von Ihrer Aufrichtigkeit überzeugt bin.

KEAN *reicht ihr einen Brief*: Geruhen Sie einen Blick auf diesen Brief zu werfen. Sie werden vor aller Welt bestätigen können, daß Fräulein Dambys Ehre unangetastet ist.

DER GRAF: Lesen Sie selber, mein Herr; wir hören.

KEAN: Verzeihen Sie, mein Herr, man muß jedem lassen, was ihm zukommt: dem Weltmann die Ehre, dem Schauspieler die Intelligenz und das Talent, der Frau das Zartgefühl. Ein Geheimnis, von welchem das Glück, die Zukunft und vielleicht das Leben einer Frau abhängt, kann nur von einer Frau enthüllt werden. Lesen Sie, Gräfin, ich bitte Sie inständig.

DER PRINZ: Berechtigt mein Rang mich, das Vertrauen zu teilen?

KEAN: Hoheit, vor einem Geheimnis sind alle Menschen gleich.

DER PRINZ *nimmt Kean beiseite*: Was für ein Spiel spielst du, Kean?

KEAN: Was für ein Spiel? Aber Hoheit! Was für ein Spiel soll's schon sein? Ich spiele Komödie, sonst nichts. *Zu Elena:* Gräfin, ich wiederhole meine Bitte.

DER GRAF: Ich weiß wirklich nicht ...

AMY *nimmt den Grafen beim Arm*: Kommen Sie, Graf, Sie sind Diplomat; sobald Ihre Frau das Geheimnis kennt, werden Sie es herausbekommen.

DER PRINZ *nimmt seinen anderen Arm*: Und wenn Sie es herausbekommen haben, verraten Sie es uns.

Sie führen ihn abseits.

ELENA: Und dieser Brief genügte, Sie zu rechtfertigen? *Sie nimmt ihn und liest:* «Mein Herr, ich war bei Ihnen und habe Sie nicht angetroffen. Ich habe nicht die Ehre, Ihnen bekannt zu sein, aber wenn Sie erfahren, daß mein ganzes Leben von den Ratschlägen abhängt, die ich von Ihnen erhoffe, werden Sie mir sicherlich nicht abschlagen, mich morgen zu empfangen. Anna Damby.» Dank, mein Herr, tausend Dank. Aber wie lautet Ihre Antwort auf diesen Brief?

KEAN *leise*: Wenden Sie das Blatt um, Gräfin.

ELENA *liest leise*: «Ich wußte nicht, wie ich Sie sehen konnte, Elena; ich wagte nicht, Ihnen zu schreiben; eine Gelegenheit bietet sich, und ich ergreife sie. Sie wissen es, die wenigen Augenblicke, die Sie Ihrer Umgebung um meinetwillen entziehen, verstreichen so rasch und so qualvoll, daß sie in meinem Leben tatsächlich nur als Erinnerungen zählen ...» *Sie hält inne.*

KEAN: Geruhen Sie zu Ende zu lesen, Gräfin.

ELENA *fährt fort*: «Ich habe oft darüber nachgedacht, auf welche Weise eine Frau Ihres Standes, die mich wahrhaft liebte, mir von ungefähr eine Stunde gewähren könnte, ohne sich zu kompromittieren ... und dies fiel mir ein: wenn diese Frau mich genügend liebte, um mir diese Stunde zu gewähren, für die ich im Tausch mein Leben hergäbe, so könnte sie, am Drury Lane-Theater vorüberfahrend, den Wagen am Büro der Tageskasse halten lassen und unter dem Vorwand, ein Billett abzuholen, hineingehen. Der Kassenbeamte ist mir ergeben, und ich habe ihn angewiesen, die Geheimtür, die ich zu meiner Garderobe durchbrechen ließ, zu öffnen, wenn morgen abend eine schwarzgekleidete und verschleierte Dame zu mir zu kommen geruhte ...» *Laut:* Hier Ihr Brief, mein Herr. *Sie reicht in ihm.*

Kean nimmt ihn.

KEAN: Ich danke Ihnen, Gräfin ... Graf ... Gnädigste ... Hoheit ... *Er wendet sich zum Gehen.*

AMY *bei Elena*: Nun, Elena?

DER PRINZ: Nun, Gräfin?

DER GRAF: Nun, meine Liebe?

ELENA *langsam*: Man hat Herrn Kean zu Unrecht der Entführung Fräulein Dambys beschuldigt.

DER PRINZ *blickt dem Weggehenden nach*: Ah! Herr Kean, da haben Sie uns eine Scharade zum besten gegeben, deren Lösung, das schwöre ich Ihnen, ich herausfinde.

KEAN *bei der Tür angelangt, wendet sich um und verneigt sich*: Haben Sie Dank, Gräfin.

Vorhang

ZWEITER AKT

Keans Garderobe.

1. SZENE

Kean – Salomon.

SALOMON: Meister?
KEAN: Hä?
SALOMON: Kann ich mit Ihnen reden?
KEAN: Später! Später! Wieviel Uhr ist es?
SALOMON: Sechs Uhr.
KEAN: Du wirst sehen, sie kommt nicht.
SALOMON: Warum nicht gar!
KEAN: Du wirst sehen! Du wirst sehen!
SALOMON: Das wäre wohl die erste.
KEAN: Die andern habe ich nicht geliebt. Es gibt nichts Pünktlicheres als eine Frau, die man nicht liebt. Geht die Tür wenigstens gut auf?
SALOMON: Ich habe sie heute morgen eigens geölt.
KEAN: Nimm an, sie wäre gekommen und hätte zu öffnen versucht, ohne daß es ihr gelang.
SALOMON: Unmöglich. *Er geht zu der Geheimtür, öffnet und schließt sie wieder.* Ein Kind brächte sie mit einem Finger auf.
KEAN: Gut. Nun, es bleibt nichts übrig als zu warten. Mir graut vor dem Warten. *Gereizt über die Violine eines Straßenmusikanten, reicht er Salomon eine Geldbörse.* Wirf ihm diese Börse hinunter, und er soll sich fortmachen.
Salomon leert die Börse, teilt die Geldstücke, wirft die Hälfte dem Musikanten zu, steckt den Rest wieder in die Börse und diese in Keans Schlafrock.
Was machst du da?
SALOMON: Ich teile; die eine Hälfte für Sie, die andere für ihn.
KEAN: Was fällt dir ein? Ich liebe keine Halbheiten.
SALOMON: Dann hätten Sie alles behalten müssen.
KEAN: Du willst mich am Wohltun hindern?
SALOMON: Ja, wenn es mit dem Eigentum anderer geschieht.
KEAN: Diese Dukaten ...
SALOMON: Diese Dukaten haben wir vorigen Monat verdient, aber seit gut drei Jahren geben wir sie aus, zusammen mit denen, die wir in den nächsten sechs Jahren verdienen werden.
KEAN: Also ist es das Geld meiner Gläubiger?
SALOMON: Leider!
KEAN: Um so mehr Grund, es herzuschenken; ich rette ihre Seelen.
Er geht zum Fenster, um die Börse hinauszuwerfen.
Salomon versperrt ihm den Weg.
SALOMON: Nur über meine Leiche! *Er klammert sich an Kean.* Meister! Dies ist alles, was uns bleibt.
KEAN: Alles?
SALOMON: Alles Flüssige, ja.

KEAN: Wir haben keinen Heller mehr?

SALOMON: Nicht einen.

KEAN: Endlich werde ich gutsitzende Beinkleider tragen! Weißt du, was ich deinem Flüssigen vorwerfe? Daß es sehr fest ist. Es häuft sich auf dem Grund der Taschen an und verdirbt die Fasson. Salomon, du wirst sehen, was für schöne Schenkel ich habe.

SALOMON: Das werde ich noch besser sehen, wenn Sie erst mit nacktem Arsch gehen.

KEAN *streng*: Höre, Salomon, bist du toll?

SALOMON: Ich bin nicht toll, aber ich verwünsche Ihre Sorglosigkeit.

KEAN: Warum sollte ich mich um Geld sorgen? Wozu ist es nütze?

SALOMON: Das zu bezahlen, was man kauft.

KEAN: Und ich, was soll ich damit machen, wo ich alles, ohne zu zahlen, kaufe?

SALOMON: Was Sie damit machen sollen? Das werden Sie gleich wissen, wenn Sie mir nur einen Augenblick zuhören.

KEAN: Ich höre dir zu, wann du willst, mein guter Salomon.

SALOMON: Na also ...

KEAN: Ausgenommen heute.

SALOMON *schmerzlich*: Ich hätte es mir denken können. Morgen, nicht wahr?

KEAN: Ja, morgen.

SALOMON: Dabei kommt so eine schöne Gelegenheit nie wieder. Sie wandern von einem Sessel zum andern, Sie gähnen, Sie langweilen sich zu Tode ...

KEAN: Ich erwarte eine Frau, Schurke ...

SALOMON: Das sage ich eben.

KEAN *fährt fort*: ... und ich langweile mich, weil die Liebe langweilig ist.

SALOMON: Lassen Sie mich Ihnen jetzt und heute die Bilanz Ihrer Finanzen darlegen, und ich verspreche Ihnen, Sie langweilen sich nicht mehr; die Zeit wird Ihnen vergehen wie ein Traum.

KEAN: Und wenn ich mich langweilen will?

SALOMON: Warum?

KEAN: Aus Liebe zur Liebe. Im Ernst, wann soll ich über den Reiz derjenigen nachsinnen, die ich liebe?

SALOMON: Ei, wenn sie da ist!

KEAN: Wenn sie da ist, habe ich nicht Zeit, sie zu sehen; dann bin ich vollauf damit beschäftigt, sie zu belauern. Also bitte! Laß mich mich wieder sammeln. *Er streckt sich auf dem Diwan aus und schließt die Augen.* Elena!

SALOMON *schleicht sich auf den Zehenspitzen heran und brüllt ihm ins Ohr*: Sie pfeifen auf dem letzten Loch!

KEAN *fährt hoch*: Hä?

SALOMON: Auf dem letzten Loch!

KEAN: Das mußtest du nicht sagen. Wie soll ich ihr nun von Liebe sprechen? *Pause.* Auf dem letzten Loch! Schöne Neuigkeit, bei Gott! Meinst du, bei den fünfunddreißig Jahren, die das dauert, weiß ich es nicht? Zwanzigmal wollte ich mich aufhängen, hundertmal glaubte ich Hungers zu sterben. Schon in meiner frühesten Kindheit...

SALOMON *ein Aufschrei*: O nein! Nein! Alles, nur nicht Ihre Kindheit; das habe ich nicht verdient.

KEAN: Nicht meine Kindheit? Was hat sie dir angetan?

SALOMON: Dies hat sie mir angetan: daß ich sie liebe, sie achte, sie beklage, aber daß ich sie auswendig kenne und daß wir zu nichts kommen, wenn Sie darauf beharren, sie mir jedesmal zu erzählen, wenn ich Ihnen von Geld spreche. Es geht hier nicht um das Kind, bitte sehr; es geht um den Mann. Das Kind lebte im Elend und träumte von nichts anderem, als ihm zu entkommen; der Mann hat zehn Jahre im Luxus gelebt ... Meister, Ihr Luxus ist es, den ich erhalten will; ich bitte Sie, hören Sie mich an.

KEAN *empört*: Mein Luxus? Wovon redest du nur?

SALOMON: Je nun, von allem: Ihrem Haus, ihrer Equipage, Ihren sechs Lakaien ...

KEAN: Das ist doch der Luxus der andern, Dummkopf! Das Haus kracht unter den Hypotheken; die Equipage ist nicht bezahlt; den Lakaien schulde ich sechs Monate Lohn. Dieser Diwan ist das rechtmäßige Eigentum des schottischen Antiquars Gregor MacPherson; dieser Schlafrock ... du willst die Ähnlichkeit zwischen dem Mann und dem Kind wissen, nun: das Kind besaß nichts als die Löcher in seinem Harlekinanzug, und dem Mann gehört nichts außer seinen Schulden, den Löchern in seinem Budget. Wahrhaftig! Wenn die Gläubiger es sich einfallen lassen, ihren Krempel davonzutragen, werde ich mich völlig nackt auf dem Piccadilly wiederfinden, zehn Jahre weniger auf dem Buckel.

SALOMON: Wenn man Sie hört, sollte man meinen Sie wünschten es.

KEAN: Weil ich mich frei fühle. In der Truppe vom alten Bob bewahren sie mir meinen Platz. Ich werde wieder zu meiner Maske, meiner Pritsche und meinem durchlöcherten Kostüm greifen.

SALOMON: Wann?

KEAN: Wann ich will. Ich habe nichts, also hält mich nichts. Alles ist einstweilig; in einem fabelhaften Trug lebe ich in den Tag hinein. Keinen Heller, nichts in den Händen, nichts in den Taschen. Aber ich brauche nur mit den Fingern zu schnalzen, um unterirdische Geister herbeizurufen, die mir Orientteppiche, Juwelen und Blumen bringen. *Er schnalzt mit den Fingern.*
Es klopft an die Tür.
Was ist's?

SALOMON *der öffnen gegangen ist*: Blumen.

KEAN: Nun? Was sagst du? Bin ich ein Gaukler oder ein Zauberer? Arrangiere sie; sie sind für sie. *Pause.* Mir scheint, du ziehst ein Gesicht?

SALOMON: Sie kosten bestimmt einen Taler das Stück.

KEAN: Sie? Wer, sie?

SALOMON: Ei, die Blumen!

KEAN: Wo siehst du Blumen?

SALOMON: Da.

KEAN: Das sind Phantome. Habe ich sie bezahlt?

SALOMON: Nein, das nicht.
KEAN: Wer ist der rechtmäßige Eigentümer?
SALOMON: Der Blumenhändler am Soho Square.
KEAN: Ist er ein Narr, ein Gimpel, ein Verschwender?
SALOMON: Der abgefeimteste Knauser ist er, der für nichts nichts gibt.
KEAN: Siehst du! Da ich nichts gab, erhielt ich nichts; sie sind also noch in seinem Laden, und du bist der Spielball einer optischen Täuschung. Rosenschatten, seid mir gegrüßt! Kehret ein in die Welt des Scheins. Es gefällt mir, Phantomen zu gebieten, und ich liebe euch um so mehr, als ihr nicht existiert. Sieh, wie sie sich öffnen, wie sie sich hingeben. Hätte ich sie gekauft, wäre ich ihrer schon überdrüssig, doch ich begehre sie noch, weil sie welken werden, ohne mir angehört zu haben. Genieße, Salomon.
SALOMON *erstaunt*: Hä?
KEAN: Genieße.
SALOMON: Genießen? Was?
KEAN: Alles, was nicht dein ist. Die Luft, die Zeit, die Frauen anderer, diese Blumen. *Er wirft ihm eine Rose zu.* Genieße, aber besitze nicht.
SALOMON: Genießen, ohne zu besitzen, heißt Schulden machen.
KEAN: So mache sie! Sieh: muß man mich nicht lieben, wenn man mir diese Blumen verehrt? Solange du deine Schulden nicht bezahlst, sind es Angedenken der Liebe, Beweise menschlicher Güte. Ah, dieser gute Blumenhändler! Dieser brave Mann! Es ist zuviel, viel zuviel, wahrhaftig, er verwöhnt mich, ich werde ihn schelten! Und weißt du, daß er Gott jeden Tag bittet, mich am Leben zu erhalten? *Pause.* Salomon, liebst du mich?
SALOMON: Das wissen Sie!
KEAN: So mußt du dich freuen, daß man mich liebt. Statt mich ob meiner Schulden zu tadeln, hilf mir sie vervielfältigen.
SALOMON: Unmöglich.
KEAN: Wie? Was ist unmöglich?
SALOMON: Die Vervielfältigung Ihrer Schulden.
KEAN: Warum?
SALOMON: Kredit zu Ende.
KEAN: Zu Ende? Aber gestern noch ...
SALOMON: Das war gestern.
KEAN: Also in einer Nacht hat sich der Menschen Herz gewandelt!
SALOMON: Der Menschen Herz, nein, aber das Ihrer Gläubiger. Sie haben sich verabredet. Zu Ende die Darlehen auf die Gage und die Käufe auf Ratenzahlung.
KEAN: Und das sagst du mir jetzt?
SALOMON: Seit einer Stunde versuche ich ein Wort anzubringen.
KEAN: Hol sie der Teufel! An Geldgebern mangelt es nicht.
SALOMON: Man läßt in ganz London eine Warnung herumgehen, die Sie betrifft.
KEAN: Und wie lautet sie?
SALOMON: «Keinen Heller mehr dem Schauspieler Kean!»
KEAN: Aber was wollen sie, mein Gott!
SALOMON: Ihr Geld zurückhaben.

KEAN: Diese Blutsauger! *Er geht auf und ab.* Will man mich mein Gewerbe ausüben lassen? Bilden diese Leute sich ein, ich könnte Richard III. in einem Hundeloch studieren? Nur Mut! Ermordet den größten Schauspieler des Jahrhunderts, und ihr werdet sehen, in welche Trübnis eure Abende wieder versinken! *Zu Salomon:* Nun, was stehst du da, du? Man erdrosselt mich, man schneidet mir den Hals ab, und du hältst Maulaffen feil! Laufe, treibe Geld auf!

SALOMON: Wo nur?

KEAN: Ah! Sieh zu, wie du fertig wirst. Meine Sache ist das Ausgeben, deine das Beischaffen. *Unvermittelt:* Aber sage doch, du ... Komm her! Was geht da vor? Was soll diese Geschichte? Wenn sie mir keinen Kredit mehr geben, haben sie kein Zutrauen mehr. Und wenn sie ihr Zutrauen verloren haben, habe ich ... Geh auf der Stelle ins Büro und verlange die Einnahmekonten.

SALOMON: Was kümmern Sie die Einnahmen? Sie gehören nicht Ihnen.

KEAN: Ich will wissen, ob sie gefallen sind ... Denn wenn sie gefallen sind, Salomon, bin a u c h i c h gefallen.

SALOMON: Man hat gestern sechshundert Personen weggeschickt.

KEAN: Und vorgestern?

SALOMON: Vorgestern siebenhundertfünfzig.

KEAN: Siehst du! Siehst du! Woher kommt diese Differenz?

SALOMON: Von den Differenzen, die zwischen unserer und der holländischen Regierung entstanden sind.

KEAN: Der Teufel hole die Politik! Sie füllt die Kerker und leert die Theater. Salomon, schwörst du mir, daß man mich noch liebt?

SALOMON: Bis zur Narrheit.

KEAN: Höre zu, mein Freund, mein Bruder, der du mir jeden Morgen meine Rollen abhörst und sie mir jeden Abend soufflierst, sage mir frei heraus: falle ich? Fürchte nicht, mir weh zu tun; ich will von der Bühne abgehen, eh ich mich mit Schmach bedecke.

SALOMON: Sie haben niemals besser gespielt.

KEAN: Niemals besser. Doch schon e b e n s o g u t?

SALOMON: Das will ich meinen!

KEAN: Ich habe verstanden. *Er geht erregt hin und her.* Ich falle noch nicht, doch ich steige nicht mehr. Das bedeutet, ich bin verloren. Im Theater wie in der Liebe gibt es nur ein Gesetz: steige oder stürze. Aber, mein Gott, was verlangt man von mir? Daß ich mich selber übertreffe? Und womit? Unsere Autoren sind Zwerge! Wenn ihr einen Super-Kean wollt, gebt mir einen Super-Shakespeare. Salomon, ich bin Aladin; meine Lampe ist mein Genie. Sollte sie eines Tages erlöschen ...

SALOMON: Sie wird nicht erlöschen. Sie wird bis zu Ihrem Tod leuchten.

KEAN: Sie ... Faß Holz an, Unglücklicher! Faß Holz an! *Beide klopfen an die Armlehnen eines Sessels; in verändertem Ton:* Also, was sollen wir tun?

SALOMON: Zuvörderst: sparen.

KEAN: In dem Punkt bin ich kategorisch: nie! Weiter zu den anderen Punkten.

SALOMON: Dabei wäre es so einfach.

KEAN: Und wie, zum Teufel, soll ich sparen?
SALOMON: Ihnen liegt so wenig an der Gesellschaft der Menschen; geben Sie ihnen keine Soupers mehr.
KEAN: Ich habe schon lange keine mehr gegeben.
SALOMON: Sie geben heute abend eins. Der Garderobier hat es mir gesagt.
KEAN: Heute abend? Das ist doch kein Souper! Ich gehe zu Peter Patt, in den Schwarzen Hahn, du weißt, die Diebsherberge, dieser Vagabunden-Schlupfwinkel am Themseufer.
SALOMON: Und was wollen Sie da?
KEAN: Ein Taufmahl geben.
SALOMON: Wieviel Gedecke?
KEAN: Was weiß ich? Zwei oder drei Dutzend.
SALOMON: Ohne die der Vagabunden, die Sie unterwegs auflesen.
KEAN: Ah! Hören Sie, Herr Salomon, was denken Sie? Wollen Sie mich hindern, meine Freunde zu bewirten?
SALOMON: Diese Vagabunden sind Ihre Freunde?
KEAN: Nicht die Vagabunden, Dummkopf! Meine Gaukler! Die Truppe vom alten Bob. Die, hörst du, die sind mir heilig. Ich habe mit ihnen das Elend geteilt, ich habe gebettelt, ich habe an Straßenecken getanzt; sie haben mich die sieben Körperbiegungen gelehrt, den Niagara und das Sonnenrad: sie sollte ich vergessen! Meine ganze Kindheit, Salomon! Verlangst du, daß ich meine Kindheit verleugne ...
SALOMON: Um Gottes willen, lassen Sie Ihre Kindheit in Ruhe!
KEAN: Gut: ich spreche nicht mehr davon, wenn du nicht mehr von meinen Schulden sprichst. Komm heute abend, Salomon, du bist herzlich eingeladen. Der alte Bob hat sein zwölftes Kind, und ich bin Pate. Auf, komme!
SALOMON *düster*: Das wäre ein Gedeck mehr.
KEAN: Peter Patt gibt uns noch Kredit, dafür bürge ich dir! Je nun, Salomon, lach ein bißchen! Warum diese Leichenbittermiene? Willst du wohl lächeln! Was ist denn noch? Hast du nicht alles gesagt? Noch eine Geldgeschichte, hä?
SALOMON: Der ...
KEAN: Ah, schweige! Schweige! Du verdirbst mir noch meine gute Laune! Salomon, sie ist eine Gräfin, ich werde meine ganze Geduld brauchen! *Pause.* Also gut denn, sprich! Was ist es?
SALOMON: Der Juwelier; Sie haben einen Wechsel über 400 Pfund unterschrieben. Für das Kollier, das Sie Fanny Hearst verehrt haben.
KEAN: Dergleichen tut man, ohne nachzudenken.
SALOMON: Ja. Aber Sie haben Ihre Unterschrift nicht honoriert.
KEAN: Meine Unterschrift? Wann habe ich sie gegeben?
SALOMON: Vor bald sechs Monaten.
KEAN: Seither habe ich Hamlet, Romeo, Macbeth, Lear gespielt, und du sagst, ich hätte sie nicht honoriert?
SALOMON: Ich meine, Sie haben nicht bezahlt.
KEAN: Also höre, bist du toll? Den Augenblick, da ich Elena liebe, suchst du dir aus, damit ich ein Kollier für Fanny bezahle? Das wäre eine Treulosigkeit.

SALOMON: Aber der Juwelier, der von den Treulosigkeiten anderer lebt ...

KEAN: Was hat er getan?

SALOMON: Eben haben Ihre Anwälte mir mitgeteilt, daß er einen Verhaftsbefehl gegen Sie gefordert hat.

KEAN: Gegen mich? Ich wette, daß er ihn nicht erhält.

SALOMON: Sie sagen, er sei sicher, ihn zu erhalten.

KEAN: Und wenn er ihn erhielte?

SALOMON: Bedeutet es mit Gewißheit Pfändung und ... vielleicht Kerker.

KEAN: Wir werden sehen, ob die Bevölkerung Londons mich einsperren läßt! Kean im Kerker? Alle Theater beider Welten schlössen zum Zeichen der Trauer ihre Pforten! *Tonwechsel, trübe:* Da haben wir's! Du hast sie mir verdorben, Dummkopf.

SALOMON: Was?

KEAN: Die Laune! Bei Gott, ich weiß sehr wohl, daß ich verloren, erledigt, verraten und verkauft bin! Nur bin ich so rücksichtsvoll, nicht davon zu sprechen.

SALOMON: Ich dachte ...

KEAN: Was noch?

SALOMON: Sie könnten ... den Prinzen von Wales um Hilfe angehen.

KEAN: Teufel auch! Er hat mehr Schulden als ich.

SALOMON: Vielleicht daß er beim König Fürsprache einlegte.

KEAN: Ich werde sehen. Jetzt schweige!

SALOMON: Wenn er Ihnen das Geld ...

KEAN *heftig*: Ich verbiete dir, von heute ab dieses obszöne Wort in meiner Gegenwart auszusprechen! Was soll ich Elena sagen? Wie es anstellen, daß sie ihre Arme öffnet? Du hast mich besudelt.

SALOMON *der seinen Gedanken verfolgt*: Wenn der König die Hälfte Ihrer Schulden bezahlte – nur die Hälfte; mit dem Geld, das Sie verdienen ...

KEAN: Ich, Geld verdienen? Lieber krepiere ich!

SALOMON: Trotzdem ...

KEAN: Was redest du? Meinst du, man bezahlt mich dafür, daß ich spiele? Ich bin ein Priester: jeden Abend zelebriere ich die Messe, und jede Woche empfange ich Opfergaben, das ist alles. Geld stinkt, Salomon. Man kann es stehlen, oder schlimmstenfalls erben. Doch für dasjenige, das man verdient, gibt es nur eine Verwendungsart ... *Er hat sich dem Fenster genähert; der Geiger hat seine Weise wieder angestimmt.* ... es zum Fenster hinauszuwerfen! *Er wirft seine Börse hinaus.*

SALOMON *stößt einen lauten Schrei aus*: O mein Gott!

KEAN *zunächst verwirrt über sein eigenes Tun, zuckt die Achseln*: Pah! Hin ist hin! *Nett:* Du spendierst mir heute abend einen Taler für meine Zigarren.

SALOMON: Ja, Meister.

Es klopft.

KEAN: Schon wieder! Sind wir in einer Mühle? Salomon, ich bin für niemand da.

Salomon ist öffnen gegangen.

SALOMON: Es ist ...

KEAN *ungeduldig*: Nun? Wer?
SALOMON: Der Prinz von Wales.
KEAN *nervös*: Sage, daß ich Seine Hoheit nicht empfangen kann.

2. SZENE
Der Prinz – Kean – Salomon.

DER PRINZ *kommt herein*: Daß Sie mich nicht empfangen können, Herr Kean?
Salomon geht.
KEAN *fährt fort*: ... daß ich Seine Hoheit nicht empfangen kann ohne ein außerordentliches und stets neues Vergnügen.
DER PRINZ: Das versteht sich. Was nicht hindert, daß ich dich störe und du mich zum Teufel wünschst.
KEAN: Seine Hoheit stört mich nie.
DER PRINZ: Du schmeichelst aus Gewohnheit, doch du preßt die Zähne so fest aufeinander, daß die Worte nur mit Mühe herauskommen.
KEAN: Also schlechte Sprechtechnik? Das ist schlimm. *Er wiederholt, artikulierend wie zu einer Sprechübung:* Seine Hoheit stört mich nie.
DER PRINZ: Nie?
KEAN: Nie!
DER PRINZ: Aber wenn du eine Frau erwartest? Kean, du müßtest es mir sagen, ich zöge mich auf der Stelle zurück.
KEAN: Hoheit, ich erwarte niemand.
DER PRINZ: Lügner! Und diese Blumen?
KEAN: Schicken mir meine Verehrerinnen.
DER PRINZ: Und dieses prächtige Negligé?
KEAN: Jeden Abend kleide ich mich zu Englands Vergnügen an. Habe ich nicht das Recht, mich zu meinem Vergnügen auszukleiden?
DER PRINZ: Wer hat dir diesen Schlafrock gemacht?
KEAN: Perkins.
DER PRINZ: Ich werde mir morgen den gleichen bestellen.
KEAN: Wieder?
DER PRINZ: Was sagst du?
KEAN: Dies ist das sechste Mal, daß Euer Hoheit die Güte hat, sich von meinem Geschmack inspirieren zu lassen ...
DER PRINZ: Was ist Schlimmes dabei?
KEAN: Nächste Woche trägt ganz Europa diesen Schlafrock.
DER PRINZ: Ich an deiner Stelle wäre stolz darauf.
KEAN: Hoheit, es währt schon geraume Zeit, daß meine Stimme und mein Gesicht aller Welt gehören und daß die Komödianten der Vereinigten Königreiche mir meinen Stil gestohlen haben. Ehedem besaß ich wenigstens einige Fetzen, die ich für mich allein trug; bei verschlossenen Türen warf dieser Spiegel mir das Bild des wahren Kean zurück, den ich allein kannte. Wenn ich mich heute darin betrachte, sehe ich nur eine Modegravüre. Dank dem Wohlwollen Eurer Hoheit bin ich bis in mein Privatleben öffentlich geworden.
DER PRINZ: Beklage dich! Das ist der Preis, den du für meine Freundschaft zahlst. *Pause.* Was spielst du heute abend?

KEAN: Den Romeo.
DER PRINZ: Den Romeo? In deinem Alter? Mein guter alter Kean, er war achtzehn, als er sich umbrachte, nicht wahr?
KEAN: Ja, etwa.
DER PRINZ: Also zwanzig Jahre, die du ihn überlebst?
KEAN: Zwanzig Jahre, die ich ihn zu sterben hindere.
DER PRINZ: Und wie alt ist deine Julia?
KEAN: Es ist Frau MacLeish.
DER PRINZ: Um Gottes willen! Die hat noch den König, meinen Bruder, entjungfert. Zusammen seid ihr hundert Jahre alt! Unter ihrem Gewicht wird die Bühne einbrechen! Ich fasse es nicht, wie die Zuschauer euch altes Liebespaar ertragen!
KEAN: Wo bliebe das Talent, könnte ich sie nicht glauben machen, ich wäre achtzehn?
DER PRINZ: Bei dir mag's angehen; doch bei der MacLeish ...
KEAN: Wo bliebe das Genie, könnte ich sie nicht überzeugen, sie wäre sechzehn?
DER PRINZ: Und wie stellst du das an?
KEAN: Ich richte es so ein, daß sie nur auf mich blicken; sie sehen sie mit meinen Augen.
DER PRINZ: Und wenn sie spricht?
KEAN: Dann wartet man, daß ich antworte. Im übrigen ist die Rolle der Julia ein wenig schwach. Sie hat Längen. Ich habe sie beträchtlich zusammenstreichen lassen.
DER PRINZ: Trotzdem muß sie sprechen, und wird man ihre Existenz gewahr ...
KEAN: Ich beobachte mein Publikum. Wendet es sich ihr zu, so schneide ich ihr die Antwort ab.
DER PRINZ: Ich verstehe. Warum blickst du auf die Uhr?
KEAN: Zu sehen, ob es Zeit für meine Hühnermilch ist. Ich trinke sie, um meine Stimme zu klären.
DER PRINZ: Wirklich? Anderthalb Stunden vor Anfang? Bis du auftrittst, ist die Wirkung längst vertan. Und für deine Nerven?
KEAN: Wie bitte?
DER PRINZ: Was tust du für deine Nerven? Du machst mir heute abend einen recht unruhigen Eindruck.
KEAN: Das unerwartete Vergnügen Ihres Besuchs ...
DER PRINZ: Schweig, ja! Nun denn, Herr Kean! Man weiß, woher Ihre Ungeduld kommt, man kennt Ihr Geheimnis.
KEAN: Ich habe nie ein Geheimnis vor Euer Hoheit gehabt.
DER PRINZ: Richtig ... bis gestern.
KEAN: Bis gestern?
DER PRINZ: Dieser Brief, den du Gräfin Koefeld zu lesen gabst ...
KEAN: O Hoheit, er enthielt Fräulein Dambys Geheimnis.
DER PRINZ: Dennoch war mir, als hätte ich von weitem deine Handschrift erkannt. Und ich habe mich gefragt, ob das Geheimnis, das du ihr anvertrautest, nicht das deines alten unverbesserlichen Herzens war. *Er zitiert:* «Ich habe oft darüber nachgedacht, wie eine Frau, die mich wahrhaft liebte ...»
KEAN: Hoheit!

Der Prinz *fährt fort*: «... mir von ungefähr eine Stunde gewähren könnte, ohne sich zu kompromittieren ...»

Kean: Hoheit, wer hat Ihnen das gesagt?

Der Prinz: Wer? Oh! Rate. Wer konnte es wissen? *Pause.* Was haben Sie, Herr Kean?

Kean *zornesbleich*: Nur ein bißchen Wut. *Er setzt sich.*

Der Prinz: Sie setzen sich, wahrhaftig.

Kean *mühsam lachend*: Mich setzen vor Euer Hoheit? Nie. Ich lasse mich in einen Sessel fallen.

Der Prinz: Du stammelst ja!

Kean *lachend*: Nun ja! Erleben Sie so etwas auf der Bühne? Ich bin Othello, man berichtet mir, daß Desdemona mich betrügt, und ich falle in einen Sessel. Ich höre die Pfiffe bis hierher. Das Publikum verlangt mehr Adel und Größe vom Ausdruck unserer Empfindungen. Hoheit, ich verfüge über das ganze Register; verdrießlicherweise ist es imaginär. Lassen Sie heute abend einen falschen Prinzen mir eine falsche Mätresse rauben, und Sie werden sehen, ob ich brüllen kann. Doch wenn der wahre Prinz von Wales kommt und mir ins Gesicht sagt: «Du hast dich einer Frau anvertraut, und gestern haben diese Frau und ich dich verhöhnt», so lähmt die Wut mir Arme und Beine, und ich stammle. Ich habe immer gesagt, daß die Natur ein sehr minderwertiger Abklatsch der Kunst ist. *Er hat sich gefaßt.* So hat Gräfin Koefeld Ihnen alles gesagt?

Der Prinz: Du gestehst? Du gestehst, daß du ihr für heute abend ein Rendezvous in deiner Garderobe gegeben hast und sie erwartest? Nun, dann will ich ein gnädiger Fürst sein; da ich dein Geständnis habe, will ich deine Pein beenden: sie hat mir nichts gesagt.

Kean verharrt schweigend.

Nichts, kein Wort; ich habe gescherzt. *Pause.* Hören Sie, Kean, müssen wir Ihnen unser Wort geben?

Kean: Ich vertraue auf das Wort Eurer Hoheit wie auf die Heilige Schrift, außer wenn es um eine Frau geht. Wir haben zu oft gemeinsam Ehemänner betrogen, Hoheit.

Der Prinz: Ehemänner, ja. Aber dich, meinen Freund?

Kean: Mich? Oh, Hoheit! Und Jenny? Und May? Und Laura? *Pause.* Dieser Brief muß Ihnen auswendig zitiert worden sein; wie sollten Sie ihn sonst kennen?

Der Prinz: Wie? Aber, lieber Narr, du selber gabst ihn mir zum Lesen! Ja, du! Das erste Mal vor drei Jahren, eh du ihn Lady Blythe schicktest; das zweite Mal im vorigen Jahr, bevor du ihn Gräfin Potocka in den Schreibtisch praktiziertest; und das dritte Mal ... ja, richtig: das dritte Mal habe ich ihn auswendig gewußt und mir die Freiheit genommen, ihn in meinem Namen Lady La Plante zu senden.

Kean *lacht*: Das also war's!

Der Prinz *lacht*: Jawohl, nur das!

Kean *lacht*: Ich selber hatte ihn Ihnen zum Lesen gegeben, und Sie wußten überhaupt nichts!

Der Prinz *lacht*: Nichts! Ich habe es auf gut Glück versucht. *Vorwurfsvoll:* O Kean! Den gleichen Brief. Schämst du dich nicht?

KEAN *wieder ganz bei Laune*: Bin ich nicht der gleiche Mensch? Zudem ist diesmal alles anders.

DER PRINZ: Wieso anders? Du hast ihn doch geschrieben, nicht wahr?

KEAN: Ich habe ihn geschrieben, ja. Aber ich habe ihn Ihnen nicht gezeigt.

DER PRINZ: Also liebst du?

KEAN: Zum Zerspringen!

DER PRINZ *lacht*: Romeo!

KEAN: Nein. Nein, ich bin nicht Romeo. Romeo stirbt an seiner Liebe. Ich zerspringe daran. Jetzt gleich, auf der Bühne werde ich eine schöne imaginäre Liebe leben, aber diese, die ich in Wahrheit empfinde, gleicht meiner Wut: sie läßt sich nicht spielen, noch singen, noch sprechen. Ich stammle sie, und sie macht mich blöde.

DER PRINZ: Je nun, wehre dich.

KEAN: Könnte ich das!

DER PRINZ: Du kannst es nicht?

KEAN: Hoheit, diesmal liebe ich nicht zu meinem Vergnügen.

DER PRINZ: Kean, wenn ich dich bäte, auf diese Frau zu verzichten?

KEAN: Darum also sind Sie gekommen?

DER PRINZ: Darum.

KEAN: Dann sind Sie ...

DER PRINZ *lacht*: Konkurrent? O nein! Ich habe mir drei Frauen ins Herz gesetzt, und sie balgen sich wie Katzen in einem Sack; ich bin voller Blut. Was täte ich mit einer vierten? Ich sage es um deinetwillen. Weißt du, daß du schlechte Figur machst? Gestern abend hast du dich wie ein Wahnsinniger aufgeführt. Solche tollen Leidenschaften sind bei deinem Alter nichts mehr; sie machen dich blöde, du sagst es selber, und England will seinen besten Schauspieler nicht verlieren.

KEAN: Will England mich behalten, so lasse es mir meine Leidenschaften. Ich muß sie alle erleben, um sie alle ausdrücken zu können. Bisher kannte ich nur die Freuden der Liebe, jetzt lerne ich ihre Schrecken kennen, und den Gewinn daraus, Hoheit, werden Sie ermessen, wenn Sie nächstens kommen und mich den Othello spielen sehen.

DER PRINZ: Kean, verzichte auf diese Frau.

KEAN: Wie beliebt?

DER PRINZ: Wenn nicht aus Vernunft, so aus Gehorsam.

KEAN: Oh! Verzeihung, Hoheit: ich glaubte mit dem fröhlichen Kumpan zu sprechen, den ich oft auf seinen nächtlichen Eskapaden begleitet und mehr denn einmal auf meine Kosten herausgeholt habe. Aber ich spreche mit dem Prinzen von Wales. Gehorchen? Bei Gott, das ist meine vorzüglichste Pflicht. Doch fordert Eure Hoheit, daß ich mich Ihrem Willen unterwerfe, so dulde sie zumindest, daß ich nicht mehr Ihre Vergnügungen teile; es würde mir den Respekt ... schwer machen.

DER PRINZ *scharf*: Kean! *Pause.* Gesetzt, ich forderte es im Namen des Königs?

KEAN: Im Namen des Königs? Kümmert Seine Majestät sich um meine Liebschaften?

DER PRINZ: Seine Majestät wünscht, daß du die Gesandtinnen in Frieden läßt. Graf Koefeld ist ein hervorragender Mann, der den Interessen seines Landes dient, indem er gleichzeitig die unseren wahrt. Stelle dir vor, man erführe ... Genug, Kean, du weißt sehr wohl, daß man ihn umgehend abberiefe. Und wen setzte man an seine Stelle? Weißt du, daß wir in Dänemark wichtige Staatsgeschäfte haben?

KEAN: Ja, Käse.

DER PRINZ: Wie beliebt?

KEAN: Ich sage, daß diese wichtigen Staatsgeschäfte in den Käseeinkäufen unserer Händler in Kopenhagen bestehen. Ah! Eine seltsame Waage, Hoheit! Auf eine der Schalen legen Sie einen Käse und verlangen, daß ich auf die andere mein Herz lege?

DER PRINZ: Und wenn ich Gold hinzulegte?

KEAN: Auf seiten des Herzens?

DER PRINZ: Nein, auf seiten des Käses. Du hast Schulden ...

KEAN: Wer wüßte das besser als Sie, Hoheit, da wir sie gemeinsam gemacht haben.

DER PRINZ: Wenn du gehorchst, bezahlt der König sie. Höre, Kean, ich kenne dein Herz, und du wirst mir nicht weismachen, daß es mehr als 6000 Dukaten wert ist. Sieh her! *Er reicht ihm ein Papier.*

KEAN: Was ist das?

DER PRINZ: Ein schriftlicher Verzicht.

KEAN *liest*: «Ich verzichte gegen sechstausend Dukaten auf die Fortführung meiner Bemühungen ...» O pfui! ... Für sechstausend Dukaten! Hoheit, ich bezweifle, nicht, daß Sie meine Liebe wohlfeil einschätzen, doch ich hätte geglaubt, daß Sie meinem Wort mehr Wert beimessen würden. Es genügt Ihnen nicht, daß ich dem Teufel meine Seele verkaufe: ich soll ihm auch noch einen Kontrakt unterschreiben.

DER PRINZ *lacht*: Kean, in jedem anderen Fall hätte mir dein Wort genügt. Aber du willst doch nicht, daß ich ihm traue, wenn es um Frauen geht? Wie oft hast du mich mit meinen eigenen Mätressen betrogen? Mit diesem Papier wäre ich ohne Sorge. Wenn du versuchtest, Elena wiederzusehen, ließe ich es ihr auf der Stelle aushändigen. Komm, unterschreibe, und ich schicke dir das Geld noch heute abend. *Pause.* Nun?

KEAN: Wenn Seine Majestät sich für die Wucherer des Königreichs interessiert, beginne sie damit, Ihre Schulden zu bezahlen, Hoheit. Ihre Gläubiger warten länger als die meinen.

DER PRINZ: Herr Kean, was ist das für eine Art, mit mir zu sprechen?

KEAN: Hoheit, was ist das für eine Art, mich zu behandeln?

DER PRINZ: Gut! Gut! Ich hatte Unrecht. Aber ich war es nicht gewohnt, deine Liebesaffären tragisch zu nehmen. Ich glaube, selbst Lady Blythe hättest du für sechstausend Dukaten aufgegeben. Und Lady Montague ...

KEAN: Lady Blythe, Hoheit, wollte Othellos Hände auf ihrem schönen Rücken fühlen und Romeos Lippen auf ihrem schönen Mund; ich frage mich, ob sie von Kean je hat sprechen hören. Und Lady Montague? Für sie war ich nur eine private Annehmlichkeit. Zu

Beginn unseres Abenteuers hätte ich sie für sechstausend Dukaten nicht aufgegeben, denn sie hatte mir siebentausend geboten, um mich zu halten.

DER PRINZ: Kean! Dieser Zynismus kleidet dich nicht.

KEAN: Wie denn, Hoheit? Es wäre nicht fair, mir vorzuwerfen, daß ich mich verkaufe, in eben dem Augenblick, da Sie versucht haben, mich zu kaufen. Wer bin ich, wenn nicht das, was Sie aus mir gemacht haben?

DER PRINZ: Ich?

KEAN: Sie und alle anderen! Die wahren Menschen nämlich bedürfen der Illusion: zwischen zwei Geschäften glauben sie gerne, daß man für anderes als Käse leben und sterben kann. Und was tun sie? Sie nehmen ein Kind und verwandeln es in ein Trugbild. Ein Trugbild, eine Phantasmagorie, das hat man aus Kean gemacht. Zum Scherz bringe ich Königreiche zum Wanken; zum Beifall der Käsehändler bin ich ein falscher Prinz, ein falscher Staatsmann, ein falscher Feldherr. Davon abgesehen, nichts. Ah! ja: ein nationaler Ruhm. Doch unter der Bedingung, daß ich mich nicht unterstehe, in Wahrheit zu existieren. Sehen Sie, gleich werde ich eine alte Hure umarmen, und England wird «Vivat!» schreien; aber küßte ich der Frau, die ich liebe, die Hände, so würde man mich steinigen. Verstehen Sie, daß ich mit meinem wahren Gewicht auf der Erde stehen will? Daß ich es satt habe, eine Laterna magica zu sein? Seit zwanzig Jahren vollführe ich euch zu Gefallen Gesten; verstehen Sie, daß ich wünschen könnte, Taten zu vollführen?

DER PRINZ: Wer hindert dich daran?

KEAN: Ha! Welche Rechte hat man mir denn gelassen? Wir Komödianten sind außerhalb des Gesetzes gestellt. Kann ich Mitglied der Regierung werden? Ein Offizierspatent erwerben? Mich im Duell schlagen? Vor Gericht zeugen? Ja: ich kann nicht einmal Käse verkaufen. Ihr laßt mir nichts außer der Liebe; ein Mann bin ich nur im Bett eurer Frauen, in ihrem Bett bin ich euresgleichen. Nun, so mag man mich nicht dort suchen kommen.

DER PRINZ: Hör zu, du Narr! Es geht nicht um dich. Es geht um sie. Eure Geschichte ist in aller Mund. Hast du gestern abend die glänzenden Augen der Gräfin Gosswill gesehen? Diese Kanaille hat deinen Trick durchschaut, und Gott weiß, was sie im Begriff ist herumzuerzählen.

KEAN: Ich danke Ihnen für diese Warnung: in Zukunft, Hoheit, werde ich mich vorsehen. *Schroff:* Alle Gesandtinnen haben Liebhaber, und niemand macht ihnen einen Vorwurf daraus!

DER PRINZ: Liebhaber, ja. Jedoch ...

KEAN: Jedoch nicht Kean! Solange ihre Liebhaber große Herren sind, und wären sie anrüchig, oder Bourgeois, und wären sie Wucherer, verneigt alle Welt sich. Doch würfe eine die Augen auf einen Schauspieler, und wäre er der erste im Königreich, Schmach über sie; eher ließe man ihr einen Lakaien durchgehen. *Pause.* Nun, meinethalben Skandal.

DER PRINZ: Bist du toll? Sie würde ...

KEAN: Von ihrem Mann verstoßen? Vom Hof gejagt? Von allen gemieden? Um so besser, so bliebe ihr niemand als ich! Meinen Sie, ich könnte nicht das Weltall ersetzen?

DER PRINZ: Du behauptest, ihr wohl zu wollen, und richtest sie zugrunde?

KEAN: Wer hat Ihnen gesagt, daß ich ihr wohl will?

DER PRINZ: Da du sie liebst?

KEAN: Ich liebe sie und will ihr übel; das ist die Art, wie w i r lieben.

DER PRINZ: Wer, ihr?

KEAN: Wir, die Komödianten. Meinen Sie, ich hätte nicht oft davon geträumt, eine geliebte Frau mit Ehren zu überhäufen? Doch da mir das versagt ist, riskiere ich, sie zu entehren. Müßte ich mich und sie zugrunde richten, um so besser; zumindest hätte ich sie gezeichnet!

DER PRINZ: Kean, du haßt sie!

KEAN: Ich? Ich gäbe mein Leben darum ...

DER PRINZ: Sie um ihren guten Ruf zu bringen. Was gewinnst du dabei? Um deinen kranken Stolz zu heilen, müßte eine Frau von sich aus ihrem Stolz entsagen; um dich zu retten, müßte sie sich freiwillig zugrunde richten. Nur dann wirst du dich uns gleich fühlen, wenn sie deine Schande unseren Ehren vorzieht; nur dann wirst du dich am Adel rächen, wenn die Frau, die du liebst, ihn in sich zerstört, um dir zu folgen. W i r sind es, w i r, denen du in Elena nachstellst, wir, die w a h r e n Menschen. *Er lacht.* Wir sind es, die du besitzen willst!

KEAN: Und wenn dem so wäre?

DER PRINZ: Aber Kean, sie müßte dich lieben!

KEAN: Nun wohl?

DER PRINZ: Armer Kean! *Pause.* So glaubst du, sie liebte dich?

KEAN: Ich glaube es so fest, Hoheit – *Blick auf die Uhr* – daß ich Euer Hoheit bitte ...

DER PRINZ: Das Feld zu räumen? *Er lacht.* Ich wette mit dir, daß sie nicht kommt.

KEAN: Ich sage Ihnen, daß sie kommt. Sie ist auf dem Weg ...

DER PRINZ: Hältst du die Wette?

KEAN: Ich halte sie.

DER PRINZ: Der Einsatz?

KEAN: Wenn sie kommt, bezahlen Sie meine Schulden.

DER PRINZ: Gut. Und wenn sie nicht kommt ...

KEAN: Unterschreibe ich das Papier.

DER PRINZ: Ihre Schulden, Herr Kean, bezahle ich also in jedem Fall? *Pause.* Sie kommt nicht, Kean. Lady Marlborough gibt einen Ball, und ich habe heute morgen veranlaßt, daß sie mit Graf Koefeld eingeladen wird. In diesem Augenblick bereitet sie sich vor ...

KEAN: Sie glauben, ein Ball bedeute ihr mehr ...

DER PRINZ: ... als deine Garderobe? Ja, das glaube ich. Meinst du, Kean, unsere Frauen könnten es im Ernst mit e u c h halten?

KEAN: Um sich davon zu überzeugen, brauchen Sie nur zu geruhen, hierzubleiben, bis es an jene Tür klopft.

DER PRINZ: Gut; ich werde dir also bis zu deinem Auftritt Gesellschaft leisten.

Es klopft. Kean wendet sich zu der Geheimtür.
Ha! nein, Herr Kean: es ist an dieser Tür. *Er deutet auf die Garderobentür.*

KEAN: Herein.

SALOMON *eintretend*: Eine Nachricht für Sie. *Er geht.*

KEAN *nimmt den Brief und liest ihn*: Nun wohl, Hoheit, Sie haben gewonnen. Die Salons der Lady Marlborough besitzen mehr Anziehungskraft für die Gesandtin von Dänemark als die Garderobe eines Komödianten. *Pause.* Nun: Lachen Sie mich aus! Doch nein, sparen Sie sich die Mühe, Ihr Spott reichte an den meinen nicht heran. Wer liebte wen? Denn Sie haben recht: ich liebe sie auch nicht; es war wieder nur Illusion. Ich bitte Sie! Könnte ich Anspruch auf ihre Liebe erheben? Gut: so habe ich sie um so stärker begehrt, als ich die Unmöglichkeit sah, sie zu erringen. Sie heißen das Haß? Warum nicht? Soviel ist gewiß, befände ich mich in ihrem Zimmer, so würde ich ihrer Dienerschaft läuten und sie vor deren Augen nehmen. Was Sie auch gesagt haben, es ist vielleicht nur der hundertste Teil von dem, was ich über mich selbst sage. Ich w e i ß, daß ich nichts bin neben ihr. Nichts. Und nichts neben ihrem Mann, der verkalkt ist. Aber w a r u m bin ich nichts? Ich muß ein Narr sein: es gelingt mir nicht zu begreifen, warum ganz England mich gleichzeitig so erhöht und so erniedrigt! *Er schreit unvermittelt:* Ihr zerreißt mich! Ihr zerreißt mich zwischen eurer Bewunderung und eurer Verachtung! Bin ich ein König oder ein Hanswurst, hä? Wählen Sie! Oh! Ich muß toll vor Hochmut sein: es gelingt mir nicht, mich nicht für den ersten zu halten. Für den ersten von euch allen! W e r hat mein Genie? Und dennoch, glauben Sie mir, Hoheit, bin ich von meiner tiefen Nichtigkeit durchdrungen. Mein Genie ist n i c h t s. Nichts als eine Art Worte zu sprechen, Gesten zu machen, nichts als ein Taschenspielerkunststück. Ich bin der Mann, der sich alle Abende verschwinden läßt. Wie möchte ich mich in diesem Augenblick verschwinden lassen! Ah! Sonderbar, so viel Eigenliebe und so wenig Selbstachtung zu haben. *Auf eine Geste des Prinzen:* Fürchten Sie nichts, es ist nur Kean, der Komödiant, der eben die Rolle des Kean spielt. Und Sie, wer sind Sie? Sie spielen die Rolle des Prinzen von Wales, nicht wahr? Gut, gut. Warten wir ab, wer den meisten Applaus erhält! Oh! Sie sind schon ausgezeichnet. Doch haben Sie acht auf die Gräfin Koefeld. Von uns dreien spielt sie am allerbesten. *Er lacht.* Und wie heißt das Stück? «Wie es euch gefällt», wahrscheinlich. Oder «Viel Lärm um nichts»? Hören Sie, wir werden es so einrichten, daß alles gut endet: der Prinz und die Gräfin bekommen viele Kinder, und der alte Graf bekommt viele Orden. Was den Hanswurst anlangt, nun, man bezahlt seine Schulden. Geben Sie mir das Papier, Hoheit!

DER PRINZ *gütig*: Nein.

KEAN: Wie? Aber ich muß doch unterschreiben ...
Es klopft an der Geheimtür. Sie lauschen.
Kean gewinnt wieder Sicherheit, dann bricht er in Lachen aus: Wahrhaftig, heute ist Narrentag.
Es klopft wieder.

Während er öffnen geht: Ich fürchte, unsere Unterhaltung ist gegenstandslos geworden.

Die Tür öffnet sich von selbst. Anna erscheint verschleiert.

DER PRINZ: Das fürchte ich auch. *Er verabschiedet sich.* Guten Abend, Herr Kean. Meine Ehrerbietung, Gnädigste. *Er geht.*

3. SZENE

Kean – Anna.

KEAN: Ich erwartete Sie nicht mehr, jedoch ich erhoffte Sie noch. Dank, Elena, daß Sie meinen Glauben belohnt haben.

ANNA: Wie ist das schön, was Sie sagen! Leider bin ich ... ich bin nicht Elena.

KEAN: Wer also sind Sie, und wer hat Ihnen erlaubt ...? *Er hebt ihren Schleier.* Sie sind Fräulein Damby.

ANNA *betrübt*: Ja, aber ich wollte, ich wäre es nicht.

KEAN: Wer hat Sie durch diese Tür eingelassen?

ANNA: Oh, ich durfte es nicht ... Ich sehe wohl, Sie sind sehr ungehalten. *Lebhaft:* Aber es ist nicht ganz und gar meine Schuld: bei Ihnen zu Hause sagte man mir, Sie wären im Theater; also kam ich her und fand alle Türen verschlossen, bis auf die der Tageskasse. Darauf ging ich an den Schalter, als wollte ich ein Billett kaufen, und fragte den Beamten, ob ich Sie sprechen könnte.

KEAN: Sie waren verschleiert?

ANNA: Es war nötig. Mein Vormund und Lord Mewill lassen mich suchen.

KEAN: Je nun, ein Mißverständnis, sonst nichts. *Lachend:* Und die andere putzt sich für den Ball heraus! Es wird ihr schwerfallen, den Prinzen von ihrer Unschuld zu überzeugen. Ha! Wahrhaftig, es ist Narrentag.

ANNA: Dann sind Sie mir nicht böse?

KEAN: Ich Ihnen böse? Im Gegenteil: Sie haben mich eine Wette gewinnen lassen und mir eine Demütigung erspart.

ANNA: Ich?

KEAN: Ja. Wundert Sie das?

ANNA: Nein. Ich bringe Glück, das werden Sie noch besser merken, wenn wir erst bekannt sind. Also bleibe ich ... *Sie setzt sich.*

KEAN: Sie ... ah was! ... Pah! Also bleiben Sie; ich liebe Gesellschaft. Was führt Sie zu mir?

ANNA *sagt ihr Sprüchlein her*: Mein Herr, eben noch wußte ich nicht, ob ich mir bei Ihnen Rat holen oder Zuflucht im Mayfair-Kloster suchen würde.

KEAN *zitiert Hamlet*: Geh deines Wegs zum Kloster ... In ein Kloster geh, Ophelia! *Er lacht.* Dann sind Sie katholisch?

ANNA: Ja.

KEAN: Irin, vielleicht?

ANNA: Ja.

KEAN: Ich liebe die Iren; sie sind wackere Zecher. Möchten Sie trinken?

ANNA: Nein.

KEAN: Dann gestatten Sie, daß ich allein trinke. *Er trinkt.* Auf das Wohl Irlands! *Er trinkt wieder.* Und Dänemarks! Ich geniere mich nicht vor Ihnen, nicht wahr? Man hat Ihnen wohl gesagt, daß ich trinke.

ANNA: Man hat es mir gesagt.

KEAN: In den letzten Wochen nicht mehr. Aber ich habe das Gefühl, daß ich wieder anfange. Sie werden die Ehre haben, den großen Kean betrunken zu sehen.

ANNA: Herr Kean! Sie ... Sie sollten heute abend nicht trinken.

KEAN: Weil Sie bei mir in der Garderobe sind? Sieh einer an! Sie dringen gewaltsam hier ein und wollen auch noch, daß ich meine Gewohnheiten aufgebe. Hören Sie, Sie kommen nicht zur kurz dabei; der Alkohol verführt mich zur Galanterie.

ANNA: Ich sage es nicht meinetwegen, aber ... Sie spielen heute abend.

KEAN: Wenn ich nicht irre, mein Fräulein, kamen Sie um Rat zu erbitten und nicht zu erteilen? *Er trinkt.* Im übrigen, keine Sorge, Komödianten sind nie besser, als wenn sie betrunken sind. Und das Publikum ist so dumm; es hält es nur für Temperament. Sie selbst habe ich zwanzigmal applaudieren sehen. Welche Begeisterung! Wie Ihre Augen strahlten!

ANNA: So haben Sie mich bemerkt?

KEAN: Ja, und Sie haben mich recht zum Lachen gebracht; denn ich war voll, mein liebes Fräulein, sternhagelvoll.

ANNA: Das wußte ich.

KEAN: Pah!

ANNA *zieht ein Notizbuch aus ihrer Tasche*: Am 15. Dezember waren Sie betrunken; Sie schwankten, als Sie sich vor der Königin-Mutter verneigten, und redeten sie Polonius an. Am 18. Dezember waren Sie's aufs neue und sprachen den Hamlet-Monolog so ergreifend, daß mir die Tränen aus den Augen stürzten.

KEAN: Da sehen Sie's!

ANNA: Ja, nur war an dem Abend «König Lear».

KEAN *fährt auf*: Mein Gott! Und was hat das Publikum gesagt?

ANNA: Nun, schließlich ist der König Lear vollkommen irre; da ist es nicht gar so verwunderlich, daß er sich für Hamlet hält. Am 22. Dezember ...

KEAN: Genug! Genug! Also Sie wußten, daß ich betrunken war und haben trotzdem applaudiert?

ANNA: Ja, um Sie zu ermutigen.

KEAN: Mich zu ermutigen? Mich?

ANNA: Jedes Wort kostet Sie solche Anstrengung, und dabei wirken Sie so zart: ich fürchte dauernd, daß Ihr Gedächtnis Sie im Stich läßt und Sie mitten im Satz steckenbleiben, während all die Menschen auf der Bühne und im Zuschauerraum warten und Sie ansehen. Oh, in so einem Augenblick würdigt man die Arbeit der Künstler erst richtig. Ich selber bin natürlich in Schweiß gebadet, wenn ich an solchen Abenden meine Loge verlasse. Zum Glück haben Sie einen glänzenden Souffleur!

KEAN: Kurz, Sie haben dem Souffleur applaudiert?

ANNA: Ihnen auch. Das ist so ergreifend, ein Mensch, der wider seine Zunge kämpft! Und dann dachte ich, Sie wären unglücklich.

KEAN *gereizt*: Unglücklich! Wie Sie losgehen! Ich, Kean, unglücklich! Wohl das erste Mal, daß man mir das sagt. Gewöhnlich beneidet man mich eher, als daß man mich bedauert. Dieser Mann, der eben ging, neidet mir alles: meine Erfolge, mein Talent, selbst die Frauen, die mich lieben. Und wissen Sie, wer es ist? Der Prinz von Wales.

ANNA: So sind Sie nicht unglücklich?

KEAN: Sind Sie unglücklich? Sind Sie verliebt? Das ist typisch Frau. Sein oder nicht sein. Ich bin nichts, Kleine. Ich spiele, um zu sein, was ich bin. Von Zeit zu Zeit spielt Kean Kean Komödie vor; warum sollte ich nicht meine Feste für mich haben? *Er trinkt.* Hören Sie, Sie haben Glück: Sie werden ein Kean-Festspiel erleben! Passen Sie auf: die gesamte Skala. Vom Erhabenen bis zum Gemeinen. *Er lacht. Dann in verändertem Ton:* Ich leide wie ein Hund.

ANNA: Kean!

KEAN *probt drei verschiedene Ausdrucksweisen*: Ich leide wie ein Hund! Ich leide wie ein Hund! Ich leide wie ein Hund! Welche Betonung gefällt Ihnen am besten? Liebes Fräulein Damby, ich martere mich zuzeiten, um alles zu erkennen. *Er trinkt.* Gehen Sie ...!

ANNA: Warum?

KEAN: Ich sehe voraus, daß ich unangenehm werde.

ANNA: Sie dürften schwerlich erreichen, mir unangenehm zu werden. *Sie lächelt.* Ich bleibe.

KEAN: Wie's beliebt! Man bleibt, doch man ist gewarnt, hä? Man wird sich nicht wundern, wenn Romeo sich in Falstaff verwandelt. Sie kommen also, mich um Rat zu bitten. M i c h! Ich glaube, Sie wären besser gleich ins Kloster gegangen. *Pause.* Mache ich Ihnen nicht Angst?

ANNA: Nein.

KEAN: Nicht einmal? Wahrhaftig, Sie haben recht. Kean ist eine Schreckschußpistole: er macht Lärm, aber tut nicht weh. Man kann ihn verhöhnen, hören Sie, verhöhnen, und was geschieht: nichts. Er fällt in einen Sessel und stammelt! *Er lacht.* Worte! Worte! Worte! Begreifen Sie? *Er trinkt.* Das heißt, Sie könnten sich täuschen, mein Fräulein. Sie lernen den Schauspieler Kean in einem sehr schlechten Augenblick kennen. Kean liebt heute abend die Frauen nicht sehr, und wenn ihm eine in die Hände fällt ... *Er betrachtet sie.* Sie sind schön ... Schönheit ist erniedrigend. Erniedrigend, verstehen Sie? Schönheit, Adel, das ist unerreichbar. *Er nähert sich ihr.* Wissen Sie, was mein geheimer Traum ist? Eine Frau in der Gewalt zu haben und sie lächerlich zu machen. *Schroff:* Fliehen Sie! Sie können Ihre Rolle nicht. Warum fliehen Sie nicht?

ANNA: Weil ich mich in Sicherheit fühle.

KEAN: Würden Sie mit mir schlafen?

ANNA: Nein.

KEAN: Sie haben unrecht, ich behandelte Sie wie eine Schwester. *Er zitiert Hamlet.* «Fräulein, soll ich in Eurem Schoße liegen?»

ANNA *antwortet*: «Nein, mein Prinz.»

KEAN: «Ein schöner Gedanke, zwischen den Beinen eines Mädchens zu liegen.»
ANNA: «Ihr seid aufgeräumt.»
KEAN *unterbricht sich, erstaunt*: Woher kennen Sie das?
ANNA: Es ist die Rolle der Ophelia: ich weiß sie auswendig.
KEAN: Sieh da! *Pause.* Kurzum, was wollen Sie?
ANNA: Ich will spielen.
KEAN: Was? Das kleine Rotkäppchen und der böse große Wolf? Männchen und Weibchen? Mama? Die drei Schweinchen?
ANNA: Ich will Schauspielerin werden.
KEAN *lacht laut heraus*: Verzeihen Sie, aber das ist zu komisch: die Tochter eines Käsehändlers will Theater spielen! Ihr Vater dreht sich im Grab herum, Fräulein Damby! Sie, Schauspielerin! Das ist doch das letzte. Sonderbare Idee! Wer hat Ihnen die in den Kopf gesetzt?
ANNA: Sie.
KEAN: Ich?
ANNA: Ihr Beispiel hat mir gezeigt, daß man sich auf ruhmreiche und ehrenhafte Art sein Fortkommen schaffen kann.
KEAN: Ehrenhaft! *Er trinkt und erhebt sich schwankend.* Sehe ich wie ein ehrenhafter Mensch aus? Die Ehrenhaftigkeit, Unglückskind, hatten Sie doch, ohne von Hause wegzugehen: sie ist das Privileg der Käsehändler. Aber ruhmreich, ja! Ich bin ruhmreich. Und? Wenn die Klatschbasen Ihres Viertels Ihnen ungehöriges Benehmen nachsagen, heißt man das Ehrlosigkeit; doch wenn ganz England Sie als Hure behandelt, ist es Ruhm. Wenn ich Zeit dazu hätte, böte ich Ihnen den Arm, und wir machten eine Runde durch die Straßen Londons. Dann bekämen Sie im Vorbeigehen einiges zu hören: «Ach, sagen Sie, das da ist Kean? Nanu! Unter dem habe ich mir mehr vorgestellt. Wie plump er ist! Und wie eingebildet er aussieht! Und alles andere als jung! Haben Sie seine Haare gesehen? Er muß eine Perücke tragen; ich hätte Lust, daran zu ziehen, um festzustellen, ob sie echt sind.» Wenn in alten Zeiten jemand eine schwere Freveltat begangen hatte, war jedem Bürger, der ihm begegnete, erlaubt, ihn gradewegs niederzuschlagen, ohne Herausforderung und wie einen Hund: Das ist Ruhm! Also gehen Sie nach Hause, Fräulein Damby; Sie haben hier nichts zu suchen.
ANNA *lächelnd*: Herr Kean, ich bin seit gestern abend auf der Flucht; das ist mehr, als es braucht, eine Frau zu entehren.
KEAN: Und das genügt Ihnen nicht?
ANNA: Sehen Sie, wo ich einmal begonnen habe, kann ich auch bis zum Ende gehen, nicht?
KEAN *erstaunt*: Gut, gut. Was ich darüber sagte ... Sie haben mich um einen Rat gebeten, und ich habe ihn Ihnen gegeben.
ANNA: Den meinte ich nicht.
KEAN: Welchen denn?
ANNA: Ich wollte wissen, ob Sie mich für fähig halten, zu spielen.
KEAN: Dazu müßte ich Sie gehört haben.
ANNA: Ich kenne alle Frauenrollen Shakespeares.
KEAN: Potztausend! *Pause.* Wer hat mit Ihnen gearbeitet?

ANNA: Sie.
KEAN: Schon wieder ich?
ANNA: Ich sprach Ihnen meine Rollen vor, und Sie gaben mir das Stichwort – ich habe Sie so oft gehört –, und ich stellte mir die Kritik vor, die Sie mir gäben.
KEAN: Sehen wir das Ergebnis an. Was sprechen Sie mir vor?
ANNA: Desdemona, Julia, Ophelia, was Sie wollen.
KEAN: Also, Ophelia.
Sie rezitiert. Er trinkt.
ANNA: «Da ist Rosmarin, das ist zum Andenken: ich bitte Euch, liebes Herz, gedenkt meiner! Und da ist Vergißmeinnicht, das ist für die Treue ... Da ist Fenchel für Euch und Akelei. Da ist Raute für Euch, und hier welche für mich ...» Oh! oh ... ich weiß nicht mehr weiter ...
KEAN: Macht nichts. Sie wollen die Wahrheit?
ANNA: Ja.
KEAN: Die ganze Wahrheit?
ANNA: Ja. *Erschrocken über seine Miene:* Nun ... fast die ganze.
KEAN: «Geh in ein Kloster! ... In ein Kloster, Ophelia!»
ANNA: Es ist ... hoffnungslos?
KEAN: Ganz hoffnungslos.
ANNA: War ich ... sehr schlecht?
KEAN *verächtlich*: Schlimmer als schlecht: recht gut.
ANNA: Ja, aber dann ... wenn ich arbeite ... ich habe Willen, wissen Sie. Viel Willen. Ich erlange alles, was ich will.
KEAN: Wahrhaftig! Es braucht Willen, mit Käse reich zu werden, und die Käsehändlerstöchter erben den väterlichen Willen. Sie werden sich bemühen, nach und nach Geschick zu erwerben, wie Ihr Vater Heller verdiente. Wie Sie sich daran halten werden! Es macht mich im voraus müde. Und Sie werden Fortschritte machen! Was für Fortschritte! Immer Fortschritte! Sie werden nie mit Fortschritten aufhören! Erst ist es nicht schlecht, dann ziemlich gut, dann wirklich nicht schlecht, dann gut, sehr gut, noch besser, vorzüglich, mehr als vorzüglich. Und? *Indem er sie nachahmt:* «Ich erlange alles, was ich will.» *In normalem Ton:* Mit Willen, Kleine, kann man den Mond erlangen, der schließlich auch nur ein Käse am Himmel ist. Aber Schauspielerin werden kann man nicht. Glauben Sie, daß man g u t spielen muß? Spiele i c h gut? Habe ich Willen? Schauspieler ist man, wie man Prinz ist: von Geburt. Und da ist mit Ihrem Willen gar nichts getan.
ANNA: Herr Kean, ich m u ß spielen.
KEAN: Warum?
ANNA: Um mein Brot zu verdienen.
KEAN: Sind Sie nicht reich?
ANNA: Ich habe mit meiner Flucht alles aufgegeben.
KEAN *bricht in Lachen aus*: Alles aufgegeben. Und man kommt zum Pack nach einem rechtschaffenen kleinen Gewerbe suchen! Man spart wie Papa. Man ist ausdauernd, mutig, widerstandsfähig wie Papa! Arbeit und Sparsamkeit: welch erbauliches Bild! Fehlt nur noch ein Kontobuch mit doppelter Buchführung. Shakespeare, Mar-

lowe, Ben Jonson, seht her! Seht die Käsehändlerstochter, die ihres Vaters Eigenschaften am Theater anbringen will. Ins Kloster, Fräulein Damby, ins Kloster! Schenken Sie Ihre Tugenden dem lieben Gott: das Publikum kann nichts damit anfangen. Man spielt nicht, um sein Brot zu verdienen. Man spielt, um zu lügen, sich zu belügen, um zu sein, was man nicht sein kann, und weil man es satt hat, zu sein, was man ist. Man spielt, um nichts von sich zu wissen, und weil man zuviel von sich weiß. Man spielt Helden, weil man feige ist, und Heilige, weil man böse ist; man spielt Mörder, weil man vor Verlangen stirbt, seinen Nächsten zu töten; man spielt, weil man ein Lügner von Geburt ist. Man spielt, weil man die Wahrheit liebt und weil man sie haßt. Man spielt, weil man verrückt würde, wenn man nicht spielte! Spielen! Weiß ich, wann ich spiele? Gibt es einen Augenblick, da ich zu spielen aufhöre? Sehen Sie mich an: hasse ich die Frauen, oder spiele ich, sie zu hassen? Spiele ich, Ihnen Angst und Ekel einzuflößen, oder habe ich sehr wirklich und sehr böse das Verlangen, Sie für die anderen büßen zu lassen? Hä? Gehen Sie Ihre Goldheller zählen, und lassen Sie uns unsere Papiertaler!

ANNA *weich*: Herr Kean, wenn Sie ein wenig spielten gut zu sein?

KEAN *verdutzt*: Gut zu sein? Ah! Warum nicht? Ich habe es zwar nicht auf dem Repertoire, aber ich will gerne improvisieren. *Pause.* Wenn ich gut wäre ... wenn ich gut wäre ... *Gespielt:* Sie haben die glänzende Seite unseres Daseins gesehen, und sie hat Sie geblendet. An mir ist es, Ihnen die Kehrseite dieser prächtigen Medaille zu zeigen, die zwei Kränze aufweist, einen aus Blumen und einen aus Dornen.

ANNA *lachend*: Wie drollig sind Sie, wenn Sie gut sind!

KEAN *unbeirrt*: Ihre Reinheit, Ihre Jugend, machen die Aufgabe, die ich mir gestellt habe, heikel. Es gibt Dinge, die für einen Mann meines Alters schwierig zu sagen und für ein junges Mädchen des Ihren schwierig zu begreifen sind. Sie verzeihen mir, nicht wahr, sollte das Wort die Reinheit der Gedanken trüben.

ANNA *gespielt*: Edmond Kean wird nichts sagen, hoffe ich, was Anna Damby nicht hören könnte.

KEAN *gespielt*: Pardon, mein Fräulein, doch ich schwiege in dem Augenblick, da Sie mir alles zu sagen gestatten.

ANNA *läßt ihren Schleier herunter*: Sprechen Sie, mein Herr!

KEAN *in anderem Ton*: Bist du bereit, dich zu verkaufen?

ANNA *natürlich*: Ist das absolut notwendig?

KEAN: Unbedingt. Du mußt ... laß sehen ... *Er zählt an den Fingern auf.* ... mit dem Direktor, mit dem Hauptdarsteller und mit dem Autor schlafen. Und wohlgemerkt, die Zugaben nicht gerechnet.

ANNA: Was den Autor anlangt, habe ich Glück: Shakespeare ist tot. Und der Direktor tut alles, was der Hauptdarsteller wünscht.

KEAN: Bleibt der Hauptdarsteller. Also: nehmen wir an, du kommst zu unserem nationalen Ruhm, dem großen Kean, um seine Protektion zu erbitten. Gewährt er sie dir, bist du morgen Julia oder Desdemona; widersetzt er sich, zwecklos, darauf zu beharren; deine Karriere ist tot, eh sie begann. Was wird er tun, der Schauspieler

Kean? Vielleicht meinst du, du könntest ihn beim Gefühl packen? Er engagiere dich um deiner schönen Augen willen? Da gerätst du an den falschen: die Frauen und die großen Gefühle kennt der Schauspieler Kean zu gut. Er lebt von den großen Gefühlen. Was die Frauen angeht …

ANNA: Lebt er bisweilen auch von ihnen, sagt man …

KEAN: Nein: er stirbt daran. Also du kommst zu diesem bitteren, enttäuschten, bösen, doch vielleicht noch noblen Menschen! Mitsamt deiner Unschuld und deiner Hinterhältigkeit! Der Kampf wird heiß sein: was wird geschehen? Ha! Ha! Was wird geschehen? Warte: spielen wir die Szene. Sehen wir, ob du Talent zum Improvisieren hast. Ich bin Kean, du bist du. Geh hinaus. Gut. Jetzt komm herein. Nein, nein: nicht den Schleier heben. So ist's recht. *Er spielt:* Was wünschen Sie?

ANNA: Herr Kean, ich möchte Theater spielen.

KEAN *natürlich*: Aber nein, nicht so. Du verdirbst dir alle Chancen. Er ist ein eitler Bursche, verstehst du, ein Geprellter, mit empfindlichem Hochmut. Du mußt ihm schmeicheln. Fang noch einmal an. Erfinde.

ANNA: Ich kann nicht erfinden.

KEAN: Laß dein Herz sprechen.

ANNA *improvisiert*: So bin ich nun bei ihm … Werde ich den Mut haben, ihm zu sagen, was mich herführt? … O mein Gott! Mein Gott! Gib mir Kraft; mir ist, als sollte ich sterben.

KEAN *gesprochen*: Nicht übel. *Gespielt:* Was wollen Sie von mir?

ANNA *verzückt*: Oh, das ist seine Stimme! *Zu Kean:* Verzeihen Sie meine Verwirrung, mein Herr; sie ist nur zu natürlich: so bescheiden Sie sein mögen, werden Sie doch verstehen, daß Ihr Ruf, Ihre Kunst, Ihr Genie …

KEAN: Sehr gut.

ANNA: … mich noch mehr einschüchtern, als Ihr Empfang mich ermutigt. Jedoch nennt man Sie ebenso gut wie groß … Wären Sie nur groß, wäre ich nicht zu Ihnen gekommen.

KEAN: Ich bin nicht gut.

ANNA: Wie bitte?

KEAN: Ich sage, ich bin nicht gut.

ANNA: Sagen Sie das in Wirklichkeit oder in Ihrer Rolle?

KEAN *mürrisch*: Was weiß ich? Ich sage dir, daß ich nicht gut bin. Komm her. Du willst Theater spielen?

ANNA: Sie haben es erraten, mein Herr, und ich erwarte viel von Ihnen. Es geht um mein Glück, meine Zukunft, vielleicht mein Leben …

KEAN: Alle gleich. Sobald sie ein Lärvchen und Figur haben, meinen sie, sie könnten spielen. Heb deinen Schleier.

Anna gehorcht.

Nicht übel! Gar nicht übel. Was beweist das? Daß du einen Mann unglücklich machen kannst. Aber wie soll ich wissen, ob du das Publikum glücklich machen kannst. Zeig deine Beine.

ANNA *spielt*: Ah! Mein Herr!

KEAN: Was? Genierst du dich?

ANNA *natürlich*: Ich! Nicht die Spur. *Sie hebt ihren Rock.*
KEAN: Aber ... bist du toll? Du müßtest es zurückweisen!
ANNA: Warum? Wo ich Theater spielen will.
KEAN: Es paßt nicht zu dir. Sage: O Graus!
ANNA: O Graus! *Sie platzt heraus.*
KEAN: Besser.
ANNA *sucht den rechten Ton*: O Graus! O Graus ... O Graus!
KEAN: Gut. Schreite. Besser. Wie eine Königin. Nicht übel für eine Käsehändlerin. Blick gedemütigt drein.
ANNA: Warum?
KEAN: Weil ich dich demütige, mein Gott! Ich habe es dir gesagt: ich hasse die Frauen. Sieh her, ich nähere mich, ich strecke die Hand aus, ich greife dich bei der Schulter. Du stößt einen Schrei aus.
ANNA: Ha!
KEAN: Ich will deinen Stolz niederschlagen. Vielleicht will ich mich in dir an einer anderen rächen, die ich hasse. Bist du Jungfrau?
ANNA: Nein.
KEAN: Wieso nein? Ganz sicher bist du Jungfrau! Sage: ja.
ANNA *ohne Überzeugung*: Ja.
KEAN: Besser.
ANNA: Ja.
KEAN *gereizt*: Also, bist du's oder bist du's nicht?
ANNA: Oh! Nein, Herr Kean!
KEAN: O ja, ganz sicher. Geh an deinen Platz zurück. *Er beugt sich über sie.* Kleine Närrin, du hast mich fangen wollen, hä? Du hast deine Komödie gut aufgezogen: der brutale Bräutigam, die Flucht, die Geheimtreppe, das Zusammentreffen der Umstände. Du wolltest spielen, ohne zu bezahlen. Nicht zu machen: um sich das Vergnügen zu leisten, mich zum besten zu haben, muß man mindestens Gräfin sein. Du wirst bezahlen. Und nicht nur für dich: für alle Frauen, die in diesem gleichen Augenblick die armen Männer zu foppen versuchen. Weißt du, daß du mich reizt mit deinem eigenwilligen und zielbewußten Köpfchen. Du bist auch stolz, hä? Alle seid ihr toll vor Stolz. Nun, du mußt ihn aufgeben, deinen Stolz. Du wirst nie den Fuß auf eine Bühne setzen, wenn du nicht alles tust, was ich von dir verlange. Wähle. *Er umarmt sie.* Bitte: wähle!
ANNA *klar und ruhig*: Ich habe gewählt; ich werde alles tun, was Sie von mir verlangen.
KEAN: Hä? *Er läßt sie und geht einen Schluck trinken.* Mein liebes Kind, Sie können nicht improvisieren.
ANNA: Ich lasse doch mein Herz sprechen. Wenn ich Ihnen sage, daß ich Theater spielen will. Gehen wir zurück, wenn Sie wollen. *Sie nähert sich ihm auffordernd:* Ich werde alles tun, was Sie ...
KEAN *energisch*: Nein, nein: bleiben Sie, wo Sie sind. *Pause.* Nun denn! Ich werde mit dir arbeiten, und wenn du das mindeste Talent hast, engagiere ich dich. Keine Angst: ohne Bedingungen!
ANNA: Ohne etwas von mir zu verlangen?
KEAN: Nein doch! Das gehört zum Spiel.
ANNA *enttäuscht*: Ach so.
KEAN: Was heißt: ach so? Ich habe es dir gesagt.

ANNA: Bei Ihnen kennt man sich nie aus.
KEAN: Bei dir auch nicht, kleine Kanaille. Auf! verschwinde: du hast gewonnen.
ANNA: Sie spielen, gut zu sein?
KEAN: Ich spiele, ich spiele nicht: was weiß ich? Ich bin betrunken, das jedenfalls weiß ich: mach es dir zunutze.
ANNA: Das tue ich. *Sie küßt Kean auf beide Wangen und entflieht eilends.* Auf morgen! *Ab.*

4. SZENE

KEAN *allein, fährt fort, sich fertig zu machen, während er vor sich hin summt; als er sich dabei ertappt, hält er inne – empört*: Oh! *Dann:* Elena ... Elena ... *Gereizt:* Nein! *Düster:* Elena, du hast mir heute abend weh getan. *Mit einem Blick in den Spiegel:* Elena, du hast mir weh getan. *Artikulierend:* Du – hast – mir – weh – ge – tan. E – le – na – du – hast – mir – weh – ge – tan. *Er legt seine Schnabelschuhe, Mantel und Kappe an.* Elena. *Er betrachtet sich im Spiegel:* Julia ... Julia! *Er rezitiert seine Rolle:*
Die Lerche war's, die Tagverkünderin.
Nicht Philomele ...
Einläuten.
SALOMON *kommt herein*: Rasch, rasch ... Auf die Bühne.
KEAN *mit einem Blick in den Spiegel*: Salomon, wie alt?
SALOMON *steif*: Achtzehn, Meister.
KEAN *fährt in seiner Rolle fort*: Sieh den neid'schen Streif,
Der dort im Ost der Frühe Wolken säumt.
Die Nacht hat ihre Kerzen ausgebrannt,
Der muntre Tag erklimmt die dunst'gen Höh'n;
Nur Eile rettet mich, Verzug ist Tod ...
Völlig betrunken: Verzug ist Tod ... Einfältig! *Er lacht.* Ist heute abend jemand drin?
SALOMON: Es ist ausverkauft.
KEAN: Diese Narren! Kommen, um einen Romeo von achtundvierzig Jahren zu sehen, dem seine Julia Hörner aufsetzt *Er lacht.* Ich pfeife ihnen was auf ihren Romeo. Ich pfeife darauf!
Salomon stützt ihn ehrerbietig und drängt ihn zur Tür.
Bevor er geht, zum Publikum gewandt: Ich hasse das Publikum!

Vorhang

DRITTER AKT

Schenke des Gasthauses «Schwarzer Hahn».

1. SZENE

Zecher – Gaukler führen Kunststücke vor – Kean kommt herein, den Hut tief über die Augen gezogen; er läßt sich an einem Tisch nieder und verlangt zu trinken. Er ist düster.

KEAN: He! Zu trinken!
PETER *der den Gauklern zusieht*: Moment! Es brennt ja wohl nicht?
KEAN *wütend*: Willst du mich bedienen, Faulpelz, oder muß ich dir die Rippen zerschlagen?
PETER *erfreut*: Oh! Sie sind's, Euer Gnaden!
KEAN: Nein.
PETER: Hä?
KEAN: Nein, ich bin's nicht!
PETER: Herr Kean!
KEAN: Bis Ende des Monats abwesend.
PETER: Wenn ich Ihnen sage, daß ich Sie erkenne!
KEAN: Hast du diese Fratze schon mal an mir gesehen? *Er sieht in der Tat sehr düster und fast irre aus.*
PETER: O nein, glücklicherweise!
KEAN: Du siehst also, daß du mich nicht erkennst. Bring mir Champagner und schick mir eine Hure zum Anstoßen.
PETER: Aber ...
KEAN: Nun?
PETER: Die Leute da erwarten Sie: Sie haben sich mit ihnen verabredet.
KEAN *sieht sie verdrossen an, ohne sie zu erkennen*: Hol sie der Teufel! Bring mir zu trinken.
Peter Patt geht, indem er ein Mädchen zu Kean heranwinkt.
DAS MÄDCHEN: Zu Diensten!
KEAN: Wie heißt du?
FANNY: Fanny.
KEAN: Fanny, arme Fanfan – Fanny ... *Er unterbricht sich:* Liebst du auf Kredit?
Peter Patt ist mit dem Champagner zurückgekommen und bedeutet ihr, ja zu sagen.
FANNY: Ja, mein Herr.
KEAN: Nenn mich Romeo. *Er schenkt sich ein.*
Die Gaukler sind herangekommen und betrachten ihn schweigend.
Wer seid ihr? Was wollt ihr?
Die Gaukler brummeln enttäuscht.
Ah! ihr seid's! *Er springt auf und tritt zu ihnen.* Meine lieben Freunde, meine Brüder, ihr müßt mir verzeihen, ich bin betrunken. Es soll eine Taufe sein?
POUM *immer tief betrübt*: Ein Taufmahl, ja, wozu Sie uns eingeladen hatten. Aber da Sie uns vergessen haben ...

KEAN: Ich meine Kameraden im Elend vergessen! Umarmt mich!

Umarmungen.

Ich liebe euch von ganzem Herzen. *Zu Peter Patt:* Hast du das Mahl bereitet?

PETER: Gewiß doch!

KEAN: Also essen wir! *Zu den Gauklern:* Wo steckt der glückliche Vater?

POUM: Dem alten Bob, Gott sei's geklagt, ist ein Unglück zugestoßen ...

KEAN: Du meinst, er ist ...

EIN GAUKLER: Nein, aber er hat sich den Fuß verstaucht. Er muß sechs Wochen das Bett hüten.

KEAN: Je nun, so wird er sich ausruhen. Hör, ich beneide ihn: ich konnte nie etwas hüten, nicht einmal das Bett.

EIN GAUKLER: Nur daß während dieser Zeit ...

KEAN: Sprich ...

EIN GAUKLER: ... die ganze Truppe verhungern wird.

KEAN: Ihr könnt ohne ihn nicht spielen?

EIN GAUKLER: Nein, Sie wissen's wohl.

KEAN: Ihr verhungert, ihr habt Gelegenheit zu einem guten Mahl, und gingt mit leerem Magen weg, weil ich Miene machte, euch nicht zu erkennen. Ich finde den Stolz der Gaukler wieder, meinen Stolz von ehedem. Wartet ... *Er sucht nach seiner Börse und erinnert sich, daß er sie nicht mehr hat – voller Wut:* Zum Teufel, ich habe keinen ... *Er nimmt einen Wasserkrug vom Tisch und reicht ihn Fanny:* Julia, gieß mir das über den Kopf.

Sie zögert.

Ich sage dir: gieße, ich muß nüchtern werden.

Sie gießt, er schüttelt sich.

Gut. Jetzt scher dich. *Er betrachtet sie.* Aber nein, warte, du bist mager zum Erbarmen; bleib, du ißt mit uns. *Zu den andern:* Eine Woche ohne Essen ... Wißt ihr, das habe ich erlebt, vor sechzehn Jahren. Ah was, es sind erst drei Wochen ... Peter Patt, gib mir Feder und Tinte.

PETER: Schon da!

KEAN *setzt sich und schreibt*: Laß diesen Brief dem Direktor vom Drury Lane bringen. Ich teile ihm mit, daß ich morgen zugunsten eines alten Kameraden, der einen Unglücksfall hatte, den letzten Akt aus Othello spiele.

EIN GAUKLER: Oh! das ist ein wahrhaftiger Freund!

EINE SEILTÄNZERIN: Im Glück wie im Unglück.

PETER *ruft*: Philips!

Ein Bursche kommt heran; Kean gibt ihm den Brief.

KEAN: Da, ich erwarte Antwort. Nun, allesamt bereit?

EIN GAUKLER: Allesamt.

KEAN: Auf! Zu Tisch!

Sie gehen.

2. SZENE

Peter – dann Anna.

Peter bleibt einen Augenblick allein – dann kommt Anna herein.

ANNA: Ich hätte gerne ein Zimmer, mein Herr.

PETER: Es ist bereit.

ANNA: Wie?

PETER: Jemand hat mir aufgetragen, für eine Dame, die heute abend käme, das beste Zimmer meines Gasthauses vorzubereiten. Sie sind wohl diese Dame?

ANNA: Ja, ich bin's; führt mich rasch in dieses Zimmer, mein Freund; ich fürchte, daß jeden Augenblick jemand hier eintreten könnte.

PETER: Dolly! Dolly!

Ein Mädchen kommt herein.

Das gute Zimmer Nr. 1, das saubere. Führ die Dame hin. Wünschen Sie etwas, mein Fräulein?

ANNA: Danke, ich brauche nichts. *Sie geht.*

3. SZENE

Peter – Salomon.

SALOMON *kommt herein*: Ist Kean schon weg?

PETER: Nein, er ist im Begriff, mit den Gauklern zu soupieren.

SALOMON: Schicke gleich nach ihm. Rasch. Laß ihm sagen, daß ich warte, daß ich ihn sprechen muß.

PETER *zu einem Burschen*: Hast du gehört?

Der Bursche geht. Salomon wandert auf und ab. Kean kommt herein.

4. SZENE

Salomon – Kean.

KEAN: Was gibt's denn?

SALOMON: Ein Unglück, Meister!

KEAN: Teufel! Was kann mir noch passieren? Nun? Sprich!

SALOMON: Der Juwelier hat einen Verhaftsbefehl gegen Sie erhalten.

KEAN *lacht los*: Das ist ein Witz.

SALOMON: Wie bitte?

KEAN: Weißt du, daß ich heute abend Gelegenheit hatte, meine gesamten Schulden zu regeln?

SALOMON: Mein Gott!

KEAN: Und daß ich abgelehnt habe? *Er lacht.*

SALOMON: Meister! Aber der Sheriff und die Anwälte sind in Ihrem Haus!

KEAN: Was kann mir das anhaben, da ich nicht da bin?

SALOMON: Sie sagen, daß sie warten werden, bis Sie kommen.

KEAN: Vortrefflich! So komme ich eben nicht.

SALOMON: Meister!

KEAN: Ja?

SALOMON: Könnte man die Person, die Ihnen anbot, Ihre Schulden zu bezahlen ... nicht noch auftreiben?

KEAN *hart*: Nein! *Weicher:* Komm, mein alter Salomon, mach nicht so ein Gesicht. Woran mangelt es uns hier? Ich habe guten Wein, gutes Essen, offenen und unerschöpflichen Kredit. Und überdies habe ich Freunde. Freunde, die mich lieben und mich ... die ganze Welt vergessen machen. Für sie, verstehst du, bin ich ein Mensch, und sie glauben es so fest, daß sie mich am Ende davon überzeugen. Komm, Salomon, setz dich zu Tisch, ich ändere mein Leben. Und der Sheriff mag nur warten: wir werden sehen, wer von uns beiden es zuerst leid ist.

5. SZENE

Dieselben – Anna kommt vergnügt herein.

ANNA: Da bin ich!

KEAN: Hä?

ANNA: Ich sage: da bin ich!

KEAN: Jawohl! Das sehe ich. Was, zum Teufel, machen Sie hier?

ANNA: Ich war in meinem Zimmer und hörte Ihre Stimme.

KEAN: In Ihrem Zimmer? In diesem Bordell haben Sie ein Zimmer?

ANNA *belustigt*: Ah! Dies ist ein Bordell?

KEAN: Nun ja ... nicht ganz.

ANNA: Bordell oder nicht, ich bin in dem Zimmer, das Sie für mich bestellt haben.

KEAN: Ich? Ich habe ein Zimmer für Sie bestellt? *Zu Salomon:* Setz dich zu Tisch. Ich komme gleich.
Salomon geht.
Was soll diese Geschichte? Warum muß ich Sie überall vorfinden?

ANNA *weist einen Brief vor*: Wenn Sie mich nicht sehen wollten, hätten Sie mir nicht diesen Brief schreiben sollen!

KEAN *außer sich*: Oh! Oh! Oh! Aber ich habe Ihnen nicht geschrieben!

ANNA *liest vor*: «Man ist Ihnen gefolgt; Ihr Versteck ist entdeckt. Um Sie daraus zu entführen, erwirkt man einen Befehl, den man erhalten wird. Begeben Sie sich heute abend zum Hafen; erkunden Sie das Gasthaus ‹Schwarzer Hahn›; dort wird Sie jemand abholen und zu mir führen. Fürchten Sie nichts, und vertrauen Sie mir; ich hege ebensoviel Achtung wie Liebe für Sie. Kean.»

KEAN *wiederholt*: Wie Liebe für Sie! *Er zuckt die Achseln.*

ANNA *eigensinnig*: Wie Liebe für Sie. Sie haben es geschrieben.

KEAN: Aber wenn ich Ihnen sage, daß ich es nicht ... Überdies ist es albern; um Sie zu sehen, träfe ich nicht all diese Vorsichtsmaßnahmen.

ANNA: Sie haben ein Postskriptum angefügt: «Man läßt mich verfolgen. Darum komme ich nicht selbst, und darum wird derjenige, der Sie abholt, wahrscheinlich eine Maske tragen.»

KEAN: Eine Maske! *Er bricht in Lachen aus.* Ich habe kein Glück. Ich gehe aus dem Theater, um wieder hineinzugehen. Ich, für mein

Teil, habe genug von Theater, von Degen, von Geheimnissen und von maskierten Verschwörern. Wissen Sie, wozu ich hier bin? Um zu essen und zu trinken. Das ist Leben. Ich habe das Recht zu leben, nicht wahr? *Zornig:* Ebensoviel Achtung wie Liebe! Eine Maske! *Grob:* Sehen Sie mich an: diesen Brief haben Sie geschrieben, wie?

ANNA: Nein.

KEAN: Ha! Sie wären dazu fähig.

ANNA: Das wäre ich, aber tatsächlich habe ich ihn nicht geschrieben.

KEAN: Zeigen Sie her. *Er betrachtet den Brief.* Es ist eine Männerhandschrift. Na! Dann haben Sie sich hübsch in die Nesseln gesetzt.

ANNA: Ich?

KEAN: Jawohl! Das ist ein Trick Ihres Vormunds oder Ihres Bräutigams.

ANNA: Meines Vormunds gewiß nicht; der hat keine Phantasie.

KEAN: Aber Lord Mewill hat sie reichlich. Es ist klar: man hat Sie hergelockt und wird Sie wie eine Blume pflücken.

ANNA: Nein.

KEAN: Wieso?

ANNA: Weil Sie mich verteidigen werden.

KEAN: Ich verteidige Sie, das ist ausgemacht. Trotzdem, wollen Sie mir gefälligst sagen, warum ich nicht einen Schritt tun kann, ohne daß Sie mir über den Weg laufen? Warum gestern abend ganz London erzählte, ich hätte Sie entführt? Warum Sie vorhin durch eine Geheimtür bei mir eindrangen, und warum ich Sie jetzt in einem Bordell treffe, wo Sie mich zwingen wollen, mich mit maskierten Personen zu balgen?

ANNA: Erstens ist es kein Bordell. Und dann sind die Personen vielleicht nicht maskiert.

KEAN: Kurz, warum Sie mir an alle Wegkreuzungen meines Lebens die Tragödie placieren müssen – und wenn ich sage Tragödie, meine ich Tragikomödie. Wohnt soviel Romantik im Kopf der Käsehändlerstöchter?

ANNA: Romantik? Aber Kean, Sie täuschen sich! Ich bin kein bißchen romantisch.

KEAN: Also dann?

ANNA: Ich bin nicht romantisch, aber mir graut vor der Langeweile. *Nett:* Im Augenblick finde ich alles sehr amüsant. Sie nicht? *Leicht:* Aber setzen Sie sich doch. Hören Sie, geben Sie mir einen Schluck Champagner.

KEAN *setzt sich wider Willen*: Man erwartet mich.

ANNA: Ich weiß. *Pause.* Ich habe mich bei meinem Vormund so gelangweilt, daß ich krank darüber wurde.

KEAN: Sie wollen mir doch nicht Ihre Lebensgeschichte erzählen?

ANNA: Erzählen Sie mir lieber Ihre?

KEAN: Nein.

ANNA: Hören Sie mir fünf Minuten zu, damit ich es Ihnen erkläre. Also, ich langweilte mich, ich siechte dahin. Kurz ich verfiel in Schwermut; Sie wissen, was das ist.

KEAN: Ja. Sie brauchten einen Mann.

ANNA: Ich brauchte Zerstreuung. So behaupteten die Ärzte. Sie sagten: dies Mädchen stirbt; sie braucht Bälle, Festlichkeiten, Theater. Aber Bälle, wissen Sie ... Lieben Sie Bälle?

KEAN: Ich ... Nein.

ANNA: Sie müssen wissen, ich hatte einen Fehltritt begangen. Oh! ganz einfach aus Langeweile. So schickte man mich lieber ins Theater als auf Bälle, weil man mich im Auge behalten konnte.

KEAN *wütend*: Sie sind verrückt!

ANNA: Wieso?

KEAN: Ich finde das verrückt, Sie und ein Fehltritt. Das ... das paßt gar nicht zu Ihnen. Man stelle sich vor! Mit wem wohl?

ANNA: Pah! Das liegt so weit zurück ... und dann war es so langweilig, daß ich gleich danach wieder Jungfrau wurde. Also, ich ging ins Theater. Ins Drury Lane. Erstes Stück: auf der Bühne stand ein bezaubernder junger Mann. Mein Gott! und diese Stimme! und wie schön er von Liebe sprach. Dabei war seine Julia so häßlich! Es war Romeo. Der Abend verging wie im Flug: ich hatte nicht gesprochen, ich hatte nicht geatmet; ich hatte nicht applaudiert.

KEAN: Das war unrecht von Ihnen; die Schauspieler brauchen Ermutigung. Wer spielte den Romeo?

ANNA: Am übernächsten Tag führte man mich in Othello. Ah! dieser schöne Mann. Und wie angenehm eifersüchtig er war. Ich dächte es mir wunderbar, mit einem Kopfkissen erstickt zu werden: ich finde das zartsinnig. In Federn zu sterben, welcher Traum. Die Desdemona war schlecht, und außerdem zu alt. Aber er! Wissen Sie, er gefiel mir noch besser als der Romeo, weil ich von jeher eine Vorliebe für reife Männer gehabt habe.

KEAN: Hm! Und wer spielte den Othello?

ANNA: Am nächsten Tag bat ich selbst, wieder ins Theater gehen zu dürfen. Diesmal gab man Hamlet. Ein armer junger Mann, der zuviel denkt. Aber auf so reizende Art. Schade, daß er sich mit diesem dummen Gänschen einläßt. Ich hätte ihm geantwortet: «Ich liebe es, wenn Männer sich auf Unterhaltung verstehen.» Nun, sie stirbt: eine glückliche Lösung. Aber der Arme stirbt auch. Und törichterweise. Diesmal weinte ich, oh! wie weinte ich, und seien Sie zufrieden, ich applaudierte.

KEAN: Und wer spielte den Hamlet?

ANNA: Kemble!

KEAN *fährt auf*: Was?

ANNA *lacht*: Aber nein, Kean, nein. Sie waren es natürlich. Und Romeo waren Sie. Und Othello waren Sie. Und Hamlet waren Sie. Aber geben Sie zu, daß Kemble nicht schlecht ist.

KEAN: Pah!

ANNA: Nun, ich ließ Erkundigungen einziehen, und ich erfuhr, daß Sie ein Säufer sind, ein Wollüstling, ohnmächtig vor Schulden, bald melancholisch, bald tobsüchtig, und ich sagte mir: dieser Mann braucht eine Frau.

KEAN *ahmt sie nach*: Ich brauche Zerstreuung.

ANNA: Sie brauchen eine Frau. Eine Käsehändlerstochter, eigenwillig und zielbewußt, die ein wenig Ordnung in Ihr Leben bringt.

KEAN: Ordnung! So? Und was würde, dieweil ich Ordnung hätte, aus meinem Genie?

ANNA: Sie verstehen mich nicht. Die Ordnung wäre mein Ressort, Ihres das Genie. O Kean, alles wäre klar und sauber, ich würde alles regeln, ohne daß Sie es auch nur bemerkten. Jeden Abend von neun bis Mitternacht gingen Sie toben, und dann kämen Sie heim und fänden Ruhe, Luxus ... *Sie senkt die Augen.* Liebe ...

KEAN: Komm her, kleine Schwester. Soll ich dir etwas sagen? Du bist noch närrischer und romantischer als ich. *Er küßt sie auf die Stirn.*

ANNA: Also wollen Sie nicht?

KEAN: Freilich nicht: bei deiner Ordnung und meiner Unordnung gäbe ich uns keine Woche, bis wir das Haus in Brand steckten.

ANNA: Zum Schluß tun Sie es doch, ganz sicher. Sie sind sehr schwach, wissen Sie, und ich, was ich will ...

KEAN: Erlangst du, ich weiß.
Ein Bursche kommt hereingelaufen.
Was gibt's?

DER BURSCHE: Ein Brief vom Theater, Herr Kean. Die Antwort auf den Ihren.

KEAN: Gib her. *Er überfliegt den Brief.* Nun, gut so! *Zum Burschen:* Kehre zurück und sage, daß man gleich morgen früh die Plakate anschlagen soll und daß ich es auf mich nehme, einen Ersatz zu beschaffen ...
Der Bursche geht.
Du, die du alles kannst, was du willst, willst du noch die Desdemona spielen?

ANNA: Die Desdemona?

KEAN: Ich gebe morgen abend eine Vorstellung zugunsten meiner Freunde; ich habe mich eben erst dazu entschlossen, und man teilt mir mit, daß nicht genügend Zeit ist, Frau MacLeish zu benachrichtigen, die sich bis Freitag auf ihrem Landsitz aufhält. Willst du für sie einspringen?

ANNA: Aber ... ich habe noch nie ...

KEAN: Du kommst morgen mittag in meine Garderobe, und ich arbeite mit dir, bis der Vorhang aufgeht.

ANNA: Kean, ich soll ... mit Ihnen spielen?

KEAN: Mit mir, ja.

ANNA: Sehen Sie, sehen Sie, das beweist, daß ich Sie heiraten werde.

KEAN: Aber ja, aber ja! Fürs erste muß ich sehen, wie ich dich aus der Patsche heraushole, in die du dich gebracht hast.

ANNA: Welche Patsche? Oh! das hatte ich vergessen. Wie amüsant! Ich bin gespannt, was Sie anstellen werden.

KEAN *ruft*: Peter! Schaff mir einen Konstabler herbei.
Peter kommt herein, eilt dann hinaus und kommt mit einem Konstabler zurück.

6. SZENE

Kean – Anna – der Konstabler.

KEAN: Herr Konstabler, dies ist Fräulein Damby, eine der reichsten Erbinnen Londons, der man bezüglich der Wahl ihres Gatten Gewalt antun will. Ich habe Sie kommen lassen, um sie Ihnen anzuvertrauen ...

KONSTABLER: Welche Abwechslung! Und wer sind Sie, mein Herr, daß Sie mein Amt mit solcher Autorität anrufen?

KEAN *deklamiert*: Es hat wenig zu sagen, wer den Schutz des Gesetzes anruft, da das Gesetz für alle gleich ist.

KONSTABLER: Kean! Wieso habe ich Sie nicht erkannt, ich, der ich Sie hundertmal spielen sah und einer Ihrer größten Verehrer bin ... Mein Fräulein, so begehren Sie meinen Schutz? Nun, er ist Ihnen gewährt. Nur sagen Sie mir, auf welche Art ...

KEAN: Anna, gehen Sie mit dem Herrn Konstabler in Ihr Zimmer und berichten Sie ihm alles. Ich muß hierbleiben. Ich erwarte jemand.

ANNA: Ich hoffe, Sie verprügeln ihn!

KEAN: Warum nicht? Vor allem, wenn es der ist, den ich meine.

ANNA: Dann will ich bleiben, um zuzusehen.

KEAN: Willst du gefälligst in dein Zimmer gehen?

ANNA *ein Freudenschrei*: Ah!

KEAN: Was ist?

ANNA: Es ist Freude. Sie haben wie ein Ehemann zu mir gesprochen.

Anna und der Konstabler gehen.

7. SZENE

Kean, allein – dann Lord Mewill.

KEAN: Eine Maske. Warum eine Maske? Ein Söldling brauchte sich nicht zu maskieren ... Teufel auch! ... Es ist der Bräutigam höchstselbst, es ist Lord Mewill, Pair von England! In flagranti bei Entführung und Unterschriftenfälschung erwischt. Aber dann ... aber dann ... Ich kann ihn prügeln! Ich kann einen wahrhaftigen Lord prügeln: mein Traum! Prinz, Kean wird nicht nötig haben, sich auf dem Weg über die Frauen am Adel zu rächen! Konnte ich schon diese noble Dame nicht in meinen Armen halten, werde ich doch einen Lord auf den Rücken legen. Einen Lord auf den Rücken: ich fühle, wie ich lebe! Ich prügle einen Lord und habe das Recht auf meiner Seite. Herrgott, Herrgott, ich bitte dich, gib, daß er kommt. Da ist er!

Lord Mewill kommt herein; er trägt eine Maske.

LORD MEWILL: Pardon, mein Freund, ich möchte vorbei.

KEAN: Pardon, mein Freund, Sie kommen nicht vorbei.

LORD MEWILL: Was soll das bedeuten?

KEAN: Das soll bedeuten, daß ich Masken nicht liebe.

LORD MEWILL: Nein?

KEAN: Nein.

LORD MEWILL: Und warum nicht?

KEAN: Weil sie unter Maria der Katholischen bereits aus der Mode waren.

LORD MEWILL: Es kann Fälle geben, wo man sein Gesicht verbergen muß.

KEAN: Ist Ihres so häßlich?

Lord Mewill will vorbeigehen.

Kean hindert ihn, während er weiterspricht. Ist es pockennarbig? Von einem schwärenden Ausschlag entstellt? Haben Sie eine angefressene Nase? Dunkelrote Flecken auf den Wangen? Kürbisgroße Warzen mit Haaren darauf? Eine Schmarre? Hat Ihnen schon jemand die Ohren und die Nase abgeschnitten? Es wäre schade: denn mir bliebe nichts mehr zu tun.

LORD MEWILL: Wollen Sie mich vorbeilassen, Narr?

KEAN: Nein, mein Süßer.

LORD MEWILL: Was willst du? Geld?

KEAN: Ich will dein Frätzchen gänzlich nackt sehen. *In verändertem Ton:* Und wenn du nicht selber deine Maske abnimmst, werde ich's besorgen.

LORD MEWILL: Sapperlot! *Er stürzt sich vor.*

Kean ergreift ihn mit der Linken beim rechten Arm.

KEAN: Nun! Nimmst du sie ab, wie? Du hast eine Hand frei: gebrauche sie. Denn wenn ich gezwungen bin, die meine zu gebrauchen, riskiere ich, dir ein wenig die Wangen zu zerkratzen. Du willst nicht? Auch gut. *Er reißt ihm die Maske ab.* Kommt alle herein und bringt Lichter mit! Ich habe einen Kakerlak erwischt und will ihn mir genauer ansehen.

LORD MEWILL: Kean!

KEAN *mit gespielter Überraschung*: Oh! Es ist Lord Mewill! Welche Überraschung, und wie muß ich mich entschuldigen! Stellen Sie sich vor, Euer Gnaden, ich hätte Sie für einen Kakerlak gehalten und hätte Sie zerquetscht. Sie verstehen, ich habe Polonius so oft für eine Ratte gehalten, daß ich so etwas wie eine berufliche Anomalie habe.

LORD MEWILL: Das ist eine Falle!

KEAN: Sie zerstreuen meine letzten Zweifel. *Zu den anderen:* Es ist kein Kakerlak, denn er spricht. Nun, mein Herr, beruhigen Sie sich, von hier dringt nichts nach draußen.

LORD MEWILL: Also, was wollen Sie?

KEAN: Sie haben mich beleidigt, indem Sie Ihre Unternehmungen mit meinem Namen deckten; Sie werden mir Rechenschaft geben, und die Sache ist erledigt.

LORD MEWILL: Da besteht nur eine Schwierigkeit, mein Herr: ein Pair von England kann sich mit einem Gaukler nicht schlagen.

KEAN *stellt den Schemel hin, den er erhoben hatte*: Ja, richtig: wo hatte ich meinen Kopf. Sie sind ein Lord, und ich bin ein Gaukler, also werden wir uns nicht schlagen. Sie kommen in grader Linie von den Plantagenets her, ich möchte sogar sagen: herunter; ich komme von nirgends her, ich gehe vorauf. Nichtsdestoweniger sind Sie ein Lord, und ich bin ein Gaukler, und wir werden uns nicht schlagen. Sie stehen dem Obersten Gerichtshof vor, Sie schaffen Gesetze und schaffen sie ab, die Pforten unseres Königspalastes erschließen sich beim bloßen Klang Ihres Namens; doch dieser Name ist so groß und so schwer, daß er Sie zerdrückt; Sie tragen ihn nicht, Sie liegen platt darunter: wollen Sie ein wenig Luft holen und Ihre schmutzigen Tricks ausführen, so greifen Sie zu meinem. Ich, sehen Sie, bin zimperlicher, ich wollte den Ihren um alles in der Welt nicht; mein Name gehört mir, ich habe ihn nicht empfangen, mein Herr, ich habe ihn gemacht; nichtsdestoweniger ... *Er weist nacheinander auf sich und Lord Mewill, dann deutet er mit dem abwinkenden Zeigefinger an, daß sie sich nicht schlagen werden.* Sie haben recht! Sie haben recht! Wir werden uns nicht schlagen: Sie sind zu tief gefallen, meine Degenstöße gingen über Ihren Kopf weg. Ich bin zu hoch gestiegen, die Ihren streiften kaum den Absatz meiner Schuhe. *Pause.* Mein Herr, bei alldem haben Sie nur eines vergessen, nämlich daß Sie in meiner Gewalt sind; wir werden uns nicht schlagen, das ist ausgemacht, doch was würden Sie sagen, wenn i c h Sie schlüge? Hä? Wissen Sie, daß wir Gaukler kräftige Hände haben? Wissen Sie, daß ich Sie zerbrechen könnte, wie ich dieses Glas zerbräche ... *Er lacht:* Wenn ich es nicht lieber dazu benützte, einen Toast auszubringen. Schenk ein, Peter.

Peter schenkt ihm ein.

Auf das Wohl von Fräulein Anna Damby, auf ihre freie Wahl eines Gatten ... und möchte dieser Gatte ihr all das Glück schenken, das sie verdient und das ich ihr wünsche!

ALLE: Es lebe Herr Kean!

KEAN *zu Lord Mewill*: Mein Herr, es steht Ihnen frei, sich zurückzuziehen.

Vorhang

VIERTER AKT

I. Bild

Keans Garderobe.

1. SZENE

Anna – Salomon.

ANNA *memoriert die Rolle der Desdemona; dann im gleichen Ton*: Wieviel Uhr ist es?

SALOMON: Schon wieder?

ANNA: Was: schon wieder?

SALOMON: Sie fragen nach der Uhr, und ich sage: schon wieder! Es ist das siebente Mal, daß Sie fragen. Es ist halb sieben.

ANNA *jammernd*: Salomon, er kommt nicht mehr!

SALOMON *verdeckt seine Unruhe*: Er wird schon kommen, da er spielen muß.

ANNA: Und wenn er beschlossen hätte, nicht zu spielen?

SALOMON: Ah! Das hat er bestimmt beschlossen!

ANNA: Sehen Sie!

SALOMON: So oft er betrunken ist, schwört er bei allen Göttern, keinen Fuß mehr auf eine Bühne zu setzen und zu seinen Gauklern zurückzukehren. Sie sehen das Ergebnis.

ANNA: Vielleicht ist es ihm diesmal ernst.

SALOMON: Meinen Sie! Er hat versprochen, zugunsten seiner Gaukler zu spielen: solche Versprechen hält er immer.

ANNA: Und wenn ihm ein Unglück zugestoßen wäre?

SALOMON: Pah! Ein Unglück, ihm? Er ist das Glück in Person. Sein einziges Unglück ist sein Glück bei den Frauen.

ANNA: Das sagen Sie, um mich zu beruhigen, aber ich merke sehr gut, daß Sie besorgt sind.

SALOMON: Aber nein ... Gehen Sie wieder an Ihre Rolle.

ANNA: Was kann er nur machen?

SALOMON: Muß ich es Ihnen noch sagen? Er schläft seinen Rausch aus.

ANNA: Wo nur? Da er nicht zu Hause ist.

SALOMON: Weiß ich's? Einmal fand man ihn auf der Straße nach Cambridge, zehn Meilen von hier, im Graben. Niemand hat je erfahren, wie er hingekommen war. Er schlief wie ein Jesuskind.

ANNA: Was tun Sie?

SALOMON: Ich blicke auf die Uhr.

ANNA: Sehen Sie, daß Sie besorgt sind.

SALOMON: Ich sage Ihnen, gehen Sie wieder an Ihre Rolle.

ANNA *rezitiert*: «Wollt Ihr zu Bett gehen, mein Gemahl?» *Natürlich:* Sie lieben ihn sehr, wie?

SALOMON: Wen?

ANNA: Ihn.

SALOMON: Mehr als eins seiner Weiber ihn je geliebt hat.

ANNA: Dann verspreche ich Ihnen, daß sich nichts ändert. Sie bleiben bei uns.

SALOMON: Bei Ihnen? Wann?

ANNA: Nun, wenn wir verheiratet sind. *Sie nimmt ihre Rolle wieder auf.* «Wollt Ihr zu Bett gehen, mein Gemahl?»

SALOMON: Nicht so. Das ist zu hart. Sie legen zu viel Kraft hinein.

ANNA: Die habe ich eben.

SALOMON: Aber sie hatte keine. Die arme, liebe Seele, sie war ein Hauch.

ANNA: Ein Hauch? Wo denken Sie hin! Diese Kleine muß ganz energisch gewesen sein, um sich von ihrem Feldherrn heiraten zu lassen.

SALOMON: Sie war ein Opfer, eine Märtyrerin.

ANNA: Kennen Sie hübsche Frauen, die Märtyrerinnen sind? Martyrium ist für die häßlichen: etwas muß man ihnen schon lassen.

SALOMON: Sie reden Unsinn.

ANNA: Was beweist mir, daß Sie keinen reden? Verstehen Sie die Frauen?

SALOMON: Bei all denen, die durch diese Garderobe gegangen sind, wäre es ein Jammer, verstände ich sie nicht.

ANNA: Und verstehen Sie Shakespeare?

SALOMON: Ich souffliere ihn seit zehn Jahren.

ANNA: Ein netter Grund.

SALOMON: Und Frau MacLeish, versteht die ihn? Nun, sie hat die Desdemona immer sanft gespielt; schon wenn der Vorhang aufgeht, sieht man sie tot.

ANNA: Diese alte Ziege! Sie spielt sanft, weil sie Angst hat, in Staub zu zerfallen. Aber ich bin jung, ich habe Blut in den Adern! Ich werde spielen, wie ich will. *Sie rezitiert:* «Wollt Ihr zu Bett gehen ...» *Sie bricht unvermittelt ab.* Ach! Sie haben mich entmutigt. Warum ist er nicht da? Er allein weiß es. Er hat gesagt: «Am Mittag. In meiner Garderobe. Sei pünktlich.»

SALOMON: Er war betrunken.

ANNA: Bitte: er hat es wiederholt, als er es nicht mehr war.

SALOMON: Er war es keinen Augenblick nicht.

ANNA: O ja, um sechs Uhr in der Frühe. Sie haben ihn nicht gesehen: es war in seinem Wagen, er brachte mich zu meiner Tante zurück; es war schön, der Tag hob an, und er nahm meine Hände und nannte mich sein Zuckerbrot.

SALOMON: Wenn man allen Frauen, die er «Mein Zuckerbrot» genannt hat, Witwenrenten zahlen müßte, ginge der Staat bankrott.

ANNA: Sie sind ein Dummkopf, Herr Salomon! Und «Kleine Schwester»? Gibt es viele, die er «Kleine Schwester» genannt hat?

SALOMON: Das, nein! Schwestern, das ist nicht sein Genre.

ANNA *stolz*: Aber m i c h hat er «Kleine Schwester» genannt.

SALOMON: Darauf brauchen Sie sich nichts einzubilden.

ANNA: Salomon, ich habe ihm gesagt, ich hätte einen Fehltritt begangen. War das richtig?

SALOMON: Und natürlich haben Sie keinen begangen?

ANNA: Gewiß nicht.

SALOMON: Das sieht man, wissen Sie.

ANNA *unglücklich*: Ach! das sieht man?
SALOMON: Ja. Aber jedenfalls hat das gar keine Bedeutung. Darauf kommt es ihm nicht an.
Man hört hinter der Bühne fluchen. Lärm.
Da ist er.
ANNA: Endlich!
SALOMON: Wenn ich Ihnen einen Rat geben darf, verdrücken Sie sich durch die Geheimtür.
ANNA: Warum?
SALOMON: Sie hören ja: er ist in Bullenbeißer-Laune.
ANNA: Aber er braucht mich!
SALOMON: Braucht Sie?
ANNA: Ich habe ihm versprochen, die Desdemona zu spielen.
SALOMON: Sollte nicht vielmehr er Ihnen versprochen haben, Sie sie spielen zu lassen? *Auf eine Geste Annas:* Jedenfalls denkt er nicht im entferntesten daran. Er wird hereinkommen, einen Teppich verlangen ...
ANNA: Warum einen Teppich? ...
Kean kommt hereingestürmt.

2. SZENE

Anna – Salomon – Kean.

KEAN: Salomon! Einen Teppich!
SALOMON: Was?
KEAN: Einen Teppich, ein Löwenfell, irgendwas ... *Er entdeckt Anna.* Schon wieder Sie!
ANNA: Sie haben gesagt, ich ...
KEAN: Was? Was habe ich gesagt?
ANNA: Ich spielte heute abend die Desdemona.
KEAN: Tatsächlich? Ich muß hübsch betrunken gewesen sein! Nun, mein Fräulein, Sie spielen nicht die Desdemona, und damit Punktum.
ANNA *unglücklich*: Oh! Warum nicht?
KEAN: Weil heute abend niemand spielt! Du hörst es, Salomon, ich spiele nicht mehr!
SALOMON: Gut, Meister.
KEAN: Weder heute abend noch je wieder!
SALOMON: Ja, Meister.
KEAN: Du nimmst die Sache wenigstens leicht.
SALOMON: Meister, ich bin tief bestürzt.
KEAN: Und der Teppich, hä? Willst du den bald holen?
ANNA *außer sich*: Was wollen Sie nur mit einem Teppich?
KEAN: Purzelbäume schlagen! So habe ich angefangen; so werde ich aufhören. Schlagt an allen Mauern Londons an, daß Kean, der Hanswurst, in der Regent Street und der Saint James Akrobatenkunststücke vorführt, falls man ihm acht Guineen pro Fenster zahlt. Ha! Ha! Alle Welt wird sehen wollen, wie Hamlet auf den Händen geht, wie Othello den Karpfensprung macht! Innerhalb von acht

Tagen werde ich ein Vermögen machen, während ich in diesem verdammten Theater Jahre brauche, bis ich genügend zusammenkratze, um im hintersten Devonshire bei einem Stück Pökelfleisch und einem Pott Bier zu krepieren. Ruhm! Genie! Kunst! Kunst! Diesmal, mein alter Salomon, habe ich verstanden! Weißt du, was ich bin? Das Opfer Shakespeares: ich bringe mich um, auf daß er lebt, der alte Vampir!

ANNA: Kean! Ihre Kunst! Wie können Sie nur?

KEAN: Meine Kunst! Ha! Ha! Man merkt, daß Sie Käse verkaufen, mein Fräulein. Käse sind zahme und nahrhafte Wesen, aber die Kunst ist gefräßig: sehen Sie nicht, daß sie mich gänzlich roh verschlingt? Ich sage Ihnen, ich habe völlig verstanden: ich treibe das Metier eines Gimpels, ich hole für Shakespeare die Kastanien aus dem Feuer! Zum Teufel mit Shakespeare: hat er seine Stücke gemacht, soll er sie auch spielen.

ANNA *weich*: Kean, was ist denn?

KEAN: Das ist: daß mein Haus von der Polizei umstellt ist und mein Schlafzimmer von Gerichtsvollziehern wimmelt. Daß ich die Nacht in einer Schenke und den ganzen Tag in einem Wagen verbracht habe. Daß ich steif an allen Gliedern bin und mein Schädel von Hammerschlägen dröhnt! Daß man mich demnächst auspfeift, verstehen Sie! Und all das wegen der erbärmlichen Summe von vierhundert Pfund!

ANNA: Siehst du, ich habe es dir gesagt: wenn du nur ein wenig Ordnung in dein Leben brächtest!

KEAN: Ordnung! *Er lacht.* Ha! Genau der rechte Augenblick, mir damit zu kommen! Ich will Unordnung schaffen, jawohl! Ich will eine große Dame züchtigen und einem Prinzen öffentlich die Meinung sagen! Und wenn das nicht genügt, stecke ich das Theater in Brand! Ordnung durch das Nichts: das ist mein Geschäft. Das Theater in Flammen, und Kean kommt darin um. Welche Apotheose! Großer Gott, habe ich Kopfschmerzen! *Unvermittelt:* Und zuvörderst, seit wann duzen Sie mich?

ANNA: Seit gestern.

KEAN: Seit gestern? *Besorgt:* Was haben wir beide denn gestern gemacht?

ANNA: Vieles.

KEAN *mehr und mehr besorgt*: Ah!

ANNA: Du hast meine Hände genommen ...

KEAN: Die Hände? Und ...?

ANNA: Das ist alles.

KEAN: Die Hände! Du siehst, Salomon, ich werde alt: es ist an der Zeit, daß ich abtrete. Wie soll ich spielen, wenn ich nicht mehr liebe? Also, ich habe deine Hände genommen und dir gesagt, daß du die Desdemona spielst?

ANNA: Ja.

KEAN: Nun gut, du spielst sie.

ANNA: Ich dachte, du wolltest nicht mehr spielen.

KEAN: Heute abend muß ich noch einmal spielen. Wegen des alten Bob! Aber es ist das letzte Mal.

SALOMON: Gut.

KEAN: Das letzte Mal, hast du gehört!

SALOMON: Ja, Meister. *Pause.* Meister, können Sie nicht, wenn Sie heute abend spielen ... von dem Erlös ...

KEAN: Hä?

SALOMON: Die vierhundert Pfund entnehmen?

KEAN: Der Erlös gehört nicht mir, Salomon! Soll ich mich für eine Gefälligkeit bezahlen lassen? Das ist ein Lakaienrat! Was wird gespielt?

SALOMON: Othello, letzter Akt!

KEAN: Heiter! Mit diesen Kopfschmerzen zu brüllen! *Zu Anna:* Leg dich auf den Diwan, los, damit ich dich ersticke.

ANNA: Ich möchte aber, daß Salomon weggeht.

KEAN: Du willst vor ihm nicht sterben, hä? Salomon, das ist Scham! Sie hat recht: es gibt nichts Nackteres als einen Leichnam. *Zu Salomon:* Ab mit dir.

Salomon geht.

3. SZENE

Anna – Kean.

KEAN: Sieh mich an. Weißt du, daß du eine bildschöne Leiche abgibst? Au!

ANNA: Wie? Was ist?

KEAN: Dieser verdammte Kopf. Ich wollte, er wäre falsch! Wie Richards Buckel: dann könnte ich ihn abnehmen.

ANNA: Tut er Ihnen sehr weh?

KEAN: Teufel auch! Ich büße! Sieh, wie dumm ich bin: hätte ich gestern abend mit dir gekost, anstatt mich zu betrinken, wäre ich jetzt frisch und munter wie ein Fisch im Wasser.

Während er spricht, hat sie eine Serviette in eine Wasserschüssel getaucht.

ANNA: Lassen Sie mich machen. *Sie macht ihm mit der Serviette eine Kompresse um den Kopf.* Ist es so besser?

KEAN: Das kühlt! Ich muß grauslich aussehen?

ANNA: Sie sehen wundervoll aus! Wie ein Pirat.

KEAN *angenehm überrascht*: Ein Pirat? Warum nicht? Siehst du: das hätte ich sein müssen!

ANNA: Ich wäre Ihnen gefolgt.

KEAN: In Knabenkleidung. Als der Lieblingsschiffsjunge des großen Kean, des Königs der Insel der Martern.

ANNA *zärtlich*: Und man hätte uns zusammen aufgehängt ...

KEAN: Welch schönes Ende für ein Paar: zwischen Himmel und Erde, Auge in Auge, und der eine dem andern die Zunge herausstreckend: das Symbol für alle Liebesgeschichten! *Pause.* Also, jetzt leg dich her, ich werde dir zeigen, wie man stirbt. Gib mir das Kissen.

Sie liegt auf dem Diwan. Er hält das Kopfkissen. Die Geheimtür öffnet sich. Elena erscheint und bricht in Gelächter aus.

4. SZENE

Kean – Elena – Anna – Salomon.

ELENA: Kean, mit der Nachtmütze, ein Kopfkissen in den Armen! Wenn das nicht angetan ist, Ihre Verehrerinnen zu heilen! Störe ich?

Kean reißt sich die Kompresse vom Kopf.

Ich bin gekommen, Sie zu beglückwünschen. Ganz London spricht von Ihrer bevorstehenden Vermählung mit dem Fräulein. Doch nach dem, was ich sehe, muß die Trauung bereits vollzogen sein: ich finde in Ihrer Garderobe einen Anhauch von Häuslichkeit.

KEAN *gemessen*: Elena, ich probe den letzten Othello-Akt.

ELENA: Ah! Frau Kean spielt die Desdemona? Wie charmant! Also eine wahrhaftige Künstlerehe. Und Sie fürchten sich nicht, Frau Kean, nach einer nächtlichen Orgie zu debütieren? Sind Sie nicht zu ermüdet? Denn wenn ich den Berichten glauben darf, waren Sie gestern abend ...

ANNA: In einem Bordell. Ja, meine Dame.

ELENA: Kean, Ihre Frau ist köstlich, aber ihrem Geist haftet der Geruch von Kramladen an. Ich mache mir nichts aus Wortgefechten und ziehe mich zurück, erfreut, mich von Ihrem Glück überzeugt zu haben.

KEAN: Gräfin, bleiben Sie! Und du, Kleine, geh in deine Garderobe.

ANNA: Ich habe keine Garderobe.

KEAN: Salomon wird dir eine verschaffen. Salomon!

Salomon kommt herein.

Eine Garderobe für die Kleine.

ANNA: Ich will dich nicht mit der Dame allein lassen.

ELENA: Man duzt sich? Sieh da!

KEAN: Alle Welt duzt sich am Theater. *Zu Anna:* Höre, wenn du nicht auf der Stelle verschwindest, spielst du heute abend nicht!

ANNA *von Salomon mit fortgezogen, ruft zurück*: Wenn Sie mich durch die Dame ersetzen, soll sie lieber «Der Widerspenstigen Zähmung» spielen ...

Beide ab.

5. SZENE

Kean – Elena.

KEAN *bestürzt*: Oh!

ELENA *lacht nervös*: Ja, oh! Oh! Ich danke Ihnen, Kean: vielleicht hätte ich Ihretwegen die größte Torheit meines Lebens begangen, aber Sie haben mich rechtzeitig aufgehalten ...

KEAN: Wären Sie nur gestern abend gekommen, wären Sie nur ...

ELENA: So ist's recht! Schelten Sie mich noch: ich mißbrauche das Vertrauen meines Mannes, ich trete die Moral und mein Schamgefühl mit Füßen, ich komme unter tausend Gefahren zu Ihnen, ich finde

Ihre Garderobe in ein Schlafzimmer verwandelt, eine Frau auf Ihrem Diwan liegen, und Sie, Kean, mit einer Nachtmütze auf dem Kopf: doch die Angeklagte bin ich, ich muß mich verteidigen!

KEAN: Elena, es ist nichts zwischen Fräulein Damby und mir.
Sie antwortet nicht.
Ich schwöre es Ihnen!
Sie antwortet nicht.
Elena, glauben Sie mir?

ELENA: Leider bin ich dumm genug, Ihnen zu glauben! *Pause.* Aber wenn Sie heute abend mit ihr spielen, sehe ich Sie nie im Leben wieder.

KEAN: Gräfin, es ist zu spät, sie zu ersetzen.

ELENA: Vortrefflich. So hätte sie mich ungestraft beleidigt, und gleich, aus meiner Loge, soll ich sie in Ihren Armen sehen. Glauben Sie, das nähme ich hin?

KEAN *flehend*: Elena, wir spielen Othello. Den letzten Akt. Ich ersticke sie, sonst nichts. Und von weitem, mit ausgestrecktem Arm. Mit einem Kissen! Sie sehen: ich berühre sie nicht einmal. Wenn ... wenn dies junge Ding das Unglück hatte, Ihnen zu mißfallen, freut es Sie sicherlich, sie ersticken zu sehen! Ah! Nichts von alldem wäre geschehen, wenn Sie gestern abend gekommen wären!

ELENA: So bleibt er dabei. Wissen Sie, was Sie verdienten? Daß ich schwiege! Daß ich selbst Ihre ungerechten Vorwürfe ohne Antwort ließe. Doch ich bin nicht wie Sie: Ihre Unruhe dauert mich, und ich will sie lindern. Kean, ich bin gestern nicht gekommen, weil ich nicht kommen konnte.

KEAN *schroff*: Teufel auch! Das ist wohl eine Pflicht, auf einen Ball zu gehen!

ELENA: Für eine Gesandtin, ja, da ist es eine Pflicht. Kean, ich bin auf diesen Ball gegangen, weil mein Mann es mir befohlen hat. So: sind Sie nun zufrieden?

KEAN: Befohlen?

ELENA: Ja! Befohlen! Seine Instruktionen schreiben ihm ausdrücklich vor, dem Prinzen von Wales zu hofieren.

KEAN: Richtig, der Prinz von Wales, den hatte ich vergessen. Je nun! Konnte Graf Koefeld nicht allein auf den Ball gehen? Konnten Sie nicht einen Vorwand finden?

ELENA: Eine Migräne! Vapeurs! Oh, Sie kennen meinen Mann nicht: er ist furchtbar.

KEAN: Sieh da! Das hätte ich nicht gedacht.

ELENA: Wozu wäre man Diplomat, verstände man nicht seine Gefühle zu verhehlen? Hören Sie, Sie zwingen mich, Ihnen zu gestehen, was ich zu verschweigen gedachte: mein Mann hegt Argwohn.

KEAN: Argwohn? In bezug auf ... uns?

ELENA: Ja: in bezug auf uns. Oh! ich hatte recht, daß ich es Ihnen nicht sagen wollte: Sie sind ganz verstört. Sehen Sie nun, daß ich ihm gehorchen mußte? Hätte ich ihn nicht auf den Ball begleitet, wäre er zum Schein ohne mich gegangen und unversehens zurückgekommen, um mich zu überrumpeln. Mein Gott! hätte er mich nicht angefunden ... Kean, ist denn das Ihre Liebe: wollen Sie, daß er mich auf die Straße wirft? Daß er mich tötet?

KEAN *unglücklich*: Gräfin ...

ELENA: Oh! Er ist dazu imstande ...

KEAN: Elena, verzeihen Sie mir.

ELENA: So seid ihr, ihr Männer, ungerecht, anspruchsvoll, grausam: nicht genug, daß man euch seine Ehre anvertraut, man muß auch noch wagen, sie euch zuliebe zu verlieren. Auf, Kean, treiben Sie es bis zum Äußersten, setzen Sie Ihrer Ungerechtigkeit, Ihrer Grausamkeit, dem Schmerz, den Sie mir bereiten, die Krone auf. Sag's doch, Barbar, daß ich mich dir zu Gefallen entehren muß!

KEAN: Elena! *Er fällt auf die Knie.* Wüßten Sie, wie ich gelitten habe! Ich vermeinte zu sterben.

ELENA: Dabei sagt man, daß Sie die Nacht bei einem Fest verbracht haben!

KEAN: Einem Fest! Elena, ich habe mich betrunken wie in den schlimmsten Augenblicken meines Lebens, ich habe mich wie ein Prolet gerauft, ich habe einen Pair von England beleidigt, ah! ich hätte gemordet, wenn mich das von dieser grauenvollen ... grauenvollen Qual befreit hätte.

ELENA: Narr! Einer simplen Ungunst der Umstände wegen ...

KEAN: Handelt es sich wirklich um eine Ungunst der Umstände?

ELENA: Worum sonst?

KEAN: Ich bin eifersüchtig, Elena. Ich habe Gift in den Adern.

ELENA: Eifersüchtig? Sie?

KEAN: Eifersüchtig, gemartert, getrieben, entwürdigt, erniedrigt!

ELENA: Eifersüchtig? Mein Gott, auf wen?

KEAN: Das wissen Sie sehr gut.

ELENA: Nein, ich schwöre es.

KEAN: Schwören Sie nicht, denn ich glaubte Ihren anderen Schwüren nicht mehr: ein Instinkt sagt den Frauen, daß wir sie lieben, bevor wir es ihnen noch selber gesagt haben.

ELENA: Viele junge Leute hofieren mir, mein Herr.

KEAN: Um die geht es nicht. Elena, war der Prinz von Wales gestern abend auf dem Ball?

ELENA: Ja, natürlich.

KEAN: Hat er mit Ihnen gesprochen?

ELENA: Ziemlich lange.

KEAN: Worüber?

ELENA: Worüber spricht man schon? Über ... über nichts.

KEAN: Über nichts! Ah! das habe ich gefürchtet!

ELENA: Je nun, über alles, wenn Sie wollen.

KEAN: Über alles, über nichts, das ist das gleiche. Während die Münder sprechen, um nichts zu sagen, verständigen sich die Augen ohne Worte.

ELENA: Er blickt mich stets an.

KEAN: Und ... wie betrug er sich?

ELENA: Was für eine Frage. Wie gewöhnlich: er war ironisch, ungezwungen, charmant.

KEAN: Charmant!

ELENA: Ist er nicht charmant?
KEAN: Leider!
ELENA: Hören Sie, Sie langweilen mich. Bin ich hier, um vom Prinzen von Wales zu sprechen?
KEAN: Gräfin, er liebt Sie.
ELENA: Er? Aber Kean, Sie verwirren mich. Der Prinz von Wales? Er schenkt mir nicht einmal Beachtung.
KEAN *vorwurfsvoll*: Elena!
ELENA: Nun ja ... wenn Sie alles wissen müssen, es schien mir einmal so ... als er mir diesen Fächer verehrte ... Und dann habe ich nie mehr daran gedacht ... Ich dachte nur an Sie, Undankbarer!
KEAN: Der Prinz von Wales war gestern hier in meiner Garderobe und hat mich aufgefordert, auf Sie zu verzichten.
ELENA *erfreut*: Der Prinz von Wales? Nicht möglich. Und was hat er gesagt? Rasch, rasch, erzählen Sie!
KEAN: Da, Gräfin! Sie sehen es selber!
ELENA: Was sehe ich?
KEAN: Ihr Ton, Ihr Verhalten, alles zeigt an, daß diese Neuigkeit Sie entzückt.
ELENA: Kean, sind Sie toll? Ich ... ich bat Sie nur, mir diese sonderbare Angelegenheit schnellstens zu erklären. Denn woher überhaupt kann der Prinz wissen, daß ich ... Ihnen wohl will? Oh! Kean, haben Sie es ihm gesagt?
KEAN: Ich?
ELENA: Nie hätte ich Sie dessen für fähig gehalten ...
KEAN: Gräfin, er hat erraten, daß ich Sie liebe.
ELENA: Wann denn? Wie denn?
KEAN: Vorgestern abend, als ich Ihnen Fräulein Dambys Brief zu lesen gab.
ELENA: Kean, Sie sehen mein Vertrauen zu Ihnen. Zweimal heute abend habe ich Ihnen aufs Wort geglaubt. Ich hoffe, Sie erinnern sich daran, wenn Sie eines Tages an mir zweifeln sollten.
KEAN: Gräfin, ich brauche mich nicht daran zu erinnern, ich zweifle niemals an Ihnen.
ELENA: Also, angenommen, der gute Prinz liebte mich – und Sie verstehen, ich lasse nur Ihnen zu Gefallen diese Annahme gelten –, was wollen Sie, daß ich dabei tue?
KEAN: Oh! Ich will nichts, und ich weiß nur eines: daß ich ihn nicht an Ihrer Seite sehen könnte, ohne rasend zu werden.
ELENA: Mein Othello. Was machen wir da? Jetzt ist es zu spät, das Programm des Abends abzuändern ...
KEAN: Was gibt's abzuändern? Was war geplant?
ELENA: Er hat uns gestern die Ehre erwiesen, uns um einen Platz in unserem Proszenium zu bitten.
KEAN: Für heute abend?
ELENA: Ja.
KEAN: Das heißt, er wird bei Ihnen in der Loge sein, dieweil ich spiele?
ELENA: Ja, dieweil Sie diese Person in den Armen halten.
KEAN: Ah! Gräfin, bei mir ist es nur zum Spaß, wie alles, was ich tue.

ELENA: Sie wollen sagen, daß ich ...

KEAN: Nein, Gräfin, ich will gar nichts sagen. Aber ich richte eine Bitte an Sie, die ich Sie beschwöre, mir nicht abzuschlagen: solange ich auf der Bühne stehe, sprechen Sie nicht zu ihm, lächeln Sie ihn nicht an, lauschen Sie ihm nicht! Wenden Sie keinen Blick von mir, Gräfin! Meine Forderung mag Ihnen unpassend erscheinen, doch ich messe ihr äußerste Bedeutung bei: nähme ich das geringste Zeichen von Einverständnis zwischen Ihnen wahr, so wäre ich nicht mehr Herr meiner selbst.

ELENA: Und was geschähe, mein Herr?

KEAN: Nehmen Sie an, ich verlöre das Gedächtnis und bliebe vor Schreck und Gram mitten in der Szene stecken, ohne ein Wort hervorzubringen! Nehmen Sie an, ich bräche in Tränen aus.

Sie lacht.

Lachen Sie nicht! Ich wäre verloren!

ELENA: Wissen Sie, daß Sie von mir verlangen, unhöflich gegen den Bruder des Königs zu sein? Ihm den Rücken zu kehren? Ihm zu bedeuten, daß er mich belästigt. Aber Kean, wenn er gekränkt wäre, hätte Dänemark darunter zu leiden.

KEAN: Dänemark! Dänemark! Immer Dänemark und seine Milchkühe. Hören Sie, Gräfin, m i c h hat man gekränkt!

ELENA: Sie?

KEAN: Ja, mich. Gestern abend. Und aufs tiefste. Man hat mir zu verstehen gegeben, Sie liebten mich nicht. Ich wäre nur eine Kaprice für Sie, Sie hätten aus Unbeschäftigtheit die Augen auf einen Komödianten geworfen, und weil diese Sorte Leute, die kaum existieren, eine Dame von Welt nicht kompromittieren können. Es handelte sich um ein Spiel, eine bloße Zerstreuung.

ELENA: Wer hat Ihnen das gesagt?

KEAN: Der Prinz von Wales.

ELENA: Pah! Weil er eifersüchtig ist.

KEAN: So gestehen Sie, daß er Sie liebt!

ELENA: Ich gestehe gar nichts.

KEAN: Elena, meine Liebe bedarf eines Beweises der Ihren.

ELENA: Ihre Liebe? Nein: Ihr Hochmut. Diesen Beweis wünschen Sie nicht für sich, sondern für den Prinzen. Er hat Sie gestern gedemütigt, indem er erklärte, ich liebte Sie nicht, und Sie erwarten von mir, daß ich ihn widerlege. Meine Liebe? Ah! die kümmert Sie in diesem Augenblick kaum: was für Sie zählt, ist die Meinung des Prinzen.

KEAN: Elena, dieser Beweis wird nur von mir verstanden; er gilt einzig für mich. Ist es nicht natürlich, daß der Zuschauer seine ganze Aufmerksamkeit dem Schauspiel zuwendet, daß er nur Augen für den Schauspieler hat, insbesondere, wenn dieser Kean heißt? Wer könnte Sie darob tadeln? Der Prinz flüstert Ihnen zu, und Sie antworten nicht? Wenn schon: er wird denken, daß Sie zerstreut sind und für die arme Desdemona zittern. Und i c h wäre geheilt. Wissen Sie, daß ich mich dieser Liebe ganz anheim gegeben habe: sie muß glücklich sein, soll ich nicht sterben. Sie sind eine große Dame, und ich bin ein Gaukler: aber ich erweise Ihnen eine Ehre, Gräfin, wenn ich Ihnen allein die Macht zuspreche, dem Gaukler zu beweisen, daß er wie ein Lord geliebt werden kann.

Geräusche einer Kalesche. Schellengeläute.

ELENA: Gut, sei's drum! Jedoch auf Gegenseitigkeit!

KEAN: Ah! Verlangen Sie alles von mir, was Sie wollen!

ELENA: Sie werden die kleine Damby heimschicken und mit der alten MacLeish spielen.

KEAN *verzweifelt*: Elena! Die MacLeish wohnt außerhalb Londons, und ich kann sie nicht mehr benachrichtigen lassen!

ELENA: Was kümmert mich das! Arrangieren Sie sich! Lassen Sie die Rolle vom Souffleur spielen.

KEAN: Dem Souffleur! Salomon als junge Frau? Das Publikum ...

ELENA: Wenn Sie Genie haben, machen Sie das Publikum glauben, der Souffleur sei die bezauberndste Desdemona von der Welt.

KEAN *stöhnend*: Ich bin kein Zauberkünstler; ich bin Schauspieler.

ELENA: So also steht es, Herr Kean! Ihre Ansprüche wachsen von Tag zu Tag, und wagt man seinerseits die einfachste und billigste Forderung, lehnen Sie glatt ab. Nun, ich sage es Ihnen geradeheraus: wenn dieses Mädchen an Ihrer Seite auf der Bühne erscheint, werde ich mich sogleich dem Prinzen zuwenden und ihn bis zum Aktschluß anlächeln. Oh, ich werde Sie leiden machen, mein eifersüchtiger Herr ... ich ...

Es klopft.

KEAN *erschrocken*: O du Allmächtiger! *Laut:* Wer ist da?

STIMME DES PRINZEN: Ich!

ELENA *leise*: Der Prinz von Wales! *Währenddessen versucht sie die Geheimtür zu öffnen.*

KEAN *laut*: Wer, Sie?

DER PRINZ: Zum Teufel, der Prinz von Wales!

STIMME DES GRAFEN: Und Graf Koefeld.

ELENA *leise*: Himmel, mein Mann! Ich bin verloren!

KEAN *leise*: Still! Ihren Schleier, und gehen Sie, gehen Sie! *Laut:* Verzeihung, mein Prinz ... Aber ich habe im Augenblick das Unglück ... *Leise zu Elena:* Beeilen Sie sich!

ELENA: Wie bringt man diese Tür auf?

KEAN *laut*: ... von gewissen Leuten wegen vierhundert Pfund Sterling verfolgt zu werden ...

STIMME DES PRINZEN: Ich verstehe!

KEAN *laut*: Und sie würden sich nicht scheuen, den verehrlichen Namen Eurer Hoheit zu entlehnen, um zu mir vorzudringen. Haben Sie also die Güte, Hoheit, mir Ihren Namen, von Ihrer Hand geschrieben, hereinzureichen.

STIMME DES PRINZEN: Was treibst du nur?

KEAN *laut*: Ich ziehe den Schlüssel heraus, um Sie einzulassen. *Leise zu Elena, die im Gehen ist:* Adieu, Elena ... ich liebe Sie. Werden Sie mein Verlangen erhören?

ELENA *leise*: Und Sie, erhören Sie meines?

KEAN *leise*: Ich ...

ELENA: Auf Gegenseitigkeit; ich komme auf das Gesagte nicht mehr zurück. *Sie verschwindet.*

Die Tür schnappt hinter ihr zu. Durch das Schlüsselloch der Eingangstür wird eine kleine Papierrolle geschoben.

KEAN *geht hin und nimmt sie*: Eine Anweisung auf vierhundert Pfund: eine königliche Visitenkarte! Treten Sie ein, mein Prinz, denn gewiß, Sie sind es! *Er öffnet die Tür, der Prinz und der Graf kommen herein.*

6. SZENE

Kean – der Prinz – der Graf.

DER PRINZ *kommt herein und blickt sich nach allen Seiten um*: Eines, Graf, ist Ihnen wohl klar: daß wir, Romeos Garderobe betretend, Julia in die Flucht gejagt haben.

DER GRAF: Wahrhaftig!

KEAN: Oh! welch närrischer Gedanke, Hoheit! Schauen Sie, suchen Sie ...

DER PRINZ: Oh! eine Schauspielergarderobe ist wie ein Schloß Ann Radcliffes konstruiert ... Mit unsichtbaren Falltüren, die ins Souterrain führen, Wandfüllungen, die unbekannte Korridore erschließen ...

KEAN *zum Grafen:* Wie dankbar bin ich Eurer Exzellenz, daß Sie die Garderobe eines armen Komödianten mit Ihrem Besuch beehren.

DER PRINZ: Schreiben Sie das nicht sich zu, Herr Geck, sondern der Neugier ... Ganz Diplomat, der er ist, hatte der Graf nie einen Fuß hinter die Bühne gesetzt, und er wollte sehen ...

KEAN: Wie ein Schauspieler sich ankleidet, worauf ich Euer Hoheit vorbereiten muß. Wir, Höflinge des Publikums, Herr Graf, haben eine viel strengere Etikette zu beobachten als die Herren Höflinge des Königs. Wir müssen auf den Augenblick genau fertig sein, unter der Androhung, ausgepfiffen zu werden; und, hören Sie, man gibt schon das zweite Zeichen; so gestatten Sie ...?

DER GRAF: Mein Gott, ja! Tun Sie, als wären wir nicht da ... das heißt, falls wir nicht stören.

KEAN: Nicht im geringsten ...

SALOMON *kommt herein*: Da bin ich, Meister!

KEAN: Doch zuvörderst, Hoheit, nehmen Sie bitte dies Billett zurück.

DER PRINZ: Aber nein! Es ist eine Ehrenschuld, die ich an dich habe.

KEAN: An mich?

DER PRINZ: Die gestrige Wette.

KEAN: Wenn es das ist, Hoheit, war der Einsatz sehr viel höher.

DER PRINZ: Ich weiß, Kean. Dies ist nur eine Anzahlung. *Zum Grafen:* Es handelt sich um eine Wette, Graf, von der ich noch nicht weiß, ob ich sie gewonnen oder verloren habe.

DER GRAF: Warum zahlen Sie dann, Hoheit?

DER PRINZ: Weil das nichts ändert; denken Sie an: ob ich gewinne oder verliere, Herr Kean hat sich so arrangiert, daß ich zahle.

KEAN: Ich nehme also an. Salomon, mein Freund, du weißt, was mit diesem Geld zu tun ist. *Er geht hinter einen Paravent.*

DER GRAF *leise zum Prinzen*: Und Sie glauben, daß eine Frau bei ihm war?

DER PRINZ *ebenso*: Ich bin dessen sicher ...

DER GRAF: Vielleicht Fräulein Damby.

DER PRINZ: Das ist sehr schwer festzustellen ...

DER GRAF *entdeckt den Fächer, den Elena vergessen hat, geht zum Tisch, steckt den Fächer in seine rechte Tasche und wendet sich zum Prinzen, der nichts bemerkt hat*: Nun, ich werde es feststellen! Dafür bürge ich Ihnen.

DER PRINZ: Wie nur?

DER GRAF: Das ist ein diplomatisches Geheimnis.

KEAN *hinter dem Paravent*: Nun, Hoheit, und was gibt's für Neuigkeiten?

DER PRINZ: Nichts von Bedeutung ... es sei denn, daß ein Frechling gestern abend im Schwarzen Hahn Lord Mewill bedroht und beleidigt hat.

DER GRAF: Und weswegen?

KEAN: Weil Lord Mewill sich weigerte, sich mit ihm zu schlagen, unter dem Vorwand, daß er ein Komödiant sei. Ich habe davon sprechen hören, scheint mir.

DER PRINZ: Was halten Sie davon, Graf?

DER GRAF *zum Prinzen*: Ich kenne die englischen Sitten nicht, Hoheit, aber wenn wir Dänen uns beleidigt glauben, schlagen wir uns mit jedermann!

KEAN: Wenn dem so ist, Graf, dann lebe Kopenhagen! Ich verspreche Ihnen, hinzugehen und mich dort töten zu lassen.

DER GRAF: Sie werden willkommen sein! *Zum Prinzen:* Wollen wir Herrn Kean seine Toilette beenden lassen, Hoheit?

KEAN *leise zum Prinzen*: Ich wünschte dringend, Euer Hoheit zu sprechen.

DER PRINZ: Gehen Sie nur voraus, Graf, ich komme nach.

DER GRAF: Euer Hoheit weiß die Nummer der Loge?

DER PRINZ: Ja, im Proszenium. Sie berichten mir, nicht wahr?

DER GRAF: Seien Sie unbesorgt. *Er grüßt:* Herr Kean ...

KEAN *verneigt sich*: Herr Graf ...

Der Graf geht.

7. SZENE

Kean – der Prinz.

DER PRINZ: Und diese Wette, Taugenichts: habe ich sie gewonnen oder verloren? Gib Antwort!

KEAN: Aber Hoheit, Sie wissen es so gut wie ich. Sie müssen die Gräfin Koefeld auf dem Ball gesehen haben.

DER PRINZ: Sie ist erschienen, das ist richtig. Jedoch sehr spät. Diese Verschleierte ...

KEAN: Diese Verschleierte ... war eine Verwandte.

DER PRINZ: Dann habe ich gewonnen?

Kean antwortet nicht.

Du sagst nichts? Also habe ich verloren.
KEAN: In beiden Fällen, Hoheit, möchte ich Sie um die Erlaubnis bitten zu schweigen: hätten Sie verloren, um die Ehre einer Frau zu schonen; hätten Sie gewonnen, um meinen Stolz zu schonen.
DER PRINZ: Gut, ich werde meine eigenen Nachforschungen anstellen. Was willst du von mir?
KEAN: Darf ich Ihnen eine Frage stellen?
DER PRINZ: Du hast die Stirn, Fragen an mich zu stellen, wo du dich weigerst, die meinen zu beantworten? Nun los, los. Frage mich.
KEAN: Was bin ich für Sie?
DER PRINZ *erstaunt*: Hä?
KEAN: Ja. Was bin ich? Ein Schützling oder ein Freund?
DER PRINZ: Aber ... Teufel auch! Ist das eine Art, einem mir nichts dir nichts Fragen zu stellen? Ein Schützling oder Freund! Was weiß denn ich: als dächte man über derlei nach. Mein Geldbeutel ist dein, mein Palais steht dir bei Tag und Nacht offen, und brauchst du meinen Einfluß, ist er dir gewährt. Genügt dir das nicht?
KEAN: Alle diese Vergünstigungen verstehen sich vom Prinzen zum Untertan.
DER PRINZ: Was braucht es noch?
KEAN: Gesetzt, ich bäte Euer Hoheit um ein Opfer, wie man es seinesgleichen bringt ...
DER PRINZ: Nun?
KEAN: Reichte das Wohlwollen des Beschützers bis zur Ergebenheit des Freundes?
DER PRINZ: Mache die Probe.
KEAN: Hoheit ... gehen Sie nicht in ihre Loge.
DER PRINZ: In ihre Loge? *Er begreift.* Ah! ...
KEAN: Sie sind jung, Sie sind schön, Sie sind Prinz. Es gibt in England keine Frau, die Ihren Verführungen widerstehen kann. Für Ihre Vergnügungen, Ihre Launen, Ihre Liebschaften haben Sie London, Schottland und Irland. Machen Sie allen Frauen den Hof ...
DER PRINZ *ahmt ihn nach*: «Aber lassen Sie mir Elena!» Ist es das?
Kean verneigt sich.
Nun, das heißt, sie ist gekommen. Du gestehst es.
KEAN: Wenn ich diese Bitte an Sie richte, so eben darum, weil sie nicht gekommen ist. Wäre ich glücklich, glauben Sie, dann kümmerten mich noch die Männer, die sie sehen? Doch da ich auf sie verzichten muß, sei es mir zumindest erspart, anderer Glück mitanzusehen.
DER PRINZ: Wenn ich mich zurückziehe, tritt ein anderer an meine Stelle.
KEAN: Ah! was gehen mich die anderen an! Bei den anderen kann sie nur verlieren ... *Pause.* Gehen Sie nicht in ihre Loge, Hoheit. Nicht heute abend.
DER PRINZ: Ist dies das Opfer, das ich bringen soll?
KEAN: Ja, dies.
DER PRINZ: Nun gut, ich werde nicht in ihre Loge gehen.
KEAN *erfreut*: Hoheit ...
DER PRINZ: Warte! *Er zieht ein Papier aus der Brusttasche.* Unter der Bedingung, daß du dies Papier unterschreibst.

KEAN: Was ist das?
DER PRINZ: Der Schuldschein, den du mir unterschreiben solltest.
KEAN: Und der mich verpflichtete, sie nie wiederzusehen?
DER PRINZ: Ja: gegen sechstausend Dukaten.
KEAN *heftig*: Aber den will ich nicht unterschreiben!
DER PRINZ: Du hast dich verraten, Kean! Wenn du nicht unterschreiben willst, hast du sie wiedergesehen!
KEAN: Nein, Hoheit! Doch wenn sie im Theater ist, und ich Sie, Hoheit, von der Bühne, wo ich angekettet bin, in ihre Loge eintreten sehe ... oh! so können Sie nicht begreifen, was alles in mir vorgeht; ich sehe nicht mehr, ich höre nicht mehr, alles Blut steigt mir zu Kopfe, und ich vermeine den Verstand zu verlieren.
DER PRINZ: Du bist ihr Geliebter!
KEAN: Nein, ich schwöre es Ihnen ... Doch wenn Sie nur ein wenig Freundschaft für mich haben ... und wenn Sie mich nicht zu einem Skandal treiben wollen ... den ich aus tiefstem Herzen bereuen würde ... so gehen Sie nicht in ihre Loge, ich beschwöre Sie! Sehen Sie, allein da ich davon spreche, vergesse ich alles. Die Vorstellung beginnt, und ich bin nicht fertig.
DER PRINZ: Ich gehe.
KEAN: Sie versprechen mir? ...
DER PRINZ: Gestehst du, daß du ihr Geliebter bist?
KEAN: Ich kann nicht gestehen, was nicht ist!
DER PRINZ: Dann unterschreibe.
KEAN: Nein, Hoheit, ich unterschreibe nicht.
DER PRINZ: Adieu, Kean.
KEAN: Hoheit ...
DER PRINZ: Ich gehe, dir zu applaudieren.
KEAN: In Ihre eigene Loge?
DER PRINZ: Kein halbes Vertrauen, Herr Kean, oder ich gebe nur ein halbes Versprechen.
KEAN *verneigt sich*: Handeln Sie, wie es Ihnen gutdünkt, Hoheit.
DER PRINZ: Vielen Dank für die Erlaubnis, Herr Kean. *Er geht.*

8. SZENE

Salomon – Kean.

SALOMON *kommt mit dem Umhang Othellos herein*: Meister! ... Meister! ... beeilen wir uns ...
KEAN: Ich bin fertig.
Man hört klopfen.
Leise: Salomon, es klopft an die Geheimtür. Mach auf.
Salomon öffnet die Tür. Elenas Kammerfrau kommt herein.

9. SZENE

Gidsa – Salomon – Kean.

KEAN: Was wollt Ihr, Gidsa? Was ist geschehen?

GIDSA: Meine Herrin hat ihren Fächer vergessen, und ich komme, ihn zu holen.

KEAN: Ihren Fächer? Hast du ihn gesehen, Salomon?

SALOMON: Nein, Meister.

KEAN: Schaut nach, Gidsa; sucht.

GIDSA: Ach, du mein Gott! Wie kann das zugehen? Nämlich, meine Herrin hielt viel darauf, es war ein Geschenk vom Prinzen von Wales.

KEAN: Teufel! Das hätte ich fast vergessen. Sucht gut, Gidsa, sucht gut: das Geschenk eines Prinzen darf sich in der Garderobe eines Schauspielers nicht verlieren. *Pause.* Seht in ihrem Wagen nach; vielleicht hat sie ihn dort vergessen.

GIDSA: Sie haben recht ... *Sie verschwindet und die Tür schließt sich.*

10. SZENE

Kean – Salomon – Darius – der Regisseur.

KEAN: Ein vom Prinzen von Wales geschenkter Fächer! .. Ich begreife, daß man auf ein königliches Präsent hält. *Er ruft:* Darius! Nun! Will dieser Strohkopf von einem Friseur heute nicht? Darius!

SALOMON: Schonen Sie Ihr Organ, Meister, und lassen Sie mich statt dessen rufen ... *Er ruft:* Darius!

DARIUS *kommt mit einer Perücke in der Hand herein*: Zur Stelle! Zur Stelle!

KEAN *setzt sich*: Was hast du nur getrieben, Schelm? Geschwatzt, was? Komm her und frisiere mich.

DER REGISSEUR *blickt zur Tür herein*: Herr Kean, können wir ins Foyer läuten?

KEAN: Ja! Ich bin fertig.

DER REGISSEUR: Danke sehr, Meister! *Er verneigt sich und geht.*

KEAN: Während ich frisiert werde, Salomon, wirf einen Blick in den Zuschauerraum und berichte mir, wer in der Loge des Grafen Koefeld ist.

Salomon geht. Anna kommt als Desdemona herein. Er platzt lachend heraus.

11. SZENE

Kean – Anna – Darius.

KEAN: Wie siehst du aus! Du Unglückswürmchen, wer hat dich geschminkt? Wer hat dich angekleidet?

ANNA: Ich selber.

KEAN: Du brächtest einen Leichenzug zum Lachen! Komm, knie dich her; ich will versuchen, dich ein wenig zurechtzumachen. *Er schminkt und frisiert sie.* Hast du Lampenfieber?

ANNA: Nein.

KEAN: Sei ganz ruhig: wenn du unsicher bist, schneide ich dir die Antwort ab; wenn du die Stellung nicht weißt, nehme ich dich beim Arm, du brauchst nur zu folgen. Und wenn dich dein Gedächtnis im Stich läßt, sagst du einfach «Ich liebe dich». Das paßt in Liebesstücken immer. *Pause.* Ich habe niemand mehr, der mich beim Arm nimmt und mir die Antwort souffliert: so habe ich immer ein wenig Lampenfieber. Reich mir die Flasche, Darius. *Er trinkt.* Das ist das beste Mittel. *Er trinkt wieder.* Ich bin tot. Ich wette mit dir, Darius, daß man mich auspfeift.

DARIUS *lächelnd*: Die Wette halte ich. Wieviel?

KEAN *schroff*: Nein, nein: keine Wette. Genug der Wetten für heute. *Salomon kommt zurück.*
Nun?

SALOMON: Der Zuschauerraum ist bereits voll, und draußen stehen sie noch bis zum Haymarket.

KEAN: Ist die Gräfin Koefeld in ihrer Loge?

SALOMON: Ja, Meister. Graf Koefeld auch, mit einer anderen Dame und dem Prinzen von Wales, der eben hereinkam.

KEAN: Ich habe es gewußt! Er, mein Freund! ... Es gibt keine Freundschaft, denn unter Gleichgestellten, Prinz, und es ist ebensoviel Eitelkeit bei Ihnen, mich in Ihrem Wagen zu haben, denn Dummheit bei mir, hineinzusteigen. *Zu Anna:* Schmerzte es dich sehr, Kleine, wenn ich dich bäte, auf dein Auftreten zu verzichten?

ANNA: Sehr.

KEAN: Aber wenn es dabei um mein Glück ginge?

ANNA: Um dein Glück? Für dein Glück täte ich alles.

KEAN: Danke. *Er küßt sie auf die Stirn; zu Darius:* Geh, frage Fräulein Gish, ob sie die Desdemona spielen kann. Sie ist sicher in ihrer Garderobe, da sie im Stück zu tun hat. Sonst suche Fräulein Prigent. *Darius eilt hinaus.*

ANNA: Sie will nicht, daß ich spiele, nicht wahr?

KEAN: Nein, sie will nicht, daß du spielst.

ANNA: Und macht es dich glücklich, mich ihr zu opfern?

KEAN: Alles andere als das!

ANNA: Das dachte ich mir: du siehst nicht froh aus.

DER REGISSEUR *an der Tür*: Herr Kean, der Vorhang geht auf.

KEAN: Ich bin nicht fertig.

DER REGISSEUR: Sie sagten doch, wir könnten einläuten!

KEAN: Geh zum Teufel!

DER REGISSEUR *verzieht sich und ruft*: Vorhang nicht auf! Vorhang nicht auf!

DARIUS *kommt zurückgelaufen*: Fräulein Gish kann die Rolle nicht. Aber sie kann die Cordelia in König Lear und fragt, ob Ihnen damit gedient ist.

KEAN: Nein, damit ist mir nicht gedient. Und Fräulein Prigent?

DARIUS: Ist seit vorigen Donnerstag krank, erinnert Fräulein Gish Sie.

KEAN: Gut denn, ich spiele nicht!
SALOMON: Meister! Meister, was sagen Sie?
KEAN *fest*: Ich sage, ich spiele nicht.
DER REGISSEUR *kommt darüber herein*: Man wird Sie dazu zwingen, mein Herr!
KEAN: Und wer, bitte?
DER REGISSEUR: Der Konstabler.
KEAN: Er soll nur kommen.
SALOMON: Meister, Meister, um Himmels willen! Man wird Sie in den Kerker werfen!
KEAN: In den Kerker? Um so besser. Ich spiele nicht.
SALOMON: Kann nichts Sie umstimmen?
KEAN: Nichts in der Welt! Ich spiele nicht.
DER REGISSEUR: Aber die Einnahme ist gemacht.
KEAN: Zahlt das Geld zurück!
DER REGISSEUR: Herr Kean, Sie halten Ihre Verpflichtungen nicht ein.
KEAN: Ich spiele nicht, ich spiele nicht, ich spiele nicht! *Ergreift einen Stuhl und zertrümmert ihn.*
DER REGISSEUR: Bitte, wie Sie wollen, ich bin nicht der Wohltatsempfänger. *Er geht.*
Kean fällt in einen Sessel. Lärm aus dem Zuschauerraum.
ANNA *sanft*: Kean! Und der alte Bob! Und seine Kinder! Sie sind nicht schuld an deinem Verdruß, Kean! Du warst soeben nicht glücklich, aber wenn du nicht spielst, wirst du's heute abend noch weniger sein. Du weißt doch, du hast ihnen dein Wort gegeben, und es wäre das erste Mal, daß du es nicht hieltest.
KEAN: Schon gut. Wo ist Darius?
SALOMON: Er hat sich verdrückt.
DARIUS *kommt aus der Kleiderkammer*: Zur Stelle!
KEAN: Wo ist der Regisseur?
SALOMON *zu Darius*: Geh ihn holen.
KEAN: Meinen Umhang!
Man reicht ihn ihm.
Was soll das? Ich habe meinen Gürtel verlangt.
DARIUS *kommt zurück*: Zur Stelle, Herr Kean, zur Stelle.
DER REGISSEUR *im Eintreten*: Sie haben mich rufen lassen?
KEAN: Ja, Herr. Meinen Degen!
SALOMON: Ihren Degen?
KEAN: Je! ja, gewiß, meinen Degen; das wundert dich? ... Womit soll ich mich denn töten? *Zum Regisseur:* Ich spiele, Herr.
DER REGISSEUR: Oh, danke, Herr Kean, danke. *Er geht.*
SALOMON: Es war Zeit! Das Publikum beginnt scheint's die Stuhlreihen zu zertrümmern.
KEAN: Es hat recht, mein Herr; ich möchte Sie im Zuschauerraum sehen, wenn Sie Ihr Billett gekauft hätten, und man ließe Sie warten ... Was würden Sie sagen?
SALOMON: Verdammich! Meister ...
KEAN: Was würdest du sagen? Du würdest sagen, daß ein Schauspieler vor allem dem Publikum verpflichtet ist.
SALOMON: Oh!

KEAN: Und du hättest recht.

DER REGISSEUR: Alles bereit, Herr Kean. Darf ich eine Ankündigung machen?

KEAN: Was Sie wollen. *Zu Anna:* Komm, zeig dich. Gut, so mag's gehen. Und wenn applaudiert wird, vergiß nicht, deinen Knicks zu machen. Ist es gut besucht?

DER REGISSEUR: Voll bis obenan! ... Sie schlagen sich noch am Eingang.

KEAN: Wohlan, Ackergaul, geh und pflüge deinen Shakespeare.

Vorhang

VIERTER AKT

II. BILD

Das Innere des Drury Lane-Theaters.

I. SZENE

Elena – der Graf – der Prinz – Amy.

DAS PUBLIKUM *bei Rampenbeleuchtung*: Anfangen! Anfangen! Anfangen!

DER PRINZ *zu Elena*: Wer spielt die Desdemona?

ELENA *schroff*: Ich hoffe für Kean, daß es Frau MacLeish ist.

DER PRINZ: Warum hoffen Sie das?

ELENA *beherrscht sich*: Weil er an sie gewöhnt ist. Mit jeder anderen Partnerin machte er sich lächerlich.

AMY *sehr aufgeregt*: Hast du gesehen?

ELENA: Was?

AMY: In der Loge, da, da, uns gegenüber: Lord Mewill. Es gibt bestimmt einen Skandal. Kean hat ihn gestern nacht verprügelt, um ein junges Mädchen zu verteidigen.

ELENA: Pah! Diese Geschichte scheint mir stark übertrieben.

Graf Koefeld ist eingeschlafen.

DER PRINZ: Gräfin, ich bewundere Ihren Gatten. Wie kann er bei diesem Lärm schlafen?

Elena schüttelt den Grafen heftig.

DER GRAF *fährt aus dem Schlaf auf*: Hä?

ELENA: Wir haben heute abend Seine Königliche Hoheit zu Gast, und du hattest mir versprochen, nicht zu schlafen.

DER PRINZ *um sie zu besänftigen*: Ich bitte Sie, Gräfin! Der Graf schläft nicht: er übt sich in diplomatischer Undurchdringlichkeit.

Der Graf lächelt und schläft wieder ein.

DAS PUBLIKUM: Anfangen! Anfangen! Anfangen!

DER REGISSEUR *erscheint vor dem Vorhang*: Meine sehr verehrten Damen und Herren, Herr Kean, der sich plötzlich sehr niedergedrückt fühlte und fürchtete, der ehrenvollen Gunst, die Sie ihm bezeigen, nicht würdig zu sein, beauftragt mich, Ihre gütige Nachsicht zu erbitten. *Der Regisseur verneigt sich und geht.*

Das Orchester spielt «God save the King». Der Vorhang geht auf.

ELENA *zwischen den Zähnen*: Sie ist's! Das soll er mir büßen.

AMY: Was sagst du, Liebste?

ELENA: Gar nichts.

2. SZENE

Dieselben – Kean – Anna – Salomon.
Auf der Bühne: Desdemona schlafend im Bett. Ein Licht brennt neben ihr, Othello tritt herein.

KEAN *als Othello*: Die Sache will's, die Sache will's mein Herz!
Laßt sie mich euch nicht nennen, keusche Sterne! –
Die Sache will's. – Doch nicht ihr Blut vergieß' ich:
Noch ritz' ich diese Haut, so weiß wie Schnee,
Und sanft wie eines Denkmals Alabaster.
Er legt seinen Degen ab.
Doch sterben muß sie, sonst betrügt sie andre.
Tu aus das Licht, und dann – Tu aus das Licht;
Ja, lösch' ich dich, du flammenheller Diener,
Kann ich dein vorig Licht dir wiedergeben,
Sollt' ich's bereun. – Doch dein Licht ausgetan,
Du reizend Muster herrlichster Natur,
Nie find' ich den Prometheusfunken wieder,
Dein Licht zu zünden. Pflückt' ich deine Rose,
Nie kann ich dir den Lebenswuchs erneun,
Sie muß, muß welken, dufte mir vom Stamm!
Küßt sie.
O würz'ger Hauch, der selbst Gerechtigkeit
Ihr Schwert zu brechen zwingt! – Noch einen! einen!
Sei wann du tot bist so, dann töt' ich dich
Und liebe dich nachher – noch einen und den letzten!
So süß war nie so tödlich. Ich muß weinen.
Doch sind's grausame Tränen. Dieser Schmerz
Ist wie des Himmels, strafend, wo er liebt. –
Sie wacht.
Applaus.

DER PRINZ *zu Amy*: Nun, was sagen Sie?

AMY: Pah! Kemble ist mir lieber!

DER PRINZ: Nanu, warum?

AMY: Kemble spielt Shakespeare. Und ich habe das Gefühl, daß hier Shakespeare Kean spielt.
Der Applaus hält an.

ANNA *als Desdemona*: Wer da? …

KEAN *privat*: Still.

ANNA *als Desdemona*: Othello?

KEAN *privat*: Bist du still! Laß sie zu Ende applaudieren! *Er verneigt sich.*

DAS PUBLIKUM: Bravo! Bravo!

KEAN *verneigt sich. Zu Salomon*: Wieviel?

SALOMON: Drei Minuten, daß sie applaudieren.

KEAN: Dreißig Sekunden mehr als vergangenen Dienstag. *Er verneigt sich.*
Der Applaus klingt ab.
Jetzt, Hühnchen, plappere los, und keine Angst: heute abend hat das Publikum Genie.

ANNA *als Desdemona*: Wer da? Othello?
KEAN *als Othello*: Ja, Desdemona.
ANNA *als Desdemona*: Willst du zu Bett gehn, mein Gemahl?
KEAN *als Othello*: Hast du zu Nacht gebetet, Desdemona?
ANNA *als Desdemona*: Ja, mein Gemahl.
KEAN *als Othello*: Kannst du dich einer Sünde noch erinnern,
Nicht ausgesöhnt dem Himmel und der Gnade,
So flehe jetzt alsbald.
ANNA *als Desdemona*: Ach, mein Gemahl! Was willst du damit sagen?
KEAN *als Othello*: Wohl, tu es, und sei kurz. Ich geh beiseite ...
Sie betet. Er geht um das Bett herum.
ELENA: Hoheit!
DER PRINZ: Gräfin?
ELENA: Kann man schlechter spielen als dies Mädchen?
DER PRINZ: Man kann alles, Gräfin, außer schöner sein als Sie. Wer ist sie?
ELENA: Wie soll ich das wissen?
Kean hat innegehalten und sieht sie starr an. Sie verstummen.
KEAN *als Othello*: ... Nicht möcht' ich deinen Geist in Sünden töten,
Nein, Gott verhüt's! nicht deine Seele töten.
ANNA *als Desdemona*: Sprichst du vom Töten?
KEAN *als Othello*: Ja.
ANNA *als Desdemona:* Dann ... *Sie stockt.* ... dann ...
SALOMON *souffliert*: Guter Himmel, erbarm dich mein.
ANNA *versteht nicht*: Hä?
SALOMON *souffliert*: Guter Himmel, erbarm dich mein.
Sie versteht nicht.
ANNA *mit einem plötzlichen Entschluß – als Desdemona*: Ich liebe dich.
SALOMON *souffliert*: Nein, nein! Guter Himmel, erbarm dich mein.
ANNA *verzweifelt – als Desdemona*: Ich liebe dich, ich liebe dich, ich liebe dich.
KEAN *als Othello*: Nein, Schamlose, du liebst mich nicht.
ANNA *als Desdemona*: Ich ...
KEAN *improvisiert – als Othello*:
Du liebst mich nicht, und nicht die Zeit ist's mehr zu lügen.
Weißt du, was du in dieser unglücksel'gen Stunde sagen müßtest?
Du müßtest sagen:
Guter Himmel, erbarm dich mein!
ANNA *privat*: Ah! Guter Himmel, erbarm dich mein. Danke. *Als Desdemona:* Dann, guter Himmel, erbarm dich mein.
KEAN *als Othello*: Amen, von ganzem Herzen!
ELENA *zum Prinzen*: Und zu allem anderen kann sie ihre Rolle nicht. Es ist unerhört!
DER GRAF *ist aus dem Schlaf aufgefahren*: Wer kann seine Rolle nicht?
ELENA: Die Kleine da.
DER GRAF: Ah! Ophelia?
ELENA: Eben! Eben! Schlafe.
Der Graf schläft wieder ein. Kean hat sich ganz offen zum Proszenium umgewandt.

ANNA *als Desdemona*: Wenn du so sprichst, dann wirst du mich nicht töten!
Kean antwortet nicht.
Wenn du so sprichst, dann wirst du mich nicht töten!

KEAN *zerstreut – als Othello*: O ja! O ja! Gleich werde ich dich töten.

LORD MEWILL *zu seinem Begleiter*: Er sitzt fest. *Er zieht eine Rollpfeife aus der Tasche und pfeift.*
Kean fährt zusammen und wendet sich langsam zu Anna zurück.

KEAN *als Othello*: Denk deiner Sünde.

ANNA *als Desdemona*: Das ist zu dir die Herzensliebe.

KEAN *als Othello*: Und dafür stirbst du.

ANNA *als Desdemona*: Grausamer Tod, der nur um Liebe tötet!
Ach, warum nagst du so die Unterlippe! Warum –?
Warum nagst du so die Unterlippe? ...

SALOMON *souffliert*: Warum in deinen Augen dieses Blut?

ANNA *als Desdemona*: Warum diese Augen in deinem Blut? *Sie bemerkt den Lapsus.* Oh!
Leichtes Raunen der Verwunderung im Publikum.

KEAN *privat*: Dummes Ding! Mach das gut.

ANNA *privat*: Ich weiß nicht, wie!

KEAN *privat*: Gut! *Glanzvoll – als Othello:*
Die Augen meines Blutes sind der Argwohn meines Herzens.
Die Augen, die in meinen Venen wuchern, durch meine Haut
Sehn sie dich nackt. Ist Blut in meinen Augen, Metze,
Bist du's, die meinem Blute Augen gab.
Applaus. Kean dankt.

AMY *zum Prinzen*: Ist das von Shakespeare?

DER PRINZ *phlegmatisch*: Oh! Warum nicht?

KEAN *zu Anna*: Los, fall ein!

ANNA *privat*: Wie soll ich mich zurechtfinden, wenn Sie selber dichten!

KEAN *zu Salomon*: Souffliere!

SALOMON *souffliert*: Ich bin verloren.

ANNA *wirft sich mit einem plötzlichen Entschluß halb aus dem Bett und umklammert Kean*: Ich liebe dich! Ich liebe dich!

KEAN *überrascht*: Du bist toll! Laß mich los. *Er versucht sich freizumachen.*

ANNA *klammert sich an ihn. Als Desdemona*: Töte mich, wenn du willst, du wirst mich nicht hindern, dich zu lieben. *Sie ringen miteinander. Sie ruft aus:* Ich liebe dich! *Und endlich gelingt es ihm, sie aufs Bett zurückzuwerfen. Mit einem Hauch:* Ich liebe dich.

DER GRAF *plötzlich aufgewacht*: Bravo. *Er applaudiert. Zu Elena:* Sie ist exzellent, diese Kleine.

ELENA *gereizt*: Ah! Schlafe lieber.
Applaus im Publikum.

KEAN *privat*: Dummes Gänschen, der Erfolg ist gestohlen! *Als Othello:* Das Tuch, das ich so wert hielt und dir schenkte, du gabst es Cassio.

ANNA *als Desdemona*: Nein, bei Seel' und Leben!
Ruf ihn herbei und frag ihn.

KEAN *als Othello*: Behüte, Kind, behüte dich vor Meineid,
Du liegst auf deinem Sterbebette!

ANNA *als Desdemona*: Dann, Gott, erbarm dich mein!

KEAN *als Othello*: Meineidig Weib! Ha! Du versteinst mein Herz,
Und machst zum Mord, was ich beginnen will,
Was ich als Opfer meinte. Ich sah das Tuch.

ANNA *als Desdemona*: So hat er's denn gefunden; ruf ihn her.
Daß er bekennt, wie's ist!

KEAN *als Othello*: O nein, sein Mund ist stumm.
Der treue Jago hat dafür gesorgt.

ANNA *als Desdemona*: O Gott! Er ist verraten, ich verloren!

KEAN *als Othello*: Ha, Metze! Weinst du um ihn vor meinen Augen? –

ANNA *als Desdemona*: Töte mich morgen, laß mich heut' noch leben!

KEAN *als Othello*: Kein Sträuben!

ANNA *als Desdemona*: Nur ein Stündchen.

ELENA: Großer Gott! Brächte er sie nur gleich um.

Der Prinz lacht. Amy und Elena lachen gleichfalls. Kean wendet sich zu der Loge um und kreuzt die Arme.

SALOMON *souffliert ihm*: 's ist zu spät.

Kean rührt sich nicht.

's ist zu spät!

KEAN *zur Loge gewandt*: 's ist zu spät. Beleidigt man mich, so töte ich.

Er macht einen Schritt auf die Loge zu, Anna steigt im Nachthemd aus dem Bett, läuft zu ihm hin und zieht ihn am Ärmel.

ANNA *improvisiert*: So töte mich rasch. Auf, Mut, Othello, töte mich.

KEAN *dumpf*: Still, du.

ANNA *improvisiert*: Nein, nein, es ist genug, du sollst mich auf der Stelle umbringen. Ich kann deine Verachtung nicht ertragen, eher will ich sterben. Ersticke mich. Hier! Mit diesem Kissen. *Sie legt ihm das Kissen in die Arme.*

Elena lacht laut auf. Kean macht einen Satz auf die Loge zu.

KEAN *laut*: Ruhe!

DER PRINZ *zunächst verdutzt, hat sich gefaßt. Zu Elena*: Gott erbarm sich, Gräfin! Er meint mich.

ELENA: Hoheit, ich beschwöre Sie, wenden Sie sich der Bühne zu und sehen Sie mich nicht mehr an.

KEAN: Darf ich Euer Hoheit bitten, schweigen zu wollen?

DER PRINZ *ein wenig lauter*: Gräfin ...

ELENA *ohne ihn anzusehen*: Kein Wort mehr, wenn Sie mir gut sind. Bei einem Skandal wäre ich das erste Opfer.

DER PRINZ: Hören wir Herrn Kean doch an: ich bin gespannt, wie weit er geht.

KEAN: Wo glauben Sie, sind Sie? Am Hof? In einem Boudoir? Überall außerhalb sind Sie Prinz, doch hier bin ich König, und ich ersuche Sie augenblicklich zu schweigen, oder wir hören zu spielen auf. Wir arbeiten, mein Herr, und wenn es etwas gibt, das die Müßiggänger respektieren sollten, ist es die Arbeit der andern.

DER PRINZ *halblaut*: Halt ein, Kean! Siehst du nicht, daß du dich vernichtest?

KEAN: Und wenn ich mich vernichten will?

Der Prinz *achselzuckend*: Dummkopf!

Kean: Was haben Sie gesagt? *Murren im Publikum; er wendet sich ihm zu:* Ah! ihr seid auch noch da, ihr andern: ich hatte euch vergessen. Ihr habt Eintritt bezahlt, um Blut zu sehen, und wollt Blut sehen, nicht wahr? Hühnerblut, wohlverstanden! Was sagtet ihr, gäbe ich euch Menschenblut zu sehen? *Er stürmt zu der Loge vor, mit dem Versuch, seinen Degen zu ziehen; er hat den Knauf mit einem winzigen Stück Klinge in der Hand.*

Das Publikum lacht und pfeift. Rufe: «In den Kerker! Verhaftet ihn! ...»

Der Konstabler schleicht sich an der Proszeniumsloge entlang auf Kean zu, der gebrochen, mit gesenktem Kopf, regungslos dasteht und ihn nicht sieht. Der Prinz bemerkt ihn.

Der Prinz: He!

Der Konstabler wendet sich um.

Was habt ihr vor, Mann?

Der Konstabler: Ich will ihn arretieren, Königliche Hoheit.

Der Prinz: Fort mit euch, und wartet die Befehle ab.

Der Konstabler zieht sich zurück. Inzwischen hat Anna das Kopfkissen wieder genommen und ist hinter Kean getreten, in der Hoffnung, ihn zum Weiterspielen zu bewegen.

Anna: Othello, mein lieber Herr ...

Er antwortet nicht.

Othello!

Er fährt zusammen.

Kean: Wer nennt mich Othello? Wer meint, ich spielte den Othello? *Er weist auf sich.* Othello, dies? Ich bitte euch: er tötete; ich, ich ... ich ... stammle. *Pause.* Herrgott, laß mich Othello sein, gib mir seine Kraft und seine Wut. Eine Minute, eine einzige Minute: ich habe ihn so oft gespielt, daß es möglich sein müßte. Eine Minute: die Zeit, an den Grundpfeilern des Theaters zu rütteln und den Lüster auf diese Köpfe hinabzusenden. *Er reißt sich mit leidenschaftlicher Gewalt zusammen, wie um sich im Innern in Othello zu verwandeln.* Was fehlt mir? Ich habe doch die Kleider dieses Mohren am Leib und seine Schuhe an den Füßen. Ah! Prinz von Wales, Prinz von Wales, du hast Glück: wäre ich wahr, so triebst du es nicht mehr lange.

Rufe und Pfiffe.

Meine Damen und Herren, heute abend findet kein Mord statt. Wir lassen Gnade an den Schuldigen walten.

Anna kommt heran, das Kopfkissen in den Händen.

Du geh mir aus den Augen: du kannst deine Rolle nicht. *Er greift nach dem Kissen.* Gib das her! *Zu Elena gewandt:* Sie, Gräfin, warum spielen Sie nicht die Desdemona? Ich erwürgte Sie so sanft! *Er hebt das Kissen über den Kopf.* Meine Damen und Herren, die Mordwaffe! Sehen Sie her, was ich damit mache. *Er wirft das Kissen vor die Proszeniumsloge, direkt zu Elenas Füßen.* Der Allerschönsten. Dieses Kopfkissen ist mein Herz; mein offenermaßen feiges Herz: auf daß sie ihre Füßchen daraufsetze. *Zu Anna:* Du, geh zu deinem Liebhaber Cassio: er kann dich von nun an unter meinen Augen lieben. *Er klopft sich auf die Brust.* Dieser Mann ist nicht gefährlich. Zu Unrecht hielt man Othello für einen königlichen Hahnrei; ich bin ein Ha ... Ha ... ein ... Ha ... Ha ... Hanswurst. *Lachen. Zum Prinzen:* Nun, Hoheit, ich hatte es Ihnen vorausgesagt: einmal packt mich eine wirkliche Wut, und man pfeift mich aus.

Die Pfiffe werden stärker. Rufe: «Nieder mit Kean! Nieder mit dem Schauspieler!»

Er macht einen Schritt auf das Publikum zu und betrachtet es. Die Pfiffe verstummen.

Alle also? Alle gegen mich? Welche Ehre! Aber warum? Meine Damen und Herren, wenn Sie mir eine Frage gestatten: was habe ich Ihnen getan? Ich kenne Sie alle, aber zum erstenmal sehe ich diese Mörderfratzen an Ihnen. Sind dies Ihre wahren Gesichter? Sie kamen jeden Abend her und warfen mit Bravo-Rufen Blumen auf die Bühne. Ich war zu dem Glauben gelangt, Sie liebten mich ... Wem nur applaudierten Sie? Wie? Othello? Unmöglich: er ist ein mörderischer Irrer. Also muß es Kean sein. «Unser großer Kean, unser teurer Kean, unser volkstümlicher Kean.» Nun wohl, hier ist er, euer Kean! *Er zieht ein Taschentuch aus der Tasche und fährt sich über das Gesicht; feuchte Spuren erscheinen.* Ja, hier ist der Mensch. Seht ihn an. Ihr applaudiert nicht?

Pfiffe.

Das ist aber doch merkwürdig: ihr liebt nur, was falsch ist.

LORD MEWILL *aus seiner Loge*: Schmierenkomödiant!

KEAN: Wer spricht? Sieh da, Mewill! *Er geht heran.* Ich habe soeben gekniffen, weil ich vor Prinzen Angst habe; doch daß du's weißt, vor Wanzen habe ich keine Angst. Wenn du nicht gleich dein großes Maul hältst, nehme ich dich zwischen zwei Fingernägel und zerknacke dich: sieh, so! *Er macht die Geste.*

Das Publikum verstummt.

Meine Damen und Herren, ich wünsche einen guten Abend. Romeo, Lear und Macbeth empfehlen sich Ihrem geneigten Andenken: ich begebe mich zu ihnen und werde ihnen Ihre Grüße ausrichten. Ich kehre ins Imaginäre zurück, wo meine herrliche Wut meiner wartet. Heute nacht, meine Damen und Herren, werde ich in meinen vier Wänden, unter Ausschluß der Öffentlichkeit, Othello sein und im Ernst töten. Das ist klar, hätten Sie mich geliebt ... Doch man darf nicht zuviel verlangen, nicht wahr? Übrigens hatte ich soeben unrecht, als ich Ihnen von Kean sprach. Kean ist in jungen Jahren gestorben.

Gelächter.

So schweigt, Mörder, ihr selber habt ihn getötet! Ihr selber habt ein Kind genommen und ein Monstrum daraus gemacht!

Erschrockene Stille im Publikum.

Seht ihr! So ist's recht: Stille, Totenstille. Warum solltet ihr pfeifen: es ist niemand auf der Bühne. Niemand. Oder vielleicht ein Schauspieler, der gerade Kean in der Rolle des Othello spielt. Hört, ich will euch ein Geständnis machen: ich existiere in Wirklichkeit nicht, ich stelle mich nur so. Ihnen zu Gefallen, meine Damen, meine

Herren, Ihnen zu Gefallen. Und ich ... *Er stockt; dann mit einer Geste «Wozu?»* ... Das ist alles.

Er entfernt sich langsamen Schrittes in tiefem Schweigen; auf der Bühne verharren alle in regungsloser Betroffenheit. Salomon steigt aus seinem Souffleurkasten, macht eine bedauernde Geste zum Publikum und ruft in die Kulisse.

SALOMON: Vorhang! Wird's bald! Vorhang!

EIN BÜHNENARBEITER: Ich war den Arzt vom Dienst suchen gegangen.

SALOMON: Laß den Vorhang herunter, sag ich dir ... *Er tritt an die Rampe.* Meine Damen und Herren ... die Vorstellung kann nicht weitergehen. Englands Sonne hat sich verdunkelt: der erlauchte, der gefeierte, der erhabene Kean hat soeben einen Wahnsinnsanfall erlitten.

Lärm im Publikum. Der Graf fährt aus dem Schlaf hoch und reibt sich die Augen.

DER GRAF: Ist es aus? Nun, Hoheit, wie fanden Sie Kean?

DER PRINZ *im Ton, in dem man einen Schauspieler zu seinem Erfolg beglückwünscht*: Er war einfach großartig.

Vorhang

FÜNFTER AKT

Keans Salon.

1. SZENE

Der Regisseur – Darius – Salomon.

Es ist zehn Uhr morgens. Salomon, allein, schenkt sich einige Gläschen Branntwein ein. Der Regisseur und Darius kommen auf den Zehenspitzen herein.

SALOMON: Was wollt ihr?
DER REGISSEUR: Ihn besuchen.
SALOMON: Er ist mit dem Arzt in seinem Zimmer. Da ist die Liste, schreibt euch ein.
Er legt ihnen die Liste vor, und sie schreiben sich ein.
DER REGISSEUR: Wie hat er die Nacht verbracht?
SALOMON: Auf allen vieren auf dem Schrank.
DARIUS: So ist er wirklich wahnsinnig?
SALOMON: Reif für die Zwangsjacke.
DARIUS: Und im Augenblick läßt der Arzt ihn zur Ader?
SALOMON: Total.
DER REGISSEUR: Was für eine Art von Wahnsinn ist es?
SALOMON: Tobsucht.
DARIUS: Was tut er?
SALOMON: Er schlägt.
DER REGISSEUR: Worauf?
SALOMON: Auf alles.
DARIUS: Er greift seinesgleichen an?
SALOMON: Mit Vorliebe.
DARIUS: Sicher hat ihn ein Hund gebissen.
SALOMON: Das fürchte ich. *Pause. Er tut, als hörte er etwas.* Scht!
DER REGISSEUR: Was denn?
SALOMON: Ein Grollen.
DARIUS: Ist es ...?
DER REGISSEUR: Kean?
Salomon nickt.
DARIUS *und der* REGISSEUR *hastig*: Adieu, adieu, mein lieber Salomon. *Sie ergreifen die Flucht.*

2. SZENE

Salomon – Kean.

Kean kommt herein, den Kopf gesenkt, ohne Salomon zu sehen.

SALOMON: Meister ...
KEAN *fährt zusammen*: Hä? *Er erkennt Salomon.* Ich bin nicht mehr dein Meister. Nenne mich Herr Edmond. *Pause.* War jemand da? Ich hörte dich sprechen.
SALOMON: Schauspieler, Meister.

KEAN: Schauspieler? Also niemand. *Er lacht.* Niemand! Niemand! Was hast du ihnen gesagt?

SALOMON: Ich sage allen, daß Sie wahnsinnig sind.

KEAN: Daß der große Kean wahnsinnig ist? Dummkopf, das Gegenteil ist der Fall. Sage der Bevölkerung Londons, daß ein Händler, namens Edmond, soeben zur Vernunft gelangt ist. *Er kneift Salomon ins Kinn.* Ich habe verstanden: Shakespeare ist ein Käse.

SALOMON *erschrocken*: Wie ...?

KEAN: Ein Käse. Und ich vertrieb ihn in Scheiben. Warum hast du mir das nicht gesagt?

SALOMON *erschrocken*: Was habe ich Ihnen nicht gesagt?

KEAN: Daß ich ein Käsehändler war. *Ruhig:* Du siehst, ich bin vollkommen bei Vernunft. Hä? Vollkommen bei Vernunft, hörst du?

SALOMON: Hm ...

KEAN: Wiederhole, Schlingel! «Sie sind vollkommen bei Vernunft.»

SALOMON: Sie sind vollkommen bei Vernunft.

KEAN: Gut. Jetzt geh und rufe die Neuigkeit an den Straßenecken aus.

SALOMON: Nein.

KEAN *fährt auf ihn los*: Wieso, nein?

SALOMON: Wenn ich sage, daß Sie bei Vernunft sind ...

KEAN: Nun?

SALOMON: ... wird man Sie in den Kerker werfen.

KEAN: In den Kerker? Weil ich bei Vernunft bin? Kuriose Welt! Meinethalben: so gehe ich eben in den Kerker.

SALOMON: Aber wenn Sie im Kerker sind, können Sie nicht mehr spielen.

KEAN: Ein schönes Unglück!

SALOMON *sanft*: Verteidigen Sie sich.

KEAN: Hä?

SALOMON: Lassen Sie sich nicht gehn, Meister! Verteidigen Sie sich. Es war Ihnen immer alles erlaubt ...

KEAN: Teufel, ja: ich hatte die Immunität der Narren.

SALOMON: Aber diesmal ...

KEAN: Nun?

SALOMON: Diesmal ist's ernst: man will Sie vernichten.

KEAN: Wer, man?

SALOMON: Lord Mewill, wie auch andere. Und dann ist noch das Publikum: wenn es zu sehr bewundert hat, muß es töten. Verteidigen Sie sich, ich beschwöre Sie: kommen Sie ihnen entgegen.

KEAN: Pah! Glaubst du, ich wollte um Gnade flehen? Man gewährte sie dem Narren. Steckt man mich ins Gefängnis, so heißt das, daß sie mich für einen Menschen ansehen. Ich ziehe das vor.

SALOMON: Sie sollen nicht um Gnade flehen.

KEAN: Und was sonst?

SALOMON: Wenn Sie bereit wären ... ein, zwei Tage ...

KEAN: Nun?

SALOMON: Zu tun ...

KEAN *tippt sich auf die Stirn*: Als ob ...?

SALOMON: Ja.

Geste Keans.

Hastig: Sie waren so gut als König Lear.

KEAN *langsam*: Als König Lear? *Zu Salomon, liebevoll:* Mein guter Alter, selbst wenn ich wollte, wäre es unmöglich. Ich kann nicht mehr spielen.

SALOMON *bestürzt*: Sie können nicht mehr?

KEAN: Nein.

SALOMON: Aber wann haben Sie ...?

KEAN: Oh, heute nacht. Ich habe nachgedacht. Um zu spielen, muß man sich für einen andern halten. Ich hielt mich für Kean, der sich für Hamlet hielt, der sich für Fortinbras hielt.

SALOMON: Ah! Hamlet ...

KEAN: Ja: Hamlet hielt sich für Fortinbras. Aber ssst! Das ist ein Geheimnis. Welche Kaskade von Mißverständnissen! *Pause.* Fortinbras hielt sich für niemand. Fortinbras und Herr Edmond sind von der gleichen Art: sie sind, was sie sind, und sagen, was ist. Du kannst sie nach dem Wetter, der Zeit und dem Brotpreis fragen. Doch versuche ja nicht, sie Theater spielen zu lassen. Ah! du bist ein alter Narr, du begreifst nichts. Zieh die Vorhänge zurück.

Salomon tut es. Helles Licht strömt herein.

Was für Wetter ist?

SALOMON: Sehen Sie's nicht? Es ist herrlicher Sonnenschein.

KEAN: Dies also ist eure Sonne? Ich werde mich daran gewöhnen müssen. Keans Sonne war auf Leinwand gemalt. Salomon, der Himmel Londons war eine gemalte Leinwand: du zogst jeden Morgen die Vorhänge auf, ich hob den Kopf und sah ... Ah! ich weiß nicht mehr, was ich sah. Wenn der Mensch falsch ist, so ist alles um ihn her falsch. Unter einer falschen Sonne schrie ein falscher Kean die falschen Leiden seines falschen Herzens. Heute, dieses Gestirn ist echt. Wie trübe ist das wahre Licht! Hör, Salomon, die Wahrheit müßte strahlen, sie müßte blenden! W a h r ist dies, w a h r ist dies, daß es mit mir aus ist. Nun, ich vermag es einfach nicht zu glauben. Bisweilen habe ich das Gefühl, gleich würde ich alles begreifen, und dann ist es weg. *Pause.* Borge mir hundert Dukaten, gib die Hälfte der Dienerschaft und schicke sie auf der Stelle weg. Das übrige behalte für dich. Ich erwarte die Polizei in diesem Sessel.

SALOMON: Im Sessel Richards III.

KEAN *kühl*: In diesem Sessel. Wenn du weggehst, laß die Türen weit offen: ich wünsche, daß die Polizei wie in eine Mühle bei mir eintritt.

SALOMON: Wie die Gallier in den Senat von Rom?

KEAN: Hä? Wer hat dir gesagt, daß ich daran dachte!

SALOMON: Es kommt im «Brennus» vor, diesem Stück, das Sie mir zu lesen gaben.

KEAN: Du hast recht, auf Ehre: ich beabsichtigte eine Geste. Weißt du, daß ich von Gesten angefüllt war: es gab deren für jegliche Stunde, für jegliche Jahreszeit, für jegliches Lebensalter. Ich hatte gehen, atmen, sterben gelernt. Glücklicherweise sind sie tot. Toter als tote Zweige: ich habe sie alle gestern abend mit einem Hieb getötet. Hole ich eine hervor, so zerbricht sie. Du machst niemals Gesten, nicht wahr? Nein, gewiß nicht. Genug, ich werde sie mir ausreißen, und gelingt es mir nicht, so hacke ich mir beide Arme ab. *Er lacht.* Verstanden? Verstanden? Ah! Schmierenkomödiant, du hast ein zähes Leben. Man muß einfach sein. Vollkommen einfach. *Mit ausbrechender Heftigkeit:* Geh weg! Geh weg, oder ich erwürge dich! *Ruhig:* Nein, bleib nur. Du genierst mich nicht. *Er setzt sich.* Nein. *Er steht wieder auf.* Siehst du: der in dem Sessel, das war nicht ich, das war Richard III. *Er setzt sich wieder.* Und dies ist Shylock, der Jude von Venedig. Nun ja. Es kommt schon allmählich. Ich werde das Natürliche nachahmen, bis es zur zweiten Natur wird. *Pause.* Sag, hast du mich gestern abend gesehen?

SALOMON: Gott sei's geklagt!

KEAN: Nun denn! Was habe ich gemacht?

SALOMON: Sie haben den Prinzen von Wales, einen Pair von England und siebenhundertzweiundachtzig Personen beleidigt.

KEAN: Ja, ja, ich weiß. Aber was war das?

SALOMON: Man sagt, daß es ein Verbrechen war. Eine Majestätsbeleidigung.

KEAN: Dummkopf, das habe ich dich nicht gefragt. War es eine Geste oder eine Tat?

SALOMON: Das weiß ich nicht.

KEAN: Es war eine Geste, hörst du? Die letzte. Ich hielt mich für Othello, und die andere, die in ihrer Loge lachte, hielt ich für Desdemona. Eine Geste ohne jede Bedeutung, für die ich niemand Rechenschaft schulde. Schlafwandler sind nicht verantwortlich.

SALOMON: Das eben sage ich: Sie sind nicht schuldig, und darum müssen Sie sich verteidigen.

KEAN *sehr heftig*: Du lügst! Es war eine Tat. Es war eine Tat, da sie mein Leben ruiniert hat. Zehn Jahre Kerker, hä? Das ist nicht zuviel, da ich ihnen wahrhaft Angst gemacht habe. Salomon, Salomon, eine Tat oder eine Geste? Das ist die Frage. Siebenhundertzweiundachtzig Personen sahen mich ein V e r b r e c h e n begehen: mithin eine ausgemachte Tat. Doch ich? Habe ich dieses Verbrechen gewollt? Oder habe ich es geträumt? Wollte ich mein Glück und mein Leben aufs Spiel setzen? Sah ich nicht, daß ich wieder auf die Narren-Immunität setzte? Genug, es war ein Selbstmord zum Spaß. Doch die Pistole war geladen, und der große Kean hat sich im Ernst getötet! *Den Kopf in den Händen:* Wenn ich nur zurückgehen könnte!

SALOMON: Sie können es. Lassen Sie mich nur machen: ich regle alles.

KEAN *faßt sich*: Dummkopf! Wenn ich zurückgehen könnte, wäre es, um wissend zu tun, was ich blindlings getan habe. Ich präsentierte ihnen stückweise meinen Haß, ich zerlegte die Beleidigungen und erspähte die Wirkung in ihren Mienen. Wenn man sich schon zugrunde richtet, soll es am hellichten Tage sein! Ich habe im Dunkel gelebt und bin im Dunkel gestorben. Wann denn wird es Tag? *Pause.* Siehst du, ich bin von der einen in die andere Welt übergegangen; da stehe ich auf seiten der Souffleure und Käsehändler: und ich sehe nicht klarer. *Heftig:* Und wenn ich Kean wäre, hä? Kean, der sich eben für Herrn Edmond hält? Widerfährt unser-

einem ein Unglück, so müssen wir die Empfindung mimen, um sie zu verspüren. *Er hebt einen Sessel auf und schmettert ihn zu Boden.* Diese Möbel sind zu leicht. Was für ein Plunder! Ziergegenstände, nichts weiter! *Er lacht.* In den Kerker! In den Kerker! Der hat Bronzetüren. *Er wirft sich in einen Sessel.* Salomon, mir bangt vor dem Kerker. *Pause.* Du kennst die Geschichte von dem Frosch, der groß wie ein Ochse sein wollte. Der Ochse ist der Prinz von Wales. Ein Ochse? Sagen wir lieber, ein Stier. Ich war krank vor Stolz. Stolz ist das Gegenteil von Scham. Eine Blase: sie schwillt und schwillt, und dann platzt sie. Gestern abend bin ich zerborsten. *Pause.* Wenn ich aus dem Kerker komme, werde ich Käse verkaufen. Welche Chance: zu Ende der Stolz, zu Ende die Scham. Endlich kann ich irgendwer sein.
Salomon hat die Besucherliste genommen und hält sie nachlässig in der Hand.
Was hast du da?

SALOMON: Nichts, das Sie interessiert. Die Liste der Dummköpfe, die heute morgen kamen, um irgendwem einen Besuch abzustatten. *Er stellt sich, als studierte er sie.* Da sind mehr als zwei Namen, die erstaunt sind, beieinander zu stehen. Namen von Reichen, Adligen, Mächtigen ... Namen von Künstlern, Arbeitern, Proleten ... vom Premierminister, Herzog von Sutherland, bis zu William dem Kutscher. Die Armen! Sie halten Sie für Kean.

KEAN: Gib her. *Er liest.* Was für Namen! Alle außer dem, den ich suche. Wenn sie nicht geschickt hat, heißt das, sie kommt selber. Salomon, laß niemand herein, außer ...

SALOMON: Außer ihr. *Er lacht.*

KEAN: Warum lachst du?

SALOMON: Weil ich Sie wiederfinde. Herr Edmond ist keiner Leidenschaft fähig.

KEAN: Nein: er ist nicht dazu fähig. *Pause.* Das ist alles, was mir von Kean bleibt: eine tolle Leidenschaft ohne Hoffnung. Verlöschte dieses Feuer in meinem Herzen, so bliebe nichts als Asche übrig. Es muß brennen. Es muß. Geh, geh ... und wenn sie kommt, laß sie augenblicklich herein.

SALOMON: Sie können ganz ruhig sein. *Er geht.*

KEAN *allein*: Zehn Uhr, und nicht ein Wort von ihr. Ah! um Ihren Fächer waren Sie besorgter, Gräfin! Oder aber sie zürnt mir! Sie verzeiht mir nicht, daß ich sie kompromittiert habe ... *Pause.* Der Fächer! ... Hätte der Graf ihn gefunden! ... Ja doch! Ja, es ist offenbar! Er hat ihn gefunden. Er fand ihn, als er in meiner Garderobe war. In diesem Augenblick verdächtigt, angeklagt, vielleicht gepeinigt, ruft sie mich um Hilfe ... Salomon! Salomon!

SALOMON *kommt*: Meister?

KEAN: Laß den Wagen anspannen!

SALOMON: Anspannen?

KEAN: Ja! Falls du ihn nicht selber ziehen willst!

SALOMON: Sie fahren aus?

KEAN: Ja, ich fahre aus! Auf, eile! Siehst du nicht, daß ich Fieber habe, daß mir der Kopf glüht, daß mein Blut kocht? Gut, ich lasse die Rouleaus herunter, ich begnüge mich damit, unter ihren Fenstern vorbeizufahren, ich ... *Da er sieht, daß Salomon noch da ist.* Nun, wird's bald?

SALOMON: Ich geh schon, ich geh schon ... Ah! Es klopft.

KEAN: Ja, ja, es klopft. Je nun, mach auf.

SALOMON: Und wenn sie's ist, bleiben Sie, nicht wahr?

KEAN *lacht*: Dummkopf!

SALOMON: Ich eile! *Er geht.*

KEAN *allein*: Was ist denn mit mir? Auf Ehre, mein Herz schlägt wie eine Trommel. Ich brauche keine Tollheit zu spielen, ich bin im Ernst toll.

Salomon kommt mit Anna herein.

3. SZENE
Kean – Anna – Salomon.

KEAN: Das hat mir noch gefehlt! ... Salomon! Ich hatte dich geheißen, niemand hereinzulassen!

SALOMON: Meister, die kleine Anna, ist das jemand? Sie kommt nur auf einen Augenblick, sie möchte Ihnen Adieu sagen!

KEAN: Adieu? Du gehst weg?

ANNA: Ja.

Salomon geht.

4. SZENE
Kean – Anna.

KEAN: Du verläßt London?

ANNA: Ich verlasse England.

KEAN: Ah! du ... Nun, vortrefflich. Du hast ganz recht, Kleine: die Ratten müssen das Schiff vor dem Untergang verlassen. *Pause.* Worauf wartest du noch? Rette dich! Du siehst wohl, daß ich am Kentern bin.

ANNA: Wären Sie wirklich verrückt, so wäre ich geblieben, um Sie zu pflegen.

KEAN: Je nun, diese Chance habe ich nicht: ich bin einfach erledigt, entehrt, ruiniert und obendrein des Kerkers gewärtig: nichts, um eine Frau zurückzuhalten.

ANNA: Oh! Kean, warum haben Sie das getan?

KEAN: Was?

ANNA: Das, gestern.

KEAN: Ah! Die Improvisation am Schluß? Je nun, zu meinem Vergnügen. Hast du niemals Lust gehabt, alles zu zerschlagen?

ANNA: Nein, wozu?

KEAN: Was weiß ich? Zu sehen, was geschieht. Gesetzt, das Leben wäre nur ein Traum. Man sticht sich, und man erwacht: ich habe mich gestern abend gestochen. Ein hübscher Selbstmord, nicht? Ruhm und Liebe waren leeres Geschrei, aber der Kerker, glaube mir, der wird wahr sein. Brr! ... wie wahr das sein muß, vor allem im Winter. Wohin gehst du?

ANNA: Nach Amerika.

KEAN: Nach Amerika? Was willst du da drüben?

ANNA: Der Agent des New Yorker Theaters sah mich gestern spielen und fand mich gut.

KEAN: Er hatte die Stirn, dich gut zu finden, während ich auf der Bühne mit dem Tode rang! Dieser Mensch hat kein Herz.

ANNA: Trotzdem bot er mir einen Vertrag an.

KEAN: Er ist verrückt. Er ist vollkommen verrückt. Und du bist dumm: du bist doch nicht fertig! Ja, ich hätte mit dir gearbeitet.

ANNA: Das können Sie nicht, da Sie im Kerker sein werden.

KEAN: Auf Ehre, du hast recht. Und dein Vormund läßt dich ohne weiteres gehen? Er besitzt keine Autorität.

ANNA: Seit meinen Abenteuern hat er nur einen Gedanken: mich dahin zu senden, wo der Pfeffer wächst.

KEAN: In einer Art verstehe ich ihn. Gut, nun, es ist alles gesagt.

ANNA: Es ist alles gesagt.

KEAN: Warum gehst du wirklich?

ANNA *erstaunt*: Wie? Aber weil Sie mich nicht lieben.

KEAN: Ah! Weil ich ... Richtig, das ist wahr, ich liebe dich nicht.

ANNA: Das hatten Sie vergessen?

KEAN: Oh! Weißt du, ich habe heute kaum den Verstand beisammen. Kurzum, dein Vorhaben ist gescheitert.

ANNA: Ja.

KEAN: Ich dachte, du erlangtest alles, was du willst.

ANNA: Das dachte ich auch.

KEAN: Siehst du, es war Bluff. Ich sagte mir: «Diese Kleine kann alles, was sie will; eines schönen Tages wache ich auf und bin Hals über Kopf in sie verliebt.» Ich hatte es mir sehr lustig gedacht. Aber nein: es war auch wieder nur Theater. Höre, du hast mich enttäuscht. Pah! Bedaure es ja nicht: ich wäre ein abscheulicher Ehemann gewesen.

ANNA: Darauf war ich allerdings gefaßt.

KEAN: Das verstehst du wohl, wenn ich heiratete, wäre es, damit ich jemand hätte, mit ihm von mir zu reden.

ANNA: Ich kann sehr gut zuhören.

KEAN: Um so besser für dich: du wirst so einem neuschottischen Puritaner zuhören. Ich kann dich mir sehr gut als Pastorenfrau vorstellen. Und wann fährst du?

ANNA: In zwei Stunden.

KEAN *grob*: Was?

ANNA: Auf dem Paketboot «Washington» ist ein Platz für mich reserviert.

KEAN: Nun denn, viel Glück!

ANNA: Danke, gleichfalls.

KEAN: Wirst du mir schreiben, wenn ich im Kerker bin?

ANNA: Ich werde Ihnen Pakete schicken.

KEAN: Aus New York? Sie sind verdorben, bis sie ankommen. *Pause.* Mache dir klar, daß ich dir befehlen könnte, zu bleiben.

ANNA: Befehlen, mir?

KEAN: Jawohl. Dir. Keine Angst: ich tue es nicht. Aber es wäre mein gutes Recht. Denn schließlich hast du das Ganze verschuldet. Wärst du nicht auf der Bühne erschienen, so hätte Elena mir nicht getrotzt, und ich hätte keinen Skandal gemacht. Ja. Ja, wenn man's recht überlegt, bist du die einzig Verantwortliche. Und ich weiß, was viele dir an meiner Stelle sagten. Nämlich, daß es wohl allzu einfach ist, in ein Leben zu treten, es durcheinander zu bringen und dann ohne weiteres auf und davon zu gehen. Ja, der Wahrheit ins Gesicht gesehen, würden sie dir das sagen. Ganz abgesehen von der geradezu widerwärtigen Ungerechtigkeit des Ausgangs: du verursachst einen Skandal, du zerschlägst mein Herz und meine Karriere, und das Resultat: dich engagiert man nach New York, und mich wirft man in den Kerker. Kurz, die Guten werden bestraft und die Bösen belohnt. Wohlgemerkt, das heißt nicht, daß ich dich zurückhalten will. Du verstehst wohl, daß in meinem Leben kein Platz für dich ist. Aber das ist sicher, wenn du ein wenig Mitgefühl hättest ... oh! das ist schon zu viel verlangt – sagen wir: ein wenig Takt oder einfach ein Gran Höflichkeit, wärst du nicht einmal auf den Gedanken gekommen, mich im Stich zu lassen. Denn das ist es, ein wahres Im-Stich-lassen. Eine unerhörte Abtrünnigkeit. Ein Verrat!

ANNA: Aber da Sie mich nicht lieben! ...

KEAN: Glücklicherweise liebe ich dich nicht. Das wäre noch netter, wenn ich ein verantwortungsloses Ding liebte, das leichtfertig ein Menschenleben zerstört!

ANNA: Das ist Unsinn, was Sie da sagen! Wenn Sie mich liebten, bliebe ich.

KEAN: Ah so. Damit du zu bleiben geruhst, muß ich vor dir auf die Knie fallen und weiße Handschuhe anziehen, um bei deinem Vormund um dich anzuhalten. Du kleines Luder! Hast du schon vierzigjährige Männer zu den Füßen eines kleinen Mädchens gesehen? Weißt du, was ich täte, wenn ich nicht ein Gentleman wäre? *Er steht auf und geht zu ihr.* Ich gäbe dir eine gehörige hintendrauf! Jawohl, eine gehörige hintendrauf! Und nichts von alldem wäre geschehen, hättest du jedesmal eine bekommen, wenn du sie verdientest.

SALOMON *kommt eilig herein*: Meister! Meister! Sie ist da!

5. SZENE

Kean – Anna – Salomon.

KEAN *zerstreut, ohne zu überlegen*: Sie geh zum Teufel! Hä? Was? Du willst sagen ...

ANNA: Es ist Elena?

KEAN: Ja. Aber bilde dir nicht ein, daß ich mit dir zu Ende bin. Komm, mein Püppchen, geh da hinein, und zum Zeitvertreib denk an die hintendrauf, die ich dir gleich gebe. *Er führt sie in ein Nebenzimmer. Zu Salomon:* Und jetzt herein mit der andern!

Salomon geht. Kean nimmt einen Spiegel und wechselt, sich darin betrachtend, den Ausdruck. Elena kommt herein.

6. SZENE
Kean – Elena.

KEAN: Elena! Sie! So sind Sie gekommen, trotz allem, was Ihnen widerfahren könnte? ... Wenn Sie wüßten, wie ich Sie erwartet habe! Verzeihen Sie mir?

ELENA: Verzeiht eine Frau nicht immer die Torheiten, die man ihretwegen begeht?

KEAN: Lassen Sie sich anschauen! Wie blaß Sie sind! Wie schön Sie sind. Ich bedaure meine Tollheit nicht mehr, und richtete sie mich zugrunde, wenn ich ihr Ihren Besuch verdanke.

ELENA: Ich gestehe Ihnen, ich habe lange gezögert. Doch unsere gemeinsame Gefahr ...

KEAN: Gemeinsam?

ELENA: Ein Brief konnte abgefangen werden ... ich zitterte, Sie wären bereits verhaftet.

KEAN: Ah! So stehen die Dinge?

ELENA: Ja, so! Ein schrecklicher Prozeß droht Ihnen, Kean, fliehen Sie! Sie haben keine Minute zu verlieren ... Noch heute nacht verlassen Sie London, verlassen Sie England, wenn es möglich ist ... Nur in Frankreich oder Belgien werden Sie in Sicherheit sein.

KEAN: Ich, fliehen? Ich, London verlassen? Sie kennen mich nicht, Elena. Lord Mewill wünscht Öffentlichkeit, wir werden sie ihm geben; sein Name ist noch nicht ehrenhaft genug bekannt, er wird es sein, wie er es verdient.

ELENA: Sie vergessen, daß in diesem Streit noch ein anderer Name fallen wird: man wird nach den Motiven dieser zwiefachen Aufwallung suchen, wider den Kronprinzen wie Lord Mewill, und man wird sie finden.

KEAN: Ja, ja ... Sie haben recht ... und all das ist vielleicht ein Glück ... Lieben Sie mich, Elena?

ELENA: Sie fragen noch!

KEAN: Hören Sie: auch Sie sind kompromittiert.

ELENA: Ich weiß.

KEAN: Nein, Sie wissen noch nicht alles; dieser Fächer, den Sie in meiner Garderobe vergaßen ...

ELENA: Nun?

KEAN: Er wurde gefunden.

ELENA: Von wem?

KEAN: Ich fürchte, von dem Grafen.

ELENA: Allmächtiger Gott! *Pause.*

KEAN *weich*: Elena, soll ich allein fliehen?

ELENA: O Kean!

KEAN: Nun?

ELENA: Sie sind wahnsinnig. Nein, nein: es ist unmöglich!

KEAN: Mein Wagen ist angespannt.

ELENA: Grausamer! Und die Ehre?

KEAN: Wissen Sie eine größere, als England am Arm des Königs von London zu verlassen? Hier sind Sie nur Gräfin; dort werden Sie eine Königin im Exil sein.

ELENA: Und mein Mann?

KEAN: Ich verneige mich vor seinem künftigen Schmerz.

ELENA: Er wird daran sterben.

KEAN: Er oder ich. Warum dann nicht den Jüngeren retten.

ELENA: Und später, wenn wir wieder bei Vernunft sind: wie werden Sie es tragen, schuld an seinem Tod zu sein?

KEAN: Leichten Herzens.

ELENA: Und wenn er Sie vorher tötete?

KEAN: Sehr unwahrscheinlich.

ELENA: Ah! Was wissen Sie?

KEAN: Zu kurzsichtig.

ELENA: Kean! Und meine Kinder?

KEAN *sehr erstaunt*: Ihre Kinder? Aber Gräfin, Sie haben keine.

ELENA: Ich habe geschworen, ich würde sie haben.

KEAN: Geschworen? Wem?

ELENA: Vor Gott, meinem Mann.

KEAN: Wenn es weiter nichts ist! Vor Gott werden Sie sie haben: ich verbürge mich dafür.

ELENA: Sie verstehen mich nicht: ich habe dem Grafen geschworen, ihm einen Sohn zu schenken, einen Erben.

KEAN: Gott hat Ihren Schwur nicht beachtet: ihn interessiert die Erhaltung der Art und nicht die einer bestimmten Familie.

ELENA: Aber ich liebe diesen Sohn bereits! Gehe ich mit Ihnen, so ersticke ich ihn im Mutterschoß. Ah! Kean, ich liebe Sie bis zum Ehebruch, doch verlangen Sie keinen Kindesmord von mir!

KEAN: Kurz, Sie lehnen ab?

ELENA: Habe ich das gesagt? Ablehnen, annehmen, es bedeutet in jedem Fall Verzweiflung. Hören Sie, mein Freund, ich sehe noch zu klar. Sollen Sie mein Leben zerstören, so lassen Sie mich erst den Kopf verlieren.

KEAN *zärtlich*: Elena! *Er schließt sie in seine Arme.*

ELENA *macht sich los*: Nicht so! Sprechen Sie, berauschen Sie mich mit Ihren Worten: Ihr ganzes Genie wird nicht ausreichen. Ah! Ich fühle es, der Kampf wird furchtbar sein, ich werde mit aller Kraft widerstehen und erst im Wahnwitz weichen. Beweisen Sie mir, daß ich die Welt für Sie bin und daß Sie imstande sind, mir alles zu ersetzen.

Kean antwortet nicht.

Elena wiederholt verwundert: ... daß Sie imstande sind, mir alles zu ersetzen.

KEAN *gereizt*: Ah! nicht souffIieren!

ELENA *betroffen*: Wie?

KEAN: Nicht ... *Er hält inne.*

ELENA: Was sagten Sie?

KEAN: Was ich ... Tja, Sie waren verwirrt, Sie wiederholten das Ende Ihres Satzes. Das hat mich erinnert ... Woran nur hat mich das erinnert? *Er bricht in Lachen aus.* Ha! bei Gott, Gräfin, Sie warteten auf das Stichwort.

ELENA: Wie können Sie es wagen ...?

KEAN: Oh! Ich wage nichts: ich spiele nicht mehr, das ist alles. Aus! Vorhang!

ELENA: Ich verstehe kein Wort. Wären Sie wahrhaftig toll, oder wollen Sie mich toll machen? *Pause.* Sehen Sie mich an. In die Augen. Ich weiß es.

KEAN: Schon wieder? Was?

ELENA: Sie leiden wie ein Verdammter.

KEAN: Aber nein. So sehr nicht, bestimmt nicht.

ELENA: Ihre Liebe martert Sie, und Sie versuchen aus Rache, sie zu schmähen. Wie entsetzlich ist das, Kean, und wie schön! Da, mein armer Freund, nehmen Sie meine Hand, pressen Sie sie an Ihre Lippen, und möge diese unschuldige Berührung Sie von Ihren bösen Gedanken befreien. Wie Sie toben können, mein Held! Wer hat denn gesagt, daß ich nicht annehme? Sie hatten nicht genügend Geduld. *Gereizt:* Nun! Muß ich noch lange warten? Küssen Sie sie.

KEAN *ohne ihre Hand zu nehmen*: Elena, ich habe Ihnen gesagt, es ist aus. Sie wollen doch nicht allein spielen?

ELENA *unvermittelt*: Gehen wir!

KEAN: Hä?

ELENA: Sagtest du nicht, daß dein Wagen bereit ist? Nun also, du wirst mich entführen. Ah! ich spiele Komödie! Dein ganzes Leben reicht nicht aus, dieses Wort zu büßen. Ich bin feurig, hörst du, ich bin ganz, ich bin wahr, ich bin eifersüchtig, ich bin schrecklich, ich habe die Reinheit der Dänin und die Leidenschaft der Italienerin, ich kann Engel sein oder Tigerin. Für den Mann, den ich liebe, trete ich meine Scham und meinen Ruf mit Füßen; ich gebe die Meinen der Verzweiflung preis; ich begleite ihn allerwärts, in den Kerker und bis aufs Schafott. *Sie sieht ihn mit funkelnden Augen an.* Nun!

KEAN *ohne sich zu rühren*: Und Sie lieben mich?

ELENA: Dich? Ich hasse dich! Nun, was wartest du? Nimm mich auf deine Arme! Trage mich von dann!

Er rührt sich nicht. Langes Schweigen.

Also haben Sie die Wahrheit gesagt, mein Herr: Ihre Liebe war nichts als Komödie. Ich gestehe Ihnen: als Sie mir vorhin dieses ... Geständnis machten, sah ich Sie an und vermochte Ihnen nicht zu glauben. Nicht etwa, daß es an Warnungen fehlte; wissen Sie, was man allgemein sagt? «Der große Kean ist ein luftgefüllter Schlauch.» Aber ich bin Dänin und naiv: ich glaube, ich bin die einzige in ganz London, die Sie ernst nahm. Komödie? Wahrhaftig? Ich habe Ihnen keine Komödie vorgespielt. Ungeachtet des Skandals kam ich zu Ihnen, um Ihre Strafe zu teilen und mich mit Ihnen zugrunde zu richten. Jetzt sind Sie in die Enge getrieben: ich habe Ihnen gesagt: «Gehen wir!» und Sie stehen da, mit schlenkernden Armen, glasigem Blick, beschämt über Ihre Feigheit und zu feige auch nur zu einer Regung von Stolz. Eine Frau, die bereit ist, sich Ihrethalben zugrunde zu richten? Du lieber Himmel, was täten

Sie mit der? Die, deren Glück Sie zu machen geruhen, müssen andere kleiden, ernähren, schützen. Sie spielen die Liebhaber alle Abende im Drury Lane und bisweilen am Nachmittag in den Häusern: ich glaube, man heißt es Privatstunden geben. Keine Angst, mein Herr, ich erstatte Ihnen Ihre Freiheit zurück. Sie werden allein fliehen, Sie werden allein Ihren Triumphzug über den Kontinent machen. Und glauben Sie vor allem nicht, daß ich Ihnen grolle: im Gegenteil, ich habe mich zu entschuldigen. Ich war so töricht, Sie für einen Mann zu halten, und es ist nicht Ihre Schuld, daß Sie nur ein Schauspieler sind.

KEAN *zornig*: Ist ein Schauspieler kein Mann?

ELENA: Nein, armer Freund, und der Prinz von Wales hatte völlig recht: es ist ein Phantom.

KEAN: Ah! das hat er gesagt? *Er packt sie und hebt sie hoch.*

ELENA *erschrocken*: Was tun Sie? Was tun Sie nur?

KEAN: Sie sehen es: ich nehme Sie auf meine Arme. *Er wendet sich mit ihr auf seinen Armen zum Gehen.*

ELENA: Warten Sie! Warten Sie!

KEAN: Was gibt's zu warten?

ELENA: Ich ... ich will mich fassen. Lassen Sie mich los. Einen Augenblick, nur einen Augenblick. Dann folge ich Ihnen aus freien Stücken.

Er setzt sie ab.

Also, wir gehen?

KEAN: Jawohl. Wir gehen.

ELENA: Und Sie werden nichts bereuen?

KEAN: Nichts. Und Sie?

ELENA: Gar nichts. Und wohin gehen wir? Nach Madrid? Nach Rom? Nach Paris?

KEAN: Nach Amsterdam.

ELENA: Aha! *Pause.* Ich liebe Amsterdam nicht.

KEAN: Ich auch nicht. Nicht zu ändern. *Er will sie wieder aufheben.*

ELENA: Noch ein Wort.

Er läßt ab.

Wieviel Zeit geben Sie mir, meine Rollen zu lernen?

KEAN: Welche?

ELENA: Nun, alle: Desdemona, Julia, Ophelia ...

KEAN: Ah! Sie glauben, Sie würden spielen?

ELENA: Was soll ich den ganzen Tag tun? Auf Sie warten?

KEAN: Sie werden nicht spielen, Elena. Ich auch nicht. Aus. Sie reisen mit Herrn Edmond, dem Juwelier. Ja, ich besitze sehr schöne Juwelen, Geschenke meiner Verehrerinnen. Sie wissen: die Honorare für meine Privatstunden. Ich gedenke ein Geschäft zu eröffnen. Besorgen Sie nichts. Es wird Ihnen nichts abgehen. Außer vielleicht Gesellschaft: ich fürchte, die der Juweliere, meiner Kollegen, werden Sie kaum schätzen, und ich bezweifle, daß die gute Gesellschaft einem flüchtigen Schauspieler und einer gefallenen Frau ihre Pforten öffnet. Aber wir werden einander genug sein, nicht wahr? Werktags gehe ich in den Laden, und Sie lesen auf einem Sofa Romane. Die Sonntage verbringen wir zu Hause, Hand in Hand, Auge in Auge;

und dreimal die Woche gehen wir ins Theater, um unseren Vorrat an Liebesworten zu erneuern. Auf! *Er hebt sie auf seine Arme. Sie schlägt und kratzt ihn.*

ELENA: Lassen Sie mich! Lassen Sie mich! Zu Hilfe!

Kean setzt sie ab und bricht in Lachen aus.

KEAN *ahmt sie nach*: Bis in den Kerker! Bis aufs Schafott! Bis ans Ende der Welt! *Er lacht.* Sie sehen wohl, daß es Komödie war.

ELENA *aus der Fassung gebracht, blickt ihn an; dann lacht sie*: Das Wort ist ein wenig zu hart. Sagen wir: Koketterie.

KEAN: Sie haben nie daran gedacht, mit mir zu fliehen.

ELENA: Gedacht? Doch: ich habe mit der Idee gespielt.

KEAN: Mit der Idee, gewiß. Doch die Wirklichkeit?

ELENA: Mein Herr, eine ehrenhafte Frau spielt nicht mit Wirklichkeiten.

KEAN: Seien Sie offen: Sie sind gekommen, um Ihre Briefe zurückzuverlangen.

ELENA *empört*: Nein!

KEAN: Nein? Vortrefflich: so behalte ich sie.

ELENA *matt*: Nun, ich wollte sie nicht ... gleich verlangen.

KEAN: Nicht gleich, natürlich, Sie hätten die Form gewahrt. Nur drängt die Zeit: man wird mich verhaften kommen. *Er geht und sucht die Briefe hervor.* Da sind sie. Zählen Sie.

ELENA: Ich vertraue Ihnen.

KEAN: O nein, Sie vertrauen mir nicht. *Er zählt.* Eins, zwei, drei, vier, fünf, sechs, sieben.

ELENA *obenhin*: Es waren acht.

KEAN: Den achten habe ich, wie Sie sich wohl erinnern, vor Ihren Augen und auf Ihr Verlangen hin zerrissen. Bitte, nehmen Sie.

Sie rührt sich nicht.

Wie? Noch nicht? *Er legt die Briefe auf den Tisch.* Ich lasse sie hier, im Bereich Ihrer Hand: Sie können sie nehmen, wenn Ihnen der Zeitpunkt gekommen scheint.

ELENA: O pfui!

KEAN: Was denn? War ich zu rasch? Ich gebe zu, in einem modernen Stück hätte ich die Herausgabe zunächst verweigert. Aber ich habe ein paar Sätze übersprungen: es waren Längen. Glauben Sie mir nicht? Urteilen Sie selbst. *Gespielt:* Ihre Briefe? Niemals. Sie sind alles, was mir von Ihnen bleibt. Sie haben unsere Liebe verleugnet, doch Sie können nicht fordern, daß ich die Erinnerung daran zerstöre. *Er ahmt Elena nach:* Die Vernunft fordert es. Sie werden eine andere lieben, und im gleichen Augenblick werden Liebeserinnerungen nichts als Siegestrophäen sein.

ELENA *lacht unter Tränen*: Halten Sie ein! Halten Sie ein! Wahrhaftig, wahr und wahrhaftig: das hätte ich Ihnen gesagt! Oh! es ist ... lächerlich!

KEAN: Ja, das war unser Fehler: wir haben unsere Szenen um zwei, drei Töne zu hoch angepackt. *Lächelnd:* Wie haben wir uns ereifert, um die Wette edel zu sein.

ELENA: O Kean! Es ist so amüsant, über seine Mittel zu leben. *Träumerisch:* Und eine wahre Leidenschaft muß etwas sehr Schönes sein.

KEAN *skeptisch*: Glauben Sie?

ELENA: Ich glaube es. Sie, mit Ihrem Genie, dürfen große Ansprüche machen. Ich habe Ihre Mittel nicht, also setze ich auf die Liebe. Die Liebe ist das Genie des Armen. *Sie lacht, ohne Bosheit:* Wäre ich mit Ihnen gegangen, wären Sie hübsch festgesessen.

KEAN: Wo denken Sie hin? Ich war ganz ruhig. Ich habe nichts riskiert, als daß Sie bis Dover mitkamen.

ELENA: Kurz, Sie hatten es nur auf die Gesandtin abgesehen?

KEAN: Sagen Sie lieber, auf den Gesandten. Ich bin ein Bastard, wissen Sie. Einem Bastard schmeichelt es, eine Exzellenz zu betrügen. Und Sie? Wollten Sie den König von London verführen?

ELENA: Ich will alle Männer verführen. Weil ich häßlich bin, wissen Sie?

KEAN: Häßlich? Sie?

ELENA: Mein lieber Freund, alle Frauen sind häßlich. Schönheit ist eine Arbeit: wüßten Sie, wie mühsam es ist, so ein ganzes, langes, weißes Tier Tag für Tag anzumalen und zu parfümieren!

KEAN *lächelnd*: Also muß es sich lohnen?

ELENA: Freilich. Es muß sich lohnen. *Beide lachen.* Genug! Genug! Einen Schleier, Kean, rasch einen Schleier. Bleiben wir im Rührstück; wir Frauen wagen uns selten auf den Boden der Posse. Also sprechen Sie, sagen Sie irgend etwas: mir graut davor, ohne Dekkung zu bleiben.

KEAN: Viel Glück, Elena.

ELENA *erstaunt*: Viel Glück?

KEAN: Nun ja: ich trete im fünften Akt nicht auf und komme mich am Schluß nicht verbeugen. Doch du hast deine besten Szenen noch vor dir.

ELENA: Meine besten Szenen?

KEAN: Mit dem Prinzen von Wales.

ELENA: Ah? Ah ja! Vielleicht.

KEAN: Also wünsche ich dir viel Glück.

ELENA: Dann bist du nicht mehr eifersüchtig?
Kean schüttelt den Kopf.
Keine Spur? Das ist merkwürdig.

KEAN: Nein. Keine Spur. Und weißt du, warum? Der Prinz von Wales, das bin ich. Siehst du, wir sind drei Opfer. Du bist weiblich geboren; er ist zu hochgeboren, ich zu niedrig. Das Resultat: du genießt deine Schönheit durch die Augen anderer, und ich entdecke in ihrem Applaus mein Genie; er ist eine Blume: auf daß er sich als Prinz fühlen kann, muß man seinen Duft atmen. Schönheit, Königtum, Genie: ein und derselbe Wahn. Du hast recht: wir sind nichts als Phantome. Wir leben alle drei von der Liebe anderer und sind alle drei unfähig zu lieben. Du wolltest meine Liebe; ich die deine, er die unsere. Was für ein chassé-croisé! Höre, du wirst lachen: er behandelt mich als Phantom, doch im Grunde sieht er mich für einen Menschen an; er gäbe alles darum, ich zu sein. Er betrank sich mit meinem Wein, er nahm mir meine Frauen und meine Schlafröcke. Wenn er dir nachläuft, so weil er glaubt, ich liebte dich und spielte derweilen Heinrich IV., um mich in einen Prinzen zu verwandeln. Drei Phantome: jedes der drei glaubt an die Wahrheit der beiden andern: das ist Komödie. Eifersüchtig? O nein! Eifersüchtig wirst du sein: der Prinz schwört einzig auf mich. Warum lachst du?

ELENA: Weil ich an Shakespeare denke.

KEAN: Da ist nichts zu lachen.

ELENA: Doch. Weil wir bei Shakespeare längst alle tot wären. Du hättest den Prinzen im Duell getötet.

KEAN: Dein Mann hätte mich ermorden lassen.

ELENA: Der König hätte ihn enthaupten lassen.

KEAN: Und du hättest dich auf unsern Gräbern getötet.

ELENA *lachend*: Was für ein Blutbad! *Ernsthaft:* Sag! Warum sind wir verurteilt, Salonkomödie zu spielen?

KEAN *zuckt die Achseln*: Heutzutage ist Liebe komisch.

ELENA: Es gibt also keine Tragödie mehr?

KEAN: Doch, in der Politik. Aber das ist nicht unser Ressort. Bedaure nichts: du hast dich brillant aus der Affäre gezogen, und, weiß Gott, die Szene war nicht einfach. Verachtung, Leidenschaft, Zorn, alles hast du mit der gleichen Überzeugung gespielt. Du hast Genie. Auf Wiedersehen, meine Julia; auf Wiedersehen, meine Desdemona; auf Wiedersehen, meine Portia.

ELENA: Auf Wiedersehen, Falstaff.

KEAN: Sei doch nicht häßlich. Bist du mir böse?

ELENA: Man kann Herrn Edmond nicht böse sein. Was den großen Kean anlangt ...

KEAN: Nun?

ELENA: Ich werde nie vergessen, daß er sich meinethalben getötet hat.

KEAN: Ihrethalben? Hm!

ELENA: Scht! scht! M e i n e t h a l b e n hat er sich getötet. Im übrigen, Herr Juwelier, was wissen Sie davon, und was verstehen Sie von Liebe?

KEAN: Ich habe seinen letzten Seufzer vernommen.

ELENA: Und was hat er gesagt, bevor er starb?

KEAN *nett*: Nun ja, daß er für Sie dahinging.

ELENA: Sehen Sie!

KEAN: Er hat mich auch beauftragt, Ihnen Ihre Briefe zurückzugeben. *Er reicht sie ihr.* Nehmen Sie sie?

ELENA: Ja. Um den letzten Wunsch eines Toten zu erfüllen. Danke. *Sie steckt sie in ihren Busen – nett:* Was soll ich Herrn Edmond wünschen? Leidenschaftlich geliebt zu werden?

KEAN: Juweliere reizen kaum zur Leidenschaft. Wünschen Sie mir vielmehr zu lieben, das wird mich wandeln. *Er küßt ihr die Hand.*

STIMME DES GRAFEN: – Ich sage Ihnen, Herr, daß ich hineingehe.

SALOMONS STIMME: – Und ich sage Ihnen, daß Sie nicht hineingehen. *Elena und Kean blicken sich an und brechen in Lachen aus.*

ELENA *lachend*: Himmel, mein Mann!

KEAN: Oh! diese Kraft des Ausdrucks! Er spielt sicher nicht im gleichen Stück wie wir. Haben Sie gehört? Das ist reine Tragödie.

ELENA: Er glaubt sich noch bei Shakespeare.

KEAN: Teufel! Man hat ihn gewiß nicht verständigt. *Lachend:* Geben Sie acht, er kommt, mich zu töten.

ELENA *lachend*: Entsetzlich! Ich will das nicht sehen. *Sie wendet sich zu dem Zimmer, wo Anna verborgen ist.* Ich warte in diesem Zimmer, bis alles vorüber ist.

KEAN: Nein, nicht da. *Er weist auf das andere Zimmer:* Dort, bitte. Niemand wird Sie sehen; die Fenster gehen auf die Themse hinaus.

ELENA: Hören Sie, ich verbiete Ihnen, sich zu schlagen: der Graf ist nicht mehr jung, und einen bösen Hieb hat man rasch weg.

KEAN: Der gute Mann! Besorgen Sie nichts. Gestern hätte ich ihn im Traum gefordert, im Traum getötet, und er wäre in Wirklichkeit tot. Doch heute ... Adieu, Elena.

ELENA: Adieu. *Sie schließt die Tür hinter sich.*

STIMME DES GRAFEN: – Ich sage Ihnen, ich muß ihn sprechen.

KEAN *öffnet die Tür*: Was soll das heißen, Salomon? Warum läßt du den Herrn Grafen von Koefeld nicht herein?

7. SZENE

Kean – der Graf – Salomon.

SALOMON: Sie hatten doch gesagt ...

KEAN: Daß ich niemand empfangen wollte? Richtig, aber ich war nicht im entferntesten auf die Ehre gefaßt, die der Herr Graf mir erweist.

Salomon geht.

DER GRAF: Erinnern Sie sich, mein Herr, was ich Ihnen gestern gesagt habe?

KEAN: Gewiß doch. Was war's gleich?

DER GRAF: Ich habe Ihnen gesagt, daß wir Dänen uns mit jedermann schlagen, der uns beleidigt.

KEAN: Und ob ich mich erinnere! Ah! ein schöner Grundsatz, Herr Graf, und er gefiel mir so sehr.

DER GRAF: Danke. Ich ...

KEAN: Vor allem diese Großzügigkeit des Denkens. Ah! wir Engländer sind eine solche Sprache nicht gewöhnt.

DER GRAF: Nun, ich bin beleidigt und komme, mich zu schlagen.

KEAN: Beleidigt? Ah! Sie erstaunen mich! Bei so hohen Ideen, bei solcher Seelengröße, bei einem so humanen Sinn für Gleichheit? Pah! Ein Herz wie Ihres ist nicht zu beleidigen: es begreift alles. Hören Sie, wer immer der Elende war, der sich herausnahm, Ihnen zu mißfallen, er ist sicherlich in diesem Augenblick unglücklicher als Sie.

DER GRAF: Ich sage Ihnen, ich will mich schlagen.

KEAN: Je nun, wenn nichts Sie umstimmen kann, bin ich mit Freuden bereit, Ihnen zu sekundieren.

DER GRAF: Sekundieren! Mein Herr, ich schlage mich mit Ihnen!

KEAN: Mit mir? O nein!

DER GRAF: Wie beliebt?

KEAN: O nein! Ich bedaure. Unmöglich.

DER GRAF: Und warum?

KEAN: Weil ich mich nicht schlage. Zuvörderst habe ich Sie nicht beleidigt.

DER GRAF: Jawohl. Tödlich.

KEAN *mit sanftem Widerspruch*: Mein Herr! Sie müssen zugeben, daß ich es wüßte.

DER GRAF: Ich verstehe Ihr Zartgefühl, aber es ist eine Beleidigung mehr.

KEAN: Also, ich habe Sie beleidigt? Schließlich, da Sie es sagen ... Nun gut, ich bitte Sie um Entschuldigung.

DER GRAF: Um Entschuldigung?

KEAN: Allerergebenst.

DER GRAF: Aber die will ich nicht.

KEAN: Darf ich mir erlauben, darauf zu bestehen? Ich schwöre Ihnen, es geschieht von ganzem Herzen, und Sie nähmen sie ohne Bedenken, wüßten Sie, wie wenig sie mich kostet. Nein? Aber Sie gehen nicht von hier, ohne etwas mitzunehmen: eine Nichtigkeit, ein paar Blumen. Da ich Ihnen diese Genugtuung mit der Waffe nicht geben kann, ist es durchaus am Platz, daß ich Ihnen eine Entschädigung anbiete.

DER GRAF: Da eben irren Sie, mein Herr! Sie werden mir diese Genugtuung geben.

KEAN: Leider nein! Spaß beiseite. Da Sie sich beleidigt fühlen, finde ich es berechtigt, daß Sie sich schlagen wollen. Aber aus dem gleichen Grund werden Sie verstehen, daß ich mich nicht schlage, da Sie mich nicht beleidigt haben.

DER GRAF: Das soll kein Hindernis sein!

KEAN: Wetten, daß es Ihnen nicht gelingt? Ich bin sehr gutartig und ich ärgere mich nicht leicht.

DER GRAF: Sie sind ein Lügner!

KEAN *vergnügt*: Das ist wohl wahr: ein Lügner von Beruf.

DER GRAF: Ein Nichtswürdiger!

KEAN: Aufrichtig gesagt, glaube ich das nicht. Aber weiß man's?

DER GRAF: Ein Hund!

KEAN: Das, nein. Ein Hund, das wissen Sie doch, ist ein Vierfüßler. *Freundschaftlich:* Genug, genug! Sie glauben kein Wort von dem, was Sie sagen.

DER GRAF: Mein Herr, ich habe Sie auf irreparable Art beleidigt, in der Absicht, Sie zu brandmarken.

KEAN: Ah! wenn Sie das zugeben, wie kann ich es Ihnen da übelnehmen?

DER GRAF *hebt die Hand zum Schlag*: Da!

KEAN *fängt seine Hand ab*: Fürchten Sie nichts, lieber Freund, ich habe diesen Augenblick der Verirrung schon vergessen. *Ernsthaft:* Mein Herr, es ist zwecklos: ich kann mich nicht mit Ihnen schlagen. Knaben schlagen sich. Und Edelleute. Und ich habe heute nacht entdeckt, daß ich zu den einen nicht mehr gehöre und zu den anderen nie gehören werde. Gewiß, ich habe in meinem Leben einige Degenstöße ausgeteilt: doch es war auch nur Komödie. Ich riskierte den Tod, weil ich nicht geboren war. Zudem raste ich wider die Edelleute: da ihr Blut nicht in meinen Adern rann, wollte ich es den ihren entrinnen sehen. Aber die Komödie ist aus: Herr Edmond schlägt sich nicht. Hören Sie, mein Herr, genügt es nicht, daß ich das Unglück hatte, Sie zu verwunden? Muß ich Sie auch noch töten?

DER GRAF: Gut, ich kann Ihre Hand nicht zwingen. Jedoch muß ich meinen Zorn auslassen.

KEAN: Lassen Sie ihn aus! Lassen Sie ihn aus! Diese Teppiche sind dick! Sie schlucken Ihre Galle.

DER GRAF: Bedenken Sie es wohl, wenn nicht an Ihnen, so an Ihrem Komplicen.

KEAN: Ich habe einen Komplicen?

DER GRAF: Das wissen Sie genau: Sie fürchten meine Rache und wälzen sie auf eine Frau ab.

KEAN: Eine Frau ist im Spiel? Und ich kenne sie? Lassen Sie mich raten. Ist sie jung oder alt?

DER GRAF: Ich will Ihnen ein Licht aufstecken. Kennen Sie diesen Fächer?

KEAN: Diesen Fächer?

DER GRAF: Er gehört der Gräfin.

KEAN: Nun und, mein Herr?

DER GRAF: Nun und, mein Herr! Diesen Fächer fand ich gestern ...
Salomon kommt eilig herein.

SALOMON: Ein dringender Brief vom Prinzen.

KEAN: Später!

SALOMON *leise*: Nein, gleich!

KEAN *zum Grafen*: Sie gestatten, Graf?

DER GRAF: Bitte, bitte, aber ich gehe nicht.

KEAN *überfliegt den Brief; dann*: Kennen Sie die Handschrift des Prinzen von Wales, Graf?

DER GRAF: Gewiß; doch was kann die Handschrift des Prinzen von Wales ...?

KEAN *reicht ihm den Brief*: Lesen Sie.

DER GRAF *liest*: «Mein lieber Kean, wollen Sie mit größter Sorgfalt in Ihrer Garderobe nachsuchen lassen: ich glaube gestern den Fächer der Gräfin Koefeld vergessen zu haben, den ich mir auslieh, um ihn für die Herzogin von Northumberland kopieren zu lassen. Ich komme heute Rechenschaft über den törichten Streit von Ihnen zu fordern, den Sie wegen dieser kleinen Opernsängerin gestern im Theater mit mir inszenierten. Ich hätte niemals gedacht, daß eine Freundschaft wie die unsere durch solche Bagatellen getrübt werden könnte. Ihr wohlgewogener George.» ... Vortrefflich! Nun, dieser Brief kommt gelegen. Oh! sehr gelegen, Herr Kean.

KEAN: Wollen Sie leugnen, daß er vom Prinzen ist?

DER GRAF: Nein. Eben darum glaube ich ihm nur zur Hälfte.

KEAN: Was also braucht es, Sie zu beruhigen?

DER GRAF: Nur eines: daß Sie mich der verschleierten Dame gegenüberstellen, die soeben Ihr Haus betrat.

KEAN: Keine Dame hat seit gestern abend mein Haus betreten.

DER GRAF *aufgebracht*: Sie lügen! *Er mäßigt sich.* Genug, Herr Kean, vertun Sie die Wirkung dieses Briefes nicht. Ich bin halb überzeugt; überzeugen Sie mich vollends.

KEAN: Es ist keine Dame hier.
DER GRAF: Ich sage Ihnen, ich sah sie mit eigenen Augen eintreten.
KEAN: Ich ...
Anna kommt herein.

8. SZENE
Kean – der Graf – Anna.

ANNA: Nun, Kean! Und die hintendrauf? ... Oh! pardon, ich wußte nicht, daß Sie Besuch hatten.
DER GRAF: Nun, mein Herr, sehen Sie!
KEAN: Sie haben von einer Dame gesprochen. Wie soll ich da an dies Dingelchen denken?
DER GRAF: Für mich ist es eine Dame. Und eine sehr schöne. Ich danke Ihnen. *Er grüßt und wendet sich zum Gehen; dann bedenkt er sich.* Es heißt, man wollte Sie verhaften. Vergessen Sie nicht, daß Konsulargebäude unverletzlich sind und daß die dänische Gesandtschaft ein Konsulargebäude ist.
KEAN: Ich danke Ihnen, Graf.
DER GRAF: Adieu. *Er verneigt sich:* Gnädige Frau.
ANNA: Noch nicht, mein Herr.
DER GRAF: Oh, bald, mein Fräulein. Davon bin ich überzeugt. *Er geht.*

9. SZENE
Kean – Anna.

KEAN *zu Anna*: Danke.
ANNA: Warum haben Sie mich nicht hereingeholt?
KEAN: So hast du gelauscht? Nun, ich dachte daran ... aber ich wollte dich nicht kompromittieren.
ANNA: Pah! Das bin ich schon. Auf etwas mehr oder weniger kommt's nicht an.
KEAN: Kurz, du hast mir deinen guten Ruf zum Geschenk gemacht?
ANNA: Ja, tatsächlich.
KEAN: Und ohne zu wissen, ob ich dich heirate? Weißt du, Kleine, daß dein Geschenk mich noch gestern toll vor Freude gemacht hätte?
ANNA: Warum heute nicht?
KEAN: Gestern wollte ich, daß eine Frau, gleichviel welche, sich um meinetwillen zugrunde richtete ...
ANNA: Und heute?
KEAN *blickt sie an*: Liegt mir an wesentlicheren Gewinsten. *Pause.* Zu der andern! *Er wendet sich zu dem Zimmer, wo Elena sich befindet.* Kehre in dein Versteck zurück. Doch nein: bleibe. Was kann das jetzt noch ausmachen? Elena! *Er öffnet die Tür.* Nanu!
ANNA: Was ist?
Er geht hinein und kommt wieder heraus.
KEAN: Pfuitt! Weg! Davongeflogen! Und die Fenster offen. Das grenzt an ein Wunder. *Er lacht.*

ANNA: Sie lachen? Dieses Fenster geht auf die Themse: vielleicht hat sie sich ...

KEAN: Getötet? Keine Angst: dieser Typ Frau tötet sich nicht. Aber ich möchte wohl wissen ...

10. SZENE

Kean – Anna – Salomon.

SALOMON *kommt herein*: Im Vorzimmer warten zwei Personen. Welche soll ich zuerst hereinlassen?

KEAN: Wer ist es?

SALOMON: Die eine ein Konstabler, die andere der Prinz von Wales.

KEAN: Was will der Konstabler?

SALOMON: Sie festnehmen ...

KEAN: Und der Prinz?

11. SZENE

Kean – Anna – Salomon – der Prinz.

DER PRINZ *kommt herein*: Verhindern, daß man dich festnimmt.

KEAN: Dank, Hoheit. Und Dank für den Brief. Leider ist Elena ... *Geste zum Fenster.*

DER PRINZ: Sei unbesorgt. Sie ist in Sicherheit.

KEAN: Und wer ...?

DER PRINZ: Ein Freund, der seit gestern über dich wacht und in Voraussicht der Gefahr eine Gondel unter deinen Fenstern und einen Wagen vor deiner Tür hatte.

KEAN: Und wo ist sie?

DER PRINZ: Daheim. Ich habe sie zurückbringen lassen. Hast du meinen Brief erhalten?

KEAN: Ja, Hoheit, und Sie haben mich zweimal gerettet. Wie sühne ich das Unrecht, das ich Ihnen tat?

DER PRINZ: Indem du mir das verzeihst, was ich dir tat. *Pause.* Ich habe beim König erwirkt, daß Ihre sechs Monate Kerker in ein Jahr Verbannung verwandelt werden.

KEAN: Und wohin schickt mich Euer Hoheit?

DER PRINZ: Wohin Sie wollen! Vorausgesetzt, Sie verlassen England. Paris ... Berlin ... New York ...

KEAN *blickt Anna an*: Nun denn, New York!

ANNA *auf ihn zu*: Was sagen Sie?

KEAN: Ich reise in einer Stunde. Ist mir das Schiff vorgeschrieben?

DER PRINZ: Sie haben völlig freie Wahl.

KEAN: Ich wähle das Paketboot «Washington». Salomon! Schicke jemand, einen Platz an Bord besorgen.

ANNA: Aber es braucht zwei.

KEAN: Zwei? Warum?

ANNA: Nun, den für mich!

KEAN: Ich dachte ... So hast du mich angeschwindelt?

ANNA: Ja.
KEAN: Zu welchem Zweck?
ANNA: Damit Sie mich heiraten.
DER PRINZ: Ich hoffe, daß die amerikanische Luft Ihnen gut bekommt.
KEAN: Ich gedenke dort zu heiraten, Hoheit. *Er schiebt Anna zum Prinzen hinüber.* Fräulein Anna Damby sieht nach nichts aus, aber sie erlangt alles, was sie will.
ANNA: Königliche Hoheit. *Knicks.*
DER PRINZ *erstaunt*: Was heißt das, Herr Kean? Sie nehmen eine Frau mit sich?
KEAN: Hätte Seine Majestät etwas dawider?
DER PRINZ: Nein, gewiß nicht: so deine Absichten ehrlich sind ...
KEAN: Euer Hoheit scheint enttäuscht.
DER PRINZ: Ich? Keineswegs. In deinem Alter ist es höchste Zeit, ein Ende zu machen. Nur, du ... du überraschst mich. Ich vermutete Feuer in deinem Herzen, Leidenschaft, ich übertrug deine Neigung zur Maßlosigkeit auf die Tiefe deiner Gefühle ... und ich fürchte, mich geirrt zu haben. Sage mir ganz offen: ist dein Herz nicht gebrochen?
KEAN: Auf Ehre, nein.
DER PRINZ: Ein wenig? Ein ganz klein wenig gebrochen?
KEAN: Nicht einmal geknickt.
DER PRINZ: Das ist kurios. Ich, an deiner Stelle ... Und ich hatte Gewissensbisse: bei Gott! ich war schön dumm. So liebst du sie nicht mehr?
KEAN: Wen?
DER PRINZ: Wen? Elena!
KEAN: Habe ich sie geliebt?
DER PRINZ *erbost*: Also, ich finde dich im höchsten Grade leichtsinnig! Du hast dich mit geschlossenen Augen in dieses Abenteuer gestürzt; natürlich bin ich dir gefolgt, und jetzt sagst du mir ... *Er wendet sich zu Anna:* Dazu, mein Fräulein, ist sie gar nicht mein Typ. Und ohne mein blindes Vertrauen in den Geschmack Ihres Bräutigams ... Ich war dahin gelangt, mir zu sagen: was findet er eigentlich an ihr? Und ich vermutete geheime Reize bei ihr. *Er wendet sich zu Kean zurück, wütend:* Aber wenn du sie nicht mehr liebst, Unseliger, was fange ich dann mit ihr an? *Er betrachtet Anna:* Sie, mein Fräulein, Sie wenigstens braucht man nur anzusehen, um zu wissen, daß unser großer Kean noch immer der raffinierteste Kenner ist. *Zu Kean:* Bezaubernd, mein Lieber. Bezaubernd!
KEAN: Das sagt Euer Hoheit von allen Frauen, die ich die Ehre hatte, Ihnen vorzustellen.
DER PRINZ: Aber diesmal, mein Herr, ist es etwas anderes: Ihre Braut hätte mich auch dann bezaubert, wenn ich mit eigener Hilfe ihre Bekanntschaft gemacht hätte. *Er nähert sich Anna.*
KEAN: Halt! Hoheit: diese heirate ich!
ANNA *sanft zu Kean*: Fürchte nichts, Lieber. Prinzen verführen Schäferinnen, aber keine Käsehändlerstöchter.
DER PRINZ: Also, mein Fräulein, Sie erlangen alles, was Sie wollen.

ANNA: Ja, Hoheit.

DER PRINZ: Ich glaube es Ihnen ohne weiteres: setzten Sie sich in den Kopf, einen Prinzen von Geblüt zu verführen, so bin ich sicher, es gelänge Ihnen.

ANNA: Ich auch, Hoheit. So sicher, daß mich nicht einmal der Versuch reizt.

Kean lacht beruhigt.

DER PRINZ *zu Kean*: Sie ist viel zu gut für dich. *Ohne den Blick von ihr zu lassen:* Wie werde ich mich ohne euch beide langweilen. Wahrhaftig! Es war ein Fehler von mir, um deine Begnadigung zu bitten. Wenn du in den Kerker gekommen wärst, hätte ich dich wenigstens besuchen können; das Fräulein und ich hätten miteinander von dir gesprochen.

KEAN: Sie werden mit Elena von mir sprechen.

DER PRINZ *sehr kühl*: Elena fällt mir beschwerlich, und ich werde veranlassen, daß Graf Koefeld sogleich nach Dänemark zurückberufen wird. Und du, sieh dich vor, es braucht nur ein Wort ...

ANNA *sanft*: Hoheit ...

DER PRINZ: Bitte?

ANNA *schmerzbewegt*: Ich wünschte, Euer Hoheit hätte mir den Schmerz erspart. Doch da Sie alles wissen müssen: Kean liebt sie immer noch.

DER PRINZ: Er liebt Elena?

ANNA: Bis zum Wahnwitz.

DER PRINZ *ermuntert, aber noch ungläubig*: Warum hat er das nicht gesagt?

ANNA: Also haben Sie nicht verstanden, daß er den Schein wahren wollte.

KEAN *wütend*: Höre mal, du!

ANNA *zwickt ihn heimlich, um ihn zum Schweigen zu bringen*: Zudem wollte er mir keinen Kummer bereiten.

DER PRINZ: Gleichwohl heiratet er Sie.

ANNA: Eben. Heiratet man die Frauen, die man liebt? Bitte, wissen Sie, was er in dem Augenblick sagte, als Sie hereinkamen? Er sagte: «Du wirst meine Pflegerin sein.»

KEAN *wütend*: Das habe ich nicht ...

DER PRINZ: Kean, spricht sie die Wahrheit?

KEAN: Ich ...

Anna gibt ihm einen Fußtritt.

Verdrossen: Ja, ja, wie Sie wollen.

DER PRINZ *obenauf*: Mein guter Kean, ich kenne dich wieder! Ich wußte es doch, daß dein Herz weit ist wie das Meer. Du liebst sie! Bei Gott, du findest sie ...

ANNA *rasch*: Bezaubernd.

DER PRINZ: Bezaubernd, sehr richtig. Sie hat ...

ANNA: Ein Ich-weiß-nicht-was. Das sind seine eigenen Worte.

DER PRINZ: Ein «Ich-weiß-nicht-was». Ausgezeichnet! Das ist ausgezeichnet! Kean, ich habe dich gekränkt, nicht wahr? Bitte, verzeih mir! Wüßtest du, welche Vorwürfe ich mir machen werde. *Lässig und zerstreut zu Anna:* Und du, Kleine, pflege ihn gut! England vertraut dir seinen kostbarsten Schatz an. *Zu Kean:* Du bist mir nicht böse?

KEAN *außer sich*: Pah! Pah! lassen wir das. Nun, Salomon, was treibst du? So geh die zwei Schiffsplätze bestellen.

Salomon kommt mit den Koffern herein.

SALOMON: Drei.

KEAN: Wieso drei?

SALOMON: Wo Sie beide Theater spielen, brauchen Sie doch einen Souffleur.

KEAN *zu Salomon und Anna, indem er sie in seine Arme schließt*: Ihr seid meine einzigen Freunde, meine wahren Freunde!

DER PRINZ *im Begriff zu gehen*: Und Sie, Herr Kean, sind ein Undankbarer!

KEAN *geht zu ihm*: Ah! Hoheit, dieses schöne Theaterwort. Es sei, mit Ihrer Erlaubnis, das Schlußwort. *Er wirft sich in seine Arme.*

Vorhang

Nekrassow

Schauspiel

PERSONEN

in der Reihenfolge ihres Auftretens

Ein Landstreicher
Eine Landstreicherin
Georges de Valéra, ein Hochstapler
Polizeiinspektor Goblet
Jules Palotin, Chefredakteur von «Soir à Paris»
Seine Sekretärin
Sibilot, Tavernier, Périgord – Redakteure von «Soir à Paris»
Der Bürgermeister von Travadja
Ein Dolmetscher
Ein Fotograf
Mouton, Präsident des Verwaltungsrates von «Soir à Paris»
Véronique, Tochter Sibilots
Nerciat, Lerminier, Charivet, Bergerat – Mitglieder des Verwaltungsrates von «Soir à Paris»
Hotelboy
1. Leibwächter
2. Leibwächter
Mme Castagnié, Angestellte beim «Soir à Paris»
Mme Bounoumi
Baudouin, Chapuis – Inspektoren der Staatspolizei
Perdrière
Demidoff, russischer Emigrant
Ein Gast

Polizisten, Fotografen, Gäste, Krankenwärter

Die Uraufführung von «Nekrassow» fand am 8. Juli 1955 im Théâtre Antoine in Paris statt.

ERSTES BILD

Bühne: Am Steilufer der Seine, in der Nähe einer Brücke. Mondschein.

1. SZENE

Der Landstreicher schläft. Die Landstreicherin sitzt da und träumt vor sich hin.

DIE LANDSTREICHERIN: Oh!

DER LANDSTREICHER *im Halbschlaf*: He!

DIE LANDSTREICHERIN: Wie ist er schön!

DER LANDSTREICHER: Wer?

DIE LANDSTREICHERIN: Der Mond.

DER LANDSTREICHER: Der Mond ist doch nicht schön! Alle Tage ist er zu sehen.

DIE LANDSTREICHERIN: Er ist schön, weil er rund ist.

DER LANDSTREICHER: Er ist sowieso nur für die Reichen da. Und die Sterne ebenso. *Legt sich wieder hin und schläft ein.*

DIE LANDSTREICHERIN: Nanu? Hör doch, hör doch, du! *Sie schüttelt ihn.*

DER LANDSTREICHER: Kannst du mich nicht gefälligst in Ruhe lassen!?

DIE LANDSTREICHERIN *sehr aufgeregt*: Da! Da! Da!

DER LANDSTREICHER *sich die Augen reibend*: Wo?

DIE LANDSTREICHERIN: Auf der Brücke, bei der Laterne. Da ist einer von der Sorte!

DER LANDSTREICHER: Na und? Das ist doch nichts Besonderes. Gerade jetzt Hochsaison dafür!

DIE LANDSTREICHERIN: Er betrachtet den Mond. Macht mir Spaß, ich hab ihn mir auch grad angesehn. Seine Jacke zieht er aus. Jetzt legt er sie hin. Der kann so bleiben, was?

DER LANDSTREICHER: Auf alle Fälle ein blöder Simpel.

DIE LANDSTREICHERIN: Warum denn?

DER LANDSTREICHER: Weil er sich ersäufen will.

DIE LANDSTREICHERIN: Das würde mir ganz gut passen – ersäufen. Wenn ich nur nicht reinspringen müßte. Ich würd mich auf den Rücken legen, mich so richtig auseinandermachen, und überall käm das Wasser in mich rein, so wie 'n kleiner Liebster.

DER LANDSTREICHER: Du bist eben 'ne Frau. Was 'n richtiger Mann ist, wenn der Schluß macht, dann muß es knallen. Würde mich nicht wundern, wenn der Junge ein bißchen was Weibisches an sich hätte. *Er legt sich wieder lang.*

DIE LANDSTREICHERIN: Du willst ihn nicht springen sehen?

DER LANDSTREICHER: Da komm ich noch lange zurecht. Kannst mich ja wecken, wenn es soweit ist. *Er schläft wieder ein.*

DIE LANDSTREICHERIN *zu sich selbst*: Den Moment mag ich! So kurz vorm Reinspringen. Da sehen sie alle so lieb aus. Er beugt sich vor. Jetzt schaut er den Mond an im Wasser. Das Wasser fließt, und der

Mond fließt nicht mit. *Sie schüttelt den Landstreicher.* Wach auf, he! Es ist soweit.

Geräusch des Hineinspringens.

Brav gesprungen, was?

DER LANDSTREICHER: Pah! *Er steht auf.*

DIE LANDSTREICHERIN: Wo willst du hin?

DER LANDSTREICHER: Seine Jacke holen! Die hat er dagelassen.

DIE LANDSTREICHERIN: Du wirst nicht weggehen und mich hier mit dem Ertrunkenen alleine lassen!

DER LANDSTREICHER: Hab dich nicht, der liegt schon unten. *Er will gehen.* Verdammter Mist, er ist noch nicht hin.

DIE LANDSTREICHERIN: Was?

DER LANDSTREICHER: Ach nichts, der Kopf kam bloß noch mal hoch. Grad der Kopf, das ist ganz normal. *Er setzt sich wieder.* Muß bloß 'n bißchen warten. Solang er lebt, rühr ich die Jacke nicht an; das wär nämlich Diebstahl. *Er schnalzt mißbilligend mit der Zunge.* Tttt! ...

DIE LANDSTREICHERIN: Na, was ist denn?

DER LANDSTREICHER: Das hab ich gar nicht gerne!

DIE LANDSTREICHERIN: Was denn?

DER LANDSTREICHER: Er schwimmt!

DIE LANDSTREICHERIN: Ach, du bist auch nie zufrieden.

DER LANDSTREICHER: Ich mag keine weibischen Kerle.

DIE LANDSTREICHERIN: Weibisch oder nicht, er wird da vorbeitreiben.

DER LANDSTREICHER: Deswegen bleibt er doch ein weibischer Kerl! Und die Jacke ist auch futsch. Ich, ich warte wenigstens, bis jemand tot ist. Aber ich wette, der Nächste, der über die Brücke kommt, hat nicht so viel Zartgefühl wie ich. *Er geht an einen Landepflock und wickelt das Seil ab.*

DIE LANDSTREICHERIN: Robert, was machst du denn?

DER LANDSTREICHER *das Seil abwickelnd*: Ich mach das Seil los.

DIE LANDSTREICHERIN: Wozu denn??

DER LANDSTREICHER *das Seil weiter abrollend*: Ich will's ihm zuwerfen.

DIE LANDSTREICHERIN: Warum willst du es ihm zuwerfen?

DER LANDSTREICHER: Damit er's auffängt.

DIE LANDSTREICHERIN: Du bist verrückt! So was überlaß der Wasserpolizei. Wir Vagabunden tun am besten, uns so still zu verhalten wie 'n Tulpenbeet. Wenn du dich vordrängst, wirst du's bald böse zu spüren bekommen.

DER LANDSTREICHER *überzeugt*: Alte, du redst wahrhaftig wie 'n Buch.

DIE LANDSTREICHERIN: Also – du wirfst das Seil nicht!

DER LANDSTREICHER: Ich muß es werfen.

DIE LANDSTREICHERIN: Warum denn?

DER LANDSTREICHER: Weil er schwimmt.

DIE LANDSTREICHERIN *tritt an die Kante des Kais*: Laß das! Hör auf, sofort! Du siehst doch, es ist zu spät: Der ist schon untergegangen. Gut, daß wir ihn los sind.

DER LANDSTREICHER *sieht seinerseits hin*: Verdammte Schweinerei! *Er legt sich wieder hin.*

DIE LANDSTREICHERIN: Und die Jacke? Holst du sie nicht?

DER LANDSTREICHER: Ich hab keinen Mut mehr dazu. Da kommt einer um, weil ihm niemand hilft: Na ja, wenn ich an mich denk: Wenn mir jemand im Leben geholfen hätte ... *Gähnt.*

DIE LANDSTREICHERIN: Robert, los! Schnell!

DER LANDSTREICHER: Laß mich schlafen.

DIE LANDSTREICHERIN: Los, mach rasch, sag ich dir! Das Seil! Er kommt wieder hoch. *Sie zerrt den Landstreicher in die Höhe.* Du Lump! Du würdest einen Menschen in der Not glatt sitzenlassen!

DER LANDSTREICHER *erhebt sich gähnend*: Hast also deine Meinung geändert?

DIE LANDSTREICHERIN: Ja.

DER LANDSTREICHER *wickelt das Seil ganz ab*: Warum?

DIE LANDSTREICHERIN: Weil er wieder nach oben gekommen ist.

DER LANDSTREICHER: Versteh nur einer die Weiber. *Er wirft das Seil.*

DIE LANDSTREICHERIN: Gut gezielt. *Entrüstet:* Hast du gesehen: Der faßt nicht danach!

DER LANDSTREICHER *holt das Seil wieder ein*: Immer dieselbe Weiberlogik: Da springt einer ins Wasser, und du meinst, der ließe sich ohne Protest wieder rausziehen! Du hast ja keine Ahnung, was Ehre ist! *Er wirft das Seil nochmals aus.*

DIE LANDSTREICHERIN: Jetzt hat er's gefaßt! Er hat's gefaßt!

DER LANDSTREICHER *enttäuscht*: Na, der hat sich nicht sehr lange geziert! Ich sag dir, ein weibischer Bursche.

DIE LANDSTREICHERIN: Er zieht sich selber ran. Gerettet! Bist du nicht stolz? Ich bin stolz: Als ob du mir 'n Kind gemacht hättest.

DER LANDSTREICHER: Siehst du, es gibt eben nicht bloß schlechte Menschen auf der Welt. Wenn ich nur mal jemanden wie mich getroffen hätte, um mich aus dem Dreck zu ziehen ...

Georges taucht auf, von Wasser triefend.

2. SZENE

Dieselben – Georges.

GEORGES *wütend*: Saubande!

DIE LANDSTREICHERIN *betrübt*: Da haben wir's!

DER LANDSTREICHER: Die Undankbarkeit der Welt.

GEORGES *packt den Landstreicher am Rockaufschlag und schüttelt ihn*: Was mischst du dich ein, Idiot? Hältst dich wohl für die Vorsehung, he?

DER LANDSTREICHER: Wir dachten ...

GEORGES: Nichts habt ihr gedacht! Die Nacht ist taghell, und du wußtest genau, was ich vorhatte. Umbringen wollte ich mich, verstanden? Seid ihr schon so tief gesunken, daß ihr nicht mal mehr den letzten Willen eines Sterbenden respektiert?

DER LANDSTREICHER: Sie waren kein Sterbender.

GEORGES: Doch, ich war drauf und dran zu sterben.

DER LANDSTREICHER: Sie waren eben nicht drauf und dran zu sterben, denn Sie sind nicht tot.

GEORGES: Ich bin nicht tot, weil ihr brutal meinen letzten Willen mißachtet habt!

DER LANDSTREICHER: Welchen?

GEORGES: Den, zu sterben.

DER LANDSTREICHER: Das war nicht Ihr letzter Wille.

GEORGES: Doch!

DER LANDSTREICHER: Nein, Sie sind doch geschwommen.

GEORGES: Schöner Dreh! Ich bin ein ganz klein bißchen geschwommen, weil ich drauf wartete, unterzugehen. Wenn ihr mir nicht das Tau zugeworfen hättet ...

DER LANDSTREICHER: So? Wenn Sie es nicht gefaßt hätten ...

GEORGES: Ich hab's genommen, weil ich dazu gezwungen war.

DER LANDSTREICHER: Von wem denn??

GEORGES: Von der menschlichen Natur! Kapiert? Selbstmord ist unnatürlich.

DER LANDSTREICHER: Sieh mal an!

GEORGES: Was soll ich sehen? Du hältst wohl nichts von der Natur, was? Ich wußte genau, daß meine Natur protestieren würde, aber ich hatte es so eingerichtet, daß sie damit zu spät kommen würde: Die Kälte würde mich schon erstarren lassen, und das Wasser mir das Maul stopfen. Alles war genau berechnet, außer daß ein idiotischer alter Mann auf meine niedrigsten Instinkte spekulieren würde.

DER LANDSTREICHER: Wir haben es nicht böse gemeint.

GEORGES: Genau das mach ich euch zum Vorwurf! Alle meinen es böse, konntest du es nicht halten wie alle andern! Hättest du es böse gemeint, du würdest hübsch abgewartet haben, daß ich untergehe, um dann still auf die Brücke zu klettern und mein Jackett an dich zu nehmen, das ich dagelassen habe. Du hättest uns alle drei glücklich gemacht: ich wär tot, und ihr zwei hättet dreitausend Francs geerbt.

DER LANDSTREICHER: Das Jackett ist dreitausend Francs wert!

Der Landstreicher versucht sich zu drücken, Georges hält ihn fest.

GEORGES: Mindestens dreitausend! Womöglich vier!

Wieder versucht der Landstreicher sich zu drücken, Georges hält ihn fest.

Bleib hier, solange ich lebe, gehören meine Sachen mir!

DER LANDSTREICHER: Leider!

GEORGES: Ein schöner Sakko, ganz neu, wunderbar warm, modernster Schnitt, Seidenfutter und Innentaschen! Das geht dir durch die Lappen, ich nehme es mit in den Tod. Kapiert, Idiot? Dein Vorteil war's, daß ich sterbe.

DER LANDSTREICHER: Ich wußte es, Herr, ich hab nur an Sie gedacht.

GEORGES *heftig*: Was sagst du da, Lügner?

DER LANDSTREICHER: Ich wollte Ihnen einen Dienst erweisen.

GEORGES: Du lügst!

Der Landstreicher will protestieren.

Noch ein Wort, und ich hau dich zusammen.

DER LANDSTREICHER: Hauen Sie, soviel Sie wollen: Ich sag die Wahrheit.

GEORGES: Ich hab fünfunddreißig Jahre gelebt, Trottel, ich bin durch alle Tiefen des Lebens gegangen, ich dachte, ich kenne das menschliche Herz. Aber offenbar mußte ich auf meine letzte Stunde warten, damit ein Stück Dreck von Mensch mir ins Gesicht und vor meinem Sterbebett – *er zeigt auf den Fluß* – zu sagen wagt, er habe mir einen Dienst erweisen wollen! Niemand, hörst du, niemand hat je einem anderen einen Dienst erwiesen. Ein Glück! Ich müßte dir also dankbar sein? Daß ich nicht lache! Ich lach wohl besser! *Ein Zweifel überkommt ihn.* Sage mal: Bildest du dir zufällig ein, daß ich dir mein Leben verdanke? *Er schüttelt ihn.* Antworte!

DER LANDSTREICHER: Nein, mein Herr, bestimmt nicht!

GEORGES: Wem gehört mein Leben?

DER LANDSTREICHER: Ihnen, Ihnen ganz alleine.

GEORGES *läßt den Landstreicher los*: Ja, du alter Schafskopf, es gehört mir! Ich verdanke es niemand, nicht mal meinen Eltern, die sich im Kalender irrten. Wer hat mich genährt? Aufgezogen? Wer hat mir die ersten Tränen getrocknet? Wer hat mich vor den Gefahren dieser Welt beschützt? Ich! Ich ganz allein! Mir allein bin ich Rechenschaft schuldig. Ich bin der Sohn meiner eigenen Taten. *Er nimmt den Landstreicher wieder beim Kragen.* Gesteh mir jetzt den wahren Grund, der dich trieb! Ich will das noch vor meinem Tod wissen. Das Geld? Du dachtest, ich würde dir was geben, wie?

DER LANDSTREICHER: Wenn man sich umbringt, so hat man gewöhnlich keines.

GEORGES: Also dann muß es einen anderen Grund gegeben haben. *Wie in einer plötzlichen Erleuchtung:* Großer Gott, ihr seid Ungeheuer an Hochmut.

DER LANDSTREICHER *verdutzt*: Wir?

GEORGES: Du hast dir gesagt, das ist ein Mensch von Qualität, gut angezogen, mit einem anständigen Gesicht, ohne daß er gerade schön ist, das strahlt Intelligenz und Energie aus: Der Herr weiß wahrscheinlich, was er will: Wenn er Schluß machen will, muß das kapitale Gründe haben. Na, denn also, ich, ich Kloakenratte, ich Kellerassel, ich Maulwurf mit meinem verfaulten Gehirn, ich sehe viel klarer als er, ich kenne seine Interessen viel besser, und ich beschließe also statt seiner: Er hat weiterzuleben! Ist das etwa nicht Überheblichkeit?

DER LANDSTREICHER: Gütiger Himmel ...

GEORGES: Nero hat seine Sklaven von ihren Frauen fortgerissen, um sie den Fischen zum Fraß vorzuwerfen; aber du, noch viel grausamer als er, du reißt mich von den Fischen weg, um mich den Menschen vorzuwerfen. Bist du dir eigentlich klar, was die mit mir machen, die Menschen? Nein: Du bist bloß einer Laune gefolgt. Armes Frankreich, was soll aus dir werden, wenn sich deine Landstreicher die Amüsements römischer Imperatoren leisten!

DER LANDSTREICHER *entsetzt*: Aber lieber Herr ...

GEORGES: Jawohl, römischer Imperatoren! Deine höchste Wonne ist es, denen den Tod zu verweigern, die im Leben verspielt haben. Niedergedrückt im Schatten der Nacht lauerst du den Verzweifelten des Tages auf, um sie an deinen Fäden tanzen zu lassen.

DER LANDSTREICHER: Was für Fäden?

GEORGES: Spiel nicht den Harmlosen, Caligula! Wir hängen alle an unsern Fäden, nach denen wir tanzen, wenn einer sie richtig zieht. Für die Weisheit hab ich gezahlt: Ich habe dieses Spiel zehn Jahre lang gespielt. Nur hab ich mir dafür nicht so wie du gequälte Kinder, verführte Mädchen und arbeitslose Familienväter ausgesucht. Ich hab mich an die Reichen gehalten, auf den Gipfeln ihrer Macht, und habe sie ausgenommen! Hach! Das Leben ist eine Runde Poker, wo die beiden Sieben das ganze Blatt schlagen, wenn ein Caligula der Gosse mich im Mondschein tanzen läßt, mich, der ich die Großen dieser Welt zum Besten halte! *Pause.* Gut! Erledigt! Ich geh jetzt ins Wasser. Gute Nacht.

DER LANDSTREICHER *und* DIE LANDSTREICHERIN: Gute Nacht.

GEORGES *kommt zu den beiden zurück*: Ich kann mich doch darauf verlassen: Ihr werdet das nicht noch mal tun?

DER LANDSTREICHER: Was denn tun?

GEORGES: Na! Das Seil da! Ihr werdet doch nicht wieder ...

DER LANDSTREICHER: Nein, nein, auf keinen Fall! Ich schwör Ihnen, da gehen wir nicht noch mal ran.

GEORGES: Und wenn ich um mich schlage?

DIE LANDSTREICHERIN: Reiben wir uns die Hände.

GEORGES: Und wenn ich um Hilfe rufe?

DIE LANDSTREICHERIN: Werden wir singen, damit niemand Sie hört.

GEORGES: Gut, gut! Ausgezeichnet! *Er bewegt sich nicht.*

DER LANDSTREICHER: Gute Nacht.

GEORGES: Schade um die verlorene Zeit! Ich sollte schon tot sein, seit zehn Minuten.

DER LANDSTREICHER *zaghaft*: Oh, mein Herr, zehn Minuten, was ist das schon?

DIE LANDSTREICHERIN: Wenn man, wie Sie, die Ewigkeit vor sich hat.

GEORGES: Ich würde euch da gerne sehen. Ich hatte sie dicht vor mir, die Ewigkeit. Bloß durch eure Schuld ist sie mir entglitten. Ich weiß nicht, wie ich sie wieder zu fassen kriegen soll.

DIE LANDSTREICHERIN: So weit weg kann sie noch nicht sein.

GEORGES *zeigt auf den Fluß*: Sucht nicht. Da ist sie. Die Frage ist nur, wie man hingelangt. Versteht ihr das nicht? Ich hatte das ungewöhnliche Glück, über eine Brücke zu kommen und gleichzeitig verzweifelt zu sein; solches Zusammentreffen ist selten. Der Beweis dafür ist, daß ich nicht mehr auf der Brücke stehe. Ich hoffe – ich sage ausdrücklich: i c h h o f f e, daß ich noch verzweifelt bin. Ah! Da kommen sie.

DER LANDSTREICHER *springt auf*: Wer?

GEORGES: Meine Todesgründe. *Er zählt sie an den Fingern ab.* Alle da.

DER LANDSTREICHER *schnell*: Wir möchten Sie nicht aufhalten, wo Sie sie doch nun wiedergefunden haben ...

DIE LANDSTREICHERIN *schnell*: Wenn es nicht indiskret ist ...

DER LANDSTREICHER *schnell*: Es würde uns Spaß machen, sie zu hören.

DIE LANDSTREICHERIN *schnell*: Wir bekommen in letzter Zeit so viele Ertrunkene zu sehen ...

DER LANDSTREICHER *schnell*: Aber man hat nicht alle Tage Gelegenheit, mit ihnen zu sprechen.

GEORGES: Sterne, fallt herab! Himmel, verdunkle den Mond! Zwei Sonnen wären nötig, um auf den Grund der menschlichen Dummheit zu leuchten. *Zu den Landstreichern:* Ihr wagt es tatsächlich zu fragen, aus welchen Gründen ich sterben will? Ihr Armseligen, es ist an mir, euch zu fragen, warum ihr leben wollt!

DER LANDSTREICHER: Warum wir leben ... *Zu der Landstreicherin:* Weißt du es?

DIE LANDSTREICHERIN: Nein.

DER LANDSTREICHER: Man lebt ... Das ist nun mal so.

DIE LANDSTREICHERIN: Weil man's angefangen hat, wird's eben fortgesetzt.

DER LANDSTREICHER: Man kommt schließlich immer an; wozu also das Marschtempo?

GEORGES: Ankommen werdet ihr schon, aber in welcher Verfassung! Ihr seid Aas, bevor ihr Leichen seid. Nehmt die Chance wahr, die ich euch biete; gebt mir die Hand, springen wir: Zu dritt wird der Tod eine Lustfahrt.

DIE LANDSTREICHERIN: Warum aber sterben?

GEORGES: Weil ihr schon zugrunde gegangen seid. Das Leben ist wie eine Panik in einem Theater, das brennt. Jeder sucht den Ausgang, keiner findet ihn, jeder schlägt jeden, und wer fällt, hat Pech, er wird sofort zertrampelt. Fühlt ihr das Gewicht von vierzig Millionen Franzosen, die euch die Visage zertreten! Auf uns tritt keiner rum. Ich hab meine Mitmenschen zu Boden gestoßen, heute bin ich unten, na schön, gute Nacht! Ich will lieber die Radieschen von unten sehen als Schuhsohlen. Stell dir vor, ich hatte wer weiß wie lang ständig Gift bei mir, in einem Ring am Finger. Wie leicht ich das Leben nahm: Ich war schon vor meinem Ende gestorben, ich schwebte hoch über allem menschlichen Treiben und besah es mir mit der Abgeklärtheit eines Künstlers. Was für eine Kühnheit! Meinen Tod und meine Geburt, alles aus mir selber; als Sohn meiner Taten bin ich mein eigner Elternmörder. Springen wir jetzt, Kameraden. Der einzige Unterschied zwischen Mensch und Tier ist, daß der Mensch sich töten kann und das Tier nicht. *Er versucht, den Landstreicher mit sich zu ziehen.*

DER LANDSTREICHER: Springen Sie zuerst, Herr, ich muß noch nachdenken.

GEORGES: Ich hab dich noch nicht überzeugt?

DER LANDSTREICHER: Noch nicht ganz.

GEORGES: Es wird höchste Zeit, daß ich mich ausradiere: Ich komme herunter. Früher, da brauchte ich bloß den Mund aufzumachen, schon hatte ich überzeugt. *Zur Landstreicherin:* Na und du?

DIE LANDSTREICHERIN: Nein!

GEORGES: Nicht?

DIE LANDSTREICHERIN: Machen Sie sich keine Umstände.

GEORGES: Komm schon! Du stirbst in den Armen eines Künstlers. *Er versucht, sie mit sich zu ziehen.*

DER LANDSTREICHER: Meine Alte, großer Gott, meine Alte! Mir gehört sie, sie ist meine Frau. Hilfe! Hilfe!

GEORGES *läßt sie los*: Halt's Maul. Sie werden dich noch hören!

Der Landstreicher *sieht die Taschenlampe*: Die Polente!

Georges: Die suchen mich!

Der Landstreicher: Sind Sie 'n Geldschrankknacker?

Georges: Seh ich so aus, guter Mann? Ich bin ein Hochstapler.
Pfiffe.
Nachdenklich: Sterben oder fünf Jahre Knast. Das ist hier die Frage.

Der Landstreicher *sieht zur Brücke hin*: Sieht so aus, als kämen sie runter.

Die Landstreicherin: Was hab ich dir gesagt, Robert! Sie werden uns für seine Komplicen halten und uns zusammenschlagen. *Zu Georges:* Ich bitte Sie, Herr, wenn Sie noch vorhaben, sich umzubringen, lassen Sie sich durch uns nicht stören! Im Gegenteil, wir sind Ihnen riesig dankbar, wenn Sie sich entschließen, eh wir die Polizisten im Kreuz haben! Bitte, tun Sie uns den Gefallen.

Georges: Ich hab noch nie jemand einen Gefallen getan, und ausgerechnet an meinem Todestag fang ich damit nicht noch an.
Der Landstreicher und die Landstreicherin verständigen sich mit einem Blick, dann werfen sie sich auf Georges und versuchen, ihn ins Wasser zu stoßen.
He, he, was macht ihr denn?

Der Landstreicher: Wir helfen Ihnen bloß etwas nach.

Die Landstreicherin: Wo doch der erste Schritt immer der schwerste ist ...

Der Landstreicher: Wir möchten es Ihnen leichter machen.

Georges: Laßt mich los, sofort!

Der Landstreicher *stößt ihn*: Vergessen Sie nicht, daß Sie fertig sind.

Die Landstreicherin: Erledigt, gestürzt, ausgespien!

Der Landstreicher: Und daß man Ihnen auf der Visage herumtrampeln wird!

Georges: Ihr wollt euer Kind ersäufen?

Die Landstreicherin: Unser Kind?

Georges: Ich bin euer Kind. Du hast's gerad gesagt! *Er stößt sie zurück, so daß sie fallen.* Ich habe Rechte, Kindesrechte! Ihr habt den Sohn zu schützen, den ihr gegen seinen Willen in die Welt gesetzt habt! *Sieht nach rechts und links.* Hab ich noch Zeit zur Flucht?

Der Landstreicher: Sie kommen von zwei Seiten.

Georges: Wenn sie mich festnehmen, prügeln sie euch. Also meine Interessen sind eure. Genau das hab ich gern: Wenn ihr mich rettet, rettet ihr euch selber, und ich schulde euch nichts! Nicht mal Dankbarkeit. Was ist das? *Er zeigt auf einen dunklen Fleck auf dem Kai.*

Der Landstreicher: Mein anderer Anzug.

Georges: Gebt ihn mir.
Der Landstreicher tut es.
Ausgezeichnet! *Er zieht seine Hose aus und den Anzug an.* Schweinerei! Lauter Flöhe drin. *Er wirft seine Hose in die Seine.* Kratzt mich!

Der Landstreicher: Wir sind nicht Ihre Dienstboten.

GEORGES: Ihr seid mein Vater und meine Mutter. Kratzt mich oder ich schlage euch!
Sie kratzen ihn.
Da kommen sie! Ich werf mich hin und schlafe. Sagt ihnen, ich sei euer Sohn. *Er legt sich hin.*
DER LANDSTREICHER: Das glauben sie uns nicht.
GEORGES: Laßt euer Herz sprechen, und sie werden's glauben!

3. SZENE

Dieselben – Inspektor Goblet – zwei Polizisten.

DER INSPEKTOR: Schönen guten Tag, Leutchen.
DER LANDSTREICHER *undeutlich murrend*: Mhm!
DER INSPEKTOR: Wer hat hier geschrien?
DIE LANDSTREICHERIN: Wann?
DER INSPEKTOR: Soeben.
DIE LANDSTREICHERIN *auf ihren Mann zeigend*: Der hier!
DER INSPEKTOR: Warum denn?
DIE LANDSTREICHERIN: Ich hab ihn geschlagen.
DER INSPEKTOR: Stimmt das? Antworte! *Er schüttelt ihn.*
DER LANDSTREICHER: Fassen Sie mich nicht an! Wir leben in einer Republik, und ich habe das Recht, zu schreien, wenn meine Frau mich schlägt.
DER INSPEKTOR: Pst! Pst! Sei mal ganz schön still, ganz ruhig: Ich bin von der Polizei.
DER LANDSTREICHER: Vor der hab ich keine Angst.
DER INSPEKTOR: Das ist ein Fehler.
DER LANDSTREICHER: Wieso denn? Ich habe ja nichts getan.
DER INSPEKTOR: Das beweise mal!
DER LANDSTREICHER: Beweisen Sie mir zuerst, daß ich schuldig bin.
DER INSPEKTOR: Das tät ich nur allzu gerne. Aber die Polizei ist arm. Statt teuren Beweisen sind uns Geständnisse lieber, die wir umsonst kriegen.
DER LANDSTREICHER: Ich habe keine Geständnisse zu machen.
DER INSPEKTOR: Sei mal ruhig, du wirst schon welche machen, das ergibt sich alles ganz legal. *Zu den Polizisten:* Los, nehmt ihn mit.
1. POLIZIST: Was soll er denn gestehen, Chef?
DER INSPEKTOR: Na, wie wär's mit dem Verbrechen in Pontoise und dem Einbruch in Charenton?
Sie wollen die Landstreicher wegschleppen.
Halt mal! *Er wendet sich ihnen zu, freundlich:* Können wir das nicht unter Brüdern abmachen, wir drei? Ich wäre untröstlich, wenn euch was passierte.
DIE LANDSTREICHERIN: Was Besseres gäb's gar nicht für uns, Herr Inspektor.
DER INSPEKTOR: Ich suche einen Mann, fünfunddreißig, ein Meter achtundsiebzig, schwarzes Haar, graue Augen, Tweedanzug, sehr elegant. Habt ihr den gesehen?
DER LANDSTREICHER: Wann denn?

DER INSPEKTOR: Heute nacht.

DER LANDSTREICHER: Nicht daß ich wüßte. *Zur Landstreicherin:* Und du?

DIE LANDSTREICHERIN: Nei–en! Der wär mir aufgefallen, so 'n feiner Mann, das können Sie sich wohl denken!

Georges niest.

DER INSPEKTOR: Wer ist denn das??

DIE LANDSTREICHERIN: Unser erwachsener Sohn.

DER INSPEKTOR: Warum klappert er mit den Zähnen?

DIE LANDSTREICHERIN: Weil er schläft.

DER LANDSTREICHER: Im Schlaf klappert er immer mit den Zähnen, schon von Geburt an.

DER INSPEKTOR *zu den Polizisten*: Schüttelt ihn mal!

Sie schütteln Georges, der sich aufsetzt und sich die Augen reibt.

GEORGES: Mit 'ner Fresse wie eurer sollte es verboten sein, andere Leute im Schlaf zu überfallen.

DER INSPEKTOR *stellt sich ihm vor*: Inspektor Goblet. Benimm dich anständig.

GEORGES: Anständig? Ich habe nichts getan. Viel zu ehrlich für gutes Benehmen. *Zur Landstreicherin:* Mutti, ich hab geträumt.

DER INSPEKTOR: Die Schreie von deinem Vater haben dich nicht wach gemacht, was?

GEORGES: Er hat geschrien?

DER INSPEKTOR: Wie ein angestochenes Ferkel.

GEORGES: Er schreit sowieso immer. Das bin ich gewohnt.

DER INSPEKTOR: Immer?? Wieso??

GEORGES: Weil meine Mutter ihn dauernd haut.

DER INSPEKTOR: Sie schlägt ihn, und da hinderst du sie nicht? Warum?

GEORGES: Darum! Ich steh auf seiten meiner Mutter.

DER INSPEKTOR: Hast du einen gesehen, einen großen Braunen mit grauen Augen, Tweedanzug?

GEORGES: Na und ob! Den Hund! Der wollte mich ins Wasser stoßen.

DER INSPEKTOR: Wann? Wo?

GEORGES: Im Traum.

DER INSPEKTOR: Idiot!

Ein Polizist kommt angerannt.

DER POLIZIST: Wir haben sein Jackett auf der Brücke gefunden.

DER INSPEKTOR: Dann hat er sich ertränkt. Oder will es uns weismachen. *Zu den Landstreichern:* Ihr habt nichts gehört?

DIE LANDSTREICHERIN: Nein.

DER INSPEKTOR *zu den Polizisten*: Glaubt ihr, er hat sich umgebracht?

1. POLIZIST: Würde mich wundern.

DER INSPEKTOR: Mich auch. Ein Kerl wie der ist wie 'n Löwe, der schlägt sich bis zum letzten Atemzug. *Er setzt sich an den Rand des Wassers.* Setzt euch hin, Kinder, los, los, setzt euch schon. Im Unglück sind wir alle gleich.

Die Polizisten setzen sich.

Suchen wir Trost im Angesicht der Natur. Herrlicher Mondschein. Seht ihr den Großen Bären? Und dort, den Kleinen? In einer so herrlichen Nacht müßte die Menschenjagd doch ein Vergnügen sein!

1. POLIZIST: Ach je!

DER INSPEKTOR: Ich hab den Chef gewarnt: «Chef, ich sag's Ihnen lieber gleich: Den krieg ich nicht!» Ich bin nur Durchschnitt, weiter nichts, da schäme ich mich nicht mal, denn der Durchschnittsmensch ist das Salz der Erde. Gebt mir einen durchschnittlichen Mörder, und den schnappe ich euch im Handumdrehn; unter Durchschnittsmenschen versteht man sich, man weiß von vornherein, was der andere tun wird. Aber den Kerl da, ihr könnt mir sagen, was ihr wollt: Den hab ich nicht im Gefühl. Das ist der Gauner des Jahrhunderts, der Mann ohne Gesicht, tausend Gaunereien und nicht einmal verknackt. Na, was soll ich da machen! Ein Genie ist mir ungemütlich, da kenn ich mich nicht aus. *Zu den Polizisten:* Wo steckt er? Was macht er? Wie reagiert er? Ja, woher soll ich das wissen! Diese Leute sind aus einem andern Holz. *Er beugt sich vor.* Halt mal, was ist denn das? *Er fischt die Hose aus dem Wasser.* Seine Hose!

1. POLIZIST: Die hat er ausgezogen, damit er schwimmen kann.

DER INSPEKTOR: Ausgeschlossen. Ich hab sie auf der dritten Stufe gefunden, über dem Wasser!

Georges kriecht nach links und verschwindet.

Wartet mal: Hier hat er sich ausgezogen. Da muß er gewußt haben, daß er Kleider zum Wechseln findet. Und diese Kleider ... Donnerwetter! *Er dreht sich nach der Stelle um, wo Georges war.* Nehmt ihn fest! Greift ihn!

Die Polizisten laufen los.

DER LANDSTREICHER: Irma?

DIE LANDSTREICHERIN: Robert?

DER LANDSTREICHER: Kapiert?

DIE LANDSTREICHERIN: Ja. Kapiert! Gib mir die Hand.

DER LANDSTREICHER: Tschüs denn, Irma.

DIE LANDSTREICHERIN: Tschüs denn, Robert.

DER INSPEKTOR *wendet sich wieder zu ihnen*: Und jetzt zu euch, ihr Halunken ...

Die beiden Landstreicher halten sich bei der Hand und springen aufrecht in den Fluß.

Holt sie raus! Fischt sie heraus! Nehmt sie fest! Greift sie!

Die Polizisten kommen angelaufen und werfen sich ins Wasser.

Der Inspektor wischt sich die Stirn. Ich hab es ja gleich gesagt, ich erwische ihn nicht.

Vorhang

ZWEITES BILD

Büro des Chefredakteurs von «Soir à Paris». Ein großes Büro für Palotin, ein kleines für die Sekretärin, Stühle, Telefon etc. Plakate von «Soir à Paris», ein Spiegel, an der Mauer drei Fotos von Palotin.

1. SZENE

Jules – die Sekretärin.

JULES *betrachtet Fotos von sich*: Sie sind mir ganz ähnlich, nicht wahr? Was meinst du?

DIE SEKRETÄRIN: Ich finde dies da am besten.

JULES: Nimm ein paar Reißzwecken, wir wollen es an die Wand heften.

Sie befestigen das Foto an der Wand und sprechen weiter.

DIE SEKRETÄRIN: Der Verwaltungsrat ist zusammengetreten.

JULES: Wann?

DIE SEKRETÄRIN: Gestern.

JULES: Ohne mich zu verständigen? Da ist was faul, worüber haben sie verhandelt?

DIE SEKRETÄRIN: Lucien hat versucht, etwas zu verstehen, aber sie sprachen zu leise. Beim Rausgehen hat der Präsident gesagt, er werde heute zu Ihnen kommen.

JULES: Hui, das ist faul und oberfaul, der alte Geizkragen will mich fertigmachen.

Telefon.

DIE SEKRETÄRIN: Hallo, ja, einen Augenblick, Herr Präsident. *Zu Jules:* Was hab ich gesagt? Schon ruft er an: er fragt, ob Sie in einer Stunde Zeit für ihn hätten.

JULES: Natürlich habe ich Zeit für ihn, ich muß ja.

DIE SEKRETÄRIN: Ja, Herr Präsident, selbstverständlich, Herr Präsident. *Sie hängt ein.*

JULES: Geizkragen, Halsabschneider!

Man klopft an die Tür.

Was ist los?

Die Tür öffnet sich, Sibilot erscheint.

2. SZENE

Sibilot – Jules – die Sekretärin.

JULES: Ach du bist es, Sibilot? Komm rein. Was willst du? Ich habe drei Minuten für dich Zeit.

Sibilot tritt ein.

Setz dich. *Jules setzt sich nie, er geht im Zimmer auf und ab.* Also schieß los!

SIBILOT: Chef, vor sieben Jahren haben Sie sich dazu entschlossen, unsere fünfte Seite ausschließlich dem Kampf gegen die kommunistische Propaganda zu widmen, und Sie haben mir die Ehre erwiesen, diese Aufgabe ganz und gar mir anzuvertrauen. Seitdem habe ich mich dieser Sache bis an die Grenze meiner Kräfte gewidmet. Daß ich dabei meine Gesundheit, meine Haare und meine gute Laune zugesetzt habe, kümmert mich nicht im geringsten, und müßte ich, um Ihnen besser dienen zu können, noch trauriger und noch launischer werden, so würde ich keinen Augenblick zögern. Aber auf einen Vorteil kann ich nicht verzichten, ohne daß die Zeitung selber darunter zu leiden hätte, und das ist: materielle Sicherheit. Der Kampf gegen die Abtrünnigen verlangt Phantasie, Takt und Sensibilität, und ich scheue mich nicht zu sagen, daß man fast visionäre Eigenschaften haben muß, will man die Öffentlichkeit aufrütteln. Nun, sie sind mir verliehen worden, aber wie kann ich mir diese Vorzüge erhalten, wenn die täglichen Sorgen an mir nagen? Wie soll ich die knappe Schärfe, die ätzende Bemerkung, das unversöhnliche Wort finden, wie soll ich die Apokalypse schildern, die uns bedroht, wie soll ich den Weltuntergang voraussagen, wenn meine Schuhsohlen Wasser ziehen und ich nicht das Geld habe, sie reparieren zu lassen?

JULES: Was verdienst du?

SIBILOT *zeigt auf die Sekretärin*: Kann sie für einen Moment rausgehen?

Jules sieht ihn erstaunt an.

Tun Sie mir den Gefallen, nur für eine Minute.

JULES *zur Sekretärin*: Geh, hol mir die Bürstenabzüge von Seite eins.

Sie geht hinaus.

Warum wolltest du nicht vor ihr reden?

SIBILOT: Es war mir peinlich, zu sagen, wieviel ich verdiene.

JULES: Ist es so viel?

SIBILOT: Es ist so wenig.

JULES: Und wieviel?

SIBILOT: Siebzigtausend.

JULES: Im Jahr?

SIBILOT: Im Monat.

JULES: Das ist ein anständiges Gehalt, und ich sehe nicht ein, was dir daran peinlich ist.

SIBILOT: Ich erzähle jedem, daß ich hunderttausend verdiene.

JULES: Nun gut, das kannst du auch. Warte, ich erlaube dir sogar, bis zu hundertzwanzigtausend zu gehen, dann wird man annehmen, du bekommst in Wirklichkeit neunzigtausend.

SIBILOT: Vielen Dank, Chef ... *Pause.* Könnten Sie mir das nicht wirklich zahlen?

JULES *aufspringend*: Die hundertzwanzigtausend?

SIBILOT: Aber nein, die neunzigtausend. Meine Frau ist seit fünf Jahren im Sanatorium, und ich kann für die Kosten nicht mehr aufkommen.

JULES *deutet auf die Stirn*: Ist sie ...?

Sibilot macht ein Zeichen der Zustimmung.

Unheilbar?

Erneutes Zeichen der Zustimmung.

Armer Kerl. *Pause.* Und deine Tochter? Ich dachte, sie hilft dir?

SIBILOT: Sie tut, was sie kann, aber sie ist nicht reich. Und vor allem hat sie ganz andere Ansichten.
JULES: Mein Lieber, das Geld kennt keine Ansichten!
SIBILOT: Sie ist ... sehr fortschrittlich.
JULES: Aber laß, das wird ihr schon vergehen.
SIBILOT: In der Zwischenzeit bessere ich mein Einkommen mit Geld aus Moskau auf. Für einen Soldaten des Antikommunismus ist das recht peinlich.
JULES: Ganz im Gegenteil, du tust nur deine Pflicht. Solange das Geld bei dir landet, kann es keinen Schaden anrichten.
SIBILOT: Selbst mit dem Geld aus Moskau ist jedes Monatsende ein Albtraum!
JULES *vom Zweifel ergriffen*: Sieh mich an, Sibilot, sieh mir fest in die Augen: liebst du deinen Beruf?
SIBILOT: Jawohl, Chef.
JULES: Hm, und mich, liebst du mich?
SIBILOT: Jawohl, Chef.
JULES: Nun gut, dann sag es.
SIBILOT: Chef, ich liebe Sie.
JULES: Sag es überzeugender.
SIBILOT: Ich liebe Sie!
JULES: Ach, das ist lau, ganz kümmerlich, Sibilot, unsere Zeitung ist eine Liebestat, das Verbindungsglied zwischen den Klassen, und ich will, daß meine Mitarbeiter mit Liebe bei der Sache sind. Ich würde dich nicht eine Minute länger beschäftigen, wenn ich den Verdacht hätte, du würdest deinen Beruf aus Gewinnsucht ausüben.
SIBILOT: Für die Liebe, Chef, wissen Sie, bietet sich auf Seite fünf nicht oft Gelegenheit ...
JULES: Welch Irrtum, Sibilot! Auf Seite fünf muß die Liebe zwischen den Zeilen stehen. Du kämpfst aus Liebe für die Liebe und gegen die Lumpen, die die Verbrüderung der Klassen aufhalten wollen, indem sie das Bürgertum verhindern, sich sein Proletariat einzuverleiben. Das ist eine grandiose Aufgabe: ich kenne welche, die sich ein Vergnügen draus machen würden, diese Aufgabe ohne Bezahlung zu erfüllen. Du aber, du hast das Glück, dieser edlen Sache dienen zu dürfen und außerdem noch dafür bezahlt zu werden, und du wagst es, eine Gehaltserhöhung zu fordern?
Die Sekretärin kommt mit der Zeitung herein.
Laß uns jetzt alleine. Ich werde deinen Fall wohlwollend in Erwägung ziehen.
SIBILOT: Danke, Chef.
JULES: Ich habe dir nichts versprochen.
SIBILOT: Danke, Chef.
JULES: Ich werde dich wieder kommen lassen, wenn ich über die Angelegenheit entschieden habe. Auf Wiedersehen, mein Freund.
SIBILOT: Auf Wiedersehen, Chef, und vielen Dank. *Geht ab.*

3. SZENE
Jules – die Sekretärin.

JULES *zur Sekretärin*: Er verdient siebzigtausend im Monat und will eine Gehaltserhöhung, wie findest du das?
DIE SEKRETÄRIN *indigniert*: Oh!
JULES: Paß auf, daß er das Zimmer nicht mehr betritt. *Er nimmt die Zeitung und sieht sie durch.* Oje, oje! *Er öffnet die Tür seines Büros.* Tavernier! Périgord! Konferenz über Seite eins!
Hereinkommen Tavernier und Périgord. Die Sekretärin ab.

4. SZENE
Jules – die Sekretärin – Tavernier – Périgord.

JULES: Was ist los, Kinder? Liebeskummer? Oder seid ihr nicht wohl?
TAVERNIER *erstaunt*: Bei Gott, nein ...
PÉRIGORD *erstaunt*: Ich glaube nicht ...
JULES: Ihr liebt mich also nicht mehr?
TAVERNIER: Aber Jules ...
PÉRIGORD: Du weißt doch, daß wir dich alle anbeten.
JULES: Nein, ihr betet mich nicht an. Ihr liebt mich ein wenig, weil ich nett bin, aber ihr betet mich nicht an. Es ist nicht der Eifer, der euch fehlt, sondern die Begeisterung. Das ist mein großes Unglück: ich habe Feuer in den Adern und bin von Lauwarmen umgeben!
TAVERNIER: Was haben wir getan, Jules?
JULES: Ihr habt mir die Titelseite sabotiert, indem ihr Überschriften hingeschmiert habt, über die sogar die Papuas lachen würden.
PÉRIGORD: Und was hätten wir schreiben sollen, Chef?
JULES: Genau das wollte ich euch fragen, meine Lieben. Schlagt was vor! *Schweigen.* Überlegt euch was: ich will Überschriften, die ziehen, Überschriften, die wie eine Bombe einschlagen! Seit acht Tagen verschimmeln wir förmlich.
TAVERNIER: Na ja, da wäre schließlich Marokko ...
JULES: Wieviel Tote?
PÉRIGORD: Siebzehn.
JULES: Aha, zwei mehr als gestern. Das kommt auf Seite zwei. Und als Überschrift nehmt ihr: «Marrakesch: erschütternde Kundgebung der Loyalität», und als Untertitel: «Die gesunden Elemente der Bevölkerung verdammen die Aufrührer». Haben wir ein Foto des Ex-Sultans beim Boccia-Spielen?
TAVERNIER: Im Archiv.
JULES: Mitten auf die Titelseite. Unterschrift: «Der Ex-Sultan von Marokko scheint sich an seinen neuen Wohnsitz zu gewöhnen».
PÉRIGORD: All das liefert uns aber noch keine Schlagzeile.
JULES: Stimmt! *Überlegt.* Adenauer?
TAVERNIER: Der hat sich schon gestern über uns aufgeregt.
JULES: Ignorieren wir – kein Wort mehr. Der Krieg? Was macht der Krieg heute, ist er heiß oder kalt?
PÉRIGORD: Ganz gut.

JULES: Also lauwarm. So wie ihr.
Périgord hebt den Finger.
Hast du eine Überschrift?

PÉRIGORD: «Der Krieg entfernt sich».

JULES: Nein, mein Lieber, nein. Der Krieg kann sich so weit entfernen, wie er Lust hat, aber nicht auf Seite eins. Auf Seite eins haben Kriege näher zu rücken. Und Washington? Hat keiner was geschwatzt? Ike? Dulles?

PÉRIGORD: Stumm.

JULES: Was ist los mit ihnen?
Tavernier hebt die Hand.
Was hast du?

TAVERNIER: «Beunruhigende Stille in Amerika».

JULES: Nein.

TAVERNIER: Aber ...

JULES: Amerika beunruhigt nicht, Amerika beruhigt!

PÉRIGORD: «Beruhigendes Schweigen in Amerika».

JULES: Beruhigend! Aber mein Bester, ich bin nicht alleine da, ich habe meinen Aktionären gegenüber Verpflichtungen. Meinst du wirklich, ich könnte mir den Spaß erlauben, «beruhigend» in Riesenbuchstaben auf die Titelseite zu knallen, damit die Leute es schon von ferne lesen können? Wenn sie von vornherein beruhigt sind, warum sollen sie dann meine Zeitung kaufen?

TAVERNIER *hebt die Hand*: «Beunruhigendes Schweigen in der UdSSR».

JULES: Beunruhigend? Beunruhigt dich Rußland im Moment? Und die Wasserstoffbombe? Was ist damit? Soll sie nur die Vögel erschrecken?

PÉRIGORD: Ich schlage vor, wir setzen darüber einen Untertitel: «Amerika sieht keine Gefahr in der ...» und dann drunter: «Beunruhigende Stille in der UdSSR».

JULES: Du willst wohl Amerika am Bart zupfen, mein Liebling! Famose Idee, die Yankees zu lausen!

PÉRIGORD: Ich?

JULES: Zum Donnerwetter, wenn diese Ruhe beunruhigend ist, dann ist es doch von Amerika verkehrt, sich nicht darüber aufzuregen.

PÉRIGORD: «Washington sieht keine Gefahr, unterschätzt aber auch nicht die Bedeutung der BEUNRUHIGENDEN STILLE IN DER UdSSR».

JULES: Was soll das nun wieder? Ist das die Schlagzeile einer Zeitung oder der Angriffsgalopp wildgewordener Elefanten? Rhythmus, heiliger Vater, Rhythmus. Tempo, Tempo, Tempo! Eine Zeitung wird nicht geschrieben, sondern getanzt. Weißt du, wie deine Überschrift im Jazz heißen würde? «UdSSR: Schweigen; USA: Lächeln». Das ist Swing! Ach, warum habe ich keine amerikanischen Mitarbeiter!
Sekretärin kommt herein.
Was ist los?

DIE SEKRETÄRIN: Der Bürgermeister von Travadja.

JULES *zu Périgord*: Sind die Fotografen da?

PÉRIGORD: Nein.
JULES: Was, du hast nicht die Fotografen bestellt?
PÉRIGORD: Aber ich wußte nicht ...
JULES: Lassen Sie ihn warten und trommeln Sie sämtliche Fotografen im Haus zusammen. *Zu Périgord:* Wie oft habe ich dir schon gesagt, daß ich eine menschliche Zeitung haben will.
Die Sekretärin ist hinausgegangen.
Wir sind viel zu weit vom Leser entfernt: von nun an müssen alle in Gedanken «Soir à Paris» mit einem freundlichen, lächelnden, vertrauten Gesicht verbinden. Mit welchem Gesicht, Tavernier?
TAVERNIER: Mit deinem, Jules.
JULES *zu Périgord*: Travadja wurde durch eine Lawine zerstört, und der Bürgermeister ist gekommen, um das Ergebnis unserer Kollekte entgegenzunehmen; wieso, Périgord, hast du nicht begriffen, daß das für mich die Gelegenheit ist, zum erstenmal vor unsere Leser zu treten, damit sie in mir ihre eigene Großzügigkeit verkörpert sehen.
Die Sekretärin kommt herein.
DIE SEKRETÄRIN: Die Fotografen sind da.
JULES: Führen Sie den Bürgermeister herein.
Sie geht.
Wo liegt Travadja? Schnell!
PÉRIGORD: In Peru.
JULES: Bist du sicher, ich dachte in Chile.
PÉRIGORD: Du weißt es sicher besser als ich.
JULES: Und du? Was meinst du?
TAVERNIER: Ich hätte auch eher auf Peru getippt, aber du hast sicher recht, es liegt ...
JULES: Keine Schmeicheleien, ich scheue mich gar nicht, Autodidakt zu sein. Holt mir die Weltkarte.
Sie wird geholt, Jules kniet davor nieder.
Ich kann Peru nicht finden.
TAVERNIER: Oben, links, nein, nicht so hoch: ja, da!
JULES: Na hör mal, das ist ja ein lächerlicher kleiner Fetzen. Und Travadja?
TAVERNIER: Der schwarze Fleck dort, ganz rechts.
JULES *trocken*: Du hast bessere Augen als ich, Tavernier.
TAVERNIER: Es tut mir leid, Jules.
Der Bürgermeister von Travadja kommt herein, von den Fotografen gefolgt.

5. SZENE

Der Bürgermeister von Travadja – Jules – Tavernier – Périgord – die Sekretärin – der Dolmetscher – die Fotografen.

JULES: Um Gottes willen, wo ist der Scheck? *Wühlt in seinen Taschen.*
TAVERNIER: In deiner Jacke.
JULES: Aber wo ist meine Jacke?
DER BÜRGERMEISTER *als wollte er eine kurze Ansprache halten*: Na ...
JULES *zuvorkommend*: Ich begrüße Sie, Herr Bürgermeister! Stellen

Sie sich doch bitte dahin. *Zu den Fotografen:* Er gehört euch, beschäftigt ihn ein bißchen.

DER BÜRGERMEISTER: Na ...

Die Fotografen umringen ihn. Blitzlicht.

JULES: Tavernier, Périgord! So helft mir doch! *Auf allen vieren unter dem Schreibtisch.*

DER BÜRGERMEISTER: Na ...

Fotos.

Na ...

Fotos.

JULES *zieht seine Jacke unter einem Tisch vor, holt den Scheck heraus. Ruft erleichtert*: Ich hab ihn!

DER BÜRGERMEISTER: Na ...

Fotos.

Na ...

Fotos.

JULES *zu den Fotografen*: Schießt los, mein Gott, nun macht schon! *Zur Sekretärin:* Notieren Sie die Unterschrift: «Der Bürgermeister von Travadja vergießt Tränen der Dankbarkeit vor unserem Chefredakteur».

Die Fotografen haben ihre Aufnahmen gemacht. Der Bürgermeister weint immer noch.

Zum Dolmetscher: Sagen Sie ihm, er soll jetzt aufhören, die Fotos sind fertig.

DER DOLMETSCHER: O ca ri.

DER BÜRGERMEISTER: Ou pe ca mi neu.

DER DOLMETSCHER: Er hat im Flugzeug eine Rede vorbereitet und er weint, weil man ihn daran hindert, sie zu halten.

JULES: Sie werden sie übersetzen, und wir werden sie in extenso veröffentlichen.

DER DOLMETSCHER: Ra ca cha pou!

DER BÜRGERMEISTER: Paim pon!

DER DOLMETSCHER: Er will unbedingt seine Rede halten. Ich erlaube mir, Ihnen mitzuteilen, daß die Stadt Travadja 3180 Meter über dem Meeresspiegel liegt und daß die Luft dort dünn ist. Da die Redner leicht außer Atem kommen, haben sie gelernt, sich kurz zu fassen.

JULES: Also schnell!

DER BÜRGERMEISTER *langsam*: Na vo ki. No vo ka. Ke ko re.

DER DOLMETSCHER: Die Kinder von Travadja werden nie die Großzügigkeit des französischen Volkes vergessen. *Pause.*

JULES: Na und?

DER DOLMETSCHER: Das ist alles!

JULES *gibt das Zeichen zum Applaus*: Wundervolle Rede! *Zu Périgord:* Trotzdem wäre es besser, sie ein wenig auszustaffieren. *Zum Bürgermeister:* Jetzt kommen wir zwei. *Er hält ihm den Scheck hin, der Bürgermeister nimmt ihn.* Schnell, nehmt ihn wieder zurück! Es ist doch für die Aufnahme.

Man nimmt dem Bürgermeister den Scheck wieder ab.

EIN FOTOGRAF *legt ein Telefonbuch auf den Fußboden*: Julot!

JULES: He?
DER FOTOGRAF: Steig doch bitte mal auf das Telefonbuch!
JULES: Wozu?
DER FOTOGRAF: Großzügigkeit erfolgt von oben nach unten.
JULES: Na, dann nimm gleich zwei Telefonbücher. *Er steigt auf die Telefonbücher und hält den Scheck hin.*
Der Bürgermeister nimmt den Scheck. Blitzlicht.
DER FOTOGRAF: Noch mal! *Er nimmt dem Bürgermeister den Scheck weg und gibt ihn Jules, dasselbe Spiel.* Noch mal!
Dasselbe, der Bürgermeister fängt an zu weinen.
JULES: Genug, um Himmels willen, genug! *Er legt den Scheck in die Hand des Bürgermeisters. Zum Dolmetscher:* Wie sagt man: Auf Wiedersehen?
DER DOLMETSCHER: La pi da.
JULES *zum Bürgermeister*: Lapida!
DER BÜRGERMEISTER: La pi da!
Sie umarmen sich.
JULES *hält den Bürgermeister in seinen Armen*: Kinder, ich glaube, ich weine, rasch einen Schnappschuß!
Fotos. Jules zerdrückt eine Träne und zeigt lächelnd dem Bürgermeister den feuchten Finger. Der Bürgermeister macht dasselbe und berührt mit seinem Finger den von Jules. Blitzlicht.
JULES *zu den Fotografen*: Führt ihn herum: Sacré-Cœur, Grabmal des Unbekannten Soldaten, Folies-Bergère. *Zum Bürgermeister:* Lapida!
DER BÜRGERMEISTER *geht rückwärts hinaus, indem er sich verbeugt*: La pi da, la pi da!
Die Fotografen und der Dolmetscher ab.

6. SZENE

Jules – Tavernier – Périgord – die Sekretärin.

JULES: Meine Lieben, gibt es ein größeres Vergnügen als Gutes zu tun? *Plötzlich:* Oh! Oh! Oh!
PÉRIGORD *unruhig*: Jules ...
JULES: Ruhig, Kinder, mir kommt ein Gedanke.
PÉRIGORD *zur Sekretärin*: Hör auf, Fifi, hör auf, ihm kommt ein Gedanke!
Allgemeines Schweigen, Jules schreitet hin und her.
JULES: Welchen Tag haben wir heute?
PÉRIGORD: Dienstag.
JULES: Ausgezeichnet, ich will jede Woche einen Tag der Nächstenliebe einführen, immer mittwochs. Ich zähle auf dich, Roger: ab Freitag suche mir Flüchtlinge, Gerettete, Überlebende von Katastrophen und Waisen ohne einen Faden am Leibe. Am Sonnabend fängst du an für sie zu sammeln, und am Mittwoch veröffentlichst du die Resultate. Verstanden, mein Junge? Was wirst du denn für den nächsten Mittwoch vorbereiten?
PÉRIGORD: Ja ... also ... ich ... Warum nicht die Obdachlosen?

JULES: Die Obdachlosen? Ausgezeichnet! Wo wohnen sie, deine Obdachlosen? In Caracas? In Puerto Rico?

PÉRIGORD: Ich dachte an unsere eigenen.

JULES: Bist du verrückt! Bei uns sind Menschen nur obdachlos als Opfer einer Naturkatastrophe. Du kannst doch nicht die Nächstenliebe mißbrauchen, indem du sie mit irgendwelchen schmutzigen Geschichten über soziale Ungerechtigkeit vermengst. Erinnert ihr euch noch an unsere Aktion: «Alle Menschen sind glücklich»? Wir haben seinerzeit nicht alle Leute völlig überzeugen können, richtig, aber dieses Jahr lancieren wir ein neues Schlagwort: «Alle Menschen sind gut», und ihr werdet sehen, jeder glaubt uns das. Seht ihr, das nenne ich die beste Propaganda gegen den Kommunismus. Aber nun zur Überschrift, Kinder, los, los, was hattet ihr vorgeschlagen?

TAVERNIER: Wir hatten nichts vorgeschlagen, wir saßen auf dem trocknen.

PÉRIGORD: Außer den siebzehn marokkanischen Toten ...

TAVERNIER *fortfahrend*: ... zwei Selbstmorden, einem Wunder in Trouville, einem diplomatischen Notenwechsel, einem Schmuckdiebstahl ...

PÉRIGORD *fortfahrend*: ... vier Autounfällen und zwei Grenzzwischenfällen ...

TAVERNIER *fortfahrend*: ... ist nichts Neues passiert.

JULES: Nichts Neues! Und darüber klagt ihr? Was wollt ihr eigentlich? Die Erstürmung der Bastille? Den Eid im Ballhaus? Meine Lieben, ich bin ein Regierungsblatt, und es ist nicht meine Aufgabe, Weltgeschichte zu schreiben, wenn die Regierung sich weigert, Weltgeschichte zu machen und das Publikum nichts darüber hören will. Jedem das Seine: Den Historikern die Weltgeschichte und den großen Tageszeitungen die Alltäglichkeiten. Das Alltägliche aber ist das genaue Gegenteil von der Neuigkeit; es ist das, was alle Tage passiert, seit der Erschaffung der Erde: Mord, Diebstahl, Entführung Minderjähriger, nette öffentliche Gesten und Tugendpreise.
Telefon.
Was gibt's?

DIE SEKRETÄRIN *die abgehoben hat*: Es ist Lancelot, Chef.

JULES: Hallo? O ja, natürlich, wann denn? Gut, gut, gut. *Er hängt ein.* Eure Überschrift ist gefunden, Kinder: Georges de Valéra ist soeben ausgebrochen.

PÉRIGORD: Der Obergauner?

TAVERNIER: Der Mann der fünfzig Millionen?

JULES: Genau der. Er ist das Genie des Jahrhunderts. Setzt sein Foto auf Seite eins neben meinem.

TAVERNIER: Das Gute neben das Böse, Chef!

JULES: Rührung und Entrüstung sind beides verdauungsfördernde Gefühle: vergeßt nicht, daß unsere Zeitung am Nachmittag herauskommt.
Telefon.
Was? Was? Nein so was! Keine Einzelheiten? O je, na gut! *Hängt auf.* Donnerwetter, Donnerwetter!

TAVERNIER: Hat man ihn wieder gefaßt?
JULES: Nein, aber eine große Schlagzeile kommt niemals allein. Vorhin habe ich keine einzige gehabt, jetzt habe ich zu viele.
TAVERNIER: Was ist denn passiert?
JULES: Der sowjetische Innenminister ist verschwunden.
PÉRIGORD: Nekrassow? Haben sie ihn eingebuchtet?
JULES: Aber nein, viel schöner: er soll die Freiheit gewählt haben.
PÉRIGORD: Was weiß man darüber?
JULES: Fast gar nichts, und das ärgert mich. Er ist letzten Dienstag nicht in der Oper gewesen, und seitdem hat ihn niemand mehr gesehen.
TAVERNIER: Und woher kommt die Nachricht?
JULES: Von Reuter und AFP.
TAVERNIER: Und TASS?
JULES: Kein Wort.
TAVERNIER: Hm!
JULES: Ja, hm!
TAVERNIER: Also, wen nehmen wir, Nekrassow oder Valéra?
JULES: Nekrassow. Wir werden schreiben: «Nekrassow verschwunden» und als Untertitel «Hat der sowjetische Innenminister die Freiheit gewählt?». Haben wir ein Foto?
PÉRIGORD: Du kennst es, Jules, er sieht aus wie ein Pirat mit einer Augenklappe auf dem rechten Auge.
JULES: Setzt es neben mein Foto, um den Kontrast von Gut und Böse festzuhalten.
PÉRIGORD: Und das von Valéra?
JULES: Auf Seite vier.
Telefon.
Wenn sich unter dem eine große Geschichte verbirgt, dann mache ich einen anständigen Blödsinn.
DIE SEKRETÄRIN: Hallo? Ja, ja, Herr Präsident. *Zu Jules:* Der Präsident vom Verwaltungsrat.
JULES: Laß den alten Geizkragen heraufkommen.
DIE SEKRETÄRIN *spricht ins Telefon*: Jawohl, Herr Präsident. Sofort, Herr Präsident. *Sie legt auf.*
JULES *zu Tavernier und Périgord*: Verschwindet, Kinder, wir sehen uns später.
Périgord und Tavernier gehen hinaus.
Jules betrachtet etwas ratlos seine Jacke, zögert einen Moment und zieht sie dann an.

7. SZENE

Jules – Mouton – die Sekretärin.

JULES: Guten Tag, mein lieber Präsident.
MOUTON: Guten Tag, lieber Palotin. *Er setzt sich.* Setzen Sie sich doch.
JULES: Wenn es Ihnen nicht unangenehm ist, würde ich lieber stehen.
MOUTON: Es ist mir sogar äußerst unangenehm. Wie soll ich mich mit

Ihnen unterhalten, wenn ich Sie dauernd in allen vier Ecken des Zimmers suchen muß?

JULES: Ganz wie Sie wollen. *Setzt sich.*

MOUTON: Ich bringe Ihnen eine sehr gute Nachricht: der Innenminister hat mich gestern angerufen und war so freundlich, mir anzudeuten, daß er in Betracht zieht, uns die amtlichen Stellenausschreibungen in Ausschließlichkeit zu überlassen.

JULES: Die amtlichen Stellenausschreibungen, das ist ... das kommt unerwartet.

MOUTON: Nicht wahr? Auf Grund dieses Telefongespräches habe ich auf eigene Verantwortung den Verwaltungsrat zusammengerufen, und alle unsere Freunde sind im Hinblick auf die eminente Bedeutung dieser Entscheidung der Ansicht, wir müßten sie dadurch unterstreichen, daß wir die Qualität unserer Zeitung verbessern und gleichzeitig die Spesen senken.

JULES: Gut, wir werden auf zwanzig Seiten erscheinen und damit «Paris-Presse» und «France Soir» an die Wand drücken.

MOUTON: Wir werden außerdem die erste Tageszeitung sein, die Farbfotos veröffentlicht.

JULES: Und welche Gegenleistung verlangt der Minister?

MOUTON: Aber ich bitte Sie, lieber Freund, nichts, überhaupt nichts. Wir nehmen eine Gunst an, wenn sie unseren Verdiensten zukommt, aber wir lehnen sie ab, wenn man damit unser Gewissen kaufen will. Der Minister ist jung, er hat sportlichen Schwung; er will seine Kollegen stimulieren und eine wirklich moderne Regierung ins Leben rufen. Und da «Soir à Paris» ein Regierungsblatt ist, bietet man ihm die Möglichkeit, sich zu modernisieren. Der Minister hat sogar den geistreichen Ausspruch getan: «Möge das Käseblatt ein Kampfblatt werden.»

JULES *lacht laut, dann plötzlich ernst*: Er hat gesagt, wir seien ein Käseblatt?

MOUTON: Das war ein Späßchen. Aber ich muß Ihnen trotzdem sagen, daß einige seiner Kollegen die Bemerkung nicht unterdrücken konnten, «Soir à Paris» sei etwas schläfrig geworden. Die Haltung der Zeitung ist tadellos, aber man findet, sie hat keine richtigen Zähne mehr, den scharfen Zubiß, der ihr die Anhänglichkeit des Publikums sicherte.

JULES: Man muß aber auch die internationale Entspannung berücksichtigen. Périgord hat gerade erst mit vollem Recht darauf hingewiesen, daß sich überhaupt nichts mehr ereignet.

MOUTON: Selbstverständlich! Selbstverständlich! Sie wissen doch, daß ich Sie immer in Schutz nehme. Aber ich kann auch den Minister verstehen. «Die Schärfe», hat er mir gesagt, «wird der New Look der französischen Politik sein.» Er wird uns vor unseren Kollegen begünstigen, wenn wir uns dessen würdig erweisen. Hier bietet sich uns die Gelegenheit, zu zeigen, daß wir über die verlangte «Schärfe» verfügen. Im wesentlichen wollte mich der Minister folgendes wissen lassen: Im Département Seine-et-Marne wird es zu Teilwahlen kommen. Das ist ein Wahlbezirk, den sich die Kommunisten für eine Art Kraftprobe ausgesucht haben. Das Kabinett stellt sich dieser Kraftprobe; die Abstimmung wird um das Für und Wider einer deutschen Aufrüstung gehen. Sie kennen doch Madame Bounoumi: sie ist die Kandidatin der Regierung. Diese katholische Ehefrau, Mutter von zwölf lebenden Kindern, hat ein Gefühl für den Herzschlag der französischen Volksmassen. Ihre einfache und rührende Propaganda sollte unseren Politikern und auch den Chefredakteuren unserer großen Tageszeitungen ein Beispiel geben. Sehen Sie sich mal dies Plakat an. *Er zieht aus seiner Aktentasche ein Plakat hervor und rollt es auf. Man liest: «Zur Brüderlichkeit durch Wiederaufrüstung» und weiter unten «Den Frieden zu schützen, sind alle Mittel recht, auch der Krieg».* Was für eine wundervoll direkte Sprache! Ich würde das Plakat gerne an Ihrer Wand sehen.

JULES *zur Sekretärin*: Fifi, Reißzwecken!

Die Sekretärin befestigt das Plakat an der Wand.

MOUTON: Würde immer das Recht siegen, dann hätte Madame Bounoumi leichtes Spiel. Leider aber ist die Situation nicht besonders günstig, vorerst können wir nur mit dreihunderttausend Stimmen rechnen; die Kommunisten haben genauso viele, vielleicht sogar ein paar mehr; mindestens die Hälfte der Wähler wird sich wie üblich der Stimme enthalten. Bleiben noch ungefähr hunderttausend Stimmen, die sich auf den radikalen Abgeordneten Perdrière vereinen werden. Das heißt, daß es zu einem zweiten Wahlgang kommen wird, bei dem die Kommunisten das Rennen machen könnten.

JULES *der nichts versteht*: Soso!

MOUTON: Um das zu verhindern, was der Minister ganz offen als Katastrophe bezeichnet, sieht er einen einzigen Ausweg: nämlich den, daß Perdrière zugunsten von Madame Bounoumi verzichtet. Aber bitte: Perdrière will nicht verzichten.

JULES: Perdrière? Aber ich kenne ihn, er ist ein geschworener Feind der Sowjets. Wir haben mal am gleichen Tisch zusammen gegessen.

MOUTON: Ich kenne ihn noch besser, er ist mein Gutsnachbar.

JULES: Er hat mir gegenüber sehr kluge Ansichten entwickelt.

MOUTON: Wollen Sie damit sagen, daß er die russische Politik ablehnt?

JULES: Genau das!

MOUTON: Sehen Sie, so ist der Mann! Er haßt die Kommunisten – aber er will nicht, daß man Deutschland wiederbewaffnet.

JULES: Erstaunlicher Widerspruch!

MOUTON: Seine Einstellung hat rein sentimentale Gründe. Kennen Sie den Hintergrund der Geschichte? Die Deutschen haben 1940 und 1944 seinen Besitz geplündert und ihn selbst deportiert.

JULES: Na und?

MOUTON: Das ist alles. Er will nichts lernen und nichts vergessen.

JULES: Nein so was!

MOUTON: Dazu muß noch gesagt werden, daß es eine ganz kleine harmlose Deportation war, die nur acht bis zehn Monate gedauert hat.

JULES: Er ist ja auch heil zurückgekommen.

MOUTON *zuckt die Achseln*: Richtig, aber der Mann lebt in seinen Erinnerungen und spielt den Antideutschen. Was besonders unsinnig ist, weil doch die Geschichte sich nicht wiederholt: im nächsten Weltkrieg ist es die russische Erde, die die Deutschen verwüsten, und sie werden dann die Sowjets deportieren.

JULES: Allerdings!

MOUTON: Und Sie können sicher sein, er weiß das auch!

JULES: Aber seine Überzeugungen bringt das nicht ins Wanken?

MOUTON: Im Gegenteil. Er sagt, wenn man die Russen in Buchenwald einsperren würde, würde er auch das nicht dulden. *Leichtes Lächeln.* Sobald man in seiner Gegenwart die Deutschen erwähnt, sieht er rot.

Höfliches Lächeln von Jules.

Nun wissen Sie alles: Perdrière fürchtet die Deutschen mehr als die Russen, er wird nur zurücktreten, wenn Sie es fertigbringen, daß er die Russen mehr fürchtet als die Deutschen.

JULES: Wenn «Sie» es fertigbringen ... Wer ist «Sie»?

MOUTON: Eben Sie.

JULES: Ich? Und wie soll ich das fertigkriegen? Ich habe auf ihn keinerlei Einfluß.

MOUTON: Sie müssen eben Einfluß auf ihn gewinnen.

JULES: Wie denn?

MOUTON: Seine hunderttausend Wähler lesen «Soir à Paris».

JULES: Was soll das heißen?

MOUTON: Seien Sie scharf, machen Sie den Leuten angst.

JULES: Angst? Aber ich tu nichts anderes als Angst verbreiten. Meine ganze Seite fünf ist der roten Gefahr gewidmet.

MOUTON: Ich weiß! *Kurze Pause.* Mein lieber Palotin, der Verwaltungsrat hat mich beauftragt, Ihnen zu sagen, daß Ihre Seite fünf nichts mehr taugt.

Jules steht auf.

Mein Freund, ich flehe Sie an, bleiben Sie sitzen. *Eindringlich:* Tun Sie mir den Gefallen.

Jules setzt sich wieder.

Früher haben wir die Seite fünf mit Genuß gelesen. Ich erinnere mich an Ihre hervorragende Serie «Der Krieg von morgen». Man schwitzte förmlich vor Angst. Und Ihre Fotomontagen: Stalin hoch zu Roß in der brennenden Notre-Dame! Wahre Kunstwerke. Aber schon seit über einem Jahr bemerke ich verdächtige Lockerungen, verbrecherische Versäumnisse. Sie haben früher über den Hunger in Rußland berichtet, aber in letzter Zeit schweigen Sie sich darüber aus. Wie kommt das? Wollen Sie damit etwa sagen, daß die Russen genug zu essen haben?

JULES: Ich? Aber ich werde mich schwer hüten!

MOUTON: Neulich sah ich Ihr Foto: «Russische Hausfrauen stehen vor einem Lebensmittelgeschäft Schlange», und ich bemerkte voller Erstaunen, daß einige der Frauen lachen und daß sie allesamt Schuhe tragen. Schuhe in Moskau! Natürlich hat es sich um ein Foto der russischen Propaganda gehandelt, das Sie irrtümlicherweise für ein Foto von AFP gehalten haben. Schuhe! Um Gottes willen, vielleicht aus Holz – aber Sie hätten wenigstens unten die Füße abschneiden müssen. Und lachen! In Rußland lachen!

JULES: Na, die Köpfe konnte ich ihnen schwerlich abschneiden!

MOUTON: Und warum nicht? Soll ich ehrlich sein? Ich habe mich wirklich gefragt, ob Sie nicht umgefallen sind?

JULES *würdevoll*: Ich bin eine objektive Tageszeitung, ein Regierungsblatt, und meine Meinungen stehen unverrückbar fest, solange nicht etwa die der Regierung wechseln.

MOUTON: Sehr gut! Ausgezeichnet! Und Sie sind nicht beunruhigt?

JULES: Über was?

MOUTON: Über die Leute, die anfangen, sich in Sicherheit zu wiegen.

JULES: In Sicherheit? Mein lieber Präsident, meinen Sie nicht, daß Sie ein wenig übertreiben?

MOUTON: Ich übertreibe nie. Vor zwei Jahren, bei einem Gartenfest in Rocamadour, schlug unerwartet ein Blitz in hundert Meter Entfernung ein. Panik: hundert Tote! Die Überlebenden haben bei der Untersuchung ausgesagt, daß sie glaubten, von einem russischen Flugzeug bombardiert zu werden. Sehen Sie, das war ein Beweis, daß die objektive Tagespresse gute Arbeit geleistet hatte. Schön! Gestern hat die Gewerkschaft die Resultate ihrer letzten Rundfrage veröffentlicht. Haben Sie die zur Kenntnis genommen?

JULES: Noch nicht.

MOUTON: Man hat zehntausend Personen aus den verschiedensten Milieus und mit dem unterschiedlichsten Lebensstandard die folgende Frage vorgelegt: «Wo werden Sie voraussichtlich sterben?» Zehn Prozent der Befragten haben geantwortet, sie wüßten es nicht, und der Rest – das heißt also fast alle – war der Meinung, sie würden in ihren Betten sterben.

JULES: In ihren Betten?

MOUTON: In ihren Betten. Und das waren Durchschnittsfranzosen, Leser unserer Zeitung. Oh, Rocamadour ist lange her! Was für ein Rückschritt in zwei Jahren.

JULES: Was? Unter allen Befragten war nicht ein einziger, der geantwortet hat, er werde verbrannt, pulverisiert, in seine Bestandteile aufgelöst irgendwo aufgefunden?

MOUTON: Nein, in ihren Betten!

JULES: Und keiner hat die Wasserstoffbombe erwähnt, keiner die Todesstrahlen, die radioaktiven Wolken, die Asche der Vernichtung, den Regen aus Vitriol?

MOUTON: Nein, in ihren Betten. Mitten im zwanzigsten Jahrhundert mit all seinen unglaublichen technischen Errungenschaften glauben sie, daß sie wie im Mittelalter in ihren Betten sterben könnten. Ach, mein lieber Palotin, wir wollen es in aller Freundschaft aussprechen, daran sind Sie schuld!

JULES *sich erhebend*: Aber dafür kann ich doch nichts!

MOUTON *erhebt sich ebenfalls*: Ihre Zeitung ist schlapp, lau, fade und larmoyant. Gestern noch haben Sie über den Frieden geschrieben. *Er geht auf Jules zu.*

JULES *zurückweichend*: Nein!

MOUTON *auf ihn zugehend*: Auf der Titelseite.

JULES *geht noch mehr zurück*: Aber das war nicht ich, das war Molotow! Ich habe nur seine Rede abgedruckt.

MOUTON *auf ihn zugehend*: Sie haben die Rede in ihrem ganzen Wortlaut abgedruckt. Man hätte sie im Auszug bringen sollen.

JULES: Aber die Forderung nach exakter Information …

MOUTON: Zählt das, wenn die Welt in Gefahr ist? Die Westmächte sind durch den Terror vereinigt. Wenn Sie ihnen die Sicherheit wiedergeben, woher sollen sie die Kraft nehmen, den Krieg vorzubereiten?

JULES *an seinen Schreibtisch zurückgedrängt*: Den Krieg? Welchen Krieg?

MOUTON: Den nächsten!

JULES: Aber ich will keinen nächsten Krieg.

MOUTON: Sie wollen ihn nicht? Sagen Sie mal, Palotin, wo glauben denn Sie, daß Sie sterben werden?

JULES: In meinem …

MOUTON: In Ihrem …

JULES: In einem … also woher soll ich das wissen?

MOUTON: Sie sind ein Neutraler, ohne es zu wissen, ein schändlicher Pazifist. Sie wollen den Leuten Illusionen andrehen.

JULES *springt auf die Telefonbücher und schreit*: Lassen Sie mich in Ruhe. Frieden! Frieden! Frieden! Frieden!

MOUTON: Frieden! Ja, den wollen Sie.

Pause. Jules springt auf die Erde.

Kommen Sie, setzen Sie sich, reden wir in Ruhe.

Jules setzt sich.

Keiner verkennt Ihre großen Qualitäten. Dasselbe habe ich gestern im Verwaltungsrat geäußert: Sie sind «Der Napoleon der objektiven Berichterstattung». Aber können Sie auch «Der Napoleon der Schärfe» sein?

JULES: Auch das kann ich.

MOUTON: Beweisen Sie es.

JULES: Aber wie?

MOUTON: Erreichen Sie, daß Perdrière zurücktritt. Lancieren Sie eine furchtbare, gigantische Kampagne, zerreißen Sie die morbiden Träume Ihrer Leser. Zeigen Sie, daß das materielle Weiterbestehen Frankreichs von der deutschen Armee und der Vorherrschaft Amerikas in Europa abhängt. Verbreiten Sie eine größere Angst vor dem Leben als vor dem Tode.

JULES: Ich … ich werde es tun.

MOUTON: Wenn Sie vor einer solchen Aufgabe zurückschrecken, ist es jetzt noch Zeit, abzutreten.

JULES: Sie erschreckt mich nicht. *Zur Sekretärin:* Rufen Sie sofort Sibilot.

DIE SEKRETÄRIN *ins Telefon*: Sibilot, zum Chef.

JULES: Ach die armen Kerle! Die armen Kerle!

MOUTON: Wer denn?

JULES: Die Leser! Sie gehen in aller Ruhe angeln, spielen allabendlich ihre Belotte und lieben pünktlich zweimal pro Woche in der Erwartung, einmal ruhig in ihren Betten zu sterben: das Vergnügen werde ich ihnen nun versalzen.

MOUTON: Geben Sie nicht nach, lieber Freund. Denken Sie an sich und an Ihre gefährdete Position. Und an mich, der Sie unentwegt in Schutz nimmt. Denken Sie vor allem an das Vaterland! Morgen früh um zehn Uhr tritt der Verwaltungsrat zusammen: es wäre sehr begrüßenswert, wenn Sie uns dann Ihre neuen Vorschläge unterbreiten könnten. Nein, nein, bleiben Sie nur sitzen, Sie brauchen mich nicht hinauszubegleiten. *Er geht.*

Jules springt auf und marschiert im Zimmer auf und ab, fast im Laufschritt.

JULES: Himmel Herrgott noch mal! Heiliger Vater im Himmel!

Sibilot tritt ein.

8. SZENE

Jules – Sibilot – die Sekretärin.

JULES: Komm rein!

SIBILOT: Ich danke Ihnen, Chef!

JULES: Bedanke dich nicht, Sibilot, noch nicht!

SIBILOT: Oh, ich bestehe darauf, mich im voraus zu bedanken, wie immer auch Ihre Entscheidung ausfallen mag. Sehen Sie, ich habe nicht geglaubt, daß Sie mich so schnell wieder holen würden.

JULES: Da hast du dich geirrt.

SIBILOT: Ja, ich habe mich geirrt. Ich habe mich geirrt aus Mangel an Menschenliebe. Daß ich immerzu das Böse anprangern mußte, hat mich dazu gebracht, es überall zu wittern und nicht mehr an die menschliche Hochherzigkeit zu glauben. Das ist das Ganze. Chef: der Mensch, die Menschheit überhaupt war mir suspekt geworden.

JULES: Und nun hast du dich beruhigt?

SIBILOT: Vollkommen. Von diesem Augenblick an liebe ich die Menschen und habe zu ihnen Vertrauen.

JULES: Da kannst du von Glück sagen! *Er durchmißt das Zimmer.* Mein Freund, unsere Unterhaltung hat mir die Augen geöffnet. Hast du mir nicht gesagt, daß dein Beruf Phantasie verlangt?

SIBILOT: Ja, die braucht man.

JULES: Und Sensibilität, Takt, ja sogar dichterisches Empfinden?

SIBILOT: Mein Gott, ja!

JULES: Also kurz gesagt – scheuen wir nicht das Wort: «eine geniale Ader»?

SIBILOT: Ich hätte nie gewagt ...

JULES: Aber bitte, geniere dich nicht!

SIBILOT: Nun ja, in gewisser Weise ...

JULES: Ausgezeichnet. *Pause.* Das beweist mir, daß du nicht der Mann bist, den ich brauche.

Sibilot erhebt sich erschrocken.

Bleib sitzen. Hier bin ich der Chef, und nur ich gehe hier auf und ab, und wenn ich will, bis morgen früh.

SIBILOT: Sie sagten ...

JULES: Setz dich!

Sibilot setzt sich wieder.

Ich habe gesagt, daß du unfähig bist, ein Wirrkopf und ein Saboteur. Takt? Feingefühl? Du? Du bringst Fotos in die Zeitung, die russische Frauen in Pelzmänteln zeigen, mit Schuhen wie Königinnen und einem zufriedenen Lächeln von einem Ohr zum andern! Die Wahrheit, lieber Sibilot, ist die, daß du ein Ruhebett, dein bequemes tägliches Brot, eine Zufluchtstätte für deine alten Tage bei uns gefunden hast. Du betrachtest die fünfte Seite von «Soir à Paris» als ein Altersheim. Und von der Höhe deiner siebzigtausend Francs verachtest du deine Kollegen, die sich über ihre Aufgabe den Kopf zerbrechen. *Zur Sekretärin:* Er bekommt nämlich ...

SIBILOT *schreit herzzerreißend*: Sagen Sie es nicht, Chef!

JULES *mitleidslos*: Siebzigtausend im Monat, dafür, daß er in meiner Zeitung die Sowjets mit Rosenwasser anspritzt.

SIBILOT: Das ist nicht wahr!

JULES: Manchmal frage ich mich, ob du nicht ein Spitzel bist.

SIBILOT: Ich schwöre Ihnen ...

JULES: Ein Spitzel, ein Verräter, ein Schnüffler!

SIBILOT: Hören Sie auf, Chef! Ich glaube, ich werde irrsinnig.

JULES: Hast du mir nicht selbst gestanden, daß du Geld aus Moskau bekommst?

SIBILOT: Nein, meine Tochter ...

JULES: Na also, dann ist es deine Tochter! Ändert das etwas? Jemand muß es dir ja schließlich geben.

Sibilot will aufstehen.

Bleib sitzen! und wähle: Entweder bist du ein gekauftes Subjekt oder ein unfähiger Bursche.

SIBILOT: Ich gebe Ihnen mein Wort, daß ich weder das eine noch das andere bin.

JULES: Das mußt du mir erst beweisen!

SIBILOT: Aber wie?

JULES: Morgen starte ich eine Aktion gegen die Kommunistische Partei; ich will, daß sie in vierzehn Tagen in die Knie geht. Ich brauche dazu einen erstklassigen Mann, der zuschlagen und vernichten, der sie alle zu Kleinholz machen kann. Bist du der Mann?

SIBILOT: Ja, Chef!

JULES: Ich glaube dir, wenn du sofort eine Idee hast!

SIBILOT: Eine Idee ... für die Aktion ...

JULES: Du hast dreißig Sekunden Zeit.

SIBILOT: Dreißig Sekunden für eine Idee?

JULES: Du hast nur noch fünfzehn Sekunden. Jetzt werden wir ja sehen, ob du genial bist.

SIBILOT: Ich ... Das Leben Stalins in Bildern!

JULES: Das Leben Stalins in Bildern? Warum nicht das von Mohammed? Sibilot, die dreißig Sekunden sind rum, du bist entlassen!

SIBILOT: Chef, ich flehe Sie an, Sie können doch nicht ... *Pause.* Ich habe eine Frau und eine Tochter.

JULES: Eine Tochter, zum Teufel, die dich aushält!

SIBILOT: Hören Sie gut zu, was ich Ihnen sage, Chef, wenn Sie mich entlassen, geh ich nach Hause und dreh den Gashahn auf.

JULES: Na so ein Verlust! *Pause.* Schön, ich lasse dir Zeit bis morgen. Aber wenn du morgen früh um zehn Uhr nicht mit einer absolut durchschlagenden Idee in meinem Büro erscheinst, kannst du deine Koffer packen.

SIBILOT: Morgen früh ...

JULES: Du hast die ganze Nacht vor dir, hau ab!

SIBILOT: Sie werden Ihre Idee bekommen, Chef. Aber ich möchte Ihnen doch sagen, daß ich kein Vertrauen in die Menschen mehr habe.

JULES: Für die Aufgabe, die dir bevorsteht, ist das auch besser!

Sibilot geht bedrückt ab.

Vorhang

DRITTES BILD

Ein Salon bei Nacht.

1. SZENE

Georges steigt durchs Fenster ein, wirft fast eine Vase um, fängt sie aber noch rechtzeitig auf. Pfiffe. Er drückt sich gegen die Mauer. Ein Polizist steckt den Kopf zwischen die Fensterladen und erleuchtet das Innere mit seiner Taschenlampe. Der Polizist verschwindet. Georges atmet auf. Nach einem kurzen Moment sieht man, wie er dagegen kämpft, zu niesen. Er zwickt sich in die Nase, öffnet den Mund und niest endlich geräuschvoll.

VÉRONIQUES *Stimme von fern*: Was ist los?
Georges niest noch mal. Stürzt aufs Fenster zu, überspringt die Balustrade. Pfiffe ganz in der Nähe. Er klettert eiligst ins Zimmer zurück. In dem Moment kommt Véronique herein und macht Licht. Georges weicht zurück und lehnt sich an die Mauer.
GEORGES *mit erhobenen Händen*: Verloren!
VÉRONIQUE: Wer ist verloren? *Sieht Georges an.* Sieh mal an, ein Dieb!
GEORGES: Ein Dieb? Wo denn?
VÉRONIQUE: Sie sind kein Dieb?
GEORGES: Aber gar nicht dran zu denken – ich statte Ihnen einen Besuch ab.
VÉRONIQUE: Um diese nächtliche Stunde?
GEORGES: Freilich.
VÉRONIQUE: Und warum stehen Sie mit erhobenen Händen da?
GEORGES: Eben, weil es Nacht ist. Ein nächtlicher Besucher hebt die Hände, wenn er überrascht wird, das ist so Sitte.
VÉRONIQUE: Nun gut, der Höflichkeit ist also Genüge getan, nun nehmen Sie die Hände wieder runter.
GEORGES: Das wäre unvorsichtig.
VÉRONIQUE: In diesem Falle behalten Sie sie schön oben und tun Sie ganz, als ob Sie zu Hause wären. *Setzt sich.* Nehmen Sie doch bitte Platz und legen Sie die Ellbogen auf die Lehne, das ist viel bequemer.
Er setzt sich mit erhobenen Armen; sie beobachtet ihn.
Sie haben recht, ich hätte Sie nie für einen Dieb halten dürfen.
GEORGES: Besten Dank.
VÉRONIQUE: Nichts zu danken.
GEORGES: Doch, doch! Der Anschein spricht gegen mich, und ich bin glücklich, daß Sie mir Glauben schenken wollen.
VÉRONIQUE: Ich glaube Ihren Händen. Das sind keine geschickten Hände, Sie haben noch niemals etwas mit Ihren zehn Fingern getan.
GEORGES *zwischen den Zähnen*: Ich arbeite mit meiner Zunge.
VÉRONIQUE *fortfahrend*: Die Hände eines Diebes sind flink, nervös, haben Geist …
GEORGES *verdrießlich*: Was verstehen Sie davon?

VÉRONIQUE: Ich habe bei Gericht gearbeitet.

GEORGES: So, Sie haben bei Gericht gearbeitet, na, darum beneide ich Sie nicht.

VÉRONIQUE: Ich habe es zwei Jahre getan, und jetzt bin ich in der Außenpolitik.

GEORGES: Journalistin?

VÉRONIQUE: Jawohl, und Sie?

GEORGES: Ich? Am meisten würde mich eine künstlerische Laufbahn anziehn.

VÉRONIQUE: Und was machen Sie wirklich?

GEORGES: Im Leben? Ich rede.

VÉRONIQUE: Und was tun Sie in diesem Zimmer?

GEORGES: Auch in diesem Zimmer.

VÉRONIQUE: Nun gut, dann reden Sie!

GEORGES: Über was?

VÉRONIQUE: Das müssen Sie doch wissen. Sagen Sie, was Sie zu sagen haben.

GEORGES: Ihnen? Aber nein, rufen Sie Ihren Mann.

VÉRONIQUE: Ich bin geschieden.

GEORGES *zeigt auf eine Pfeife auf dem Tisch*: Sie rauchen Pfeife?

VÉRONIQUE: Nein, mein Vater.

GEORGES: Sie leben mit ihm zusammen?

VÉRONIQUE: Ich lebe bei ihm.

GEORGES: So rufen Sie ihn.

VÉRONIQUE: Er ist auf seiner Zeitung.

GEORGES: Sie sind also alle beide Journalisten?

VÉRONIQUE: Ja, aber bei verschiedenen Zeitungen.

GEORGES: Das heißt, daß wir allein in der Wohnung sind?

VÉRONIQUE: Schockiert Sie das?

GEORGES: Es ist eine schiefe Situation: für Sie kompromittierend und unerfreulich für mich.

VÉRONIQUE: Ich finde es gar nicht kompromittierend.

GEORGES: Ein Grund mehr für mich, es unerfreulich zu finden.

VÉRONIQUE: Nun gut, dann gute Nacht, kommen Sie wieder, wenn mein Vater zu Hause ist.

GEORGES: Gute Nacht, gute Nacht! *Erhebt sich widerstrebend. Von draußen hört man Pfiffe, er setzt sich wieder.* Wenn ich Sie nicht störe, würde ich lieber auf ihn warten.

VÉRONIQUE: Sie stören mich keineswegs, aber ich wollte eigentlich ausgehen. Ich lasse Sie auch allein in der Wohnung zurück, aber ich würde doch gern wissen, was Sie hier wollten.

GEORGES: Eine wirklich berechtigte Frage. *Pause.* Also ... *Pause.*

VÉRONIQUE: Also was?

Georges niest und klopft mit dem Fuß auf.

GEORGES: Ein Schnupfen! Ein Schnupfen! Einziges und lächerliches Resultat von einem Schlag ins Wasser: ich wollte mich abkühlen und erwischte statt dessen eine Erkältung.

VÉRONIQUE *hält ihm ein Taschentuch hin*: Schneuzen Sie sich!

GEORGES *hält immer noch die Hände hoch*: Unmöglich!

VÉRONIQUE: Warum?

GEORGES: Ich kann die Hände nicht runternehmen.
VÉRONIQUE: Stehen Sie auf!
Er steht auf, sie hängt sich an seine Arme, ohne zu erreichen, daß er sie senkt.
Sind Sie gelähmt?
GEORGES: Das kommt vom Mißtrauen!
VÉRONIQUE: Sie mißtrauen mir?
GEORGES: Ich mißtraue den Frauen!
VÉRONIQUE *trocken*: Also gut! *Sie nimmt ihm das Taschentuch wieder fort und putzt ihm die Nase.* Schnauben Sie! Stärker, na sehen Sie. *Sie legt das Taschentuch zusammen und steckt es in Georges' Jackentasche.*
GEORGES *wütend*: Ist das peinlich, mein Gott, wie ist das peinlich!
VÉRONIQUE: Entspannen Sie sich!
GEORGES: Leicht gesagt!
VÉRONIQUE: Legen Sie den Kopf zurück, schließen Sie die Augen und zählen Sie bis tausend.
GEORGES: Und was machen Sie, während ich die Augen geschlossen habe? Sie schleichen sich hinaus, um die Polizei zu holen oder eine Pistole aus einer Schublade ...
VÉRONIQUE: Wollen Sie, daß ich auch die Hände hochhalte? *Sie hebt ihre Arme, Georges läßt seine langsam sinken.* Na endlich, fühlen Sie sich wohler?
GEORGES: Ja, bequemer.
VÉRONIQUE: Also, können Sie jetzt antworten?
GEORGES: Natürlich, auf was?
VÉRONIQUE: Seit einer Stunde frage ich Sie, warum Sie hier sind.
GEORGES: Warum? Das ist einfach zu beantworten. Aber nun tun Sie schon die Arme runter! Es ist unerträglich! Ich kann doch nicht mit Ihnen reden, solange Sie die Hände über dem Kopf haben.
Véronique senkt die Arme.
Schön so.
VÉRONIQUE: Ich bin ganz Ohr!
GEORGES: Wie ich doch die Abwesenheit Ihres Vaters bedaure. Ich liebe Frauen, ich weiß nichts Schöneres, als sie mit Zärtlichkeiten und Schmuck zu bedecken; alles gebe ich ihnen mit dem größten Vergnügen, alles, außer Erklärungen.
VÉRONIQUE: Wie merkwürdig, warum?
GEORGES: Weil sie Erklärungen nicht verstehen, Madame. Also nehmen Sie an – natürlich ist es nur ein Beispiel –, daß ich Ihnen folgendes sagen würde: «Ich bin ein Betrüger, die Polizei verfolgte mich, ich sah Ihr offenes Fenster, und ich bin eingestiegen.» Das klingt doch einfach und klar. Und was haben Sie davon begriffen?
VÉRONIQUE: Was ich begriffen habe? Ich weiß nicht recht ...
GEORGES: Sehen Sie, sehen Sie, Sie wissen es noch nicht mal!
VÉRONIQUE: Ich habe verstanden, daß Sie ein Betrüger sind ...
GEORGES: Und das ist alles?
VÉRONIQUE: Ist das nicht das Wichtigste? *Kurzes Schweigen.* Ich finde es schade.

GEORGES: Mögen Sie Diebe lieber?

VÉRONIQUE: Ja, denn sie arbeiten mit den Händen.

GEORGES: Haben Sie eine Vorliebe für Arbeiter? *Pause.* Auf jeden Fall ist das Experiment bezeichnend: Sie haben alles verkehrt verstanden.

VÉRONIQUE: Sind Sie kein Betrüger?

GEORGES: Nein, das ist nicht das Wichtigste! Das Wichtigste ist, daß mir die Polente auf den Fersen sitzt. Ein Mann hätte das sofort verstanden. *Schreit plötzlich:* Die Polente ist mir auf den Fersen, verstehen Sie?

VÉRONIQUE: Ja, schon gut, schreien Sie doch nicht so. *Pause.*

GEORGES: Und nun? Was machen Sie nun mit mir?

VÉRONIQUE: Die Vorhänge vorziehen. *Geht zum Fenster und zieht sie vor.*

GEORGES: Und mit mir?

VÉRONIQUE: Mit Ihnen? Was kann ich mit Ihnen machen? Sind Sie vielleicht eine Gitarre, die ich zupfen, eine Mandoline, die ich kratzen kann? Oder ein Nagel, damit ich Sie auf den Kopf schlage?

GEORGES: Was dann?

VÉRONIQUE: Gar nichts! Ich kann mit Ihnen gar nichts machen.

GEORGES: Nichts ist die unpräziseste aller Antworten. Nichts, das kann alles heißen. Alles kann geschehen, Sie können in Tränen ausbrechen oder mir mit Ihrer Hutnadel die Augen ausstechen. Ach, daß ich nicht Ihren Herrn Vater angetroffen habe! Wissen Sie, was er mir geantwortet hätte?

VÉRONIQUE: Ich werde Sie der Polizei ausliefern.

GEORGES *springt auf*: Sie werden mich der Polizei ausliefern?

VÉRONIQUE: Aber nein! Ich sage Ihnen nur, was mein Vater Ihnen geantwortet hätte.

GEORGES: Eine gute Antwort, eine männliche Antwort.

VÉRONIQUE: Kann sein, aber wenn er da wäre, hätten Sie schon Handschellen an.

GEORGES: Nein!

VÉRONIQUE: Nein?

GEORGES: Nein, Männer kann ich überzeugen. Sie haben einen logischen Verstand, mit dieser Logik lenke ich telepathisch ihre Gedanken. Aber Sie, Madame, Sie! Wo ist Ihre Logik? Wo ist Ihr gesunder Menschenverstand? Wenn ich Sie recht verstanden habe, haben Sie nicht die Absicht, mich auszuliefern?

VÉRONIQUE: Sie haben mich recht verstanden.

GEORGES: Und, sehen Sie, gerade darum werden Sie mich ausliefern. Widersprechen Sie nicht! Sie sind wie alle Frauen impulsiv und sprunghaft; sie lächeln mir zu, sie streicheln mich, und plötzlich bekommen sie Angst vor meinen Ohren oder vor einem Haar, das aus meiner Nase wächst, und schon fangen sie an zu schreien!

VÉRONIQUE: Habe ich geschrien, als ich Sie entdeckte?

GEORGES: Eben nicht, Sie haben noch einen Schrei gut. Und ich kenne die Frauen. Alle Schreie, die sie ausstoßen können, stoßen sie auch aus, ohne einen zu erlassen. Sie halten Ihren noch zurück, aber die Polizei brauchte bloß an die Tür zu klopfen, und Sie würden mit

Freuden den fälligen Schrei loslassen. Dumm, daß Sie kein Mann sind. Werte Frau, Sie sind von Natur aus mein Schicksal!

VÉRONIQUE: Ich Ihr Schicksal?

GEORGES: Was sonst? Eine Tür, die sich schließt, ein Knoten, der sich zusammenzieht, ein Fallbeil, das niedersaust; das sind die Frauen.

VÉRONIQUE *irritiert*: Sie haben sich im Stockwerk geirrt: wenn Sie das Schicksal suchen, wenden Sie sich an die Dame in der zweiten Etage, sie hat zwei Familienväter ruiniert. Ich lasse immer alle Türen offen ... *Sie hält inne und fängt an zu lachen.* Fast hätten Sie mich reingelegt ...

GEORGES: Wie bitte?

VÉRONIQUE: Wir haben zwei Saiten auf unserem Instrument: Die Vernunftsgründe für die Männer und die Verachtung für die Frauen. Jeder tut so, als ob wir alle gleich seien, weil jeder zu wissen glaubt, daß wir alle als etwas Besonderes gelten wollen. «Sie sind eine Frau, deshalb werden Sie mich ausliefern.» Sie haben damit gerechnet, daß ich auf das Spiel reinfalle und daß mir daran läge, Ihnen zu beweisen, daß ich niemandem gleiche. Mein armer Freund, das ist verlorene Liebesmüh, ich habe nicht die geringste Lust, besonders zu sein, ich bin wie alle anderen Frauen und zufrieden, ihnen zu gleichen.

Es läutet an der Eingangstür.

GEORGES: Das ist ...

VÉRONIQUE: Ich fürchte auch.

Er hebt die Arme.

GEORGES: Werden Sie mich ausliefern?

VÉRONIQUE: Wo denken Sie hin? *Sie sieht seine erhobenen Arme.* Tun Sie Ihre Arme herunter, Sie bringen es noch fertig, mich konfus zu machen.

Er steckt die Hände in die Taschen.

GEORGES: Was werden Sie tun?

VÉRONIQUE: Was alle Frauen an meiner Stelle tun würden. *Pause.* Was meinen Sie, würden sie tun?

GEORGES: Keine Ahnung.

VÉRONIQUE: Sie sind wohl der Ansicht, daß sie schreien würden?

GEORGES: Ich sag Ihnen doch, ich weiß es nicht.

VÉRONIQUE: Eben waren Sie noch viel sicherer.

Es läutet wieder.

Wenn Sie noch ein Wort sagen, werde ich impulsiv und sprunghaft.

GEORGES: Bin ich so weit gesunken, daß mein Schicksal in den Händen einer Frau liegt?

VÉRONIQUE: Geben Sie mir ein Zeichen, und ich lege es wieder in die Hände der Männer.

Es klopft an der Tür: «Polizei!»

GEORGES *hat sich entschieden*: Aber es ist ausgemacht, daß ich Ihnen auf keinen Fall zu Dank verpflichtet bin.

VÉRONIQUE: Das ist ausgemacht.

GEORGES: Daß Sie nicht auf meine Dankbarkeit rechnen.

VÉRONIQUE: Ich bin doch nicht verrückt.

GEORGES: Ich werde Ihnen Gutes mit Schlechtem vergelten.

Véronique: Auch das ist ausgemacht.
Georges: Dann verstecken Sie mich. *Plötzlich voller Angst:* Schnell, worauf warten Sie?
Véronique: Gehen Sie da hinein!
Er verschwindet, sie geht öffnen. Der Inspektor steckt seinen Kopf durch die Tür.

2. SZENE

Véronique – der Inspektor Goblet.

Der Inspektor: Sie haben natürlich nicht einen Mann mit braunen Haaren, ein Meter siebzig groß ...
Véronique *lebhaft*: Natürlich nicht!
Der Inspektor: Ich wußte es ja.
Er verbeugt sich. Sie schließt die Tür.

3. SZENE

Véronique – Georges.

Véronique: Sie können herauskommen.
Er kommt in eine rote Decke gewickelt wieder herein, sie fängt zu lachen an.
Georges *würdevoll*: Da gibt es gar nichts zu lachen. Ich versuche mich zu wärmen. *Setzt sich.* Sie haben gelogen.
Véronique: Gewiß!
Georges: Unglaublich!
Véronique: Ich habe für Sie gelogen.
Georges: Das macht es nicht besser.
Véronique: Das ist doch stark, lügen Sie vielleicht nie?
Georges: Bei mir ist es etwas anderes: ich bin immer unanständig. Aber wenn sich alle anständigen Menschen so verhalten würden wie Sie ...
Véronique: Was dann?
Georges: Was würde da aus der Gesellschaft und ihrer Ordnung?
Véronique: Pah!
Georges: Pah, was soll das heißen, pah?
Véronique: Diese Ordnung ...
Georges: Kennen Sie eine bessere?
Véronique: Ja.
Georges: Welche denn, wo ist sie?
Véronique: Es würde zu weit führen, Ihnen das zu erklären. Sagen wir einfach, daß ich die Polizisten angelogen habe, weil ich sie nicht mag.
Georges: Sind Sie Animierdame oder Kleptomanin?
Véronique: Ich sag Ihnen doch, ich bin Journalistin und ein anständiger Mensch.
Georges: Dann haben Sie die Verpflichtung, sie zu mögen. Ein anständiger Mensch liebt die Polizei seinem ganzen Wesen nach.

VÉRONIQUE: Warum sollte ich sie lieben?
GEORGES: Weil die Polizei Sie beschützt.
VÉRONIQUE: Sie hat mich so wenig beschützt, daß sie mich letzte Woche verprügelt hat. *Zieht ihren Ärmel hoch.* Sehen Sie sich die blauen Flecke an!
GEORGES: Oh!
VÉRONIQUE: Das haben die mir gemacht.
GEORGES *erstaunt*: War es ein Versehen?
VÉRONIQUE: Nein.
GEORGES: Also hatten Sie etwas ausgefressen?
VÉRONIQUE: Wir hatten eine Kundgebung.
GEORGES: Wer ist wir?
VÉRONIQUE: Ich und die anderen.
GEORGES: Was haben Sie kundgegeben?
VÉRONIQUE: Unsere Unzufriedenheit.
GEORGES: Unglaublich! Betrachten Sie sich, betrachten Sie mich, und dann sagen Sie, wer von uns mehr Recht hätte, unzufrieden zu sein. Und trotzdem bin ich es nicht. Durchaus nicht, ich habe mich auch nie über etwas beklagt, in meinem ganzen Leben habe ich an keiner Kundgebung teilgenommen. An der Schwelle zum Gefängnis, ja zum Tode, bejahe ich die Welt; und Sie sind zwanzig Jahre alt, sind frei und verneinen sie. *Mißtrauisch:* Mit einem Wort, Sie sind rot?
VÉRONIQUE: Rosa.
GEORGES: Es wird immer besser. Und Ihr Vater? Was sagt er zu alldem?
VÉRONIQUE: Er ist darüber unglücklich, der rührende alte Mann.
GEORGES: Er ist vom andern Ufer?
VÉRONIQUE: Er schreibt für «Soir à Paris».
GEORGES: Das freut mich, mein Blatt. Ihr Vater ist ein großer und ehrenhafter Mann. Er hat nur einen schwachen Punkt, und der sind Sie. *Er fröstelt, niest und wickelt sich enger in die Decke.* Reizender Abend! Ich verdanke mein Leben einem Landstreicher, der es liebt, ungebeten einzugreifen, und meine Freiheit einer Revolutionärin, die aus der Menschheit einen Kult macht: wir befinden uns anscheinend in der Woche der Nächstenliebe! *Pause.* Eigentlich müssen Sie sehr zufrieden sein: Sie haben Unordnung gesät, Ihre Klasse verraten, Ihre natürlichen Beschützer angelogen, einen Mann gedemütigt ...
VÉRONIQUE: Gedemütigt?
GEORGES: Weiß Gott! Sie haben mich zu einem Objekt erniedrigt. Zu dem unglücklichen Objekt Ihrer Menschenfreundlichkeit.
VÉRONIQUE: Wären Sie im Gefängnis weniger Objekt?
GEORGES: Nein, aber ich könnte Sie hassen und mich in meine innere Festung flüchten. Ach, Sie haben mir böse mitgespielt!
VÉRONIQUE: Ich?
GEORGES *mit Nachdruck*: Böse mitgespielt! Sie sehen nicht weiter als Ihre Nasenspitze. Aber ich denke nach: mein Blick ist auf die Zukunft gerichtet. Und die Zukunft ist dunkel, sehr dunkel. Es genügt nicht, nur die Menschen zu retten, meine Süße, man muß ihnen

auch eine Möglichkeit zum Leben geben. Haben Sie sich schon gefragt, was aus mir werden soll?

VÉRONIQUE: Wieder ein Betrüger, nehm ich an.

GEORGES: Nein, eben nicht!

VÉRONIQUE: Was, Sie wollen ein ehrbarer Mensch werden?

GEORGES: Das habe ich nicht gesagt. Ich habe gesagt, daß ich nicht mehr die Mittel dazu habe, unehrbar zu sein. Für Hochstapeleien braucht man ein gewisses Kapital, einen Grundstock bestehend aus: zwei Anzügen, einem Smoking, wenn möglich einem Frack, zwei Hemden, sechs Paar Socken, sechs Unterhosen, drei Paar Schuhen, einer Auswahl an Krawatten, einer goldenen Nadel, einer ledernen Aktentasche, einer Hornbrille. Ich besitze nichts als diese Lumpen und habe keinen Sou in der Tasche; was glauben Sie wohl, was ich damit anfange? Kann ich vielleicht in dieser Aufmachung vor dem Direktor der französischen Staatsbank erscheinen? Nein, ich bin zu tief gefallen, zu tief, um je wieder aufstehn zu können. Und das ist Ihr Fehler: Sie haben mich vor dem Gefängnis bewahrt, nur um mich in die Gosse zu stoßen. Im Gefängnis hätte ich mein Gesicht gewahrt, als Landstreicher verliere ich es. Passe ich zum Landstreicher? Vielen Dank, meine Liebe!

VÉRONIQUE: Und wenn ich Ihnen eine Stellung beschaffen würde?

GEORGES: Eine Stellung: dreißigtausend Francs im Monat, eine ehrliche Arbeit und einen Arbeitgeber. Das können Sie behalten: ich verkaufe mich nicht.

VÉRONIQUE: Wieviel würden Sie benötigen, um Ihre Garderobe wieder in Schwung zu bringen?

GEORGES: Keine Ahnung!

VÉRONIQUE: Ich habe etwas Geld bei mir ...

GEORGES: Kein Wort mehr. Geld ist heilig. Ich pflege Geld nicht anzunehmen, ich nehme es mir.

VÉRONIQUE: Nehmen Sie sich's.

GEORGES: Ich kann es mir nicht nehmen, nachdem Sie es mir angeboten haben. *Barsch:* Ich schlage Ihnen ein Geschäft vor. Natürlich ist es ein ehrliches, aber ich habe nicht das Recht, den Komplizierten zu spielen. Ich gebe Ihnen ein Exklusiv-Interview.

VÉRONIQUE: Sie? Mir?

GEORGES: Sie sind doch Journalistin, bitte, stellen Sie mir Fragen.

VÉRONIQUE: Aber über was?

GEORGES: Über meine Kunst.

VÉRONIQUE: Ich habe Ihnen doch gesagt, daß ich in der Außenpolitik bin; im übrigen interessiert sich meine Zeitung nicht für Betrüger.

GEORGES: Na ja, eine Linkszeitung. Muß schön langweilig sein. *Pause.* Ich bin Georges de Valéra.

VÉRONIQUE *wider Willen aufhorchend*: Der ...

GEORGES: Jawohl, der große Valéra.

VÉRONIQUE *zögernd*: Natürlich, dann ...

GEORGES: Ihr Käseblatt ist arm, was?

VÉRONIQUE: Ziemlich.

GEORGES: Ich verlange nichts weiter als zwei Anzüge, ein Dutzend Hemden, drei Krawatten und ein Paar Schuhe. Ihr könnt mich in

Sachwerten bezahlen. *Erhebt sich.* In Moskau wurde im Jahre 1917 von einem schwarzen Gardisten und einer Weißrussin ein blaublütiges Kind geboren.

VÉRONIQUE: Nein.

GEORGES: Interessiert Sie das nicht?

VÉRONIQUE: Ich habe keine Zeit, ich habe Ihnen doch gesagt, daß ich ausgehen muß.

GEORGES: Und später?

VÉRONIQUE: Offen gesagt, nein. Betrüger, wissen Sie, ob nun genial oder nicht ...

GEORGES: Scheren Sie sich zum Teufel!

Man hört die Eingangstür klappen.

Was war das?

VÉRONIQUE: Bums ... das war mein Vater.

GEORGES: Ich verschwinde ...

VÉRONIQUE: Wenn er Sie sieht, übergibt er Sie der Polizei. Gehen Sie dort hinein, ich werde versuchen, ihn zu beruhigen.

Georges ab in dem Augenblick, als sich die Tür öffnet.

4. SZENE

Véronique – Sibilot.

SIBILOT: Noch da?

VÉRONIQUE: Ich bin im Weggehen. Ich habe nicht gedacht, daß du so früh zurückkommen würdest.

SIBILOT *bitter*: Ich auch nicht.

VÉRONIQUE: Hör zu, Papa, ich muß dir etwas sagen ...

SIBILOT: Diese Schweinehunde!

VÉRONIQUE: Wer?

SIBILOT: Alle, die ganze Welt. Ich schäme mich, ein Mensch zu sein. Gib mir was zu trinken.

VÉRONIQUE *gibt ihm etwas*: Stell dir vor ...

SIBILOT: Undankbar, verlogen, feige und böse, das sind sie. Es ist noch die einzige Rechtfertigung für die menschliche Rasse, daß sie die Tiere beschützt.

VÉRONIQUE: Vorhin – habe ich ...

SIBILOT: Ein Hund möchte ich sein! Hunde zeigen uns, was Liebe und Treue ist. Nein, auch kein Hund, sie sind von den Menschen betrogen worden und sind dumm genug, uns dennoch zu lieben. Ich möchte eine Katze sein, nein, auch nicht, alle Säugetiere sind sich ähnlich. Warum bin ich nicht ein Haifisch, der den Schiffen im Kielwasser folgt und die Matrosen frißt.

VÉRONIQUE: Was hat man dir wieder angetan, armer Papa?

SIBILOT: Man hat mich vor die Tür gesetzt.

VÉRONIQUE: Sie setzen dich alle vierzehn Tage vor die Tür.

SIBILOT: Diesmal ist es ernst! Véronique, du bist doch Zeuge, daß ich seit zehn Jahren die Kommunisten verschlinge. Sie sind wahrhaftig eine unverdauliche und eintönige Nahrung. Wie oft habe ich mir schon gewünscht, meinen Speisezettel zu ändern, zur Abwechslung

Pfarrer zu verspeisen oder Freimaurer, Milliardäre und Frauen. Umsonst, das Menu ist ein für allemal festgelegt. Habe ich mich je vor der Arbeit gedrückt? Kaum war Malenkow verdaut, schon war Chruschtschow an der Reihe. Habe ich mich beklagt? Jeden Tag brachte ich eine neue Soße: wer hat die Sabotage des «Dixmude» gemacht? Und wer hat das Komplott gegen die Nation, wer die Sache mit den Brieftauben gestartet? Ich, alles ich. Zehn Jahre lang habe ich Europa verteidigt, von Berlin bis Saigon: Was mußte ich nicht alles in mich hineinstopfen? Vietnamesen und Chinesen, die ganze sowjetische Armee mit ihren Flugzeugen und Tanks. Und nun, mein Kind, da kannst du das ganze Ausmaß menschlicher Undankbarkeit sehen: Zum erstenmal zeigt mein Magen eine gewisse Schwäche, und schon wirft mich der Chef hinaus!

VÉRONIQUE: Hat man dich wirklich entlassen?

SIBILOT: Weggeworfen wie einen alten Lappen. Es sei denn, ich habe bis morgen früh eine Idee.

VÉRONIQUE *ohne die geringste Sympathie*: Du wirst schon eine haben, keine Bange!

SIBILOT: Nein, diesmal nicht. Was willst du eigentlich, ich bin kein Titan, ich bin ein ganz gewöhnlicher Mensch, der sein Gehirnschmalz für siebzigtausend Francs im Monat verläppert hat. Zehn Jahre habe ich Geist verspritzt, da war ich Pegasus und besaß Flügel. Die Flügel haben Feuer gefangen, und was bleibt übrig: eine alte Schindmähre, gut genug für die Abdeckerei. *Er geht auf und ab.* Zehn Jahre treue Dienste: da würdest du doch ein menschliches Wort erwarten, eine Geste der Dankbarkeit. Nichts dergleichen: Vorwürfe und Drohungen: das ist alles. Ich werde noch anfangen, sie zu hassen, deine Kommunisten! *Schüchtern:* Mein kleines Mädchen?

VÉRONIQUE: Papa?

SIBILOT: Du hättest nicht vielleicht – ich meine, ich frag nur mal so – du hättest nicht vielleicht eine Idee?

VÉRONIQUE: Aber Papa!

SIBILOT: Hör zu, mein Kind; ich habe nie etwas gegen deine Freunde gesagt, obwohl sie mich kompromittiert haben, ja, sie sind vielleicht sogar der Ursprung meines Unglücks. Ich habe dir seit dem Tode deiner armen Mutter immer deine Freiheit gelassen, unter der einzigen Bedingung, daß du mir das Schlimmste ersparst, wenn deine Freunde an die Macht kommen. Kannst du meine Toleranz nicht belohnen? Läßt du deinen alten Vater in der Klemme sitzen? Ich verlange doch nur eine ganz kleine Anstrengung von dir, mein Kind, eine winzige Anstrengung. Du siehst diese Kommunisten doch ganz aus der Nähe: da muß sich doch einiges bei dir angesammelt haben?

VÉRONIQUE: Aber nein, Papa.

SIBILOT: Nun sag schon.

VÉRONIQUE: Es sind meine Freunde.

SIBILOT: Um so mehr! Wessen Fehler kennt man besser als die seiner Freunde. Ich habe nur Freunde auf meiner Zeitung: ich schwör dir, wenn ich da anfangen sollte, auszupacken ... Aber ich schlag dir ein Tauschgeschäft vor: Du sagst mir alles, was du über Duclos weißt, und ich werf dir Julot-les-Bretelles zum Fraß vor, da hast du Material für einen tollen Artikel! Kann ich auf dich zählen?

VÉRONIQUE: Nein, Papa!

SIBILOT: Ich bin Hiob! Meine eigene Tochter läßt mich auf dem Misthaufen liegen. Geh weg!

VÉRONIQUE: Ich geh ja schon, ich wollte dir nur noch sagen ...

SIBILOT: Véronique, weißt du, wer im Sterben liegt? Der Mensch, die Arbeit, die Familie, das Vaterland, alles verreckt. Aber wär das nicht ein Artikel: Die Menschheitsdämmerung. Was hältst du davon?

VÉRONIQUE: Das liest du schon jeden Monat in den «Preuves».

SIBILOT: Du hast recht, zum Teufel mit ihnen!

VÉRONIQUE: Mit wem?

SIBILOT: Zum Teufel mit den Menschen. Eigentlich bin ich verrückt, mir für siebzigtausend Francs im Monat den Hintern zu verstauchen. Mir haben die Kommunisten schließlich nichts getan. Mit siebzigtausend Francs im Monat wäre ich sogar berechtigt, auf ihrer Seite zu stehen.

VÉRONIQUE: Ich will dich nicht beeinflussen.

SIBILOT: Nein, meine Tochter, sicher nicht, und du führst mich auch nicht in Versuchung. Ich bin ein altmodischer Mann; ich liebe die Freiheit, und ich habe zuviel Respekt vor der menschlichen Würde. *Er richtet sich plötzlich auf.* Und das ist etwas Sauberes, der Respekt vor der menschlichen Würde, etwas Schönes! Ausgestoßen wie ein Aussätziger! Seit Jahren im Beruf, ein Familienvater! Auf die Straße gesetzt mit einem Monatsgehalt und ohne Pension! ... Halt, das ist vielleicht ein Thema: in den UdSSR hat der Arbeiter keinen Anspruch auf eine Altersrente. *Besieht seine Haare im Spiegel.* Man müßte irgendwas über ihre weißen Haare schreiben.

VÉRONIQUE: Aber sie bekommen ja eine Altersrente.

SIBILOT: Sei doch ruhig; laß mich nachdenken. *Pause.* Nein, das geht nicht. Die Leser würden uns mit Recht entgegnen: Vielleicht stimmt es, daß die russischen Arbeiter keinen Anspruch auf eine Altersrente haben, aber das ist noch lange kein Grund, Deutschland wiederaufzurüsten. *Pause.* Véronique, Deutschland m u ß wiederaufgerüstet werden. Aber warum, he? Aus welchem Grund?

VÉRONIQUE: Es gibt keinen Grund dafür.

SIBILOT: Doch, mein Kind, es gibt einen; nämlich den, daß ich mein ganzes Leben wie ein Russe Angst geschwitzt habe, und das kotzt mich an; jetzt will ich, daß mal die anderen Angst schwitzen. Und ich schwöre dir, das werden sie tun, wenn man die Deutschen wiederaufrüstet. Rüstet sie auf, tut es doch. Rüstet nur Deutschland wieder auf und Japan dazu, legt Feuer an alle vier Ecken der Welt. Für siebzigtausend Francs soll ich die Menschheit verteidigen, stell dir das vor! Zu dem Preis können von mir aus alle Menschen verrecken!

VÉRONIQUE: Und du wirst mitverrecken.

SIBILOT: Um so besser! Mein Leben war nichts anderes als ein endloses Verscharrtwerden, und niemand gab mir das Geleit. Aber mein

Tod, verzeih schon, wird einigen Lärm machen. Was für ein Gepränge wird das geben! Aber ich will gerne wie eine Rakete dahinfahren, wenn ich dabei Väterchen Julot als Sonne über mir rotieren gesehen habe. Siebzigtausend Francs im Monat, siebzigtausend Tritte in den Hintern am Tag! Krepieren wir doch alle zusammen, es lebe der Krieg! *Er verschluckt sich und hustet.*

VÉRONIQUE: Trink was! *Gibt ihm zu trinken.*

SIBILOT: Uff!

VÉRONIQUE: In meinem Zimmer sitzt ein Landstreicher.

SIBILOT: Ein Kommunist?

VÉRONIQUE: Nein!

SIBILOT: Was glaubst du, kümmert mich das?

VÉRONIQUE: Er wird von der Polizei verfolgt.

SIBILOT: Na schön, dann ruf das nächste Polizeirevier an und sag, sie sollen ihn abholen.

VÉRONIQUE: Aber Papa, ich will ihn hier behalten.

SIBILOT: Was hat er denn gemacht, dein neuer Freund? Wenn er gestohlen hat, muß er dafür bestraft werden.

VÉRONIQUE: Er hat nicht gestohlen. Sei nett und kümmere dich nicht um ihn. Versuch lieber, in Ruhe deine Idee zu finden. Morgen wird er ohne Lärm zu machen gehen, und wir werden ihn nie wiedersehen.

SIBILOT: Also gut, wenn er sich ruhig verhält, werde ich die Augen zudrücken. Aber wenn die Polizei ihn holt, dann glaube ja nicht, daß ich ihr etwas vorschwindeln werde.

VÉRONIQUE *einen Spalt der Tür zu ihrem Zimmer aufmachend*: Ich geh jetzt. Sie können die Nacht über hierbleiben, aber gehen Sie nicht aus meinem Zimmer. Adieu! *Schließt die Tür.* Auf morgen, Papa. Und zerbrich dir nicht den Kopf wegen deiner Idee; es ist immer dieselbe, die euch zu dienen hat, da bist du eben verpflichtet, sie wiederzufinden.

5. SZENE

Sibilot allein.

SIBILOT: Scher dich zum Teufel.

Sie geht.

Dieselbe Idee! Natürlich ist es immer dieselbe Idee! Na und? Was hilft mir das, wenn ich ihr immer ein neues Gesicht geben muß. *Er vergräbt das Gesicht in seine Hände.* Das Leben Stalins in Bildern ... aber das wollen sie ja nicht, diese Idioten, ich möchte wirklich wissen warum. *Georges niest, Sibilot horcht auf, versinkt dann wieder in Nachdenken.* Sabotage ... Verschwörung ... Verrat ... Terror ... *Denkt bei jedem Wort nach und schüttelt den Kopf.* Hungersnot ... Hungersnot? He? *Pause.* Nein, zu oft dagewesen; die dient uns schon seit 1918. *Nimmt Zeitungen und blättert in ihnen.* Was haben sie denn gemacht, die Russen? *Blättert in den Zeitungen.* Nichts: Das ist kaum möglich! Wer glaubt schon, daß in einem Land mit 200 Millionen Einwohnern nicht jeden Tag ein wüstes Verbrechen, irgendeine Ungerechtigkeit geschieht. Aber da ist eben der Eiserne Vorhang. *Denkt wieder nach.* Sabotage ... Verschwörung ... *Georges niest. Verärgert:* Wenn ich wenigstens in Ruhe arbeiten könnte! Verrat ... Verschwörung ... Na, zäumen wir es mal von der anderen Seite auf: westliche Kultur ... Mission in Europa ... Gedankenfreiheit ... *Georges niest.* Genug, genug! *Fängt wieder an zu träumen.* Das Leben Stalins ohne Bilder.

Pfiffe auf der Straße.

Verzweifelt: Oh! *Vergräbt wieder das Gesicht in seine Hände.* Das Leben Stalins in Bildern ... *Georges niest.* Den da bringe ich noch um.

GEORGES *hinter der Szene*: Mein Gott, mein Gott, mein Gott!

SIBILOT: Wenn ich wenigstens den los wäre! Himmelherrgott, wenn mich bloß einer von ihm befreite! *Er geht zum Telefon und dreht eine Nummer.* Hallo, ist dort das Polizeirevier? Hier ist René Sibilot, Journalist, rue Goulden 13, im Erdgeschoß, linke Tür. Eben ist ein Mann bei mir eingestiegen. Anscheinend sucht ihn die Polizei, ja genau, bitte schicken Sie mir jemanden.

Bei den letzten Worten öffnet sich die Tür und Georges erscheint.

6. SZENE

Sibilot – Georges.

GEORGES: Endlich eine gesunde Reaktion! Sie sind ein normaler Mann. Erlauben Sie mir, Ihnen die Hand zu drücken. *Er geht mit ausgestreckter Hand vor.*

SIBILOT *zurückspringend*: Hilfe!

GEORGES *wirft sich auf Sibilot*: Pst, pst! *Hält ihm die Hand vor den Mund.* Seh ich wie ein Mörder aus? Was für ein Mißverständnis! Ich bewundere Sie, und Sie meinen, ich wollte Sie erwürgen. Ja, ich bewundere Sie; Ihr Telefongespräch war großartig; es sollte allen Menschen ein Vorbild sein, die sich durch falschen Idealismus irreführen lassen und dabei riskieren, ihr Rechtsgefühl zu verlieren. Haben Sie keine Angst, daß ich ausreiße, ich will Ihrem Ruhm dienen; morgen werden die Zeitungen veröffentlichen, daß ich bei Ihnen verhaftet worden bin. Sie glauben mir doch? Nicht wahr, Sie glauben mir?

Sibilot ist wie gelähmt, macht ein Zeichen der Zustimmung.

Lassen Sie mich den ehrlichen Menschen in seiner ganzen majestätischen Größe bewundern! *Pause.* Und wenn ich Ihnen jetzt sage, daß ich mich vorhin umbringen wollte, um meinen Verfolgern zu entkommen ...?

SIBILOT: Versuchen Sie nicht, mich umzustimmen.

GEORGES: Ausgezeichnet! Und wenn ich aus meinen Lumpen nun ein Pulver hervorziehen, es schlucken und tot zu Ihren Füßen fallen würde ...?

SIBILOT: Ja und?

GEORGES: Was würden Sie dann sagen?

SIBILOT: Ich würde sagen: Dieser Unglückliche hat sich selbst gerichtet.

GEORGES: Die ruhige Sicherheit eines einwandfreien Gewissens. Man merkt, daß Sie am Guten nie gezweifelt haben …

SIBILOT: Wahrhaftig nicht!

GEORGES: … und daß Sie nie auf diese umstürzlerischen Reden gehört haben, die einen Verbrecher nur als Opfer der Gesellschaft hinstellen möchten.

SIBILOT: Ein Verbrecher ist ein Verbrecher!

GEORGES: Sie gefallen mir immer besser! Ein Verbrecher ist ein Verbrecher, wie treffend bemerkt! Sie werde ich mit der Erzählung meiner unglücklichen Jugend nicht weich stimmen.

SIBILOT: Nein, da kämen Sie bei mir an die falsche Adresse, ich war selbst ein malträtiertes Kind.

GEORGES: Und es ist Ihnen gewiß auch völlig wurscht, daß ich ein Opfer des Ersten Weltkriegs, der russischen Revolution und der kapitalistischen Gesellschaft bin?

SIBILOT: Es gibt viele, die ein Opfer von alldem sind – ich zum Beispiel –, und die nicht so weit verkommen sind, zu stehlen.

GEORGES: Sie haben auf alles eine Antwort. Nichts nagt an Ihrer Überzeugung. Und mit dieser eisernen Stirn, diesen harten Augen und diesem steinernen Herzen sind Sie bestimmt auch Antisemit?

SIBILOT: Das hätte ich mir denken können: sind Sie Jude?

GEORGES: Nein, ganz und gar nicht, und um es Ihnen zu gestehen: ich teile Ihren Antisemitismus. *Auf eine Bewegung von Sibilot hin:* Kränken Sie sich nicht: teilen ist schon zuviel gesagt, sagen wir, ich sammle die Brotkrumen. Da ich nicht das Glück habe, ein ehrbarer Mensch zu sein, komme ich auch nicht in den Genuß Ihrer Sicherheit. Ich zweifle, ich zweifle an allem, das ist die Eigentümlichkeit unruhiger Seelen. Ich bin, wenn Sie mir das zugestehen wollen, vorsorglich Antisemit. *Vertraulich:* Und die Araber? Die hassen Sie auch, nicht wahr?

SIBILOT: Jetzt ist es aber genug! Ich habe weder Zeit noch Lust, Ihrem Geschwätz zuzuhören. Bitte gehen Sie sofort in dieses Zimmer und warten Sie dort ohne viel Lärm zu machen die Ankunft der Polizei ab.

GEORGES: Ich zieh mich zurück. Ich ziehe mich in Ihre Räume zurück! Sagen Sie mir bloß noch, ob Sie die Araber hassen.

SIBILOT: Aber ja!

GEORGES: Nein, deutlicher. Machen Sie mir das Vergnügen, es ist meine letzte Frage.

SIBILOT: Sie sollen bleiben, wo sie sind.

GEORGES: Bewundernswert! Erlauben Sie mir, daß ich meinen Hut vor Ihnen ziehe; Sie sind ehrbar bis zur Grausamkeit. Nach diesem kurzen Gespräch steht fest, daß wir die gleichen Gesichtspunkte haben, und es würde mich nicht erstaunen, wenn wir liederlichen Gesellen die ehrbarsten Menschen würden, wenn uns die Polizei nur dazu Zeit ließe!

SIBILOT: Werden Sie hier endlich verschwinden?

GEORGES: Noch ein Wort, ein einziges, und ich geh. Also Sie, ein Franzose, Sohn und Enkel französischer Bauern, und ich, der Staatenlose, der vorübergehende Gast Frankreichs; Sie, die Ehrbarkeit in Person, und ich, der Verbrecher, wir geben uns über alle Laster und Tugenden hinweg die Hand, zusammen verdammen wir die Juden, die Kommunisten und die umstürzlerischen Ideen? Unsere Übereinstimmung muß eine tiefere Bedeutung haben. Ich kenne diese Bedeutung, und ich werde sie Ihnen sagen: wir beide respektieren das Privateigentum.

SIBILOT: Sie respektieren das Privateigentum?

GEORGES: Ich? Aber ich lebe davon! Wie sollte ich es da nicht respektieren? Sehen Sie, Ihre Tochter wollte mich retten, aber Sie haben mich angezeigt, und trotzdem fühle ich mich Ihnen näher als ihr. Und daraus ziehe ich den praktischen Schluß, daß wir beide, Sie und ich, die Verpflichtung haben, zusammen zu arbeiten.

SIBILOT: Zusammen arbeiten? Wer? Wir? Sie sind verrückt!

GEORGES: Ich kann Ihnen einen großen Dienst erweisen!

SIBILOT: Das würde mich wundern.

GEORGES: Vorhin habe ich an der Tür gehorcht und genau die Vorschläge mit angehört, die Sie Ihrer Tochter machten. Wenn ich recht verstanden haben, suchten Sie nach einer Idee? Nun gut, ich bin in der Lage, Ihnen diese Idee zu geben.

SIBILOT: Eine Idee? Gegen den Kommunismus?

GEORGES: Ja.

SIBILOT: Sie ... Sie kennen das Problem?

GEORGES: Ein Betrüger muß alles kennen.

SIBILOT: Nun gut, geben Sie mir die Idee, geben Sie sie mir schnell, und ich werde vor Gericht mildernde Umstände für Sie fordern.

GEORGES: Das ist unmöglich!

SIBILOT: Warum?

GEORGES: Ich kann Ihnen nur helfen, wenn ich freie Hand habe.

SIBILOT: Die Polizei ...

GEORGES: Ja, die Polizei, sie wird kommen. Gleich, in zwei Minuten wird sie da sein. Ich habe daher noch die Zeit, mich vorzustellen. Vollwaise, seit frühester Jugend ausweglos bedrängt, zwischen Genie und Tod zu wählen, kann ich es nicht als Verdienst für mich in Anspruch nehmen, das Genie eigens gewählt zu haben. Denn ich *bin* genial, so wie Sie ehrbar sind, in demselben mitleidslosen Übermaß. Haben Sie sich je überlegt, was die Verbindung von Genie und Ehrbarkeit, von Inspiration und Starrsinn, von Licht und Blindheit zustande bringen könnte? Wir wären die Herren der Welt. Ich *habe* Ideen, ich produziere ein Dutzend davon in der Minute; leider überzeugen sie niemanden, weil mir nicht genug daran liegt. Und Sie haben keine, sondern Sie werden von ihnen verfolgt; die Ideen haben *Sie* zwischen den Klauen, sie zerwühlen Ihr Gehirn, sie vernebeln Ihnen die Augen; und eben darum überzeugen Sie damit die anderen; es sind versteinerte Träume und faszinieren diejenigen, die sich nach Versteinerung sehnen. Nun stellen Sie sich einmal einen neuen Gedanken vor, der von mir kommt und von Ihnen Besitz ergreift: wie schnell würde er Ihre Art annehmen, der arme Gedanke, er würde so hart, so dumm und so wahr erscheinen, daß er sich dem ganzen Weltall aufzwingen würde.

Es läutet, Sibilot, der fasziniert zugehört hat, springt auf.

SIBILOT: Das ist ...

GEORGES: Ja, nun müssen Sie sich entscheiden. Wenn Sie mich ausliefern, durchleben Sie eine schlaflose Nacht und werden morgen früh entlassen.

Es klingelt wieder.

Wenn Sie mich aber retten, wird mein Genie Sie reich und berühmt machen.

SIBILOT *in Versuchung geführt*: Wer beweist mir, daß Sie wirklich Genie haben?

GEORGES *geht in den Hintergrund des Zimmers zurück*: Fragen Sie den Inspektor. *Er verschwindet, während Sibilot öffnen geht.*

7. SZENE

Sibilot – der Inspektor.

INSPEKTOR: Herr Sibilot?

SIBILOT: Ja, der bin ich.

INSPEKTOR: Wo ist er?

SIBILOT: Wer?

INSPEKTOR: Georges de Valéra.

SIBILOT *beeindruckt*: Sie suchen Georges de Valéra?

INSPEKTOR: Ja, ja! Aber es ist wohl hoffnungslos! Er ist wie ein Aal! Sie gestatten, daß ich mich setze? *Er setzt sich.* Ich sehe, Sie haben keinen Flügel, ich beglückwünsche Sie dazu.

SIBILOT: Mögen Sie keine Flügel?

INSPEKTOR: Ich habe zu viele gesehen.

SIBILOT: Wo denn?

INSPEKTOR: Bei den Reichen. *Er stellt sich vor:* Inspektor Goblet.

SIBILOT: Angenehm!

INSPEKTOR: Ich mag Ihre Behausung. Ich weiß schon jetzt, daß ich ungern wieder gehen werde.

SIBILOT: Fühlen Sie sich ganz wie zu Hause.

INSPEKTOR: Sie ahnen gar nicht, wie treffend dieser Ausspruch war. Ihr Wohnzimmer ist die exakte Kopie des meinen, 1925 – was?

SIBILOT: Wie?

INSPEKTOR *mit umfassender Gebärde*: Die Möbel, 1925?

SIBILOT: Ach ja, 1925 natürlich!

INSPEKTOR: Die Ausstellung über Inneneinrichtung, unsere Jugend ...

SIBILOT: Die war im Jahr, als ich heiratete.

INSPEKTOR: Auch meiner Verheiratung. Unsere Frauen haben die Möbel mit ihren Müttern ausgesucht; tja, wir hatten nicht mitzureden, das Geld kam von unseren Schwiegereltern. Haben Sie sie gern, diese Stühle von 1925?

SIBILOT: Ach, wissen Sie, zum Schluß sieht man sie gar nicht mehr. *Schüttelt den Kopf.* In meinen Augen war es damals zunächst eine provisorische Lösung ...

INSPEKTOR: Natürlich! Was ist nicht provisorisch? Aber dann, eines schönen Tages, zwanzig Jahre später ...

SIBILOT: Stellt man fest, man wird bald sterben, und das Provisorische ist bereits das Endgültige.

INSPEKTOR: Wir werden sterben, so wie wir gelebt haben: im Jahre 1925. *Steht plötzlich auf.* Was haben Sie denn da? Das Bild eines berühmten Malers?

SIBILOT: Aber nein, es ist nur ein Druck.

INSPEKTOR: Um so besser. Ich hasse Bilder berühmter Maler und teure Wagen, weil die Reichen beides sammeln, und weil wir darum gezwungen sind, sämtliche Marken zu kennen?

SIBILOT: Wer? Sie?

INSPEKTOR: Ja, wir, in den vornehmen Revieren.

SIBILOT: Warum denn?

INSPEKTOR: Um Gesprächsstoff zu haben. *Nähert sich dem Bild.* Das dort ist ein Constable. Ich hätte nicht gedacht, daß Sie Constables mögen.

SIBILOT: Er ist mir jedenfalls lieber als eine schimmelige Wand.

INSPEKTOR *hebt das Bild an*: Ah! Weil unter dem Constable ...

SIBILOT: Na, was denn sonst!

INSPEKTOR: Die Feuchtigkeit, nicht wahr?

SIBILOT: Ja, das macht die Nähe der Seine.

INSPEKTOR: Reden Sie mir nicht davon, ich wohne in Gennevilliers.
Georges niest mehrmals und fängt an zu fluchen.
Was war denn das?

SIBILOT: Der Nachbar. Er kann die Feuchtigkeit nicht vertragen: er ist dauernd erkältet.

INSPEKTOR: Sie haben noch Glück, daß es nur Ihr Nachbar ist. In Gennevilliers bin ich immer selber erkältet. *Setzt sich wieder.* Ja, Herr Sibilot, der Mensch ist ein merkwürdiges Tier: ich bin in Ihre Wohnung vernarrt, weil sie mich an meine erinnert, die mich ankotzt.

SIBILOT: Das müssen Sie mir erklären!

INSPEKTOR: Ja, wissen Sie, meine Pflichten führen mich in die eleganten Viertel. Früher war ich im Schmuckdezernat, dann hat man mich den Hochstaplern und der verwahrlosten Jugend auf die Fersen gesetzt, alles führt mich in die vornehmen Gegenden. Meine Nachforschungen bringen mich mit Leuten zusammen, die sozial über mir stehen, und das lassen sie mich auch merken. Ich muß den Lieferantenaufgang benutzen und zwischen einem Klavier und einer Blattpflanze warten. Ich muß Damen mit zartem Teint und parfümierten Herren, die mich wie ihren Diener behandeln, zulächeln, und während der ganzen Zeit muß ich in den überall aufgehängten Spiegeln meine eigene blöde Visage an den Wänden sehen.

SIBILOT: Können Sie diese Menschen denn nicht an ihren richtigen Platz verweisen?

INSPEKTOR: An ihren richtigen Platz? Aber da befinden sie sich ja! Ich bin es, der nicht auf seinem richtigen Platz steht. Aber Sie müssen doch so was Ähnliches auch kennen in Ihrem Beruf.

SIBILOT: Ich? Ich kann Ihnen erzählen, daß ich jeden Tag meinem Chef in den Hintern kriechen muß.

INSPEKTOR: Was Sie nicht sagen! Dazu sind Sie genötigt?

SIBILOT: Ach, das ist so 'ne Redensart.

INSPEKTOR: Mein Lieber, ich weiß schon, was mit Redensart gemeint ist. Wie ich da vor Ihnen stehe, bin ich sicher öfter als tausendmal dem Polizeipräsidenten hineingekrochen. Aber das gefällt mir eben an Ihrer Wohnung, es riecht nach Beengtheit und stolzer Erniedrigung. Endlich mal stelle ich meine Untersuchungen bei einem Gleichgesinnten an: in gewisser Weise bei mir selber. Ich kann da frei schalten: wenn es mir einfiele, Sie einzubuchten oder Sie zu verdreschen, kein Mensch würde protestieren.

SIBILOT: Haben Sie etwa solche Absichten?

INSPEKTOR: Um Gottes willen, nein. Sie haben ein viel zu sympathisches Gesicht. Ein Gesicht wie ich es selbst habe, ein Sechzigtausend-Francs-im-Monat-Gesicht.

SIBILOT: Siebzigtausend.

INSPEKTOR: Sechzig- oder siebzigtausend, das kommt auf eins heraus. Man bekommt ein anderes Gesicht erst ab hunderttausend. *Gerührt:* Mein armer Sibilot!

SIBILOT: Mein armer Inspektor! *Geben sich die Hand.*

INSPEKTOR: Wir ganz allein können unsere Misere und unsere Größe ermessen. Geben Sie mir was zu trinken.

SIBILOT: Aber gern. *Füllt zwei Gläser.*

INSPEKTOR *hebt sein Glas*: Auf die Hüter der westlichen Ordnung! *Trinkt.*

SIBILOT: Auf den Sieg derer, die die Reichen verteidigen, ohne sie zu lieben. *Er trinkt.* Apropos, Sie haben wohl nicht zufällig eine Idee?

INSPEKTOR: Gegen wen?

SIBILOT: Gegen die Kommunisten.

INSPEKTOR: Ach, Sie sind bei der Presse! Ich sag Ihnen, Sie werden Ihre Idee nicht finden, sie ist zu ausgekocht für Sie. Genausowenig wie ich meinen Valéra finden werde.

SIBILOT: Ist der zu schlau?

INSPEKTOR: Der? Wenn ich mich nicht vor großen Worten scheuen würde, müßte ich sagen, er ist ein Genie. Übrigens, haben Sie nicht gemeldet, daß er in Ihrer Wohnung versteckt war?

SIBILOT: Ich ... Ich habe nur gesagt, daß irgend jemand ...

INSPEKTOR: Das ist er, ohne Zweifel. Wenn er vorhin hier war, müßte er es jetzt noch sein, alle Fenster des Hauses werden beobachtet. Ich habe Posten auf der Treppe und in den Korridoren aufgestellt. Und jetzt werde ich Ihnen beweisen, wieviel Hochachtung ich vor ihm habe: ich werde weder dieses Zimmer durchsuchen, noch das andere betreten. Und wissen Sie warum? Weil ich weiß, daß er sich unkenntlich gemacht hat oder daß er es geschafft hat, von hier wegzukommen. Und unter welcher Verkleidung? Vielleicht sind Sie: er?

SIBILOT: Ich?

INSPEKTOR: Beruhigen Sie sich, die Mittelmäßigkeit ist unnachahmlich. Machen wir Schluß, sagen Sie mir noch ein paar Sachen für meinen Bericht. Sie haben ihn bemerkt, Sie sind zum Telefon gestürzt, um uns zu benachrichtigen, und er hat diese paar Minuten der Unaufmerksamkeit ausgenutzt, um zu verschwinden? Ist das richtig?

SIBILOT: Ich ...

INSPEKTOR: Schon gut! *Pause.* Ja, da bleibt mir nichts übrig, als wieder abzuziehen. Ich nehme aber die Erinnerung an einige reizende, leider zu kurze Minuten mit. Wir sollten uns eigentlich wiedersehen.

SIBILOT: Das würde nur meinen Wünschen entsprechen.

INSPEKTOR: Ich werde mir erlauben, Sie manchmal anzurufen. Wenn wir beide mal frei sind, werden wir ganz allein ins Kino gehen. Nein, danke, Sie brauchen mich nicht hinauszubringen. *Ab.*

8. SZENE

Sibilot – Georges.

SIBILOT *öffnet die Zimmertür*: Geben Sie mir Ihre Idee und dann machen Sie, daß Sie davonkommen!

GEORGES: Nein!

SIBILOT: Und warum?

GEORGES: Ohne mich verlieren meine Ideen an Glanz. Wir sind unzertrennlich.

SIBILOT: Na, dann muß ich eben ohne Sie auskommen, raus!

GEORGES: Hast du nicht gehört, Pappi, was der Inspektor gesagt hat? Ich bin ein Genie!

SIBILOT *resigniert*: Na also dann, was wollen Sie?

GEORGES: Wenig. Daß ich bei dir bleiben kann, bis die Polizei das Gebäude verlassen hat.

SIBILOT: Und was noch? Kein Geld?

GEORGES: Nein, aber gib mir einen deiner alten Anzüge.

SIBILOT: Na gut, bleiben Sie da. *Pause.* Aber nun Ihre Idee!

GEORGES *setzt sich, schenkt sich ein Glas Wein ein, stopft und zündet – hübsch gemächlich – eine von Sibilots Pfeifen an*: Also, nun passen Sie mal auf ...

Vorhang

VIERTES BILD

Büro von Jules Palotin.

1. SZENE

Jules – Tavernier – Périgord – die Sekretärin.

JULES: Wie spät haben wir?
TAVERNIER: Zwei vor zehn.
JULES: Und kein Sibilot?
TAVERNIER: Nein.
JULES: Sonst kam er immer zu früh.
PÉRIGORD: Noch ist er nicht verspätet.
JULES: Nein, aber er verfrüht sich schon nicht mehr! Keiner unterstützt mich.
Telefon.
SEKRETÄRIN *ins Telefon*: Hallo? Ja. Jawohl, Herr Präsident. *Zu Jules:* Der Verwaltungsrat ist eben zusammengetreten. Der Präsident fragt, ob es etwas Neues gibt.
JULES: Was Neues? Der Teufel soll ihn holen. Sag, ich bin nicht im Hause.
SEKRETÄRIN: Nein, Herr Präsident, er ist fortgegangen. *Zu Jules:* Er schien etwas ungehalten.
JULES: Sag ihm, ich hätte eine angenehme Überraschung für ihn.
SEKRETÄRIN *ins Telefon*: Als er das Büro verließ, meinte er, er habe eine angenehme Überraschung für Sie. Gut, Herr Präsident.
JULES: Was hat er geantwortet?
SEKRETÄRIN: Der Verwaltungsrat erwartet Ihren Anruf.
JULES: Dieser filzige alte Knicker! Ich werde dir schon ein paar Überraschungen versetzen. *Zur Sekretärin:* Sibilot soll sofort erscheinen.
SEKRETÄRIN *ins Telefon*: Sibilot zum Chef. *Zu Jules:* Er ist noch nicht da.
JULES: Wieviel Uhr ist es?
SEKRETÄRIN: Fünf nach zehn.
JULES *zu den anderen*: Ich hab's euch ja gesagt, es fängt damit an, daß man nicht mehr zu früh kommt, und es endet damit, daß man zu spät kommt. *Pause.* Aber bitte, bitte, warten wir! *Er setzt sich und nimmt eine abwartende Haltung an.* Warten wir in aller Ruhe. *Er nimmt eine andere abwartende Haltung an.* In völliger Ruhe. *Zu Tavernier und Périgord:* Entspannt euch! *Die Sekretärin, die zu tippen anfängt, schreit er an:* Ich habe gesagt: in Ruhe! *Springt plötzlich auf seine Füße.* Ich bin einfach außerstande zu warten. *Geht auf und ab.* Jemand wird umgebracht.
TAVERNIER: Wo, Chef?
JULES: Wie soll ich das wissen? In Kairo, Hamburg, Valparaiso, Paris. Ein Düsenflugzeug explodiert über Bordeaux. Ein Bauer entdeckt auf seinem Feld die Spuren eines Marsmenschen. Ich bin die Aktualität. Die Aktualität wartet nicht!
Telefon.

Sibilot?

SEKRETÄRIN *ins Telefon*: Hallo! Ja, jawohl, Herr Minister. *Zu Jules:* Der Innenminister, er fragt, ob es was Neues gibt.

JULES: Ich bin nicht da!

SEKRETÄRIN: Nein, Herr Minister, der Herr Direktor ist nicht da. *Zu Jules:* Er tobt!

JULES: Sagen Sie ihm, ich habe eine Überraschung für ihn.

SEKRETÄRIN: Der Herr Direktor hat vorhin gesagt, daß er eine Überraschung für Sie habe. Gut, Herr Minister. *Sie hängt auf.* Er ruft in einer Stunde wieder an.

JULES: Eine Stunde, in einer Stunde soll ich diese Überraschung finden.

PÉRIGORD: Du wirst sie finden, Jules!

JULES: Ich, das würde mich am meisten überraschen. *Hält im Gehen inne.* Aber bleiben wir ruhig, zum Donnerwetter! Zwingen wir uns, an was anderes zu denken. *Pause.* Also?

TAVERNIER *erstaunt*: Also?

JULES: Denkt nach!

PÉRIGORD: Gewiß, Chef, aber worüber?

JULES: Ich hab es euch doch gesagt, über was anderes!

PÉRIGORD: Ja, wir denken nach.

JULES: Denkt laut!

PÉRIGORD *denkt nach*: Ich möcht wissen, ob der Besitzer das Dach reparieren wird. Mein Rechtsanwalt hat mir geraten, mit ihm einen Prozeß zu führen. Er meinte, ich müsse ihn gewinnen, aber ich bin doch nicht ganz sicher ...

TAVERNIER *denkt nach*: Wo kann ich bloß mein Kartenheft für die Métro hingelegt haben. Alle meine Taschen habe ich bereits durchwühlt – nichts! Dabei seh ich mich doch heute morgen am Fahrkartenschalter: mit der rechten Hand nehme ich das Geld heraus, mit der linken ...

JULES: Ihr Diebe!

TAVERNIER *schreckt auf*: Wieso?

JULES: Endlich kann ich in eure Herzen sehen. Und was finde ich da? Unreparierte Dächer, Kartenhefte für die Métro! Eure Gedanken gehören mir, ich bezahle euch dafür, und ihr stehlt sie mir! *Zur Sekretärin:* Ich will Sibilot haben! Telefoniere sofort seine Privatwohnung an.

SEKRETÄRIN: Sofort, Jules. *Dreht eine Nummer und wartet.*

Jules hält im Aufundabgehen inne, wartet.

Es antwortet niemand.

JULES: Ich schmeiß ihn raus! Nein, nein, ich will nichts mehr hören. Ich schmeiß ihn raus! Wer könnte ihn ersetzen?

TAVERNIER: Thierry Maulnier?

JULES: Nein!

TAVERNIER: Er ist ein ausgezeichneter Kopf, der große Angst vor dem Kommunismus hat.

JULES: Ja, aber er kann seine Angst nicht übertragen! Ich kenne zwei Leute, die nach der Lektüre seiner Artikel zu den Kommunisten gegangen sind, um sich in die Partei einschreiben zu lassen. *Abrupt:* Und Nekrassow? Was hört man über ihn?

PÉRIGORD: Er soll in Rom sein.
JULES: In Rom? Dann ist alles aus: der Vatikan wird ihn für sich behalten.
TAVERNIER: TASS hat übrigens dementiert: er befinde sich seit zwei Wochen auf der Krim.
JULES: Und warum nicht? Wir sollten im Augenblick nicht zuviel von ihm sprechen. Wartet erst mal eine Bestätigung ab, und vor allen Dingen gebt nicht bekannt, daß er in Rom ist: bei der augenblicklichen Krise im französischen Fremdenverkehr ist es nicht angebracht, für italienische Hotels Reklame zu machen. Also, Kinder, packen wir mal den Stier bei den Hörnern, wollt ihr?
TAVERNIER und PÉRIGORD: Wir sind bereit, Jules.
JULES: Um eine wirksame Gegenaktion zu starten, brauchen wir was?
PÉRIGORD: Geld!
JULES: Das haben wir. Weiter?
TAVERNIER: Ein Opfer.
PÉRIGORD: Ein Thema.
JULES: Ein Thema, genau! Ein Thema.
TAVERNIER: Ein aufsehenerregendes Thema!
PÉRIGORD: Eins, das durchschlägt!
JULES: Das haben wir auch, was noch?
TAVERNIER: Terror und Sex-Appeal!
PÉRIGORD: Etwas Grauen, etwas Hintern!
JULES: Ach, ich sehe direkt dieses Thema, ich sehe es förmlich vor mir!
TAVERNIER: Wir auch, Chef, wir sehen es auch vor uns ...
JULES: Ich hab es ...
PÉRIGORD: Wir haben es! Wir haben es!
JULES: Ihr habt es auch?
TAVERNIER: Klar!
JULES: Na, dann sagt mir, wie es aussieht.
PÉRIGORD: Oh, nicht wahr, eine Zusammenschau ...
TAVERNIER: Ein Gesamtbild, das man schwer ...
PÉRIGORD: Ich glaube, wir müßten jemanden für den ...
TAVERNIER: Also für den ...
JULES: Da haben wir den Salat! *Setzt sich, äußerst bedrückt. Dann abrupt:* Lacht ihr etwa?
TAVERNIER *indigniert*: Wir, Jules! Wie kannst du das glauben?
JULES: Es wäre von euch auch völlig verkehrt, zu lachen; denn wenn ich auffliege, fliegt ihr mit.
Telefon.
SEKRETÄRIN: Ja? Er soll sofort raufkommen. *Zu Jules:* Sibilot.
JULES: Endlich!
Alle vier bewegen sich nicht und starren auf die Tür, die mit einer Glasscheibe versehen ist.

2. SZENE

Jules Palotin – Sibilot – Georges.

JULES: Mein lieber Sibilot! Weißt du, daß ich fast auf dich hätte warten müssen.
SIBILOT: Entschuldigen Sie, Chef!
JULES: Schon vergessen. Wer ist dieser Herr?
SIBILOT: Das ist ein Herr.
JULES: Das seh ich.
SIBILOT: Ich werde Ihnen gleich von ihm erzählen.
JULES: Guten Tag!
Georges antwortet nicht.
Ist er taub?
SIBILOT: Er versteht kein Französisch.
JULES *zu Georges, auf einen Stuhl zeigend*: Setzen Sie sich doch! *Er macht eine Bewegung des Hinsetzens.*
Georges bleibt unbeweglich.
Versteht er auch keine Gebärden?
SIBILOT: Weil Sie sie auf französisch gemacht haben.
Georges wendet sich ab und nimmt eine Zeitung vom Schreibtisch, die als Überschrift hat: NEKRASSOW VERSCHWUNDEN.
JULES: Liest er?
SIBILOT: Nein, nein, nein. Er sieht sich die Bilder an.
JULES *legt die Hände auf Sibilots Schultern*: Also, wie steht's, Alter?
SIBILOT *ohne zu verstehen*: Was?
JULES: Deine Idee?
SIBILOT: Ach, meine Idee ... *Pause.* Chef, es tut mir leid ...
JULES *wütend*: Was, du hast keine Idee?
SIBILOT: Das heißt ...
Georges macht ihm hinter Jules' Rücken ein Zeichen, daß er sprechen soll.
O doch, Chef, natürlich hab ich eine Idee!
JULES: Du machst mir nicht den Eindruck, sehr stolz auf sie zu sein.
SIBILOT: Nein.
Geste von Georges.
Aber ich ... ich bin eben bescheiden.
JULES: Ist sie wenigstens gut?
Geste von Georges.
SIBILOT *murmelt*: Nur zu gut!
JULES: Und darüber beklagst du dich? Sibilot, du bist ein Original. *Pause.* Also schieß los!
Sibilot schweigt.
Du sagst nichts!
Schweigende Ermahnung von Georges. Sibilot schweigt.
Ich versteh schon – du willst deine Gehaltserhöhung. Hör zu, Alter, du kriegst sie, ich versprech es dir, du kriegst sie, wenn deine Idee mir gefällt.
SIBILOT: O nein! Nein, nein!
JULES: Was soll das heißen?
SIBILOT: Ich will keine Gehaltserhöhung!

JULES: Na gut, dann kriegst du sie nicht! Bist du nun zufrieden? *Verärgert:* Wirst du endlich reden?

Sibilot zeigt mit dem Finger auf Georges.

Na und?

SIBILOT: Da ist sie!

JULES: Wer, sie?

SIBILOT: Er!

JULES *ohne zu verstehen*: Er ist sie?

SIBILOT: Er ist die Idee.

JULES: Deine Idee ist er?

SIBILOT: Es ist nicht m e i n e Idee! O nein, es ist nicht meine Idee!

JULES: Also seine?

Georges macht ein verneinendes Zeichen.

SIBILOT *Georges gehorchend*: Auch nicht.

JULES *auf Georges zeigend*: Also red schon endlich, wer ist er?

SIBILOT: Ein ... ein Fremder.

JULES: Welcher Nationalität?

SIBILOT: Ach ... *Schließt die Augen:* Russe.

JULES *enttäuscht*: Jetzt verstehe ich!

SIBILOT *schwungvoll*: Ein sowjetischer Funktionär, der von der anderen Seite des Eisernen Vorhangs kommt.

JULES: Ein hoher Funktionär?

Georges macht Sibilot ein Zeichen, daß er ja sagen soll.

SIBILOT: Ja ... *Wird wieder von Schrecken gepackt.* Das heißt, nein. Mittel, ein sehr mittlerer. Ein ganz kleiner Funktionär.

JULES: Kurz gesagt, ein Niemand.

SIBILOT: Genau das!

Wütendes Zeichen von Georges.

JULES: Was meinst du, mein Lieber, was ich mit ihm anfangen soll, mit deinem sowjetischen Funktionär?

SIBILOT: Nichts, Chef, gar nichts.

JULES: Was heißt nichts? Warum hast du ihn dann angeschleppt?

SIBILOT *reißt sich zusammen*: Ich dachte, er könne uns ...

JULES: Was?

SIBILOT: Informationen liefern.

JULES: Informationen! Über was? Über sowjetische Schreibmaschinen? Über Bürolampen oder Ventilatoren? Sibilot, ich habe dich beauftragt, eine Aktion großen Stils vorzubereiten, und du schlägst mir Klatschgeschichten vor, die selbst «Paix et Liberté» verschmähen würde. Was meinst du, wie viele sowjetische Funktionäre, die nach Kravtschenko die Freiheit wählten, ich habe vorüberziehen sehen? Hundertzweiundzwanzig, mein Freund, echte und unechte. Wir haben Chauffeure der Botschaft und Kinderfrauen, einen Rohrleger und siebzehn Friseure interviewt, und ich pflege sie längst meinem Kollegen Robinet vom «Figaro» zu schicken, der auch ganz gern weniger bedeutende Nachrichten bringt. Was war das Resultat: allgemeine Baisse für Kravtschenko. Der letzte, Demidoff, ein wichtiger Verwaltungsbeamter, ein hervorragender Wirtschaftler, hat kaum für vier Artikel gelangt, und sogar Bidault lädt ihn nicht mehr zum Essen ein. *Er geht auf Georges zu.* Aha! Also der Herr kommt von der anderen Seite des Eisernen Vorhangs! Soso, der Herr hat die Freiheit gewählt! Meinetwegen laß ihm einen Teller Suppe geben und schicke ihn mit einer Empfehlung von mir zur Heilsarmee.

SIBILOT: Bravo, Chef!

JULES: Nanu!

SIBILOT: Sie ahnen gar nicht, wie froh ich darüber bin. *Zu Georges, höhnisch:* Zur Heilsarmee! Zur Heilsarmee!

JULES: Und das war alles? Eine andere Idee hast du nicht?

SIBILOT *sich die Hände reibend*: Keine, absolut keine!

JULES: Idiot, du bist entlassen!

SIBILOT: Ja, Chef, vielen Dank, Chef! Auf Wiedersehen, Chef! *Er will rausgehen.*

Georges hält ihn auf und zieht ihn in die Mitte der Bühne zurück.

GEORGES: Sie erlauben?

JULES: Sie sprechen also Französisch?

GEORGES: Meine Mutter war Französin.

JULES *zu Sibilot*: Du Lügner, das auch noch, verschwinde!

GEORGES *unterstützt Sibilot*: Ich hatte es ihm vorsichtshalber verheimlicht.

JULES: Ich gratuliere Ihnen, daß Sie so perfekt unsere schöne Sprache beherrschen. Aber ob auf französisch oder auf russisch, Sie stehlen mir meine Zeit, und ich wäre Ihnen außerordentlich dankbar, wenn Sie mein Büro so schnell wie möglich verlassen würden.

GEORGES: Genau das war meine Absicht. *Zu Sibilot:* Zu «France-Soir», aber schnell!

JULES: Zu «France-Soir», warum?

GEORGES *will gehen*: Ihre Zeit ist zu kostbar, ich möchte Sie nicht länger in Anspruch nehmen.

JULES *stellt sich vor ihn hin*: Ich kenne den Kollegen Lazareff gut, und ich kann Ihnen versichern, er wird nichts für Sie tun.

GEORGES: Ich bin davon überzeugt: ich erwarte von niemandem etwas, und keiner kann mir helfen. Aber ich kann viel für seine Zeitung und für Ihr Land tun.

JULES: Sie?

GEORGES: Ich.

JULES: Und was könnten Sie tun?

GEORGES: Sie verlieren nur Ihre Zeit.

SIBILOT: Ja, Chef, Sie verlieren nur Ihre Zeit. *Zu Georges:* Gehen wir.

JULES: Ruhe, Sibilot! *Zu Georges:* Ich habe immerhin fünf Minuten Zeit, man soll mir nicht nachsagen, einen Mann ungehört weggeschickt zu haben.

GEORGES: Sie bitten mich also zu bleiben?

JULES: Ich bitte Sie zu bleiben.

GEORGES: Also gut. *Er duckt sich unter den Tisch und kriecht auf allen vieren hin und her.*

JULES: Was machen Sie denn da?

GEORGES: Kein Magnetophon hier? Kein Mikrophon? Nein, gut! *Steht wieder auf.* Haben Sie Mut?

JULES: Ich glaube ja.
GEORGES: Wenn ich rede, werden Sie in Todesgefahr kommen.
JULES: In Todesgefahr? Reden Sie bloß nicht. Oder doch, reden Sie, reden Sie schnell.
GEORGES: Sehen Sie mich an, sehen Sie mich genau an. *Pause.* Also, wie ist's?
JULES: Was?
GEORGES: Sie haben mein Foto auf der ersten Seite Ihrer Zeitung veröffentlicht.
JULES: Ach, wissen Sie, diese Fotos ... *Sieht ihn an.* Ich kann nicht sagen, wer Sie sind.
GEORGES *hält sich eine schwarze Augenklappe vor*: Und jetzt?
JULES: Nekrassow!
GEORGES: Wenn Sie schreien, sind Sie verloren. In Ihrem Büro befinden sich sieben bewaffnete Kommunisten.
JULES: Wie heißen sie?
GEORGES: Später! Es besteht keine direkte Gefahr.
JULES: Nekrassow! *Zu Sibilot:* Und du hast es mir nicht gesagt!
SIBILOT: Ich schwöre Ihnen, Chef, ich habe es bestimmt nicht gewußt. Ich schwöre es!
JULES: Nekrassow! Mein alter Sibilot, du bist einfach genial!
SIBILOT: Chef, ich bin nichts wert, nichts, nichts, nichts!
JULES: Nekrassow! Dafür muß ich dich umarmen! *Umarmt Sibilot.*
SIBILOT *läßt sich in einen Stuhl fallen*: Nun ist's passiert! *Wird ohnmächtig.*
GEORGES *sieht ihn verachtungsvoll an*: Endlich sind wir unter uns! *Zu Jules:* Wir wollen uns aussprechen.
JULES: Ich möchte Sie nicht verletzen, aber ...
GEORGES: Das könnten Sie gar nicht, selbst wenn Sie es wollten.
JULES: Was beweist mir, daß Sie Nekrassow sind?
GEORGES *lacht*: Nichts!
JULES: Nichts?
GEORGES: Nichts, gar nichts, durchsuchen Sie mich.
JULES: Ich weiß nicht ...
GEORGES *heftig*: Ich habe Ihnen gesagt, durchsuchen Sie mich!
JULES: Na schön! *Durchsucht ihn.*
GEORGES: Was haben Sie gefunden?
JULES: Nichts.
GEORGES: Sehen Sie, das ist der unwiderlegliche Beweis. Was würde ein Betrüger tun? Er würde Ihnen seinen Paß, sein Arbeitsbuch, seine sowjetische Kennkarte zeigen. Aber Sie, Palotin, wenn Sie Nekrassow wären und die Absicht hätten, durch den Eisernen Vorhang zu gehen, wären Sie so idiotisch, Ihre Ausweispapiere mit sich zu schleppen?
JULES: Bestimmt nicht.
GEORGES: Sehen Sie, das wollte ich Ihnen klarmachen.
JULES: Sehr einleuchtend. *Verfinstert sich wieder.* Aber auf diese Weise könnte ja jeder Beliebige ...
GEORGES: Seh ich wie jeder Beliebige aus?
JULES: Man hat Sie aber bereits in Italien gesehen ...

GEORGES: Weiß der Himmel! Und morgen wird man mich in Griechenland, in Spanien oder Westdeutschland gesehen haben. Aber lassen Sie doch alle diese Betrüger herkommen, lassen Sie sie nur kommen, und die Wahrheit wird Ihnen jäh aufgehen. Der echte Nekrassow hat fünfunddreißig Jahre in der roten Hölle gelebt: er hat die Augen eines Mannes, der einen weiten Weg zurückgelegt hat. Sehen Sie mir in die Augen! Der wirkliche Nekrassow hat mit seinen eigenen Händen hundertachtzehn Menschen umgebracht! Sehen Sie meine Hände an! Der wirkliche Nekrassow hat zehn Jahre lang den Terror dirigiert! Rufen Sie doch diese Fälscher herbei, die meinen Namen gestohlen haben, und Sie werden sehen, wer unter uns am schrecklichsten erscheint. *Abrupt zu Jules:* Haben Sie Angst?

JULES: Ich ... *Weicht zurück und berührt dabei fast den Koffer.*

GEORGES: Unseliger! Berühren Sie den Koffer nicht!

JULES *schreit*: Ach! *Sieht auf den Koffer.* Was ist denn drin?

GEORGES: Das sage ich Ihnen später. Gehen Sie weg.

Jules zieht sich in eine Ecke zurück.

Sehen Sie, Sie haben Angst. Schon jetzt. Oh, ich werde euch alle noch zu Tode ängstigen, alle – ihr werdet schon sehen, daß ich Nekrassow bin!

JULES: Ich habe zwar Angst, aber ich zögere immer noch! Sie könnten mich doch täuschen.

GEORGES: Was dann?

JULES: Dann wäre die Zeitung geliefert. *Das Telefon klingelt, er hebt ab:* Hallo, guten Morgen, mein lieber Herr Minister. Ja, jawohl. Aber natürlich! Nichts liegt mir mehr am Herzen als diese Aktion. Ja. Ja. Aber nein: ich will Sie nicht aufhalten! Ich bitte Sie nur noch um wenige Stunden. Nur noch wenige Stunden. Ja, es hat sich etwas ereignet. Ich kann es nicht am Telefon sagen. Aber, ich bitte Sie, regen Sie sich nicht ... Er hat aufgelegt! *Legt selber auf.*

GEORGES *ironisch*: Sie sind ziemlich darauf angewiesen, daß ich Nekrassow bin?

JULES: Ach, leider!

GEORGES: Also bin ich es!

JULES: Was sagten Sie?

GEORGES: Haben Sie Ihren Katechismus vergessen? Man hat die Existenz Gottes damit bewiesen, daß die Menschen seiner bedürfen.

JULES: Sie kennen den Katechismus?

GEORGES: Wir kennen alles. Los, Jules. Sie haben doch den Minister gehört: wenn ich nicht Nekrassow bin, dann sind Sie nicht mehr Palotin, der Napoleon der Presse. Sind Sie Palotin?

JULES: Allerdings.

GEORGES: Und wollen Sie es bleiben?

JULES: Ja.

GEORGES: Bitte, dann bin ich Nekrassow.

SIBILOT *kommt zu Bewußtsein*: Er lügt, Chef, er lügt.

JULES *wirft sich auf ihn*: Idiot, Dummkopf, untüchtiger Hanswurst, was mischst du dich ein? Dieser Mann ist Nekrassow, er hat es mir soeben bewiesen.

SIBILOT: Er hat es Ihnen bewiesen?
JULES: Unwiderleglich!
SIBILOT: Aber ich schwöre Ihnen ...
JULES: Mach, daß du augenblicklich hinauskommst!
GEORGES: Geh schon, mein guter Sibilot. Warte draußen auf mich. *Stößt ihn raus.*
SIBILOT *im Weggehen*: Ich trage für nichts die Verantwortung, ich wasche in der ganzen Sache meine Hände in Unschuld!
Die Tür schließt sich hinter ihm.

3. SZENE
Georges – Jules.

GEORGES: An die Arbeit!
JULES: Sie wissen alles, nicht wahr?
GEORGES: Über was?
JULES: Über die UdSSR.
GEORGES: Was glauben Sie!
JULES: Und ist es ... schrecklich?
GEORGES *pathetisch*: Ah!
JULES: Könnten Sie mir sagen ...
GEORGES: Nichts. Rufen Sie Ihren Verwaltungsrat, ich habe meine Bedingungen zu stellen.
JULES: Mir können Sie doch ...
GEORGES: Nichts, Verehrtester! Rufen Sie den Verwaltungsrat zusammen.
JULES *nimmt den Telefonhörer auf*: Hallo, mein lieber Präsident, die große Überraschung ist da. Sie erwartet Sie hier. Ja, ja, ja – aber ja! Sie sehen, ich halte immer mein Versprechen. *Hängt wieder ein.* Er ist wütend, der alte Saukerl!
GEORGES: Warum?
JULES: Er dachte, er würde mich kleinkriegen.
GEORGES: Wie heißt er?
JULES: Mouton.
GEORGES: Den Namen werde ich mir merken. *Pause.*
JULES: Eigentlich hätte ich gerne, während wir warten ...
GEORGES: Eine Probe meines Wissens. Gut. Also, ich kann Ihnen bis ins kleinste Detail den berühmten Plan C für die Besetzung Frankreichs im Falle eines Weltkrieges enthüllen.
JULES: Es existiert also ein Plan C für die Besetzung Frankreichs?
GEORGES: Letztes Jahr haben Sie in Ihrer Zeitung über ihn geschrieben.
JULES: Ja? Ach ja, natürlich, aber ich ... hätte gerne eine Bestätigung.
GEORGES: Haben Sie nicht seinerzeit geschrieben, daß der Plan C eine Namensliste derer enthält, die erschossen werden würden? Sie hatten vollkommen recht damit.
JULES: Man wird also Franzosen erschießen?
GEORGES: Hunderttausend!
JULES: Hunderttausend?

GEORGES: Haben Sie das geschrieben, ja oder nein?

JULES: Wissen Sie, man schreibt so was hin, ohne nachzudenken. Und Sie haben die Liste?

GEORGES: Ich habe die ersten zwanzigtausend Namen auswendig gelernt.

JULES: Sagen Sie mir einige davon. Wer wird erschossen? Herriot?

GEORGES: Na aber selbstverständlich!

JULES: Gerade er, der immer so sanft mit ihnen umgegangen ist ... das heißt mit jenen! Das macht mir wirklich Spaß! Und wer noch? Alle Minister denk ich mir?

GEORGES: Sowie alle früheren Minister.

JULES: Das heißt: von vier Abgeordneten je einer.

GEORGES: Verzeihung! Ein Abgeordneter von vieren wird auf Grund seines früheren Ministerstatus erschossen. Aber die drei anderen können aus anderen Gründen liquidiert werden.

JULES: Ich sehe schon, das ganze Parlament kommt dran – außer den Kommunisten.

GEORGES: Außer den Kommunisten, wieso denn das?

JULES: Ach, die Kommunisten werden auch ...

GEORGES: Scht!

JULES: Aber ...

GEORGES: Sie sind noch nicht abgebrüht genug, um die ganze Wahrheit vertragen zu können. Ich werde Ihnen Enthüllungen besser erst nach und nach beibringen.

JULES: Kennen Sie Perdrière?

GEORGES: Perdrière?

JULES: Wir würden uns freuen, wenn er auf der Liste stände.

GEORGES: Wieso denn das?

JULES: Nur so, um ihm Stoff zum Nachdenken zu geben. Na, wenn er nicht draufsteht, läßt es sich auch nicht ändern.

GEORGES: Ich kenne nämlich zwei Perdrière, einer heißt René ...

JULES: Der ist es nicht!

GEORGES: Um so besser, denn er steht nicht auf der Liste.

JULES: Unserer heißt Henri. Ein Radikalsozialist.

GEORGES: Henri, richtig, nur von dem weiß ich, daß er draufsteht. Ein Abgeordneter?

JULES: Nein, er war es mal. Aber er ist es nicht mehr. Er ist für die Teilwahlen im Département Seine-et-Marne aufgestellt.

GEORGES: Der ist es! Na, Sie können sich wohl denken, daß man den nicht ausläßt. Er gehört sogar zum allerersten Schub.

JULES: Das ist ja alles sehr interessant. Und im Journalismus? Wer kommt da dran?

GEORGES: Viele.

JULES: Zum Beispiel, wer?

GEORGES: Sie!

JULES: Ich? *Stürzt sich aufs Telefon:* Périgord, Schlagzeile über sechs Spalten: «Nekrassow in Paris, unser Chefredakteur auf der Schwarzen Liste». Komisch was? Sehr komisch! *Hängt wieder auf, plötzlich:* Ich, erschossen? Das ist ... unzulässig.

GEORGES: Pah!

JULES: Ich bin doch eine Regierungszeitung! Es muß schließlich auch eine Regierung geben, wenn die Sowjets Paris besetzen.
GEORGES: Zweifellos!
JULES: Und dann?
GEORGES: «Soir à Paris» wird weiterbestehen, aber das Personal wird liquidiert.
JULES: Erschossen! Das Komische dabei: das ist mir nicht mal ganz unangenehm. Es gibt einem ein gewisses Gewicht, ein Profil. Ich gewinne damit an Bedeutung. *Er stellt sich vor den Spiegel.* Erschossen! Erschossen! Dieser Mann dort – *er zeigt auf sein Spiegelbild* – wird erschossen werden? Hm? Ich sehe mich mit anderen Augen. Wissen Sie, an was es mich erinnert? An den Tag, an dem ich das Band der Ehrenlegion erhielt. *Dreht sich zu Georges um.* Und der Verwaltungsrat?
GEORGES: Sie brauchen mir nur die Namen zu sagen, und ich werde Ihnen von jedem einzelnen verraten, was ihm bevorsteht!
JULES: Da kommen sie.
Die Mitglieder des Verwaltungsrates kommen rein.

4. SZENE

Jules – Georges – Mouton – Nerciat – Lerminier – Charivet – Bergerat.

MOUTON: Mein lieber Palotin ...
JULES: Meine Herren, hier sehen Sie meine große Überraschung!
ALLE: Nekrassow!
JULES: Ja, Nekrassow! Nekrassow, der mir unwiderlegbare Beweise seiner Identität erbracht hat, der Französisch spricht und bereit ist, der gesamten Welt die erstaunlichsten Enthüllungen zu machen. Er weiß unter anderem eine Liste mit den Namen von zwanzigtausend Personen auswendig, die das sowjetische Kommando für die Erschießung vorgesehen hat, wenn die russischen Truppen Frankreich besetzen.
DER GESAMTE VERWALTUNGSRAT *in Aufruhr*: Namen! Namen! Sind wir genannt? Bin ich drauf?
GEORGES: Ich würde die Herren gern namentlich kennenlernen.
JULES: Das versteht sich von selbst. *Zeigt auf das nächststehende Mitglied:* Herr Lerminier.
LERMINIER: Angenehm!
GEORGES: Erschossen.
JULES: Herr Charivet.
CHARIVET: Angenehm.
GEORGES: Erschossen.
JULES: Herr Nerciat.
NERCIAT: Angenehm.
GEORGES: Erschossen.
NERCIAT: Es wird mir eine Ehre sein!
JULES: Herr Bergerat.
BERGERAT: Angenehm.
GEORGES: Erschossen.

BERGERAT: Nur ein Beweis, daß ich ein guter Franzose bin.
JULES: Und das ist unser Präsident, Herr Mouton.
GEORGES: Mouton?
JULES: Mouton.
GEORGES: Aha!
MOUTON *geht vor*: Angenehm.
GEORGES: Angenehm!
MOUTON: Wie bitte?
GEORGES: Ich sagte: angenehm.
MOUTON *lachend*: Das muß ein Irrtum sein.
GEORGES: Nein.
MOUTON: Sie wollten sagen: erschossen.
GEORGES: Ich will das sagen, was ich sage.
MOUTON: Na, hören Sie, Mouton, Mou – ton, wie Mouton.
JULES: M wie Marie, O wie Otto ...
GEORGES: Unnötig. Herr Mouton ist nicht auf der Liste.
MOUTON: Sie werden mich vergessen haben.
GEORGES: Ich vergesse nie etwas.
MOUTON: Und warum bitte, geruht man nicht, mich zu erschießen?
GEORGES: Das kann ich nicht sagen.
MOUTON: O nein, das wäre zu bequem. Ich kenne Sie nicht, Sie nehmen mir meine Ehre und weigern sich, eine Erklärung abzugeben. Ich verlange ...
GEORGES: Die Schwarze Liste der Presse ist uns ohne jeden Kommentar vom Propagandaministerium zugestellt worden.
NERCIAT: Mein lieber Mouton ...
MOUTON: Es muß sich um einen Scherz handeln, meine Herren, um einen ganz dummen Scherz.
GEORGES: Ein sowjetischer Minister scherzt nie.
MOUTON: Das ist wirklich äußerst unangenehm! Hört zu, liebe Freunde, sagt bitte Herrn Nekrassow, daß ich durch meine Leistungen für die Nation das ideale Opfer für die Sowjets abgebe: alter Kriegsteilnehmer von 14/18, Kriegsverdienstkreuz und Vorstand von vier Verwaltungsräten, außerdem ... *Er hält im Sprechen inne.* Na sagt doch endlich was! *Unbehagliches Schweigen.* Palotin, haben Sie die Absicht, diese Liste zu veröffentlichen?
JULES: Ich werde tun, was Sie für richtig erachten, meine Herren!
BERGERAT: Es ist selbstverständlich, daß wir sie veröffentlichen müssen.
MOUTON: Nun gut, dann sorgen Sie dafür, daß auch mein Name draufsteht. Die Leser werden nicht begreifen, warum man ihn vergessen hat. Sie werden lauter Protestschreiben erhalten.
Georges nimmt seinen Hut und will hinausgehen.
JULES: Wo gehen Sie hin?
GEORGES: Zu «France-Soir».
NERCIAT: Zu «France-Soir»? Aber ...
GEORGES: Ich lüge nie, das ist meine Stärke. Entweder drucken Sie meine Enthüllungen, und zwar ohne ein Wort zu ändern, oder ich wende mich an ein anderes Blatt.
MOUTON: Gehen Sie zum Teufel, wir werden auch ohne Sie auskommen.

NERCIAT: Sind Sie wahnsinnig, mein Bester?
CHARIVET: Total übergeschnappt!
BERGERAT *zu Georges*: Entschuldigen Sie bitte.
LERMINIER: Unser Präsident ist sehr nervös ...
CHARIVET: Und seine Erregung ist verständlich.
NERCIAT: Aber wir wollten natürlich die Wahrheit.
BERGERAT: Die reine Wahrheit.
LERMINIER: Nichts als die Wahrheit.
JULES: Wir bringen alles, was Sie wollen.
MOUTON: Ich sage euch, dieser Mann ist ein Betrüger.
Mißbilligendes Gemurmel.
GEORGES: An Ihrer Stelle würde ich nicht von Betrug reden: denn schließlich hat man nicht mich, sondern Sie von der Schwarzen Liste ausgeschlossen.
MOUTON *zu den Mitgliedern des Verwaltungsrates*: Laßt ihr es zu, daß man euren Präsidenten beleidigt?
Schweigen.
Das menschliche Herz faßt viel Unrat. Ihr kennt mich seit zwanzig Jahren, aber was gilt das schon? Es genügt das Wort eines Fremden, und schon mißtraut ihr mir. Mir, eurem Freund?
CHARIVET: Mein lieber Mouton ...
MOUTON: Zurück! Gewinnsucht hat eure Seelen angefault. Mit sensationellen Enthüllungen, bar jeder Grundlage, gedenkt ihr Portiers zu verblüffen. Ihr möchtet den Verkauf verdoppeln und opfert eine zwanzigjährige Freundschaft dem goldenen Kalb! Schön, meine Herren, bringen Sie Ihre Enthüllungen! Ich verlasse euch und werde nach Beweisen suchen, daß dieser Mann ein Betrüger, ein Lügner, ein Gauner ist. Betet zu Gott, daß ich sie finde, bevor die ganze Welt über eure Dummheit lacht. Adieu! Wenn wir uns wiedersehen, werdet ihr Asche auf euer Haupt streuen und euch an die Brust schlagen, um von mir Verzeihung zu erhalten! *Geht ab.*

5. SZENE

Dieselben ohne Mouton – die Sekretärin von Jules Palotin.

NERCIAT: Hört euch das an!
CHARIVET: Allerhand!
LERMINIER: Wirklich allerhand!
BERGERAT: Das ist doch kaum zu glauben!
GEORGES: Oh, meine Herren, Sie werden noch manches zu sehen bekommen.
NERCIAT: Mit nichts wäre uns mehr gedient.
BERGERAT: Sprechen Sie, sprechen Sie schnell!
GEORGES: Einen Moment, meine Herren! Ich habe Ihnen Erklärungen abzugeben und Bedingungen zu stellen.
LERMINIER: Wir sind ganz Ohr.
GEORGES: Um Mißverständnisse zu vermeiden, lege ich erst mal Wert darauf, Ihnen zu sagen, daß ich Sie verachte.
NERCIAT: Ja mein Gott, das ist doch ganz selbstverständlich!

BERGERAT: Wir würden uns kaum verstehen, wenn es anders wäre.

GEORGES: In meinen Augen sind Sie die elenden Helfershelfer des Kapitalismus.

CHARIVET: Bravo!

GEORGES: Ich habe mein Land verlassen, als ich feststellen mußte, daß die Herren des Kremls das Prinzip der Revolution verrieten; aber täuschen Sie sich nicht, ich bleibe Kommunist, ein unbekehrbarer Kommunist!

LERMINIER: Das ehrt Sie.

NERCIAT: Wir sind Ihnen für Ihre Offenheit verbunden.

GEORGES: Wenn ich Ihnen die Möglichkeit gebe, das sowjetische Regime zu stürzen, so bin ich mir dabei durchaus im klaren, daß ich die Existenz der bürgerlichen Gesellschaft um ein Jahrhundert verlängere.

ALLE: Bravo! Ausgezeichnet!

GEORGES: Ich habe mich dieser Tatsache ungern gefügt, aber mein großes Ziel ist es, die revolutionäre Bewegung zu reinigen, und wenn sie dabei untergeht: in hundert Jahren wird sie aus der Asche wiedererstehen, und dann, darüber müssen Sie sich klar sein, wird uns der Sieg gehören.

NERCIAT: Nun bitte, in hundert Jahren.

CHARIVET: In hundert Jahren meinetwegen auch die Sintflut.

NERCIAT: Ich habe immer schon gesagt, daß wir dem Sozialismus entgegengehen. Das Wichtigste ist nur, daß es nicht überstürzt geschieht.

BERGERAT: Bis dahin soll es unsere einzige Sorge sein, die UdSSR zu erledigen.

CHARIVET: Die UdSSR erledigen! Bravo!

LERMINIER: Die UdSSR erledigen! Die UdSSR erledigen! Vernichten wir die französische Kommunistische Partei!

Die Sekretärin bringt Sektgläser auf einem Tablett herein.

NERCIAT *hebt sein Glas*: Auf die Gesundheit unseres geliebten Feindes!

GEORGES: Auf die Ihre!

Sie stoßen an und trinken.

Hier also meine Bedingungen: Für mich will ich nichts.

LERMINIER: Nichts?

GEORGES: Nichts als eine Suite im «Georges V», zwei Leibwachen, anständige Kleidung und ein Taschengeld.

NERCIAT: Gemacht!

GEORGES: Ich werde meine Memoiren und Enthüllungen einem erprobten Journalisten diktieren.

JULES: Wollen Sie Cartier?

GEORGES: Ich will Sibilot.

JULES: Ausgezeichnet.

GEORGES: Ich habe gehört, daß Sie ihm eine Gehaltsaufbesserung versprachen, wieviel bekommt er jetzt?

JULES: Mhm ... Siebzigtausend Francs im Monat.

GEORGES: Leuteschinder! Sie werden ihm das Dreifache zahlen.

JULES: Ich verspreche es Ihnen.

GEORGES: An die Arbeit!
JULES: Und die sieben Kommunisten?
GEORGES: Was für Kommunisten?
JULES: Die sich bewaffnet in meinem Büro befinden?
GEORGES: Ach ja! ... ja, ja!
NERCIAT: Wir haben Kommunisten im «Soir à Paris»?
JULES *zu Georges*: Sieben, nicht wahr?
GEORGES: Ja, ja, richtig, das ist die Zahl, die ich Ihnen genannt habe.
NERCIAT: Nicht zu glauben, wie haben denn die sich hier eingeschlichen?
GEORGES *lachend*: Ha, ha, Sie sind naiv!
LERMINIER: Bewaffnet, wie bewaffnet?
GEORGES: Die gewöhnliche Bewaffnung: Granaten, Bomben, Revolver. Und dann müßten noch einige Maschinengewehre unter dem Fußboden versteckt sein.
NERCIAT: Aber das ist ungeheuer gefährlich.
GEORGES: Nein, nicht im Moment. Aber kommen wir wieder auf unser Thema zurück.
BERGERAT: Aber das i s t unser Thema.
NERCIAT: Und erlauben Sie mir, Ihnen zu sagen, daß Ihre erste Aufgabe sein muß, das Massaker des Verwaltungsrates zu verhindern.
GEORGES: Aber niemand denkt daran, Sie zu massakrieren.
NERCIAT: Was sollen dann diese Waffen?
GEORGES: Scht.
NERCIAT *erstaunt*: Scht?
GEORGES: Sie werden schon alles zu gegebener Zeit erfahren.
JULES: Vor allen Dingen müßte eine Säuberungsaktion gestartet werden. Herr Nekrassow wird uns die sieben Namen nennen.
LERMINIER *lachend*: Na, da bin ich überzeugt, daß er die angibt. Er wird sich bestimmt sogar ein Vergnügen daraus machen!
BERGERAT: Diese Schweine, diese Schweine, diese Schweine!
LERMINIER: Sie müssen noch heute morgen entlassen werden.
JULES: Und wenn sie mich abknallen?
BERGERAT: Benachrichtigen Sie die Polizei und fordern Sie das Überfallkommando an.
NERCIAT: Bei der geringsten Bewegung verhaftet!
CHARIVET: Ach, Sie können sicher sein, die wagen nichts zu unternehmen.
LERMINIER: Auf alle Fälle wird es sich empfehlen, die Namen dem Innenministerium anzuzeigen; so eine Spur soll man weiterverfolgen.
NERCIAT: Bevor ich es vergesse, Palotin, telefonieren Sie alle unsere Kollegen der Morgen- und Abendpresse an und sagen Sie die Namen durch. Diese Schurken müssen aus dem journalistischen Beruf ausgestoßen werden.
LERMINIER: Sie müssen weg!
CHARIVET: Verhungern sollen die Räuber!
BERGERAT: Leider wird ihre Partei sie ernähren!
CHARIVET: Die Partei? Die läßt sie sofort fallen, wenn sie erfährt, daß sie sich die Pfoten verbrannt haben.

Nerciat: Fürchten Sie nicht, daß sie Bomben werfen werden, um sich zu rächen?

Charivet: Wir werden das Gebäude durch die Polizei überwachen lassen.

Lerminier: Nötigenfalls durch Militär.

Charivet: Für sechs Monate.

Lerminier: Für ein Jahr, für zwei Jahre.

Bergerat: Wenn diese Leute eine Schlägerei wollen, so kann ich Ihnen garantieren, die kriegen sie.

Nerciat *sich an Georges wendend*: Nun, was haben Sie zu sagen, Verehrter?

Georges: Ich ... ich fürchte, ich erinnere mich nicht an alle Namen.

Jules *zur Sekretärin*: Fifi, gib mal die gesamte Personalliste her.

Fifi bringt die Liste.

Er nimmt sie – zu Georges: Hier, das wird Ihr Gedächtnis auffrischen. Sie brauchen nur draufzuzeigen. *Er legt die Liste auf seinen Schreibtisch und bedeutet Georges, sich hinzusetzen.*

Georges setzt sich vor den Schreibtisch. Langes Schweigen.

Bergerat: Nun, was?

Georges *ungewollt*: Ich bin kein Denunziant.

Lerminier *erstaunt*: Wie bitte?

Georges *in die Enge getrieben*: Ich will damit sagen ...

Bergerat *mißtrauisch*: Sie wollen uns die Namen nicht nennen?

Georges *wieder gefaßt*: Ich? Sie werden viele tausend Namen von mir hören. Aber Sie benehmen sich wie Kinder: um eine Handvoll Feinde zu entlarven, geben Sie ein Warnsignal für alle anderen. Die Situation ist sehr viel ernster, als Sie denken. Verstehen Sie doch endlich, daß die Russen die ganze Welt an der Nase herumführen und daß auch Sie im Irrtum gelebt haben. Wenn mich das Schicksal nicht Ihren Weg hätte kreuzen lassen, wären Sie voller Ahnungslosigkeit gestorben.

Bergerat: Ahnungslos?

Georges: Ah, wie soll ich mich verständlich machen? Ihre Gehirne sind nicht darauf vorbereitet, die ganze Wahrheit zu begreifen, und ich darf Ihnen deshalb nicht alles auf einmal sagen. *Abrupt:* Beachten Sie lieber diesen Koffer. *Er nimmt den Koffer und stellt ihn auf Jules' Schreibtisch.* Was fällt auf an diesem Koffer?

Jules: Nichts.

Georges: Verzeihen Sie, es ist daran auffällig, daß er aussieht wie alle anderen Koffer.

Nerciat: Man könnte schwören, daß er in Frankreich hergestellt wurde.

Georges: Und er ist n i c h t in Frankreich hergestellt. Aber Sie könnten genauso einen in jedem Warenhaus für dreitausendfünfhundert Francs kaufen.

Lerminier *bestürzt*: Oh!

Bergerat: Das ist ein starkes Stück.

Georges: Ist er nicht furchterregend, dieser neutrale und kalte Gegenstand, ohne ein einziges besonderes Merkmal? Er scheint so unauffällig, daß er schon beinahe wieder verdächtig wird. Durch seine Belanglosigkeit entzieht er sich den Untersuchungen und polizeilichen Suchanzeigen; sein Anblick versetzt vorübergehend einen Schock, doch im nächsten Augenblick hat man Form und Farbe wieder vergessen. *Schweigen.* Wissen Sie, was man in diesen Koffer hineintut? Sieben Kilo radioaktives Pulver. In jeder Ihrer großen Städte sitzt ein Kommunist mit einem Koffer, der genauso aussieht wie dieser. Einmal ist es ein Kirchenvorsteher, Steuerbeamter oder Tanzlehrer – ein anderes Mal ist es eine alte Jungfer, die mit ihren Vögeln und Katzen lebt. Der Koffer steht auf dem Boden zwischen anderem Gerümpel, inmitten von Kisten, alten Öfen und Schneiderpuppen. Wer käme auf die Idee, ihn dort zu suchen? Aber am Tage X wird ein und dieselbe chiffrierte Nachricht in allen Städten Frankreichs verteilt und alle Koffer werden auf einmal geöffnet werden. Das Resultat können Sie sich ja vorstellen: hunderttausend Tote am Tag!

ALLE *vollkommen entsetzt*: Was?

GEORGES: Überzeugen Sie sich! *Er macht Miene, den Koffer zu öffnen.*

BERGERAT *mit einem Schrei*: Öffnen Sie nicht!

GEORGES: Keine Angst, er ist leer! *Er öffnet ihn.* Kommen Sie näher: Sehen Sie das Firmenschild, achten Sie auf die Lederriemen, fassen Sie die Scharniere an ...

Die Mitglieder des Verwaltungsrates nähern sich einer nach dem andern und berühren schüchtern den Koffer.

BERGERAT *ihn berührend*: Echt, völlig echt!

LERMINIER *dasselbe Spiel:* Was für ein Albtraum!

CHARIVET: Diese Hunde!

NERCIAT: Diese gottverdammten Hunde!

BERGERAT: Oh, wie ich sie hasse!

LERMINIER: Wir wollen doch nicht alle wie die Ratten krepieren, was sollen wir tun?

GEORGES: Suchgeräte konstruieren: wir haben immerhin noch ein paar Monate Zeit. *Pause.* Haben Sie jetzt begriffen? Sind Sie nun davon überzeugt, daß es ein harter Kampf werden wird und daß wir riskieren, alles zu verderben, wenn wir untergeordnete und unbedeutende Personen zur Rechenschaft ziehn?

CHARIVET: Geben Sie uns trotzdem die Namen.

LERMINIER: Wir versprechen Ihnen, daß wir nichts unternehmen werden.

BERGERAT: Aber wir wollen wissen, mit wem wir es zu tun haben ...

NERCIAT: Und wollen der Gefahr ins Auge sehen ...

GEORGES: Bitte, wie Sie wollen. Aber Sie werden meine Instruktionen genauestens befolgen: mir ist gerade ein gutes Mittel eingefallen, wie wir sie kaltstellen können.

BERGERAT: Was für ein Mittel?

GEORGES: Geben Sie ihnen Gehaltserhöhung!

Aufregung.

Verbreiten Sie überall, daß Sie mit ihren Leistungen besonders zufrieden sind und deshalb eine beträchtliche Gehaltserhöhung beschlossen haben.

BERGERAT: Glauben Sie, man kann sie bestechen?

GEORGES: Nein, das nicht. Aber Sie setzen sie in den Augen ihrer Chefs herab. Durch diese unerklärliche Begünstigung werden die anderen glauben, sie hätten verraten.

LERMINIER: Sind Sie da sicher?

GEORGES: Das ist doch ganz klar. Von dem Moment an brauchen Sie sich keine Sorgen mehr zu machen; die Hand Moskaus wird es sich angelegen sein lassen, diese Leute zu liquidieren. *Er geht zum Schreibtisch und zeigt auf sieben Namen der Liste.*

NERCIAT: Nein, nein, nein und aber nein, ich will nicht, daß man diesen Schweinen noch ein höheres Gehalt zahlt.

LERMINIER: Aber laß doch, Nerciat!

BERGERAT: Es ist doch nur, um sie schneller loszuwerden.

CHARIVET: Wir umarmen sie, um sie zu ersticken.

NERCIAT: Also gut, macht was ihr wollt.

Georges erhebt sich und hält die Liste.

JULES *liest*: Samivel, das kann doch nicht sein!

BERGERAT: Madame Castagnié? Wer hätte das gedacht?

GEORGES *unterbricht sie mit einer Geste*: Das ist doch gar nichts. Ich werde einen Schleier nach dem anderen lüften, und Sie werden die Welt so sehen, wie sie wirklich ist. Wenn Sie Ihrer Frau, Ihrem Sohn, Ihrem Vater mißtrauen, wenn Sie sich vor den Spiegel stellen werden und sich fragen, ob Sie nicht selber, ohne es zu wissen, Kommunist sind, dann beginnen Sie die Wahrheit zu erahnen. *Er setzt sich auf Jules' Schreibtisch und bittet die andern, sich ebenfalls zu setzen.* Nehmen Sie Platz, meine Herren, und fangen wir an zu arbeiten: wir haben nicht mehr sehr viel Zeit, wenn wir Frankreich retten wollen.

Vorhang

FÜNFTES BILD

Ein Appartement im «Georges V». Der Salon. Fensterladen geschlossen, die Vorhänge sind vorgezogen. Drei Türen, eine links führt ins Schlafzimmer, die im Hintergrund zum Badezimmer, die rechts in ein Vorzimmer. Riesige Blumenzweige gegen die Wand gestellt, vor allem Rosen.

1. SZENE

Ein Hotelboy kommt herein und bringt Rosenzweige; zwei Leibwächter folgen ihm, die ihm einen Revolver in die Rippen stoßen. Er setzt den Korb ab und geht mit erhobenen Händen rückwärts zur rechten Tür. Die linke Tür öffnet sich, und Georges erscheint im Schlafrock. Er gähnt.

2. SZENE

Georges – die zwei Leibwächter.

GEORGES: Was ist das?
1. WÄCHTER: Blumen.
GEORGES *gähnt und geht zu den Blumen*: Schon wieder Rosen, macht das Fenster auf!
1. WÄCHTER: Nein.
GEORGES: Nein?
1. WÄCHTER: Gefährlich.
GEORGES: Merkst du denn nicht, daß diese Rosen stinken?
1. WÄCHTER: Nein.
GEORGES: Da hast du Glück. *Er nimmt das Briefkuvert und öffnet es:* «In leidenschaftlicher Bewunderung von einer Gruppe französischer Frauen.» Man bewundert mich, was?
1. WÄCHTER: Ja.
GEORGES: Liebt man mich?
1. WÄCHTER: Ja.
GEORGES: Von Herzen, mit Schmerzen, über alle Maßen?
1. WÄCHTER: Über alle Maßen.
GEORGES: Um so stark lieben zu können, muß man gewaltig hassen.
1. WÄCHTER: Wen hassen?
GEORGES: Die anderen. *Beugt sich über die Blumen.* Atmen wir den Duft des Hasses ein. *Er atmet tief.* Das riecht stark, unbestimmt und verkommen. *Zeigt auf die Blumen.* Da ist Gefahr! *Die Leibwächter ziehen ihre Revolver und richten sie auf die Blumen.* Schießt nicht, das ist die Hydra mit den tausend Köpfen. Tausend kleine Köpfe rot vor Wut, die sich die Kehle aus dem Hals brüllen und ihren Duft wie einen Schrei ausstoßen, bevor sie sterben. Diese Rosen strömen Gift aus.
2. WÄCHTER: Gift?
1. WÄCHTER *zum zweiten*: Laboratorium für Toxikologie, Telefon: Gutenberg 66–21. *Der andere geht aufs Telefon zu.*

GEORGES: Zu spät, bis dahin ist hier alles vergiftet, da ich im Haß arbeite.

1. WÄCHTER *nicht verstehend*: Im Haß?

GEORGES: Eine schlecht riechende Leidenschaft. Aber wenn man die Fäden ziehen will, muß man sie greifen, wo man sie findet, selbst im Unrat. Ich halte sie alle in meiner Hand, das ist der Tag meines Glanzes, es lebe der Haß, denn dem Haß verdanke ich meine Macht. Seht mich nicht mit diesen Blicken an, ich bin ein Dichter. Seid ihr dazu bestellt, mich zu verstehen oder zu beschützen?

1. WÄCHTER: Zu beschützen.

GEORGES: Nun also, beschützt mich, beschützt mich brav. Wie spät haben wir?

1. WÄCHTER *wirft einen Blick auf seine Uhr*: 17 Uhr 30.

GEORGES: Was für Wetter ist draußen?

2. WÄCHTER *sieht auf ein Barometer in der Nähe des Fensters*: Beständig schön.

GEORGES: Temperatur?

1. WÄCHTER *sieht auf ein Thermometer, das an der Wand hängt*: Zwanzig Grad Réaumur.

GEORGES: Ein schöner Frühlingsnachmittag. Klarer Himmel, die Abendsonne scheint durch die Fenster. In hellen Kleidern geht eine zufriedene Menge die Champs-Élysées rauf und runter, das späte Licht macht die Gesichter weicher. Nun, ich bin froh, es zu wissen. *Er gähnt.*

1. WÄCHTER *sieht auf eine Liste*: Um 17 Uhr 40 Sibilot für die Memoiren.

GEORGES: Danach?

1. WÄCHTER: Um 18 Uhr 30 eine Journalistin vom «Figaro».

GEORGES: Ihr werdet sie gründlich durchsuchen, man kann nie wissen. Danach?

1. WÄCHTER: Eine Abendgesellschaft mit Ball.

GEORGES: Bei wem?

1. WÄCHTER: Bei Madame Bounoumi.

GEORGES: Die gibt eine Abendgesellschaft?

1. WÄCHTER: Um den Verzicht ihres Rivalen Monsieur Perdrière zu feiern.

GEORGES: Ich werde ihn feiern, das ist mein Werk. Verschwindet.
Sie gehen hinaus. Er schließt die Tür und gähnt.

3. SZENE

Georges allein.

GEORGES *geht zum Spiegel, sieht hinein, streckt die Zunge raus*: Gestörter Schlaf, belegte Zunge, Appetitlosigkeit: zuviel offizielle Essen – ich gehe ja auch nie spazieren. *Er gähnt.* Ein wenig Langeweile, das ist normal, auf dem Gipfel der Macht ist man eben allein. Ihr kleinen durchschaubaren Menschen, ich blicke in eure Herzen, aber ihr könnt meines nicht sehen.
Telefon.

Hallo, am Apparat. Ein Schweinehund? Ah, Sie sind es, mein Lieber, Sie halten mich für einen Schweinehund! Das ist das 37. Mal, daß Sie die Güte haben, mich darüber zu informieren. Wollen Sie mir bitte von nun an glauben, daß ich mir über Ihre Gefühle völlig im klaren bin, und sich nicht mehr die Mühe machen ... Er hat aufgelegt. *Er geht umher.* Ein Schweinehund, ein Verräter der Partei, das ist schnell gesagt. Wer ist ein Schweinehund? Nicht ich, Georges de Valéra, der nie Kommunist gewesen ist und niemanden verraten hat. Auch nicht Nekrassow, der sich auf der Krim pflegt und an nichts Böses denkt. Mein unbekannter Gesprächspartner redet also in den Wind. *Er geht zum Spiegel.* Wie war doch meine Kindkeit! O ja, der hübsche Schlitten aus gemaltem Holz. Mein Vater setzt mich hinein: fahr los! Glöckchen und Peitschenknall, der Schnee ...

Sibilot ist seit einigen Augenblicken eingetreten.

SIBILOT: Was machst du denn da?

GEORGES: Bilanz.

SIBILOT: Wie das?

GEORGES: Ich lüge mich an!

SIBILOT: Dich auch?

GEORGES: Zunächst mal mich. Ich habe zuviel Neigung zum Zynismus, es ist daher unerläßlich, mich selbst zum Narren zu halten. Sibilot, ich sterbe. Du siehst mich hier in voller Agonie.

SIBILOT: Was soll das heißen?

GEORGES: Valéra stirbt, um als Nekrassow wieder aufzuerstehen.

SIBILOT: Du bist Nekrassow!

GEORGES: Ich bin es von Kopf bis Fuß, von der Reife bis zurück ins Kindesalter.

SIBILOT: Von Kopf bis Fuß. Du bist ein nichtsnutziger Gauner, der ins Unglück rennt und mich mit hineinzieht, wenn ich nicht bald für Ordnung sorge.

GEORGES: Hoho! *Sieht ihn an.* Du braust uns in deiner dämlichen Rechtschaffenheit noch etwas zusammen, woran wir eingehen werden. Also los, sprich! Was hast du vor?

SIBILOT: Uns anzeigen!

GEORGES: Idiot, alles hat so gut geklappt!

SIBILOT: Ich habe mich vorhin dazu entschlossen, und ich bin gekommen, dich zu warnen. Morgen früh um elf Uhr werfe ich mich zu den Füßen von Jules und gestehe alles: Du hast siebzehn Stunden Zeit, um deine Flucht vorzubereiten.

GEORGES: Bist du verrückt? Perdrière ist von der Kandidatur zurückgetreten, «Soir à Paris» hat seine Auflage verdoppelt, du verdienst zweihundertzehntausend Francs im Monat – und du willst alles ausplaudern?

SIBILOT: Ja!

GEORGES: Denk doch an mich, du armer Irrer! Ich bin im Besitz der höchsten Macht, ich bin die Graue Eminenz des Atlantik-Paktes, ich halte Krieg und Frieden in meinen Händen, ich schreibe Geschichte, Sibilot, ich schreibe Geschichte. Und diesen Moment suchst du dir aus, um mir eine Bananenschale in den Weg zu werfen.

Weißt du, daß ich von diesem Augenblick mein ganzes Leben geträumt habe? Ziehe doch Nutzen aus meiner Macht, sei mein Faust! Willst du Geld? Schönheit? Jugend?

SIBILOT *zuckt die Achseln*: Die Jugend ...

GEORGES: Warum nicht? Nur eine Geldfrage.

Sibilot will gehen.

Wo gehst du hin?

SIBILOT: Mich stellen.

GEORGES: Sicher wirst du dich stellen. Du wirst dich selber anzeigen, aber so eilig ist es nicht, wir haben immerhin noch Zeit zum Schwatzen. *Er führt Sibilot wieder in die Mitte des Zimmers.* Du stirbst vor Angst, mein Freund, was ist denn los?

SIBILOT: Mouton wird dir das Fell über die Ohren ziehen und mir infolgedessen auch. Er hat sich Demidoff geholt, einen wirklichen Kravtschenko, dessen Echtheit von TASS bestätigt worden ist, und er ist hinter dir her. Wenn sie dich finden – und sie werden dich finden –, wird Demidoff deinen Betrug aufdecken, und wir sind im Eimer.

GEORGES: Ist das alles? Man soll ihn mir nur bringen, deinen Demidoff: mit dem werde ich schon fertig. Ich werde sie alle hochnehmen, diese Industriekapitäne und Bankiers, Gerichtsherren und Minister, amerikanische Agenten, sowjetische Flüchtlinge. Sie sollen schon nach meiner Pfeife tanzen. Ist das alles?

SIBILOT: O nein, es kommt noch schlimmer.

GEORGES: Um so besser: dann habe ich was zu lachen.

SIBILOT: Nekrassow hat im Radio eine Erklärung abgegeben.

GEORGES: Ich? Ich schwöre dir, ich habe nichts gesagt.

SIBILOT: Von dir ist nicht die Rede, ich habe gesagt: Nekrassow.

GEORGES: Nekrassow bin ich!

SIBILOT: Ich rede von dem auf der Krim.

GEORGES: In was mischst du dich ein! Du bist Franzose, Sibilot: kehre vor deiner eigenen Tür und kümmere dich nicht darum, was auf der Krim passiert.

SIBILOT: Er sagt, er sei gesund und wolle Ende nächster Woche wieder in Moskau erscheinen.

GEORGES: Na und?

SIBILOT: Und? Wir stecken im Dreck!

GEORGES: Im Dreck? Weil ein Bolschewik am Mikrophon albernes Zeug geschwatzt hat? Du, Sibilot, du, der Vorkämpfer des Antikommunismus, du schenkst diesen Leuten dein Vertrauen? Hör mal: du enttäuschst mich.

SIBILOT: Du wirst am Freitag nicht weniger enttäuscht sein, wenn alle Botschafter und Auslandskorrespondenten in die Moskauer Oper eingeladen werden und dort Nekrassow persönlich in der Regierungsloge sehen werden.

GEORGES: Ach, weil am Freitag ...

SIBILOT: Ja!

GEORGES: Ist das schon bekanntgegeben?

SIBILOT: Ja!

GEORGES: Na gut, dann werden sie eben meinen Doppelgänger sehen.

Denn ich habe – wie alle anderen Minister – einen Doppelgänger. Wir fürchten uns so sehr vor Attentaten, daß wir uns bei offiziellen Gelegenheiten durch sie vertreten lassen. Notier das! Es kann morgen veröffentlicht werden. Warte, man muß so einen amüsanten Spritzer Wahrheit reinbringen, die Anekdote erfinden, die sich nicht erfinden läßt. Ich hab's: mein Doppelgänger ähnelt mir so stark, daß man uns nur auf zehn Schritt Entfernung auseinanderhalten kann. Nur konstatierte ich leider, als man ihn mir brachte, daß er ein Glasauge hat. Stell dir meine Bestürzung vor! Ich mußte das Gerücht verbreiten, daß ein unheilbares Leiden mein rechtes Auge zerfrißt: daher stammt die schwarze Augenklappe. Bring das Ganze unter der Überschrift: «Weil sein Doppelgänger einäugig ist, trägt Nekrassow eine Augenklappe». Hast du das aufgeschrieben?

SIBILOT: Was nützt das noch?

GEORGES *mit Autorität*: Schreibe!

Sibilot zuckt die Achseln, zieht seinen Bleistift heraus und macht einige Notizen.

Und du mußt mit folgender Herausforderung schließen: Wenn der angebliche Nekrassow in die Regierungsloge eintritt, so möge er seine Augenklappe abnehmen, wenn er es wagt. Ich werde meine zur gleichen Stunde vor Augen- und Fachärzten abnehmen, und alle werden sehen, daß meine beiden Augen in vorzüglichem Zustande sind. Damit, daß der andere nur ein Auge hat, ist von uns unwiderlegbar bewiesen, daß dieser Mann nicht i c h sein kann. Schreibst du mit?

SIBILOT: Ich schreibe, aber es wird nichts helfen.

GEORGES: Wieso?

SIBILOT: Weil ich mich selber anzeigen werde! Ich bin ein anständiger Mann, verstehst du, anständig, anständig, anständig!

GEORGES: Wer hat das Gegenteil behauptet?

SIBILOT: Ich, ich, ich!

GEORGES: Du?

SIBILOT: Ich wiederhole mir hundertmal am Tage, daß ich ein unanständiger Mensch bin. Ich lüge, Georges, ich lüge, sooft ich atme. Ich lüge meine Leser, meine Tochter und meinen Chef an!

GEORGES: Hast du nie gelogen, bevor du mich kennenlerntest?

SIBILOT: Selbst wenn ich gelogen habe, so doch mit der Zustimmung meiner Vorgesetzten. Ich sagte kontrollierte, abgestempelte Lügen, Lügen der großen Information, Lügen von öffentlichem Interesse.

GEORGES: Und deine jetzigen Lügen, liegen sie nicht im öffentlichen Interesse? Es sind doch dieselben!

SIBILOT: Dieselben, ja: aber ich sage sie ohne Rückendeckung durch die Regierung. Nur ich auf der ganzen Welt weiß, wer du bist, und das nimmt mir den Atem. Mein Verbrechen besteht nicht darin, daß ich lüge, aber daß ich ganz allein lüge.

GEORGES: Na gut, dann geh! Worauf wartest du noch? Lauf und zeige dich selbst an!

Sibilot macht einen Schritt.

Eine einfache Frage, nur eine einzige, und ich gebe dir deine Freiheit zurück. Was wirst du Jules sagen?

SIBILOT: Alles!
GEORGES: Alles, was?
SIBILOT: Du weißt es doch nur zu gut!
GEORGES: Bei Gott, nein!
SIBILOT: Also ich werde ihm sagen, daß ich gelogen habe und daß du nicht wirklich Nekrassow bist.
GEORGES: Versteh ich nicht.
SIBILOT: Und es ist doch einfach genug.
GEORGES: Was soll das heißen: wirklich?
Sibilot zuckt die Achseln.
Bist du wirklich Sibilot?
SIBILOT: Ja, ich bin Sibilot. Ja, ich bin dieser unglückliche Familienvater, den du korrumpiert hast, und der dabei ist, sich seine weißen Haare zu besudeln.
GEORGES: Beweise es.
SIBILOT: Ich habe Ausweispapiere.
GEORGES: Die habe ich auch.
SIBILOT: Aber meine sind echt.
GEORGES: Meine auch. Willst du die Aufenthaltsgenehmigung, die die Polizei mir ausgestellt hat, sehen?
SIBILOT: Sie ist wertlos.
GEORGES: Warum bitte?
SIBILOT: Weil du nicht Nekrassow bist.
GEORGES: Und deine Papiere, sind die gültig?
SIBILOT: Ja.
GEORGES: Warum?
SIBILOT: Weil ich Sibilot bin.
GEORGES: Siehst du, es sind nicht die Papiere, die die Identität erweisen.
SIBILOT: Nun gut, die Papiere beweisen sie nicht.
GEORGES: Was dann? Beweise mir, daß du Sibilot bist.
SIBILOT: Alle Welt wird es dir sagen.
GEORGES: Alle Welt, wieviel Personen sind das?
SIBILOT: Hundert, zweihundert, ich weiß nicht, tausend ...
GEORGES: Tausend Menschen halten dich für Sibilot, und du willst, daß ich ihnen aufs Wort glaube, und übergehst dabei zwei Millionen Leser, die mich für Nekrassow halten?
SIBILOT: Das ist nicht das gleiche ...
GEORGES: Maßt du dir an, das riesige Gerücht, das aus mir den Helden der Freiheit, den Vorkämpfer der westlichen Welt macht, zum Schweigen zu bringen? Widersetzt du dich mit deiner kümmerlichen persönlichen Überzeugung dem allgemeinen Glauben, der alle guten Bürger beseelt? Du bist es, dessen Identität nicht feststeht, du bist es, der unbesonnen zwei Millionen Menschen ins Unglück stürzen will. Nur Mut: ruiniere deinen Chef! Oder noch besser: provoziere einen Regierungssturz. Ich weiß, wer sich darüber freuen würde.
SIBILOT: Wer denn?
GEORGES: Die Kommunisten, zum Donnerwetter! Oder arbeitest du etwa für sie?
SIBILOT *unruhig*: Aber hör mal, Georges!

GEORGES: Oh, du wärst nicht der erste, den sie bezahlen, um die öffentliche Meinung zu demoralisieren.
SIBILOT: Ich schwör dir ...
GEORGES: Wie soll ich dir glauben, gerade dir, der mir eben seine ganze Unlauterkeit gebeichtet hat.
SIBILOT *erregt*: Du mußt mir glauben, ich bin ein anständiger Mensch.
GEORGES: Zugegeben. Aber dann ... aber dann ... Hoho! Mein unglückseliger Freund, kann ich dir aus der Patsche helfen?
SIBILOT: Was ist denn noch los?
GEORGES: Wie soll ich dir das verständlich machen? Hör zu: auf die eine Seite stellst du vierzig Millionen Franzosen, unsere Zeitgenossen, die davon überzeugt sind, in der Mitte des zwanzigsten Jahrhunderts zu leben, auf die andere Seite ein Individuum, ein einziges, das steif und fest behauptet, es sei Karl der Fünfte. Als was würdest du diesen Mann bezeichnen?
SIBILOT: Als Verrückten!
GEORGES: Und genau das bist du. Du meinst Wahrheiten ableugnen zu können, die nach allgemeiner Übereinkunft als solche anerkannt sind.
SIBILOT: Georges!
GEORGES: Weißt du, was Jules mit dir tun wird, wenn er sieht, daß sein ältester Mitarbeiter sich vor ihm auf die Knie wirft und ihn bittet, mit seinen eigenen Händen seiner Zeitung das Grab zu graben?
SIBILOT: Er wird mich rausschmeißen!
GEORGES: Er? Aber nein, er wird dich einsperren lassen!
SIBILOT *zu Tode erschrocken*: Oh!
GEORGES: Da, lies das Telegramm, es ist von McCarthy, er bietet mir einen Vertrag als ständiger Kronzeuge an. Hier die Glückwünsche von Franco und die der Fruit Company, ein freundlicher Brief von Adenauer und ein handschriftliches Schreiben des Senators Borgeaud. In New York haben meine Enthüllungen eine Hausse an der Börse hervorgerufen, und überall verursachten sie einen Boom in der Kriegsindustrie. Große Interessen stehen auf dem Spiel; Nekrassow, das bin nicht nur ich, das ist ein allgemeiner Begriff für die Dividenden, die die Aktionäre der Waffenfabriken einstecken. Das ist Objektivität, mein Freund, das ist die Wirklichkeit. Und was kannst du dagegen tun: du hast die Maschine in Gang gesetzt, richtig, aber sie wird dich verschlingen, wenn du versuchst, sie aufzuhalten. Lebwohl, mein bedauernswerter Freund. Ich habe dich geliebt.
Sibilot rührt sich nicht.
Auf was wartest du noch?
SIBILOT *mit erstickter Stimme*: Kann man mich heilen?
GEORGES: Von deinem Wahnsinn?
SIBILOT: Ja.
GEORGES: Ich fürchte, es ist zu spät.
SIBILOT: Aber wenn du mich pflegen würdest, Georges? Wenn du das tun würdest?
GEORGES: Nun, ich bin kein Psychiater. *Pause.* Allerdings handelt es

sich mehr um eine Umerziehung. Willst du von mir umerzogen werden?

SIBILOT: Bitte!

GEORGES: Fangen wir an, spiele den ehrbaren Mann.

SIBILOT: Ich weiß nicht wie!

GEORGES: Setze dich tief in den Sessel rein, lege deine Beine auf den Hocker. Steck die Rose in dein Knopfloch. Nimm diese Zigarre. *Er reicht Sibilot einen Spiegel.*

SIBILOT *betrachtet sich*: Eh!

GEORGES: Fühlst du dich jetzt anständiger?

SIBILOT: Vielleicht ein wenig.

GEORGES: Nun gut, jetzt laß deine persönlichen Überzeugungen beiseite und sage dir, daß sie falsch sind, da niemand sie mit dir teilt. Sie haben dich isoliert. Geh zurück zur Herde: erinnere dich, daß du ein guter Franzose bist. Sieh mich mit den Augen der zahllosen Franzosen, die unsere Leser sind. Was siehst du?

SIBILOT: Nekrassow!

GEORGES: Jetzt werde ich rausgehen und wieder reinkommen. Versetze dich in den Zustand der Aufrichtigkeit, wohlverstanden einer kollektiven Aufrichtigkeit. Wenn ich die Tür öffne, so begrüße mich mit «Guten Tag, Nikita» ...!

Er geht raus, Sibilot setzt sich zurecht, trinkt und raucht. Georges kommt herein.

SIBILOT: Guten Tag, Nikita.

GEORGES: Guten Tag, Sibilot.

SIBILOT: Habe ich es gut gesagt?

GEORGES: Nicht allzu schlecht. *Er geht um Sibilots Sessel herum, lehnt sich plötzlich über ihn und legt die Hände über seine Augen.* Kuckuck!

SIBILOT: Laß mich zufrieden ... Nikita!

GEORGES: Es wird immer besser. Steh auf.

Sibilot steht auf, den Rücken Georges zugekehrt, Georges kitzelt ihn.

SIBILOT *krümmt sich und lacht wider Willen*: Hör auf ... Nikita!

GEORGES: Du wirst gesund werden! *Pause.* Genug für heute: arbeiten wir! Achtes Kapitel: Tragische Unterredung mit Stalin.

SIBILOT *schreibend*: Tragische Unterredung mit Stalin.

Telefonläuten.

GEORGES *nimmt den Hörer ab*: Hallo, ja? Madame Castagnié? Warten Sie bitte einen Moment. *Zu Sibilot:* Der Name sagt mir irgendwas.

SIBILOT: Eine Tipse von «Soir à Paris».

GEORGES: Aha, eine von den sieben, die sie rausschmeißen wollten, und denen ich eine Gehaltserhöhung eingebracht habe. Was will sie denn von mir?

SIBILOT: Jules wird sie geschickt haben.

GEORGES *ins Telefon*: Sie soll raufkommen. *Wendet sich wieder Sibilot zu, nachdem er aufgelegt hat.* Tragische Unterredung mit Stalin. Untertitel: Ich entkomme in einer Sänfte aus dem Kreml.

SIBILOT: Nikita! Ist das denn möglich?

GEORGES: Nichts natürlicher als das. Man verfolgt mich. Ich fliehe in einen Saal des Museums, der mit alten Kutschen vollgestellt ist, in einer Ecke steht eine Sänfte ...

LEIBWÄCHTER: Madame Castagnié!

GEORGES: Sie soll reinkommen. Und erschreckt sie vor allem nicht mit euren Revolvern.

4. SZENE

Georges – Sibilot – Mme Castagnié.

SIBILOT *auf sie zugehend*: Guten Tag, Madame Castagnié!

MME CASTAGNIÉ: Guten Tag, Herr Sibilot. Ich hätte nicht geglaubt, Sie hier zu treffen. *Auf Georges zeigend:* Ist das Nekrassow?

SIBILOT: Er ist es, unser Nikita!

GEORGES: Es freut mich, Sie kennenzulernen, Madame.

MME CASTAGNIÉ: Ich würde gerne wissen, warum Sie meine Kündigung veranlaßt haben.

GEORGES: Was?

SIBILOT: Man hat Sie entlassen?

MME CASTAGNIÉ *zu Georges*: Sie wissen es nur zu gut, tun Sie also bitte nicht so überrascht.

GEORGES: Ich schwöre Ihnen ...

MME CASTAGNIÉ: Herr Palotin hat mich vorhin zu sich rufen lassen. Die Herren vom Verwaltungsrat waren anwesend und sahen nicht sehr freundlich aus.

GEORGES: Und dann?

MME CASTAGNIÉ: Und dann: na dann haben sie mich entlassen.

GEORGES: Aber warum, was für einen Grund haben sie angegeben?

MME CASTAGNIÉ: Als ich danach fragte, wären sie mir fast ins Gesicht gesprungen. Sie haben mich alle angeschrien: «Fragen Sie Nekrassow, Nekrassow wird es Ihnen schon sagen.»

GEORGES: Diese Schweinehunde!

MME CASTAGNIÉ: Ich will Sie nicht beleidigen, aber wenn Sie ihnen Schlechtes über mich berichtet haben, sind Sie der Schlimmste von allen.

GEORGES: Aber ich habe nichts gesagt. Ich habe nichts getan. Ich kenne Sie ja gar nicht!

MME CASTAGNIÉ: Man hat mir gesagt, ich solle mich an Sie wenden, also wissen Sie etwas.

GEORGES: Sagen Sie selber, haben Sie mich schon mal gesehen?

MME CASTAGNIÉ: Nie!

GEORGES: Na also!

MME CASTAGNIÉ: Was beweist das schon, vielleicht wollen Sie meinen Posten!

GEORGES: Was sollte ich damit anfangen? Das Ganze ist ein Spaß, aber ein schlechter Spaß.

MME CASTAGNIÉ: Ich bin Witwe und habe eine kranke Tochter: wenn ich die Stellung verliere, sitzen wir auf der Straße, und das ist kein Spaß.

GEORGES: Sie haben recht. *Zu Sibilot:* Diese Schweine!
MME CASTAGNIÉ: Was haben Sie gegen mich?
GEORGES: Aber gar nichts! Im Gegenteil, Sibilot ist Zeuge dafür, daß ich Ihnen eine Gehaltserhöhung verschaffen wollte.
MME CASTAGNIÉ: Mir eine Gehaltserhöhung?
GEORGES: Ja.
MME CASTAGNIÉ: Sie Lügner, vorhin haben Sie mir gesagt, daß Sie mich nicht kennen.
GEORGES: Ich kannte Sie ein wenig. Ich wußte, wie zuverlässig Sie seit zwanzig Jahren Ihre Pflicht tun ...
MME CASTAGNIÉ: Ich bin aber erst seit fünf Jahren in dem Laden.
GEORGES: Ich will Ihnen zugeben, daß wichtige politische Gründe ...
MME CASTAGNIÉ: Um Politik habe ich mich nie gekümmert, und mein armer Mann wollte kein Wort darüber hören. Ich bin nicht sehr gebildet, aber ich bin auch nicht dumm, und auf Ihre Sprüche falle ich Ihnen nicht herein.
GEORGES *nimmt den Telefonhörer auf*: Geben Sie mir «Soir à Paris»! *Zu Mme Castagnié:* Es ist ein Mißverständnis, ein reines Mißverständnis! *Spricht ins Telefon:* Hallo, «Soir à Paris»? Verbinden Sie mich mit dem Chefredakteur. Ja. Nekrassow will ihn sprechen. *Zu Mme Castagnié:* Sie werden Ihre Stellung wiederbekommen, das garantiere ich Ihnen, und man wird sich bei Ihnen entschuldigen.
MME CASTAGNIÉ: Ich will keine Entschuldigungen, ich will meinen Posten.
GEORGES: Hallo, er ist nicht in seinem Büro? Aber er ist doch im Haus? Wo? Gut! Sagen Sie ihm, er soll mich anrufen, sobald er zurückkommt. *Er legt auf.* Es kommt schon alles wieder in Ordnung. Würden Sie mir in der Zwischenzeit erlauben ... *Seine Hand greift nach der Brieftasche.*
MME CASTAGNIÉ: Ich will keine Almosen.
GEORGES: Wo denken Sie hin, kein Almosen, ein freundschaftlich gemeintes Geschenk ...
MME CASTAGNIÉ: Sie sind nicht mein Freund.
GEORGES: Heute nicht. Aber wenn Sie Ihren Posten zurückerhalten haben, werde ich es sein. Sie werden schon sehen! *Plötzlich erschreckt:* Oh! *Pause.* Und die anderen?
MME CASTAGNIÉ: Die anderen?
GEORGES: Wissen Sie, ob noch andere entlassen sind?
MME CASTAGNIÉ: Man sagt so.
GEORGES: Wer? Wie viele?
MME CASTAGNIÉ: Ich weiß es nicht. Als man mich entlassen hat, habe ich meine Sachen gepackt und bin gegangen.
GEORGES *zu Sibilot*: Du wirst sehen, sie haben alle rausgeschmissen! Diese Stinktiere, diese Schakale, diese Aasgeier! Ich dachte, ich hätte ihnen Angst eingejagt, aber du siehst, mein lieber Sibilot, und merk dir die Lehre, Haß ist stärker als Angst. *Nimmt seinen Hut.* Diese Komödie muß aufhören. Kommen Sie mit uns, Madame. Ich soll mich gegen die Armen wenden? Ich? Das wäre das erste Mal in meinem Leben. Ich werde Jules an die Gurgel springen ... *Er hat die Tür geöffnet, ein Leibwächter erscheint.*

WÄCHTER: Nein.
GEORGES: Was heißt nein? Ich will ausgehen!
WÄCHTER: Unmöglich, Gefahr!
GEORGES: Nun gut, begleiten Sie mich.
WÄCHTER: Verboten.
GEORGES: Und wenn ich doch ginge?
WÄCHTER *kurzes Auflachen*: Ha!
GEORGES: Verschwinde! Ich bleibe! *Zu Sibilot:* Geh mit Madame zu Jules und richte ihm aus: wenn das entlassene Personal nicht innerhalb vierundzwanzig Stunden wieder eingestellt ist, so gebe ich die Fortsetzung meiner Memoiren dem «Figaro». Und sage dazu, daß es mir ernst ist! Geh! – Madame, es kann sein, daß ich Ihnen ein Unrecht angetan habe, aber es geschah gegen meine Absicht. Und ich schwöre Ihnen, daß man Sie entschädigen wird.
Sibilot und Mme Castagnié gehen.
Du sagst mir nicht Adieu, Sibilot?
SIBILOT: Adieu!
GEORGES: Adieu wer?
SIBILOT: Adieu, Nikita!
GEORGES: Sobald du Jules gesehen hast, rufe mich an. *Georges allein:* Entlassen ... *Fängt an, auf und ab zu gehen.* Ach, es ist nicht meine Schuld. Der Haß ist eine mir nicht geläufige Leidenschaft. Ich bin dazu gezwungen worden, mit gefährlichen Kräften zu jonglieren, die ich nur ungenügend kenne. Ich werde mich daran gewöhnen müssen ... ich ... Entlassen! Sie hatten nur ihr Gehalt zum Leben – vielleicht zwanzigtausend Francs Ersparnisse –, ich werde sie mit Geld überschütten. Der Verwaltungsrat soll sie am Portal erwarten, mit Rosen, mit einem Arm voll Rosen ...

5. SZENE
Georges – die Leibwächter.

EIN LEIBWÄCHTER *kommt herein*: Eine Journalistin vom «Figaro».
GEORGES: Sie soll reinkommen! Halt mal, ist sie hübsch?
WÄCHTER: Es geht so.
Georges geht zum Spiegel, bindet seine Augenklappe vor, betrachtet sich einen Moment, tut sie wieder fort und steckt sie in die Tasche.
GEORGES: Führt sie rein.
Véronique tritt ein.

6. SZENE
Georges – Véronique.

GEORGES *sieht Véronique*: Ha! *Hebt die Hände in die Luft.*
VÉRONIQUE: Ich sehe, Sie erkennen mich wieder.
GEORGES *senkt die Hände*: Ja, sind Sie jetzt beim «Figaro»?
VÉRONIQUE: Ja.

GEORGES: Ich dachte, Sie sympathisieren mit den Kommunisten?
VÉRONIQUE: Man ändert sich. Wo ist Nekrassow?
GEORGES: Er ... er ist nicht da.
VÉRONIQUE: Dann werde ich auf ihn warten. *Sie setzt sich.* Warten Sie auch auf ihn?
GEORGES: Ich? Nein.
VÉRONIQUE: Was machen Sie dann hier?
GEORGES: Oh, wissen Sie, ich mache eigentlich nie etwas Rechtes. *Pause. Er steht auf.* Ich glaube fast, daß Nekrassow heute abend nicht mehr kommen wird. Sie täten besser daran, morgen wiederzukommen.
VÉRONIQUE: Einverstanden.
Georges scheint erleichtert.
Sie zieht einen Notizblock aus der Tasche. Da Sie schon hier sind, erzählen Sie mir, was Sie von ihm wissen.
GEORGES: Ich weiß gar nichts.
VÉRONIQUE: Na los! Warum lassen die Wächter Sie sonst in diesem Salon während seiner Abwesenheit, Sie müssen doch zu seinen intimen Freunden zählen.
GEORGES *verwirrt*: Zu seinen intimen Freunden? Natürlich, das ist ... das ist logisch. *Pause.* Ich bin sein Vetter.
VÉRONIQUE: Aha!
GEORGES: Die Schwester meiner Mutter ist in Rußland geblieben: Nekrassow ist ihr Sohn. Vor ein paar Tagen fand ich auf einer Bank eine Zeitung, ich nehme sie und erfahre, daß mein Vetter angekommen ist ...
VÉRONIQUE: Sie werden vorgelassen, Sie plaudern über die Familie, er öffnet seine Arme ...
GEORGES: Und engagiert mich als Sekretär.
VÉRONIQUE: Sekretär? Puah!
GEORGES: Warten Sie ab. Für mich ist es nur ein Witz, sein Sekretär zu sein – in höchstens zwei Wochen bin ich mit dem ganzen Zaster durchgegangen.
VÉRONIQUE: Und bis dahin unterstützen Sie seine schmutzigen Geschäfte.
GEORGES: Schmutzige Geschäfte! Halt, mein Kind, du bist also nicht vom «Figaro»?
VÉRONIQUE: Ich? Natürlich nicht!
GEORGES: Du hast schon wieder gelogen.
VÉRONIQUE: Ja.
GEORGES: Schickt dich deine Linkszeitung?
VÉRONIQUE: Nein, ich bin von selber gekommen. *Pause.* Also, erzählen Sie mir von ihm. Was macht er, wenn ihr zusammen seid?
GEORGES: Er trinkt.
VÉRONIQUE: Was redet er?
GEORGES: Er schweigt.
VÉRONIQUE: Ist das alles?
GEORGES: Das ist alles.
VÉRONIQUE: Spricht er nie von seiner Frau? Von seinen drei Söhnen, die er zurückgelassen hat?

GEORGES: Laß mich in Frieden! *Pause.* Er hat mir sein Vertrauen geschenkt, und ich möchte ihn nicht enttäuschen.

VÉRONIQUE: Sie wollen ihn nicht enttäuschen, aber Sie wollen ihn begaunern.

GEORGES: Ich will ihn begaunern, aber das hindert mich nicht, Gefühle für ihn zu haben. Meinen Opfern bringe ich stets Sympathie entgegen, das verlangt so mein Gewerbe: wie soll ich jemand begaunern, dem ich nicht gefalle – und wie soll ich jemand gefallen, der mir nicht gefällt? Alle meine Geschäfte haben mit einer Art Liebe auf den ersten Blick angefangen.

VÉRONIQUE: Haben Sie auch Nekrassow auf den ersten Blick geliebt?

GEORGES: Oh, das war nur ein sehr kurzer Blick, eigentlich nur ein Zwinkern.

VÉRONIQUE: Dieser Schurke.

GEORGES: Ich verbiete dir ...

VÉRONIQUE: Sie wollen ihn verteidigen?

GEORGES: Ich verteidige ihn keineswegs. Das aus deinem Munde zu hören, empört mich geradezu.

VÉRONIQUE: Ist er etwa kein Dreckskerl?

GEORGES: Vielleicht ist er einer. Aber du hast nicht das Recht, einen Mann zu verurteilen, den du nicht einmal kennst.

VÉRONIQUE: Ich kenne ihn ganz gut.

GEORGES: Du kennst ihn?

VÉRONIQUE *sanft*: Aber ja, du bist es doch.

GEORGES *wiederholt ohne zu verstehen*: Ach ja, ich bin es doch. *Springt auf.* Ich bin es nicht! Ich bin es nicht! Ich bin es nicht!

Sie sieht ihn lächelnd an.

Woher hast du diese Weisheit?

VÉRONIQUE: Mein Vater ...

GEORGES: Hat es dir gesagt?

VÉRONIQUE: Nein.

GEORGES: Wer denn?

VÉRONIQUE: Wie alle auf öffentliches Schwindeln spezialisierten Menschen lügt er im privaten Leben ganz miserabel.

GEORGES: Dein Vater ist senil. *Er geht durchs Zimmer.* Komm, ich will dir den Gefallen tun und einen Moment so tun, als sei ich Nekrassow.

VÉRONIQUE: Danke schön.

GEORGES: Was würdest du tun, wenn ich es wäre? Mich der Polizei übergeben?

VÉRONIQUE: Habe ich das neulich nacht getan?

GEORGES: Würdest du meinen wahren Namen in deinem Blättchen veröffentlichen?

VÉRONIQUE: Im Moment wäre das sehr ungeschickt: wir haben keine Beweise, und man würde uns nicht glauben.

GEORGES *wieder sicher*: Alles in allem sind also meine Feinde paralysiert?

VÉRONIQUE: Im Moment sind wir machtlos.

GEORGES *lachend*: Rechts, Links, Zentrum, ich habe euch alle in meiner Hand. Du sollst vor Wut zerplatzen, mein schönes Kind! Vertrauen gegen Vertrauen: ich bin Nekrassow. Erinnerst du dich noch an den elenden Landstreicher, den du in deinem Zimmer vorgefunden hast? Was für einen Weg habe ich seitdem zurückgelegt! Welch schwindelerrenden Aufstieg! *Er hört auf zu reden und sieht sie an.* Was willst du nun wirklich hier?

VÉRONIQUE: Ich bin gekommen, dir zu sagen, daß du ein Schurke bist.

GEORGES: Laß doch die großen Worte, sie treffen mich nicht: «L'Humanité» schreibt jeden Morgen, ich sei eine stinkende Ratte.

VÉRONIQUE: Das ist nicht richtig.

GEORGES: Ich freue mich, das von dir zu hören.

VÉRONIQUE: Du bist keine stinkende Ratte – du bist ein Schurke!

GEORGES: Ach, du gehst mir auf die Nerven! *Er macht einige Schritte und kommt zu Véronique zurück.* Wenn ein bekannter sowjetischer Funktionär eigens nach Paris käme, um den Feinden seines Volkes und seiner Partei Waffen in die Hand zu spielen, das wäre niederträchtig, das geb ich dir zu; ich gehe sogar noch weiter als du – es wäre infamer Verrat. Aber ich bin nie Minister gewesen und auch nie Mitglied der Kommunistischen Partei; ich war sechs Jahre alt, als ich die UdSSR verließ, und mein Vater war Weißrusse. Ich bin niemandem etwas schuldig. Als du mich kennengelernt hast, war ich ein genialer Gauner und Einzelgänger, der Sohn meiner eigenen Taten. Und das bin ich immer noch: gestern verkaufte ich nicht existierende Wohnungen und falsche Titel, heute verkaufe ich falsche Informationen über Rußland. Wo liegt der Unterschied?

Sie antwortet nicht.

Du liebst doch die Reichen nicht besonders: ist es denn ein so großes Verbrechen, sie an der Nase rumzuführen?

VÉRONIQUE: Glaubst du wirklich, du führst die Reichen an der Nase rum?

GEORGES: Wer zahlt mir die Schneider- und Hotelrechnungen? Wer hat meinen Jaguar bezahlt?

VÉRONIQUE: Und warum zahlen sie?

GEORGES: Damit ich ihnen meinen Quatsch verkaufe.

VÉRONIQUE: Und warum kaufen sie ihn?

GEORGES: Weil – Mein Gott, das ist ihre Sache. Ich hab keine Ahnung.

VÉRONIQUE: Sie kaufen ihn dir ab, um damit die Armen reinzulegen.

GEORGES: Die Armen, wer denkt schon an die Armen?

VÉRONIQUE: Hältst du alle Leser von «Soir à Paris» für Millionäre? *Zieht eine Zeitung aus der Tasche.* «Nekrassow erklärt: der russische Arbeiter ist der unglücklichste Mensch auf Erden». Hast du das gesagt?

GEORGES: Ja, gestern.

VÉRONIQUE: Für wen hast du es gesagt? Für die Armen oder für die Reichen?

GEORGES: Was weiß ich? Für alle! Für niemand! Ein Scherz ohne Konsequenzen.

VÉRONIQUE: Hier in diesem Hotel, inmitten von Rosen, wirkt es als Scherz. Im «Georges V» hat sowieso niemand je einen Arbeiter gesehen. Aber weißt du, was für eine Bedeutung so ein Ausspruch in einem Pariser Proletarierviertel hat?

GEORGES: Ich ...

VÉRONIQUE: «Rührt nicht an den Kapitalismus, sonst fallt ihr in die Barbarei zurück. Die bürgerliche Welt mag ihre Fehler haben, aber sie ist dabei die beste aller möglichen Welten. Elend ist überall, aber versucht das eurige so gut wie möglich zu ertragen. Und seid überzeugt, daß es nie ein Ende finden wird, aber dankt dem Himmel, daß ihr nicht in der UdSSR zur Welt gekommen seid.»

GEORGES: Sag mir nicht, daß sie all das glauben: so dumm sind die schließlich nicht.

VÉRONIQUE: Ein Glück, sonst würde ihnen nichts anderes übrigbleiben, als sich zu Tode zu saufen oder den Gashahn zu öffnen. Aber wenn nur einer von tausend an deine Sprüche glaubt, bist du schon ein Mörder. Man hat dich schön angeschmiert, mein armer Georges!

GEORGES: Mich?

VÉRONIQUE: Weiß Gott. Du hast gemeint, den Reichen das Geld zu stehlen, statt dessen mußt du es verdienen. Mit welchem Hochmut hast du neulich nacht die Stellung abgelehnt, die ich dir anbot: «Ich – arbeiten?» Jetzt hast du Arbeitgeber, und sie lassen dich tüchtig schuften.

GEORGES: Das ist nicht wahr!

VÉRONIQUE: Du weißt doch nur zu gut, daß man dir ein Gehalt zahlt, um den Armen alle Hoffnung auszutreiben.

GEORGES: Hör auf ...

VÉRONIQUE *fortfahrend*: Du bist in aller Unschuld ein Gauner gewesen, nicht bösartig, halb eitler Pfau und halb Poet. Weißt du, was sie aus dir gemacht haben? Einen Roboter der Kloake. Wenn du dich nicht selbst verachten willst, mußt du tückisch werden.

GEORGES *zwischen den Zähnen*: Diese Schweine!

VÉRONIQUE: Wer zieht denn diesmal die Fäden?

GEORGES: Die Fäden?

VÉRONIQUE: Ja, die Fäden.

GEORGES: Eigentlich ... *Nimmt sich zusammen:* Ich, wie immer ich.

VÉRONIQUE: Du hast also wirklich die Absicht, die Armen zur Verzweiflung zu treiben?

GEORGES: Nein.

VÉRONIQUE: Das heißt also, daß man dich hineinmanövriert hat.

GEORGES: Niemand kann mich in etwas hineinmanövrieren, niemand auf der ganzen Welt.

VÉRONIQUE: Und trotzdem mußt du wählen, entweder bist du der Betrogene oder ein Verbrecher.

GEORGES: Diese Wahl ist schnell getroffen: es lebe das Verbrechen!

VÉRONIQUE: Georges!

GEORGES: Ich treibe die Armen in die Verzweiflung? Was heißt das? Jeder für sich, sollen sie sich doch verteidigen! Ich verleumde Rußland? Das tu ich in voller Absicht: ich will den Kommunismus im Westen vernichten. Und was deine Arbeiter angeht, ob sie aus den Pariser Armenvierteln oder aus Moskau stammen, ich ...

VÉRONIQUE: Siehst du, Georges, siehst du, wie du anfängst, tückisch zu werden!

GEORGES: Gut oder böse, das ist mir egal. Tugend und Sünde, ich nehme beides auf mich, ich bin für alles verantwortlich.

VÉRONIQUE *zeigt ihm einen Artikel in «Soir à Paris»*: Auch für diesen Artikel?

GEORGES: Natürlich. Um was handelt es sich? *Er liest:* «Nekrassow erklärt, daß ihm Robert Duval und Charles Maistre gut bekannt sind.» Ich habe so etwas nie geäußert.

VÉRONIQUE: Ich habe es mir schon gedacht, und deshalb bin ich auch zu dir gekommen.

GEORGES: Robert Duval, Charles Maistre? Ich habe die Namen nie gehört.

VÉRONIQUE: Es sind Journalisten von uns. Sie haben gegen die Wiederaufrüstung Deutschlands geschrieben.

GEORGES: Ja und?

VÉRONIQUE: Man will, daß du sagst, sie seien von der UdSSR bezahlt.

GEORGES: Und wenn ich es sage?

VÉRONIQUE: Dann werden sie wegen Landesverrat vor ein Militärgericht gestellt.

GEORGES: Beruhige dich. Man wird kein einziges Wort aus mir herauspressen. Glaubst du mir?

VÉRONIQUE: Ja, ich glaube dir. Aber nimm dich in acht, schon begnügt man sich nicht mehr mit deinen eigenen Lügen – man schiebt dir auch noch welche unter, die du nie gesagt hast.

GEORGES: Sprichst du von dieser lächerlichen Notiz, die hat irgendein unbedeutender Wicht reingebracht, der seinen Eifer zeigen wollte, ich werde dafür sorgen, daß man ihm den Kopf wäscht. Ich sehe Jules nachher und werde ihn anweisen, ein Dementi zu veröffentlichen.

VÉRONIQUE *ohne Überzeugung*: Sieh zu, was du tun kannst.

GEORGES: Ist das alles, was du mir zu sagen hast?

VÉRONIQUE: Das ist alles.

GEORGES: Guten Abend.

VÉRONIQUE: Guten Abend. *Die Hand auf der Türklinke:* Ich wünsche dir, daß du nicht zu tückisch wirst. *Geht ab.*

7. SZENE

GEORGES *allein*: Die Kleine versteht nichts von Politik. Eine Anfängerin, mehr nicht! *Spricht zur Tür.* Dachtest du, ich gehe dir in die Falle? Ich tue immer das Gegenteil von dem, was man von mir erwartet. *Er geht durchs Zimmer und holt seinen Smoking.* Proleten: Verzweifelt! Ich werde mir gräßliche Schlachtrufe ausdenken. *Er holt sich ein Hemd und einen Kragen. Singt halblaut vor sich hin.* Proleten: Verzweifelt! Verzweifelt, Proleten! *Das Telefon klingelt. Er nimmt den Hörer ab.* Ach, du bist es, Sibilot? ... Was gibt's ... Hein? ... Na hör mal, das gibt es ja gar nicht. Hast du Jules selbst gesprochen? ... Hast du ihm ausgerichtet, ich verlange es ausdrücklich? ... Idiot! Du hast es ihm sicher falsch gesagt! Du zitterst vor ihm – einschüchtern hättest du ihn müssen. Geht er heute abend zu der alten Bounoumi? Gut, dann werde ich eben mit ihm reden. *Er legt auf.* Man verweigert mir also eine Bitte, wie? *Er läßt sich in einen Sessel fallen und ist für kurze Zeit bedrückt.* Ich habe die Nase voll von Politik! Mir langt es. *Steht plötzlich auf.* Aber wenn man mich herausfordert, wird man nicht lange nach mir zu suchen brauchen! Diese Kraftprobe nehme ich an. Und ich bin sogar froh, daß sie da ist: da kann ich meine Autorität sichern. *Lacht.* Sie sollen sich vor mir verkriechen! *Telefon, er nimmt den Hörer auf.* Bist du es noch mal ... Pardon, aber wer sind Sie? Ah, ausgezeichnet, gerade habe ich an Sie gedacht. Ein Schweinehund, aber ja: ein Ober-Schweinehund. Oder besser gesagt: ein Dreckskerl! Ich habe kleine Angestellte um ihre Stellung gebracht, ich liefere Journalisten der Polente aus, ich treibe die Armen in die Verzweiflung, und das ist erst der Anfang. Meine nächsten Enthüllungen werden ganze Selbstmordserien auslösen. Ich kann das von hier aus sehen: Ihre Kleider sind schäbig, Sie nehmen viermal am Tag die Métro und stinken nach Armut. Das liegt daran, daß Rechtschaffenheit nicht belohnt wird. Ich dagegen habe Geld, Ruhm und Frauen, und wenn Sie mich in meinem Jaguar sehen, passen Sie auf, ich fahr immer absichtlich ganz dicht an den Bürgersteig heran, um die braven Leute mit Kot zu bespritzen. *Legt auf.* Diesmal habe ich zuerst aufgelegt. *Lacht.* Sie behält recht, die Kleine, ich werde tückisch. *Tritt die Rosenkörbe mit Füßen und wirft einen nach dem anderen um.* Tückisch, ganz verdammt tückisch!

Vorhang

SECHSTES BILD

Ein kleiner Salon, wo das Büfett aufgestellt ist; er grenzt an einen großen Salon. Links ein halboffenes Fenster, das in die Nacht blickt. Im Hintergrund eine offene Flügeltür, die zum großen Salon führt. Zwischen Fenster und der Tür sind große, mit weißen Tischtüchern gedeckte Tische aufgestellt, auf denen Teller mit Süßigkeiten und Sandwiches stehen. Durch die Tür im Hintergrund sieht man die eingeladenen Gäste vorbeigehen: im großen Salon eine Menge Leute. Die einen gehen an der Tür des kleinen Salons vorbei ohne einzutreten, die anderen kommen herein und bedienen sich am Büfett. Rechts eine geschlossene Tür. Etliche Sessel und Tische, aber nicht viele; es ist ausgeräumt, damit die Gäste unbehindert umhergehen können.

1. SZENE

Mme Bounoumi – Baudouin – Chapuis – Gäste.

BAUDOUIN *hält Mme Bounoumi auf und stellt ihr Chapuis vor*: Chapuis.

CHAPUIS *stellt Baudouin vor*: Baudouin.

Baudouin und Chapuis ziehen ihre Karten hervor und übergeben sie gleichzeitig.

BAUDOUIN und CHAPUIS: Inspektoren der Staatspolizei.

BAUDOUIN: Wir haben den Sonderauftrag des Präsidenten ...

CHAPUIS: Nekrassow zu schützen.

BAUDOUIN: Ist er schon da?

MME BOUNOUMI: Noch nicht.

CHAPUIS: Es wäre unvorsichtig, ihn den Haupteingang benutzen zu lassen.

BAUDOUIN: Wenn Sie gestatten, werde ich anordnen ...

CHAPUIS: ... daß er den Lieferantenaufgang zu benutzen hat ...

BAUDOUIN *zeigt auf die rechte Tür*: ... durch den er unmittelbar hierhergelangt.

MME BOUNOUMI: Warum diese Vorkehrungen?

CHAPUIS *vertraulich*: Ein Attentat ist nicht ausgeschlossen.

MME BOUNOUMI *erregt*: Ah!

BAUDOUIN: Sie brauchen nichts zu befürchten.

CHAPUIS: Wir sind ja da!

BAUDOUIN: Wir sind ja da!

Sie verschwinden. Gäste sind eingetreten, unter ihnen Perdrière, Jules, Nerciat.

2. SZENE

Mme Bounoumi – Perdrière – Jules Palotin – Nerciat – Gäste – Fotografen – Périgord.

NERCIAT *legt seinen Arm um Perdrière*: Hier ist unser Wunderkind. Ich trinke auf das Wohl von Perdrière.

ALLE: Perdrière soll leben!

PERDRIÈRE: Meine Damen und Herren, ich war ein alter Esel. Ich trinke auf den Mann, der von der Vorsehung dazu bestimmt war, mir die Augen zu öffnen.

JULES *lächelnd*: Danke!

PERDRIÈRE *ohne ihn zu hören*: Es lebe Nekrassow!

ALLE: Es lebe Nekrassow!

JULES *verärgert zu Nerciat*: Nekrassow! *Er zuckt die Achseln.* Was wäre er ohne mich? *Entfernt sich.*

NERCIAT *zu Perdrière*: Sagen Sie doch etwas über Palotin.

PERDRIÈRE: Ich trinke auf das Wohl Palotins, der ... der den Mut gehabt hat, die Enthüllungen Nekrassows zu veröffentlichen.

EINIGE GÄSTE: Es lebe Palotin.

JULES *verärgert*: Die Leute kennen die Macht der Presse nicht.

PERDRIÈRE: Ich nehme die Gelegenheit wahr, alle Anwesenden um Verzeihung zu bitten für meinen Starrsinn, meine törichte Blindheit, für meine ... *Fängt an zu weinen.*

Man umringt ihn.

MME BOUNOUMI: Mein guter Perdrière ...

PERDRIÈRE *sich sträubend*: Ich will um Verzeihung bitten! Ich will um Verzeihung bitten ...

MME BOUNOUMI: Vergessen wir das Vergangene, umarmen Sie mich. *Sie umarmt ihn.*

JULES *zu den Fotografen*: Schnell ein Foto!

Périgord geht mit einem Glas in der Hand vorbei. Jules hält ihn am Arm fest, verschüttet den Inhalt des Glases.

Ho! Ho!

PÉRIGORD: Was ist mit Ihrem Einfall, Chef?!

JULES: Ja, mein Einfall! Notiere alles, was ich sage. *An alle gewandt:* Liebe Freunde ... *Man schafft Ruhe.* Wir alle sind – ich, Perdrière und jeder Anwesende, wir alle sind Menschen, die zum Erschießen bestimmt sind. Wollen Sie, daß wir diesen bereits geschichtlichen Abend zu einem wahren Wendepunkt des menschlichen Gewissens erheben? Dann lassen Sie uns den Klub der Erschossenen von morgen gründen!

ALLE: Bravo! Es lebe der Klub der Erschossenen von morgen!

JULES: Im Laufe des Abends werden wir einen provisorischen Vorstand wählen, um die Statuten festzulegen. Ich schlage mich zum Präsidenten vor.

Beifall.

Zu Périgord: Das kommt morgen auf die Titelseite – mit meinem Bild.

Mouton tritt ein.

Was bedeutet das? Mouton! *Er geht zu Nerciat und Mme Bounoumi.* Haben Sie schon gesehen?

3. SZENE

Dieselben – Mouton und Demidoff.

MME BOUNOUMI: Oh!
NERCIAT: Wer hat ihn eingeladen?
MME BOUNOUMI: Ich nicht. Mit wem ist er zusammen?
JULES: Mit Demidoff.
NERCIAT: Mit dem Russen? So eine Frechheit!
MME BOUNOUMI: Um Gottes willen, das Attentat!
NERCIAT: Wie bitte?
MME BOUNOUMI: Es besteht die Gefahr eines Attentats.
NERCIAT: Sie sind da, um …
MME BOUNOUMI: Ach, nicht auszudenken! Aber ich habe zwei Polizeiinspektoren im Hause und werde sie sofort verständigen.
Während der Unterhaltung ist Mouton bis mitten unter die Gäste vorgedrungen. Er lächelt jeden an oder gibt ihm die Hand. Aber alle wenden ihm den Rücken zu. Er verbeugt sich vor Mme Bounoumi.
MOUTON: Madame …
MME BOUNOUMI: Nein, Monsieur, nein! Wir, die wir sämtlich zum Tode bestimmt sind, wir wünschen Ihnen ein langes Leben, aber grüßen können wir Sie nicht!
DIE GÄSTE *im Hinausgehen*: Es lebe der Klub der Erschossenen von morgen! *An Mouton gerichtet:* Nieder mit den Mördern von morgen! *Gehen ab.*

4. SZENE

Mouton – Demidoff.

MOUTON: Der Empfang ist ziemlich kühl, wie?
DEMIDOFF *essend*: Mir ist es nicht aufgefallen.
MOUTON: Sie merken überhaupt nichts.
DEMIDOFF: Grundsätzlich nicht! Ich bin hier, um das sowjetische Regime anzuprangern, aber nicht, um die Sitten des Westens zu beobachten. *Er trinkt und ißt.*
MOUTON: Sie halten mich für einen Kommunisten.
DEMIDOFF: Wie merkwürdig.
MOUTON: Nicht merkwürdig, sondern tragisch. Nein, wirklich nicht merkwürdig: man muß sich an ihre Stelle versetzen. *Abrupt:* Fjodor Petrovitsch!
DEMIDOFF: He?
MOUTON: Die Liste ist gefälscht, nicht wahr?
DEMIDOFF: Welche Liste?
MOUTON: Von denen, die erschossen werden sollen.
DEMIDOFF: Keine Ahnung!
MOUTON *aufspringend*: Was?
DEMIDOFF: Ich werde es erst wissen, wenn ich Nekrassow gesehen habe.
MOUTON: Sie könnte also womöglich echt sein?

DEMIDOFF: Ja, falls Nekrassow wirklich Nekrassow sein sollte.
MOUTON: Dann wäre ich verloren!
Demidoff zuckt die Achseln.
Sie Unglückseliger, wenn die Russen mich schonen, so will das heißen, daß ich in ihren Diensten stehe.
DEMIDOFF: Selbstverständlich.
MOUTON: Hören Sie, Fjodor Petrovitsch, das ist einfach absurd. Sie können doch unmöglich glauben ...
DEMIDOFF: Ich glaube gar nichts.
MOUTON: Mein Leben ist doch Beweis genug, ich habe nichts anderes getan, als immer den Kommunismus bekämpft.
DEMIDOFF: Was verstehen Sie schon davon?
MOUTON *beunruhigt*: Ja, das ist wahr: was weiß ich schon? Um ganz ehrlich zu sein, ich habe manchmal das Gefühl, als ob man mich da hineinmanövriert hat – ich erinnere mich an sehr sonderbare Umstände ... *Pause.* Mein Sekretär war Kommunist – als ich es merkte, habe ich ihn hinausgeworfen.
DEMIDOFF: Hat es einen Skandal gegeben?
MOUTON: Ja.
DEMIDOFF: Dann haben Sie ihr Spiel gespielt.
MOUTON: Das glauben also auch Sie? Ich habe nicht gewagt, es mir einzugestehen. *Pause.* Während der letzten Streikereignisse habe ich als einziger meines Standes den Streikenden keine Konzession gemacht. Resultat: drei Monate später, bei den Syndikatswahlen ...
DEMIDOFF: Bekam die kommunistische Gewerkschaft alle Stimmen.
MOUTON: Woher wissen Sie das?
DEMIDOFF: Das ist der klassische Fall.
MOUTON: Somit hätte ich ihnen Anhänger rekrutiert!
Demidoff macht ein Zeichen der Zustimmung.
Mein Gott! *Pause.* Fjodor Petrovitsch, schauen Sie mich an: sehe ich aus wie ein anständiger Mensch?
DEMIDOFF: Sagen wir: Wie ein anständiger Westmensch ...
MOUTON: Vielleicht sogar wie ein ehrwürdiger alter Mann?
DEMIDOFF: Sagen wir: Wie ein alter Mann aus dem Westen aussieht.
MOUTON: Könnte ich denn mit diesem Exterieur ein Kommunist sein?
DEMIDOFF: Und warum nicht?
MOUTON: Meinen Aufstieg verdanke ich mir selber und meiner Arbeit.
DEMIDOFF: Und dem Glück.
MOUTON *lächelt einen Moment versonnen*: Ja, Glück habe ich auch gehabt.
DEMIDOFF: Das Glück, das waren jene.
MOUTON *aufspringend*: Jene?
DEMIDOFF: Es kann sein, daß die Kommunisten bei Ihrem Glück nachgeholfen haben, weil Sie – völlig ahnungslos – ihre Kreatur waren. Vielleicht haben sie alles so eingerichtet, daß Sie völlig ahnungslos immer genauso handelten, wie es Moskau in den Kram paßte.
MOUTON: Dann wäre mein Leben von Anfang bis Ende ein Falsifikat?
Zeichen der Zustimmung von Demidoff.
Abrupt: Sagen Sie mir die volle Wahrheit: wenn mich die ganze

Welt für einen Revolutionär hält, und wenn ich wirklich in jeder Lage so reagiert habe, wie die Partei es wünschte, was unterscheidet mich dann noch von einem eingeschriebenen Parteimitglied?

DEMIDOFF: Gar nichts, objektiv sind Sie ein Kommunist.

MOUTON: Objektiv! Objektiv! *Er zieht sein Taschentuch heraus und wischt sich die Stirn.* Ich bin ja verhext! *Sieht plötzlich sein Taschentuch an.* Was ist das? Wir beide reden miteinander, und ich entdecke plötzlich, daß ich ein Taschentuch hin und her schwenke. Wie ist es überhaupt in meine Hand gekommen?

DEMIDOFF: Sie haben es ja aus der Tasche gezogen.

MOUTON *verwirrt*: Ich habe es ... Ach ja! Es steht schlimmer um mich, als ich dachte. Man hat mich dazu gebracht, mir selber ein Signal zu geben. Wem sonst ein Signal? Vielleicht Ihnen! Wer beweist mir, daß Sie nicht ihr Agent sind?

Demidoff zuckt die Achseln.

Sehen Sie, ich werde verrückt. Fjodor Petrovitsch, ich flehe Sie an: entkommunisieren Sie mich!

DEMIDOFF: Wie?

MOUTON: Entlarven Sie diesen Schuft!

DEMIDOFF: Ich werde ihn entlarven, wenn er ein Betrüger ist.

MOUTON *wird wieder von Unruhe ergriffen*: Aber wenn er nun wirklich Nekrassow ist?

DEMIDOFF: Dann werde ich ihn vor aller Welt brandmarken.

MOUTON *hebt den Kopf*: Brandmarken ...

DEMIDOFF: Jeden, der nach mir die UdSSR verlassen hat, halte ich für einen Komplicen des Sowjet-Regimes.

Goblet erscheint im Hintergrund.

5. SZENE

Mouton – Demidoff – Goblet.

MOUTON: Es wäre am wirkungsvollsten, wenn Sie ihn auf alle Fälle als Betrüger behandeln würden.

DEMIDOFF: Nein.

Geste von Mouton.

Schweigen Sie, mich korrumpiert man nicht.

Mouton seufzt.

Also, worauf warten Sie noch – gehen wir ihn suchen.

MOUTON: Ich habe einen Polizeiinspektor angefordert. Wenn der angebliche Nekrassow sich als Betrüger herausstellt, dann muß er der internationalen Hochstapler-Welt angehören. Ich werde ihm lebenslängliches Zuchthaus verschaffen. *Bemerkt Goblet.* Ausgezeichnet, Goblet, kommen Sie herein!

Goblet kommt näher.

Sehen Sie sich den Mann, den ich Ihnen zeigen werde, genau an. Wenn er ein rückfälliger Verbrecher ist, dann nehmen Sie ihn gleich fest.

GOBLET: Vor allen Leuten?

MOUTON: Selbstverständlich.

GOBLET: Sieht er gut aus?
MOUTON: Nicht schlecht.
GOBLET *unglücklich*: Dann wird man noch Vergleiche anstellen.
MOUTON: Was für Vergleiche?
GOBLET: Zwischen seinem und meinem Aussehen.
MOUTON: Sie weigern sich ...
GOBLET: Ich habe mich noch nie geweigert. Nur ziehe ich es vor, häßliche Menschen zu verhaften, nichts weiter.

6. SZENE

Dieselben – Baudouin und Chapuis sind gerade eingetreten.

BAUDOUIN *zeigt Mouton seinen Ausweis*: Staatspolizei, Ihren Ausweis?
MOUTON: Ich bin Charles Mouton ...
CHAPUIS: Eben deswegen, Sie sind verdächtig.
Mouton zuckt die Achseln und präsentiert seine Kennkarte.
BAUDOUIN: Danke. *Zu Demidoff:* Dich kennen wir. Verschwinde und vergiß nicht, daß du in Frankreich nur Gast bist.
CHAPUIS: Entfernen Sie sich, wir wollen mit Inspektor Goblet reden.
MOUTON *zu Goblet*: Wir gehen durch die Salons, um zu sehen, ob unser Mann schon gekommen ist. Warten Sie hier auf uns.
Demidoff und Mouton gehen.

7. SZENE

Baudouin – Chapuis – Goblet.

BAUDOUIN *versperrt Goblet den Weg*: Was hast du hier zu suchen, Kamerad?
GOBLET: Ich bin eingeladen.
CHAPUIS: Eingeladen? Mit deiner Fresse?
GOBLET: Wenn ihr mit eurer Fresse eingeladen seid, warum nicht auch ich mit meiner?
CHAPUIS: Wir sind nicht eingeladen, wir sind im Dienst.
GOBLET: Na seht ihr: ich auch!
BAUDOUIN: Suchst du etwa jemanden?
GOBLET: Das geht euch nichts an.
CHAPUIS: Na hör mal, Kamerad!
BAUDOUIN: Laß doch diesen drolligen Häscher! *Zu Goblet:* Du kannst fahnden, nach wem du willst. Aber versuch bloß nicht, uns anzuschmieren!
GOBLET *verdutzt*: Euch anzuschmieren?
CHAPUIS: Keine dummen Scherze mit Nekrassow!
GOBLET *verdutzt*: Was?
BAUDOUIN: Unterlaß hier alle dummen Scherze, wenn dir dein Posten lieb ist.
GOBLET *versucht immer noch zu verstehen*: Nekrassow?
CHAPUIS: Ja, Nekrassow. Laß schön die Finger von ihm, verstanden?

GOBLET: Von euch habe ich keine Befehle zu empfangen. Ich bin von der Kriminalpolizei und gehorche nur meinen Chefs.
CHAPUIS: Kann schon sein, aber deine Chefs gehorchen unseren Chefs. Adieu, Kamerad!
BAUDOUIN *lächelnd*: Adieu! Adieu!

8. SZENE

Goblet allein – dann Gäste.

GOBLET *zwischen den Zähnen*: Der Teufel soll euch holen. *Träumerisch:* Nekrassow, den Namen habe ich in der Zeitung gelesen ...

9. SZENE

Goblet – Georges – Sibilot – die zwei Leibwächter – ein Gast.

GEORGES *zu den Wächtern*: Geht spielen. *Er schließt die Tür hinter ihnen. Zu Sibilot:* Nimm dich zusammen! Etwas Auftreten, du lieber Gott! *Zerzaust ihm die Haare.* Und ein wenig ungenierter. Na siehst du!
SIBILOT: Gehen wir hinein.
Georges hält ihn zurück.
Was hast du?
GEORGES: Die Gipfelkrankheit. Wenn ich eintrete, werden sie sich vor mir auf den Boden werfen, meine Hände küssen: das macht mich schwindlig. Ist es möglich, daß ein einzelner Mann so geliebt und so gehaßt wird? Beruhige mich, Sibilot! Nicht ich werde so geliebt, nicht ich werde so gehaßt, ich bin nur ein Symbol!
Mouton und Demidoff gehen im Hintergrund vorüber.
SIBILOT: Ich ... *Bemerkt Mouton*: Dreh dich um!
GEORGES: Was gibt's?
SIBILOT: Dreh dich um, oder wir sind verloren.
Georges dreht sich um, das Gesicht zum Zuschauerraum.
Mouton ist soeben mit Demidoff vorbeigekommen, sie suchen dich.
GEORGES: Demidoff ist mir völlig gleichgültig. Jules und Nerciat sind wichtig. Diese Idioten meinen, ich hänge an ihren Fäden.
SIBILOT: Hör zu, Nikita ...
GEORGES: Sei still! Ich werde ihnen schon zeigen, wer der Stärkere ist. Mme Castagnié wird morgen ihre Stellung zurückerhalten, oder ... *Er stampft ärgerlich mit dem Fuß auf.* Der Teufel soll mich holen!
SIBILOT: Was gibt es denn noch?
GEORGES: Daß ich heute abend die entscheidende Partie spielen muß und mich so gar nicht aufgelegt fühle, sie zu gewinnen. Nanu!
Ein Gast betritt torkelnd das Zimmer. Er lehnt sich an den Büfett-Tisch, nimmt ein Glas, trinkt es aus und erhebt es, als wollte er einen Toast aussprechen.
GAST: Legt an! Feuer! Es lebe Frankreich! *Fällt um.*
GOBLET *stürzt auf ihn zu*: Der arme Kerl! *Kniet bei ihm nieder.*

GAST *öffnet ein Auge*: Eine tolle Fresse! Gib mir den Gnadenstoß! *Schläft ein.*

Goblet, wütend, stößt ihn unters Büfett und bedeckt ihn mit dem Tischtuch. Georges bemerkt ihn.

GEORGES *zu Sibilot*: Goblet! *Er wendet Goblet abrupt den Rücken zu.*

SIBILOT: Wo?

GEORGES: Hinter dir, das fängt böse an.

SIBILOT *selbstsicher*: Das mach ich schon.

GEORGES: Du?

SIBILOT: Er liebt mich. *Geht auf den Inspektor zu – mit offenen Armen.* Komm in meine Arme!

GOBLET *erschreckt*: Ich kenne Sie nicht!

SIBILOT: Mach mir keinen Kummer! Ich bin Sibilot. Erinnerst du dich nicht?

GOBLET *immer noch mißtrauisch*: Doch!

SIBILOT: Na also, umarme mich!

GOBLET: Nein!

SIBILOT *herzzerreißend vorwurfsvoll*: Goblet!

GOBLET: Sie sind nicht mehr der, der Sie waren.

SIBILOT: Was soll das heißen?

GOBLET: Sie haben einen anderen Anzug an.

SIBILOT: Ist das alles? Ich bin hier auf Anordnung meines Chefredakteurs und habe mir den Anzug geborgt, um anständig auszusehen.

GOBLET: Aber den Kopf hat man Ihnen nicht geborgt.

SIBILOT: Was ist mit ihm los?

GOBLET: Der Kopf ist zweihunderttausend Francs wert.

SIBILOT: Bist du verrückt? Der Kopf gehört zu dem Anzug. *Nimmt Goblet am Arm.* Ich verlasse dich nicht mehr. Hast du Durst?

GOBLET: Ja, aber mir will nichts schmecken.

SIBILOT: Die Kehle ist wie zugeschnürt, was? Ich kenne das. Ah! Wir beide gehören nicht hierher. Weißt du, was wir tun sollten? Das Büro ist hell, gut gelüftet und groß und dazu an den Wänden lauter nette Mädchen. Dort wollen wir ein Glas trinken.

GOBLET: Ich warte aber ...

SIBILOT: Ein Glas, Inspektor, ein Gläschen nur. Dort sind wir wie bei uns zu Hause. *Zieht ihn mit sich.*

10. SZENE

Georges allein – dann Baudouin und Chapuis.

GEORGES *allein*: Uff!

CHAPUIS *erscheint in der Tür*: Psst!

BAUDOUIN *an der anderen Tür*: Psst!

GEORGES: He!

BAUDOUIN: Wir sind die Inspektoren der Staatspolizei.

CHAPUIS: Und heißen Sie herzlich willkommen ...

BAUDOUIN: An dem Ort, den wir bewachen.

GEORGES: Vielen Dank.

CHAPUIS: Machen Sie sich vor allem keine Sorgen.
BAUDOUIN: Verlassen Sie sich ganz auf uns.
CHAPUIS: In der Stunde der Gefahr sind wir zur Stelle.
GEORGES: In der Stunde der Gefahr? Besteht denn Gefahr?
BAUDOUIN: Ein Attentat ist nicht ausgeschlossen.
GEORGES: Ein Attentat gegen wen?
BAUDOUIN *lächelnd*: Gegen Sie.
CHAPUIS *laut lachend*: Gegen Sie!
GEORGES: Ja, sagt mal ...
BAUDOUIN: Keine Angst, wir passen auf!
CHAPUIS: Wir passen auf!
Sie verschwinden in dem gleichen Augenblick, wo Mme Bounoumi mit den Gästen eintritt.

11. SZENE

Georges – Mme Bounoumi – Nerciat – Jules – Perdrière – Gäste (weibliche und männliche) – Fotografen – Périgord.

MME BOUNOUMI: Das ist unser Retter!
ALLE: Es lebe Nekrassow!
EIN GAST: Sie sind ein ganzer Mann!
GEORGES: Auch Sie sind einer!
EIN WEIBLICHER GAST: Sie sind schön!
GEORGES: Nur um Ihnen zu gefallen.
EIN ANDERER WEIBLICHER GAST: Ich wäre stolz, von Ihnen ein Kind zu haben.
GEORGES: Madame, das wollen wir im Auge behalten.
MME BOUNOUMI: Mein Freund, würden Sie ein paar Worte reden?
GEORGES: Aber gern! *Erhebt seine Stimme.* Meine Damen und Herren, Zivilisationen sind sterblich. Europa läßt sich nicht mehr in den Kategorien der Freiheit vorstellen, sondern nur noch in Schicksalsbegriffen. Die griechische Idee ist bedroht – retten wir sie!
ALLE: Wir wollen für die griechische Idee sterben! Wir wollen für die griechische Idee sterben!
Beifall. Mme Bounoumi schiebt Perdrière zu Georges.
MME BOUNOUMI *zu Georges*: Hier ist jemand, der Sie bewundert.
GEORGES: Sie bewundern mich? Das genügt mir, Sie zu lieben. Wer sind Sie?
PERDRIÈRE: Ich bin Ihr Schuldner und werde es mein Leben lang bleiben.
GEORGES *bestürzt*: Jemand soll mir etwas schulden?
PERDRIÈRE: Ich bin in Ihrer Schuld, weil Sie mich veranlaßt haben, von meiner Kandidatur zurückzutreten.
GEORGES: Perdrière! *Perdrière will ihm die Hand küssen, er verhindert es.* Umarmen wir uns doch!
Sie umarmen sich.
MME BOUNOUMI: Fotos! *Blitzlichter. Sie nimmt Georges am Arm, Perdrière nimmt den anderen.* Jetzt wir drei! Nehmt uns als Gruppe auf.

JULES *lebhaft*: Erlauben Sie? *Nimmt den Arm von Perdrière.*
GEORGES: Nein, mein lieber Jules, später.
JULES: Warum lehnst du es ständig ab, mit mir fotografiert zu werden?
GEORGES: Weil du zu zappelig bist, es wäre nichts als verpatzter Film.
JULES: Erlaube mal ...
GEORGES: Nein, mein Alter, ich habe meine Leser, Leute, die dein Blatt kaufen, um mein Bild herauszuschneiden, und sie haben das Recht ...
JULES: Mag sein, du hast deine Leser. Aber ich habe meine Fotografen, und ich finde es höchst ungehörig, daß du ihnen verbietest, mich aufzunehmen.
GEORGES: Na also dann schnell! *Blitzlicht.* Genug jetzt. Komm, ich will mit dir reden. *Er zieht ihn mit sich in den Vordergrund der Szene.*
JULES: Was willst du von mir?
GEORGES: Ich will, daß du den sieben Angestellten, die du entlassen hast, ihre Posten wiedergibst.
JULES: Immer wieder! Aber das geht dich gar nichts an, mein Lieber! Das ist eine ganz interne Angelegenheit.
GEORGES: Alles, was die Zeitung betrifft, geht mich an.
JULES: Wer ist Chefredakteur, du oder ich?
GEORGES: Du, aber du wirst es nicht mehr lange sein, wenn du solche Sachen machst. Ich werde beim Verwaltungsrat um deine Entlassung nachsuchen.
JULES: Aber bitte, Nerciat ist Donnerstag an Stelle von Mouton zum Präsidenten gewählt worden, du brauchst dich nur an ihn zu wenden.
GEORGES *nimmt Nerciat beim Arm und führt ihn zu Jules*: Mein lieber Nerciat ...
NERCIAT: Mein lieber Nekrassow ...
GEORGES: Darf ich Sie um eine Gefälligkeit bitten ...
NERCIAT: Sie ist im voraus gewährt.
GEORGES: Erinnern Sie sich an diese unglückliche Madame Castagnié?
NERCIAT: Mein Gott, nein!
GEORGES: Die Sekretärin, die Sie entlassen haben.
NERCIAT: Ja, natürlich, sie war doch Kommunistin.
GEORGES: Sie ist Witwe, mein lieber Nerciat.
NERCIAT: Ja, die Witwe eines Kommunisten.
GEORGES: Sie hat eine kranke Tochter.
NERCIAT: Krank? Von der kommunistischen Fäule zersetzt.
GEORGES: Sie hatte nur ihr Gehalt zum Leben. Soll sie den Gashahn öffnen?
NERCIAT: Das würde zwei Kommunisten weniger bedeuten. *Pause.* Was wollen Sie?
GEORGES: Daß Sie ihr die Stellung wiedergeben.
NERCIAT: Aber mein lieber Nekrassow, ich allein kann das nicht tun. *Pause.* Aber ich versichere Ihnen, ich werde Ihre Bitte dem Verwaltungsrat vortragen.

Georges schäumt vor Wut, nimmt sich aber zusammen.
Ist das alles?

GEORGES: Nein. *Nimmt «Soir à Paris» aus der Tasche.* Was bedeutet das?

NERCIAT *liest*: «Nekrassow erklärt: ich kenne persönlich die Journalisten Duval und Maistre.» Na und? Das ist eine Erklärung, die Sie abgegeben haben.

GEORGES: Eben nicht.

NERCIAT: Das stammt nicht von Ihnen?

GEORGES: Kein Wort.

NERCIAT: Oha! *Streng zu Jules:* Mein lieber Jules, ich bin über Sie erstaunt, Sie kennen doch die Devise der Zeitung: Die Wahrheit! Die reine Wahrheit!

JULES *schnappt Périgord im Vorbeigehen*: Périgord!
Périgord kommt heran.
Ich bin sehr erstaunt: hier stehen Aussprüche von Nekrassow, die er niemals getan hat!

PÉRIGORD *nimmt die Zeitung und liest sie*: Ach, das war die kleine Tapinois.

JULES: Die kleine Tapinois?

PÉRIGORD: Sie hat es besonders gut gemeint.

JULES: So was gibt es nicht bei uns, Périgord. Die Wahrheit, die reine Wahrheit. Setz die Tapinois raus!

GEORGES: Das will ich nicht haben.

JULES: Raus, raus!

GEORGES: Nein, Jules. Keine Entlassungen mehr!

JULES: Na gut, dann wasch ihr gehörig den Kopf und sag ihr, daß sie nur auf Grund der persönlichen Fürsprache von Nekrassow ihre Stellung behält.

GEORGES: Ja, das ist gut. *Pause.* Was mich betrifft, so werde ich mich mit einem Dementi zufriedengeben.

JULES *bestürzt*: Ein was?

GEORGES: Ein Dementi, das Sie morgen veröffentlichen werden.

JULES: Ein Dementi?

NERCIAT: Ein Dementi?

PÉRIGORD: Ein Dementi?
Sehen einander an.

JULES: Aber Nikita, das wäre eine wahnsinnige Ungeschicklichkeit.

PÉRIGORD: Man würde sich fragen, was bei uns vorgeht.

NERCIAT: Haben Sie je eine Zeitung gesehen, die ihre eigenen Informationen dementiert, es sei denn, sie würde gerichtlich dazu gezwungen?

JULES: Wir hätten sofort die Aufmerksamkeit der Leser auf diese unglückselige Notiz gelenkt.

PÉRIGORD: Sicher hat die überhaupt kein Mensch gelesen.

JULES *zu Nerciat*: Haben Sie die Notiz bemerkt, mein lieber Präsident?

NERCIAT: Ich? Nein, und ich lese doch die Zeitung von der ersten bis zur letzten Zeile.

JULES: Wenn man damit erst anfangen würde, fände man kein Ende

mehr. Man würde immer eine ganze Nummer brauchen, um die vorhergegangene zu dementieren.
GEORGES: Nun gut, und was wollen Sie unternehmen?
NERCIAT: In welcher Hinsicht?
GEORGES: Hinsichtlich der Erklärung?
JULES: Reden wir nicht mehr davon, vergraben wir einfach die Neuigkeit unter den Neuigkeiten des nächsten Tages. Das war immer noch die beste Methode. Glauben Sie, unsere Leser behalten von einem Tag bis zum nächsten, was sie gelesen haben? Aber mein Lieber, wenn die ein gutes Gedächtnis hätten, dann könnten wir noch nicht mal die Wetterprognose bringen!
NERCIAT *reibt sich die Hände*: Na also, sehen Sie, alles ist in bester Ordnung.
GEORGES: Nein!
NERCIAT: Nein?
GEORGES: Nein, ich verlange, daß ihr ein Dementi veröffentlicht.
NERCIAT: Sie verlangen das?
GEORGES: Ja, in Anbetracht der Dienste, die ich euch erwiesen habe.
NERCIAT: Wir haben Sie dafür bezahlt.
GEORGES: In Anbetracht des Ansehens, das ich genieße ...
JULES: Dein Ansehen, mein armer Nikita, ich wollte es dir ja nicht sagen, aber das ist sehr im Sinken. Donnerstag hatten wir mit zwei Millionen verkauften Exemplaren den Höhepunkt erreicht, aber seitdem sind wir auf 1 700 000 zurückgefallen.
GEORGES: Das ist immer noch weit über eurer üblichen Auflage.
JULES: Warte die kommende Woche ab.
GEORGES: Wieso die kommende Woche?
JULES: Wir werden bis auf 900 000 fallen, und was bist du dann gewesen? Ein jäher Anstieg unserer Verkaufskurve, ein ebenso brüskes Wiederabsinken, und dann nichts mehr – aus!
GEORGES: Gar so rasch wohl nicht: ich habe noch sensationelle Enthüllungen in Reserve!
JULES: Zu spät! Wichtig ist die Schockwirkung. Der Leser ist satt, und würdest du uns morgen erzählen, daß die Russen ihre Kinder fressen, es ließe ihn kalt.
Mouton und Demidoff kommen herein.

12. SZENE
Dieselben – Mouton – Demidoff.

MOUTON *mit lauter Stimme*: Meine Herren!
Alle schweigen und wenden sich ab.
Sie sind getäuscht worden.
Verworrener Lärm, die Gäste werden unruhig.
NERCIAT: Was wollen Sie hier, Mouton?
MOUTON: Einen Betrüger entlarven. *Zeigt auf Demidoff.* Das ist Demidoff, der sowjetische Nationalökonom, der zehn Jahre im Kreml gearbeitet hat. Hören Sie, was er Ihnen sagen wird. *Zu*

Demidoff, auf Georges zeigend: Sehen Sie sich genau den Mann an, der sich für Nekrassow ausgibt. Erkennen Sie ihn wieder?

DEMIDOFF: Ich muß mir erst meine andere Brille aufsetzen. *Er nimmt die Brille ab und setzt eine andere auf und schaut um sich.* Wo ist er?

GEORGES *wirft sich auf ihn und umarmt ihn*: Endlich, ich habe dich schon lange gesucht!

Mouton zerrt ihn zurück.

MOUTON *zu Demidoff*: Erkennen Sie ihn?

GEORGES: Gehen Sie alle raus, ich habe eine geheime Nachricht für ihn.

MOUTON: Wir gehen nicht, bevor die Sache nicht geklärt ist.

Die beiden Inspektoren der Staatspolizei sind eingetreten.

BAUDOUIN *stellt sich vor Mouton*: O doch, sie gehen hinaus!

MOUTON: Aber ich ...

CHAPUIS *zu den anderen*: Und bitte auch Sie, meine Herrschaften.

Sie zwingen die Gäste, den Raum zu verlassen. Demidoff und Georges bleiben allein.

13. SZENE

Demidoff – Georges.

DEMIDOFF *der nicht aufgehört hat, Georges zu examinieren und im übrigen nichts gemerkt hat*: Dieser Mann dort ist nicht Nekrassow.

GEORGES: Gib dir keine Mühe, wir sind unter uns.

DEMIDOFF: Du bist nicht Nekrassow. Nekrassow ist klein, untersetzt und hinkt etwas.

GEORGES: Er hinkt? Ich bedaure sehr, daß ich das nicht früher gewußt habe. *Pause.* Demidoff, ich wollte schon lange mit dir sprechen.

DEMIDOFF: Ich kenne dich nicht.

GEORGES: Aber ich kenne dich ausgezeichnet, ich habe über dich Informationen eingeholt. Du bist 1950 nach Frankreich gekommen, zu dieser Zeit warst du Lenin-Bolschewik und fühltest dich vereinsamt. Für kurze Zeit hast du dich den Trotzkisten genähert und bist ein Trotzki-Bolschewik geworden. Nach dem Auffliegen dieser Gruppe hast du dich Tito zugewandt und nanntest dich Tito-Bolschewik. Als sich Jugoslawien mit der UdSSR versöhnt hat, hast du deine Hoffnungen auf Mao Tse-tung gesetzt und nanntest dich Mao-Bolschewik. Da sich China aber nicht mit Rußland entzweit hat, hast du auch dieser Gruppe den Rücken gekehrt und nennst dich jetzt Bolschewisten-Bolschewik. Ist das richtig?

DEMIDOFF: Das ist richtig.

GEORGES: Diese großen Wechsel haben sich in deinem Kopf abgespielt, aber du hast nie aufgehört, einsam zu sein. Früher veröffentlichte «Soir à Paris» deine Artikel, aber jetzt will man sie nirgends mehr haben. Du lebst mit einem Distelfink in einer Dachkammer. Bald wird der Vogel sterben, dein Hauswirt dich vor die Tür setzen, und du wirst bei der Heilsarmee unterkriechen müssen.

DEMIDOFF: Ich habe vor dem Elend keine Angst, ich habe nur ein Ziel: die sowjetische Bürokratie zu vernichten.

GEORGES: Das ist vorbei, mein Armer, der Westen hat dich geschluckt, du zählst nicht mehr.

DEMIDOFF *faßt ihn bei der Gurgel*: Du schlüpfrige Schlange!

GEORGES: Laß mich los, Demidoff, laß los! Ich werde dir einen Weg zeigen, wie du dich aus der Affäre ziehen kannst.

DEMIDOFF *läßt ihn los*: Das hat keinen Zweck.

GEORGES: Warum?

DEMIDOFF: Du bist nicht Nekrassow, und ich bin hier, es festzustellen.

GEORGES: Laß das besser sein, damit wirst du Stückchen Malheur nur deinen Feinden nützen. Dein Haß gegen die Sowjets kann nicht sehr stark sein, wenn er nicht deine dumme Wahrheitsliebe zum Schweigen bringen kann. Denk doch nach: Mouton hat dich aus der Vergessenheit hervorgeholt, um mich abzutun. Ist aber die Aufgabe erst erfüllt, wird er dich schleunigst wieder in die Vergessenheit zurückstoßen. Eines Tages wird man dich irgendwo verscharrt finden, verreckt an Machtlosigkeit und erstickt am Haß. Und wer wird sich vor Freude auf die Schenkel schlagen? Die Bürokraten von ganz Rußland!

DEMIDOFF: Du bist nicht Nekrassow, Nekrassow hinkt ...

GEORGES: Aber ja, mein Bester, ich weiß! *Pause.* Demidoff, ich würde gerne der bolschewistisch-bolschewistischen Partei beitreten!

DEMIDOFF: Du?

GEORGES: Ich. Begreifst du den Riesenschritt, den du damit getan hast? Wenn eine Partei nur ein Mitglied hat, so ist wenig Chance vorhanden, daß sie einmal zwei haben wird. Aber wenn sie erst mal zwei hat, was hindert sie, morgen nicht eine Million zu zählen? Also: Einverstanden?

DEMIDOFF *von der Neuigkeit betäubt*: Meine Partei wird zwei Mitglieder haben?

GEORGES: Ja, zwei.

DEMIDOFF *mißtrauisch*: Du weißt, unser Prinzip ist die Zentralisation.

GEORGES: Ich weiß es.

DEMIDOFF *fortfahrend*: Und unser Ziel: die autoritäre Demokratie.

GEORGES: Ich weiß es.

DEMIDOFF: Der Führer bin i c h.

GEORGES: Und ich der Grundstein einer aktiven Mitgliedschaft.

DEMIDOFF: Bei dem leisesten Versuch, die Partei zu spalten, wirst du ausgeschlossen.

GEORGES: Hab keine Angst, ich bin dir ergeben. Aber die Zeit drängt. Heute bin ich noch berühmt, morgen schon hat man mich vielleicht vergessen. Nimm rasch die Gelegenheit wahr! Meine Artikel werden in der ganzen Welt gelesen: ich werde sie nach deinem Diktat schreiben.

DEMIDOFF: Wirst du die Generation der Partei-Techniker anprangern, die die alten Revolutionäre vernichtet hat?

GEORGES: In jedem Artikel.

DEMIDOFF: Wirst du der Welt meinen Haß auf Orloff verkünden?

GEORGES: Wer ist Orloff?

DEMIDOFF: Mein früherer Chef, ein Schakal.
GEORGES: Schon morgen wird er das Gelächter Europas sein.
DEMIDOFF: Ausgezeichnet! *Er reicht ihm die Hand.* Schlag ein, Nekrassow!
Georges schüttelt ihm die Hand. Die Gäste erscheinen schüchtern auf der Türschwelle.

14. SZENE

Die Gäste – Georges – Demidoff – Mouton – Baudouin – Chapuis.

MOUTON: Nun, Demidoff, wer ist dieser Mann?
DEMIDOFF: Er? Kein anderer als Nekrassow!
MOUTON: Sie lügen! Was habt ihr euch ausgeheckt, als ihr allein wart?
GEORGES: Ich habe ihm das Neueste über den geheimen Widerstand berichtet, der sich in der UdSSR heranbildet.
MOUTON: Betrüger!
GEORGES *zu den Gästen*: Sie alle sind Zeuge, daß dieser Mann das Spiel der Kommunisten spielt!
GÄSTE *zu Mouton*: Nach Moskau! Nach Moskau!
MOUTON: Du zwingst mich zum Selbstmord, elender Schuft. Aber ich werde dich mit in den Tod ziehen. *Er zieht einen Revolver hervor und zielt auf Georges.* Danken Sie mir, meine Herren, ich befreie diese Welt von einer Kanaille und von einem objektiven Kommunisten!
MME BOUNOUMI: Das Attentat, das Attentat!
Baudouin und Chapuis werfen sich auf Mouton und entwaffnen ihn. Die beiden Leibwächter kommen zur rechten Tür hereingestürzt.
CHAPUIS *zu den Wächtern, auf Mouton zeigend*: Führen Sie diesen Herrn ab.
MOUTON *wehrt sich*: Lassen Sie mich los, lassen Sie mich los!
DIE GÄSTE: Nach Moskau! Nach Moskau!
Die Wächter heben ihn hoch und tragen ihn durch die rechte Tür hinaus.
BAUDOUIN *zu den Gästen*: Wir haben dieses Attentat vorausgesehen. Meine Damen und Herren, die Gefahr ist beseitigt, begeben Sie sich bitte wieder in den Salon. Wir entführen Ihnen für einige Minuten Herrn Nekrassow, um mit ihm die weiteren Maßnahmen für seine Sicherheit zu besprechen. Aber keine Angst, Sie sollen ihn bald wiederhaben.
Die Gäste gehen hinaus.

15. SZENE

Georges – Baudouin – Chapuis.

BAUDOUIN: Na, Sie müssen doch zugeben, wir sind Ihre Schutzengel!
CHAPUIS: Dieser elende Schuft hätte Sie einfach abgeknallt!
GEORGES: Ich danke Ihnen, meine Herren.
BAUDOUIN: Nichts zu danken, wir haben nur unsere Pflicht getan.

CHAPUIS: Wir sind sehr glücklich, Sie da herausgebracht zu haben.
Georges macht eine leichte Verbeugung und will gehen. Baudouin hält ihn am Arm zurück.
GEORGES: Ja ...
CHAPUIS: Wir sind leider etwas in Schwierigkeiten geraten.
BAUDOUIN: Und brauchen da Ihre Unterstützung.
GEORGES *setzt sich*: Und was kann ich für Sie tun?
Die Inspektoren setzen sich.
CHAPUIS: Es ist so, daß wir einer wichtigen Sache auf der Spur sind, einem Fall von nationaler Demoralisierung.
GEORGES: Frankreich ist demoralisiert?
CHAPUIS: Noch nicht, denn wir sind wachsam!
BAUDOUIN: Aber Tatsache ist, daß man versucht, die nationale Moral zu untergraben.
GEORGES: Armes Frankreich! Und wer wagt es ...
CHAPUIS: Zwei Journalisten.
GEORGES: Zwei auf vierzig Millionen Einwohner? Das Land scheint sich leicht unterkriegen zu lassen.
BAUDOUIN: Diese beiden Männer sind nur Exponenten einer verachtungswürdigen Presse, die ihren Lesern Sand in die Augen streut. Mit ihnen möchte die Regierung ein Exempel statuieren.
CHAPUIS: Man muß schnell und kräftig zuschlagen.
BAUDOUIN: Wir wollen sie morgen verhaften, spätestens übermorgen.
CHAPUIS: Aber man hat von uns verlangt, wir sollen den Beweis liefern, daß die beiden Angeklagten wissentlich an der Untergrabung der nationalen Moral mitgewirkt haben.
BAUDOUIN: Ein in unseren Augen völlig überflüssiger Beweis.
CHAPUIS: Aber die Regierung glaubt, darauf bestehen zu müssen.
BAUDOUIN: Glücklicherweise haben wir diesmal ...
CHAPUIS: Sie dabei!
GEORGES: Mich dabei?
BAUDOUIN: Etwa nicht?
GEORGES: Aber gewiß, meine Herren! Ich bin dabei, wie ich nur dabei sein k a n n.
CHAPUIS: Nun gut, Sie werden also als Zeuge auftreten.
BAUDOUIN: Als Sie noch sowjetischer Minister waren, haben Sie doch sicher diese Journalisten beschäftigt?
CHAPUIS: Und wir wären Ihnen außerordentlich dankbar, wenn Sie uns das bestätigen würden.
GEORGES: Wie heißen sie?
CHAPUIS: Robert Duval und Charles Maistre.
GEORGES: Maistre und Duval ... Duval und Maistre ... tut mir leid, aber ich kenne sie nicht.
BAUDOUIN: Unmöglich!
GEORGES: Und warum?
CHAPUIS: Sie haben gestern im «Soir à Paris» erklärt, daß Sie sie gut kennen.
GEORGES: Man hat mir Behauptungen unterschoben, die ich nie geäußert habe.
BAUDOUIN: Das kann schon sein. Aber der Artikel ist gedruckt. Und

im übrigen sind sie bestimmt Kommunisten: Duval ist ein einflußreiches Mitglied der Kommunistischen Partei.

CHAPUIS: Na hören Sie, Duval, den kennen Sie doch!

GEORGES: In der UdSSR hat jeder Minister seine persönlichen Agenten, die die andern nicht kennen. Forschen Sie bei der Propaganda oder im Informationsdienst nach, oder auch im Außenamt. Ich war, wie Sie wissen, im Innenministerium.

BAUDOUIN: Wir verstehen Ihre Skrupel vollkommen ...

CHAPUIS: Und hätten an Ihrer Stelle dieselben.

BAUDOUIN: Aber da Duval ja doch Kommunist ist ...

CHAPUIS: Ist es gar nicht nötig, daß Sie seinen Namen mit eigenen Augen gesehen haben.

BAUDOUIN: Sie haben die moralische Gewißheit, daß es sich um einen Agenten handelt.

CHAPUIS: Sie können also mit gutem Gewissen aussagen, daß er für seine Arbeit bezahlt worden ist.

GEORGES: Ich bedaure, aber das kann ich nicht bezeugen. *Pause.*

BAUDOUIN: Auch gut!

CHAPUIS: Ausgezeichnet!

BAUDOUIN: Frankreich ist das Land der Freiheit, bei uns steht es jedem frei, zu sprechen oder zu schweigen.

CHAPUIS: Wir beugen uns dem.

BAUDOUIN: Und wollen nur hoffen, daß auch unsere Chefs sich dem beugen. *Pause. Zu Chapuis:* Werden sie es tun?

CHAPUIS *zu Baudouin*: Wer weiß – das Unangenehme ist nur, daß Herr Nekrassow so viele Feinde hat.

BAUDOUIN *zu Georges*: Leute, denen Ihr Ruhm nicht in den Kram paßt ...

CHAPUIS *zu Georges*: Und die meinen, Sie wären uns von Moskau geschickt.

GEORGES: Das ist doch Blödsinn!

CHAPUIS: Selbstverständlich.

Sie stehen auf und nehmen ihn zwischen sich.

BAUDOUIN: Aber man muß diese Verleumdungen zum Schweigen bringen.

CHAPUIS: Durch eine klare Stellungnahme.

BAUDOUIN: Schließlich waren Sie noch vor einem Monat der geschworene Feind unseres Landes ...

CHAPUIS: Und nichts beweist, daß Sie es nicht mehr sind ...

BAUDOUIN: Man hat uns schon mehrfach gesagt, wir faßten unsere Pflicht falsch auf ...

CHAPUIS: ... und man müsse Sie schleunigst zur Grenze zurückbringen.

BAUDOUIN: Stellen Sie sich vor, wir würden Sie der russischen Polizei übergeben!

CHAPUIS: Nach den von Ihnen abgegebenen Erklärungen hätten Sie da eine ungemütliche Viertelstunde zu gewärtigen.

GEORGES: Sie könnten es über sich bringen, mich zu verjagen? Mich, der ich der französischen Gastfreundschaft vertraut habe?

CHAPUIS *lachend*: Ha, ha!

BAUDOUIN *lachend*: Ha, ha!
CHAPUIS *zu Baudouin*: Gastfreundschaft!
BAUDOUIN *zu Chapuis*: Warum nicht gleich Asylrecht?
CHAPUIS: Er glaubt, er lebt im Mittelalter.
BAUDOUIN: Wir sind gastfreundlich zu englischen Lords ...
CHAPUIS: .. zu deutschen Touristen ...
BAUDOUIN: ... zu amerikanischen Soldaten ...
CHAPUIS: ... und zu denen, die nicht nach Belgien dürfen ...
BAUDOUIN: ... Aber Sie meinen doch nicht, daß wir es etwa auch zu sowjetischen Staatsbürgern wären!
GEORGES: Also, kurz gesagt: eine Erpressung?
CHAPUIS: Nein, wir stellen Sie nur vor eine Wahl.
BAUDOUIN: Richtiger gesagt: vor eine Alternative. *Schweigen.*
GEORGES: Schön, dann bringt mich an die Grenze zurück. *Pause.*
BAUDOUIN *ändert den Tonfall*: Na, mein kleiner Georges, willst du bocken?
CHAPUIS: Spielst du uns hier den starken Mann vor?
GEORGES *aufspringend*: Was?
BAUDOUIN: Setz dich man wieder.
Zwingen ihn, sich wieder zu setzen.
CHAPUIS: Du kannst uns nicht bange machen, weißt du!
BAUDOUIN: Wir kennen ein bißchen die richtigen harten Köpfe, die wirklichen Kerle.
CHAPUIS: Und wissen, daß ein Betrüger nur ein Waschlappen ist.
BAUDOUIN: Ein Schlamper.
CHAPUIS: Wenn wir dich mal so 'n bißchen kitzeln würden ...
BAUDOUIN: Würdest du schnell auspacken.
GEORGES: Ich versteh nicht, was ihr wollt.
CHAPUIS: Oh, du verstehst uns sehr gut!
BAUDOUIN: Wir wollen sagen, daß du Georges de Valéra bist, der kleine internationale Gauner, und daß wir dich sofort Goblet übergeben könnten, der hinter dir her ist!
GEORGES *zwingt sich zu lachen*: Georges de Valéra? Was für ein Mißverständnis! Aber ein amüsantes Mißverständnis. Ich ...
CHAPUIS: Gib dir keine Mühe. Seit acht Tagen wirst du von deinen Leibwächtern in aller Ruhe und von allen Seiten fotografiert. Sie haben sogar Fingerabdrücke genommen. Wir brauchten sie nur mit deiner Karte aus der Verbrecherkartei zu vergleichen. Du bist erwischt!
GEORGES: Scheiße!
Schweigen.
BAUDOUIN: Aber wir sind nicht unverträglich, weißt du.
CHAPUIS: Und außerdem sind wir für Betrugssachen gar nicht zuständig.
BAUDOUIN: Das ist Sache der Kriminalpolizei, und der sind wir nicht sehr grün.
CHAPUIS: Und Inspektor Goblet, der kann uns ... na, du verstehst schon.
BAUDOUIN: Wir wollen den beiden Journalisten ans Leder, das ist alles.

CHAPUIS: Und wenn du sie uns auslieferst, kannst du, so lange du Lust hast, den Nekrassow spielen.

BAUDOUIN: Du wirst uns hin und wieder ein bißchen gefällig sein.

CHAPUIS: Von Zeit zu Zeit werden wir dir irgendwelche Leute zeigen.

BAUDOUIN: Und du wirst sagen, daß du sie kennst, weil du uns ja gern eine Freude machst.

CHAPUIS: Dann können wir sie schnappen.

BAUDOUIN: Wohlgemerkt: Wir sind die einzigen, die Bescheid wissen.

CHAPUIS: Natürlich, das mußt du verstehen, haben wir den Ministerpräsidenten einweihen müssen.

BAUDOUIN: Aber das macht nichts: er weiß nichts davon.

CHAPUIS: Er hat gesagt: «Ich will nichts davon wissen.»

BAUDOUIN: Und der Mann weiß, was er will!

CHAPUIS: Hast du verstanden, um was es geht, kleiner Schlauberger?

BAUDOUIN: Donnerstag holen wir dich ab und gehen mit dir zum Untersuchungsrichter.

CHAPUIS: Der wird dich fragen, ob du Duval kennst ...

BAUDOUIN: Und du wirst ja sagen, weil du nicht anders kannst.

CHAPUIS: Guten Abend, kleiner Fratz, viel Vergnügen!

BAUDOUIN: Adieu, Herzchen, und nicht vergessen!

Gehen ab.

16. SZENE

Georges allein – dann Demidoff.

GEORGES: Gut! ... Gut, gut! ... Gut, gut, gut, gut! ... *Geht zum Spiegel.* Adieu, ihr weiten russischen Steppen meiner Kindheit! Adieu Ruhm! Nekrassow adieu! Adieu armer, großer, geliebter Mann! Adieu Verräter und Schuft! Adieu Schweinehund! Es lebe Georges de Valéra! *Er gräbt in seinen Taschen.* Siebentausend Francs. Ich habe das Universum von unten nach oben gekehrt und dabei ganze siebentausend Francs verdient: ein Drecksberuf. *Zum Spiegel:* Georges, mein alter Georges, du kannst dir nicht vorstellen, wie es mich freut, dich wiederzusehen! *Seine Stimmung hebt sich.* Meine Damen und Herren, nachdem Nekrassow verschieden ist, wird sich Georges de Valéra auf französisch empfehlen! *Denkt nach.* Der Haupteingang – unmöglich, die Polente bewacht ihn. Der Lieferantenaufgang ... *Er öffnet die rechte Tür.* Scheiße, meine beiden Leibwächter bewachen den Korridor. *Quer durch den Saal.* Das Fenster? *Er lehnt sich hinaus.* Zehn Meter hoch, ich würde mir den Hals brechen. Und nirgends eine Regenrinne? *Er klettert auf den Fenstersims.* Zu weit weg. Mein Gott, wenn ich bloß wüßte, wie ich meine beiden Leibwächter beschäftigen könnte ...

Demidoff ist eingetreten, greift ihn bei den Hüften und zieht ihn vom Fenstersims herunter.

DEMIDOFF: Das nicht, Kamerad, ich verbiete es.

GEORGES: Ich ...

DEMIDOFF: An Selbstmord denkt man in den ersten drei Monaten. Nachher, du wirst schon sehen, gewöhnt man sich ein. Ich habe das auch durchgemacht. *Vertraulich:* Ich habe mich aus dem großen Salon verdrückt, weil ich ein bißchen viel getrunken habe. Ich darf mich nicht betrinken, Kamerad, denn wenn ich besoffen bin, werde ich fürchterlich. Paß auf mich auf!

GEORGES *sehr interessiert*: Ach ja!

DEMIDOFF: Ja.

GEORGES: Wirklich fürchterlich?

DEMIDOFF: Ich zerschlage alles, manchmal bringe ich auch jemanden um.

GEORGES: Sehr interessant, was du mir da erzählst!

Sie werden von eintretenden Gästen und Mme Bounoumi unterbrochen.

17. SZENE

Georges – Demidoff – Mme Bounoumi – Perdrière – andere Gäste.

MME BOUNOUMI *zu Georges*: Endlich wird man Ihrer habhaft. Ich hoffe, Sie gehen noch nicht. Wir wollen gerade mit den Gesellschaftsspielen anfangen.

GEORGES: Mit Gesellschaftsspielen?

MME BOUNOUMI: Ja!

GEORGES: Ich kenne eines, bei dem das gesamte Personal des Kremls Tränen lachte.

MME BOUNOUMI: Das interessiert mich brennend, was war es?

GEORGES: Ja, wissen Sie: an Tagen, wo wir gut gelaunt waren, haben wir Demidoff zu trinken gegeben. Sie ahnen gar nicht, was für reizende Einfälle er hat, wenn er betrunken ist. Dann ist er ein wirklicher Dichter!

MME BOUNOUMI: Aber das ist ja entzückend! Könnten wir das nicht versuchen?

GEORGES: Weihen Sie die anderen Gäste ein, ich übernehme den Rest.

MME BOUNOUMI *zu einem Gast*: Wir wollen Demidoff betrunken machen, er soll sehr amüsant sein, wenn er einen über den Durst getrunken hat.

Die Parole wird weitergegeben.

GEORGES *zu Demidoff*: Unsere Freunde wollen mit dir anstoßen.

DEMIDOFF: Gemacht. *Sieht auf die Gläser, die ein Diener auf einem Tablett hereinbringt.* Was ist das?

GEORGES: Dry Martini.

DEMIDOFF: Kein amerikanisches Getränk. Wodka!

Ein Diener bringt Gläser mit Wodka auf einem Tablett.

Demidoff hebt sein Glas: Ich trinke auf die Vernichtung der sowjetischen Bürokraten!

MME BOUNOUMI *und die Gäste*: Auf die Vernichtung der Bürokraten!

GEORGES *nimmt ein Glas vom Tablett und hält es Demidoff hin*: Du hast die Technokraten vergessen.

DEMIDOFF: Auf die Vernichtung der Technokraten! *Er trinkt.*

GEORGES *hält ihm ein neues Glas hin*: Und Orloff? *Zu den Gästen:* Das ist sein Bürochef gewesen.

DEMIDOFF *trinkt*: Auf Orloffs Galgen!

GEORGES *hält ihm ein Glas hin*: Jetzt hast du Gelegenheit, einen Toast auf die bolschewistisch-bolschewistische Partei auszusprechen.

DEMIDOFF: Glaubst du?

GEORGES: Du mußt dich doch bekannt machen: denk an die Öffentlichkeit!

DEMIDOFF *trinkt*: Auf die bolschewistisch-bolschewistische Partei!

DIE GÄSTE: Auf die bolschewistisch-bolschewistische Partei!

Der größte Teil von ihnen ist völlig betrunken. Man sieht Papiermützen auftauchen, Trillerpfeifen und Luftschlangen. Während der folgenden Szene werden Demidoffs Tiraden durch den Lärm der Pfeifen unterbrochen.

DEMIDOFF *zu Georges*: Auf was soll ich jetzt trinken?

GEORGES *hält ihm ein Glas hin*: Auf deinen Piepmatz!

DEMIDOFF: Auf meinen Piepmatz?

DIE GÄSTE: Auf seinen Piepmatz!

Georges hält ihm ein neues Glas hin.

DEMIDOFF: Und nun?

GEORGES: Ich weiß nicht recht ... auf Frankreich vielleicht, das wäre höflich.

DEMIDOFF: Nein! *Hebt sein Glas:* Ich trinke auf das arme, kleine russische Volk, das von bösen Hirten in Ketten gehalten wird.

DIE GÄSTE: Auf das russische Volk!

DEMIDOFF: Ihr werdet sie befreien, nicht wahr? Mein armes, kleines Volk werdet ihr mir befreien?

ALLE: Wir befreien es! Wir befreien es!

Pfeifen.

DEMIDOFF: Danke. Ich trinke auf die Sturmflut aus Feuer und Eisen, die auf mein Volk herniedergehen wird!

ALLE: Auf die Sturmflut! Auf die Sturmflut!

DEMIDOFF *zu Georges*: Was trinke ich denn?

GEORGES: Wodka!

DEMIDOFF: Nein!

GEORGES: Sieh her! *Er nimmt die Flasche und zeigt sie ihm.*

DEMIDOFF: Rette sich, wer kann! Das ist französischer Wodka! Ich bin ein Verräter!

GEORGES: Aber Demidoff!

DEMIDOFF: Schweig still, Kamerad! Jeder Russe, der französischen Wodka trinkt, ist ein Verräter an seinem Volk: Ihr müßt mich an die Wand stellen. *Zu allen:* Los! Auf was wartet ihr noch?

MME BOUNOUMI *versucht ihn zu beruhigen*: Mein lieber Demidoff, wir sind weit davon entfernt, an so was auch nur zu denken!

DEMIDOFF *sie zurückstoßend*: Also, dann befreit sie alle! Alle Russen! Wenn nur einer überlebt, ein einziger, dann wird er zu mir kommen, mit dem Finger auf meine Brust zeigen und mir sagen: Fjodor Petrovitsch, du trinkst französischen Wodka. *Antwortet einem eingebildeten Frager:* Daran ist Orloff schuld, Väterchen, ich konnte ihn einfach nicht mehr ertragen! *Er trinkt.* Ich trinke auf die Befreiungsbombe! *Entsetztes Schweigen. Bedrohlich zu Perdrière:* Trink, du!

PERDRIÈRE: Auf die Bombe!
DEMIDOFF *bedrohlich*: Auf welche Bombe?
PERDRIÈRE: Ich weiß nicht, ich ... auf die Wasserstoffbombe.
DEMIDOFF: Stinktier! Schakal! Hoffst du vielleicht, daß Geschichte sich durch eine Rakete aufhalten lassen wird?
PERDRIÈRE: Aber ich will sie gar nicht aufhalten!
DEMIDOFF: Aber ich, ich will, daß man sie sofort aufhält. Denn ich weiß, wer sie schreibt! Mein kleines russisches Volk nämlich unter seinen bösen Hirten! Verstehen Sie nun? Orloff schreibt Geschichte, und ich bin aus ihr herausgefallen, wie ein kleiner Vogel aus seinem Nest fällt. *Folgt mit den Augen einem unsichtbaren Gegenstand, der mit größter Schnelligkeit den Raum durchquert.* Wie schnell sie geht! Haltet sie auf! Haltet sie auf! *Nimmt ein Glas.* Ich trinke auf die Bombe Z, die die Erde in die Luft sprengt. *Zu Perdrière:* Trink!
PERDRIÈRE *halb erstickt*: Nein!
DEMIDOFF: Du willst nicht, daß die Erde zerspringt?
PERDRIÈRE: Nein!
DEMIDOFF: Und wie willst du sonst die Geschichte der Menschheit aufhalten, wenn du nicht die Menschheit selber zerstörst? *Zum Fenster gewandt:* Seht dort! Seht den Mond! Früher war er eine Erde. Aber die Mond-Kapitalisten haben mehr Verstand als ihr gehabt; als sie merkten, daß es brenzlich wurde, haben sie die Atmosphäre mit Kobaltbomben verpestet. Daraus erklärt sich das Schweigen des Firmaments: Millionen Monde rollen im ewigen Raum, Millionen Uhren, die alle zugleich angehalten wurden. Es gibt nur noch eine, die tick-tack neben der Sonne macht, aber wenn ihr Mut habt, wird dieses ungehörige Geräusch aufhören. Ich trinke auf den nächsten Mond: auf unsere Erde!
Georges versucht zu verschwinden.
Wo gehst du hin, Kamerad? Trink auf den Mond!
GEORGES: Auf den Mond!
DEMIDOFF *trinkt und spuckt voller Ekel wieder aus*: Puah! *Zu Georges:* Begreifst du, Kamerad, ich bin auf dem zukünftigen Mond, und ich trinke auf sein Wohl mit französischem Wodka. Meine Damen und Herren, ich bin ein Verräter! Die Geschichte wird recht behalten, und ich werde sterben, meine Kinder werden meinen Namen in Bücher schreiben: Demidoff, der Verräter, trank französischen Wodka bei Madame Bounoumi. Ich habe unrecht, meine Damen und Herren, unrecht vor den zukünftigen Jahrhunderten. Erhebt eure Gläser, ich fühle mich so einsam. *Zu Perdrière:* Und du Schakal, heule mit mir: Es lebe der historische Prozeß!
PERDRIÈRE *entsetzt*: Es lebe der historische Prozeß!
DEMIDOFF: Es lebe der historische Prozeß, der mich zertrampeln wird wie einen Kuhfladen, und der die alten Gesellschaftsordnungen zerbrechen wird wie ich diesen Tisch!

18. SZENE

Dieselben – die zwei Leibwächter – Goblet – Sibilot.

GEORGES *öffnet die rechte Tür für die zwei Leibwächter*: Er wird toll, paßt auf ihn auf!

Die Leibwächter stürzen sich auf Demidoff und versuchen ihn zu bändigen. Georges will fliehen, findet sich aber Goblet gegenüber, der durch die rechte Tür hereinkommt und den total betrunkenen Sibilot über der Schulter trägt.

GOBLET *läßt Sibilot in einen Sessel gleiten*: Mach dir's bequem, Alter. Warte, ich werde dir eine Kompresse auflegen.

SIBILOT: Mein guter Goblet, du bist meine Mutter. *Bricht in Schluchzen aus.* Ich habe meine Mutter verraten. Ich habe sie in die Küche gelockt, damit sie diesen Gauner nicht verhaften kann.

GOBLET *richtet sich auf*: Welchen Gauner?

SIBILOT: Georges de Valéra!

Währenddessen schlägt Georges einen Bogen, um die rechte Tür zu erreichen, ohne vor Sibilot und Goblet vorbeigehen zu müssen.

GOBLET: Georges de Valéra? Wo steckt er?

Georges hat die rechte Tür erreicht.

SIBILOT *zeigt mit dem Finger auf ihn*: Da, da, da, da!

GOBLET: Donnerwetter! *Er zieht seinen Revolver und macht sich an die Verfolgung von Georges, indem er schießt.*

DIE GÄSTE *voller Angst*: Mörder! Mörder!

DEMIDOFF *ekstatisch*: Endlich! Endlich! Die Weltgeschichte!

Baudouin und Chapuis machen sich an die Verfolgung Goblets. Demidoff befreit sich von den Leibwächtern und macht sich an die Verfolgung der Inspektoren. Die Leibwächter raffen sich auf und machen sich ihrerseits an die Verfolgung.

Vorhang

SIEBENTES BILD

Sibilots Salon aus dem Jahre 1925.

1. SZENE

Es ist Nacht. Georges steigt zum Fenster ein. Véronique tritt ein und macht Licht. Sie trägt dieselben Kleider wie im 3. Bild und ist im Begriff auszugehen. Georges stellt sich hinter sie mit erhobenen Händen und lächelt.

GEORGES: Guten Abend!
VÉRONIQUE *dreht sich um*: Sieh da! Nekrassow!
GEORGES: Er ist tot. Nenne mich Georges und zieh die Vorhänge zu. *Senkt die Arme.* Du hast mir nie deinen vollen Namen genannt, Mädchen!
VÉRONIQUE: Véronique!
GEORGES: Seliges Frankreich! *Er läßt sich in einen Sessel fallen.* Auf diesem Stuhl habe ich gesessen, du wolltest ausgehen, die Polizisten strichen ums Haus: alles beginnt von neuem. Wie jung ich damals war! *Horcht auf.* Pfeifen sie?
VÉRONIQUE: Nein, wirst du denn verfolgt?
GEORGES: Seit meinem zwanzigsten Jahr. *Pause.* Im Moment habe ich sie abschütteln können, aber nicht für lange.
VÉRONIQUE: Und wenn sie hierher kommen sollten?
GEORGES: Sie werden kommen, Goblet aus Gewohnheit und die von der politischen Polizei aus Spürsinn. Aber frühestens in zehn Minuten.
VÉRONIQUE: Hast du dich mit der Staatspolizei angelegt?
GEORGES: Ja, mit den Inspektoren Baudouin und Chapuis, kennst du sie?
VÉRONIQUE: Nein, aber ich kenne die Staatspolizei, du bist in Gefahr.
GEORGES *ironisch*: Etwas.
VÉRONIQUE: Bleib nicht hier!
GEORGES: Ich muß mit dir reden.
VÉRONIQUE: Über dich?
GEORGES: Über deine Freunde.
VÉRONIQUE: Ich werde dich morgen treffen, wo du willst und wann du willst, aber jetzt mach, daß du fortkommst!
GEORGES *schüttelt den Kopf*: Wenn ich jetzt gehe, siehst du mich nie wieder, sie werden mich erwischen. *Auf eine Geste von Véronique:* Widersprich nicht: das sind Sachen, die man fühlt in meinem Beruf. Im übrigen – wohin soll ich denn? Ich habe keinen Freund, bei dem ich mich verstecken könnte. Um Mitternacht mag einer im Smoking unbeachtet durchrutschen, aber nicht am Morgen oder gar in der prallen Mittagssonne … *Er hat einen Einfall:* Wo sind die alten Anzüge deines Vaters?
VÉRONIQUE: Er hat sie dem Portier gegeben.
GEORGES: Und die neuen?
VÉRONIQUE: Sind noch nicht fertig, außer einem, den er trägt.

GEORGES: Du siehst, das Glück hat mich verlassen. Véronique, mein Stern sinkt, mein Genie verdunkelt sich: ich bin am Ende. *Er geht auf und ab.* Einer wird heute nacht verhaftet, davon kannst du überzeugt sein. Aber wer? Wen wird man verhaften, kannst du mir das sagen? Goblet rennt hinter Valéra her und die Staatspolizei hinter Nekrassow. Der erste, der mich fängt, wird aus mir machen, was er will. Auf wen setzt du? Kriminalpolizei oder Staatspolizei? Georges oder Nikita?

VÉRONIQUE: Ich setze auf die Staatspolizei.

GEORGES: Ich auch. *Pause.* Warne Maistre und Duval.

VÉRONIQUE: Vor was willst du sie warnen?

GEORGES: Hör zu, mein Kind, und versuche mich zu verstehen. *Geduldig:* Was wird die Staatspolizei mit mir machen? Mich ins Zuchthaus sperren? So dumm sind sie nicht. Nekrassow ist Gast Frankreichs. Man wird für mich eine Villa an der Stadtgrenze mieten, ein wenig abgelegen – mit schönen, sonnigen Zimmern. Das schönste wird man mir zuweisen, und ich werde Tag und Nacht das Bett hüten müssen. Denn Nekrassow ist sehr geschwächt, der Arme. Er hat so viel gelitten. Deinen Vater wird das allerdings nicht hindern, meine sensationellen Enthüllungen fortzusetzen: er hat den Tonfall begriffen und kann auch ohne mich weiterschreiben. *Imitiert die Zeitungsausrufer:* «Maistre und Duval fuhren heimlich nach Moskau, Nekrassow bezahlte in Dollars.» Ich glaube, man nennt das: ein psychologisches Klima erzeugen. Hat man die beiden durch den Dreck gezogen, so wird es das Publikum ganz natürlich finden, wenn sie des Verrats bezichtigt werden.

VÉRONIQUE: Die Artikel meines Vaters sind dem Gericht völlig gleichgültig, sie wollen Zeugen.

GEORGES: Woher weißt du, ob ich nicht doch als Zeuge auftrete?

VÉRONIQUE: Du?

GEORGES: Ja, ich. Auf einer Bahre. Ich bekomme nämlich nicht gern Fußtritte, mein Fräulein! Und wenn ich täglich welche versetzt bekomme, werde ich schließlich nachgeben.

VÉRONIQUE: Du glaubst, sie prügeln?

GEORGES: Sie werden sich gerade genieren! *Pause.* Oh! Verachte mich ruhig, aber ich bin zu sehr Künstler, um körperlichen Mut zu haben.

VÉRONIQUE: Ich verachte dich nicht. Und wer spricht von körperlichem Mut? Du mußt nur wissen, was du willst.

GEORGES: Wenn ich das wüßte!

VÉRONIQUE: Du willst dich doch nicht etwa zum Denunzianten hergeben?

GEORGES: Nein, aber genausowenig will ich, daß man mir die Visage demoliert! Bitte, zum Aussuchen!

VÉRONIQUE: Du hast viel zuviel Stolz, um zu reden.

GEORGES: Ist von meinem Stolz noch etwas da?

VÉRONIQUE: Du platzt ja vor Stolz!

GEORGES: Vielleicht hört der Himmel deine Worte! Jedenfalls wäre mir weitaus wohler, wüßte ich Duval und Maistre in Sicherheit!

VÉRONIQUE: Was würde das ändern?

GEORGES: Wenn ich die Nase voll habe, könnte ich sie ruhig belasten und wäre auf alle Fälle sicher, daß sie nicht ins Gefängnis wandern.

VÉRONIQUE: Wenn du sie belastest, werden sie verurteilt.

GEORGES: Die Verurteilung würde nichts ausmachen, solange man sie nicht einsperren kann.

VÉRONIQUE *entwaffnet*: Mein armer Georges!

GEORGES *ohne hinzuhören*: Hast du verstanden, Kind, ich verschwinde, und du gehst und sagst ihnen, sie sollten sich aus dem Staube machen.

VÉRONIQUE: Das würden sie nie tun!

GEORGES: Mit der Polizei auf den Hacken und fünf Jahren Kasten vor ihrer Nase? Du bist wohl verrückt?

VÉRONIQUE: Sie werden sich nicht aus dem Staube machen, weil sie unschuldig sind.

GEORGES: Und mir rätst du zur Flucht, weil ich schuldig bin? Schöne Logik! Würde man auf dich hören, angelten alle Verbrecher Frankreichs friedlich Forellen, und die Unschuldigen säßen hinter Gittern.

VÉRONIQUE: So ungefähr ist es ja auch!

GEORGES: Keine Ausreden, Mäuschen, in Wirklichkeit wollt ihr sie fallenlassen!

VÉRONIQUE: Warte ab, bis man sie verhaftet hat, und dann wirst du schon sehen!

GEORGES: Na, das kennt man doch alles: Ihr werdet auf den Straßen rumschreien! Plakate, Versammlungen, Umzüge: ein wahrer Jahrmarkt. Und eure beiden Kameraden, wo werden die sein? In der Zelle. Und wahrhaftig: in eurem Interesse ist es, daß sie dort so lange wie möglich stecken. *Lacht.* Und ich armer Trottel werfe mich dem Löwen in den Rachen, um sie zu warnen! Warum? Aber darauf legt ihr nicht den geringsten Wert. So ein Blödsinn von mir! Aber ich tadle euch nicht: Jeder für sich, ist die Parole. Nur daß ihr mich doch ein wenig anekelt: Ich werde meinerseits nämlich ins Gefängnis gehen, und ich fühle mich solidarisch mit den beiden armen Kerlen, die ihr opfert.

Véronique dreht eine Nummer am Telefon.

Was machst du da?

VÉRONIQUE *ins Telefon*: Bist du's, Robert? Hier ist jemand, der mit dir sprechen möchte. *Zu Georges:* Duval.

GEORGES: Sein Apparat wird vielleicht überwacht.

VÉRONIQUE: Völlig gleichgültig. *Hält ihm den Hörer hin.*

GEORGES *ins Telefon:* Hallo, Duval? Hören Sie mir gut zu: morgen, spätestens übermorgen wird man Sie verhaften und höchstwahrscheinlich auch verurteilen. Sie haben noch nicht mal Zeit, Ihre Koffer zu packen. Hauen Sie ab, sowie Sie jetzt aufgelegt haben. Was? Ach du liebe Zeit! *Legt den Hörer hin.* Wie der mich anschreit!

VÉRONIQUE *ins Telefon*: Nein, Robert, nein, er ist kein Provokateur. Aber nein, überhaupt nicht. Ich werde dir alles erklären. *Zu Georges:* Willst du noch mit Maistre reden?

GEORGES: Nein, nicht mehr nötig, ich habe schon verstanden. *Fängt zu lachen an.* Das war das erste Mal in meinem Leben, daß ich jemandem einen Dienst erweisen wollte. Und es wird sicher das letzte Mal gewesen sein. *Pause.* Mir bleibt nichts anderes übrig, als zu verschwinden. Gute Nacht, und entschuldige tausendmal!

VÉRONIQUE: Gute Nacht!

GEORGES *plötzlich losbrechend*: Das sind Vollidioten, das ist alles! Arme Trottel ohne Phantasie! Sie ahnen ja nicht mal, wie es tut, im Loch zu sitzen. Ich aber weiß es!

VÉRONIQUE: Du bist doch noch nie drin gewesen!

GEORGES: Nein, aber ich bin ein Dichter. Und das Gefängnis klebt mir seit heute an allen Gliedern, und ich fühle es in den Knochen. Wissen die beiden eigentlich, daß man gerade zwei Chancen zu fünf hat, es nicht ohne eine Tbc wieder zu verlassen?

VÉRONIQUE: Duval ist am 17. Oktober 1939 eingesperrt und am 30. August 1944 mit einer Tbc wieder entlassen worden.

GEORGES: Dann ist es unentschuldbar.

VÉRONIQUE: Aber nein, mein kleiner Georges, er macht dasselbe wie du: er bleibt seinem Ziel treu.

GEORGES: Seinen oder euren Zielen?

VÉRONIQUE: Seinen, meinen, unseren – es gibt nur ein Ziel. Du hast nur dein eigenes Ziel zu wahren und willst deinen Kopf retten, nichts natürlicher als das. Duval hängt auch an seinem Leben, aber er denkt nicht nur d a r a n, er hat seine Partei, seine Tätigkeit, seine Leser, wenn er a l l e s retten will, dann muß er bleiben.

GEORGES *mit großer Heftigkeit*: Verdammte Egoisten!

VÉRONIQUE: Wie bitte?

GEORGES: Alle werden zufrieden sein: er wird seine Märtyrerkrone haben und ihr euren Jahrmarkt. Aber ich, verfluchte Schweinebande, was wird aus mir bei der ganzen Geschichte? Ein Verräter, ein Lockspitzel, ein Denunziant!

VÉRONIQUE: Du brauchst bloß ...

GEORGES: Quatsch! Sie werden mich fesseln und mich dreimal am Tag verdreschen, und von Zeit zu Zeit, während sie wieder Kräfte sammeln, werden sie mich fragen: «Wirst du als Zeuge auftreten?» Sie werden mich verprügeln, bis mein Gehirn zerspringt. Mein Kopf wird dicker anschwellen als ein Kürbis, und ich werde an die beiden Märtyrer denken, an die beiden edlen Menschen, die mich so elend reingelegt haben, indem sie nicht geflohen sind. Und ich werde mir sagen: «Wenn du quatschst, gehen sie für fünf Jahre ins Loch.» Ihr wärt ja nur zu glücklich, wenn ich es auskotzte; kein Christus ohne Judas, was? Der arme Judas, er muß schon einiges auf dem Herzen gehabt haben. Ich versteh den Mann, und ich achte ihn. Wenn ich nicht quatsche ... auch gut! Meine Dresche würde ich auch wieder zu euern Gunsten beziehen. Und was wäre meine Belohnung? Daß man mich anspuckt! Dein Vater wird «Soir à Paris» mit meinen falschen Erklärungen füllen, und eure Zeitungen werden zur selben Zeit die Freisprechung Duvals feiern und die schändliche Entlarvung des Verleumders Nekrassow. Ihr werdet eure Freunde im Triumph davontragen, und gleichzeitig werden eure fröhlichen Kohorten mir ins Gesicht treten. Und in all das bin ich hineinmanövriert worden, wie ein Kind! Und zwar von allen. Dort war ich ein Instrument ihres Hasses – hier macht man mich zum Instrument der Geschichte. *Pause.* Véronique, wenn du deinen Freunden meine Situation erklärst, vielleicht hätten sie doch die Güte, zu flüchten.

VÉRONIQUE: Ich fürchte: nein!

GEORGES: Diese Schweinehunde! Ich hab's, ich müßte mich vor deinen Augen umbringen und dein Parkett mit meinem Blut besudeln, nicht wahr? Du hast Glück, daß ich dazu keinen Mut mehr aufbringe. *Setzt sich wieder.* Ich verstehe nun überhaupt nichts mehr. Ich hatte meine eigene kleine Philosophie, und die half mir, durchs Leben zu kommen. Ich habe jetzt alles verloren, sogar meine Prinzipien. Ach, ich hätte mich nie mit der Politik einlassen sollen.

VÉRONIQUE: Geh, Georges, verschwinde! Wir verlangen von dir nichts, du bist keinem was schuldig, aber geh!

GEORGES *geht zum Fenster und späht durch die Vorhänge*: Nacht, einsame Straßen. Ich müßte mich bis zum Morgen an den Häuserwänden entlangdrücken und dann ... *Pause.* Willst du die Wahrheit hören? Ich bin gekommen, damit sie mich hier festnehmen. Wenn man sich in die Hände der Staatsgewalt begibt, dann ist es wichtig, welches Gesicht man zuletzt gesehen hat, man denkt noch lange dran, und ich wollte mich an dein Gesicht erinnern!
Véronique lächelt.
Du solltest öfters lächeln, es verschönt dich.

VÉRONIQUE: Ich lächle nur Menschen an, die mir gefallen.

GEORGES: Ich habe nichts, das dir gefallen könnte, und du gefällst mir auch nicht. *Pause.* Wenn ich die Kerle daran hindern könnte ins Gefängnis zu wandern, würde ich euch allesamt schön an der Nase herumführen. *Geht auf und ab.* Zu Hilfe, mein liebes Genie! Zeig mir, daß du vorhanden bist!

VÉRONIQUE: Das Genie, weißt du ...

GEORGES: Schweig! *Er dreht Véronique den Rücken zu und verbeugt sich.* Danke! Danke! *Zu Véronique:* Ich muß dir zu meinem Bedauern verkünden, daß man deine kleinen Freunde nicht verhaften wird. Adieu Jahrmarktsrummel und Märtyrerkrone! Madame Castagnié wird ihre Stellung wiederbekommen, und wer weiß, ob Perdrières hunderttausend Stimmen nicht am nächsten Sonntag dem kommunistischen Kandidaten zufallen! Ich werde euch schon zeigen, ob man an meinen Fäden nach Gefallen ziehen kann!

VÉRONIQUE *zuckt die Achseln*: Du kannst nichts ausrichten.

GEORGES: Finde jemanden, der mich versteckt. Morgen kannst du kommen, und ich gebe dir ein Exklusiv-Interview.

VÉRONIQUE: Schon wieder?

GEORGES: Du willst es nicht?

VÉRONIQUE: Nein.

GEORGES: Und ich hatte so eine schöne Überschrift: «Wie ich Nekrassow wurde», von Georges de Valéra.

VÉRONIQUE: Georges!

GEORGES: Ich bleibe zwei Wochen bei deinem Freund: fotografiert mich von allen Seiten, mit und ohne Augenklappe. Ich kenne sie alle, diese Nerciats, Palotins und Moutons, ich würde unwiderlegbare Enthüllungen machen.

VÉRONIQUE: Nach dem ersten Artikel würde man uns die Polizei auf den Hals hetzen. Und wenn wir uns weigerten, dich auszuliefern, würden sie sagen, alles sei ausgedacht.

GEORGES: Nach dem ersten Artikel! Du glaubst doch nicht, daß sie es dann noch wagen würden, mich festzunehmen? Ich weiß zuviel. Und außerdem! Sollten sie insistieren, na schön, dann gebt ihnen meine Adresse. Ihr ödet mich an mit euren Märtyrern – wenn ihr einen braucht, warum nicht m i c h?

VÉRONIQUE: Siehst du nun, daß du vor Hochmut noch mal platzen wirst?

GEORGES: Ja. *Pause.* Aber mit dem Interview bist du einverstanden?

VÉRONIQUE: Einverstanden! *Sie umarmt ihn.*

GEORGES: Wahre bitte Distanz! *Er lacht.* Am Ende habe ich doch gesiegt, und dein ultralinkes Blättchen wird den Bericht eines Betrügers abdrucken. Ich habe dem Papa diktiert – ich werde auch der Tochter diktieren.

VÉRONIQUE: Ich komme mit dir, das ist sicherer.

Baudouin und Chapuis steigen durchs Fenster ein.

2. SZENE

Georges – Véronique – Baudouin – Chapuis.

CHAPUIS: Guten Tag, Nikita!

BAUDOUIN: Inspektor Goblet sucht dich!

CHAPUIS: Aber keine Angst, wir werden dich schützen.

VÉRONIQUE: Du bist verloren!

GEORGES: Wer weiß, ich habe mein Genie wiedergefunden, vielleicht ist mein Stern doch noch nicht gesunken.

BAUDOUIN: Komm mit uns, Nikita, du bist in Gefahr.

CHAPUIS: Das Mädchen verkehrt mit Kommunisten!

BAUDOUIN: Vielleicht hat sie den Auftrag, dich umzubringen!

GEORGES: Ich bin Georges de Valéra, der Betrüger, und ich verlange, daß man mich Inspektor Goblet übergibt.

CHAPUIS *zu Véronique*: Armer Nikita!

BAUDOUIN *zu Véronique*: Deine russischen Freunde haben seine Frau und seine erwachsenen Söhne verhaftet.

CHAPUIS: Der Schmerz hat ihn verwirrt und läßt ihn irre reden.

Baudouin geht zur Haustür und öffnet sie. Zwei Krankenwärter treten ein.

3. SZENE

Dieselben – zwei Krankenwärter.

BAUDOUIN *zu den Krankenwärtern*: Da ist er, geht nett mit ihm um.

CHAPUIS: Du brauchst Ruhe, Nikita.

BAUDOUIN: Diese Herren werden dich in eine schöne Klinik bringen.

CHAPUIS: Mit einem großen Garten, wo viel Sonne hinkommt.
GEORGES *zu Véronique*: Siehst du, was sie sich ausgedacht haben, das ist noch raffinierter als die Villa am Stadtrand.
BAUDOUIN *zu den Krankenwärtern*: Weg mit dem Paket!
Die Krankenwärter kommen heran und lassen die Haustür offen. Goblet tritt ein.

4. SZENE
Dieselben – Goblet.

GOBLET: Meine Damen und Herren, Sie haben natürlich nicht einen Mann, ungefähr ein Meter achtundsechzig groß ...
GEORGES *mit lauter Stimme*: Hier, Goblet! Ich bin Georges de Valéra!
GOBLET: Valéra!
GEORGES: Ich gestehe zweihundert Betrügereien. Du wirst noch vor Jahresende Chefinspektor sein!
GOBLET *geht fasziniert näher*: Valéra!
BAUDOUIN *verstellt ihm den Weg*: Irrtum, Kollege, es ist Nekrassow!
GOBLET *umgeht ihn und wirft sich auf Georges, den er am Arm packt*: Seit Jahren suche ich ihn!
CHAPUIS *zieht Georges am anderen Arm*: Wir haben dir doch gesagt, es ist ein Verrückter, der sich für Valéra hält!
GOBLET *zieht an Georges' Arm*: Laßt ihn los, er gehört mir, er ist mein Leben, mein Mann, meine Beute!
CHAPUIS *ziehend*: Laß ihn los!
GOBLET: Niemals.
BAUDOUIN: Wir werden dich kaltstellen!
GOBLET: Versucht es doch, ihr werdet Ärger bekommen!
GEORGES: Mut, Goblet! Ich bin auf deiner Seite!
BAUDOUIN *zu den Krankenwärtern*: Nehmt sie alle beide mit.
Die Krankenwärter werfen sich auf Georges und Goblet.
VÉRONIQUE: Zu Hilfe!
Chapuis hält ihr mit der Hand den Mund zu, sie wehrt sich heftig. In dem Moment tritt Demidoff ein – in höchster Wut.

5. SZENE
Dieselben – Demidoff.

DEMIDOFF: Wo ist mein Kamerad?
GEORGES: Zu mir, Demidoff!
DEMIDOFF: Mein Kamerad, zum Teufel, gebt mir meinen Kameraden zurück. Ich will meinen Kameraden zurück!
BAUDOUIN *zu Demidoff*: In was mischst du dich denn ein?
DEMIDOFF: In was ich mich einmische? *Er schlägt ihn zu Boden, die anderen werfen sich auf ihn.* Es lebe die bolschewistisch-bolschewistische Partei! Halt aus, Kamerad! Nieder mit der Polente! *Wirft einen Krankenwärter zu Boden.* Oh, ihr wollt die bolschewistisch-bolschewistische Partei spalten! *Er wirft Chapuis zu Boden.*

Oh, ihr dachtet, ihr könntet die heranbrausende Revolution noch aufhalten! *Wirft Goblet nieder.*

Georges und Véronique verständigen sich mit einem Blick und entfliehen durchs Fenster.

Demidoff wirft auch noch den anderen Krankenwärter zu Boden, blickt um sich und geht aus der Tür, indem er ruft: Halt durch, Kamerad! Ich komme!

GOBLET *erhebt sich melancholisch*: Ich hab's ja gesagt, daß ich ihn nicht kriegen werde! *Fällt ohnmächtig um.*

Vorhang

ACHTES BILD

Büro von Palotin. Morgendämmerung. Graues Licht. Die Lampen sind angezündet.

1. SZENE

Nerciat – Charivet – Bergerat – Lerminier – Jules.

Nerciat trägt einen Papierhut, Bergerat bläst in eine Trillerpfeife, Charivet und Lerminier sitzen da, mit Luftschlangen bedeckt, die sich um ihre Smokings herumschlingen. Jules geht ein wenig seitab hin und her. Alle sehen müde und finster aus, sie tragen das Abzeichen des Klubs der Erschossenen von morgen, große Kokarden, auf denen die Zuschauer EvM in goldenen Buchstaben erkennen können. Während der nächsten Szenen erhellt sich die Bühne nach und nach; nach dem Abgang von Jules scheint die Sonne hell ins Büro.

CHARIVET: Mir brummt der Schädel!

LERMINIER: Mir auch!

BERGERAT: Mir auch!

NERCIAT *trocken*: Mir auch, liebe Freunde. Na, und was weiter?

CHARIVET: Ich will ins Bett.

NERCIAT: Nein, Charivet, nein! Wir warten auf Nekrassow, und Sie werden mit uns zusammen warten.

CHARIVET: Nekrassow, läuft er immer noch frei herum?

NERCIAT: Man hat uns versprochen, ihn noch vor der Morgendämmerung zurückzubringen.

CHARIVET *zeigt auf das Fenster*: Vor der Morgendämmerung? Da ist sie!

NERCIAT: Ja, deshalb wird auch alles bald zu Ende sein.

CHARIVET *hat sich dem Fenster genähert und weicht voller Abscheu zurück*: Wie scheußlich!

NERCIAT: Was denn?

CHARIVET: Die Morgendämmerung! Seit fünfundzwanzig Jahren habe ich sie nicht mehr gesehen: wie sie inzwischen gealtert ist! *Pause.*

NERCIAT: Liebe Freunde …
Bergerat bläst seine Trillerpfeife.
Um Gottes willen, Bergerat, hören Sie bloß auf, zu trillern!

BERGERAT: Es ist doch eine Trompete.

NERCIAT *geduldig*: Zugegeben, lieber Freund. Aber könnten Sie mir nicht den Gefallen tun, sie trotzdem wegzuwerfen?

BERGERAT *entrüstet*: Meine Trompete wegwerfen! *Nach einigem Nachdenken:* Ich werfe sie weg, wenn Sie Ihre Papiermütze abnehmen.

NERCIAT *bestürzt*: Meine …? Sie sind betrunken, mein Lieber. *Er faßt mit der Hand an seinen Kopf und berührt die Papiermütze.* Ah! … *Er wirft die Mütze voller Ärger fort und richtet sich auf.* Ein wenig mehr Haltung, meine Herren! Wir befinden uns in einer Sitzung. Wickeln Sie sich aus diesen Papierschlangen!

Bergerat legt seine Trillerpfeife auf den Schreibtisch, die anderen bürsten sich ab.

Gut!

Jules, der noch immer auf und ab rennt, ganz in seine Sorgen vertieft, geht zum Schreibtisch, öffnet ihn und entnimmt ihm eine Schnapsflasche und ein Glas. Will sich eingießen.

O nein, nicht Sie! Ich dachte, Sie trinken niemals?

JULES: Ich trinke, um zu vergessen.

NERCIAT: Um was zu vergessen?

JULES: Um zu vergessen, daß ich die beste Nachricht meines Lebens habe, und daß es mir verboten ist, sie zu veröffentlichen. «Nekrassow war Valéra!» Na was? Das ist der Knüller des Jahrhunderts! Zwei berühmte Männer in einem, eine Riesen-Schlagzeile, die gleich zwei wert ist! Das Vielliebchen des Journalismus!

NERCIAT: Sie sind verantwortungslos, mein Lieber.

JULES: Ich habe geträumt! *Er geht auf und ab.* Ich träumte davon, eine Tageszeitung der Linken zu sein! Nur für einen Tag, nur für einen einzigen Tag! Was für ein Aufmacher! *Er bleibt stehen, verzückt.* Ich sehe es vor mir: er geht über die ganze Titelseite, erstreckt sich bis auf Seite zwei, greift auf Seite drei über ...

NERCIAT: Nun aber genug!

JULES: Gut, gut! *Schmerzlich:* Nach der Schlacht von Tsushima sah sich der Direktor einer großen japanischen Zeitung vor einen ganz ähnlichen Gewissenskonflikt gestellt: er hat Harakiri gemacht.

NERCIAT: Sie brauchen nichts zu bedauern, mein Freund. Nekrassow ist Nekrassow. Er ist geflohen, weil er gefürchtet hat, das Opfer eines Attentats zu werden. *Sieht Jules gerade in die Augen.* Das ist die Wahrheit!

JULES *seufzend*: Sie ist weniger schön als der Traum.

Es klopft.

Herein!

2. SZENE

Dieselben – Baudouin und Chapuis.

Die beiden Inspektoren haben die Köpfe mit Bandagen umwickelt, Chapuis trägt den Arm in einer Binde. Baudouin stützt sich auf Krücken.

ALLE: Endlich!

NERCIAT: Wo ist er?

BAUDOUIN: Wir haben ihn bei Sibilot überrascht ...

CHAPUIS: Als er gerade mit einer Kommunistin poussierte ...

JULES: Mit einer ... sensationell! *Er geht zum Telefon und will den Hörer abnehmen.*

Nerciat hält ihn zurück.

NERCIAT *zu den Inspektoren*: Weiter!

BAUDOUIN: Er wollte gerade dem «Libérateur» Informationen verkaufen.

CHAPUIS: «Wie ich Nekrassow wurde», von Georges de Valéra.

LERMINIER: Dem «Libérateur»?
BERGERAT: Von Georges de Valéra?
CHARIVET: Der ist uns schön in die Falle gegangen!
NERCIAT: Wie gut, haben Sie ihn verhaftet?
CHAPUIS: Natürlich.
ALLE *außer Jules, der träumt*: Bravo, meine Herren! Bravo!
CHARIVET: Werft ihn in ein Verlies!
LERMINIER: Schickt ihn auf die Teufelsinsel!
BERGERAT: Zwingt ihn, eine eiserne Maske zu tragen!
BAUDOUIN: Das heißt ... *Zögert.*
NERCIAT: Reden Sie doch schon!
CHAPUIS: Wir hatten ihn schon fest, als mindestens zwanzig Kommunisten ...
BAUDOUIN: ... sich auf uns geworfen haben und uns halbtot schlugen!
CHAPUIS *zeigt auf seine Verbände*: Sehen Sie meine Wunden an!
NERCIAT: Ja, ja ... aber Nekrassow?
CHAPUIS: Ist ... geflohen ... mit ihnen!
LERMINIER: Ihr Dummköpfe!
CHARIVET: Ihr Trottel!
BERGERAT: Idioten!
BAUDOUIN *zeigt auf seine Krücken*: Meine Herren, wir sind die Opfer unserer Pflichterfüllung.
NERCIAT: Ihr seid es nicht genug, und ich bedaure, daß man euch nicht die Rippen gebrochen hat. Wir werden uns beim Ministerpräsidenten beschweren.
BERGERAT: Und beim Innenminister.
NERCIAT: Raus!
Sie gehen ab.

3. SZENE

Dieselben – ohne Baudouin und Chapuis.

BERGERAT *nimmt traurig seine Kokarde ab und betrachtet sie*: Erledigt! *Wirft sie weg.*
LERMINIER *tut dasselbe*: Erledigt!
CHARIVET *dasselbe*: Wir werden in unseren Betten sterben!
Schweigen.
JULES *zu sich, melancholisch*: Er hat Glück!
NERCIAT: Wer?
JULES: Der Kollege vom «Libérateur».
NERCIAT *heftig*: Genug jetzt! *Er nimmt die Flasche und das Glas von Jules und wirft beides auf den Boden. Zu den drei anderen:* Strengt eure Brägen an, Freunde! Wir müssen der Zukunft klar ins Auge sehen!
BERGERAT: Es gibt keine Zukunft mehr. Morgen findet die öffentliche Hinrichtung statt: der «Libérateur» wird die Beichte Valéras bringen, und die Abendblätter werden sich ein Vergnügen daraus machen, sie in extenso abzudrucken. Wir gehen in der Lächerlichkeit unter.

CHARIVET: In der Schande, liebe Freunde! In der Schande!

LERMINIER: Man wird uns beschuldigen, den Kommunisten ihr Spiel ermöglicht zu haben.

BERGERAT: Wir sind ruiniert und entehrt.

CHARIVET: Ich will ins Bett! Ich will ins Bett! *Er will rausgehen. Nerciat hält ihn zurück.*

NERCIAT: Welch tolle Gier nach dem Bett! Es eilt nicht so, Sie haben ja die Gewißheit, dort zu sterben.

Bergerat bläst seine Trillerpfeife.

Und Sie, lieber Freund, zum letztenmal, lassen Sie diese Pfei... diese Trompete in Ruh!

BERGERAT: Ich habe ja schließlich noch das Recht, meinen Trost in der Musik zu suchen! *Unter Nerciats Blicken:* Ja, schon gut! *Wirft seine Trillerpfeife weg.*

NERCIAT *zu allen*: Noch ist nichts verloren, aber wir müssen nachdenken. Wie könnte man die Zeitung noch retten?

Langes Schweigen.

JULES: Wenn ich mir erlauben dürfte ...

NERCIAT: Sprechen Sie!

JULES: Wir wollen den «Libérateur» überrunden und die Neuigkeit in der heutigen Nachmittagsnummer veröffentlichen.

NERCIAT: Was?

JULES *rezitiert seine Schlagzeile*: «Toller als Arsène Lupin betrügt Valéra ganz Frankreich».

NERCIAT: Bitte, halten Sie den Mund!

JULES: Wir würden eine Auflage von drei Millionen verkaufen!

ALLE: Genug! Genug! Genug!

JULES: Bitte! Bitte! *Er seufzt:* Das sind sie also: die Qualen des Tantalus! *Pause.*

NERCIAT: Wenn ich es noch einmal überlege, möchte ich Palotins Vorschlag doch aufgreifen, aber ich habe ihm noch etwas hinzuzufügen: unsere Enthüllungen werden den Zorn des Publikums hervorrufen ...

BERGERAT: Ja, leider!

NERCIAT: Dämpfen wir also den Zorn durch ein Menschenopfer. Erklären wir, daß wir in unserem guten Glauben betrogen worden sind. Einer von uns muß die ganze Schuld auf sich nehmen. Wir werden in der Zeitung seine kriminelle Leichtgläubigkeit anprangern und ihn mit Schmach und Schande davonjagen.

Schweigen.

CHARIVET: An wen denken Sie da?

NERCIAT: Der Verwaltungsrat hat mit der Beschaffung von Informationen nichts zu tun, keines seiner Mitglieder ist also schuldig!

ALLE: Bravo! *Sie applaudieren.*

JULES *hört auf zu applaudieren*: In diesem Fall sehe ich nicht ganz ...

Er unterbricht sich.

Alle sehen ihn an.

Er geht hin und her. Die Blicke folgen ihm. Warum sehen Sie mich so an?

NERCIAT *nähert sich ihm*: Mut, mein lieber Palotin!

BERGERAT: Diese Zeitung ist doch etwas Ähnliches wie unser eigenes Kind.
CHARIVET: Und es wäre nicht das erste Mal, daß ein Vater sein Leben für das seines Kindes hergegeben hätte.
JULES: Ach so! Sie wollen also … *Pause.* Gut, ich akzeptiere!
ALLE: Bravo!
JULES: Ich akzeptiere, aber es wird nichts nützen, wer bin ich schon? Ein bescheidener Angestellter, dessen Namen die Leser nicht einmal kennen. Aber um die Gemüter wirklich zu beruhigen, gebe ich Ihnen den Rat: opfern Sie doch besser Ihren Präsidenten!
BERGERAT *betroffen*: Wie?
LERMINIER: Wie bitte?
CHARIVET: Ganz unrecht hat Palotin nicht!
NERCIAT: Lieber Freund …
CHARIVET: Ach, machen Sie doch die große Geste …!
NERCIAT: Und Sie übernehmen dann meinen Platz als Präsident? Es tut mir leid, aber es war Palotin, der uns Valéra vorgestellt hat.
CHARIVET: Ja, aber Sie haben seinen Reden geglaubt, ohne sie zu prüfen.
NERCIAT: Sie auch!
CHARIVET: Ich war ja nicht der Präsident.
NERCIAT: Ich auch nicht, Präsident war Mouton.
CHARIVET *auf Nerciat zugehend*: Mouton hat gleich Verdacht geschöpft, der anständige, arme Mensch!
LERMINIER *auf Nerciat zugehend*: Sein Fehler war es nicht, wenn wir in die Falle gegangen sind.
BERGERAT: Sie, Nerciat, Sie haben ihn durch Ihre Intrigen verjagt.
Nerciat stößt im Zurückweichen an den Koffer.
CHARIVET *mit einem Schrei*: Vorsicht!
NERCIAT *sich umdrehend*: Was denn?
ALLE: Der Koffer! *Sie sehen ihn zuerst voller Schrecken an, dann plötzlich befällt sie der Zorn.*
NERCIAT *zum Koffer*: Schweinerei! *Er tritt mit dem Fuß nach dem Koffer.*
BERGERAT *zum Koffer*: Ich werd dir schon zeigen, was radioaktives Pulver ist! *Fußtritt.*
CHARIVET *auf den Koffer zeigend*: Das Ding hat an allem schuld!
LERMINIER: Diesen Valéra sollte man kaltmachen!
ALLE: Bringt den Kerl um! *Sie versetzen dem Koffer Fußtritte.*
Mouton tritt ein, von Sibilot gefolgt.

4. SZENE

Dieselben – Mouton – Sibilot.

MOUTON: Bravo, meine Herren, machen Sie sich ein wenig Bewegung, das ist gesund in Ihrem Alter.
NERCIAT: Mouton!
ALLE: Mouton! Mouton!
MOUTON: Ja, Freunde, Mouton, euer früherer Präsident, dem der

brave Sibilot eben alles gestanden hat. Kommen Sie rein, Sibilot, Sie brauchen keine Angst zu haben.

SIBILOT *eintretend*: Ich bitte Sie alle sehr um Entschuldigung.

JULES: Sie Schafskopf!

MOUTON: Ruhe! Mein guter Sibilot, entschuldigen Sie sich nicht. Sie haben uns einen großen Dienst erwiesen. Wenn wir die Zeitung retten, haben wir das nur Ihnen zu verdanken.

CHARIVET: Kann man sie denn retten?

MOUTON: Wenn ich daran zweifeln würde, wäre ich dann hier?

BERGERAT: Und Sie wissen auch wie?

MOUTON: Ja.

CHARIVET *nimmt seine Hand*: Wir haben uns schändlich benommen ...

BERGERAT: Können Sie uns verzeihen ...

MOUTON: Ich verzeihe nie, ich vergesse – wenn man sich so verhält, daß ich vergessen kann. «Soir à Paris» ist ein Kulturgut. Wenn es verschwindet, wird Frankreich ärmer, und deshalb bezwinge ich meinen Groll!

CHARIVET: Was schlagen Sie vor?

MOUTON: Ich schlage gar nichts vor, ich fordere!

BERGERAT: Fordern Sie, was Sie wollen!

MOUTON *erste Forderung*: Es ist selbstverständlich, daß ich euer Präsident bin.

NERCIAT: Erlauben Sie, lieber Freund, aber eine reguläre Wahl hat stattgefunden ...

MOUTON *zu den anderen*: Denkt bitte nur an die Zeitung. Wenn Nerciat imstande ist, sie zu retten, trete ich zurück.

CHARIVET: Nerciat ist doch untüchtig.

NERCIAT: Ich möchte feststellen ...

ALLE *außer Jules und Mouton*: Abdanken, abdanken!

Nerciat zuckt die Achseln und zieht sich von der Gruppe zurück.

MOUTON *zweite Forderung*: Sie haben sieben unschuldige Mitarbeiter entlassen. Ich will, daß sie rehabilitiert und entschädigt werden!

LERMINIER: Selbstverständlich!

MOUTON: Meine Herren, jetzt komme ich auf das Wesentliche zu sprechen! Seit einem Jahr war die Zeitung auf dem absteigenden Ast. Wir dachten nur daran, den Verkauf zu steigern, die Redakteure befanden sich nur auf der besessenen Jagd nach sensationellen Informationen. Wir hatten unsere strenge und schöne Devise vergessen: Die Wahrheit, die reine Wahrheit! *Er zeigt auf das Plakat an der Wand.*

LERMINIER: Wie richtig!

MOUTON: Und woher kam das Übel? Oh, meine Herren, es kam daher, daß wir die Leitung unseres Blattes in die Hände eines Abenteurers gelegt hatten, in die Hände eines Mannes ohne Prinzipien und ohne Moral: ich meine damit Palotin.

JULES: Also daher bläst der Wind! Sie haben schon immer meinen Untergang gewollt.

MOUTON: Meine Herren, Sie haben zu wählen: er oder ich!

ALLE: Sie! Sie!

Jules: Ich bin die Seele der Zeitung gewesen, man spürte meinen Herzschlag aus jeder Zeile. Was werdet ihr Unglücklichen machen ohne den Napoleon der objektiven Presse?

Mouton: Was hat Frankreich nach Waterloo gemacht? Es hat weitergelebt. Meine Herren, auch wir werden weiterleben.

Jules: Aber schlecht! Hütet euch! *Zeigt auf Mouton:* Dieser da ist Ludwig XVIII.; das ist die Restauration. Ich werde nach St. Helena gehen. Aber hütet euch vor der Juli-Revolution!

Mouton: Gehen Sie!

Jules: Mit Freuden! Sie können vermodern, meine Herren! Verfault und vermodert! Seit heute früh ist die Aktualität auf seiten der Linksparteien! Die Sensation des Tages ist für die Linke! Links lebt jetzt der neue Schwung. Und da ich auf der Linken alles finde, gehe ich dorthin. Ich werde eine propagandistische Zeitung gründen, die euch ruinieren wird!

Sibilot: Chef! Chef! Verzeihen Sie mir, aber die Lüge drohte mich zu ersticken ...

Jules: Zurück, Judas! Geh dich aufhängen! *Geht ab.*

5. SZENE

Dieselben ohne Jules.

Mouton: Bedauert es nicht, diese Operation war für die allgemeine Gesundung notwendig. *Zeigt auf das Fenster:* Seht, Palotin geht, und die Sonne kommt hervor. Wir, meine Herren, werden nur noch die Wahrheit sagen und sie auf die Dächer hinausschreien! Was für ein edler Beruf! Unsere Zeitung und die Sonne, sie haben dieselbe Mission: die Menschen zu erleuchten! *Er geht auf sie zu.* Schwört mir, daß ihr die Wahrheit sagen werdet, die volle Wahrheit, nichts als die Wahrheit!

Alle: Ich schwöre es!

Mouton: Kommen Sie näher, Sibilot! Ich fordere Sie auf, diesem bedeutenden und hochanständigen Manne, unserem Retter, die Leitung der Zeitung zu übertragen.

Sibilot: Mir? *Er sackt zusammen.*

Mouton: Hier ist mein Plan! Ich habe vorhin den Minister angerufen. Natürlich gibt er es auf, Duval und Maistre weiterzuverfolgen – das Terrain ist zu unsicher geworden.

Charivet: Er muß ja toben!

Mouton: Das hat er auch getan, aber ich konnte ihn beruhigen. Wir haben uns über die erforderlichen Maßnahmen geeinigt. Morgen bei Sonnenaufgang werden sich dreitausend Menschen vor der sowjetischen Botschaft versammeln, um zehn werden es dreißigtausend sein. Dreimal werden die Massen den Polizeikordon durchbrechen und dabei siebzehn Fensterscheiben einwerfen. Um 3 Uhr nachmittags wird ein Antrag auf Aussprache von einem Abgeordneten der Kammer-Mehrheit eingebracht werden: sie wird die Forderung enthalten, daß man die Botschaft polizeilich durchsucht.

Charivet: Fürchten Sie nicht einen diplomatischen Zwischenfall ...

MOUTON: Ich wünsche ihn mir.

CHARIVET: Wir riskieren damit einen politischen Konflikt!

MOUTON: Wo denken Sie hin, die UdSSR und Frankreich haben keine gemeinsamen Grenzen.

NERCIAT: Worauf will das alles hinaus? Warum soll der ganze Lärm veranstaltet werden?

MOUTON: Um schon von vornherein den Lärm zu übertönen, den der «Libérateur» machen wird. Denn wir, liebe Freunde, werden zum Tanzen auffordern! Unsere heutige Nachmittagsausgabe wird die Volkswut und die antisowjetischen Kundgebungen provozieren! *Er schüttelt Sibilot:* Sibilot!

SIBILOT *kommt wieder zu sich*: Was?

MOUTON: An die Arbeit, mein Freund! Wir müssen die Titelseite umstellen. Setze zuerst mal als Untertitel: «Georges de Valéra verkauft sich an die Kommunisten!» Dann die Hauptüberschrift quer über die ganze Seite: «Nekrassow von den Sowjets während einer Gesellschaft bei Madame Bounoumi entführt!» Und weiter unten als zweite Schlagzeile: «Nachdem er zwölf Stunden in dem Keller der Botschaft verbracht hat, wurde der Unglückliche in einem Koffer nach Moskau geschickt!» Klar?

SIBILOT: Jawohl, Herr Präsident!

MOUTON: Nehmen Sie dafür sechs Spalten und entwickeln Sie das Ganze nach Ihrer Phantasie.

CHARIVET: Wird man uns glauben?

MOUTON: Nein, aber sie werden auch dem «Libérateur» nicht glauben, und darauf kommt es an! *Zu Sibilot:* Apropos, mein Lieber, die Polizei hat in Nekrassows Papieren noch eine zusätzliche Liste gefunden ...

CHARIVET: Eine Liste ...

MOUTON: Derjenigen, die beim Einmarsch der Russen erschossen werden sollen! *Zu Sibilot:* Die wichtigsten Namen veröffentlichen Sie bitte auf Seite eins: Gilbert Bécaud, Georges Duhamel und Mouton, euer Präsident. *Er beugt sich, nimmt eine Kokarde des Klubs der Erschossenen von morgen und steckt sie sich ins Knopfloch.*

CHARIVET: Kann ich jetzt in mein Bett?

MOUTON: Aber natürlich, lieber Freund, ich wache für euch! *Er stößt seine Kollegen zur Tür, Nerciat macht Miene sich zu wehren.* Auch Sie, Nerciat, gehen Sie. Wenn Sie erst mal den Kopf auf dem Kissen haben, bin ich wenigstens sicher, daß Sie keine Dummheiten machen. *Auf der Türschwelle dreht sich Mouton zu Sibilot um:* Wenn Sie mich brauchen, Sibilot, ich bin in meinem Büro.

Alle ab.

LETZTE SZENE

Sibilot allein – dann Tavernier und Périgord.

Sibilot steht auf und geht, zuerst langsam, dann immer schneller auf und ab. Dann zieht er seine Jacke aus und wirft sie mit Schwung auf einen Sessel, öffnet die Tür und ruft.

SIBILOT: Tavernier, Périgord, Konferenz über Seite eins!

Tavernier und Périgord kommen im Laufschritt herein, sehen Sibilot, bleiben verdutzt stehen.

Sibilot sieht ihnen in die Augen: Nun, meine Kinder, liebt ihr mich auch?

Vorhang

Die Eingeschlossenen

[Les Séquestrés d'Altona]

Ich glaubte, ich hätte mir den Namen Gerlach ausgedacht. Ich habe mich getäuscht: er war eine Reminiszenz. Ich bedaure meinen Irrtum um so mehr, als es sich um den Namen eines der mutigsten und bekanntesten Gegner des Nationalsozialismus handelt.

Hellmuth von Gerlach weihte sein Leben dem Kampf für den Frieden und für eine Versöhnung zwischen Frankreich und Deutschland. 1933 stand er unter den ersten Namen der von den Nazis Geächteten; man beschlagnahmte sein persönliches Vermögen und das seiner Familie. Zwei Jahre später starb er im Exil, nachdem er seine letzten Kräfte eingesetzt hatte, um seinen geflüchteten Landsleuten beizustehen.

Es ist zu spät, die Namen der Personen dieses Stückes zu ändern, aber ich bitte seine Freunde und alle, die ihm nahestanden, meinen Ausdruck tiefsten Bedauerns entgegenzunehmen.

(Für die deutsche Ausgabe wurde der Name ‹von Gerlach› in ‹Gerlach› geändert. Der Verlag.)

PERSONEN

Der Vater
Leni Gerlach
Werner Gerlach, Lenis Bruder
Johanna Gerlach, Werners Frau
Franz Gerlach, Werners älterer Bruder
Feldwebel Heinrich
Klages
Eine Frau
SS-Führer
Zwei SS-Männer
Zwei amerikanische Offiziere

Die Uraufführung von «Die Eingeschlossenen» fand am 19. September 1959 im Théâtre de la Renaissance in Paris statt.

ERSTER AKT

Ein großer Raum, vollgestopft mit protzigen und häßlichen Möbeln der Jahrhundertwende. Eine Innentreppe führt zu einem kleinen Treppenabsatz. Auf diesen mündet eine verschlossene Tür. Rechts gehen zwei Glastüren auf einen dicht belaubten Park. Das Licht, das von draußen durch das Blattwerk der Bäume fällt, wirkt fast grün. Im Hintergrund, rechts und links, zwei Türen. An der Rückwand drei große Fotos von Franz; unten und rechts über den Rahmen ein Trauerflor.

I. SZENE

Leni – Werner – Johanna.

Leni stehend, Werner in einem Sessel, Johanna auf einem Kanapee sitzend. Sie sprechen nicht. Nach einer Weile schlägt die große deutsche Standuhr dreimal. Werner springt auf.

LENI *hell auflachend, im Kommandoton*: Achtung! *Pause.* Mit 33 Jahren! *Gereizt:* Aber so setz dich doch wieder!

JOHANNA: Warum? Es ist doch soweit.

LENI: Soweit? Nein – jetzt fängt das Warten doch erst an.

Werner zuckt mit den Achseln.

Zu Werner: Wir müssen warten, das weißt du sehr wohl.

JOHANNA: Woher soll er es wissen?

LENI: Weil es die Regel ist. Bei jedem Familienrat ...

JOHANNA: Hat es viele gegeben?

LENI: Das waren unsere Feste.

JOHANNA: Jeder feiert, so gut er kann. Und was sonst?

LENI *fortfahrend*: Werner kam zu früh, und der alte Hindenburg kommt zu spät.

WERNER *zu Johanna*: Glaube ihr kein Wort: Vater ist immer von militärischer Pünktlichkeit gewesen.

LENI: Sehr richtig. Trotzdem haben wir hier auf ihn warten müssen, während er in seinem Büro eine Zigarre rauchte und auf die Uhr sah. Um drei Uhr zehn trat er dann militärisch ein. Zehn Minuten, keine mehr, keine weniger. Zwölf Minuten bei den Betriebsversammlungen, acht Minuten, wenn er bei einer Sitzung des Verwaltungsrates das Präsidium führte.

JOHANNA: Warum immer soviel Umstände?

LENI: Damit wir Zeit hatten, Angst zu haben.

JOHANNA: Und auf den Helligen?

LENI: Ein Chef kommt immer als letzter.

JOHANNA *erstaunt*: Wie? Wer behauptet das? *Sie lacht.* Daran glaubt doch heutzutage kein Mensch mehr.

LENI: Der alte Hindenburg hat fünfzig Jahre seines Lebens daran geglaubt.

JOHANNA: Vielleicht, aber heute ...

LENI: Heute glaubt er nichts mehr. *Pause.* Und trotzdem wird er zehn Minuten zu spät kommen. Die Prinzipien ändern sich, die

Gewohnheiten bleiben: Bismarck lebte noch, als unser Vater die seinen annahm. *Zu Werner:* Erinnerst du dich nicht mehr daran, wie wir immer gewartet haben? *Zu Johanna:* Er zitterte, er fragte, wer wohl bestraft werden würde!

WERNER: Hast du nicht gezittert, Leni?

LENI *lacht trocken*: Ich? Ich starb vor Angst, aber ich sagte mir: er wird dafür bezahlen.

JOHANNA *ironisch*: Nun, hat er bezahlt?

LENI *lächelnd, aber sehr hart*: Er ist dabei. *Sie wendet sich an Werner:* Wer wird bestraft, Werner? Wer von uns beiden wird bestraft? Wie uns das verjüngt! *Mit plötzlicher Heftigkeit:* Ich verabscheue Opfer, die vor ihren Henkern noch Respekt haben.

JOHANNA: Werner ist kein Opfer.

LENI: Sieh ihn dir doch an.

JOHANNA *auf den Spiegel zeigend*: Sieh dich doch selbst an.

LENI *überrascht*: Ich mich?

JOHANNA: So stolz bist du auch nicht! Und du sprichst zuviel.

LENI: Ja – um euch die Zeit zu vertreiben: ich habe schon lange keine Angst mehr vor Vater. Und diesmal wissen wir auch, was er uns sagen wird.

WERNER: Ich habe nicht die mindeste Ahnung.

LENI: Nicht die mindeste? Du Heuchler, du Pharisäer! Alles, was dir unbequem ist, das verdrängst du! *Zu Johanna:* Der alte Hindenburg wird krepieren, Johanna. Hast du das etwa nicht gewußt?

JOHANNA: Nein.

WERNER: Das ist nicht wahr! *Er bebt vor Erregung.* Ich sage dir, das ist nicht wahr.

LENI: Hör auf zu zittern! *Mit plötzlicher Heftigkeit:* Krepieren, ja – krepieren! Wie ein Hund! Und du hast es genau gewußt. Der beste Beweis dafür ist, daß du Johanna alles erzählt hast.

JOHANNA: Du irrst dich, Leni.

LENI: Ach, geh doch! Vor dir hat er doch keine Geheimnisse.

JOHANNA: Er hat eben doch welche.

LENI: Und von wem weißt du es?

JOHANNA: Von dir.

LENI *überrascht*: Von mir?

JOHANNA: Vor drei Wochen, nach der Sprechstunde, hast du dich mit einem der Ärzte im Blauen Salon getroffen.

LENI: Ja, mit Hilbert. Na und?

JOHANNA: Ich bin dir damals auf dem Gang begegnet: er hatte sich gerade verabschiedet.

LENI: Na und?

JOHANNA: Das ist alles. *Pause.* Dein Gesicht verrät dich, Leni!

LENI: Das wußte ich nicht. Danke. Sah ich so erfreut aus?

JOHANNA: Du sahst entsetzt aus.

LENI *schreit*: Das ist nicht wahr! *Sie faßt sich wieder.*

JOHANNA *sanft*: Sieh dir doch deinen Mund im Spiegel an: das Entsetzen ist auf ihm zurückgeblieben.

LENI *kurz*: Die Spiegel – die überlasse ich dir.

WERNER *auf die Lehne seines Sessels trommelnd*: Schluß damit! *Er betrachtet sie wütend.* Wenn es wahr ist, daß Vater sterben muß, dann habt doch wenigstens so viel Anstand, zu schweigen. *Zu Leni:* Was fehlt ihm denn?

Sie antwortet nicht.

Ich fragte dich, was ihm fehlt.

LENI: Das weißt du doch selbst.

WERNER: Das ist nicht wahr!

LENI: Du hast es zwanzig Minuten früher gewußt als ich.

JOHANNA: Leni? Wie willst du ...?

LENI: Ehe er in den Blauen Salon ging, ist Hilbert durch den Roten Salon gegangen. Dort hat er meinen Bruder getroffen und ihm alles gesagt.

JOHANNA *überrascht*: Werner!

Er lümmelt sich in seinem Sessel, ohne zu antworten.

Ich ... ich verstehe nicht.

LENI: Du kennst die Gerlachs noch nicht, Johanna.

JOHANNA *auf Werner zeigend*: In Hamburg habe ich vor drei Jahren einen kennengelernt, und ich habe mich auf der Stelle in ihn verliebt; er war frei, offen, fröhlich. Und was habt ihr aus ihm gemacht!

LENI: Hatte dein Gerlach damals, in Hamburg, auch schon Angst, den Mund aufzumachen?

JOHANNA: Ich sage dir doch, nein.

LENI: Er gibt sich nur hier so, wie er wirklich ist.

JOHANNA *zu Werner gewandt, traurig*: Du hast mich also belogen!

WERNER *lebhaft und heftig*: Kein Wort mehr. *Auf Leni zeigend.* Sieh dir doch ihr Lächeln an: sie bereitet das Terrain vor.

JOHANNA: Für wen?

WERNER: Für Vater. Uns haben sie als Opfer ausersehen, und als erstes suchen sie uns auseinanderzubringen. Was du auch denken magst, mach mir bitte keinen Vorwurf: du tätest nur ihnen einen Gefallen damit.

JOHANNA *zärtlich, aber ernst*: Ich habe dir gar keinen Vorwurf zu machen.

WERNER *heftig und zerstreut*: Na schön, um so besser. Um so besser!

JOHANNA: Was wollen sie eigentlich von uns?

WERNER: Hab keine Angst: sie werden es uns schon sagen.

Schweigen.

JOHANNA: Was fehlt ihm denn eigentlich?

LENI: Wem?

JOHANNA: Na – Vater.

LENI: Kehlkopfkrebs.

JOHANNA: Stirbt man daran?

LENI: Im allgemeinen ja. *Pause.* Es kann sich aber hinziehen. *Sanft:* Du hast einmal Sympathie für ihn empfunden, nicht wahr?

JOHANNA: Die empfinde ich noch.

LENI: Er gefiel allen Frauen. *Pause.* Was für eine Strafe! Dieser Mund, der so sehr geliebt wurde ... *Sie bemerkt, daß Johanna nicht versteht.* Du weißt vielleicht nicht, aber Kehlkopfkrebs hat nun einmal diese entsetzliche Folge ...

Johanna *die nun begriffen hat*: Sei still!

Leni: Du wirst noch eine echte Gerlach. Bravo!

Sie holt eine Bibel, einen dicken und schweren Band aus dem 16. Jahrhundert, und es kostet sie einige Mühe, ihn zum Tisch zu bringen.

Johanna: Was ist das?

Leni: Die Bibel. Es ist bei uns üblich, sie beim Familienrat auf dem Tisch zu haben.

Johanna blickt sie erstaunt an.

Leni setzt etwas gereizt hinzu: Ja: für den Fall, daß wir schwören.

Johanna: Es gibt hier nichts zu schwören.

Leni: Weiß man das immer?

Johanna *lacht, um sich Mut zu machen*: Du glaubst doch weder an Gott noch an den Teufel.

Leni: Das stimmt. Aber wir gehen in die Kirche und wir schwören auf die Bibel. Ich habe dir ja gesagt: ihre Lebensberechtigung hat diese Familie verloren, aber ihre guten Lebensgewohnheiten hat sie sich bewahrt. *Sie sieht auf die Uhr.* Drei Uhr zehn, Werner: du kannst aufstehen.

2. SZENE

Die gleichen – der Vater – Franz.

Im gleichen Augenblick tritt der Vater durch die Glastür ein. Werner hört, daß sich die Tür öffnet, und dreht sich halb um. Johanna ist unschlüssig, ob sie sich erheben soll oder nicht; endlich entschließt sie sich widerwillig dazu, aufzustehen. Aber der Vater durchquert schnellen Schrittes das Zimmer und nötigt sie, wieder Platz zu nehmen, indem er ihr die Hände auf die Schultern legt.

Der Vater: Aber ich bitte dich, mein Kind. *Sie nimmt wieder Platz, er neigt sich über sie, küßt ihr die Hand, wendet sich ziemlich plötzlich um und blickt Werner und Leni an.* Mit einem Wort: ich brauche euch wohl nichts mehr zu sagen? Um so besser! Dann können wir also gleich in medias res gehen. Und ohne Zeremonien, nicht wahr? *Nach kurzem Schweigen:* Also, ich bin verurteilt. *Werner faßt ihn am Arm. Der Vater macht sich fast gewaltsam los.* Ich habe gesagt: keine Zeremonien. *Werner dreht sich verletzt um und setzt sich wieder. Kurze Pause. Dann sieht der Vater alle drei an und sagt mit etwas rauher Stimme:* Wie ihr an meinen Tod glaubt! *Ohne sie aus den Augen zu lassen, so, als wolle er sich selbst überzeugen.* Ich werde krepieren. Ich werde krepieren. Das steht fest. *Er faßt sich wieder. Fast scherzend:* Liebe Kinder! Die Natur spielt mir den allerschlimmsten Streich. Ich will mich nicht besser machen, als ich bin, aber dieser Körper ist nie jemand zur Last gefallen. In sechs Monaten werde ich alle Unannehmlichkeiten einer Leiche, aber nicht ihre Vorteile haben. *Auf eine Gebärde von Werner lachend:* Setz dich: ich werde mich in Zukunft etwas gewählter ausdrücken.

Leni *interessiert und freundlich*: Du wirst …

DER VATER: Glaubst du etwa, ich werde einigen Zellen Extravaganzen gestatten – ich, der Stahl auf allen Wassern schwimmen läßt? *Nach kurzem Schweigen:* Sechs Monate, das ist mehr, als ich brauche, um meine Angelegenheiten in Ordnung zu bringen.

WERNER: Und was wird nach diesen sechs Monaten?

DER VATER: Danach? Was soll denn werden? Nichts.

LENI: Gar nichts?

DER VATER: Der Tod eines Industriellen: die Natur wird zum letztenmal in ihr Recht gesetzt.

WERNER *mit erstickter Stimme*: In ihr Recht? Durch wen?

DER VATER: Durch dich – wenn du dazu fähig bist. *Werner springt erschrocken auf, der Vater lacht.* Also ich werde alles ordnen. Ihr braucht euch nur noch um meine Beerdigung zu kümmern. *Schweigen.* Genug davon. *Ein langes Schweigen. Zu Johanna, liebevoll:* Mein Kind, ich bitte dich noch um ein wenig Geduld. *Zu Leni und Werner, in verändertem Ton:* Ihr werdet schwören – einer nach dem anderen.

JOHANNA *unruhig*: Was für Zeremonien! Du hast doch selbst gesagt, daß du keine wünschst. Was gibt es da zu schwören?

DER VATER *gutmütig*: Nicht viel, liebe Schwiegertochter. Und außerdem: Angeheiratete brauchen nicht zu schwören. *Er wendet sich an seinen Sohn mit einer Feierlichkeit, von der man nicht weiß, ob sie ironisch oder ernst gemeint ist.* Werner, steh auf. Mein Sohn, du warst Rechtsanwalt. Nach dem Tode von Franz habe ich dich zu meinem Stellvertreter gemacht, und du hast keinen Augenblick gezögert, deine Praxis aufzugeben. Das verlangt eine Belohnung: du wirst der Herr in diesem Hause und der Chef des Unternehmens werden. *Zu Johanna:* Kein Grund zur Beunruhigung, wie du siehst: ich gebe meiner Welt nur einen neuen König. *Johanna schweigt.* Nicht einverstanden?

JOHANNA: Es ist nicht m e i n e Sache, dir zu antworten.

DER VATER: Werner! *Ungeduldig:* Du lehnst ab?

WERNER *mürrisch und verwirrt*: Ich werde tun, was du wünschst.

DER VATER: Das versteht sich von selbst. *Er sieht ihn an.* Aber du tust es nur ungern?

WERNER: Ja.

DER VATER: Das größte Schiffsbauunternehmen in Europa! Es fällt dir in den Schoß, und dir blutet das Herz. Warum eigentlich?

WERNER: Ich ... sagen wir, ich sei dessen nicht würdig.

DER VATER: Das ist schon möglich. Aber ich kann nichts daran ändern: Du bist nun mal mein einziger männlicher Erbe.

WERNER: Franz besaß alle erforderlichen Qualitäten.

DER VATER: Bis auf eine, denn er ist tot.

WERNER: Bedenke, daß ich ein guter Anwalt war. Und daß ich mich ungern damit abfinden werde, ein schlechter Chef zu sein.

DER VATER: Du wirst vielleicht gar keinen so schlechten Chef abgeben.

WERNER: Wenn ich einem Menschen in die Augen sehe, bin ich unfähig, ihm etwas zu befehlen.

DER VATER: Warum?

WERNER: Weil ich das Gefühl habe, daß er genau so viel wert ist wie ich.

DER VATER: Dann sieh über die Augen. *Sich an die Stirn fassend.* Dahin zum Beispiel: da sind nur Knochen.

WERNER: Dazu muß man deinen Hochmut haben.

DER VATER: Und du hast ihn nicht?

WERNER: Woher sollte ich ihn haben? Um Franz nach deinem Vorbild zu formen, hast du keine Mühe gescheut. Ist es meine Schuld, wenn du mir nur passiven Gehorsam beigebracht hast?

DER VATER: Das ist das gleiche.

WERNER: Wie? Was ist das gleiche?

DER VATER: Gehorchen und Befehlen: in beiden Fällen gibst du Befehle weiter, die du bekommen hast.

WERNER: Bekommst du auch welche?

DER VATER: Es ist noch gar nicht so lange her, daß ich keine mehr bekomme.

WERNER: Und wer hat sie dir erteilt?

DER VATER: Ich weiß nicht. Ich selbst, vielleicht. *Lächelnd:* Ich gebe dir hier das Rezept: wenn du befehlen willst, halte dich für jemand anders.

WERNER: Ich halte mich für niemand.

DER VATER: Warte, bis ich sterbe: nach einer Woche wirst du dich für mich halten.

WERNER: Entscheidungen treffen! Entscheidungen treffen! Die ganze Verantwortung tragen! Allein! Im Namen von Zehntausenden von Menschen. Und du hast so leben können!

DER VATER: Ich treffe schon lange keine Entscheidungen mehr. Ich unterschreibe die Post. Nächstes Jahr wirst du sie unterschreiben.

WERNER: Weiter machst du nichts?

DER VATER: Nein – seit fast zehn Jahren.

WERNER: Und dazu braucht man dich? Könnte das nicht jeder andere auch machen?

DER VATER: Jeder andere.

WERNER: Ich – zum Beispiel.

DER VATER: Zum Beispiel.

WERNER: Nicht alles ist vollkommen: Es gibt so viele Räderwerke. Wenn nur eins von ihnen anfinge zu knirschen …

DER VATER: Dafür ist Gelber da. Ein bemerkenswerter Mensch, weißt du. Und er ist seit fünfundzwanzig Jahren bei uns.

WERNER: Mit einem Wort – ich habe Glück. Er wird also bestimmen.

DER VATER: Gelber? Du bist verrückt! Er ist dein Angestellter: Du bezahlst ihn dafür, daß er dir sagt, welche Anordnungen du zu treffen hast.

WERNER *nach einer Weile*: Ach! Vater, nicht ein einziges Mal in deinem Leben hast du mir wirklich vertraut. Du schiebst mich an die Spitze eines Unternehmens, weil ich dein einziger männlicher Nachkomme bin, aber du bist vorsichtig genug gewesen, mich vorher in einen Blumentopf zu verwandeln.

DER VATER *traurig lachend*: In einen Blumentopf! Und ich? Was bin ich? Ein Hut auf der Stange. *Mit trauriger und sanfter Miene, fast senil:* Das größte Unternehmen Europas ... Eine ganze Organisation, nicht wahr, eine ganze Organisation ...

WERNER: Genau. Wenn ich Langeweile habe, werde ich mir meine Plädoyers mal wieder durchlesen. Und wir werden reisen.

DER VATER: Nein.

WERNER *erstaunt:* Ich kann das ganz diskret machen.

DER VATER *gebieterisch und hochfahrend:* Kommt nicht in Frage. *Er sieht Werner und Leni an.* Jetzt hört zu. Das Erbe bleibt ungeteilt. Ich verbiete euch in aller Form, eure Anteile an irgend jemanden zu verkaufen oder dieses Haus zu verkaufen oder zu vermieten. Ich verbiete euch aber auch auszuziehen. Ihr werdet hier bis zu eurem Tode leben. Schwört das! *Zu Leni:* Mach du den Anfang!

LENI *lächelnd:* Ich erinnere dich bescheiden daran, daß Eide mich nicht binden.

DER VATER *ebenfalls lächelnd:* Los, los, Leni! Ich verlasse mich auf dich. Gib deinem Bruder ein gutes Beispiel.

LENI *geht auf die Bibel zu und nimmt sie in die Hand:* Ich ... *Sie versucht einen Lachkrampf zu unterdrücken.* Oh! Es tut mir leid. Du wirst entschuldigen, Vater, aber ich habe einen Lachkrampf. *An Johanna gewandt:* Wie jedesmal.

DER VATER *gutmütig:* Lach du ruhig, mein Kind. Ich verlange nur, daß du schwörst.

LENI *lachend:* Ich schwöre auf die Heilige Bibel, daß ich deinen letzten Willen erfüllen werde.

Der Vater betrachtet sie lachend.

Zu Werner: Nun bist du dran – Familienoberhaupt.

Werner macht einen abwesenden Eindruck.

Nun, Werner?

Werner richtet sich plötzlich auf und sieht seinen Vater mit gequälter Miene an.

Leni ernst: Erlöse uns davon, Bruder. Schwöre – dann hat die liebe Seele Ruhe.

Werner geht auf die Bibel zu.

JOHANNA *höflich und ruhig:* Einen Augenblick, bitte.

Der Vater betrachtet sie und heuchelt Erstaunen, um sie einzuschüchtern; sie erwidert seinen Blick ungerührt.

Lenis Eid war eine Farce: alles hat gelacht. Aber wenn Werner drankommt, lacht niemand mehr. Warum?

LENI: Weil dein Mann alles ernst nimmt.

JOHANNA: Ein Grund mehr zu lachen. *Pause.* Du hast ihn belauert, Leni.

DER VATER *mit Autorität:* Aber Johanna ...

JOHANNA: Du auch, Vater, du belauerst ihn auch.

LENI: Aber du belauerst mich auch.

JOHANNA: Vater, ich möchte, daß wir offen und ehrlich miteinander reden.

DER VATER *belustigt:* Du und ich?

JOHANNA: Ja – du und ich.

Der Vater lächelt. Johanna ergreift die Bibel und trägt sie mühsam zu einem Möbelstück im Hintergrund.

Zuerst wollen wir noch einmal darüber reden; dann schwöre, wer will.

LENI: Werner! Überläßt du es deiner Frau, dich zu verteidigen?

WERNER: Greift man mich denn an?

JOHANNA *zum Vater*: Ich möchte gern wissen, mit welchem Recht du über mein Leben verfügst!

DER VATER *auf Werner zeigend*: Über sein Leben verfüge ich, weil es mir gehört, über deines habe ich keine Gewalt.

JOHANNA *lächelnd*: Glaubst du, wir haben zwei Leben? Du warst doch verheiratet. Hast du ihre Mutter geliebt?

DER VATER: Wie es sich gehört.

JOHANNA *lächelnd*: Das sehe ich. Sie ist daran gestorben. Wir aber, Vater, wir lieben uns mehr, als es sich gehört. Über alles, was uns betraf, entschieden wir gemeinsam. *Pause.* Wenn er unter Zwang schwört, wenn er sich in dies Haus einschließt, um seinem Eid treu zu bleiben, dann hat er sich ohne mich und gegen mich entschieden; du trennst uns damit für immer.

DER VATER *mit einem Lächeln*: Unser Haus gefällt dir nicht?

JOHANNA: Überhaupt nicht.

Schweigen.

DER VATER: Worüber beklagst du dich denn, liebe Schwiegertochter?

JOHANNA: Ich habe einen Rechtsanwalt aus Hamburg geheiratet, der nichts als sein Talent besaß. Drei Jahre später finde ich mich in der Einsamkeit dieser Festung wieder – verheiratet mit einem Schiffsbauer.

DER VATER: Ist das so furchtbar?

JOHANNA: Für mich ja. Ich habe Werner wegen seiner Unabhängigkeit geliebt, und du weißt am besten, daß er sie verloren hat.

DER VATER: Wer hat sie ihm denn genommen?

JOHANNA: Du.

DER VATER: Vor 18 Monaten habt ihr gemeinsam den Beschluß gefaßt, euch hier einzurichten.

JOHANNA: Du hattest uns darum gebeten.

DER VATER: Nun gut. Wenn es hier überhaupt eine Schuld gibt, so bist du mitschuldig.

JOHANNA: Ich wollte ihn nicht zwingen, zwischen dir und mir zu wählen.

DER VATER: Das war ein Fehler von dir.

LENI *liebenswürdig*: Er hätte sich für dich entschieden.

JOHANNA: Eins zu zwei, daß er es getan hätte. Eins zu eins aber, daß er seine Wahl bereut hätte.

DER VATER: Warum?

JOHANNA: Weil er dich liebt.

Der Vater zuckt verdrießlich die Achseln.

Weißt du, was eine hoffnungslose Liebe ist?

Der Gesichtsausdruck des Vaters verändert sich. Leni bemerkt es.

LENI *lebhaft*: Und du, Johanna, weißt du es?

JOHANNA *kalt*: Nein. *Pause.* Aber Werner weiß es.

Werner hat sich erhoben; er geht zur Glastür.

DER VATER *zu Werner*: Wohin gehst du?

WERNER: Ich ziehe mich zurück, dann werdet ihr ungenierter sein.
JOHANNA: Werner! Ich kämpfe für uns.
WERNER: Für uns? *Sehr kurz:* Bei den Gerlachs haben die Frauen zu schweigen. *Er will das Zimmer verlassen.*
DER VATER *gütig, aber gebieterisch*: Werner!
Werner bleibt stehen.
Komm zurück und setz dich!
Werner geht langsam auf seinen Platz zurück und setzt sich so, daß er den anderen den Rücken zuwendet. Er vergräbt den Kopf in die Hände, um zu zeigen, daß er es ablehnt, sich an der Unterhaltung zu beteiligen.
Zu Johanna: Gut! Nun, meine liebe Schwiegertochter?
JOHANNA *unruhig auf Werner blickend*: Verschieben wir diese Unterhaltung! Ich bin sehr müde.
DER VATER: Nein, mein Kind. Du hast sie begonnen; jetzt müssen wir sie zu Ende führen.
Kurze Pause. Johanna sieht Werner fassungslos schweigend an.
Soll das heißen, daß ihr euch weigert, nach meinem Tode hier wohnen zu bleiben?
JOHANNA *fast flehend*: Werner! *Werner schweigt, sie ändert plötzlich ihre Haltung.* Ja, Vater. Das wollte ich sagen.
DER VATER: Wo werdet ihr wohnen?
JOHANNA: In unserer alten Wohnung.
DER VATER: Ihr wollt nach Hamburg zurückgehen?
JOHANNA: Wir werden dorthin zurückgehen.
LENI: Wenn Werner will.
JOHANNA: Er wird es wollen.
DER VATER: Und das Unternehmen? Nimmst du wenigstens meinen Vorschlag an, daß er Chef wird?
JOHANNA: Ja, wenn du es unbedingt willst und wenn es Werner Spaß macht, den Strohmann zu spielen.
DER VATER *als ob er überlege*: In Hamburg wohnen ...
JOHANNA *Hoffnung schöpfend*: Das ist das einzige, worum wir dich bitten. Willst du uns nicht wenigstens diese einzige Konzession machen?
DER VATER *liebenswürdig, aber endgültig*: Nein. *Pause.* Mein Sohn wird hier bleiben, um hier zu leben und hier zu sterben, wie ich das tue und wie mein Vater und mein Großvater es getan haben.
JOHANNA: Warum?
DER VATER: Warum nicht?
JOHANNA: Verlangt das Haus nach Bewohnern?
DER VATER: Ja.
JOHANNA *kurz und heftig*: Dann soll es einstürzen!
Leni bricht in ein Lachen aus.
LENI *verbindlich*: Soll ich es anzünden? Das war ein Traum meiner Kindheit.
DER VATER *blickt belustigt um sich*: Armes Haus! Ist es so viel Haß wert? ... Empfindet Werner diesen Abscheu auch?
JOHANNA: Werner und ich. Wie häßlich es ist!
LENI: Das wissen wir selbst.

JOHANNA: Wir sind zu viert: am Jahresende werden wir zu dritt sein. Haben wir zweiunddreißig vollgestopfte Zimmer nötig? Wenn Werner auf der Werft ist, hab ich Angst.

DER VATER: Und darum willst du uns verlassen? Das sind keine stichhaltigen Gründe.

JOHANNA: Nein.

DER VATER: Du hast noch andere.

JOHANNA: Ja.

DER VATER: Laß hören.

WERNER *mit einem Aufschrei*: Johanna, ich verbiete dir ...

JOHANNA: Nun gut – dann sprich selbst!

WERNER: Wozu das alles? Du weißt genau, daß ich ihm gehorchen werde.

JOHANNA: Warum?

WERNER: Weil er mein Vater ist. Ach! Machen wir Schluß damit! *Er erhebt sich.*

JOHANNA *sich vor ihn stellend*: Nein, Werner, nein!

DER VATER: Er hat recht, liebe Schwiegertochter. Machen wir Schluß. Eine Familie ist ein Haus. Daher bitte ich ganz besonders dich, die du in unsere Familie eingeheiratet hast, in diesem Hause wohnen zu bleiben.

JOHANNA *lacht*: Die Familie hat einen breiten Rücken: nicht ihr opferst du uns.

DER VATER: Wem sonst?

WERNER: Johanna!

JOHANNA: Deinem ältesten Sohn.
Langes Schweigen.

LENI *ruhig*: Franz ist vor fast vier Jahren in Argentinien gestorben.
Johanna lacht ihr ins Gesicht.
Wir haben seinen Totenschein im Jahre 1956 bekommen: Geh doch aufs Rathaus, dort wird man ihn dir zeigen.

JOHANNA: Tot? Ich wünschte, er wäre es. Wie soll man das Leben nennen, das er führt. Tot oder lebendig – sicher ist, daß er hier wohnt.

LENI: Nein.

JOHANNA *auf die Tür der ersten Etage zeigend*: Da oben. Hinter dieser Tür.

LENI: Was für ein Unsinn! Wer hat dir das erzählt!
Kurze Pause. Werner erhebt sich ruhig. Seit von seinem Bruder die Rede ist, leuchten seine Augen, und er gewinnt seine Sicherheit zurück.

WERNER: Wer soll es denn schon gewesen sein? Ich.

LENI: Womöglich im Bett?

JOHANNA: Warum nicht?

LENI: Pfui!

WERNER: Sie ist meine Frau. Sie hat das Recht, zu wissen, was ich weiß.

LENI: Das Recht der Liebe? Wie abgeschmackt du bist! Ich würde meine Seele geben und meine Haut zu Markte tragen für den Mann, den ich liebte, aber ich würde ihn mein ganzes Leben lang belügen, wenn es sein müßte.

WERNER *heftig*: Hört euch diese Blinde an, die von Farben spricht. Wen würdest du belügen? Papageien?

DER VATER *gebieterisch*: Schweigt jetzt – alle drei! *Er streichelt Lenis Haar zärtlich.* Der Schädel ist hart, aber das Haar ist weich. *Sie macht sich gewaltsam los, er bleibt auf der Lauer.* Seit dreizehn Jahren lebt Franz dort oben; er verläßt sein Zimmer nicht, und niemand sieht ihn – außer Leni, die sich um ihn kümmert.

WERNER: Und außer dir.

DER VATER: Außer mir? Wer hat dir das gesagt? Etwa Leni? Und du hast es geglaubt? Wie gut ihr euch versteht, ihr beiden, wenn es darum geht, mir weh zu tun. *Pause.* Ich habe ihn seit dreizehn Jahren nicht mehr gesehen.

WERNER *erstaunt*: Aber warum?

DER VATER *ganz natürlich*: Weil er mich nicht sehen will.

WERNER *nicht wissend, woran er ist*: Ah so! *Pause.* So! *Er geht an seinen Platz zurück.*

DER VATER *zu Johanna*: Ich danke dir, mein Kind. In unserer Familie, siehst du, haben wir kein Vorurteil gegen die Wahrheit. Aber wenn irgend möglich, richten wir es so ein, daß sie von einem Fremden gesagt wird. *Pause.* Also – Franz lebt dort oben, krank und allein. Was ändert das?

JOHANNA: So gut wie alles. *Pause.* Sei ganz beruhigt, Vater: eine angeheiratete Verwandte – eine Fremde wird an deiner Stelle die Wahrheit sagen. Hier also, was ich weiß: 1946 gab es einen Skandal – ich weiß nicht, worum es ging, denn Werner war noch als Kriegsgefangener in Frankreich. Es sah so aus, als ob es zur Anklage kommen würde. Franz verschwand, nach Argentinien, wie du sagst; in Wirklichkeit hält er sich hier versteckt. 1956 macht Gelber eine Blitzreise nach Südamerika und bringt von dort einen Totenschein mit. Einige Zeit später gibst du Werner den Befehl, auf seine Karriere zu verzichten, und setzt ihn hier als künftigen Erben ein. So war es doch wohl?

DER VATER: Ja. Fahre fort!

JOHANNA: Ich habe nichts mehr zu sagen. Wer Franz war, was er getan hat, was aus ihm geworden ist – das weiß ich nicht. Eins weiß ich mit Sicherheit, daß, falls wir hier bleiben, wir ihm als Sklaven dienen.

LENI *heftig*: Das ist nicht wahr! Ich genüge ihm.

JOHANNA: Das glaube ich nicht.

LENI: Er will nur mich sehen!

JOHANNA: Mag sein, aber Vater beschützt ihn aus der Ferne, und später sollen wir ihn dann beschützen. Oder bewachen. Vielleicht werden wir seine Sklaven und Kerkermeister zugleich sein.

LENI *außer sich*: Bin ich etwa seine Kerkermeisterin?

JOHANNA: Wie soll ich das wissen? Wenn ihr – ihr beide – ihn nun eingeschlossen hättet?

Kurzes Schweigen.

Leni zieht einen Schlüssel aus der Tasche.

LENI: Geh hinauf und klopfe. Wenn er nicht aufmacht: hier ist der Schlüssel.

JOHANNA *den Schlüssel nehmend*: Danke. *Sie sieht Werner an.* Was soll ich tun, Werner?

WERNER: Tu, was du willst. So oder so, du wirst sehen, daß es ein plumper Trick ist …

Johanna zögert. Dann geht sie langsam die Treppe hinauf. Sie klopft an die Tür. Einmal, zweimal. Eine Art nervöser Wut packt sie: ein Hagel von Schlägen prasselt gegen die Tür. Dann wendet sie sich dem Saal zu und schickt sich an, wieder herunterzukommen.

LENI *ruhig*: Du hast doch den Schlüssel.

Kurze Pause. Johanna ist unschlüssig, sie fürchtet sich. Werner ist ängstlich und aufgeregt. Johanna beherrscht sich, steckt den Schlüssel ins Schloß und versucht vergeblich, die Tür zu öffnen, obwohl sich der Schlüssel dreht.

LENI: Nun?

JOHANNA: Innen ist ein Riegel. Jemand muß ihn vorgeschoben haben. *Sie kommt wieder herunter.*

LENI: Wer soll ihn denn vorgeschoben haben? Ich?

JOHANNA: Vielleicht gibt es noch eine andere Tür.

LENI: Du weißt sehr gut, daß es keine gibt. Dieser Pavillon steht ganz isoliert. Wenn jemand den Riegel vorgeschoben hat, kann es nur Franz gewesen sein.

Johanna ist am Fuß der Treppe angekommen.

Nun? Schließen wir ihn ein, den Armen?

JOHANNA: Es gibt viele Methoden, einen Menschen einzuschließen. Die beste ist, es so einzurichten, daß er sich selbst einschließt.

LENI: Und wie macht man das?

JOHANNA: Man belügt ihn. *Sie sieht Leni an, die ganz aus der Fassung gebracht zu sein scheint.*

DER VATER *lebhaft zu Werner*: Hast du einen solchen Fall schon mal vor Gericht verhandelt?

WERNER: Was für einen Fall?

DER VATER: Freiheitsberaubung.

WERNER *mit erstickter Stimme*: Einmal.

DER VATER: Gut. Nimm einmal an, man hält hier eine Haussuchung ab. Dann wird sich die Staatsanwaltschaft doch der Sache annehmen, nicht wahr?

WERNER *in die Falle gegangen*: Warum sollte man eine Haussuchung vornehmen? Wo man es dreizehn Jahre lang nicht getan hat.

DER VATER: Bisher war ich da.

Kurzes Schweigen.

LENI *zu Johanna*: Und dann, ich fahr zu schnell, hast du mir gesagt. Ich könnte gegen einen Baum rasen. Was soll dann aus Franz werden?

JOHANNA: Wenn er bei Verstand ist, wird er die Dienstboten rufen.

LENI: Er ist bei Verstand, aber er wird sie nicht rufen. *Pause.* Man wird den Tod meines Bruders am Geruch wahrnehmen! *Pause.* Man wird die Tür aufbrechen und ihn auf dem Boden finden – inmitten seiner Muscheln.

JOHANNA: Was für Muscheln?

LENI: Er liebt Austern.

DER VATER *zu Johanna, freundschaftlich*: Hör auf das, was Leni sagt, liebe Schwiegertochter. Wenn er stirbt, ist das der Skandal des Jahrhunderts.
Sie schweigt.
Der Skandal des Jahrhunderts, Johanna ...

JOHANNA *hart*: Das kann dir doch gleich sein. Du bist doch dann unter der Erde.

DER VATER *lächelnd*: Ich schon. Ihr aber nicht. Sprechen wir einmal von dieser Affäre von 1946. Gibt es eine Verjährung? Antworte mir! Das ist doch dein Fach.

WERNER: Ich kenne das Delikt nicht.

DER VATER: Im günstigsten Fall: Körperverletzung. Im ungünstigsten: Mordversuch.

WERNER *mit zugeschnürter Kehle*: Da gibt es keine Verjährung.

DER VATER: Also, jetzt weißt du, was uns erwartet: Mitwisserschaft bei einem Mordversuch, Urkundenfälschung und Gebrauch der falschen Urkunde, Verbergen des Täters.

WERNER: Eine Urkundenfälschung? Was für eine Urkundenfälschung?

DER VATER *lachend*: Na – der Totenschein! Er hat mich ziemlich viel Geld gekostet. *Pause.* Nun, was sagen Sie dazu, Herr Rechtsanwalt? Das kommt doch vors Schwurgericht?
Werner schweigt.

JOHANNA: Werner, jetzt wissen wir, was gespielt wird. An uns ist es nun, zu wählen: ob wir die Dienstboten des Verrückten da sein wollen, den sie dir vorziehen, oder ob wir uns auf die Anklagebank setzen wollen. Was wählst du? Meine Wahl ist getroffen: das Schwurgericht. Mir ist eine begrenzte Gefängnisstrafe lieber als ein lebenslänglicher Kerker. *Pause.* Nun?
Werner schweigt.
Johanna macht eine Geste der Entmutigung.

DER VATER *mit Wärme*: Liebe Kinder, ich falle aus allen Wolken. Eine erpresserische Drohung! Überall Fallen! Alles klingt falsch. Alles wird übertrieben. Mein Sohn, ich bitte dich nur um ein bißchen Mitleid mit deinem Bruder. Es gibt Umstände, mit denen Leni allein nicht fertig werden kann. Im übrigen aber werdet ihr frei sein wie die Luft. Ihr werdet sehen: es wird noch alles gut werden. Franz wird nicht mehr sehr lange leben, fürchte ich: eines Nachts werdet ihr ihn im Park verscharren, und mit ihm wird der letzte echte Gerlach verschwinden ...
Werner macht eine Gebärde.
... ich würde sagen: das letzte Ungeheuer. Ihr beiden, ihr seid gesund und normal. Ihr werdet normale Kinder haben, die wohnen können, wo sie wollen. Bleib, Johanna, Werners Söhnen zuliebe. Sie werden einmal die Erben des Unternehmens sein: das ist eine märchenhafte Machtposition, und du hast nicht das Recht, sie ihnen vorzuenthalten.

WERNER *aufspringend, mit harten und leuchtenden Augen*: Wie?
Alle Blicke sind auf ihn gerichtet.
Hast du gesagt: Werners Söhnen zuliebe?
Der Vater macht erstaunt ein Zeichen der Bestätigung.

Triumphierend: Da hast du es, Johanna, da hast du den Trick. Werner und seine Kinder, Vater, die scheren dich den Teufel. Die scheren dich den Teufel! Die scheren dich den Teufel!

Johanna nähert sich ihm. Pause.

Selbst wenn du lange genug lebst, um meinen ersten Sohn zu sehen, so würde er dich anwidern, denn er wäre Fleisch von meinem Fleische, so wie ich dich auch angewidert habe in meinem Fleische seit dem Tage meiner Geburt. *Zu Johanna:* Armer Vater! Was für ein Wirrwarr! Die Kinder von Franz – die hätte er geliebt.

JOHANNA *gebieterisch*: Hör auf! Du hörst dich gern reden. Wenn du anfängst, dich zu bemitleiden, sind wir verloren.

WERNER: Im Gegenteil: ich mache mich frei. Was willst du eigentlich von mir? Soll ich sie zum Henker schicken?

JOHANNA: Ja.

WERNER *lachend*: Das lasse ich mir gefallen.

JOHANNA: Sag ihm: Nein. Ohne Geschrei, ohne zu lachen. Ganz einfach: Nein.

Werner wendet sich an seinen Vater und Leni, die ihn schweigend ansehen.

WERNER: Er sieht mich an.

JOHANNA: Na und? *Werner zuckt mit den Achseln und will sich wieder setzen. Mit tiefem Überdruß:* Werner!

Er sieht sie nicht mehr an. Langes Schweigen.

DER VATER *heimlich triumphierend*: Nun, liebe Schwiegertochter?

JOHANNA: Er hat nicht geschworen.

DER VATER: Er wird es noch tun. Die Schwachen sind die Diener der Starken: das ist Naturgesetz.

JOHANNA *verletzt*: Wer ist deiner Meinung nach stark? Der Halbverrückte da oben, der wehrloser als ein Säugling ist, oder mein Mann, den du im Stich gelassen hast und der sich allein aus der Affäre gezogen hat?

DER VATER: Werner ist schwach, Franz stark: daran kann niemand etwas ändern.

JOHANNA: Und was tun sie auf Erden – die Starken?

DER VATER: Im allgemeinen nichts.

JOHANNA: Das sehe ich.

DER VATER: Es sind die Leute, die von Natur aus mit dem Tod vertraut sind. Sie halten das Schicksal der anderen in ihren Händen.

JOHANNA: Und Franz ist so einer?

DER VATER: Ja.

JOHANNA: Wie willst du das wissen – nach dreizehn Jahren?

DER VATER: Uns vieren hier wird er sogar zum Schicksal, ohne daran zu denken.

JOHANNA: Woran denkt er denn?

LENI *ironisch und brutal, aber aufrichtig*: An seine Krabben.

JOHANNA *ironisch*: Den ganzen Tag?

LENI: Das ist sehr aufreibend.

JOHANNA: Was für alte Kamellen! Sie sind so alt wie eure Möbel. Daran glaubt ihr ja selbst nicht.

DER VATER *lächelnd*: Ich habe nur noch sechs Monate zu leben, liebe

Schwiegertochter: das ist zu kurz, um an irgend etwas zu glauben. *Pause.* Aber Werner – der glaubt daran.

WERNER: Da irrst du dich, Vater. Es war deine Idee, nicht meine, und du hast sie mir eingegeben. Aber dann bist du im Laufe der Zeit von ihr abgekommen, und du bist keineswegs unglücklich darüber, daß auch ich mich von ihr befreit habe. Ich bin ein Mensch wie jeder andere. Nicht stark, nicht schwach, irgendeiner. Ich versuche zu leben. Und Franz – ich weiß nicht, ob ich ihn noch wiedererkennen würde, aber ich bin sicher, er ist auch nur ein Durchschnittsmensch. *Er zeigt Johanna die Fotos von Franz.* Nun – was hat er mir voraus? *Er betrachtet ihn fasziniert.* Er ist nicht einmal schön!

LENI *ironisch*: Nein! Nicht einmal das.

WERNER *noch immer fasziniert, aber mit wachsender Unsicherheit*: Und wenn ich nun geboren bin, um ihn zu bedienen? Es kommt sicher vor, daß sich Sklaven gegen ihr Schicksal empören. Mir aber wird mein Bruder nicht zum Schicksal werden.

LENI: Du ziehst also vor, daß deine Frau dein Schicksal wird.

JOHANNA: Du rechnest mich zu den Starken?

LENI: Ja.

JOHANNA: Was für ein seltsamer Zufall! Und warum?

LENI: Du bist doch Schauspielerin gewesen, nicht wahr? Sogar ein Star?

JOHANNA: Schon. Und dann habe ich meinen Beruf aufgegeben. Na und?

LENI: Dann hast du Werner geheiratet, und seitdem tust du nichts und denkst an den Tod.

JOHANNA: Wenn du Werner demütigen willst, dann kannst du dir die Mühe ersparen. Als wir uns kennenlernten, habe ich dem Theater für immer valet gesagt. Ich war total verrückt. Er kann stolz darauf sein, daß er mich davor gerettet hat.

LENI: Ich sage dir, er ist es nicht.

JOHANNA *zu Werner*: Jetzt hast du das Wort.

Pause. Werner antwortet nicht.

LENI: Wie du ihn in Verlegenheit bringst, den Armen! *Pause.* Johanna, hättest du ihn auch ohne deinen Mißerfolg geheiratet? Es gibt Ehen, die sind Beerdigungen.

Johanna will antworten, aber der Vater kommt ihr zuvor.

DER VATER: Aber Leni! *Er streichelt ihr zärtlich den Kopf, aber sie entzieht sich ihm ärgerlich.* Du ereiferst dich, Leni! Wenn ich eitel wäre, würde ich glauben, daß es mein Tod ist, der dich so erbittert.

LENI *lebhaft*: So ist es auch, Vater. Du siehst ja, sie wird alles nur komplizieren.

DER VATER *lachend zu Johanna*: Sei Leni deswegen nicht böse, mein Kind. Sie will sagen, daß wir – das heißt du, Franz und ich – aus dem gleichen Holz geschnitzt sind. *Pause.* Du gefällst mir, Johanna. Manchmal schien es mir so, als ob du mich beweinen wirst. Du wirst bestimmt die einzige sein. *Er lächelt ihr zu.*

JOHANNA *plötzlich*: Wenn du die Sorgen der Lebenden noch teilst und wenn ich das Glück habe, dir zu gefallen, wie kannst du meinen Mann dann vor mir so demütigen?

Der Vater schüttelt den Kopf, ohne zu antworten.
Stehst du noch im Leben oder nicht?

DER VATER: Ja oder nein – das ist dasselbe, wenn man nur noch sechs Monate zu leben hat. *Er blickt ins Leere und spricht vor sich hin.* Das Unternehmen wird weiter wachsen, die privaten Investitionen werden nicht mehr ausreichen, der Staat wird seine Nase hineinstecken. Franz wird da oben bleiben – zehn Jahre, zwanzig Jahre lang. Er wird furchtbar leiden ...

LENI *sehr betont*: Er leidet nicht.

DER VATER *ohne auf sie zu hören*: Vorläufig ist mein Tod einfach mein Leben, das fortdauert, ohne daß ich da bin. *Pause. Er sitzt zusammengesackt und mit starrem Blick da.* Er wird graue Haare haben ... und die häßliche Fettleibigkeit der Gefangenen ...

LENI *heftig*: Hör doch auf damit!

DER VATER *ohne auf sie zu hören*: Es ist unerträglich. *Es sieht aus, als ob er leidet.*

WERNER *langsam*: Wirst du weniger unglücklich sein, wenn du weißt, daß wir hier wohnen bleiben?

JOHANNA *rasch*: Nimm dich in acht!

WERNER: Wovor? Er ist mein Vater, und ich will nicht, daß er leidet.

JOHANNA: Er leidet für den anderen da oben.

WERNER: Um so schlimmer. *Er nimmt die Bibel und bringt sie zu dem Tisch zurück, auf den Leni sie gelegt hatte.*

JOHANNA *wie eben*: Er spielt dir eine Komödie vor.

WERNER *ärgerlich, in einem Ton voller Einverständnis*: Und du? Du spielst mir keine Komödie vor? *Zum Vater:* Beantworte bitte meine Frage ... Wirst du weniger unglücklich sein ...

DER VATER: Ich weiß nicht ...

WERNER *zum Vater*: Also – wir werden schon sehen ...
Pause. Weder der Vater noch Leni bewegen sich. Sie warten gespannt ab.

JOHANNA: Eine Frage bitte. Eine einzige Frage – dann kannst du machen, was du willst.
Werner betrachtet sie mit finsterer und entschlossener Miene.

DER VATER: Warte bitte einen Augenblick, Werner.
Werner entfernt sich von der Bibel mit einem Murren, das man für Einwilligung halten kann.
Welche Frage hast du also, meine Liebe?

JOHANNA: Warum hat sich Franz eingeschlossen?

DER VATER: Das ist eine Frage, die viele andere einschließt.

JOHANNA: Erzähl mir bitte, was passiert ist.

DER VATER *mit leichter Ironie*: Nun gut. Es gab Krieg ...

JOHANNA: Den gab's für alle. Müssen sich die anderen darum auch verstecken?

DER VATER: Die anderen, die sich versteckt haben, siehst du nur nicht.

JOHANNA: Er war also im Felde.

DER VATER: Bis Kriegsende.

JOHANNA: An welcher Front?

DER VATER: In Rußland.

JOHANNA: Und wann ist er heimgekehrt?

DER VATER: Im Herbst 46.
JOHANNA: Warum erst so spät?
DER VATER: Sein Regiment ist aufgerieben worden. Franz ist zu Fuß zurückgekommen – durch Polen und das besetzte Deutschland. Und dabei hat er sich ständig verstecken müssen. Eines Tages hat er geläutet.
Fernes und undeutliches Läuten.
Er stand vor der Tür.
Franz erscheint im Hintergrund hinter seinem Vater in einem Halbschatten. Er ist in Zivil und sieht jung aus: etwa 23 bis 24 Jahre alt. Johanna, Werner und Leni sehen in dieser Rückblende und in den folgenden die beschworene Person nicht. Allein die, die sie beschwören – der Vater in den beiden ersten Erinnerungsszenen, Leni und der Vater in der dritten –, wenden sich an die beschworenen Personen, wenn sie mit ihnen sprechen. Die Personen, die an einer der Erinnerungsszenen beteiligt sind, müssen in Ton und Spiel eine Art Entfernung, «Distanzierung» ausdrücken, die auch, wenn die handelnden Personen heftig werden, den Unterschied zwischen Vergangenheit und Gegenwart deutlich werden läßt. Im Augenblick wird Franz von niemandem gesehen, auch nicht vom Vater.
Franz trägt eine geöffnete Flasche Sekt in der rechten Hand, die man nur sieht, wenn er trinkt. Ein Sektglas, das in seiner Nähe auf einem kleinen Tisch steht, ist von Nippsachen verstellt. Er nimmt es, wenn er trinkt.
JOHANNA: Und dann hat er sich sofort eingeschlossen?
DER VATER: Ins Haus sofort. Ein Jahr später dann in sein Zimmer.
JOHANNA: Und während dieses Jahres – da habt ihr ihn alle Tage gesehen?
DER VATER: So ungefähr.
JOHANNA: Was hat er denn gemacht?
DER VATER: Er hat getrunken.
JOHANNA: Und was hat er gesagt?
FRANZ *mit entfernter und mechanischer Stimme*: Guten Tag. Guten Abend. Ja. Nein.
JOHANNA: Weiter nichts?
DER VATER: Nein – außer eines Tages eine Flut von Worten. Ich habe nichts davon begriffen. *Bitter lachend.* Ich war gerade in der Bibliothek und hörte Radio.
Knistern aus einem Radio. Wiederholtes Pausenzeichen. Alle Geräusche erscheinen gedämpft.
STIMME DES SPRECHERS: Verehrte Hörer! Wir bringen Nachrichten. In Nürnberg hat der Internationale Gerichtshof den Reichsmarschall Göring …
Franz stellt das Radio ab. Auch wenn er seinen Platz wechselt, bleibt er im Halbschatten.
DER VATER, *der wieder erschrocken auffährt*: Was machst du da?
Franz betrachtet ihn mit erstorbenem Blick.
Ich will das Urteil hören.
FRANZ *während der ganzen Szene mit zynischer und finsterer Stimme*: Zum Tode durch den Strang verurteilt. *Er trinkt.*

DER VATER: Woher weißt du das?

Franz schweigt.

Der Vater wendet sich an Johanna: Du hast die Zeitungsberichte damals nicht verfolgt?

JOHANNA: Kaum. Ich war ja erst zwölf Jahre alt.

DER VATER: Sie waren alle in den Händen der Alliierten. «Wir sind Deutsche, also sind wir schuldig. Wir sind schuldig, denn wir sind Deutsche.» So konntest du es damals jeden Tag in jeder Zeitung lesen. Was für ein Wahnsinn. *Zu Franz:* Achtzig Millionen Kriegsverbrecher: Was für eine Gemeinheit. Im Höchstfall waren es drei Dutzend. Daß man sie aufhängt und uns rehabilitiert – das wird schließlich das Ende dieses Albtraumes sein. *Mit Autorität:* Sei so gut und stell das Radio wieder an. *Franz trinkt, ohne sich dabei zu bewegen. Trocken:* Du trinkst zuviel. *Franz sieht ihn mit einem so harten Blick an, daß der Vater verdutzt schweigt. Pause. Dann ergreift der Vater wieder in leidenschaftlichem Wunsch nach Verständnis das Wort.* Was gewinnt man schon damit, wenn man ein Volk zur Verzweiflung treibt? Ich zum Beispiel – womit habe ich mir die Verachtung der ganzen Welt verdient? Meine politische Einstellung ist dir ja bekannt. Oder du, Franz, der du bis Kriegsende im Felde warst?

Franz lacht vulgär.

Bist du Nazi gewesen?

FRANZ: Nein, zum Teufel!

DER VATER: Dann wähle: willst du lieber, daß die wirklichen Schuldigen verurteilt werden oder daß ihre Fehler auf alle Deutschen zurückfallen?

FRANZ, *der, ohne sich zu bewegen, in ein heftiges und trockenes Lachen ausbricht*: Haha! *Pause.* Das kommt doch aufs selbe raus.

DER VATER: Bist du verrückt?

FRANZ: Man kann ein Volk auf zwei Arten moralisch vernichten: indem man es kollektiv für schuldig erklärt oder indem man es zwingt, die Führer, die es sich selbst gegeben hat, zu verleugnen. Die zweite Art ist die schlimmere.

DER VATER: Ich verleugne niemand, und die Nazis sind nicht meine Führer gewesen; ich habe sie dulden müssen.

FRANZ: Du hast sie unterstützt.

DER VATER: Was zum Teufel sollte ich denn tun?

FRANZ: Nichts.

DER VATER: Was Göring anbelangt, so bin ich sein Opfer. Geh doch einmal durch unsere Werftanlagen. Zwölf Bombenangriffe, keine einzige Halle mehr intakt, das ist das Ergebnis seiner «Abwehr».

FRANZ *brutal*: Ich bin Göring. Wenn man ihn aufhängt, hängt man mich auf.

DER VATER: Früher hat dich Göring einmal angewidert!

FRANZ: Ich habe gehorcht.

DER VATER: Ja, deinen militärischen Vorgesetzten.

FRANZ: Und wem gehorchten sie? *Lachend:* Hitler – wir haben ihn gehaßt, andere haben ihn geliebt: wo ist da der Unterschied? Du hast ihm Kriegsschiffe geliefert – und ich Leichen. Sag mir bitte, was hätten wir noch mehr tun können, wenn wir ihn angebetet hätten?

DER VATER: Also sind wir alle schuldig?

FRANZ: Zum Donnerwetter, nein! – Im Gegenteil: niemand. Mit Ausnahme der Speichellecker, die das Urteil der Sieger noch begrüßen. Schöne Sieger das! Wir kennen sie ja zur Genüge: es sind die gleichen Leute wie 1918, mit den gleichen heuchlerischen Tugenden. Was haben sie seitdem aus uns gemacht? Was aus sich selbst? Sei still: es steht den Siegern zu, Geschichte zu machen. Sie haben sie gemacht und haben uns damit Hitler beschert. Richter? Haben sie niemals geplündert, gemordet und vergewaltigt? Die Bombe auf Hiroshima – hat Göring sie geworfen? Wenn sie uns den Prozeß machen – wer soll ihnen dann den Prozeß machen? Sie sprechen bloß von unseren Verbrechen, um das zu rechtfertigen, was sie im stillen vorbereiten: die systematische Ausrottung des deutschen Volkes. *Er zerschlägt das Glas an der Tischkante.* Unseren Feinden gegenüber sind wir alle unschuldig. Alle: Du, ich, Göring und die anderen.

DER VATER *schreiend*: Franz!

Der Lichtkegel, in dem Franz steht, wird schwächer und verlöscht dann ganz.

Franz! *Kurze Pause. Er wendet sich langsam an Johanna und lacht leise.* Ich habe nichts davon begriffen. Und du?

JOHANNA: Auch nichts. Und?

DER VATER: Das ist alles.

JOHANNA: Man müßte sich vielleicht doch für eine der beiden Möglichkeiten entscheiden: alle schuldig oder alle unschuldig?

DER VATER: Er hat sich jedenfalls nicht entschieden.

JOHANNA *träumt einen Augenblick, dann*: Es ist ja auch sinnlos.

DER VATER: Vielleicht wenn ... Ich weiß nicht.

LENI *lebhaft*: Du gehst zu weit, Johanna! Was gingen meinen Bruder Göring und seine Luftwaffe an? Er war Infanterist. Für ihn gab es nur Schuldige und Unschuldige, aber es waren nicht die gleichen. *Zum Vater, der etwas sagen will:* Ich weiß: ich sehe es alle Tage. Die Unschuldigen waren zwanzig Jahre alt, sie waren Soldaten; die Schuldigen waren fünfzig, sie waren ihre Väter.

JOHANNA: Aha, ich verstehe.

DER VATER, *er hat seine Gutmütigkeit, die bereits nachgelassen hatte, jetzt ganz verloren. Wenn er von Franz spricht, wird er leidenschaftlich*: Du verstehst gar nichts: sie lügt.

LENI: Vater! Du weißt doch ganz genau, daß Franz dich verabscheut.

DER VATER *mit Nachdruck zu Johanna*: Franz hat mich mehr als irgend jemand geliebt.

LENI: Vor dem Kriege.

DER VATER: Vor und nach dem Kriege.

LENI: Warum sagst du dann: er hat mich geliebt?

DER VATER *verdutzt*: Nun gut, Leni ... weil wir von der Vergangenheit sprachen.

LENI: Du brauchst dich nicht zu korrigieren. Du hast deine wahren Gedanken verraten. *Pause.* Mein Bruder hat sich mit achtzehn Jahren freiwillig gemeldet. Wenn Vater uns sagen würde, weshalb, dann würdest du unsere Familiengeschichte besser verstehen.

DER VATER: Sag es ihr doch selbst, Leni. Ich möchte dich nicht um dieses Vergnügen bringen.

WERNER *sich zur Ruhe zwingend*: Leni, ich warne dich: wenn du auch nur eine einzige Tatsache erwähnst, die Vater nicht zur Ehre gereicht, verlasse ich auf der Stelle das Zimmer.

LENI: So groß ist deine Angst, mir zu glauben?

WERNER: Ich lasse nicht zu, daß man meinen Vater in meiner Gegenwart beleidigt.

DER VATER *zu Werner*: Beruhige dich, Werner; ich werde es selbst sagen. Seit Kriegsbeginn gab der Staat uns Befehle. Die Flotte aber haben wir gebaut. Im Frühjahr 1941 teilte die Reichsregierung mir mit, daß sie von mir gewisse Terrains, für die wir keine Verwendung hatten, zu kaufen wünsche. Das Gelände hinter dem Hügel: du kennst es ja.

LENI: Die Reichsregierung – das hieß Himmler. Er suchte einen Platz für ein neues Konzentrationslager.

Lastendes Schweigen.

JOHANNA: Du wußtest das?

DER VATER *ruhig*: Ja.

JOHANNA: Und du hast angenommen.

DER VATER *im gleichen Ton*: Ja. *Pause.* Franz hat die Arbeiten entdeckt. Man berichtete mir, er sei am Stacheldraht entlanggeschlichen.

JOHANNA: Und dann?

DER VATER: Nichts. *Schweigen.* Er selbst hat die Sache wieder aufgerührt. An einem Tag im Juni 1941. *Der Vater wendet sich zu ihm und beobachtet ihn aufmerksam, setzt dabei aber die Unterhaltung mit Werner und Johanna fort.* Ich sah sofort, daß er einen Bock geschossen hatte. Schlimmer konnte es gar nicht kommen. Göring und Raeder waren gerade in Hamburg, um meine neuen Anlagen zu besichtigen.

FRANZ *mit jugendlicher, milder und liebevoller, aber unruhiger Stimme*: Vater, ich möchte dich sprechen.

DER VATER *sieht ihn an*: Du bist auf dem Gelände hinten gewesen?

FRANZ: Ja. *Voller Schrecken, plötzlich:* Vater – das sind keine Menschen mehr.

DER VATER: Die Bewachungsmannschaften?

FRANZ: Nein – die Häftlinge. Ich verachte mich deswegen, aber sie waren es, vor denen ich mich entsetzte: ihr Schmutz, ihr Ungeziefer, ihre Wunden. *Pause.* Sie sehen immer aus, als hätten sie Angst.

DER VATER: Sie sind das, was man aus ihnen gemacht hat.

FRANZ: Aus mir könnte man so etwas nicht machen.

DER VATER: Nein?

FRANZ: Ich würde durchhalten.

DER VATER: Und wer sagt dir, daß sie nicht durchhalten?

FRANZ: Ihre Augen.

DER VATER: Wenn du an ihrer Stelle wärst, hättest du die gleichen Augen.

FRANZ: Nein. *Mit wilder Gewißheit:* Nein.

Der Vater beobachtet ihn aufmerksam.

DER VATER: Sieh mich an. *Er hat ihm das Kinn in die Höhe gehoben und sieht ihm tief in die Augen.* Wie kommst du darauf?

FRANZ: Worauf?

DER VATER: Die Angst, eingesperrt zu werden.

FRANZ: Davor habe ich keine Angst.

DER VATER: Wünschst du es etwa?

FRANZ: Ich ... Nein.

DER VATER: Aha. *Pause.* Hätte ich dieses Gelände nicht verkaufen sollen?

FRANZ: Wenn du es verkauft hast, so doch nur, weil du nicht anders handeln konntest.

DER VATER: Ich hätte es gekonnt.

FRANZ *erstaunt*: Du hättest dich weigern können?

DER VATER: Gewiß.

Franz zeigt sich stark beeindruckt.

Was denn? Hast du kein Vertrauen mehr zu mir?

FRANZ *vertrauensvoll, sich beherrschend*: Ich weiß, du wirst es mir erklären.

DER VATER: Was gibt es da zu erklären? Irgendwo mußte Himmler seine Häftlinge schließlich unterbringen. Wenn ich mich geweigert hätte, ihm mein Gelände zur Verfügung zu stellen, hätte er es woanders gekauft.

FRANZ: Woanders?

DER VATER: Genau! Ob ein klein wenig mehr nach Westen oder nach Osten – die gleichen Häftlinge hätten unter den gleichen Kapos zu leiden gehabt – und ich hätte mir in der Reichsregierung Feinde gemacht.

FRANZ *bei seiner Meinung verharrend*: Trotzdem hättest du die Finger davon lassen sollen.

DER VATER: Und warum?

FRANZ: Weil es nicht zu dir paßt.

DER VATER: Und um dir die pharisäerhafte Freude zu machen, deine Hände in Unschuld waschen zu können, du kleiner Puritaner.

FRANZ: Vater, du erschreckst mich: du leidest nicht genug unter den Leiden der anderen.

DER VATER: Ich werde mir erlauben, unter ihnen zu leiden, sobald ich die Möglichkeit habe, die Menschen von ihnen zu befreien.

FRANZ: Diese Möglichkeit wirst du nie haben.

DER VATER: Dann werde ich eben nicht unter ihnen leiden: es wäre nur verlorene Zeit. Übrigens – leidest du denn unter ihnen? Na also! *Pause.* Auch du liebst deine Nächsten nicht, Franz, sonst hättest du es nicht über dich bringen können, diese Häftlinge zu verachten.

FRANZ *verletzt*: Ich verachte sie nicht.

DER VATER: Doch – du verachtest sie ... weil sie schmutzig sind und weil sie Angst haben. *Er erhebt sich und geht zuerst auf und ab und dann auf Johanna zu. Zu dieser:* Er glaubt noch an die Menschenwürde.

JOHANNA: Hat er unrecht damit?

DER VATER: Darüber, meine Liebe, kann ich nicht urteilen. Alles, was ich dir sagen kann, ist, daß die Gerlachs Luthers Opfer sind: dieser Prophet hat uns so hochmütig gemacht. *Er kehrt langsam an seinen ersten Platz zurück und macht Johanna auf Franz aufmerksam, indem er mit der Hand auf ihn zeigt.* Wenn Franz auf den Hügeln spazierenging, sprach er immer mit sich selbst, und wenn sein Gewissen zu einer Sache einmal «Ja» gesagt hatte, dann hättet ihr ihn eher in Stücke schneiden als von seiner Meinung abbringen können. In seinem Alter war ich genauso.

JOHANNA *ironisch*: Hattest du denn ein Gewissen?

DER VATER: Ja. Ich habe es aus Bescheidenheit aufgegeben. Es ist ein Luxus für Prinzen. Franz könnte ihn sich erlauben: wenn man nichts tut, glaubt man, für alles verantwortlich zu sein. I c h arbeitete. *Zu Franz:* Was möchtest du also gern hören? Daß Hitler und Himmler Verbrecher sind? Also gut: ich sage es hiermit. *Lachend:* Aber das ist meine ganz persönliche Meinung, mit der nicht das geringste anzufangen ist.

FRANZ: Wir sind also ohnmächtig?

DER VATER: Wenn wir uns für die Ohnmacht entscheiden – ja. Wenn du deine Zeit damit verbringst, die Menschen vor dem Thron Gottes anzuklagen, dann kannst du für sie nichts tun. *Pause.* Zwanzigtausend Arbeiter seit März. Wir bauen auf. Wir bauen auf. Meine Helligen schießen in einer Nacht aus dem Boden ... Ich habe unbeschränkte Macht.

FRANZ: Gewiß: Aber du dienst den Nazis.

DER VATER: Weil sie mir dienen. Gewiß – diese Leute da oben sind der Plebs auf dem Thron. Aber sie führen Krieg, um uns neue Märkte zu erschließen, und ich werde mich mit ihnen nicht wegen einer Terrainangelegenheit überwerfen.

FRANZ *starrköpfig*: Ich bleibe dabei: Du hättest die Hände davon lassen sollen.

DER VATER: Mein kleiner Prinz! Mein kleiner Prinz! Du willst die Welt auf deinen Schultern tragen? Die Welt ist eine schwere Last, und du kennst sie nicht. Laß das. Kümmere dich lieber um das Unternehmen: heute gehört es mir, morgen dir: es ist mein Leib und mein Blut, meine Macht, meine ganze Kraft, deine Zukunft. In zwanzig Jahren wirst d u mit deinen Schiffen die Meere beherrschen, aber wer wird dann noch nach Hitler fragen? *Pause.* Du bist zu abstrakt.

FRANZ: Nicht so sehr, wie du glaubst.

DER VATER: Ach? *Er sieht ihn aufmerksam an.* Und was hast du getan? Etwas Böses?

FRANZ *stolz*: Nein.

DER VATER: Etwas Gutes? *Langes Schweigen.* Verdammt noch mal! *Pause.* Also? Ist es schlimm?

FRANZ: Ja.

DER VATER: Mein kleiner Prinz, sei unbesorgt, ich werde es schon in Ordnung bringen.

FRANZ: Nicht dieses Mal.

DER VATER: Dieses Mal wie alle anderen Male. *Pause.* Nun? *Pause.*

Soll ich Fragen stellen? *Er überlegt.* Betrifft es die Nazis? Gut. Das Konzentrationslager? Gut. *Ihm geht plötzlich ein Licht auf.* Der Pole! *Er erhebt sich und geht aufgeregt im Zimmer auf und ab. Zu Johanna:* Da war nämlich ein polnischer Rabbiner: er war der Wache entflohen, und der Lagerkommandant hatte uns das mitgeteilt. *Zu Franz:* Und wo ist er?

FRANZ: In meinem Zimmer. *Pause.*

DER VATER: Wo hast du ihn denn gefunden?

FRANZ: Im Park. Er hat sich nicht einmal versteckt. Er hat einfach den Kopf verloren – und da ist er weggelaufen, jetzt hat er Angst. Wenn sie ihn erwischen …

DER VATER: Ich weiß. *Pause.* Wenn ihn niemand gesehen hat, ist alles gut. Wir werden ihn mit dem Lastwagen nach Hamburg schmuggeln.

Franz sieht ihn weiter gespannt an.

Hat man ihn gesehen? Schön! Und wer?

FRANZ: Fritz.

DER VATER *im Konversationston zu Johanna*: Das war unser Chauffeur – ein echter Nazi.

FRANZ: Er hat sich heute früh das Auto genommen und gesagt, er wolle damit nach Altona in die Werkstatt fahren. Aber er ist bis jetzt noch nicht zurück. *Mit einem Anflug von Stolz:* Bin ich wirklich so abstrakt?

DER VATER *lächelnd*: Mehr denn je. *Mit veränderter Stimme:* Warum hast du ihn denn in dein Zimmer gebracht? Um meine Schuld wiedergutzumachen? *Schweigen.* Antworte: Du hast es für mich getan.

FRANZ: Für uns beide. Du und ich – wir sind eins.

DER VATER: Ja. *Pause.* Wenn Fritz dich nun denunziert hat?

FRANZ *fortfahrend*: Werden sie kommen – ich weiß.

DER VATER: Geh hinauf in Lenis Zimmer und schieb den Riegel vor. Das ist ein Befehl. Ich werde schon alles in Ordnung bringen.

Franz sieht ihn zweifelnd an.

Was?

FRANZ: Der Häftling …

DER Vater: Ich habe gesagt alles! Der Häftling befindet sich unter meinem Dach. Geh jetzt.

Franz verschwindet. Der Vater setzt sich wieder.

JOHANNA: Sind sie gekommen?

DER VATER: Fünfundvierzig Minuten später.

Ein SS-Führer taucht im Hintergrund auf. Hinter ihm, unbeweglich und stumm, zwei SS-Männer.

DER SS-FÜHRER: Heil Hitler!

DER VATER *in das Schweigen hinein*: Heil Hitler! Wer sind Sie und was wollen Sie?

DER SS-FÜHRER: Wir haben Ihren Sohn soeben in seinem Zimmer mit einem entflohenen Häftling erwischt, den er seit gestern abend dort versteckt hält.

DER VATER: In seinem Zimmer? *Zu Johanna:* Er wollte sich nicht bei Leni einschließen, der gute Junge. Er hat alles auf sich genommen. *Zu dem SS-Führer:* Gut. Und was weiter?

DER SS-FÜHRER: Haben Sie verstanden?

DER VATER: Sehr gut. Mein Sohn hat damit eine große Unbesonnenheit begangen.

DER SS-FÜHRER *mit erstaunter Entrüstung*: Eine was? *Pause.* Stehen Sie auf, wenn ich mit Ihnen rede!

Das Telefon läutet.

DER VATER *ohne sich zu erheben*: Nein. *Er nimmt den Hörer ab und reicht ihn dem SS-Führer, ohne sich zu erkundigen, wer am Apparat ist. Der SS-Führer reißt ihm den Hörer aus der Hand.*

DER SS-FÜHRER *am Telefon*: Hallo? *Er schlägt dabei die Hacken zusammen.* Jawohl. Jawohl. Jawohl. Verstanden! *Während er auf das hört, was man ihm durch das Telefon sagt, blickt er den Vater erstaunt an.* Gut. Verstanden. *Er schlägt die Hacken zusammen und legt den Hörer wieder auf.*

DER VATER *hart und ohne zu lächeln*: Eine Unbesonnenheit, nicht wahr?

DER SS-FÜHRER: Jawohl – eine Unbesonnenheit.

DER VATER: Wenn Sie ihm auch nur ein Haar gekrümmt haben ...

DER SS-FÜHRER: Er stürzte sich auf uns.

DER VATER *überrascht und beunruhigt*: Mein Sohn?

Der SS-Führer macht eine beruhigende Geste.

Und Sie haben ihn geschlagen?

DER SS-FÜHRER: Nein. Ich schwöre es Ihnen. Nur überwältigt ...

DER VATER *überlegend*: Er stürzte sich auf Sie! Das ist nicht seine Art. Sie müssen ihn provoziert haben. Was haben Sie gemacht?

Der SS-Führer schweigt.

Den Häftling! *Er erhebt sich.* Vor seinen Augen? Vor den Augen meines Sohnes? *Er wird bleich vor Zorn, drohend:* Es scheint mir, Sie haben da etwas übereifrig gehandelt. Ihren Namen bitte!

DER SS-FÜHRER *erbärmlich*: Hermann Aldrich.

DER VATER: Aldrich! Ich gebe Ihnen mein Wort darauf, daß Ihnen der 2. Juni 1941 Ihr Leben lang in Erinnerung bleiben wird. Verschwinden Sie!

Der SS-Führer verschwindet mit seinen Leuten.

JOHANNA: Ist er ihm in Erinnerung geblieben?

DER VATER *lächelnd*: Ich glaube. Aber er hatte kein sehr langes Leben.

JOHANNA: Und Franz?

DER VATER: Er wurde auf der Stelle freigelassen. Das heißt unter der Bedingung, daß er sich freiwillig meldete. Schon im folgenden Winter stand er als Leutnant an der russischen Front. *Pause.* Was hast du?

JOHANNA: Die Geschichte gefällt mir nicht.

DER VATER: Ich behaupte nicht, daß sie mir gefällt. *Pause.* Das war 41, liebe Schwiegertochter.

JOHANNA *trocken*: Na und?

DER VATER: Man mußte überleben.

JOHANNA: Der Pole hat nicht überlebt.

DER VATER *gleichgültig*: Nein. Das ist nicht meine Schuld.

JOHANNA: Das frage ich mich.

WERNER: Johanna!

JOHANNA: Du hattest fünfundvierzig Minuten zur Verfügung. Was hast du in dieser Zeit unternommen, um deinen Sohn zu retten?

DER VATER: Das weißt du genau.

JOHANNA: Eben. Göring war in Hamburg, und du hast ihn angerufen.

DER VATER: Ja.

JOHANNA: Du hast ihm von dem entflohenen Häftling erzählt und ihn angefleht, sich deinem Sohn gegenüber nachsichtig zu zeigen.

DER VATER: Ich habe auch darum gebeten, das Leben des Häftlings zu schonen.

JOHANNA: Das versteht sich. *Pause.* Aber als du mit Göring telefoniertest ...

DER VATER: Ja ...

JOHANNA: ... da konntest du doch gar nicht wissen, ob der Chauffeur Franz wirklich denunziert hat.

DER VATER: Aber geh! Er hat uns dauernd bespitzelt.

JOHANNA: Ja, aber es konnte doch gut sein, daß er nichts gesehen und das Auto aus einem ganz anderen Grunde genommen hatte.

DER VATER: Kann sein.

JOHANNA: Natürlich hast du ihn nicht gefragt.

DER VATER: Wen?

JOHANNA: Diesen Fritz.

Der Vater zuckt die Achseln.

Und wo ist er jetzt?

DER VATER: In Italien – unter einem Holzkreuz.

JOHANNA *nach einer Weile*: Ach so. Davon werden wir uns nie ganz reinwaschen können. Wenn es nicht Fritz war, der den Häftling verraten hat – dann mußt du es gewesen sein.

WERNER *heftig*: Ich verbiete dir ...

DER VATER: Schrei nicht immerzu, Werner!

Werner schweigt.

Du hast recht, mein Kind. *Pause.* Als ich den Hörer abnahm, sagte ich mir, die Chancen stehen zwei zu eins.

Nach einer Weile.

JOHANNA: Zwei zu eins, einen Juden ans Messer zu liefern. *Pause.* Das hindert dich nicht, ruhig zu schlafen?

DER VATER *ruhig*: Nicht im geringsten.

WERNER *zum Vater*: Vater, ich stimme dir ohne Einschränkung zu. Alle Menschenleben haben gleichen Wert. Aber wenn man wählen muß, zieht man das des Sohnes vor.

JOHANNA *sanft*: Es geht nicht darum, was du dir denkst, Werner, sondern darum, wie Franz darüber gedacht hat. Und wie hat er darüber gedacht, Leni?

LENI *lächelnd*: Du kennst doch die Gerlachs, Johanna.

JOHANNA: Er hat geschwiegen?

LENI: Er ist abgefahren, ohne ein Wort zu sagen, und hat uns niemals geschrieben. *Pause.*

JOHANNA *zum Vater*: Du hattest ihm doch gesagt, du würdest alles in Ordnung bringen, und er hatte sich, wie immer, auf dich verlassen.

DER VATER: Ich habe mein Wort gehalten: Man hatte mir versichert, daß der Häftling nicht bestraft wird. Konnte ich auf den Gedanken kommen, daß sie ihn trotzdem vor den Augen meines Sohnes töten?

JOHANNA: Es war schließlich 1941, Vater. 1941 – da mußte man auf alles gefaßt sein. *Sie geht zu den Fotos und betrachtet sie. Pause. Während sie noch immer die Fotos betrachtet:* Er war ein kleiner Puritaner, ein Opfer Luthers: er wollte für das Gelände, das du Himmler verkauft hattest, mit seinem Blute zahlen. *Sie wendet sich an den Vater:* Du hast die Verträge rückgängig gemacht, und es ist von dem Lager nichts übriggeblieben als ein Spielplatz für die Kinder reicher Leute. Unter Lebensgefahr, sicherlich. Aber, was Franz anging ... er hat begriffen, daß man ihm alles nachsah, weil es nicht auf ihn ankam.

DER VATER, *dem plötzlich ein Gedanke kommt, auf Johanna zeigend:* Das ist die Frau, die er gebraucht hätte.

Werner und Leni wenden ihm plötzlich ihr Gesicht zu.

WERNER *wütend:* Was willst du damit sagen?

LENI: Wie geschmacklos, Vater!

DER VATER *zu den beiden anderen:* Sie hat es sofort begriffen. *Zu Johanna:* Nicht wahr? Ich hätte lieber für zwei Jahre ins Gefängnis gehen sollen. Es war sicher ein Fehler. Alles wäre besser gewesen, als dafür nicht gebüßt zu haben. *Pause. Er träumt.*

Johanna betrachtet noch immer die Fotos. Werner erhebt sich, packt sie bei den Schultern und dreht sie zu sich um.

JOHANNA *kalt:* Was willst du?

WERNER: Wegen Franz laß dir keine grauen Haare wachsen: er war nicht der Typ, sich mit einer Niederlage lange aufzuhalten.

JOHANNA: Wieso?

WERNER *auf das Foto zeigend:* Sieh doch hin! Zwölf Auszeichnungen.

JOHANNA: Zwölf Niederlagen mehr. Er lief dem Tode nach, aber er hatte kein Glück: der Tod lief schneller als er. *Zum Vater:* Aber reden wir nicht mehr davon: er war im Krieg, er ist 1946 zurückgekommen, und dann, ein Jahr später, gab es den Skandal. Worum hat es sich da gehandelt?

DER VATER: Um eine Eulenspiegelei unserer Leni.

LENI *bescheiden:* Vater ist zu gütig. Ich habe nur den Anlaß geliefert. Das war alles.

DER VATER: Wir hatten amerikanische Offiziere im Haus. Leni hat ihnen schöne Augen gemacht, und wenn sie Feuer gefangen hatten, dann flüsterte sie ihnen ins Ohr: «Ich bin Nazi.» Und beschimpfte sie als «Dreckjuden».

LENI: Um sie abzukühlen. Das war doch lustig, nicht wahr?

JOHANNA: Sehr lustig! Und waren sie abgekühlt?

DER VATER: Manche schon. Andere gingen in die Luft. Einer besonders hat die Sache sehr übelgenommen.

LENI *zu Johanna:* Der Amerikaner ist entweder Jude oder Antisemit – wenn er nicht beides zugleich ist. Der Betreffende war kein Jude: er war wütend.

JOHANNA: Und was dann?

LENI: Er wollte mich vergewaltigen. Franz kam mir zu Hilfe, sie wälzten sich am Boden, und dabei bekam der Kerl die Oberhand. Ich nahm eine Flasche und schlug sie ihm über den Schädel.

JOHANNA: War er tot?

DER VATER *sehr ruhig*: Denkst du! Die Flasche ist zerbrochen an seinem Schädel! *Pause.* Sechs Wochen Krankenhaus waren die Folge. Franz hat natürlich alles auf sich genommen.

JOHANNA: Auch den Schlag mit der Flasche?

DER VATER: Alles.

Im Hintergrund tauchen zwei amerikanische Offiziere auf. Der Vater wendet sich an sie.

Es war eine Unbesonnenheit, verstehen Sie mich recht: eine arge Unbesonnenheit. *Pause.* Ich bitte Sie, General Hopkins in meinem Namen zu danken. Sagen Sie ihm, mein Sohn wird Deutschland verlassen, sobald er sein Visum hat.

JOHANNA: Für Argentinien?

DER VATER *wendet sich an sie, während die Amerikaner wieder verschwinden*: Das war die Bedingung.

JOHANNA: Ich verstehe.

DER VATER *sehr abgespannt*: Die Amerikaner sind wirklich sehr anständig gewesen.

JOHANNA: Wie Göring 1941.

DER VATER: Anständiger! Viel anständiger! Washington hatte natürlich die Absicht, unser Werk wiederherzustellen und uns den Wiederaufbau der Handelsflotte zu übertragen.

JOHANNA: Armer Franz!

DER VATER: Was konnte ich machen? Schließlich standen große Interessen auf dem Spiel. Und sie wogen schwerer als der Schädel eines Hauptmanns. Selbst wenn ich mich nicht für Franz eingesetzt hätte, wäre die Sache von den Besatzungsmächten vertuscht worden.

JOHANNA: Das ist gut möglich. *Pause.* Er hat sich geweigert, Deutschland zu verlassen?

DER VATER: Nicht sofort. *Pause.* Man hatte mir das Visum für ihn gegeben, und er sollte an einem Sonnabend abfahren. Freitag früh kam Leni und erklärte mir, er würde niemals mehr die Treppe herunterkommen. *Pause.* Zunächst glaubte ich, er wäre tot. Aber dann sah ich die Augen meiner Tochter, und da wußte ich: sie hatte gewonnen.

JOHANNA: Was gewonnen?

DER VATER: Das hat sie niemals gesagt.

LENI *lächelnd*: Weißt du, wir spielen hier: wer verliert, gewinnt.

JOHANNA: Und was geschah dann?

DER VATER: So leben wir nun seit dreizehn Jahren.

JOHANNA *auf das Bild blickend*: Seit dreizehn Jahren …

WERNER: Das war gute Arbeit. Glaub mir, es hat mir richtig Vergnügen gemacht, alles genau zu beobachten. Wie du sie dirigiert hast, die Arme. Anfangs hat sie kaum hingehört, und zum Schluß hörte sie mit dem Fragen nicht auf. Übrigens – das Porträt ist vollendet. *Lachend:* «Du bist die Frau, die er gebraucht hätte!» Bravo, Vater! Das ist genial.

JOHANNA: Hör auf! Wir verlieren uns in Einzelheiten.

WERNER: Wir sind längst verloren: was bleibt uns noch? *Er ergreift ihren Arm oberhalb des Ellbogens, zieht sie zu sich heran und betrachtet sie.* Wohin siehst du? Du hast Augen so weiß wie eine Statue. *Er stößt sie plötzlich von sich.* So eine vulgäre Schmeichelei! Und du bist drauf reingefallen! Du enttäuschst mich, meine Liebe. *Pause, alle Augen sind auf ihn gerichtet.*

JOHANNA: Jetzt ist der Augenblick gekommen.

WERNER: Wofür?

JOHANNA: Für den Todesstoß.

WERNER: Was für einen Todesstoß?

JOHANNA: Den für dich. *Pause.* Jetzt haben sie uns soweit. Wenn sie zu mir von Franz sprachen, dann richteten sie es beide so ein, daß ihre Worte dich indirekt trafen.

WERNER: Vielleicht haben sie m i c h hinters Licht geführt?

JOHANNA: Sie haben niemanden hinters Licht geführt, aber sie haben dich glauben machen wollen, daß sie mich hinters Licht geführt hätten.

WERNER: Und warum, bitte?

JOHANNA: Um dir zu beweisen, daß dir nichts gehört – nicht einmal deine eigene Frau.

Der Vater reibt sich leise die Hände. Pause.

Dann plötzlich: Bring mich von hier fort! *Kurzes Schweigen.* Ich bitte dich darum!

Werner lacht.

Sie wird hart und kalt. Zum letztenmal bitte ich dich darum: laß uns gehen! Zum letztenmal, hörst du?

WERNER: Ich höre. Hast du sonst noch Fragen zu stellen?

JOHANNA: Nein.

WERNER: Ich tue also, was ich will.

Johanna nickt ihm erschöpft mit dem Kopf zu.

Sehr gut. *Er zeigt auf die Bibel.* Ich schwöre, daß ich Vaters letzten Willen befolgen werde.

DER VATER: Du wirst hierbleiben?

WERNER *mit der Hand noch immer auf die Bibel zeigend*: Ja – da du es so wünschst. Dies ist mein Haus, hier werde ich leben und hier werde ich sterben. *Er senkt den Kopf.*

DER VATER *erhebt sich und geht auf ihn zu. Mit dem Ausdruck liebevoller Hochachtung*: Das lasse ich mir gefallen! *Er sieht ihn lächelnd an.*

Nachdem Werner zunächst ein süßsaures Gesicht gemacht hat, lächelt er ihn schließlich an, und sein Gesicht drückt jetzt Dankbarkeit und Ergebenheit aus.

JOHANNA *alle ansehend*: So – das wäre also euer «Familienrat». *Pause.* Werner, ich gehe. Mit dir oder ohne dich – wähle.

WERNER *ohne sie anzusehen*: Ohne mich.

JOHANNA: Gut. *Kurze Pause.* Ich wünsche dir, daß du mich nicht zu sehr vermißt.

LENI: Wir werden dich alle vermissen. Besonders Vater. Wann willst du uns verlassen?

JOHANNA: Das weiß ich noch nicht. Wenn ich überzeugt bin, daß ich die Partie verloren habe.
LENI: Davon bist du nicht überzeugt?
JOHANNA *mit einem Lächeln*: Nein – noch nicht. *Pause.*
LENI *die zu begreifen glaubt*: Wenn die Polizei hier eindringt, wird man uns alle drei verhaften, weil wir einen Verbrecher versteckt halten. Mich aber wird man darüber hinaus auch noch des Mordes beschuldigen.
JOHANNA *ungerührt*: Sehe ich so aus, als würde ich die Polizei rufen? *Zum Vater:* Gestatte, daß ich mich zurückziehe.
DER VATER: Gute Nacht, mein Kind.
Sie verneigt sich kurz und geht. Werner fängt an zu lachen.
WERNER *lachend*: Nun ... Nun ... *Er hört plötzlich auf zu lachen, dann nähert er sich seinem Vater, berührt schüchtern seinen Arm und sieht ihn mit unruhiger Zärtlichkeit an.* Bist du nun zufrieden?
DER VATER *entsetzt*: Rühr mich nicht an! *Pause.* Der Familienrat ist beendet. Geh jetzt zu deiner Frau.
Werner sieht ihn einen Augenblick verzweifelt an, dann macht er kehrt und geht.

3. SZENE
Der Vater – Leni.

LENI: Glaubst du nicht, daß du doch etwas zu hart bist?
DER VATER: Mit Werner? Wenn es nötig wäre, würde ich milder mit ihm umgehen. Aber glaub mir, bei ihm ist Härte angebracht.
LENI: Man sollte es nicht auf die Spitze treiben.
DER VATER: Bah!
LENI: Seine Frau führt etwas im Schilde.
DER VATER: Das ist alles nur Theater: Der Ärger hat die Schauspielerin in ihr wieder aufgeweckt, und die Schauspielerin wünschte einen guten Abgang.
LENI: Gott gebe es ... *Pause.* Bis heute abend, Vater. *Sie wartet darauf, daß er geht, aber er rührt sich nicht.* Ich werde jetzt die Fensterladen schließen, und dann muß ich mich um Franz kümmern. *Insistierend:* Bis heute abend.
DER VATER *lächelnd*: Ich gehe schon, ich gehe schon. *Pause.* Weiß er, was mich erwartet?
LENI *erstaunt*: Wer? Ach so – Franz? Um Himmels willen – nein.
DER VATER: Ach! *Mit peinlicher Ironie:* Du wolltest ihn wohl schonen?
LENI: Ihn schonen? Du könntest unter einen Zug kommen ... *Gleichgültig:* Um offen zu sein: Ich habe einfach vergessen, es ihm zu sagen.
DER VATER: Mach dir einen Knoten ins Taschentuch!
LENI *nimmt ein Taschentuch und macht einen Knoten hinein*: So.
DER VATER: Wirst du es auch nicht vergessen?
LENI: Nein. Aber es muß sich schon eine passende Gelegenheit ergeben.

DER VATER: Wenn sie sich ergibt, dann frage ihn bitte auch, ob er bereit ist, mich zu empfangen.

LENI *matt*: Auch das noch! *Hart, aber nicht zornig:* Er wird dich nicht empfangen. Das weißt du doch seit dreizehn Jahren. Warum zwingst du mich also, dir das jeden Tag von neuem zu sagen?

DER VATER *heftig*: Was soll ich wissen, du dummes Ding! Was soll ich wissen? Du lügst, wenn du nur den Mund aufmachst. Weiß ich, ob du ihm meine Briefe überhaupt gibst und ob du meine Bitten ausrichtest? Ich frage mich manchmal, ob du ihm nicht vielleicht erzählt hast, daß ich seit zehn Jahren tot bin.

LENI *die Achseln zuckend*: Worauf bist du denn aus?

DER VATER: Ich suche die Wahrheit oder einen Schlüssel zu deinen Lügen.

LENI *auf den ersten Stock zeigend*: Die Wahrheit – die ist da oben. Geh doch hinauf – da wirst du sie schon finden. Geh! Nun geh doch!

DER VATER, *sein Ärger legt sich, er scheint erschrocken*: Du bist verrückt!

LENI: Frag ihn doch! Dann weißt du Bescheid.

DER VATER *auf ihr Spiel eingehend*: Aber ich kenne doch nicht einmal...

LENI: Ach so – das Zeichen! *Lachend:* Ach! Und ob du es kennst! Mehr als hundertmal habe ich dich dabei erwischt, wie du mir nachgeschlichen bist. Ich habe deine Schritte gehört, ich habe deinen Schatten gesehen, und ich habe den Mund gehalten, aber ich habe mich beherrschen müssen, um keinen Lachkrampf zu bekommen.
Der Vater will protestieren.
Ich habe mich getäuscht, meinst du? Nun gut – dann habe ich eben das Vergnügen, es dir selbst zu verraten.

DER VATER *unerbittlich und gegen seinen eigenen Willen*: Nein – nicht!

LENI: Gib vier, dann fünf, dann zweimal drei Klopfzeichen. Was hält dich noch zurück?

DER VATER: Wie werde ich ihn vorfinden? *Pause. Mit dumpfer Stimme:* Ich würde es nicht ertragen, wenn er mich hinauswürfe.

LENI: Es wäre dir also lieber, du könntest dich überzeugen, daß ich ihn davon abhalte, dir in die Arme zu fallen?

DER VATER *peinlich berührt*: Ich muß mich entschuldigen, Leni. Ich bin oft ungerecht. *Er fährt ihr mit der Hand zärtlich über den Kopf, sie zuckt zusammen.* Deine Haare sind weich. *Er liebkost sie zerstreut, als denke er dabei über etwas nach.* Hast du Einfluß auf ihn?

LENI *voll Stolz*: Natürlich.

DER VATER: Könntest du nicht, so nach und nach, wenn du es geschickt anfängst ... Ich bitte dich, besonders auf das zu drängen, woran mir am meisten liegt! Mein erster Besuch wird auch mein letzter sein. Ich werde nur eine Stunde bleiben. Weniger, wenn es ihn zu sehr anstrengen sollte. Und sag ihm vor allem, daß ich warten kann. *Lächelnd:* Aber natürlich – nicht zu lange.

LENI: Eine einzige Zusammenkunft also?

DER VATER: Eine einzige.

LENI: Eine einzige – und dann sterben. Wozu willst du ihn denn noch einmal sehen?

DER VATER: Um ihn wiederzusehen.

Sie lacht ihm unverschämt ins Gesicht.

Und um Abschied von ihm zu nehmen.

LENI: Was würde es ändern, wenn du dich auf französisch verabschieden würdest?

DER VATER: Alles. Wenn ich ihn noch einmal wiedersehe, kann ich den Schlußstrich unter meine Rechnung ziehen.

LENI: Wozu soviel Umstände? Das Leben zieht den Schlußstrich schon von selbst.

DER VATER: Glaubst du? *Kurzes Schweigen.* Ich muß den Schlußstrich selbst ziehen, wenn nicht alles zerfallen soll. *Mit einem fast schüchternen Lächeln:* Schließlich habe ich es gelebt, dieses Leben: ich kann nicht zulassen, daß es sich verflüchtigt. *Pause. Fast schüchtern:* Wirst du es ihm also sagen?

LENI *brutal*: Warum sollte ich? Seit dreizehn Jahren bin ich hier auf Wache gezogen, und da sollte ich in meiner Wachsamkeit nachlassen, wo es nur noch sechs Monate durchzuhalten gilt?

DER VATER: Du bewachst ihn also vor mir?

LENI: Vor allen, die seinen Untergang wünschen.

DER VATER: Ich will seinen Untergang?

LENI: Ja.

DER VATER *heftig*: Bist du irrsinnig? *Er beruhigt sich wieder. In dem brennenden Wunsch, sie zu überzeugen, fast flehend:* Hör mich bitte an: Vielleicht gehen unsere Vorstellungen über das, was ihm nützt, auseinander. Aber ich bitte ja nur darum, ihn ein einziges Mal sehen zu können. Wo sollte ich da die Zeit hernehmen, ihm zu schaden – selbst wenn ich die Absicht hätte?

Sie lacht grob.

Ich gebe dir mein Wort.

LENI: Ich habe dich nicht darum gebeten. Keine Geschenke, bitte.

DER VATER: Sagen wir offen, was wir denken!

LENI: Die Gerlachs sagen nicht, was sie denken.

DER VATER: Und du bildest dir ein, daß du mich in der Hand hast?

LENI *im gleichen Ton und mit dem gleichen Lächeln*: Habe ich dich nicht ein wenig in der Hand?

DER VATER, *dessen Mund Ironie und Geringschätzung ausdrückt*: Das denkst du!

LENI: Wer von uns beiden, Vater, hat den anderen nötig?

DER VATER *sanft*: Wer von uns beiden, Leni, versucht, dem anderen Angst einzuflößen?

LENI: Ich habe keine Angst vor dir. *Lachend:* So ein Bluff! *Sie sieht ihn herausfordernd an.* Weißt du, was mich unverwundbar macht? Ich bin glücklich.

DER VATER: Du? Was weißt du schon von Glück?

LENI: Und du? Was weißt du davon?

DER VATER: Ich brauche dich ja nur anzusehen: Dir diese Augen zu geben, war die raffinierteste Strafe, die ich mir denken kann.

LENI *fast irre vor Wut*: Ja! Ja! Meinetwegen die raffinierteste: die raffinierteste! Ich muß nun mal immer in Bewegung sein! Wenn ich stillstehe, platze ich! Das ist das Glück, das wahnsinnige Glück! *Triumphierend und bösartig:* Ich sehe Franz. Ich habe also alles, was ich will.
Der Vater lacht leise.
Sie unterbricht sich und sieht ihn unbeweglich an. Nein. Es stimmt: Du bluffst nie. Ich nehme daher an, du hast noch einen Trumpf. Gut. Zeig ihn!

DER VATER *gutmütig*: Sofort?

LENI *hart*: Sofort. Ich werde dir nicht erlauben, ihn in Reserve zu halten und in einem Augenblick auszuspielen, wenn ich nicht darauf vorbereitet bin.

DER VATER *noch immer gutmütig*: Und wenn ich ihn nun nicht zeigen will?

LENI: Dann werde ich dich dazu zwingen.

DER VATER: Und wie?

LENI: Ich bleibe hart. *Sie ergreift nicht ohne Anstrengung die Bibel und legt sie auf einen Tisch.* Franz wird dich nicht empfangen – das schwöre ich dir. *Die Hand ausstreckend.* Ich schwöre auf diese Bibel, daß du sterben wirst, ohne ihn noch einmal gesehen zu haben. *Pause.* So. *Pause.* Gib dein Spiel verloren!

DER VATER *sanft*: Sieh da! Und du hast nicht einmal einen Lachkrampf bekommen. *Er fährt ihr mit der Hand zärtlich über das Haar.* Wenn ich dir mit der Hand über das Haar streiche, muß ich an die Erde denken: außen seidenweich verkleidet, und innen kocht es. *Er reibt sich leise die Hände. Dann mit einem harmlosen und sanften Lächeln:* So – ich lasse dich jetzt allein, mein Kind. *Er geht.*

4. SZENE

Leni allein – dann Johanna – dann der Vater.

Leni bleibt links, die Augen starr auf die Tür im Hintergrund gerichtet, durch die der Vater das Zimmer verlassen hat. Sie faßt sich und geht nach rechts zu den Glastüren und öffnet sie. Danach schließt sie die großen Fensterladen und dann auch die Glastüren. Das Zimmer ist jetzt in einen Halbschatten getaucht. – Dann geht sie langsam die Treppe hinauf, die zum ersten Stock führt, und klopft bei Franz: erst viermal, dann fünfmal, dann zweimal hintereinander dreimal. – In dem Augenblick, wo sie zweimal hintereinander dreimal klopft, öffnet sich die rechte Tür im Hintergrund, und Johanna tritt leise ein. Sie lauscht. Jetzt hört man, wie ein Riegel zurückgeschoben und eine Eisenstange hochgehoben wird. Die Tür oben öffnet sich und läßt den Lichtschein durch, der das Zimmer von Franz erhellt. Er selbst erscheint nicht. Leni geht hinein und schließt die Tür hinter sich. Man hört, wie sie den Riegel wieder vorschiebt und die Eisenstange herabläßt.

Johanna tritt ins Zimmer, nähert sich einem kleinen Tischchen und trommelt mit dem Zeigefinger zweimal hintereinander dreimal auf den Tisch, um sich das Zeichen ins Gedächtnis zurückzurufen. Offen-

sichtlich hat sie die Serie der fünf und der vier Schläge nicht gehört. Sie wiederholt das Manöver.
In diesem Augenblick gehen alle Glühbirnen des Kronleuchters an. Johanna fährt zwar erschrocken auf, unterdrückt aber einen Schrei. Der Vater, der den Schalter angedreht hat, erscheint zur Linken. Johanna hält Hand und Unterarm vor die Augen.

DER VATER: Wer ist da?
Sie nimmt die Hand vom Gesicht.
Ach du, Johanna! *Er geht auf sie zu.* Das tut mir leid. *Er befindet sich jetzt in der Mitte des Zimmers.* In den Polizeiverhören strahlt man den Beschuldigten mit Scheinwerfern an. Was wirst du jetzt von mir denken, nachdem ich dich mit soviel Licht geblendet habe?
JOHANNA: Ich denke, daß du es wieder ausmachen solltest.
DER VATER *ohne sich vom Fleck zu rühren*: Und außerdem?
JOHANNA: Und außerdem, daß du zwar nicht von der Polizei bist, mich aber doch einem Verhör unterziehen möchtest.
Der Vater lächelt und läßt die Arme in geheuchelter Niedergeschlagenheit fallen.
Lebhaft: Du wirst dieses Zimmer niemals betreten. Was hättest du gemacht, wenn du mich nicht bemerkt hättest?
DER VATER: Aber du, mein Kind, wirst es auch nie betreten.
Johanna antwortet nicht.
Das Verhör findet nicht statt. *Er macht zwei Lampen an – die Lampenschirme sind aus rotem Musselin – und löscht den Kronleuchter aus.* So – nun hast du das rote Licht der Halbwahrheiten. Fühlst du dich nun wohler?
JOHANNA: Nein. Erlaube mir, daß ich mich zurückziehe.
DER VATER: Ich werde es dir erlauben, sobald du meine Antwort angehört hast.
JOHANNA: Ich habe dich nichts gefragt.
DER VATER: Du hast mich gefragt, was ich hier wollte, und ich halte mich für verpflichtet, es dir zu sagen, obwohl ich keine Veranlassung habe, darauf besonders stolz zu sein. *Kurze Pause.* Seit Jahren setze ich mich fast jeden Tag, wenn ich mich vergewissert habe, daß mich Leni nicht überraschen wird, in diesen Sessel und warte.
JOHANNA *gegen ihren Willen interessiert*: Worauf?
DER VATER: Daß Franz in seinem Zimmer auf und ab geht und daß ich das Glück habe, seine Schritte zu hören. *Pause.* Das ist alles, was man mir von meinem Sohn gelassen hat, das Tapsen von zwei Schuhsohlen auf dem Fußboden. *Pause.* In der Nacht – stehe ich auf. Wenn alles schläft, weiß ich, daß Franz wach ist: wir leiden beide an derselben Schlaflosigkeit – er und ich. Das ist auch eine Art von Gemeinsamkeit. Und du, Johanna? Wen wolltest du belauschen?
JOHANNA: Ich wollte niemanden belauschen.
DER VATER: Ach – dann war es also Zufall – reiner Zufall ... Und ein so glücklicher: ich hatte nämlich gerade den Wunsch, mit dir einmal unter vier Augen zu sprechen.
Johanna ist verwirrt.

Lebhaft: Nein, nein, keine Geheimnisse, keine Geheimnisse – außer vor Leni. Du wirst Werner natürlich alles erzählen, nehme ich an.

JOHANNA: In diesem Fall wäre es das einfachste, ihn zu rufen.

DER VATER: Ich bitte dich nur um zwei Minuten. Zwei Minuten, und ich werde ihn selbst rufen. Das heißt – wenn du es dann noch willst.
Der letzte Satz löst bei Johanna offensichtlich Überraschung aus. Sie bleibt stehen und sieht ihm ins Gesicht.

JOHANNA: Gut. Was willst du also?

DER VATER: Mit meiner Schwiegertochter über ihre Ehe sprechen.

JOHANNA: Unsere Ehe ist zerbrochen.

DER VATER: Was willst du damit sagen?

JOHANNA: Nichts Neues: Du hast sie zerbrochen.

DER VATER *bestürzt*: Mein Gott! Aber bestimmt nur aus Ungeschicklichkeit. *Fürsorglich:* Ich habe geglaubt, du würdest schon ein Mittel haben, sie wieder zu kitten.
Sie geht schnell in den Hintergrund nach links.
Was machst du da?

JOHANNA *die alle Lampen anmacht*: Das Verhör kann beginnen: ich schalte die Scheinwerfer ein. *Sie postiert sich wieder unter dem Kronleuchter.* Wo soll ich mich hinstellen? Hierher? Gut. Jetzt – unter dem kalten Licht der vollen Wahrheiten und der perfekten Lügen – erkläre ich, daß ich kein Geständnis ablegen werde, und zwar aus dem einfachen Grunde, weil ich nichts zu gestehen habe. Ich stehe allein da, ich bin machtlos, und ich bin mir meiner Ohnmacht voll und ganz bewußt. Ich gehe. Ich werde Werner in Hamburg erwarten. Wenn er nicht zurückkommt ... *Sie macht eine verzweifelte Geste.*

DER VATER *sehr ernst*: Arme Johanna. Wir haben dir nur Böses angetan! *Mit veränderter Stimme, auf einmal vertraulich und fröhlich:* Und vor allen Dingen: Mach dich schön!

JOHANNA *lächelnd*: Wie bitte?

DER VATER *lächelnd*: Ich sage: mach dich schön!

JOHANNA, *die sich fast beschimpft fühlt, heftig*: Schön!

DER VATER: Das fällt dir doch nicht schwer.

JOHANNA *auf das Spiel eingehend*: Schön! An unserem Abschiedstag, nehme ich an, werde ich hier das beste Andenken hinterlassen.

DER VATER: Nein, Johanna, an dem Tage, an dem du zu Franz gehst.
Johanna ist weiter beeindruckt.
Die zwei Minuten sind um: soll ich deinen Mann jetzt rufen?
Sie winkt ab.
Sehr gut: es bleibt unter uns.

JOHANNA: Werner wird alles erfahren.

DER VATER: Wann?

JOHANNA: In einigen Tagen. Ja, ich werde ihn sehen, deinen Franz. Ich werde diesen Haustyrannen sehen, denn es ist besser, sich direkt an Gott zu wenden, als an seine Heiligen.

DER VATER *nach einer Weile*: Ich freue mich, daß du dein Glück versuchen willst. *Er beginnt sich die Hände zu reiben, betrachtet sie und steckt sie dann in die Taschen.*

JOHANNA: Erlaube mir, daran zu zweifeln.
DER VATER: Und warum?
JOHANNA: Weil unsere Interessen auseinandergehen. Ich hoffe darauf, daß Franz wieder ein normales Leben führt.
DER VATER: Das hoffe ich auch.
JOHANNA: Du? Wenn er die Nase heraussteckt, wird ihn die Polizei verhaften, und die Familie ist entehrt.
DER VATER *lächelnd*: Ich glaube, du hast keine rechte Vorstellung von meiner Macht. Mein Sohn braucht sich nur die Mühe zu machen, herunterzukommen, alles andere werde ich sofort in Ordnung bringen.
JOHANNA: Das wäre genau das, womit du ihn wieder in sein Zimmer jagen würdest, in das er sich dann für immer einschlösse.
Der Vater hat den Kopf gesenkt und betrachtet den Teppich.
DER VATER *mit gedämpfter Stimme*: Die Chancen stehen eins zu zehn, daß er dir öffnet, eins zu hundert, daß er dich anhört, und eins zu tausend, daß er dir antwortet. Wenn du es auf dieses Tausendstel einer Chance ankommen lassen solltest ...
JOHANNA: Was ist dann?
DER VATER: Wärst du bereit, ihm zu sagen, daß ich bald sterben werde?
JOHANNA: Hat Leni nicht ...?
DER VATER: Nein. *Er hat den Kopf wieder erhoben.*
Johanna sieht ihn starr an.
JOHANNA: Das also war es? *Sie sieht ihn noch immer an.* Du lügst bestimmt nicht. *Pause.* Die Chancen stehen eins zu tausend. *Ein Schüttelfrost erfaßt sie, sie hat sich aber sofort wieder in der Gewalt.* Soll ich ihn auch fragen, ob er dich empfangen will?
DER VATER *lebhaft erschreckt*: Nein, nein! Eine Mitteilung, nichts weiter: der Alte wird bald sterben. Ohne Kommentar! Versprich mir das!
JOHANNA *lächelnd*: Ich schwöre es auf die Bibel.
DER VATER: Danke.
Sie sieht ihn noch immer an.
Zwischen den Zähnen, wie, um ihr seine Haltung zu erklären, aber mit gedämpfter Stimme, so daß es scheint, als spreche er nur mit sich selbst: Ich möchte ihm so gern helfen. Versuch es heute nicht mehr. Leni wird ihn spät verlassen, und er wird zweifellos müde sein.
JOHANNA: Morgen also?
DER VATER: Ja. So am frühen Nachmittag.
JOHANNA: Und wo finde ich dich, wenn ich dich brauche ...
DER VATER: Du wirst mich nirgends finden. *Pause.* Ich fahre nach Essen. *Pause.* Wenn dir die Sache nun mißglückt ... *Er macht eine Geste.* In einigen Tagen bin ich wieder zurück. Wenn du gewonnen oder verloren hast.
JOHANNA *beunruhigt*: Du willst mich allein lassen? *Sie faßt sich wieder.* Warum auch nicht? *Pause.* Dann wünsche ich dir also eine gute Reise und bitte dich, mir nichts zu wünschen.
DER VATER: Warte! *Mit entschuldigendem Lächeln, aber doch be-*

deutungsvoll: Ich fürchte, ich errege deine Ungeduld, mein Kind, aber ich möchte dir noch einmal sagen, du mußt schön sein.

JOHANNA: Auch das noch!

DER VATER: Seit dreizehn Jahren hat Franz jetzt niemanden gesehen. Keine Menschenseele.

JOHANNA *die Achseln zuckend*: Außer Leni.

DER VATER: Leni ist keine «Seele». Und ich frage mich, ob er sie überhaupt sieht. *Pause.* Er wird die Tür öffnen, und was geschieht dann? Wenn er nun Angst vor dir hat? Wenn er sich dann für immer in die Einsamkeit vergräbt?

JOHANNA: Was wäre damit geändert, wenn ich mir das Gesicht anmalte?

DER VATER *sanft*: Früher liebte er die Schönheit.

JOHANNA: Was konnte er schon damit anfangen, dieser Sohn eines Industriellen?

DER VATER: Das wird er dir morgen sagen.

JOHANNA: Nicht das geringste. *Pause.* Ich bin nicht schön. Ist das klar?

DER VATER: Wenn du es nicht bist, wer soll es dann sein?

JOHANNA: Niemand: es gibt nur häßliche Menschen, die sich verkleidet haben. Ich werde mich nicht mehr verkleiden.

DER VATER: Nicht einmal für Werner?

JOHANNA: Nicht einmal für Werner. Merk dir das gut. *Pause.* Begreifst du, was Worte bedeuten können? Man hat eine aus mir gemacht... eine Schönheit. Für jeden Film eine neue Schönheit. *Pause.* Entschuldige bitte – aber das ist eine Marotte von mir. Wenn man daran rührt, verliere ich den Verstand.

DER VATER: Ich muß mich bei dir entschuldigen, mein Kind.

JOHANNA: Schon gut! Du konntest es ja nicht wissen. Oder vielleicht hast du es doch gewußt. Aber das ist ja unwichtig. *Pause.* Ich bin einmal ganz hübsch gewesen, nehme ich an. Man kam und sagte mir, ich sei schön – und ich habe es geglaubt. Wußte ich überhaupt, wozu ich auf der Welt war? Es ist doch wohl nötig, seinem Leben einen Sinn zu geben. Schlimm war nur, daß sie sich geirrt hatten. *Plötzlich:* Schiffe? Können die dem Leben einen Sinn geben?

DER VATER: Nein.

JOHANNA: Das habe ich vermutet. *Pause.* Franz muß mich eben nehmen, wie ich bin. Mit diesem Kleid und mit diesem Gesicht. Irgendeine Frau, das ist immer gut genug für irgendeinen Mann. *Pause. Über ihnen beginnt Franz, im Zimmer auf und ab zu gehen. Die Schritte sind unregelmäßig, bald langsam und ungleich, bald schnell und rhythmisch, bald ein Auf-der-Stelle-Treten. – Johanna sieht den Vater voller Unruhe an, als wollte sie fragen: «Ist das Franz?»*

DER VATER *diesen Blick beantwortend*: Ja.

JOHANNA: Und du bleibst ganze Nächte hier ...

DER VATER *leichenblaß und verkrampft*: Ja.

JOHANNA: Ich gebe die Partie verloren.

DER VATER: Du glaubst wirklich, er ist verrückt?

JOHANNA: Völlig verrückt.

DER VATER: Das hat nichts mit Verrücktheit zu tun.

JOHANNA *die Achseln zuckend*: Sondern?
DER VATER: Mit seinem Unglück.
JOHANNA: Wer kann unglücklicher sein als ein Verrückter?
DER VATER: Er.
JOHANNA *brutal*: Ich werde nicht zu Franz gehen.
DER VATER: Doch! Und zwar morgen, am frühen Nachmittag. *Pause.* Wir haben keine andere Wahl, weder du noch er, noch ich.
JOHANNA *mit dem Blick zur Treppe, langsam*: Ich werde diese Treppe hinaufgehen, an die Tür klopfen ...
Pause. Die Schritte haben aufgehört.
Gut, ich werde mich schönmachen. Um mich zu schützen ...
Der Vater lächelt ihr zu und reibt sich dabei die Hände.

Ende des ersten Aktes

ZWEITER AKT

Das Zimmer von Franz. Eine Tür links in einer Vertiefung. Sie führt zum Treppenabsatz. Ein Riegel. Eine Eisenstange. Zwei Türen im Hintergrund auf beiden Seiten des Bettes: die eine führt ins Badezimmer, die andere in die Toilette. Ein außergewöhnlich großes Bett ohne Matratze und ohne Laken: auf der Sprungfedermatratze liegt nur eine Decke. An der rechten Wand steht ein Tisch. Ein einziger Stuhl. Links ein wirrer Haufen zerbrochener Möbel und beschädigter Nippsachen: dieser Trümmerhaufen ist alles, was von der Einrichtung übriggeblieben ist. An der Wand im Hintergrund rechts über dem Bett ein großes Hitlerbild. Rechts außerdem Regale. Auf den Regalen Spulen mit Tonbändern. An den Wänden Schilder – der Text in Druckschrift, deren Buchstaben jedoch mit der Hand geschrieben sind – mit der Inschrift «Don't disturb» und «Angst haben verboten!». Auf dem Tisch Austern, Sektflaschen, Sektgläser, ein Lineal usw. Schimmel an den Wänden und an der Decke.

I. SZENE

Franz – Leni.

Franz trägt eine zerrissene Wehrmachtsuniform. An manchen Stellen ist durch die Löcher im Tuch die Haut zu sehen. Er sitzt am Tisch und dreht Leni und zu drei Vierteln auch dem Publikum den Rücken zu. Auf dem Tisch Austern und Sektflaschen. Unter dem Tisch, unsichtbar, ein Tonbandgerät.

Leni kehrt, mit dem Gesicht zum Publikum, eine weiße Schürze über dem Kleid, das Zimmer aus. Während Franz mit ihr spricht, arbeitet sie ruhig, ohne Übereifer und ohne Hast, wie eine gute Hausfrau, mit völlig ausdruckslosem Gesicht, fast als schliefe sie dabei ein. Von Zeit zu Zeit wirft sie Franz einen kurzen Blick zu. Man fühlt, daß sie ihn beobachtet und daß sie nur auf das Ende seiner Rede wartet.

FRANZ: Maskierte Bewohner der Zimmerdecke, Achtung! Maskierte Bewohner der Zimmerdecke, Achtung! Man belügt euch. Zwei Milliarden falsche Zeugen! Zwei Milliarden falsche Zeugenaussagen in der Sekunde! Hört die Klagen der Menschen an: «Wir sind verraten – von unseren Taten, unseren Worten und unserem Hundeleben!» Zehnfüßler, ich bezeuge, daß sie nicht dachten, was sie sagten, und nicht taten, was sie tun wollten. Wir plädieren «Nicht schuldig». Und verurteilt vor allem nicht auf Geständnisse hin, selbst wenn sie unterschrieben sind: Man sagte damals: «Der Angeklagte hat gestanden, also ist er unschuldig.» Verehrte Zuhörer! Mein Jahrhundert war ein großer Ausverkauf: die Ausrottung der menschlichen Spezies war an höchster Stelle beschlossen worden. Mit Deutschland hat man angefangen. Noblesse oblige: Und dieser Teil des Planeten ist gesäubert. Bis auf die Knochen. *Er schenkt sich ein.* Ein einziger sagt die Wahrheit: der zerschmetterte Titan, der okulare, säkulare, reguläre, säkularisierte Zeuge, in saecula saeculorum: i c h. Der Mensch ist tot, und ich bin sein Zeuge. Jahrhunderte, ich werde euch eine Kostprobe meines Jahrhunderts zu schmecken geben, ihr werdet die Angeklagten freisprechen. Auf die Fakten pfeife ich: ich überlasse sie den falschen Zeugen. – Ich überlasse ihnen die zufälligen Anlässe und die tieferen Gründe. Aber da war dieser Geschmack. Wir haben den Mund noch reichlich voll davon. *Er trinkt.* Und wir trinken, um ihn herunterzuspülen. *Träumerisch:* Das war ein eigenartiger Geschmack, was? *Er erhebt sich plötzlich, mit Schrecken.* Ich komme noch darauf zurück.

LENI *in der Annahme, daß er seine Rede beendet hat*: Franz, ich habe mit dir zu reden.

FRANZ *schreit*: Schweige in Gegenwart der Krabben!

LENI *mit natürlicher Stimme*: Hör mich bitte an; es ist wichtig.

FRANZ *zu den Krabben*: Ihr habt euch in der Schale versteckt? Bravo! Adieu, Nacktheit! Aber warum nicht auch die Augen verstecken? Sie sind das Häßlichste, was wir haben. Hm? Warum? *Er tut so, als ob er auf etwas wartet. Man hört ein metallisches Geräusch. Er fährt erschreckt auf. Mit veränderter Stimme, trocken, schnell, wie versteinert:* Was ist das? *Er wendet sich Leni zu und betrachtet sie mißtrauisch und streng.*

LENI *ruhig*: Das Tonband. *Sie bückt sich, nimmt das Tonbandgerät und stellt es auf den Tisch.* Zu Ende. *Sie drückt auf einen Knopf, das Tonband läuft wieder zurück: die Rede von Franz läuft unverständlich schnell rückwärts ab.* Jetzt wirst du mich aber anhören.
Franz läßt sich auf den Stuhl fallen und hält die Hand krampfhaft auf die Brust.
Leni unterbricht sich: wie sie sich ihm zuwendet, sieht sie, daß er sich verkrampft hat und zu leiden scheint. Ungerührt: Fehlt dir was?

FRANZ: Was soll mir schon fehlen?

LENI: Das Herz?

FRANZ *schmerzlich*: Es klopft!

LENI: Was willst du, du Meistersinger? Ein anderes Band?

FRANZ *plötzlich ganz ruhig*: Auf keinen Fall! *Er richtet sich wieder auf und fängt an zu lachen.* Ich bin gestorben. An Erschöpfung, Leni; an Erschöpfung gestorben. Nimm sie weg!
Sie will die Spule abnehmen.
Warte! Ich will mich hören.

LENI: Von Anfang an?

FRANZ: Es ist mir gleich, wo du anfängst.
Leni stellt den Apparat an. Man hört Franz sagen: «Ein einziger sagt die Wahrheit …» usw.
Franz hört einen Augenblick zu, sein Gesicht verkrampft sich. Er spricht gegen die Bandaufnahme an. Das habe ich gar nicht sagen wollen. Wer spricht denn da? Daran ist kein wahres Wort. *Er hört weiter zu.* Ich kann diese Stimme nicht mehr ertragen. Sie ist tot. Zum Teufel! Halt das Band an! Halt das Band doch an, du machst mich verrückt …!
Leni hält, ohne sich dabei übermäßig zu beeilen, das Band an und dreht die Spule wieder zurück. Sie schreibt eine Nummer auf die Spule und ordnet sie bei den anderen ein.

Franz betrachtet sie, er macht einen entmutigten Eindruck. Gut. Wir müssen mit allem wieder von vorn anfangen.

LENI: Wie üblich.

FRANZ: Nein: ich mache Fortschritte. Eines Tages werden mir die Worte von selbst kommen, und ich werde sagen, was ich will. Und dann ist Ruhe! *Pause.* Glaubst du, daß es das gibt?

LENI: Was?

FRANZ: Ruhe?

LENI: Nein.

FRANZ: Das glaube ich auch. *Kurzes Schweigen.*

LENI: Willst du mich jetzt anhören?

FRANZ: Na!

LENI: Ich habe Angst!

FRANZ *fährt erschrocken auf*: Angst? *Er sieht sie unruhig an.* Du hast «Angst» gesagt?

LENI: Ja.

FRANZ *brutal*: Dann geh! *Er nimmt ein Lineal vom Tisch und tippt mit der Spitze des Lineals auf das Schild, auf dem die Worte «Angst haben verboten!» stehen.*

LENI: Gut. Ich habe keine Angst mehr. *Pause.* Hör mich jetzt bitte an.

FRANZ: Das tue ich. Du schreist mir ja die Ohren voll. *Pause.* Nun?

LENI: Ich weiß nicht genau, was sich da anbahnt, aber ...

FRANZ: Was bahnt sich an? Wo? In Washington? In Moskau?

LENI: Unter deinen Fußsohlen.

FRANZ: Im Erdgeschoß? *Mit plötzlicher Hellsichtigkeit:* Vater wird sterben!

LENI: Wer spricht von Vater? Er wird uns noch alle überleben.

FRANZ: Um so besser.

LENI: Um so besser?

FRANZ: Um so besser, um so schlimmer – ich pfeife drauf. Also, worum handelt es sich dann?

LENI: Du bist in Gefahr.

FRANZ *mit Überzeugung*: Ja. Nach meinem Tode! Wenn die Jahrhunderte meine Spur verlieren, schnappt mich der Schnaps. Und wer wird den Menschen retten, Leni?

LENI: Rette ihn, wer will. Franz, du bist in Gefahr, seit gestern, dein Leben ist bedroht.

FRANZ *gleichgültig*: Nun gut – dann verteidige mich: das ist deine Angelegenheit.

LENI: Ja – wenn du mir hilfst.

FRANZ: Keine Zeit. *Gutgelaunt:* Ich schreibe eine Weltgeschichte – und du kommst und störst mich mit Anekdoten.

LENI: Es wäre also eine Anekdote, wenn sie dich umbringen.

FRANZ: Ja.

LENI: Auch, wenn sie dich zu früh umbringen?

FRANZ *die Stirn runzelnd*: Zu früh? *Pause.* Wer will mich umbringen?

LENI: Die Besatzungsmächte.

FRANZ: Ach so. *Pause.* Sie bringen meine Stimme zum Schweigen und täuschen das dreißigste Jahrhundert mit gefälschten Dokumenten. *Pause.* Sie haben jemanden im Haus?

LENI: Ich glaube.
FRANZ: Wen?
LENI: Ich weiß noch nicht. Ich glaube – Werners Frau.
FRANZ: Die Bucklige?
LENI: Ja. Sie schnüffelt überall herum.
FRANZ: Gib ihr Rattengift.
LENI: Sie ist mißtrauisch.
FRANZ: Wie lästig. *Unruhig:* Ich brauche noch zehn Jahre.
LENI: Gib mir noch zehn Minuten.
FRANZ: Du langweilst mich. *Er geht zur Wand im Hintergrund und fährt mit dem Finger über die Spulen, die auf dem Regal liegen.*
LENI: Wenn man sie dir nun stiehlt?
FRANZ *macht plötzlich kehrt*: Wen?
LENI: Die Bänder.
FRANZ: Du verlierst den Kopf.
LENI *trocken*: Stell dir vor, sie kommen in meiner Abwesenheit – oder vielmehr: nachdem sie mich beseitigt haben.
FRANZ: Na und? Ich werde nicht aufmachen. *Belustigt:* Und dich wollen sie auch beseitigen?
LENI: Sie erwägen es. Was würdest du ohne mich anfangen?
Franz antwortet nicht.
Du würdest verhungern.
FRANZ: Keine Zeit zum Verhungern. Ich werde sterben, das ist alles. I c h spreche. Den Tod wird mein Körper auf sich nehmen: ich werde es nicht einmal bemerken; ich werde weitersprechen. *Schweigen.* Das hat den Vorteil, daß du mir nicht die Augen schließen kannst. Sie brechen die Tür auf, und was finden sie? Die Leiche des gemordeten Deutschland. *Er lacht.* Ich werde stinken wie Gewissensbisse.
LENI: Sie werden überhaupt nichts aufbrechen. Sie werden an die Tür klopfen, du wirst noch leben, und du wirst ihnen aufmachen.
FRANZ *mit belustigtem Erstaunen*: Ich?
LENI: Ja – du. *Pause.* Sie kennen das Zeichen.
FRANZ: Sie können es nicht kennen.
LENI: Seit sie mir nachspionieren, kannst du sicher sein, daß sie es kennen. Bei Vater zum Beispiel bin ich ganz sicher, daß er es kennt.
FRANZ: Ach! *Schweigen.* Er ist mit im Komplott?
LENI: Wer weiß? *Pause.* Ich sage dir: du wirst ihnen aufmachen.
FRANZ: Und dann?
LENI: Sie werden dir die Bänder wegnehmen.
Franz öffnet eine Schublade des Tisches, nimmt einen Dienstrevolver heraus und zeigt ihn Leni lächelnd.
FRANZ: Ist das nichts?
LENI: Sie werden sie nicht mit Gewalt nehmen. Sie werden so lange auf dich einreden, bis du sie ihnen freiwillig gibst.
Franz bricht in Lachen aus.
Franz, ich bitte dich, laß uns das Zeichen ändern.
Franz hört auf zu lachen. Er blickt sie mit duckmäuserischem und gehetztem Gesichtsausdruck an.
Also?
FRANZ: Nein. *Während er spricht, erfindet er die Gründe für seine*

Ablehnung. Alles hat seinen Zusammenhang. Die Weltgeschichte ist ein heiliger Spruch, wenn du auch nur ein Komma veränderst, bleibt nichts mehr von ihr übrig.

LENI: Zugegeben. Rühren wir also nicht an die Weltgeschichte. Du wirst ihnen die Bänder schenken. Und das Bandgerät als Zugabe. *Franz geht zu den Bändern und betrachtet sie mit gehetztem Ausdruck.*

FRANZ *zuerst zögernd und innerlich zerrissen*: Die Bänder ... Die Bänder. *Pause. Er überlegt, dann fegt er sie mit einer plötzlichen Bewegung des linken Armes vom Regal herunter, so daß sie auf die Erde fallen.* Das mache ich mit ihnen! *Er spricht in exaltierter Weise, wie wenn er Leni ein wichtiges Geheimnis anvertraut hätte. In Wahrheit aber erfindet er erst jetzt, was er sagen soll.* Das war nur eine Vorsichtsmaßnahme, mußt du wissen. Falls das dreißigste Jahrhundert die Glasscheibe nicht entdecken sollte!

LENI: Eine Glasscheibe? Das ist neu. Davon hast du mir nie erzählt.

FRANZ: Ich erzähle nicht alles, Schwesterchen. *Er reibt sich erfreut die Hände, wie der Vater im ersten Bild.* Stell dir eine schwarze Glasscheibe vor. Feiner als Äther. Überempfindlich. Ein Hauch würde sich einritzen. Der k l e i n s t e Hauch. Die ganze Weltgeschichte ist dort eingraviert, von Anbeginn der Zeit bis zu diesem Schnalzen. *Er schnalzt mit den Fingern.*

LENI: Und wo ist sie?

FRANZ: Die Glasscheibe? Überall. Hier. Sie ist die Kehrseite des Tages. Sie werden Apparate erfinden, um sie zum Schwingen zu bringen; alles wird wiedererstehen. Hm, was? *In einer plötzlichen Halluzination.* Alle unsere Taten. *Seine Stimme nimmt wieder ihren brutalen und fanatischen Ton an.* Das reinste Kino, sage ich dir: die Krabben in der Runde begaffen das brennende Rom und den tanzenden Nero. *Zu dem Foto von Hitler:* Auch dich werden sie sehen, Väterchen. Du hast doch auch getanzt, nicht wahr? Du hast auch getanzt. *Er gibt den Spulen einen Tritt.* Ins Feuer! Ins Feuer! Was habe ich noch damit zu schaffen? Schaffe mir das Zeug vom Hals! *Plötzlich:* Was hast du am 6. Dezember 1944 um 20 Uhr 30 gemacht?

Leni zuckt die Achseln.

Du weißt es nicht mehr? Sie wissen es: vor ihnen liegt dein Leben wie ein offenes Buch. Leni, ich entdecke eine schreckliche Wahrheit: wir leben unter ständiger Bewachung.

LENI: Wir?

FRANZ *ins Publikum*: Du, ich, alle diese Toten: die Menschen. *Er lacht.* Halte dich gerade! Man sieht dich an. *Düster, zu sich selbst:* Niemand ist allein.

Leni lacht trocken.

Beeile dich mit deinem Lachen, arme Leni. Das dreißigste Jahrhundert wird kommen wie ein Dieb. Ein Schalthebel dreht sich, die Nacht vibriert; du wirst mitten unter ihnen in die Luft gehen.

LENI: Lebend?

FRANZ: Tot seit tausend Jahren.

LENI *unbeteiligt*: Pffff!

FRANZ: Tot oder wieder auferstanden: die Glasscheibe wird alles wiedergeben, selbst unsere Gedanken. Hm, was? *Pause. Mit einer Unruhe, von der man nicht weiß, ob sie aufrichtig oder gespielt ist:* Und wenn wir schon mitten drin wären?

LENI: Worin?

FRANZ: Im dreißigsten Jahrhundert. Bist du sicher, daß dieses Theater zum erstenmal gespielt wird? Sind wir am Leben oder wieder auferstanden? *Er lacht.* Halte dich gerade. Wenn die Zehnfüßler uns ansehen, finden sie uns bestimmt sehr häßlich.

LENI: Wieso weißt du das?

FRANZ: Die Krabben lieben nur Krabben: das ist doch ganz natürlich.

LENI: Und wenn es Menschen wären?

FRANZ: Im dreißigsten Jahrhundert? Wenn dann noch ein Mensch übriggeblieben ist, wird man ihn in einem Museum konservieren ... Meinst du wirklich, daß sie unser Nervensystem haben werden?

LENI: Und so werden dann Krabben aus ihnen?

FRANZ *trocken*: Ja. *Pause.* Sie werden andere Körper haben und daher auch andere Gedanken. Welche, hm? Welche ... Kannst du die Bedeutung und die ungeheure Schwierigkeit meiner Aufgabe ermessen? Ich verteidige euch vor einem Gerichtshof, den ich nicht einmal kenne. Blindenarbeit: man läßt ein Wort fallen, zum Urteil; es fällt im Sturz von Jahrhundert zu Jahrhundert. Was wird es da oben bedeuten? Weißt du, daß ich manchmal unvermutet weiß sage, obwohl ich möchte, daß sie schwarz verstehen? *Er sinkt plötzlich auf dem Stuhl zusammen.* Großer Gott!

LENI: Was ist nun schon wieder?

FRANZ *entsetzt*: Die Glasscheibe!

LENI: Na und?

FRANZ: Alles wird live aufgenommen, im Augenblick. Wir müssen uns ständig kontrollieren. Diese Glasscheibe hatte mir gerade noch gefehlt! *Heftig:* Erklären! Rechtfertigen! Keinen Augenblick Ruhe! Männer, Frauen, gehetzte Henker, unbarmherzige Opfer, ich bin euer Märtyrer.

LENI: Wenn sie alles sehen, wozu brauchen sie dann deine Kommentare?

FRANZ *lacht*: Ha! Es sind doch Krabben, Leni: sie verstehen nichts. *Er wischt sich mit dem Taschentuch die Stirn, sieht auf das Taschentuch und wirft es mit Abscheu auf den Tisch.* Salziges Wasser.

LENI: Was hattest du erwartet?

FRANZ *zuckt die Achseln*: Blutigen Schweiß. Ich habe ihn verdient. *Er erhebt sich, lebhaft und mit gespielter Fröhlichkeit:* Du stehst unter meinem Befehl, Leni! Ich brauche dich für eine Live-Aufnahme! Eine Stimmprobe. Sprich laut und deutlich. *Sehr laut:* Bezeuge vor diesem Hohen Gerichtshof, daß die Kreuzritter der Demokratie uns nicht gestatten wollen, die Mauern unserer Häuser wieder aufzurichten.

Leni schweigt gereizt.

Los! Wenn du mir gehorchst, werde ich dich anhören.

LENI *zur Decke*: Ich bezeuge also, daß alles einstürzt.

FRANZ: Lauter!

LENI: Alles stürzt ein.
FRANZ: Was bleibt von München?
LENI: Ein paar Ziegelsteine.
FRANZ: Und Hamburg?
LENI: Das ist Niemandsland.
FRANZ: Und wo sind die letzten Deutschen?
LENI: In den Kellern.
FRANZ *zur Decke*: He, ihr da, begreift ihr das? Nach dreizehn Jahren? Gras bedeckt die Straßen, unsere Maschinen sind unter Geißblatt begraben. *Er tut so, als ob er zuhört.* Vergeltung? Was für eine Lüge! Keine Konkurrenz mehr in Europa – das ist das Prinzip und die Doktrin. Sag, was ist von unserem Unternehmen übriggeblieben?
LENI: Zwei Helligen.
FRANZ: Zwei! Vor dem Kriege – hatten wir hundert! *Er reibt sich die Hände. Zu Leni in natürlichem Ton:* Genug für heute. Die Stimme ist schwach, aber wenn du mehr Nachdruck gibst, kann es gehen. *Pause.* Jetzt sprich! Nun? *Pause.* Will man mich von der Moral her angreifen?
LENI: Ja.
FRANZ: Spiegelfechterei: die Moral ist aus Stahl.
LENI: Armer Franz! Er wird aus dir machen, was er will.
FRANZ: Wer?
LENI: Der Agent der Besatzungsmacht.
FRANZ: Ha! Ha!
LENI: Er wird anklopfen, du wirst aufmachen, und weißt du, was er dir sagen wird?
FRANZ: Ich pfeife darauf.
LENI: Er wird dir sagen: du hältst dich für einen Zeugen und bist in Wahrheit der Angeklagte. *Kurzes Schweigen.* Was wirst du ihm antworten?
FRANZ: Ich werfe dich hinaus! Du bist bestochen. Du willst mich also demoralisieren.
LENI: Was wirst du antworten, Franz? Was wirst du antworten? Seit zwölf Jahren wirfst du dich nun schon vor diesem zukünftigen Gerichtshof zu Boden und erkennst ihm alle Rechte zu. Warum nicht auch das Recht, dich zu verurteilen?
FRANZ *schreit*: Weil ich Entlastungszeuge bin!
LENI: Wer hat dich dazu bestimmt?
FRANZ: Die Geschichte.
LENI: Nicht wahr, es ist schon vorgekommen, daß ein Mensch sich von der Geschichte ausersehen glaubte – und dann war es der Nachbar, den sie rief.
FRANZ: Das wird mir nicht passieren. Ihr werdet alle freigesprochen. Sogar du: das wird meine Rache sein. Ich werde die Geschichte durch ein Mauseloch jagen! *Er unterbricht sich, unruhig:* Psst! Sie sind am Empfangsgerät. Du drängst mich, du drängst mich, und schließlich lasse ich mich hinreißen. *Zur Decke:* Entschuldigen Sie, verehrte Hörer: die Worte haben meine Gedanken verraten.
LENI *heftig und ironisch*: Das ist er, der Mann mit der ehernen Moral!

Geringschätzig: Du verbringst deine Zeit damit, dich zu entschuldigen.

FRANZ: Ich wollte dich an meiner Stelle sehen. Heute abend werden sie mit den Zähnen knirschen.

LENI: Krabben? Die knirschen mit den Zähnen?

FRANZ: Diese schon. Das ist sehr unangenehm. *Zur Decke:* Verehrte Hörer, würden Sie bitte meine Berichtigung zur Kenntnis nehmen...

LENI *in einem Ausbruch*: Genug! Genug! Jag sie doch zum Teufel!

FRANZ: Verlierst du den Verstand?

LENI: Weise ihren Hohen Gerichtshof zurück, bitte, er ist dein einziger schwacher Punkt. Sag ihnen: «Ihr seid nicht meine Richter!» Und du wirst niemand mehr zu fürchten haben. Weder in dieser Welt noch in jener.

FRANZ *heftig*: Verschwinde. *Er nimmt zwei Muscheln und reibt sie gegeneinander.*

LENI: Ich bin noch nicht mit dem Haushalt fertig.

FRANZ: Sehr gut: dann gehe ich inzwischen ins dreißigste hinauf. *Er erhebt sich, wobei er Leni weiter den Rücken zukehrt, und dreht ein Schild, das die Aufschrift «Don't disturb!» trägt, um. Jetzt liest man auf der Rückseite «Bis morgen mittag abwesend». Dann setzt er sich wieder und beginnt, die Muscheln wieder gegeneinander zu reiben.* Du siehst mich dauernd an: mir wird ganz heiß im Nacken. Ich verbiete dir, mich dauernd anzustarren. Wenn du bleibst, dann beschäftige dich.

Leni rührt sich nicht.

LENI: Ich werde, wenn du mit mir sprichst.

FRANZ: Du machst mich noch verrückt! Verrückt! Verrückt!

LENI *lacht kurz, ohne wirklich fröhlich zu sein*: Das möchtest du gerne!

FRANZ: Du willst mich also ansehen! Dann sieh mich an! *Er erhebt sich und ahmt den Paradeschritt nach:* Eins, zwei! Eins, zwei!

LENI: Hör auf!

FRANZ: Eins, zwei! Eins, zwei!

LENI: Hör auf, ich bitte dich!

FRANZ: Was, meine Schöne, hast du Angst vor einem Soldaten?

LENI: Ich habe Angst, dich zu verachten. *Sie macht ihre Schürze auf, wirft sie aufs Bett und macht Anstalten zu gehen.*

Franz bleibt stehen.

FRANZ: Leni!

Sie ist an der Tür angelangt.

Mit ratloser Zärtlichkeit: Laß mich bitte nicht allein.

LENI *kommt zurück, leidenschaftlich*: Du willst, daß ich bleibe?

FRANZ *im gleichen Ton*: Ich brauche dich, Leni.

Leni geht mit fassungslosem Gesicht auf ihn zu.

LENI: Liebster! *Sie ist jetzt bei ihm, erhebt zögernd eine Hand und fährt ihm zärtlich über das Gesicht.*

FRANZ *läßt sie einen Augenblick gewähren und springt dann zurück*: Auf Abstand! Respektvollen Abstand! Und vor allem keine Emotionen!

Leni *lächelnd*: Puritaner!

Franz: Puritaner! *Pause.* Glaubst du? *Er nähert sich ihr wieder und streicht ihr mit der Hand zärtlich über Schultern und Hals.*

Sie läßt es sich gefallen, verwirrt.

Puritaner verstehen sich nicht auf Zärtlichkeiten. *Er fährt ihr zärtlich über die Brust, sie erschauert und schließt die Augen.* Aber ich.

Sie lehnt sich an ihn.

Er löst sich unvermittelt. Geh weg! Du ekelst mich an.

Leni *geht einen Schritt zurück. Mit eisiger Ruhe*: Das war nicht immer so!

Franz: Immer! Immer! Vom ersten Tage an!

Leni: Geh auf die Knie! Warum zögerst du, die anderen um Vergebung zu bitten!

Franz: Vergebung wofür? Es ist nichts geschehen!

Leni: Und gestern?

Franz: Nichts, sage ich dir! Überhaupt nichts!

Leni: Nichts, außer einem Inzest.

Franz: Immer übertreibst du!

Leni: Bist du etwa nicht mein Bruder?

Franz: Aber ja, aber ja.

Leni: Hast du etwa nicht mit mir geschlafen?

Franz: Doch, ein bißchen.

Leni: Selbst wenn du es nur einmal getan hättest ... Fürchtest du dich so vor Worten?

Franz *zuckt die Achseln*: Worte! *Pause.* Wenn man ein Wort finden müßte für jede Drangsal dieses Kadavers! *Er lacht.* Willst du behaupten, daß ich richtig mit dir schlafe? Oh! Schwesterchen! Du bist da, ich schließe dich in meine Arme, Spezies schläft mit Spezies – wie sie es jede Nacht auf dieser Welt milliardenmal tut. *Zur Decke:* Aber ich möchte feststellen, daß Franz, der älteste Sohn der Gerlachs, niemals Leni, seine jüngere Schwester, begehrt hat.

Leni: Feigling! *Zur Decke:* Maskierte Bewohner der Zimmerdecke: der Zeuge des Jahrhunderts ist ein falscher Zeuge. Ich, Leni, seine blutschänderische Schwester, ich liebe meinen Bruder von ganzem Herzen, und ich liebe ihn, weil er mein Bruder ist. So wenig ihr auch nur eine Spur von Familiengefühl besitzt, so sicher werdet ihr uns rückhaltlos verdammen, aber ich pfeife darauf. *Zu Franz:* Du Armer. So muß man mit ihnen sprechen. *Zu den Krabben:* Er begehrt mich, ohne mich zu lieben. Er geht ein vor Scham, aber im Dunkeln schläft er mit mir ... Nun? Ich habe gewonnen. Ich wollte ihn – und ich habe ihn.

Franz *zu den Krabben*: Sie ist verrückt. *Er zwinkert ihnen mit den Augen zu.* Ich werde es euch erklären. Wenn wir allein sind.

Leni: Das verbiete ich dir! Ich werde sterben, ich bin schon gestorben, und ich verbiete dir, meine Sache vor Gericht zu verteidigen. Ich habe nur einen Richter: mich selbst. Und ich spreche mich frei. Entlastungszeuge, gib Zeugnis vor dir selber. Du wirst unverwundbar sein, wenn du den Mut hast, offen zu bekennen: «Ich habe getan, was ich tun wollte, und ich will, was ich getan habe.»

FRANZ, *sein Gesicht versteinert sich plötzlich, er macht einen kalten, feindseligen und drohenden Eindruck. Mit harter und mißtrauischer Stimme*: Was habe ich getan, Leni?

LENI *mit einem Aufschrei*: Aber Franz! Wenn du dich deiner Haut nicht wehrst, werden sie dir das Fell über die Ohren ziehen.

FRANZ: Leni, was habe ich denn getan?

LENI *unruhig und zurückgehend*: Nun ... ich habe es dir doch schon gesagt ...

FRANZ: Der Inzest? Nein, Leni, es ist nicht der Inzest, von dem du sprichst. *Pause*. Was habe ich getan?

Langes Schweigen. Sie sehen sich an. Leni wendet ihren Blick zuerst ab.

LENI: Gut. Ich habe verloren: vergiß es! Ich werde dich auch ohne deine Hilfe zu schützen wissen: ich bin es ja gewohnt.

FRANZ: Geh! *Pause*. Wenn du nicht gehorchst, trete ich in Redestreik. Du weißt, daß ich zwei Monate durchhalten kann.

LENI: Ich weiß. *Pause*. Ich kann es nicht. *Sie geht zur Tür, hebt die Eisenstange hoch und schiebt den Riegel zurück*. Heute abend bringe ich dir das Essen.

FRANZ: Überflüssig, ich mache nicht auf.

LENI: Das ist deine Sache. Meine Sache ist, es dir zu bringen.

Er antwortet nicht.

Im Hinausgehen zu den Krabben: Für den Fall, daß er nicht öffnet: Gute Nacht, meine Schönen! *Sie schließt die Tür hinter sich.*

2. SZENE

Franz allein.

Er dreht sich um, wartet einen Augenblick, läßt dann die Eisenstange herunter und macht den Riegel wieder vor. Während dieser Handlung bleibt sein Gesicht verkrampft. Sobald er sich in Sicherheit weiß, entspannt es sich. Er macht zwar einen beruhigten, ja fast gutmütigen Eindruck: doch von diesem Augenblick an scheint er noch verrückter zu sein. Während der ganzen Szene redet er mit den Krabben. Es ist kein Monolog, sondern ein Dialog mit unsichtbaren Partnern.

FRANZ: Eine verdächtige Zeugin. Nur in meiner Gegenwart und nach meinen Anweisungen zu befragen. *Pause. Er macht einen beruhigten, müden, zu sanften Eindruck*. He? Eine anstrengende Person? Dafür – ja. Ja. Ja. Ja. Ziemlich anstrengend. Aber welches Feuer! *Er gähnt*. Ihre Hauptaufgabe ist es, mich wachzuhalten. *Er gähnt wieder*. Seit zwanzig Jahren herrscht jetzt Mitternacht in unserem Jahrhundert: es ist nicht sehr bequem, die Augen um Mitternacht aufzuhalten. – Nein. Nein: nur Schläfrigkeit. Sie überkommt mich einfach, wenn ich allein bin. *Seine Schläfrigkeit nimmt zu*. Ich hätte sie nicht wegschicken sollen. *Er taumelt, richtet sich plötzlich wieder auf und geht mit militärischem Schritt zum Tisch. – Er nimmt einige Muscheln und bombardiert das Hitlerbild mit ihnen. Dabei schreit er:* Sieg Heil! Sieg Heil! Sieg Heil! *Er schlägt die Hacken zusammen und steht still*. Mein Führer! Ich bin Soldat. Wenn ich einschlafe, ist das ein schweres militärisches Vergehen – sogar ein sehr schweres: es bedeutet, daß ich meinen Posten verlassen habe. Ich schwöre dir, wach zu bleiben. Stellt die Scheinwerfer ein, ihr anderen! Leuchtet mir in Maul und Augen – das macht wach! *Er wartet.* Schweine! *Er geht zu seinem Stuhl. In weichem und konziliantem Ton:* Gut, dann werde ich mich ein wenig setzen. *Er setzt sich. Er blinzelt schlaftrunken mit den Augen, nickt wiederholt ein.* Rosen ... Oh, das ist sehr lieb ... *Er steht so unvermittelt auf, daß er seinen Stuhl umwirft.* Rosen? Und wenn ich den Strauß annehme, wird man mir den Karnevalsstreich spielen. *Zu den Krabben:* Ein schamloser Karneval! Zu mir, Freunde, ich weiß zuviel, man will mich in das Loch stoßen, das ist die große Versuchung! *Er geht zum Nachttisch, nimmt einige Tabletten aus einem Röhrchen und zerkaut sie.* Puh! Verehrte Hörer, nehmen Sie bitte meine neue Ansage zur Kenntnis: De Profundis Clamavi, D. P. C. Alle ans Empfangsgerät! Knirscht mit den Zähnen! Wenn ihr mir nicht zuhört, schlafe ich ein. *Er gießt Sekt in ein Glas, trinkt, gießt sich dabei das halbe Glas auf den Waffenrock, läßt den Arm seitlich an sich herunterfallen, das Glas hängt zwischen seinen Fingerspitzen.* Unterdessen galoppiert das Jahrhundert ... Sie haben mir Baumwolle ins Gehirn gestopft. Und dichten Nebel. Ganz weiß ist er. *Er blinzelt mit den Augen.* Er zieht sich dicht am Boden über die Felder hin. Das schützt sie. Sie kriechen über die Felder. Heute abend wird noch Blut fließen.

Von ferne hört man Schüsse, Lärm, Pferdegalopp. – Er fällt in Schlaf, seine Augen sind geschlossen. – Feldwebel Heinrich macht die Toilettentür auf und geht auf Franz zu, der sich inzwischen wieder dem Publikum zugewandt hat und die Augen weiter geschlossen hält. Er legt die Hand zum Gruß an die Mütze und nimmt Haltung an.

3. SZENE

Franz – Feldwebel Heinrich.

FRANZ *mit verschwommener Stimme und ohne die Augen zu öffnen:* Partisanen?

DER FELDWEBEL: Etwa zwanzig.

FRANZ: Tote?

DER FELDWEBEL: Nein. Zwei Verwundete.

FRANZ: Auf unserer Seite?

DER FELDWEBEL: Nein – bei den anderen. Man hat sie in die Scheune gebracht.

FRANZ: Sie kennen meine Befehle. Gehen Sie!

Der Feldwebel sieht Franz zögernd und wütend an.

DER FELDWEBEL: Zu Befehl, Herr Leutnant. *Er grüßt militärisch und macht kehrt. Dann verschwindet er durch die Toilettentür, die er hinter sich schließt.*

Pause. Franz fällt der Kopf auf die Brust. Er stößt einen schrecklichen Schrei aus und erwacht.

4. SZENE

Franz.

FRANZ *allein. Er fährt beim Erwachen erschrocken auf und sieht das Publikum verstört an*: Nein! Heinrich! Heinrich! Ich habe «Nein» gesagt! *Er erhebt sich mühsam, nimmt ein Lineal vom Tisch und schlägt sich damit über die Finger der linken Hand; als ob er eine Lektion erteilt.* Ganz sicher! *Er schlägt sich wieder mit dem Lineal.* Ich nehme alles auf mich. Was hat sie gesagt? *Er wiederholt Lenis Worte, als wären es seine eigenen.* Ich tue, was ich will, und ich will, was ich tue! *Gehetzt:* Sitzung vom 20. Mai 3059. Leutnant Franz Gerlach. Werfen Sie mein Jahrhundert nicht in den Müllkasten! Wenigstens nicht, ohne mich angehört zu haben. Das Böse, meine Herren Richter, das Böse war der einzige Rohstoff. Man verarbeitete ihn in unseren Raffinerien. Das Gute war das Endprodukt. Und das Ergebnis: das Gute wurde schlecht. Und glauben Sie nicht, daß das Böse etwa gut wurde. *Er lächelt gutmütig. Sein Kopf fällt herab.* Nun? *Schreiend:* Schläfrigkeit? Aber was! Schwachsinn! Man will mich um den Verstand bringen. Hütet euch, ihr Richter! Wenn ich den Verstand verliere, versinkt mein Jahrhundert. Der Herde der Jahrhunderte fehlt ein räudiges Schaf. Was wird das vierzigste sagen, ihr Arthropoden, wenn das zwanzigste sich verirrt hat? *Pause.* Keine Hilfe? Niemals Hilfe? Euer Wille geschehe! *Er begibt sich in den Vordergrund der Szene und setzt sich.* Ah! Ich hätte sie nicht wegschicken dürfen. *Es klopft an die Tür. Er horcht und richtet sich auf. – Es ist das verabredete Zeichen. Mit einem Freudenschrei:* Leni! *Er läuft zur Tür, hebt die Eisenstange hoch und schiebt den Riegel zurück. Seine Bewegungen sind entschlossen und entschieden. Er ist jetzt wieder vollkommen wach. Während er die Tür öffnet:* Komm schnell herein! *Er tritt einen Schritt zurück, um sie vorbeizulassen.*

5. SZENE

Franz – Johanna.

Johanna erscheint auf der Türschwelle, sehr schön geschminkt, in einem langen Kleid. Franz tritt einen Schritt zurück.

FRANZ *mit heiserem Schrei*: Ha! *Er weicht zurück.* Wer ist das? *Sie will ihm antworten, aber er hindert sie daran.* Kein Wort! *Er weicht zurück und setzt sich. Dann betrachtet er sie lange, rittlings auf seinem Stuhl sitzend. Er scheint von ihr ganz bezaubert zu sein. Er macht ein Zeichen der Einwilligung und sagt mit angehaltenem Atem:* Ja. *Kurzes Schweigen.* Sie wird hereinkommen …

Sie tut, was er sagt.

… und ich werde allein sein. *Zu den Krabben:* Danke, Kameraden! Ich hatte eure Hilfe bitter nötig. *In einer Art Verzückung:* Sie wird schweigen, es wird nur eine Halluzination sein, ich werde sie nur ansehen!

JOHANNA *scheint auch von ihm beeindruckt zu sein. Sie hat sich wie-*

der in der Gewalt. Sie spricht lächelnd, um ihre Angst zu übertönen: Ich muß aber mit Ihnen sprechen.

FRANZ *hat sich von ihr, langsam und ohne sie aus den Augen zu lassen, rückwärts gehend, entfernt*: Nein! *Er schlägt auf den Tisch.* Ich wußte ja, daß sie alles verpfuschen würde. *Pause.* Es ist gerade jemand bei mir. Verschwinden Sie!

Sie rührt sich nicht vom Fleck.

Dann werde ich Sie davonjagen lassen wie eine Bettlerin.

JOHANNA: Von wem?

FRANZ *schreiend*: Leni! *Pause.* Mit scharfem und hellem Verstand haben Sie genau meine schwache Stelle getroffen: ich bin allein. *Er kommt plötzlich zurück. Nach einer Weile:* Wer sind Sie?

JOHANNA: Werners Frau.

FRANZ: Werners Frau? *Er erhebt sich und betrachtet sie.* Werners Frau? *Er betrachtet sie bestürzt.* Wer schickt dich?

JOHANNA: Niemand.

FRANZ: Woher kennst du das Zeichen?

JOHANNA: Von Leni.

FRANZ *mit trockenem Lachen*: Von Leni also! Das glaube ich dir gern.

JOHANNA: Als sie hier einmal klopfte, da habe ich sie ... überrascht und die Schläge gezählt.

FRANZ: Man hat mir schon berichtet, daß du überall herumschnüffelst. *Pause.* Meine Gnädigste, Sie haben es riskiert, mich zu töten.

Sie lacht.

Lache nur! Lache nur! Ich hätte einen Herzschlag bekommen und tot umfallen können. Was hättest du dann gemacht? Man hat mir Besuche strikt untersagt wegen meines Herzens. Ohne einen unvorhersehbaren Umstand hätte dieses Organ wahrscheinlich zu schlagen aufgehört: nur der Zufall hat es so gefügt, daß du schön bist. Oh! Einen Augenblick bitte. Es ist noch einmal gut gegangen. Ich habe dich für Gott weiß was gehalten, vielleicht für eine Vision. Mache dir diesen glücklichen Irrtum zunutze und verschwinde, bevor du ein Verbrechen begehst!

JOHANNA: Nein.

FRANZ *schreiend*: Ich werde ... *Er geht drohend auf sie zu, bleibt dann stehen. Er läßt sich wieder auf seinen Stuhl fallen. Er fühlt sich den Puls.* Mindestens hundertvierzig. Um Gottes willen! Mach, daß du hier wegkommst, du siehst doch, daß ich am Verrecken bin!

JOHANNA: Das wäre die beste Lösung.

FRANZ: Was? *Er nimmt die Hand von der Brust und betrachtet Johanna mit einem Ausdruck von Überraschung.* Sie hatte schon recht: du bist bestochen! *Er erhebt sich und geht gemächlich auf und ab.* So schnell lasse ich mich nicht kleinkriegen. Immer langsam. Immer langsam. *Er kommt plötzlich zu ihr zurück.* Die beste Lösung? Für wen? Für alle falschen Zeugen der Welt?

JOHANNA: Für Werner und für mich. *Sie sieht ihn an.*

FRANZ *betroffen*: Ich bin dir im Wege?

JOHANNA: Du tyrannisierst uns.

FRANZ: Ich kenne dich nicht einmal.

JOHANNA: Du kennst Werner.

Franz: Ich erinnere mich nur noch dunkel an ihn.
Johanna: Man hält uns hier gewaltsam zurück. In deinem Namen.
Franz: Wer?
Johanna: Vater und Leni.
Franz *belustigt*: Sie schlagen dich also, sie legen dich an die Kette?
Johanna: Aber nein.
Franz: Wie dann?
Johanna: Erpressung.
Franz: Das schon. Darauf verstehen sie sich. *Trockenes Lachen. Er zeigt sich wieder erstaunt.* In meinem Namen also? Warum? Was bezwecken sie damit?
Johanna: Uns in Reserve zu halten: Im Unglücksfall sollen wir die Ablösung übernehmen.
Franz *erheitert*: Dein Mann soll mir dann wohl die Suppe kochen, und du wirst mein Zimmer auskehren? Kannst du stopfen?
Johanna *zeigt auf die zerfetzte Uniform*: Das Nähen und Stopfen wird keine ausfüllende Beschäftigung sein.
Franz: Täusche dich nicht. Das sind ganz solide Löcher. Wenn meine Schwester nicht Feenhände hätte ... *Plötzlich ernst:* Aus der Ablösung wird nichts: schere dich mit Werner zum Teufel und laß dich hier nicht mehr sehen! *Er geht zu seinem Stuhl, kommt aber in dem Augenblick, wo er sich setzen will, zu ihr zurück.* Du bist noch da?
Johanna: Ja.
Franz: Du hast mich wohl nicht verstanden: ich gebe dir deine Freiheit zurück.
Johanna: Gar nichts gibst du mir zurück.
Franz: Ich sage dir doch: du bist frei.
Johanna: Worte sind Schall und Rauch!
Franz: Du willst Taten sehen?
Johanna: Ja.
Franz: Also? Was soll ich tun?
Johanna: Am besten brächtest du dich um.
Franz: Das fehlte noch. *Kurzes Lachen.* Rechne nicht damit. Keinesfalls.
Johanna *nach kurzem Schweigen*: Dann hilf uns!
Franz *mit erstickter Stimme*: Wie?
Johanna *mit Wärme*: Du mußt uns helfen, Franz! *Pause.*
Franz: Nein. *Pause.* Ich bin nicht aus diesem Jahrhundert. Ich werde alle Menschen auf einmal retten, aber ich helfe keinem allein. *Er geht erregt auf und ab.* Ich verbiete dir, mich in deine Geschichten zu zerren. Ich bin krank, verstehst du? – Man macht sich das zunutze, um mich in der niederträchtigsten Abhängigkeit zu halten, und du sollst dich schämen – jung und gesund wie du bist –, einen Kranken, einen Unterdrückten zu Hilfe zu rufen. *Pause.* Ich bin gebrechlich, Gnädigste, und meine Ruhe geht allem anderen vor. Anordnung des Arztes. Man könnte dich vor meinen Augen erwürgen, ohne daß ich auch nur einen Finger rühren würde. *Mit Selbstgefälligkeit:* Du findest mich abstoßend?
Johanna: Zutiefst.

Franz *reibt sich die Hände*: Sieh mal einer an!

Johanna: Aber doch nicht tief genug, um mich zum Gehen zu bewegen.

Franz: Gut. *Er ergreift den Revolver und zielt auf Johanna.* Ich zähle bis drei.

Sie lächelt.

Eins! *Pause.* Zwei! *Pause.* Huiii! Niemand mehr. Verschwunden! *Zu den Krabben:* Welche Ruhe! Sie schweigt. Ich habe es erreicht, Kameraden: «Sei schön und schweige.» Ein Bild! Zeichnet es sich auf eurer Glasscheibe ein? Ach nein! Was könnte sich schon einschreiben? Nichts hat sich verändert, nichts ist geschehen. Durch eine Fehlzündung ist die Leere in dieses Zimmer eingetreten – das ist alles. Die Leere – ein Diamant, der kein Glas ritzt –, die Halluzination, die Schönheit. Ihr werdet nur ihr Feuer sehen, arme Schaltiere. Ihr habt euch unsere Augen angeeignet, um das zu sehen, was existiert. Uns aber, Zeitgenossen der Menschen, blieb es vorbehalten, mit denselben Augen das zu sehen, was nicht existiert.

Johanna *ruhig*: Vater wird sterben.

Schweigen. Franz wirft den Revolver auf den Tisch und erhebt sich plötzlich.

Franz: Damit hast du kein Glück. Leni hat mir gerade erst berichtet, daß er sich so stark fühlt wie eine Eiche.

Johanna: Sie lügt.

Franz *voller Gewißheit*: Bei allen außer mir: das ist unsere Spielregel. *Plötzlich:* Verstecke dich, du solltest vor Scham sterben. Eine so grobe und so leicht durchschaubare List anzuwenden! Hm, was? In weniger als einer Stunde hattest du zweimal gewonnenes Spiel, und du hast diese unerhörte Chance nicht einmal genutzt! Du bist von der ordinären Sorte, meine junge Schwägerin, und ich wundere mich nicht mehr darüber, daß Werner dich geheiratet hat. *Er dreht ihr den Rücken zu, setzt sich und schlägt zwei Muscheln gegeneinander. Sein Gesicht drückt Härte und Vereinsamung aus. Er nimmt von Johanna keine Notiz.*

Johanna *zum erstenmal aus der Fassung gebracht*: Franz! *Schweigen.* ... er hat keine sechs Monate mehr zu leben! *Schweigen. Um ihre Angst zu übertönen, nähert sie sich ihm und berührt seine Schulter. Keine Reaktion bei ihm. Ihre Hand fällt herab. Sie betrachtet ihn schweigend.* Du hast recht: ich habe meine Chance nicht zu nutzen gewußt. Leb wohl! *Sie macht Anstalten zu gehen.*

Franz *plötzlich*: Warte!

Sie kommt langsam zurück.

Er dreht ihr weiter den Rücken zu. Die Tabletten da, in der Glasröhre. Auf dem Nachttisch. Gib sie mir bitte!

Johanna *geht zum Nachttisch*: Pervitin? Meinst du das?

Er nickt bejahend mit dem Kopf.

Sie wirft ihm die Glasröhre hin.

Er fängt sie auf.

Warum nimmst du Pervitin?

Franz: Um dich ertragen zu können. *Er schluckt vier Tabletten.*

Johanna: Vier auf einmal?

Franz: Und gleich vier hinterher macht acht. *Er trinkt.* Man trachtet mir nach dem Leben, ich weiß es; du bist das Werkzeug eines Mörders. Jetzt ist der Augenblick gekommen, die rechten Überlegungen anzustellen, nicht wahr? Und bündige. *Er nimmt eine weitere Tablette.* Vorher war dichter Nebel ... *Er deutet mit dem Finger auf die Stirn.* ... da drin. Jetzt baue ich dort eine Sonne ein. *Er trinkt, nimmt alle seine Kräfte zusammen und kommt zurück. Sein Gesichtsausdruck ist jetzt bestimmt und hart.* Sag mal: wer hat dir den Rat gegeben, dieses Kleid, diesen Schmuck und diese Goldketten anzulegen? Sie gerade heute anzulegen? Es ist bestimmt Vater, der dich schickt.

Johanna: Nein.

Franz: Aber er hat dir seine guten Ratschläge gegeben.

Sie will etwas sagen.

Überflüssig! Ich kenne sie, als hätte ich sie dir selbst gegeben. Und ich weiß, offen gesagt, nicht mehr genau, wer von uns beiden eigentlich den anderen in die Welt gesetzt hat. Wenn ich das Komplott voraussehen will, das er gerade anzettelt, so fange ich mit einer Gehirnwäsche an und überlasse mich der Leere; die ersten Gedanken, die sich dann einstellen, sind die seinen. Weißt du, warum? Er hat mich geschaffen nach seinem Bilde – falls er nicht das Abbild dessen geworden ist, was er geschaffen. *Er lacht.* Du verstehst kein Wort? *Fegt mit einer müden Geste alles fort.* Das sind Spiegelbilder. *Imitiert den Vater:* «Und vor allen Dingen: mach dich schön!» Ich kann ihn direkt hören. Er liebt die Schönheit, der alte Narr: also weiß er, daß mir nichts über die Schönheit geht. Außer meinem eigenen Irrsinn. Du bist seine Geliebte?

Sie schüttelt den Kopf.

Er ist also alt geworden! Seine Komplicin also?

Johanna: Bisher war ich seine Gegnerin.

Franz: Du hast also die Fronten gewechselt? Das liebt er. *Plötzlich ernst.* Sechs Monate, sagst du?

Johanna: Keinen mehr.

Franz: Das Herz?

Johanna: Der Kehlkopf.

Franz: Krebs?

Johanna nickt.

Das kommt davon: Dreißig Zigaretten am Tag! Der Dummkopf! *Schweigen.* Krebs? Dann wird er sich das Leben nehmen. *Pause. Er erhebt sich, nimmt einige Muscheln und bombardiert das Hitlerbild mit ihnen.* Er wird sich das Leben nehmen, alter Führer, er wird sich das Leben nehmen!

Schweigen. Johanna sieht ihn an.

Was hast du denn?

Johanna: Nichts. *Pause.* Du liebst ihn.

Franz: So sehr wie mich selbst und weniger als die Cholera. Was will er also? Eine Unterredung?

Johanna: Nein.

Franz: Um so besser für ihn. *Schreit:* Ich pfeife darauf, ob er lebt! Ich pfeife darauf, ob er krepiert! Sieh dir an, was er aus mir gemacht hat! *Er nimmt die Glasröhre mit den Tabletten und schraubt den Deckel ab.*

JOHANNA *sanft*: Gib mir diese Glasröhre!

FRANZ: Warum mischst du dich ein?

JOHANNA *streckt die Hand aus*: Gib sie mir!

FRANZ: Ich muß mich aufputschen. Und ich liebe es nicht, wenn man meine Gewohnheiten ändern will.

Sie streckt noch immer die Hand aus.

Ich gebe sie dir, aber du darfst nicht mehr von dieser dummen Geschichte reden. Einverstanden?

Johanna macht ein unbestimmtes Zeichen, das man für Zustimmung halten kann.

Gut. *Er gibt ihr die Glasröhre.* Ich werde alles vergessen. Auf der Stelle. Ich werde vergessen, was ich wollte: die sind stark, was? *Pause.* So! Requiescat in pace. *Pause.* Nun? Sprich doch!

JOHANNA: Über wen? Über was?

FRANZ: Über alles – außer über unsere Familie. Über dich zum Beispiel.

JOHANNA: Da gibt es nichts zu erzählen.

FRANZ: Also muß ich das Thema bestimmen. *Er betrachtet sie aufmerksam.* Ein schöner Lockvogel, das bist du. *Er mustert sie von oben bis unten.* Sogar berufsmäßig. *Pause.* Schauspielerin?

JOHANNA: Ich war es.

FRANZ: Und dann?

JOHANNA: Dann habe ich Werner geheiratet.

FRANZ: Du hattest keinen Erfolg?

JOHANNA: Nicht genug.

FRANZ: Statisterie? Oder kleine Rollen?

JOHANNA *mit einer Geste, die die Vergangenheit wegwischt*: Pah!

FRANZ: Star also?

JOHANNA: Wenn du es so nennen willst.

FRANZ *mit ironischer Bewunderung*: Ein Star also! Und trotzdem hattest du keinen Erfolg? Was wolltest du denn?

JOHANNA: Was kann man schon wollen? Alles.

FRANZ *langsam*: Alles, ja. Weiter nichts. Alles oder nichts. *Lachend:* So was nimmt ein schlechtes Ende, nicht wahr?

JOHANNA: Immer.

FRANZ: Und Werner? Will er alles?

JOHANNA: Nein.

FRANZ: Warum hast du ihn geheiratet?

JOHANNA: Weil ich ihn liebte.

FRANZ *sanft*: Aber nein.

JOHANNA *entrüstet*: Wie bitte?

FRANZ: Menschen, die alles wollen ...

JOHANNA *wie eben*: Was ist mit denen?

FRANZ: Sie können nicht lieben.

JOHANNA: Ich will nichts mehr.

FRANZ: Bis auf sein Glück, hoffe ich!

JOHANNA: Bis auf das. *Pause.* Hilf uns!

FRANZ: Was erwartest du von mir?

JOHANNA: Daß du wieder ins Leben zurückkehrst.
FRANZ: Hört, hört! *Lachend:* Vorhin schlugst du Selbstmord vor.
JOHANNA: Das eine oder das andere.
FRANZ *mit boshaftem Grinsen*: Jetzt wird mir alles klar! *Pause.* Ich bin wegen Mordes angeklagt, und die Strafverfolgung ist nur eingestellt worden, weil ich offiziell für tot erklärt wurde. Du wußtest das, nicht wahr?
JOHANNA: Ich wußte es.
FRANZ: Und dann willst du, daß ich ins Leben zurückkehre?
JOHANNA: Ja.
FRANZ: So – so. *Pause.* Wenn man seinen Schwager nicht umbringen kann, dann bringt man ihn hinter Schloß und Riegel.
Sie zuckt die Achseln.
Soll ich die Polizei hier erwarten oder mich selbst stellen?
JOHANNA *gereizt*: Du wirst nicht ins Gefängnis kommen.
FRANZ: Nein?
JOHANNA: Bestimmt nicht.
FRANZ: Dann will er also die Sache in Ordnung bringen.
Johanna nickt.
Er hat den Mut noch immer nicht verloren? *Mit einer Ironie, die voller Ressentiment ist:* Was hat er nicht schon alles für mich getan, der Gute! *Er zeigt auf das Zimmer und sich selbst.* Und hier das Ergebnis! *Heftig:* Schert euch alle zum Teufel!
JOHANNA *mit unterdrückter Enttäuschung*: Oh! Franz! Du bist ein Feigling!
FRANZ *sich heftig aufrichtend*: Was? *Er faßt sich wieder. Mit zur Schau gestelltem Zynismus:* Na gut – ja. Und wenn schon?
JOHANNA: Und das hier? *Sie berührt seine Orden mit den Fingerspitzen.*
FRANZ: Das? Sieh her! *Er reißt einen Orden ab und entfernt das Silberpapier. Er ist aus Schokolade. Er ißt ihn auf.* Oh! Ich habe sie mir alle redlich verdient. Sie gehören mir, und es ist mein gutes Recht, sie aufzuessen. Heldenmut, ja – das ist meine Sache. Aber die Helden ... Nun – du weißt selbst, was es mit denen auf sich hat.
JOHANNA: Nein.
FRANZ: Nun gut – es gibt alles auf der Welt: Polizisten und Diebe, Soldaten und Zivilisten – sehr wenige Zivilisten, Feiglinge und sogar mutige Leute; wie auf einem Jahrmarkt. Ihnen allen ist eins gemeinsam: die Orden. Ich bin ein feiger Held und trage meine Orden in Schokolade: Das schickt sich besser. Willst du auch einen? Du brauchst dich nicht zu genieren: ich habe über hundert solcher Dinger in meinen Schubladen.
JOHANNA: Gern.
Er reißt einen Orden ab und reicht ihn Johanna. Sie nimmt ihn und ißt ihn auf.
FRANZ *plötzlich voller Heftigkeit*: Nein!
JOHANNA: Wie bitte?
FRANZ: Ich unterwerfe mich nicht dem Urteil der Frau meines jüngeren Bruders. *Mit Nachdruck:* Ich bin kein Feigling, Gnädigste,

und ich fürchte mich nicht vor dem Gefängnis: ich lebe ja schon in einem. Du würdest das Leben, das man mir aufzwingt, keine drei Tage aushalten.

JOHANNA: Was beweist das? Du hast es selbst gewählt.

FRANZ: Ich? Aber ich wähle nie, meine Liebe. Ich werde gewählt. Neun Monate vor meiner Geburt hat man die Wahl getroffen für meinen Namen, meinen Beruf, meinen Charakter und mein Schicksal. Ich sage dir, daß man es mir aufgezwungen hat, dieses Leben in einer Zelle. Du solltest begreifen, daß ich es nicht ohne einen triftigen Grund auf mich nehme.

JOHANNA: Und der wäre?

FRANZ *geht einen Schritt zurück. Kurze Pause*: Deine Augen leuchten so. Nein, ich werde keine Geständnisse machen.

JOHANNA: Du bist in die Enge getrieben, Franz: Entweder sind deine Gründe wirklich stichhaltig, oder die Frau deines jüngeren Bruders wird ohne Gnade über dich das Urteil fällen. *Sie hat sich ihm genähert und will einen Orden abnehmen.*

FRANZ: Bist du der Tod? Nein – nimm lieber die Kreuze: sie sind aus bester Schokolade.

JOHANNA *ein Kreuz nehmend*: Danke. *Sie entfernt sich ein wenig von ihm.* Der Tod? Sehe ich ihm ähnlich?

FRANZ: Ab und zu.

JOHANNA *wirft einen Blick auf den Spiegel*: Du erschreckst mich. Wann?

FRANZ: Wenn du schön wirkst. *Pause.* Du dienst ihnen als Werkzeug, Gnädigste, sie haben es so eingefädelt, daß du die Rechnungsbücher von mir forderst. Und wenn ich sie dir aushändige, riskiere ich mein Leben. *Pause.* Macht nichts: ich nehme das Risiko auf mich. Na los!

JOHANNA *nach einiger Zeit*: Warum versteckst du dich hier?

FRANZ: Zunächst einmal verstecke ich mich nicht. Wenn ich mich der Strafverfolgung hätte entziehen wollen, dann wäre ich schon längst nach Argentinien gegangen. *Er zeigt auf die Wand.* Hier war ein Fenster. Es ging auf das, was früher unser Park war.

JOHANNA: Park war?

FRANZ: Ja. *Sie sehen sich einen Augenblick lang an. Dann ergreift Franz wieder das Wort:* Ich habe es zumauern lassen. *Pause.* Es geht da etwas vor sich. Draußen. Etwas, das ich nicht sehen will.

JOHANNA: Und was ist das?

FRANZ *sieht sie herausfordernd an*: Die Vernichtung Deutschlands. *Er sieht sie noch immer halb bittend, halb drohend an, als wollte er sie am Sprechen hindern: sie haben die gefährliche Zone erreicht.* Sage nichts: ich habe die Ruinen gesehen.

JOHANNA: Wann?

FRANZ: Bei meiner Rückkehr aus Rußland.

JOHANNA: Das ist vierzehn Jahre her.

FRANZ: Ja.

JOHANNA: Und du glaubst, daß sich seitdem nichts geändert hat?

FRANZ: Ich weiß, daß sich alles von Stunde zu Stunde verschlimmert.

JOHANNA: Hat Leni dir das gesagt?
FRANZ: Ja.
JOHANNA: Liest du die Zeitungen?
FRANZ: Sie liest sie für mich. Die ausradierten Städte, die zerbrochenen Maschinen, die demontierten Industrieanlagen, die rapide ansteigende Arbeitslosigkeit und Tuberkulose, der steile Sturz der Geburtenkurve – nichts von alldem ist mir entgangen. Meine Schwester schreibt alle Statistiken für mich ab. *Er zeigt auf die Schublade im Tisch.* Ich hebe sie in dieser Schublade auf; der schönste Mord der Geschichte, ich habe alle Beweise. Frühestens in zwanzig, spätestens in fünfzig Jahren wird der letzte Deutsche sterben. Denke nicht, daß ich mich beklage: wir sind besiegt, man erdrosselt uns, das ist ganz in der Ordnung. Aber du verstehst vielleicht, daß ich keine Lust habe, bei diesem Schlachten zuzusehen. Ich werde keine Rundreisen machen, um zerstörte Kirchen und ausgebrannte Fabriken zu sehen, ich werde keine Kellerlöcher besichtigen, in die man ganze Familien gepfercht hat, ich werde nicht zwischen Krüppeln, Sklaven, Verrätern und Huren herumstrolchen. Ich nehme an, daß du diesen Anblick gewöhnt bist, mir aber, um es offen zu sagen, wäre er unerträglich. Und in meinen Augen sind diejenigen Feiglinge, die ihn ertragen können. Wir hätten den Krieg gewinnen müssen. Unter Einsatz aller Mittel. Ich sage: a l l e r. Hm, was? Oder verschwinden! Glaub mir: ich hätte den soldatischen Mut gehabt, mir eine Kugel in den Kopf zu jagen, aber da das deutsche Volk diesen niederträchtigen Todeskampf hinnimmt, den man ihm auferlegt, habe ich beschlossen, meinen Mund zu behalten, um nein zu schreien. *Er wird plötzlich nervös.* Nein! N i c h t s c h u l d i g! *Schreiend:* Nein! *Schweigen.* So.
JOHANNA *langsam, sie kann sich nicht entscheiden*: Der niederträchtige Todeskampf, den man ihm auferlegt ...
FRANZ *ohne sie aus den Augen zu lassen*: Ich habe gesagt: das ist alles. Alles.
JOHANNA *zerstreut*: Aha, so, das ist alles, alles. *Pause.* Ist das der einzige Grund, warum du dich einschließt?
FRANZ: Ja: der einzige.
Pause. Sie überlegt.
Was hast du? Beende dein Werk. Habe ich dir Angst gemacht?
JOHANNA: Ja.
FRANZ: Wodurch, schöne Seele?
JOHANNA: Dadurch, daß du Angst hast.
FRANZ: Vor dir?
JOHANNA: Vor dem, was ich sagen werde. *Pause.* Ich wünschte, ich wüßte nicht, was ich weiß.
FRANZ *seine tödliche Angst beherrschend, herausfordernd*: Was weißt du?
Sie zögert, sie messen sich mit Blicken.
Nun? Was weißt du?
Sie antwortet nicht. Pause. Sie sehen sich an: beide haben Angst. Es klopft an die Tür: zuerst fünfmal, dann viermal, darauf zweimal hintereinander dreimal.

Franz lächelt vage. Er steht auf, um eine der Türen im Hintergrund zu öffnen. Man sieht halb die Badewanne.
Mit leiser Stimme: Es wird nur einen Augenblick dauern.

JOHANNA *mit halblauter Stimme*: Ich denke nicht daran, mich zu verstecken.

FRANZ *einen Finger auf den Lippen*: Pst! *Mit leiser Stimme:* Wenn du die Stolze spielst, setzt du den Gewinn deines kleinen Unternehmens aufs Spiel.
Sie zögert einen Augenblick, entschließt sich dann aber, ins Badezimmer zu gehen. Es klopft noch einmal.

6. SZENE

Franz – Leni.
Leni trägt ein Tablett.

LENI *aufs höchste erstaunt*: Du hast nicht verriegelt?

FRANZ: Nein.

LENI: Warum nicht?

FRANZ *trocken*: Bist du gekommen, um mich zu verhören? *Rasch:* Gib mir das Tablett und bleib hier! *Er nimmt ihr das Tablett ab und stellt es auf den Tisch.*

LENI *betroffen*: Was ist denn in dich gefahren?

FRANZ: Es ist zu schwer. *Er kommt zurück und betrachtet sie.* Willst du mir eine gute Regung zum Vorwurf machen?

LENI: Nein, aber sie beunruhigt mich. Wenn du gut wirst, bin ich immer auf das Schlimmste gefaßt.

FRANZ *lachend*: Ha! Ha!
Sie tritt ein und schließt die Tür hinter sich.
Ich habe dich nicht aufgefordert, hereinzukommen. *Pause. Er nimmt einen Hühnerflügel und ißt.* Gut, ich werde jetzt essen. Bis morgen also.

LENI: Warte. Ich will dich um Verzeihung bitten. I c h habe Händel mit dir gesucht.

FRANZ *mit vollem Mund*: Händel?

LENI: Ja – vorhin.

FRANZ *unbestimmt*: Ach ja! Vorhin ... *Lebhaft:* Na gut! Ich verzeihe dir.

LENI: Ich habe dir gesagt, ich fürchte, ich könnte dich eines Tages verachten: das ist nicht wahr.

FRANZ: Schon gut! Schon gut! Es ist alles gut. *Er ißt.*

LENI: Deine Krabben – ich akzeptiere sie, ich unterwerfe mich ihrem Gerichtshof. Soll ich es ihnen sagen? *Zu den Krabben:* Ihr Schaltiere, ich verehre euch.

FRANZ: Was ist denn in dich gefahren?

LENI: Ich weiß nicht. *Pause.* Außerdem wollte ich dir noch etwas anderes sagen: ich brauche dich – ja dich, den Erben unseres Namens, den einzigen, dessen Liebkosungen mich verwirren, ohne mich zu erniedrigen. *Pause.* Ich weiß: ich tauge nichts. Aber ich bin eine geborene Gerlach, das heißt: verrückt vor Stolz – und ich kann nur mit einem Gerlach ins Bett gehen. Die Blutschande – sie ist mein Gesetz; sie ist mein Schicksal. *Lachend:* Mit einem Wort: sie ist meine Art, die Familienbande enger zu knüpfen.

FRANZ *gebieterisch*: Es reicht, es reicht. Hebe dir deine Psychologie für morgen auf.

Sie fährt erschrocken auf, ihr Mißtrauen kehrt zurück, sie beobachtet ihn.

Wir sind versöhnt. – Ich geb dir mein Wort. *Pause.* Sag mal, die Bucklige ...

LENI *die darauf nicht vorbereitet ist*: Welche Bucklige?

FRANZ: Werners Frau. Ist sie wenigstens hübsch?

LENI: Ach! Ganz gewöhnlich.

FRANZ: So – so. *Pause. Dann ernst:* Danke, Schwesterchen. Du hast getan, was du tun konntest. Ja – was du konntest. *Er bringt sie zur Tür zurück.*

Sie läßt es sich gefallen, ist aber doch beunruhigt.

Ich war kein sehr bequemer Kranker, nicht wahr? Also – leb wohl!

LENI *versucht zu lachen*: Was für eine Feierlichkeit! Ich sehe dich ja morgen wieder.

FRANZ *sanft, fast zärtlich*: Ich hoffe es von ganzem Herzen. *Er hat die Tür geöffnet. Er verneigt sich vor Leni und küßt sie auf die Stirn. Sie hebt den Kopf, küßt Franz unvermittelt auf den Mund und geht.*

7. SZENE

Franz.

Er schließt die Tür wieder, legt den Riegel vor, zieht sein Taschentuch aus der Tasche und wischt sich die Lippen ab. Dann geht er zum Tisch zurück.

FRANZ: Täuscht euch nicht, Kameraden: Leni kann nicht lügen. *Auf das Badezimmer zeigend:* Die Lügnerin ist dort: ich werde sie beschämen, hm, was? Habt keine Angst: ich kann auf zwei Hochzeiten tanzen. Ihr werdet heute abend die Entlarvung eines falschen Zeugen miterleben. *Er bemerkt, daß seine Hände zittern, und gibt sich einen Ruck, ohne die Krabben aus den Augen zu lassen.* Los, meine kleinen Freunde, los! Dort! Dort! *Seine Hände hören allmählich zu zittern auf. Er wirft einen Blick in den Spiegel, zieht seinen Waffenrock zurecht und rückt sein Koppel gerade. Er ist jetzt ganz verändert. Zum erstenmal seit Beginn des Bildes hat er sich vollkommen in der Gewalt. Er geht zur Badezimmertür, öffnet sie und verbeugt sich vor Johanna:* An die Arbeit, Gnädigste!

Johanna tritt ein. Er schließt die Tür wieder und folgt ihr, hart, auf der Lauer. Während der ganzen folgenden Szene wird es deutlich, daß er als Sieger aus der Begegnung hervorzugehen sucht.

8. SZENE

Franz – Johanna.

Franz hat die Tür wieder geschlossen. Er kommt zurück und stellt sich vor Johanna auf. Johanna hat einen Schritt in Richtung auf die Eingangstür getan.

JOHANNA: Nein. Leb wohl!

FRANZ: Um Gottes willen, rühr dich nicht! Leni ist noch im Salon.

JOHANNA: Was macht sie dort?

FRANZ: Ordnung. Vorsicht; deine Absätze! *Er klopft mehrmals leicht gegen die Tür, um das Klappern von Damenabsätzen nachzumachen. Dabei läßt er Johanna nicht aus den Augen. Man spürt, daß er das Risiko abmißt, das er bei der Geschichte läuft, und daß seine Worte genau berechnet sind.* Du wolltest gehen, aber du hattest mir doch einige Enthüllungen zu machen, dachte ich?

JOHANNA, *seit sie das Badezimmer verlassen hat, scheint sie sich nicht ganz wohl zu fühlen*: Nicht, daß ich wüßte!

FRANZ: Ach? *Pause.* Macht nichts! *Pause.* Du wirst also nichts sagen?

JOHANNA: Ich habe nichts zu sagen.

FRANZ *der sich plötzlich erhebt*: Nein, liebe Schwägerin, so billig kommst du nicht weg. Zuerst hat man mich befreien wollen, dann hat man sich die Sache überlegt, und jetzt will man sich so einfach aus dem Staube machen, nachdem man in mir einen raffiniert ersonnenen Verdacht erregt hat, der mich vergiften soll: Aber daraus wird nichts! *Er geht zum Tisch und nimmt eine Flasche und zwei Sektgläser. Während er den Sekt eingießt:* So sieht es also in Deutschland aus? Es erholt sich wieder? Wir schwimmen im Wohlstand?

JOHANNA *erbittert*: Deutschland ...

FRANZ *sehr schnell, sich die Ohren zuhaltend*: Überflüssig! Überflüssig! Ich glaube dir doch nichts.

Johanna sieht ihn an, zuckt die Achseln und schweigt.

Er geht offen und gemächlich auf und ab. Mit einem Wort: ein Mißerfolg.

JOHANNA: Was?

FRANZ: Dein Streich.

JOHANNA: Ja. *Pause. Dann mit unerbittlicher Stimme:* Man müßte dich heilen oder umbringen.

FRANZ: Ach so! *Liebenswürdig:* Du wirst dir etwas anderes ausdenken müssen. *Pause.* Wenigstens hast du mir auf diese Weise das Vergnügen bereitet, mich an deinem Anblick erfreuen zu dürfen, und ich stehe nicht an, dir für deine Großzügigkeit zu danken.

JOHANNA: Ich bin nicht großzügig.

FRANZ: Wie willst du die Mühe sonst bezeichnen, die du dir gemacht hast? Und diese Arbeit vor dem Spiegel? Das hat dich doch bestimmt mehrere Stunden gekostet. Welche Aufmachung für einen einzigen Mann!

JOHANNA: Das mache ich jeden Abend.

FRANZ: Für Werner?

JOHANNA: Für Werner. Und manchmal auch für seine Freunde.

FRANZ *schüttelt lächelnd den Kopf*: Nein.

JOHANNA: Glaubst du vielleicht, daß ich wie eine Schlampe im Zimmer herumlaufe, daß ich mich vernachlässige?

FRANZ: Das auch nicht gerade. *Er wendet seine Blicke von ihr ab, sieht die Wand an und beschreibt, wie er sie sich vorstellt.* Du gehst aufrecht. Sehr aufrecht – um den Kopf über Wasser zu halten. Dein Haar ist gepflegt, deine Lippen nicht geschminkt. Kein Puderstäubchen. Werner allein hat ein Recht auf deine Fürsorge, deine Zärtlichkeit, deine Küsse; nicht auf dein Lächeln: du lächelst nicht mehr.

JOHANNA *lächelnd*: Du Hellseher!

FRANZ: Menschen, die eingeschlossen sind, verfügen über besondere hellseherische Fähigkeiten, die ihnen gestatten, sich gegenseitig zu erkennen.

JOHANNA: Aber sie begegnen sich nicht allzuoft.

FRANZ: Nun gut, aber du siehst ja: gelegentlich geschieht es doch.

JOHANNA: Du erkennst mich also?

FRANZ: Wir erkennen u n s.

JOHANNA: Ich bin eine Eingeschlossene? *Sie erhebt sich, betrachtet sich im Spiegel und kommt wieder zurück, zum erstenmal sehr schön und verlockend wirkend.* Das hätte ich nicht geglaubt. *Sie geht auf ihn zu.*

FRANZ *lebhaft*: Deine Absätze!

Johanna zieht sich die Schuhe aus, wobei sie lächelt, und schleudert einen nach dem anderen gegen das Hitlerbild.

JOHANNA *nahe bei Franz*: Ich habe einmal die Tochter eines Mandanten von Werner gesehen: sie war ans Bett gefesselt, wog nur noch siebzig Pfund und war von oben bis unten mit Läusen bedeckt. Gleiche ich ihr?

FRANZ: Wie eine Schwester. Auch sie wollte alles, nehme ich an, und das heißt immer: mit Verlust spielen. Sie hat alles verloren und sich in ihr Zimmer eingeschlossen, um den Anschein zu erwecken, als mache s i e sich nichts aus der Welt.

JOHANNA *gereizt*: Wollen wir noch lange von mir sprechen? *Sie geht einen Schritt zurück und sagt, auf den Fußboden zeigend:* Jetzt dürfte Leni den Salon verlassen haben.

FRANZ: Noch nicht.

JOHANNA *mit einem Blick auf ihre Armbanduhr*: Werner wird gleich nach Hause kommen. Es ist acht Uhr.

FRANZ *heftig*: Nein.

Sie sieht ihn voll Überraschung an.

Hier gibt es keine Uhrzeit. Hier ist die Ewigkeit. *Er beruhigt sich wieder.* Geduld: du wirst bald frei sein. *Pause.*

JOHANNA *mit einer Mischung von Trotz und Neugierde*: Dann schließe ich mich also auch ein?

FRANZ: Ja.

JOHANNA: Aus Hochmut?

FRANZ: Dame!

JOHANNA: Woran fehlt es mir?

FRANZ: Du warst nicht schön genug.

JOHANNA *lächelnd*: Schmeichler!

FRANZ: Ich sage nur, was du denkst.

JOHANNA: Und du? Was denkst du?

FRANZ: Von mir?

JOHANNA: Nein – von mir.

FRANZ: Daß du eine Besessene bist.

JOHANNA: Verrückt?

FRANZ: Völlig verrückt.

JOHANNA: Was wolltest du mir eigentlich erzählen? Deine Geschichte oder meine.

FRANZ: Unsere Geschichte.

JOHANNA: Und wovon warst du besessen?

FRANZ: Trägt es überhaupt einen Namen? Von der Leere. *Pause.* Sagen wir: von der Größe. *Er lacht.* Sie hatte von mir Besitz ergriffen, aber ich besaß sie nicht.

JOHANNA: So war das also.

FRANZ: Du belauerst dich ständig, wie? Du versuchst, dich bei irgend etwas zu ertappen?

Johanna macht ein Zeichen der Zustimmung.

Und hast du dich bei irgend etwas ertappt?

JOHANNA: Glaubst du! *Sie betrachtet sich ohne Selbstgefälligkeit im Spiegel.* Ich sah das. *Sie deutet auf ihr Spiegelbild. Pause.* Ich ging in die Kinos der Nachbarschaft. Wenn der Star Johanna Thiess über die Leinwand glitt, vernahm ich ein leises Gemurmel. Das Publikum war gerührt – jeder angesteckt von der Rührung des anderen. Ich sah ...

FRANZ: Was?

JOHANNA: Nichts. Ich habe niemals gesehen, was sie sahen. *Pause.* Und du?

FRANZ: Nun gut – ich habe es gemacht wie du: ich habe versagt. Man hat mich einmal vor der ganzen Armee ausgezeichnet. Findet Werner dich schön?

JOHANNA: Ich hoffe: nein. Ein einziger Mann, bedenke doch! Was zählt das schon?

FRANZ *langsam*: Ich finde dich schön.

JOHANNA: Um so besser für dich! Aber sprich bitte nicht davon. Niemand, verstehst du, niemand, seit das Publikum mich abgelehnt hat ... *Sie beruhigt sich etwas und lacht.* Und du hältst dich für ein Armeekorps?

FRANZ: Warum nicht? *Er sieht sie ohne Unterlaß an.* Du mußt mir glauben, das ist deine Chance. Wenn du mir glaubst, vermehre ich mich bis ins Unendliche.

JOHANNA *nervös lachend*: Das ist ein Handel: «Geh du auf meine Verrücktheit ein, dann gehe ich auf deine ein.»

FRANZ: Warum nicht? Du hast nichts mehr zu verlieren. Und – was meine Verrücktheit angeht – du bist schon lange auf sie eingegangen. *Zeigt auf die Eingangstür.* Als ich dir die Tür öffnete, hast du nicht mich gesehen: du sahst ein Bild auf dem Grunde meiner Augen.

JOHANNA: Weil sie leer sind.

FRANZ: Eben darum.

JOHANNA: Ich erinnere mich nicht einmal, was es war, das Foto eines verstorbenen Filmstars. Alles verschwand, als du anfingst zu sprechen.

FRANZ: Du hast angefangen zu sprechen.

JOHANNA: Es war unerträglich. Man mußte das Schweigen brechen.

FRANZ: Den Zauber.

JOHANNA: Er war ohnehin gebrochen. *Pause.* Was fällt dir ein? *Sie lacht nervös.* Man könnte meinen, man stünde vor der Kamera. Genug. Du bist tot.

FRANZ: Dein ergebener Diener. Der Tod ist der Spiegel des Todes. Meine Größe spiegelt deine Schönheit wider.

JOHANNA: Ich wollte aber den Lebenden gefallen.

FRANZ: Den abgehetzten Massen, die vom Sterben träumen? Du zeigtest ihnen das reine und stille Antlitz der Ewigen Ruhe. Kinos sind Friedhöfe, liebe Freundin. Wie heißt du eigentlich?

JOHANNA: Johanna.

FRANZ: Johanna, ich begehre dich nicht, ich liebe dich nicht. Ich bin dein Zeuge und der aller Menschen. Ich lege vor den Jahrhunderten Zeugnis ab, und ich erkläre: du bist schön.

JOHANNA *wie bezaubert*: Ja.

Er schlägt heftig auf den Tisch.

FRANZ *mit harter Stimme*: Gestehe, daß du gelogen hast! Sage, daß Deutschland in den letzten Zügen liegt.

JOHANNA *fährt fast schmerzhaft zusammen. Es ist wie ein Aufwachen*: Ha! *Sie schaudert, und ihr Gesicht krampft sich zusammen. Für einen Augenblick wird sie fast häßlich.* Du hast alles verdorben.

FRANZ: Alles – ich habe das Bild getrübt. *Plötzlich:* Und du wolltest mich wieder zum Leben erwecken? Du würdest den Spiegel für nichts zerbrechen. Ich würde zu euch herunterkommen. Ich würde meine Suppe im Kreise der Familie essen, und du würdest mit deinem Werner nach Hamburg ziehen können. Wohin würde uns das führen?

JOHANNA *hat sich jetzt wieder in der Gewalt, lächelnd*: Nach Hamburg.

FRANZ: Du wirst dort nie wieder schön sein.

JOHANNA: Nein. Nie wieder.

FRANZ: Hier wirst du es alle Tage sein.

JOHANNA: Ja – wenn ich alle Tage wiederkomme.

FRANZ: Du wirst wiederkommen.

JOHANNA: Du wirst die Tür aufmachen?

FRANZ: Ich werde sie aufmachen.

JOHANNA *Franz nachahmend*: Und wohin würde uns das führen?

FRANZ: Hierher, in die Ewigkeit.

JOHANNA *lächelnd*: In ein Delirium zu zweit ... *Sie überlegt. Die Verzauberung ist von ihr gewichen, man merkt, daß sie auf ihre ursprünglichen Pläne zurückkommt.* Gut. Ich werde wiederkommen.

FRANZ: Morgen?

JOHANNA: Vielleicht morgen.

FRANZ *sanft*: Sag, daß Deutschland in den letzten Zügen liegt! Sag es – oder der Spiegel geht in Scherben!

Johanna schweigt.

Er wird nervös, seine Hände beginnen wieder zu zittern. Sag es! Sag es! Sag es!

JOHANNA *langsam*: Ein Delirium zu zweit: nun gut! *Pause.* Deutschland liegt in den letzten Zügen.

FRANZ: Es ist wirklich wahr?

JOHANNA: Ja.

FRANZ: Man will uns an die Kehle?

JOHANNA: Ja.

FRANZ: Gut. *Er horcht.* Sie ist fort. *Er hebt Johannas Schuhe auf, kniet vor ihr nieder und zieht sie ihr an.*

Sie erhebt sich.

Er steht ebenfalls auf und verbeugt sich, wobei er die Hacken zusammenschlägt. Bis morgen!

Johanna geht fast bis zur Tür, er folgt ihr, schiebt den Riegel zurück und öffnet die Tür. Sie nickt ihm mit dem Kopf zu und lächelt ihn flüchtig an. Sie will gehen, aber er hält sie zurück.

Warte! *Sie kommt zurück, er betrachtet sie mit plötzlichem Mißtrauen.* Wer hat nun gewonnen?

JOHANNA: Was gewonnen?

FRANZ: Die erste Partie.

JOHANNA: Das darfst du raten.

Sie geht. Er schließt die Tür, Eisenstange und Riegel. Er scheint erleichtert. Er geht in die Mitte der Bühne zurück und bleibt dort stehen.

9. SZENE

Franz allein.

FRANZ: Pfff! *Einen Augenblick verharrt das Lächeln noch auf seinem Gesicht. Dann verkrampfen sich seine Züge. Er hat Angst.* De Profundis Clamavi! *Sein Leiden überfällt ihn.* Knirscht, knirscht, knirscht doch mit den Zähnen! *Er beginnt zu zittern.*

Ende des zweiten Aktes

DRITTER AKT

Werners Büro. Moderne Möbel. Ein Spiegel. Zwei Türen.

1. SZENE

Der Vater – Leni.

Es klopft. Die Bühne ist leer. Es klopft noch einmal. Dann tritt der Vater ein. In der linken Hand trägt er eine Aktentasche; über dem rechten Arm den zusammengelegten Regenmantel. Er schließt die Tür hinter sich, legt Regenmantel und Aktentasche auf einen Sessel und geht dann, sich anders besinnend, wieder zur Tür zurück und öffnet sie.

DER VATER *in die Kulissen rufend*: Ich sehe dich – *Ein kurzes, ungezwungenes Schweigen.* Leni.

LENI *erscheint einen Augenblick später, etwas herausfordernd*: Da bin ich!

DER VATER *streicht ihr übers Haar*: Guten Tag. Du hast dich versteckt?

LENI *weicht zurück*: Guten Tag, Vater. Ja, ich hatte mich versteckt. *Sie sieht ihn an.* Wie siehst du aus?

DER VATER: Die Reise hat mich etwas erhitzt. *Er hustet. Ein trockenes und kurzes Husten, das weh tut.*

LENI: Herrscht die Grippe in Essen?

DER VATER *ohne zu verstehen*: Die Grippe? *Er hat verstanden.* Nein. Ich huste nur.
Sie betrachtet ihn ein wenig ängstlich.
Was macht d i r das schon aus?

LENI *hat sich abgewendet und sieht ins Leere*: Ich hoffe, daß mir das nichts ausmacht.
Schweigen.

DER VATER *jovial*: Also du hast mir nachspioniert?

LENI *liebenswürdig*: Ich habe dich aufgespürt. Jeder ist mal an der Reihe.

DER VATER: Du verlierst keine Zeit; da bin ich.

LENI: Ich wollte wissen, was du tust, wenn du ankommst.

DER VATER: Du siehst, ich besuche Werner.

LENI *wirft einen kurzen Blick auf ihre Armbanduhr*: Du weißt ganz genau, daß Werner auf der Werft ist.

DER VATER: Ich werde auf ihn warten.

LENI *mit gespielter Bestürzung*: Du?

DER VATER: Warum nicht? *Er setzt sich.*

LENI: Warum auch nicht? *Sie setzt sich ebenfalls.* Mit mir zusammen?

DER VATER: Allein.

LENI: Gut. *Sie erhebt sich.* Was hast du gemacht?

DER VATER *erstaunt*: In Essen?

LENI: Hier.

DER VATER *wie eben*: Was ich gemacht habe?

LENI: Ja, das frage ich dich.

DER VATER: Ich war sechs Tage fort, mein Kind.

LENI: Was hast du Sonntagabend gemacht?

DER VATER: Ach! Du gehst mir auf die Nerven. *Pause.* Nichts. Ich habe zu Abend gegessen und bin schlafen gegangen.

LENI: Alles hat sich verändert. Warum?

DER VATER: Was hat sich verändert?

LENI: Du weißt es.

DER VATER: Ich komme gerade aus dem Flugzeug: ich weiß nichts, ich habe nichts gesehen.

LENI: Du siehst m i c h.

DER VATER: Ganz recht. *Pause.* Du wirst dich nie verändern, Leni. Was auch geschieht.

LENI: Vater. *Zeigt auf den Spiegel.* Ich, ich sehe mich auch. *Sie tritt auf den Spiegel zu.* Natürlich hast du mir das Haar durcheinandergebracht. *Bringt ihr Haar wieder in Ordnung.* Wenn ich mich so sehe...

DER VATER: Erkennst du dich nicht wieder?

LENI: Überhaupt nicht. *Sie läßt die Arme fallen.* Bah! *Betrachtet sich mit plötzlicher Klarheit und Erstaunen.* Wie nichtssagend! *Ohne sich umzuwenden.* Johanna hatte sich gestern zum Abendessen geschminkt.

DER VATER: So? *Seine Augen leuchten einen Augenblick auf, aber er beherrscht sich.* Und?

LENI: Weiter nichts.

DER VATER: Das tun alle Frauen, und sie tun es alle Tage.

LENI: Aber sie tut das nie.

DER VATER: Vielleicht versucht sie, ihren Mann zurückzugewinnen.

LENI: Ihren Mann! *Verzieht höhnisch den Mund.* Wenn du ihre Augen gesehen hättest.

DER VATER *lächelnd*: Wieso? Was war mit ihnen?

LENI *kurz*: Du wirst sie ja sehen. *Pause. Trockenes Lachen:* Ha! Du wirst niemanden wiedererkennen. Werner spricht sehr laut, er ißt und trinkt für vier.

DER VATER: An mir liegt es nicht, wenn ihr euch verändert habt.

LENI: An wem sonst?

DER VATER: An niemand: diese alte blöde Kehle. Gut: Wenn ein Vater Abschied nimmt... Aber worüber beklagst du dich? Ich habe es euch sechs Monate im voraus angekündigt. Ihr hattet reichlich Zeit, euch darauf einzurichten, und du solltest mir dafür danken.

LENI: Ich danke dir dafür. *Pause. Mit veränderter Stimme:* Am Sonntagabend hast du uns eine Bombe mit Zeitzünder beschert. Wo ist sie?

Der Vater hebt die Schultern und lächelt.

Ich werde sie schon finden.

DER VATER: Eine Bombe! Warum willst du...?

LENI: Die Großen dieser Welt ertragen es nicht, allein zu sterben.

DER VATER: Ich will die ganze Familie mit in die Luft jagen, was?

LENI: Die Familie, nein: dazu liebst du sie nicht genug. *Pause.* Franz.

DER VATER: Der arme Franz! Ich soll ihn allein mit ins Grab nehmen, wenn das Universum mich überlebt. Leni, ich hoffe sehr, daß du mich daran hindern wirst.

LENI: Darauf kannst du dich verlassen. *Sie geht einen Schritt auf ihn zu.* Wenn es jemand wagt, ihm zu nahe zu kommen, wirst du sofort und allein dahingehen.

DER VATER: Gut. *Schweigen. Er setzt sich.* Sonst hast du mir nichts zu sagen?

Sie schüttelt den Kopf.

Mit Bestimmtheit, aber ohne den Ton zu ändern: Dann geh.

Leni sieht ihn einen Augenblick an, senkt den Kopf und geht hinaus. Der Vater erhebt sich, öffnet die Tür, wirft einen Blick in den Flur, als wolle er sich vergewissern, daß Leni sich dort nicht verbirgt, schließt die Tür wieder, dreht den Schlüssel herum und hängt sein Taschentuch über den Schlüssel, um das Schlüsselloch zu verdecken. Er wendet sich um, geht über die Bühne auf die Tür im Hintergrund zu und öffnet sie.

2. SZENE

Der Vater – dann Johanna.

DER VATER *mit kräftiger Stimme*: Johanna! *Er wird von einem heftigen Hustenanfall unterbrochen. Er wendet sich um: da er im Augenblick allein ist, beherrscht er sich nicht mehr und leidet sichtlich. Er geht zum Schreibtisch, nimmt eine Karaffe, gießt Wasser in ein Glas und trinkt.*

Johanna tritt durch die Tür im Hintergrund ein und sieht ihn von rückwärts.

JOHANNA: Was ist?

Er dreht sich um.

Du bist es?

DER VATER *noch mit erstickter Stimme*: Ja, natürlich! *Er küßt ihr die Hand. Seine Stimme festigt sich.* Hast du mich nicht erwartet?

JOHANNA: Ich hatte dich vergessen. *Sie beherrscht sich und lacht.* War deine Reise erfolgreich?

DER VATER: Ausgezeichnet.

Sie betrachtet das Taschentuch auf dem Schlüssel.

Ach nichts, ein zugedecktes Auge. *Pause. Er sieht sie an.* Du bist nicht geschminkt.

JOHANNA: Nein.

DER VATER: Du gehst also nicht zu Franz?

JOHANNA: Ich gehe zu niemandem. Ich erwarte meinen Mann.

DER VATER: Aber du hast ihn gesehen?

JOHANNA: Wen?

DER VATER: Meinen Sohn?

JOHANNA: Du hast zwei Söhne, und ich weiß nicht, von welchem du sprichst.

DER VATER: Vom älteren. *Schweigen.* Nun, mein Kind?

JOHANNA *auffahrend*: Vater?

DER VATER: Und unsere Abmachung?

JOHANNA *mit dem Ausdruck amüsierten Erstaunens*: Ach ja: du hast Rechte. Was für ein Theater! *Fast vertraulich:* Alle spielen Theater hier im Erdgeschoß, sogar du, der bald sterben wird. Wie bringst du es nur fertig, dieses vernünftige Aussehen zu bewahren? *Pause.* Schön, ich habe ihn gesehen. *Pause.* Ich bin sicher, daß du nichts verstehen wirst.

DER VATER *war auf dieses Geständnis gefaßt, kann es aber nicht ohne gewisse Beklemmung anhören*: Du hast Franz gesehen. *Pause.* Wann? Montag?

JOHANNA: Montag und jeden Tag.

DER VATER: Jeden Tag! *Bestürzt:* Fünfmal?

JOHANNA: Das ist anzunehmen. Ich habe es nicht gezählt.

DER VATER: Fünfmal! *Pause.* Das ist ein Wunder. *Er reibt sich die Hände.*

JOHANNA *mit Bestimmtheit und ohne die Stimme zu heben*: Wie du meinst.

Der Vater steckt die Hände wieder in die Taschen.

Freu dich nicht zu sehr darüber.

DER VATER: Ich muß mich entschuldigen, Johanna. Auf dem Rückflug brach mir der kalte Schweiß aus. – Ich glaubte alles verloren.

JOHANNA: Nun und?

DER VATER: Ich höre, daß du ihn täglich siehst.

JOHANNA: Ich bin es, die alles verliert.

DER VATER: Wieso?

Sie hebt die Schultern.

Mein Kind, wenn er dir seine Tür öffnet, müßt ihr euch doch verstehen, ihr beiden.

JOHANNA: Wir verstehen uns. *In zynischem, hartem Ton:* Wie zwei Taschendiebe auf dem Jahrmarkt.

DER VATER *bestürzt*: Bitte? *Schweigen.* Ihr seid also gute Freunde?

JOHANNA: Alles, nur keine Freunde.

DER VATER: Alles? *Pause.* Willst du damit etwa sagen …

JOHANNA *überrascht*: Was? *Sie bricht in Lachen aus:* Liebende? Stell dir vor, wir haben nicht einmal daran gedacht. Wäre das für deine Pläne notwendig?

DER VATER *mit leichtem Humor*: Entschuldige, liebe Schwiegertochter, aber du bist selbst dran schuld: du erklärst mir nichts, weil du glaubst, ich verstehe nicht.

JOHANNA: Es gibt nichts zu erklären.

DER VATER *beunruhigt*: Er ist wenigstens … nicht krank?

JOHANNA: Krank? *Sie versteht. Mit vernichtender Geringschätzung:* Oh! Verrückt? *Hebt die Schultern.* Wie soll ich das wissen?

DER VATER: Du siehst, wie er lebt.

JOHANNA: Wenn er verrückt ist, bin ich auch verrückt. Und warum sollte ich es nicht sein?

DER VATER: Du könntest mir auf alle Fälle sagen, ob er unglücklich ist.

JOHANNA *belustigt*: Sieh mal an! *Vertraulich:* Da oben haben die Worte eine andere Bedeutung.

DER VATER: Na gut. Wie sagt man denn da oben, wenn man leidet?

JOHANNA: Man leidet nicht.

DER VATER: So?

JOHANNA: Man ist beschäftigt.
DER VATER: Franz ist beschäftigt?
Johanna nickt.
Womit?
JOHANNA: Womit? Du meinst: mit wem?
DER VATER: Ja: das meine ich. Also?
JOHANNA: Das geht mich nichts an.
DER VATER *sanft*: Du willst nicht mit mir über ihn sprechen?
JOHANNA *mit tiefem Überdruß*: In welcher Sprache? Man muß die ganze Zeit übersetzen. Das ermüdet mich. *Pause.* Ich gehe jetzt, Vater.
DER VATER: Du läßt ihn im Stich?
JOHANNA: Er braucht niemanden.
DER VATER: Natürlich, es ist dein gutes Recht, du bist frei. *Pause.* Du hast mir aber ein Versprechen gegeben.
JOHANNA: Ich habe es gehalten.
DER VATER: Er weiß ...
Johanna nickt.
Was hat er gesagt?
JOHANNA: Daß du zuviel rauchst.
DER VATER: Und was noch?
JOHANNA: Weiter nichts.
DER VATER *tief verletzt*: Ich wußte es! Sie belügt ihn auf der ganzen Linie, das Weib! Was wird sie ihm nicht alles erzählt haben, dreizehn Jahre lang ...
Johanna lacht leise. Er unterbricht sich und sieht sie an.
JOHANNA: Siehst du, wie wenig du verstehst.
Er blickt sie mit Härte an.
Was glaubst du wohl, was ich bei Franz mache? Ich belüge ihn.
DER VATER: Du?
JOHANNA: Sooft ich den Mund aufmache, belüge ich ihn.
DER VATER *bestürzt und fast entwaffnet*: Aber ... Lügen waren dir doch immer verhaßt.
JOHANNA: Ich hasse sie auch jetzt noch.
DER VATER: Nun also?
JOHANNA: Nun also ja, ich lüge. Bei Werner durch mein Schweigen; bei Franz durch mein Reden.
DER VATER *sehr trocken*: So hatten wir es nicht abgemacht.
JOHANNA: O nein!
DER VATER: Du hattest recht: ich ... ich verstehe nicht. Du handelst gegen deine eigenen Interessen!
JOHANNA: Gegen die von Werner.
DER VATER: Das sind die deinen.
JOHANNA: Nicht daß ich wüßte.
Schweigen. Der Vater, einen Augenblick ratlos, faßt sich wieder.
DER VATER: Bist du ins andere Lager übergelaufen?
JOHANNA: Es gibt keine Lager.
DER VATER: Schön. Also hör mich an: Franz ist sehr zu bedauern, und ich begreife, daß du ihn schonen wolltest. Aber so kannst du nicht weitermachen! Wenn du dem Mitleid nachgibst, das er in dir weckt ...

JOHANNA: Wir haben kein Mitleid.

DER VATER: Wer, ihr?

JOHANNA: Leni und ich.

DER VATER: Leni – das ist etwas ganz anderes. Aber welchen Namen, liebe Schwiegertochter, du deinen Gefühlen auch gibst, belüge nicht mehr meinen Sohn: du degradierst ihn.

Sie lächelt.

Mit mehr Nachdruck: Er hat nur das eine Verlangen: zu fliehen. Wenn du ihn erst mit dem Ballast deiner Lügen beladen hast, wird er sich mit ihrer Hilfe zugrunde richten.

JOHANNA: Ich habe keine Zeit, ihm ernsthaft zu schaden: ich sage dir doch, ich gehe.

DER VATER: Wann und wohin?

JOHANNA: Morgen, irgendwohin.

DER VATER: Mit Werner?

JOHANNA: Ich weiß nicht.

DER VATER: Ist es eine Flucht?

JOHANNA: Ja.

DER VATER: Aber warum?

JOHANNA: Zwei Sprachen, zwei Leben, zwei Wahrheiten: findest du nicht, daß das zuviel ist für einen einzigen Menschen? *Sie lacht.* Die Waisenkinder von Düsseldorf, zum Beispiel – ich kann nicht von ihnen loskommen.

DER VATER: Was ist das? Eine Lüge?

JOHANNA: Eine Wahrheit von oben. Sie sind verlassene Kinder: sie sterben vor Hunger in einem Lager. Auf die eine oder andere Weise müssen sie existieren, denn sie verfolgen mich bis in dieses Erdgeschoß. Gestern abend hätte ich Werner fast gefragt, ob wir sie nicht retten können. *Sie lacht.* Das wäre noch gar nichts. Aber da oben ...

DER VATER: Nun?

JOHANNA: Ich bin mein schlimmster Feind. Meine Stimme lügt, und mein Körper widerlegt sie. Ich spreche vom Hunger, und ich sage, daß wir daran zugrunde gehen werden. Da, sieh mich an: sehe ich etwa unterernährt aus? Wenn Franz mich sähe ...

DER VATER: Er sieht dich also nicht?

JOHANNA: Er ist noch nicht soweit, mich anzusehen. *Wie zu sich selbst:* Ein Verräter. Besessener. Fanatiker. Er spricht, man hört ihn an. Und dann, plötzlich, sieht er sich im Spiegel; mit einem Schild quer über der Brust, einem einzigen Wort, das man liest, wenn er schweigt: Verrat. Das ist der Albtraum, der mich jeden Tag im Zimmer deines Sohnes erwartet.

DER VATER: Das ist unser aller Albtraum, Tag und Nacht.

Schweigen.

JOHANNA: Darf ich dir eine Frage stellen? *Auf ein Zeichen des Vaters hin:* Was habe ich mit dieser Geschichte zu tun? Warum hast du mich da hineingezogen?

DER VATER *sehr trocken*: Du verlierst den Verstand, liebe Schwiegertochter: es war d e i n Entschluß, dich einzumischen.

JOHANNA: Woher wußtest du, daß ich mich dazu entschließen würde?

DER VATER: Ich wußte es nicht.

JOHANNA: Lüge nicht! Du – der mir meine Lügen vorwirft. Lüge auf jeden Fall nicht zu schnell; sechs Tage, das ist lang, du hast mir Zeit gelassen, nachzudenken. *Pause.* Der Familienrat wurde nur meinetwegen abgehalten.

DER VATER: Nein, mein Kind, wegen Werner.

JOHANNA: Werner? Pah! Du greifst ihn an, damit ich ihn verteidige. I c h kam auf die Idee, mit Franz zu sprechen, das gebe ich zu. Oder vielmehr, ich habe ihn entdeckt: du hattest ihn hier versteckt und lenktest mich so geschickt, daß die Idee mir zwangsläufig kommen mußte. Ist das nicht so?

DER VATER: Ich wünschte tatsächlich, daß du meinem Sohn begegnest, aus Gründen, die du sehr gut kennst.

JOHANNA *mit Nachdruck*: Aus Gründen, die ich nicht kenne. *Pause.* Als du uns gegenüberstelltest, mich, die weiß, und ihn, der nicht wissen will – hast du mich gewarnt, daß ein Wort genügte, ihn zu töten?

DER VATER *würdevoll*: Johanna, ich weiß nichts über meinen Sohn.

JOHANNA: Nichts – außer daß er fliehen will und daß wir ihm mit unseren Lügen dabei helfen. Geh doch! Du spielst ja nur deine Rolle: ich sage dir, daß ein Wort genügt, ihn zu töten, und du reagierst nicht einmal darauf.

DER VATER *lächelnd*: Welches denn, mein Kind?

JOHANNA *lacht ihm ins Gesicht*: Überfluß.

DER VATER: Wie bitte?

JOHANNA: Dieses oder irgendein anderes, das zum Ausdruck bringt, wir sind die reichste Nation Europas. *Pause.* Du scheinst nicht sehr erstaunt.

DER VATER: Ich bin es auch nicht. Vor zwölf Jahren, da habe ich die Befürchtungen meines Sohnes verstanden, weil ihm manche Dinge entgangen waren. Er glaubte, man wolle Deutschland vernichten, und hat sich zurückgezogen, um nicht an unserer Ausrottung teilzuhaben. Hätte man ihm damals die Zukunft enthüllen können, wäre er augenblicklich gesund geworden. Heute wird die Rettung schwieriger sein: er hat Gewohnheiten angenommen, Leni verwöhnt ihn, das mönchische Leben hat gewisse Bequemlichkeiten. Aber nur keine Angst: das einzige Mittel gegen seine Krankheit ist die Wahrheit. Zuerst wird er mürrisch sein, weil ihr ihm die Gründe nehmt, sich in seinen Kummer zu vergraben, und dann, nach einer Woche, wird er der erste sein, der es euch dankt.

JOHANNA *heftig*: Solche Albernheiten! *Brutal:* Ich habe ihn gesehen, genügt dir das nicht?

DER VATER: Nein.

JOHANNA: Da oben ist Deutschland ausgestorbener als der Mond. Wenn ich es wiedererwecke, schießt er sich eine Kugel in den Mund.

DER VATER *lachend*: Denkst d u!

JOHANNA: Ich sage dir, das i s t so!

DER VATER: Er liebt sein Vaterland nicht mehr?

JOHANNA: Er betet es an.

DER VATER: Na also! Wo bleibt da der gesunde Menschenverstand, Johanna?

Johanna: Oh! Von dem ist nicht die Rede. *Lacht etwas irr.* Gesunder Menschenverstand! Darin steckt er! *Auf den Vater zeigend:* In diesem Kopf da. In meinem sind nur seine Augen. *Pause.* Halte nur alles auf. Deine Höllenmaschine wird dir in den Händen explodieren!

Der Vater: Ich kann nichts aufhalten.

Johanna: Also werde ich gehen, ohne ihn wiederzusehen, und für immer. Was die Wahrheit angeht, ich werde sie schon sagen, sei beruhigt. Aber nicht zu Franz. Zu Werner.

Der Vater *lebhaft*: Nein! *Er faßt sich.* Du wirst ihm damit nur weh tun.

Johanna: Tue ich ihm etwa nicht weh, seit Sonntag?

Man hört in der Ferne ein Autosignal.

Das ist er: in einer Viertelstunde wird er alles wissen.

Der Vater *gebieterisch*: Warte!

Sie bleibt stehen, zum Schweigen gebracht.

Er geht zur Tür, nimmt das Taschentuch ab und dreht den Schlüssel um, dann wendet er sich Johanna zu: Ich mache dir einen Vorschlag.

Sie bleibt stumm und starr. Pause.

Sage deinem Mann nichts. Geh noch ein letztes Mal zu Franz und sage ihm, daß ich ihn um eine Unterredung bitte. Wenn er annimmt, entbinde ich Werner von seinem Eid, und ihr geht b e i d e, wann ihr wollt.

Schweigen.

Johanna! Ich biete dir die Freiheit an.

Johanna: Ich weiß.

Das Auto fährt in den Park ein.

Der Vater: Nun?

Johanna: Nicht um diesen Preis.

Der Vater: Um welchen Preis?

Johanna: Den Tod von Franz.

Der Vater: Mein liebes Kind! Was du nur denkst? Ich glaube, Leni zu hören.

Johanna: Du hörst sie. Wir sind Zwillingsschwestern. Wundere dich nicht, du hast uns dazu gemacht. Und wenn alle Frauen der Welt durch das Zimmer deines Sohnes gingen, es würden ebensoviel Lenis daraus hervorgehen, die sich gegen dich wenden.

Bremsen. Das Auto hält vor der Terrasse.

Der Vater: Ich bitte dich, entscheide noch nichts! Ich verspreche dir...

Johanna: Überflüssig. Wenn du bezahlte Mörder willst, wende dich an das starke Geschlecht.

Der Vater: Du wirst Werner alles sagen?

Johanna: Ja.

Der Vater: Sehr gut. Und wenn ich Leni alles sage?

Johanna *bestürzt und erschreckt*: Leni? – Du?

Der Vater: Warum nicht? Das ganze Haus würde in die Luft fliegen.

Johanna *am Rande eines Nervenzusammenbruchs*: Laß das Haus doch in die Luft fliegen! Laß den ganzen Planeten in die Luft fliegen! Dann haben wir endlich Ruhe. *Ein Lachen, zunächst tief und düster, das gegen ihren Willen anschwillt.* Ruhe! Ruhe! Ruhe!

Das Geräusch von Schritten im Korridor. Der Vater geht rasch zu Johanna, packt sie brutal an den Schultern und schüttelt sie, während er sie ins Auge faßt. Johanna kann sich endlich beruhigen. Der Vater entfernt sich von ihr im gleichen Augenblick, in dem die Tür sich öffnet.

3. SZENE

Dieselben – Werner.

WERNER *tritt eilig ein und sieht den Vater*: Sieh mal an!
DER VATER: Guten Tag, Werner.
WERNER: Guten Tag, Vater. Bist du mit deiner Reise zufrieden?
DER VATER: Ha! *Er reibt sich unbewußt die Hände.* Zufrieden, ja. Zufrieden. Vielleicht sogar sehr zufrieden.
WERNER: Du wolltest mich sprechen.
DER VATER: Dich? Keineswegs. Ich gehe jetzt, liebe Kinder. *An der Tür:* Johanna, mein Vorschlag gilt noch immer. *Er geht hinaus.*

4. SZENE

Johanna – Werner.

WERNER: Welcher Vorschlag?
JOHANNA: Das werde ich dir gleich sagen.
WERNER: Ich sehe es nicht gern, daß er sich hier herumdrückt. *Er holt aus einem Schrank eine Flasche Sekt und zwei Gläser, stellt die Gläser auf den Schreibtisch und beginnt, die Flasche zu öffnen.* Sekt?
JOHANNA: Nein.
WERNER: Sehr gut. Dann trinke ich allein.
Johanna entfernt die Gläser.
JOHANNA: Nicht heute abend, ich habe dich nötig.
WERNER: Das überrascht mich. *Er sieht sie an. Unvermittelt:* Auf jeden Fall wird das mich nicht daran hindern zu trinken. *Er läßt den Korken springen.*
Johanna stößt einen leichten Schrei aus.
Werner beginnt zu lachen, füllt die beiden Gläser und sieht sie an. Sieh mal an, du hast ja Angst!
JOHANNA: Ich bin nervös.
WERNER *mit einer Art Befriedigung*: Ich sage dir, du hast Angst. *Pause.* Vor wem? Vor Vater?
JOHANNA: Vor ihm auch.
WERNER: Und du willst, daß ich dich beschütze? *Grinst höhnisch, aber etwas weniger angespannt.* Die Rollen sind vertauscht. *Er leert sein Glas mit einem Zug.* Erzähl mir deine Sorgen. *Pause.* Ist es denn so schlimm? Komm doch!
Sie rührt sich nicht.
Er zieht sie an sich, sie bleibt starr. Lege deinen Kopf auf meine Schulter. *Er biegt fast gewaltsam Johannas Kopf. Pause. Er be-*

trachtet sich im Spiegel und lächelt. So, jetzt herrscht wieder Ordnung. *Ein entspanntes Schweigen.* Sprich, mein Liebling.

JOHANNA *hebt den Kopf, um ihn anzuschauen*: Ich war bei Franz.

WERNER *stößt sie zornig zurück*: Franz! *Er kehrt ihr den Rücken zu, geht zum Schreibtisch, schenkt sich ein zweites Glas Sekt ein, trinkt einen Schluck, bedächtig, und wendet sich ihr wieder zu, ruhig lächelnd.* Um so besser! Nun kennst du die ganze Familie.

Sie sieht ihn an, fassungslos.

Wie findest du ihn, meinen älteren Bruder, ein Mann wie ein Schrank, was?

Noch immer bestürzt, schüttelt sie den Kopf.

Sieh mal an! *Belustigt:* Sieh mal an! Er wird doch nicht schwächlich geworden sein?

Mühsam versucht sie zu sprechen.

Nun?

JOHANNA: Du bist größer als er.

WERNER *wie eben*: Ha! Ha! *Pause.* Und seine schöne Offiziersuniform? Trägt er sie noch immer?

JOHANNA: Sie ist nicht mehr schön.

WERNER: In Fetzen? Aber sag mir doch, der arme Franz ist wohl sehr mitgenommen?

Starres Schweigen Johannas.

Er nimmt sein Glas. Auf seine Genesung. *Er hebt sein Glas, dann bemerkt er, daß Johannas Hände leer sind, holt das andere Glas und hält es ihr hin.* Stoßen wir an!

Sie zögert.

Gebieterisch: Nimm dieses Glas.

Sie verhärtet sich und nimmt das Glas.

JOHANNA *herausfordernd*: Ich trinke auf Franz!

Sie will mit Werner anstoßen; er zieht sein Glas schnell zurück. Sie sehen sich einen Augenblick an, beide verwirrt. Dann bricht Werner in Lachen aus und gießt den Inhalt seines Glases auf den Boden.

WERNER *fröhlich und impulsiv*: Das ist nicht wahr! Das ist nicht wahr!

Johanna ist bestürzt.

Er geht auf sie zu. Du hast ihn nie gesehen. Keinen Augenblick habe ich dir das geglaubt. *Lacht ihr ins Gesicht:* Und der Riegel, mein Kleines? Und die Eisenstange? Sie haben ein Signal, dessen sei sicher.

JOHANNA *hat ihre eisige Haltung wieder angenommen*: Sie haben eins. Ich kenne es.

WERNER *noch immer lachend*: Wie denn! Du hast doch nicht etwa Leni gefragt!

JOHANNA: Ich habe Vater gefragt.

WERNER *verblüfft*: Ah! *Langes Schweigen. Er geht zum Schreibtisch, setzt sein Glas ab und überlegt. Er wendet sich zu Johanna, er hat seine joviale Art bewahrt, aber man spürt, daß es ihn große Anstrengung kostet, sich zu beherrschen.* Na gut! Das mußte kommen. *Pause.* Vater tut nichts umsonst: was für ein Interesse hat er an dieser Geschichte?

JOHANNA: Das würde ich gerne wissen.

WERNER: Was hat er dir vorhin vorgeschlagen?

JOHANNA: Er entbindet dich von deinem Eid, wenn Franz ihm eine Unterredung gewährt.

WERNER *ist düster und mißtrauisch geworden, sein Mißtrauen wächst mit den folgenden Antworten*: Eine Unterredung ... Und Franz wird sie gewähren?

JOHANNA *mit Sicherheit*: Ja.

WERNER: Und dann?

JOHANNA: Nichts. Wir werden frei sein.

WERNER: Frei, was zu tun?

JOHANNA: Fortzugehen.

WERNER *mit trockenem und hartem Lachen*: Nach Hamburg?

JOHANNA: Wohin wir wollen.

WERNER *ebenso*: Großartig! *Hartes Lachen.* Na gut, meine liebe Frau, das ist der härteste Fußtritt, den ich in meinem ganzen Leben bekommen habe.

JOHANNA *verblüfft*: Werner, der Vater denkt keinen einzigen Augenblick an ...

WERNER: An seinen jüngsten Sohn? Ganz gewiß nicht. Franz wird meinen Schreibtisch übernehmen, sich in meinen Sessel setzen und meinen Sekt trinken, er wird seine Austernschalen unter mein Bett werfen. Und davon abgesehen, wer denkt schon an mich? Zähle ich denn überhaupt? *Pause.* Der Alte hat seine Meinung geändert: das ist alles.

JOHANNA: Aber verstehst du denn noch immer nicht?

WERNER: Ich verstehe, daß er meinen Bruder an die Spitze des Unternehmens stellen will. Und ich verstehe auch, daß du ihnen ganz freiwillig als Hilfe dabei gedient hast: wenn du mich nur hier herausreißen kannst, dann ist es dir ganz gleich, ob man mir dabei Fußtritte versetzt.

Johanna betrachtet ihn kalt. Sie läßt ihn fortfahren, ohne auch nur den Versuch zu machen, sich zu erklären.

Man zerstört meine Karriere als Rechtsanwalt, um mich in diesem entsetzlichen Gemäuer zwischen lieben Kindheitserinnerungen unter Bewachung zu setzen; eines schönen Tages willigt der verlorene Sohn ein, sein Zimmer zu verlassen, man schlachtet das fette Kalb, man wirft mich hinaus, und alle sind's zufrieden, bei meiner Frau angefangen! Eine großartige Geschichte, nicht wahr? Du wirst sie erzählen: in Hamburg. *Er geht zum Schreibtisch, gießt sich ein Glas Sekt ein und trinkt. Seine Trunkenheit – leicht, aber spürbar – nimmt bis zum Ende des Aktes ständig zu.* Du wirst gut tun, mit dem Kofferpacken noch etwas zu warten. Denn, weißt du, ich frage mich, ob ich mir das alles gefallen lassen soll. *Mit Kraft:* Ich habe das Unternehmen, ich behalte es; man wird sehen, was ich wert bin. *Er geht und setzt sich an seinen Schreibtisch. Mit ruhiger, gehässiger Stimme und einem Unterton von Wichtigkeit:* Und nun geh: ich muß nachdenken. *Pause.*

JOHANNA *ohne sich zu beeilen, mit kalter und ruhiger Stimme*: Es geht nicht um das Unternehmen: niemand macht es dir streitig.

WERNER: Niemand, außer meinem Vater und seinem Sohn.

JOHANNA: Franz wird niemals die Werft leiten.

Werner: Weil? ...
Johanna: Er das nicht will.
Werner: Er will es nicht, oder er kann es nicht?
Johanna *widerwillig*: Beides. *Pause.* Und Vater weiß es.
Werner: Aber?
Johanna: Aber ehe er stirbt, will er Franz noch einmal sehen.
Werner *etwas erleichtert, aber argwöhnisch*: Das ist verdächtig.
Johanna: Sehr verdächtig. Aber es betrifft dich nicht.
Werner erhebt sich und geht auf sie zu. Er sieht ihr in die Augen, sie hält seinem Blick stand.
Werner: Ich glaube dir. *Er trinkt.*
Johanna wendet den Kopf ab, mit gespannten Nerven.
Ein Unfähiger! *Er lacht.* Und ein Schwächling obendrein. Am Sonntag sprach Vater von ungesundem Fett.
Johanna *lebhaft*: Franz ist nur Haut und Knochen.
Werner: Ja. Mit einem kleinen Bauch, wie alle Gefangenen. *Er betrachtet sich im Spiegel und streckt den Bauch vor, fast unbewußt.* Unfähig. Zerlumpt. Halb verrückt. *Er wendet sich zu Johanna:* Du hast ihn ... oft gesehen?
Johanna: Täglich.
Werner: Ich frage mich, was ihr euch wohl zu sagen habt. *Er geht mit neugewonnener Sicherheit auf und ab.* «Keine Familie ohne Makel.» Ich weiß nicht mehr, wer das gesagt hat. Schrecklich, aber wahr, hm? Nur, daß ich bisher geglaubt habe, der Makel, das sei ich. *Legt die Hände auf Johannas Schultern.* Danke, liebe Frau: du hast mich davon befreit. *Er geht sein Glas holen, sie hält ihn zurück.* Du hast recht: keinen Sekt mehr! *Er fegt die beiden Gläser mit der Hand weg. Sie fallen herunter und zersplittern.* Man bringe ihm ein paar Flaschen mit Grüßen von mir. *Er lacht.* Und du, du wirst ihn nicht mehr besuchen: ich verbiete es dir.
Johanna *noch immer eisig*: Gut. Bring mich von hier fort.
Werner: Ich sage dir doch, daß du mich befreit hast. Ich habe mir falsche Vorstellungen gemacht, weißt du. Von jetzt an wird alles gut gehen.
Johanna: Nicht für mich.
Werner: Nein? *Er betrachtet sie, sein Gesicht verändert sich, sein Rücken krümmt sich leicht.* Selbst wenn ich dir schwöre, daß ich mich von Grund auf ändere und sie alle auf Gleichschritt bringen werde?
Johanna: Selbst dann.
Werner *barsch*: Du hast mit ihm geschlafen! *Trockenes Lachen.* Sag schon, ich bin dir deshalb nicht böse: er braucht nur zu pfeifen, scheint mir, und schon fallen die Frauen auf den Rücken. *Er sieht sie böse an.* Ich habe dich etwas gefragt.
Johanna *sehr hart*: Ich werde es dir nie verzeihen, wenn du mich zwingst, darauf zu antworten.
Werner: Verzeihe nicht, aber antworte.
Johanna: Nein.
Werner: Du hast nicht mit ihm geschlafen. Gut! Aber du stirbst vor Verlangen, es zu tun.

JOHANNA *ohne Aufwand, aber mit einer Art Haß*: Du bist gemein.
WERNER *lächelnd und böse*: Ich bin ein Gerlach. Antworte.
JOHANNA: Nein.
WERNER: Also, was hast du zu befürchten?
JOHANNA *noch immer eisig*: Bevor ich dich kannte, zogen mich Tod und Wahnsinn an. Da oben beginnt das wieder. Ich will es nicht. *Pause.* Seine Krabben, ich glaube mehr an sie als er.
WERNER: Weil du ihn liebst.
JOHANNA: Weil sie wahr sind. Narren sprechen die Wahrheit, Werner.
WERNER: Wirklich. Welche Wahrheit?
JOHANNA: Es gibt nur eine: das Entsetzen zu leben. *Wieder mit Wärme:* Ich will nicht! Ich will nicht! Ich will mich lieber belügen. Wenn du mich liebst, rette mich. *Mit einer Handbewegung an die Zimmerdecke:* Das da oben zermalmt mich. Bring mich fort, in eine Stadt, wo alles jedem gehört, wo jeder sich belügt, mit Wind, Wind, der von weit her kommt. Wir werden uns wiederfinden, Werner, ich schwöre es dir!
WERNER *mit plötzlicher und wilder Heftigkeit*: Uns wiederfinden? Ha! Und wie sollte ich dich verloren haben, Johanna? Ich habe dich niemals besessen. Ich hatte nur mit deiner Fürsorge zu tun. Du hast mich mit der Ware betrogen! Ich wollte eine Frau, und habe nur ihren Kadaver besessen. Was tut's, wenn du verrückt wirst: wir bleiben hier! *Er äfft sie nach:* «Rette mich! Verteidige mich!» Wie denn? Vielleicht abhauen? *Er beherrscht sich. Böses und kaltes Lächeln.* Ich habe mich gehenlassen. Verzeih! Du wirst alles tun, mir eine gute Ehefrau zu sein: das ist die Rolle deines Lebens. Aber das Vergnügen wird nur auf deiner Seite sein. *Pause.* Wie weit muß man gehen, damit du meinen Bruder vergißt? Wie weit werden wir fliehen? Züge, Flugzeuge, Schiffe: welche Umstände und welche Mühsal. Du wirst alles aus diesen leeren Augen anschauen: eine Luxusgeschädigte, das wird dich nicht verändern. Und ich? Hast du dich schon einmal gefragt, was ich während dieser Zeit denken werde? Daß ich mich im voraus geschlagen gegeben habe und daß ich geflohen bin, ohne einen Finger zu rühren. Ein Feigling, ha, ein Feigling: so liebst du mich also, du könntest mich trösten. Mütterlich. *Mit Nachdruck:* Wir bleiben hier! Bis einer von uns dreien krepiert: du, mein Bruder oder ich.
JOHANNA: Wie du mich verabscheust!
WERNER: Ich werde dich erst lieben, wenn ich dich erobert habe. Und ich werde mich schlagen, sei beruhigt. *Er lacht.* Ich werde gewinnen: ihr liebt nur die Kraft, ihr Frauen. Und die Kraft, die habe ich.
Er faßt sie um die Taille und küßt sie brutal.
Sie schlägt mit geballten Fäusten auf ihn ein, macht sich frei und beginnt zu lachen.
JOHANNA *laut auflachend*: Oh! Werner, glaubst du, daß er beißt?
WERNER: Wer? Franz?
JOHANNA: Der Haudegen, dem du gleichen willst. *Pause.* Wenn wir bleiben, werde ich täglich zu deinem Bruder gehen.
WERNER: Ich rechne damit. Und jede Nacht wirst du in meinem Bett verbringen. *Er lacht.* Die Vergleiche stellen sich von selbst.

JOHANNA *langsam und traurig*: Armer Werner! *Sie geht zur Tür.*
WERNER *plötzlich ratlos*: Wohin gehst du?
JOHANNA *mit verlorenem, bösem Lachen*: Ich gehe vergleichen. *Sie öffnet die Tür und geht hinaus, ohne daß er eine Bewegung macht, sie zurückzuhalten.*

Ende des dritten Aktes

VIERTER AKT

Das Zimmer von Franz. Gleiches Bühnenbild wie im zweiten Akt. Aber alle Schilder sind verschwunden. Nur das Hitlerporträt ist noch vorhanden. Noch mehr Austernschalen auf dem Boden. Auf dem Tisch eine Schreibtischlampe.

1. SZENE
Franz.

FRANZ *allein*: Maskierte Bewohner der Zimmerdecke, Achtung! Maskierte Bewohner der Zimmerdecke, Achtung! *Schweigen. Zur Decke gewendet:* He? *Zwischen den Zähnen hervor:* Ich spüre sie nicht. *Laut:* Kameraden! Kameraden! Hier spricht Deutschland, das gemarterte Deutschland! *Pause. Entmutigt:* Das Publikum ist erstarrt. *Er steht auf und marschiert herum.* Seltsamer, aber nicht kontrollierbarer Eindruck: heute abend wird die Geschichte stillstehen. Zack! Die Explosion des ganzen Planeten steht auf dem Programm, die Wissenschaftler haben den Finger auf dem Knopf, adieu! *Pause.* Man würde trotzdem gerne wissen, was aus der menschlichen Spezies geworden ist, falls sie es überlebt. *Gereizt, fast heftig:* Ich spiele die Hure, um ihnen zu gefallen, und sie hören nicht einmal zu. *Mit Wärme:* Verehrte Hörer, ich flehe Sie an, wenn ich Ihr Ohr nicht mehr habe, wenn falsche Zeugen Sie umgarnt haben ... *Plötzlich:* Warte! *Er wühlt in seiner Tasche.* Hier ist der Schuldige. *Er zieht eine Armbanduhr hervor und hält sie am äußersten Ende des Lederarmbandes, voller Abscheu:* Man hat mir dieses Tier geschenkt, und ich habe den Fehler begangen, es anzunehmen. *Er betrachtet sie.* Fünfzehn Minuten! Man hat fünfzehn Minuten Verspätung! Unzulässig. Ich, ich werde diese Uhr zerschmettern. *Er nimmt sie in die Faust.* Fünfzehn Minuten! Jetzt schon sechzehn. *Erregt:* Wie soll ich meine säkulare Geduld beweisen, wenn man mich durch Nadelstiche herausfordert? Alles wird sehr schlimm enden. *Pause.* Ich werde nicht aufmachen: das ist ganz einfach; ich werde sie zwei volle Stunden auf dem Treppenabsatz stehen lassen.
Es klopft dreimal. Er beeilt sich und öffnet.

2. SZENE
Franz – Johanna.

FRANZ *tritt zurück, damit Johanna eintreten kann*: Siebzehn! *Er zeigt mit dem Finger auf die Armbanduhr.*
JOHANNA: Bitte?
FRANZ *mit der Stimme einer Zeitansage*: Vier Uhr siebzehn Minuten dreißig Sekunden. Hast du mir das Foto von meinem Bruder mitgebracht? *Pause.* Nun?
JOHANNA *widerwillig*: Ja.
FRANZ: Zeig es mir.

JOHANNA *wie zuvor*: Was willst du damit machen?

FRANZ *lacht anmaßend*: Was macht man schon mit einem Foto?

JOHANNA *nach einem Zögern*: Da ist es.

FRANZ *betrachtet es*: So, so, ich hätte ihn nicht wiedererkannt. Er ist ja ein Athlet! Gratuliere! *Er steckt das Foto in die Tasche.* Und was machen unsere Waisenkinder?

JOHANNA *verwirrt*: Welche Waisenkinder?

FRANZ: Na, die in Düsseldorf!

JOHANNA: Ach ja ... *Barsch:* Sie sind tot.

FRANZ *zur Decke*: Krabben, es waren siebenhundert. Siebenhundert arme Gören ohne Dach über dem Kopf ... *Er bleibt stehen.* Meine liebe Freundin, ich pfeife auf diese Waisenkinder. Man soll sie so schnell wie möglich begraben! Gute Beerdigung! *Pause.* Sieh mich an! Das bin ich durch deine Schuld geworden: Ein schlechter Deutscher.

JOHANNA: Durch meine Schuld?

FRANZ: Ich hätte wissen müssen, daß sie alles durcheinanderbringt. Um die Zeit aus diesem Zimmer zu vertreiben, habe ich fünf Jahre gebraucht; um sie wieder hereinzubringen, brauchtest du nur einen Augenblick. *Er zeigt auf die Armbanduhr.* Dieses Schmeicheltier, das um mein Handgelenk schnurrt und das ich in die Tasche stopfe, wenn ich Leni klopfen höre, ist die Zeit des Universums, meine Gnädigste, die Zeit der Zeitansage, der Normaluhren und der Observatorien. Aber was soll ich damit anfangen? Bin ich denn etwa universal? *Betrachtet die Uhr.* Ich finde dieses Geschenk verdächtig.

JOHANNA: Gut, gib sie mir zurück!

FRANZ: Keineswegs! Ich behalte sie. Ich frage mich nur, warum du sie mir gegeben hast.

JOHANNA: Weil ich noch lebe, genau wie du lebst.

FRANZ: Was ist das, leben? Auf dich warten? Vor tausend Jahren erwartete ich nichts mehr. Diese Lampe erlischt nicht; Leni kommt, wann sie will; ich schlief auf gut Glück, wenn der Schlaf mich überkam: mit einem Wort, ich wußte nie die Stunde. *Humorvoll:* Jetzt ist das ein Durcheinanderwerfen von Tag und Nacht. *Blickt auf die Uhr.* Vier Uhr fünfundzwanzig: der Schatten wird länger, der Tag verblaßt: ich hasse die Nachmittage. Wenn du gehst, wird es Nacht sein: hier, in voller Klarheit! Und ich werde Angst haben. *Unvermittelt:* Die armen Kleinen, wann wird man sie in die Erde betten?

JOHANNA: Montag, glaube ich.

FRANZ: Man müßte eine erleuchtete Kapelle haben, unter freiem Himmel, in den Ruinen der Kirche. Siebenhundert kleine Särge, bewacht von einer Menge in Lumpen! *Er sieht sie an.* Du hast dich nicht geschminkt?

JOHANNA: Wie du siehst.

FRANZ: Vergessen?

JOHANNA: Nein. Ich wollte eigentlich nicht kommen.

FRANZ *heftig*: Was?

JOHANNA: Es ist Werners Tag. *Pause.* Nun ja: Samstag eben.

FRANZ: Wozu braucht er einen Tag, er hat dich jede Nacht. Samstag? ... Ach ja: Fünftagewoche. *Pause.* Und den Sonntag auch, natürlich!

JOHANNA: Natürlich.

FRANZ: Wenn ich dich recht verstehe, haben wir heute Samstag. Ah, meine Gnädigste, die Uhr zeigt das nicht an: Sie müssen mir einen Kalender schenken. *Er kichert höhnisch, dann unvermittelt:* Zwei Tage ohne dich? Unmöglich.

JOHANNA: Glaubst du, ich werde meinen Mann um die einzigen Augenblicke bringen, die wir zusammen leben können?

FRANZ: Warum nicht?

Sie lacht, ohne ihm zu antworten.

Hat er ein Recht auf dich? Es tut mir leid, aber ich habe es, ich auch.

JOHANNA *etwas heftig*: Du? Nein. Nicht das geringste.

FRANZ: Habe ich dich aufgesucht? *Schreiend:* Wann wirst du endlich verstehen, daß dieses erbärmliche Warten mich von meiner Pflicht abhält. Die Krabben sind ratlos, sie sind mißtrauisch: die falschen Zeugen triumphieren. *Wie eine Schmähung:* Dalila!

JOHANNA *bricht in ein böses Lachen aus*: Puh! *Sie geht auf ihn zu und betrachtet ihn unverschämt.* Und das ist Samson? *Lacht aufs neue.* Samson! Samson! *Hört auf zu lachen.* Den habe ich mir anders vorgestellt.

FRANZ *mit unheimlicher Stimme*: Ich bin es. Ich trage die Jahrhunderte auf meinen Schultern; wenn ich mich wieder aufrichte, stürzen sie zusammen. *Pause. Mit natürlicher Stimme und bitterer Ironie:* Übrigens war er ein armer Mensch, davon bin ich überzeugt. *Er marschiert durchs Zimmer.* Diese Abhängigkeit. *Schweigen. Er setzt sich.* Gnädige Frau, Sie genieren mich. *Pause.*

JOHANNA: Ich werde dich nicht mehr genieren.

FRANZ: Was hast du getan?

JOHANNA: Ich habe Werner alles gesagt.

FRANZ: So? Warum denn?

JOHANNA *bitter*: Das frage ich mich.

FRANZ: Er hat die Sache gut aufgenommen?

JOHANNA: Er hat sie sehr schlecht aufgenommen.

FRANZ *unruhig, nervös*: Er verläßt uns? Er nimmt dich mit?

JOHANNA: Er bleibt hier.

FRANZ *wieder beruhigt*: Das ist gut. *Er reibt sich die Hände.* Das ist sehr gut.

JOHANNA *mit bitterer Ironie*: Und du läßt mich nicht aus den Augen! Aber was siehst du? *Sie kommt näher, nimmt seinen Kopf in ihre Hände und zwingt ihn, sie anzusehen.* Sieh mich an. Ja. So. Jetzt wage zu sagen, daß alles gut ist.

FRANZ *sieht sie an und macht sich frei*: Ich sehe, ja, ich sehe! Du vermißt Hamburg. Das gute Leben. Die Bewunderung der Männer und ihr Begehren. *Hebt die Schultern.* Das ist deine Sache.

JOHANNA *traurig und hart*: Samson war nichts als ein armer Mensch.

FRANZ: Ja. Ja. Ja. Ein armer Mensch. *Er fängt an, seitlich zu gehen.*

JOHANNA: Was machst du da?

FRANZ *mit rauher, brüchiger und tiefer Stimme*: Ich spiele Krabbe. *Verdutzt über das, was er eben gesagt hat.* Wie? Was? *Kommt zu*

Johanna zurück, mit normaler Stimme: Warum bin ich ein armer Mensch?

JOHANNA: Weil du nichts verstehst. *Pause.* Wir werden die Hölle haben.

FRANZ: Wer?

JOHANNA: Werner, du und ich. *Kurzes Schweigen.* Er bleibt hier aus Eifersucht.

FRANZ *verblüfft*: Was?

JOHANNA: Aus Eifersucht, ist das klar? *Pause. Hebt die Schultern.* Du weißt ja nicht einmal, was das ist.

Franz lacht.

Er wird mich jeden Tag zu dir schicken, sogar am Sonntag. Er wird sich martern, auf der Werft, an seinem großen Diplomatenschreibtisch. Und am Abend werde ich dafür bezahlen.

FRANZ *ehrlich überrascht*: Ich bitte um Verzeihung, liebe Freundin. Aber auf w e n ist er eifersüchtig?

Sie hebt die Schultern.

Er zieht das Foto hervor und betrachtet es. Auf mich? *Pause.* Hast du ihm gesagt ... was aus mir geworden ist?

JOHANNA: Ich habe es ihm gesagt.

FRANZ: Nun, und?

JOHANNA: Nun ja, er ist eifersüchtig.

FRANZ: Das ist pervers. Ich bin ein Kranker, ein Verrückter vielleicht; ich verberge mich. Der Krieg hat mich zerbrochen, meine Gnädigste.

JOHANNA: Deinen Stolz hat er nicht zerbrochen.

FRANZ: Und das genügt, ihn auf mich eifersüchtig zu machen?

JOHANNA: Ja.

FRANZ: Sag ihm, mein Stolz ist in Scherben. Sag ihm, daß ich aufschneide, um mich zu verteidigen. Halt; ich werde mich bis zum äußersten erniedrigen: sag Werner, daß ich eifersüchtig bin.

JOHANNA: Auf ihn?

FRANZ: Auf seine Freiheit, seine Muskeln, sein Lächeln, seine Frau, sein gutes Gewissen. *Pause.* Ein guter Balsam für seine Eigenliebe, wie?

JOHANNA: Er wird mir nicht glauben.

FRANZ: Dann eben nicht. *Pause.* Und du?

JOHANNA: Ich?

FRANZ: Glaubst du mir?

JOHANNA *unsicher, gereizt*: Aber nein.

FRANZ: Gnädige Frau, mir sind Indiskretionen anvertraut worden, ich bin Minute für Minute über Ihr Privatleben unterrichtet.

JOHANNA *hebt die Schultern*: Leni belügt dich.

FRANZ: Leni spricht nie von dir. *Zeigt auf seine Uhr.* Das ist die Schwätzerin: sie erzählt alles. Seit du mich verlassen hast, plappert sie: acht Uhr dreißig, Familie beim Abendessen; zehn Uhr, jeder zieht sich zurück, Tête-à-tête mit deinem Mann. Elf Uhr, nächtliche Toilette, Werner geht zu Bett, du nimmst ein Bad. Mitternacht, du kommst in sein Bett.

JOHANNA *dreistes Lachen*: In sein Bett? *Pause.* Nein.

FRANZ: Doppelbetten?
JOHANNA: Ja.
FRANZ: In welchem von beiden schlaft ihr denn miteinander?
JOHANNA *aufgebracht und herausfordernd*: Mal in dem einen, mal im anderen.
FRANZ *knurrend*: Hm! *Er betrachtet das Foto.* Achtzig Kilo! Er muß dich ja erdrücken, der Athlet. Hast du das gern?
JOHANNA: Wenn ich ihn gewählt habe, dann deshalb, weil ich die Athleten den Schwächlingen vorziehe.
FRANZ *betrachtet das Foto knurrend, steckt es dann in die Tasche*: Seit sechzig Stunden habe ich kein Auge zugemacht.
JOHANNA: Warum?
FRANZ: Ich werde dich hindern, mit ihm zu schlafen, während ich schlafe.
JOHANNA *trockenes Lachen*: Na gut, dann schlafe eben nicht mehr!
FRANZ: Das ist meine Absicht. Heute nacht, wenn er dich nimmt, wirst du wissen, daß ich wache.
JOHANNA *heftig*: Es tut mir leid, aber ich werde dich dieser schmutzigen einsamen Vergnügungen berauben. Schlafe ruhig heute nacht: Werner wird mich nicht anrühren.
FRANZ *verwirrt*: Ach!
JOHANNA: Das enttäuscht dich?
FRANZ: Nein.
JOHANNA: Er wird mich nicht anrühren, solange wir durch seine Schuld hierbleiben. *Pause.* Weißt du, was er sich vorstellt? Daß du mich verführt hast. *Beleidigend:* Du! *Pause.* Wie ähnlich ihr seid!
FRANZ *zeigt das Foto*: Aber nein.
JOHANNA: Aber ja. Zwei Gerlachs, zwei abstrakte, zwei geistersehende Brüder! Was bin ich denn schon, ich? Nichts: ein Marterwerkzeug. Jeder sucht an mir nach den Zärtlichkeiten des andern. *Nähert sich Franz.* Sieh dir diesen Körper an. *Sie nimmt seine Hand und zwingt ihn, sie auf ihre Schulter zu legen.* Früher, als ich unter Männern lebte, hatten sie keine schwarzen Messen nötig, um ihn zu begehren. *Sie tritt zurück und stößt ihn von sich. Unvermittelt:* Der Vater will dich sprechen.
FRANZ *sachlich*: So.
JOHANNA: Wenn du ihn empfängst, wird er Werner von seinem Eid entbinden.
FRANZ *ruhig und sachlich*: Und dann? Wirst du dann fortgehen?
JOHANNA: Das wird nur von Werner abhängen.
FRANZ *wie eben*: Du wünschst diese Unterredung?
JOHANNA: Ja.
FRANZ *ebenso*: Ich muß versprechen, dich nicht wiederzusehen?
JOHANNA: Natürlich.
FRANZ *ebenso*: Und was wird aus mir?
JOHANNA: Du wirst in deine Ewigkeit zurückkehren.
FRANZ: Gut. *Pause.* Geh und sage meinem Vater ...
JOHANNA *unvermittelt*: Nein!
FRANZ: Wie?
JOHANNA *mit hitziger Heftigkeit*: Nein! Ich werde ihm nichts sagen.

FRANZ *kaltblütig, da er spürt, daß er gewonnen hat*: Ich muß ihm doch meine Antwort geben.

JOHANNA *wie eben*: Überflüssig; ich werde sie nicht übermitteln.

FRANZ: Warum hast du mir dann seine Bitte übermittelt?

JOHANNA: Das geschah wider Willen.

FRANZ: Wider Willen?

JOHANNA *ein kleines Lachen, den Blick noch von Haß erfüllt*: Stell dir vor, ich hatte Lust, dich zu töten.

FRANZ *liebenswürdig*: Oh! Seit längerer Zeit?

JOHANNA: Seit fünf Minuten.

FRANZ: Und es ist schon vorüber?

JOHANNA *lächelnd und ruhig*: Es bleibt das Verlangen, dir rechts und links eine herunterzuhauen. *Sie packt sein Gesicht mit beiden Händen.*

Er läßt es sich gefallen.

So. *Sie läßt die Hände wieder fallen und geht fort.*

Franz noch immer liebenswürdig.

FRANZ: Fünf Minuten! Du hast Glück: mir wird das Verlangen, dich zu töten, die ganze Nacht bleiben.

Schweigen. Sie setzt sich auf das Bett und starrt ins Leere.

JOHANNA *zu sich selbst*: Ich werde hier nicht wieder weggehen.

FRANZ *der ihr auflauert*: Nie mehr?

JOHANNA *ohne ihn anzusehen*: Nie mehr. *Sie läßt ein kleines, verwirrtes Lachen hören, sie öffnet die Hände, als ließe sie einen Gegenstand herausgleiten, und blickt auf seine Füße.*

Franz beobachtet sie und ändert seine Haltung: er wird wieder wahnsinnig und steif wie im 2. Akt.

FRANZ: Bleibe bei mir. Ganz und gar.

JOHANNA: In diesem Zimmer?

FRANZ: Ja.

JOHANNA: Ohne jemals hinauszugehen?

Franz nickt.

Eingeschlossen?

FRANZ: Du sagst es. *Er spricht, während er auf und ab geht.*

Johanna folgt ihm mit den Augen. Während er spricht, faßt sie sich und wird hart: sie begreift, daß Franz nur sein Delirium retten will.

Ich habe zwölf Jahre auf einem Eisdach über den Gipfeln zugebracht; ich hatte den ganzen wimmelnden Porzellanladen in die Nacht gestürzt.

JOHANNA *schon mißtrauisch*: Welchen Porzellanladen?

FRANZ: Die Welt, meine Gnädigste. Die Welt, in der du lebst. *Pause.* Dieses Freigepäck der Verderbnis lebt wieder auf. Durch dich: wenn du mich verläßt, bin ich von ihr umgeben, weil du in ihr bist. Du zermalmst mich zu Füßen der Sächsischen Schweiz, ich irre umher, in einem Jagdpavillon, fünf Meter über dem Meer. Das Wasser wird wiedergeboren in der Wanne, in der es deinen Leib umgibt. Jetzt fließt die Elbe, und das Grün wächst. Eine Frau ist eine Verräterin, meine Gnädigste.

JOHANNA *düster und verhärtet*: Wenn ich jemanden verrate, so nicht dich.

FRANZ: Doch mich! A u c h mich, den Agenten für beide Seiten. Zwanzig Stunden täglich siehst du, fühlst du und denkst du mit allen anderen, unter meinen Sohlen: du unterwirfst mich den Gesetzen des Vulgären. *Pause.* Wenn ich dich unter Verschluß halte, ist absolute Ruhe: die Welt wird in ihre Abgründe zurückkehren, du wirst nur das sein, was du wirklich bist. *Zeigt auf sie:* Das! Die Krabben werden mir wieder Vertrauen schenken, und ich werde zu ihnen sprechen.

JOHANNA *ironisch*: Wirst du auch ab und zu mit mir sprechen?

FRANZ *an die Decke weisend*: Wir werden gemeinsam zu ihnen sprechen.

Johanna bricht in Lachen aus.

Er sieht sie an. Verstört: Du weigerst dich?

JOHANNA: Was gibt es da zu verweigern? Du erzählst mir einen Albtraum: ich höre zu. Das ist alles.

FRANZ: Du wirst Werner nicht verlassen?

JOHANNA: Ich habe dir gesagt, daß ich das nicht tue.

FRANZ: Dann verlasse mich. Hier ist das Foto deines Mannes. *Er gibt es ihr, sie nimmt es.* Und die Uhr – die wird genau beim vierten Gongschlag in die Ewigkeit einkehren. *Er löst das Armband und betrachtet das Zifferblatt.* «Gong!» *Er wirft sie zu Boden.* Von nun an wird es zu jeder Stunde vier Uhr dreißig sein. Als Erinnerung an Sie, gnädige Frau. Auf Wiedersehen. *Er geht zur Tür, entfernt den Riegel, hebt die Eisenstange. Langes Schweigen. Er verneigt sich und weist auf die Tür.*

Sie geht ohne Eile bis zum Eingang, legt den Riegel vor und senkt die Stange. Dann geht sie zu ihm zurück, ruhig und ohne Lächeln, mit echter Autorität.

Gut! *Pause.* Was wirst du tun?

JOHANNA: Was ich seit Montag tue: den Zuträger spielen. *Handbewegung.*

FRANZ: Und wenn ich nicht öffne?

JOHANNA *ruhig*: Du wirst öffnen.

Franz bückt sich, hebt die Uhr wieder auf und hält sie ans Ohr. Sein Gesicht und seine Stimme verändern sich: er spricht fast mit Wärme. Von dieser Antwort an entsteht für einen Augenblick ein echtes geheimes Einverständnis zwischen ihnen.

FRANZ: Wir haben Glück: sie geht. *Sieht auf das Zifferblatt.* Vier Uhr einunddreißig; die Ewigkeit plus eine Minute. Dreht euch, dreht euch, Zeiger: man muß leben. *Zu Johanna:* Wie?

JOHANNA: Ich weiß nicht.

FRANZ: Wir werden drei rasende Verrückte sein.

JOHANNA: Vier.

FRANZ: Vier?

JOHANNA: Wenn du dich weigerst, ihn zu empfangen, wird der Vater Leni einweihen.

FRANZ: Dazu ist er imstande.

JOHANNA: Was wird er erreichen?

FRANZ: Leni liebt keine Komplikationen.

JOHANNA: Also?

FRANZ: Sie wird also vereinfachen.

JOHANNA *nimmt den Revolver in die Hand, der auf dem Tisch liegt*: Damit?

FRANZ: Damit oder auf andere Weise.

JOHANNA: In einem solchen Fall schießen die Frauen auf die Frau.

FRANZ: Leni ist nur zur Hälfte Frau.

JOHANNA: Würde es dich stören zu sterben?

FRANZ: Offen gestanden, ja. *Zeigt an die Decke:* Ich habe die Worte nicht herausgefunden, die sie verstehen können. Und du?

JOHANNA: Ich hätte es nicht gern, daß Werner allein zurückbleibt.

FRANZ *kleines Lachen, abschließend*: Wir können weder leben noch sterben.

JOHANNA *ebenso*: Uns weder sehen noch verlassen.

FRANZ: Wir sind ganz hübsch festgefahren. *Er setzt sich.*

JOHANNA: Ganz schön. *Sie setzt sich auf das Bett.*

Schweigen. Franz kehrt Johanna den Rücken und reibt zwei Austernschalen aneinander.

FRANZ *mit dem Rücken zu Johanna*: Es muß einen Ausweg geben.

JOHANNA: Es gibt keinen.

FRANZ *mit Nachdruck*: Es muß einen geben! *Er reibt die Schalen mit wahnsinniger und verzweifelter Heftigkeit.* He, was?

JOHANNA: Laß doch die Muscheln in Ruhe. Das ist nicht auszuhalten.

FRANZ: Halt den Mund! *Er wirft die Muscheln gegen das Hitlerporträt.* Sieh doch, wie ich mich anstrenge. *Er wendet sich halb zu ihr und zeigt ihr seine zitternden Hände.* Weißt du, was mir Angst macht?

JOHANNA: Der Ausweg?

Franz, der immer noch starr ist, nickt.

Was ist es?

FRANZ: Langsam. *Er steht auf und geht erregt auf und ab.* Dränge mich nicht. Alle Wege sind verstellt, selbst der des geringeren Übels. Bleibt ein Weg, der immer offen ist, weil er ungangbar ist: der des größten Übels. Wir werden ihn wählen.

JOHANNA *mit einem Schrei*: Nein!

FRANZ: Siehst du, du kennst den Ausweg.

JOHANNA *mit Leidenschaft*: Wir waren glücklich.

FRANZ: In der Hölle glücklich?

JOHANNA *leidenschaftlich*: In der Hölle glücklich, ja. Wider deinen, wider meinen Willen. Ich bitte dich, ich flehe dich an, laß uns bleiben, was wir sind. Laß uns warten, wortlos, bewegungslos. *Sie packt ihn am Arm.* Wir wollen uns nicht ändern.

FRANZ: Die andern ändern sich, Johanna, die andern werden uns ändern. *Pause.* Glaubst du, daß Leni uns am Leben lassen wird?

JOHANNA *heftig*: Leni übernehme ich. Wenn es zum Schießen kommt, werde ich zuerst schießen.

FRANZ: Lassen wir Leni aus dem Spiel. Hier sind wir, allein, von Angesicht zu Angesicht: was wird geschehen?

JOHANNA *mit gleicher Leidenschaft*: Nichts wird geschehen. Nichts wird sich ändern! Wir werden ...

FRANZ: Du wirst mich vernichten, das wird geschehen.

JOHANNA *wie eben*: Niemals!

FRANZ: Du wirst mich langsam vernichten, ganz sicher, durch deine bloße Anwesenheit. Schon zerfällt mein Irrsinn; Johanna, er war meine Zuflucht; was wird aus mir, wenn ich wieder das Licht der Welt erblicke?

JOHANNA *wie eben*: Du wirst geheilt sein.

FRANZ *kurzer Ausbruch*: Ah! *Pause. Hartes Lachen.* Ich müßte ja schwachsinnig sein.

JOHANNA: Ich werde dir nie etwas Böses tun; ich denke nicht im Traum daran, dich zu heilen; dein Irrsinn, das ist mein Gefängnis. Ich bewege mich darin im Kreise.

FRANZ *mit trauriger und zärtlicher Bitterkeit*: Du bewegst dich im Kreise, kleines Eichhörnchen? Die Eichhörnchen haben gute Zähne: du wirst die Stäbe zernagen.

JOHANNA: Das stimmt nicht! Ich habe nicht einmal Verlangen danach. Ich beuge mich allen deinen Launen.

FRANZ: Was das angeht, ja. Aber man sieht es zu deutlich. Deine Lügen sind Geständnisse.

JOHANNA *starr*: Ich belüge dich nie!

FRANZ: Du tust nichts anderes. Großherzig. Tugendhaft. Wie ein tapferer kleiner Soldat. Nur lügst du sehr schlecht. Um gut zu lügen, weißt du, muß man selbst eine Lüge sein: das ist bei mir der Fall. Du, du bist wahr. Wenn ich dich ansehe, weiß ich, daß es die Wahrheit gibt und daß sie nicht auf meiner Seite ist. *Lachend:* Wenn es in Düsseldorf Waisenkinder gibt, dann wette ich, daß sie fett sind wie Wachteln!

JOHANNA *mit mechanischer und erstorbener Stimme*: Sie sind tot! Deutschland ist tot!

FRANZ *brutal*: Halt den Mund! *Pause.* Nun? Du kennst ihn jetzt, den Weg des größeren Übels? Du öffnest mir die Augen, indem du versuchst, sie mir zu schließen. Und ich, eigentlich dein Gegenspieler, mache mich zu deinem Komplicen, weil ... weil ich zu dir halte.

JOHANNA *die wieder etwas zu sich gekommen ist*: So tut also jeder das Gegenteil von dem, was er wirklich will?

FRANZ: Genau.

JOHANNA *mit schroffer und abgehackter Stimme*: Nun? Was ist der Ausweg?

FRANZ: Daß jeder will, was er gezwungen ist zu tun.

JOHANNA: Ich muß dich vernichten wollen?

FRANZ: Wir müssen uns helfen, die W a h r h e i t zu wollen.

JOHANNA *wie eben*: Du wirst sie niemals wollen. Du bist verlogen bis auf die Knochen.

FRANZ *trocken und distanziert*: He, meine Liebe, du mußt mich verteidigen. *Pause. Dann wärmer:* Ich werde in dem Augenblick allen Illusionen abschwören, in dem ... *Er zögert.*

JOHANNA: In dem?

FRANZ: In dem ich dich mehr liebe als meine Lügen, in dem du mich liebst trotz meiner Wahrheit.

JOHANNA *ironisch*: Du hast eine Wahrheit? Welche? Die du den Krabben sagst?

Franz *springt mit einem Satz auf sie zu*: Welchen Krabben? Bist du verrückt? Welchen Krabben? *Pause. Er wendet sich ab.* Ach so! Ach so, ja, natürlich. *Rasch, unvermittelt:* Die Krabben sind Menschen. *Pause.* He, was? *Er setzt sich.* Wo habe ich das hergeholt? *Pause.* Ich wußte es doch ... früher ... Ja, ja, ja. Aber ich habe so viele Sorgen. *Pause. Mit Entschlossenheit:* Wirkliche Menschen, gute und schöne, auf allen Balkonen der Jahrhunderte. Ich, ich kroch im Hof herum; ich glaubte sie zu hören: «Bruder, was ist das?» Das, das war ich ... *Er steht auf. Militärischer Gruß. Er steht still. Mit lauter Stimme:* Ich, die Krabbe. *Er wendet sich zu Johanna, die ihn ansieht, und spricht vertraulich:* Nun ja, ich habe nein gesagt. Nicht Menschen werden meine Zeit richten. Wer sind sie schon? Die Söhne unserer Söhne. Erlaubt man kleinen Jungen, ihre Großväter zu verdammen? Ich habe die Situation umgekehrt, ich habe gerufen: «Hier ist der Mensch; nach mir die Sintflut; nach der Sintflut die Krabben, ihr!» Entlarvt, alle! Die Balkone wimmelten von Gliederfüßlern. *Feierlich:* Es ist dir wohl nicht unbekannt, daß die menschliche Spezies mit dem falschen Fuß zuerst angetreten ist: ich habe ihr sagenhaftes Pech gekrönt, indem ich ihre sterbliche Hülle dem Gerichtshof der Krustentiere überantwortet habe. *Pause. Er geht mit seitlichem Schritt umher, langsam.* Gut. Also werden es Menschen sein. *Er lacht leise, mit verstörtem Gesichtsausdruck, und geht rückwärts auf das Hitlerporträt zu.* Menschen, sieh dir das an! *Plötzlich erbost:* Johanna, ich erkenne ihre Zuständigkeit nicht an, ich nehme ihnen diesen Prozeß weg und übertrage ihn dir. Richte über mich.

Johanna *mehr mit Resignation als mit Überraschung*: Ich soll über dich richten?

Franz *schreit*: Bist du taub? *Die Heftigkeit weicht ängstlichem Erstaunen.* He, was? *Er nimmt sich zusammen. Lacht trocken, fast geckenhaft, aber düster.* Du wirst mich richten, weiß Gott, du wirst mich richten.

Johanna: Gestern warst du noch Zeuge. Der Zeuge des Menschen.

Franz: Gestern war gestern. *Er streicht sich mit der Hand über die Stirn.* Der Zeuge des Menschen ... *Lacht.* Und wer soll das sein? Sehen Sie, meine Gnädigste, es ist der Mensch, ein Kind könnte das erraten. Der Angeklagte zeugt für sich selbst. Ich gebe zu, daß das ein circulus vitiosus ist. *Mit finsterem Stolz:* Ich bin der Mensch, Johanna; ich bin ganz Mensch und ganz der Mensch, ich bin das Jahrhundert. *Plötzlich mit possenhafter Bescheidenheit:* Wie jeder beliebige andere.

Johanna: In diesem Fall werde ich den Prozeß eines anderen führen.

Franz: Von wem?

Johanna: Irgendeinem – nur nicht von dir.

Franz: Der Angeklagte verspricht, exemplarisch zu sein: ich sollte Entlastungszeuge sein, aber wenn du willst, werde ich mich belasten. *Pause.* Natürlich, du bist frei. *Pause.* Aber wenn du mich verläßt, ohne mich anzuhören, und aus Angst, mich zu kennen, wirst du das Urteil fällen, ob du willst oder nicht. Entscheide. *Pause. Er zeigt an die Decke.* Ich sage ihnen, was mir gerade so durch den Kopf geht: niemals eine Antwort. Ich erzähle ihnen auch Witze, zum Lachen: ich frage mich immer noch, ob sie sie schlucken oder sie als Belastung gegen mich notieren. Eine Pyramide aus Schweigen. Über meinem Kopf. Ein Jahrtausend, das schweigt. Das bringt mich um. Und wenn sie gar nichts von mir wissen? Wenn sie mich vergessen haben? Was soll bloß aus mir werden, ohne Gerichtshof? Welche Verachtung! – «Du kannst machen, was du willst, man pfeift darauf.» – Also? Bin ich denn gar nichts? Ein Leben, das nicht sanktioniert ist, wird von der Erde verschlungen. *Er faßt ihren Arm, zart und ergreifend.* Das war das Alte Testament. Jetzt kommt das Neue. Du wirst die Zukunft sein und die Gegenwart, die Welt und ich selbst; es wird nichts geben außer dir: du wirst mich die Jahrhunderte vergessen lassen, ich werde leben. Du wirst mich anhören, ich werde deine Blicke auffangen, und ich werde dich antworten hören; eines Tages, vielleicht erst nach Jahren, wirst du meine Unschuld erkennen, und ich werde es wissen. Was für ein hohes Fest: du wirst mir alles sein, und alles wird mich freisprechen. *Pause.* Johanna! Ist das möglich? *Pause.*

JOHANNA: Ja.

FRANZ: Kann man mich noch lieben?

JOHANNA *lächelt traurig, aber mit tiefem Ernst*: Leider.

Franz erhebt sich. Er sieht erleichtert aus, fast glücklich. Er geht auf Johanna zu und nimmt sie in die Arme.

FRANZ: Ich werde nie mehr allein sein ... *Er will sie küssen, dann entfernt er sich plötzlich und nimmt wieder sein wahnsinniges, hartes Aussehen an.*

Johanna sieht ihn an, versteht, daß er in seine Einsamkeit zurückgekehrt ist, und verhärtet sich ebenfalls.

Mit einer bösartigen Ironie, die sich aber nur gegen ihn selbst richtet: Ich bitte dich um Verzeihung, Johanna; es ist ein bißchen früh, den Richter zu bestechen, den ich mir gesetzt habe.

JOHANNA: Ich bin nicht dein Richter. Die man liebt, richtet man nicht.

FRANZ: Und wenn du aufhörtest, mich zu lieben? Wäre das nicht ein Gericht? Das Jüngste Gericht?

JOHANNA: Wie könnte ich?

FRANZ: Indem du erfährst, wer ich bin ...

JOHANNA: Ich weiß es schon.

FRANZ *reibt sich die Hände und sieht erfreut aus*: O nein! Überhaupt nicht! Überhaupt nicht! *Pause. Er sieht vollkommen irr aus.* Es wird ein Tag kommen, ein Tag wie jeder andere, ich werde dir von mir erzählen, du wirst mir zuhören, und plötzlich wird die Liebe zugrunde gehen! Du wirst mich voller Entsetzen ansehen, und ich werde spüren, ich werde wieder – *er kriecht auf allen vieren seitlich umher* ... eine Krabbe!

JOHANNA *sieht ihn voller Entsetzen an*: Hör auf!

FRANZ *auf allen vieren*: Du machst schon diese Augen! Genau diese Augen wirst du machen! *Er steht behende auf.* Verurteilt, hm? Ohne Gnade verurteilt! *Mit veränderter Stimme, förmlich und optimistisch:* Wohlverstanden, es ist ebenso möglich, daß ich Objekt eines Freispruches werde.

JOHANNA *mit Verachtung und gedehnt*: Ich bin nicht sicher, ob du das wünschst.

FRANZ: Gnädige Frau, ich wünsche es zu beenden, auf die eine oder andere Weise. *Pause.*

JOHANNA: Du hast gewonnen, bravo! Wenn ich gehe, verurteile ich dich; wenn ich bleibe, setzt du das Mißtrauen zwischen uns; es leuchtet schon in deinen Augen. Also gut, halten wir uns an das Programm: seien wir bedacht, uns gemeinsam zu degradieren, erniedrigen wir uns mit Fleiß einer durch den anderen; wir werden aus unserer Liebe ein Marterinstrument machen; wir werden trinken, ja? Du wirst dich wieder dem Sekt zuwenden; ich, wie einst, dem Whisky, ich werde ihn herbeischaffen. Jeder vor seiner Flasche, dem anderen gegenüber – und allein. *Mit bösem Lächeln:* Weißt du, was wir sein werden, du Zeuge des Menschen? Ein Paar wie alle Paare! *Sie gießt sich Sekt ein und hebt das Glas.* Ich trinke auf uns! *Sie trinkt mit einem Zuge aus und wirft das Glas auf das Hitlerporträt. Das Glas zerbricht, als es gegen das Bild prallt. Johanna holt einen Sessel von dem Stapel zerbrochener Möbel, stellt ihn richtig auf und setzt sich.* Also?

FRANZ *verwirrt*: Johanna ... was ...

JOHANNA: Jetzt frage ich. Also? Was hast du zu sagen?

FRANZ: Du hast mich nicht verstanden. Wenn es nur uns beide gäbe, ich schwöre dir ...

JOHANNA: Wen gibt es außer uns?

FRANZ *mühsam*: Leni. Wenn ich mich jetzt entschließe zu sprechen, so um uns vor ihr zu retten. Ich werde sagen ... was gesagt werden muß, ohne mich zu schonen, aber auf meine Weise, nach und nach, es wird Monate dauern, Jahre! Es ist einerlei, ich verlange nichts als dein Vertrauen, und du wirst das meine haben, wenn du mir versprichst, nur noch mir zu glauben.

JOHANNA *sieht ihn lange an. Sanfter*: Gut. Ich werde nur noch dir glauben.

FRANZ *mit einer gewissen Feierlichkeit, aber ehrlich*: Solange du dieses Versprechen hältst, wird Leni keine Gewalt über uns haben. *Er geht und setzt sich.* Ich habe Angst. Du warst in meinen Armen, ich begehrte dich, ich begann wieder zu leben ... und plötzlich sah ich meine Schwester und sagte mir: sie wird uns vernichten. *Er holt ein Taschentuch aus der Tasche und wischt sich die Stirn:* Pff! *Mit sanfter Stimme:* Es ist Sommer, nicht wahr? Es muß heiß sein. *Pause. Er blickt ins Leere.* Weißt du, daß er aus mir eine ziemlich tolle Maschine gemacht hatte?

JOHANNA: Der Vater?

FRANZ *wie eben*: Ja. Eine Kommandiermaschine. *Kleines Lachen. Pause.* Ein Sommer mehr! Und die Maschine läuft noch immer. Im Leerlauf, wie immer. *Er steht auf.* Ich werde dir mein Leben erzählen; aber mach dich nicht auf große Abscheulichkeiten gefaßt. O nein: nicht einmal das. Weißt du, worüber ich mir Vorwürfe mache: ich habe nichts getan.

Das Licht wird langsam matter.

Nichts! Nichts! Niemals!

3. SZENE
Franz – Johanna – eine Frau.

EINE FRAUENSTIMME *leise*: Soldat!

JOHANNA *ohne die Frau zu hören*: Du hast den Krieg mitgemacht.

FRANZ: Das glaubst du!

Es beginnt dunkel zu werden.

FRAUENSTIMME *lauter*: Soldat!

FRANZ *aufrecht an der Rampe, allein sichtbar.*

Johanna sitzt im Sessel und ist in Dunkel gehüllt.

Krieg, den macht man nicht: er macht uns. So gut man sich auch schlug, ich lachte mir ins Fäustchen: ich war ein Zivilist in Uniform. Eines Nachts, da wurde ich Soldat auf Lebenszeit. *Er greift hinter sich, wo auf dem Tisch eine Offiziersmütze liegt und setzt sie mit plötzlicher Gebärde auf.* Ein armer besiegter Lump, ein Unfähiger. Ich kam aus Rußland zurück, immer wieder mich versteckend fuhr ich quer durch Deutschland, kam in ein Dorf, das in Trümmern lag.

DIE FRAU *noch unsichtbar, lauter*: Soldat!

FRANZ: Wie? *Er wendet sich unvermittelt um, in der linken Hand hält er eine Taschenlampe; mit der rechten zieht er seine Pistole aus dem Futteral und hält sie schußbereit, die Taschenlampe ist nicht eingeschaltet.* Wer ruft da?

DIE FRAU: Suche nur.

FRANZ: Wie viele seid ihr?

DIE FRAU: Auf deiner Höhe niemand mehr. Hier unten, da bin ich.

Franz schaltet unvermittelt die Taschenlampe ein und richtet sie auf den Boden. Eine Frau in Schwarz lehnt an der Mauer, halb auf den Boden gekauert.

Mach das aus, du blendest mich.

Franz schaltet aus. Es bleibt eine diffuse Helle, die sie umgibt und sichtbar macht.

Ha! Ha! Schieß! Schieß doch! Mach deinem Krieg ein Ende, durch den Mord an einer Deutschen.

Franz ertappt sich dabei, daß er, ohne es zu bemerken, seine Pistole auf die Frau gerichtet hat. Er steckt die Pistole mit Entsetzen in die Tasche.

FRANZ: Was machst du da?

DIE FRAU: Das siehst du doch; ich hocke am Fuße der Mauer. *Stolz:* Es ist meine Mauer. Die massivste im ganzen Dorf. Die einzige, die gehalten hat.

FRANZ: Komm mit.

DIE FRAU: Mach deine Taschenlampe an.

Er schaltet sie ein, der Lichtkegel erhellt den Boden. Er bringt aus dem Dunkel eine Decke zum Vorschein, die die Frau von Kopf bis Fuß einhüllt.

Sieh mal. *Sie hebt die Decke ein wenig.*

Er richtet die Taschenlampe auf etwas, das sie ihm zeigt und was das Publikum nicht sieht. Dann, mit einem plötzlichen Knurren, löscht er aus.

Ja, ja: das waren meine Beine.

FRANZ: Was kann ich für dich tun?

DIE FRAU: Dich eine Minute setzen.

Er setzt sich neben sie.

Ich habe einen von unseren Soldaten an den Fuß der Mauer gesetzt! *Pause.* Einen anderen Wunsch hatte ich nicht mehr. *Pause.* Ich hoffte, es würde mein Bruder sein, aber der ist gefallen. In der Normandie. Macht nichts; du wirst es für ihn tun. Ich hätte zu ihm gesagt: «Sieh mal!» *Zeigt auf die Ruinen des Dorfes.* «Das ist dein Werk.»

FRANZ: Sein Werk?

DIE FRAU *zeigt auf Franz*: Und das deine, mein Junge!

FRANZ: Wieso?

DIE FRAU: Du hast dich schlagen lassen.

FRANZ: Red keinen Blödsinn. *Er steht unvermittelt auf, das Gesicht der Frau zugewendet. Sein Blick fällt auf einen Anschlag, der bisher nicht zu sehen war und den ein Scheinwerfer beleuchtet. Er ist an die Mauer geklebt, 1,75 m vom Boden, rechts neben der Frau. «Die Schuldigen seid ihr!»* Auch das noch! Sie kleben sie überall hin! *Er geht und will den Anschlag herunterreißen.*

DIE FRAU, *den Kopf nach rückwärts gewendet, schaut ihn an*: Laß das dran! Laß es, sage ich dir, das ist meine Mauer!

Franz geht fort.

Die Schuldigen seid ihr! *liest sie und zeigt auf ihn.* Du, mein Bruder, ihr alle!

FRANZ: Du bist mit ihnen einig?

DIE FRAU: Wie die Nacht mit dem Tage. Sie erzählen dem lieben Gott, wir seien Kannibalen, und der liebe Gott hört sie an, weil sie gewonnen haben. Aber man kann mich nicht davon abbringen: die wirklichen Kannibalen, das sind die Sieger. Gestehe es, Soldat: du wolltest kein Menschenfleisch essen.

FRANZ *mit Überdruß*: Wir haben sie vernichtet! Vernichtet! Dörfer und Städte! Hauptstädte!

DIE FRAU: Wenn sie euch geschlagen haben, so deshalb, weil sie mehr zerstört haben als ihr.

Franz hebt die Schultern.

Hast du Menschenfleisch gegessen?

FRANZ: Und dein Bruder? Hat er's gegessen?

DIE FRAU: Sicher nicht: er hatte gute Manieren. Wie du.

FRANZ *nach einem Schweigen*: Hat man dir von den Lagern erzählt?

DIE FRAU: Von welchen?

FRANZ: Du weißt es genau: von den Vernichtungslagern.

DIE FRAU: Man hat mir davon erzählt.

FRANZ: Wenn man dir gesagt hätte, daß dein Bruder im Augenblick seines Todes Wächter war in einem dieser Lager, wärst du stolz darauf?

DIE FRAU *grausam*: Ja. Hör mir gut zu, mein Junge, wenn mein Bruder Millionen Tote auf dem Gewissen hätte, wenn unter diesen Toten sich Frauen befänden wie ich, und Kinder, wie sie unter diesen Steinen verfaulen, dann wäre ich stolz auf ihn: ich wüßte, daß er im Paradies ist und daß er das Recht hat zu denken: «Ich habe getan, was ich konnte!» Aber ich kenne ihn: er liebte uns weniger als seine Ehre, weniger als seine Tugenden. Und darum – *Kreisende Geste. Heftig:* Terror wäre nötig gewesen – alles hättet ihr zerstören müssen!

FRANZ: Wir haben es getan.

DIE FRAU: Niemals genug! Nicht genug Lager! Nicht genug Henker! Du hast uns verraten, als du gabst, was dir nicht gehörte, jedesmal, wenn du das Leben eines Feindes schontest, und sei es an einer Wiege, nahmst du einem von uns das Leben; du wolltest ohne Haß kämpfen und hast mich dabei mit Haß vergiftet, der mir das Herz zerfrißt. Wo ist deine Tugend, schlechter Soldat? Soldat der Niederlage, wo ist deine Ehre? Der Schuldige bist du! Gott wird dich nicht nach deinen Taten richten, sondern danach, was du nicht zu tun wagtest: nach den Verbrechen, die begangen werden mußten und die du nicht begangen hast!
Die Dunkelheit hat nach und nach wieder zugenommen. Nur der Anschlag bleibt sichtbar. Die Stimme wiederholt, während sie sich entfernt.
Der Schuldige bist du! Bist du! Bist du!
Der Anschlag verschwindet.

4. SZENE
Franz – Johanna.

STIMME VON FRANZ *in der Nacht*: Johanna.
Licht. Franz steht aufrecht da, mit bloßem Kopf, neben seinem Tisch. Johanna sitzt im Sessel. Die Frau ist verschwunden.

JOHANNA *auffahrend*: Ja?
Franz geht auf sie zu. Er sieht sie lange an.

FRANZ: Johanna! *Er sieht sie an, versucht, die Erinnerungen zu verscheuchen.*

JOHANNA *lehnt sich schroff zurück*: Was ist aus ihr geworden?

FRANZ: Aus der Frau? Das kommt darauf an.

JOHANNA *überrascht*: Auf was denn?

FRANZ: Auf meine Träume.

JOHANNA: Das war keine Erinnerung?

FRANZ: Es ist auch ein Traum. Manchmal führe ich ihn herbei, manchmal verscheuche ich ihn und manchmal ... Jedenfalls krepiert sie, es ist ein Albtraum. *Mit starrem Blick, zu sich selbst:* Ich frage mich, ob ich sie wohl getötet habe.

JOHANNA *ohne Überraschung, aber mit Angst und Abscheu*: Ha!
Er fängt an zu lachen.

FRANZ *mit einer Geste, die einen imaginären Abzughahn zieht*: So! *Lächelnde Herausforderung.* Hättest du sie leiden lassen? Auf allen Straßen gibt es Verbrechen. Vorfabrizierte Verbrechen, die nur auf ihren Täter warten. Der echte Soldat kommt vorbei und nimmt es auf sich. *Unvermittelt:* Die Geschichte mißfällt dir? Ich mag deine Augen nicht! Ah! Gib ihr ein Ende, das dir gefällt. *Entfernt sich von ihr mit großen Schritten. Beim Tisch angelangt, wendet er sich um.* «Der Schuldige bist du!» Was sagst du dazu? Hatte sie recht?

JOHANNA *hebt die Schultern*: Sie war verrückt.

FRANZ: Ja. Aber was beweist das?

JOHANNA *mit Nachdruck und Klarheit*: Wir haben verloren, weil wir nicht genug Menschen und Flugzeuge hatten!

FRANZ *unterbricht sie*: Ich weiß! Ich weiß! Das betrifft Hitler. *Pause.* Ich spreche von mir. Der Krieg war mein Los: bis zu welchem Punkt mußte ich ihn lieben?

Sie will sprechen.

Denke nach! Denke scharf nach: deine Antwort ist ein Urteil.

JOHANNA *unbehaglich, herausfordernd und hart*: Es ist alles überlegt.

Pause.

FRANZ: Wenn ich wirklich alle Untaten begangen hätte, die man in Nürnberg verurteilt hat ...

JOHANNA: Welche?

FRANZ: Was weiß denn ich! Sippenmord ... und all die Schweinereien!

JOHANNA *hebt die Schultern*: Warum solltest du sie begangen haben?

FRANZ: Weil der Krieg mein Los war: als unsere Väter unsere Mütter schwängerten, haben sie ihnen Soldaten gemacht. Ich weiß nicht, warum.

JOHANNA: Ein Soldat ist ein Mensch.

FRANZ: Zuerst ist er Soldat. Also? Würdest du mich noch lieben?

Sie will sprechen.

So laß dir doch Zeit, um Gottes willen!

Sie sieht ihn schweigend an.

Also?

JOHANNA: Nein.

FRANZ: Du würdest mich nicht mehr lieben.

Johanna nickt.

Ich würde dir Entsetzen einjagen?

JOHANNA: Ja.

FRANZ *bricht in Lachen aus*: Gut, gut, gut! Beruhige dich, Johanna: du hast es mit einem eingefleischten Junggesellen zu tun. Unschuld wird garantiert.

Sie bleibt mißtrauisch und hart.

Du könntest mir ruhig zulächeln: ich habe Deutschland aus Sentimentalität getötet.

Die Tür zum Badezimmer öffnet sich. Klages tritt ein, schließt die Tür hinter sich wieder und geht mit langsamen Schritten auf den Stuhl von Franz zu, um sich zu setzen. Weder Franz noch Johanna schenken ihm Beachtung.

5. SZENE

Franz – Johanna – Klages.

FRANZ: Wir waren fünfhundert bei Smolensk. Eingeschlossen, in einem Dorf. Kompaniechef gefallen, Hauptleute gefallen, bleiben nur wir, zwei Leutnants und ein Feldwebel. Seltsames Triumvirat: der Leutnant Klages war der Sohn eines Pfarrers: ein Idealist, schwebte in den Wolken ... Heinrich, der Feldwebel, stand mit beiden Füßen auf der Erde, war aber hundertprozentiger Nazi. Die Partisanen schnitten uns den Rückweg ab: sie hielten die Straße unter Feuer. Für drei Tage Lebensmittel. Man fand zwei russische Bauern, sperrte sie in eine Scheune und taufte sie «Kriegsgefangene».

KLAGES *überwältigt*: So ein Rohling!

FRANZ *ohne sich umzusehen*: Hnn?

KLAGES: Heinrich! Ich sage: so ein Rohling!

FRANZ *undeutlich, wie eben*: Ach so ...

KLAGES *jämmerlich und düster*: Franz, ich sitze in der Scheiße!

Franz wendet sich plötzlich zu ihm um.

Die beiden Bauern: er hat sich in den Kopf gesetzt, sie zum Sprechen zu bringen.

FRANZ: Ah! Ah! *Pause.* Und du, du willst nicht, daß er sie schindet?

KLAGES: Habe ich unrecht?

FRANZ: Das ist nicht die Frage.

KLAGES: Was dann?

FRANZ: Hast du ihm verboten, den Schuppen zu betreten?

Klages nickt.

Dann darf er ihn auch nicht betreten.

KLAGES: Du weißt, daß er nicht auf mich hört.

FRANZ *spielt entrüstetes Erstaunen*: Wie?

KLAGES: Ich finde keine Worte.

FRANZ: Wie?

KLAGES: Worte, um ihn zu überzeugen.

FRANZ *verblüfft*: Und obendrein willst du noch, daß er überzeugt ist! *Brutal:* Behandle ihn wie einen Hund, laß ihn robben!

KLAGES: Ich kann nicht. Wenn ich einen Menschen verachte, nur einen einzigen, selbst einen Henker, kann ich keinen mehr respektieren.

FRANZ: Wenn ein Untergebener, nur ein einziger, den Gehorsam verweigert, wird dir keiner mehr gehorchen. Die Achtung der Menschen, darauf pfeife ich, aber wenn du die Disziplin in den Wind schlägst, dann ist das die Niederlage, das Massaker oder beides zugleich.

KLAGES *erhebt sich, geht zur Tür, öffnet sie einen Spalt und wirft einen Blick nach draußen*: Er ist vor der Scheune: er lauert. *Er schließt die Tür wieder und wendet sich Franz zu.* Retten wir sie doch!

FRANZ: Du rettest sie, wenn du deine Autorität rettest.

KLAGES: Ich dachte ...

FRANZ: Was?

KLAGES: Heinrich gehorcht dir wie dem lieben Gott.

FRANZ: Weil ich ihn behandle wie einen Haufen Scheiße: das ist logisch.

KLAGES *geniert*: Wenn der Befehl von dir käme ... *Flehend:* Franz!

FRANZ: Nein. Die Gefangenen sind dein Ressort. Wenn ich einen Befehl gebe, an deiner Stelle, übergehe ich dich. Und eine Stunde später, wenn ich gefallen bin, nachdem ich deinen Respekt vernichtet habe, wird Heinrich allein kommandieren. Das wäre eine Katastrophe: für meine Soldaten, weil er dumm ist, für deine Gefangenen, weil er böse ist. *Er durchquert den Raum und geht auf Johanna zu.* Und überhaupt, der Klages: er konnte Leutnant sein, so viel er wollte. Heinrich hätte ihn ins Loch gesteckt.

JOHANNA: Warum?

FRANZ: Klages wünschte unsere Niederlage.

KLAGES: Ich wünsche sie nicht, ich will sie!

FRANZ: Dazu hast du kein Recht!

KLAGES: Das wäre Hitlers Sturz.

FRANZ: Und der Deutschlands. *Lacht.* Kaputt! Kaputt! *Kommt zurück zu Johanna.* Das war ein Meister der Verdrängung; er verfluchte die Nazis im Grunde seiner Seele, um vor sich zu verbergen, daß er ihnen mit seinem Körper diente.

JOHANNA: Er diente ihnen nicht!

FRANZ *zu Johanna*: Geh! Du bist von derselben Sorte. Seine Hände dienten ihnen, seine Stimme diente ihnen. Er sagte zu Gott: «Ich will nicht, was ich tue!», aber er tat es. *Geht zu Klages zurück.* Der Krieg geht durch dich hindurch. Wenn du ihn ablehnst, verurteilst du dich zur Ohnmacht; du hast deine Seele umsonst verkauft, Moralist! Für meine wird bezahlt, dafür sorge ich. *Pause.* Erst gewinnen! Dann wird man sich mit Hitler beschäftigen.

KLAGES: Dazu wird keine Zeit mehr sein.

FRANZ: Wir werden sehen! *Kommt zurück zu Johanna, drohend:* Man hat mich hinters Licht geführt, gnädige Frau, und ich hatte beschlossen, daß mir das nicht noch einmal passieren soll.

JOHANNA: Wer hat dich hinters Licht geführt?

FRANZ: Das fragst du? Luther. *Lacht.* Gesehen! Verstanden! Ich habe Luther zum Teufel geschickt und bin gegangen. Der Krieg war mein Schicksal, und ich habe ihn aus ganzer Seele gewünscht. Ich handelte, endlich! Ich stellte mir neue Ordnungen auf; ich war mit mir im reinen.

JOHANNA: Handeln, das ist töten?

FRANZ *zu Johanna*: Es ist Handeln. Unterschreiben.

KLAGES: Was unterschreiben?

FRANZ *zu Klages*: Was vorliegt. Ich unterschreibe unsere Lage hier. Ich werde den Krieg verantworten, als hätte ich ihn allein geführt, und wenn ich gewonnen habe, werde ich kassieren.

JOHANNA *sehr trocken*: Und die Gefangenen, Franz?

FRANZ *wendet sich ihr zu*: He?

JOHANNA: Du, der für alle verantwortlich war, warst du auch für sie verantwortlich?

FRANZ *nach kurzem Schweigen*: Ich habe sie aus der Affäre gezogen. *Zu Klages:* Wie kann man ihm diesen Befehl geben, ohne deine Autorität zu kompromittieren? Warte mal. *Er denkt nach.* Gut! *Er geht zur Tür und öffnet sie. Ruft:* Heinrich! *Er geht zum Tisch zurück.*

Heinrich kommt im Laufschritt herein.

6. SZENE

Franz – Johanna – Klages – Heinrich.

HEINRICH *grüßt militärisch. Achtungstellung*: Zu Befehl, Herr Leutnant. *Ein kleines, glückliches Lächeln des Vertrauens, fast zärtlich, erhellt sein Gesicht, als er sich an Franz wendet.*

FRANZ *nähert sich dem Feldwebel ohne Hast und mustert ihn von Kopf bis Fuß*: Feldwebel, Sie vernachlässigen sich. *Zeigt auf einen Knopf, der aus einem Knopfloch hängt.* Was ist denn das?

HEINRICH: Das ist ... eh ... das ist ein Knopf, Herr Leutnant.

FRANZ *bieder*: Sie werden ihn noch verlieren, Freundchen. *Er reißt ihn mit einem kurzen Ruck ab und hält ihn in der linken Hand.* Sie werden ihn wieder annähen.

HEINRICH *besorgt*: Kein Mensch hier hat mehr Faden, Herr Leutnant.

FRANZ: Du antwortest noch, Scheißkerl? *Er ohrfeigt ihn mit der rechten Hand, holt ganz weit aus und schlägt gleich noch zweimal zu.* Aufheben! *Er läßt den Knopf fallen.*

Der Feldwebel bückt sich, um den Knopf aufzuheben.

Achtung!

Der Feldwebel hat den Knopf aufgehoben. Er steht stramm.

Leutnant Klages und ich haben beschlossen, von heut an unsere Dienststellung wöchentlich zu wechseln. Sie werden ihn sofort zu den Vorposten führen; ich übernehme bis Montag seine Befugnisse. Rühren.

Heinrich grüßt militärisch. Warten Sie! *Zu Klages:* Wir haben Gefangene, glaube ich?

KLAGES: Zwei.

FRANZ: Sehr gut, ich übernehme sie.

HEINRICH, *seine Augen leuchten, er glaubt, daß Franz seine Vorschläge annehmen wird*: Herr Leutnant!

FRANZ *brutal, mit Erstaunen*: Was?

HEINRICH: Es sind Partisanen.

FRANZ: Möglich! Und?

HEINRICH: Wenn Sie erlauben ...

KLAGES: Ich habe es ihm bereits untersagt, sich mit ihnen zu befassen.

FRANZ: Hören Sie, Feldwebel? Alles schon geregelt. Raus!

KLAGES: Warte. Weißt du, was er mich gefragt hat?

HEINRICH *zu Franz*: Ich ... ich habe nur Spaß gemacht, Herr Leutnant.

FRANZ *zieht die Augenbraue hoch*: Mit einem Vorgesetzten? *Zu Klages:* Was hat er gefragt?

KLAGES: «Was werden Sie tun, wenn ich nicht gehorche?»

FRANZ *mit tonloser Stimme*: Ah! *Wendet sich zu Heinrich:* Heute, Feldwebel, bin ich an der Reihe, Ihnen zu antworten. Wenn Sie nicht gehorchen ... *Klopft auf seine Pistolentasche* ... werde ich Sie umlegen. *Pause.*

KLAGES *zu Heinrich*: Führen Sie mich zu den Vorposten. *Er tauscht ein Augenzwinkern mit Franz und geht hinter Heinrich hinaus.*

7. SZENE
Franz – Johanna.

FRANZ: War das gut, meine Soldaten zu töten?
JOHANNA: Du hast sie nicht getötet.
FRANZ: Ich habe nicht alles unternommen, um zu verhindern, daß sie sterben.
JOHANNA: Die Gefangenen hätten nicht gesprochen.
FRANZ: Was verstehst du davon?
JOHANNA: Bauern? Sie hatten nichts zu sagen.
FRANZ: Wer kann beweisen, daß sie keine Partisanen waren?
JOHANNA: Im allgemeinen sprechen Partisanen nicht.
FRANZ: Im allgemeinen, ja? *Für einen Augenblick sieht er irr aus.* Deutschland ist ein Verbrechen wert, wie? *Mondän, mit verstörter Ungezwungenheit, fast possenhaft:* Ich weiß nicht, ob ich mich verständlich mache. Sie sind schon eine andere Generation. *Pause. Sehr hart, ernsthaft, ohne sie anzusehen, mit starren Augen, fast strammstehend:* Das Leben ist kurz; mit einem Tod nach Wahl! Marschieren! Marschieren! Bis ans Ende des Schreckens gehen, die Hölle übertreffen! Ein Pulvermagazin: ich hätte es in die Luft gejagt, alles wäre hochgegangen, außer meinem Vaterland; für einen Augenblick wäre das wirbelnde Raketenbündel eines unvergeßlichen Feuerwerks gewesen und dann nichts mehr: die Nacht und mein Name, allein, auf der ehernen Tafel. *Pause.* Zugegeben, ich hatte Angst. Die Prinzipien, meine Liebe, immer die Prinzipien. Diese beiden unbekannten Gefangenen, du wirst denken, daß ich meine eigenen Männer ihnen vorgezogen hätte. Dennoch war es nötig, daß ich nein sagte! Ich und ein Kannibale? Erlauben Sie: höchstens ein Vegetarier. *Pause. Geschwollen, apodiktisch:* Wer nicht alles tut, tut nichts, ich habe nichts getan. Wer nichts getan hat, ist niemand. Niemand? *Meldet sich beim Appell.* Hier! *Pause. Zu Johanna:* Das ist der erste Punkt der Anklage.
JOHANNA: Ich spreche dich frei.
FRANZ: Ich sage dir doch, daß man sich damit erst herumschlagen muß!
JOHANNA: Ich liebe dich.
FRANZ: Johanna!
Es klopft an die Eingangstür, 5, 4, zweimal 3 Schläge. Sie sehen sich an.
Gut, es war ein bißchen spät.
JOHANNA: Franz...
FRANZ: Etwas zu spät, mich freizusprechen. *Pause.* Der Vater hat gesprochen. *Pause.* Johanna, jetzt wirst du einer Hinrichtung beiwohnen.
JOHANNA *sieht ihn an*: Deiner?
Es klopft wieder.
Und du wirst dich umbringen lassen? *Pause.* Du liebst mich also nicht?
FRANZ *lacht leise*: Von unserer Liebe werde ich gleich noch sprechen... *Zeigt auf die Tür* ... in ihrer Gegenwart. Es wird nicht sehr schön sein. Und denke daran: ich werde dich um Hilfe bitten, und du

wirst sie mir nicht gewähren. *Pause.* Wenn es noch eine Chance gibt ... Geh da hinein. *Er zerrt sie zum Badezimmer. Sie geht hinein. Er schließt die Tür und geht, um Leni zu öffnen.*

8 SZENE

Franz – Leni.

Franz nimmt überstürzt seine Armbanduhr ab und steckt sie in die Tasche. Leni tritt ein, sie trägt einen Teller mit einem kleinen Napfkuchen mit Zuckerglasur. Auf dem Kuchen vier Kerzen. Sie hat die Zeitung unter dem linken Arm.

FRANZ: Warum störst du mich um diese Zeit?
LENI: Du weißt die Uhrzeit?
FRANZ: Ich weiß, daß du eben erst gegangen bist.
LENI: Die Zeit ist dir nur so rasch vergangen.
FRANZ: Ja. *Zeigt auf den Kuchen.* Was ist das?
LENI: Ein kleiner Kuchen: ich hätte ihn dir morgen zum Dessert gebracht.
FRANZ: Aber?
LENI: Du siehst ja: ich bringe ihn dir heute abend. Mit Kerzen.
FRANZ: Mit Kerzen, warum?
LENI: Zähle sie.
FRANZ: Eins, zwei, drei, vier. Na und?
LENI: Du bist vierunddreißig Jahre.
FRANZ: Ja: seit dem 15. Februar.
LENI: Der 15. Februar, das war ein Geburtstag.
FRANZ: Und heute?
LENI: Ein Datum.
FRANZ: Gut. *Er nimmt den Teller und trägt ihn zum Tisch.* «Franz»! Hast du meinen Namen darauf geschrieben?
LENI: Wer sonst, glaubst du?
FRANZ: Der Ruhm! *Er denkt über seinen Namen nach.* «Franz» ... in rosa Zuckerguß. Schöner, aber weniger schmeichelhaft als in ehernen Lettern. *Er zündet die Kerzen an.* Brennt langsam, Lichter: eure Verzehrung wird auch die meine sein. *Lässig:* Du hast den Vater gesehen!
LENI: Er hat mich besucht.
FRANZ: In deinem Zimmer?
LENI: Ja!
FRANZ: Er blieb lange?
LENI: Ziemlich lange.
FRANZ: In deinem Zimmer! Das ist eine ganz seltene Auszeichnung.
LENI: Ich werde für sie zahlen.
FRANZ: Ich auch.
LENI: Du auch.
FRANZ *schneidet zwei Scheiben von dem Kuchen ab*: Das ist mein Leib. *Er gießt Sekt in zwei Gläser.* Das ist mein Blut. *Er hält Leni den Kuchen hin.* Bediene dich.
Sie schüttelt lächelnd den Kopf.

Vergiftet?

LENI: Warum sollte ich?

FRANZ: Du hast einen Grund, warum? *Er reicht ihr ein Glas.* Aber du wirst mit mir anstoßen?
Leni nimmt es und betrachtet es mißtrauisch.
Eine Krabbe?

LENI: Lippenstift. *Er entreißt ihr das Glas und zerschmettert es am Tisch.*

FRANZ: Es ist deines! Du kannst nicht Geschirr spülen. *Er reicht ihr das andere volle Glas. Sie nimmt es. Er gießt Sekt in ein drittes Glas, das er für sich behält.* Trinke auf mich!

LENI: Auf dich! *Sie hebt das Glas.*

FRANZ: Auf mich! *Er stößt mit ihr an.* Was wünschst du mir?

LENI: Daß es nichts gibt.

FRANZ: Nichts? Ach so? Ausgezeichnete Idee! *Hebt sein Glas.* Ich trinke auf nichts. *Er trinkt, setzt sein Glas ab. Leni wankt, er fängt sie in seinen Armen auf und führt sie zum Sessel.* Setze dich, kleine Schwester.

LENI *setzt sich*: Entschuldige bitte: ich bin müde. *Pause.* Und das Schwerste bleibt noch zu tun.

FRANZ: Sehr richtig. *Er wischt sich die Stirn.*

LENI *wie zu sich selbst*: Man erfriert. Noch so ein verdorbener Sommer.

FRANZ *verblüfft*: Man erstickt.

LENI *gutwillig*: So? Vielleicht. *Sie sieht ihn an.*

FRANZ: Du siehst mich so an?

LENI: Ja. *Pause.* Du bist ein anderer geworden. Das müßte man sehen.

FRANZ: Sieht man es nicht?

LENI: Nein. Ich sehe d i c h. Das täuscht. *Pause.* Dafür kann niemand, Liebster: du hättest mich lieben müssen. Aber ich glaube, daß du es nicht konntest.

FRANZ: Ich hatte dich sehr gern.

LENI *heftiger Zornesschrei*: Halt den Mund! *Sie beherrscht sich, aber ihre Stimme behält bis zum Schluß eine große Härte.* Der Vater hat mir gesagt, daß du unsere Schwägerin kennst.

FRANZ: Sie besucht mich von Zeit zu Zeit. Ein sehr braves Mädchen; es freut mich für Werner. Was hast du mir nur erzählt, sie ist überhaupt nicht verwachsen.

LENI: Aber ja.

FRANZ: Aber nein! *Vertikale Handbewegung.* Sie ist ...

LENI: Ja: sie hat einen geraden Rücken. Aber das hindert sie nicht, doch verwachsen zu sein. *Pause.* Findest du sie schön?

FRANZ: Und du?

LENI: Schön wie der Tod.

FRANZ: Das ist sehr feinsinnig, was du da sagst: ich habe selbst mit ihr darüber gesprochen.

LENI: Ich trinke auf sie! *Sie leert ihr Glas und wirft es fort.*

FRANZ *objektiv*: Bist du eifersüchtig?

LENI: Ich empfinde nichts.

FRANZ: Ja. Es ist noch zu früh.

LENI: Viel zu früh. *Pause.*

Franz nimmt ein Stück Kuchen und ißt es.

FRANZ *zeigt auf den Kuchen und lacht*: Das ist ein Magenkränker. *Er hält sein Stück Kuchen in der linken Hand. Mit der rechten öffnet er die Schublade, holt den Revolver hervor, und noch kauend hält er ihn Leni hin.* Nimm.

LENI: Was soll ich damit?

FRANZ *zeigt auf sich*: Drück ab. Und laß sie in Ruhe.

LENI *lacht*: Leg ihn in die Schublade zurück. Ich weiß nicht einmal, wie man es macht.

FRANZ *hält noch immer den Arm ausgestreckt. Der Revolver liegt flach in seiner Hand*: Du wirst ihr nichts Böses tun?

LENI: Habe ich sie dreizehn Jahre gepflegt? Habe ich ihre Zärtlichkeiten erbettelt? Ihren Speichel geleckt? Habe ich sie ernährt, gewaschen, gekleidet, gegen alle verteidigt? Sie schuldet mir nichts, und ich werde sie nicht anrühren. Ich wünschte, sie müßte ein bißchen leiden, aber das wünsche ich nur deinetwegen.

FRANZ *mehr als Bekräftigung*: Ich danke dir alles?

LENI *wild*: Alles!

FRANZ *zeigt auf den Revolver*: Nimm ihn doch.

LENI: Das könnte dir so passen. Welch eine Erinnerung würdest du ihr hinterlassen! Und wie gut ihr der Witwenschleier stehen würde: sie ist wie bestimmt dafür. *Pause.* Ich denke nicht im Traume daran, dich zu töten, mein Liebster, und ich fürchte nichts so sehr wie deinen Tod. Ich bin nur gezwungen, dir sehr weh zu tun: ich habe die Absicht, Johanna alles zu sagen.

FRANZ: Alles?

LENI: Alles. Ich werde dich in ihrem Herzen vernichten.

Die Hand von Franz spannt sich um den Revolver.

Schieß doch auf dein armes Schwesterchen: ich habe einen Brief geschrieben, den Johanna im Unglücksfalle heute abend erhalten wird. *Pause.* Glaubst du, daß ich mich räche?

FRANZ: Du rächst dich nicht?

LENI: Ich tue, was recht ist. Tot oder lebend, es ist gerecht, daß du mir gehörst, denn ich bin die einzige, die dich liebt, wie du bist.

FRANZ: Die einzige? *Pause.* Gestern hätte ich ein Massaker angestellt. Heute ahne ich eine Chance. Eine Chance, hundert zu eins, daß sie mich so akzeptiert, wie ich bin. *Legt den Revolver in das Schubfach zurück.* Wenn du noch am Leben bist, Leni, dann deshalb, weil ich mich entschlossen habe, es bis aufs Letzte ankommen zu lassen.

LENI: Sehr gut. Sie soll wissen, was ich weiß, und die Bessere soll gewinnen. *Sie erhebt sich, geht auf das Badezimmer zu. Während sie hinter ihm vorbeigeht, wirft sie die Zeitung auf den Tisch.*

Franz fährt auf.

FRANZ: Was?

LENI: Es ist die Frankfurter Allgemeine: man spricht von uns.

FRANZ: Von dir und mir?

LENI: Von der Familie. Sie machen eine Artikelserie: «Giganten, die Deutschland wieder aufbauten». Ehre, wem Ehre gebührt; sie fangen mit den Gerlachs an.

FRANZ *kann sich nicht entschließen, die Zeitung zu nehmen*: Ist Vater ein Gigant?

LENI *zeigt auf den Artikel*: So sagen sie; du brauchst es nur zu lesen: sie sagen, daß er der Größte von allen ist.

Franz nimmt die Zeitung mit heiserem Knurren; er schlägt sie auf. Er sitzt mit dem Gesicht zum Publikum, den Rücken zum Badezimmer, den Kopf hinter der geöffneten Zeitung verborgen. Leni klopft an die Tür des Badezimmers.

LENI: Mach auf! Ich weiß, daß du da bist.

9. SZENE

Franz – Leni – Johanna.

JOHANNA *öffnet die Tür*: Um so besser. Ich verstecke mich nicht gern. *Freundlich:* Guten Tag.

LENI *freundlich*: Guten Tag.

Johanna unruhig, vermeidet Leni, geht direkt zu Franz und sieht ihn lesen.

JOHANNA: Die Zeitung?

Franz dreht sich nicht einmal um.

Zu Leni gewendet: Du gehst schnell vor.

LENI: Ich habe es eilig.

JOHANNA: Eilig, ihn zu töten?

LENI *hebt die Schultern*: Aber nein.

JOHANNA: Beeile dich: wir haben bereits einen Vorsprung! Seit heute bin ich überzeugt, daß er die Wahrheit ertragen wird.

LENI: Wie seltsam: auch er ist überzeugt, daß du sie ertragen wirst.

JOHANNA *lächelnd*: Ich ertrage alles. *Pause.* Der Vater hat dir berichtet?

LENI: Aber ja.

JOHANNA: Er hat mir damit gedroht. Er war es, der mir ermöglichte, hier hereinzukommen.

LENI: Ah!

JOHANNA: Das hat er dir nicht gesagt?

LENI: Nein.

JOHANNA: Er dirigiert uns.

LENI: Es sieht so aus.

JOHANNA: Du findest das richtig.

LENI: Ja.

JOHANNA: Was wünschst du?

LENI *zeigt auf Franz*: Daß du aus seinem Leben verschwindest.

JOHANNA: Ich werde nicht mehr daraus verschwinden.

LENI: Ich werde dafür sorgen.

JOHANNA: Versuch's doch!

Schweigen.

FRANZ *legt die Zeitung hin, steht auf, geht zu Johanna. Aus großer Nähe*: Du hast mir versprochen, nur mir zu glauben, Johanna, und jetzt ist der Augenblick, dich an dieses Versprechen zu erinnern: heute kann unsere Liebe sich nur daran halten.

JOHANNA: Ich werde nur dir glauben.

Sie sehen sich an. Sie lächelt ihm mit zärtlichem Vertrauen zu, aber das Gesicht von Franz ist leichenblaß und zeigt ein nervöses Zukken. Er zwingt sich, ihr zuzulächeln, wendet sich um, geht an seinen Platz zurück und nimmt wieder seine Zeitung.

Nun, Leni?

LENI: Wir sind zwei. Eine ist zuviel. Welche, das soll sich von selbst herausstellen.

JOHANNA: Wie wollen wir das machen?

LENI: Es bedarf einer ernsthaften Prüfung: wenn du gewinnst, sollst du mich ersetzen.

JOHANNA: Du wirst falschspielen.

LENI: Lohnt sich nicht.

JOHANNA: Weil?

LENI: Weil du verlieren wirst.

JOHANNA: Laß die Prüfung sehen.

LENI: Gut. *Pause.* Er hat dir vom Feldwebel Heinrich erzählt und von den russischen Gefangenen? Er hat sich beschuldigt, seine Kameraden zum Tode verurteilt zu haben, indem er zwei Partisanen das Leben rettete?

JOHANNA: Ja.

LENI: Und du hast ihm gesagt, daß er recht hatte?

JOHANNA *ironisch*: Du weißt ja alles!

LENI: Das soll dich nicht erstaunen: den Hieb hat er mir auch versetzt.

JOHANNA: Also? Behauptest du, er habe gelogen?

LENI: Nichts ist unwahr von dem, was er sagt.

JOHANNA: Aber ...

LENI: Aber die Geschichte ist noch nicht zu Ende. Johanna, jetzt kommt die Prüfung.

FRANZ: Entsetzlich! *Er wirft die Zeitung auf den Tisch, steht auf, totenbleich, mit irren Augen.* Einhundertzwanzig Helligen! Das würde von der Erde bis zum Mond reichen, wenn man die jährlichen Fahrtstrecken unserer Schiffe aneinanderreiht. Deutschland ist wiederauferstanden; es lebe Deutschland! *Er geht mit mechanischen Schritten auf Leni zu.* Danke, liebe Schwester. Laß uns jetzt allein.

LENI: Nein.

FRANZ *herrisch, schreiend*: Ich habe gesagt: Laß uns allein. *Er will sie fortzerren.*

JOHANNA: Franz!

FRANZ: Was denn?

JOHANNA: Ich will das Ende der Geschichte wissen.

FRANZ: Die Geschichte hat kein Ende: Alle sind tot, außer mir.

LENI: Sieh ihn dir an. Eines Tages, 1949, hat er mir alles gestanden.

JOHANNA: Gestanden? Was?

FRANZ: Märchen. Kann man denn mit ihr ernsthaft reden? Es war nur ein Scherz! *Pause.* Johanna, du hast mir versprochen, nur mir zu glauben.

JOHANNA: Ja.

FRANZ: Glaube mir, großer Gott! Glaube mir doch!

JOHANNA: Ich ... In ihrer Gegenwart bist du nicht mehr der gleiche.
Leni lacht.
Erwecke doch in mir das Verlangen, dir zu glauben! Sag mir, daß sie lügt, sprich! Du hast nichts getan, nicht wahr?

FRANZ *es ist fast nur ein Knurren*: Nichts.

JOHANNA *mit Heftigkeit*: Aber sag es, ich muß dich hören! Sag: ich habe nichts getan!

FRANZ *mit verwirrter Stimme*: Ich habe nichts getan.

JOHANNA *sieht ihn fast mit Entsetzen an und beginnt zu schreien*: Ha! *Sie erstickt ihren Schrei.* Ich erkenne dich nicht wieder.

FRANZ *sich versteifend*: Ich habe nichts getan.

LENI: Du hast ihn gewähren lassen.

JOHANNA: Wen?

LENI: Heinrich.

JOHANNA: Die beiden Kriegsgefangenen?

LENI: Die zuerst.

JOHANNA: Es gab noch andere?

LENI: Nur der erste Schritt fällt schwer.

FRANZ: Ich werde es erklären. Wenn ich euch beide zugleich sehe, verliere ich den Kopf. Ihr tötet mich ... Johanna, als wir allein waren ... Es ging alles so schnell ... Aber ich werde meine Gründe wiederfinden, ich werde die ganze Wahrheit sagen. Johanna, ich liebe dich mehr als mein Leben ... *Er nimmt sie beim Arm, sie macht sich mit einem Schrei los.*

JOHANNA: Laß mich los! *Sie stellt sich neben Leni.*
Franz bleibt stumpfsinnig vor ihr stehen.

LENI *zu Johanna*: Die Prüfung hat sehr schlecht begonnnen.

JOHANNA: Ich habe nicht bestanden. Behalte ihn!

FRANZ *verstört*: Hört mich an, ihr beiden ...

JOHANNA *fast mit Haß*: Du hast Menschen gefoltert! Du!

FRANZ: Johanna!
Sie sieht ihn an.
Nicht diese Augen! Nein! Nicht diese Augen! *Pause.* Ich wußte es! *Er bricht in Lachen aus und geht auf alle viere.* Im Krebsgang! Im Krebsgang!
Leni schreit.
Er steht auf. Du hast mich nie als Krabbe gesehen, Schwesterchen? *Pause.* Geht! Alle beide!
Leni geht auf den Tisch zu und will die Schublade öffnen.
Fünf Uhr zehn. Sagt meinem Vater, daß ich ihm um sieben Uhr im Beratungszimmer eine Zusammenkunft gewähre. Raus!
Langes Schweigen. Das Licht wird schwächer. Johanna geht als erste hinaus, ohne sich umzusehen. Leni zögert etwas und folgt ihr. Franz setzt sich und nimmt wieder die Zeitung. Einhundertzwanzig Helligen! Ein Imperium!

Ende des vierten Aktes

FÜNFTER AKT

Gleiches Bühnenbild wie im ersten Akt. Es ist sieben Uhr. Der Tag geht zur Neige. Man bemerkt es noch nicht, da die Laden der Glastüren geschlossen sind und die Szenerie in Halbdämmer getaucht ist. Die Turmuhr schlägt siebenmal. Beim dritten Schlag öffnet sich der Laden der linken Glastür von außen, und Licht fällt ein. Der Vater öffnet die Glastür und tritt ein. Im gleichen Augenblick öffnet sich die Tür von Franz auf der ersten Etage, und Franz erscheint auf dem Treppenabsatz. Die beiden Männer sehen sich einen Augenblick an. Franz trägt einen kleinen schwarzen, mit Holzleisten beschlagenen Koffer in der Hand: sein Magnetophongerät.

1. SZENE

Der Vater – Franz.

FRANZ *ohne sich zu rühren*: Guten Tag, Vater.

DER VATER *mit natürlicher und vertrauter Stimme*: Guten Tag, mein Junge. *Er schwankt und hält sich rasch an der Rückenlehne eines Stuhles fest.* Warte: ich mache Licht. *Er öffnet die andere Glastür und stößt den Fensterladen auf. Das gleiche grünliche Licht wie am Ende des ersten Aktes erfüllt die Szenerie.*

FRANZ *ist eine Stufe herabgestiegen*: Ich höre.

DER VATER: Ich habe dir nichts zu sagen.

FRANZ: Wie? Du belästigst Leni mit Bittgesuchen ...

DER VATER: Mein liebes Kind, ich bin in diesem Pavillon, weil du mich hierhergerufen hast.

FRANZ *betrachtet ihn mit Verblüffung, bricht dann in Lachen aus*: Das ist weiß Gott wahr. *Er steigt eine Stufe herab und bleibt stehen.* Eine gute Partie. Du hast Johanna gegen Leni ausgespielt, dann Leni gegen Johanna. In drei Zügen matt.

DER VATER: Wer ist matt?

FRANZ: Ich, der schwarze König. Ist es dir nicht lästig, zu gewinnen?

DER VATER: Alles ist mir lästig, mein Sohn, außer dem einen: man gewinnt nie; ich versuche den Einsatz zu retten ...

FRANZ *hebt die Schultern*: Zu guter Letzt machst du doch immer, was du willst.

DER VATER: Das ist die sicherste Methode, zu verlieren.

FRANZ *rauh*: Was das betrifft, ja! *Plötzlich:* Was willst du nun wirklich?

DER VATER: Im Augenblick? Dich sehen.

FRANZ: Da bin ich. Sieh dich nur satt, so gut du noch kannst: Ich habe dir ganz besondere Nachrichten vorbehalten.
Der Vater hustet.
Huste nicht.

DER VATER *fast demütig*: Ich will es versuchen. *Er hustet noch einmal.* Das ist nicht sehr einfach. *Er nimmt sich zusammen.* So, jetzt.

FRANZ *sieht seinen Vater an, langsam*: Warum so traurig? *Pause.* So lächle doch! Dies ist ein Fest: Vater und Sohn sehen sich wieder, man schlachtet das fette Kalb. *Plötzlich:* Du wirst nicht mein Richter sein.

DER VATER: Wer spricht denn davon?

FRANZ: Dein Blick. *Pause.* Zwei Verbrecher: der eine verurteilt den anderen im Namen von Prinzipien, die sie beide verletzt haben; wie nennt man eine solche Farce?

DER VATER *ruhig und tonlos*: Gerechtigkeit. *Ein kurzes Schweigen.* Du bist ein Verbrecher?

FRANZ: Ja. Du auch. *Pause.* Du kannst nicht Richter sein.

DER VATER: Warum wolltest du dann mit mir sprechen?

FRANZ: Um dich darüber zu informieren: ich habe alles verloren, du wirst alles verlieren. *Pause.* Schwöre auf die Bibel, daß du mich nicht richten wirst! Schwöre, oder ich gehe augenblicklich in mein Zimmer zurück.

DER VATER *geht zur Bibel, öffnet sie, erhebt die Hand*: Ich schwöre.

FRANZ: Gott sei Dank! *Er kommt herunter, geht bis zum Tisch und legt das Tonbandgerät darauf. Er wendet sich um. Vater und Sohn stehen sich auf gleicher Höhe von Angesicht zu Angesicht gegenüber.* Wo sind die Jahre hin? Du bist doch nicht verändert.

DER VATER: Doch.

FRANZ *nähert sich wie fasziniert. Mit betonter, aber defensiver Anmaßung*: Ich sehe dich ohne jede Rührung wieder. *Pause. Er hebt die Hand und legt sie mit einer fast unfreiwilligen Gebärde auf den Arm seines Vaters.* Der alte Hindenburg, wie? *Er wirft sich zurück. Trocken und böse:* Ich habe Menschen gefoltert. *Schweigen. Mit Heftigkeit:* Hörst du?

DER VATER *ohne das Gesicht zu verändern*: Ja, sprich weiter.

FRANZ: Das ist alles. Die Partisanen beunruhigten uns. Sie hatten den Beistand des Dorfes: ich habe versucht, die Dorfbewohner zum Sprechen zu bringen. *Schweigen. Trocken und nervös:* Immer dieselbe Geschichte.

DER VATER *schwer und langsam, aber ohne Ausdruck*: Immer. *Pause. Franz sieht ihn voller Hochmut an.*

FRANZ: Du verurteilst mich, glaube ich?

DER VATER: Nein.

FRANZ: Um so besser. Mein lieber Vater, um dir vorzugreifen: ich bin ein Folterknecht, weil du ein Denunziant bist.

DER VATER: Ich habe niemanden denunziert.

FRANZ: Und den polnischen Rabbiner?

DER VATER: Selbst ihn nicht. Ich habe ein Risiko auf mich genommen ... ein sehr unangenehmes Risiko.

FRANZ: Ich behaupte nichts anderes. *Sieht das Vergangene vor sich.* Ein unangenehmes Risiko? Auch ich habe es auf mich genommen. *Lacht.* Oh! Sehr unangenehm! *Er lacht.*

Der Vater benutzt die Gelegenheit, um zu husten.

Was ist das?

DER VATER: Ich lache mit dir.

FRANZ: Du hustest! Hör auf, verdammt noch mal, du zerreißt mir die Kehle.

DER VATER: Entschuldige.

FRANZ: Wirst du sterben?
DER VATER: Das weißt du doch.
FRANZ *kommt näher. Plötzlicher Rückzug*: Gute Beerdigung! *Seine Hände zittern.* Das muß elend weh tun.
DER VATER: Was?
FRANZ: Dieser gottverdammte Husten.
DER VATER *gereizt*: Aber nein. *Der Husten kommt wieder und beruhigt sich dann.*
FRANZ: Ich kann deine Leiden nachfühlen. *Mit festem Blick:* Mir fehlte es an Vorstellungskraft.
DER VATER: Wann?
FRANZ: Da unten. *Langes Schweigen. Er hat sich vom Vater abgewendet, sieht auf die Tür im Hintergrund. Während er spricht, erlebt er seine Vergangenheit noch einmal, außer wenn er sich direkt an den Vater wendet.* Die Vorgesetzten: zu Mus gemacht; der Feldwebel und Klages: in meiner Hand; die Soldaten: mir zu Füßen. Einzige Weisung: halten. Ich halte. Ich bestimmte Lebende und Tote: du, geh und laß dich töten! Du, bleibe hier! *Pause. An der Rampe, würdevoll und düster:* Ich habe höchste Befehlsgewalt. *Pause.* Eh, was? *Er scheint einem unsichtbaren Gesprächspartner zu lauschen, wendet sich dann seinem Vater zu.* Man fragt mich: «Was wirst du mit ihr anfangen?»
DER VATER: Wer?
FRANZ: Es war in der Luft der Nacht. Aller Nächte. *Er ahmt das Flüstern unsichtbarer Gesprächspartner nach:* Was wirst du mit ihr anfangen? Was wirst du mit ihr anfangen? *Schreit:* Schwachköpfe! Ich werde bis ans Ende gehen! Bis ans Ende der Macht! *Plötzlich zum Vater:* Weißt du, warum?
DER VATER: Ja.
FRANZ *verblüfft*: So?
DER VATER: Einmal in deinem Leben hast du die Ohnmacht kennengelernt.
FRANZ *schreiend und lachend*: Der alte Hindenburg in bester Form: er lebe hoch! Ja, die habe ich kennengelernt. *Hört auf zu lachen.* Hier, durch dich! Du hattest ihnen den Rabbiner ausgeliefert, zu viert haben sie mich festgehalten, und die anderen haben ihn umgebracht. Was konnte ich tun? *Er hebt den kleinen Finger seiner linken Hand und betrachtet ihn.* Nicht einmal den kleinen Finger heben. *Pause.* Seltsame Erfahrung, aber ich empfehle sie den zukünftigen Führern nicht: man erholt sich von ihr nicht. Du hast mich zum Prinzen gemacht, lieber Vater, und weißt du, wer mich zum König machte?
DER VATER: Hitler.
FRANZ: Ja. Durch die Scham. Nach diesem ... Zwischenfall wurde die Macht meine Berufung. Weißt du auch, daß ich ihn bewundert habe?
DER VATER: Hitler?
FRANZ: Du wußtest das nicht? Oh! Ich habe ihn gehaßt. Vorher, nachher. Aber an jenem Tag hat er mich besessen. Zwei Führer, die müssen sich gegenseitig töten, oder einer muß die Frau des anderen

werden. Ich war die Frau Hitlers. Der Rabbiner wurde umgebracht, und ich entdeckte im Herzen meiner Ohnmacht ich weiß nicht was für eine Zustimmung. *Er schaut in die Vergangenheit.* Ich habe höchste Befehlsgewalt. Hitler hat mich zu einem anderen gemacht, unversöhnlich und geweiht: er selbst. Ich bin Hitler, und ich werde mich selbst übertreffen. *Pause. Zum Vater:* Keine Lebensmittel mehr; meine Soldaten schlichen um den Schuppen. *Er erlebt das Vergangene noch einmal.* Vier gute Deutsche werden mich zu Boden schlagen, und meine eigenen Männer werden die Gefangenen ausbluten lassen, bis sie weiß sind. Nein! Ich werde niemals wieder in jene verächtliche Ohnmacht zurückfallen. Ich schwöre es. Es ist stockfinster. Das Entsetzen liegt noch in Ketten ... ich werde schnell sein: wenn jemand es entfesselt, dann ich. Ich werde das Böse fordern, ich werde meine Macht manifestieren durch die Einmaligkeit einer unvergeßlichen Tat: den Menschen noch zu Lebzeiten in ein Geschmeiß zu verwandeln; ich werde mich mit den Gefangenen allein beschäftigen, ich werde sie in die tiefste Erniedrigung stürzen: sie werden sprechen. Die Macht ist ein Abgrund, dessen Grund ich sehe: es genügt nicht, die zukünftigen Toten zu bestimmen, mit einem Federmesser und einem Feuerzeug werde ich über das Menschenreich entscheiden. *Außer sich:* Faszinierend! Die Herrscher kommen in die Hölle, das ist ihr Ruhm: ich werde gehen. *Er steht wie in einer Halluzination an der Rampe.*

DER VATER *ruhig*: Haben sie gesprochen?

FRANZ *aus seinen Erinnerungen gerissen*: Eh, was? *Pause.* Nein. *Pause.* Starben vorher.

DER VATER: Wer verliert, gewinnt.

FRANZ: Eh! Das lernt sich alles: hatte nicht die richtige Hand dafür. Noch nicht.

DER VATER *trauriges Lächeln*: Trotzdem: über das Menschenreich haben s i e bestimmt.

FRANZ *brüllend*: Ich hätte gehandelt wie sie! Ich wäre unter den Schlägen gestorben, ohne ein Wort zu sagen! *Er beruhigt sich.* Und außerdem mache ich mir nichts draus! Ich habe meine Autorität bewahrt.

DER VATER: Lange?

FRANZ: Zehn Tage. Am Ende dieser zehn Tage haben die feindlichen Panzer angegriffen, und wir sind alle tot – sogar die Gefangenen. *Lacht:* Pardon! Außer mir! Ich bin nicht tot! Überhaupt nicht tot! *Pause.* Nichts ist gewiß von dem, was ich sage – außer daß ich Menschen gefoltert habe.

DER VATER: Und dann?

Franz hebt die Schultern.

Du bist auf den Rückzugsstraßen marschiert? Du hast dich verborgen? Und dann bist du zu uns zurückgekommen?

FRANZ: Ja. *Pause.* Die Ruinen rechtfertigen mich: ich liebte unsere geplünderten Häuser, unsere verstümmelten Kinder. Ich habe vorgegeben, mich einzuschließen, weil ich nicht am Todeskampf Deutschlands teilnehmen wollte; das stimmt nicht! Ich habe den Tod meines Landes herbeigesehnt, und ich habe mich eingeschlossen, um nicht Zeuge seiner Wiederauferstehung zu sein. *Pause.* Richte mich.

DER VATER: Du hast mich auf die Bibel schwören lassen …

FRANZ: Ich habe meine Meinung geändert: lassen wir das.

DER VATER: Nein.

FRANZ: Ich sage dir doch, daß ich dich von deinem Eid entbinde.

DER VATER: Würde der Folterknecht den Richtspruch des Denunzianten akzeptieren?

FRANZ: Es gibt keinen Gott, nicht wahr?

DER VATER: Ich fürchte, es gibt keinen: das ist mitunter sogar ziemlich unangenehm.

FRANZ: Denunziant oder nicht, du bist mein natürlicher Richter.

Pause. Der Vater schüttelt den Kopf.

Du richtest mich nicht? Überhaupt nicht? Also hast du etwas anderes im Sinn! Das wird noch schlimmer sein! *Plötzlich:* Du wartest. Worauf?

DER VATER: Auf nichts: du bist da.

FRANZ: Du wartest! Ich kenne es, dein langes, langes Warten, ich habe schon Harte und Böse vor dir stehen sehen. Sie beleidigten dich, du sagtest nichts, du wartetest: schließlich schmolzen die Schwachköpfe *Pause.* Sprich! Sprich! Sag irgend etwas. Das ist unerträglich. *Pause.*

DER VATER: Was wirst du tun?

FRANZ: Ich werde wieder hinaufgehen.

DER VATER: Wann wirst du wieder herunterkommen?

FRANZ: Nie wieder.

DER VATER: Du wirst niemanden empfangen?

FRANZ: Ich werde Leni empfangen: zur Aufwartung.

DER VATER: Und Johanna?

FRANZ *trocken*: Aus! *Pause.* Dieses Mädchen hat versagt …

DER VATER: Du liebtest sie?

FRANZ: Die Einsamkeit lastet auf mir. *Pause.* Wenn sie mich akzeptiert hätte … wie ich bin …

DER VATER: Akzeptierst du dich denn selbst?

FRANZ: Und du? Akzeptierst du mich?

DER VATER: Nein.

FRANZ *zutiefst getroffen*: Nicht einmal der Vater.

DER VATER: Nicht einmal er.

FRANZ *mit entstellter Stimme*: Also? Was haben wir noch miteinander zu schaffen?

Der Vater antwortet nicht.

Mit tiefer Bangigkeit: Oh! Ich hätte dich nicht wiedersehen sollen. Ich habe es geahnt. Ich habe es geahnt.

DER VATER: Was geahnt?

FRANZ: Was mir geschehen würde.

DER VATER: Es geschieht dir nichts.

FRANZ: Noch nicht. Aber du bist dort und ich hier: wie in meinen Träumen. Und wie in meinen Träumen wartest du. *Pause.* Sehr gut. Ich kann auch warten. *Zeigt auf die Tür zu seinem Zimmer.* Zwischen dich und mich werde ich diese Tür setzen. Sechs Monate Geduld. *Zeigt mit einem Finger auf den Kopf des Vaters.* In sechs

Monaten wird dieser Schädel leer sein, seine Augen werden nichts mehr sehen, Würmer werden diese Lippen durchwühlen und die Verachtung, die sie aufwirft.

DER VATER: Ich verachte dich nicht.

FRANZ *ironisch*: Wirklich! Nach allem, was ich dir mitgeteilt habe?

DER VATER: Du hast mir überhaupt nichts mitgeteilt.

FRANZ *verblüfft*: Bitte?

DER VATER: Deine Geschichte von Smolensk kenne ich seit drei Jahren.

FRANZ *heftig*: Unmöglich! Tote! Keine Zeugen! Tot und begraben. Alle.

DER VATER: Außer den beiden, die die Russen befreit haben. Sie haben mich besucht. Das war im März 1956. Ferist und Scheidemann: kannst du dich an sie erinnern?

FRANZ *fassungslos*: Nein. *Pause.* Was wollten sie?

DER VATER: Schweigegeld.

FRANZ: Und?

DER VATER: Ich lasse mich nicht erpressen.

FRANZ: Sie sind ...

DER VATER: Stumm. Du hattest sie vergessen: fahre fort.

FRANZ *den Blick ins Leere*: Drei Jahre?

DER VATER: Drei Jahre. Fast gleichzeitig habe ich dein Ableben angezeigt, und im darauffolgenden Jahr habe ich Werner zurückgerufen: das war umsichtiger.

FRANZ *hat nicht zugehört*: Drei Jahre! Ich hielt Reden an die Krabben, ich log ihnen etwas vor! Und drei Jahre hindurch war ich hier bloßgestellt. *Plötzlich:* Seit diesem Augenblick hast du versucht, mich zu sprechen, nicht wahr?

DER VATER: Ja.

FRANZ: Warum?

DER VATER *hebt die Schultern*: Einfach so!

FRANZ: Sie saßen in deinem Büro, du hast sie angehört, weil sie mich gekannt hatten und auch, weil – im geeigneten Augenblick – einer von ihnen zu dir sagte: «Franz Gerlach ist ein Schinder». Theatertrick! *Versucht zu scherzen:* Das hat dich ziemlich überrascht, hoffe ich?

DER VATER: Nein. Nicht sehr.

FRANZ *schreit*: Ich war sauber, als ich dich verließ! Ich war rein, ich wollte den Polen retten ... Nicht überrascht? *Pause.* Was dachtest du? Du weißt noch nichts, und plötzlich wußtest du? *Schreit lauter:* Was hast du gedacht, um Gottes willen!

DER VATER *mit großer Zärtlichkeit und düster*: Mein armer Kleiner!

FRANZ: Was?

DER VATER: Du fragst mich, was ich gedacht habe! Ich werde es dir sagen.

Pause. Franz richtet sich in seiner ganzen Größe wieder auf und wirft sich dann schluchzend an die Schulter seines Vaters.

Mein armer Kleiner! *Er streichelt ihm linkisch den Nacken.* Mein armer Kleiner! *Pause.*

FRANZ *richtet sich plötzlich wieder auf*: Halt! *Pause.* Überraschungseffekt! Sechzehn Jahre habe ich nicht mehr geweint: ich werde erst in sechzehn Jahren wieder damit anfangen. Beklage mich nicht, das reizt mich zu beißen. *Pause.* Ich liebe mich nicht allzusehr.

DER VATER: Warum solltest du dich lieben?

FRANZ: Warum auch.

DER VATER: Das ist meine Sache.

FRANZ: Liebst du mich denn? Liebst du den Schinder von Smolensk?

DER VATER: Der Schinder von Smolensk, das bist du.

FRANZ: Gut, gut, genier dich nicht. *Absichtlich vulgäres Lachen.* Die Natur kennt viele Geschmäcker. *Plötzlich:* Du quälst mich! Wenn du mir deine Gefühle zeigst, so nur, weil sie deinen Plänen dienlich sind. Ich sage dir, du quälst mich: mit groben Ausfällen; und dann wird man mürbe; wenn du mich auf der Stelle richten würdest ... Los! Du hast mehr als genug Zeit gehabt, um dir die Sache zu überlegen, und du bist zu herrisch, um sie nicht nach deiner Façon zu regeln.

DER VATER *mit düsterer Ironie*: Herrisch! Das ist mir gründlich vergangen. *Pause. Er lacht vor sich hin, aufgeheitert, aber unheilvoll. Dann wendet er sich Franz zu. Mit großer Zärtlichkeit, erbarmungslos:* Was aber diese Affäre angeht, ja: ich werde sie regeln.

FRANZ *prallt zurück*: Ich werde dich daran hindern: was geht es dich an?

DER VATER: Ich will, daß du nicht länger leidest.

FRANZ *hart und brutal, als klage er eine andere Person an*: Ich leide nicht: ich habe leiden lassen. Vielleicht begreifst du die Nuance?

DER VATER: Ich begreife sie.

FRANZ: Ich habe alles vergessen. Sogar ihr Schreien. Ich bin leer.

DER VATER: Ich weiß. Das ist noch härter, nicht wahr?

FRANZ: Warum sollte es?

DER VATER: Du bist seit vierzehn Jahren von einem Leiden besessen, das du selbst hervorgebracht hast und das du gar nicht spürst.

FRANZ: Aber wer hat dich gebeten, von mir zu sprechen? Ja. Es ist noch härter: ich bin sein Pferd, das Leiden reitet mich mit kurzem Bügel. Einen solchen Reiter wünsche ich dir nicht. *Plötzlich:* Und? Welcher Ausweg? *Er sieht seinen Vater mit weit aufgerissenen Augen an.* Geh zum Teufel! *Er wendet ihm den Rücken und steigt mühsam die Treppe wieder hinauf.*

DER VATER *hat keine Bewegung gemacht, ihn zurückzuhalten. Aber als Franz auf dem Treppenabsatz der ersten Etage angelangt ist, spricht er mit starker Stimme*: Deutschland ist in deinem Zimmer! *Franz dreht sich langsam wieder um.*
Es lebt, Franz! Das wirst du nicht mehr vergessen.

FRANZ: Es fristet kümmerlich sein Dasein, ich weiß, trotz seiner Niederlage ... Ich werde mich darauf einrichten.

DER VATER: Wegen seiner Niederlage ist es die größte Macht Europas. Wirst du dich darauf einrichten? *Pause.* Wir sind der Zankapfel und der Einsatz. Man verwöhnt uns; alle Märkte stehen uns offen, unsere Maschinen laufen: wie in einer Schmiede. Gottgesandte Niederlage, Franz: Wir haben Butter und Kanonen. Soldaten, mein Sohn! Morgen die Bombe! Nun werden wir nur noch die Mähne schütteln, und dann wirst du sie wie die Flöhe springen sehen, unsere Bevormunder!

FRANZ *in letzter Verteidigung*: Wir beherrschen Europa, und wir sind geschlagen. Was hätten wir als Sieger gemacht?

DER VATER: Wir konnten nicht siegen.

FRANZ: Diesen Krieg mußten wir verlieren?

DER VATER: Man mußte ihn nach der Regel spielen, wer gewinnt, verliert: wie immer.

FRANZ: Das also hast du gemacht?

DER VATER: Ja: seit der Eröffnung der Feindseligkeiten.

FRANZ: Und jene, die ihr Land so sehr liebten, daß sie ihre militärische Ehre dem Sieg opferten ...

DER VATER *ruhig und hart*: Sie riskierten, das Massaker noch zu verlängern und dem Wiederaufbau zu schaden. *Pause.* Die Wahrheit ist, daß sie nichts anderes getan haben, als ganz private Morde zu begehen.

FRANZ: Guter Gegenstand für Meditationen: etwas, womit ich mich in meinem Zimmer beschäftigen kann.

DER VATER: Du wirst dort keinen Augenblick mehr bleiben.

FRANZ: Darin täuschst du dich. Ich leugne dieses Land, das mich verleugnet.

DER VATER: Das hast du dreizehn Jahre lang versucht: ohne großen Erfolg. Jetzt weißt du alles; wie könntest du mit deiner Komödie wieder anfangen?

FRANZ: Und wie könnte ich es lassen? Deutschland muß krepieren, oder ich muß nach ganz gewöhnlichem Recht ein Verbrecher sein.

DER VATER: Genau.

FRANZ: Und? *Er sieht den Vater an, plötzlich:* Ich will nicht sterben.

DER VATER *ruhig*: Warum nicht?

FRANZ: Du hast gut fragen, du bist am Ende.

DER VATER: Wenn du wüßtest, wie sehr ich darauf pfeife!

FRANZ: Du lügst, Vater: du wolltest Schiffe bauen, und du hast sie gebaut.

DER VATER: Ich habe sie für dich gebaut.

FRANZ: Schau, schau! Ich glaubte, du hättest mich gemacht, für sie! Jedenfalls sind sie da. Wenn du gestorben bist, wirst du eine Flotte sein. Und ich? Was werde ich hinterlassen?

DER VATER: Nichts.

FRANZ *verwirrt*: Darum werde ich hundert Jahre leben. Ich habe nur mein Leben. *Scheu:* Ich habe nichts als das! Man wird es mir nicht nehmen. Glaube mir, daß ich es verabscheue, aber ich ziehe es dem N i c h t s vor.

DER VATER: Dein Leben, dein Tod, sie sind in jedem Falle n i c h t s. Du bist nichts, du tust nichts, du hast nichts getan, du kannst nichts tun. *Lange Pause. Der Vater nähert sich langsam der Treppe. Er lehnt sich an das Geländer unter Franz und spricht zu ihm, den Kopf zu ihm erhoben:* Ich bitte dich um Verzeihung.

FRANZ *in Angst erstarrt*: Mich? Du? Das ist ein Trick!

Der Vater wartet.

Plötzlich: Verzeihung wofür?

DER VATER: Für dich. *Pause. Mit einem Lächeln:* Eltern sind Arschlöcher: Sie halten die Sonne an. Ich glaubte, daß die Welt sich nicht mehr verändern würde. Sie hat sich verändert. Erinnerst du dich an die Zukunft, die ich dir zugedacht hatte?

FRANZ: Ja.

DER VATER: Ich habe immer mit dir darüber gesprochen, und du sahst sie auch.

Franz nickt bestätigend.

Nun – das war nur meine Vergangenheit.

FRANZ: Ja.

DER VATER: Du kanntest sie?

FRANZ: Ich habe sie immer gewußt. Zu Anfang machte sie mir Spaß.

DER VATER: Mein armer Kleiner! Ich wollte, daß du das Unternehmen führst, nach mir. Nun führt das Unternehmen uns. Es wählt sich seine Männer. Mich, mich hat es ausgeschlossen: ich besitze, aber ich befehle nicht mehr. Und dich, kleiner Prinz, dich hat es abgelehnt, vom ersten Augenblick an: wozu braucht es einen Prinzen? Es formt und wählt sich seine Geschäftsführer selbst.

Franz steigt langsam die Stufen hinab, während der Vater spricht.

Ich hatte dir alle Talente und meinen herben Geschmack an der Macht gegeben, aber es hat nichts genützt. Wie schade! Um zu handeln, nahmst du die schlimmsten Risiken auf dich: und wie du siehst, verwandeln sie alle deine Handlungen in bloße Gesten. Deine Marter hat dich zuletzt ins Verbrechen gestürzt, bis sie dich schließlich im Verbrechen auslöscht, sie mästet sich an deinem Untergang. Ich liebe Gewissensbisse nicht, Franz, sie führen zu nichts. Wenn ich glauben könnte, daß du woanders und auf andere Weise nützlich sein könntest ... Aber ich habe dich zum Monarchen gemacht; heute heißt das: zu nichts tauglich.

FRANZ *mit einem Lächeln*: Ich war geweiht?

DER VATER: Ja.

FRANZ: Der Ohnmacht?

DER VATER: Ja.

FRANZ: Dem Verbrechen?

DER VATER: Ja.

FRANZ: Von dir?

DER VATER: Durch meine Leidenschaften, die ich in dich legte. Sage deinem Gerichtshof der Krabben, daß ich allein schuldig bin – und an allem.

FRANZ *gleiches Lächeln*: Das war es, was ich hören wollte. *Er kommt die letzten Stufen herunter und steht nun auf gleicher Ebene mit seinem Vater.* Nun akzeptiere ich.

DER VATER: Was?

FRANZ: Was du von mir erwartest. *Pause.* Eine einzige Bedingung: alle beide, sofort.

DER VATER *plötzlich fassungslos*: Sofort?

FRANZ: Ja.

DER VATER *mit heiserer Stimme*: Du meinst heute?

FRANZ: Ich meine augenblicklich. *Schweigen.* Das war es doch, was du wolltest?

DER VATER: Nicht ... so rasch.

FRANZ: Warum nicht?

DER VATER: Ich habe dich gerade erst wiedergefunden.

FRANZ: Du hast niemanden wiedergefunden. Nicht einmal dich selbst. *Er ist ruhig und einfach, zum erstenmal, aber auch völlig verzweifelt.* Ich wäre nur eine deiner Vorstellungen gewesen. Die anderen sind in deinem Kopf geblieben. Das Unglück hat es gewollt, daß diese hier sich verkörpert hat. In Smolensk, eines Nachts, gab es ... was? Eine Minute der Unabhängigkeit. Und darum: du bist an allem schuld, außer an diesem. *Pause.* Ich habe dreizehn Jahre mit einem geladenen Revolver in der Schublade gelebt. Weißt du, warum ich mich nicht getötet habe? Ich sagte mir: was getan ist, bleibt getan. *Pause. Mit tiefem Ernst:* Das Sterben bringt nichts in Ordnung: mir bringt es nichts in Ordnung. Ich wollte lieber ... du wirst lachen. Ich wollte lieber gar nicht geboren sein. Ich log nicht immer, da oben. Abends ging ich durch das Zimmer spazieren und dachte an dich.

DER VATER: Ich war hier, in diesem Sessel. Du gingst auf und ab: ich hörte deine Schritte.

FRANZ *indifferent und tonlos*: So? *Zwingend:* Ich dachte: wenn sich ein Mittel fände, sie wieder einzufangen, diese rebellische Vorstellung, sie wieder in sich zurückzunehmen, sie dort zu resorbieren, es hätte dann nur ihn gegeben.

DER VATER: Franz, es hat immer nur mich gegeben.

FRANZ: Das ist schnell gesagt: beweise es. *Pause.* So wahr wir leben, so wahr sind wir zwei Wesen. *Pause.* Der Mercedes hatte sechs Plätze, aber du nahmst nur mich mit. Du sagtest: «Franz, du mußt dich abhärten, wir werden jetzt sehr schnell fahren.» Ich war acht Jahre alt, wir fuhren die Straße am Elbufer entlang ... gibt es sie noch, die Teufelsbrücke?

DER VATER: Es gibt sie noch.

FRANZ: Ein gefährlicher Übergang: Jedes Jahr gab es Tote.

DER VATER: Jedes Jahr sind es mehr.

FRANZ: Du sagtest: «So, jetzt» und tratest auf den Gashebel. Ich war ganz verrückt vor Angst und Freude.

DER VATER *lächelt ein wenig*: Einmal haben wir uns fast überschlagen.

FRANZ: Zweimal. Fahren die Autos heute sehr viel schneller?

DER VATER: Der Porsche deiner Schwester fährt 180.

FRANZ: Nehmen wir den.

DER VATER: So rasch! ...

FRANZ: Was erhoffst du?

DER VATER: Einen Augenblick Ruhe.

FRANZ: Du hast ihn. *Pause.* Du weißt sehr wohl, daß er nicht lange dauert. *Pause.* Ich verbringe keine Stunde, ohne dich zu hassen.

DER VATER: In diesem Augenblick?

FRANZ: In diesem Augenblick, nein. *Pause.* Dein Ebenbild wird zu Staub zerfallen, zusammen mit allen Zellen, die deinen Kopf niemals verlassen haben. Du wirst meine Ursache und mein Schicksal gewesen sein, bis zum Ende. *Pause.*

DER VATER: Gut. *Pause.* Ich habe dich gemacht, ich werde dich vernichten. Mein Tod wird den deinen einhüllen, und endlich werde ich allein sein zum Sterben. *Pause.* Warte. Ich dachte nicht, daß es auch mit mir so schnell gehen würde. *Mit einem Lächeln, das seine Angst nur schlecht verbirgt:* Seltsam, ein Leben, das unter offenem Himmel zerbirst. Das ... Das will nichts heißen. *Pause.* Ich werde keinen Richter haben. *Pause.* Weißt du, auch ich habe mich nicht geliebt.

FRANZ *legt seine Hand auf den Arm des Vaters*: Das war meine Sache.

DER VATER *wie eben*: Kurz und gut. Ich bin der Schatten einer Wolke; ein Gewitterregen, und die Sonne wird den Platz erhellen, an dem ich gelebt habe. Ich pfeife darauf: wer gewinnt, verliert: das Unternehmen, das uns vernichtet, ich habe es geschaffen. Es gibt nichts zu bedauern. *Pause.* Franz, willst du jetzt ein bißchen schnell fahren? Das wird dich abhärten.

FRANZ: Nehmen wir den Porsche?

DER VATER: Gewiß. Ich hole ihn aus der Garage. Warte auf mich.

FRANZ: Du gibst das Signal?

DER VATER: Die Scheinwerfer? Ja. *Pause.* Leni und Johanna sind auf der Terrasse. Sage ihnen Lebwohl.

FRANZ: Ich ... Gut. Rufe sie.

DER VATER: Bis gleich, mein Kleiner. *Er geht.*

2. SZENE

Franz allein – dann Leni und Johanna.
Man hört den Vater hinter der Bühne rufen.

DER VATER *hinter der Bühne*: Johanna! Leni!

Franz geht zum Kamin und betrachtet sein Foto. Plötzlich reißt er den Trauerflor ab und wirft ihn zu Boden.

LENI *erscheint auf der Schwelle*: Was machst du da?

FRANZ *lacht*: Ich lebe doch, nicht wahr?

Johanna tritt ein. Er kommt an die Rampe zurück.

LENI: Sie sind in Zivil, Herr Leutnant?

FRANZ: Der Vater wird mich ausfahren, nach Hamburg, und ich werde morgen an Bord gehen. Ihr seht mich nicht wieder. Du hast gewonnen, Johanna. Werner ist frei. Frei wie die Luft. Viel Glück. *Er steht direkt neben dem Tisch, berührt das Magnetophongerät mit dem Zeigefinger.* Ich schenke euch das Magnetophongerät. Mit seiner besten Aufnahme: vom 17. Dezember 1953. Ich war inspiriert. Ihr sollt es euch später anhören: an einem Tag, an dem ihr die Beweisführung der Verteidigung hören oder euch ganz einfach an meine Stimme erinnern wollt. Nehmt ihr es an?

JOHANNA: Ich nehme es an.

FRANZ: Adieu.

JOHANNA: Adieu.

FRANZ: Adieu, Leni. *Er streicht ihr übers Haar wie der Vater.* Deine Haare sind weich.

LENI: Welchen Wagen nehmt ihr?

FRANZ: Deinen.

LENI: Und welchen Weg fahrt ihr?

FRANZ: Über die Elbchaussee.

Zwei Autoscheinwerfer gehen draußen an; ihr Licht erhellt die Bühne durch die Glastür.

LENI: Ich sehe, daß der Vater dir Zeichen gibt. Adieu.

Franz geht. Lärm des Autos. Der Lärm schwillt an und schwindet. Die Lichter haben die andere Glastür gestreift und sind verschwunden. Der Wagen ist abgefahren.

3. SZENE

Johanna – Leni.

LENI: Wie spät ist es?

JOHANNA: Sieben Uhr zweiunddreißig.

LENI: Um sieben Uhr neununddreißig wird mein Porsche im Wasser sein. Adieu.

JOHANNA *ergriffen*: Warum?

LENI: Weil die Teufelsbrücke sieben Minuten von hier entfernt ist.

JOHANNA: Sie werden ...

LENI: Ja.

JOHANNA *hart und rauh*: Du hast ihn getötet.

LENI *ebenfalls hart*: Und du? *Pause.* Was kann das schon ausmachen: er wollte nicht leben.

JOHANNA *die sich zusammennimmt, aber nahe am Zusammenbrechen*: Sieben Minuten.

LENI *geht auf die Standuhr zu*: Jetzt noch sechs Minuten. Nein. Fünfeinhalb.

JOHANNA: Könnte man nicht ...

LENI *immer noch hart*: Sie zurückhalten? Versuch's doch. *Schweigen.* Was wirst du jetzt tun?

JOHANNA *versucht sich zu verhärten*: Werner wird darüber entscheiden. Und du?

LENI *zeigt auf das Zimmer von Franz*: Einer muß eingeschlossen sein da oben. Das werde ich sein. Ich werde dich nicht mehr wiedersehen, Johanna. *Pause.* Würdest du die Güte haben und Hilde sagen, daß sie morgen früh an diese Tür klopfen soll, ich werde ihr meine Anweisungen geben. *Pause.* Noch zwei Minuten. *Pause.* Ich verabscheute dich nicht. *Sie geht zum Magnetophongerät.* Die Beweisführung der Verteidigung. *Sie öffnet es.*

JOHANNA: Ich will nicht ...

LENI: Sieben Minuten! Laß doch: sie sind tot.

Fast augenblicklich ist die Stimme von Franz zu hören. Leni geht über die Bühne, während Franz spricht. Sie steigt die Treppe hinauf und betritt sein Zimmer.

DIE STIMME VON FRANZ AM ENDE DES 5. AKTES: Jahrhunderte, hier ist mein Jahrhundert, einsam und ungefüge als Angeklagter. Mein Klient schlitzt sich mit eigenen Händen den Leib auf: was Sie

für weiße Lymphe halten, das ist Blut: keine roten Blutkörperchen: der Angeklagte stirbt an Hunger.
Aber ich werde Ihnen das Geheimnis dieser vielfachen Durchbohrung nennen: das Jahrhundert wäre gut gewesen, wenn dem Menschen nicht aufgelauert worden wäre von seinem grausamen Feind, seit Menschengedenken, von jener fleischfressenden Spezies, die ihm den Untergang geschworen hat, von dem reißenden Tier ohne Fell, vom Menschen. Eins und eins macht eins: das ist unser ganzes Mysterium. Das Tier verbarg sich, wir entdeckten seinen Blick, plötzlich, in den wohlvertrauten Augen unserer Nächsten. Dann schlugen wir zu: Präventive Notwehr. Ich habe sie überrascht, die Bestie, ich habe zugeschlagen, ein Mensch ist hingestürzt, in seinem sterbenden Blick habe ich die Bestie gesehen, noch immer am Leben: m i c h. Eins und eins macht eins: welch ein Mißverständnis!
Woher dieser ranzige und fade Geschmack in meiner Kehle? Vom Menschen? Von der Bestie? Von mir selbst? Das ist dieser Geschmack des Jahrhunderts. Glückliche Jahrhunderte, ihr kennt unseren Haß nicht, wie solltet ihr die grausame Macht unserer tödlichen Leidenschaften verstehen? Liebe, Haß, eins und eins ... Sprecht uns frei! Mein Klient lernte als erster die Schande kennen: er weiß, daß er nackt ist. Schöne Enkel, ihr gingt aus uns hervor, unsere Schmerzen haben euch geschaffen. Dieses Jahrhundert ist eine Frau, es gebiert, würdet ihr eure Mutter verdammen? He! Antwortet doch! Das dreißigste antwortet nicht mehr. Vielleicht wird es nach dem unseren kein Jahrhundert mehr geben. Vielleicht wird eine Bombe alle Lichter ausgeblasen haben. Alles wird tot sein: die Augen, die Richter und die Zeit.
Nacht! O Gerichtshof der Nacht, der du warst, der du sein wirst, der du bist, ich bin gewesen! Ich bin gewesen! Ich, Franz Gerlach, hier, in diesem Zimmer, ich habe das Jahrhundert auf meine Schultern genommen, und ich habe gesagt: ich stehe dafür ein. Am heutigen Tage und für immer. Eh, was?

Leni ist in das Zimmer von Franz gegangen. Werner erscheint an der Tür des Pavillons. Johanna sieht ihn und wendet sich ihm zu. Ausdruckslose Gesichter. Sie gehen wortlos hinaus. Von «Antwortet doch» an ist die Bühne leer.

Vorhang

DIE TROERINNEN DES EURIPIDES

In einer Bearbeitung
von
Jean-Paul Sartre

Anmerkungen Jean-Paul Sartres zu seiner Bearbeitung der *‹Troerinnen›* des Euripides

Im Gegensatz zu häufig geäußerten Meinungen ist die griechische Tragödie kein wildes Theater. Wir stellen uns die Schauspieler vor, wie sie umherspringen, brüllen und sich in prophetischer Ekstase am Boden wälzen. Aber diese Schauspieler sprechen hinter Masken und schreiten auf Kothurnen. Das tragische Schauspiel, das sich unter ebenso künstlichen wie streng regelhaften Bedingungen vollzieht, ist vor allem eine *Zeremonie,* die sicherlich danach strebt, dem Zuschauer Eindruck zu machen, die ihn aber nicht mobilisieren will. Das Grauen besitzt hier majestätische, die Grausamkeit feierliche Gestalt. Dies gilt für Aischylos, denn er schrieb für ein Publikum, das noch an die großen Legenden und die geheimnisvolle Macht der Götter glaubte. Es gilt aber noch mehr für Euripides, der am Ende des tragischen Zyklus steht und den Übergang bedeutet zu einer anderen Form von Schauspielen: zur «mittleren» Komödie des Menander. Im Augenblick nämlich, da Euripides die *‹Troerinnen›* entwirft, sind die einstigen Glaubensinhalte zu einigermaßen fragwürdigen Mythen geworden. Noch ist der kritische Geist der Athener nicht imstande, die alten Idole zu stürzen, aber er vermag sie bereits in Frage zu stellen. Die Vorstellung hat ihren rituellen Wert behalten, aber das Publikum interessiert sich mehr für die Art, wie etwas gesagt ist, als für das Gesagte selbst; und die herkömmlichen Bravourstücke, die es kennerisch genießt, erhalten in seinen Augen einen neuen Sinn. Die Tragödie wird auf diese Weise zu einer halblauten Unterhaltung über ehrwürdige Klischees. Die Ausdrucksmittel des Euripides sind scheinbar die gleichen wie bei seinen Vorgängern. Weil aber das Publikum nicht mehr oder viel weniger daran glaubt, klingen sie anders, bedeuten sie auch etwas anderes.

Man denke an Beckett oder Ionesco: dort findet sich dasselbe Phänomen. Es besteht darin, das geistige Klischee zu verwenden, um es von innen her zu zerstören; und natürlich ist die Demonstration um so erfolgreicher, je evidenter und glanzvoller das Klischee vorgeführt wird. Beim Publikum zu Athen «kamen die Troerinnen an»: so wie heute *‹Warten auf Godot›* und *‹Die kahle Sängerin›* beim bürgerlichen Publikum ankommen: man ist entzückt beim Anhören der Gemeinplätze, aber man weiß auch genau, daß man ihrem Zerfall beiwohnt.

Daraus ergibt sich für den Übersetzer eine ernste Schwierigkeit. Wenn ich textgetreu von der «Aurora mit den weißen Schwingen» spreche, oder davon, daß Athen «wie Öl in der Sonne leuchtet», so klingt es nach Klassizismus des 18. Jahrhunderts. Ich gebe ein sprachliches Klischee, aber der französische Theaterbesucher von 1965, der die Bedeutung dieses Klischees nicht mehr zu erraten vermag, denn dessen religiöser und kultureller Kontext ist für ihn nicht mehr vorhanden, wird das Klischee wörtlich nehmen. Dies ist die Klippe der – übrigens ausgezeichneten – Übersetzung der ‹*Troerinnen*› bei Budé: das Klischee behauptet dort das Feld und wird nicht zerstört. In 400 oder 500 Jahren werden Schauspieler vor dem gleichen Problem stehen, wenn sie Beckett oder Ionesco spielen wollen, der Frage nämlich: wie gelingt es, den Abstand des Publikums zum Text herzustellen?

Zwischen der Tragödie des Euripides und der athenischen Gesellschaft des 5. Jahrhunderts besteht eine innere Beziehung, die wir heute nur noch von außen betrachten können. Wenn ich versuche, diese Beziehung dem Publikum nahezubringen, darf ich mich nicht auf eine Übertragung des Stückes beschränken. Ich muß es vielmehr bearbeiten.

Eine Sprachform der reinen Nachahmung war ausgeschlossen, auch eine Übertragung in die moderne französische Umgangssprache, denn der Text muß auch zu uns den nötigen Abstand behalten. Ich habe daher eine poetische Sprachform gewählt, die dem Text seinen zeremoniellen Charakter und rhetorischen Wert beläßt, zugleich aber die Akzente anders setzt. Euripides sprach halblaut zu einem Publikum, mit dem er sich im Einverständnis befand, da es zwar nicht mehr an die schönen Legenden glaubte, aber Freude daran hatte, daß man sie ihm von neuem vorerzählte; so konnte er sich humoristische und preziöse Wirkungen gestatten. Mir schien es jedoch, daß ich, um eben solche Wirkungen zu erzielen, mit einer weniger zerstörerischen Sprache zu arbeiten hatte: bei mir sollte das Publikum zuerst die Legenden ernst nehmen, um dann erst ihre Unwirksamkeit kennenzulernen. Den unterschwelligen Humor des Euripides akzeptieren wir bei Talthybios, weil Talthybios ein «braver Soldat Schwejk» ist, ein kleiner Mann, der den Ereignissen nicht gewachsen ist, oder bei Helena, weil wir an Offenbach denken. Überall sonst hingegen drohte dieser Humor nicht bloß die ehrwürdigen Klischees zu zerstören, sondern das Stück selbst. Ich konnte diesen Humor also nur durch Abstand erzeugen, indem ich den Zuschauer zwang, seinerseits Abstand zu gewinnen zur dramatischen Handlung.

Aber es gab nicht nur das Problem der Sprache. Es gibt auch ein Problem der Kultur. Der Text des Euripides enthält zahlreiche Anspielungen, die das Publikum zu Athen unmittelbar verstand, die uns jedoch entgehen, weil wir die Mythologie vergessen haben. Ich habe einige Anspielungen gestrichen, andere weiter ausgeführt. So brauchte Kassandra den Griechen das Lebensende der Hekuba nicht eigens zu erläutern. Die Zuschauer wußten, daß Hekuba in eine Hündin verwandelt worden war, den Mast des Schiffes erklettert hatte, das sie nach Griechenland bringen sollte, und daß sie vom Mast aus ins Meer gestürzt war. Wenn wir dagegen am Ende des Dramas sehen, wie Hekuba mit ihren Gefährtinnen davonzieht, müssen wir glauben, sie werde mit ihnen nach Griechenland gebracht. Die wirkliche Lösung ist dann viel stärker. Sie bedeutet nämlich zugleich, daß auch alle anderen Voraussagen der Kassandra eintreffen werden: daß Odysseus zehn Jahre lang seine Heimat nicht wiedersehen wird; daß die griechische Flotte im Schiffbruch zugrunde gehen soll; daß Hekuba den Boden Trojas nicht verlassen muß. Darum habe ich den Schlußmonolog des Poseidon hinzugefügt.

Ebenso wußte der Zuschauer in Athen, daß Menelaos zwar zuerst Helena zurückgestoßen, dann aber nachgegeben und sie auf seinem eigenen Schiff heimgeführt hatte. Der Chor macht bei Euripides darüber eine diskrete Anspielung. Ein französischer Theaterbesucher hingegen, der die Beteuerung des Menelaos gehört hat, kann diese Wendung nicht vermuten. Sie muß ihm also gezeigt werden: daher die entrüstete Klage des Chors beim Anblick des abfahrenden Schiffes mit den versöhnten Gatten.

Andere Änderungen hängen mit dem allgemeinen Stil des Stückes zusammen. Es ist nämlich keine Tragödie wie ‹*Antigone*›, sondern ein Oratorium. Ich habe versucht, dieses Oratorium dadurch zu «dramatisieren», daß ich Gegensätze, die bei Euripides nur indirekt hervortraten, stärker herausarbeitete: etwa den Konflikt zwischen Andromache und Hekuba, oder den Doppelcharakter der Hekuba, die sich einmal ihrem Unglück überläßt, dann aber sogleich Gerechtigkeit fordert; oder die Charakterentwicklung der Andromache, dieser «Kleinbürgerin», die zuerst bloß als Gattin auftritt, dann bloß als Mutter; oder die erotische Besessenheit der Kassandra, die sich ins Bett des Agamemnon drängt, obwohl sie weiß, daß sie mit ihm zugrunde gehen wird.

Dies alles aber, werden Sie mir einwenden, rechtfertigt nicht die Wahl gerade dieses Stückes. Ich muß also ein Wort zum Inhalt sagen. Während des Algerien-Krieges wurden die ‹*Troerinnen*› in einer sehr getreuen Übersetzung von Jacqueline Moatti gespielt. Ich war sehr beeindruckt durch den Erfolg, den das Drama bei einem Publikum erzielte, das sich für ein Verhandeln mit der algerischen Freiheitsbewegung einsetzte. Dieser Aspekt hat mich daher vor allem interessiert. Man weiß genau, daß das Stück auch zur Zeit des Euripides eine eindeutige politische Bedeutung hatte. Es war eine Verurteilung des Krieges im allgemeinen, und der kolonialen Expeditionen im besonderen.

Was Krieg bedeutet, wissen wir heute: ein Atomkrieg hinterläßt weder Sieger noch Besiegte. Dies eben demonstriert unser Stück: die Griechen haben Troja zerstört, vermögen aber ihren Sieg überhaupt nicht zu genießen, da sie alle an der Rache der Götter zugrunde gehen. Daß «jeder Mensch, der bei Sinnen ist, den Krieg vermeiden sollte», wie Kassandra verkündet, brauchte gar nicht eigens gesagt zu werden. Die Lage der einen wie der anderen demonstrierte es ausgiebig. Ich habe daher das Schlußwort dem Poseidon überlassen: «Ihr werdet alle daran verrecken.»

Hier allein – bei der Frage der Kolonialkriege – habe ich mir gestattet, den Text ein bißchen schärfer zu fassen. Ich spreche an einigen Stellen von «Europa», was eine moderne Vorstellung bedeutet, die aber dem Gegensatz der Antike zwischen Griechen und Barbaren entspricht: zwischen Großgriechenland, das seine Kultur im Mittelmeer entwickelte, und den Niederlassungen in Kleinasien, wo sich der koloniale Imperialismus Athens mit einer Härte austobte, die Euripides schonungslos aufdeckt. Und wenn wir mit dem Begriff des «Schmutzigen Krieges» eine sehr genaue Vorstellung verbinden, so mag man doch einmal den griechischen Text nachlesen, dann wird man sehen, daß er sich auch dort findet, mit ganz ähnlichen Wendungen.

Bleiben die Götter. Der andere interessante Aspekt des Dramas. Hier glaube ich mich sehr getreu an Euripides gehalten zu haben. Um freilich die Kritik einer Religion, die uns vollkommen fremd geworden ist, verständlich zu machen, bedurfte es abermals des Abstands. Die Göttergestalten in den ‹*Troerinnen*› sind gleichzeitig mächtig und lächerlich. Einmal beherrschen sie die Welt: der Trojanische Krieg war ihr Werk. Aus der Nähe betrachtet, benehmen sie sich kaum anders als die Menschen und sind, wie diese, durch kleine Eitelkeiten und Rankünen beeinflußt. «Die Götter haben einen breiten Rücken», sagt Hekuba, als Helena versucht, die Verantwortung für ihr schlechtes Benehmen auf Athene abzuwälzen. Dabei zeigt der Prolog, daß die Göttin durchaus imstande ist, wenn man sie beleidigt hat, ihre eigenen Verbündeten zu verraten. Warum also hätte sie nicht ihr Heiligtum verkaufen sollen, um den Preis in einem Schönheitswettbewerb zu erlangen? Da Euripides die religiösen Klischees bloß einsetzt, um sie desto besser zu zerstören, bedient er sich auf diese Weise der Legende, um unmerklich die Mythen gegeneinander auszuspielen und die Schwierigkeiten eines Polytheismus zu enthüllen, an welchen sein Publikum bereits nicht mehr glaubt. Soll man sagen, der Monotheismus entgehe dieser Verurteilung? Das rührende Gebet der Hekuba zu Zeus, das den Menelaos in Verwunderung setzt, und das eine Vorahnung darstellt zu den religiösen Auffassungen eines Renan im 19. Jahrhundert, wonach die Geschichte letzten Endes einer höheren Vernunft gehorche, könnte es einen Augenblick vermuten lassen. Aber Zeus taugt auch nicht mehr als seine Frau oder seine Tochter. Er tut nichts, um die Trojaner vor einem ungerechten Los zu bewahren, und so werden die Trojaner schließlich durch ein höchst sonderbares Paradox gerächt: durch die Unvernunft aller vereinigten Götter.

Das Stück geht also in einem totalen Nihilismus zu Ende. Was die Griechen als subtilen Widerspruch empfanden, nämlich als Widerspruch einer Welt, worin sie leben mußten, sehen wir als Drama von außen, und entdecken darin eine Negation, eine Ablehnung. Diese

Wendung habe ich herausarbeiten wollen: Hekubas Verzweiflung am Schluß, die ich stark hervortreten ließ, entspricht dem schrecklichen Schlußwort des Poseidon. Die Götter verrecken zusammen mit den Menschen, und dieser gemeinsame Tod ist die Moral dieser Tragödie.

(Deutscher Text von Hans Mayer)

PERSONEN

POSEIDON
PALLAS ATHENE
HEKUBA
TALTHYBIOS
KASSANDRA
ANDROMACHE
MENELAOS
HELENA

Die Uraufführung der «Troerinnen des Euripides»
in Sartres Bearbeitung
fand am 10. März 1965 im Théâtre du Palais de Chaillot in Paris
durch das Théâtre National Populaire statt.

ERSTE SZENE

Poseidon tritt auf.

POSEIDON: Ich, der Gott des Meeres,
Poseidon,
ich habe meine Nereïden verlassen,
die flinken Tänzerinnen der Abgründe,
und komme her,
um die Flammen und schwarzen Flocken anzuschauen,
um anzuschauen, was einmal Troja war.
Phoebus und ich,
wir hatten die Steine herbeigeschleppt
und mit unseren Händen die Mauern dieser Stadt errichtet,
das war einst.

Seitdem habe ich nie aufgehört, diese Stadt zu lieben.
Schweigen. Er betrachtet die Stadt.
Von ihr wird nichts übrigbleiben.
In den heiligen Hainen gibt es keine Priester mehr,
wenn man von den toten absieht;
unsere Tempel bluten,
die Griechen haben alles verwüstet.
O Zeus, Götterkönig, Bruder,
auf den Stufen deines Altars
haben sie Priamos erwürgt.
Schweigen.
Sie schleppen ihre Beute mit sich fort,
Phrygiens Gold und Phrygiens Schätze.
Diese Griechen, die so eifrig dabei sind, meine Stadt zu zerstören,
werden ihre Frauen und Kinder wiedersehen.
Zehnmal war die Erntezeit wiedergekehrt,
und immer noch waren sie da,
sie wurden immer älter,
hielten aber halsstarrig die Belagerung aufrecht.
Jetzt also ist alles zu Ende:
ihre Schiffe stehen bereit,
man wartet auf günstigen Wind.

Der Sieg wurde nicht durch Mut errungen, sondern durch List.
Die Trojaner sind tot.
Alle.
Hier kommen die Troerinnen.

Die einen werden Beutestücke für die Anführer;
über die andern wird das Los geworfen.
Jene Frau dort mit dem eingefallenen Bauch, das ist die arme Königin.
Sie betrauert ihren Mann und ihre Söhne.
Ich aber bin in Wahrheit hier besiegt worden!

Wer wird von nun an meinem Kult dienen?
Wer wird mir von jetzt an Ehre erweisen auf dieser verbrannten Erde?
Die Frau meines Bruders, Hera, Göttin von Argos,
und meine Nichte, Pallas Athene, Göttin von Attika,
haben sich zusammengetan, um meine Phrygier zu verderben.
Sie haben unrecht an mir getan.
Ich gebe es auf.
Was habe ich mit diesen Ruinen zu schaffen?
Glorreiche Stadt, lebe wohl!
Lebt wohl ihr Mauern und Zinnen,
lebt wohl ihr Wachttürme, einst so rund und glatt,
meiner Hände Werk, lebt wohl.
O Pallas, Pallas Athene,
wärest du nicht so rachsüchtig,
diese Stadt stände noch.

Pallas erscheint und tritt zu ihm.

ZWEITE SZENE

Pallas – Poseidon.

PALLAS: Poseidon!
Er schaut sie wütend an, dreht ihr den Rücken und will gehen.
Warte!
Mächtiger Gott, dich ehren alle Götter,
und du bist der nächste Verwandte meines Vaters.
POSEIDON: Wenn du höflich redest, Athene,
bin ich auf meiner Hut.
PALLAS: Wirst du mich anhören,
wenn ich unseren abgestandenen Haß einmal beiseite lasse?
POSEIDON: Ich kann nicht …
Er besinnt sich. Ironisch:
Warum eigentlich nicht?
Familiengespräche sind so angenehm.
Nicht wahr, liebe Nichte?
PALLAS: Du bist sehr verträglich. Um so besser.
Ich möchte dir einen Vorschlag machen,
der für uns beide interessant ist.
Es handelt sich um Troja.
POSEIDON: Dort siehst du, was davon übrigblieb!
Es ist zu spät, um Mitleid damit zu haben.
PALLAS: Ich habe nicht einen Funken Mitleid mit deiner Stadt.
Ich war entschlossen, sie zu vernichten, sie ist vernichtet, nun ist alles gut.
Schweigen.
Ich will die Griechen züchtigen.

POSEIDON: Die Griechen?
PALLAS: Jawohl. Die Griechen.
Wirst du mir helfen?
POSEIDON: Die Griechen sind deine Alliierten, du hast ihnen gerade den Sieg verliehen.
O Pallas Athene, o Göttin der Vernunft,
du bist unvernünftig.
Launenhaft wechselst du von der Liebe hinüber in den Haß.
PALLAS: Sie haben mich beleidigt.
In meinen Tempel hatte sich Kassandra geflüchtet,
Ajax hat sie dort entdeckt
und an den Haaren herausgezogen.
Glaubst du, daß sich auch nur ein einziger Grieche gefunden hätte,
ihn dafür zu bestrafen oder auch bloß zu tadeln?
Nicht einer.
Und mein Tempel steht in Flammen.
POSEIDON: Der meine auch.
PALLAS: Der deine auch.
Wirst du mir helfen?
Poseidon schwankt.
Du würdest den toten Trojanern eine Freude machen.
POSEIDON: Du hast sehr unrecht an mir gehandelt, liebe Nichte.
Glaub nicht, daß ich meinen Groll vergessen werde.
Aber ich will dir helfen.
PALLAS: Wir wollen ihnen eine schreckliche Rückkehr bereiten.
Zeus hat mir seine Regengüsse, seinen Hagelschlag, seinen Wirbelsturm versprochen.
Er wird seinen Blitz in die Flotte schleudern.

Du sollst die Wogen zusammenziehen
und auftürmen
bis sie hoch sind wie Berge, und dann sollen sie auf die Schiffe hinabstürzen.

Diejenigen aber, denen es gelingen wird, die Meerenge von Euboea zu erreichen, sollen erleben,
daß das Meer plötzlich unter ihren Schiffen davonweicht, daß sich seine geheimen Schlünde vor ihnen auftun,
sie stürzen dort hinein,
sie gehen dort zugrunde,
und Griechenland lernt endlich, daß es mich zu respektieren hat.
POSEIDON: So soll es sein:
aus meinen tausend Mündern werde ich ihre Leichen ausspeien auf das Land.
Auf den Strand
von Mykonos,
von Skyros, von Lemnos,
auf die Klippen von Delos,
an den Fuß des Vorgebirgs von Capharea.

Kehre zurück zum Olymp, liebe Nichte,
und passe gut auf.
Wenn sie die Taue lösen, werde ich deinen Vater um die Feuerpfeile bitten.
Sie gehen in verschiedenen Richtungen ab.

DRITTE SZENE

Hekuba – dann die Troerinnen.

HEKUBA *versucht aufzustehen*:
Steh auf!
Richt ihn auf, deinen gebeugten Kopf, armes altes Weib.
Das Glück ist veränderlich: übe dich in Geduld.
Die traurigen Erinnerungen nützen nichts.
Warum wolltest du gegen den Strom leben?
Mach dich auf! Mach dich auf!
Das Schicksal treibt dich fort: laß dich treiben.
Der Mut verläßt sie. Sie hört auf, sich Vernunft predigen zu wollen.
Ich kann mich nicht dreinfinden.
Mein Leid, o mein Leid,
es gibt kein Leid auf der ganzen Welt, das nicht zugleich auch m e i n Leid wäre!
Ich war Königin, wurde die Gattin eines Königs.
Ich schenkte ihm die schönsten Söhne:
einer nach dem andern wurde von den Lanzen der Griechen getötet.
Und ich stand dabei, als sie Priamos schlachteten, meinen Gatten, meinen König,
auf den Stufen des Altars;
ich sah das Loch in seiner Kehle
und das Blut, das daraus hervorbrach.
Und meine Töchter, die ich aufgezogen hatte für die größten Könige Asiens:
jetzt werden sie in Europa dienen müssen
unter schlechten Gebietern.
O ihr Meinigen,
das Segel eures Ruhms war gebläht und spreizte sich in der Sonne,
aber der Wind blieb aus, und das Segel sank in sich zusammen:
auch ihr seid vergangen wie der Wind.
Schweigen.
Ich rede zu viel, aber ich kann nicht ruhig sein,
und schweigen ist auch nicht besser als reden.
Soll ich weinen?
Ich habe keine Tränen mehr.
Ich müßte diesen Körper auf den Boden werfen,
damit er dort lautlos trauern kann,
und von einer Seite auf die andere schaukelt,
wie ein Nachen im Sturm.

Sie will sich zu Boden fallen lassen, besinnt sich aber und richtet sich auf.
Nein. Die Unglücklichen sind zwar allein auf der Welt,
haben aber nach wie vor eine Stimme, um zu singen.
Ich will singen.
Ihr Schiffe, ihr schönen Schiffe, wohin zogt ihr vor zehn Jahren?
Eure Rudermänner mühten sich ab,
eure Kiele durchteilten das violette Meer,
ihr glittet von Hafen zu Hafen.
Wohin zogt ihr vor zehn Jahren?
Ihr zogt aus, die ungetreue Griechin zu holen,
Helena, Gattin des Menelaos,
und ihr brachtet den Trojanern den Tod.
Ihr Schiffe, ihr schönen Schiffe, ihr seid in unseren Häfen gelandet,
und Männer in Eisen kamen herab von euren Brücken, vor zehn Jahren.
Heute werdet ihr zurückkehren,
und mich nehmt ihr mit fort, mich, die Ahnfrau:
mit verwüstetem Gesicht und kahlem Haupt,
damit ich einem andern dienen möge.
Mußte darum mein Volk niedergemetzelt werden,
mußten darum diese Frauen in Leid versinken,
mußte ich darum verächtlich werden?
Nur um des Ruhmes willen,
der darin bestehen soll, daß die Griechen
die Schande Griechenlands nach Hause zurückbringen?
Sie klatscht in die Hände.
Steht auf!
Witwen der Trojaner, Jungfrauen von Troja, Verlobte der Toten,
schaut zum letzten Mal diese rauchenden, geschwärzten Steine an.
Und laßt uns jammern ob unseres Geschicks.
Der erste Halbchor kommt aus den Zelten.

DIE CHORFÜHRERIN:
Dein Geschrei durchdrang die Wand unserer Zelte,
Hekuba, und tödliche Furcht glitt in unser Herz,
so daß wir fast zu sterben meinen.
Was hast du uns mitzuteilen?

HEKUBA: Seht dort die Schiffe in der Bucht.

EINE FRAU: Die Griechen haben die Segel gehißt.

EINE ANDERE FRAU: Ich sehe Männer, die Ruder tragen.

ALLE: Sie ziehen ab.

DIE CHORFÜHRERIN *mit Blick hinüber zu den Zelten*:
Kommt her, um euer Los zu erfahren.
Die Griechen rüsten sich zur Heimkehr.
Alle werdet ihr eure Zelte verlassen müssen, alle!

HEKUBA: O nein. Nicht alle.
Alle außer Kassandra!
Haltet sie zurück in ihrem Zelt: sie ist wahnsinnig.
Erspart mir wenigstens dieses äußerste Unglück,
daß ich erröten muß vor den Griechen.

EINE FRAU: Was werden sie tun?
Uns hier auf der Stelle töten?
EINE ANDERE FRAU: Uns losreißen von unserer Heimat,
um uns über's Wasser wegzuführen?
HEKUBA: Ich weiß nur eines: erwartet das Schlimmste.
Beiseite: Sklavin.
Wessen? Wo?
In Argos? In Phthia?
Auf einer Insel im Meer?
Jämmerliches altes Weib,
halb nur noch lebendig und halb schon tot,
unnützes Insekt in einem fremden Bienenkorb,
wozu könnte ich noch taugen?
Tag und Nacht werde ich Wache halten vor einer Tür,
oder Kinder hüten,
oder man verwendet mich beim Brot machen.
Du bist bloß noch eine Lumpenhülle, o mein trauriger Leib,
man wird dich mit Lumpen umhüllen,
du wirst auf dem nackten Boden liegen müssen.
Schweigen.
Und ich war Königin von Troja!
EINE FRAU: Wo immer ich von nun an mein Spinnrad drehen werde,
nie wieder wird es ein Spinnrad sein aus dem Holz des Idagebirges.
EINE ANDERE FRAU:
Ich habe niemand mehr auf der Welt, mein Haus ist verbrannt,
ich schaue seine Mauern an, die noch gerötet sind vom Feuer,
und ich weiß, daß ich das zum letzten Mal sehe.
Weh mir, weh mir, weh mir, weh mir!
DIE CHORFÜHRERIN: Schweig doch!
Hab Geduld.
Die schlimmsten Leiden kommen erst noch.
EINE FRAU: Gibt es noch schlimmere Leiden?
EINE ANDERE FRAU: Ja. Vielleicht wird dich ein Grieche eines Nachts
gewaltsam nötigen, sein Bett zu teilen.
DIE ERSTE FRAU: Jetzt schon fluche ich ihr, dieser Nacht,
um des Grauens willen, das sich in ihr verbirgt.
EINE FRAU: Ich werde mich heimatlos fühlen,
zurücksehnen nach Asien,
so muß ich in Europa leben und sterben.
Was heißen soll: in der Hölle.
EINE ANDERE FRAU: Vielleicht werde ich Wasserträgerin.
EINE ANDERE FRAU: Vielleicht bestimmt mir das Los,
daß ich in Attika dienen soll
oder in der fruchtbaren Landschaft des Peneios
am Fuße des Olymp!
Dort soll man gut leben können,
sogar als Sklavin.
EINE FRAU:
Ganz gleich wo, nur nicht an den abscheulichen Ufern des Eurotas.
Dort nämlich müßte ich den Triumph der Helena mit ansehen

und dem Menelaos gehorchen,
dem Schlächter von Troja.
DIE CHORFÜHRERIN: Vorsicht! Es kommt jemand!
DIE ANDEREN: Wer?
DIE CHORFÜHRERIN: Ein Grieche. Wie er sich beeilt!
Er wird uns unser Los mitteilen.
Es ist soweit. Alles ist entschieden.
Noch haben wir nicht unser Land verlassen
und sind doch bereits drüben,
auf dorischem Gebiet,
als Sklaven.

VIERTE SZENE

Die Vorigen – Talthybios.

TALTHYBIOS *zu Hekuba*:
Ich bins, Talthybios, Herold des Griechenheeres.
Du kennst mich wohl, edle Frau.
Oft schritt ich durch die Tore deiner Stadt,
um euch die Botschaften unserer Feldherren zu überbringen.
Ich bin beauftragt zu einer offiziellen Bekanntmachung.
HEKUBA: O meine Troerinnen!
Der Augenblick ist da, den ich gefürchtet habe.
TALTHYBIOS: Nun ja: über euch ist entschieden worden.
HEKUBA: Wohin bringt man uns?
TALTHYBIOS: Man wird euch aufteilen, eine jede erhält ihren Herrn.
HEKUBA: Welche Herren?
Sag mir, gibt es wenigstens eine einzige unter uns,
auch nur eine einzige,
die ein bißchen Glück haben wird?
TALTHYBIOS: Ich bin hier, um deine Fragen zu beantworten.
Aber frage bitte nicht alles gleichzeitig.
HEKUBA: Gut.
Schweigen.
Was wird aus Kassandra?
TALTHYBIOS: Gerade sie hat besonders viel Glück.
Agamemnon will deine Tochter haben.
HEKUBA: Damit sie Klytemnästra bedient!
Pfui!
TALTHYBIOS: Keineswegs.
Der König der Könige macht sie zu seiner Geliebten.
HEKUBA: Zu seiner Geliebten?
TALTHYBIOS: Vielleicht kommt es sogar zu einer Ehe, aber heimlich.
HEKUBA: Ich verstehe. Weißt du, daß Kassandra nur der Sonne gehört,
ihr allein,
und daß der Gott mit den Goldhaaren
gebieterisch verlangt, daß sie jungfräulich bleibt?

TALTHYBIOS: Das ist es ja gerade. Gerade ihre geweihte und prophetische Jungfernschaft
reizt den König der Griechen.
HEKUBA: Mein armes Kind, wirf sie von dir, die Schlüssel zum Tempel,
reiß es ab, das heilige Stirnband,
bedecke deine Haare mit Staub.
TALTHYBIOS:
Aber warum denn? Das Bett eines großen Königs zu teilen,
ist doch im Grunde nicht so übel.
HEKUBA: Wo ist Polyxena? Ihr habt sie mir
fortgenommen: wo ist sie?
TALTHYBIOS: Sie dient dem Achill.
HEKUBA: Achill ist tot.
TALTHYBIOS: Sie dient dem Achill.
HEKUBA: Sonderbare Gewohnheiten der Griechen.
Hab ich dir darum das Leben geschenkt, liebes Kind,
daß du Dienst an einem Grabe verrichtest?
TALTHYBIOS: Auch sie hat Glück.
Viel Glück.
Sogar Kassandra wird sie oft darum beneiden.
HEKUBA: Warum?
TALTHYBIOS: Sie hat den Frieden gefunden.
HEKUBA: Lebt sie? Sieht sie noch das Himmelslicht
und die Sterne dieser Nacht?
Antworte mir! Welche Unruhe steigt in mir auf!
Du siehst nicht sehr selbstgefällig aus.
TALTHYBIOS: Wir haben sie in Sicherheit gebracht.
HEKUBA: In Sicherheit wovor?
TALTHYBIOS: Vor Leiden jeglicher Art.
HEKUBA: Oh!
Schweigen.
Und Andromache?
TALTHYBIOS: Ach ja, das ist doch die Frau von Hektor?
Sie wird bevorzugt.
Man hat sie dem Sohn des Achill zugeteilt.
HEKUBA: Und was wird aus mir? Das Alter hat mich zerbrochen,
ohne diesen Stab kann ich mich nicht fortbewegen,
wozu kann ich noch taugen?
Wer wird mich haben wollen?
TALTHYBIOS: Odysseus. Du wirst Sklavin des Odysseus.
HEKUBA: Nein! Nein! Der nicht!
Ich spucke ihn an, diesen Hund, ich speie auf dieses doppelzüngige Ungeheuer,
das überall dort Zwietracht sät und den Haß,
wo einst Freundschaft herrschte.
Odysseus! Ihr Troerinnen, weint um eure Königin,
denn ich bin die unglücklichste von allen!
CHOR *zu Talthybios*:
Und was wird aus mir? Und aus mir? Was wird aus uns?
TALTHYBIOS: Aber ich habe keine Ahnung,

das geht mich nichts an.
Die kleinen Fische wird man verlosen.
Zu den Leibwächtern:
Holt Kassandra.
Agamemnon will sie sogleich sehen.
Was ist das? Das Zelt rötet sich.
Rasch! Seht nach, ob die Troerinnen versuchen sich zu verbrennen.
Ich kann verstehen, daß ein freies Herz
so leicht nicht ins Unglück einwilligt,
aber Selbstmord kann ich nicht gebrauchen! Ist das klar?
Und vor allem keine lebenden Fackeln.
Das wäre allzu bequem für die Frauen,
und ich hätte die Unannehmlichkeiten.

HEKUBA: Es ist keine Feuersbrunst. Es ist Kassandra. Die wahnsinnige Kassandra.

FÜNFTE SZENE

Die Vorigen – Kassandra.

KASSANDRA: Flamme,
leichte Flamme,
hebe dich auf,
tanze, tanze den lebhaften Weihetanz,
richte stolz dich auf unter dem schwarzen Himmel,
umtanze meine Fackel, steig empor in die Luft, hochaufgerichtet und schlank!
Hymen! Hymenaios,
gesegnet sei der Gemahl,
und auch ich sei gesegnet, die Sonnenjungfrau,
die künftige Gattin eines großen Königs!
Segnet auch mich, Ihr Götter!
Zu Hekuba:
Nimm die Fackel, Mutter,
führe ihn an, den Zug.
Was hast du? Warum weinst du?
Ach ja: der Vater und die Brüder ...
Zu spät: ich heirate.
Freude! Freude! Freudentränen!
Nimm die Fackel! *Sie streckt ihr die Fackel hin.*
Du willst sie nicht? Auch gut.
Dann werde ich das Feuer tragen.
Hymen! Hymenaios!
Ein Grieche wird mich nehmen!
Laß sie flammen, deine Sterne,
nächtliche Königin.
Überall Fackeln: alles brennt!
Ich bin ganz geblendet, aber das macht nichts.

Tausend Sonnen sollen mir leuchten,
wenn ich, die geweihte Jungfrau,
das Schlafgemach eines Feindes betrete.
Spring auf, meine Flamme,
höher, noch höher,
zum Himmel empor.
Evoé, evoé!
Das ist mein schönster Tag,
schöner als alle Tage zur Zeit, da mein Vater noch lebte.
Phoibos Apollon, mein Sonnengott, führe ihn an, den Chor,
und du, Mutter, tanze ihn mit, unsern Tanz.
Los! Im Takt! Tanze mir zuliebe.
Troerinnen, wo sind eure Festkleider?
Wo sind eure Freudenschreie!
Jiuh! Juh!
Singt mit mir!
Jiuh! Juh!

DIE CHORFÜHRERIN: Halte sie zurück, Königin, halte sie fest, damit sie sich nicht sogleich ins Bett eines Griechen stürzt.

HEKUBA: Gib mir die Fackel, mein Kind,
du hältst sie nicht richtig.

DER CHOR: Sie redet irre,
das Unglück hat ihr nicht den Verstand wiedergegeben.

KASSANDRA: Sie halten mich für verrückt!
Hör zu, Mutter:
du sollst dich freuen über meine königliche Hochzeit,
und wenn es mir plötzlich an Mut fehlen sollte,
dann sollst du mich gewaltsam dem Agamemnon in die Arme treiben,
auf daß er mich mit sich nimmt nach Argos.
Dort wird unser großes Brautbett
zu seinem Totenbett werden.
Helena hat die Griechen zu Tausenden
vor unseren Wällen sterben lassen.
Und ich werde ihnen noch mehr Schaden zuführen.
Kassandra wird ihre Geißel sein.
Er wird verrecken, der große König, der gute König
um meinetwillen!
Um meinetwillen wird sein Fürstenhaus zugrunde gehen.
Ich werde seine Sippe zugrunde richten – wie er die unsrige vernichtet hat.
Laß das Weinen: jetzt ist Grund zum Lachen!
Schallend zu lachen!
Ich verkündige dir, daß mein Vater, meine Brüder gerächt sein werden!

HEKUBA: Durch dich?

KASSANDRA: Durch mich.

HEKUBA: Du bist eine arme kraftlose Sklavin, liebe Tochter,
wie könntest du ...

KASSANDRA: Das Beil!
So! Mitten in den Schädel!

Ich selbst werde es nicht schwingen,
aber ich garantiere dir, daß er verbluten wird,
der König der Könige.
Oh, und wie er bluten wird!
Heiter: Und mir wird man den Hals abschneiden.
Hymen, Hymenaios!
Schweigen.
Lange danach wird der Sohn seine Mutter töten und ausreißen,
hinter sich die Hündinnen.
Aus mit den Atriden! Nie wieder wird von ihnen die Rede sein.

CHOR: Schweig doch still, Kassandra!
Du machst uns Schande.
Deine Mutter schämt sich für dich!
Nicht vor den Griechen, Kassandra!
Nicht vor unsern Besiegern!

KASSANDRA: Warum soll ich schweigen?
Ich sage, was mir die Sonne gesagt hat.
Ich könnte euch ...
Ach, es ist zu dreckig.
Ihr habt recht. Ich will schweigen.
Zu Hekuba:
Die Griechen haben gesiegt; na und?
Troja ist zwar besiegt, verbrannt, gedemütigt,
hat aber doch das bessere Schicksal gehabt.
In dieser Ebene sind unsere Feinde zu Tausenden gefallen.
Fielen sie als Verteidiger der eigenen Landesgrenzen
oder der Mauern ihrer Heimatstadt?
Nein. Sie sind für nichts gefallen, in der Fremde, ohne daß sie ihre Kinder wiedergesehen hätten,
oder ihre Väter, diese alten Feiglinge, die es nicht fertigbrachten, ihren Auszug zu verhindern.
Keine Grabstätten für die Griechen, keine Trankopfer für die Leichen!
Haufenweise hat sie der Boden Trojas verschlungen,
und nie werden ihre Weiber die Gebeine wiederfinden können.
Andere Männer, die sie vielleicht nicht ausstehen konnten,
werden ihre Söhne aufziehen.
Ihr Elenden! Verscharrt wurdet ihr, aber nicht bestattet.
Ihr seid nicht einmal Schatten.
Hier benagt euch das Gewürm, zu Hause benagt euch das Vergessen.
Vergessen. Ha! Vernichtet.
Und von den Überlebenden hat Apollon auch zu mir gesprochen,
und er hat mir gesagt, was ihre Frauen treiben,
und in welcher Weise Klytemnästra den Agamemnon erwarten wird.
Aber ich will es nicht wiederholen.
Eine stolze Expedition!
Um Jagd zu machen auf eine einzige ungetreue Frau,
haben sie ihre Frauen zehn Jahre lang allein gelassen,
und ruhig hat sich der Ehebruch
in allen Häusern Griechenlands eingenistet.

Zu Talthybios:
Das nennt ihr, glaub ich: den Krieg gewinnen?
Wir haben den Krieg verloren,
aber ich schäme mich dessen nicht.
Kein einziger unserer Toten, der nicht hier, auf unserem Grund und Boden gefallen wäre,
als Verteidiger unserer Stadt.
So lange sie lebten, durften sie jeden Abend,
nach den schweren Kämpfen des Tages,
zu uns zurückkehren.
Wenn eure Lanzen sie durchbohrt hatten,
dann trugen mildtätige Hände ihre Leichen vom Schlachtfeld fort.
Hier sind sie bestattet worden,
alle, mit allen Ehren,
in der Erde ihrer Ahnen.
Ihre Frauen schritten dem Trauerzug voran,
und ganz Troja beweinte sie.
Zu Hekuba:
Sag ihnen Dank, den Griechen!
Hektor war ein sanfter und bescheidener Mann.
Sie haben aus ihm wider seinen Willen einen Helden gemacht:
Er hat so viele von ihnen mit eigener Hand getötet,
daß sein Name noch in künftigen Jahrhunderten genannt sein wird.
Ruhm den Verteidigern unseres Vaterlandes.
Aber die anderen, die Eroberer,
die einen schmutzigen Krieg führen und im schmutzigen Krieg sterben –
ihr Tod ist noch törichter als ihr Leben.
Zu den Troerinnen:
Hebt den Kopf hoch und seid stolz,
überlaßt es mir, eure Männer zu rächen.
An meiner Hochzeit werden die Henker eurer Männer zugrunde gehen.

EINE FRAU: Ich möchte dir gern glauben, Kassandra!
Ich beneide dich um dein trotziges Gesicht und dein wahnsinniges Gelächter.
Aber schau uns an,
schau dich an!
Du singst, du schreist,
und dann? Es sind bloß Worte.

TALTHYBIOS: Worte allerdings, die sie teuer zu stehen kämen,
wenn sie bei Verstand wäre.
Beiseite: Und trotzdem! Man hat Respekt vor den großen Herren,
man hält sie für klug,
und schließlich sind sie nicht gescheiter als wir.
Das hat sich der gewaltige König von Argos in den Kopf gesetzt, diese Verrückte zu lieben,
die ich armer Teufel
nicht für das Gold der ganzen Welt haben möchte.
Los, schöne Braut, komm, folge uns!

Lach nur, weine nur, oder murmle etwas vor dich hin:
du hast gehört; was deine Gefährtinnen sagten!
Worte! Bloß Worte.
Zu Hekuba:
Mach dich fertig. Ich hole dich, sobald Odysseus es mir befiehlt.
Du bekommst dort eine gute Stelle.
Du wirst Domestik bei Penelope.
Sie soll eine sehr anständige Frau sein.

KASSANDRA: Domestik?
Hier sehe ich nur einen Domestiken, nämlich dich.
Schamloser und kriecherischer Kammerdiener!
Weißt du überhaupt, was du redest?
Meine Mutter wird nicht nach Ithaka gehen.
Apollon sagt mir, daß sie hier sterben wird.

TALTHYBIOS: So? Das möchte ich einmal sehen!
Ein Selbstmord würde mich …

KASSANDRA: Wer spricht von Selbstmord?

TALTHYBIOS: Und wie willst du …?

KASSANDRA: Wie? Ja wie?
Ich weiß es, aber ich sage es dir nicht.
Und der weise Odysseus,
der so klug zu reden versteht:
der arme Mann weiß nicht, was ihn erwartet.
Zehn Jahre!
Zehn Jahre gleich denen, die wir durchlebt haben,
voll von Dreck, voll von Blut,
ehe er nach Ithaka zurückkehrt.
Alles steht schon bereit, auf dem Meer wird er bereits erwartet.
Zuerst der Kyklop, der riesige Menschenfresser,
der oben auf seinem Felsen Ausschau hält nach frischem Fleisch.
Dann Kirke, die Männer, weil sie Lotus gegessen hatten, in Schweine verwandelt.
Und die tödlichen Klippen der Charybdis und der Skylla.
Lauter schöne Bekanntschaften!
Und er wird ihn kennenlernen und genießen, den Salzgeschmack der Schiffsuntergänge!
Durch ein Wunder dem Tod entronnen,
wird er schließlich in die Unterwelt hinabsteigen,
und dort erwarten ihn die Unsrigen,
darauf könnt ihr euch verlassen.
Wie er leiden wird!
Ich schwöre es euch, Troerinnen:
mehr als einmal wird er euch um euer Los beneiden.
Sie scheint in die Zukunft zu schauen.
Schön. Er kommt wieder aus dem Hades an die Oberwelt,
und wenn sein Fuß seine Heimatinsel betritt,
ist die Stelle bereits besetzt.
Ihre prophetische Erregung hat sich wieder gelegt.
Warum rede ich eigentlich von Odysseus?
Was geht er mich an?

Zu Talthybios:
Worauf wartest du?
Mich drängt's, mit meinem Verlobten mich zu vereinigen.
Auf Gedeih und auf Verderb.
Nein: immer nur auf Verderb.
Hymen, Hymenaios!
Unsere Ehe wird zu einer Hölle.
König der Könige,
Generalissimus,
rechne nicht auf eine Bestattung bei Tage.
Die Nacht wird dich verschlingen; bei Nacht und Nebel
wird man deine Leiche in eine Schlucht werfen.
Hymen, Hymenaios,
neben meinen splitternackten Kadaver,
und gemeinsam werden uns die Geier fressen,
dich, den König,
mich, die Priesterin des Apollon,
vereint im Tode
durch die Schnabelhiebe derselben Raubvögel.
Lebt wohl, meine Schleier,
lebt wohl, Stirnbänder und Priesterkleider,
Schmuckwerke meiner Ekstasen;
ich reiße euch von diesem Leib
so lange er noch rein ist.
Trag sie hin, schnelle Brise,
zu meinem Liebesgott,
zur Sonne.
Wo soll ich an Bord gehen?
Ich bin der Tod,
hißt eine schwarze Flagge
am Mast des Schiffes, das mich davonträgt.
Leb wohl, Mutter,
sei ruhig: du wirst bald sterben.
Und ihr, meine Brüder unter der Erde,
und du, mein Vater, der mir das Leben gab:
ich komme,
ihr braucht nicht lange auf mich zu warten.
Ich komme zu euch als Siegerin,
an der Spitze des Zuges
verdammter Atriden,
die euch getötet haben
und die nun einander umbringen werden.
Hymen, Hymenaios.
Man zerrt sie fort.
Jiuh! Juh!
Hymen, Hymenaios!
Sie ist verschwunden.
Hekuba bricht zusammen.

SECHSTE SZENE

Hekuba – der Chor.

DIE CHORFÜHRERIN: Hekuba!
Sie ist lautlos umgesunken.
Wollt ihr sie im Stich lassen?
Noch ist sie die Königin.
Richtet sie auf.
Frauen richten sie auf.
HEKUBA: Ich wünschte eure Hilfe nicht,
und ich sage euch dafür keinen Dank.
Ich wollte die Erde fest umarmen
und mich mit ihrer Trägheit vereinigen, die kein Bewußtsein kennt.
Denn wir sind träge, versteht ihr mich?
Wir können nichts mehr tun
außer warten; und vermögen bloß noch zu dulden.
Träge sind wir, kennen aber – leider – das Bewußtsein.
CHOR: Königin, laßt uns zu den Göttern flehen!
HEKUBA *wild*: Nein!
Das sind verdächtige Bundesgenossen.
Laßt uns schweigen.
CHOR: Schweigen macht uns Angst.
HEKUBA: Dann hört auf, euch zu beklagen,
und laßt uns zurückdenken an unseren letzten glücklichen Tag.
CHOR *in einzelne Stimmen aufgeteilt*:
Das war gestern.
Unser letzter glücklicher Tag
wurde für Troja zum Todesanfang.
Oben auf den Zinnen sah ich morgens den Strand und das Meer von Menschen verlassen,
so weit man blicken konnte:
die Griechen hatten ihre Zelte verbrannt,
ihre Flotte war verschwunden.
Nur mitten in der Ebene
stand ein großes Pferd auf vier Rädern,
ein Holzpferd, dessen Goldgeschirr glitzerte.
Ganz Troja stand auf dem Felsen der Zitadelle und schrie:
«Es ist aus, sie sind fort;
die Griechen haben die Belagerung aufgehoben, die Zeit unserer Leiden ist vorüber.
Laßt uns den Holzgötzen hinaufführen auf unsere Akropolis!
Wir wollen ihn der Pallas Athene weihen,
der edlen Tochter des Zeus,
die uns verziehen hat.»
Alles schrie und sang.
Man fiel einander auf der Straße in die Arme.
Greise und junge Mädchen standen vor den Türen
und fragten: was gibt es?
Und wir antworteten: es gibt Frieden.

Man umspannte den Götzen mit Seilen,
um ihn zum Tempel der Athene bringen zu können.
Ich habe dabei mitgeholfen wie alle anderen,
ich habe gezogen, ich habe gestoßen, ich habe mich abgemüht.
Gegen Abend waren wir fertig,
und wir besangen den Sieg in der Nacht
beim Klang lybischer Flöten,
und dann verloschen nacheinander in den Häusern
die strahlenden Lampen, und in den Straßen die rauchigen Fackeln.
Wir aber waren erschöpft vor Freude
und sangen noch in der Dunkelheit leise vor uns hin: es ist Frieden, es ist Frieden!
So ging Trojas letzter glücklicher Tag zu Ende,
unser letzter glücklicher Tag.

Die Chorführerin:
Es gibt keinen schlimmeren Lügner als das Glück.
Man starrt geblendet auf den äußeren Schein
und sieht nicht das Ungeheuer, das sich dahinter verbirgt.
Es war Mitternacht, die Häuser hallten noch wider von unserem Gesang,
als plötzlich,
von der höchsten Höhe der Oberstadt
bis zu den letzten Gemäuern der Unterstadt,
der Todesschrei
aufbrach.
Es war Krieg,
und Pallas hatte gar nichts verziehen.
Die Griechen waren aus ihrem Versteck gekrochen,
töteten unsere Männer und alle unsere Knaben.
Unser letzter glücklicher Tag war zu Ende.
und der erste Todestag hatte begonnen.

Hekuba: Troja ist nicht erobert worden,
die Trojaner wurden nicht besiegt.
Eine Göttin hat sie ausgeliefert,
treulos und rachsüchtig wie eine Frau.

Die Chorführerin: Königin, sieh hin. Ein Wagen!
Hekuba bleibt unbeweglich stehen.

SIEBENTE SZENE

Hekuba – der Chor – Andromache – eine Frau.

Eine Frau: Sieh doch, sieh doch, da kommt Andromache, deine Schwiegertochter,
die Frau deines Sohnes Hektor.
Sie trägt Astýanax auf dem Arm.
Zu Andromache:
Wohin bringst du ihn?

ANDROMACHE: Zu meinem Herrn.
Hekuba dreht sich endlich um, sieht Andromache unfreundlich an und erblickt Astýanax.
HEKUBA: Unglück über Unglück!
ANDROMACHE: Warum stöhnst du? Es ist m e i n Unglück.
HEKUBA: Unser Unglück.
ANDROMACHE: Nein.
HEKUBA: Seid ihr nicht meine Kinder?
ANDROMACHE: Wir waren deine Kinder.
HEKUBA: Ich trauere um alle meine Söhne.
ANDROMACHE: Ich trauere nur um Hektor.
HEKUBA: Ich weine über unsere brennende Stadt.
ANDROMACHE: Ich weine über Hektors Stadt.
HEKUBA: Über unseren Königspalast.
ANDROMACHE: Über den Palast, wo ich zur Frau wurde
und Astýanax zur Welt brachte.
HEKUBA: Der Palast brennt, hat gebrannt, stürzt ein,
alles bricht zusammen.
ANDROMACHE: Durch deine Schuld.
Du hast Paris geboren, den Abenteurer.
Die Götter wußten, daß er ein Ungeheuer sein würde,
sie gaben dir Befehl, ihn zu töten.
Du hast ihn nicht getötet, du bist bestraft,
und wir anderen, die unschuldig sind,
die keinen Anteil haben an deiner Schuld,
werden mitbestraft.
Du kannst stolz sein: aus Liebe zu einer Frau
– war denn das Liebe? –
hat dein Sohn ganz Troja zugrunde gerichtet.
Pallas strahlt vor Freude:
am Fuß ihres Standbildes liegen die Leichen unserer Männer;
über der Akropolis kreisen die Raubvögel,
und wir sind Sklaven!
HEKUBA *erschüttert, verbirgt das Gesicht in den Händen*:
Priamos, mein Gemahl, mein Herr,
komm aus dem Hades herauf,
sag ihr, daß sie lügt! Schütze mich.
ANDROMACHE: Hektor, du mein Mann mit den mächtigen Armen,
der sich geopfert hat für nichts,
edles Opfer der Verbrechen deines Bruders,
komm herauf, mich zu retten,
oder mich zu rächen.
Sie hat sich gefaßt. Sanfter, aber ohne alle Zuneigung:
Alte Frau, ich mochte dich nicht,
denn du warst nicht immer gut zu mir gewesen.
Aber ich beklage dich von ganzem Herzen.
Schweigen.
Polyxena ist tot.
HEKUBA: Tot! Wie bin ich doch feige!
Das also wollte Talthybios mir sagen;

und ich wagte es nicht, ihn zu verstehen.
Tot! Wie ist sie gestorben?
ANDROMACHE: Sie wurde auf dem Grab des Achill erstochen.
Schweigen.
Ich sah die Leiche und stieg aus dem Wagen,
um sie mit meinem schwarzen Schleier zu bedecken.
HEKUBA: Erstochen auf einem Grab.
Wie eine Ziege,
wie ein Opferrind!
Schändlicher Tod!
ANDROMACHE: Schändlich? Nein.
Sie ist einfach tot,
und glücklicher als ich, die lebt.
HEKUBA: Liebe Tochter, was sagst du da?
Du weißt doch sehr gut: Tod bedeutet völlige Leere.
Im elendesten Leben aber
bleibt immer noch Hoffnung.
ANDROMACHE: Welche Lebensraserei!
Du weißt genau, daß du alles verloren hast;
deine Söhne sind tot,
und dein Bauch ist zu alt, um neue zu gebären.
Nein. Keine Hoffnung mehr. Gut so.
Klammere dich nicht mehr an die morschen Planken,
laß sie los, laß dich treiben, dann wirst du weniger leiden.
Ja freilich, der Tod ist die völlige Leere.
Die völlige Leere: die ewige Stille.
Hör zu: Polyxena wurde niemals geboren.
Da sie tot ist, hat sie nichts kennengelernt,
weder Schweigen noch Lärm,
weder Tag noch Nacht,
weder Unglück noch Glück.
Sie weiß nicht mehr, daß sie gelitten hat:
sie hat es nie gewußt.
Aber ich leide, und ich weiß es.
Ich hatte danach gestrebt, meine Rolle als Mutter und Frau vollkommen zu spielen.
Ich wußte, daß wir Frauen, was immer wir tun mochten,
traf man uns außerhalb unserer Häuser,
ins Gerede kamen.
Deshalb habe ich niemals mein Haus verlassen.
Niemals erklang leeres Weibergeschwätz in unseren Räumen.
Ich verstand, meinem Hektor
einen ruhigen Blick und eine schweigsame
Gegenwart zu bieten.
Wenn es not tat, hatte ich gelernt, ihm Widerstand zu leisten.
Wenn es not tat, wußte ich mich besiegen zu lassen.
Meine Anständigkeit kam aus dem Grunde meines Herzens,
und ich wollte mich nur von meinem Gewissen leiten lassen.
Siehst du, alte Königin, ich wünschte nur sein Glück
und für mich den Ruf einer vollkommenen Gattin.

Aber mein Ruhm richtet mich leider zugrunde,
der Ruf meiner Tugend drang bis zu den Griechen;
Hektors Mörder hinterläßt einen Sohn, den Neoptólemos,
der will mich für sein Bett haben.
Ich will nicht, ich will nicht, daß das geliebte Gesicht aus meinem Gedächtnis verschwinden könnte.
Mir ekelt vor einer Frau, welche die ersten Erinnerungen ihres Körpers besudelt.
Sogar ein Stutenfüllen weigert sich, das Joch zu ziehen, wenn man es von seinem Männchen getrennt hat.
Und ist doch nur ein Tier.
Und ich ...
Man sagt, die Lust einer einzigen Nacht genüge,
um eine Frau zu zähmen.
Soll ich an mir selbst irre werden?
Soll ich mich nach den Zärtlichkeiten meines neuen Gatten sehnen?
Hektor, ich liebte dich, ich liebe dich.
Ich habe keinen anderen Mann gekannt außer dir.
Ich liebte deine Kraft, deinen Mut, deine Klugheit,
ich liebte deine Hände auf meinem Leib:
verhindere doch, daß ich aufstöhne unter anderen Händen.
Glückselige Polyxena, ermordet,
aber unberührt;
führt mich fort, versteckt mich,
mein Leib dauert mich, und es graut mir vor ihm!
Zu Hekuba:
Du Lügnerin! Du sagst, das Leben sei Hoffnung?
Schau mich doch an, ich lebe und die Hoffnung ist tot,
denn ich weiß, was mich erwartet.
CHOR: Du bist eine Fürstin, aber es ergeht uns wie dir.
Du hast dein Unglück ausgemalt,
und wir haben um so deutlicher das unsrige mitempfunden.
HEKUBA: Bei hohem Seegang kämpft der Matrose voll guten Muts.
Aber im rasenden Sturm läßt er sich auf den Wogen treiben
und ergibt sich in sein Schicksal.
Schau mich an. Mein Unglück übersteigt mich.
Ich gebe der Woge nach,
ich warte und ich schweige.
Hektor ist tot, liebe Tochter,
deine Tränen bringen ihn nicht mehr ins Leben zurück.
Vergiß ihn.
Such mit den gleichen Tugenden, die er liebte
und worauf du so stolz bist,
dem neuen Gatten zu gefallen.
ANDROMACHE: Du gibst mir diesen Rat, alte Frau,
du, Hektors Mutter,
du gibst mir diesen kupplerischen Rat?
Pfui!
HEKUBA: Tu es für deinen Sohn,
für Astýanax, den Sohn meines Sohnes,

den Prinzen von Troja, den letzten seines Geschlechts,
damit eines Tages durch ihn oder seine Söhne
diese tote Stadt von neuem erstehe und uns räche.
Das Schicksal unserer Familie liegt in deinen Händen.
Talthybios tritt auf.
Was gibt es?

ACHTE SZENE

Die Vorigen – Talthybios.

TALTHYBIOS *geht auf Andromache zu:*
Hasse mich nicht.
ANDROMACHE: Was?
TALTHYBIOS: Ich bin nur ein Bote.
Ich überbringe dir mit großem Bedauern
die neuen Entscheidungen meiner Herren.
ANDROMACHE: Sprich deutlich.
Du scheinst Angst zu haben, offen zu reden.
TALTHYBIOS: Dein Sohn …
ANDROMACHE: Man trennt mich von ihm?
TALTHYBIOS: In gewissem Sinne: Ja.
ANDROMACHE: Wir werden also nicht denselben Herrn erhalten?
TALTHYBIOS: Er wird überhaupt keinen Herrn erhalten.
ANDROMACHE: Ihr laßt ihn hier zurück?
TALTHYBIOS: Ich möchte dich schonen.
ANDROMACHE: Ich brauche dein Zartgefühl nicht.
Bring deinen Auftrag zu Ende, Knecht.
TALTHYBIOS: Sie wollen ihn töten.
Schweigen.
Andromache preßt ihren Sohn an sich und schaut ihn an.
Talthybios fährt hastig fort:
Odysseus hat das vorgeschlagen.
Vor der Versammlung der Griechen hat er gesagt:
«Wenn wir den Kronprinzen von Troja leben lassen,
den Sohn des mächtigen Hektor,
werden wir in große Schwierigkeiten geraten.»
Die Versammlung hat ihm zugestimmt.
Schweigen.
Preß ihn nicht so fest an dich.
Gib ihn her.
Sie widersetzt sich und macht sich los.
Ach gib ihn doch her.
Was kannst du ausrichten.
Deine Stadt und dein Mann sind vom Erdboden verschwunden.
Du bist in unserer Gewalt.
Soll man ihn dir entreißen?
Glaubst du, das griechische Heer sei nicht fähig,

mit einer Frau fertig zu werden?
Beuge dich vor den Befehlen,
sei würdig im Unglück.
Was soll ich nur tun, ihr großen Götter,
daß du uns das Kind nehmen läßt?
Paß gut auf: ziehe nicht den Haß auf dich
und vielleicht sogar die Schmach.
Wenn du das Soldatenvolk reizest,
wird man seine Leiche den Geiern überlassen.
Wenn du vernünftig bist,
wird man dir vielleicht erlauben, ihn zu bestatten,
und unsere Feldherren werden dich wohlwollend behandeln.

ANDROMACHE *zu den Soldaten*:
Rührt ihn nicht an!
Ich will ihn euch geben, nachher.
Sie treten zurück, lassen sie aber nicht aus dem Auge.
Komm, Kleiner!
Du wirst mich verlassen,
du wirst sterben. Weißt du, weshalb?
Dein Vater war zu groß,
seine Tugenden sind schuld an deinem Tod.
Man hat mich damals belogen,
als man mir sagte, ich trüge in meinem Leib
den künftigen König von Asien mit den reichen Ernten,
und ich brachte ein armes kleines Opfer zur Welt,
ich habe den Griechen zu einem Märtyrer verholfen.
Du weinst! Du klammerst dich fest an meinem Kleid mit deinen kleinen gekrümmten Fingern.
Kannst du denn dein Schicksal erraten?
Wild ausbrechend:
Steig aus der Erde empor, Hektor, greif wieder zu deiner Lanze,
mache sie nieder, rette deinen Sohn!
Schweigen.
Er kommt nicht.
Er ist tot.
Wir beide sind ganz allein, Schätzchen;
ich bin nicht besonders stark
und könnte ihnen nicht sehr lange Widerstand leisten.
Sie werden dich packen
und kopfüber von der Höhe der Stadtmauer schleudern.
Ein Schrei: Ha!
Pause.
Leib, lieber Leib,
noch lebst du,
und du riechst so gut!
Sie küßt ihn.
Ich war stolz, als ich dich stillen konnte.
Hätte ich die Zukunft ahnen können, so hätte ich dich lieber sogleich mit eigner Hand
und im Kuß erwürgt.

Küß mich,
presse dich kräftig an mich,
leg deinen Mund auf den meinen.
Sie richtet sich auf.
Männer von Europa!
Ihr verachtet Asien und Afrika
und bezeichnet uns, glaub ich, als Barbaren.
Aber wenn Ruhmsucht und Habgier euch herlocken zu uns,
dann plündert ihr, dann foltert ihr, dann metzelt ihr nieder.
Wer also ist hier der Barbar?
Ihr Griechen seid so stolz auf eure Menschlichkeit.
Wo ist sie denn?
Ich sage euch: keiner der Unsrigen
hätte es gewagt, einer Mutter anzutun,
was ihr mir antut,
und mit der Ruhe eines guten Gewissens.
Wild ausbrechend: Barbaren! Barbaren!
Ihr tötet meinen Sohn um einer Hure willen.
Die Soldaten entreißen ihr das Kind.
Schmach über mich, daß mir die Kraft fehlt, meinen Sohn zu schützen,
und verflucht seien die Kinder des Odysseus.

TALTHYBIOS *zu den Soldaten*:
Bringt ihn fort. Ich treffe euch auf der Stadtmauer.
Beiseite: Eine wirklich unangenehme Mission!
Man hätte sie mir ersparen sollen.
Auch ich habe ein Herz.
Aber Krieg ist Krieg.

HEKUBA: Wehe, wehe, wehe,
Sohn meines Sohnes,
letzte Hoffnung meines Hauses,
nichts kann ich dir bieten
als diese Schläge an meinen Kopf und meine flache Brust.
Leb wohl.
Man bringt Andromache fort.

NEUNTE SZENE

Hekuba – der Chor.
Der Morgen dämmert herauf.

DER CHOR *nach einer Pause*:
Die Morgenröte!
Zum zweiten Mal erhellt sie unsere brennende Stadt.
Zum zweiten Mal bescheint sie an unseren Küsten
die Eindringlinge aus Griechenland,
die gekommen sind, unser Land zu verheeren.
Beim ersten Mal – das ist sehr lange her –

herrschte Telamon über Salamis,
eine Insel im Meer,
erfüllt vom Summen der Bienen,
Athen vorgelagert,
jener Stadt der Pallas,
die weithin leuchtet wie Öl in der Sonne.
Sanft neigt sich die Insel hinüber
zu Attikas heiligen Hügeln,
wo Pallas Athene einstmals
den ersten Ölzweig sehen ließ.
Von dort zogen sie aus,
ein erstes Mal,
unsere Stadt dem Erdboden gleich zu machen
und Asien zu kolonisieren.
Damals schon beneideten sie uns um unsere Ernten,
die Leute aus Europa;
damals schon haßten sie unser Volk,
und sie nannten uns Wilde,
sie, die Unerbittlichen.
Einmal schon war ihre Flotte in unseren Buchten vor Anker gegangen,
einmal schon wurden unsere Mauern niedergebrannt,
fiel ein König von Troja unter ihren Streichen.
Trotzdem mußten sie abziehen,
ohne unsere Provinzen erobert zu haben.
Damals nämlich waren wir den Göttern lieb.
Eros, holder Tyrann
der Menschen und des Himmels,
damals hast du uns geholfen.
Du entflammtest Aurora mit den weißen Schwingen,
so daß sie liebestoll wurde nach einem der Unsrigen,
nach Tithon, dem Bruder unseres toten Königs;
sie teilte mit ihm das Bett und die Unsterblichkeit.
Den niedlichen Ganymed,
einen Jungen von uns,
machte der verliebte Zeus zu seinem Lustknaben.
So wurden unsere Mauern rasch wiederaufgebaut,
und bald kehrte der Wohlstand wieder ein,
denn die Götter hatten uns gesegnet.
Aurora, holde Aurora,
immer noch gleichst du dir selbst so wie gestern und morgen,
du bist leicht und heiter.
Die Griechen sind zurückgekehrt,
unsere Häuser brennen.
Unsere Männer sind tot.
Wir umkreisen wie große Trauervögel
die Gruben, worein man ihre Leichen geworfen hat.
Aber dein schönes und heiteres Licht
streichelt zärtlich
die Trümmer und Blutlachen.

Wo bist du, Tithon, Trojas Sohn?
Wahrscheinlich sitzest du neben ihr
in ihrem Götterwagen,
wie es sich für einen Ehemann ziemt.
Worauf wartest du noch? Rette uns!
Pause.
Nichts. Damals aber hast du uns geholfen.
Aber damals warst du noch ein frischgebackener Gott,
der eben erst Zutritt erhalten hatte zur Ewigkeit.
Jetzt hast du dich daran gewöhnt
und betrachtest unser Unglück
mit der unerbittlichen Ruhe der Unsterblichen.
Und du, hübscher Ganymed,
du bringst mit zierlichen Schritten
deinem Herrn die Trinkgefäße
und schenkst ihm den Wein in seine goldene Schale.
Nicht wahr, du bist viel zu beschäftigt,
um einen Blick auf unsere Erde zu werfen?
Schreiend: Dein Volk geht zugrunde.
Sie sind dabei, Astýanax zu töten.
Tithon! Ganymed! Zu Hilfe!
Pause.
Es ist geschehen.
Die Morgenröte ist schauerlich schön,
und die Götter haben uns verlassen.
Sie lassen sich zu Boden fallen.
Menelaos tritt auf.

ZEHNTE SZENE

Die Vorigen – Menelaos – dann Helena.

MENELAOS: Ein wunderschöner Tag!
Ich genieße ihn sehr!
O Sonne, verbreite all deinen Glanz über diesen gesegneten Tag.
Sie ist hier, die Ungetreue,
in dieser Baracke,
als Gefangene unter den anderen gefangenen Troerinnen!
Ich werde sie wiederkriegen,
und wie sie mir büßen wird!
Endlich!
Ich darf mich vorstellen: ich bin der König Menelaos,
dessen Mißgeschick allgemein bekannt sein dürfte.
Böse Zungen bei uns behaupten,
ich hätte diese Metzelei veranlaßt
wegen meiner Frau.
Ich muß doch sehr bitten! Ich habe das Griechenheer mobilisiert,
um Rache nehmen zu lassen an einem Mann,

an diesem Dreckskerl von Paris,
den ich in meinem Palast empfing,
und der zum Dank mit meiner Frau das Weite gesucht hat.
Er hat, den Göttern sei Dank,
seine Strafe erhalten,
und seine Stadt habe ich auch bestraft.
Und was nun diese ... diese Griechin angeht –
ihr Name bleibt mir im Halse stecken,
zehn Jahre lang vermochte ich ihren Namen nicht auszusprechen –,
so hat das Heer die Entscheidung mir überlassen:
Ich kann sie auf der Stelle hier in Troja töten,
da sie nun einmal die Wahl getroffen hat, Troerin zu werden,
oder ich kann sie mit mir zurückführen nach Sparta
und dort mit ihr abrechnen.
Ich habe beschlossen, sie mitzunehmen:
sie soll noch eine Weile in meiner Gewalt sein.
Nach der Rückkehr liefere ich sie dann
den Witwen aus und den Waisen,
den verzweifelten Müttern jener Griechen,
die im Barbarenland gefallen sind.
Man wird sie steinigen! So wird sie zugrunde gehen.
Zu seinen Soldaten:
Holt sie her!
Und schleift sie notfalls an den Haaren herbei,
an ihren schändlichen, durch Liebkosung besudelten Haaren,
an ihren so schönen Haaren!
Werft sie hier vor mich hin: vor meine Füße.
Und setzt dann die Segel
und laßt uns auf günstigen Wind warten.
HEKUBA: Endlich.
Pause.
Du,
Unbekannter,
Unerkennbarer,
Allgegenwärtiger,
der du imstande bist, im gleichen Augenblick
oben auf dem Dach der Erde zu thronen
und unter die Welt zu schlüpfen,
um sie mit deinen Händen festzuhalten inmitten des leeren Raums,
Zeus,
wer du auch sein magst,
Gesetz der Natur oder menschliche Vernunft,
endlich vermag ich an dich zu glauben.
Ich glaube! Ich glaube an deine Gerechtigkeit,
ich glaube, o einzige Freude, die mir noch bleibt,
ich glaube, daß du die Bösen bestrafst!
MENELAOS: Ein komisches Gebet! Wer bist du?
HEKUBA: Hekuba, Königin von Troja.
MENELAOS: Ach ja, ich erkenne dich wieder.
Was hast du denn?

HEKUBA: Du willst doch Helena bestrafen, nicht wahr?
MENELAOS: Jawohl, das will ich.
HEKUBA: Du willst sie töten, ich habe dich doch richtig verstanden?
MENELAOS: Aber gewiß! Aber gewiß!
HEKUBA: Darum eben sage ich, daß Zeus gerecht ist
und daß du richtig handelst.
Aber schau sie nicht an!
MENELAOS: Ich will sie anschauen.
Ich habe sie seit zehn Jahren nicht gesehen,
sie dürfte älter geworden sein, die stolze Helena.
HEKUBA: Sie ist nicht älter geworden,
und du weißt es sehr gut.
Solche Frauen altern spät und dann sehr rasch.
Um ihrer schönen und toten Augen willen
haben die Männer einander getötet,
gerieten immer wieder die Städte in Brand.
Helena kommt aus dem Zelt.
Geh fort, ohne sie anzuschauen.
Wenn deine Begier zu Asche geworden ist,
wird sie sie neu entfachen,
Menelaos, sie wird dich herumkriegen.
MENELAOS: Ha! Ha!
Er dreht sich um und sieht Helena.
Laßt sie los.
HELENA: Bedurfte es denn der Gewalt,
o mein königlicher Gemahl,
um mich zu dir zurückzubringen?
Ich hatte dich gesehen, ich eilte herbei,
ich nehme an, daß du mich hassest.
Aber ich habe auf dich gewartet.
Du hast dich gar nicht verändert.
Pause.
Ich möchte dich etwas fragen,
nur eine einzige Frage.
Was wird man mit mir machen?
MENELAOS: Was in meinem Belieben steht.
Das Heer hat mir die Entscheidung überlassen:
ich habe mich für den Tod entschieden.
HELENA: Einverstanden.
Nach deinem Willen soll verfahren werden.
Aber laß mich zunächst die Sache erklären.
MENELAOS: Du wirst gar nichts erklären,
du stirbst und damit Schluß.
HELENA: Fürchtest du dich, mich anzuhören?
MENELAOS: Du bist es, die sich fürchtet.
Sehr fürchtet sogar.
HEKUBA: Nun ist das Unglück geschehen: du hast sie angeschaut,
nun laß sie also reden, da sie Wert darauf legt;
aber ich werde ihr antworten.
Du sollst ihre Verbrechen kennenlernen,

die sie hier unter uns begangen hat, als sie die Trojaner gegeneinander aufhetzte.
Laß sie nur, ich werde ihr die Argumente in den Hals zurückstoßen
und dir Mut machen, sie hinzurichten.

MENELAOS: Wir verlieren unsere Zeit.
Sie soll reden!
Aber ich gestatte es nur um deinetwillen, Alte;
sie soll sich nicht einbilden,
daß ich mich durch ihren Charme erweichen lasse.

HELENA *stellt sich hin vor Menelaos*:
Schau nicht weg,
schau mich an,
hab den Mut, dein Opfer zu betrachten.
Weißt du denn, daß es verbrecherisch wäre, mich zu töten?
Du glaubst, ich sei deine Feindin.
Nein: du bist mein Feind.
Ach, ich bin leider weit davon entfernt, dich zu hassen.
Wenn du wüßtest ...
Warte einen Augenblick,
ich muß meine Gedanken ordnen.
Ich ahne die Anklagen, die man gegen mich erhoben hat,
und will darauf antworten, Punkt für Punkt.
Du aber sei ein Mann, ob du nun meine Gründe gut finden wirst oder schlecht.
Hör zu und antworte.
Pause.
Du suchst nach einer Schuldigen? Nun denn, so halte dich an die Alte hier.
Sie ist die Hauptursache dieser ganzen Verwirrung.
Aus ihrem Leib ist Paris zur Welt gekommen.
Die Götter hatten vorausgesehen, daß dieser Strolch
einen Krieg entfesseln würde. Und welchen Krieg!
Sie befahlen ihr daher, ihn zu töten. Hat sie es etwa getan?
Nein. Weder sie noch ihr Mitwisser, der König Priamos,
der gut war, aber zu schwach.
Damit hat alles angefangen: es war einfach das Schicksal, verstehst du mich?
Als Paris zwanzig Jahre alt war, stieg er auf den Ida;
dort trifft er drei Göttinnen, die ihn als Schiedsrichter anrufen.
«Welche von uns dreien ist die Schönste?»
Weißt du, was ihm Pallas angeboten hat,
um seine Stimme zu erhalten?
Ganz Griechenland, höchst einfach.
Mit Athenes Hilfe
hätte er Griechenland im Handumdrehen erobert.
Und Hera sagte: «Wenn ich gewinne, erhältst du ganz Asien
und die Randgebiete von Europa.»
Aphrodite aber versprach gar nichts für den Fall des Sieges,
außer mir. Sie hat mich beschrieben, sie hat gewonnen!
Welch ein Glück für euch!

Hätte er einer der beiden anderen Göttinnen den Vorzug gegeben,
so hätte eine trojanische Armee ganz Griechenland verwüstet.
Ohne diesen Leib, den deine Leute mißhandeln durften,
lebtet ihr jetzt unter dem Joch eines Asiaten.
Ihr müßtet mich eigentlich mit Lorbeer bekränzen.
Dank meiner wird euch Troja jetzt nicht mehr hinderlich sein,
und der Weg nach Asien steht euch offen.
Aber euer Glück schlug mir zum Unglück aus.
Ich bin das Opfer in dieser ganzen Geschichte.
Aphrodite hat mich hineingelegt.
O Schönheit, Schönheit, mein Ruhm!
Du bist zu meiner Schande geworden.

MENELAOS: Warum bist du denn fortgereist,
unwürdiges Weib?

HELENA: Aber du bist fortgereist, Liebling!
Du ahnungsloser Ehemann bist von Sparta nach Kreta gereist
und hast mich allein gelassen mit deinem Gast, mit diesem Verfluchten!

MENELAOS: Immerhin hättest du dich widersetzen können.

HELENA: Ich, eine einfache Sterbliche,
könnte mich der Göttin Aphrodite widersetzen?
Wärest du etwa dazu imstande?
Bitte: kannst du sie etwa für das bestrafen, was sie mir angetan hat?
Da wärest du stärker als der Götterkönig,
denn Zeus ist ihr Sklave wie jedermann.
Warum ich abgereist bin?
Diese Frage habe ich mir oft selbst gestellt.
Und die Antwort blieb sich immer gleich:
Ich weiß es nicht, damals ist e i n e a n d e r e entflohen,
ich war es und war es gleichzeitig auch nicht.
Aphrodite hatte sich in deinem Palast verborgen,
sie stand unsichtbar hinter Paris:
sie hat mich ganz einfach entführt.
Aber ich will dir etwas sagen: solange Paris lebte,
hatte mich Aphrodite an ihn gekettet;
unmöglich also, dieses schändliche und geheiligte Band zu brechen.
Aber kaum war er tot, habe ich alles versucht, um wieder zu dir zurückzukehren.
Nachts stieg ich auf die Stadtmauern
und band ein Seil um die Zinnen.
Ich wollte mich hinabgleiten lassen
und zu den Griechen-Zelten laufen,
zu dir.
Die Schildwachen können das bezeugen, denn leider hat man mich immer wieder eingefangen.
Ich wurde nämlich durch einen anderen Sohn dieser Alten da bewacht:
Dëiphobos hatte mich gewaltsam eingefangen
und streng bewacht,
gegen meinen Willen, gegen euern Willen,

gegen den Willen der Trojaner.
Dies also ist meine traurige Geschichte:
Ich bin eine Beute des Schicksals.
Ich wurde entführt, gewaltsam vermählt mit einem Manne, den ich verabscheute,
gegen meinen Willen in einer fremden Stadt zurückgehalten.
Ich habe mein Vaterland gerettet um den Preis meiner Ehre,
und nun erwartet man mich dort, um mich zu steinigen.
Verhaßt bin ich den Griechen,
verabscheut von den Trojanern,
so bin ich allein auf der Welt,
und keiner versteht mich.
Sag mir doch, mein Gemahl, hast du überhaupt das Recht, mich sterben zu lassen,
obwohl man mich auf höheren Befehl nach Troja getragen hat?
Wenn du mich nicht wieder in meine Rechte einsetzest,
in unserem Schlafgemach
und auf deinem Thron,
so beleidigst du die Götter
in frevelhafter Weise.

HEKUBA: Die Götter! Die haben einen breiten Rücken!

DER CHOR: Mut, Königin!
Diese Frau ist gefährlich:
sie tut Böses und spricht zu gut.
Zerstöre die Wirkung ihrer schönen Reden.

HEKUBA: Du willst uns glauben machen, die Göttinnen
wären Frauenzimmer,
in ihren Körper vernarrt, so wie du?
Sie wären imstande, ihre heiligen Städte zu verkaufen,
um die Jury eines Schönheitswettbewerbs zu bestechen?
Hera könnte Argos preisgeben, ihr Heiligtum?
Athene vermöchte ihr Athen den Trojanern auszuliefern?
Aber sie machten doch nur Spaß, ich bitte dich!
Gewiß sind auch sie kokett, das ist richtig,
aber diesen Wettbewerb haben sie doch niemals ernst genommen.
Warum sollte Hera denn Wert darauf legen, die Schönste zu sein?
Wozu könnte ihr, der Frau des Zeus, diese Schönheit dienen?
Soll sie sich etwa damit einen noch höhergestellten Gatten suchen?
Und wozu braucht Pallas die Schönheit?
Hat sie doch ihren Vater, den König der Götter, angefleht,
jungfräulich bleiben zu dürfen.
Willst du behaupten, sie mache Jagd nach Ehemännern?
Versuche es nur, unterschiebe den Göttern alle Laster:
du wirst uns dadurch nicht hindern, dein eigenes Laster zu sehen,
das in die Augen springt.
Aphrodite? Du könntest mich zum Lachen bringen,
wäre mir zum Lachen zumut.
Aphrodite soll in den Palast des Menelaos eingetreten sein,
meinem Sohn auf den Fersen?
Und das soll man dir glauben,

wo jeder weiß, daß es für sie nur einer Handbewegung bedarf,
ohne den Himmel zu verlassen,
um dich auf unseren Boden zu versetzen,
dich mitsamt deiner ganzen Stadt,
mit Mauern, Palästen und Tempeln?
Du willst die Wahrheit erfahren, König Menelaos?
Nun, so erinnere dich: mein Sohn war schön.
Kaum hatte sie ihn erblickt,
brannte sie vor Begier,
ihr eigenes Fleisch wurde zu Aphrodite.
Wenn die Menschen liebestoll werden,
erkennen sie ihre Tollheiten nicht,
sondern geben ihnen den Namen der Aphrodite.
Paris also war schön,
wunderschön,
und trat bei euch ein.
Sie erblickte das Goldgepränge
auf seinen Kleidern eines asiatischen Prinzen.
Da geriet sie außer sich,
der Körper war feucht vor Gier,
der Geist besessen vor Berechnung.
Zu Helena:
Du hast doch kümmerlich gelebt, nicht wahr?
Sparta ist arm.
Dort muß sogar eine Königin rechnen.
Du träumtest von Luxus;
treiben wolltest du es jede Nacht,
und das Gold wolltest du jeden Tag aus allen Fenstern werfen.
Du hast deinen Mann im Stich gelassen wegen eines schönen Kerls,
und du hast die Kläglichkeit deines kleinen Königreiches zurückgelassen
wegen der reichsten Stadt von Asien.
Man hat dich also entführt, tatsächlich?
Paris hat dich gewaltsam verschleppt?
Hör doch auf: das hätte sich herumgesprochen.
Du hast vermutlich geschrien.
Wer hat dein Schreien gehört?
Damals lebten deine Brüder noch,
waren noch nicht am Himmel unter die Sterne versetzt worden.
Hast du sie um Hilfe gerufen?
In Wirklichkeit bist du heimlich und willentlich nach Troja entwichen.
Die Griechen sind deiner Spur gefolgt, hinter dir hergezogen,
und so kam es zum Krieg.
Hast du auch nur eine Träne vergossen,
als du die Deinen vor unseren Mauern fallen sahst?
Wenn die Griechen im Krieg einen Sieg errangen,
sprachst du immer nur von Menelaos,
um Paris eifersüchtig zu machen.
Aber wenn das Kriegsglück umgekehrt entschied,

war von deinem früheren Gatten nicht mehr die Rede.
Du Opportunistin!
Immer folgtest du dem Glück, niemals der Tugend.
Jetzt haben sie gesiegt,
und du willst uns erzählen,
man hätte dich allabendlich
am schwingenden Seil erwischt und zurückgeholt.
Die Männer auf den Wällen, sagst du, könnten es bezeugen.
Du Hündin, du weißt genau, daß sie tot sind,
durch deine Schuld,
wie alle unsere Männer.
Ich aber, ich lebe – leider – noch,
und hier ist meine Zeugenaussage:
hundertmal habe ich dich aufgesucht
um dir zu sagen: «Mach dich fort,
mein Sohn wird sich dann schnell wieder verheiraten,
mach dich fort, geh zu den Griechen zurück,
du wirst uns allen den Frieden zurückbringen,
denn um deinetwillen führen wir Krieg.
Mach dich fort, ich will dir dabei helfen,
ich werde dich heimlich zu ihren Schiffen führen lassen.»
Solche Reden mochtest du gar nicht, mein liebes Töchterlein.
Nach Sparta zurückkehren?
Dann hättest du den Palast des Paris verlassen müssen,
wo du herumstolziertest, irrsinnig vor Stolz.
Auf dir spüren wolltest du
die brennenden Blicke unserer Männer,
und du wolltest es genießen, daß der gesamte Hofstaat des Königs Priamos
vor deiner Schönheit auf dem Bauch lag.
Schaut euch dieses Kleid an und diesen Schmuck und diese Schminke!
Du hast all deine Künste aufgeboten,
deinen armen Gemahl zu verführen.
Du angemaltes und geschminktes
und dreckiges Gesicht – ein Gesicht, das man anspeien sollte!
Vor seine Füße hätte man dich hinschleifen sollen, du Drecksgeschöpf,
zerlumpt und gedemütigt,
mit geschorenen Haaren
und schlotternd vor Angst.
Mut, Menelaos!
Ihr Griechen habt so lange nicht gesiegt,
wie du sie nicht gerichtet hast.
Es ist deine Pflicht.
Dein Tun wird Gesetzeskraft haben für alle künftigen Fälle.
Die Ehebrecherin verdient den Tod.

DER CHOR: Wenn du zögerst,
werden deine Ahnen dich verfluchen.
Ganz Griechenland wird dir Schlappheit vorwerfen.
Sei stark, sei nobel, bestrafe sie.

MENELAOS: Schön, wir sind uns vollkommen einig:
Sie hat meinen Palast höchst freiwillig verlassen,
und Aphrodite hat mit der Geschichte überhaupt nichts zu tun.
Du wirst auf der Stelle sterben,
damit du lernst, mich von nun an nicht mehr zu entehren.
Du wirst vom Heer gesteinigt werden. Du hast Glück:
dein Leiden wird nur einen Augenblick dauern,
die unsrigen dauerten zehn Jahre.
HELENA: Ich flehe dich an,
Menelaos, mein teurer Gemahl, mein König,
verzeih mir.
Ich habe doch nichts getan.
Doch. Ich habe dir weh getan, Liebling, ich weiß.
Aber das waren die Götter, das weißt du doch.
Verzeih mir doch, ich flehe dich an. Verzeih mir doch.
HEKUBA: Diesmal will ich meine Stimme unseren Feinden leihen,
den toten Griechen und ihren toten Verbündeten:
verrate sie nicht, verrate ihre Kinder nicht.
MENELAOS: Schweig doch, altes Weib!
Zeigt auf Helena:
Diese Frau interessiert mich überhaupt nicht mehr.
Zu den Soldaten:
Bringt sie auf mein Schiff.
HEKUBA: Du wolltest sie hier auf der Stelle töten.
MENELAOS: Das war im Zorn gesprochen.
Ich komme auf meinen ersten Beschluß zurück.
Es ist passender, wenn sie in Griechenland stirbt.
Man bringt Helena fort.
HEKUBA: In Griechenland, gut,
aber sie soll nicht dein Schiff besteigen!
MENELAOS: Warum nicht?
Ist sie denn in zehn Jahren so schwer geworden?
HEKUBA: Auch wenn er sein Herz für tot hält:
es gibt keinen Liebhaber, der nicht von neuem liebt;
es gibt keinen Liebhaber, der nicht nach wie vor liebt.
MENELAOS:
Immerhin müßte das geliebte Wesen sich gleich geblieben sein.
Das da also habe ich geliebt.
Es muß ein Mißverständnis gewesen sein.
Alte, ich werde deinen Rat befolgen: er ist vernünftig.
Sie soll mit einem anderen Schiff fahren, die Elende,
und auf griechischem Boden sterben, wie sie es verdient.
Elend sterben.
Möge ihre Bestrafung auf alle Frauen Eindruck machen.
Es ist nicht leicht, sie in Zucht zu halten,
aber wären sie auch noch schlechter, als sie es sind,
man wird ihnen durch Terror die Ehrbarkeit beibringen.
Er geht ab.

ELFTE SZENE

Der Chor – Hekuba – dann Talthybios mit der Leiche des Astýanax.

DER CHOR: Glaubst du, daß er sie töten wird?
HEKUBA: Halb und halb.
DER CHOR *wendet sich um*:
Seht doch! Seht doch!
Der Betrüger, der Lügner, der Feigling!
Sie besteigt sein Schiff,
er hat sie eingeholt, alles ist verloren!
Sie wird ihn unterjochen und straflos über Sparta herrschen.
Das Verbrechen macht sich bezahlt.
HEKUBA: Zeus, ich hielt dich für gerecht, ich bin verrückt.
Verzeih mir.
Die Bitterkeit unserer Toten wird nicht versüßt werden.
Unsichtbar drängen sie sich aneinander am Strand und sehen, wie sich Helena im Triumph einschifft,
Helena, die Pest mit den roten Haaren,
und jetzt wissen sie endlich, daß sie für nichts gestorben sind.
DER CHOR: Für nichts.
Helena wird Sparta wiedersehen.
Sie wird regieren,
das Verbrechen macht sich bezahlt.
Zeus, du hast den Griechen unsere Tempel ausgeliefert
und unsere Altäre mit dem milden Duft
und unsere reiche und gottesfürchtige Stadt, die dich ehrte,
und unsere fruchtbaren Felder, unsere Häfen,
unsere eisigen Winde vom Ida her, dem glorreichen Gebirge, das jeden Morgen
unter den ersten Sonnenstrahlen zu beben anhebt.
Wir sind unschuldig, und du läßt uns leiden,
für nichts,
während sich Helena mit Menelaos einschifft,
um Sparta zu regieren.
Das Verbrechen macht sich bezahlt.
Du verzichtest auf unsere Opfergaben,
König der Götter, und du machst dich darüber lustig.
Du wirst uns nicht mehr deinen Ruhm singen hören,
du wirst nicht mehr den guten Duft atmen,
unsere Opferfladen;
deine Standbilder aus Holz und Gold,
die im Vollmond leuchteten,
stehen in Flammen, und du schaust vom Himmel hinab,
ungerührten Auges,
wie die Stadt einstürzt, die dich ehrte,
und wie Menelaos die Griechin fortbringt,
deren Schamlosigkeit dich beleidigen sollte.
Man löst die Taue,
unsere Männer sind für nichts gestorben,

Helena schifft sich ein,
sie wird Sparta regieren,
das Verbrechen macht sich bezahlt.
Du, mein Mann, den ich liebte, Vater meiner Söhne,
du streunst umher zwischen den Trümmern,
unruhig und einsam,
in der eisigen Angst der unbegrabenen Toten.
Man bringt mich weit fort von dir,
nach Argos, nach Tyrins, zu den Kyklopen-Städten,
die ihre dicken und nachtschwarzen Mauern zum Himmel aufrecken.
Höre uns: man trennt uns voneinander, unsere Kinder schreien:
«Mutter, liebe Mutter, wo bist du?
Sie bringen mich auf ein schwarzes Schiff.»
Lieber Gemahl, du hast gelitten,
und du leidest noch
für nichts, mein lieber Toter, für nichts!
Das Schiff des Menelaos sticht in See,
an Bord regiert Helena,
wir sind geschlagen, versklavt, vergewaltigt,
aber sie, die höchst ehrenwerte Dame,
die züchtige Gemahlin des Menelaos,
läßt sich ihre Gepäckstücke bringen,
holt goldene Spiegel daraus hervor
und betrachtet sich darin mit Wohlgefallen,
stets von neuem entzückt über die eigene Schönheit.
Das Verbrechen macht sich bezahlt.

HEKUBA: Gute Reise, Helena,
und gute Heimkehr,
und mögest du unterwegs verrecken!
Wenn es einen Gott gibt,
so soll er seinen Blitz mit beiden Händen packen,
gut zielen, damit der Blitz den Himmel zerreißt,
die Schiffsbrücke wie ein Peitschenhieb trifft,
das Schiff zerteilt, damit es brennt und versinkt.
Und du, Menelaos, du prachtvoller Hahnrei,
du sollst auch verrecken!
Mögen euch beide die Wasserschlünde verschlingen,
um dann die Ertrunkenen auf einen Strand des teuren Vaterlandes zurückzuwerfen.
Dich, Hure, grünlich und aufgequollen,
damit man sehen kann, ob du schön bist
und ob sich das Verbrechen wirklich bezahlt macht!

TALTHYBIOS *ist eingetreten*: Hum.

DER CHOR: Wehe!
Wehe, neues Leid!
Dies ist die Leiche des kleinen Astýanax,
sie haben ihn wie einen Diskus von der Höhe des Turmes geworfen.

TALTHYBIOS: Hekuba, all unsere Schiffe sind bereits unterwegs,
außer einem,
das auf dich wartet und auf den Rest der Beute.

Der Sohn des Achilleus hat eiligst abreisen müssen;
bei ihm zu Hause ist der Bürgerkrieg von neuem entbrannt,
und ein Abenteurer hat sich des Königreiches seines Vaters bemächtigt.

HEKUBA: Zehn Jahre Krieg hierzulande,
und dort fängt alles von neuem an.
Der väterliche Thron ist in Gefahr! Erwarte von mir kein Mitgefühl.
Und Andromache?

TALTHYBIOS: Die hat er mitgenommen.
Vor der Abreise hat sie in stiller Sammlung das Grab Hektors aufgesucht.
Sehr ergreifend: du siehst, ich habe immer noch Tränen in den Augen.
In seiner Güte
hat Neoptólemos nicht verboten, daß der junge Tote ein Grab erhält.
Sieh her.

HEKUBA: Hektors Schild!

TALTHYBIOS: Er gehört von Rechts wegen dem Sohn seines Besiegers,
aber er hat darauf verzichtet;
er wird also nicht in den Palast von Phthia gebracht werden.
Andromache wird der Anblick der traurigen Reliquie
an der Wand ihres neuen Ehegemaches erspart bleiben!
Das wäre zu grausam, und wir sind human,
wir Europäer.
Sucht nicht für Astýanax nach Steinen und Zedernholz:
dies hier wird sein Grab sein.
Er zeigt auf den Schild.
Ich habe den Auftrag, dir die Leiche zu übergeben,
denn die Mutter befindet sich bereits auf See,
und ihr Gebieter hatte es zu eilig, um erlauben zu können,
daß sie selbst ihren Sohn bestattet.
Nimm ihn in deine Arme,
mach ihn für das Grab zurecht,
aber rasch!
Sieh her: um Zeit zu gewinnen,
habe ich seine Wunden im Skamander gewaschen.
Er blutet noch ein bißchen,
aber das hört bald von selbst auf.
Beeile dich, während wir sein Grab hier in der Nähe ausheben.
Wenn wir gut zusammenarbeiten, kann das Schiff bald abfahren,
und dann sehe ich endlich mein teures Vaterland wieder.

HEKUBA: Leg diesen runden Schild
auf unseren Boden.
Ich habe ihn geliebt.
Dieser Gurt bewahrt noch den Druck seines Armes.
Der Schweiß, der von seiner Stirne rann,
tropfte auf deinen Rand.
Du steigst nun hinab in das Dunkel der Erde,

Waffe aus blankem Erz,
einst so strahlend in der Sonne,
als du das Leben eines Helden zu schützen hattest:
nun wirst du für immerdar
zum schwarzen Sarg eines Kindes.
Schweigen.
Sie preßt Astýanax an sich.
Ihr eitlen Griechen,
trunken von euren Taten,
ihr habt heute wenig Anlaß, stolz zu sein.
Hektor ist tot,
tot sind alle Trojaner.
Die Stadt liegt in Asche, das Königreich ist eine Wüste.
Übrig blieb ein Kind, ein einziges Kind,
kraftlos, und das gerade anfing zu sprechen:
Vor ihm habt ihr euch gefürchtet und darüber den Kopf verloren.
Ihr habt wirklich befürchtet, er könnte Troja von neuem aufbauen?
Dann beweist ihr nur, daß eure Macht zu sinken anfängt.
Ihr werdet euch zerreißen in Bürgerkriegen,
um dann, dank eurer Zwietracht, in andere Hände zu geraten,
in eiserne Hände, die euch genauso anketten werden,
wie ihr uns heute angekettet habt.
Hier aber, auf dieser toten Erde,
inmitten zerbrochener Säulen,
wird ein Grabhügel übrig bleiben mit folgender Inschrift:
«Hier liegt ein ermordetes Kind,
vor dem sich Griechenland gefürchtet hat.»
Über Astýanax gebeugt:
Mein Liebling,
du hast weder die Kraft eines jungen Mannes kennen dürfen,
noch die Liebe und das Königtum,
wodurch wir den Göttern gleich werden;
du hattest nicht das Glück,
in Jugendkraft, mit der Waffe in der Hand,
vor unseren Mauern zu fallen.
Wenn es Glück gibt,
so lag es dir in Reichweite.
Und dennoch hast du, wirres und dumpfes Seelchen,
nicht einmal die Erinnerung an das Glück dieser Welt.
Kein einziger Sieg im Bogenschießen
oder beim Wagenrennen:
du starbest, ohne gelebt zu haben.
Armes Köpfchen,
die Steine unserer alten Mauern, errichtet einst von Poseidon und Phoibos,
haben dich zerschmettert
und deine Locken zerrissen,
welche deine Mutter so gerne um ihre Finger zu rollen pflegte.
Ich hasse sie, die blutrote Spiegelung, auf deinem zerplatzten Schädel.

Deine Hände
– ich sagte immer: er hat die Hände seines Vaters –
sind starr und verrenkt,
nie wieder werden sie Hände sein.
Nachts kam ich in dein Zimmer,
um deinen Schlaf zu betrachten.
Verlorene Liebesmühen!
So viel Sorgen, so viel Pflege,
für nichts, für nichts und wieder nichts!
Weißt du noch, letztes Jahr?
Du warst sehr krank, und ich habe dich geheilt;
ich habe dir einen Zufallstod erspart,
damit du diesen schmählichen Tod sterben mußtest!
Ihr Frauen, holt aus dem Zelt
das bißchen, was uns noch geblieben ist,
um diesen armen Leib zu schmücken.
Einige Frauen gehen ins Zelt.
Hekuba bettet Astýanax auf dem Schild.
Und ich habe an das Glück geglaubt!
Das Glück ist betrunken,
es torkelt umher,
stößt dabei an die Leute
und ist immer unterwegs.
Ein Mensch muß toll sein, wenn er sich für glücklich hält
vor dem letzten Augenblick seines letzten Tages.
Die Frauen kommen zurück mit Totenschmuck.
Ich will deine Wunden verbinden, du trauriger und unheilbarer Arzt.
Das übrige wird dein Vater besorgen, bei den Toten.
Zu den Frauen:
Was habt ihr gefunden?

EINE FRAU: Hier diese Schleier.

HEKUBA: Das genügt:
die Toten machen sich nichts aus reichen Gaben;
die sind nur eitle Ruhmsucht der Lebenden.
Die Soldaten nehmen den Schild mit der Leiche auf.
Sie nimmt sich zusammen:
Leb wohl.
Wie sie ihn davontragen sieht, bricht sie plötzlich aus:
Ihr habt mich niemals ausstehen können, Ihr wilden Götter.
Troja war Euch unter allen Städten am widerwärtigsten.
Wir ehrten Euch, wir brachten Euch die rituellen Opfer.
Vergebens.
Heute leiden wir Höllenqualen,
und Ihr lacht darüber in Eurem Himmel,
aber Ihr irrt Euch, Ihr Unsterblichen.
Hättet Ihr uns durch ein Erdbeben vernichtet,
niemand hätte von uns gesprochen!
Aber wir haben zehn Jahre lang gegen ganz Griechenland gestanden
und gegen seine feigen asiatischen Bundesgenossen,

und wir sterben, weil wir besiegt wurden durch eine jämmerliche List.

Noch in zweitausend Jahren
werden wir in aller Munde sein;
man wird reden von unserem Ruhm
und Eurer stupiden Ungerechtigkeit.
Und Ihr könnt dagegen nichts unternehmen,
Olympier,
denn Ihr werdet längst tot sein,
genauso wie wir.
Nun los! Schleudert den Blitz auf mich herab!
Pause.
Feiglinge!
DIE CHORFÜHRERIN: Schweig doch, wir flehen dich an,
du wirst neues Unheil auf uns herabziehen.
Da kommen sie!
Man trägt Fackeln auf die Akropolis.
Man sieht überall Feuer.
Was ist?
Talthybios tritt auf.
TALTHYBIOS: Ich habe den Offizieren den Befehl erteilt,
ganze Arbeit zu machen
und alles anzuzünden, was noch steht.
Zu den Offizieren seines Gefolges:
Verbrennt Troja.
Es darf kein Stein mehr auf dem anderen bleiben,
wenn wir ganz unbesorgt und heiter die Rückkehr antreten wollen.
Ihr Frauen:
wenn ihr das Trompetensignal hört,
so begebt euch an den Strand:
es ist das Zeichen zur Abfahrt.
Soldaten treten auf.
Odysseus schickt seine Leute, um dich zu holen, Hekuba,
geh mit ihnen, arme alte Frau.
HEKUBA: Dies ist der Höhepunkt meiner Leiden,
und der letzte Augenblick:
man reißt mich fort aus meiner Vaterstadt, die in Flammen steht.
Troja, du Stolz Asiens, empfange meinen letzten Gruß.
Bald wirst du nichts mehr sein: Trümmer inmitten von Gestrüpp.
Oh, Ihr tauben Götter!
Nein, nicht taub. Böse.
Was soll ich sie anrufen?
Beeilt euch, meine alten Beine,
mein Ruhm soll sein, daß ich hier sterbe:
die brennende Vaterstadt sei mein Scheiterhaufen!
Sie geht auf den Hintergrund der Bühne zu.
TALTHYBIOS: Halt! Halt!
Haltet sie auf: was wird Odysseus sagen!
Sie ist von Sinnen nach so viel Unheil.
Man hält Hekuba zurück.

HEKUBA: Wehe! Wehe! Wehe!
Verzeih mir, Vater unseres Hauses.
Sieh das Schicksal, das man deinen Nachkommen bereitet.
DER CHOR: Er sieht es, aber was kann er tun?
Troja ist aus der Zahl lebendiger Städte gestrichen.
Es gibt kein Troja mehr.
HEKUBA: Wehe! Wehe! Wehe!
Die Dächer der Stadt sind eine einzige Feuersbrunst,
unsere festen Mauern verwandeln sich in ein scheußliches,
ungreifbares Leuchten,
der Brand verwüstet die Paläste,
dieser Rauch da, der zum Himmel emporsteigt und verschwindet,
das ist unsere Stadt.
DER CHOR: Wehe!
HEKUBA: O mütterliche Erde!
DER CHOR: Wehe!
HEKUBA: Ich schlage dich mit meinen Händen.
Sie schlägt den Boden.
DER CHOR: Wehe!
HEKUBA: Gib mir meine Kinder wieder!
Der Chor kniet nieder und schlägt den Boden.
DER CHOR: Gib uns die Söhne und Brüder wieder,
gib uns unsere toten Männer wieder!
HEKUBA: Halte uns fest, Heimatstadt, man schleppt uns fort,
öffne dich unter dem Schritt der Griechen
und verschling uns zusammen mit ihnen.
DER CHOR: Hört ihr! Hört ihr!
HEKUBA: Dies Krachen bedeutet den Einsturz von Troja.
Tragt uns fort, ihr Hunde, schleift uns fort,
stoßt uns fort,
freiwillig gehen wir nicht
ins Exil und in die Sklaverei.
Man zerrt sie fort.
Die Bühne bleibt einen Augenblick leer.

LETZTE SZENE

Poseidon erscheint und betrachtet die Gefangenen,
die man zum Strand hinabstößt.

POSEIDON: Unglückliche Hekuba,
Nein!
Du sollst nicht bei deinen Feinden sterben.
In wenigen Augenblicken, wenn man dich aufs Schiff bringt,
sollst du in mein Königreich hinabsinken, ins Meer,
wo ich allein herrsche,
und ich werde dich in einen Felsen verwandeln, ganz nah bei deiner
Heimat.

Meine Wellen werden sich an dir brechen,
und sie werden Tag und Nacht deine unermeßliche Klage
wiederholen.

Er ruft: Pallas! Pallas Athene! Ans Werk!
Ein Blitz.
Pause.
Nun sollt ihr bezahlen.
Führt nur Krieg, ihr blöden Sterblichen,
verwüstet nur die Felder und die Städte,
schändet nur die Tempel und die Gräber
und foltert die Besiegten:
Ihr werdet dran verrecken.
Alle.

Ende

Bibliographische Hinweise und Copyright-Angaben

Die Fliegen
(Les Mouches)
Die Originalausgabe erschien 1947 bei Librairie Gallimard, Paris

Deutsch von Gritta Baerlocher

Bei geschlossenen Türen
(Huis Clos)
Die Originalausgabe erschien 1947 bei Librairie Gallimard, Paris

Deutsch von Harry Kahn

Tote ohne Begräbnis
(Morts sans sépulture)
Die Originalausgabe erschien 1947 bei Librairie Gallimard, Paris

Deutsch von Robert Blum

Die ehrbare Dirne
(La Putain respectueuse)
Die Originalausgabe erschien 1947 bei Librairie Gallimard, Paris

Deutsch von Ettore Cella

Die schmutzigen Hände
(Les Mains sales)
Die Originalausgabe erschien 1948 bei Librairie Gallimard, Paris

Deutsch von Eva Rechel-Mertens

Der Teufel und der liebe Gott
(Le Diable et le bon Dieu)
Die Originalausgabe erschien 1951 bei Librairie Gallimard, Paris

Deutsch von Eva Rechel-Mertens

Kean oder Unordnung und Genie
(Kean ou Désordre et Génie)
Die Originalausgabe erschien 1954 bei Librairie Gallimard, Paris

Deutsch von Marianne Wentzel

Jean-Paul Sartre

Als Buchausgaben liegen zur Zeit u. a. vor:

Die Wörter

65. Tausend · 208 Seiten · Leinen

Die Mauer

Erzählungen · 13. Tausend · 288 Seiten · Leinen

Kritik der dialektischen Vernunft Band I

Theorie der gesellschaftlichen Praxis
6. Tausend · 880 Seiten · Leinen

Das Sein und das Nichts

Versuch einer phänomenologischen Ontologie
Erste vollständige deutsche Ausgabe · 11. Tausend · 788 Seiten · Leinen

Baudelaire

Essay · Mit einem Vorwort von Michel Leiris
4. Tausend · 160 Seiten · Kartoniert und Leinen

Porträts und Perspektiven

Essays · 6. Tausend · 368 Seiten · Kartoniert und Leinen

Als Rowohlt Paperback erschienen:

Kolonialismus und Neokolonialismus

Sieben Essays · Rowohlt Paperback 68 * *· 128 Seiten*

Die Transzendenz des Ego

Die Transzendenz des Ego / Über die Einbildungskraft / Entwurf einer Theorie der Emotionen · Drei Essays
Rowohlt Paperback 40 * *· 204 Seiten*

Situationen

Essays · Erweiterte Neuausgabe · Rowohlt Paperback 46 * *· 300 Seiten*

* *Eine Veröffentlichung des Rowohlt Taschenbuch Verlages*

Rowohlt Verlag